刑法一本通

中华人民共和国刑法总成

（第十七版）

李立众/编

法律出版社
LAW PRESS·CHINA
北京

第十七版前言

随着2023年末《刑法修正案(十二)》的通过,本书作为刑法工具书,也及时进行了相应修订。本次修订,根据《刑法修正案(十二)》确定刑法典最新全文,增补了本书第十六版以来的司法解释、规范性文件与指导性案例。考虑到高质量的刑事案例是推动中国刑法学发展的重要动力,故本书还收录了一批最高人民法院、最高人民检察院(以下简称"两高")发布的典型案例与公报案例,导致本书又增加了21万多字的篇幅。

为了统一法律适用,两高多年来一直努力构建中国特色案例指导制度。若从2010年最高人民法院印发《关于案例指导工作的规定》算起,案例指导制度在我国已有10多年的历史。2010年,最高人民检察院发布了第一批指导性案例;2011年,最高人民法院发布了第一批指导性案例。由此,我国的案例指导制度取得了实质性的进展。当然,如果着眼于实质,从1985年《最高人民法院公报》发布第一批公报案例算起,案例指导制度在我国就有近40年的历史。如何整理、编纂案例指导制度下的繁多案例,已经成为一个紧迫且重要的课题。

本书向来收录两高发布的指导性案例。2010年最高人民法院《关于案例指导工作的规定》规定:"最高人民法院发布的指导性案例,各级人民法院审判类似案例时应当参照。"2019年最高人民检察院《关于案例指导工作的规定》规定:"各级人民检察院应当参照指导性案例办理类似案件,可以引述相关指导性案例进行释法说理"。2021年最高人民法院《统一法律适用工作实施办法》规定:"待决案件在基本案情和法律适用方面与检索到的指导性案例相类似的,合议庭应当参照指导性案例的裁判要点作出裁判。"既然指导性案例具有名副其实的指导机能,法规工具书就必须加以收录,以确保司法人员正确处理相关刑事案件。

从本版开始,本书收录典型案例。在指导性案例之外,两高还频繁发布刑事、民事等各类典型案例,有时还联合发布典型案例。2020年最高人民法院《关于统一法律适用加强类案检索的指导意见(试行)》要求,类案检索范围包括最高人民法院发布的典型案例，如果检索到最高人民法院发布的指导性案例、典型案例及裁判生效的案件，无须再检索本省（自治区、直辖市）高级人民法院发布的参考性案例、裁判生效的案件以及上一级人民法院和本院裁判生效的案件。2020 年最高人民法院《关于完善统一法律适用标准工作机制的意见》明确规定："法官在类案检索时，检索到的类案为指导性案例的，应当参照作出裁判……检索到其他类案的，可以作为裁判的参考"，"典型案例对于正确适用法律、统一裁判标准、实现裁判法律效果和社会效果统一具有指导和调节作用……针对经济社会活动中具有典型意义及较大影响的法律问题，或者人民群众广泛关注的热点问题，及时发布典型案例，树立正确价值导向，传播正确司法理念，规范司法裁判活动。"2021 年最高人民法院《统一法律适用工作实施办法》也要求，最高人民法院发布的具有普遍指导意义的典型案件，裁判文书上网公开后，审判管理办公室应当及时组织编纂并纳入统一法律适用平台数据库。可见，以最高人民法院或者最高人民检察院的名义发布的典型案例，是我国案例指导制度的有机组成部分，故刑法工具书有必要予以收录。两高发布刑事典型案例的目的多样，或是为了震慑犯罪分子，或是为了教育民众进行犯罪预防，或是为了宣告国家政策，或是为了进行政绩宣传，或是为了统一行为的刑法定性或者明确刑法条文的具体适用。显然，只有最后一种典型案例，才有收录价值。本次修订依据《最高人民法院发布的典型案例汇编（2009—2021）》（刑事卷）（人民法院出版社 2021 年版）以及最高人民法院网站，基本收全了 2009 年以来最高人民法院发布的具有裁判参考价值的典型案例。至于最高人民检察院发布的典型案例，因修订时间紧迫，本书仅收录了最高人民检察院近来发布的典型案例，这方面有待今后加以完善。

从本版开始，本书收录公报案例。在 2010 年之前，案例指导制度主要表现为两高通过《最高人民法院公报》《最高人民检察院公报》发布案例。两高的公报案例多为疑难案件，争议突出、结论明确，对人民检察院、人民法院的起诉、审判、执行工作发挥了重要指导作用。目前，在指导性案例、典型案例之外，最高人民法院仍在不断以"裁判文书选登""案例"的形式发布公报案例。如何看待公报案例的地位，是亟需回答的问题。2007 年最高人民法院《关于完善审判工作监督机制促进公正司法情况的报告》指出："针对全国法院在审判实践中存在的普遍性问题……充分发挥典型案例的指导作用，从中总结归纳形成法律适用的具体规则，指导下级法院准确适用法律。近两年来，已通过《最高人民法院公报》发布典型案例120多个。”2018年最高人民法院《对十三届全国人大一次会议第2455号建议的答复》指出：“公报案例等典型案例依据现行相关规定尚不能直接作为审判工作的参照进行适用，但是其对于审判经验的总结和积累，还是起到了一定的积极作用。”2021年最高人民法院《关于加强新时代知识产权审判工作 为知识产权强国建设提供有力司法服务和保障的意见》规定：“建立健全最高人民法院指导性案例、公报案例、典型案例等多位一体的知识产权案例指导体系，充分发挥司法裁判的指引示范作用。”从这些司法文件的规定可见，公报案例同样具有重要的裁判参考价值，在地位上甚至还高于典型案例，因为《最高人民法院公报》《最高人民检察院公报》并不登载两高发布的典型案例（在2017年之前，《最高人民法院公报》也登载典型案例）。因此，刑法工具书同样有必要收录公报案例。2010年最高人民法院《关于案例指导工作的规定》规定：“本规定施行前，最高人民法院已经发布的对全国法院审判、执行工作具有指导意义的案例，根据本规定清理、编纂后，作为指导性案例公布。”因此，本书暂不收录这些将被清理的公报案例，仅收录2011年以来与修订后的刑法相符、具有裁判参考价值的公报案例。还需指出的是，自2017年以来，《最高人民检察院公报》已不再发布案例，故本书未收录检察院公报案例。

本书暂不收录其他各种刑事案例。在我国，还有很多较有影响力的刑事案例，主要包括：（1）创办于1999年的《刑事审判参考》，由最高人民法院刑事审判庭主办，截至2023年9月已出版136辑，共发布1542个刑事参考案例。《刑事审判参考》案例均由最高人民法院刑事审判庭的法官参与编写或者审编，至少能够代表最高人民法院刑事审判庭部分法官的意见，因而对我国的刑事司法实务具有极大的影响力。可以预见，随着规模的不断扩大，《刑事审判参考》案例的影响力还会进一步提高。（2）创办于1992年的《人民法院案例选》，由最高人民法院中国应用法学研究所承办，是最高人民法院最早创办的案例研究连续出版物之一，也是我国改革开放以后出版时间最早、延续时间最长、出版册数最多的案例研究书籍。截至2023年11月，《人民法院案例选》已出版186辑，收录刑事、民事、商事、知识产权等各类案例。因《人民法院案例选》未对案例进行分类编号，导致一时难以统计刑事案例的具体数量。但可以肯定的是，《人民法院案例选》的刑事案例数量远超《刑事审判参考》，因为早在2017年人民法院出版社出版的《人民法院案例选（分类重排本）·刑事卷》中，就收录有

1275 个刑事案例。(3)出版于 2012 年的《中国法院年度案例》丛书，是国家法官学院和最高人民法院司法案例研究院精选全国各高级人民法院每年选送的优秀案例，深入挖掘案例的裁判规则、裁判方法，编辑而成的精品案例丛书。从 2014 年开始，刑事案例分册出版至今，2023 年度刑事案例分册包含 221 个刑事案例。(4)出版于 1991 年的《中国审判案例要览》丛书，由国家法官学院（时为最高人民法院中国高级法官培训中心）与中国人民大学法学院在遴选全国各地法院选送年度审结案例的基础上编纂而成。《中国审判案例要览》分为刑事审判、民事审判、商事审判（后改为经济审判）、行政审判案例卷四个部分。遗憾的是，该丛书因故没有继续出版，最后一本出版的《中国审判案例要览》(2015 年刑事审判案例卷)，收录有 94 件刑事案例。

很多读者多次建议，本书起码应当归纳《刑事审判参考》案例的裁判要旨并加以收录。目前，确实有一些刑法工具书归纳整理了《刑事审判参考》案例。本书同样承认，这些刑事案例具有重要的实务参考价值与理论研究价值，但是，这些案例既未经过最高人民法院审判委员会讨论，又不以最高人民法院的名义发布，遴选程序也未必严格，因而不能代表最高人民法院的看法，其权威性不能与指导性案例、典型案例、公报案例相提并论。事实上，这些案例仅是最高人民法院有关部门为指导审判工作以及为研究、教学需要而选编的。此外，《刑事审判参考》所收录的部分刑事案例还存在前后矛盾、彼此冲突的情况。为保证内容的权威性，本书暂不收录这些刑事案例。

《刑法一本通》如同一座错综复杂的老房子，不断翻新、装修已经 20 多年，编者对此战战兢兢、如临深渊、如履薄冰，深怕出错。感谢各位读者对本书的支持与关爱。一些铁杆读者已经陪伴本书多年，并以各种方式就本书的修订、再版提出不少宝贵建议。这些都使编者深感安慰。在此，再次对各位读者表示衷心感谢。此外，本书编辑张心萌女士二十年如一日对本书倾注心力，对此同样表示感谢。

李立众
2024 年 2 月 1 日

第一版说明

进行刑事法治建设，理当以刑法典为中心，树立刑法典的主导地位，竭力维护刑法典形式上的稳定性。但现实并不乐观。刑法修订才短短 6 年，《中华人民共和国刑法》就已被 1 部单行刑法、4 部刑法修正案、6 件刑法立法解释、125 件刑法司法解释（含解释性文件）所包围。现在，我们已经看不清刑法典的真实全貌，也不能一目了然地把握刑法典与其他刑事立法文件及司法解释之间的关系。长此以往，刑法典就有可能被数量庞杂的立法文件与司法解释所湮没。届时，姑且不论刑法典的中心地位可能被动摇，就是刑法典本身也有被虚置、架空的危险。

如今，若要坚持刑法典的中心地位，若要发挥刑法典的主导作用，若要维护刑法典形式上的稳定性，就必须从技术上对刑法典、单行刑法、刑法修正案、刑法立法解释与司法解释进行全面整理。学界整理刑法，国外不乏其例，国内却鲜有尝试。捍卫刑法典中心地位的信念给了编者进行刑法总整理的勇气。整理刑法，必须借助于法律汇编这一技术手段。遵循法律汇编的思路，编者摒弃了以往将刑法典、刑事立法文件与司法解释按照时间或主题顺序孤立地逐一进行堆砌的传统编排方法，从体系化的角度，采取置换、分解、重述等合理手段，将《中华人民共和国刑法》与其他立法文件、司法解释进行重新整合，从而形成了本书。

进行刑法总整理之后，首先，在内容方面，中国刑法的最新全貌得以呈现。其次，在形式上，突出了刑法典的中心地位，摆正了刑法典与司法解释之间的主从关系。这样，呈现在我们面前的就只有一部充满着朝气、活力的与时俱进的刑法典，单行刑法、刑法修正案与刑法立法解释在我们的视野里则逐渐退后，司法解释成了刑法典的注脚。只要这种整理工作持续进行，则不论世事如何变迁，百岁之刑法典，不再是国人的梦想。再次，克服了刑法典、单行刑法、刑法修正案、刑法立法解释与司法解释在文本上的孤立与分散，第一次实现了五者在文本上的浑然一体。这样就易于直观地把握它们之间的关系，尤其是便于明了刑事立法之变迁与司法解释之得失。最后，自然而然地产生了一部“超轻薄”的刑法法规工具书。

作为刑法总整理，编者对部分司法解释进行了技术处理。为了避免思维在1979年刑法与现行刑法之间来回跳跃以及表述的便利，对1997年之前发布的可参照执行的司法解释以及少量现行司法解释，在完全不损害实质内容的基础上，编者对部分文字（主要是司法解释的开头部分）进行了省略或改变。同时，出于主题与体系化的考虑，少量现行司法解释在本书中有意识地进行了重复。所有这一切，都是为了便于人们能够更加容易地理解刑法典。

在内容方面，本书包含《中华人民共和国刑法修正案（四）》在内所有刑事立法文件、1997年3月14日至2003年6月30日期间的一切有效司法解释及解释性文件，而且包含大量此前的可参照执行的刑法司法解释。必须要交代的是，《关于取缔邪教组织、防范和惩治邪教活动的决定》《关于维护互联网安全的决定》没有设立新的罪刑条款，仅为提示性规定，故本书对此只收录部分内容。此外，有些司法解释，如1997年12月31日最高检《关于发布〈关于检察机关直接受理立案侦查案件中若干数额、数量标准的规定（试行）〉的通知》，已经被2002年2月22日最高检《关于废止部分司法解释和规范性文件的决定》明文废止，故本书没有收录。

为了便于领会刑法典，本书归纳了每个条文的主旨。在罪名方面，本书根据1999年12月9日最高法《关于执行〈中华人民共和国刑法〉确定罪名的规定》以及2002年3月15日最高法、最高检《关于执行〈中华人民共和国刑法〉确定罪名的补充规定》来确定刑法分则条文的罪名。对于上述司法解释没有确定罪名的条文（即《中华人民共和国刑法修正案（四）》中的部分条文），本书根据罪名理论确定其罪名。

由此，本书便于实务人员查阅、理解、引用相关刑法条文及司法解释，也为理论工作者从事刑法学教学与科研提供了便利。同时，本书具有弥补刑法教科书司法实务内容相对滞后的功能，对法科学生全面学习、掌握中国刑法甚有帮助。对于参加司法考试的广大考生来说，本书更是一部非常实用的复习工具书。

本书将以修订版的形式，长期致力于刑法整理工作。本书中的不当、疏漏之处难免，敬请批评指正。

李立众

2003年7月1日

检索说明

本书按条文内容为序进行编撰。查找到相关条文，即能查阅相关刑法修正、立法解释、司法解释、指导性案例等内容。

可使用以下任意一种检索法查阅本书内容：

1. 目录检索法

通过目录查阅相关刑法条文。

刑法总则按每节内容制作目录，刑法分则按条文制作目录。

2. 词条检索法

通过索引查阅相关刑法条文及其司法解释。

本书附录“Ⅴ索引”附有检索词条。词条按汉语拼音顺序排列，词条后面的数字为词条所在页码。

3. 页边检索法

通过页边提示色块中的条文序号，查阅相关条文。

在相邻刑法条文相隔数页时，推荐使用此法查阅刑法条文。

4. 页眉检索法

通过页眉提示查阅相关条文。

本书以刑法典的“章”为单位设置页眉，其中章下设“节”的，以“节”为单位设置页眉。

刑法总则中“节”的篇幅不大，无法在同一页面设置数“节”的页眉，在无妨检索时，个别“节”未设置页眉。

5. 名录检索法

本书附录中的司法解释总名录，对本书收录的司法解释与规范性文件，提示了所在页码。根据页码提示，可查阅司法解释与规范性文件的具体内容。

凡　例

一、目录

1. 总则部分，以章、节为单位编制目录。

2. 分则部分，以条文为单位编制目录。

二、正文

1. 以《全国人民代表大会常务委员会公报》（2021·特刊）公布的《中华人民共和国刑法》（2020 年修订文本）为蓝本，结合《刑法修正案（十二）》，确定现行刑法典正文。

2. 关于刑法条文的修订情况，在脚注中予以说明。

三、条文主旨与罪名

我国刑法文本中并无条文主旨与罪名的规定。在本书中，总则、分则条文主旨为本书所归纳；其中，分则条文罪名为最高人民法院、最高人民检察院司法解释确定的罪名。

四、脚注

1. 立法解释与司法解释是对刑法条文的解释，在地位上低于刑法条文，在本书中作为脚注来处理。

2. 脚注收录了 1997 年 3 月 25 日—2024 年 1 月 31 日之间能够收集到的所有刑法立法解释、司法解释、规范性文件、指导性案例以及部分公报案例、典型案例，并收录了少量 1997 年 3 月之前最高人民法院发布的至今仍有效的司法解释。

在脚注中，司法解释以及规范性文件的文号，原则上只出现一次，通常出现在司法解释、规范性文件的第一条或者主体部分。本书中部分规范性文件没有文号，是因为这些文件本身没有发文文号或者相关出版物中没有发文文号。

3. 最高人民法院、最高人民检察院的“通知”“纪要”及其巡回法庭、研究室或者业务庭的“答复”“会议纪要”、公安部及其业务部门的“批复”“通知”等涉及罪刑适用的规范性文件，对于处理案件具有参考借鉴意义，本书同样予以收录。

4. 出于适当减少篇幅的考虑，脚注部分对以下内容未予收录：

（1）指导性案例、公报案例、典型案例的案情与裁判结果（除少数情形外，本书通常只收录这些案例中的“要点”“要旨”以及有实务指导价值的“指导意义”部分）；

（2）司法解释附发的附表；

（3）“通知”附发的典型案例（有实务指导价值的典型案例除外）。

5. 为避免脚注内容杂乱无章，基本按照【刑法修订】【相关法规】【立法解释】【立案标准】【司法解释】【会议纪要】【指导案例】【公报案例】【典型案例】【量刑指导】的顺序排列脚注内容。

为避免分类过于繁琐，【相关法规】包含国务院的行政法规。【立法解释】包含全国人大法工委及其刑法室的解释。【司法解释】是广义的，包含狭义的司法解释（由最高法、最高检单独或者联合发布，形式上为“解释”“规定”“规则”“批复”和“决定”，统一编排有司法解释文号的司法文件）以及其他各类规范性文件，如公安部（含其下属的经济犯罪侦查局等部门）、司法部文件；如司法解释涉及刑法条文时间效力的，将其排在前列。【会议纪要】包含最高人民法院巡回法庭法官会议纪要。

【指导案例】为最高法、最高检发布的指导性案例。【公报案例】为《最高人民法院公报》发布的具有实务参考价值的案例。【典型案例】为最高法、最高检发布的具有实务参考价值的典型案例。

【立案标准】虽是广义【司法解释】的一部分，但本书将其单列，放在【司法解释】之前。

6. 在脚注中，司法解释按照下列顺序排列：

（1）与所释条文的相关性；

（2）法条内容的先后次序；

（3）对条文解释的全面性；

（4）司法解释的发布时间。

五、省略

1. 在本书脚注中，有时会省略司法解释的部分内容。省略的情形如下：

（1）被省略内容与刑法典或者刑法修正案相冲突；

（2）被省略内容与所注释条文没有相关性；

（3）被省略内容为司法解释的开头部分；

（4）被省略内容为政策性的宣示性规定；

（5）被省略内容为刑事诉讼法方面的内容；

（6）被省略内容为1979年刑法或者已被废止的单行刑法条文的序号。

2. 因与某一条文缺乏相关性而被省略的内容，会在其他相关条文中出现。

3. 省略纯粹属于技术处理，不会导致对所注释条文的理解产生偏差。有时省略部分内容后，司法解释的面貌反而更为一目了然。

六、日期

1. 刑法修正案前面的日期为通过日期。

2. 立法解释前面的日期为通过日期。

3. 司法解释前面的日期为司法解释的公告日期。若无公告日期的，则为司法解释的公布日期或者通过日期。

七、数字

为便于阅读，脚注中司法解释等原文中的汉字数字，本书尽量改为阿拉伯数字。

八、缩略语

为控制篇幅，本书尽量采用如下缩略语，但文件名与正文除外：

最高法　最高人民法院

最高检　最高人民检察院

全国人大常委会　全国人民代表大会常务委员会

刑法修正案　中华人民共和国刑法修正案

目　　录

第一编　总则(第1～101条)

第二编　分则（第102～451条）

附　则(第452条)

附　录

中华人民共和国刑法

（1979年7月1日第五届全国人民代表大会第二次会议通过　1997年3月14日第八届全国人民代表大会第五次会议修订　根据1998年12月29日第九届全国人民代表大会常务委员会第六次会议通过的《全国人民代表大会常务委员会关于惩治骗购外汇、逃汇和非法买卖外汇犯罪的决定》、1999年12月25日第九届全国人民代表大会常务委员会第十三次会议通过的《中华人民共和国刑法修正案》、2001年8月31日第九届全国人民代表大会常务委员会第二十三次会议通过的《中华人民共和国刑法修正案（二）》、2001年12月29日第九届全国人民代表大会常务委员会第二十五次会议通过的《中华人民共和国刑法修正案（三）》、2002年12月28日第九届全国人民代表大会常务委员会第三十一次会议通过的《中华人民共和国刑法修正案（四）》、2005年2月28日第十届全国人民代表大会常务委员会第十四次会议通过的《中华人民共和国刑法修正案（五）》、2006年6月29日第十届全国人民代表大会常务委员会第二十二次会议通过的《中华人民共和国刑法修正案（六）》、2009年2月28日第十一届全国人民代表大会常务委员会第七次会议通过的《中华人民共和国刑法修正案（七）》、2009年8月27日第十一届全国人民代表大会常务委员会第十次会议通过的《全国人民代表大会常务委员会关于修改部分法律的决定》、2011年2月25日第十一届全国人民代表大会常务委员会第十九次会议通过的《中华人民共和国刑法修正案（八）》、2015年8月29日第十二届全国人民代表大会常务委员会第十六次会议通过的《中华人民共和国刑法修正案（九）》、2017年11月4日第十二届全国人民代表大会常务委员会第三十次会议通过的《中华人民共和国刑法修正案（十）》、2020年12月26日第十三届全国人民代表大会常务委员会第二十四次会议通过的《中华人民共和国刑法修正案（十一）》和2023年12月29日第十四届全

国人民代表大会常务委员会第七次会议通过的《中华人民共和国刑法修正案(十二)》修正)[①]

目　　录

---

① 刑法、历次刑法修正案、涉及修改刑法的决定的施行日期,分别依据各法律所规定的施行日期确定。

2012 年 5 月 15 日最高法**《关于在裁判文书中如何表述修正前后刑法条文的批复》**(法释〔2012〕7 号),就在裁判文书中引用修正前后刑法条文如何具体表述问题,经研究批复如下:

一、根据案件情况,裁判文书引用 1997 年 3 月 14 日第八届全国人民代表大会第五次会议修订的刑法条文,应当根据具体情况分别表述:

(一)有关刑法条文在修订的刑法施行后未经修正,或者经过修正,但引用的是现行有效条文,表述为"《中华人民共和国刑法》第 ×× 条"。

(二)有关刑法条文经过修正,引用修正前的条文,表述为"1997 年修订的《中华人民共和国刑法》第 ×× 条"。

(三)有关刑法条文经两次以上修正,引用经修正、且为最后一次修正前的条文,表述为"经 ×××× 年《中华人民共和国刑法修正案(×)》修正的《中华人民共和国刑法》第 ×× 条"。

二、根据案件情况,裁判文书引用 1997 年 3 月 14 日第八届全国人民代表大会第五次会议修订前的刑法条文,应当表述为"1979 年《中华人民共和国刑法》第 ×× 条"。

三、根据案件情况,裁判文书引用有关单行刑法条文,应当直接引用相应该条例、补充规定或者决定的具体条款。

四、《最高人民法院关于在裁判文书中如何引用修订前、后刑法名称的通知》(法〔1997〕192 号)、《最高人民法院关于在裁判文书中如何引用刑法修正案的批复》(法释〔2007〕7 号)不再适用。

第一编　总　　则

第一章　刑法的任务、基本原则和适用范围

第一条　【立法目的和根据】为了惩罚犯罪，保护人民，根据宪法，结合我国同犯罪作斗争的具体经验及实际情况，制定本法。

第二条　【刑法的任务】中华人民共和国刑法的任务，是用刑罚同一切犯罪行为作斗争，以保卫国家安全，保卫人民民主专政的政权和社会主义制度，保护国有财产和劳动群众集体所有的财产，保护公民私人所有的财产，保护公民的人身权利、民主权利和其他权利，维护社会秩序、经济秩序，保障社会主义建设事业的顺利进行。

第三条[1]　**【罪刑法定】**法律明文规定为犯罪行为的，依照法律定罪处刑；法律没有明文规定为犯罪行为的，不得定罪处刑。

第四条　【适用刑法平等】对任何人犯罪，在适用法律上一律平等。不允许任何人有超越法律的特权。

---

〔1〕**【相关法规】**根据2019年修订后的**《检察官法》第五条第二款**，检察官办理刑事案件，应当严格坚持罪刑法定原则，尊重和保障人权，既要追诉犯罪，也要保障无罪的人不受刑事追究。

根据2020年**《香港特别行政区维护国家安全法》第五条第一款**，防范、制止和惩治危害国家安全犯罪，应当坚持法治原则。法律规定为犯罪行为的，依照法律定罪处刑；法律没有规定为犯罪行为的，不得定罪处刑。

【司法解释】根据2010年3月24日最高法刑一庭**《准确把握和正确适用依法从严政策》**，罪刑法定、罪刑相适应是刑法的基本原则，办理任何刑事案件包括严重刑事犯罪案件都必须严格遵守。从严惩处不是无限度的，不是越严越好、越重越好，而是有标准、有限度的。这个标准就是罪刑法定和罪刑相适应的刑法基本原则，就是刑法总则和分则中关于量刑情节和具体犯罪定罪量刑的规定，就是有关司法解释关于具体适用法律问题的规定。不能为了从严而突破法律的幅度和界限，任意或变相加重被告人的刑罚，否则，既不可能实现良好的法律效果，也不可能实现良好的社会效果。

第五条〔2〕 **【罪责刑相适应】**刑罚的轻重，应当与犯罪分子所犯罪行和承担的刑事责任相适应。

第六条〔3〕 **【属地管辖】**凡在中华人民共和国领域内犯罪的，除法律有特别规定的以外，都适用本法。

凡在中华人民共和国船舶或者航空器内犯罪的，也适用本法。

犯罪的行为或者结果有一项发生在中华人民共和国领域内的，就认为是在中华人民共和国领域内犯罪。

---

〔2〕 **【司法解释】**根据2007年8月28日最高法**《关于进一步加强刑事审判工作的决定》**（法发〔2007〕28号），坚持罪责刑相适应，量刑适当。刑罚的轻重，应当与犯罪分子所犯罪行和承担的刑事责任相适应，做到轻罪轻罚，重罪重罚，轻重适度，罪刑相当，罚当其罪，不枉不纵。既要保障法官在法律规定范围内行使自由裁量权，也要注意总结审判经验，完善制度和机制，加强指导和监督，确保量刑均衡，维护司法统一。

根据2019年10月11日最高法、最高检、公安部、国家安全部、司法部**《关于适用认罪认罚从宽制度的指导意见》**（高检发〔2019〕13号），坚持罪责刑相适应原则。办理认罪认罚案件，既要考虑体现认罪认罚从宽，又要考虑其所犯罪行的轻重、应负刑事责任和人身危险性的大小，依照法律规定提出量刑建议，准确裁量刑罚，确保罚当其罪，避免罪刑失衡。特别是对于共同犯罪案件，主犯认罪认罚，从犯不认罪认罚的，人民法院、人民检察院应当注意两者之间的量刑平衡，防止因量刑失当严重偏离一般的司法认知。

〔3〕 **【司法解释】**2021年1月26日最高法**《关于适用〈中华人民共和国刑事诉讼法〉的解释》**（法释〔2021〕1号，自2021年3月1日起施行），就管辖问题规定如下：

第二条 犯罪地包括犯罪行为地和犯罪结果地。

针对或者主要利用计算机网络实施的犯罪，犯罪地包括用于实施犯罪行为的网络服务使用的服务器所在地，网络服务提供者所在地，被侵害的信息网络系统及其管理者所在地，犯罪过程中被告人、被害人使用的信息网络系统所在地，以及被害人被侵害时所在地和被害人财产遭受损失地等。

……

第六条 在国际列车上的犯罪，根据我国与相关国家签订的协定确定管辖；没有协定的，由该列车始发或者前方停靠的中国车站所在地负责审判铁路运输刑事案件的人民法院管辖。

第七条 在中华人民共和国领域外的中国船舶内的犯罪，由该船舶最初停泊的中国口岸所在地或者被告人登陆地、入境地的人民法院管辖。

第七条 【属人管辖】中华人民共和国公民在中华人民共和国领域外犯本法规定之罪的，适用本法，但是按本法规定的最高刑为三年以下有期徒刑的，可以不予追究。

中华人民共和国国家工作人员和军人在中华人民共和国领域外犯本法规定之罪的，适用本法。

第八条 在中华人民共和国领域外的中国航空器内的犯罪，由该航空器在中国最初降落地的人民法院管辖。

第九条 中国公民在中国驻外使领馆内的犯罪，由其主管单位所在地或者原户籍地的人民法院管辖。

第十条 中国公民在中华人民共和国领域外的犯罪，由其登陆地、入境地、离境前居住地或者现居住地的人民法院管辖；被害人是中国公民的，也可以由被害人离境前居住地或者现居住地的人民法院管辖。

第十一条 外国人在中华人民共和国领域外对中华人民共和国国家或者公民犯罪，根据《中华人民共和国刑法》应当受处罚的，由该外国人登陆地、入境地或者入境后居住地的人民法院管辖，也可以由被害人离境前居住地或者现居住地的人民法院管辖。

第十二条 对中华人民共和国缔结或者参加的国际条约所规定的罪行，中华人民共和国在所承担条约义务的范围内行使刑事管辖权的，由被告人被抓获地、登陆地或者入境地的人民法院管辖。

根据2020年7月20日公安部修正后的**《公安机关办理刑事案件程序规定》第十六条第一款**，犯罪地包括犯罪行为发生地和犯罪结果发生地。犯罪行为发生地，包括犯罪行为的实施地以及预备地、开始地、途经地、结束地等与犯罪行为有关的地点；犯罪行为有连续、持续或者继续状态的，犯罪行为连续、持续或者继续实施的地方都属于犯罪行为发生地。犯罪结果发生地，包括犯罪对象被侵害地、犯罪所得的实际取得地、藏匿地、转移地、使用地、销售地。

根据2016年4月27日最高法**《关于人民法院办理接收在台湾地区服刑的大陆居民回大陆服刑案件的规定》第十条**，被判刑人回大陆服刑后，对其在台湾地区已被判处刑罚的行为，人民法院不再审理（★该条中的"被判刑人"是指在台湾地区服刑的大陆居民。台湾是中华人民共和国不可分割的一部分，在台湾地区犯罪属于在中华人民共和国领域内犯罪，大陆居民在台湾地区接受刑事审判属于受到我国审判。因此，对大陆居民在台湾地区已被判处刑罚的行为，内地人民法院不再审理。根据本条的精神，对大陆居民在香港、澳门地区已被判处刑罚的行为，内地人民法院同样应当不再审理——编者说明）。

第八条[4]　**【保护管辖】**外国人在中华人民共和国领域外对中华人民共和国国家或者公民犯罪，而按本法规定的最低刑为三年以上有期徒刑的，可以适用本法，但是按照犯罪地的法律不受处罚的除外。

第九条　【普遍管辖】对于中华人民共和国缔结或者参加的国际条约所规定的罪行，中华人民共和国在所承担条约义务的范围内行使刑事管辖权的，适用本法。

第十条　【经过外国审判的域外犯罪的处理】凡在中华人民共和国领域外犯罪，依照本法应当负刑事责任的，虽然经过外国审判，仍然可以依照本法追究，但是在外国已经受过刑罚处罚的，可以免除或者减轻处罚。

第十一条　【外交豁免】享有外交特权和豁免权的外国人的刑事责任，通过外交途径解决。

第十二条[5]　**【刑法的溯及力】**中华人民共和国成立以后本法施行以前的行为，如果当时的法律不认为是犯罪的，适用当时的法律；如果当时的法律认为是犯罪的，依照本法总则第四章第八节的规定应当追诉的，按照当时的法律追究刑事责任，但是如果本法不认为是犯罪或者处刑较轻的，适用本法。

本法施行以前，依照当时的法律已经作出的生效判决，继续有效。

---

〔4〕**【相关法规】**根据2018年修正后的**《反恐怖主义法》第十一条**，对在中华人民共和国领域外对中华人民共和国国家、公民或者机构实施的恐怖活动犯罪，或者实施的中华人民共和国缔结、参加的国际条约所规定的恐怖活动犯罪，中华人民共和国行使刑事管辖权，依法追究刑事责任。

根据2018年**《国际刑事司法协助法》第三十三条**，来中华人民共和国作证或者协助调查的证人、鉴定人在离境前，其入境前实施的犯罪不受追诉；除因入境后实施违法犯罪而被采取强制措施的以外，其人身自由不受限制。

证人、鉴定人在条约规定的期限内或者被通知无需继续停留后十五日内没有离境的，前款规定不再适用，但是由于不可抗力或者其他特殊原因未能离境的除外。

〔5〕**【司法解释】**

1997年刑法的时间效力

根据1997年3月25日最高法**《关于认真学习宣传贯彻修订的〈中华人民共和国刑法〉的通知》**(法发〔1997〕3号)**第三条**，修订的刑法实施后，各级人民法院必须坚决贯彻执行。对于修订的刑法实施前发生的行为，10月1日实施后尚未处理或者正在处理的案件，依照修订的刑法第十二条的规定办理；对于修订的刑法施行前，人民法院已审结的案件，实施后人民法院按照审判监督程序重新审理的，适用原审结时的有关法律规定。

1997年9月25日最高法**《关于适用刑法时间效力规定若干问题的解释》**（法释〔1997〕5号，自1997年10月1日起施行），就人民法院1997年10月1日以后审理的刑事案件，具体适用修订前的刑法或者修订后的刑法的有关问题规定如下：

第一条　对于行为人1997年9月30日以前实施的犯罪行为，在人民检察院、公安机关、国家安全机关立案侦查或者在人民法院受理案件以后，行为人逃避侦查或者审判，超过追诉期限或者被害人在追诉期限内提出控告，人民法院、人民检察院、公安机关应当立案而不予立案，超过追诉期限的，是否追究行为人的刑事责任，适用修订前的刑法第七十七条的规定。

第二条　犯罪分子1997年9月30日以前犯罪，不具有法定减轻处罚情节，但是根据案件的具体情况需要在法定刑以下判处刑罚的，适用修订前的刑法第五十九条第二款的规定。

第三条　前罪判处的刑罚已经执行完毕或者赦免，在1997年9月30日以前又犯应当判处有期徒刑以上刑罚之罪，是否构成累犯，适用修订前的刑法第六十一条的规定；1997年10月1日以后又犯应当判处有期徒刑以上刑罚之罪的，是否构成累犯，适用刑法第六十五条的规定。

第四条　1997年9月30日以前被采取强制措施的犯罪嫌疑人、被告人或者1997年9月30日以前犯罪，1997年10月1日以后仍在服刑的罪犯，如实供述司法机关还未掌握的本人其他罪行的，适用刑法第六十七条第二款的规定。

第五条　1997年9月30日以前犯罪的犯罪分子，有揭发他人犯罪行为，或者提供重要线索，从而得以侦破其他案件等立功表现的，适用刑法第六十八条的规定。

第六条　1997年9月30日以前犯罪被宣告缓刑的犯罪分子，在1997年10月1日以后的缓刑考验期间又犯新罪、被发现漏罪或者违反法律、行政法规或者国务院公安部门有关缓刑的监督管理规定，情节严重的，适用刑法第七十七条的规定，撤销缓刑。

第七条　1997年9月30日以前犯罪，1997年10月1日以后仍在服刑的犯罪分子，因特殊情况，需要不受执行刑期限制假释的，适用刑法第八十一条第一款的规定，报经最高人民法院核准。

第八条　1997年9月30日以前犯罪，1997年10月1日以后仍在服刑的累犯以及因杀人、爆炸、抢劫、强奸、绑架等暴力性犯罪被判处10年以上有期徒刑、无期徒刑的犯罪分子，适用修订前的刑法第七十三条的规定，可以假释。

第九条　1997年9月30日以前被假释的犯罪分子，在1997年10月1日以后的假释考验期内，又犯新罪、被发现漏罪或者违反法律、行政法规或者国务院公安部门有关假释的监督管理规定的，适用刑法第八十六条的规定，撤销假释。

第十条 按照审判监督程序重新审判的案件，适用行为时的法律。

根据2011年7月15日最高法研究室《**关于假释时间效力法律适用问题的答复**》（法研〔2011〕97号），根据刑法第十二条的规定，应当以行为实施时，而不是审判时，作为新旧法选择适用的判断基础。故《最高人民法院关于适用刑法时间效力规定若干问题的解释》第八条规定的“1997年9月30日以前犯罪，1997年10月1日以后仍在服刑的累犯以及因杀人、爆炸、抢劫、强奸、绑架等暴力性犯罪被判处10年以上有期徒刑、无期徒刑的犯罪分子”，包括1997年9月30日以前犯罪，已被羁押尚未判决的犯罪分子。

1997年10月6日最高检《**关于检察工作中具体适用修订刑法第十二条若干问题的通知**》（高检发释字〔1997〕4号），对发生在1997年9月30日以前，1997年10月1日后尚未处理或者正在处理的行为如何适用法律的若干问题通知如下：

一、如果当时的法律（包括1979年刑法，中华人民共和国惩治军人违反职责罪暂行条例，全国人大常委会关于刑事法律的决定、补充规定，民事、经济、行政法律中“依照”“比照”刑法有关条款追究刑事责任的法律条文，下同）、司法解释认为是犯罪，修订刑法不认为是犯罪的，依法不再追究刑事责任。已经立案、侦查的，撤销案件；已批准逮捕的，撤销批准逮捕决定，并建议公安机关撤销案件；审查起诉的，作出不起诉决定；已经起诉的，建议人民法院退回案件，予以撤销；已经抗诉的，撤回抗诉。

二、如果当时的法律、司法解释认为是犯罪，修订刑法也认为是犯罪的，按从旧兼从轻的原则依法追究刑事责任：

1. 罪名、构成要件、情节以及法定刑没有变化的，适用当时的法律追究刑事责任。

2. 罪名、构成要件、情节以及法定刑已经变化的，根据从轻原则，确定适用当时的法律或者修订刑法追究刑事责任。

三、如果当时的法律不认为是犯罪，修订刑法认为是犯罪的，适用当时的法律；但行为连续或者继续到1997年10月1日以后的，对10月1日以后构成犯罪的行为适用修订刑法追究刑事责任。

1997年12月31日最高法《**关于适用刑法第十二条几个问题的解释**》（法释〔1997〕12号，自1998年1月13日起施行），就刑法第十二条适用中的几个具体问题，解释如下：

第一条 刑法第十二条规定的“处刑较轻”，是指刑法对某种犯罪规定的刑罚即法定刑比修订前刑法轻。法定刑较轻是指法定最高刑较轻；如果法定最高刑相同，则指法定最低刑较轻。

第二条　如果刑法规定的某一犯罪只有一个法定刑幅度，法定最高刑或者最低刑是指该法定刑幅度的最高刑或者最低刑；如果刑法规定的某一犯罪有两个以上的法定刑幅度，法定最高刑或者最低刑是指具体犯罪行为应当适用的法定刑幅度的最高刑或者最低刑。

第三条　1997年10月1日以后审理1997年9月30日以前发生的刑事案件，如果刑法规定的定罪处刑标准、法定刑与修订前刑法相同的，应当适用修订前的刑法。

根据1998年12月2日最高检**《关于对跨越修订刑法施行日期的继续犯罪、连续犯罪以及其他同种数罪应如何具体适用刑法问题的批复》**（高检发释字〔1998〕6号），对于开始于1997年9月30日以前，继续或者连续到1997年10月1日以后的行为，以及在1997年10月1日前后分别实施的同种类数罪，如果原刑法和修订刑法都认为是犯罪并且应当追诉，按照下列原则决定如何适用法律：

一、对于开始于1997年9月30日以前，继续到1997年10月1日以后终了的继续犯罪，应当适用修订刑法一并进行追诉。

二、对于开始于1997年9月30日以前，连续到1997年10月1日以后的连续犯罪，或者在1997年10月1日前后分别实施的同种类数罪，其中罪名、构成要件、情节以及法定刑均没有变化的，应当适用修订刑法，一并进行追诉；罪名、构成要件、情节以及法定刑已经变化的，也应当适用修订刑法，一并进行追诉，但是修订刑法比原刑法所规定的构成要件和情节较为严格，或者法定刑较重的，在提起公诉时应当提出酌情从轻处理意见。

刑法修正案的时间效力等问题

根据2002年1月25日最高检**《关于认真贯彻执行〈中华人民共和国刑法修正案（三）〉的通知》**（高检发研字〔2002〕2号）**第三条**，各级检察机关在办理有关恐怖活动犯罪案件过程中，要严格掌握《刑法修正案（三）》规定的法律要件，准确认定犯罪嫌疑人行为的性质，正确适用有关法律规定。对于《刑法修正案（三）》公布实施前发生，正在办理或者尚未办理的案件，要依照刑法第十二条规定的原则正确适用法律。对于疑难、复杂案件以及社会影响大的案件，要及时向上级人民检察院请示汇报。

根据2003年1月14日最高检**《关于认真贯彻执行〈中华人民共和国刑法修正案（四）〉和〈全国人大常委会关于〈中华人民共和国刑法〉第九章渎职罪主体适用问题的解释〉的通知》**（高检发研字〔2003〕1号）**第三条**，《刑法修正案（四）》是对《刑法》有关条文的修改和补充，实践中办理相关案件时，应当依照《刑法》第十二条规定的原则正确适用法律。对于1997年修订刑法施行以后、《刑法修正案（四）》施行以前发生的枉法执行判决、裁定犯罪行为，应当依照《刑法》第三百九十七条的规定追究刑事责任。根据《立法法》第四十七条(★现为2023年第二次修正后的《立法法》第五十三条——编者说明)的规定,法律解释的时间效力与它所解释的法律的时间效力相同。对于在1997年修订刑法施行以后、《解释》施行以前发生的行为,在《解释》施行以后尚未处理或者正在处理的案件,应当依照《解释》的规定办理。对于在《解释》施行前已经办结的案件,不再变动。

2021年5月最高法、最高检、公安部、司法部**《关于适用〈中华人民共和国刑法修正案(十一)〉有关问题的通知》**(法发〔2021〕16号),为正确适用《中华人民共和国刑法修正案(十一)》(以下简称《刑法修正案(十一)》),根据《中华人民共和国刑法》第十二条等规定,现将有关问题通知如下:

一、《刑法修正案(十一)》生效后,下列司法解释、规范性文件中,与《刑法修正案(十一)》不一致的内容,不再适用;与《刑法修正案(十一)》不相冲突的内容,在新的司法解释颁行前,继续有效:

(一)《最高人民法院、最高人民检察院、公安部关于依法惩治妨害公共交通工具安全驾驶违法犯罪行为的指导意见》(公通字〔2019〕1号);

(二)《最高人民法院关于依法妥善审理高空抛物、坠物案件的意见》(法发〔2019〕25号);

(三)《最高人民法院、最高人民检察院、公安部、司法部关于办理黑恶势力犯罪案件若干问题的指导意见》(法发〔2018〕1号);

(四)《最高人民法院、最高人民检察院关于办理赌博刑事案件具体应用法律若干问题的解释》(法释〔2005〕3号);

(五)《最高人民法院、最高人民检察院、公安部关于依法惩治袭警违法犯罪行为的指导意见》(公通字〔2019〕32号);

(六)其他与《刑法修正案(十一)》不完全一致的司法解释、规范性文件。

二、2021年2月28日以前发生的行为,2021年3月1日以后尚未处理或者正在处理的,依照《中华人民共和国刑法》第十二条和相关司法解释办理。

办理前款规定的案件,适用经《刑法修正案(十一)》修正的《中华人民共和国刑法》规定的,依照《最高人民法院、最高人民检察院关于执行〈中华人民共和国刑法〉确定罪名的补充规定(七)》(法释〔2021〕2号)确定罪名。

三、修正前刑法规定的主刑较重但未规定附加刑,修正后刑法规定的主刑较轻但规定并处附加刑的,应当适用修正后刑法的有关规定,在判处主刑时并处附加刑,但应当妥当把握主刑、附加刑的幅度,确保体现从旧兼从轻的原则。

四、本通知自2021年5月20日起施行。执行过程中遇到的问题,请及时分别报告最高人民法院、最高人民检察院、公安部、司法部。

★最高法、最高检仅就《刑法修正案(三)》《刑法修正案(四)》《刑法修正案(八)》《刑法修正案(九)》与《刑法修正案(十一)》,专门出台或者附带提及时间效力规定。其中,《刑法修正案(八)》《刑法修正案(九)》的时间效力规定极为具体，已被分解到相应刑法条文下面，这里不再重复罗列——编者说明。

司法解释的时间效力问题

2001年12月7日最高法、最高检**《关于适用刑事司法解释时间效力问题的规定》**（高检发释字〔2001〕5号，自2001年12月17日起施行），对适用刑事司法解释时间效力问题提出如下意见：

一、司法解释是最高法对审判工作中具体应用法律问题和最高检对检察工作中具体应用法律问题所作的具有法律效力的解释，自发布或者规定之日起施行，效力适用于法律的施行期间。

二、对于司法解释实施前发生的行为，行为时没有相关司法解释，司法解释施行后尚未处理或者正在处理的案件，依照司法解释的规定办理。

三、对于新的司法解释实施前发生的行为，行为时已有相关司法解释，依照行为时的司法解释办理，但适用新的司法解释对犯罪嫌疑人、被告人有利的，适用新的司法解释。

四、对于在司法解释施行前已办结的案件，按照当时的法律和司法解释，认定事实和适用法律没有错误的，不再变动。

根据2003年7月29日最高法**《关于九七刑法实施后发生的非法买卖枪支案件，审理时新的司法解释尚未作出，是否可以参照1995年9月20日最高人民法院〈关于办理非法制造、买卖、运输非军用枪支、弹药刑事案件适用法律问题的解释〉的规定审理案件请示的复函》**（刑立他字〔2003〕第8号），原审被告人侯磊非法买卖枪支的行为发生在修订后的《刑法》实施以后，而该案审理时《最高人民法院关于审理非法制造、买卖、运输枪支、弹药、爆炸物等刑事案件具体应用法律若干问题的解释》尚未颁布，因此，依照我院法发〔1997〕3号《关于认真学习宣传贯彻修订的〈中华人民共和国刑法〉的通知》的精神，该案应参照1995年9月20日最高人民法院法发〔1995〕20号《关于办理非法制造、买卖、运输非军用枪支、弹药刑事案件适用法律问题的解释》的规定办理（★该《复函》解决的是司法解释的时间效力问题，其精神与2001年12月7日最高法、最高检《关于适用刑事司法解释时间效力问题的规定》一致——编者说明）。

【会议纪要】根据最高法第二巡回法庭2020年第9次法官会议纪要**《从旧兼从轻原则是否适用于前置性规范》**，从旧兼从轻原则应适用于前置性规范（★该会议纪要处理的案件是：2018年，甲多次前往欧洲，擅自携带入境未经批准进口的某抗菌霉素（德国某药厂生产并在欧盟范围内销售，总价值3000元），后将上述药品以3500元的价格转卖他人。2019年8月，某甲一审以销售假药罪被判处有期徒刑1年，缓刑1年。某甲提出上诉后，法院二审期间，全国人大常委会对《药品管理法》进行了修订。本案的问题是：在《药品管理法》对假药的定义发生变化的情况下，认定销售假药罪时，从旧兼从轻原则是否应适用于前置性规范？法官会议纪要对此予以肯定——编者说明）。

第二章 犯 罪

第一节 犯罪和刑事责任

第十三条 【犯罪的概念】一切危害国家主权、领土完整和安全，分裂国家、颠覆人民民主专政的政权和推翻社会主义制度，破坏社会秩序和经济秩序，侵犯国有财产或者劳动群众集体所有的财产，侵犯公民私人所有的财产，侵犯公民的人身权利、民主权利和其他权利，以及其他危害社会的行为，依照法律应当受刑罚处罚的，都是犯罪，但是情节显著轻微危害不大的，不认为是犯罪。

第十四条 【故意犯罪】明知自己的行为会发生危害社会的结果，并且希望或者放任这种结果发生，因而构成犯罪的，是故意犯罪。

故意犯罪，应当负刑事责任。

第十五条 【过失犯罪】应当预见自己的行为可能发生危害社会的结果，因为疏忽大意而没有预见，或者已经预见而轻信能够避免，以致发生这种结果的，是过失犯罪。

过失犯罪，法律有规定的才负刑事责任。

第十六条 【不可抗力与意外事件】行为在客观上虽然造成了损害结果，但是不是出于故意或者过失，而是由于不能抗拒或者不能预见的原因所引起的，不是犯罪。

第十七条[6] **【刑事责任年龄】**已满十六周岁的人犯罪，应当负刑事责任。

---

〔6〕 **【刑法修订】**2020年《**刑法修正案（十一）**》**第一条**修订了本条。1997年刑法原文如下：

第十七条 已满十六周岁的人犯罪，应当负刑事责任。

已满十四周岁不满十六周岁的人，犯故意杀人、故意伤害致人重伤或者死亡、强奸、抢劫、贩卖毒品、放火、爆炸、投毒罪的，应当负刑事责任。

已满十四周岁不满十八周岁的人犯罪，应当从轻或者减轻处罚。

因不满十六周岁不予刑事处罚的，责令他的家长或者监护人加以管教；在必要的时候，也可以由政府收容教养。

2020年《**刑法修正案（十一）**》将第二款中的"投毒罪"修改为"投放危险物质罪"，在第三款增设已满十二周岁不满十四周岁的人应负刑事责任的情已满十四周岁不满十六周岁的人，犯故意杀人、故意伤害致人重伤或者死亡、强奸、抢劫、贩卖毒品、放火、爆炸、投放危险物质罪的，应当负刑事责任。

已满十二周岁不满十四周岁的人，犯故意杀人、故意伤害罪，致人死亡或者以特别残忍手段致人重伤造成严重残疾，情节恶劣，经最高人民检察院核准追诉的，应当负刑事责任。

对依照前三款规定追究刑事责任的不满十八周岁的人，应当从轻或者减轻处罚。

因不满十六周岁不予刑事处罚的，责令其父母或者其他监护人加以管教；在必要的时候，依法进行专门矫治教育。

形，将原第三款、第四款改为第四款、第五款，并将原第四款中的“也可以由政府收容教养”修改为“依法进行专门矫治教育”。

【相关法规】2018年修正后的**《刑事诉讼法》**，就未成年犯相关问题规定如下：

第二百六十四条第三款　对未成年犯应当在未成年犯管教所执行刑罚。

……

第二百七十七条　对犯罪的未成年人实行教育、感化、挽救的方针，坚持教育为主、惩罚为辅的原则。

人民法院、人民检察院和公安机关办理未成年人刑事案件，应当保障未成年人行使其诉讼权利，保障未成年人得到法律帮助，并由熟悉未成年人身心特点的审判人员、检察人员、侦查人员承办。

……

第二百八十二条第一款　对于未成年人涉嫌刑法分则第四章、第五章、第六章规定的犯罪，可能判处1年有期徒刑以下刑罚，符合起诉条件，但有悔罪表现的，人民检察院可以作出附条件不起诉的决定。人民检察院在作出附条件不起诉的决定以前，应当听取公安机关、被害人的意见。

2012年修正后的**《监狱法》**对未成年犯的教育改造问题规定如下：

第七十四条　对未成年犯应当在未成年犯管教所执行刑罚。

第七十五条　对未成年犯执行刑罚应当以教育改造为主。未成年犯的劳动，应当符合未成年人的特点，以学习文化和生产技能为主。

监狱应当配合国家、社会、学校等教育机构，为未成年犯接受义务教育提供必要的条件。

第七十六条　未成年犯年满18周岁时，剩余刑期不超过2年的，仍可以留在未成年犯管教所执行剩余刑期。

2020年12月26日修订后的《**预防未成年人犯罪法**》,就预防未成年人违法犯罪问题规定如下:

第四十一条 对有严重不良行为(★"严重不良行为"是指未成年人实施的有刑法规定、因不满法定刑事责任年龄不予刑事处罚的行为,以及《预防未成年人犯罪法》第38条所列举的其他严重危害社会的行为——编者说明)的未成年人,公安机关可以根据具体情况,采取以下矫治教育措施:

(一)予以训诫;

(二)责令赔礼道歉、赔偿损失;

(三)责令具结悔过;

(四)责令定期报告活动情况;

(五)责令遵守特定的行为规范,不得实施特定行为、接触特定人员或者进入特定场所;

(六)责令接受心理辅导、行为矫治;

(七)责令参加社会服务活动;

(八)责令接受社会观护,由社会组织、有关机构在适当场所对未成年人进行教育、监督和管束;

(九)其他适当的矫治教育措施。

……

第四十五条 未成年人实施刑法规定的行为、因不满法定刑事责任年龄不予刑事处罚的,经专门教育指导委员会评估同意,教育行政部门会同公安机关可以决定对其进行专门矫治教育。

省级人民政府应当结合本地的实际情况,至少确定一所专门学校按照分校区、分班级等方式设置专门场所,对前款规定的未成年人进行专门矫治教育。

前款规定的专门场所实行闭环管理,公安机关、司法行政部门负责未成年人的矫治工作,教育行政部门承担未成年人的教育工作。

【立法解释】根据2002年7月24日全国人大常委会法制工作委员会《**关于已满十四周岁不满十六周岁的人承担刑事责任范围问题的答复意见**》(法工委复字〔2002〕12号),刑法第十七条第二款规定的八种犯罪,是指具体犯罪行为而不是具体罪名。刑法第十七条中规定的"犯故意杀人、故意伤害致人重伤或者死亡",是指只要故意实施了杀人、伤害行为并且造成了致人重伤、死亡后果的,都应负刑事责任。而不是指只有犯故意杀人罪、故意伤害罪的,才负刑事责任,绑架撕票的,不负刑事责任。对司法实践中出现的已满十四周岁不满十六周岁的人绑架人质后杀害被绑架人,拐卖妇女、儿童而故意造成被拐卖妇女、儿童重伤或死亡的行为,依据刑法是应当追究其刑事责任的。

【司法解释】2006年1月11日最高法**《关于审理未成年人刑事案件具体应用法律若干问题的解释》**(法释〔2006〕1号,自2006年1月23日起施行),就审理未成年人刑事案件具体应用法律的若干问题解释如下:

第一条 本解释所称未成年人刑事案件,是指被告人实施被指控的犯罪时已满14周岁不满18周岁的案件。

第二条 刑法第十七条规定的"周岁",按照公历的年、月、日计算,从周岁生日的第二天起算。

第三条 审理未成年人刑事案件,应当查明被告人实施被指控的犯罪时的年龄。裁判文书中应当写明被告人出生的年、月、日。

第四条 对于没有充分证据证明被告人实施被指控的犯罪时已经达到法定刑事责任年龄且确实无法查明的,应当推定其没有达到相应法定刑事责任年龄。

相关证据足以证明被告人实施被指控的犯罪时已经达到法定刑事责任年龄,但是无法准确查明被告人具体出生日期的,应当认定其达到相应法定刑事责任年龄。

第五条 已满14周岁不满16周岁的人实施刑法第十七条第二款规定以外的行为,如果同时触犯了刑法第十七条第二款规定的,应当依照刑法第十七条第二款的规定确定罪名,定罪处罚。

第六条 已满14周岁不满16周岁的人偶尔与幼女发生性行为,情节轻微、未造成严重后果的,不认为是犯罪。

第七条 已满14周岁不满16周岁的人使用轻微暴力或者威胁,强行索要其他未成年人随身携带的生活、学习用品或者钱财数量不大,且未造成被害人轻微伤以上或者不敢正常到校学习、生活等危害后果的,不认为是犯罪。

已满16周岁不满18周岁的人具有前款规定情形的,一般也不认为是犯罪。

第八条 已满16周岁不满18周岁的人出于以大欺小、以强凌弱或者寻求精神刺激,随意殴打其他未成年人、多次对其他未成年人强拿硬要或者任意损毁公私财物,扰乱学校及其他公共场所秩序,情节严重的,以寻衅滋事罪定罪处罚。

第九条 已满16周岁不满18周岁的人实施盗窃行为未超过3次,盗窃数额虽已达到"数额较大"标准,但案发后能如实供述全部盗窃事实并积极退赃,且具有下列情形之一的,可以认定为"情节显著轻微危害不大",不认为是犯罪:

(一)系又聋又哑的人或者盲人;

(二)在共同盗窃中起次要或者辅助作用,或者被胁迫;

(三)具有其他轻微情节的。

已满16周岁不满18周岁的人盗窃未遂或者中止的，可不认为是犯罪。

已满16周岁不满18周岁的人盗窃自己家庭或者近亲属财物，或者盗窃其他亲属财物但其他亲属要求不予追究的，可不按犯罪处理。

第十条 已满14周岁不满16周岁的人盗窃、诈骗、抢夺他人财物，为窝藏赃物、抗拒抓捕或者毁灭罪证，当场使用暴力，故意伤害致人重伤或者死亡，或者故意杀人的，应当分别以故意伤害罪或者故意杀人罪定罪处罚。

已满16周岁不满18周岁的人犯盗窃、诈骗、抢夺罪，为窝藏赃物、抗拒抓捕或者毁灭罪证而当场使用暴力或者以暴力相威胁的，应当依照刑法第二百六十九条的规定定罪处罚；情节轻微的，可不以抢劫罪定罪处罚。

第十一条 对未成年罪犯适用刑罚，应当充分考虑是否有利于未成年罪犯的教育和矫正。

对未成年罪犯量刑应当依照刑法第六十一条的规定，并充分考虑未成年人实施犯罪行为的动机和目的、犯罪时的年龄、是否初次犯罪、犯罪后的悔罪表现、个人成长经历和一贯表现等因素。对符合管制、缓刑、单处罚金或者免予刑事处罚适用条件的未成年罪犯，应当依法适用管制、缓刑、单处罚金或者免予刑事处罚。

第十二条 行为人在达到法定刑事责任年龄前后均实施了危害社会的行为，只能依法追究其达到法定刑事责任年龄后实施的危害社会行为的刑事责任。

行为人在年满18周岁前后实施了不同种犯罪行为，对其年满18周岁以前实施的犯罪应当依法从轻或者减轻处罚。行为人在年满18周岁前后实施了同种犯罪行为，在量刑时应当考虑对年满18周岁以前实施的犯罪，适当给予从轻或者减轻处罚。

……

第二十条 本解释自公布之日起施行。

《最高人民法院关于办理未成年人刑事案件适用法律的若干问题的解释》（法发〔1995〕9号）自本解释公布之日起不再执行［★该《解释》的公布日期为2006年1月11日。“本解释自公布之日起施行”的规定明显与最高法公告中《解释》“自2006年1月23日起施行”的公告相矛盾。为避免再次出现此类问题，2007年8月23日最高法办公厅《关于规范司法解释施行日期有关问题的通知》（法办〔2007〕396号）规定，今后各部门起草的司法解释对施行日期没有特别要求的，司法解释条文中不再规定“本解释（规定）自公布之日起施行”的条款，施行时间一律以发布司法解释的最高法公告中明确的日期为准；司法解释对施行日期有特别要求的，应当在司法解释条文中规定相应条款，明确具体施行时间，我院公告的施行日期应当与司法解释的规定相一致——编者说明］。

2017年3月2日最高检《**未成年人刑事检察工作指引(试行)**》(高检发未检字〔2017〕1号),就未成年人刑事检察工作指引,规定如下:

第六条　人民检察院对于犯罪时未达到刑事责任年龄的未成年人,应当加强与公安机关、学校、社会保护组织等单位及未成年人家庭的协调、配合,通过责令加以管教、政府收容教养(★“收容教养”已被立法修改为“专门矫治教育”——编者说明)、实施社会观护等措施,预防其再犯罪。

……

第十五条　人民检察院办理未成年人刑事案件要切实贯彻“教育、感化、挽救”方针和“教育为主、惩罚为辅”原则,落实好刑事诉讼法规定的特殊制度、程序和要求。坚持教育和保护优先,为涉罪未成年人重返社会创造机会,最大限度地减少羁押措施、刑罚尤其是监禁刑的适用。

……

第一百五十二条　人民检察院审查未成年人刑事案件,应当注重对未成年人年龄证据的审查,重点审查是否已满14、16、18周岁。

对于未成年人年龄证据,一般应当以公安机关加盖公章、附有未成年人照片的户籍证明为准。当户籍证明与其他证据存在矛盾时,应当遵循以下原则:

(一)可以调取医院的分娩记录、出生证明、户口簿、户籍登记底卡、居民身份证、临时居住证、护照、入境证明、港澳居民来往内地通行证、台湾居民来往大陆通行证、中华人民共和国旅行证、学籍卡、计生台帐、防疫证、(家)族谱等证明文件,收集接生人员、邻居、同学等其他无利害关系人的证言,综合审查判断,排除合理怀疑,采纳各证据共同证实的相对一致的年龄。

(二)犯罪嫌疑人不讲真实姓名、住址,年龄不明的,可以委托进行骨龄鉴定或者其他科学鉴定。经审查,鉴定意见能够准确确定犯罪嫌疑人实施犯罪行为时的年龄的,可以作为判断犯罪嫌疑人年龄的证据参考。若鉴定意见不能准确确定犯罪嫌疑人实施犯罪行为时的年龄,而且显示犯罪嫌疑人年龄在法定应负刑事责任年龄上下,但无法查清真实年龄的,应当作出有利于犯罪嫌疑人的认定。

……

第一百七十六条　对于犯罪情节轻微,具有下列情形之一,依照刑法规定不需要判处刑罚或者免除刑罚的未成年犯罪嫌疑人,一般应当依法作出不起诉决定:

(一)被胁迫参与犯罪的;

(二)犯罪预备、中止、未遂的;

(三)在共同犯罪中起次要或者辅助作用的;

(四)系又聋又哑的人或者盲人的;

(五)因防卫过当或者紧急避险过当构成犯罪的;

(六)有自首或者立功表现的;

（七）其他依照刑法规定不需要判处刑罚或者免除刑罚的情形。

对于未成年人轻伤害、初次犯罪、过失犯罪、犯罪未遂以及被诱骗或者被教唆实施犯罪等，情节轻微，确有悔罪表现，当事人双方自愿就民事赔偿达成协议并切实履行，或者经被害人同意并提供有效担保，符合刑法第三十七条规定的，人民检察院可以依照刑事诉讼法第一百七十三条第二款（★ 2018年《刑事诉讼法》第一百七十七条第二款——编者说明）的规定作出不起诉决定，并根据案件的不同情况，予以训诫或者责令具结悔过、赔礼道歉、赔偿损失，或者由主管部门予以行政处罚。

……

第一百八十一条 对于符合以下条件的案件，人民检察院可以作出附条件不起诉的决定：

（一）犯罪嫌疑人实施犯罪行为时系未成年人的；

（二）涉嫌刑法分则第四章、第五章、第六章规定的犯罪的；

（三）可能被判处1年有期徒刑以下刑罚的；

（四）犯罪事实清楚，证据确实、充分，符合起诉条件的；

（五）犯罪嫌疑人具有悔罪表现的。

人民检察院可以参照《最高人民法院关于常见犯罪的量刑指导意见》并综合考虑全案情况和量刑情节，衡量是否“可能判处1年有期徒刑以下刑罚”。

具有下列情形之一的，一般认为具有悔罪表现：

（一）犯罪嫌疑人认罪认罚的；

（二）向被害人赔礼道歉、积极退赃、尽力减少或者赔偿损失的；

（三）取得被害人谅解的；

（四）具有自首或者立功表现的；

（五）犯罪中止的；

（六）其他具有悔罪表现的情形。

对于符合附条件不起诉条件，实施犯罪行为时未满18周岁，但诉讼时已成年的犯罪嫌疑人，人民检察院可以作出附条件不起诉决定。

★ 2013年12月27日最高检《人民检察院办理未成年人刑事案件的规定》，基本被2017年3月2日最高检《未成年人刑事检察工作指引（试行）》取代，故本书不再收录——编者说明。

根据1997年11月24日公安部法制司**《关于如何确定无户籍登记的犯罪嫌疑人年龄的答复》**（公法〔1997〕125号），鉴于黄某的年龄在户籍资料中没有任何记载，户口登记机关无法提供准确的依据。因此，公安机关应进行司法鉴定，以确定诸如黄某等无户籍登记的犯罪嫌疑人的实际年龄。

根据目前的技术水平，还无法对犯罪嫌疑人的年龄作出精确的鉴定，对

25岁以内青少年的年龄鉴定结论误差范围通常在 ±2岁以内，只能反映犯罪嫌疑人的年龄段（如14岁以上18岁以下）。从保护青少年的合法权益和“教育、感化、挽救”的刑事政策出发，在实际认定时，应将鉴定反映的该犯罪嫌疑人年龄段的下限即可能的最低年龄视为犯罪嫌疑人的年龄。

根据2003年4月18日最高检法律政策研究室**《关于相对刑事责任年龄的人承担刑事责任范围有关问题的答复》**（高检研发〔2003〕第13号），相对刑事责任年龄的人实施了刑法第十七条第二款规定的行为，应当追究刑事责任的，其罪名应当根据所触犯的刑法分则具体条文认定。对于绑架后杀害被绑架人的，其罪名应认定为绑架罪（★将罪名认定为绑架罪的看法是否合适，值得研究——编者说明）。

根据2004年7月15日最高法**《对甘肃省高级人民法院〔2003〕甘行终字第98号请示的答复》**（〔2004〕行他字第10号），《刑法》第十七条关于“因不满十六周岁不予刑事处罚的……；在必要的时候，可以由政府收容教养”（★现为“专门矫治教育”——编者说明）的规定，适用于因不满14周岁不予刑事处罚的情形。

根据2007年1月26日公安部**《公安机关执行〈中华人民共和国治安管理处罚法〉有关问题的解释（二）》**，对已满十四周岁不满十六周岁不予刑事处罚的，应当责令其家长或者监护人加以管教；必要时，可以依照《治安管理处罚法》的相关规定予以治安管理处罚……（★根据2012年《治安管理处罚法》第12条“不满十四周岁的人违反治安管理的，不予处罚”的规定，对已满十二周岁不满十四周岁的人故意杀人、故意伤害行为不予刑事处罚的，不能予以治安管理处罚——编者说明）。

根据2010年2月8日最高法**《关于贯彻宽严相济刑事政策的若干意见》第二十条**，对于未成年人犯罪，在具体考虑其实施犯罪的动机和目的、犯罪性质、情节和社会危害程度的同时，还要充分考虑其是否属于初犯，归案后是否悔罪，以及个人成长经历和一贯表现等因素，坚持“教育为主、惩罚为辅”的原则和“教育、感化、挽救”的方针进行处理。对于偶尔盗窃、抢夺、诈骗，数额刚达到较大的标准，案发后能如实交代并积极退赃的，可以认定为情节显著轻微，不作为犯罪处理。对于罪行较轻的，可以依法适当多适用缓刑或者判处管制、单处罚金等非监禁刑；依法可免予刑事处罚的，应当免予刑事处罚。对于犯罪情节严重的未成年人，也应当依照刑法第十七条第三款（★现为刑法第十七条第四款——编者说明）的规定予以从轻或者减轻处罚。对于已满14周岁不满16周岁的未成年犯罪人，一般不判处无期徒刑。

根据2011年1月25日最高检**《关于对涉嫌盗窃的不满16周岁未成年人采取刑事拘留强制措施是否违法问题的批复》**（高检发释字〔2011〕1号，

第十七条之一〔7〕 **【老年人犯罪从宽处罚】**已满七十五周岁的人故意犯罪的，可以从轻或者减轻处罚；过失犯罪的，应当从轻或者减轻处罚。

自2011年1月25日起施行），根据刑法、刑事诉讼法、未成年人保护法等有关法律规定，对于实施犯罪时未满16周岁的未成年人，且未犯刑法第十七条第二款规定之罪的，公安机关查明犯罪嫌疑人实施犯罪时年龄确系未满16周岁依法不负刑事责任后仍予以刑事拘留的，检察机关应当及时提出纠正意见。

【公报案例】根据《公报》**2018年第1期·上海市长宁区人民检察院诉韩某某盗窃案**，刑事案件被告人年龄认定尤其是临界年龄认定发生争议，穷尽证据调查和证明手段仍无法查明，或者查实的证据有瑕疵、相互矛盾或者证明力较低的，一般采用以下规则处理：一是户籍优先原则。《出生医学证明》是户口登记机关登记出生的重要依据，公安机关作出确认当事人身份关系包括年龄的具体行政行为具有法律效力。在调取的户籍资料与其他书证如学籍资料记载的入学日期、与其他证人证言等存在相互矛盾时，以认定户籍登记资料为原则，对户籍登记资料不予采信为例外。二是书证优先原则。有关部门存档的书证，尤其是在案发前形成的书证客观性较强，其证明的内容与证人证言存在相互矛盾时，以书证认定优于证人证言为原则，对书证不予采信为例外。三是参考鉴定原则。司法骨龄鉴定意见对判断被鉴定人年龄有科学参考价值。如果骨龄鉴定意见不能准确确定被告人实施犯罪行为时的实际年龄，存在一定的跨龄鉴定幅度，该鉴定意见不能单独作为认定年龄的证据加以适用，应当结合其他证据且必须是有效证据慎重判断才能作出综合认定。不能排除证据之间的矛盾，无充分证据证明被告人实施被指控犯罪时已满十八周岁且确实无法查明的，应按有利于被告人的原则，推定其不满十八周岁。

【量刑指导】根据2021年6月17日最高法、最高检《**关于常见犯罪的量刑指导意见（试行）**》，对于未成年人犯罪，综合考虑未成年人对犯罪的认知能力、实施犯罪行为的动机和目的、犯罪时的年龄、是否初犯、偶犯、悔罪表现、个人成长经历和一贯表现等情况，应当予以从宽处罚。

1. 已满12周岁不满16周岁的未成年人犯罪，减少基准刑的30%-60%；
2. 已满16周岁不满18周岁的未成年人犯罪，减少基准刑的10%-50%。

〔7〕**【刑法修订】**本条为2011年《**刑法修正案（八）**》**第一条**增设。

【量刑指导】根据2021年6月17日最高法、最高检《**关于常见犯罪的量刑指导意见（试行）**》，对于已满75周岁的老年人故意犯罪，综合考虑犯罪的性质、情节、后果等情况，可以减少基准刑的40%以下；过失犯罪的，减少基准刑的20%-50%。

第十八条[8] **【精神病人、醉酒的人犯罪的刑事责任】**精神病人在不能辨认或者不能控制自己行为的时候造成危害结果，经法定程序鉴定确认的，不负刑事责任，但是应当责令他的家属或者监护人严加看管和医疗；在必要的时候，由政府强制医疗。

间歇性的精神病人在精神正常的时候犯罪，应当负刑事责任。

尚未完全丧失辨认或者控制自己行为能力的精神病人犯罪的，应当负刑事责任，但是可以从轻或者减轻处罚。

醉酒的人犯罪，应当负刑事责任。

第十九条[9] **【又聋又哑的人、盲人犯罪的刑事责任】**又聋又哑的人或者盲人犯罪，可以从轻、减轻或者免除处罚。

---

〔8〕**【相关法规】**根据2018年**《刑事诉讼法》第三百零二条**，实施暴力行为，危害公共安全或者严重危害公民人身安全，经法定程序鉴定依法不负刑事责任的精神病人，有继续危害社会可能的，可以予以强制医疗。

第三百零三条　根据本章规定对精神病人强制医疗的，由人民法院决定。

公安机关发现精神病人符合强制医疗条件的，应当写出强制医疗意见书，移送人民检察院。对于公安机关移送的或者在审查起诉过程中发现的精神病人符合强制医疗条件的，人民检察院应当向人民法院提出强制医疗的申请。人民法院在审理案件过程中发现被告人符合强制医疗条件的，可以作出强制医疗的决定。

对实施暴力行为的精神病人，在人民法院决定强制医疗前，公安机关可以采取临时的保护性约束措施。

根据2021年修订后的**《行政处罚法》第三十一条**，精神病人、智力残疾人在不能辨认或者不能控制自己行为时有违法行为的，不予行政处罚，但应当责令其监护人严加看管和治疗。间歇性精神病人在精神正常时有违法行为的，应当给予行政处罚。尚未完全丧失辨认或者控制自己行为能力的精神病人、智力残疾人有违法行为的，可以从轻或者减轻行政处罚。

〔9〕**【量刑指导】**根据2021年6月17日最高法、最高检**《关于常见犯罪的量刑指导意见（试行）》**，对于又聋又哑的人或者盲人犯罪，综合考虑犯罪性质、情节、后果以及聋哑人或者盲人犯罪时的控制能力等情况，可以减少基准刑的50%以下；犯罪较轻的，可以减少基准刑的50%以上或者依法免除处罚。

第20条
下一刑法条文→第43页

第二十条[10] **【正当防卫】**为了使国家、公共利益、本人或者他人的人身、财产和其他权利免受正在进行的不法侵害，而采取的制止不法侵害的行为，对不法侵害人造成损害的，属于正当防卫，不负刑事责任。

正当防卫明显超过必要限度造成重大损害的，应当负刑事责任，但是应当减轻或者免除处罚。

对正在进行行凶、杀人、抢劫、强奸、绑架以及其他严重危及人身安全的暴力犯罪，采取防卫行为，造成不法侵害人伤亡的，不属于防卫过当，不负刑事责任。

---

〔10〕**【相关法规】**根据2021年**《海警法》第二十二条**，国家主权、主权权利和管辖权在海上正在受到外国组织和个人的不法侵害或者面临不法侵害的紧迫危险时，海警机构有权依照本法和其他相关法律、法规，采取包括使用武器在内的一切必要措施制止侵害、排除危险。

【司法解释】2020年8月28日最高法、最高检、公安部**《关于依法适用正当防卫制度的指导意见》**（法发〔2020〕31号），为依法准确适用正当防卫制度，维护公民的正当防卫权利，鼓励见义勇为，弘扬社会正气，把社会主义核心价值观融入刑事司法工作，根据《中华人民共和国刑法》和《中华人民共和国刑事诉讼法》的有关规定，结合工作实际，制定本意见。

一、总体要求

1. 把握立法精神，严格公正办案。正当防卫是法律赋予公民的权利。要准确理解和把握正当防卫的法律规定和立法精神，对于符合正当防卫成立条件的，坚决依法认定。要切实防止“谁能闹谁有理”“谁死伤谁有理”的错误做法，坚决捍卫“法不能向不法让步”的法治精神。

2. 立足具体案情，依法准确认定。要立足防卫人防卫时的具体情境，综合考虑案件发生的整体经过，结合一般人在类似情境下的可能反应，依法准确把握防卫的时间、限度等条件。要充分考虑防卫人面临不法侵害时的紧迫状态和紧张心理，防止在事后以正常情况下冷静理性、客观精确的标准去评判防卫人。

3. 坚持法理情统一，维护公平正义。认定是否构成正当防卫、是否防卫过当以及对防卫过当裁量刑罚时，要注重查明前因后果，分清是非曲直，确保案件处理于法有据、于理应当、于情相容，符合人民群众的公平正义观念，实现法律效果与社会效果的有机统一。

4. 准确把握界限，防止不当认定。对于以防卫为名行不法侵害之实的违法犯罪行为，要坚决避免认定为正当防卫或者防卫过当。对于虽具有防卫性质，但防卫行为明显超过必要限度造成重大损害的，应当依法认定为防卫过当。

二、正当防卫的具体适用

5. 准确把握正当防卫的起因条件。正当防卫的前提是存在不法侵害。不法侵害既包括侵犯生命、健康权利的行为，也包括侵犯人身自由、公私财产等权利的行为；既包括犯罪行为，也包括违法行为。不应将不法侵害不当限缩为暴力侵害或者犯罪行为。对于非法限制他人人身自由、非法侵入他人住宅等不法侵害，可以实行防卫。不法侵害既包括针对本人的不法侵害，也包括危害国家、公共利益或者针对他人的不法侵害。对于正在进行的拉拽方向盘、殴打司机等妨害安全驾驶、危害公共安全的违法犯罪行为，可以实行防卫。成年人对于未成年人正在实施的针对其他未成年人的不法侵害，应当劝阻、制止；劝阻、制止无效的，可以实行防卫。

6. 准确把握正当防卫的时间条件。正当防卫必须是针对正在进行的不法侵害。对于不法侵害已经形成现实、紧迫危险的，应当认定为不法侵害已经开始；对于不法侵害虽然暂时中断或者被暂时制止，但不法侵害人仍有继续实施侵害的现实可能性的，应当认定为不法侵害仍在进行；在财产犯罪中，不法侵害人虽已取得财物，但通过追赶、阻击等措施能够追回财物的，可以视为不法侵害仍在进行；对于不法侵害人确已失去侵害能力或者确已放弃侵害的，应当认定为不法侵害已经结束。对于不法侵害是否已经开始或者结束，应当立足防卫人在防卫时所处情境，按照社会公众的一般认知，依法作出合乎情理的判断，不能苛求防卫人。对于防卫人因为恐慌、紧张等心理，对不法侵害是否已经开始或者结束产生错误认识的，应当根据主客观相统一原则，依法作出妥当处理。

7. 准确把握正当防卫的对象条件。正当防卫必须针对不法侵害人进行。对于多人共同实施不法侵害的，既可以针对直接实施不法侵害的人进行防卫，也可以针对在现场共同实施不法侵害的人进行防卫。明知侵害人是无刑事责任能力人或者限制刑事责任能力人的，应当尽量使用其他方式避免或者制止侵害；没有其他方式可以避免、制止不法侵害，或者不法侵害严重危及人身安全的，可以进行反击。

8. 准确把握正当防卫的意图条件。正当防卫必须是为了使国家、公共利益、本人或者他人的人身、财产和其他权利免受不法侵害。对于故意以语言、行为等挑动对方侵害自己再予以反击的防卫挑拨，不应认定为防卫行为。

9. 准确界分防卫行为与相互斗殴。防卫行为与相互斗殴具有外观上的相似性，准确区分两者要坚持主客观相统一原则，通过综合考量案发起因、对冲突升级是否有过错、是否使用或者准备使用凶器、是否采用明显不相当的暴力、是否纠集他人参与打斗等客观情节，准确判断行为人的主观意图和行为性质。

因琐事发生争执，双方均不能保持克制而引发打斗，对于有过错的一方先动手且手段明显过激，或者一方先动手，在对方努力避免冲突的情况下仍继续侵害的，还击一方的行为一般应当认定为防卫行为。

双方因琐事发生冲突，冲突结束后，一方又实施不法侵害，对方还击，包括使用工具还击的，一般应当认定为防卫行为。不能仅因行为人事先进行防卫准备，就影响对其防卫意图的认定。

10. 防止将滥用防卫权的行为认定为防卫行为。对于显著轻微的不法侵害，行为人在可以辨识的情况下，直接使用足以致人重伤或者死亡的方式进行制止的，不应认定为防卫行为。不法侵害系因行为人的重大过错引发，行为人在可以使用其他手段避免侵害的情况下，仍故意使用足以致人重伤或者死亡的方式还击的，不应认定为防卫行为。

三、防卫过当的具体适用

11. 准确把握防卫过当的认定条件。根据刑法第二十条第二款的规定，认定防卫过当应当同时具备“明显超过必要限度”和“造成重大损害”两个条件，缺一不可。

12. 准确认定“明显超过必要限度”。防卫是否“明显超过必要限度”，应当综合不法侵害的性质、手段、强度、危害程度和防卫的时机、手段、强度、损害后果等情节，考虑双方力量对比，立足防卫人防卫时所处情境，结合社会公众的一般认知作出判断。在判断不法侵害的危害程度时，不仅要考虑已经造成的损害，还要考虑造成进一步损害的紧迫危险性和现实可能性。不应当苛求防卫人必须采取与不法侵害基本相当的反击方式和强度。通过综合考量，对于防卫行为与不法侵害相差悬殊、明显过激的，应当认定防卫明显超过必要限度。

13. 准确认定“造成重大损害”。“造成重大损害”是指造成不法侵害人重伤、死亡。造成轻伤及以下损害的，不属于重大损害。防卫行为虽然明显超过必要限度但没有造成重大损害的，不应认定为防卫过当。

14. 准确把握防卫过当的刑罚裁量。防卫过当应当负刑事责任，但是应当减轻或者免除处罚。要综合考虑案件情况，特别是不法侵害人的过错程度、不法侵害的严重程度以及防卫人面对不法侵害的恐慌、紧张等心理，确保刑罚裁量适当、公正。对于因侵害人实施严重贬损他人人格尊严、严重违反伦理道德的不法侵害，或者多次、长期实施不法侵害所引发的防卫过当行为，在量刑时应当充分考虑，以确保案件处理既经得起法律检验，又符合社会公平正义观念。

四、特殊防卫的具体适用

15. 准确理解和把握“行凶”。根据刑法第二十条第三款的规定，下列行为应当认定为“行凶”：(1)使用致命性凶器，严重危及他人人身安全的；(2)未使用凶器或者未使用致命性凶器，但是根据不法侵害的人数、打击部位和力度等情况，确已严重危及他人人身安全的。虽然尚未造成实际损害，但已对人身安全造成严重、紧迫危险的，可以认定为“行凶”。

16. 准确理解和把握“杀人、抢劫、强奸、绑架”。刑法第二十条第三款规定的“杀人、抢劫、强奸、绑架”，是指具体犯罪行为而不是具体罪名。在实施不法侵害过程中存在杀人、抢劫、强奸、绑架等严重危及人身安全的暴力犯罪行为的，如以暴力手段抢劫枪支、弹药、爆炸物或者以绑架手段拐卖妇女、儿童的，可以实行特殊防卫。有关行为没有严重危及人身安全的，应当适用一般防卫的法律规定。

17. 准确理解和把握“其他严重危及人身安全的暴力犯罪”。刑法第二十条第三款规定的“其他严重危及人身安全的暴力犯罪”，应当是与杀人、抢劫、强奸、绑架行为相当，并具有致人重伤或者死亡的紧迫危险和现实可能的暴力犯罪。

18. 准确把握一般防卫与特殊防卫的关系。对于不符合特殊防卫起因条件的防卫行为，致不法侵害人伤亡的，如果没有明显超过必要限度，也应当认定为正当防卫，不负刑事责任。

五、工作要求（下略）

根据2015年3月2日最高法、最高检、公安部、司法部**《关于依法办理家庭暴力犯罪案件的意见》**（法发〔2015〕4号），为了使本人或者他人的人身权利免受不法侵害，对正在进行的家庭暴力采取制止行为，只要符合刑法规定的条件，就应当依法认定为正当防卫，不负刑事责任。防卫行为造成施暴人重伤、死亡，且明显超过必要限度，属于防卫过当，应当负刑事责任，但是应当减轻或者免除处罚。

认定防卫行为是否“明显超过必要限度”，应当以足以制止并使防卫人免受家庭暴力不法侵害的需要为标准，根据施暴人正在实施家庭暴力的严重程度、手段的残忍程度，防卫人所处的环境、面临的危险程度、采取的制止暴力的手段、造成施暴人重大损害的程度，以及既往家庭暴力的严重程度等进行综合判断。

根据2019年1月8日最高法、最高检、公安部**《关于依法惩治妨害公共交通工具安全驾驶违法犯罪行为的指导意见》**（公通字〔2019〕1号），对正在进行的妨害安全驾驶的违法犯罪行为，乘客等人员有权采取措施予以制止。制止行为造成违法犯罪行为人损害，符合法定条件的，应当认定为正当防卫。

根据2022年12月22日最高检、公安部**《关于依法妥善办理轻伤害案件的指导意见》**，准确区分正当防卫与互殴型故意伤害。人民检察院、公安机关要坚持主客观相统一的原则，综合考察案发起因、对冲突升级是否有过错、是否使用或者准备使用凶器、是否采用明显不相当的暴力、是否纠集他人参与打斗等客观情节，准确判断犯罪嫌疑人的主观意图和行为性质。因琐事发生争执，双方均不能保持克制而引发打斗，对于过错的一方先动手且手段明显过激，或者一方先动手，在对方努力避免冲突的情况下仍继续侵害，还击一方造成对方伤害的，一般应当认定为正当防卫。故意挑拨对方实施不法侵害，借机伤害对方的，一般不认定为正当防卫。

【指导案例】根据2018年6月20日最高法**第十八批指导性案例·指导案例93号·于欢故意伤害案**，对正在进行的非法限制他人人身自由的行为，应当认定为刑法第二十条第一款规定的“不法侵害”，可以进行正当防卫。

对非法限制他人人身自由并伴有侮辱、轻微殴打的行为，不应当认定为刑法第二十条第三款规定的“严重危及人身安全的暴力犯罪”。

判断防卫是否过当，应当综合考虑不法侵害的性质、手段、强度、危害程度，以及防卫行为的性质、时机、手段、强度、所处环境和损害后果等情节。对非法限制他人人身自由并伴有侮辱、轻微殴打，且并不十分紧迫的不法侵害，进行防卫致人死亡重伤的，应当认定为刑法第二十条第二款规定的“明显超过必要限度造成重大损害”。

防卫过当案件，如系因被害人实施严重贬损他人人格尊严或者亵渎人伦的不法侵害引发的，量刑时对此应予充分考虑，以确保司法裁判既经得起法律检验，也符合社会公平正义观念。

根据2018年12月18日最高检**第十二批指导性案例·检例第45号·陈某正当防卫案**，在被人殴打、人身权利受到不法侵害的情况下，防卫行为虽然造成了重大损害的客观后果，但是防卫措施并未明显超过必要限度的，不属于防卫过当，依法不负刑事责任。

★该指导案例在“指导意义”部分指出：刑法规定的限度条件是“明显超过必要限度造成重大损害”，具体而言，行为人的防卫措施虽明显超过必要限度但防卫结果客观上并未造成重大损害，或者防卫结果虽客观上造成重大损害但防卫措施并未明显超过必要限度，均不能认定为防卫过当。本案中，陈某为了保护自己的人身安全而持刀反击，就所要保护的权利性质以及与侵害方的手段强度比较来看，不能认为防卫措施明显超过了必要限度，所以即使防卫结果在客观上造成了重大损害，也不属于防卫过当。

根据2018年12月18日最高检**第十二批指导性案例·检例第46号·朱凤山故意伤害（防卫过当）案**，在民间矛盾激化过程中，对正在进行的非法侵入住宅、轻微人身侵害行为，可以进行正当防卫，但防卫行为的强度不具有必要性并致不法侵害人重伤、死亡的，属于明显超过必要限度造成重大损害，应当负刑事责任，但是应当减轻或者免除处罚。

★该指导案例在“指导意义”部分指出：民间矛盾引发的案件极其复杂，涉及防卫性质争议的，应当坚持依法、审慎的原则，准确作出判断和认定，从而引导公民理性平和解决争端，避免在争议纠纷中不必要地使用武力。针对实践当中的常见情形，可注意把握以下几点：一是应作整体判断，即分清前因后果和是非曲直，根据查明的事实，当事人的行为具有防卫性质的，应当依法作出认定，不能惟结果论，也不能因矛盾暂时没有化解等因素而不去认定或不敢认定；二是对于近亲属之间发生的不法侵害，对防卫强度必须结合具体案情作出更为严格的限制；三是对于被害人有无过错与是否正在进行的不法侵害，应当通过细节的审查、补查，作出准确的区分和认定。

根据 2018 年 12 月 18 日最高检**第十二批指导性案例 · 检例第 47 号 · 于海明正当防卫案**，对于犯罪故意的具体内容虽不确定，但足以严重危及人身安全的暴力侵害行为，应当认定为刑法第二十条第三款规定的"行凶"。行凶已经造成严重危及人身安全的紧迫危险，即使没有发生严重的实害后果，也不影响正当防卫的成立。

★该指导案例在"指导意义"部分指出：正当防卫以不法侵害正在进行为前提。所谓正在进行，是指不法侵害已经开始但尚未结束。不法侵害行为多种多样、性质各异，判断是否正在进行，应就具体行为和现场情境作具体分析。判断标准不能机械地对刑法上的着手与既遂作出理解、判断，因为着手与既遂侧重的是侵害人可罚性的行为阶段问题，而侵害行为正在进行，侧重的是防卫人的利益保护问题。所以，不能要求不法侵害行为已经加诸被害人身上，只要不法侵害的现实危险已经迫在眼前，或者已达既遂状态但侵害行为没有实施终了的，就应当认定为正在进行。

根据 2018 年 12 月 18 日最高检**第十二批指导性案例 · 检例第 48 号 · 侯雨秋正当防卫案**，单方聚众斗殴的，属于不法侵害，没有斗殴故意的一方可以进行正当防卫。单方持械聚众斗殴，对他人的人身安全造成严重危险的，应当认定为刑法第二十条第三款规定的"其他严重危及人身安全的暴力犯罪"。

★该指导案例在"指导意义"部分指出：在共同不法侵害案件中，"行凶"与"其他严重危及人身安全的暴力犯罪"，在认定上可以有一定交叉，具体可结合全案行为特征和各侵害人的具体行为特征作综合判定。另外，对于寻衅滋事行为，不宜直接认定为"其他严重危及人身安全的暴力犯罪"，寻衅滋事行为暴力程度较高、严重危及他人人身安全的，可分别认定为刑法第二十条第三款规定中的行凶、杀人或抢劫。需要说明的是，侵害行为最终成立何种罪名，对防卫人正当防卫的认定没有影响。

2020 年 12 月 31 日最高法**第二十六批指导性案例 · 指导案例 144 号 · 张那木拉正当防卫案**，对于使用致命性凶器攻击他人要害部位，严重危及他人人身安全的行为，应当认定为刑法第二十条第三款规定的"行凶"，可以适用特殊防卫的有关规定。

对于多人共同实施不法侵害，部分不法侵害人已被制伏，但其他不法侵害人仍在继续实施侵害的，仍然可以进行防卫。

【典型案例】2020 年 9 月 3 日，配合《依法适用正当防卫制度的指导意见》的发布，最高法配套发布"**涉正当防卫典型案例**"如下：

一、汪天佑正当防卫案——正当防卫起因条件的把握

（一）基本案情

被告人汪天佑与汪某某系邻居，双方曾因汪某某家建房产生矛盾，后经调解解决。2017年8月6日晚8时许，汪某某的女婿燕某某驾车与赵某、杨某某来到汪天佑家北门口，准备质问汪天佑。下车后，燕某某与赵某敲汪天佑家北门，汪天佑因不认识燕某某和赵某，遂询问二人有什么事，但燕某某等始终未表明身份，汪天佑拒绝开门。燕某某、赵某踹开纱门，闯入汪天佑家过道屋。汪天佑被突然开启的纱门打伤右脸，从过道屋西侧橱柜上拿起一铁质摩托车减震器，与燕某某、赵某厮打。汪天佑用摩托车减震器先后将燕某某和赵某头部打伤，致赵某轻伤一级、燕某某轻微伤。其间，汪天佑的妻子电话报警。

（二）处理结果

河北省昌黎县人民法院判决认为：被害人燕某某、赵某等人于天黑时，未经允许，强行踹开纱门闯入被告人汪天佑家过道屋。在本人和家人的人身、财产安全受到不法侵害的情况下，汪天佑为制止不法侵害，将燕某某、赵某打伤，致一人轻伤一级、一人轻微伤的行为属于正当防卫，不负刑事责任。该判决已发生法律效力。

（三）典型意义

根据刑法第二十条第一款的规定，正当防卫的前提是存在不法侵害，这是正当防卫的起因条件。司法适用中，要准确把握正当防卫的起因条件，既要防止对不法侵害作不当限缩，又要防止将以防卫为名行不法侵害之实的违法犯罪行为错误认定为防卫行为。

第一，准确把握不法侵害的范围。不法侵害既包括侵犯生命、健康权利的行为，也包括侵犯人身自由、公私财产等权利的行为；既包括针对本人的不法侵害，也包括危害国家、公共利益或者针对他人的不法侵害。要防止将不法侵害限缩为暴力侵害或者犯罪行为，进而排除对轻微暴力侵害或者非暴力侵害以及违法行为实行正当防卫。对于非法侵入他人住宅等不法侵害，可以实行防卫。本案中，燕某某、赵某与汪天佑并不相识，且不表明身份、天黑时强行踹开纱门闯入汪天佑家，该非法侵入住宅的行为不仅侵害了他人的居住安宁，而且已对他人的人身、财产造成严重威胁，应当认定为“不法侵害”，可以进行防卫。因此，汪天佑为制止不法侵害，随手拿起摩托车减震器，在双方厮打过程中将燕某某、赵某打伤，致一人轻伤一级、一人轻微伤的行为属于正当防卫。

第二，妥当认定因琐事引发的防卫行为。实践中，对于因琐事发生争执，引发打斗的案件，判断行为人的行为是否系防卫行为，较之一般案件更为困难，须妥当把握。特别是，不能认为因琐事发生争执、冲突，引发打斗的，就不再存在防卫的空间。双方因琐事发生冲突，冲突结束后，一方又实施不法侵害，对方还击，包括使用工具还击的，一般应当认定为防卫行为。本案中，汪天佑与汪某某系邻居，双方曾因汪某某家建房产生矛盾，但矛盾已经调解解

决。此后，汪某某的女婿燕某某驾车与赵某、杨某某来到汪天佑家准备质问纠纷一事，进而实施了非法侵入住宅的行为。综合全案可以发现，汪天佑随手拿起摩托车减震器实施的还击行为，系为制止不法侵害，并无斗殴意图，故最终认定其还击行为属于正当防卫。

二、盛春平正当防卫案——正当防卫时间条件、限度条件的把握

（一）基本案情

2018年7月30日，传销人员郭某（已判刑）以谈恋爱为名将盛春平骗至杭州市桐庐县。根据以“天津天狮”名义活动的传销组织安排，郭某等人接站后将盛春平诱至传销窝点。盛春平进入室内先在客厅休息，郭某、唐某某（已判刑）、成某某等传销人员多次欲将其骗入卧室，意图通过采取“洗脑”、恐吓、体罚、殴打等“抖新人”措施威逼其加入传销组织，盛春平发觉情况异常予以拒绝。后在多次请求离开被拒并遭唐某某等人逼近时，拿出随身携带的水果刀予以警告，同时提出愿交付随身携带的钱财以求离开，但仍遭拒绝。之后，事先躲藏的传销人员邓某某、郭某某、刘某某（已判刑）等人也先后来到客厅。成某某等人陆续向盛春平逼近，盛春平被逼后退，当成某某上前意图夺刀时，盛春平持刀挥刺，划伤成某某右手腕及左颈，刺中成某某的左侧胸部，致心脏破裂。随后，盛春平放弃随身行李趁乱逃离现场。

当晚，传销人员将成某某送医院治疗。医院对成某某伤口进行处治后，嘱咐其回当地医院进行康复治疗。同年8月4日，成某某出院，未遵医嘱继续进行康复治疗。同年8月11日，成某某在传销窝点突发昏迷经送医抢救无效于当晚死亡。经法医鉴定：成某某系左胸部遭受锐器刺戳作用致心脏破裂，在愈合过程中继续出血，最终引起心包填塞而死亡。

（二）处理结果

公安机关以盛春平涉嫌故意伤害罪（防卫过当）向检察机关移送审查起诉。浙江省杭州市人民检察院认定盛春平的行为构成正当防卫，作出不起诉决定。

（三）典型意义

通常认为，成立正当防卫，应当同时符合起因、时间、主观、对象、限度等五个条件。本案在诸多方面，对于正确把握正当防卫的成立条件具有指导和参考意义。

第一，关于正当防卫的起因条件。正当防卫的前提是存在不法侵害。不法侵害既包括侵犯生命、健康权利的行为，也包括侵犯人身自由、公私财产等权利的行为；既包括犯罪行为，也包括违法行为。就本案而言，本案案发开始时和案发过程中盛春平并不知道成某某、郭某等人是传销组织人员，也不了解他们的意图。在整个过程中，盛春平始终不能明确认识到自己陷入的是传销窝点，甚至以为对方要摘自己的器官，其感受到人身安全面临不法侵害是有事实根据的。而且，盛春平进入传销窝点后即被控制，随着成某某、郭某等人行

为的持续，盛春平的恐惧感不断增强。盛春平到桐庐是和郭某初次见面，且进入郭某自称的住处后，盛春平提出上厕所、给家里人打电话，均被制止，此时其已经感觉到了危险。之后一名陌生男子不断劝盛春平进入里面房间，而里面又出来一名陌生男子，盛春平感觉到危险升级，拒绝他们靠近。而后房间内又出来三名陌生男子逼近，对盛春平而言，不断升级的危险不仅客观而且紧迫。盛春平拿出随身携带的刀具警告阻吓不法侵害人无效后，精神紧张状态进一步增强。传销人员不断逼近，成某某上前夺刀。从当时情境看，盛春平面临客观存在且威胁、危害程度不断升级的不法侵害，其行为符合正当防卫的起因条件。

第二，关于正当防卫的时间条件。正当防卫必须是针对正在进行的不法侵害。对于不法侵害已经形成现实、紧迫危险的，应当认定为不法侵害已经开始。本案中，传销组织得知盛春平来杭后，一边指令郭某前去接站诱进，一边准备实施以恐吓、体罚、殴打和长期拘禁等违法犯罪行为为主要内容的“抖新人”措施威逼盛春平加入传销组织，系正在进行的有组织侵害行为。盛春平进入案发现场后，即遭多人逼近实施拘禁，其遂拿出随身携带的水果刀，警告阻吓传销人员放其离开，而传销组织人员反而增加人手进一步逼近，侵害手段不断升级。由此可见，本案中的不法侵害已经开始、正在进行，且危险程度不断升级，符合正当防卫的时间条件。

第三，关于正当防卫的对象条件。正当防卫必须针对不法侵害人进行。对于多人共同实施不法侵害的，既可以针对直接实施不法侵害的人进行防卫，也可以针对在现场共同实施不法侵害的人进行防卫。本案中，一群以“天津天狮”为名义的传销人员有组织地共同实施不法侵害。其中，成某某不仅参与围逼盛春平，而且当盛春平拿出随身携带的刀具警告时，还上前意图夺刀。此时，盛春平对其实施防卫，属于该种情境下一般人的正常反应，完全符合正当防卫的对象条件。

第四，关于正当防卫的限度条件。防卫是否“明显超过必要限度”，应当综合不法侵害的性质、手段、强度、危害程度和防卫的时机、手段、强度、损害后果等情节，考虑双方力量对比，立足防卫人防卫时所处情境，结合社会公众的一般认知作出判断。在判断不法侵害的危害程度时，不仅要考虑已经造成的损害，还要考虑造成进一步损害的紧迫危险性和现实可能性。本案中，多名传销组织人员对盛春平实施人身控制，盛春平在多次请求离开被拒并遭唐某某等人逼近时，拿出随身携带的水果刀予以警告，同时提出愿交付随身携带的钱财以求离开，但仍遭拒绝。其后，又有多名传销人员来到客厅。成某某等人陆续向盛春平逼近，并意图夺刀。此种情形下，盛春平持刀挥刺，划伤成某某右手腕及左颈，刺中成某某的左侧胸部，致心脏破裂。成某某受伤后经住院治疗，已经出院，但未遵医嘱继续进行康复治疗，导致心脏在愈合过程中继续出血，最终于出院一周后因心包填塞而死亡。考虑案发当场双方力量对比情况，特别是盛春平所面临的不法侵害的严重程度，同时考虑成某某的死亡过程和原因，应当认为盛春平的防卫行为没有明显超过必要限度，符合正当防卫的限度条件。

三、陈天杰正当防卫案——正当防卫与相互斗殴的界分

（一）基本案情

2014年3月12日晚，被告人陈天杰和其妻子孙某某等水泥工在海南省三亚市某工地加班搅拌、运送混凝土。22时许，被害人周某某、容某甲、容某乙（殁年19岁）和纪某某饮酒后，看到孙某某一人卸混凝土，便言语调戏孙某某。陈天杰推着手推车过来装混凝土时，孙某某将被调戏的情况告诉陈天杰。陈天杰便生气地叫容某乙等人离开，但容某乙等人不予理会。此后，周某某摸了一下孙某某的大腿，陈天杰遂与周某某等人发生争吵。周某某冲上去要打陈天杰，陈天杰也准备反击，孙某某和从不远处跑过来的刘某甲站在中间，将双方架开。周某某从工地上拿起一把铁铲（长约2米，木柄），冲向陈天杰，但被孙某某拦住，周某某就把铁铲扔了，空手冲向陈天杰。孙某某在劝架时被周某某推倒在地，哭了起来，陈天杰准备上前去扶孙某某时，周某某、容某乙和纪某某先后冲过来对陈天杰拳打脚踢，陈天杰边退边用拳脚还击。接着，容某乙、纪某某从地上捡起钢管（长约1米，空心，直径约4厘米）冲上去打陈天杰，在场的孙某某、刘某甲、容某甲都曾阻拦，容某甲阻拦周某某时被挣脱，纪某某被刘某甲抱着，但是一直挣扎往前冲。当纪某某和刘某甲挪动到陈天杰身旁时，纪某某将刘某甲甩倒在地并持钢管朝陈天杰的头部打去。因陈天杰头戴黄色安全帽，钢管顺势滑下打到陈天杰的左上臂。在此过程中，陈天杰半蹲着用左手护住孙某某，右手拿出随身携带的一把折叠式单刃小刀（打开长约15厘米，刀刃长约6厘米）乱挥、乱捅，致容某乙、周某某、纪某某、刘某甲受伤。水泥工刘某乙闻讯拿着一把铲子和其他同事赶到现场，周某某、容某乙和纪某某见状便逃离现场，逃跑时还拿石头、酒瓶等物品对着陈天杰砸过来。容某乙被陈天杰持小刀捅伤后跑到工地的地下室里倒地，后因失血过多死亡。经鉴定，周某某的伤情属于轻伤二级；纪某某、刘某甲、陈天杰的伤情均属于轻微伤。

（二）处理结果

海南省三亚市城郊人民法院一审判决、三亚市中级人民法院二审裁定认为：被害人容某乙等人酒后滋事，调戏被告人陈天杰的妻子，辱骂陈天杰，不听劝阻，使用足以严重危及他人人身安全的凶器殴打陈天杰。陈天杰在被殴打时，持小刀还击，致容某乙死亡、周某某轻伤、纪某某轻微伤，属于正当防卫，依法不负刑事责任。

（三）典型意义

第一，准确区分正当防卫与相互斗殴。正当防卫与相互斗殴在外观上具有相似性，但性质存在本质差异。对于因琐事发生争执，引发打斗的，在判断行为人的行为是互殴还是防卫时，要综合考量案发的起因、对冲突升级是否有

过错、是否使用或者准备使用凶器、是否采用明显不相当的暴力、是否纠集他人参与打斗等客观情节，准确判断行为人的主观意图和行为性质。本案中，陈天杰在其妻子孙某某被调戏、其被辱骂的情况下，面对冲上来欲对其殴打的周某某，陈天杰也欲还击，被孙某某和刘某甲拦开。陈天杰在扶劝架时被推倒在地的孙某某时，周某某、容某乙和纪某某先后冲过来对陈天杰拳打脚踢，继而持械殴打陈天杰。陈天杰持刀捅伤被害人时，正是被容某乙等人持械殴打的紧迫期间。因此，陈天杰是在其妻子被羞辱、自己被打后为维护自己与妻子的尊严、保护自己与妻子的人身安全，防止不法侵害而被动进行的还击，其行为属于防卫而非斗殴。

第二，准确把握特殊防卫的起因条件。本案还涉及特殊防卫适用的相关问题。有观点提出，从双方关系和起因、容某乙等人选择打击的部位及强度看，容某乙等人的行为不属于严重危及人身安全的暴力犯罪。根据刑法规定，不能要求只有在不法侵害已经对人身安全实际造成严重危害时才能进行特殊防卫，在不法侵害足以严重危及人身安全的情况下就可以进行特殊防卫。本案中，容某乙等人持械击打的是陈天杰的头部，是人体的重要部位，在陈天杰戴安全帽的情况下致头部轻微伤，钢管打到安全帽后滑到手臂，仍致手臂皮内、皮下出血，可见打击力度之大。在当时的情形下，陈天杰只能根据对方的人数、所持的工具来判断自身所面临的处境。容某乙、纪某某、周某某三人都喝了酒，气势汹汹，并持足以严重危及他人重大人身安全的凶器，在场的孙某某、刘某甲都曾阻拦，但孙某某阻拦周某某、刘某甲阻拦纪某某时均被甩倒。而且，陈天杰是半蹲着左手护住其妻孙某某、右手持小刀进行防卫的，这种姿势不是一种主动攻击的姿势，而是一种被动防御的姿势，且手持的是一把刀刃只有6厘米左右的小刀，只要对方不主动靠近攻击就不会被捅刺到。综上，应当认为本案符合特殊防卫的适用条件，陈天杰的防卫行为造成不法侵害人伤亡的，不属于防卫过当，不负刑事责任。

第三，要准确把握正当防卫的对象条件。正当防卫必须针对不法侵害人进行。对于多人共同实施不法侵害的，既可以针对直接实施不法侵害的人进行防卫，也可以针对在现场共同实施不法侵害的人进行防卫。本案中，击打到陈天杰头部的虽然只是纪某某，但容某乙当时也围在陈天杰身边，手持钢管殴打陈天杰，亦属于不法侵害人，陈天杰可对其实行防卫。当时陈天杰被围打，疲于应对，场面混乱。容某乙等人持足以严重危及他人人身安全的凶器主动攻击陈天杰，严重侵犯陈天杰、孙某某的人身权利。此时，陈天杰用小刀刺、划正在对其围殴的容某乙等人，符合正当防卫的对象条件，属于正当防卫。

四、杨建伟故意伤害、杨建平正当防卫案——准备工具防卫与准备工具斗殴的界分

（一）基本案情

被告人杨建伟系被告人杨建平胞弟，住处相邻。2016年2月28日中午

1时许，杨建伟、杨建平坐在杨建平家门前聊天，因杨建平摸了经过其身边的一条狼狗而遭到狗的主人彭某某（殁年45岁）指责，兄弟二人与彭某某发生口角。彭某某扬言要找人报复，杨建伟即回应“那你来打啊”，后彭某某离开。杨建伟返回住所将一把单刃尖刀、一把折叠刀藏于身上。十分钟后，彭某某返回上述地点，其邀约的黄某、熊某某、王某持洋镐把跟在身后十余米。彭某某手指坐在自家门口的杨建平，杨建平未予理睬。彭某某接着走向杨建伟家门口，击打杨建伟面部一拳，杨建伟即持单刃尖刀刺向彭某某的胸、腹部，黄某、熊某某、王某见状持洋镐把冲过去对杨建伟进行围殴，彭某某从熊某某处夺过洋镐把对杨建伟进行殴打，双方打斗至杨建伟家门外的马路边。熊某某拳击，彭某某、黄某、王某持洋镐把，四人继续围殴杨建伟，致其头部流血倒地。彭某某持洋镐把殴打杨建伟，洋镐把被打断，彭某某失去平衡倒地。杨建平见杨建伟被打倒在地，便从家中取来一把双刃尖刀，冲向刚从地上站起来的彭某某，朝其胸部捅刺。杨建平刺第二刀时，彭某某用左臂抵挡。后彭某某受伤逃离，杨建平持刀追撵并将刀扔向彭某某未中，该刀掉落在地。黄某、熊某某、王某持洋镐把追打杨建平，杨建平捡起该刀边退边还击，杨建伟亦持随身携带的一把折叠刀参与还击。随后黄某、熊某某、王某逃离现场。经法医鉴定，被害人彭某某身有七处刀伤，且其系被他人以单刃锐器刺伤胸腹部造成胃破裂、肝破裂、血气胸致急性失血性休克死亡。另杨建伟、黄某、熊某某均受轻微伤。

（二）处理结果

湖北省武汉市中级人民法院二审判决认为：被告人杨建伟持刀捅刺彭某某等人，属于制止正在进行的不法侵害，其行为具有防卫性质；其防卫行为是造成一人死亡、二人轻微伤的主要原因，明显超过必要限度造成重大损害，依法应负刑事责任，构成故意伤害罪。被告人杨建平为了使他人的人身权利免受正在进行的不法侵害，而采取制止不法侵害的行为，对不法侵害人造成损害，属于正当防卫，不负刑事责任。杨建伟的行为系防卫过当，具有自首情节，依法应当减轻处罚。据此，以故意伤害罪判处被告人杨建伟有期徒刑四年，并宣告被告人杨建平无罪。

（三）典型意义

双方因琐事发生争执、冲突，引发打斗，特别是一方事先准备工具的，究竟是防卫行为还是相互斗殴，准确界分存在一定困难。司法适用中，要注意把握正当防卫的意图条件，准确界分防卫行为与相互斗殴、准备工具防卫与准备工具斗殴，以准确认定正当防卫、防卫过当。

第一，正当防卫必须出于免受不法侵害的正当动机。根据刑法第二十条第一款的规定，正当防卫的意图既包括使本人的人身、财产和其他权利免受不法侵害，也包括使国家、公共利益或者他人的人身、财产和其他权利免受不法侵害。本案中，彭某某返回现场用手指向杨建平，面对挑衅，杨建平未予理会。

彭某某与杨建伟发生打斗时，杨建平仍未参与。彭某某等四人持洋镐把围殴杨建伟并将其打倒在地，致其头部流血，双方力量明显悬殊，此时杨建平持刀刺向彭某某。杨建平的行为是为了制止杨建伟正在遭受的严重不法侵害，符合正当防卫的意图条件。彭某某被刺后逃离，黄某等人对杨建伟的攻击并未停止，杨建平继续追赶彭某某的行为应认定为正当防卫。综上，杨建平的行为系正当防卫，不负刑事责任。

第二，妥当界分准备工具防卫与准备工具斗殴。实践中，防卫行为在客观上也可能表现为双方相互打斗，具有互殴的形式与外观。二者界分的关键就在于行为人是具有防卫意图还是斗殴意图。本案中，彭某某与杨建伟兄弟二人并不相识，突发口角，彭某某扬言要找人报复时，杨建伟回应“那你来打啊”，该回应不能认定杨建伟系与彭某某相约打斗。行为人为防卫可能发生的不法侵害，准备防卫工具的，不必然影响正当防卫的认定。杨建伟在彭某某出言挑衅，并扬言报复后，准备刀具系出于防卫目的。彭某某带人持械返回现场，冲至杨建伟家门口拳击其面部，杨建伟才持刀刺向彭某某胸腹部，该行为是为了制止正在进行的不法侵害，应当认定为防卫行为。

第三，把握正当防卫的限度条件以准确认定防卫过当。根据刑法第二十条第二款的规定，防卫过当应当同时具备“明显超过必要限度”和“造成重大损害”两个条件，缺一不可。本案中，彭某某空手击打杨建伟面部，杨建伟此时并非面临严重的不法侵害，却持刀捅刺彭某某胸、腹部等要害部位，杨建伟的防卫行为明显超过必要限度。杨建伟的防卫行为并非制止彭某某空手击打的不法侵害所必需，从损害后果看，彭某某要害部位多处致命刀伤系杨建伟所致，是其死亡的主要原因，杨建伟的防卫行为明显超过必要限度造成重大损害，属于防卫过当，构成故意伤害罪。具体而言，杨建伟对防卫行为明显超过必要限度造成重大损害主观上持故意，但对于造成死亡结果系过失，故对其防卫过当行为应当以故意伤害致人死亡作出评价。

第四，妥当把握防卫过当的刑罚裁量。根据刑法第二十条第二款的规定，防卫过当应当负刑事责任，但是应当减轻或者免除处罚。要综合考虑案件情况，特别是不法侵害人的过错，以确保刑罚裁量的准确和公正。本案中，杨建伟的防卫行为过当，构成故意伤害罪，对其减轻处罚，应当在三年以上十年以下有期徒刑的幅度内裁量刑罚。杨建伟明知他人报案，仍在案发现场等待，到案后能够如实供述主要犯罪事实，成立自首。综合考虑本案的犯罪事实、性质、情节和危害后果，以故意伤害罪判处杨建伟有期徒刑四年，符合社会公平正义观念，实现了法律效果与社会效果的有机统一。

五、刘金胜故意伤害案——滥用防卫权行为的认定

（一）基本案情

被告人刘金胜与黄某甲非婚生育四名子女。2016年10月1日晚9时许，被告人刘金胜与黄某甲因家庭、情感问题发生争吵，刘金胜打了黄某甲两耳

光。黄某甲来到其兄长黄某乙的水果店，告知黄某乙其被刘金胜打了两耳光，让黄某乙出面调处其与刘金胜分手、孩子抚养等问题。黄某乙于是叫上在水果店聊天的被害人李某某、毛某某、陈某某，由黄某甲带领，于当晚10时许来到刘金胜的租住处。黄某乙质问刘金胜，双方发生争吵。黄某乙、李某某各打了坐在床上的刘金胜一耳光，刘金胜随即从被子下拿出一把菜刀砍伤黄某乙头部，黄某乙逃离现场。李某某见状欲跑，刘金胜拽住李某某，持菜刀向李某某头部连砍三刀。毛某某、陈某某、黄某甲随即上前劝阻刘金胜，毛某某、陈某某抱住刘金胜并夺下菜刀后紧随李某某跑下楼报警。经鉴定，黄某乙的伤情属于轻伤一级，李某某的伤情属于轻伤二级。

（二）处理结果

广东省佛山市禅城区人民法院判决认为：正当防卫以存在现实的不法侵害为前提，对轻微不法侵害直接施以暴力予以反击，能否认定为正当防卫，应当结合具体案情评判。黄某乙、李某某各打被告人刘金胜一耳光，显属发生在一般争吵中的轻微暴力。此种情况下，刘金胜径直手持菜刀连砍他人头部，不应认定为防卫行为。综合案件具体情况，以故意伤害罪判处被告人刘金胜有期徒刑一年。该判决已发生法律效力。

（三）典型意义

根据刑法第二十条第一款的规定，正当防卫是针对正在进行的不法侵害，而采取的对不法侵害人造成损害的制止行为。司法适用中，既要依法维护公民的正当防卫权利，也要注意把握界限，防止滥用防卫权，特别是对于针对轻微不法侵害实施致人死伤的还击行为，要根据案件具体情况，准确认定是正当防卫、防卫过当还是一般违法犯罪行为。

第一，注意把握界限，防止权利滥用。本案中，黄某乙、李某某打刘金胜耳光的行为，显属发生在一般争吵中的轻微暴力，有别于以给他人身体造成伤害为目的的攻击性不法侵害行为。因此，刘金胜因家庭婚姻情感问题矛盾激化被打了两耳光便径直手持菜刀连砍他人头部，致人轻伤的行为，没有防卫意图，属于泄愤行为，不应当认定为防卫行为。

第二，注重查明前因后果，分清是非曲直。办理涉正当防卫案件，要根据整体案情，结合社会公众的一般认知，做到依法准确认定。要坚持法理情统一，确保案件的定性处理于法有据、于理应当、于情相容，符合人民群众的公平正义观念。对于因恋爱、婚姻、家庭、邻里纠纷等民间矛盾激化或者因劳动纠纷、管理失当等原因引发的不法侵害，特别是发生在亲友之间的，要求优先选择其他制止手段，而非径直选择致人死伤的还击行为，符合人民群众的公平正义观念，契合我国文化传统。对于相关案件，在认定是否属于正当防卫以及防卫过当时，要综合案件具体情况、特别是被害方有无过错以及过错大小进行判断。本案中，刘金胜与黄某甲因家庭、情感问题发生争吵，刘金胜打了黄某甲两耳光，这是引发后续黄某乙、李某某等实施上门质问争吵行为的直接原因。换言之，本案因家庭琐事引发，且刘金胜具有重大过错。据此，法院对刘金胜致人轻伤的行为，以故意伤害罪判处其有期徒刑一年，契合人民群众公平正义观念，实现了法律效果与社会效果的有机统一。

六、赵宇正当防卫案——“明显超过必要限度”的认定

（一）基本案情

2018年12月26日晚11时许，李某与在此前相识的女青年邹某一起饮酒后，一同到达福州市晋安区某公寓邹某的暂住处，二人在室内发生争吵，随后李某被邹某关在门外。李某强行踹门而入，谩骂殴打邹某，引来邻居围观。暂住在楼上的赵宇闻声下楼查看，见李某把邹某摁在墙上并殴打其头部，即上前制止并从背后拉拽李某，致李某倒地。李某起身后欲殴打赵宇，威胁要叫人“弄死你们”，赵宇随即将李某推倒在地，朝李某腹部踩一脚，又拿起凳子欲砸李某，被邹某劝阻住，后赵宇离开现场。经鉴定，李某腹部横结肠破裂，伤情属于重伤二级；邹某面部挫伤，伤情属于轻微伤。

（二）处理结果

公安机关以赵宇涉嫌故意伤害罪立案侦查，侦查终结后，以赵宇涉嫌过失致人重伤罪向检察机关移送审查起诉。福建省福州市晋安区人民检察院认定赵宇防卫过当，对赵宇作出相对不起诉决定。福州市检察院经审查认定赵宇属于正当防卫，依法指令晋安区人民检察院对赵宇作出绝对不起诉决定。

（三）典型意义

根据刑法第二十条第二款的规定，防卫过当应当同时具备“明显超过必要限度”和“造成重大损害”两个条件，缺一不可。造成重大损害是指造成不法侵害人重伤、死亡，对此不难判断。实践中较难把握的是相关防卫行为是否明显超过必要限度，不少案件处理中存在认识分歧。司法适用中，要注意综合考虑案件具体情况，结合社会公众的一般认知，对防卫行为是否“明显超过必要限度”作出准确判断。

第一，防卫过当仍属于防卫行为，只是明显超过必要限度并造成重大损害。本案中，李某强行踹门进入他人住宅，将邹某摁在墙上殴打其头部，赵宇闻声下楼查看，为了制止李某对邹某以强欺弱，出手相助，拉拽李某。赵宇的行为属于为了使他人的人身权利免受正在进行的不法侵害，而采取的制止不法侵害的行为，符合正当防卫的起因条件、时间条件、对象条件和意图条件等要件，具有防卫性质。

第二，对防卫行为“明显超过必要限度”的判断，应当坚持综合考量原则。防卫是否“明显超过必要限度”，应当综合不法侵害的性质、手段、强度、危害程度和防卫的时机、手段、强度、损害后果等情节，考虑双方力量对比，立足防卫人防卫时所处情境，结合社会公众的一般认知作出判断。在判断不法侵害的危害程度时，不仅要考虑已经造成的损害，还要考虑造成进一步损害的紧迫危险性和现实可能性。不应当苛求防卫人必须采取与不法侵害基本相当的反

击方式和强度，更不能机械地理解为反击行为与不法侵害行为的方式要对等，强度要精准。防卫行为虽然超过必要限度但并不明显的，不能认定为防卫过当。本案虽然造成了李某重伤二级的后果，但是，从赵宇的行为手段、行为目的、行为过程、行为强度等具体情节来看，没有“明显超过必要限度”。赵宇在阻止、拉拽李某的过程中，致李某倒地，在李某起身后欲殴打赵宇，并用言语威胁的情况下，赵宇随即将李某推倒在地，朝李某腹部踩一脚，导致李某横结肠破裂，属于重伤二级。从行为手段上看，双方都是赤手空拳，赵宇的拉拽行为与李某的不法侵害行为基本相当。从赵宇的行为过程来看，赵宇制止李某的不法侵害行为是连续的，自然而然发生的，是在当时场景下的本能反应。李某倒地后，并未完全被制服，仍然存在起身后继续实施不法侵害的现实可能性。此时，赵宇朝李某腹部踩一脚，其目的是阻止李某继续实施不法侵害，并没有泄愤报复等个人目的，应当认定为正当防卫。

七、陈月浮正当防卫案——特殊防卫的具体适用

（一）基本案情

2009年1月25日凌晨2时许，被害人陈某某酒后来到被告人陈月浮家，用随身携带的一把菜刀敲击陈月浮家铁门，叫陈月浮出来打架。陈月浮的妻子下楼，佯称陈月浮不在家。陈某某继续敲击铁门，陈月浮便下楼打开铁门，陈某某遂用菜刀砍中陈月浮脸部，致陈月浮轻伤。陈某某再次砍向陈月浮时，被陈月浮挡开，菜刀掉在地上，陈月浮上前拳击陈某某的胸部等部位，二人在地上扭打。后陈某某因钝性物体作用胸部致心包、心脏破裂致失血性休克死亡。

（二）处理结果

广东省普宁市人民法院一审判决、揭阳市中级人民法院二审裁定认为：陈某某无故持刀上门砍伤陈月浮，陈月浮为了使本人的人身免受正在进行的不法侵害，对正在进行的危害人身安全的暴力犯罪采取防卫行为，造成不法侵害人陈某某死亡的，不属于防卫过当，不负刑事责任。

（三）典型意义

根据刑法第二十条第三款的规定，对正在进行行凶、杀人、抢劫、强奸、绑架以及其他严重危及人身安全的暴力犯罪，采取防卫行为，造成不法侵害人伤亡的，不属于防卫过当，不负刑事责任。司法适用中，要妥当把握特殊防卫的起因条件，准确理解和把握“行凶”。

第一，根据刑法规定，特殊防卫的起因条件限于正在进行的行凶、杀人、抢劫、强奸、绑架以及其他严重危及人身安全的暴力犯罪。与一般防卫不同，特殊防卫起因条件的实质在于不法侵害系“严重危及人身安全”的暴力犯罪。需要注意的是，行凶、杀人、抢劫、强奸、绑架等不法侵害必须严重危及人身安全且系暴力犯罪，才能实行特殊防卫；相关不法侵害没有严重危及人身安全的，应当适用一般防卫的法律规定。对于相关不法侵害是否严重危及人身安全，应当注意从不法侵害是否具有暴力性、是否严重危及人身安全、是否达到

犯罪程度等方面作出判断。本案中，陈某某无故持菜刀凌晨上门砍伤陈月浮，属于使用致命性凶器实施的严重危及他人人身安全的不法侵害，应当认定为“行凶”，对此陈月浮可以实行特殊防卫。

第二，刑法第二十条第三款规定的“行凶”，可以是使用致命性凶器实施的严重危及他人人身安全的行为，也可以是以其他形式实施的严重危及他人人身安全的行为。不法侵害人的具体故意内容不确定，但根据侵害行为发生的时间、地点及不法侵害人持有凶器判断，暴力侵害行为足以严重危及人身安全的，防卫人可以实行特殊防卫。本案中，陈某某持菜刀砍中陈月浮脸部致其轻伤，陈某某再次砍向陈月浮时被其挡开，菜刀掉到地上。此时，要求陈月浮被菜刀砍伤后保持高度冷静，在将行凶者打倒之后，还要仔细判断行凶者有没有继续行凶的能力，这对于在黑夜之中高度惊恐的防卫人，是强人所难。因此，综合考虑案件的具体情况，应当认为在陈某某菜刀掉到地上之后仍然可以实行防卫。

第三，准确理解和把握正当防卫的刑法规定和立法精神，对于符合正当防卫认定条件的，坚决依法认定。实践中，受“人死为大”观念的影响，在处理因防卫致人死亡的案件时，办案机关往往面临外部压力，存有心理顾虑，以致有的情况下将原本属于正当防卫的行为认定为防卫过当，甚至连防卫因素也不予认定。这是极端错误的。作为司法机关，严格依法办案是天职，绝不能为了所谓的“息事宁人”牺牲法律原则。否则，既不利于维护法律的尊严，也不利于为全社会树立正确导向，对正当防卫人来说更是有失公正。对于确系正当防卫的案件，应当勇于担当，严格公正司法，坚决依法认定。实践证明，只有依法判决，才能赢得好的效果；只要依法判决，就能赢得好的效果。本案就是例证，依法宣判陈月浮不负刑事责任后，获得了社会公众的普遍肯定，弘扬了社会主义核心价值观，实现了法律效果与社会效果的有机统一。

2015年3月4日，最高法发布**涉家庭暴力犯罪典型案例**，其中的案例三常磊故意伤害案涉及防卫行为的认定，该案具体情况如下：

（一）基本案情

被告人常磊与其父亲常新春（被害人，殁年56岁）、母亲郑玲共同居住，常新春饮酒后脾气暴躁，经常辱骂、殴打家人。2012年8月29日18时许，常新春酒后又因琐事辱骂郑玲，郑玲躲至常磊卧室。当日20时许，常新春到常磊卧室继续辱骂郑玲，后又殴打郑玲和常磊，扬言要杀死全家并到厨房取来菜刀。常磊见状夺下菜刀，常新春按住郑玲头部继续殴打。常磊义愤之下，持菜刀砍伤常新春头、颈、肩部等处，后将常新春送往医院救治。次日，常磊到公安机关投案。当晚，常新春因失血性休克死亡。

（二）裁判结果

重庆市江津区人民法院经审理认为，常磊持刀故意伤害致一人死亡的行为已构成故意伤害罪，但其行为属防卫过当，依法应当减轻或免除处罚。案发后，常磊投案自首，其母表示谅解，同时考虑被害人常新春平时饮酒后常常对家庭成员实施家庭暴力，故对常磊减轻处罚并适用缓刑。依照刑法有关规定，以故意伤害罪判处常磊有期徒刑三年，缓刑五年。宣判后，在法定期限内没有上诉、抗诉，判决已发生法律效力。

（三）典型意义

本案被告人常磊已经将被害人常新春手中的菜刀夺下，但常新春对郑玲的不法侵害仍在继续，虽然殴打的不是常磊，但其扬言要杀死全家，结合常新春平时酒后常有严重的家庭暴力行为，不能排除其暴力行为造成更严重后果的可能。因此，常磊针对常新春正在进行的家庭暴力，有权进行防卫。但从常磊持菜刀砍击常新春造成多处损伤并致其因失血性休克死亡分析，确实与常新春徒手家暴行为的手段和严重程度不对等，因此可以认定常磊的行为构成防卫过当，同时考虑到常磊将常新春砍伤后立即送往医院救治，案发后投案自首，得到其母亲的谅解。常新春具有家庭暴力既往史，常新春的其他亲属和邻居也要求对常磊从轻处罚等情节，对常磊减轻处罚并适用缓刑，是完全适当的。

2023年6月15日，最高法发布**中国反家暴十大典型案例（2023年）**，其中的案例四邱某某故意伤害案涉及正当防卫的认定，该案具体情况如下：

（一）基本案情

邱某某（女）和张某（男）甲案发时系夫妻关系，因感情不和、长期遭受家庭暴力而处于分居状态。二人之子张某乙9岁，右耳先天畸形伴听力损害，经三次手术治疗，取自体肋软骨重建右耳廓，于2019年6月5日出院。同年7月2日晚，邱某某与张某甲多次为离婚问题发生争执纠缠。次日凌晨1时许，张某甲到邱某某和张某乙的住所再次进行滋扰，并对邱某某进行辱骂、殴打，后又将张某乙按在床上，跪压其双腿，用拳击打张某乙的臀部，致其哭喊挣扎。邱某某为防止张某乙术耳受损，徒手制止无果后，情急中拿起床头的水果刀向张某甲背部连刺三刀致其受伤。邱某某遂立即骑电动车将张某甲送医救治。经鉴定，张某甲损伤程度为重伤二级。检察机关以邱某某犯故意伤害罪提起公诉。

（二）裁判结果

法院生效裁判认为，为了使本人或者他人的人身权利免受不法侵害，对正在进行的家庭暴力采取制止行为，只要符合刑法规定的条件，就应当依法认定为正当防卫，不负刑事责任。本案中，邱某某因婚姻纠纷在分居期间遭受其丈夫张某甲的纠缠滋扰直至凌晨时分，自己和孩子先后遭张某甲殴打。为防止张某乙手术不足一月的再造耳廓受损，邱某某在徒手制止张某甲暴力侵害未果的情形下，持水果刀扎刺张某甲的行为符合正当防卫的起因、时间、主观、对象等条件。同时根据防卫人所处的环境、面临的危险程度、采取的制止暴力的手段、施暴人正在实施家庭暴力的严重程度、造成施暴人重大损害的程度以及既往家庭暴力史等因素进行综合判断，应当认定邱某某的正当防卫行为未超过必要限度，不负刑事责任。依法宣告邱某某无罪。

（三）典型意义

1. 对反抗家庭暴力的行为，准确适用正当防卫制度进行认定。家庭暴力是指家庭成员之间以殴打、捆绑、残害、限制人身自由以及经常性谩骂、恐吓等方式实施的身体、精神等侵害行为，受害人大多数是女性和未成年人，相对男性施暴人，其力量对比处于弱势。人民法院充分运用法律，准确把握正当防卫的起因、时间、主观、对象等条件，结合《最高人民法院 最高人民检察院 公安部 司法部关于依法办理家庭暴力犯罪案件的意见》的相关规定，对遭受家庭暴力的妇女和儿童予以充分保护和救济，对其在紧急情况下的私力救济行为，符合刑法规定的，准确认定为正当防卫。

2. 对反抗家庭暴力中事先准备工具的行为，进行正确评价。司法实践中对于事先准备工具的正当防卫行为的认定存在一定困难，在反家暴案件中应当考虑施暴行为的隐蔽性、经常性、渐进性的特点以及受害人面临的危险性和紧迫性，对此予以客观评价。邱某某长期遭受家庭暴力，从其牙齿缺损和伤痕照片可见一斑，事发前因婚姻矛盾反复遭到张某甲纠缠直至凌晨时分。在报警求助及向张某甲之母求助均无果后，无奈打开家门面对暴怒的张某甲，邱某某在用尽求助方法、孤立无援、心理恐惧、力量对比悬殊的情形下准备水果刀欲进行防卫，其事先有所防备，准备工具的行为具有正当性、合理性。

3. 应当以足以制止并使防卫人免受家庭暴力不法侵害的需要为标准，准确认定防卫行为是否过当。认定防卫行为是否“明显超过必要限度”，应当以足以制止并使防卫人免受家庭暴力不法侵害的需要为标准，根据防卫人所处的环境、面临的危险程度、采取的制止暴力的手段、施暴人正在实施家庭暴力的严重程度、造成施暴人重大损害的程度以及既往家庭暴力史等进行综合判断。

邱某某在自己遭到张某甲辱骂、扇耳光殴打后，虽然手中藏有刀具，但未立即持刀反抗，而顺势放下刀具藏于床头，反映邱某某此时仍保持隐忍和克制。张某甲将其子张某乙按在床上殴打时，具有造成张某乙取软骨的肋骨受伤、再造耳廓严重受损的明显危险。邱某某考虑到其子第三次手术出院不足一月，担心其术耳受损，在徒手制止无果后，情急之中持刀对张某甲进行扎刺，制止其对张某乙的伤害，避免严重损害后果的行为具有正当性。判断邱某某的防卫行为是否明显超过必要限度，应当充分体谅一个母亲为保护儿子免受伤害的急迫心情，还应当充分考虑张某乙身体的特殊状况和邱某某紧张焦虑状态下的正常应激反应，不能以事后冷静的旁观者的立场，过分苛求防卫人“手段对等”，要求防卫人在孤立无援、高度紧张的情形之下作出客观冷静、理智准确的反应，要设身处地对事发起因、不法侵害可能造成的后果、当时的客观情境等因素进行综合判断，适当作有利于防卫人的考量和认定。

第二十一条[11]　**【紧急避险】**为了使国家、公共利益、本人或者他人的人身、财产和其他权利免受正在发生的危险，不得已采取的紧急避险行为，造成损害的，不负刑事责任。

紧急避险超过必要限度造成不应有的损害的，应当负刑事责任，但是应当减轻或者免除处罚。

第一款中关于避免本人危险的规定，不适用于职务上、业务上负有特定责任的人。

第二节　犯罪的预备、未遂和中止

第二十二条　**【犯罪预备】**为了犯罪，准备工具、制造条件的，是犯罪预备。

对于预备犯，可以比照既遂犯从轻、减轻处罚或者免除处罚。

第二十三条[12]　**【犯罪未遂】**已经着手实行犯罪，由于犯罪分子意志以外的原因而未得逞的，是犯罪未遂。

对于未遂犯，可以比照既遂犯从轻或者减轻处罚。

---

〔11〕**【司法解释】**根据2019年1月8日最高法、最高检、公安部《**关于依法惩治妨害公共交通工具安全驾驶违法犯罪行为的指导意见**》，正在驾驶公共交通工具的驾驶人员遭到妨害安全驾驶行为侵害时，为避免公共交通工具倾覆或者人员伤亡等危害后果发生，采取紧急制动或者躲避措施，造成公共交通工具、交通设施损坏或者人身损害，符合法定条件的，应当认定为紧急避险。

根据2023年12月13日最高法、最高检、公安部、司法部《**关于办理醉酒危险驾驶刑事案件的意见**》**第十二条第二款**，醉酒后出于急救伤病人员等紧急情况，不得已驾驶机动车，构成紧急避险的，依照刑法第二十一条的规定处理。

〔12〕**【指导案例】**根据2016年6月30日最高法**第十三批指导性案例·指导案例62号·王新明合同诈骗案**，在数额犯中，犯罪既遂部分与未遂部分分别对应不同法定刑幅度的，应当先决定对未遂部分是否减轻处罚，确定未遂部分对应的法定刑幅度，再与既遂部分对应的法定刑幅度进行比较，选择适用处罚较重的法定刑幅度，并酌情从重处罚；二者在同一量刑幅度的，以犯罪既遂酌情从重处罚。

【量刑指导】根据2021年6月17日最高法、最高检《**关于常见犯罪的量刑指导意见（试行）**》，对于未遂犯，综合考虑犯罪行为的实行程度、造成损害的大小、犯罪未得逞的原因等情况，可以比照既遂犯减少基准刑的50%以下。

第二十四条 【犯罪中止】在犯罪过程中，自动放弃犯罪或者自动有效地防止犯罪结果发生的，是犯罪中止。

对于中止犯，没有造成损害的，应当免除处罚；造成损害的，应当减轻处罚。

第三节 共同犯罪

第二十五条 【共同犯罪】共同犯罪是指二人以上共同故意犯罪。

二人以上共同过失犯罪，不以共同犯罪论处；应当负刑事责任的，按照他们所犯的罪分别处罚。

第二十六条〔13〕 **【主犯、犯罪集团及其处罚】**组织、领导犯罪集团进行犯罪活动的或者在共同犯罪中起主要作用的，是主犯。

三人以上为共同实施犯罪而组成的较为固定的犯罪组织，是犯罪集团。

对组织、领导犯罪集团的首要分子，按照集团所犯的全部罪行处罚。

对于第三款规定以外的主犯，应当按照其所参与的或者组织、指挥的全部犯罪处罚。

---

〔13〕**【司法解释】**1984年6月15日最高法、最高检、公安部**《关于当前办理集团犯罪案件中具体应用法律的若干问题的解答》**(法研字〔84〕第9号)，对办理集团犯罪案件解答如下(★本书对原解答作了简化，以使解答尽量符合现行刑法语境——编者说明)：

一、怎样办理团伙犯罪的案件？

办理团伙犯罪案件，凡其中符合刑事犯罪集团基本特征的，应按犯罪集团处理；不符合犯罪集团基本特征的，就按一般共同犯罪处理，并根据其共同犯罪的事实和情节，该重判的重判，该轻判的轻判。

对犯罪团伙既要坚决打击，又必须打准。不要把3人以上共同犯罪，但罪行较轻、危害较小的案件当作犯罪团伙，进而当作“犯罪集团”来严厉打击。

二、在办案实践中怎样认定刑事犯罪集团？

刑事犯罪集团一般应具备下列基本特征：(1)人数较多(3人以上)，重要成员固定或基本固定。(2)经常纠集一起进行一种或数种严重的刑事犯罪活动。(3)有明显的首要分子。有的首要分子是在纠集过程中形成的，有的首要分子在纠集开始时就是组织者和领导者。(4)有预谋地实施犯罪活动。(5)不论作案次数多少，对社会造成的危害或其具有的危险性都很严重。

刑事犯罪集团的首要分子，是指在该集团中起组织、策划、指挥作用的犯罪分子。首要分子可以是一名，也可以不止一名。首要分子应对该集团经过预谋、有共同故意的全部罪行负责。集团的其他成员，应按其地位和作用，分别对其参与实施的具体罪行负责。如果某个成员实施了该集团共同故意犯罪范围以外的其他犯罪，则应由他个人负责。

对单一的犯罪集团，应按其所犯的罪定性；对一个犯罪集团犯多种罪的，应按其主罪定性；犯罪集团成员或一般共同犯罪的共犯，犯数罪的，分别按数罪并罚的原则处罚。

2010年2月8日最高法**《关于贯彻宽严相济刑事政策的若干意见》**，就共同犯罪案件的审理意见如下：

第三十条 对于恐怖组织犯罪、邪教组织犯罪、黑社会性质组织犯罪和进行走私、诈骗、贩毒等犯罪活动的犯罪集团，在处理时要分别情况，区别对待：对犯罪组织或集团中的为首组织、指挥、策划者和骨干分子，要依法从严惩处，该判处重刑或死刑的要坚决判处重刑或死刑；对受欺骗、胁迫参加犯罪组织、犯罪集团或只是一般参加者，在犯罪中起次要、辅助作用的从犯，依法应当从轻或减轻处罚，符合缓刑条件的，可以适用缓刑。

对于群体性事件中发生的杀人、放火、抢劫、伤害等犯罪案件，要注意重点打击其中的组织、指挥、策划者和直接实施犯罪行为的积极参与者；对因被煽动、欺骗、裹胁而参加，情节较轻，经教育确有悔改表现的，应当依法从宽处理。

第三十一条 对于一般共同犯罪案件，应当充分考虑各被告人在共同犯罪中的地位和作用，以及在主观恶性和人身危险性方面的不同，根据事实和证据能分清主从犯的，都应当认定主从犯。有多名主犯的，应在主犯中进一步区分出罪行最为严重者。对于多名被告人共同致死一名被害人的案件，要进一步分清各被告人的作用，准确确定各被告人的罪责，以做到区别对待；不能以分不清主次为由，简单地一律判处重刑。

……

第三十三条 在共同犯罪案件中，对于主犯或首要分子检举、揭发同案地位、作用较次犯罪分子构成立功的，从轻或者减轻处罚应当从严掌握，如果从轻处罚可能导致全案量刑失衡的，一般不予从轻处罚；如果检举、揭发的是其他犯罪案件中罪行同样严重的犯罪分子，或者协助抓获的是同案中的其他主犯、首要分子的，原则上应予依法从轻或者减轻处罚。对于从犯或犯罪集团中的一般成员立功，特别是协助抓获主犯、首要分子的，应当充分体现政策，依法从轻、减轻或者免除处罚。

【指导案例】根据2014年9月10日最高检**第五批指导性案例·检例第19号·张某、沈某某等七人抢劫案**，办理未成年人与成年人共同犯罪案件，应当

第二十七条[14] **【从犯及其处罚】**在共同犯罪中起次要或者辅助作用的，是从犯。

对于从犯，应当从轻、减轻处罚或者免除处罚。

第二十八条 【胁从犯及其处罚】对于被胁迫参加犯罪的，应当按照他的犯罪情节减轻处罚或者免除处罚。

第二十九条 【教唆犯及其处罚】教唆他人犯罪的，应当按照他在共同犯罪中所起的作用处罚。教唆不满十八周岁的人犯罪的，应当从重处罚。

如果被教唆的人没有犯被教唆的罪，对于教唆犯，可以从轻或者减轻处罚。

根据未成年人在共同犯罪中的地位、作用，综合考量未成年人实施犯罪行为的动机和目的、犯罪时的年龄、是否属于初犯、偶犯、犯罪后的悔罪表现、个人成长经历和一贯表现等因素，依法从轻或者减轻处罚。未成年人犯罪不构成累犯。

根据2020年3月28日最高检**第十八批指导性案例·检例第67号·张凯闵等52人电信网络诈骗案**，跨境电信网络诈骗犯罪往往涉及大量的境外证据和庞杂的电子数据。对境外获取的证据应着重审查合法性，对电子数据应着重审查客观性。主要成员固定，其他人员有一定流动性的电信网络诈骗犯罪组织，可认定为犯罪集团。

★该指导案例在“指导意义”部分指出：实施电信网络诈骗犯罪，大都涉案人员众多、组织严密、层级分明、各环节分工明确。对符合刑法关于犯罪集团规定，有明确首要分子，主要成员固定，其他人员虽有一定流动性的电信网络诈骗犯罪组织，依法可以认定为诈骗犯罪集团。对出资筹建诈骗窝点、掌控诈骗所得资金、制定犯罪计划等起组织、指挥管理作用的，依法可以认定为诈骗犯罪集团首要分子，按照集团所犯的全部罪行处罚。对负责协助首要分子组建窝点、招募培训人员等起积极作用的，或加入时间较长，通过接听拨打电话对受害人进行诱骗，次数较多、诈骗金额较大的，依法可以认定为主犯，按照其参与或组织、指挥的全部犯罪处罚。对诈骗次数较少、诈骗金额较小，在共同犯罪中起次要或者辅助作用的，依法可以认定为从犯，依法从轻、减轻或免除处罚。

〔14〕**【量刑指导】**根据2021年6月17日最高法、最高检**《关于常见犯罪的量刑指导意见（试行）》**，对于从犯，综合考虑其在共同犯罪中的地位、作用等情况，应当予以从宽处罚，减少基准刑的20%-50%；犯罪较轻的，减少基准刑的50%以上或者依法免除处罚。

第四节 单位犯罪

第三十条[15] **【单位犯罪】**公司、企业、事业单位、机关、团体实施的危害社会的行为,法律规定为单位犯罪的,应当负刑事责任。

---

〔15〕**【立法解释】**根据2014年4月24日全国人大常委会**《关于〈中华人民共和国刑法〉第三十条的解释》**,公司、企业、事业单位、机关、团体等单位实施刑法规定的危害社会的行为,刑法分则和其他法律未规定追究单位的刑事责任的,对组织、策划、实施该危害社会行为的人依法追究刑事责任。

【司法解释】1999年6月25日最高法**《关于审理单位犯罪案件具体应用法律有关问题的解释》**(法释〔1999〕14号,自1999年7月3日起施行),对审理单位犯罪案件具体应用法律的有关问题解释如下:

第一条 刑法第三十条规定的"公司、企业、事业单位",既包括国有、集体所有的公司、企业、事业单位,也包括依法设立的合资经营、合作经营企业和具有法人资格的独资、私营等公司、企业、事业单位。

第二条 个人为进行违法犯罪活动而设立的公司、企业、事业单位实施犯罪的,或者公司、企业、事业单位设立后,以实施犯罪为主要活动的,不以单位犯罪论处。

第三条 盗用单位名义实施犯罪,违法所得由实施犯罪的个人私分的,依照刑法有关自然人犯罪的规定定罪处罚。

根据2003年10月15日最高法研究室**《关于外国公司、企业、事业单位在我国领域内犯罪如何适用法律问题的答复》**(法研〔2003〕153号),符合我国法人资格条件的外国公司、企业、事业单位,在我国领域内实施危害社会的行为,符合我国《刑法》构成犯罪的,应当依照我国《刑法》关于单位犯罪的规定追究刑事责任。

个人在我国领域内进行违法犯罪活动而设立的外国公司、企业、事业单位实施犯罪的,或者外国公司、企业、事业单位设立后在我国领域内以实施违法犯罪为主要活动的,不以单位犯罪论处。

2007年3月1日公安部**《关于村民委员会可否构成单位犯罪主体问题的批复》**(公复字〔2007〕1号)指出:根据《刑法》第三十条的规定,单位犯罪主体包括公司、企业、事业单位、机关、团体。按照《村民委员会组织法》第二条的规定,村民委员会是村民自我管理、自我教育、自我服务的基层群众性自治组织,不属于《刑法》第三十条列举的范围。因此,对以村民委员会名义实施犯罪的,不应以单位犯罪论,可以依法追究直接负责的主管人员和其他直接责任人员的刑事责任(★根据2020年《民法典》第101条第1款,居民委员会、村民委员会具有基层群众性自治组织法人资格,可以从事为履行职能所需要的民事活动。

根据2008年11月20日最高法、最高检《关于办理商业贿赂刑事案件适用法律若干问题的意见》第2条,《刑法》第163条、第164条规定的“其他单位”包括村民委员会、居民委员会在内。因此,《批复》认为“以村民委员会名义实施犯罪的,不应以单位犯罪论”的结论是否合适,值得研究——编者说明)。

【会议纪要】根据2001年1月21日最高法《**全国法院审理金融犯罪案件工作座谈会纪要**》(法〔2001〕8号),以单位名义实施犯罪,违法所得归单位所有的,是单位犯罪。

1. 单位的分支机构或者内设机构、部门实施犯罪行为的处理。以单位的分支机构或者内设机构、部门的名义实施犯罪,违法所得亦归分支机构或者内设机构、部门所有的,应认定为单位犯罪。不能因为单位的分支机构或者内设机构、部门没有可供执行罚金的财产,就不将其认定为单位犯罪,而按照个人犯罪处理。

2017年6月1日最高检《**关于办理涉互联网金融犯罪案件有关问题座谈会纪要**》,就依法认定单位犯罪及其责任人员等问题,纪要如下(★该《纪要》的精神可推广于办理其他互联网犯罪案件,故收录于此——编者说明):

三、依法认定单位犯罪及其责任人员

20. 涉互联网金融犯罪案件多以单位形式组织实施,所涉单位数量众多、层级复杂,其中还包括大量分支机构和关联单位,集团化特征明显。有的涉互联网金融犯罪案件中分支机构遍布全国,既有具备法人资格的,又有不具备法人资格的;既有受总公司直接领导的,又有受总公司的下属单位领导的。公安机关在立案时做法不一,有的对单位立案,有的不对单位立案,有的被立案的单位不具有独立法人资格,有的仅对最上层的单位立案而不对分支机构立案。对此,检察机关公诉部门在审查起诉时,应当从能够全面揭示犯罪行为基本特征、全面覆盖犯罪活动、准确界定区分各层级人员的地位作用、有利于有力指控犯罪、有利于追缴违法所得等方面依法具体把握,确定是否以单位犯罪追究。

21. 涉互联网金融犯罪所涉罪名中,刑法规定应当追究单位刑事责任的,对同时具备以下情形且具有独立法人资格的单位,可以以单位犯罪追究:(1)犯罪活动经单位决策实施;(2)单位的员工主要按照单位的决策实施具体犯罪活动;(3)违法所得归单位所有,经单位决策使用,收益亦归单位所有。但是,单位设立后专门从事违法犯罪活动的,应当以自然人犯罪追究刑事责任。

22. 对参与涉互联网金融犯罪,但不具有独立法人资格的分支机构,是否追究其刑事责任,可以区分两种情形处理:(1)全部或部分违法所得归分支机构所有并支配,分支机构作为单位犯罪主体追究刑事责任;(2)违法所得完全归分支机构上级单位所有并支配的,不能对分支机构作为单位犯罪主体追究

第三十一条〔16〕 **【单位犯罪的处罚】**单位犯罪的，对单位判处罚金，并对其直接负责的主管人员和其他直接责任人员判处刑罚。本法分则和其他法律另有规定的，依照规定。

刑事责任，而是应当对分支机构的上级单位（符合单位犯罪主体资格）追究刑事责任。

23. 分支机构认定为单位犯罪主体的，该分支机构相关涉案人员应当作为该分支机构的“直接负责的主管人员”或者“其他直接责任人员”追究刑事责任。仅将分支机构的上级单位认定为单位犯罪主体的，该分支机构相关涉案人员可以作为该上级单位的“其他直接责任人员”追究刑事责任。

24. 对符合追诉条件的分支机构（包括具有独立法人资格的和不具有独立法人资格）及其所属单位，公安机关均没有作为犯罪嫌疑单位移送审查起诉，仅将其所属单位的上级单位作为犯罪嫌疑单位移送审查起诉的，对相关分支机构涉案人员可以区分以下情形处理：（1）有证据证明被立案的上级单位（比如总公司）在业务、财务、人事等方面对下属单位及其分支机构进行实际控制，下属单位及其分支机构涉案人员可以作为被移送审查起诉的上级单位的“其他直接责任人员”追究刑事责任。在证明实际控制关系时，应当收集、运用公司决策、管理、考核等相关文件，OA 系统等电子数据，资金往来记录等证据。对不同地区同一单位的分支机构涉案人员起诉时，证明实际控制关系的证据体系、证明标准应基本一致。（2）据现有证据无法证明被立案的上级单位与下属单位及其分支机构之间存在实际控制关系的，对符合单位犯罪构成要件的下属单位或分支机构应当补充起诉，下属单位及其分支机构已不具备补充起诉条件的，可以将下属单位及其分支机构的涉案犯罪嫌疑人直接起诉。

〔16〕 **【司法解释】**根据 2000 年 9 月 30 日最高法**《关于审理单位犯罪案件对其直接负责的主管人员和其他直接责任人员是否区分主犯、从犯问题的批复》**（法释〔2000〕31 号，自 2000 年 10 月 10 日起施行），在审理单位故意犯罪案件时，对其直接负责的主管人员和其他直接责任人员，可不区分主犯、从犯，按照其在单位犯罪中所起的作用判处刑罚。

2002 年 7 月 8 日最高法、最高检、海关总署**《关于办理走私刑事案件适用法律若干问题的意见》**，就办理单位走私犯罪案件的意见如下（★该《意见》的精神可推广于办理其他单位犯罪案件，故收录于此——编者说明）：

十七、关于单位走私犯罪案件诉讼代表人的确定及其相关问题

单位走私犯罪案件的诉讼代表人，应当是单位的法定代表人或者主要负责人。单位的法定代表人或者主要负责人被依法追究刑事责任或者因其他原因无法参与刑事诉讼的，人民检察院应当另行确定被告单位的其他负责人作为诉讼代表人参加诉讼。

接到出庭通知的被告单位的诉讼代表人应当出庭应诉。拒不出庭的，人民法院在必要的时候，可以拘传到庭。

对直接负责的主管人员和其他直接责任人员均无法归案的单位走私犯罪案件，只要单位走私犯罪的事实清楚、证据确实充分，且能够确定诉讼代表人代表单位参与刑事诉讼活动的，可以先行追究该单位的刑事责任。

被告单位没有合适人选作为诉讼代表人出庭的，因不具备追究该单位刑事责任的诉讼条件，可按照单位犯罪的条款先行追究单位犯罪中直接负责的主管人员或者其他直接责任人员的刑事责任。人民法院在对单位犯罪中直接负责的主管人员或者直接责任人员进行判决时，对于扣押、冻结的走私货物、物品、违法所得以及属于犯罪单位所有的走私犯罪工具，应当一并判决予以追缴、没收。

十八、关于单位走私犯罪及其直接负责的主管人员和直接责任人员的认定问题

具备下列特征的，可以认定为单位走私犯罪：(1)以单位的名义实施走私犯罪，即由单位集体研究决定，或者由单位的负责人或者被授权的其他人员决定、同意；(2)为单位谋取不正当利益或者违法所得大部分归单位所有。

依照《最高人民法院关于审理单位犯罪案件具体应用法律有关问题的解释》第二条的规定，个人为进行违法犯罪活动而设立的公司、企业、事业单位实施犯罪的，或者个人设立公司、企业、事业单位后，以实施犯罪为主要活动的，不以单位犯罪论处。单位是否以实施犯罪为主要活动，应根据单位实施走私行为的次数、频度、持续时间、单位进行合法经营的状况等因素综合考虑认定。

根据单位人员在单位走私犯罪活动中所发挥的不同作用，对其直接负责的主管人员和其他直接责任人员，可以确定为一人或者数人。对于受单位领导指派而积极参与实施走私犯罪行为的人员，如果其行为在走私犯罪的主要环节起重要作用的，可以认定为单位犯罪的直接责任人员。

十九、关于单位走私犯罪后发生分立、合并或者其他资产重组情形以及单位被依法注销、宣告破产等情况下，如何追究刑事责任的问题

单位走私犯罪后，单位发生分立、合并或者其他资产重组等情况的，只要承受该单位权利义务的单位存在，应当追究单位走私犯罪的刑事责任。走私单位发生分立、合并或者其他资产重组后，原单位名称发生更改的，仍以原单位(名称)作为被告单位。承受原单位权利义务的单位法定代表人或者负责人为诉讼代表人。

单位走私犯罪后，发生分立、合并或者其他资产重组情形，以及被依法注销、宣告破产等情况的，无论承受该单位权利义务的单位是否存在，均应追究原单位直接负责的主管人员和其他直接责任人员的刑事责任。

人民法院对原走私单位判处罚金的，应当将承受原单位权利义务的单位

作为被执行人。罚金超出新单位所承受的财产的，可在执行中予以减除。

根据1998年11月18日最高法研究室**《关于企业犯罪后被合并应当如何追究刑事责任问题的答复》**，人民检察院起诉时该犯罪企业已被合并到一个新企业的，仍应依法追究原犯罪企业及其直接负责的主管人员和其他直接人员的刑事责任。人民法院审判时，对被告单位应列原犯罪企业名称，但注明已被并入新的企业，对被告单位所判处的罚金数额以其并入新的企业的财产及收益为限。

根据2002年7月9日最高检**《关于涉嫌犯罪单位被撤销、注销、吊销营业执照或者宣告破产的应如何进行追诉问题的批复》**（高检发释字〔2002〕4号，自2002年7月15日起施行），涉嫌犯罪的单位被撤销、注销、吊销营业执照或者宣告破产的，应当根据刑法关于单位犯罪的相关规定，对实施犯罪行为的该单位直接负责的主管人员和其他直接责任人员追究刑事责任，对该单位不再追诉（★根据2021年1月26日最高法《关于适用〈中华人民共和国刑事诉讼法〉的解释》第344条，审判期间，被告单位被吊销营业执照、宣告破产但尚未完成清算、注销登记的，应当继续审理——编者说明）。

根据2021年1月26日最高法**《关于适用〈中华人民共和国刑事诉讼法〉的解释》第三百四十条**，对应当认定为单位犯罪的案件，人民检察院只作为自然人犯罪起诉的，人民法院应当建议人民检察院对犯罪单位追加起诉。人民检察院仍以自然人犯罪起诉的，人民法院应当依法审理，按照单位犯罪直接负责的主管人员或者其他直接责任人员追究刑事责任，并援引刑法分则关于追究单位犯罪中直接负责的主管人员和其他直接责任人员刑事责任的条款。

……

第三百四十四条　审判期间，被告单位被吊销营业执照、宣告破产但尚未完成清算、注销登记的，应当继续审理；被告单位被撤销、注销的，对单位犯罪直接负责的主管人员和其他直接责任人员应当继续审理。

第三百四十五条　审判期间，被告单位合并、分立的，应当将原单位列为被告单位，并注明合并、分立情况。对被告单位所判处的罚金以其在新单位的财产及收益为限。

【会议纪要】根据2001年1月21日最高法**《全国法院审理金融犯罪案件工作座谈会纪要》**，2. 单位犯罪直接负责的主管人员和其他直接责任人员的认定。直接负责的主管人员，是在单位实施的犯罪中起决定、批准、授意、纵容、指挥等作用的人员，一般是单位的主管负责人，包括法定代表人。其他直接责任人员，是在单位犯罪中具体实施犯罪并起较大作用的人员，既可以是单位的经营管理人员，也可以是单位的职工，包括聘任、雇佣的人员。应当注意的是，在单位犯罪中，对于受单位领导指派或奉命而参与实施了一定犯罪行为的人员，一般不宜作为直接责任人员追究刑事责任。对单位犯罪中的直接负责的主管人员和其他直接责任人员，应根据其在单位犯罪中的地位、作用和犯罪情节，分别处以相应的刑罚，主管人员与直接责任人员，在个案中，不是当然的主、从犯关系，有的案件，主管人员与直接责任人员在实施犯罪行为的主从关系不明显的，可不分主、从犯。但具体案件可以分清主、从犯，且不分清主、从犯，在同一法定刑档次、幅度内量刑无法做到罪刑相适应的，应当分清主、从犯，依法处罚。

3. 对未作为单位犯罪起诉的单位犯罪案件的处理。对于应当认定为单位犯罪的案件，检察机关只作为自然人犯罪案件起诉的，人民法院应及时与检察机关协商，建议检察机关对犯罪单位补充起诉。如检察机关不补充起诉的，人民法院仍应依法审理，对被起诉的自然人根据指控的犯罪事实、证据及庭审查明的事实，依法按单位犯罪中的直接负责的主管人员或者其他直接责任人员追究刑事责任，并应引用刑法分则关于单位犯罪追究直接负责的主管人员和其他直接责任人员刑事责任的有关条款。

4. 单位共同犯罪的处理。两个以上单位以共同故意实施的犯罪，应根据各单位在共同犯罪中的地位、作用大小，确定犯罪单位的主、从犯。

根据 2017 年 6 月 1 日最高检**《关于办理涉互联网金融犯罪案件有关问题座谈会纪要》**，25. 在办理跨区域涉互联网金融犯罪案件时，在追诉标准、追诉范围以及量刑建议等方面应当注意统一平衡。对于同一单位在多个地区分别设立分支机构的，在同一省（自治区、直辖市）范围内应当保持基本一致。分支机构所涉犯罪嫌疑人与上级单位主要犯罪嫌疑人之间应当保持适度平衡，防止出现责任轻重“倒挂”的现象。

26. 单位犯罪中，直接负责的主管人员和其他直接责任人员在涉互联网金融犯罪案件中的地位、作用存在明显差别的，可以区分主犯和从犯。对起组织领导作用的总公司的直接负责的主管人员和发挥主要作用的其他直接责任人员，可以认定为全案的主犯，其他人员可以认定为从犯。

27. 最大限度减少投资人的实际损失是办理涉互联网金融犯罪案件特别是非法集资案件的重要工作。在决定是否起诉、提出量刑建议时，要重视对是否具有认罪认罚、主动退赃退赔等情节的考察。分支机构涉案人员积极配合调查、主动退还违法所得、真诚认罪悔罪的，应当依法提出从轻、减轻处罚的量刑建议。其中，对情节轻微、可以免予刑事处罚的，或者情节显著轻微、危害不大、不认为是犯罪的，应当依法作出不起诉决定。对被不起诉人需要给予行政处罚或者没收违法所得的，应当向行政主管部门提出检察意见。

★ 2019 年 1 月 30 日最高法、最高检、公安部《关于办理非法集资刑事案件若干问题的意见》中关于涉案下属单位的处理的相关规定（➻参见刑法第

176条脚注相关部分)，对于如何处理下属单位参与上级单位犯罪案件问题，具有参考意义。此外，以单位名义实施单位犯罪，或者借用、盗用单位名义实施犯罪时，单位应如何承担民事责任，可参见2020年12月29日修改后的《最高人民法院关于在审理经济纠纷案件中涉及经济犯罪嫌疑若干问题的规定》——编者说明。

【指导案例】根据2020年7月16日最高检**第二十批指导性案例·检例第73号·浙江省某县图书馆及赵某、徐某某单位受贿、私分国有资产、贪污案**，人民检察院在对职务犯罪案件审查起诉时，如果认为相关单位亦涉嫌犯罪，且单位犯罪事实清楚、证据确实充分，经与监察机关沟通，可以依法对犯罪单位提起公诉。检察机关在审查起诉中发现遗漏同案犯或犯罪事实的，应当及时与监察机关沟通，依法处理。

★该指导案例在“指导意义”部分指出：人民检察院审查监察机关移送起诉的案件，应当查明有无遗漏罪行和其他应当追究刑事责任的人。对于单位犯罪案件，监察机关只对直接负责的主管人员和其他直接责任人员移送起诉，未移送起诉涉嫌犯罪单位的，如果犯罪事实清楚，证据确实充分，经与监察机关沟通，检察机关对犯罪单位可以依法直接提起公诉。

检察机关在审查起诉中发现遗漏同案犯或犯罪事实的，应当及时与监察机关沟通，依法处理。检察机关在审查起诉中，如果发现监察机关移送起诉的案件遗漏同案职务犯罪人或犯罪事实的，应当及时与监察机关沟通，依法处理。如果监察机关在本案审查起诉期限内调查终结移送起诉，且犯罪事实清楚，证据确实充分的，可以并案起诉；如果监察机关不能在本案审查起诉期限内调查终结移送起诉，或者虽然移送起诉，但因案情重大复杂等原因不能及时审结的，也可分案起诉。

根据2020年11月24日最高检**第二十二批指导性案例·检例第81号·无锡F警用器材公司虚开增值税专用发票案**，民营企业违规经营触犯刑法情节较轻，认罪认罚的，对单位和直接责任人员依法能不捕的不捕，能不诉的不诉。检察机关应当督促认罪认罚的民营企业合法规范经营。拟对企业作出不起诉处理的，可以通过公开听证听取意见。对被不起诉人(单位)需要给予行政处罚、处分或者需要没收其违法所得的，应当依法提出检察意见，移送有关主管机关处理。

第三章 刑 罚

第一节 刑罚的种类

第三十二条 【刑罚种类】刑罚分为主刑和附加刑。

第三十三条 【主刑种类】主刑的种类如下：

（一）管制；

（二）拘役；

（三）有期徒刑；

（四）无期徒刑；

（五）死刑。

第三十四条 【附加刑种类】附加刑的种类如下：

（一）罚金；

（二）剥夺政治权利；

（三）没收财产。

附加刑也可以独立适用。

第三十五条〔17〕 **【驱逐出境】**对于犯罪的外国人，可以独立适用或者附加适用驱逐出境。

---

〔17〕 **【相关法规】**根据2012年修正后的**《行政处罚法》第十条第二款**，对违反治安管理的外国人，可以附加适用限期出境或者驱逐出境。

根据2012年**《出境入境管理法》第八十一条**，外国人从事与停留居留事由不相符的活动，或者有其他违反中国法律、法规规定，不适宜在中国境内继续停留居留情形的，可以处限期出境。

外国人违反本法规定，情节严重，尚不构成犯罪的，公安部可以处驱逐出境。公安部的处罚决定为最终决定。

被驱逐出境的外国人，自被驱逐出境之日起十年内不准入境。

【司法解释】根据2020年7月20日修正后的公安部**《公安机关办理刑事案件程序规定》第三百七十一条**，对判处独立适用驱逐出境刑罚的外国人，省级公安机关在收到人民法院的刑事判决书、执行通知书的副本后，应当指定该外国人所在地的设区的市一级公安机关执行。

被判处徒刑的外国人，主刑执行期满后应当执行驱逐出境附加刑的，省级公安机关在收到执行监狱的上级主管部门转交的刑事判决书、执行通知书副本或者复印件后，应当通知该外国人所在地的设区的市一级公安机关或者指

第三十六条〔18〕 **【赔偿经济损失与民事优先原则】**由于犯罪行为而使被害人遭受经济损失的，对犯罪分子除依法给予刑事处罚外，并应根据情况判处赔偿经济损失。

承担民事赔偿责任的犯罪分子，同时被判处罚金，其财产不足以全部支付的，或者被判处没收财产的，应当先承担对被害人的民事赔偿责任。

定有关公安机关执行。

我国政府已按照国际条约或者《中华人民共和国外交特权与豁免条例》的规定，对实施犯罪，但享有外交或者领事特权和豁免权的外国人宣布为不受欢迎的人，或者不可接受并拒绝承认其外交或者领事人员身份，责令限期出境的人，无正当理由逾期不自动出境的，由公安部凭外交部公文指定该外国人所在地的省级公安机关负责执行或者监督执行。

★对于犯罪的外国人如何具体执行驱逐出境，还可参见1992年7月31日最高法、最高检、公安部、外交部、司法部、财政部《关于强制外国人出境的执行办法的规定》——编者说明。

〔18〕 **【相关法规】**根据2020年**《民法典》第一百八十七条**，民事主体因同一行为应当承担民事责任、行政责任和刑事责任的，承担行政责任或者刑事责任不影响承担民事责任；民事主体的财产不足以支付的，优先用于承担民事责任。

根据2019年修正后的**《反不正当竞争法》第二十七条**，经营者违反本法规定，应当承担民事责任、行政责任和刑事责任，其财产不足以支付的，优先用于承担民事责任。

【司法解释】根据2002年8月23日最高法**《关于行政机关工作人员执行职务致人伤亡构成犯罪的赔偿诉讼程序问题的批复》**（法释〔2002〕28号，自2002年8月30日起施行），行政机关工作人员在执行职务中致人伤、亡已构成犯罪，受害人或其亲属提起刑事附带民事赔偿诉讼的，人民法院对民事赔偿诉讼请求不予受理。但应当告知其可以依据《中华人民共和国国家赔偿法》的有关规定向人民法院提起行政赔偿诉讼。

本批复公布以前发生的此类案件，人民法院已作刑事附带民事赔偿处理，受害人或其亲属再提起行政赔偿诉讼的，人民法院不予受理。

根据2006年1月11日最高法**《关于审理未成年人刑事案件具体应用法律若干问题的解释》第十九条**，刑事附带民事案件的未成年被告人有个人财产的，应当由本人承担民事赔偿责任，不足部分由监护人予以赔偿，但单位担任监护人的除外（★作为监护人的单位不承担民事赔偿责任，其依据是1986年《民法通则》第133条第2款："有财产的无民事行为能力人、限制民事行为能力人造成他人损害的，从本人财产中支付赔偿费用。不足部分，由监护人适当赔偿，但单位担任监护人的除外。”但是，2020年《民法典》第1188条第2款规定：“有财产的无民事行为能力人、限制民事行为能力人造成他人损害的，从本人财产中支付赔偿费用；不足部分，由监护人赔偿。”这一规定并未豁免单位监护人的民事赔偿责任。法律规定的效力高于司法解释，因此，“单位担任监护人的除外”的规定应当不再适用——编者说明）。

被告人对被害人物质损失的赔偿情况，可以作为量刑情节予以考虑。

根据2009年5月26日最高法**《关于依法审理和执行被风险处置证券公司相关案件的通知》**（法发〔2009〕35号）**第五条**，证券公司进入破产程序后，人民法院作出的刑事附带民事赔偿或者涉及追缴赃款赃物的判决应当中止执行，由相关权利人在破产程序中以申报债权等方式行使权利；刑事判决中罚金、没收财产等处罚，应当在破产程序债权人获得全额清偿后的剩余财产中执行。

根据2010年12月31日最高法**《关于充分发挥刑事审判职能作用深入推进社会矛盾化解的若干意见》**（法发〔2010〕63号）**第十一条**，审理附带民事诉讼案件，应当依照刑法的有关规定，根据情况判处赔偿经济损失。确定赔偿数额，要根据被害人因犯罪行为遭受的物质损失并适当考虑被告人的赔偿能力。附带民事诉讼当事人就民事赔偿问题达成的调解协议，只要不违反法律规定，应当予以确认，以有利社会矛盾化解，更好慰藉被害人一方。

根据2021年1月26日最高法**《关于适用〈中华人民共和国刑事诉讼法〉的解释》第一百七十五条**，被害人因人身权利受到犯罪侵犯或者财物被犯罪分子毁坏而遭受物质损失的，有权在刑事诉讼过程中提起附带民事诉讼；被害人死亡或者丧失行为能力的，其法定代理人、近亲属有权提起附带民事诉讼。

因受到犯罪侵犯，提起附带民事诉讼或者单独提起民事诉讼要求赔偿精神损失的，人民法院一般不予受理。

根据2022年1月13日最高法**《关于充分发挥司法职能作用助力中小微企业发展的指导意见》**，切实贯彻民法典第一百八十七条的规定，债务人因同一行为应当承担民事责任、行政责任和刑事责任，其财产不足以支付的，依法保障中小微企业等市场主体的民事债权优先于罚款、罚金、没收财产等行政、刑事处罚受偿。

【会议纪要】根据1999年10月27日最高法**《全国法院维护农村稳定刑事审判工作座谈会纪要》**，人民法院审理附带民事诉讼案件的受案范围，应只限于被害人因人身权利受到犯罪行为侵犯和财物被犯罪行为损毁而遭受的物质损失，不包括因犯罪分子非法占有、处置被害人财产而使其遭受的物质损失。对因犯罪分子非法占有、处置被害人财产而使其遭受的物质损失，应当根据刑法第六十四条的规定处理，即应通过追缴赃款赃物、责令退赔的途径解决。如赃款赃物尚在的，应一律追缴；已被用掉、毁坏或挥霍的，应责令退赔。无法退赃的，在决定刑罚时，应作为酌定从重处罚的情节予以考虑。

第三十七条[19] **【免予刑事处罚与非刑罚处置措施】**对于犯罪情节轻微不需要判处刑罚的，可以免予刑事处罚，但是可以根据案件的不同情况，予以训诫或者责令具结悔过、赔礼道歉、赔偿损失，或者由主管部门予以行政处罚或者行政处分。

关于附带民事诉讼的赔偿范围，在没有司法解释规定之前，应注意把握以下原则：一是要充分运用现有法律规定，在法律许可的范围内最大限度地补偿被害人因被告人的犯罪行为而遭受的物质损失。物质损失应包括已造成的损失，也包括将来必然遭受的损失。二是赔偿只限于犯罪行为直接造成的物质损失，不包括精神损失和间接造成的物质损失。三是要适当考虑被告人的赔偿能力。被告人的赔偿能力包括现在的赔偿能力和将来的赔偿能力，对未成年被告人还应考虑到其监护人的赔偿能力，以避免数额过大的空判引起的负面效应，被告人的民事赔偿情况可作为量刑的酌定情节。四是要切实维护被害人的合法权益。附带民事原告人提出起诉的，对于没有构成犯罪的共同致害人，也要追究其民事赔偿责任。未成年致害人由其法定代表人或者监护人承担赔偿责任。但是，在逃的同案犯不应列为附带民事诉讼的被告人。关于赔偿责任的分担：共同致害人应当承担连带赔偿责任；在学校等单位内部发生犯罪造成受害人损失，在管理上有过错责任的学校等单位有赔偿责任，但不承担连带赔偿责任；交通肇事犯罪的车辆所有人（单位）在犯罪分子无赔偿能力的情况下，承担代为赔偿或者垫付的责任。

【公报案例】根据**《公报》2019年第3期·尹瑞军诉颜礼奎健康权、身体权纠纷案**，刑事案件的受害人因犯罪行为受到身体伤害，未提起刑事附带民事诉讼，而是另行提起民事侵权诉讼的，关于残疾赔偿金是否属于物质损失范畴的问题，刑事诉讼法及司法解释没有明确规定。刑事案件受害人因犯罪行为造成残疾的，今后的生活和工作必然受到影响，导致劳动能力下降，造成生活成本增加，进而变相的减少物质收入，故残疾赔偿金应属于物质损失的范畴，应予赔偿。

【量刑指导】根据2021年6月17日最高法、最高检**《关于常见犯罪的量刑指导意见（试行）》**，对于积极赔偿被害人经济损失并取得谅解的，综合考虑犯罪性质、赔偿数额、赔偿能力以及认罪悔罪表现等情况，可以减少基准刑的40%以下；积极赔偿但没有取得谅解的，可以减少基准刑的30%以下；尽管没有赔偿，但取得谅解的，可以减少基准刑的20%以下。对抢劫、强奸等严重危害社会治安犯罪的，应当从严掌握。

对于当事人根据刑事诉讼法第二百八十八条达成刑事和解协议的，综合考虑犯罪性质、赔偿数额、赔礼道歉以及真诚悔罪等情况，可以减少基准刑的50%以下；犯罪较轻的，可以减少基准刑的50%以上或者依法免除处罚。

〔19〕**【司法解释】**根据2006年1月11日最高法**《关于审理未成年人刑**

第三十七条之一[20]　**【从业禁止】**因利用职业便利实施犯罪，或者实施违背职业要求的特定义务的犯罪被判处刑罚的，人民法院可以根据犯罪情况和预防再犯罪的需要，禁止其自刑罚执行完毕之日或者假释之日起从事相关职业，期限为三年至五年。

被禁止从事相关职业的人违反人民法院依照前款规定作出的决定的，由公安机关依法给予处罚；情节严重的，依照本法第三百一十三条的规定定罪处罚。

其他法律、行政法规对其从事相关职业另有禁止或者限制性规定的，从其规定。

事案件具体应用法律若干问题的解释》第十七条，未成年罪犯根据其所犯罪行，可能被判处拘役、3年以下有期徒刑，如果悔罪表现好，并具有下列情形之一的，应当依照刑法第三十七条的规定免予刑事处罚：

（一）系又聋又哑的人或者盲人；

（二）防卫过当或者避险过当；

（三）犯罪预备、中止或者未遂；

（四）共同犯罪中从犯、胁从犯；

（五）犯罪后自首或者有立功表现；

（六）其他犯罪情节轻微不需要判处刑罚的。

根据2010年2月8日最高法《**关于贯彻宽严相济刑事政策的若干意见**》**第十五条**，被告人的行为已经构成犯罪，但犯罪情节轻微，或者未成年人、在校学生实施的较轻犯罪，或者被告人具有犯罪预备、犯罪中止、从犯、胁从犯、防卫过当、避险过当等情节，依法不需要判处刑罚的，可以免予刑事处罚。对免予刑事处罚的，应当根据刑法第三十七条规定，做好善后、帮教工作或者交由有关部门进行处理，争取更好的社会效果。

〔20〕**【刑法修订】**本条为2015年《**刑法修正案（九）**》**第一条**增设。

【相关法规】根据2023年修订后的《**慈善法**》**第十六条**，因故意犯罪被判处刑罚，自刑罚执行完毕之日起未逾五年的，不得担任慈善组织的负责人。

根据2019年修订后的《**检察官法**》**第十三条第一款第一项**，因犯罪受过刑事处罚的，不得担任检察官。

根据2019年修订后的《**法官法**》**第十三条第一款第一项**，因犯罪受过刑事处罚的，不得担任法官。

根据2021年《**监察官法**》**第十三条第一项**，因犯罪受过刑事处罚，以及因犯罪情节轻微被人民检察院依法作出不起诉决定或者被人民法院依法免予刑事处罚的，不得担任监察官。

根据2021年修订后的《**动物防疫法**》**第九十七条第二款**，前款规定（★指违反《动物防疫法》第二十九条规定，屠宰、经营、运输动物或者生产、经营、加工、贮藏、运输动物产品——编者说明）的违法行为人及其法定代表人（负责人）、直接负责的主管人员和其他直接责任人员，自处罚决定作出之日起五年内不得从事相关活动；构成犯罪的，终身不得从事屠宰、经营、运输动物或者生产、经营、加工、贮藏、运输动物产品等相关活动。

根据2021年修正后的《**安全生产法**》**第九十四条第三款**，生产经营单位的主要负责人依照前款规定（★指未履行《安全生产法》规定的安全生产管理职责，导致发生生产安全事故——编者说明）受刑事处罚或者撤职处分的，自刑罚执行完毕或者受处分之日起，五年内不得担任任何生产经营单位的主要负责人；对重大、特别重大生产安全事故负有责任的，终身不得担任本行业生产经营单位的主要负责人。

【司法解释】根据2015年10月29日最高法《**关于〈中华人民共和国刑法修正案（九）〉时间效力问题的解释**》（法释〔2015〕19号，自2015年11月1日起施行）第一条，对于2015年10月31日以前因利用职业便利实施犯罪，或者实施违背职业要求的特定义务的犯罪的，不适用修正后刑法第三十七条之一第一款的规定。其他法律、行政法规另有规定的，从其规定。

根据2022年11月10日最高法、最高检、教育部《**关于落实从业禁止制度的意见**》（法发〔2022〕32号），为贯彻落实学校、幼儿园等教育机构、校外培训机构教职员工违法犯罪记录查询制度，严格执行犯罪人员从业禁止制度，净化校园环境，切实保护未成年人，根据《中华人民共和国刑法》（以下简称《刑法》）、《中华人民共和国未成年人保护法》（以下简称《未成年人保护法》）、《中华人民共和国教师法》（以下简称《教师法》）等法律规定，提出如下意见：

一、依照《刑法》第三十七条之一的规定，教职员工利用职业便利实施犯罪，或者实施违背职业要求的特定义务的犯罪被判处刑罚的，人民法院可以根据犯罪情况和预防再犯罪的需要，禁止其在一定期限内从事相关职业。其他法律、行政法规对其从事相关职业另有禁止或者限制性规定的，从其规定。

《未成年人保护法》、《教师法》属于前款规定的法律，《教师资格条例》属于前款规定的行政法规。

二、依照《未成年人保护法》第六十二条的规定，实施性侵害、虐待、拐卖、暴力伤害等违法犯罪的人员，禁止从事密切接触未成年人的工作。

依照《教师法》第十四条、《教师资格条例》第十八条规定，受到剥夺政治权利或者故意犯罪受到有期徒刑以上刑罚的，不能取得教师资格；已经取得教师资格的，丧失教师资格，且不能重新取得教师资格。

三、教职员工实施性侵害、虐待、拐卖、暴力伤害等犯罪的，人民法院应当

第二节 管 制

第三十八条〔21〕 **【管制的期限、禁止令与社区矫正】**管制的期限，为三个月以上二年以下。

依照《未成年人保护法》第六十二条的规定，判决禁止其从事密切接触未成年人的工作。

教职员工实施前款规定以外的其他犯罪，人民法院可以根据犯罪情况和预防再犯罪的需要，依照《刑法》第三十七条之一第一款的规定，判决禁止其自刑罚执行完毕之日或者假释之日起从事相关职业，期限为3年至5年；或者依照《刑法》第三十八条第二款、第七十二条第二款的规定，对其适用禁止令。

四、对有必要禁止教职员工从事相关职业或者适用禁止令的，人民检察院在提起公诉时，应当提出相应建议。

五、教职员工犯罪的刑事案件，判决生效后，人民法院应当在30日内将裁判文书送达被告人单位所在地的教育行政部门；必要时，教育行政部门应当将裁判文书转送有关主管部门。

因涉及未成年人隐私等原因，不宜送达裁判文书的，可以送达载明被告人的自然情况、罪名及刑期的相关证明材料。

六、教职员工犯罪，人民法院作出的判决生效后，所在单位、教育行政部门或者有关主管部门可以依照《未成年人保护法》、《教师法》、《教师资格条例》等法律法规给予相应处理、处分和处罚。

符合丧失教师资格或者撤销教师资格情形的，教育行政部门应当及时收缴其教师资格证书。

七、人民检察院应当对从业禁止和禁止令执行落实情况进行监督。

八、人民法院、人民检察院发现有关单位未履行犯罪记录查询制度、从业禁止制度的，应当向该单位提出建议。

九、本意见所称教职员工，是指在学校、幼儿园等教育机构工作的教师、教育教学辅助人员、行政人员、勤杂人员、安保人员，以及校外培训机构的相关工作人员。

学校、幼儿园等教育机构、校外培训机构的举办者、实际控制人犯罪，参照本意见执行。

十、本意见自2022年11月15日起施行。

〔21〕 **【刑法修订】**2011年**《刑法修正案（八）》第二条**修订了本条。1997年刑法原文如下：

第三十八条 管制的期限，为三个月以上二年以下。

被判处管制的犯罪分子，由公安机关执行。

2011年**《刑法修正案（八）》**增加了第二款、第四款，并将原第二款改为第判处管制，可以根据犯罪情况，同时禁止犯罪分子在执行期间从事特定活动，进入特定区域、场所，接触特定的人。

对判处管制的犯罪分子，依法实行社区矫正。

违反第二款规定的禁止令的，由公安机关依照《中华人民共和国治安管理处罚法》的规定处罚。

三款，将该款中的"由公安机关执行"修改为"依法实行社区矫正"。

【相关法规】2019年《**社区矫正法**》，就推进和规范社区矫正工作，规定如下：

第二条 对被判处管制、宣告缓刑、假释和暂予监外执行的罪犯，依法实行社区矫正。

对社区矫正对象的监督管理、教育帮扶等活动，适用本法。

……

第十七条 社区矫正决定机关判处管制、宣告缓刑、裁定假释、决定或者批准暂予监外执行时应当确定社区矫正执行地。

社区矫正执行地为社区矫正对象的居住地。社区矫正对象在多个地方居住的，可以确定经常居住地为执行地。

社区矫正对象的居住地、经常居住地无法确定或者不适宜执行社区矫正的，社区矫正决定机关应当根据有利于社区矫正对象接受矫正、更好地融入社会的原则，确定执行地。

本法所称社区矫正决定机关，是指依法判处管制、宣告缓刑、裁定假释、决定暂予监外执行的人民法院和依法批准暂予监外执行的监狱管理机关、公安机关。

……

第二十三条 社区矫正对象在社区矫正期间应当遵守法律、行政法规，履行判决、裁定、暂予监外执行决定等法律文书确定的义务，遵守国务院司法行政部门关于报告、会客、外出、迁居、保外就医等监督管理规定，服从社区矫正机构的管理。

……

第二十七条 社区矫正对象离开所居住的市、县或者迁居，应当报经社区矫正机构批准。社区矫正机构对于有正当理由的，应当批准；对于因正常工作和生活需要经常性跨市、县活动的，可以根据情况，简化批准程序和方式。

因社区矫正对象迁居等原因需要变更执行地的，社区矫正机构应当按照有关规定作出变更决定。社区矫正机构作出变更决定后，应当通知社区矫正决定机关和变更后的社区矫正机构，并将有关法律文书抄送变更后的社区矫正机构。变更后的社区矫正机构应当将法律文书转送所在地的人民检察院、公安机关。

第二十八条 社区矫正机构根据社区矫正对象的表现，依照有关规定对其实施考核奖惩。社区矫正对象认罪悔罪、遵守法律法规、服从监督管理、接受教育表现突出的，应当给予表扬。社区矫正对象违反法律法规或者监督管理规定的，应当视情节依法给予训诫、警告、提请公安机关予以治安管理处罚，或者依法提请撤销缓刑、撤销假释、对暂予监外执行的收监执行。

对社区矫正对象的考核结果，可以作为认定其是否确有悔改表现或者是否严重违反监督管理规定的依据。

第二十九条 社区矫正对象有下列情形之一的，经县级司法行政部门负责人批准，可以使用电子定位装置，加强监督管理：

（一）违反人民法院禁止令的；

（二）无正当理由，未经批准离开所居住的市、县的；

（三）拒不按照规定报告自己的活动情况，被给予警告的；

（四）违反监督管理规定，被给予治安管理处罚的；

（五）拟提请撤销缓刑、假释或者暂予监外执行收监执行的。

前款规定的使用电子定位装置的期限不得超过三个月。对于不需要继续使用的，应当及时解除；对于期限届满后，经评估仍有必要继续使用的，经过批准，期限可以延长，每次不得超过三个月。

社区矫正机构对通过电子定位装置获得的信息应当严格保密，有关信息只能用于社区矫正工作，不得用于其他用途。

……

第三十三条 社区矫正对象符合刑法规定的减刑条件的，社区矫正机构应当向社区矫正执行地的中级以上人民法院提出减刑建议，并将减刑建议书抄送同级人民检察院。

……

第四十四条 社区矫正对象矫正期满或者被赦免的，社区矫正机构应当向社区矫正对象发放解除社区矫正证明书，并通知社区矫正决定机关、所在地的人民检察院、公安机关。

第四十五条 社区矫正对象被裁定撤销缓刑、假释，被决定收监执行，或者社区矫正对象死亡的，社区矫正终止。

第四十六条 社区矫正对象具有刑法规定的撤销缓刑、假释情形的，应当由人民法院撤销缓刑、假释。

对于在考验期限内犯新罪或者发现判决宣告以前还有其他罪没有判决的，应当由审理该案件的人民法院撤销缓刑、假释，并书面通知原审人民法院和执行地社区矫正机构。

对于有第二款规定以外的其他需要撤销缓刑、假释情形的，社区矫正机构应当向原审人民法院或者执行地人民法院提出撤销缓刑、假释建议，并将建议书抄送人民检察院。社区矫正机构提出撤销缓刑、假释建议时，应当说明理由，并提供有关证据材料。

……

第五十二条　社区矫正机构应当根据未成年社区矫正对象的年龄、心理特点、发育需要、成长经历、犯罪原因、家庭监护教育条件等情况，采取针对性的矫正措施。

社区矫正机构为未成年社区矫正对象确定矫正小组，应当吸收熟悉未成年人身心特点的人员参加。

对未成年人的社区矫正，应当与成年人分别进行。

……

第五十七条　未成年社区矫正对象在复学、升学、就业等方面依法享有与其他未成年人同等的权利，任何单位和个人不得歧视。有歧视行为的，应当由教育、人力资源和社会保障等部门依法作出处理。

第五十八条　未成年社区矫正对象在社区矫正期间年满十八周岁的，继续按照未成年人社区矫正有关规定执行。

……

第六十三条　本法自2020年7月1日起施行。

★党的十八届三中全会通过的《中共中央关于全面深化改革若干重大问题的决定》明确提出要“健全社区矫正制度”。为此，2012年1月10日，最高法、最高检、公安部、司法部发布了《社区矫正实施办法》（已废止）；2014年8月27日，最高法、最高检、公安部、司法部发布了《关于全面推进社区矫正工作的意见》；2016年8月30日，最高法、最高检、公安部、司法部发布了《关于进一步加强社区矫正工作衔接配合管理的意见》。2019年12月28日，全国人大常委会正式通过《社区矫正法》。2020年6月18日，对《社区矫正实施办法》进行修订后，最高法、最高检、公安部、司法部重新发布《中华人民共和国社区矫正法实施办法》。鉴于社区矫正不是实体刑法的重点内容，除《中华人民共和国社区矫正法实施办法》之外，本书未收录这些文件——编者说明。

【司法解释】根据2011年4月25日最高法**《关于〈中华人民共和国刑法修正案（八）〉时间效力问题的解释》**（法释〔2011〕9号，自2011年5月1日起施行）**第一条**，对于2011年4月30日以前犯罪，依法应当判处管制或者宣告缓刑的，人民法院根据犯罪情况，认为确有必要同时禁止犯罪分子在管制期间或者缓刑考验期内从事特定活动，进入特定区域、场所，接触特定人的，适用修正后刑法第三十八条第二款或者第七十二条第二款的规定（★这一解释是否符合刑法第12条从旧兼从轻原则，值得研究——编者说明）。

犯罪分子在管制期间或者缓刑考验期内，违反人民法院判决中的禁止令的，适用修正后刑法第三十八条第四款或者第七十七条第二款的规定。

2011年4月28日最高法、最高检、公安部、司法部**《关于对判处管制、宣告缓刑的犯罪分子适用禁止令有关问题的规定(试行)》**(法发〔2011〕9号,自2011年5月1日起施行),为正确适用《中华人民共和国刑法修正案(八)》,确保管制和缓刑的执行效果,根据刑法和刑事诉讼法的有关规定,现就判处管制、宣告缓刑的犯罪分子适用禁止令的有关问题规定如下:

第一条 对判处管制、宣告缓刑的犯罪分子,人民法院根据犯罪情况,认为从促进犯罪分子教育矫正、有效维护社会秩序的需要出发,确有必要禁止其在管制执行期间、缓刑考验期限内从事特定活动,进入特定区域、场所,接触特定人的,可以根据刑法第三十八条第二款、第七十二条第二款的规定,同时宣告禁止令。

第二条 人民法院宣告禁止令,应当根据犯罪分子的犯罪原因、犯罪性质、犯罪手段、犯罪后的悔罪表现、个人一贯表现等情况,充分考虑与犯罪分子所犯罪行的关联程度,有针对性地决定禁止其在管制执行期间、缓刑考验期限内"从事特定活动,进入特定区域、场所,接触特定的人"的一项或者几项内容。

第三条 人民法院可以根据犯罪情况,禁止判处管制、宣告缓刑的犯罪分子在管制执行期间、缓刑考验期限内从事以下一项或者几项活动:

(一)个人为进行违法犯罪活动而设立公司、企业、事业单位或者在设立公司、企业、事业单位后以实施犯罪为主要活动的,禁止设立公司、企业、事业单位;

(二)实施证券犯罪、贷款犯罪、票据犯罪、信用卡犯罪等金融犯罪的,禁止从事证券交易、申领贷款、使用票据或者申领、使用信用卡等金融活动;

(三)利用从事特定生产经营活动实施犯罪的,禁止从事相关生产经营活动;

(四)附带民事赔偿义务未履行完毕,违法所得未追缴、退赔到位,或者罚金尚未足额缴纳的,禁止从事高消费活动;

(五)其他确有必要禁止从事的活动。

第四条 人民法院可以根据犯罪情况,禁止判处管制、宣告缓刑的犯罪分子在管制执行期间、缓刑考验期限内进入以下一类或者几类区域、场所:

(一)禁止进入夜总会、酒吧、迪厅、网吧等娱乐场所;

(二)未经执行机关批准,禁止进入举办大型群众性活动的场所;

(三)禁止进入中小学校区、幼儿园园区及周边地区,确因本人就学、居住等原因,经执行机关批准的除外;

(四)其他确有必要禁止进入的区域、场所。

第五条 人民法院可以根据犯罪情况,禁止判处管制、宣告缓刑的犯罪分子在管制执行期间、缓刑考验期限内接触以下一类或者几类人员:

(一)未经对方同意,禁止接触被害人及其法定代理人、近亲属;

（二）未经对方同意，禁止接触证人及其法定代理人、近亲属；

（三）未经对方同意，禁止接触控告人、批评人、举报人及其法定代理人、近亲属；

（四）禁止接触同案犯；

（五）禁止接触其他可能遭受其侵害、滋扰的人或者可能诱发其再次危害社会的人。

第六条 禁止令的期限，既可以与管制执行、缓刑考验的期限相同，也可以短于管制执行、缓刑考验的期限，但判处管制的，禁止令的期限不得少于 3 个月，宣告缓刑的，禁止令的期限不得少于 2 个月。

判处管制的犯罪分子在判决执行以前先行羁押以致管制执行的期限少于 3 个月的，禁止令的期限不受前款规定的最短期限的限制。

禁止令的执行期限，从管制、缓刑执行之日起计算。

第七条 人民检察院在提起公诉时，对可能判处管制、宣告缓刑的被告人可以提出宣告禁止令的建议。当事人、辩护人、诉讼代理人可以就应否对被告人宣告禁止令提出意见，并说明理由。

公安机关在移送审查起诉时，可以根据犯罪嫌疑人涉嫌犯罪的情况，就应否宣告禁止令及宣告何种禁止令，向人民检察院提出意见。

第八条 人民法院对判处管制、宣告缓刑的被告人宣告禁止令的，应当在裁判文书主文部分单独作为一项予以宣告。

第九条 禁止令由司法行政机关指导管理的社区矫正机构负责执行。

第十条 人民检察院对社区矫正机构执行禁止令的活动实行监督。发现有违反法律规定的情况，应当通知社区矫正机构纠正。

第十一条 判处管制的犯罪分子违反禁止令，或者被宣告缓刑的犯罪分子违反禁止令尚不属情节严重的，由负责执行禁止令的社区矫正机构所在地的公安机关依照《中华人民共和国治安管理处罚法》第六十条的规定处罚。

第十二条 被宣告缓刑的犯罪分子违反禁止令，情节严重的，应当撤销缓刑，执行原判刑罚……（➽参见刑法第 77 条脚注相关部分）

第十三条 被宣告禁止令的犯罪分子被依法减刑时，禁止令的期限可以相应缩短，由人民法院在减刑裁定中确定新的禁止令期限。

根据 2017 年 3 月 2 日最高检《**未成年人刑事检察工作指引（试行）**》**第二百一十五条**，人民检察院根据未成年被告人的犯罪原因、犯罪性质、犯罪手段、犯罪后的认罪悔罪表现、个人一贯表现等情况，充分考虑与未成年被告人所犯罪行的关联程度，可以有针对性地建议人民法院判处未成年被告人在管制执行期间、缓刑考验期限内适用禁止令：

（一）禁止从事以下一项或者几项活动：

1. 因无监护人监管或监护人监管不力，经常夜不归宿的，禁止在未经社区

矫正机构批准的情况下在外留宿过夜;

2.因沉迷暴力、色情等网络游戏诱发犯罪的,禁止接触网络游戏;

3.附带民事赔偿义务未履行完毕,违法所得未追缴、退赔到位,或者罚金尚未足额缴纳的,禁止进行高消费活动。高消费的标准可根据当地居民人均收入和支出水平确定;

4.其他确有必要禁止从事的活动。

(二)禁止进入以下一类或者几类区域、场所:

1.因出入未成年人不宜进入的场所导致犯罪的,禁止进入夜总会、歌舞厅、酒吧、迪厅、营业性网吧、游戏机房、溜冰场等场所;

2.经常以大欺小、以强凌弱进行寻衅滋事,在学校周边实施违法犯罪行为的,禁止进入中小学校区、幼儿园园区及周边地区。确因本人就学、居住等原因的除外;

3.其他确有必要禁止进入的区域、场所。

(三)禁止接触以下一类或者几类人员:

1.因受同案犯不良影响导致犯罪的,禁止除正常工作、学习外接触同案犯;

2.为保护特定人员,禁止在未经对方同意的情况下接触被害人、证人、控告人、举报人及其近亲属;

3.禁止接触其他可能遭受其侵害、滋扰的人或者可能诱发其再次危害社会的人。

建议适用禁止令,应当把握好禁止令的针对性、可行性和预防性,并向未成年被告人及其法定代理人阐明适用禁止令的理由,督促法定代理人协助司法机关加强监管,促进未成年被告人接受矫治和回归社会。

2011年5月3日最高法、最高检、公安部、司法部有关负责人**《就〈关于对判处管制、宣告缓刑的犯罪分子适用禁止令有关问题的规定(试行)〉答记者问》**,对"如何把握适用禁止令的裁判文书格式?"问题回答如下:

考虑到禁止令在性质上属于管制、缓刑的执行监管措施,《关于对判处管制、宣告缓刑的犯罪分子适用禁止令有关问题的规定(试行)》第八条明确规定,宣告禁止令的,应当在裁判文书主文部分单独作为一项予以宣告。对此,要注意把握如下几点:一是宣告禁止令的,不能在裁判文书之外另行制作禁止令文书,而是应当作为裁判文书主文部分的单独一项内容,具体表述应采取以下方式:

"一、被告人×××犯××罪,判处……(写明主刑、附加刑)。(刑期从判决执行之日起计算。判决以前先行羁押的,羁押一日折抵刑期一日,即自××××年××月××日起至××××年××月××日止)。"

"二、禁止被告人×××在×个月内……(写明禁止从事的活动、进入的

第三十九条　【管制犯的义务、劳动报酬】被判处管制的犯罪分子，在执行期间，应当遵守下列规定：

（一）遵守法律、行政法规，服从监督；

（二）未经执行机关批准，不得行使言论、出版、集会、结社、游行、示威自由的权利；

（三）按照执行机关规定报告自己的活动情况；

（四）遵守执行机关关于会客的规定；

（五）离开所居住的市、县或者迁居，应当报经执行机关批准。

对于被判处管制的犯罪分子，在劳动中应当同工同酬。

第四十条　【管制的解除】被判处管制的犯罪分子，管制期满，执行机关应即向本人和其所在单位或者居住地的群众宣布解除管制。

第四十一条〔22〕　**【管制刑期的计算与折抵】**管制的刑期，从判决执行之日起计算；判决执行以前先行羁押的，羁押一日折抵刑期二日。

区域、场所、接触的人）（禁止令期限从判决生效之日起计算）。”

二是宣告禁止令的，裁判文书应当援引相关法律和司法解释条文，并说明理由（参见2011年5月4日《人民法院报》）。

【指导案例】根据2013年1月31日最高法**第四批指导性案例·指导案例14号·董某某、宋某某抢劫案**，对判处管制或者宣告缓刑的未成年被告人，可以根据其犯罪的具体情况以及禁止事项与所犯罪行的关联程度，对其适用“禁止令”。对于未成年人因上网诱发犯罪的，可以禁止其在一定期限内进入网吧等特定场所。

〔22〕**【相关法规】**根据2018年《**刑事诉讼法**》**第七十六条**，指定居所监视居住的期限应当折抵刑期。被判处管制的，监视居住1日折抵刑期1日；被判处拘役、有期徒刑的，监视居住2日折抵刑期1日。

根据2018年《**监察法**》**第四十四条第三款**，被留置人员涉嫌犯罪移送司法机关后，被依法判处管制、拘役和有期徒刑的，留置一日折抵管制二日，折抵拘役、有期徒刑一日。

【司法解释】2000年2月29日最高法《**关于刑事裁判文书中刑期起止日期如何表述问题的批复**》（法释〔2000〕7号，自2000年3月4日起施行）指出，根据刑法第四十一条、第四十四条、第四十七条和《法院刑事诉讼文书样式》（样本）的规定，判处管制、拘役、有期徒刑的，应当在刑事裁判文书中写明刑种、刑期和主刑刑期的起止日期及折抵办法。刑期从判决执行之日起计算。判决执行以前先行羁押的，羁押1日折抵刑期1日（判处管制刑的，羁押1日

第三节 拘 役

第四十二条 【拘役的期限】拘役的期限，为一个月以上六个月以下。

第四十三条[23] **【拘役的执行】**被判处拘役的犯罪分子，由公安机关就近执行。

在执行期间，被判处拘役的犯罪分子每月可以回家一天至两天；参加劳动的，可以酌量发给报酬。

折抵刑期2日），即自××××年××月××日（羁押之日）起至××××年××月××日止。羁押期间取保候审的，刑期的终止日顺延。

根据2004年7月26日最高法**《关于刑事案件终审判决和裁定何时发生法律效力问题的批复》**（法释〔2004〕7号，自2004年7月29日起施行），终审的判决和裁定自宣告之日起发生法律效力。

根据2016年4月27日最高法**《关于人民法院办理接收在台湾地区服刑的大陆居民回大陆服刑案件的规定》第六条**，被判刑人被接收回大陆服刑前被实际羁押的期间，应当以1日折抵转换后的刑期1日。

〔23〕**【司法解释】**2013年10月23日公安部**《看守所留所执行刑罚罪犯管理办法》**（公安部令第128号），就拘役犯的刑罚执行问题规定如下：

第二条第二款 被判处拘役的成年和未成年罪犯，由看守所执行刑罚。

……

第五十四条 被判处拘役的罪犯每月可以回家一至二日，由罪犯本人提出申请，管教民警签署意见，经看守所所长审核后，报所属公安机关批准。

第五十五条 被判处拘役的外国籍罪犯提出探亲申请的，看守所应当报设区的市一级以上公安机关审批。设区的市一级以上公安机关作出批准决定的，应当报上一级公安机关备案。

被判处拘役的外国籍罪犯探亲时，不得出境。

第五十六条 对于准许回家的拘役罪犯，看守所应当发给回家证明，并告知应当遵守的相关规定。

罪犯回家时间不能集中使用，不得将刑期末期作为回家时间，变相提前释放罪犯。

……

第八十一条 看守所对罪犯的劳动时间，参照国家有关劳动工时的规定执行。

罪犯有在法定节日和休息日休息的权利。

第四十四条[24] **【拘役刑期的计算与折抵】**拘役的刑期，从判决执行之日起计算；判决执行以前先行羁押的，羁押一日折抵刑期一日。

第四节 有期徒刑、无期徒刑

第四十五条 【有期徒刑的期限】有期徒刑的期限，除本法第五十条、第六十九条规定外，为六个月以上十五年以下。

第四十六条[25] **【有期徒刑与无期徒刑的执行】**被判处有期徒刑、无期徒刑的犯罪分子，在监狱或者其他执行场所执行；凡有劳动能力的，都应当参加劳动，接受教育和改造。

第八十二条 看守所对于参加劳动的罪犯，可以酌量发给报酬并执行国家有关劳动保护的规定。

第八十三条 罪犯在劳动中致伤、致残或者死亡的，由看守所参照国家劳动保险的有关规定处理。

2001年1月31日公安部**《关于对被判处拘役的罪犯在执行期间回家问题的批复》**（公复字〔2001〕2号）指出：《刑法》第四十三条第二款规定，"在执行期间，被判处拘役的犯罪分子每月可以回家一天至两天"。根据上述规定，是否准许被判处拘役的罪犯回家，应当根据其在服刑期间表现以及准许其回家是否会影响剩余刑期的继续执行等情况综合考虑，由……看守所提出建议，报其所属的县级以上公安机关决定。被判处拘役的外国籍罪犯提出回家申请的，由地市级以上公安机关决定，并由决定机关将有关情况报上级公安机关备案。对于准许回家的，应当发给回家证明，告知其应当按时返回监管场所和不按时返回将要承担的法律责任，并将准许回家的决定送同级人民检察院。被判处拘役的罪犯在决定机关辖区内有固定住处的，可允许其回固定住处，没有固定住处的，可在决定机关为其指定的居所每月与其家人团聚一天至两天。……看守所根据被判处拘役的罪犯在服刑及回家期间表现，认为不宜继续准许其回家的，应当提出建议，报原决定机关决定。对于被判处拘役的罪犯在回家期间逃跑的，应当按照《刑法》第三百一十六条的规定以脱逃罪追究其刑事责任。

〔24〕**【相关法规】**根据2021年修订后的**《行政处罚法》第三十五条第一款**，违法行为构成犯罪，人民法院判处拘役或者有期徒刑时，行政机关已经给予当事人行政拘留的，应当依法折抵相应刑期。

〔25〕**【相关法规】**根据2018年**《刑事诉讼法》第二百六十四条第二款**，对被判处死刑缓期2年执行、无期徒刑、有期徒刑的罪犯，由公安机关依法将该罪犯送交监狱执行刑罚。对被判处有期徒刑的罪犯，在被交付执行刑罚前，

第四十七条[26] **【有期徒刑刑期的计算与折抵】**有期徒刑的刑期，从判决执行之日起计算；判决执行以前先行羁押的，羁押一日折抵刑期一日。

剩余刑期在3个月以下的，由看守所代为执行。对被判处拘役的罪犯，由公安机关执行。对未成年犯应当在未成年犯管教所执行刑罚。

2012年修正后的**《监狱法》**，对罪犯的收监、教育改造等问题规定如下：

第十五条 人民法院对被判处死刑缓期2年执行、无期徒刑、有期徒刑的罪犯，应当将执行通知书、判决书送达羁押该罪犯的公安机关，公安机关应当自收到执行通知书、判决书之日起1个月内将该罪犯送交监狱执行刑罚。

罪犯在被交付执行刑罚前，剩余刑期在3个月以下的，由看守所代为执行。

……

第二十五条 对于被判处无期徒刑、有期徒刑在监内服刑的罪犯，符合刑事诉讼法规定的监外执行条件的（➻参见《刑事诉讼法》第265条），可以暂予监外执行。

……

第五十九条 罪犯在服刑期间故意犯罪的，依法从重处罚。

……

第六十九条 有劳动能力的罪犯，必须参加劳动。

第七十条 监狱根据罪犯的个人情况，合理组织劳动，使其矫正恶习，养成劳动习惯，学会生产技能，并为释放后就业创造条件。

第七十一条 监狱对罪犯的劳动时间，参照国家有关劳动工时的规定执行；在季节性生产等特殊情况下，可以调整劳动时间。

罪犯有在法定节日和休息日休息的权利。

第七十二条 监狱对参加劳动的罪犯，应当按照有关规定给予报酬并执行国家有关劳动保护的规定。

第七十三条 罪犯在劳动中致伤、致残或者死亡的，由监狱参照国家劳动保险的有关规定处理。

【司法解释】根据2006年1月11日最高法**《关于审理未成年人刑事案件具体应用法律若干问题的解释》第十三条**，未成年人犯罪只有罪行极其严重的，才可以适用无期徒刑。对已满14周岁不满16周岁的人犯罪一般不判处无期徒刑。

[26] **【相关法规】**根据2018年**《国际刑事司法协助法》第三十八条第二款**，在押人员在外国被羁押的期限，应当折抵其在中华人民共和国被判处的刑期。

第五节 死 刑[27]

……

第六十四条第二款 被判刑人回国服刑前被羁押的，羁押一日折抵转换后的刑期一日。

【司法解释】根据2021年1月26日最高法**《关于适用〈中华人民共和国刑事诉讼法〉的解释》第二百零二条第二款**，以年计算的刑期，自本年本月某日至次年同月同日的前一日为一年；次年同月同日不存在的，自本年本月某日至次年同月最后一日的前一日为一年。以月计算的刑期，自本月某日至下月同日的前一日为一个月；刑期起算日为本月最后一日的，至下月最后一日的前一日为一个月；下月同日不存在的，自本月某日至下月最后一日的前一日为一个月；半个月一律按十五日计算（★该款规定明确了如何计算刑期的最后一日问题——编者说明）。

根据2002年7月31日最高法研究室**《关于对刑罚已执行完毕，由于发现新的证据，又因同一事实被以新的罪名重新起诉的案件，应适用何种程序进行审理等问题的答复》**（法研〔2002〕105号），对于先行判决且刑罚已经执行完毕，由于同案犯归案发现新的证据，又因同一事实被以新的罪名重新起诉的被告人，原判人民法院应当按照审判监督程序撤销原判决、裁定，并将案件移送有管辖权的人民法院，按照第一审程序与其他同案被告人并案审理。

该被告人已经执行完毕的刑罚，由收案的人民法院在对被指控的新罪作出判决时依法折抵，被判处有期徒刑的，原执行完毕的刑期可以折抵刑期。

〔27〕**【司法解释】**2007年3月9日最高法、最高检、公安部、司法部**《关于进一步严格依法办案确保办理死刑案件质量的意见》**（法发〔2007〕11号），就人民法院、人民检察院、公安机关、司法行政机关严格依法办理死刑案件提出如下意见：

一、充分认识确保办理死刑案件质量的重要意义（下略）

二、办理死刑案件应当遵循的原则要求

（一）坚持惩罚犯罪与保障人权相结合

3. 我国目前正处于全面建设小康社会、加快推进社会主义现代化建设的重要战略机遇期，同时又是人民内部矛盾凸显、刑事犯罪高发、对敌斗争复杂的时期，维护社会和谐稳定的任务相当繁重，必须继续坚持“严打”方针，正确运用死刑这一刑罚手段同严重刑事犯罪作斗争，有效遏制犯罪活动猖獗和蔓延势头。同时，要全面落实“国家尊重和保障人权”宪法原则，切实保障犯罪嫌疑人、被告人的合法权益。坚持依法惩罚犯罪和依法保障人权并重，坚持罪刑法定、罪刑相适应、适用刑法人人平等和审判公开、程序法定等基本原则，真正做到有罪依法惩处，无罪不受刑事追究。

（二）坚持保留死刑，严格控制和慎重适用死刑

4.“保留死刑，严格控制死刑”是我国的基本死刑政策。实践证明，这一政策是完全正确的，必须继续贯彻执行。要完整、准确地理解和执行“严打”方针，依法严厉打击严重刑事犯罪，对极少数罪行极其严重的犯罪分子，坚决依法判处死刑。我国现在还不能废除死刑，但应逐步减少适用，凡是可杀可不杀的，一律不杀。办理死刑案件，必须根据构建社会主义和谐社会和维护社会稳定的要求，严谨审慎，既要保证根据证据正确认定案件事实，杜绝冤错案件的发生，又要保证定罪准确，量刑适当，做到少杀、慎杀。

（三）坚持程序公正与实体公正并重，保障犯罪嫌疑人、被告人的合法权利

5. 人民法院、人民检察院和公安机关进行刑事诉讼，既要保证案件实体处理的正确性，也要保证刑事诉讼程序本身的正当性和合法性。在侦查、起诉、审判等各个阶段，必须始终坚持依法进行诉讼，坚决克服重实体、轻程序，重打击、轻保护的错误观念，尊重犯罪嫌疑人、被告人的诉讼地位，切实保障犯罪嫌疑人、被告人充分行使辩护权等诉讼权利，避免因剥夺或者限制犯罪嫌疑人、被告人的合法权利而导致冤错案件的发生。

（四）坚持证据裁判原则，重证据、不轻信口供

6. 办理死刑案件，要坚持重证据、不轻信口供的原则。只有被告人供述，没有其他证据的，不能认定被告人有罪；没有被告人供述，其他证据确实充分的，可以认定被告人有罪。对刑讯逼供取得的犯罪嫌疑人供述、被告人供述和以暴力、威胁等非法方法收集的被害人陈述、证人证言，不能作为定案的根据。对被告人作出有罪判决的案件，必须严格按照刑事诉讼法第一百六十二条（★ 2018 年《刑事诉讼法》第二百条——编者说明）的规定，做到“事实清楚，证据确实、充分”。证据不足，不能认定被告人有罪的，应当作出证据不足、指控的犯罪不能成立的无罪判决。

（五）坚持宽严相济的刑事政策

7. 对死刑案件适用刑罚时，既要防止重罪轻判，也要防止轻罪重判，做到罪刑相当，罚当其罪，重罪重判，轻罪轻判，无罪不罚。对罪行极其严重的被告人必须依法惩处，严厉打击；对具有法律规定“应当”从轻、减轻或者免除处罚情节的被告人，依法从宽处理；对具有法律规定“可以”从轻、减轻或者免除处罚情节的被告人，如果没有其他特殊情节，原则上依法从宽处理；对具有酌定从宽处罚情节的也依法予以考虑。

第四十八条〔28〕 **【死刑的适用条件、执行方式与核准程序】**死刑只适用于罪行极其严重的犯罪分子。对于应当判处死刑的犯罪分子，如果不是必须立即执行的，可以判处死刑同时宣告缓期二年执行。

死刑除依法由最高人民法院判决的以外，都应当报请最高人民法院核准。死刑缓期执行的，可以由高级人民法院判决或者核准。

---

〔28〕 **【相关法规】**根据2018年**《刑事诉讼法》第二百六十三条**，死刑采用枪决或者注射等方法执行。

【司法解释】根据2021年1月26日最高法**《关于适用〈中华人民共和国刑事诉讼法〉的解释》第五百零七条**，死刑采用枪决或者注射等方法执行。

采用注射方法执行死刑的，应当在指定的刑场或者羁押场所内执行。

采用枪决、注射以外的其他方法执行死刑的，应当事先层报最高人民法院批准。

根据2007年8月28日最高法**《关于进一步加强刑事审判工作的决定》**（法发〔2007〕28号），坚持死刑只适用于罪行极其严重的犯罪分子。正确处理严格控制和慎重适用死刑与依法严厉惩罚严重刑事犯罪的关系。充分考虑维护社会稳定的实际需要，充分考虑社会和公众的接受程度，对那些罪行极其严重，性质极其恶劣，社会危害极大，罪证确实充分，必须依法判处死刑立即执行的，坚决依法判处死刑立即执行。

贯彻执行"保留死刑，严格控制死刑"的刑事政策。对于具有法定从轻、减轻情节的，依法从轻或者减轻处罚，一般不判处死刑立即执行。对于因婚姻家庭、邻里纠纷等民间矛盾激化引发的案件，因被害方的过错行为引起的案件，案发后真诚悔罪积极赔偿被害人经济损失的案件等具有酌定从轻情节的，应慎用死刑立即执行。注重发挥死缓制度既能够依法严惩犯罪又能够有效减少死刑执行的作用，凡是判处死刑可不立即执行的，一律判处死刑缓期2年执行。

根据2010年2月8日最高法**《关于贯彻宽严相济刑事政策的若干意见》第二十九条**，要准确理解和严格执行"保留死刑，严格控制和慎重适用死刑"的政策。对于罪行极其严重的犯罪分子，论罪应当判处死刑的，要坚决依法判处死刑。要依法严格控制死刑的适用，统一死刑案件的裁判标准，确保死刑只适用于极少数罪行极其严重的犯罪分子。拟判处死刑的具体案件定罪或者量刑的证据必须确实、充分，得出唯一结论。对于罪行极其严重，但只要是依法可不立即执行的，就不应当判处死刑立即执行。

根据2018年2月14日最高检**《人民检察院刑事抗诉工作指引》**（高检发诉字〔2018〕2号）**第十条**，人民法院判处被告人死刑缓期二年执行的案件，具有下列情形之一，除原判决认定事实、适用法律有严重错误或者社会反响强烈的以外，一般不提出判处死刑立即执行的抗诉：

第四十九条〔29〕 **【死刑适用对象的限制】**犯罪的时候不满十八周岁的人和审判的时候怀孕的妇女，不适用死刑。

审判的时候已满七十五周岁的人，不适用死刑，但以特别残忍手段致人死亡的除外。

---

1. 被告人有自首、立功等法定从轻、减轻处罚情节的；

2. 定罪的证据确实、充分，但影响量刑的主要证据存有疑问的；

3. 因婚姻家庭、邻里纠纷等民间矛盾激化引发的案件，因被害方的过错行为引起的案件，案发后被告人真诚悔罪、积极赔偿被害方经济损失并取得被害方谅解的；

4. 罪犯被送交监狱执行刑罚后，认罪服法，狱中表现较好，且死缓考验期限将满的。

【指导案例】根据2014年9月10日最高检**第五批指导性案例·检例第18号·郭明先参加黑社会性质组织、故意杀人、故意伤害案**，死刑依法只适用于罪行极其严重的犯罪分子。对故意杀人、故意伤害、绑架、爆炸等涉黑、涉恐、涉暴刑事案件中罪行极其严重，严重危害国家安全和公共安全、严重危害公民生命权，或者严重危害社会秩序的被告人，依法应当判处死刑，人民法院未判处死刑的，人民检察院应当依法提出抗诉。

★关于死刑复核程序，参见2018年《刑事诉讼法》第246～251条。关于死刑复核及执行程序中如何保障当事人的合法权益，参见2019年8月8日最高法《关于死刑复核及执行程序中保障当事人合法权益的若干规定》、2021年1月26日最高法《关于适用〈中华人民共和国刑事诉讼法〉的解释》第423～436条——编者说明。

〔29〕 **【刑法修订】**本条第二款为2011年**《刑法修正案(八)》第三条**增设。

【司法解释】根据1991年3月18日最高法研究室**《关于如何理解“审判的时候怀孕的妇女不适用死刑”问题的电话答复》**，在羁押期间已是孕妇的被告人，无论其怀孕是否属于违反国家计划生育政策，也不论其是否自然流产或者经人工流产以及流产后移送起诉或审判期间的长短，仍应执行我院〔83〕法研字第18号《关于人民法院审判严重刑事犯罪案件中具体应用法律的若干问题的答复》中对第三个问题的答复：人民法院对“审判的时候怀孕的妇女，不适用死刑”。如果人民法院在审判时发现，在羁押受审时已是孕妇的，仍应依照上述法律规定，不适用死刑。

根据1998年8月7日最高法**《关于对怀孕妇女在羁押期间自然流产审判时是否可以适用死刑问题的批复》**(法释〔1998〕18号，自1998年8月13日起施行)，怀孕妇女因涉嫌犯罪在羁押期间自然流产后，又因同一事实被起诉、交付审判的，应当视为“审判的时候怀孕的妇女”，依法不适用死刑。

第五十条[30] **【死缓变更情形、死缓限制减刑】**判处死刑缓期执行的，在死刑缓期执行期间，如果没有故意犯罪，二年期满以后，减为无期徒刑；如果确有重大立功表现，二年期满以后，减为二十五年有期徒刑；如果故意犯罪，情节恶劣的，报请最高人民法院核准后执行死刑；对于故意犯罪未执行死刑的，死刑缓期执行的期间重新计算，并报最高人民法院备案。

对被判处死刑缓期执行的累犯以及因故意杀人、强奸、抢劫、绑架、放火、爆炸、投放危险物质或者有组织的暴力性犯罪被判处死刑缓期执行的犯罪分子，人民法院根据犯罪情节等情况可以同时决定对其限制减刑。

---

〔30〕**【刑法修订】**本条被修订二次。1997年刑法原文如下：

第五十条 判处死刑缓期执行的，在死刑缓期执行期间，如果没有故意犯罪，二年期满以后，减为无期徒刑；如果确有重大立功表现，二年期满以后，减为十五年以上二十年以下有期徒刑；如果故意犯罪，查证属实的，由最高人民法院核准，执行死刑。

2011年**《刑法修正案（八）》第四条**将二年期满以后“减为十五年以上二十年以下有期徒刑”修改为“减为二十五年有期徒刑”，并增设了第二款限制减刑的规定。经此修订后的条文如下：

第五十条 判处死刑缓期执行的，在死刑缓期执行期间，如果没有故意犯罪，二年期满以后，减为无期徒刑；如果确有重大立功表现，二年期满以后，减为二十五年有期徒刑；如果故意犯罪，查证属实的，由最高人民法院核准，执行死刑。

对被判处死刑缓期执行的累犯以及因故意杀人、强奸、抢劫、绑架、放火、爆炸、投放危险物质或者有组织的暴力性犯罪被判处死刑缓期执行的犯罪分子，人民法院根据犯罪情节等情况可以同时决定对其限制减刑。

2015年**《刑法修正案（九）》第二条**修订了第一款，对故意犯罪增加了“情节恶劣”的要求，同时增设“对于故意犯罪未执行死刑的，死刑缓期执行的期间重新计算，并报最高人民法院备案”的规定。

【相关法规】根据2018年**《刑事诉讼法》第二百六十一条**，最高人民法院判处和核准的死刑立即执行的判决，应当由最高人民法院院长签发执行死刑的命令。

被判处死刑缓期二年执行的罪犯，在死刑缓期执行期间，如果没有故意犯罪，死刑缓期执行期满，应当予以减刑的，由执行机关提出书面意见，报请高级人民法院裁定；如果故意犯罪，情节恶劣，查证属实，应当执行死刑的，由高级人民法院报请最高人民法院核准；对于故意犯罪未执行死刑的，死刑缓期执行的期间重新计算，并报最高人民法院备案。

【司法解释】根据2011年4月25日最高法**《关于〈中华人民共和国刑法修正案（八）〉时间效力问题的解释》第二条**，2011年4月30日以前犯罪，判处死刑缓期执行的，适用修正前刑法第五十条的规定。

被告人具有累犯情节，或者所犯之罪是故意杀人、强奸、抢劫、绑架、放火、爆炸、投放危险物质或者有组织的暴力性犯罪，罪行极其严重，根据修正前刑法判处死刑缓期执行不能体现罪刑相适应原则，而根据修正后刑法判处死刑缓期执行同时决定限制减刑可以罚当其罪的，适用修正后刑法第五十条第二款的规定。

根据2015年10月29日最高法**《关于〈中华人民共和国刑法修正案（九）〉时间效力问题的解释》第二条**，对于被判处死刑缓期执行的犯罪分子，在死刑缓期执行期间，且在2015年10月31日以前故意犯罪的，适用修正后刑法第五十条第一款的规定。

根据1998年9月9日最高法**《关于1997年9月30日以前判处死刑缓期2年执行的盗窃罪犯，在1997年10月1日后死刑缓期执行期间故意犯罪是否执行死刑问题的答复》**（法明传〔1998〕287号，1998年9月9日公布施行），对于1997年9月30日以前判处死刑缓期2年执行的盗窃罪犯，依照刑法第二百六十四条的规定不适用死刑的，如果在1997年10月1日以后死刑缓期2年执行期间又故意犯罪，除犯新罪应判处死刑且必须立即执行的外，不予核准执行死刑，而应当根据刑法第七十一条的规定，数罪并罚，决定执行的刑罚。

根据2016年9月26日最高法**《关于对死刑缓期执行期间故意犯罪未执行死刑案件进行备案的通知》**（法〔2016〕318号），为正确适用《中华人民共和国刑法修正案（九）》关于"对于故意犯罪未执行死刑的，死刑缓期执行的期间重新计算，并报最高人民法院备案"的规定，规范相关备案程序，确保死刑缓期执行期间故意犯罪未执行死刑案件办案质量，现对死刑缓期执行期间故意犯罪未执行死刑案件报请我院备案的有关事项通知如下：

一、高级人民法院判决、裁定对死刑缓期执行期间故意犯罪不执行死刑的，应当在裁判文书生效后二十日内报我院备案。备案材料报送我院审判监督庭，具体包括：1. 关于被告人死刑缓期执行期间故意犯罪未执行死刑一案的报备报告；2. 第一、二审（复核审）裁判文书、审理报告；3. 被告人被判处死刑缓期执行的原第一、二审（复核审）裁判文书、审理报告。

二、中级人民法院判决对死刑缓期执行期间故意犯罪不执行死刑的，不需要再报高级人民法院核准，应当在判决书生效后二十日内报高级人民法院备

第五十一条 【死缓期间的计算与减为有期徒刑的刑期计算】死刑缓期执行的期间，从判决确定之日起计算。死刑缓期执行减为有期徒刑的刑期，从死刑缓期执行期满之日起计算。

第六节 罚 金

第五十二条[31] **【罚金数额的确定】**判处罚金，应当根据犯罪情节决定罚金数额。

案。高级人民法院应当依法组成合议庭进行审查。高级人民法院同意不执行死刑的，再报我院备案。报送材料包括：1. 关于被告人死刑缓期执行期间故意犯罪未执行死刑案的报备报告；2. 第一审判决书、审理报告，高级人民法院审查报告；3. 被告人被判处死刑缓期执行的原第一、二审（复核审）裁判文书、审理报告。

三、高级人民法院、中级人民法院判决、裁定对死刑缓期执行期间故意犯罪不执行死刑的，应当及时宣判并交付执行。报备工作不影响上述判决、裁定的生效和执行。对于高级人民法院报我院备案的死刑缓期执行期间故意犯罪未执行死刑案件，我院将对报送材料予以登记存案，以备审查。经审查认为原生效裁判确有错误的，将按照审判监督程序依法予以纠正。

根据2021年1月26日最高法**《关于适用〈中华人民共和国刑事诉讼法〉的解释》第四百九十七条**，被判处死刑缓期执行的罪犯，在死刑缓期执行期间犯罪的，应当由罪犯服刑地的中级人民法院依法审判，所作的判决可以上诉、抗诉。

认定故意犯罪，情节恶劣，应当执行死刑的，在判决、裁定发生法律效力后，应当层报最高人民法院核准执行死刑。

对故意犯罪未执行死刑的，不再报高级人民法院核准，死刑缓期执行的期间重新计算，并层报最高人民法院备案。备案不影响判决、裁定的生效和执行。

最高人民法院经备案审查，认为原判不予执行死刑错误，确需改判的，应当依照审判监督程序予以纠正。

★关于死刑缓期执行限制减刑案件的审理程序，参见2011年4月25日最高法《关于死刑缓期执行限制减刑案件审理程序若干问题的规定》——编者说明。

〔31〕**【司法解释】**2000年11月15日最高法**《关于适用财产刑若干问题的规定》**（法释〔2000〕45号，自2000年12月19日起施行），就适用财产刑的若干问题规定如下：

第一条 刑法规定“并处”没收财产或者罚金的犯罪，人民法院在对犯罪分子判处主刑的同时，必须依法判处相应的财产刑；刑法规定“可以并处”没收财产或者罚金的犯罪，人民法院应当根据案件具体情况及犯罪分子的财产状况，决定是否适用财产刑。

第二条 人民法院应当根据犯罪情节，如违法所得数额、造成损失的大小等，并综合考虑犯罪分子缴纳罚金的能力，依法判处罚金。刑法没有明确规定罚金数额标准的，罚金的最低数额不能少于1000元。

对未成年人犯罪应当从轻或者减轻判处罚金，但罚金的最低数额不能少于500元。

第三条 依法对犯罪分子所犯数罪分别判处罚金的，应当实行并罚，将所判处的罚金数额相加，执行总和数额。

一人犯数罪依法同时并处罚金和没收财产的，应当合并执行；但并处没收全部财产的，只执行没收财产刑[★该款前段与《刑法修正案（八）》第十条（刑法第六十九条第三款）“附加刑种类相同的，合并执行，种类不同的，分别执行”的规定冲突。同时，2014年10月30日最高法《关于刑事裁判涉财产部分执行的若干规定》第十三条规定，既要执行罚金，又要执行没收财产时，应当先执行罚金（➽参见刑法第59条脚注相关部分）；该规定第十七条规定，最高法此前发布的司法解释与本规定不一致的，以本规定为准。因此，本款规定不再适用——编者说明]。

第四条 犯罪情节较轻，适用单处罚金不致再危害社会并具有下列情形之一的，可以依法单处罚金：

（一）偶犯或者初犯；

（二）自首或者有立功表现的；

（三）犯罪时不满18周岁的；

（四）犯罪预备、中止或者未遂的；

（五）被胁迫参加犯罪的；

（六）全部退赃并有悔罪表现的；

（七）其他可以依法单处罚金的情形。

根据2006年1月11日最高法**《关于审理未成年人刑事案件具体应用法律若干问题的解释》第十五条**，对未成年罪犯实施刑法规定的“并处”没收财产或者罚金的犯罪，应当依法判处相应的财产刑；对未成年罪犯实施刑法规定的“可以并处”没收财产或者罚金的犯罪，一般不判处财产刑。

对未成年罪犯判处罚金刑时，应当依法从轻或者减轻判处，并根据犯罪情节，综合考虑其缴纳罚金的能力，确定罚金数额。但罚金的最低数额不得少于500元人民币。

对被判处罚金刑的未成年罪犯，其监护人或者其他人自愿代为垫付罚金的，人民法院应当允许。

第五十三条[32] **【罚金的缴纳】**罚金在判决指定的期限内一次或者分期缴纳。期满不缴纳的，强制缴纳。对于不能全部缴纳罚金的，人民法院在任何时候发现被执行人有可以执行的财产，应当随时追缴。

由于遭遇不能抗拒的灾祸等原因缴纳确实有困难的，经人民法院裁定，可以延期缴纳、酌情减少或者免除。

【会议纪要】根据1999年10月27日最高法《**全国法院维护农村稳定刑事审判工作座谈会纪要**》，凡法律规定并处罚金或者没收财产的，均应当依法并处，被告人的执行能力不能作为是否判处财产刑的依据。确实无法执行或不能执行的，可以依法执行终结或者减免。对法律规定主刑有死刑、无期徒刑和有期徒刑，同时并处没收财产或罚金的，如决定判处死刑，只能并处没收财产；判处无期徒刑的，可以并处没收财产，也可以并处罚金；判处有期徒刑的，只能并处罚金。

对于法律规定有罚金刑的犯罪，罚金的具体数额应根据犯罪的情节确定。刑法和司法解释有明确规定的，按规定判处；没有规定的，各地可依照法律规定的原则和具体情况，在总结审判经验的基础上统一规定参照执行的数额标准。

对自由刑与罚金刑均可选择适用的案件，如盗窃罪，在决定刑罚时，既要避免以罚金刑代替自由刑，又要克服机械执法只判处自由刑的倾向。对于可执行财产刑且罪行又不严重的初犯、偶犯、从犯等，可单处罚金刑。对于应当并处罚金刑的犯罪，如被告人能积极缴纳罚金，认罪态度较好，且判处的罚金数量较大，自由刑可适当从轻，或考虑宣告缓刑。这符合罪刑相适应原则，因为罚金刑也是刑罚。

被告人犯数罪的，应避免判处罚金刑的同时，判处没收部分财产。对于判处没收全部财产，同时判处罚金刑的，应决定执行没收全部财产，不再执行罚金刑[★本处规定首先与《刑法修正案（八）》第十条附加刑“种类不同的，分别执行”的规定冲突。其次，也与2014年10月30日最高法《关于刑事裁判涉财产部分执行的若干规定》第十三条的规定（既要执行罚金又要执行没收财产时，应当先执行罚金，再执行没收财产）不一致。因此，本处规定应当不再适用——编者说明]。

〔32〕**【刑法修订】**2015年《**刑法修正案（九）**》**第三条**修订了本条。1997年刑法原文如下：

第五十三条 罚金在判决指定的期限内一次或者分期缴纳。期满不缴纳的，强制缴纳。对于不能全部缴纳罚金的，人民法院在任何时候发现被执行人有可以执行的财产，应当随时追缴。如果由于遭遇不能抗拒的灾祸缴纳确实有困难的，可以酌情减少或者免除。

2015年《**刑法修正案(九)**》将该条中的“如果由于遭遇不能抗拒的灾祸缴纳确实有困难的,可以酌情减少或者免除”修改为“由于遭遇不能抗拒的灾祸等原因缴纳确实有困难的,经人民法院裁定,可以延期缴纳、酌情减少或者免除”,并将其单列为第二款。

【相关法规】根据2021年修正后的《**行政处罚法**》**第三十五条第二款**,违法行为构成犯罪,人民法院判处罚金时,行政机关已经给予当事人罚款的,应当折抵相应罚金;行政机关尚未给予当事人罚款的,不再给予罚款。

【司法解释】2000年11月15日最高法《**关于适用财产刑若干问题的规定**》,就适用财产刑的若干问题规定如下:

第五条　刑法第五十三条规定的“判决指定的期限”应当在判决书中予以确定;“判决指定的期限”应为从判决发生法律效力第2日起最长不超过3个月。

第六条　刑法第五十三条规定的“由于遭遇不能抗拒的灾祸缴纳确实有困难的”,主要是指因遭受火灾、水灾、地震等灾祸而丧失财产;罪犯因重病、伤残等而丧失劳动能力,或者需要罪犯抚养的近亲属患有重病,需支付巨额医药费等,确实没有财产可供执行的情形。

具有刑法第五十三条规定“可以酌情减少或者免除”事由的,由罪犯本人、亲属或者犯罪单位向负责执行的人民法院提出书面申请,并提供相应的证明材料。人民法院审查以后,根据实际情况,裁定减少或者免除应当缴纳的罚金数额(★刑法第五十三条关于缴纳罚金确实有困难的规定,已被《刑法修正案(九)》第三条修订,故对本条规定,只能酌情参考——编者说明)。

第七条　……(➸参见刑法第60条脚注相关部分)

第八条　罚金刑的数额应当以人民币为计算单位。

第九条　人民法院认为依法应当判处被告人财产刑的,可以在案件审理过程中,决定扣押或者冻结被告人的财产。

第十条　财产刑由第一审人民法院执行。

犯罪分子的财产在异地的,第一审人民法院可以委托财产所在地人民法院代为执行。

第十一条　自判决指定的期限届满第2日起,人民法院对于没有法定减免事由不缴纳罚金的,应当强制其缴纳。

对于隐藏、转移、变卖、损毁已被扣押、冻结财产情节严重的,依照刑法第三百一十四条的规定追究刑事责任。

2021年1月26日最高法《**关于适用〈中华人民共和国刑事诉讼法〉的解释**》,就罚金的执行,规定如下:

第七节　剥夺政治权利

第五十四条[33]　**【剥夺政治权利的内容】**剥夺政治权利是剥夺下列权利：

（一）选举权和被选举权；

（二）言论、出版、集会、结社、游行、示威自由的权利；

（三）担任国家机关职务的权利；

（四）担任国有公司、企业、事业单位和人民团体领导职务的权利。

第五百二十三条　罚金在判决规定的期限内一次或者分期缴纳。期满无故不缴纳或者未足额缴纳的，人民法院应当强制缴纳。经强制缴纳仍不能全部缴纳的，在任何时候，包括主刑执行完毕后，发现被执行人有可供执行的财产的，应当追缴。

行政机关对被告人就同一事实已经处以罚款的，人民法院判处罚金时应当折抵，扣除行政处罚已执行的部分。

第五百二十四条　因遭遇不能抗拒的灾祸等原因缴纳罚金确有困难，被执行人申请延期缴纳、酌情减少或者免除罚金的，应当提交相关证明材料。人民法院应当在收到申请后一个月以内作出裁定。符合法定条件的，应当准许；不符合条件的，驳回申请。

根据2014年10月30日最高法《**关于刑事裁判涉财产部分执行的若干规定**》**第九条第二款**，执行没收财产或罚金刑，应当参照被扶养人住所地政府公布的上年度当地居民最低生活费标准，保留被执行人及其所扶养家属的生活必需费用。

〔33〕**【相关法规】**根据1983年《**关于县级以下人民代表大会代表直接选举的若干规定**》**第五条**，被判处有期徒刑、拘役、管制而没有附加剥夺政治权利的人员，准予行使选举权利（★条文表述与原文相比略有变动——编者说明）。

根据2020年修正后的《**全国人民代表大会和地方各级人民代表大会选举法**》**第四条第二款**，依照法律被剥夺政治权利的人没有选举权和被选举权。

根据2003年《**海关关衔条例**》**第二十一条**，海关工作人员受到开除行政处分的，因犯罪被依法判处剥夺政治权利或者有期徒刑以上刑罚的，其关衔相应取消，并且不再履行批准手续。

根据2009年修正后的《**教师法**》**第十四条**，受到剥夺政治权利或者故意犯罪受到有期徒刑以上刑事处罚的，不能取得教师资格；已经取得教师资格的，丧失教师资格。

根据2009年修正后的**《人民警察警衔条例》第二十二条第二款**，人民警察犯罪，被依法判处剥夺政治权利或者有期徒刑以上刑罚的，其警衔相应取消。

根据2018年**《消防救援衔条例》第二十六条**，消防救援人员受到开除处分的，以及因犯罪被依法判处剥夺政治权利或者有期徒刑以上刑罚的，其消防救援衔相应取消。

消防救援人员退休后犯罪的，适用前款规定。

【立法解释】根据1984年3月24日全国人大常委会法制工作委员会、最高法、最高检、公安部、司法部、民政部**《关于正在服刑的罪犯和被羁押的人的选举权问题的联合通知》**（法工委联字〔84〕1号）**第五条**，对准予行使选举权利的被羁押的人和正在服刑的罪犯，经选举委员会和执行羁押、监禁的机关共同决定，可以在原户口所在地参加选举，也可以在劳改场所参加选举；可以在流动票箱投票，也可以委托有选举权的亲属或者其他选民代为投票。

【司法解释】根据2006年1月11日最高法**《关于审理未成年人刑事案件具体应用法律若干问题的解释》第十四条**，除刑法规定"应当"附加剥夺政治权利外，对未成年罪犯一般不判处附加剥夺政治权利。

如果对未成年罪犯判处附加剥夺政治权利的，应当依法从轻判处。

对实施被指控犯罪时未成年、审判时已成年的罪犯判处附加剥夺政治权利，适用前款的规定。

根据2000年7月20日司法部监狱管理局**《关于〈关于罪犯李邦福撰写"怎样办工厂"书稿的处理问题的请示〉的复函》**（司狱字〔2000〕第121号），根据《刑法》第五十四条规定，已被剥夺政治权利的罪犯，在其主刑和剥夺政治权利附加刑执行期间，不得公开发表、出版其所写的稿件和著作。鉴于李邦福系被判处死刑缓期二年执行、剥夺政治权利终身的罪犯，其书稿应当按照法律的规定办理。如果该书稿确属对科学技术有较大价值的，监狱可以在征求李邦福同意后，将其书稿作为资料送交有关部门参考，并综合书稿的学术价值，本人改造的表现，酌情予以奖励。

根据2002年4月16日司法部监狱管理局**《关于〈处理未被剥夺政治权利的罪犯向社会发表文学作品的请示〉的批复》**（司狱字〔2002〕第081号），罪犯是否享有"出版"的权利，关键取决于其是否被判处剥夺政治权利的附加刑。由于罪犯赵志源未被判处剥夺政治权利的附加刑，其"出版"的权利属于《中华人民共和国监狱法》第七条规定的"其他未被剥夺或者限制的权利"，不受限制。因此，同意你局（★上海市监狱管理局——编者说明）意见，允许该犯投寄其文学作品。至于该犯的作品最终是否出版及出版后所发生的该犯与出版部门的权利义务关系，由出版部门根据国家的有关法律规定处理。

第五十五条 【剥夺政治权利的期限】剥夺政治权利的期限，除本法第五十七条规定外，为一年以上五年以下。

判处管制附加剥夺政治权利的，剥夺政治权利的期限与管制的期限相等，同时执行。

第五十六条〔34〕 **【剥夺政治权利的适用对象】**对于危害国家安全的犯罪分子应当附加剥夺政治权利；对于故意杀人、强奸、放火、爆炸、投毒、抢劫等严重破坏社会秩序的犯罪分子，可以附加剥夺政治权利。

独立适用剥夺政治权利的，依照本法分则的规定。

第五十七条 【对死刑、无期徒刑罪犯剥夺政治权利的适用】对于被判处死刑、无期徒刑的犯罪分子，应当剥夺政治权利终身。

在死刑缓期执行减为有期徒刑或者无期徒刑减为有期徒刑的时候，应当把附加剥夺政治权利的期限改为三年以上十年以下。

第五十八条〔35〕 **【剥夺政治权利的刑期计算、效力与执行】**附加剥夺政治权利的刑期，从徒刑、拘役执行完毕之日或者从假释之日起计算；剥夺政治权利的效力当然施用于主刑执行期间。

被剥夺政治权利的犯罪分子，在执行期间，应当遵守法律、行政法规和国务院公安部门有关监督管理的规定，服从监督；不得行使本法第五十四条规定的各项权利。

---

〔34〕**【司法解释】**1997年12月31日最高法《**关于对故意伤害、盗窃等严重破坏社会秩序的犯罪分子能否附加剥夺政治权利问题的批复**》(法释〔1997〕11号，自1998年1月13日起施行)指出，根据刑法第五十六条规定，对于故意杀人、强奸、放火、爆炸、投毒、抢劫等严重破坏社会秩序的犯罪分子，可以附加剥夺政治权利。对故意伤害、盗窃等其他严重破坏社会秩序的犯罪，犯罪分子主观恶性较深、犯罪情节恶劣、罪行严重的，也可以依法附加剥夺政治权利。

★刑法第56条第1款中的“投毒”，是指“投放危险物质”，还是仅限于“投放毒害性物质”，值得研究——编者说明。

〔35〕**【相关法规】**根据2018年《**刑事诉讼法**》**第二百七十条**，对被判处剥夺政治权利的罪犯，由公安机关执行。执行期满，应当由执行机关书面通知本人及其所在单位、居住地基层组织。

【司法解释】2020年7月20日修正后的公安部《**公安机关办理刑事案件程序规定**》(公安部令第159号)，就剥夺政治权利的具体执行规定如下：

第59条

第八节 没收财产

第五十九条[36] **【没收财产的范围】**没收财产是没收犯罪分子个人所有财产的一部或者全部。没收全部财产的，应当对犯罪分子个人及其扶养的家属保留必需的生活费用。

在判处没收财产的时候，不得没收属于犯罪分子家属所有或者应有的财产。

第三百零二条第二款 对被判处剥夺政治权利的罪犯，由罪犯居住地的派出所负责执行。

第三百一十一条 负责执行剥夺政治权利的派出所应当按照人民法院的判决，向罪犯及其所在单位、居住地基层组织宣布其犯罪事实、被剥夺政治权利的期限，以及罪犯在执行期间应当遵守的规定。

第三百一十二条 被剥夺政治权利的罪犯在执行期间应当遵守下列规定：

（一）遵守国家法律、行政法规和公安部制定的有关规定，服从监督管理；

（二）不得享有选举权和被选举权；

（三）不得组织或者参加集会、游行、示威、结社活动；

（四）不得出版、制作、发行书籍、音像制品；

（五）不得接受采访，发表演说；

（六）不得在境内外发表有损国家荣誉、利益或者其他具有社会危害性的言论；

（七）不得担任国家机关职务；

（八）不得担任国有公司、企业、事业单位和人民团体的领导职务。

第三百一十三条 被剥夺政治权利的罪犯违反本规定第三百一十二条的规定，尚未构成新的犯罪的，公安机关依法可以给予治安管理处罚。

第三百一十四条 被剥夺政治权利的罪犯，执行期满，公安机关应当书面通知本人及其所在单位、居住地基层组织。

〔36〕**【相关法规】**根据2018年**《刑事诉讼法》第二百七十二条**，没收财产的判决，无论附加适用或者独立适用，都由人民法院执行；在必要的时候，可以会同公安机关执行。

【司法解释】2014年10月30日最高法**《关于刑事裁判涉财产部分执行的若干规定》**，就没收财产问题规定如下：

第六条第二款 判处没收部分财产的，应当明确没收的具体财物或者金额。

……

第六十条[37]　**【正当债务的偿还】**没收财产以前犯罪分子所负的正当债务，需要以没收的财产偿还的，经债权人请求，应当偿还。

第九条　判处没收财产的，应当执行刑事裁判生效时被执行人合法所有的财产。

执行没收财产或罚金刑，应当参照被扶养人住所地政府公布的上年度当地居民最低生活费标准，保留被执行人及其所扶养家属的生活必需费用。

……

第十三条　被执行人在执行中同时承担刑事责任、民事责任，其财产不足以支付的，按照下列顺序执行：

（一）人身损害赔偿中的医疗费用；

（二）退赔被害人的损失；

（三）其他民事债务；

（四）罚金；

（五）没收财产。

2021年1月26日最高法**《关于适用〈中华人民共和国刑事诉讼法〉的解释》**，就没收财产的执行，规定如下：

第五百二十五条　判处没收财产的，判决生效后，应当立即执行。

第五百二十六条　执行财产刑，应当参照被扶养人住所地政府公布的上年度当地居民最低生活费标准，保留被执行人及其所扶养人的生活必需费用。

第五百二十七条　被判处财产刑，同时又承担附带民事赔偿责任的被执行人，应当先履行民事赔偿责任。

根据最高法研究室**《关于如何执行没收个人全部财产问题的研究意见》**，作为附加刑的没收个人全部财产，应当是没收犯罪分子个人合法所有的全部财产。如相关财产属于违法所得，应通过追缴、退赔程序予以追回；如相关财产确属犯罪分子家属所有或者应有的财产，也不得作为没收对象。在没收财产前，如犯罪分子的财产与其他家庭成员的财产处于共有状态，应当从中分割出属于犯罪分子个人所有的财产后予以没收（参见《司法研究与指导》2012年总第1辑）。

〔37〕**【司法解释】**根据2000年11月15日最高法**《关于适用财产刑若干问题的规定》第七条**，刑法第六十条规定的"没收财产以前犯罪分子所负的正当债务"，是指犯罪分子在判决生效前所负他人的合法债务。

第四章 刑罚的具体运用[38]

〔38〕【**司法解释**】2010年2月8日最高法《**关于贯彻宽严相济刑事政策的若干意见**》(法发〔2010〕9号),对人民法院在刑事审判工作中如何更好地贯彻落实宽严相济的刑事政策,提出了具体、明确的要求(★该意见属于最高法就当前和今后一段时期各种情形下刑罚的具体运用问题所发表的原则性意见——编者说明)。

一、贯彻宽严相济刑事政策的总体要求(下略)

二、准确把握和正确适用依法从"严"的政策要求

第六条 宽严相济刑事政策中的从"严",主要是指对于罪行十分严重、社会危害性极大,依法应当判处重刑或死刑的,要坚决地判处重刑或死刑;对于社会危害大或者具有法定、酌定从重处罚情节,以及主观恶性深、人身危险性大的被告人,要依法从严惩处。在审判活动中通过体现依法从"严"的政策要求,有效震慑犯罪分子和社会不稳定分子,达到有效遏制犯罪、预防犯罪的目的。

第七条 贯彻宽严相济刑事政策,必须毫不动摇地坚持依法严惩严重刑事犯罪的方针。对于危害国家安全犯罪、恐怖组织犯罪、邪教组织犯罪、黑社会性质组织犯罪、恶势力犯罪、故意危害公共安全犯罪等严重危害国家政权稳固和社会治安的犯罪,故意杀人、故意伤害致人死亡、强奸、绑架、拐卖妇女儿童、抢劫、重大抢夺、重大盗窃等严重暴力犯罪和严重影响人民群众安全感的犯罪,走私、贩卖、运输、制造毒品等毒害人民健康的犯罪,要作为严惩的重点,依法从重处罚。尤其对于极端仇视国家和社会,以不特定人为侵害对象,所犯罪行特别严重的犯罪分子,该重判的要坚决依法重判,该判处死刑的要坚决依法判处死刑。

第八条 对于国家工作人员贪污贿赂、滥用职权、失职渎职的严重犯罪,黑恶势力犯罪、重大安全责任事故、制售伪劣食品药品所涉及的国家工作人员职务犯罪,发生在社会保障、征地拆迁、灾后重建、企业改制、医疗、教育、就业等领域严重损害群众利益、社会影响恶劣、群众反映强烈的国家工作人员职务犯罪,发生在经济社会建设重点领域、重点行业的严重商业贿赂犯罪等,要依法从严惩处。

对于国家工作人员职务犯罪和商业贿赂犯罪中性质恶劣、情节严重、涉案范围广、影响面大的,或者案发后隐瞒犯罪事实、毁灭证据、订立攻守同盟、负案潜逃等拒不认罪悔罪的,要坚决依法从严惩处。

对于被告人犯罪所得数额不大,但对国家财产和人民群众利益造成重大损失、社会影响极其恶劣的职务犯罪和商业贿赂犯罪案件,也应依法从严惩处。

要严格掌握职务犯罪法定减轻处罚情节的认定标准与减轻处罚的幅度，严格控制依法减轻处罚后判处3年以下有期徒刑适用缓刑的范围，切实规范职务犯罪缓刑、免予刑事处罚的适用。

第九条　当前和今后一段时期，对于集资诈骗、贷款诈骗、制贩假币以及扰乱、操纵证券、期货市场等严重危害金融秩序的犯罪，生产、销售假药、劣药、有毒有害食品等严重危害食品药品安全的犯罪，走私等严重侵害国家经济利益的犯罪，造成严重后果的重大安全责任事故犯罪，重大环境污染、非法采矿、盗伐林木等各种严重破坏环境资源的犯罪等，要依法从严惩处，维护国家的经济秩序，保护广大人民群众的生命健康安全。

第十条　严惩严重刑事犯罪，必须充分考虑被告人的主观恶性和人身危险性。对于事先精心预谋、策划犯罪的被告人，具有惯犯、职业犯等情节的被告人，或者因故意犯罪受过刑事处罚、在缓刑、假释考验期内又犯罪的被告人，要依法严惩，以实现刑罚特殊预防的功能。

……

第十二条　要注重综合运用多种刑罚手段，特别是要重视依法适用财产刑，有效惩治犯罪。对于法律规定有附加财产刑的，要依法适用。对于侵财型和贪利型犯罪，更要注重通过依法适用财产刑使犯罪分子受到经济上的惩罚，剥夺其重新犯罪的能力和条件。要切实加大财产刑的执行力度，确保刑罚的严厉性和惩罚功能得以实现。被告人非法占有、处置被害人财产不能退赃的，在决定刑罚时，应作为重要情节予以考虑，体现从严处罚的精神。

……

三、准确把握和正确适用依法从“宽”的政策要求

第十四条　宽严相济刑事政策中的从“宽”，主要是指对于情节较轻、社会危害性较小的犯罪，或者罪行虽然严重，但具有法定、酌定从宽处罚情节，以及主观恶性相对较小、人身危险性不大的被告人，可以依法从轻、减轻或者免除处罚；对于具有一定社会危害性，但情节显著轻微危害不大的行为，不作为犯罪处理；对于依法可不监禁的，尽量适用缓刑或者判处管制、单处罚金等非监禁刑。

……

第十六条　对于所犯罪行不重、主观恶性不深、人身危险性较小、有悔改表现、不致再危害社会的犯罪分子，要依法从宽处理。对于其中具备条件的，应当依法适用缓刑或者管制、单处罚金等非监禁刑。同时配合做好社区矫正，加强教育、感化、帮教、挽救工作。

……

第十九条　对于较轻犯罪的初犯、偶犯，应当综合考虑其犯罪的动机、手段、情节、后果和犯罪时的主观状态，酌情予以从宽处罚。对于犯罪情节轻微的初犯、偶犯，可以免予刑事处罚；依法应当予以刑事处罚的，也应当尽量适

用缓刑或者判处管制、单处罚金等非监禁刑。

第二十条 对于未成年人犯罪，在具体考虑其实施犯罪的动机和目的、犯罪性质、情节和社会危害程度的同时，还要充分考虑其是否属于初犯，归案后是否悔罪，以及个人成长经历和一贯表现等因素，坚持“教育为主、惩罚为辅”的原则和“教育、感化、挽救”的方针进行处理。对于偶尔盗窃、抢夺、诈骗，数额刚达到较大的标准，案发后能如实交代并积极退赃的，可以认定为情节显著轻微，不作为犯罪处理。对于罪行较轻的，可以依法适当多适用缓刑或者判处管制、单处罚金等非监禁刑；依法可免予刑事处罚的，应当免予刑事处罚。对于犯罪情节严重的未成年人，也应当依照刑法第十七条第三款（★现为刑法第十七条第四款——编者说明）的规定予以从轻或者减轻处罚。对于已满14周岁不满16周岁的未成年犯罪人，一般不判处无期徒刑。

第二十一条 对于老年人犯罪，要充分考虑其犯罪的动机、目的、情节、后果以及悔罪表现等，并结合其人身危险性和再犯可能性，酌情予以从宽处罚。

第二十二条 对于因恋爱、婚姻、家庭、邻里纠纷等民间矛盾激化引发的犯罪，因劳动纠纷、管理失当等原因引发、犯罪动机不属恶劣的犯罪，因被害方过错或者基于义愤引发的或者具有防卫因素的突发性犯罪，应酌情从宽处罚。

第二十三条 被告人案发后对被害人积极进行赔偿，并认罪、悔罪的，依法可以作为酌定量刑情节予以考虑。因婚姻家庭等民间纠纷激化引发的犯罪，被害人及其家属对被告人表示谅解的，应当作为酌定量刑情节予以考虑。犯罪情节轻微，取得被害人谅解的，可以依法从宽处理，不需判处刑罚的，可以免予刑事处罚。

……

四、准确把握和正确适用宽严“相济”的政策要求

第二十五条 宽严相济刑事政策中的“相济”，主要是指在对各类犯罪依法处罚时，要善于综合运用宽和严两种手段，对不同的犯罪和犯罪分子区别对待，做到严中有宽、宽以济严；宽中有严、严以济宽。

第二十六条 在对严重刑事犯罪依法从严惩处的同时，对被告人具有自首、立功、从犯等法定或酌定从宽处罚情节的，还要注意宽以济严，根据犯罪的具体情况，依法应当或可以从宽的，都应当在量刑上予以充分考虑。

第二十七条 在对较轻刑事犯罪依法从轻处罚的同时，要注意严以济宽，充分考虑被告人是否具有屡教不改、严重滋扰社会、群众反映强烈等酌定从严处罚的情况，对于不从严不足以有效惩戒者，也应当在量刑上有所体现，做到济之以严，使犯罪分子受到应有处罚，切实增强改造效果。

第二十八条 对于被告人同时具有法定、酌定从严和法定、酌定从宽处罚情节的案件，要在全面考察犯罪的事实、性质、情节和对社会危害程度的基础

上，结合被告人的主观恶性、人身危险性、社会治安状况等因素，综合作出分析判断，总体从严，或者总体从宽。

……

第三十二条　对于过失犯罪，如安全责任事故犯罪等，主要应当根据犯罪造成危害后果的严重程度、被告人主观罪过的大小以及被告人案发后的表现等，综合掌握处罚的宽严尺度。对于过失犯罪后积极抢救、挽回损失或者有效防止损失进一步扩大的，要依法从宽。对于造成的危害后果虽然不是特别严重，但情节特别恶劣或案发后故意隐瞒案情，甚至逃逸，给及时查明事故原因和迅速组织抢救造成贻误的，则要依法从重处罚。

……

五、完善贯彻宽严相济刑事政策的工作机制（下略）

2010年3月24日最高法刑一庭《**准确把握和正确适用依法从严政策**》指出：对犯罪的从严惩处主要体现在对犯罪分子的量刑上。要根据案件的事实和法律的规定，对于罪行、情节严重的犯罪体现从严的精神。《**关于贯彻宽严相济刑事政策的若干意见**》指出："严惩严重刑事犯罪，必须充分考虑被告人的主观恶性和人身危险性"；"要注重综合运用多种刑罚手段，特别是要重视依法适用财产刑，有效惩治犯罪。"

一是要充分考虑犯罪行为的社会危害性，对于犯罪造成国家利益和人民群众生命、健康、财产重大损失的，要依法从重量刑。同时，要充分考虑案件的法定或酌定从重处罚情节。对于被告人有法定或酌定从重处罚情节的，如共同犯罪中的主犯、集团犯罪中的组织、策划、指挥者和骨干分子等，要依法从重处罚（★ 1979年刑法第23条第2款规定："对于主犯，除本法分则已有规定的以外，应当从重处罚。"1997年刑法取消了对主犯从重处罚的规定。据此，对主犯要依法从重处罚的规定是否合适，值得研究——编者说明）。

二是要充分考虑被告人的主观恶性、人身危险性对量刑的影响。主观恶性的大小是犯罪分子应负刑事责任的重要根据。对于主观恶性大的犯罪分子，如犯罪情节恶劣、犯罪手段残忍、犯罪动机卑劣的，特别是对于事先精心预谋、策划犯罪的被告人，要依法从严惩处。人身危险性的大小是对犯罪分子进行特殊预防的重要依据，对于惯犯、职业犯、累犯、再犯、在缓刑假释考验期内又犯罪等人身危险性特别大的犯罪分子，也要依法从严惩处。

三是对于罪行极其严重的犯罪分子，要坚决地适用重刑直至死刑，以震慑犯罪、伸张正义、鼓舞人民群众与严重犯罪行为作斗争。死刑是对罪行极其严重的犯罪分子的一种最严厉的刑罚方法，虽然我国采取严格控制、慎重适用死刑的方针，但是基于犯罪的客观形势和人民群众的要求，我们仍然保留死刑并适度使用，不仅震慑了犯罪，也满足了群众的正义要求，社会效果是好的。因

第一节 量 刑[39]

此，人民法院对于那些罪行极其严重、人身危险性极大的犯罪分子，依法应当判处死刑立即执行的，要毫不手软，坚决判处。

四是对严重犯罪分子不仅可以判处死刑、徒刑，还要依法适用财产刑，如没收财产、罚金等刑罚。对侵财型和贪利型犯罪，要依法没收犯罪分子的犯罪所得，以剥夺犯罪分子重新犯罪的能力和条件。要把犯罪分子的退赃情况作为对其量刑轻重的重要依据，对于拒不退赃的，要依法从重处罚，对于赃款被挥霍客观上不能退赃的，也要适度从严（参见 2010 年 3 月 24 日《人民法院报》）。

根据 2007 年 1 月 15 日最高检**《关于在检察工作中贯彻宽严相济刑事司法政策的若干意见》**（高检发研字〔2007〕2 号），检察机关贯彻宽严相济的刑事司法政策应当坚持以下原则：

——全面把握。宽严相济刑事司法政策中的宽与严是一个有机统一的整体，二者相辅相成，必须全面理解，全面把握，全面落实。既要防止只讲严而忽视宽，又要防止只讲宽而忽视严，防止一个倾向掩盖另一个倾向。

——区别对待。宽严相济刑事司法政策的核心是区别对待。应当综合考虑犯罪的社会危害性（包括犯罪侵害的客体、情节、手段、后果等）、犯罪人的主观恶性（包括犯罪时的主观方面、犯罪后的态度、平时表现等）以及案件的社会影响，根据不同时期、不同地区犯罪与社会治安的形势，具体情况具体分析，依法予以从宽或者从严处理。

——严格依法。贯彻宽严相济的刑事司法政策，必须坚持罪刑法定、罪刑相适应、法律面前人人平等原则，实现政策指导与严格执法的有机统一，宽要有节，严要有度，宽和严都必须严格依照法律，在法律范围内进行，做到宽严合法，于法有据。

——注重效果。贯彻宽严相济的刑事司法政策，应当做到惩治犯罪与保障人权的有机统一，法律效果与社会效果的有机统一，保护犯罪嫌疑人、被告人的合法权利与保护被害人的合法权益的有机统一，特殊预防与一般预防的有机统一，执法办案与化解矛盾的有机统一，以有利于维护稳定，化解矛盾，减少对抗，促进和谐。

〔39〕**【量刑指导】**2021 年 6 月 17 日最高法、最高检**《关于常见犯罪的量刑指导意见（试行）》**（法发〔2021〕21 号），为进一步规范量刑活动，落实宽严相济刑事政策和认罪认罚从宽制度，增强量刑公开性，实现量刑公正，根据刑法、刑事诉讼法和有关司法解释等规定，结合司法实践，制定本指导意见。

一、量刑的指导原则

（一）量刑应当以事实为根据，以法律为准绳，根据犯罪的事实、性质、情节和对于社会的危害程度，决定判处的刑罚。

（二）量刑既要考虑被告人所犯罪行的轻重，又要考虑被告人应负刑事责任的大小，做到罪责刑相适应，实现惩罚和预防犯罪的目的。

（三）量刑应当贯彻宽严相济的刑事政策，做到该宽则宽，当严则严，宽严相济，罚当其罪，确保裁判政治效果、法律效果和社会效果的统一。

（四）量刑要客观、全面把握不同时期不同地区的经济社会发展和治安形势的变化，确保刑法任务的实现；对于同一地区同一时期案情相似的案件，所判处的刑罚应当基本均衡。

二、量刑的基本方法

量刑时，应当以定性分析为主，定量分析为辅，依次确定量刑起点、基准刑和宣告刑。

（一）量刑步骤

1. 根据基本犯罪构成事实在相应的法定刑幅度内确定量刑起点。

2. 根据其他影响犯罪构成的犯罪数额、犯罪次数、犯罪后果等犯罪事实，在量刑起点的基础上增加刑罚量确定基准刑。

3. 根据量刑情节调节基准刑，并综合考虑全案情况，依法确定宣告刑。

（二）调节基准刑的方法

1. 具有单个量刑情节的，根据量刑情节的调节比例直接调节基准刑。

2. 具有多个量刑情节的，一般根据各个量刑情节的调节比例，采用同向相加、逆向相减的方法调节基准刑；具有未成年人犯罪、老年人犯罪、限制行为能力的精神病人犯罪、又聋又哑的人或者盲人犯罪，防卫过当、避险过当、犯罪预备、犯罪未遂、犯罪中止，从犯、胁从犯和教唆犯等量刑情节的，先适用该量刑情节对基准刑进行调节，在此基础上，再适用其他量刑情节进行调节。

3. 被告人犯数罪，同时具有适用于个罪的立功、累犯等量刑情节的，先适用该量刑情节调节个罪的基准刑，确定个罪所应判处的刑罚，再依法实行数罪并罚，决定执行的刑罚。

（三）确定宣告刑的方法

1. 量刑情节对基准刑的调节结果在法定刑幅度内，且罪责刑相适应的，可以直接确定为宣告刑；具有应当减轻处罚情节的，应当依法在法定最低刑以下确定宣告刑。

2. 量刑情节对基准刑的调节结果在法定最低刑以下，具有法定减轻处罚情节，且罪责刑相适应的，可以直接确定为宣告刑；只有从轻处罚情节的，可以依法确定法定最低刑为宣告刑；但是根据案件的特殊情况，经最高人民法院核准，也可以在法定刑以下判处刑罚。

3. 量刑情节对基准刑的调节结果在法定最高刑以上的，可以依法确定法定最高刑为宣告刑。

4. 综合考虑全案情况，独任审判员或合议庭可以在 20% 的幅度内对调节结果进行调整，确定宣告刑。当调节后的结果仍不符合罪责刑相适应原则的，应当提交审判委员会讨论，依法确定宣告刑。

5. 综合全案犯罪事实和量刑情节，依法应当判处无期徒刑以上刑罚、拘役、管制或者单处附加刑、缓刑、免予刑事处罚的，应当依法适用。

（四）判处罚金刑，应当以犯罪情节为根据，并综合考虑被告人缴纳罚金的能力，依法决定罚金数额。

（五）适用缓刑，应当综合考虑被告人的犯罪情节、悔罪表现、再犯罪的危险以及宣告缓刑对所居住社区的影响，依法作出决定。

三、常见量刑情节的适用

量刑时应当充分考虑各种法定和酌定量刑情节，根据案件的全部犯罪事实以及量刑情节的不同情形，依法确定量刑情节的适用及其调节比例。对黑恶势力犯罪、严重暴力犯罪、毒品犯罪、性侵未成年人犯罪等危害严重的犯罪，在确定从宽的幅度时，应当从严掌握；对犯罪情节较轻的犯罪，应当充分体现从宽。具体确定各个量刑情节的调节比例时，应当综合平衡调节幅度与实际增减刑罚量的关系，确保罪责刑相适应。

（一）对于未成年人犯罪，综合考虑未成年人对犯罪的认知能力、实施犯罪行为的动机和目的、犯罪时的年龄、是否初犯、偶犯、悔罪表现、个人成长经历和一贯表现等情况，应当予以从宽处罚。

1. 已满 12 周岁不满 16 周岁的未成年人犯罪，减少基准刑的 30%-60%；

2. 已满 16 周岁不满 18 周岁的未成年人犯罪，减少基准刑的 10%-50%。

（二）对于已满 75 周岁的老年人故意犯罪，综合考虑犯罪的性质、情节、后果等情况，可以减少基准刑的 40% 以下；过失犯罪的，减少基准刑的 20%-50%。

（三）对于又聋又哑的人或者盲人犯罪，综合考虑犯罪性质、情节、后果以及聋哑人或者盲人犯罪时的控制能力等情况，可以减少基准刑的 50% 以下；犯罪较轻的，可以减少基准刑的 50% 以上或者依法免除处罚。

（四）对于未遂犯，综合考虑犯罪行为的实行程度、造成损害的大小、犯罪未得逞的原因等情况，可以比照既遂犯减少基准刑的 50% 以下。

（五）对于从犯，综合考虑其在共同犯罪中的地位、作用等情况，应当予以从宽处罚，减少基准刑的 20%-50%；犯罪较轻的，减少基准刑的 50% 以上或者依法免除处罚。

（六）对于自首情节，综合考虑自首的动机、时间、方式、罪行轻重、如实供述罪行的程度以及悔罪表现等情况，可以减少基准刑的 40% 以下；犯罪较轻的，可以减少基准刑的 40% 以上或者依法免除处罚。恶意利用自首规避法律制裁等不足以从宽处罚的除外。

（七）对于坦白情节，综合考虑如实供述罪行的阶段、程度、罪行轻重以及悔罪表现等情况，确定从宽的幅度。

1. 如实供述自己罪行的，可以减少基准刑的 20% 以下；

2. 如实供述司法机关尚未掌握的同种较重罪行的，可以减少基准刑的 10%-30%；

3. 因如实供述自己罪行，避免特别严重后果发生的，可以减少基准刑的 30%-50%。

（八）对于当庭自愿认罪的，根据犯罪的性质、罪行的轻重、认罪程度以及悔罪表现等情况，可以减少基准刑的 10% 以下。依法认定自首、坦白的除外。

（九）对于立功情节，综合考虑立功的大小、次数、内容、来源、效果以及罪行轻重等情况，确定从宽的幅度。

1. 一般立功的，可以减少基准刑的 20% 以下；

2. 重大立功的，可以减少基准刑的 20%-50%；犯罪较轻的，减少基准刑的 50% 以上或者依法免除处罚。

（十）对于退赃、退赔的，综合考虑犯罪性质，退赃、退赔行为对损害结果所能弥补的程度，退赃、退赔的数额及主动程度等情况，可以减少基准刑的 30% 以下；对抢劫等严重危害社会治安犯罪的，应当从严掌握。

（十一）对于积极赔偿被害人经济损失并取得谅解的，综合考虑犯罪性质、赔偿数额、赔偿能力以及认罪悔罪表现等情况，可以减少基准刑的 40% 以下；积极赔偿但没有取得谅解的，可以减少基准刑的 30% 以下；尽管没有赔偿，但取得谅解的，可以减少基准刑的 20% 以下。对抢劫、强奸等严重危害社会治安犯罪的，应当从严掌握。

（十二）对于当事人根据刑事诉讼法第二百八十八条达成刑事和解协议的，综合考虑犯罪性质、赔偿数额、赔礼道歉以及真诚悔罪等情况，可以减少基准刑的 50% 以下；犯罪较轻的，可以减少基准刑的 50% 以上或者依法免除处罚。

（十三）对于被告人在羁押期间表现好的，可以减少基准刑的 10% 以下。

（十四）对于被告人认罪认罚的，综合考虑犯罪的性质、罪行的轻重、认罪认罚的阶段、程度、价值、悔罪表现等情况，可以减少基准刑的 30% 以下；具有自首、重大坦白、退赃退赔、赔偿谅解、刑事和解等情节的，可以减少基准刑的 60% 以下，犯罪较轻的，可以减少基准刑的 60% 以上或者依法免除处罚。认罪认罚与自首、坦白、当庭自愿认罪、退赃退赔、赔偿谅解、刑事和解、羁押期间表现好等量刑情节不作重复评价。

（十五）对于累犯，综合考虑前后罪的性质、刑罚执行完毕或赦免以后至再犯罪时间的长短以及前后罪罪行轻重等情况，应当增加基准刑的 10%-40%，一般不少于 3 个月。

（十六）对于有前科的，综合考虑前科的性质、时间间隔长短、次数、处罚轻重等情况，可以增加基准刑的 10% 以下。前科犯罪为过失犯罪和未成年人犯罪的除外。

（十七）对于犯罪对象为未成年人、老年人、残疾人、孕妇等弱势人员的，综合考虑犯罪的性质、犯罪的严重程度等情况，可以增加基准刑的20%以下。

（十八）对于在重大自然灾害、预防、控制突发传染病疫情等灾害期间故意犯罪的，根据案件的具体情况，可以增加基准刑的20%以下。

四、常见犯罪的量刑（➻参见刑法第133条等刑法分则条文脚注相关部分）

五、附则

（一）本指导意见规范上列23种犯罪判处有期徒刑的案件。其他判处有期徒刑的案件，可以参照量刑的指导原则、基本方法和常见量刑情节的适用规范量刑。

（二）各省、自治区、直辖市高级人民法院、人民检察院应当结合当地实际，共同制定实施细则。

（三）本指导意见自2021年7月1日起实施。最高人民法院2017年3月9日《关于实施修订后的〈关于常见犯罪的量刑指导意见〉的通知》（法发〔2017〕7号）同时废止。

2021年12月3日最高检《**人民检察院办理认罪认罚案件开展量刑建议工作的指导意见**》，为深入贯彻落实宽严相济刑事政策，规范人民检察院办理认罪认罚案件量刑建议工作，促进量刑公开公正，加强对检察机关量刑建议活动的监督制约，根据刑事诉讼法、人民检察院刑事诉讼规则等规定，结合检察工作实际，制定本意见。

第十一条 人民检察院应当按照有关量刑指导意见规定的量刑基本方法，依次确定量刑起点、基准刑和拟宣告刑，提出量刑建议。对新类型、不常见犯罪案件，可以参照相关量刑规范和相似案件的判决提出量刑建议。

第十二条 提出确定刑量刑建议应当明确主刑适用刑种、刑期和是否适用缓刑。

建议判处拘役的，一般应当提出确定刑量刑建议。

建议判处附加刑的，应当提出附加刑的类型。

建议判处罚金刑的，应当以犯罪情节为根据，综合考虑犯罪嫌疑人缴纳罚金的能力提出确定的数额。

建议适用缓刑的，应当明确提出。

第十三条 除有减轻处罚情节外，幅度刑量刑建议应当在法定量刑幅度内提出，不得兼跨两种以上主刑。

建议判处有期徒刑的，一般应当提出相对明确的量刑幅度。建议判处6个月以上不满1年有期徒刑的，幅度一般不超过2个月；建议判处1年以上不满3年有期徒刑的，幅度一般不超过6个月；建议判处3年以上不满10年有期徒刑的，幅度一般不超过1年；建议判处10年以上有期徒刑的，幅度一般不超过2年。

建议判处管制的，幅度一般不超过3个月。

第十四条 人民检察院提出量刑建议应当区别认罪认罚的不同诉讼阶段、对查明案件事实的价值和意义、是否确有悔罪表现，以及罪行严重程度等，综合考量确定从宽的限度和幅度。在从宽幅度上，主动认罪认罚优于被动认罪认罚，早认罪认罚优于晚认罪认罚，彻底认罪认罚优于不彻底认罪认罚，稳定认罪认罚优于不稳定认罪认罚。

认罪认罚的从宽幅度一般应当大于仅有坦白，或者虽认罪但不认罚的从宽幅度。对犯罪嫌疑人具有自首、坦白情节，同时认罪认罚的，应当在法定刑幅度内给予相对更大的从宽幅度。

第十五条 犯罪嫌疑人虽然认罪认罚，但所犯罪行具有下列情形之一的，提出量刑建议应当从严把握从宽幅度或者依法不予从宽：

（一）危害国家安全犯罪、恐怖活动犯罪、黑社会性质组织犯罪的首要分子、主犯；

（二）犯罪性质和危害后果特别严重、犯罪手段特别残忍、社会影响特别恶劣的；

（三）虽然罪行较轻但具有累犯、惯犯等恶劣情节的；

（四）性侵等严重侵害未成年人的；

（五）其他应当从严把握从宽幅度或者不宜从宽的情形。

第十六条 犯罪嫌疑人既有从重又有从轻、减轻处罚情节，应当全面考虑各情节的调节幅度，综合分析提出量刑建议，不能仅根据某一情节一律从轻或者从重。

犯罪嫌疑人具有减轻处罚情节的，应当在法定刑以下提出量刑建议，有数个量刑幅度的，应当在法定量刑幅度的下一个量刑幅度内提出量刑建议。

第十七条 犯罪嫌疑人犯数罪，同时具有立功、累犯等量刑情节的，先适用该量刑情节调节个罪基准刑，分别提出量刑建议，再依法提出数罪并罚后决定执行的刑罚的量刑建议。人民检察院提出量刑建议时应当分别列明个罪量刑建议和数罪并罚后决定执行的刑罚的量刑建议。

第十八条 对于共同犯罪案件，人民检察院应当根据各犯罪嫌疑人在共同犯罪中的地位、作用以及应当承担的刑事责任分别提出量刑建议。提出量刑建议时应当注意各犯罪嫌疑人之间的量刑平衡。

第十九条 人民检察院可以根据案件实际情况，充分考虑提起公诉后可能出现的退赃退赔、刑事和解、修复损害等量刑情节变化，提出满足相应条件情况下的量刑建议。

第二十条 人民检察院可以借助量刑智能辅助系统分析案件、计算量刑，在参考相关结论的基础上，结合案件具体情况，依法提出量刑建议。

第六十一条 【量刑原则】对于犯罪分子决定刑罚的时候，应当根据犯罪的事实、犯罪的性质、情节和对于社会的危害程度，依照本法的有关规定判处。

第六十二条 【从重处罚与从轻处罚】犯罪分子具有本法规定的从重处罚、从轻处罚情节的，应当在法定刑的限度以内判处刑罚。

★量刑规范化除需要实体性的量刑指导意见外，还需要程序性的量刑程序的保障，对此可参见2020年11月5日最高法、最高检、公安部、国家安全部、司法部《关于规范量刑程序若干问题的意见》——编者说明。

根据2010年12月31日最高法《**关于充分发挥刑事审判职能作用深入推进社会矛盾化解的若干意见**》**第十二条**，被告人案发后对被害人积极赔偿，并认罪、悔罪的，依法可以作为酌定量刑情节予以考虑，对轻微刑事案件的被告人，应当考虑适用非监禁刑。被告人认罪、悔罪、赔礼道歉、积极赔偿，取得被害人谅解的，依法可以从宽处理。对于严重危害社会治安、人民群众反映强烈、依法应当从严惩处的犯罪，不能仅以经济赔偿作为决定从轻处罚的条件。

根据2021年1月26日最高法《**关于适用〈中华人民共和国刑事诉讼法〉的解释**》**第四百零一条**，审理被告人或者其法定代理人、辩护人、近亲属提出上诉的案件，不得对被告人的刑罚作出实质不利的改判，并应当执行下列规定：

（一）同案审理的案件，只有部分被告人上诉的，既不得加重上诉人的刑罚，也不得加重其他同案被告人的刑罚；

（二）原判认定的罪名不当的，可以改变罪名，但不得加重刑罚或者对刑罚执行产生不利影响；

（三）原判认定的罪数不当的，可以改变罪数，并调整刑罚，但不得加重决定执行的刑罚或者对刑罚执行产生不利影响；

（四）原判对被告人宣告缓刑的，不得撤销缓刑或者延长缓刑考验期；

（五）原判没有宣告职业禁止、禁止令的，不得增加宣告；原判宣告职业禁止、禁止令的，不得增加内容、延长期限；

（六）原判对被告人判处死刑缓期执行没有限制减刑、决定终身监禁的，不得限制减刑、决定终身监禁；

（七）原判判处的刑罚不当、应当适用附加刑而没有适用的，不得直接加重刑罚、适用附加刑。原判判处的刑罚畸轻，必须依法改判的，应当在第二审判决、裁定生效后，依照审判监督程序重新审判。

人民检察院抗诉或者自诉人上诉的案件，不受前款规定的限制。

第六十三条[40] **【减轻处罚】**犯罪分子具有本法规定的减轻处罚情节的，应当在法定刑以下判处刑罚；本法规定有数个量刑幅度的，应当在法定量刑幅度的下一个量刑幅度内判处刑罚。

犯罪分子虽然不具有本法规定的减轻处罚情节，但是根据案件的特殊情况，经最高人民法院核准，也可以在法定刑以下判处刑罚。

---

〔40〕**【刑法修订】**2011年《**刑法修正案（八）**》第五条修订了本条第一款。1997年刑法该款原文如下：

第六十三条第一款 犯罪分子具有本法规定的减轻处罚情节的，应当在法定刑以下判处刑罚。

2011年《**刑法修正案（八）**》在该款增加了“本法规定有数个量刑幅度的，应当在法定量刑幅度的下一个量刑幅度内判处刑罚”的规定。

【司法解释】根据2012年5月30日最高法研究室《**关于如何理解“在法定刑以下判处刑罚”问题的答复**》（法研〔2012〕67号），刑法第六十三条第一款规定的“在法定刑以下判处刑罚”，是指在法定量刑幅度的最低刑以下判处刑罚。刑法分则中规定的“处十年以上有期徒刑、无期徒刑或者死刑”，是一个量刑幅度，而不是“十年以上有期徒刑”、“无期徒刑”和“死刑”三个量刑幅度。

2021年1月26日最高法《**关于适用〈中华人民共和国刑事诉讼法〉的解释**》，对在法定刑以下判处刑罚案件的核准程序问题，规定如下：

第四百一十四条 报请最高人民法院核准在法定刑以下判处刑罚的案件，应当按照下列情形分别处理：

（一）被告人未上诉、人民检察院未抗诉的，在上诉、抗诉期满后三日以内报请上一级人民法院复核。上级人民法院同意原判的，应当书面层报最高人民法院核准；不同意的，应当裁定发回重新审判，或者按照第二审程序提审；

（二）被告人上诉或者人民检察院抗诉的，上一级人民法院维持原判，或者改判后仍在法定刑以下判处刑罚的，应当依照前项规定层报最高人民法院核准。

第四百一十五条 对符合刑法第六十三条第二款规定的案件，第一审人民法院未在法定刑以下判处刑罚的，第二审人民法院可以在法定刑以下判处刑罚，并层报最高人民法院核准。

第四百一十六条 报请最高人民法院核准在法定刑以下判处刑罚的案件，应当报送判决书、报请核准的报告各五份，以及全部案卷、证据。

第四百一十七条 对在法定刑以下判处刑罚的案件，最高人民法院予以核准的，应当作出核准裁定书；不予核准的，应当作出不核准裁定书，并撤销原判决、裁定，发回原审人民法院重新审判或者指定其他下级人民法院重新审判。

第六十四条〔41〕 **【涉案财物的处理】**犯罪分子违法所得的一切财物，应当予以追缴或者责令退赔；对被害人的合法财产，应当及时返还；违禁品和供犯罪所用的本人财物，应当予以没收。没收的财物和罚金，一律上缴国库，不得挪用和自行处理。

【会议纪要】根据最高法第二巡回法庭2019年第15次法官会议纪要《**减轻处罚应当同时适用于附加刑**》，法定刑包括主刑和附加刑，因此，减轻处罚应当在法定的主刑和附加刑以下判处刑罚。

《刑法》第63条第1款关于"减轻处罚"的规定明确指出本法规定有数个量刑幅度的，应当在法定刑幅度的下一个幅度内判处刑罚。被告人不论是只有一个还是同时存在两个或两个以上的法定减轻处罚情节时，这些法定从宽情节只有"减轻处罚"的功能，"减轻处罚"只能在"法定刑幅度的下一个幅度内判处刑罚"，这是严格遵循罪刑法定原则的基本要求（★本次会议纪要解决两个问题：其一，对被告人减轻处罚时，附加刑是否应当一并减轻？其二，数个减轻处罚情节并存时，能否跨档减刑直至免除处罚？法官会议纪要对此都作出了明确回答——编者说明）。

〔41〕 **【司法解释】**2014年10月30日最高法《**关于刑事裁判涉财产部分执行的若干规定**》（法释〔2014〕13号），就追缴问题规定如下：

第六条第三款 判处追缴或者责令退赔的，应当明确追缴或者退赔的金额或财物的名称、数量等相关情况。

……

第十条 对赃款赃物及其收益，人民法院应当一并追缴。

被执行人将赃款赃物投资或者置业，对因此形成的财产及其收益，人民法院应予追缴。

被执行人将赃款赃物与其他合法财产共同投资或者置业，对因此形成的财产中与赃款赃物对应的份额及其收益，人民法院应予追缴。

对于被害人的损失，应当按照刑事裁判认定的实际损失予以发还或者赔偿。

第十一条 被执行人将刑事裁判认定为赃款赃物的涉案财物用于清偿债务、转让或者设置其他权利负担，具有下列情形之一的，人民法院应予追缴：

（一）第三人明知是涉案财物而接受的；

（二）第三人无偿或者以明显低于市场的价格取得涉案财物的；

（三）第三人通过非法债务清偿或者违法犯罪活动取得涉案财物的；

（四）第三人通过其他恶意方式取得涉案财物的。

第三人善意取得涉案财物的，执行程序中不予追缴。作为原所有人的被害人对该涉案财物主张权利的，人民法院应当告知其通过诉讼程序处理。

……

第十五条　执行过程中，案外人或被害人认为刑事裁判中对涉案财物是否属于赃款赃物认定错误或者应予认定而未认定，向执行法院提出书面异议，可以通过裁定补正的，执行机构应当将异议材料移送刑事审判部门处理；无法通过裁定补正的，应当告知异议人通过审判监督程序处理。

2021年1月26日最高法**《关于适用〈中华人民共和国刑事诉讼法〉的解释》**，对追缴、责令退赔与返还被害人财产问题，规定如下：

第一百七十六条　被告人非法占有、处置被害人财产的，应当依法予以追缴或者责令退赔。被害人提起附带民事诉讼的，人民法院不予受理。追缴、退赔的情况，可以作为量刑情节考虑。

……

第四百三十八条　对被害人的合法财产，权属明确的，应当依法及时返还，但须经拍照、鉴定、估价，并在案卷中注明返还的理由，将原物照片、清单和被害人的领取手续附卷备查；权属不明的，应当在人民法院判决、裁定生效后，按比例返还被害人，但已获退赔的部分应予扣除。

……

第四百四十三条　被告人将依法应当追缴的涉案财物用于投资或者置业的，对因此形成的财产及其收益，应当追缴。

被告人将依法应当追缴的涉案财物与其他合法财产共同用于投资或者置业的，对因此形成的财产中与涉案财物对应的份额及其收益，应当追缴。

第四百四十四条　对查封、扣押、冻结的财物及其孳息，应当在判决书中写明名称、金额、数量、存放地点及其处理方式等。涉案财物较多，不宜在判决主文中详细列明的，可以附清单。

判决追缴违法所得或者责令退赔的，应当写明追缴、退赔的金额或者财物的名称、数量等情况；已经发还的，应当在判决书中写明。

第四百四十五条　查封、扣押、冻结的财物及其孳息，经审查，确属违法所得或者依法应当追缴的其他涉案财物的，应当判决返还被害人，或者没收上缴国库，但法律另有规定的除外。

对判决时尚未追缴到案或者尚未足额退赔的违法所得，应当判决继续追缴或者责令退赔。

判决返还被害人的涉案财物，应当通知被害人认领；无人认领的，应当公告通知；公告满一年无人认领的，应当上缴国库；上缴国库后有人认领，经查证属实的，应当申请退库予以返还；原物已经拍卖、变卖的，应当返还价款。

对侵犯国有财产的案件，被害单位已经终止且没有权利义务继受人，或者损失已经被核销的，查封、扣押、冻结的财物及其孳息应当上缴国库。

第四百四十六条　第二审期间，发现第一审判决未对随案移送的涉案财物及其孳息作出处理的，可以裁定撤销原判，发回原审人民法院重新审判，由原审人民法院依法对涉案财物及其孳息一并作出处理。

判决生效后，发现原判未对随案移送的涉案财物及其孳息作出处理的，由原审人民法院依法对涉案财物及其孳息另行作出处理。

2013年10月21日最高法**《关于适用刑法第六十四条有关问题的批复》**（法〔2013〕229号）指出：根据刑法第六十四条和《最高人民法院关于适用〈中华人民共和国刑事诉讼法〉的解释》第一百三十八条、第一百三十九条的规定（★此两条条文已被废止，大致对应于2021年1月26日最高法《关于适用〈中华人民共和国刑事诉讼法〉的解释》第一百七十五条、第一百七十六条——编者说明），被告人非法占有、处置被害人财产的，应当依法予以追缴或者责令退赔。据此，追缴或者责令退赔的具体内容，应当在判决主文中写明；其中，判决前已经发还被害人的财产，应当注明。被害人提起附带民事诉讼，或者另行提起民事诉讼请求返还被非法占有、处置的财产的，人民法院不予受理。

1987年8月26日最高法**《关于被告人亲属主动为被告人退缴赃款应如何处理的批复》**[法（研）复〔1987〕32号]，就被告人亲属主动为被告人退缴赃款应如何处理的意见如下：

一、被告人是成年人，其违法所得都由自己挥霍，无法追缴的，应责令被告人退赔，其家属没有代为退赔的义务。

被告人在家庭共同财产中有其个人应有部分的，只能在其个人应有部分的范围内，责令被告人退赔。

二、如果被告人的违法所得有一部分用于家庭日常生活，对这部分违法所得，被告人和家属均有退赔的义务。

三、如果被告人对责令其本人退赔的违法所得已无实际上的退赔能力，但其亲属应被告人的请求，或者主动提出并征得被告人的同意，自愿代被告人退赔部分或者全部违法所得的，法院也可考虑具体情况，收下其亲属自愿代被告人退赔的款项，并视为被告人主动退赔的款项。

四、属于以上三种情况，已作了退赔的，均可视为被告人退赃较好，可以酌情从宽处罚。

五、如果被告人的罪行应当判处死刑，并必须执行，属于以上第一、二两种情况的，法院可以接收退赔的款项；属于以上第三种情况的，其亲属自愿代为退赔的款项，法院不应接收。

根据2001年12月15日公安部法制局**《关于对伪造机动车发动机号、车架号、合格证、车辆档案和交易发票的车辆如何处理的答复》**（公法〔2001〕286号），如果查实标的物车辆是占有人盗抢的或者明知是赃车而购买的，应将车辆无偿追缴，并及时退还失主；对确实找不到失主的，应当上缴国库。是否“明知”，可根据《关于依法查处盗窃、抢劫机动车案件的规定》（公通字〔1998〕31号）第十七条的规定认定。就请示的案件来讲，由于标的物车辆车架号、发动机号及相关手续均系伪造，如果售车人王洪不能到案或根本没有此人，将无法查实车辆的合法所有人。所以，在一定期限内仍不能查获王洪的情况，可将此车追缴，上缴国库。如日后破案并查到合法所有人，可再返还所有人。

根据2016年11月22日最高法**《关于在执行工作中规范执行行为切实保护各方当事人财产权益的通知》**（法〔2016〕401号），在财产刑案件执行中，要依法严格区分违法所得和合法财产，对于经过审理不能确认为违法所得的，不得判决追缴或者责令退赔；严格区分个人财产和企业法人财产，处理股东、企业经营管理者等自然人犯罪不得任意牵连企业法人财产，处理企业犯罪不得任意牵连股东、企业经营管理者个人合法财产；严格区分涉案人员个人财产和家庭成员财产，处理涉案人员犯罪不得牵连其家庭成员合法财产。

根据2017年11月24日最高检、公安部**《关于公安机关办理经济犯罪案件的若干规定》**（公通字〔2017〕25号）**第五十四条**，犯罪分子违法所得的一切财物及其孳息，应当予以追缴或者责令退赔。

发现犯罪嫌疑人将经济犯罪违法所得和其他涉案财物用于清偿债务、转让或者设定其他权利负担，具有下列情形之一的，应当依法查封、扣押、冻结：

（一）他人明知是经济犯罪违法所得和其他涉案财物而接受的；

（二）他人无偿或者以明显低于市场价格取得上述财物的；

（三）他人通过非法债务清偿或者违法犯罪活动取得上述财物的；

（四）他人通过其他恶意方式取得上述财物的。

他人明知是经济犯罪违法所得及其产生的收益，通过虚构债权债务关系、虚假交易等方式予以窝藏、转移、收购、代为销售或者以其他方法掩饰、隐瞒，构成犯罪的，应当依法追究刑事责任。

2020年7月24日最高法、最高检、公安部**《关于刑事案件涉扶贫领域财物依法快速返还的若干规定》**（高检发〔2020〕12号），对于规范扶贫领域涉案财物快速返还工作，规定如下：

第三条　对于同时符合下列条件的涉案财物，应当依法快速返还有关个人、单位或组织：

（一）犯罪事实清楚，证据确实充分；

（二）涉案财物权属关系已经查明；

（三）有明确的权益被侵害的个人、单位或组织；

（四）返还涉案财物不损害其他被害人或者利害关系人的利益；

（五）不影响诉讼正常进行或者案件公正处理；

（六）犯罪嫌疑人、被告人以及利害关系人对涉案财物快速返还没有异议。

第四条　人民法院、人民检察院、公安机关办理有关扶贫领域刑事案件，应当依法积极追缴涉案财物，对于本办案环节具备快速返还条件的，应当及时快速返还。

第五条 人民法院、人民检察院、公安机关对追缴到案的涉案财物，应当及时调查、审查权属关系。

对于权属关系未查明的，人民法院可以通知人民检察院，由人民检察院通知前一办案环节补充查证，或者由人民检察院自行补充侦查。

第六条 公安机关办理涉扶贫领域财物刑事案件期间，可以就涉案财物处理等问题听取人民检察院意见，人民检察院应当提出相关意见。

第七条 人民法院、人民检察院、公安机关认为涉案财物符合快速返还条件的，应当在作出返还决定5个工作日内返还有关个人、单位或组织。

办案机关返还涉案财物时，应当制作返还财物清单，注明返还理由，由接受个人、单位或组织在返还财物清单上签名或者盖章，并将清单、照片附卷。

第八条 公安机关、人民检察院在侦查阶段、审查起诉阶段返还涉案财物的，在案件移送人民检察院、人民法院时，应当将返还财物清单随案移送，说明返还的理由并附相关证据材料。

未快速返还而随案移送的涉案财物，移送机关应当列明权属情况、提出处理建议并附相关证据材料。

第九条 对涉案财物中易损毁、灭失、变质等不宜长期保存的物品，易贬值的汽车等物品，市场价格波动大的债券、股票、基金份额等财产，有效期即将届满的汇票、本票、支票等，经权利人同意或者申请，并经人民法院、人民检察院、公安机关主要负责人批准，可以及时依法出售、变现或者先行变卖、拍卖。所得款项依照本规定快速返还，或者按照有关规定处理。

第十条 ……

第十一条 发现快速返还存在错误的，应当由决定快速返还的机关及时纠正，依法追回返还财物；侵犯财产权的，依据《中华人民共和国国家赔偿法》第十八条及有关规定处理。

根据2022年8月21日最高法、最高检、公安部《**关于打击整治养老诈骗专项行动的指导意见**》(法发〔2022〕24号)，实施养老诈骗犯罪违法所得的一切财物，应当依法追缴或者责令退赔。在办理涉养老领域的非法集资案件时，确有证据证明存在依法应当追缴的财产，但无法查明去向，或者价值灭失，或者与其他合法财产混合且不可分割的，可以追缴其他等值财产或者混合财产中的等值部分，等值财产的追缴数额限于依法查明应当追缴违法所得数额，对已经追缴或者退赔的部分应予扣除。

根据2023年9月25日最高法《**关于优化法治环境 促进民营经济发展壮大的指导意见**》(法发〔2023〕15号)，健全涉案财物追缴处置机制。对于被告人的合法财产以及与犯罪活动无关的财产及其孳息，符合返还条件的，应当及时返还。涉案财物已被用于清偿合法债务、转让或者设置其他权利负担，善意案外人通过正常的市场交易、支付了合理对价，并实际取得相应权利的，不得追缴或者没收。对于通过违法犯罪活动聚敛、获取的财产形成的投资权益，应当对该投资权益依法进行处置，不得直接追缴投入的财产。

★对于电信网络新型违法犯罪案件冻结资金的及时返还问题，2016年8月4日银监会、公安部专门制定了《电信网络新型违法犯罪案件冻结资金返还若干规定》（银监发〔2016〕41号）。为落实该规定，2016年12月2日银监会办公厅、公安部办公厅还发布了《电信网络新型违法犯罪案件冻结资金返还若干规定实施细则》（银监办发〔2016〕170号）——编者说明。

【会议纪要】根据最高法第二巡回法庭2019年第17次法官会议纪要《**刑事追赃与民事责任的协调与衔接**》，刑事诉讼中的追赃和责令退赔程序仅解决受害人与被告人之间的财产返还和赔偿问题，并不影响受害人通过民事诉讼程序向被告人之外的其他民事主体主张民事权利。如被告人在实施犯罪行为过程中以其他法人名义所实施的民事行为构成表见代理或表见代表，在民事诉讼中，被告人行为的法律后果应当由被代表法人承担。若刑事判决所认定被害人暨出借人的损失范围未包括利息等其他费用，民事案件的审理仍应按照借款合同的履行情况确定还款责任范围。为避免被害人获得双重赔偿，在相关民事判决执行程序中应当查明刑事判决所确定的退赔义务是否已执行到位，并抵扣相应金额（★本次会议纪要解决的问题是：刑事被告人被追赃退赔的，被害人能否通过民事诉讼另行主张民事赔偿？法官会议纪要对此进行了明确回答——编者说明）。

【指导案例】根据2021年12月9日最高检**第三十二批指导性案例·检例第127号·白静贪污违法所得没收案**，检察机关提出没收违法所得申请，应有证据证明申请没收的财产直接或者间接来源于犯罪所得，或者能够排除财产合法来源的可能性。人民检察院出席申请没收违法所得案件庭审，应当重点对于申请没收的财产属于违法所得进行举证。对于专业性较强的案件，可以申请鉴定人出庭。

根据2021年12月9日最高检 **第三十二批指导性案例·检例第129号·黄艳兰贪污违法所得没收案**，检察机关在适用违法所得没收程序中，应当承担证明有犯罪事实以及申请没收的财产属于违法所得及其他涉案财产的举证责任。利害关系人及其诉讼代理人参加诉讼并主张权利，但不能提供合法证据或者其主张明显与事实不符的，应当依法予以辩驳。善意第三方对申请没收财产享有合法权利的，应当依法予以保护。

【量刑指导】根据2021年6月17日最高法、最高检《**关于常见犯罪的量刑指导意见（试行）**》，对于退赃、退赔的，综合考虑犯罪性质，退赃、退赔行为对损害结果所能弥补的程度，退赃、退赔的数额及主动程度等情况，可以减少基准刑的30%以下；对抢劫等严重危害社会治安犯罪的，应当从严掌握。

第二节 累 犯

第六十五条[42] **【一般累犯】**被判处有期徒刑以上刑罚的犯罪分子，刑罚执行完毕或者赦免以后，在五年以内再犯应当判处有期徒刑以上刑罚之罪的，是累犯，应当从重处罚，但是过失犯罪和不满十八周岁的人犯罪的除外。

前款规定的期限，对于被假释的犯罪分子，从假释期满之日起计算。

---

〔42〕**【刑法修订】**2011年《**刑法修正案（八）**》**第六条**修订了本条第一款。1997年刑法该款原文如下：

第六十五条第一款 被判处有期徒刑以上刑罚的犯罪分子，刑罚执行完毕或者赦免以后，在五年以内再犯应当判处有期徒刑以上刑罚之罪的，是累犯，应当从重处罚，但是过失犯罪除外。

2011年《**刑法修正案（八）**》将该款“但是过失犯罪除外”修改为“但是过失犯罪和不满十八周岁的人犯罪的除外”。

【司法解释】根据2011年4月25日最高法《**关于〈中华人民共和国刑法修正案（八）〉时间效力问题的解释**》**第三条第一款**，被判处有期徒刑以上刑罚，刑罚执行完毕或者赦免以后，在2011年4月30日以前再犯应当判处有期徒刑以上刑罚之罪的，是否构成累犯，适用修正前刑法第六十五条的规定；但是，前罪实施时不满18周岁的，是否构成累犯，适用修正后刑法第六十五条的规定。

根据2013年6月19日最高法研究室《**关于适用刑法第六十五条第一款有关问题的答复**》（法研〔2013〕84号），行为人在十八周岁前后实施数罪或者数个行为，如果其已满十八周岁以后的犯罪为故意犯罪且被判处或者明显应当被判处有期徒刑以上刑罚，在刑罚执行完毕或者赦免后五年内，又故意再犯应当判处有期徒刑以上刑罚之罪的，应当认定为累犯。

根据2010年2月8日最高法《**关于贯彻宽严相济刑事政策的若干意见**》**第十一条**，要依法从严惩处累犯和毒品再犯。凡是依法构成累犯和毒品再犯的，即使犯罪情节较轻，也要体现从严惩处的精神。尤其是对于前罪为暴力犯罪或被判处重刑的累犯，更要依法从严惩处。

根据2018年12月28日最高检《**关于认定累犯如何确定刑罚执行完毕以后“五年以内”起始日期的批复**》（高检发释字〔2018〕2号，自2018年12月30日起施行），刑法第六十五条第一款规定的“刑罚执行完毕”，是指刑罚执行到期应予释放之日。认定累犯，确定刑罚执行完毕以后“五年以内”的起始日期，应当从刑满释放之日起计算。

第六十六条[43]　**【特别累犯】**危害国家安全犯罪、恐怖活动犯罪、黑社会性质的组织犯罪的犯罪分子，在刑罚执行完毕或者赦免以后，在任何时候再犯上述任一类罪的，都以累犯论处。

根据2020年1月17日最高法、最高检**《关于缓刑犯在考验期满后五年内再犯应当判处有期徒刑以上刑罚之罪应否认定为累犯问题的批复》**（高检发释字〔2020〕1号，自2020年1月20日起施行），被判处有期徒刑宣告缓刑的犯罪分子，在缓刑考验期满后五年内再犯应当判处有期徒刑以上刑罚之罪的，因前罪判处的有期徒刑并未执行，不具备刑法第六十五条规定的“刑罚执行完毕”的要件，故不应认定为累犯，但可作为对新罪确定刑罚的酌定从重情节予以考虑。

【量刑指导】根据2021年6月17日最高法、最高检**《关于常见犯罪的量刑指导意见（试行）》**，对于累犯，综合考虑前后罪的性质、刑罚执行完毕或赦免以后至再犯罪时间的长短以及前后罪罪行轻重等情况，应当增加基准刑的10%-40%，一般不少于3个月。

对于有前科的，综合考虑前科的性质、时间间隔长短、次数、处罚轻重等情况，可以增加基准刑的10%以下。前科犯罪为过失犯罪和未成年人犯罪的除外。

〔43〕**【刑法修订】**2011年**《刑法修正案（八）》第七条**修订了本条。1997年刑法原文如下：

第六十六条　危害国家安全的犯罪分子在刑罚执行完毕或者赦免以后，在任何时候再犯危害国家安全罪的，都以累犯论处。

2011年**《刑法修正案（八）》**将本条“危害国家安全的犯罪分子”修改为“危害国家安全犯罪、恐怖活动犯罪、黑社会性质的组织犯罪的犯罪分子”，从而扩大了特别累犯的成立犯罪。

【司法解释】根据2011年4月25日最高法**《关于〈中华人民共和国刑法修正案（八）〉时间效力问题的解释》第三条第二款、第三款**，曾犯危害国家安全犯罪，刑罚执行完毕或者赦免以后，在2011年4月30日以前再犯危害国家安全犯罪的，是否构成累犯，适用修正前刑法第六十六条的规定。

曾被判处有期徒刑以上刑罚，或者曾犯危害国家安全犯罪、恐怖活动犯罪、黑社会性质的组织犯罪，在2011年5月1日以后再犯罪的，是否构成累犯，适用修正后刑法第六十五条、第六十六条的规定。

第
67
条

第三节 自首和立功

第六十七条[44] **【自首与坦白】**犯罪以后自动投案，如实供述自己的罪行的，是自首。对于自首的犯罪分子，可以从轻或者减轻处罚。其中，犯罪较轻的，可以免除处罚。

被采取强制措施的犯罪嫌疑人、被告人和正在服刑的罪犯，如实供述司法机关还未掌握的本人其他罪行的，以自首论。

犯罪嫌疑人虽不具有前两款规定的自首情节，但是如实供述自己罪行的，可以从轻处罚；因其如实供述自己罪行，避免特别严重后果发生的，可以减轻处罚。

---

〔44〕**【刑法修订】**2011 年**《刑法修正案（八）》第八条**，在本条增设了第三款坦白的规定。

【相关法规】根据 2018 年**《刑事诉讼法》第一百八十二条第一款**，犯罪嫌疑人自愿如实供述涉嫌犯罪的事实，有重大立功或者案件涉及国家重大利益的，经最高人民检察院核准，公安机关可以撤销案件，人民检察院可以作出不起诉决定，也可以对涉嫌数罪中的一项或者多项不起诉。

【司法解释】根据 2011 年 4 月 25 日最高法**《关于〈中华人民共和国刑法修正案（八）〉时间效力问题的解释》第四条**，2011 年 4 月 30 日以前犯罪，虽不具有自首情节，但是如实供述自己罪行的，适用修正后刑法第六十七条第三款的规定。

1998 年 4 月 17 日最高法**《关于处理自首和立功具体应用法律若干问题的解释》**（法释〔1998〕8 号，自 1998 年 5 月 9 日起施行），就认定自首具体应用法律的若干问题解释如下：

第一条 根据刑法第六十七条第一款的规定，犯罪以后自动投案，如实供述自己的罪行的，是自首。

（一）自动投案，是指犯罪事实或者犯罪嫌疑人未被司法机关发觉，或者虽被发觉，但犯罪嫌疑人尚未受到讯问、未被采取强制措施时，主动、直接向公安机关、人民检察院或者人民法院投案。

犯罪嫌疑人向其所在单位、城乡基层组织或者其他有关负责人员投案的；犯罪嫌疑人因病、伤或者为了减轻犯罪后果，委托他人先代为投案，或者先以信电投案的；罪行尚未被司法机关发觉，仅因形迹可疑，被有关组织或者司法机关盘问、教育后，主动交代自己的罪行的；犯罪后逃跑，在被通缉、追捕过程中，主动投案的；经查实确已准备去投案，或者正在投案途中，被公安机关捕获的，应当视为自动投案。

并非出于犯罪嫌疑人主动，而是经亲友规劝、陪同投案的；公安机关通知犯罪嫌疑人的亲友，或者亲友主动报案后，将犯罪嫌疑人送去投案的，也应当视为自动投案。

犯罪嫌疑人自动投案后又逃跑的，不能认定为自首。

（二）如实供述自己的罪行，是指犯罪嫌疑人自动投案后，如实交代自己的主要犯罪事实。

犯有数罪的犯罪嫌疑人仅如实供述所犯数罪中部分犯罪的，只对如实供述部分犯罪的行为，认定为自首。

共同犯罪案件中的犯罪嫌疑人，除如实供述自己的罪行，还应当供述所知的同案犯，主犯则应当供述所知其他同案犯的共同犯罪事实，才能认定为自首。

犯罪嫌疑人自动投案并如实供述自己的罪行后又翻供的，不能认定为自首；但在一审判决前又能如实供述的，应当认定为自首。

第二条 根据刑法第六十七条第二款的规定，被采取强制措施的犯罪嫌疑人、被告人和已宣判的罪犯，如实供述司法机关尚未掌握的罪行，与司法机关已掌握的或者判决确定的罪行属不同种罪行的，以自首论。

第三条 根据刑法第六十七条第一款的规定，对于自首的犯罪分子，可以从轻或者减轻处罚；对于犯罪较轻的，可以免除处罚。具体确定从轻、减轻还是免除处罚，应当根据犯罪轻重，并考虑自首的具体情节。

第四条 被采取强制措施的犯罪嫌疑人、被告人和已宣判的罪犯，如实供述司法机关尚未掌握的罪行，与司法机关已掌握的或者判决确定的罪行属同种罪行的，可以酌情从轻处罚；如实供述的同种罪行较重的，一般应当从轻处罚。

2010年12月22日最高法**《关于处理自首和立功若干具体问题的意见》**（法发〔2010〕60号），为规范司法实践中对自首和立功制度的运用，更好地贯彻落实宽严相济刑事政策，根据刑法、刑事诉讼法和《最高人民法院关于处理自首和立功具体应用法律若干问题的解释》（以下简称《解释》）等规定，对自首和立功若干具体问题提出如下处理意见：

一、关于“自动投案”的具体认定

《解释》第一条第（一）项规定七种应当视为自动投案的情形，体现了犯罪嫌疑人投案的主动性和自愿性。根据《解释》第一条第（一）项的规定，犯罪嫌疑人具有以下情形之一的，也应当视为自动投案：（1）犯罪后主动报案，虽未表明自己是作案人，但没有逃离现场，在司法机关询问时交代自己罪行的；（2）明知他人报案而在现场等待，抓捕时无拒捕行为，供认犯罪事实的；（3）在司法机关未确定犯罪嫌疑人，尚在一般性排查询问时主动交代自己罪行的；（4）因特定违法行为被采取劳动教养、行政拘留、司法拘留、强制隔离戒毒等行政、司法强制措施期间，主动向执行机关交代尚未被掌握的犯罪行为的；(5)其他符合立法本意，应当视为自动投案的情形。

罪行未被有关部门、司法机关发觉，仅因形迹可疑被盘问、教育后，主动交代了犯罪事实的，应当视为自动投案，但有关部门、司法机关在其身上、随身携带的物品、驾乘的交通工具等处发现与犯罪有关的物品的，不能认定为自动投案。

交通肇事后保护现场、抢救伤者，并向公安机关报告的，应认定为自动投案，构成自首的，因上述行为同时系犯罪嫌疑人的法定义务，对其是否从宽、从宽幅度要适当从严掌握。交通肇事逃逸后自动投案，如实供述自己罪行的，应认定为自首，但应依法以较重法定刑为基准，视情决定对其是否从宽处罚以及从宽处罚的幅度。

犯罪嫌疑人被亲友采用捆绑等手段送到司法机关，或者在亲友带领侦查人员前来抓捕时无拒捕行为，并如实供认犯罪事实的，虽然不能认定为自动投案，但可以参照法律对自首的有关规定酌情从轻处罚。

二、关于“如实供述自己的罪行”的具体认定

《解释》第一条第(二)项规定如实供述自己的罪行，除供述自己的主要犯罪事实外，还应包括姓名、年龄、职业、住址、前科等情况。犯罪嫌疑人供述的身份等情况与真实情况虽有差别，但不影响定罪量刑的，应认定为如实供述自己的罪行。犯罪嫌疑人自动投案后隐瞒自己的真实身份等情况，影响对其定罪量刑的，不能认定为如实供述自己的罪行。

犯罪嫌疑人多次实施同种罪行的，应当综合考虑已交代的犯罪事实与未交代的犯罪事实的危害程度，决定是否认定为如实供述主要犯罪事实。虽然投案后没有交代全部犯罪事实，但如实交代的犯罪情节重于未交代的犯罪情节，或者如实交代的犯罪数额多于未交代的犯罪数额，一般应认定为如实供述自己的主要犯罪事实。无法区分已交代的与未交代的犯罪情节的严重程度，或者已交代的犯罪数额与未交代的犯罪数额相当，一般不认定为如实供述自己的主要犯罪事实。

犯罪嫌疑人自动投案时虽然没有交代自己的主要犯罪事实，但在司法机关掌握其主要犯罪事实之前主动交代的，应认定为如实供述自己的罪行。

三、关于“司法机关还未掌握的本人其他罪行”和“不同种罪行”的具体认定

犯罪嫌疑人、被告人在被采取强制措施期间，向司法机关主动如实供述本人的其他罪行，该罪行能否认定为司法机关已掌握，应根据不同情形区别对待。如果该罪行已被通缉，一般应以该司法机关是否在通缉令发布范围内作出判断，不在通缉令发布范围内的，应认定为还未掌握，在通缉令发布范围内的，应视为已掌握；如果该罪行已录入全国公安信息网络在逃人员信息数据库，应视为已掌握。如果该罪行未被通缉、也未录入全国公安信息网络在逃人

员信息数据库，应以该司法机关是否已实际掌握该罪行为标准。

犯罪嫌疑人、被告人在被采取强制措施期间如实供述本人其他罪行，该罪行与司法机关已掌握的罪行属同种罪行还是不同种罪行，一般应以罪名区分。虽然如实供述的其他罪行的罪名与司法机关已掌握犯罪的罪名不同，但如实供述的其他犯罪与司法机关已掌握的犯罪属选择性罪名或者在法律、事实上密切关联，如因受贿被采取强制措施后，又交代因受贿为他人谋取利益行为，构成滥用职权罪的，应认定为同种罪行。

……

七、关于自首、立功证据材料的审查

人民法院审查的自首证据材料，应当包括被告人投案经过、有罪供述以及能够证明其投案情况的其他材料。投案经过的内容一般应包括被告人投案时间、地点、方式等。证据材料应加盖接受被告人投案的单位的印章，并有接受人员签名。

人民法院审查的立功证据材料，一般应包括被告人检举揭发材料及证明其来源的材料、司法机关的调查核实材料、被检举揭发人的供述等。被检举揭发案件已立案、侦破，被检举揭发人被采取强制措施、公诉或者审判的，还应审查相关的法律文书。证据材料应加盖接收被告人检举揭发材料的单位的印章，并有接收人员签名。

人民法院经审查认为证明被告人自首、立功的材料不规范、不全面的，应当由检察机关、侦查机关予以完善或者提供补充材料。

上述证据材料在被告人被指控的犯罪一、二审审理时已形成的，应当经庭审质证。

八、关于对自首、立功的被告人的处罚

对具有自首、立功情节的被告人是否从宽处罚、从宽处罚的幅度，应当考虑其犯罪事实、犯罪性质、犯罪情节、危害后果、社会影响、被告人的主观恶性和人身危险性等。自首的还应考虑投案的主动性、供述的及时性和稳定性等。立功的还应考虑检举揭发罪行的轻重、被检举揭发的人可能或者已经被判处的刑罚、提供的线索对侦破案件或者协助抓捕其他犯罪嫌疑人所起作用的大小等。

具有自首或者立功情节的，一般应依法从轻、减轻处罚；犯罪情节较轻的，可以免除处罚。类似情况下，对具有自首情节的被告人的从宽幅度要适当宽于具有立功情节的被告人。

虽然具有自首或者立功情节，但犯罪情节特别恶劣、犯罪后果特别严重、被告人主观恶性深、人身危险性大，或者在犯罪前即为规避法律、逃避处罚而准备自首、立功的，可以不从宽处罚。

对于被告人具有自首、立功情节，同时又有累犯、毒品再犯等法定从重处罚情节的，既要考虑自首、立功的具体情节，又要考虑被告人的主观恶性、人身危险性等因素，综合分析判断，确定从宽或者从严处罚。累犯的前罪为非暴力犯罪的，一般可以从宽处罚，前罪为暴力犯罪或者前、后罪为同类犯罪的，可以不从宽处罚。

在共同犯罪案件中，对具有自首、立功情节的被告人的处罚，应注意共同犯罪人以及首要分子、主犯、从犯之间的量刑平衡。犯罪集团的首要分子、共同犯罪的主犯检举揭发或者协助司法机关抓捕同案地位、作用较次的犯罪分子的，从宽处罚与否应当从严掌握，如果从轻处罚可能导致全案量刑失衡的，一般不从轻处罚；如果检举揭发或者协助司法机关抓捕的是其他案件中罪行同样严重的犯罪分子，一般应依法从宽处罚。对于犯罪集团的一般成员、共同犯罪的从犯立功的，特别是协助抓捕首要分子、主犯的，应当充分体现政策，依法从宽处罚。

2009 年 3 月 12 日最高法、最高检《**关于办理职务犯罪案件认定自首、立功等量刑情节若干问题的意见**》（法发〔2009〕13 号），就办理职务犯罪案件有关自首、立功等量刑情节的认定和处理问题，提出如下意见：

一、关于自首的认定和处理

根据刑法第六十七条第一款的规定，成立自首需同时具备自动投案和如实供述自己的罪行两个要件。犯罪事实或者犯罪分子未被办案机关掌握，或者虽被掌握，但犯罪分子尚未受到调查谈话、讯问，或者未被宣布采取调查措施或者强制措施时，向办案机关投案的，是自动投案。在此期间如实交代自己的主要犯罪事实的，应当认定为自首。

犯罪分子向所在单位等办案机关以外的单位、组织或者有关负责人员投案的，应当视为自动投案。

没有自动投案，在办案机关调查谈话、讯问、采取调查措施或者强制措施期间，犯罪分子如实交代办案机关掌握的线索所针对的事实的，不能认定为自首。

没有自动投案，但具有以下情形之一的，以自首论：(1)犯罪分子如实交代办案机关未掌握的罪行，与办案机关已掌握的罪行属不同种罪行的；(2)办案机关所掌握线索针对的犯罪事实不成立，在此范围外犯罪分子交代同种罪行的。

单位犯罪案件中，单位集体决定或者单位负责人决定而自动投案，如实交代单位犯罪事实的，或者单位直接负责的主管人员自动投案，如实交代单位犯罪事实的，应当认定为单位自首。单位自首的，直接负责的主管人员和直接责任人员未自动投案，但如实交代自己知道的犯罪事实的，可以视为自首；拒不交代自己知道的犯罪事实或者逃避法律追究的，不应当认定为自首。单位没有自首，直接责任人员自动投案并如实交代自己知道的犯罪事实的，对该直接责任人员应当认定为自首。

对于具有自首情节的犯罪分子，办案机关移送案件时应当予以说明并移交相关证据材料。

对于具有自首情节的犯罪分子，应当根据犯罪的事实、性质、情节和对于社会的危害程度，结合自动投案的动机、阶段、客观环境，交代犯罪事实的完整性、稳定性以及悔罪表现等具体情节，依法决定是否从轻、减轻或者免除处罚以及从轻、减轻处罚的幅度。

二、关于立功的认定和处理（➻参见刑法第68条脚注相关部分）

三、关于如实交代犯罪事实的认定和处理

犯罪分子依法不成立自首，但如实交代犯罪事实，有下列情形之一的，可以酌情从轻处罚：(1)办案机关掌握部分犯罪事实，犯罪分子交代了同种其他犯罪事实的；(2)办案机关掌握的证据不充分，犯罪分子如实交代有助于收集定案证据的。

犯罪分子如实交代犯罪事实，有下列情形之一的，一般应当从轻处罚：(1)办案机关仅掌握小部分犯罪事实，犯罪分子交代了大部分未被掌握的同种犯罪事实的；(2)如实交代对于定案证据的收集有重要作用的。

2010年4月7日最高法刑二庭**《宽严相济在经济犯罪和职务犯罪案件审判中的具体贯彻》**指出：关于自首、立功等量刑情节的运用。自首、立功是法定的从宽情节。实践中要注意依照《关于贯彻宽严相济刑事政策的若干意见》第17条、第18条等规定，结合“两高”《关于办理职务犯罪案件认定自首、立功等量刑情节若干问题的意见》的规定，做好职务犯罪案件审判工作中宽严相济刑事政策与法律规定的有机结合，具体如下：(1)要严格掌握自首、立功等量刑情节的法定标准和认定程序，确保自首、立功等量刑情节认定的严肃性和规范性。(2)对于具有自首情节的犯罪分子，应当根据犯罪事实并结合自动投案的动机、阶段、客观环境，交代犯罪事实的完整性、稳定性以及悔罪表现等具体情节，依法决定是否从轻、减轻或者免除处罚以及从轻、减轻处罚的幅度。(3)对于具有立功情节的犯罪分子，应当根据犯罪事实并结合立功表现所起作用的大小、所破获案件的罪行轻重、所抓获犯罪嫌疑人可能判处的法定刑以及立功的时机等具体情节，依法决定是否从轻、减轻或者免除处罚以及从轻、减轻处罚的幅度。(4)对于犯罪分子依法不成立自首，但主动交代犯罪事实的，应当视其主动交代的犯罪事实情况及对证据收集的作用大小，酌情从轻处罚。(5)赃款赃物追回的，应当注意区分贪污、受贿等不同性质的犯罪以及犯罪分子在追赃中的具体表现，决定是否从轻处罚以及从轻处罚的幅度。

根据2004年3月26日最高法**《关于被告人对行为性质的辩解是否影响自首成立问题的批复》**（法释〔2004〕2号，自2004年4月1日起施行），根据《刑法》第六十七条第一款和最高法《关于处理自首和立功具体应用法律若干问题的解释》第一条的规定，犯罪以后自动投案，如实供述自己的罪行的，是自首。被告人对行为性质的辩解不影响自首的成立。

根据2010年2月8日最高法**《关于贯彻宽严相济刑事政策的若干意见》第十七条**，对于自首的被告人，除了罪行极其严重、主观恶性极深、人身危险性极大，或者恶意地利用自首规避法律制裁者以外，一般均应当依法从宽处罚。

对于亲属以不同形式送被告人归案或协助司法机关抓获被告人而认定为自首的，原则上都应当依法从宽处罚；有的虽然不能认定为自首，但考虑到被告人亲属支持司法机关工作，促使被告人到案、认罪、悔罪，在决定对被告人具体处罚时，也应当予以充分考虑。

★上述司法解释中涉及坦白的部分，均应在2011年2月25日全国人大常委会《刑法修正案（八）》第八条的基础上重新加以理解——编者说明。

根据2013年1月20日最高法研究室**《关于自动投案法律适用问题的答复》**（法研〔2013〕10号），对于行为人原不具备自动投案情节，在被取保候审期间逃跑后主动归案的情形，不能认定为自动投案。

根据2019年10月11日最高法、最高检、公安部、国家安全部、司法部**《关于适用认罪认罚从宽制度的指导意见》第九条第二款**，认罪认罚的从宽幅度一般应当大于仅有坦白，或者虽认罪但不认罚的从宽幅度。对犯罪嫌疑人、被告人具有自首、坦白情节，同时认罪认罚的，应当在法定刑幅度内给予相对更大的从宽幅度。认罪认罚与自首、坦白不作重复评价。

根据2021年1月26日最高法**《关于适用〈中华人民共和国刑事诉讼法〉的解释》第三百五十五条**，对认罪认罚案件，人民法院一般应当对被告人从轻处罚；符合非监禁刑适用条件的，应当适用非监禁刑；具有法定减轻处罚情节的，可以减轻处罚。

对认罪认罚案件，应当根据被告人认罪认罚的阶段早晚以及认罪认罚的主动性、稳定性、彻底性等，在从宽幅度上体现差异。

共同犯罪案件，部分被告人认罪认罚的，可以依法对该部分被告人从宽处罚，但应当注意全案的量刑平衡。

【量刑指导】根据2021年6月17日最高法、最高检**《关于常见犯罪的量刑指导意见（试行）》**，对于自首情节，综合考虑自首的动机、时间、方式、罪行轻重、如实供述罪行的程度以及悔罪表现等情况，可以减少基准刑的40%以下；犯罪较轻的，可以减少基准刑的40%以上或者依法免除处罚。恶意利用自首规避法律制裁等不足以从宽处罚的除外。

对于坦白情节，综合考虑如实供述罪行的阶段、程度、罪行轻重以及悔罪表现等情况，确定从宽的幅度。

1. 如实供述自己罪行的，可以减少基准刑的20%以下；

第六十八条[45]　**【立功】**犯罪分子有揭发他人犯罪行为，查证属实的，或者提供重要线索，从而得以侦破其他案件等立功表现的，可以从轻或者减轻处罚；有重大立功表现的，可以减轻或者免除处罚。

---

2. 如实供述司法机关尚未掌握的同种较重罪行的，可以减少基准刑的10%–30%；

3. 因如实供述自己罪行，避免特别严重后果发生的，可以减少基准刑的30%–50%。

对于当庭自愿认罪的，根据犯罪的性质、罪行的轻重、认罪程度以及悔罪表现等情况，可以减少基准刑的10%以下。依法认定自首、坦白的除外。

〔45〕**【刑法修订】**2011年《**刑法修正案（八）**》**第九条**修订了本条。1997年刑法原文如下：

第六十八条　犯罪分子有揭发他人犯罪行为，查证属实的，或者提供重要线索，从而得以侦破其他案件等立功表现的，可以从轻或者减轻处罚；有重大立功表现的，可以减轻或者免除处罚。

犯罪后自首又有重大立功表现的，应当减轻或者免除处罚。

2011年《**刑法修正案（八）**》删除了本条原第二款。

【司法解释】根据2011年4月25日最高法《**关于〈中华人民共和国刑法修正案（八）〉时间效力问题的解释**》**第五条**，2011年4月30日以前犯罪，犯罪后自首又有重大立功表现的，适用修正前刑法第六十八条第二款的规定。

1998年4月17日最高法《**关于处理自首和立功具体应用法律若干问题的解释**》，就认定立功具体应用法律若干问题解释如下：

第五条　根据刑法第六十八条第一款的规定，犯罪分子到案后有检举、揭发他人犯罪行为，包括共同犯罪案件中的犯罪分子揭发同案犯共同犯罪以外的其他犯罪，经查证属实；提供侦破其他案件的重要线索，经查证属实；阻止他人犯罪活动；协助司法机关抓捕其他犯罪嫌疑人（包括同案犯）；具有其他有利于国家和社会的突出表现的，应当认定为有立功表现。

第六条　共同犯罪案件的犯罪分子到案后，揭发同案犯共同犯罪事实的，可以酌情予以从轻处罚。

第七条　根据刑法第六十八条第一款的规定，犯罪分子有检举、揭发他人重大犯罪行为，经查证属实；提供侦破其他重大案件的重要线索，经查证属实；阻止他人重大犯罪活动；协助司法机关抓捕其他重大犯罪嫌疑人（包括同案犯）；对国家和社会有其他重大贡献等表现的，应当认定为有重大立功表现。

前款所称"重大犯罪"、"重大案件"、"重大犯罪嫌疑人"的标准，一般是指犯罪嫌疑人、被告人可能被判处无期徒刑以上刑罚或者案件在本省、自治区、直辖市或者全国范围内有较大影响等情形。

2009年3月12日最高法、最高检《**关于办理职务犯罪案件认定自首、立功等量刑情节若干问题的意见**》，就立功的认定和处理，提出如下意见：

一、关于自首的认定和处理（➻参见刑法第67条脚注相关部分）

二、关于立功的认定和处理

立功必须是犯罪分子本人实施的行为。为使犯罪分子得到从轻处理，犯罪分子的亲友直接向有关机关揭发他人犯罪行为，提供侦破其他案件的重要线索，或者协助司法机关抓捕其他犯罪嫌疑人的，不应当认定为犯罪分子的立功表现。

据以立功的他人罪行材料应当指明具体犯罪事实；据以立功的线索或者协助行为对于侦破案件或者抓捕犯罪嫌疑人要有实际作用。犯罪分子揭发他人犯罪行为时没有指明具体犯罪事实的；揭发的犯罪事实与查实的犯罪事实不具有关联性的；提供的线索或者协助行为对于其他案件的侦破或者其他犯罪嫌疑人的抓捕不具有实际作用的，不能认定为立功表现。

犯罪分子揭发他人犯罪行为，提供侦破其他案件重要线索的，必须经查证属实，才能认定为立功。审查是否构成立功，不仅要审查办案机关的说明材料，还要审查有关事实和证据以及与案件定性处罚相关的法律文书，如立案决定书、逮捕决定书、侦查终结报告、起诉意见书、起诉书或者判决书等。

据以立功的线索、材料来源有下列情形之一的，不能认定为立功：(1)本人通过非法手段或者非法途径获取的；(2)本人因原担任的查禁犯罪等职务获取的；(3)他人违反监管规定向犯罪分子提供的；(4)负有查禁犯罪活动职责的国家机关工作人员或者其他国家工作人员利用职务便利提供的。

犯罪分子检举、揭发的他人犯罪，提供侦破其他案件的重要线索，阻止他人的犯罪活动，或者协助司法机关抓捕的其他犯罪嫌疑人，犯罪嫌疑人、被告人依法可能被判处无期徒刑以上刑罚的，应当认定为有重大立功表现。其中，可能被判处无期徒刑以上刑罚，是指根据犯罪行为的事实、情节可能判处无期徒刑以上刑罚。案件已经判决的，以实际判处的刑罚为准。但是，根据犯罪行为的事实、情节应当判处无期徒刑以上刑罚，因被判刑人有法定情节经依法从轻、减轻处罚后判处有期徒刑的，应当认定为重大立功。

对于具有立功情节的犯罪分子，应当根据犯罪的事实、性质、情节和对于社会的危害程度，结合立功表现所起作用的大小、所破获案件的罪行轻重、所抓获犯罪嫌疑人可能判处的法定刑以及立功的时机等具体情节，依法决定是否从轻、减轻或者免除处罚以及从轻、减轻处罚的幅度。

根据2009年8月3日最高法《**关于审理故意杀人、故意伤害案件正确适用死刑问题的指导意见**》，自首和立功是刑法明确规定的、司法实践中适用较多的两种法定从轻或减轻处罚情节。对于具备这两种情节之一的，一般都应依法从轻处罚。对于具有自首、立功情节，同时又有累犯、前科等法定、酌定从重处罚情节的，要综合分析从重因素和从轻因素哪方面更突出一些，依法体现宽严相济的基本刑事政策。

对于被告人未自首，但被告人亲属协助抓获被告人，或者提供被告人犯罪的主要证据对定案起到重要作用等情况的，应作为酌定从宽情节，予以充分考虑。

对于具有犯罪后果特别严重、犯罪动机特别卑劣或者被告人为规避法律而自首等情形的，对被告人是否从轻处罚，要从严掌握。

对于罪该判处死刑的被告人具有立功表现的，是否从轻处罚，应当以该立功是否足以抵罪为标准。被告人确有重大立功表现的，一般应当考虑从轻处罚；被告人有一般立功表现，经综合考虑足以从轻的，也可以考虑对被告人从轻处罚；被告人亲属为使被告人得到从轻处罚，检举、揭发他人犯罪或者协助司法机关抓捕其他犯罪嫌疑人的，虽不能视为被告人立功，也可以作为酌定从宽情节考虑。对于黑社会性质组织犯罪的首要分子、犯罪集团的首要分子等，犯罪主体的特殊性决定了其有可能掌握他人较多的犯罪线索，即使其检举揭发与其犯罪有关联的人或事构成重大立功的，从轻处罚也要从严掌握。如果被告人罪行极其严重，只有一般立功表现，经综合考虑不足以从轻的，可不予从轻处罚。

2010 年 12 月 22 日最高法**《关于处理自首和立功若干具体问题的意见》**，根据刑法、刑事诉讼法和《最高人民法院关于处理自首和立功具体应用法律若干问题的解释》（以下简称《解释》）等规定，对自首和立功若干具体问题提出如下处理意见：

四、关于立功线索来源的具体认定

犯罪分子通过贿买、暴力、胁迫等非法手段，或者被羁押后与律师、亲友会见过程中违反监管规定，获取他人犯罪线索并“检举揭发”的，不能认定为有立功表现。

犯罪分子将本人以往查办犯罪职务活动中掌握的，或者从负有查办犯罪、监管职责的国家工作人员处获取的他人犯罪线索予以检举揭发的，不能认定为有立功表现。

犯罪分子亲友为使犯罪分子“立功”，向司法机关提供他人犯罪线索、协助抓捕犯罪嫌疑人的，不能认定为犯罪分子有立功表现。

五、关于“协助抓捕其他犯罪嫌疑人”的具体认定

犯罪分子具有下列行为之一，使司法机关抓获其他犯罪嫌疑人的，属于《解释》第五条规定的“协助司法机关抓捕其他犯罪嫌疑人”：（1）按照司法机关的安排，以打电话、发信息等方式将其他犯罪嫌疑人（包括同案犯）约至指定地点的；（2）按照司法机关的安排，当场指认、辨认其他犯罪嫌疑人（包括同案犯）的；（3）带领侦查人员抓获其他犯罪嫌疑人（包括同案犯）的；（4）提供司法机关尚未掌握的其他案件犯罪嫌疑人的联络方式、藏匿地址的，等等。

犯罪分子提供同案犯姓名、住址、体貌特征等基本情况，或者提供犯罪前、犯罪中掌握、使用的同案犯联络方式、藏匿地址，司法机关据此抓捕同案犯的，不能认定为协助司法机关抓捕同案犯。

六、关于立功线索的查证程序和具体认定

被告人在一、二审审理期间检举揭发他人犯罪行为或者提供侦破其他案件的重要线索，人民法院经审查认为该线索内容具体、指向明确的，应及时移交有关人民检察院或者公安机关依法处理。

侦查机关出具材料，表明在三个月内还不能查证并抓获被检举揭发的人，或者不能查实的，人民法院审理案件可不再等待查证结果。

被告人检举揭发他人犯罪行为或者提供侦破其他案件的重要线索经查证不属实，又重复提供同一线索，且没有提出新的证据材料的，可以不再查证。

根据被告人检举揭发破获的他人犯罪案件，如果已有审判结果，应当依据判决确认的事实认定是否查证属实；如果被检举揭发的他人犯罪案件尚未进入审判程序，可以依据侦查机关提供的书面查证情况认定是否查证属实。检举揭发的线索经查确有犯罪发生，或者确定了犯罪嫌疑人，可能构成重大立功，只是未能将犯罪嫌疑人抓获归案的，对可能判处死刑的被告人一般要留有余地，对其他被告人原则上应酌情从轻处罚。

被告人检举揭发或者协助抓获的人的行为构成犯罪，但因法定事由不追究刑事责任、不起诉、终止审理的，不影响对被告人立功表现的认定；被告人检举揭发或者协助抓获的人的行为应判处无期徒刑以上刑罚，但因具有法定、酌定从宽情节，宣告刑为有期徒刑或者更轻刑罚的，不影响对被告人重大立功表现的认定。

七、关于自首、立功证据材料的审查（➻参见刑法第67条脚注相关部分）

八、关于对自首、立功的被告人的处罚（➻参见刑法第67条脚注相关部分）

根据2010年1月最高法研究室**《关于带领被害方抓捕同案犯能否认定为有立功表现问题的研究意见》**（法研〔2010〕2号），共同犯罪嫌疑人带领被害方抓捕同案犯的行为，在同案犯被抓捕并被扭送司法机关的情况下，可以认定为有立功表现。

根据2010年2月8日最高法**《关于贯彻宽严相济刑事政策的若干意见》第十八条**，对于被告人检举揭发他人犯罪构成立功的，一般均应当依法从宽处罚。对于犯罪情节不是十分恶劣，犯罪后果不是十分严重的被告人立功的，从宽处罚的幅度应当更大。

根据2017年2月28日最高法刑四庭审判长联席会议**《被告人具有重大立功表现，不宜减轻或者免除处罚时，可否从轻处罚》**，在一般情况下，犯罪分子具有重大立功表现，又不宜减轻或者免除时，可以给予从轻处罚。在法律文

第四节　数罪并罚

第六十九条[46]　**【判决宣告前一人犯数罪的并罚】**判决宣告以前一人犯数罪的，除判处死刑和无期徒刑的以外，应当在总和刑期以下、数刑中最高刑期以上，酌情决定执行的刑期，但是管制最高不能超过三年，拘役最高不能超过一年，有期徒刑总和刑期不满三十五年的，最高不能超过二十年，总和刑期在三十五年以上的，最高不能超过二十五年。

数罪中有判处有期徒刑和拘役的，执行有期徒刑。数罪中有判处有期徒刑和管制，或者拘役和管制的，有期徒刑、拘役执行完毕后，管制仍须执行。

数罪中有判处附加刑的，附加刑仍须执行，其中附加刑种类相同的，合并执行，种类不同的，分别执行。

书中可以表述为：被告人虽然具有重大立功表现，但根据本案的具体情况（具体案件中应说明什么具体情况），不宜减轻处罚或者免除处罚，但可从轻处罚（参见《刑事审判参考》2020年总第125辑）。

【量刑指导】根据2021年6月17日最高法、最高检《**关于常见犯罪的量刑指导意见（试行）**》，对于立功情节，综合考虑立功的大小、次数、内容、来源、效果以及罪行轻重等情况，确定从宽的幅度。

1. 一般立功的，可以减少基准刑的20%以下；

2. 重大立功的，可以减少基准刑的20%-50%；犯罪较轻的，减少基准刑的50%以上或者依法免除处罚。

〔46〕**【刑法修订】**本条被修订二次。1997年刑法原文如下：

第六十九条　判决宣告以前一人犯数罪的，除判处死刑和无期徒刑的以外，应当在总和刑期以下、数刑中最高刑期以上，酌情决定执行的刑期，但是管制最高不能超过三年，拘役最高不能超过一年，有期徒刑最高不能超过二十年。

如果数罪中有判处附加刑的，附加刑仍须执行。

针对有期徒刑的并罚上限，2011年《**刑法修正案（八）**》**第十条**将本条第一款“有期徒刑最高不能超过二十年”修改为“有期徒刑总和刑期不满三十五年的，最高不能超过二十年，总和刑期在三十五年以上的，最高不能超过二十五年”，并在第二款增设了“其中附加刑种类相同的，合并执行，种类不同的，分别执行”的附加刑并罚规则。经此修订后的条文如下：

第六十九条　判决宣告以前一人犯数罪的，除判处死刑和无期徒刑的以外，应当在总和刑期以下、数刑中最高刑期以上，酌情决定执行的刑期，但是管制最高不能超过三年，拘役最高不能超过一年，有期徒刑总和刑期不满三十五年的，最高不能超过二十年，总和刑期在三十五年以上的，最高不能超过二十五年。

数罪中有判处附加刑的，附加刑仍须执行，其中附加刑种类相同的，合并执行，种类不同的，分别执行。

2015 年**《刑法修正案（九）》第四条**增设了第二款“数罪中有判处有期徒刑和拘役的，执行有期徒刑。数罪中有判处有期徒刑和管制，或者拘役和管制的，有期徒刑、拘役执行完毕后，管制仍须执行”的规定，并将原第二款改为第三款。

【司法解释】根据 2011 年 4 月 25 日最高法**《关于〈中华人民共和国刑法修正案（八）〉时间效力问题的解释》第六条**，2011 年 4 月 30 日以前一人犯数罪，应当数罪并罚的，适用修正前刑法第六十九条的规定；2011 年 4 月 30 日前后一人犯数罪，其中一罪发生在 2011 年 5 月 1 日以后的，适用修正后刑法第六十九条的规定。

根据 2015 年 10 月 29 日最高法**《关于〈中华人民共和国刑法修正案（九）〉时间效力问题的解释》第三条**，对于 2015 年 10 月 31 日以前一人犯数罪，数罪中有判处有期徒刑和拘役，有期徒刑和管制，或者拘役和管制，予以数罪并罚的，适用修正后刑法第六十九条第二款的规定。

根据 2016 年 3 月 4 日最高检刑事执行检察厅**《关于对山东省人民检察院刑事执行检察处〈关于《刑法修正案（九）》实施前被法院判处有期徒刑、拘役如何执行的请示〉的答复》**，根据刑法第十二条和第六十九条的规定，对于在 2015 年 11 月 1 日《中华人民共和国刑法修正案（九）》实施前，人民法院在判决中对被告人数罪并罚，决定执行的刑罚既有有期徒刑，也有拘役的，有期徒刑和拘役均应当执行。同时，人民检察院应当依法监督刑罚执行机关严格执行人民法院的生效判决。

根据 2000 年 11 月 15 日最高法**《关于适用财产刑若干问题的规定》第三条第一款**，依法对犯罪分子所犯数罪分别判处罚金的，应当实行并罚，将所判处的罚金数额相加，执行总和数额。

根据 2021 年 1 月 26 日最高法**《关于适用〈中华人民共和国刑事诉讼法〉的解释》第十三条**，正在服刑的罪犯在判决宣告前还有其他罪没有判决的，由原审地人民法院管辖；由罪犯服刑地或者犯罪地的人民法院审判更为适宜的，可以由罪犯服刑地或者犯罪地的人民法院管辖。

罪犯在服刑期间又犯罪的，由服刑地的人民法院管辖。

罪犯在脱逃期间又犯罪的，由服刑地的人民法院管辖。但是，在犯罪地抓获罪犯并发现其在脱逃期间犯罪的，由犯罪地的人民法院管辖。

第七十条[47]　**【判决宣告后刑罚执行完毕前发现漏罪的并罚】**判决宣告以后，刑罚执行完毕以前，发现被判刑的犯罪分子在判决宣告以前还有其他罪没有判决的，应当对新发现的罪作出判决，把前后两个判决所判处的刑罚，依照本法第六十九条的规定，决定执行的刑罚。已经执行的刑期，应当计算在新判决决定的刑期以内。

---

〔47〕**【司法解释】**2016年11月14日最高法**《关于办理减刑、假释案件具体应用法律的规定》**，就罪犯被裁定减刑后，刑罚执行期间因发现漏罪而数罪并罚时如何处理案件，规定如下：

第三十四条　罪犯被裁定减刑后，刑罚执行期间因发现漏罪而数罪并罚的，原减刑裁定自动失效。如漏罪系罪犯主动交代的，对其原减去的刑期，由执行机关报请有管辖权的人民法院重新作出减刑裁定，予以确认；如漏罪系有关机关发现或者他人检举揭发的，由执行机关报请有管辖权的人民法院，在原减刑裁定减去的刑期总和之内，酌情重新裁定。

第三十五条　被判处死刑缓期执行的罪犯，在死刑缓期执行期内被发现漏罪，依据刑法第七十条规定数罪并罚，决定执行死刑缓期执行的，死刑缓期执行期间自新判决确定之日起计算，已经执行的死刑缓期执行期间计入新判决的死刑缓期执行期间内，但漏罪被判处死刑缓期执行的除外。

第三十六条　被判处死刑缓期执行的罪犯，在死刑缓期执行期满后被发现漏罪，依据刑法第七十条规定数罪并罚，决定执行死刑缓期执行的，交付执行时对罪犯实际执行无期徒刑，死缓考验期不再执行，但漏罪被判处死刑缓期执行的除外。

在无期徒刑减为有期徒刑时，前罪死刑缓期执行减为无期徒刑之日起至新判决生效之日止已经实际执行的刑期，应当计算在减刑裁定决定执行的刑期以内。

原减刑裁定减去的刑期依照本规定第三十四条处理。

第三十七条　被判处无期徒刑的罪犯在减为有期徒刑后因发现漏罪，依据刑法第七十条规定数罪并罚，决定执行无期徒刑的，前罪无期徒刑生效之日起至新判决生效之日止已经实际执行的刑期，应当在新判决的无期徒刑减为有期徒刑时，在减刑裁定决定执行的刑期内扣减。

无期徒刑罪犯减为有期徒刑后因发现漏罪判处3年有期徒刑以下刑罚，数罪并罚决定执行无期徒刑的，在新判决生效后执行1年以上，符合减刑条件的，可以减为有期徒刑，减刑幅度依照本规定第八条、第九条的规定执行。

原减刑裁定减去的刑期依照本规定第三十四条处理。

根据1993年4月16日最高法**《关于判决宣告后又发现被判刑的犯罪分子的同种漏罪是否实行数罪并罚问题的批复》**（法复〔1993〕3号），人民法院的判决宣告并已发生法律效力以后，刑罚还没有执行完毕以前，发现被判刑的

第七十一条[48] **【判决宣告后刑罚执行完毕前又犯新罪的并罚】**判决宣告以后，刑罚执行完毕以前，被判刑的犯罪分子又犯罪的，应当对新犯的罪作出判决，把前罪没有执行的刑罚和后罪所判处的刑罚，依照本法第六十九条的规定，决定执行的刑罚。

犯罪分子在判决宣告以前还有其他罪没有判决的，不论新发现的罪与原判决的罪是否属于同种罪，都应当依照刑法的规定实行数罪并罚。但如果在第一审人民法院的判决宣告以后，被告人提出上诉或者人民检察院提出抗诉，判决尚未发生法律效力的，第二审人民法院在审理期间，发现原审被告人在第一审判决宣告以前还有同种漏罪没有判决的，第二审人民法院应当依照刑事诉讼法的规定，裁定撤销原判，发回原审人民法院重新审判，第一审人民法院重新审判时，不适用刑法关于数罪并罚的规定。

根据2007年8月11日最高法**《关于刘文占减刑一案的答复》**(刑监他字〔2006〕第7号)，罪犯刘文占犯盗窃罪被判处无期徒刑，减为有期徒刑18年之后，发现其在判决宣告之前犯有强奸罪、抢劫罪。沧州市中级人民法院作出新的判决，对刘文占以强奸罪、抢劫罪分别定罪量刑，数罪并罚，决定对罪犯刘文占执行无期徒刑是正确的。

现监狱报请为罪犯刘文占减刑，你院在计算刑期时，应将罪犯刘文占第一次减为有期徒刑18年之后至漏罪判决之间已经执行的刑期予以扣除(★此处计算刑期时对刑期扣除的理解，与2016年11月14日最高法《关于办理减刑、假释案件具体应用法律的规定》第三十七条“前罪无期徒刑生效之日起至新判决生效之日止已经实际执行的刑期，应当在新判决的无期徒刑减为有期徒刑时，在减刑裁定决定执行的刑期内扣减”的规定不一致，应当不再适用——编者说明)。

2012年1月18日最高法**《关于罪犯因漏罪、新罪数罪并罚时原减刑裁定应如何处理的意见》**(法〔2012〕44号)指出：近期，我院接到一些地方高级人民法院关于判决宣告以后，刑罚执行完毕以前，罪犯因漏罪或者又犯新罪数罪并罚时，原减刑裁定应如何处理的请示。为统一法律适用，经研究，提出如下意见：

罪犯被裁定减刑后，因被发现漏罪或者又犯新罪而依法进行数罪并罚时，经减刑裁定减去的刑期不计入已经执行的刑期。

在此后对因漏罪数罪并罚的罪犯依法减刑，决定减刑的频次、幅度时，应当对其原经减刑裁定减去的刑期酌予考虑。

★联系2016年11月14日最高法《关于办理减刑、假释案件具体应用法律的规定》第三十三条、第三十四条的规定，上述意见是否仍可适用，值得研究——编者说明。

〔48〕**【立法解释】**根据2017年11月26日全国人大常委会法制工作委员会**《关于对被告人在罚金刑执行完毕前又犯新罪的罚金应否与未执行**

完毕的罚金适用数罪并罚问题的答复意见》(法工办复〔2017〕2号),刑法第七十一条中的“刑罚执行完毕以前”应是指主刑执行完毕以前。如果被告人主刑已执行完毕,只是罚金尚未执行完毕的,根据刑法第五十三条的规定,人民法院在任何时候发现有可以执行的财产,应当随时追缴。因此,被告人前罪主刑已执行完毕,罚金尚未执行完毕的,应当由人民法院继续执行未执行完毕的罚金,不必与新罪判处的罚金数罪并罚。

【司法解释】根据2016年11月14日最高法**《关于办理减刑、假释案件具体应用法律的规定》第三十三条**,罪犯被裁定减刑后,刑罚执行期间因故意犯罪而数罪并罚时,经减刑裁定减去的刑期不计入已经执行的刑期。原判死刑缓期执行减为无期徒刑、有期徒刑,或者无期徒刑减为有期徒刑的裁定继续有效。

根据1989年5月24日最高法研究室**《关于对再审改判前因犯新罪被加刑的罪犯再审时如何确定执行的刑罚问题的电话答复》**,对于再审改判前因犯新罪被加刑的罪犯,在对其前罪再审时,应当将罪犯犯新罪时的判决中关于前罪与新罪并罚的内容撤销,并把经再审改判后的前罪没有执行完的刑罚和新罪已判处的刑罚,按照刑法第六十六条(★现行《刑法》第七十一条——编者说明)的规定依法数罪并罚。关于原前罪与新罪并罚的判决由哪个法院撤销,应视具体情况确定:如果再审法院是对新罪作出判决的法院的上级法院,或者是对新罪作出判决的同一法院,可以由再审法院撤销;否则,应由对新罪作出判决的法院撤销。对于前罪经再审改判为无罪或者免予刑事处分的,其已执行的刑期可以折抵新罪的刑期。

根据2001年6月15日最高法办公厅**《关于实施〈法院刑事诉讼文书样式〉若干问题的解答》**(法办〔2001〕155号),适用数罪并罚“先减后并”的案件,前罪“余刑”的起算日期,可以从犯新罪之日起算。判决结果的刑期起止日期可表述为:“刑期从判决执行之日起计算。判决执行以前先行羁押的,羁押一日折抵刑期一日,即自××××年××月××日(犯新罪之日)起至××××年××月××日止。”

2009年5月25日最高法**《关于在执行附加刑剥夺政治权利期间犯新罪应如何处理的批复》**(法释〔2009〕10号,自2009年6月10日起施行),就在执行附加刑剥夺政治权利期间犯新罪应如何处理问题,批复如下:

一、对判处有期徒刑并处剥夺政治权利的罪犯,主刑已执行完毕,在执行附加刑剥夺政治权利期间又犯新罪,如果所犯新罪无须附加剥夺政治权利的,依照刑法第七十一条的规定数罪并罚。

二、前罪尚未执行完毕的附加刑剥夺政治权利的刑期从新罪的主刑有期徒刑执行之日起停止计算,并依照刑法第五十八条规定从新罪的主刑有期徒刑执行完毕之日或者假释之日起继续计算;附加刑剥夺政治权利的效力施用于新罪的主刑执行期间。

第五节 缓 刑

第七十二条[49] **【缓刑的条件、禁止令与附加刑的执行】**对于被判处拘役、三年以下有期徒刑的犯罪分子，同时符合下列条件的，可以宣告缓刑，对其中不满十八周岁的人、怀孕的妇女和已满七十五周岁的人，应当宣告缓刑：

（一）犯罪情节较轻；

（二）有悔罪表现；

（三）没有再犯罪的危险；

（四）宣告缓刑对所居住社区没有重大不良影响。

宣告缓刑，可以根据犯罪情况，同时禁止犯罪分子在缓刑考验期限内从事特定活动，进入特定区域、场所，接触特定的人。

被宣告缓刑的犯罪分子，如果被判处附加刑，附加刑仍须执行。

第七十三条 【缓刑考验期限】拘役的缓刑考验期限为原判刑期以上一年以下，但是不能少于二个月。

有期徒刑的缓刑考验期限为原判刑期以上五年以下，但是不能少于一年。

缓刑考验期限，从判决确定之日起计算。

三、对判处有期徒刑的罪犯，主刑已执行完毕，在执行附加刑剥夺政治权利期间又犯新罪，如果所犯新罪也剥夺政治权利的，依照刑法第五十五条、第五十七条、第七十一条的规定并罚（★上述《批复》对“刑罚执行完毕以前”的理解，与2017年11月26日全国人大常委会法制工作委员会《关于对被告人在罚金刑执行完毕前又犯新罪的罚金应否与未执行完毕的罚金适用数罪并罚问题的答复意见》不一致——编者说明）。

〔49〕**【刑法修订】**2011年《**刑法修正案（八）**》**第十一条**修订了本条。1997年刑法原文为：

第七十二条 对于被判处拘役、三年以下有期徒刑的犯罪分子，根据犯罪分子的犯罪情节和悔罪表现，适用缓刑确实不致再危害社会的，可以宣告缓刑。

被宣告缓刑的犯罪分子，如果被判处附加刑，附加刑仍须执行。

2011年《**刑法修正案（八）**》在第一款设项，明确了缓刑的四项条件以及对三类犯罪分子应当宣告缓刑的情形；增设了第二款“宣告缓刑，可以根据犯罪情况，同时禁止犯罪分子在缓刑考验期限内从事特定活动，进入特定区域、场所，接触特定的人”规定；将原第二款改为第三款。

【司法解释】根据2011年4月25日最高法**《关于〈中华人民共和国刑法修正案（八）〉时间效力问题的解释》第一条第一款**，对于2011年4月30日以前犯罪，依法应当判处管制或者宣告缓刑的，人民法院根据犯罪情况，认为确有必要同时禁止犯罪分子在管制期间或者缓刑考验期内从事特定活动，进入特定区域、场所，接触特定人的，适用修正后刑法第三十八条第二款或者第七十二条第二款的规定。

2011年4月28日最高法、最高检、公安部、司法部**《关于对判处管制、宣告缓刑的犯罪分子适用禁止令有关问题的规定（试行）》**，就宣告缓刑的犯罪分子适用禁止令的有关问题作了明确规定（➻参见刑法第38条脚注相关部分）。

1998年9月17日最高检法律政策研究室**《关于对数罪并罚决定执行刑期为三年以下有期徒刑的犯罪分子能否适用缓刑问题的复函》**（高检研发〔1998〕第16号）指出，根据刑法第七十二条的规定，可以适用缓刑的对象是被判处拘役、3年以下有期徒刑的犯罪分子；条件是根据犯罪分子的犯罪情节和悔罪表现，适用缓刑确实不致再危害社会。对于判决宣告以前犯数罪的犯罪分子，只要判决执行的刑罚为拘役、3年以下有期徒刑，且符合根据犯罪分子的犯罪情节和悔罪表现，适用缓刑确实不致再危害社会的案件，依法可以适用缓刑（★对该解释应在《刑法修正案（八）》第十一条的基础上加以理解——编者说明）。

根据2017年3月2日最高检**《未成年人刑事检察工作指引（试行）》第二百一十四条**，对于具有下列情形之一，依法可能判处拘役、3年以下有期徒刑，有悔罪表现，宣告缓刑对所居住社区没有重大不良影响，具备有效监护条件或者社会帮教措施，适用缓刑确实不致再危害社会的未成年被告人，人民检察院应当建议人民法院适用缓刑：

（一）犯罪情节较轻，未造成严重后果的；

（二）主观恶性不大的初犯或者胁从犯、从犯；

（三）被害人同意和解或者被害人有明显过错的；

（四）其他可以适用缓刑的情形。

人民检察院提出对未成年被告人适用缓刑建议的，应当将未成年被告人能够获得有效监护、帮教的书面材料于判决前移送人民法院。

2016年7月26日最高法、最高检、公安部、司法部**《关于对因犯罪在大陆受审的台湾居民依法适用缓刑实行社区矫正有关问题的意见》**（法发〔2016〕33号），为维护因犯罪在大陆受审的台湾居民的合法权益，保障缓刑的依法适用和执行，根据《中华人民共和国刑法》《中华人民共和国刑事诉讼法》和《社区矫正实施办法》（★2012年1月10日最高法、最高检、公安部、司法部联合制定的《社区矫正实施办法》已被废止，2020年6月18日最高法、最高检、公安部、司法部重新发布《中华人民共和国社区矫正法实施办法》——编者说明）等有关规定，结合工作实际，制定本意见。

第一条 对因犯罪被判处拘役、3年以下有期徒刑的台湾居民，如果其犯罪情节较轻、有悔罪表现、没有再犯罪的危险且宣告缓刑对所居住社区没有重大不良影响的，人民法院可以宣告缓刑，对其中不满18周岁的人、怀孕的妇女和已满75周岁的人，应当宣告缓刑。

第二条 人民检察院建议对被告人宣告缓刑的，应当说明依据和理由。

被告人及其法定代理人、辩护人提出宣告缓刑的请求，应当说明理由，必要时需提交经过台湾地区公证机关公证的被告人在台湾地区无犯罪记录证明等相关材料。

第三条 公安机关、人民检察院、人民法院需要委托司法行政机关调查评估宣告缓刑对社区影响的，可以委托犯罪嫌疑人、被告人在大陆居住地的县级司法行政机关，也可以委托适合协助社区矫正的下列单位或者人员所在地的县级司法行政机关：

（一）犯罪嫌疑人、被告人在大陆的工作单位或者就读学校；

（二）台湾同胞投资企业协会、台湾同胞投资企业；

（三）其他愿意且有能力协助社区矫正的单位或者人员。

已经建立涉台社区矫正专门机构的地方，可以委托该机构所在地的县级司法行政机关调查评估。

根据前两款规定仍无法确定接受委托的调查评估机关的，可以委托办理案件的公安机关、人民检察院、人民法院所在地的县级司法行政机关。

第四条 司法行政机关收到委托后，一般应当在10个工作日内向委托机关提交调查评估报告；对提交调查评估报告的时间另有规定的，从其规定。

司法行政机关开展调查评估，可以请当地台湾同胞投资企业协会、台湾同胞投资企业以及犯罪嫌疑人、被告人在大陆的监护人、亲友等协助提供有关材料。

第五条 人民法院对被告人宣告缓刑时，应当核实其居住地或者本意见第三条规定的有关单位、人员所在地，书面告知被告人应当自判决、裁定生效后10日内到社区矫正执行地的县级司法行政机关报到，以及逾期报到的法律后果。

缓刑判决、裁定生效后，人民法院应当在10日内将判决书、裁定书、执行通知书等法律文书送达社区矫正执行地的县级司法行政机关，同时抄送该地县级人民检察院和公安机关。

第六条 对被告人宣告缓刑的，人民法院应当及时作出不准出境决定书，同时依照有关规定办理边控手续。

实施边控的期限为缓刑考验期限。

第七条 对缓刑犯的社区矫正，由其在大陆居住地的司法行政机关负责

第七十四条[50] **【不适用缓刑的对象】**对于累犯和犯罪集团的首要分子，不适用缓刑。

第七十五条 **【缓刑犯应遵守的规定】**被宣告缓刑的犯罪分子，应当遵守下列规定：

（一）遵守法律、行政法规，服从监督；

（二）按照考察机关的规定报告自己的活动情况；

（三）遵守考察机关关于会客的规定；

（四）离开所居住的市、县或者迁居，应当报经考察机关批准。

第七十六条[51] **【对缓刑犯社区矫正与缓刑考验合格的处理】**对宣告缓刑的犯罪分子，在缓刑考验期限内，依法实行社区矫正，如果没有本法第七十七条规定的情形，缓刑考验期满，原判的刑罚就不再执行，并公开予以宣告。

指导管理、组织实施；在大陆没有居住地的，由本意见第三条规定的有关司法行政机关负责。

第八条 为缓刑犯确定的社区矫正小组可以吸收下列人员参与：

（一）当地台湾同胞投资企业协会、台湾同胞投资企业的代表；

（二）在大陆居住或者工作的台湾同胞；

（三）缓刑犯在大陆的亲友；

（四）其他愿意且有能力参与社区矫正工作的人员。

第九条 根据社区矫正需要，司法行政机关可以会同相关部门，协调台湾同胞投资企业协会、台湾同胞投资企业等，为缓刑犯提供工作岗位、技能培训等帮助。

第十条 对于符合条件的缓刑犯，可以依据《海峡两岸共同打击犯罪及司法互助协议》，移交台湾地区执行。

第十一条 对因犯罪在大陆受审、执行刑罚的台湾居民判处管制、裁定假释、决定或者批准暂予监外执行，实行社区矫正的，可以参照适用本意见的有关规定。

第十二条 本意见自2017年1月1日起施行。

〔50〕**【刑法修订】**2011年《**刑法修正案（八）**》第十二条修订了本条。1997年刑法原文为：

第七十四条 对于累犯，不适用缓刑。

2011年《**刑法修正案（八）**》在本条“累犯”后面增加了“犯罪集团的首要分子”的规定，从而对犯罪集团的首要分子不得适用缓刑。

〔51〕**【刑法修订】**2011年《**刑法修正案（八）**》第十三条修订了本条。

第七十七条[52] **【缓刑考验不合格的处理】**被宣告缓刑的犯罪分子，在缓刑考验期限内犯新罪或者发现判决宣告以前还有其他罪没有判决的，应当撤销缓刑，对新犯的罪或者新发现的罪作出判决，把前罪和后罪所判处的刑罚，依照本法第六十九条的规定，决定执行的刑罚。

被宣告缓刑的犯罪分子，在缓刑考验期限内，违反法律、行政法规或者国务院有关部门关于缓刑的监督管理规定，或者违反人民法院判决中的禁止令，情节严重的，应当撤销缓刑，执行原判刑罚。

1997年刑法原文为：

第七十六条 被宣告缓刑的犯罪分子，在缓刑考验期限内，由公安机关考察，所在单位或者基层组织予以配合，如果没有本法第七十七条规定的情形，缓刑考验期满，原判的刑罚就不再执行，并公开予以宣告。

2011年《**刑法修正案(八)**》将本条"由公安机关考察，所在单位或者基层组织予以配合"修改为"依法实行社区矫正"。

〔52〕**【刑法修订】**2011年《**刑法修正案(八)**》**第十四条**修订了本条第二款。1997年刑法该款原文为：

第七十七条第二款 被宣告缓刑的犯罪分子，在缓刑考验期限内，违反法律、行政法规或者国务院公安部门有关缓刑的监督管理规定，情节严重的，应当撤销缓刑，执行原判刑罚。

2011年《**刑法修正案(八)**》将第二款"违反法律、行政法规或者国务院公安部门有关缓刑的监督管理规定"修改为"违反法律、行政法规或者国务院有关部门关于缓刑的监督管理规定，或者违反人民法院判决中的禁止令"。

【相关法规】根据2019年《**社区矫正法**》**第四十八条**，人民法院应当在收到社区矫正机构撤销缓刑、假释建议书后三十日内作出裁定……

人民法院裁定撤销缓刑、假释的，公安机关应当及时将社区矫正对象送交监狱或者看守所执行。执行以前被逮捕的，羁押一日折抵刑期一日。

【司法解释】根据2011年4月25日最高法《**关于〈中华人民共和国刑法修正案(八)〉时间效力问题的解释**》**第一条第二款**，犯罪分子在管制期间或者缓刑考验期内，违反人民法院判决中的禁止令的，适用修正后刑法第三十八条第四款或者第七十七条第二款的规定。

根据2011年4月28日最高法、最高检、公安部、司法部《**关于对判处管制、宣告缓刑的犯罪分子适用禁止令有关问题的规定(试行)**》**第十二条**，被宣告缓刑的犯罪分子违反禁止令，情节严重的，应当撤销缓刑，执行原判刑罚。原作出缓刑裁判的人民法院应当自收到当地社区矫正机构提出的撤销缓刑建议书之日起1个月内依法作出裁定。人民法院撤销缓刑的裁定一经作出，立即生效。

违反禁止令，具有下列情形之一的，应当认定为“情节严重”：

（一）3次以上违反禁止令的；

（二）因违反禁止令被治安管理处罚后，再次违反禁止令的；

（三）违反禁止令，发生较为严重危害后果的；

（四）其他情节严重的情形。

根据2020年6月18日最高法、最高检、公安部、司法部**《社区矫正法实施办法》**（司发通〔2020〕59号）**第四十六条**，社区矫正对象在缓刑考验期内，有下列情形之一的，由执行地同级社区矫正机构提出撤销缓刑建议：

（一）违反禁止令，情节严重的；

（二）无正当理由不按规定时间报到或者接受社区矫正期间脱离监管，超过1个月的；

（三）因违反监督管理规定受到治安管理处罚，仍不改正的；

（四）受到社区矫正机构两次警告，仍不改正的；

（五）其他违反有关法律、行政法规和监督管理规定，情节严重的情形。

社区矫正机构一般向原审人民法院提出撤销缓刑建议。如果原审人民法院与执行地同级社区矫正机构不在同一省、自治区、直辖市的，可以向执行地人民法院提出建议，执行地人民法院作出裁定的，裁定书同时抄送原审人民法院。

社区矫正机构撤销缓刑建议书和人民法院的裁定书副本同时抄送社区矫正执行地同级人民检察院。

2021年1月26日最高法**《关于适用〈中华人民共和国刑事诉讼法〉的解释》**，就缓刑、假释的撤销，规定如下：

第五百四十二条　罪犯在缓刑、假释考验期限内犯新罪或者被发现在判决宣告前还有其他罪没有判决，应当撤销缓刑、假释的，由审判新罪的人民法院撤销原判决、裁定宣告的缓刑、假释，并书面通知原审人民法院和执行机关。

第五百四十三条　人民法院收到社区矫正机构的撤销缓刑建议书后，经审查，确认罪犯在缓刑考验期限内具有下列情形之一的，应当作出撤销缓刑的裁定：

（一）违反禁止令，情节严重的；

（二）无正当理由不按规定时间报到或者接受社区矫正期间脱离监管，超过一个月的；

（三）因违反监督管理规定受到治安管理处罚，仍不改正的；

（四）受到执行机关二次警告，仍不改正的；

（五）违反法律、行政法规和监督管理规定，情节严重的其他情形。

人民法院收到社区矫正机构的撤销假释建议书后，经审查，确认罪犯在假释考验期限内具有前款第二项、第四项规定情形之一，或者有其他违反监督管

第六节 减 刑[53]

理规定的行为，尚未构成新的犯罪的，应当作出撤销假释的裁定。

根据 2002 年 4 月 10 日最高法**《关于撤销缓刑时罪犯在宣告缓刑前羁押的时间能否折抵刑期问题的批复》**（法释〔2002〕11 号，自 2002 年 4 月 18 日起施行），根据刑法第七十七条的规定，对被宣告缓刑的犯罪分子撤销缓刑执行原判刑罚的，对其在宣告缓刑前羁押的时间应当折抵刑期。

〔53〕**【司法解释】**根据 2010 年 2 月 8 日最高法**《关于贯彻宽严相济刑事政策的若干意见》第三十四条**，对于危害国家安全犯罪、故意危害公共安全犯罪、严重暴力犯罪、涉众型经济犯罪等严重犯罪；恐怖组织犯罪、邪教组织犯罪、黑恶势力犯罪等有组织犯罪的领导者、组织者和骨干分子；毒品犯罪再犯的严重犯罪者；确有执行能力而拒不依法积极主动缴付财产执行财产刑或确有履行能力而不积极主动履行附带民事赔偿责任的，在依法减刑、假释时，应当从严掌握。对累犯减刑时，应当从严掌握。拒不交代真实身份或对减刑、假释材料弄虚作假，不符合减刑、假释条件的，不得减刑、假释。

对于因犯故意杀人、爆炸、抢劫、强奸、绑架等暴力犯罪，致人死亡或严重残疾而被判处死刑缓期 2 年执行或无期徒刑的罪犯，要严格控制减刑的频度和每次减刑的幅度，要保证其相对较长的实际服刑期限，维护公平正义，确保改造效果。

对于未成年犯、老年犯、残疾罪犯、过失犯、中止犯、胁从犯、积极主动缴付财产执行财产刑或履行民事赔偿责任的罪犯、因防卫过当或避险过当而判处徒刑的罪犯以及其他主观恶性不深、人身危险性不大的罪犯，在依法减刑、假释时，应当根据悔改表现予以从宽掌握。对认罪服法，遵守监规，积极参加学习、劳动，确有悔改表现的，依法予以减刑，减刑的幅度可以适当放宽，间隔的时间可以相应缩短。符合刑法第八十一条第一款规定的假释条件的，应当依法多适用假释。

2010 年 5 月 5 日最高法审判监督庭**《在减刑、假释工作中贯彻宽严相济刑事政策》**指出：减刑、假释作为一种刑罚执行变更制度，是人民法院审判工作的重要组成部分，是贯彻宽严相济刑事政策“宽”的一面的重要切入点，是以“宽”济“严”的重要渠道。各级人民法院审理减刑、假释案件，务必要以宽严相济刑事政策为指导，充分发挥减刑、假释制度的积极功能，确保刑罚的执行效果。《最高人民法院关于贯彻宽严相济刑事政策的若干意见》（以下简称《意见》）第 34 条、第 43 条对减刑、假释审理工作如何贯彻宽严相济刑事政策作了规定，明确了“一个原则”，体现了“三项新的精神”，具有非常重要的指导意义和实践价值。

一、明确了区别对待的原则

区别对待是宽严相济刑事政策的基础。在减刑、假释工作中贯彻宽严相济刑事政策，实行区别对待原则，是指以刑罚个别化原则为指导，从不同罪犯的犯罪和改造的实际情况出发，针对不同罪犯的不同情况，依法采取宽严不同的减刑、假释政策，确保在兼顾一般预防的前提下充分发挥刑罚的特殊预防功能，获取最佳的刑罚执行效果。为了实现刑罚的惩治功能，有效的预防犯罪，对具有严重社会危害性和人身危险性的犯罪分子，如犯有危害国家安全犯罪、故意危害公共安全犯罪、严重暴力犯罪、涉众型经济犯罪等严重犯罪的犯罪分子，恐怖组织犯罪、邪教组织犯罪、黑恶势力犯罪等有组织犯罪的领导者、组织者和骨干分子，毒品犯罪再犯的严重犯罪者，要"当严则严"，在减刑、假释的条件，减刑的起始时间，减刑的幅度和减刑的频度等方面从严把握。另一方面，考虑到未成年罪犯可塑性较强，老年犯、残疾罪犯的再犯可能性较小，以及过失犯、中止犯、胁从犯、防卫过当或避险过当罪犯的主观恶性和人身危险性不大，在依法对他们进行减刑、假释时，要根据悔罪表现，在减刑、假释的条件，减刑的起始时间，减刑的幅度和减刑的频度等方面"该宽则宽"。

二、体现了三项新的精神

一是体现了减刑、假释与财产刑执行和民事赔偿责任履行情况挂钩的精神。当前，大部分法院在审理减刑、假释案件时，基本上不考虑罪犯财产刑执行和民事赔偿责任履行的情况。这种执（履）行与不执（履）行、执（履）行多与执（履）行少与减刑、假释不挂钩的局面，会形成错误的财产刑执行导向机制，加剧财产刑"空判"现象，进而损坏宽严相济刑事政策的落实。为了体现刑罚执行的严肃性和完整性，调动罪犯执行财产刑的积极性，《意见》将财产刑执行和附带民事赔偿责任履行情况作为"该宽则宽、当严则严"的重要参考依据，规定："确有执行能力而拒不依法积极主动缴付财产执行财产刑或确有履行能力而不积极主动履行附带民事赔偿责任的，在依法减刑、假释时，应当从严掌握；积极主动缴付财产执行财产刑或履行民事赔偿责任的罪犯，在依法减刑、假释时，应根据悔改表现予以从宽掌握。"

二是体现了保证因暴力犯罪被判处死缓和无期徒刑罪犯较长服刑期限的精神。在"严格控制和限制死刑"的政策指导下，人民法院对一些故意杀人、爆炸、抢劫、强奸、绑架致人死亡或严重残疾的暴力犯罪的罪犯判处了死刑缓期执行或者无期徒刑。在我国的司法实践中，死缓犯的实际执行期限一般不会超过二十年，有的甚至只有十三四年，无期徒刑罪犯一般服刑十五年左右即可出狱，有的只有十一二年。这种"死刑过重，生刑过轻"的不平衡现象，不仅使得死刑缓期执行和无期徒刑应有的严厉性在实践中得不到保证，而且难以保证罪犯的改造效果。为了维护公平正义，确保罪犯的改造效果，《意见》体现了要保证因暴力犯罪被判处死缓和无期徒刑罪犯较长服刑期限的精神，规定:“对于因故意杀人、爆炸、抢劫、强奸、绑架等暴力犯罪,致人死亡或严重残疾而被判处死刑缓期两年执行或无期徒刑的罪犯,严格控制减刑的频度和每次减刑的幅度,保证其相对较长的实际服刑期限。”

三是体现了程序公正的精神……针对实践中职务犯罪罪犯的减刑、假释,较之于普通罪犯,存在减刑幅度偏大、间隔时间偏短、减刑频率偏快、假释比例偏高等问题,《意见》要求对于职务犯罪案件,尤其是原为县处级以上领导干部罪犯的减刑、假释案件,要一律开庭审理。对于故意杀人、抢劫、故意伤害等严重危害社会治安的暴力犯罪分子,有组织犯罪案件的首要分子和其他主犯以及其他重大、有影响案件罪犯的减刑,假释,原则上也要开庭审理。对于由于条件所限,不能开庭审理的减刑、假释案件,要在羁押场所公示,接受其他在押罪犯的监督,确保司法权最大限度地在阳光下运行。

三、贯彻《意见》精神时要注意的几个突出问题

一是要注意全面审查,防止“唯分是举、以分折刑”。贯彻宽严相济的刑事政策,依法审理是前提,宽严有据是根本。要防止“想宽就宽、想严就严”的错误倾向,要做到宽严都有足够的事实和法律依据。目前,一些人民法院审理减刑、假释案件依然主要以百分考核的分数作为唯一的标准。我们认为,百分考核的分数不能全面准确反映出罪犯的思想改造情况,无法全面反映罪犯的社会危害性和人身危险性,不符合宽严相济刑事政策的精神。各级人民法院要坚决摒弃“唯分是举”的错误做法,要树立全面审查的原则,既要将罪犯的改造表现作为宽严相济的重要根据,也要充分考虑罪犯的原判犯罪性质、情节、主观恶性、犯罪原因、原判刑罚情况、人身危险性、罪前社会表现、年龄、身体状况以及被害人意见等因素。只有这样,才能做到宽严有理,宽严有据。

二是要注意具体情况具体分析,力求宽严皆当,宽严有效。宽严“相济”是宽严相济刑事政策的精髓。贯彻宽严相济的刑事政策,要在“相济”上下工夫。要准确把握宽严相济刑事政策的精神,做到统筹兼顾、协调运用,不能只讲“宽”而忽视“严”,也不能只讲“严”而忽视“宽”。要理性认识犯罪现象,正确把握犯罪规律,科学判断当前和今后一个时期社会治安的态势,充分考虑人民群众的社会安全感,具体情况具体分析,做到严中有宽、宽以济严,宽中有严、严以济宽,防止片面化和绝对化。对具有严重社会危害性和人身危险性罪犯从严掌握的同时,也要注意宽的一面,要给出路、给希望,鼓励其悔过自新、积极改造,实现刑罚的教育和矫治功能。对于未成年罪犯、老病残罪犯等主观恶性不深、人身危险性不大的罪犯从宽掌握的同时,也要体现严的一面,防止一味从宽,以体现刑罚的惩罚和警示功能。

三是要注意因地制宜,充分发挥假释的制度优势……(参见2010年5月5日《人民法院报》)

第七十八条[54]　**【减刑的条件与最低服刑期】**被判处管制、拘役、有期徒刑、无期徒刑的犯罪分子，在执行期间，如果认真遵守监规，接受教育改造，确有悔改表现的，或者有立功表现的，可以减刑；有下列重大立功表现之一的，应当减刑：

（一）阻止他人重大犯罪活动的；

（二）检举监狱内外重大犯罪活动，经查证属实的；

（三）有发明创造或者重大技术革新的；

（四）在日常生产、生活中舍己救人的；

（五）在抗御自然灾害或者排除重大事故中，有突出表现的；

（六）对国家和社会有其他重大贡献的。

减刑以后实际执行的刑期不能少于下列期限：

（一）判处管制、拘役、有期徒刑的，不能少于原判刑期的二分之一；

（二）判处无期徒刑的，不能少于十三年；

（三）人民法院依照本法第五十条第二款规定限制减刑的死刑缓期执行的犯罪分子，缓期执行期满后依法减为无期徒刑的，不能少于二十五年，缓期执行期满后依法减为二十五年有期徒刑的，不能少于二十年。

---

〔54〕**【刑法修订】**2011年**《刑法修正案（八）》第十五条**修订了本条第二款。1997年刑法该款原文如下：

第七十八条第二款　减刑以后实际执行的刑期，判处管制、拘役、有期徒刑的，不能少于原判刑期的二分之一；判处无期徒刑的，不能少于十年。

2011年**《刑法修正案（八）》**修改了该款，增设三项规定完善了减刑以后实际执行的刑期，其中，将无期徒刑犯的实际执行刑期由原来的十年提高至十三年，还增加了"人民法院依照本法第五十条第二款规定限制减刑的死刑缓期执行的犯罪分子，缓期执行期满后依法减为无期徒刑的，不能少于二十五年，缓期执行期满后依法减为二十五年有期徒刑的，不能少于二十年"的规定。

【司法解释】根据2011年4月25日最高法**《关于〈中华人民共和国刑法修正案（八）〉时间效力问题的解释》第七条**，2011年4月30日以前犯罪，被判处无期徒刑的罪犯，减刑以后或者假释前实际执行的刑期，适用修正前刑法第七十八条第二款、第八十一条第一款的规定。

2016年11月14日最高法**《关于办理减刑、假释案件具体应用法律的规定》**（法释〔2016〕23号，自2017年1月1日起施行），为确保依法公正办理减刑、假释案件，依据《中华人民共和国刑法》《中华人民共和国刑事诉讼法》《中华人民共和国监狱法》和其他法律规定，结合司法实践，制定本规定。

第一条 减刑、假释是激励罪犯改造的刑罚制度，减刑、假释的适用应当贯彻宽严相济刑事政策，最大限度地发挥刑罚的功能，实现刑罚的目的。

第二条 对于罪犯符合刑法第七十八条第一款规定“可以减刑”条件的案件，在办理时应当综合考察罪犯犯罪的性质和具体情节、社会危害程度、原判刑罚及生效裁判中财产性判项的履行情况、交付执行后的一贯表现等因素。

第三条 “确有悔改表现”是指同时具备以下条件：

（一）认罪悔罪；

（二）遵守法律法规及监规，接受教育改造；

（三）积极参加思想、文化、职业技术教育；

（四）积极参加劳动，努力完成劳动任务。

对职务犯罪、破坏金融管理秩序和金融诈骗犯罪、组织（领导、参加、包庇、纵容）黑社会性质组织犯罪等罪犯，不积极退赃、协助追缴赃款赃物、赔偿损失，或者服刑期间利用个人影响力和社会关系等不正当手段意图获得减刑、假释的，不认定其“确有悔改表现”。

罪犯在刑罚执行期间的申诉权利应当依法保护，对其正当申诉不能不加分析地认为是不认罪悔罪。

第四条 具有下列情形之一的，可以认定为有“立功表现”：

（一）阻止他人实施犯罪活动的；

（二）检举、揭发监狱内外犯罪活动，或者提供重要的破案线索，经查证属实的；

（三）协助司法机关抓捕其他犯罪嫌疑人的；

（四）在生产、科研中进行技术革新，成绩突出的；

（五）在抗御自然灾害或者排除重大事故中，表现积极的；

（六）对国家和社会有其他较大贡献的。

第（四）项、第（六）项中的技术革新或者其他较大贡献应当由罪犯在刑罚执行期间独立或者为主完成，并经省级主管部门确认。

第五条 具有下列情形之一的，应当认定为有“重大立功表现”：

（一）阻止他人实施重大犯罪活动的；

（二）检举监狱内外重大犯罪活动，经查证属实的；

（三）协助司法机关抓捕其他重大犯罪嫌疑人的；

（四）有发明创造或者重大技术革新的；

（五）在日常生产、生活中舍己救人的；

（六）在抗御自然灾害或者排除重大事故中，有突出表现的；

（七）对国家和社会有其他重大贡献的。

第（四）项中的发明创造或者重大技术革新应当是罪犯在刑罚执行期间独立或者为主完成并经国家主管部门确认的发明专利，且不包括实用新型专利和外观设计专利；第（七）项中的其他重大贡献应当由罪犯在刑罚执行期间独立或者为主完成，并经国家主管部门确认。

第六条 被判处有期徒刑的罪犯减刑起始时间为：不满5年有期徒刑的，应当执行1年以上方可减刑；5年以上不满10年有期徒刑的，应当执行1年6个月以上方可减刑；10年以上有期徒刑的，应当执行2年以上方可减刑。有期徒刑减刑的起始时间自判决执行之日起计算。

确有悔改表现或者有立功表现的，一次减刑不超过9个月有期徒刑；确有悔改表现并有立功表现的，一次减刑不超过1年有期徒刑；有重大立功表现的，一次减刑不超过1年6个月有期徒刑；确有悔改表现并有重大立功表现的，一次减刑不超过2年有期徒刑。

被判处不满10年有期徒刑的罪犯，两次减刑间隔时间不得少于1年；被判处10年以上有期徒刑的罪犯，两次减刑间隔时间不得少于1年6个月。减刑间隔时间不得低于上次减刑减去的刑期。

罪犯有重大立功表现的，可以不受上述减刑起始时间和间隔时间的限制。

第七条 对符合减刑条件的职务犯罪罪犯，破坏金融管理秩序和金融诈骗犯罪罪犯，组织、领导、参加、包庇、纵容黑社会性质组织犯罪罪犯，危害国家安全犯罪罪犯，恐怖活动犯罪罪犯，毒品犯罪集团的首要分子及毒品再犯，累犯，确有履行能力而不履行或者不全部履行生效裁判中财产性判项的罪犯，被判处10年以下有期徒刑的，执行2年以上方可减刑，减刑幅度应当比照本规定第六条从严掌握，一次减刑不超过1年有期徒刑，两次减刑之间应当间隔1年以上。

对被判处10年以上有期徒刑的前款罪犯，以及因故意杀人、强奸、抢劫、绑架、放火、爆炸、投放危险物质或者有组织的暴力性犯罪被判处10年以上有期徒刑的罪犯，数罪并罚且其中两罪以上被判处10年以上有期徒刑的罪犯，执行2年以上方可减刑，减刑幅度应当比照本规定第六条从严掌握，一次减刑不超过1年有期徒刑，两次减刑之间应当间隔1年6个月以上。

罪犯有重大立功表现的，可以不受上述减刑起始时间和间隔时间的限制。

第八条 被判处无期徒刑的罪犯在刑罚执行期间，符合减刑条件的，执行2年以上，可以减刑。减刑幅度为：确有悔改表现或者有立功表现的，可以减为22年有期徒刑；确有悔改表现并有立功表现的，可以减为21年以上22年以下有期徒刑；有重大立功表现的，可以减为20年以上21年以下有期徒刑；确有悔改表现并有重大立功表现的，可以减为19年以上20年以下有期徒刑。无期徒刑罪犯减为有期徒刑后再减刑时，减刑幅度依照本规定第六条的规定执行。两次减刑间隔时间不得少于2年。

罪犯有重大立功表现的，可以不受上述减刑起始时间和间隔时间的限制。

第九条 对被判处无期徒刑的职务犯罪罪犯，破坏金融管理秩序和金融诈骗犯罪罪犯，组织、领导、参加、包庇、纵容黑社会性质组织犯罪罪犯，危害国家安全犯罪罪犯，恐怖活动犯罪罪犯，毒品犯罪集团的首要分子及毒品再犯，累犯以及因故意杀人、强奸、抢劫、绑架、放火、爆炸、投放危险物质或者有组织的暴力性犯罪的罪犯，确有履行能力而不履行或者不全部履行生效裁判中财产性判项的罪犯，数罪并罚被判处无期徒刑的罪犯，符合减刑条件的，执行3年以上方可减刑，减刑幅度应当比照本规定第八条从严掌握，减刑后的刑期最低不得少于20年有期徒刑；减为有期徒刑后再减刑时，减刑幅度比照本规定第六条从严掌握，一次不超过1年有期徒刑，两次减刑之间应当间隔2年以上。

罪犯有重大立功表现的，可以不受上述减刑起始时间和间隔时间的限制。

第十条 被判处死刑缓期执行的罪犯减为无期徒刑后，符合减刑条件的，执行3年以上方可减刑。减刑幅度为：确有悔改表现或者有立功表现的，可以减为25年有期徒刑；确有悔改表现并有立功表现的，可以减为24年以上25年以下有期徒刑；有重大立功表现的，可以减为23年以上24年以下有期徒刑；确有悔改表现并有重大立功表现的，可以减为22年以上23年以下有期徒刑。

被判处死刑缓期执行的罪犯减为有期徒刑后再减刑时，比照本规定第八条的规定办理。

第十一条 对被判处死刑缓期执行的职务犯罪罪犯，破坏金融管理秩序和金融诈骗犯罪罪犯，组织、领导、参加、包庇、纵容黑社会性质组织犯罪罪犯，危害国家安全犯罪罪犯，恐怖活动犯罪罪犯，毒品犯罪集团的首要分子及毒品再犯，累犯以及因故意杀人、强奸、抢劫、绑架、放火、爆炸、投放危险物质或者有组织的暴力性犯罪的罪犯，确有履行能力而不履行或者不全部履行生效裁判中财产性判项的罪犯，数罪并罚被判处死刑缓期执行的罪犯，减为无期徒刑后，符合减刑条件的，执行3年以上方可减刑，一般减为25年有期徒刑，有立功表现或者重大立功表现的，可以比照本规定第十条减为23年以上25年以下有期徒刑；减为有期徒刑后再减刑时，减刑幅度比照本规定第六条从严掌握，一次不超过1年有期徒刑，两次减刑之间应当间隔2年以上。

第十二条 被判处死刑缓期执行的罪犯经过一次或者几次减刑后，其实际执行的刑期不得少于15年，死刑缓期执行期间不包括在内。

死刑缓期执行罪犯在缓期执行期间不服从监管、抗拒改造，尚未构成犯罪的，在减为无期徒刑后再减刑时应当适当从严。

第十三条 被限制减刑的死刑缓期执行罪犯，减为无期徒刑后，符合减刑条件的，执行5年以上方可减刑。减刑间隔时间和减刑幅度依照本规定第十一条的规定执行。

第十四条 被限制减刑的死刑缓期执行罪犯，减为有期徒刑后再减刑时，一次减刑不超过6个月有期徒刑，两次减刑间隔时间不得少于2年。有重大立功表现的，间隔时间可以适当缩短，但一次减刑不超过1年有期徒刑。

第十五条 对被判处终身监禁的罪犯，在死刑缓期执行期满依法减为无期徒刑的裁定中，应当明确终身监禁，不得再减刑或者假释。

第十六条　被判处管制、拘役的罪犯，以及判决生效后剩余刑期不满2年有期徒刑的罪犯，符合减刑条件的，可以酌情减刑，减刑起始时间可以适当缩短，但实际执行的刑期不得少于原判刑期的二分之一。

第十七条　被判处有期徒刑罪犯减刑时，对附加剥夺政治权利的期限可以酌减。酌减后剥夺政治权利的期限，不得少于1年。

被判处死刑缓期执行、无期徒刑的罪犯减为有期徒刑时，应当将附加剥夺政治权利的期限减为7年以上10年以下，经过一次或者几次减刑后，最终剥夺政治权利的期限不得少于3年。

第十八条　被判处拘役或者3年以下有期徒刑，并宣告缓刑的罪犯，一般不适用减刑。

前款规定的罪犯在缓刑考验期内有重大立功表现的，可以参照刑法第七十八条的规定予以减刑，同时应当依法缩减其缓刑考验期。缩减后，拘役的缓刑考验期限不得少于2个月，有期徒刑的缓刑考验期限不得少于1年。

第十九条　对在报请减刑前的服刑期间不满18周岁，且所犯罪行不属于刑法第八十一条第二款规定情形的罪犯，认罪悔罪，遵守法律法规及监规，积极参加学习、劳动，应当视为确有悔改表现。

对上述罪犯减刑时，减刑幅度可以适当放宽，或者减刑起始时间、间隔时间可以适当缩短，但放宽的幅度和缩短的时间不得超过本规定中相应幅度、时间的三分之一。

第二十条　老年罪犯、患严重疾病罪犯或者身体残疾罪犯减刑时，应当主要考察其认罪悔罪的实际表现。

对基本丧失劳动能力，生活难以自理的上述罪犯减刑时，减刑幅度可以适当放宽，或者减刑起始时间、间隔时间可以适当缩短，但放宽的幅度和缩短的时间不得超过本规定中相应幅度、时间的三分之一。

第二十一条　被判处有期徒刑、无期徒刑的罪犯在刑罚执行期间又故意犯罪，新罪被判处有期徒刑的，自新罪判决确定之日起3年内不予减刑；新罪被判处无期徒刑的，自新罪判决确定之日起4年内不予减刑。

罪犯在死刑缓期执行期间又故意犯罪，未被执行死刑的，死刑缓期执行的期间重新计算，减为无期徒刑后，5年内不予减刑。

被判处死刑缓期执行罪犯减刑后，在刑罚执行期间又故意犯罪的，依照第一款规定处理。

……

第三十一条　年满80周岁、身患疾病或者生活难以自理、没有再犯罪危险的罪犯，既符合减刑条件，又符合假释条件的，优先适用假释；不符合假释条件的，参照本规定第二十条有关的规定从宽处理。

第三十二条　人民法院按照审判监督程序重新审理的案件，裁定维持原判决、裁定的，原减刑、假释裁定继续有效。

再审裁判改变原判决、裁定的，原减刑、假释裁定自动失效，执行机关应当及时报请有管辖权的人民法院重新作出是否减刑、假释的裁定。重新作出减刑裁定时，不受本规定有关减刑起始时间、间隔时间和减刑幅度的限制。重新裁定时应综合考虑各方面因素，减刑幅度不得超过原裁定减去的刑期总和。

再审改判为死刑缓期执行或者无期徒刑的，在新判决减为有期徒刑之时，原判决已经实际执行的刑期一并扣减。

再审裁判宣告无罪的，原减刑、假释裁定自动失效。

第三十三条 罪犯被裁定减刑后，刑罚执行期间因故意犯罪而数罪并罚时，经减刑裁定减去的刑期不计入已经执行的刑期。原判死刑缓期执行减为无期徒刑、有期徒刑，或者无期徒刑减为有期徒刑的裁定继续有效。

第三十四条 罪犯被裁定减刑后，刑罚执行期间因发现漏罪而数罪并罚的，原减刑裁定自动失效。如漏罪系罪犯主动交代的，对其原减去的刑期，由执行机关报请有管辖权的人民法院重新作出减刑裁定，予以确认；如漏罪系有关机关发现或者他人检举揭发的，由执行机关报请有管辖权的人民法院，在原减刑裁定减去的刑期总和之内，酌情重新裁定。

第三十五条 被判处死刑缓期执行的罪犯，在死刑缓期执行期内被发现漏罪，依据刑法第七十条规定数罪并罚，决定执行死刑缓期执行的，死刑缓期执行期间自新判决确定之日起计算，已经执行的死刑缓期执行期间计入新判决的死刑缓期执行期间内，但漏罪被判处死刑缓期执行的除外。

第三十六条 被判处死刑缓期执行的罪犯，在死刑缓期执行期满后被发现漏罪，依据刑法第七十条规定数罪并罚，决定执行死刑缓期执行的，交付执行时对罪犯实际执行无期徒刑，死缓考验期不再执行，但漏罪被判处死刑缓期执行的除外。

在无期徒刑减为有期徒刑时，前罪死刑缓期执行减为无期徒刑之日起至新判决生效之日止已经实际执行的刑期，应当计算在减刑裁定决定执行的刑期以内。

原减刑裁定减去的刑期依照本规定第三十四条处理。

第三十七条 被判处无期徒刑的罪犯在减为有期徒刑后因发现漏罪，依据刑法第七十条规定数罪并罚，决定执行无期徒刑的，前罪无期徒刑生效之日起至新判决生效之日止已经实际执行的刑期，应当在新判决的无期徒刑减为有期徒刑时，在减刑裁定决定执行的刑期内扣减。

无期徒刑罪犯减为有期徒刑后因发现漏罪判处 3 年有期徒刑以下刑罚，数罪并罚决定执行无期徒刑的，在新判决生效后执行 1 年以上，符合减刑条件的，可以减为有期徒刑，减刑幅度依照本规定第八条、第九条的规定执行。

原减刑裁定减去的刑期依照本规定第三十四条处理。

第三十八条 人民法院作出的刑事判决、裁定发生法律效力后，在依照刑事诉讼法第二百五十三条、第二百五十四条（★2018年《刑事诉讼法》第二百六十四条、第二百六十五条——编者说明）的规定将罪犯交付执行刑罚时，如果生效裁判中有财产性判项，人民法院应当将反映财产性判项执行、履行情况的有关材料一并随案移送刑罚执行机关。罪犯在服刑期间本人履行或者其亲属代为履行生效裁判中财产性判项的，应当及时向刑罚执行机关报告。刑罚执行机关报请减刑时应随案移送以上材料。

人民法院办理减刑、假释案件时，可以向原一审人民法院核实罪犯履行财产性判项的情况。原一审人民法院应当出具相关证明。

刑罚执行期间，负责办理减刑、假释案件的人民法院可以协助原一审人民法院执行生效裁判中的财产性判项。

第三十九条 本规定所称“老年罪犯”，是指报请减刑、假释时年满65周岁的罪犯。

本规定所称“患严重疾病罪犯”，是指因患有重病，久治不愈，而不能正常生活、学习、劳动的罪犯。

本规定所称“身体残疾罪犯”，是指因身体有肢体或者器官残缺、功能不全或者丧失功能，而基本丧失生活、学习、劳动能力的罪犯，但是罪犯犯罪后自伤致残的除外。

对刑罚执行机关提供的证明罪犯患有严重疾病或者有身体残疾的证明文件，人民法院应当审查，必要时可以委托有关单位重新诊断、鉴定。

第四十条 本规定所称“判决执行之日”，是指罪犯实际送交刑罚执行机关之日。

本规定所称“减刑间隔时间”，是指前一次减刑裁定送达之日起至本次减刑报请之日止的期间。

第四十一条 本规定所称“财产性判项”是指判决罪犯承担的附带民事赔偿义务判项，以及追缴、责令退赔、罚金、没收财产等判项。

第四十二条 本规定自2017年1月1日起施行。以前发布的司法解释与本规定不一致的，以本规定为准。

2014年1月21日中共中央政法委**《关于严格规范减刑、假释、暂予监外执行切实防止司法腐败的意见》**（中政委〔2014〕5号），对于从严把握减刑、假释、暂予监外执行的实体条件，现提出如下意见。

一、从严把握减刑、假释、暂予监外执行的实体条件

1. 对职务犯罪、破坏金融管理秩序和金融诈骗犯罪、组织（领导、参加、包庇、纵容）黑社会性质组织犯罪等罪犯（以下简称三类罪犯）减刑、假释，必须从严把握法律规定的“确有悔改表现”、“立功表现”、“重大立功表现”的标准。

对三类罪犯“确有悔改表现”的认定，不仅应当考察其是否认罪悔罪，认

真遵守法律法规及监规、接受教育改造，积极参加思想、文化、职业技术教育，积极参加劳动、努力完成劳动任务，而且应当考察其是否通过主动退赃、积极协助追缴境外赃款赃物、主动赔偿损失等方式，积极消除犯罪行为所产生的社会影响。对服刑期间利用个人影响力和社会关系等不正当手段企图获得减刑、假释机会的，不认定其“确有悔改表现”。

对三类罪犯拟按法律规定的“在生产、科研中进行技术革新，成绩突出”或者“对国家和社会有其他贡献”认定为“立功表现”的，该技术革新或者其他贡献必须是该罪犯在服刑期间独立完成，并经省级主管部门确认。

对三类罪犯拟按法律规定的“有发明创造或者重大技术革新”认定为“重大立功表现”的，该发明创造或者重大技术革新必须是该罪犯在服刑期间独立完成并经国家主管部门确认的发明专利，且不包括实用新型专利和外观设计专利；拟按法律规定的“对国家和社会有其他重大贡献”认定为“重大立功表现”的，该重大贡献必须是该罪犯在服刑期间独立完成并经国家主管部门确认的劳动成果。

2. 对三类罪犯与其他罪犯的计分考核应当平等、平衡。在三类罪犯计分考核项目和标准的设计上，不仅应当考虑对其他罪犯教育改造的普遍性要求，而且应当考虑对三类罪犯教育改造的特殊性要求，防止三类罪犯在考核中比其他罪犯容易得分。进一步限制、规范三类罪犯的加分项目，严格控制加分总量。对利用个人影响力和社会关系、提供虚假证明材料、贿赂等不正当手段企图获得加分的，不但不能加分，还要扣分。司法部应当根据上述要求，抓紧修改罪犯的计分考核办法。

3. 对依法可以减刑的三类罪犯，必须从严把握减刑的起始时间、间隔时间和幅度。被判处10年以下有期徒刑的，执行2年以上方可减刑，一次减刑不超过1年有期徒刑，两次减刑之间应当间隔1年以上。被判处10年以上有期徒刑的，执行2年以上方可减刑，一次减刑不超过1年有期徒刑，两次减刑之间应当间隔1年6个月以上。被判处无期徒刑的，执行3年以上方可减刑，可以减为20年以上22年以下有期徒刑；减为有期徒刑后，一次减刑不超过1年有期徒刑，两次减刑之间应当间隔2年以上。死刑缓期执行罪犯减为无期徒刑后，执行3年以上方可减刑，可以减为25年有期徒刑；减为有期徒刑后，一次减刑不超过1年有期徒刑，两次减刑之间应当间隔2年以上。

确有阻止或检举他人重大犯罪活动、舍己救人、发明创造或者重大技术革新、在抗御自然灾害或者排除重大事故中表现突出等重大立功表现的，可以不受上述减刑起始时间和间隔时间的限制。

4. 对三类罪犯适用保外就医，必须从严把握严重疾病范围和条件……

5. 从2014年1月开始，以省、自治区、直辖市和新疆生产建设兵团为单位，各地职务犯罪罪犯减刑、假释、暂予监外执行的比例，不得明显高于其他罪犯的相应比例。中央政法相关单位应当积极指导和督促本系统落实相关比例要求。

二、完善减刑、假释、暂予监外执行的程序规定（下略）

★为全面贯彻落实中央政法委员会《关于严格规范减刑、假释、暂予监外执行切实防止司法腐败的意见》，2014年4月4日司法部下发《关于贯彻中政委〔2014〕5号文件精神严格规范减刑、假释、暂予监外执行工作的通知》（司发通〔2014〕38号），就严格规范减刑、假释、暂予监外执行工作作了相关规定——编者说明。

2019年4月24日最高法**《关于办理减刑、假释案件具体应用法律的补充规定》**（法释〔2019〕6号，自2019年6月1日起施行），为准确把握宽严相济刑事政策，严格执行《最高人民法院关于办理减刑、假释案件具体应用法律的规定》，现对《中华人民共和国刑法修正案（九）》施行后，依照刑法分则第八章贪污贿赂罪判处刑罚的原具有国家工作人员身份的罪犯的减刑、假释补充规定如下：

第一条 对拒不认罪悔罪的，或者确有履行能力而不履行或者不全部履行生效裁判中财产性判项的，不予假释，一般不予减刑。

第二条 被判处10年以上有期徒刑，符合减刑条件的，执行3年以上方可减刑；被判处不满10年有期徒刑，符合减刑条件的，执行2年以上方可减刑。

确有悔改表现或者有立功表现的，一次减刑不超过6个月有期徒刑；确有悔改表现并有立功表现的，一次减刑不超过9个月有期徒刑；有重大立功表现的，一次减刑不超过1年有期徒刑。

被判处10年以上有期徒刑的，两次减刑之间应当间隔2年以上；被判处不满10年有期徒刑的，两次减刑之间应当间隔1年6个月以上。

第三条 被判处无期徒刑，符合减刑条件的，执行4年以上方可减刑。

确有悔改表现或者有立功表现的，可以减为23年有期徒刑；确有悔改表现并有立功表现的，可以减为22年以上23年以下有期徒刑；有重大立功表现的，可以减为21年以上22年以下有期徒刑。

无期徒刑减为有期徒刑后再减刑时，减刑幅度比照本规定第二条的规定执行。两次减刑之间应当间隔2年以上。

第四条 被判处死刑缓期执行的，减为无期徒刑后，符合减刑条件的，执行4年以上方可减刑。

确有悔改表现或者有立功表现的，可以减为25年有期徒刑；确有悔改表现并有立功表现的，可以减为24年6个月以上25年以下有期徒刑；有重大立功表现的，可以减为24年以上24年6个月以下有期徒刑。

减为有期徒刑后再减刑时，减刑幅度比照本规定第二条的规定执行。两次减刑之间应当间隔2年以上。

第五条 罪犯有重大立功表现的，减刑时可以不受上述起始时间和间隔时间的限制。

第六条 对本规定所指贪污贿赂罪犯适用假释时，应当从严掌握。

第七条 本规定自2019年6月1日起施行。此前发布的司法解释与本规定不一致的，以本规定为准。

根据1997年10月29日最高法**《印发〈关于办理减刑、假释案件具体应用法律若干问题的规定〉的通知》**（法发〔1997〕25号），为了进一步提高办理减刑、假释案件的质量，在司法实践中，应当注意以下问题：

一、死刑缓期执行罪犯的减刑是一种法定的特殊性质的减刑，与刑法第七十八条规定的减刑不同，必须依照刑法及《关于办理减刑、假释案件具体应用法律若干问题的规定》的有关条款的规定办理（★《关于办理减刑、假释案件具体应用法律若干问题的规定》已被废止——编者说明）。

二、对罪行严重的危害国家安全的罪犯，犯罪集团的首要分子、主犯的减刑、假释和对累犯的减刑，应当严格掌握。对确属应当减刑、假释的，主要根据其改造的表现，同时也要考虑原判的情况，作出相应的决定。

根据2005年12月5日最高法研究室**《关于对原被判处有期徒刑、再审被改判为死刑缓期执行或者无期徒刑的罪犯减刑时，对其原服刑能否折抵减刑后刑期问题的答复》**（法研〔2005〕182号），根据刑法第五十一条、第八十条的规定，原被判处有期徒刑的罪犯再审被改判为死刑缓刑执行或者无期徒刑后，在执行该刑罚过程中，根据其悔改或者立功表现被减为有期徒刑的，其刑期从死刑缓期执行期满之日起或者裁定减刑之日起计算。对原有期徒刑判决执行前先行羁押的日期，不能计算在改判的死刑缓期执行或者无期徒刑减为有期徒刑后的刑期之内；对原有期徒刑判决执行后的服刑日期，则应当计算在改判的死刑缓期执行或者无期徒刑减为有期徒刑后的刑期之内。

根据2010年2月8日最高法**《关于贯彻宽严相济刑事政策的若干意见》第三十四条第二款**，对于因犯故意杀人、爆炸、抢劫、强奸、绑架等暴力犯罪，致人死亡或严重残疾而被判处死刑缓期2年执行或无期徒刑的罪犯，要严格控制减刑的频度和每次减刑的幅度，要保证其相对较长的实际服刑期限，维护公平正义，确保改造效果。

根据2011年6月14日最高法研究室**《关于罪犯在刑罚执行期间的发明创造能否按照重大立功表现作为对其漏罪审判时的量刑情节问题的答复》**（法研〔2011〕79号），罪犯在服刑期间的发明创造构成立功或者重大立功的，可以作为依法减刑的条件予以考虑，但不能作为追诉漏罪的法定量刑情节考虑。

根据2015年3月30日司法部**《关于切实加强监狱、强制戒毒所违禁物品管理的若干规定》**（司发〔2015〕6号）**第一条**，罪犯私藏使用违禁物品的，属于

第七十九条[55]　**【减刑程序】**对于犯罪分子的减刑，由执行机关向中级以上人民法院提出减刑建议书。人民法院应当组成合议庭进行审理，对确有悔改或者立功事实的，裁定予以减刑。非经法定程序不得减刑。

违反《刑法》和《监狱法》中"认真遵守监规，接受教育改造，确有悔改表现"等规定的行为，3年内不得提请减刑、假释；罪犯有重大立功表现依法应当减刑的，依照有关规定执行。

根据2015年11月30日最高检、中国残疾人联合会**《关于在检察工作中切实维护残疾人合法权益的意见》**（高检会〔2015〕11号），对残疾罪犯开展减刑、假释、暂予监外执行检察工作，可以依法适当从宽掌握，但是，反复故意实施犯罪的残疾罪犯除外。

根据2021年1月26日最高法**《关于适用〈中华人民共和国刑事诉讼法〉的解释》第五百三十六条**，审理减刑、假释案件，对罪犯积极履行刑事裁判涉财产部分、附带民事裁判确定的义务的，可以认定有悔改表现，在减刑、假释时从宽掌握；对确有履行能力而不履行或者不全部履行的，在减刑、假释时从严掌握（★本条规定是否修正了2019年4月24日最高法《关于办理减刑、假释案件具体应用法律的补充规定》第一条"对拒不认罪悔罪的，或者确有履行能力而不履行或者不全部履行生效裁判中财产性判项的，不予假释，一般不予减刑"的规定，值得研究——编者说明）。

【指导案例】根据2020年2月28日最高检**第十九批指导性案例·检例第70号·宣告缓刑罪犯蔡某等12人减刑监督案**，对于判处拘役或者三年以下有期徒刑并宣告缓刑的罪犯，在缓刑考验期内确有悔改表现或者有一般立功表现，一般不适用减刑。在缓刑考验期内有重大立功表现的，可以参照刑法第七十八条的规定予以减刑。人民法院对宣告缓刑罪犯裁定减刑适用法律错误的，人民检察院应当依法提出纠正意见。人民法院裁定维持原减刑裁定的，人民检察院应当继续予以监督。

〔55〕**【司法解释】**2021年12月1日最高法、最高检、公安部、司法部**《关于加强减刑、假释案件实质化审理的意见》**（法发〔2021〕31号），为严格规范减刑、假释工作，确保案件审理公平、公正，现就加强减刑、假释案件实质化审理提出如下意见。

一、准确把握减刑、假释案件实质化审理的基本要求

1. 坚持全面依法审查。审理减刑、假释案件应当全面审查刑罚执行机关报送的材料，既要注重审查罪犯交付执行后的一贯表现，同时也要注重审查罪犯犯罪的性质、具体情节、社会危害程度、原判刑罚及生效裁判中财产性判项的履行情况等，依法作出公平、公正的裁定，切实防止将考核分数作为减刑、假释的唯一依据。

2. 坚持主客观改造表现并重。审理减刑、假释案件既要注重审查罪犯劳动改造、监管改造等客观方面的表现，也要注重审查罪犯思想改造等主观方面的表现，综合判断罪犯是否确有悔改表现。

3. 坚持严格审查证据材料。审理减刑、假释案件应当充分发挥审判职能作用，坚持以审判为中心，严格审查各项证据材料。认定罪犯是否符合减刑、假释法定条件，应当有相应证据予以证明；对于没有证据证实或者证据不确实、不充分的，不得裁定减刑、假释。

4. 坚持区别对待。审理减刑、假释案件应当切实贯彻宽严相济刑事政策，具体案件具体分析，区分不同情形，依法作出裁定，最大限度地发挥刑罚的功能，实现刑罚的目的。

二、严格审查减刑、假释案件的实体条件

5. 严格审查罪犯服刑期间改造表现的考核材料。对于罪犯的计分考核材料，应当认真审查考核分数的来源及其合理性等，如果存在考核分数与考核期不对应、加扣分与奖惩不对应、奖惩缺少相应事实和依据等情况，应当要求刑罚执行机关在规定期限内作出说明或者补充。对于在规定期限内不能作出合理解释的考核材料，不作为认定罪犯确有悔改表现的依据。

对于罪犯的认罪悔罪书、自我鉴定等自书材料，要结合罪犯的文化程度认真进行审查，对于无特殊原因非本人书写或者自书材料内容虚假的，不认定罪犯确有悔改表现。

对于罪犯存在违反监规纪律行为的，应当根据行为性质、情节等具体情况，综合分析判断罪犯的改造表现。罪犯服刑期间因违反监规纪律被处以警告、记过或者禁闭处罚的，可以根据案件具体情况，认定罪犯是否确有悔改表现。

6. 严格审查罪犯立功、重大立功的证据材料，准确把握认定条件。对于检举、揭发监狱内外犯罪活动，或者提供重要破案线索的，应当注重审查线索的来源。对于揭发线索来源存疑的，应当进一步核查，如果查明线索系通过贿买、暴力、威胁或者违反监规等非法手段获取的，不认定罪犯具有立功或者重大立功表现。

对于技术革新、发明创造，应当注重审查罪犯是否具备该技术革新、发明创造的专业能力和条件，对于罪犯明显不具备相应专业能力及条件、不能说明技术革新或者发明创造原理及过程的，不认定罪犯具有立功或者重大立功表现。

对于阻止他人实施犯罪活动，协助司法机关抓捕其他犯罪嫌疑人，在日常生产、生活中舍己救人，在抗御自然灾害或者排除重大事故中有积极或者突出表现的，除应当审查有关部门出具的证明材料外，还应当注重审查能够证明上述行为的其他证据材料，对于罪犯明显不具备实施上述行为能力和条件的，不认定罪犯具有立功或者重大立功表现。

第八十条 【无期徒刑减刑的刑期计算】无期徒刑减为有期徒刑的刑期，从裁定减刑之日起计算。

严格把握“较大贡献”或者“重大贡献”的认定条件。该“较大贡献”或者“重大贡献”，是指对国家、社会具有积极影响，而非仅对个别人员、单位有贡献和帮助。对于罪犯在警示教育活动中现身说法的，不认定罪犯具有立功或者重大立功表现。

7. 严格审查罪犯履行财产性判项的能力。罪犯未履行或者未全部履行财产性判项，具有下列情形之一的，不认定罪犯确有悔改表现：

（1）拒不交代赃款、赃物去向；

（2）隐瞒、藏匿、转移财产；

（3）有可供履行的财产拒不履行。

对于前款罪犯，无特殊原因狱内消费明显超出规定额度标准的，一般不认定罪犯确有悔改表现。

8. 严格审查反映罪犯是否有再犯罪危险的材料。对于报请假释的罪犯，应当认真审查刑罚执行机关提供的反映罪犯服刑期间现实表现和生理、心理状况的材料，并认真审查司法行政机关或者有关社会组织出具的罪犯假释后对所居住社区影响的材料，同时结合罪犯犯罪的性质、具体情节、社会危害程度、原判刑罚及生效裁判中财产性判项的履行情况等，综合判断罪犯假释后是否具有再犯罪危险性。

9. 严格审查罪犯身份信息、患有严重疾病或者身体有残疾的证据材料。对于上述证据材料有疑问的，可以委托有关单位重新调查、诊断、鉴定。对原判适用《中华人民共和国刑事诉讼法》第一百六十条第二款规定判处刑罚的罪犯，在刑罚执行期间不真心悔罪，仍不讲真实姓名、住址，且无法调查核实清楚的，除具有重大立功表现等特殊情形外，一律不予减刑、假释。

10. 严格把握罪犯减刑后的实际服刑刑期。正确理解法律和司法解释规定的最低服刑期限，严格控制减刑起始时间、间隔时间及减刑幅度，并根据罪犯前期减刑情况和效果，对其后续减刑予以总体掌握。死刑缓期执行、无期徒刑罪犯减为有期徒刑后再减刑时，在减刑间隔时间及减刑幅度上，应当从严把握。

三、切实强化减刑、假释案件办理程序机制（下略）

四、大力加强减刑、假释案件监督指导及工作保障（下略）

★关于人民检察院如何办理减刑、假释案件，参见2019年12月30日最高检《刑事诉讼规则》第635～641条。关于人民法院如何审理减刑案件，参见2021年1月26日最高法《关于适用〈中华人民共和国刑事诉讼法〉的解释》第533～541条——编者说明。

第七节 假 释[56]

第八十一条[57] **【假释的条件】**被判处有期徒刑的犯罪分子，执行原判刑期二分之一以上，被判处无期徒刑的犯罪分子，实际执行十三年以上，如果认真遵守监规，接受教育改造，确有悔改表现，没有再犯罪的危险的，可以假释。如果有特殊情况，经最高人民法院核准，可以不受上述执行刑期的限制。

对累犯以及因故意杀人、强奸、抢劫、绑架、放火、爆炸、投放危险物质或者有组织的暴力性犯罪被判处十年以上有期徒刑、无期徒刑的犯罪分子，不得假释。

对犯罪分子决定假释时，应当考虑其假释后对所居住社区的影响。

---

〔56〕**【司法解释】**2010年5月5日最高法审判监督庭**《在减刑、假释工作中贯彻宽严相济刑事政策》**指出：假释是落实宽严相济刑事政策的一项重要制度。相对于减刑而言，假释在维持原判稳定性、促使罪犯自我改造和顺利回归社会、降低行刑成本方面具有一定的优势。但是，当前大部分人民法院假释的适用率不高，远远低于减刑适用率。针对这一情况，《关于贯彻宽严相济刑事政策的若干意见》规定，符合刑法第八十一条第一款规定的假释条件的，应当依法多适用假释。在贯彻该意见时，首先，要克服害怕承担风险的心理。只要严格依照法定程序和正当程序审理假释案件，注意听取各方面的意见，正确行使裁量权，依法公正地进行裁决，严格遵守廉政规则和审判纪律，办案人员就不应当承担责任。其次，要正确把握假释的条件，综合考察原判犯罪的性质、情节、社会危害性等各种因素，具体分析，准确把握。此外，还要注重完善假释后的监管措施。最后，有必要指出的是，《关于贯彻宽严相济刑事政策的若干意见》所说的依法“多”适用假释，不是对法律规定的假释条件的放宽，而是针对过去没有很好地发挥假释功能，假释适用比例过小的现象提出的要求（参见2010年5月5日《人民法院报》）。

〔57〕**【刑法修订】**2011年**《刑法修正案（八）》第十六条**修订了本条。1997年刑法原文如下：

第八十一条 被判处有期徒刑的犯罪分子，执行原判刑期二分之一以上，被判处无期徒刑的犯罪分子，实际执行十年以上，如果认真遵守监规，接受教育改造，确有悔改表现，假释后不致再危害社会的，可以假释。如果有特殊情况，经最高人民法院核准，可以不受上述执行刑期的限制。

对累犯以及因杀人、爆炸、抢劫、强奸、绑架等暴力性犯罪被判处十年以上有期徒刑、无期徒刑的犯罪分子，不得假释。

2011年《刑法修正案(八)》将第一款被判处无期徒刑的犯罪分子“实际执行十年以上”修改为“实际执行十三年以上”,将“假释后不致再危害社会的”修改为“没有再犯罪的危险的”;将第二款“因杀人、爆炸、抢劫、强奸、绑架等暴力性犯罪”修改为“因故意杀人、强奸、抢劫、绑架、放火、爆炸、投放危险物质或者有组织的暴力性犯罪”;增设了第三款“对犯罪分子决定假释时,应当考虑其假释后对所居住社区的影响”规定。

【司法解释】2011年4月25日最高法《**关于〈中华人民共和国刑法修正案(八)〉时间效力问题的解释**》,就修订后的刑法第八十一条的时间效力问题解释如下:

第七条　2011年4月30日以前犯罪,被判处无期徒刑的罪犯,减刑以后或者假释前实际执行的刑期,适用修正前刑法第七十八条第二款、第八十一条第一款的规定。

第八条　2011年4月30日以前犯罪,因具有累犯情节或者系故意杀人、强奸、抢劫、绑架、放火、爆炸、投放危险物质或者有组织的暴力性犯罪并被判处10年以上有期徒刑、无期徒刑的犯罪分子,2011年5月1日以后仍在服刑的,能否假释,适用修正前刑法第八十一条第二款的规定;2011年4月30日以前犯罪,因其他暴力性犯罪被判处10年以上有期徒刑、无期徒刑的犯罪分子,2011年5月1日以后仍在服刑的,能否假释,适用修正后刑法第八十一条第二款、第三款的规定。

根据2011年7月15日最高法研究室《**关于假释时间效力法律适用问题的答复**》(法研〔2011〕97号),经《中华人民共和国刑法修正案(八)》修正前刑法第八十一条第二款规定的“暴力性犯罪”,不仅包括杀人、爆炸、抢劫、强奸、绑架五种,也包括故意伤害等其他暴力性犯罪。

2016年11月14日最高法《**关于办理减刑、假释案件具体应用法律的规定**》,就依法公正办理假释案件,制定本规定如下:

第一条　减刑、假释是激励罪犯改造的刑罚制度,减刑、假释的适用应当贯彻宽严相济刑事政策,最大限度地发挥刑罚的功能,实现刑罚的目的。

……

第三条“确有悔改表现”是指同时具备以下条件:

(一)认罪悔罪;

(二)遵守法律法规及监规,接受教育改造;

(三)积极参加思想、文化、职业技术教育;

(四)积极参加劳动,努力完成劳动任务。

对职务犯罪、破坏金融管理秩序和金融诈骗犯罪、组织(领导、参加、包庇、纵容)黑社会性质组织犯罪等罪犯,不积极退赃、协助追缴赃款赃物、赔偿损失,或者服刑期间利用个人影响力和社会关系等不正当手段意图获得减刑、假释的，不认定其“确有悔改表现”。

罪犯在刑罚执行期间的申诉权利应当依法保护，对其正当申诉不能不加分析地认为是不认罪悔罪。

……

第二十二条　办理假释案件，认定“没有再犯罪的危险”，除符合刑法第八十一条规定的情形外，还应当根据犯罪的具体情节、原判刑罚情况，在刑罚执行中的一贯表现，罪犯的年龄、身体状况、性格特征，假释后生活来源以及监管条件等因素综合考虑。

第二十三条　被判处有期徒刑的罪犯假释时，执行原判刑期二分之一的时间，应当从判决执行之日起计算，判决执行以前先行羁押的，羁押1日折抵刑期1日。

被判处无期徒刑的罪犯假释时，刑法中关于实际执行刑期不得少于13年的时间，应当从判决生效之日起计算。判决生效以前先行羁押的时间不予折抵。

被判处死刑缓期执行的罪犯减为无期徒刑或者有期徒刑后，实际执行15年以上，方可假释，该实际执行时间应当从死刑缓期执行期满之日起计算。死刑缓期执行期间不包括在内，判决确定以前先行羁押的时间不予折抵。

第二十四条　刑法第八十一条第一款规定的“特殊情况”，是指有国家政治、国防、外交等方面特殊需要的情况。

第二十五条　对累犯以及因故意杀人、强奸、抢劫、绑架、放火、爆炸、投放危险物质或者有组织的暴力性犯罪被判处10年以上有期徒刑、无期徒刑的罪犯，不得假释。

因前款情形和犯罪被判处死刑缓期执行的罪犯，被减为无期徒刑、有期徒刑后，也不得假释。

第二十六条　对下列罪犯适用假释时可以依法从宽掌握：

（一）过失犯罪的罪犯、中止犯罪的罪犯、被胁迫参加犯罪的罪犯；

（二）因防卫过当或者紧急避险过当而被判处有期徒刑以上刑罚的罪犯；

（三）犯罪时未满18周岁的罪犯；

（四）基本丧失劳动能力、生活难以自理，假释后生活确有着落的老年罪犯、患严重疾病罪犯或者身体残疾罪犯；

（五）服刑期间改造表现特别突出的罪犯；

（六）具有其他可以从宽假释情形的罪犯。

罪犯既符合法定减刑条件，又符合法定假释条件的，可以优先适用假释。

第二十七条　对于生效裁判中有财产性判项，罪犯确有履行能力而不履行或者不全部履行的，不予假释。

第二十八条　罪犯减刑后又假释的，间隔时间不得少于1年；对一次减去1年以上有期徒刑后，决定假释的，间隔时间不得少于1年6个月。

罪犯减刑后余刑不足2年，决定假释的，可以适当缩短间隔时间。

第二十九条 罪犯在假释考验期内违反法律、行政法规或者国务院有关部门关于假释的监督管理规定的，作出假释裁定的人民法院，应当在收到报请机关或者检察机关撤销假释建议书后及时审查，作出是否撤销假释的裁定，并送达报请机关，同时抄送人民检察院、公安机关和原刑罚执行机关。

罪犯在逃的，撤销假释裁定书可以作为对罪犯进行追捕的依据。

第三十条 依照刑法第八十六条规定被撤销假释的罪犯，一般不得再假释。但依照该条第二款被撤销假释的罪犯，如果罪犯对漏罪曾作如实供述但原判未予认定，或者漏罪系其自首，符合假释条件的，可以再假释。

被撤销假释的罪犯，收监后符合减刑条件的，可以减刑，但减刑起始时间自收监之日起计算。

第三十一条 年满80周岁、身患疾病或者生活难以自理、没有再犯罪危险的罪犯，既符合减刑条件，又符合假释条件的，优先适用假释；不符合假释条件的，参照本规定第二十条有关的规定从宽处理。

第三十二条 人民法院按照审判监督程序重新审理的案件，裁定维持原判决、裁定的，原减刑、假释裁定继续有效。

再审裁判改变原判决、裁定的，原减刑、假释裁定自动失效，执行机关应当及时报请有管辖权的人民法院重新作出是否减刑、假释的裁定。重新作出减刑裁定时，不受本规定有关减刑起始时间、间隔时间和减刑幅度的限制。重新裁定时应综合考虑各方面因素，减刑幅度不得超过原裁定减去的刑期总和。

再审改判为死刑缓期执行或者无期徒刑的，在新判决减为有期徒刑之时，原判决已经实际执行的刑期一并扣减。

再审裁判宣告无罪的，原减刑、假释裁定自动失效。

……

第四十二条 本规定自2017年1月1日起施行。以前发布的司法解释与本规定不一致的，以本规定为准。

根据最高法研究室**《关于原判有期徒刑的罪犯被再审改判无期徒刑应如何计算实际执行刑期问题的研究意见》**，原判有期徒刑的罪犯经再审改判为无期徒刑的，无期徒刑的执行期间从再审判决确定之日起计算。但是，改判前原判确定之日起已经执行的刑期，在决定假释时应当计算为无期徒刑实际执行的刑期（参见《司法研究与指导》2012年总第2辑）。

【会议纪要】根据2002年10月29日司法部办公厅**《外国籍罪犯管理工作研讨会纪要》**（司办通〔2002〕89号），如何对外国籍罪犯假释和暂予监外执行，是刑罚执行工作中遇到的难点问题。根据我国法律规定，罪犯在假释考验期内，或暂予监外执行期间，由其居住地公安机关监督执行。因此，在罪犯的假释和暂予监外执行方面，不能够给予外国籍罪犯同等的国民待遇和同等适用法律的机会，不符合法律面前人人平等的原则。会议认为：

（一）为从根本上解决外国籍罪犯的假释和暂予监外执行问题，需提请立法机关作出补充规定或者修改法律。

（二）在法律问题解决之前，仍坚持个案处理原则。对外交、领事上有特殊需要的案例，在有关国家承诺负责监管、对中方类似要求给予互惠并负担有关费用的情况下，可以对外国籍罪犯进行假释或暂予监外执行。

（三）办理外国籍罪犯假释，由外交部向最高人民法院和司法部提出建议，最高人民法院商司法部取得一致后指示各相关部门按法定程序办理。对依法判处危害国家安全罪的外国籍罪犯的减刑、假释应严格掌握，在呈报减刑、假释建议前要通报司法部监狱管理局。

【指导案例】根据2020年2月28日最高检**第十九批指导性案例·检例第71号·罪犯康某假释监督案**，人民检察院办理未成年罪犯减刑、假释监督案件，应当比照成年罪犯依法适当从宽把握假释条件。对既符合法定减刑条件又符合法定假释条件的，可以建议刑罚执行机关优先适用假释。审查未成年罪犯是否符合假释条件时，应当结合犯罪的具体情节、原判刑罚情况、刑罚执行中的表现、家庭帮教能力和条件等因素综合认定。

★该指导案例在“指导意义”部分指出：减刑、假释都是刑罚变更执行的重要方式，与减刑相比，假释更有利于维护裁判的权威和促进罪犯融入社会、预防罪犯再犯罪……人民检察院在办理减刑、假释案件时，应当充分发挥减刑、假释制度的不同价值功能，对既符合法定减刑条件又符合法定假释条件的罪犯，可以建议刑罚执行机关提请人民法院优先适用假释。

人民检察院办理犯罪时未满十八周岁的罪犯假释案件，应当综合罪犯犯罪情节、原判刑罚、服刑表现、身心特点、监管帮教等因素依法从宽掌握。特别是对初犯、偶犯和在校学生等罪犯，假释后其家庭和社区具有帮教能力和条件的，可以建议刑罚执行机关和人民法院依法适用假释。对罪犯“假释后有无再犯罪危险”的审查判断，人民检察院应当根据相关法律和司法解释的规定，结合未成年罪犯犯罪的具体情节、原判刑罚情况，其在刑罚执行中的一贯表现、帮教条件（包括其身体状况、性格特征、被假释后生活来源以及帮教环境等因素）综合考虑。

根据2023年10月16日最高检**第四十九批指导性案例·检例第195号·罪犯向某假释监督案**，人民检察院办理假释监督案件可以充分运用大数据等手段进行审查，对既符合减刑又符合假释条件的案件，监狱未优先提请假释的，应依法监督监狱优先提请假释。可以对“再犯罪的危险”进行指标量化评估，增强判断的客观性、科学性。对罪犯再犯罪危险的量化评估应以证据为中心，提升假释监督案件的实质化审查水平。

★该指导案例在"指导意义"部分指出:假释制度能够更好实现刑罚特殊预防功能,促进罪犯更好更快融入社会,司法解释规定,对同时符合法定减刑条件和法定假释条件的罪犯,可以优先适用假释……应当注重发挥减刑、假释制度的不同价值功能,通过调查核实,认定罪犯既符合减刑条件又符合假释条件,刑罚执行机关未优先提请的,应当建议其优先提请假释,依法推进假释制度适用。

在认定罪犯是否有"再犯罪的危险"时,可以将认定标准细化为"原罪基本情况、服刑期间表现情况、罪犯主体情况、假释后生活及监管情况"等方面的具体指标,进行定性定量评估,参考量化分值得出结论,增强假释制度适用的客观性、科学性。

根据2023年10月16日最高检**第四十九批指导性案例·检例第196号·罪犯杨某某假释监督案**,人民检察院在日常监督履职中发现罪犯符合假释法定条件而未被提请假释的,应当依法建议刑罚执行机关启动假释提请程序。要准确把握禁止适用假释的罪犯范围,对于故意杀人罪等严重暴力犯罪罪犯,没有被判处十年以上有期徒刑、无期徒刑且不是累犯的,不属于禁止适用假释的情形,可在综合判断其主观恶性、服刑期间现实表现等基础上,对于符合假释条件的,依法提出适用假释意见。注重贯彻宽严相济刑事政策,对有未成年子女确需本人抚养且配偶正在服刑等特殊情况的罪犯,可以依法提出从宽适用假释的建议。

★该指导案例在"指导意义"部分指出:人民检察院在办理假释监督案件时,应准确把握禁止假释的条件和范围。对于故意杀人罪等严重暴力犯罪,没有被判处十年以上有期徒刑、无期徒刑,且不是累犯的,要结合罪犯的主观恶性、犯罪行为的危害程度、在共同犯罪中的作用、服刑期间现实表现、社区监管条件等综合判断有无再犯罪危险,符合假释条件的,可以依法提出适用假释的建议。

人民检察院对假释案件开展监督时,既要严格按照法律规定的条件、程序规范办理,又要贯彻落实宽严相济刑事政策,对符合假释条件,因配偶正在服刑有未成年子女确需本人抚养,或者父母等因患病、残疾、长期生活不能自理确需本人照顾等特殊情形的罪犯,可以提出依法从宽适用假释的建议。通过依法积极适用假释,既感化罪犯,促使其真诚悔改,又维护家庭、社会和谐稳定,实现假释案件办理政治效果、社会效果和法律效果的有机统一。

根据2023年10月16日最高检**第四十九批指导性案例·检例第197号·罪犯刘某某假释监督案**,人民检察院办理涉及单位犯罪罪犯的假释监督案件,应分别审查罪犯个人和涉罪单位的财产性判项履行情况。对于罪犯个人财产性判项全部履行,涉罪单位财产性判项虽未履行或未全部履行,但不能归责于罪犯个人原因的,一般不影响对罪犯的假释。除实质化审查单位犯罪的罪犯原判刑罚、犯罪情节、刑罚执行中的表现等因素外，还应重点调查核实罪犯假释后对单位财产性判项履行的实际影响，实现假释案件办理“三个效果”有机统一。

★该指导案例在“指导意义”部分指出：人民检察院办理涉及单位犯罪罪犯的假释监督案件，应分别审查罪犯个人和涉罪单位的财产性判项履行情况。如果罪犯已经履行个人财产性判项，其主观恶性不大、取得被害人谅解且积极协助履行单位财产性判项的，不宜将单位犯罪财产性判项履行情况作为限制对罪犯个人适用假释的考量因素。如确有证据证实该罪犯滥用对公司支配地位或公司法人独立地位，隐藏、转移、故意毁损财产或者无偿转让财产、以明显不合理的低价转让财产等，妨害单位履行财产性判项的，不应认定该罪犯确有悔改表现，不能适用假释。

人民检察院在办理涉单位犯罪罪犯假释案件过程中，除审查罪犯是否符合法定假释条件外，还应当重点审查罪犯假释后是否对单位履行财产性判项存在不利影响、是否影响社会安全稳定等。要充分发挥假释制度激励罪犯积极改造的价值功能，将刑罚执行对企业正常生产经营的负面影响降到最低，确保案件办理政治效果、社会效果和法律效果的有机统一。

根据2023年10月16日最高检**第四十九批指导性案例·检例第198号·罪犯邹某某假释监督案**，人民检察院应当准确把握假释罪犯的服刑期限条件，被判处有期徒刑的罪犯“执行原判刑期二分之一以上”的期限，包括罪犯在监狱中服刑刑期和罪犯判决执行前先行羁押期限。

★该指导案例在“指导意义”部分指出：根据刑法规定，“执行原判刑期二分之一以上”是依法适用假释的前提条件。为充分保障罪犯合法权益，按照刑法中刑期折抵的规定，“执行原判刑期二分之一以上”应包含罪犯先行羁押期限。在罪犯符合“执行原判刑期二分之一以上”的刑期条件的基础上，检察机关还要结合罪犯交付执行刑罚后的教育改造情况、认罪悔罪表现、在羁押期间的表现情况、调查评估意见等综合考虑罪犯“再犯罪的危险”，依法提出对罪犯适用假释的检察意见。

根据2023年10月16日最高检**第四十九批指导性案例·检例第199号·罪犯唐某假释监督案**，人民检察院要加强对再犯罪危险性高的罪犯，如毒品犯罪罪犯等假释适用条件的审查把关。要深入开展调查核实工作，注重实质化审查，准确认定涉毒罪犯是否确有悔改表现和有无再犯罪危险。罪犯采取不正当手段获取虚假证明材料意图获得假释的，表明主观上未能真诚悔罪，不能认定其确有悔改表现。

★该指导案例在“指导意义”部分指出：对毒品犯罪罪犯，赌博罪、盗窃罪等犯罪中的常业或者常习犯等，在适用假释时要从严把握，提升假释监督案件办理质效。

第八十二条[58]　**【假释程序】**对于犯罪分子的假释，依照本法第七十九条规定的程序进行。非经法定程序不得假释。

第八十三条　**【假释的考验期限与计算】**有期徒刑的假释考验期限，为没有执行完毕的刑期；无期徒刑的假释考验期限为十年。

假释考验期限，从假释之日起计算。

第八十四条　**【假释犯应遵守的规定】**被宣告假释的犯罪分子，应当遵守下列规定：

（一）遵守法律、行政法规，服从监督；

（二）按照监督机关的规定报告自己的活动情况；

（三）遵守监督机关关于会客的规定；

（四）离开所居住的市、县或者迁居，应当报经监督机关批准。

第八十五条[59]　**【对假释犯社区矫正与假释考验合格的处理】**对假释的犯罪分子，在假释考验期限内，依法实行社区矫正，如果没有本法第八十六条规定的情形，假释考验期满，就认为原判刑罚已经执行完毕，并公开予以宣告。

要严格审查涉毒罪犯假释案件相关证据材料。罪犯通过亲属采取不正当手段获取虚假证明材料意图获得假释的，表明其主观上未能真诚悔罪，不能认定其确有悔改表现。对于毒品犯罪罪犯有吸毒史，且家庭成员不具备协助社区矫正机构做好社区矫正工作条件，存在再犯罪危险的，依法不应当适用假释。

〔58〕**【司法解释】**关于人民检察院如何办理减刑、假释案件，参见2019年12月30日最高检《刑事诉讼规则》第635～641条。关于人民法院如何审理假释案件，参见2021年1月26日最高法《关于适用〈中华人民共和国刑事诉讼法〉的解释》第533～541条。

〔59〕**【刑法修订】**2011年**《刑法修正案（八）》第十七条**修订了本条。1997年刑法原文如下：

第八十五条　被假释的犯罪分子，在假释考验期限内，由公安机关予以监督，如果没有本法第八十六条规定的情形，假释考验期满，就认为原判刑罚已经执行完毕，并公开予以宣告。

2011年**《刑法修正案（八）》**将本条中"被假释的犯罪分子"修改为"对假释的犯罪分子"，将"由公安机关予以监督"修改为"依法实行社区矫正"。

第八十六条[60] **【假释考验不合格的处理】** 被假释的犯罪分子，在假释考验期限内犯新罪，应当撤销假释，依照本法第七十一条的规定实行数罪并罚。

在假释考验期限内，发现被假释的犯罪分子在判决宣告以前还有其他罪没有判决的，应当撤销假释，依照本法第七十条的规定实行数罪并罚。

被假释的犯罪分子，在假释考验期限内，有违反法律、行政法规或者国务院有关部门关于假释的监督管理规定的行为，尚未构成新的犯罪的，应当依照法定程序撤销假释，收监执行未执行完毕的刑罚。

---

〔60〕**【刑法修订】**2011年**《刑法修正案(八)》第十八条**修订了本条第三款。1997年刑法该款原文如下：

第八十六条第三款 被假释的犯罪分子，在假释考验期限内，有违反法律、行政法规或者国务院公安部门有关假释的监督管理规定的行为，尚未构成新的犯罪的，应当依照法定程序撤销假释，收监执行未执行完毕的刑罚。

2011年**《刑法修正案(八)》**将该款"国务院公安部门"修改为"国务院有关部门"。

【司法解释】根据1999年6月9日最高检监所检察厅**《关于对江苏省人民检察院监所检察处〈关于如何理解和确定刑法第86条第3款"未执行完毕的刑罚"的请示〉的答复意见》**(〔1999〕高检监发第29号)，我厅经研究并征求最高法有关部门的意见，认为罪犯陈健被撤销假释后，应根据刑法第86条第3款规定，收监执行从假释之日起未执行完毕的剩余刑期。

根据2014年8月11日最高法、最高检、公安部、司法部**《关于监狱办理刑事案件有关问题的规定》**(司法通〔2014〕80号)，罪犯在监狱内犯罪，假释期间被发现的，由审判新罪的人民法院撤销假释，并书面通知原裁定假释的人民法院和社区矫正机构。撤销假释的决定作出前，根据案件情况需要逮捕的，由人民检察院或者人民法院批准或者决定逮捕，公安机关执行逮捕，并将被逮捕人送监狱所在地看守所羁押，同时通知社区矫正机构。

刑满释放后被发现，需要逮捕的，由监狱提请人民检察院审查批准逮捕，公安机关执行逮捕后，将被逮捕人送监狱所在地看守所羁押。

根据2020年6月18日最高法、最高检、公安部、司法部**《社区矫正法实施办法》第四十七条**，社区矫正对象在假释考验期内，有下列情形之一的，由执行地同级社区矫正机构提出撤销假释建议：

(一)无正当理由不按规定时间报到或者接受社区矫正期间脱离监管，超过1个月的；

(二)受到社区矫正机构两次警告，仍不改正的；

第八节 时 效

第八十七条[61] **【追诉期限】**犯罪经过下列期限不再追诉：

（一）法定最高刑为不满五年有期徒刑的，经过五年；

（二）法定最高刑为五年以上不满十年有期徒刑的，经过十年；

（三）法定最高刑为十年以上有期徒刑的，经过十五年；

（四）法定最高刑为无期徒刑、死刑的，经过二十年。如果二十年以后认为必须追诉的，须报请最高人民检察院核准。

（三）其他违反有关法律、行政法规和监督管理规定，尚未构成新的犯罪的。

社区矫正机构一般向原审人民法院提出撤销假释建议。如果原审人民法院与执行地同级社区矫正机构不在同一省、自治区、直辖市的，可以向执行地人民法院提出建议，执行地人民法院作出裁定的，裁定书同时抄送原审人民法院。

社区矫正机构撤销假释的建议书和人民法院的裁定书副本同时抄送社区矫正执行地同级人民检察院、公安机关、罪犯原服刑或者接收其档案的监狱。

〔61〕 **【司法解释】**根据2019年12月30日最高检**《人民检察院刑事诉讼规则》**（高检发释字〔2019〕4号），就核准追诉问题规定如下：

第三百二十条 法定最高刑为无期徒刑、死刑的犯罪，已过20年追诉期限的，不再追诉。如果认为必须追诉的，须报请最高人民检察院核准。

第三百二十一条 须报请最高人民检察院核准追诉的案件，公安机关在核准之前可以依法对犯罪嫌疑人采取强制措施。

公安机关报请核准追诉并提请逮捕犯罪嫌疑人，人民检察院经审查认为必须追诉而且符合法定逮捕条件的，可以依法批准逮捕，同时要求公安机关在报请核准追诉期间不得停止对案件的侦查。

未经最高人民检察院核准，不得对案件提起公诉。

第三百二十二条 报请核准追诉的案件应当同时符合下列条件：

（一）有证据证明存在犯罪事实，且犯罪事实是犯罪嫌疑人实施的；

（二）涉嫌犯罪的行为应当适用的法定量刑幅度的最高刑为无期徒刑或者死刑；

（三）涉嫌犯罪的性质、情节和后果特别严重，虽然已过二十年追诉期限，但社会危害性和影响依然存在，不追诉会严重影响社会稳定或者产生其他严重后果，而必须追诉的；

（四）犯罪嫌疑人能够及时到案接受追诉。

第三百二十三条 公安机关报请核准追诉的案件，由同级人民检察院受理并层报最高人民检察院审查决定。

第三百二十四条 地方各级人民检察院对公安机关报请核准追诉的案件，应当及时进行审查并开展必要的调查。经检察委员会审议提出是否同意核准追诉的意见，制作报请核准追诉案件报告书，连同案卷材料一并层报最高人民检察院。

第三百二十五条 最高人民检察院收到省级人民检察院报送的报请核准追诉案件报告书及案卷材料后，应当及时审查，必要时指派检察人员到案发地了解案件有关情况。经检察长批准，作出是否核准追诉的决定，并制作核准追诉决定书或者不予核准追诉决定书，逐级下达至最初受理案件的人民检察院，由其送达报请核准追诉的公安机关。

第三百二十六条 对已经采取强制措施的案件，强制措施期限届满不能作出是否核准追诉决定的，应当对犯罪嫌疑人变更强制措施或者延长侦查羁押期限。

第三百二十七条 最高人民检察院决定核准追诉的案件，最初受理案件的人民检察院应当监督公安机关的侦查工作。

最高人民检察院决定不予核准追诉，公安机关未及时撤销案件的，同级人民检察院应当提出纠正意见。犯罪嫌疑人在押的，应当立即释放。

★2012年10月9日最高检《关于办理核准追诉案件若干问题的规定》（高检发侦监〔2012〕21号），曾就办理核准追诉案件作出过专门规定。该规定的内容已被上述《人民检察院刑事诉讼规则》采纳，故本书不再收录——编者说明。

根据2017年2月13日最高法**《关于被告人林少钦受贿请示一案的答复》**（刑他字〔2016〕5934号），追诉时效是依照法律规定对犯罪分子追究刑事责任的期限，在追诉时效期限内，司法机关应当依法追究犯罪分子刑事责任。对于法院正在审理的贪污贿赂案件，应当依据司法机关立案侦查时的法律规定认定追诉时效。依据立案侦查时的法律规定未过时效，且已经进入诉讼程序的案件，在新的法律规定生效后应当继续审理。

【指导案例】根据2015年7月3日最高检**第六批指导性案例·检例第20号·马世龙（抢劫）核准追诉案**，故意杀人、抢劫、强奸、绑架、爆炸等严重危害社会治安的犯罪，经过20年追诉期限，仍然严重影响人民群众安全感，被害方、案发地群众、基层组织等强烈要求追究犯罪嫌疑人刑事责任，不追诉可能影响社会稳定或者产生其他严重后果的，对犯罪嫌疑人应当追诉。

根据2015年7月3日最高检**第六批指导性案例·检例第21号·丁国山等（故意伤害）核准追诉案**，涉嫌犯罪情节恶劣、后果严重，并且犯罪后积极逃避侦查，经过20年追诉期限，犯罪嫌疑人没有明显悔罪表现，也未通过赔礼道

第八十八条[62] **【不受追诉期限限制的情形】**在人民检察院、公安机关、国家安全机关立案侦查或者在人民法院受理案件以后，逃避侦查或者审判的，不受追诉期限的限制。

被害人在追诉期限内提出控告，人民法院、人民检察院、公安机关应当立案而不予立案的，不受追诉期限的限制。

第八十九条 【追诉期限的计算】追诉期限从犯罪之日起计算；犯罪行为有连续或者继续状态的，从犯罪行为终了之日起计算。

在追诉期限以内又犯罪的，前罪追诉的期限从犯后罪之日起计算。

歉、赔偿损失等获得被害方谅解，犯罪造成的社会影响没有消失，不追诉可能影响社会稳定或者产生其他严重后果的，对犯罪嫌疑人应当追诉。

根据2015年7月3日最高检**第六批指导性案例·检例第22号·杨菊云（故意杀人）不核准追诉案**，因婚姻家庭等民间矛盾激化引发的犯罪，经过20年追诉期限，犯罪嫌疑人没有再犯罪危险性，被害人及其家属对犯罪嫌疑人表示谅解，不追诉有利于化解社会矛盾、恢复正常社会秩序，同时不会影响社会稳定或者产生其他严重后果的，对犯罪嫌疑人可以不再追诉。

须报请最高检核准追诉的案件，侦查机关在核准之前可以依法对犯罪嫌疑人采取强制措施。侦查机关报请核准追诉并提请逮捕犯罪嫌疑人，人民检察院经审查认为必须追诉而且符合法定逮捕条件的，可以依法批准逮捕。

根据2015年7月3日最高检**第六批指导性案例·检例第23号·蔡金星、陈国辉等（抢劫）不核准追诉案**，涉嫌犯罪已过20年追诉期限，犯罪嫌疑人没有再犯罪危险性，并且通过赔礼道歉、赔偿损失等方式积极消除犯罪影响，被害方对犯罪嫌疑人表示谅解，犯罪破坏的社会秩序明显恢复，不追诉不会影响社会稳定或者产生其他严重后果的，对犯罪嫌疑人可以不再追诉。

1997年9月30日以前实施的共同犯罪，已被司法机关采取强制措施的犯罪嫌疑人逃避侦查或者审判的，不受追诉期限限制。司法机关在追诉期限内未发现或者未采取强制措施的犯罪嫌疑人，应当受追诉期限限制；涉嫌犯罪应当适用的法定量刑幅度的最高刑为无期徒刑、死刑，犯罪行为发生20年以后认为必须追诉的，须报请最高人民检察院核准。

〔62〕**【立法解释】**根据2014年7月17日全国人大常委会法制工作委员会《**对刑事追诉期限制度有关规定如何理解适用的答复意见**》（法工办发〔2014〕277号），对1997年前发生的行为，被害人及其家属在1997年后刑法规定的时效内提出控告，应当适用刑法第八十八条第二款的规定，不受追诉期限的限制。

【司法解释】根据1997年9月25日最高法**《关于适用刑法时间效力规定若干问题的解释》第一条**，对于行为人1997年9月30日以前实施的犯罪行为，在人民检察院、公安机关、国家安全机关立案侦查或者在人民法院受理案件以后，行为人逃避侦查或者审判，超过追诉期限或者被害人在追诉期限内提出控告，人民法院、人民检察院、公安机关应当立案而不予立案，超过追诉期限的，是否追究行为人的刑事责任，适用修订前的刑法第七十七条的规定。

根据2000年10月25日公安部**《关于刑事追诉期限有关问题的批复》**（公复字〔2000〕11号），根据从旧兼从轻原则，对1997年9月30日以前实施的犯罪行为，追诉期限问题应当适用1979年刑法第七十七条的规定，即在人民法院、人民检察院、公安机关采取强制措施以后逃避侦查或者审判的，不受追诉期限的限制。

根据2019年6月4日最高法研究室**《关于如何理解和适用1997年刑法第十二条第一款规定有关问题征求意见的复函》**（法研〔2019〕52号），1997年刑法施行以前实施的犯罪行为，1997年刑法施行以后仍在追诉时效期限内，具有“在人民检察院、公安机关、国家安全机关立案侦查或者在人民法院受理案件以后，逃避侦查或者审判”或者“被害人在追诉期限内提出控告，人民法院、人民检察院、公安机关应当立案而不予立案”情形的，适用1997年刑法第八十八条的规定，不受追诉期限的限制。

1997年刑法施行以前实施的犯罪行为，1997年刑法施行时已超过追诉期限的，是否追究行为人的刑事责任，应当适用1979年刑法第七十七条的规定。

第五章　其他规定

第九十条　【民族自治地方的变通、补充规定】民族自治地方不能全部适用本法规定的，可以由自治区或者省的人民代表大会根据当地民族的政治、经济、文化的特点和本法规定的基本原则，制定变通或者补充的规定，报请全国人民代表大会常务委员会批准施行。

第九十一条　【公共财产的含义】本法所称公共财产，是指下列财产：

（一）国有财产；

（二）劳动群众集体所有的财产；

（三）用于扶贫和其他公益事业的社会捐助或者专项基金的财产。

在国家机关、国有公司、企业、集体企业和人民团体管理、使用或者运输中的私人财产，以公共财产论。

第九十二条〔63〕　**【私人所有财产的含义】**本法所称公民私人所有的财产，是指下列财产：

（一）公民的合法收入、储蓄、房屋和其他生活资料；

（二）依法归个人、家庭所有的生产资料；

（三）个体户和私营企业的合法财产；

（四）依法归个人所有的股份、股票、债券和其他财产。

第九十三条〔64〕　**【国家工作人员的含义】**本法所称国家工作人员，是指国家机关中从事公务的人员。

国有公司、企业、事业单位、人民团体中从事公务的人员和国家机关、国有公司、企业、事业单位委派到非国有公司、企业、事业单位、社会团体从事公务的人员，以及其他依照法律从事公务的人员，以国家工作人员论。

---

〔63〕**【立法解释】**2005年12月1日全国人大常委会法制工作委员会**《对关于公司人员利用职务上的便利采取欺骗等手段非法占有股东股权的行为如何定性处理的批复的意见》**（法工委发函〔2005〕105号）指出，根据刑法第九十二条的规定，股份属于财产。采用各种非法手段侵吞、占有他人依法享有的股份，构成犯罪的，适用刑法有关非法侵犯他人财产的犯罪规定。

〔64〕　**【立法解释】**根据2000年4月29日全国人大常委会**《关于〈中华人民共和国刑法〉第九十三条第二款的解释》**，村民委员会等村基层组织人员协助人民政府从事下列行政管理工作时，属于刑法第九十三条第二款规定的“其他依照法律从事公务的人员”：

（一）救灾、抢险、防汛、优抚、扶贫、移民、救济款物的管理；

（二）社会捐助公益事业款物的管理；

（三）国有土地的经营和管理；

（四）土地征收、征用补偿费用的管理（★此项规定被2009年全国人大常委会《关于修改部分法律的决定》修改，增加了“征收”二字——编者说明）；

（五）代征、代缴税款；

（六）有关计划生育、户籍、征兵工作；

（七）协助人民政府从事的其他行政管理工作。

村民委员会等村基层组织人员从事前款规定的公务，利用职务上的便利，非法占有公共财物、挪用公款、索取他人财物或者非法收受他人财物，构成犯罪的，适用刑法第三百八十二条和第三百八十三条贪污罪、第三百八十四条挪用公款罪、第三百八十五条和第三百八十六条受贿罪的规定。

【相关法规】根据2020年**《公职人员政务处分法》第十四条**，公职人员犯罪，有下列情形之一的，予以开除：

（一）因故意犯罪被判处管制、拘役或者有期徒刑以上刑罚（含宣告缓刑）的；

（二）因过失犯罪被判处有期徒刑，刑期超过三年的；

（三）因犯罪被单处或者并处剥夺政治权利的。

因过失犯罪被判处管制、拘役或者三年以下有期徒刑的，一般应当予以开除；案件情况特殊，予以撤职更为适当的，可以不予开除，但是应当报请上一级机关批准。

公职人员因犯罪被单处罚金，或者犯罪情节轻微，人民检察院依法作出不起诉决定或者人民法院依法免予刑事处罚的，予以撤职；造成不良影响的，予以开除。

……

第四十九条第一款 公职人员依法受到刑事责任追究的，监察机关应当根据司法机关的生效判决、裁定、决定及其认定的事实和情节，依照本法规定给予政务处分。

【司法解释】根据2000年6月29日最高检**《关于〈全国人民代表大会常务委员会关于《中华人民共和国刑法》第九十三条第二款的解释〉的时间效力的批复》**（高检发研字〔2000〕15号），《全国人民代表大会常务委员会关于〈中华人民共和国刑法〉第九十三条第二款的解释》是对刑法第九十三条第二款关于“其他依照法律从事公务的人员”规定的进一步明确，并不是对刑法的修改。因此，该《解释》的效力适用于修订刑法的施行日期，其溯及力适用修订刑法第十二条的规定。

根据2000年6月5日最高检**《关于贯彻执行〈全国人民代表大会常务委

员会关于《中华人民共和国刑法》第九十三条第二款的解释〉的通知》（高检发研字〔2000〕12号），各级检察机关在依法查处村民委员会等村基层组织人员贪污、受贿、挪用公款犯罪案件过程中，要根据《解释》和其他有关法律的规定，严格把握界限，准确认定村民委员会等村基层组织人员的职务活动是否属于协助人民政府从事《解释》所规定的行政管理工作，并正确把握刑法第三百八十二条、第三百八十三条贪污罪、第三百八十四条挪用公款罪和第三百八十五条、第三百八十六条受贿罪的构成要件。对村民委员会等村基层组织人员从事属于村民自治范围的经营、管理活动不能适用《解释》的规定。

根据2000年4月30日最高检**《对〈关于中国证监会主体认定的请示〉的答复函》**（高检发法字〔2000〕7号），中国证券监督管理委员会为国务院直属事业单位，是全国证券期货市场的主管部门。其主要职责是统一管理证券期货市场，按规定对证券期货监管机构实行垂直领导，所以，它是具有行政职责的事业单位。据此，北京证券监督管理委员会干部应视同为国家机关工作人员。

根据2000年9月28日最高检**《对〈关于中国保险监督管理委员会主体认定的请示〉的答复》**（高检发法字〔2000〕17号），你院《关于中国保险监督管理委员会主体认定的请示》（京检字法〔2000〕1号）收悉。经我院函请中央机构编制委员会办公室核定，中编办答复如下："中国保险监督管理委员会为国务院直属事业单位，是全国商业保险的主管部门。根据国务院授权履行行政管理职能，依法对全国保险市场实行集中统一的监督管理，对中国保险监督管理委员会的派出机构实行垂直领导。所以，对于中国保险监督管理委员会可参照对国家机关的办法进行管理。"据此，中国保险监督管理委员会干部应视同为国家机关工作人员（★根据2018年《国务院机构改革方案》，中国保险监督管理委员会已不存在，其职责由国务院直属事业单位"中国银行保险监督管理委员会"承担。据此，中国银行保险监督管理委员会干部应视同为国家机关工作人员——编者说明）。

根据2004年11月3日最高检法律政策研究室**《关于国家机关、国有公司、企业委派到非国有公司、企业从事公务但尚未依照规定程序获取该单位职务的人员是否适用刑法第九十三条第二款问题的答复》**（高检研发〔2004〕第17号），对于国家机关、国有公司、企业委派到非国有公司、企业从事公务但尚未依照规定程序获取该单位职务的人员，涉嫌职务犯罪的，可以依照刑法第九十三条第二款关于"国家机关、国有公司、企业委派到非国有公司、企业、事业单位、社会团体从事公务的人员"，"以国家工作人员论"的规定追究刑事责任。

根据2005年8月1日最高法**《关于如何认定国有控股、参股股份有限公司中的国有公司、企业人员的解释》**，国有公司、企业委派到国有控股、参股公司从事公务的人员，以国有公司、企业人员论。

【会议纪要】2003年11月13日最高法《**全国法院审理经济犯罪案件工作座谈会纪要**》（法〔2003〕167号），就贪污贿赂犯罪和渎职犯罪的主体问题，纪要如下：

（一）国家机关工作人员的认定

刑法中所称的国家机关工作人员，是指在国家机关中从事公务的人员，包括在各级国家权力机关、行政机关、司法机关和军事机关中从事公务的人员（★还应包括在各级国家监察机关中从事公务的人员——编者说明）。

根据有关立法解释的规定（★指2002年12月28日全国人大常委会《关于〈中华人民共和国刑法〉第九章渎职罪主体适用问题的解释》——编者说明），在依照法律、法规规定行使国家行政管理职权的组织中从事公务的人员，或者在受国家机关委托代表国家行使职权的组织中从事公务的人员，或者虽未列入国家机关人员编制但在国家机关中从事公务的人员，视为国家机关工作人员。在乡（镇）以上中国共产党机关、人民政协机关中从事公务的人员，司法实践中也应当视为国家机关工作人员。

（二）国家机关、国有公司、企业、事业单位委派到非国有公司、企业、事业单位、社会团体从事公务的人员的认定

所谓委派，即委任、派遣，其形式多种多样，如任命、指派、提名、批准等。不论被委派的人身份如何，只要是接受国家机关、国有公司、企业、事业单位委派，代表国家机关、国有公司、企业、事业单位在非国有公司、企业、事业单位、社会团体中从事组织、领导、监督、管理等工作，都可以认定为国家机关、国有公司、企业、事业单位委派到非国有公司、企业、事业单位、社会团体从事公务的人员。如国家机关、国有公司、企业、事业单位委派在国有控股或者参股的股份有限公司从事组织、领导、监督、管理等工作的人员，应当以国家工作人员论。国有公司、企业改制为股份有限公司后，原国有公司、企业的工作人员和股份有限公司新任命的人员中，除代表国有投资主体行使监督、管理职权的人外，不以国家工作人员论。

（三）"其他依照法律从事公务的人员"的认定

刑法第九十三条第二款规定的"其他依照法律从事公务的人员"应当具有两个特征：一是在特定条件下行使国家管理职能；二是依照法律规定从事公务。具体包括：（1）依法履行职责的各级人民代表大会代表；（2）依法履行审判职责的人民陪审员；（3）协助乡镇人民政府、街道办事处从事行政管理工作的村民委员会、居民委员会等农村和城市基层组织人员；（4）其他由法律授权从事公务的人员。

（四）关于"从事公务"的理解

从事公务，是指代表国家机关、国有公司、企业、事业单位、人民团体等履

第九十四条　【司法工作人员的含义】本法所称司法工作人员，是指有侦查、检察、审判、监管职责的工作人员。

第九十五条　【重伤的含义】本法所称重伤，是指有下列情形之一的伤害：

（一）使人肢体残废或者毁人容貌的；

（二）使人丧失听觉、视觉或者其他器官机能的；

（三）其他对于人身健康有重大伤害的。

第九十六条[65]　**【违反国家规定的含义】**本法所称违反国家规定，是指违反全国人民代表大会及其常务委员会制定的法律和决定，国务院制定的行政法规、规定的行政措施、发布的决定和命令。

行组织、领导、监督、管理等职责。公务主要表现为与职权相联系的公共事务以及监督、管理国有财产的职务活动。如国家机关工作人员依法履行职责，国有公司的董事、经理、监事、会计、出纳人员等管理、监督国有财产等活动，属于从事公务。那些不具备职权内容的劳务活动、技术服务工作，如售货员、售票员等所从事的工作，一般不认为是公务。

【指导案例】根据2023年7月31日最高检**第四十七批指导性案例·检例第190号·宋某某违规出具金融票证、违法发放贷款、非国家工作人员受贿案**，集体经济组织中行使公权力的人员是否属于国家工作人员，应当依据该集体经济组织股权结构、是否从事公务等要素审查判断。

★该指导案例在“指导意义”部分指出：对监察机关移送起诉的集体经济组织中行使公权力的人员所涉犯罪案件，应当重点审查其是否属于国家工作人员。对于集体经济组织注册资本中没有国有资本，所从事工作不具有“从事公务”属性的，相关人员不属于国家工作人员。农村信用合作社受计划经济体制影响和农村经济发展需要，在其改制为农村商业银行或农村合作银行前，系由农民、农村工商户、企业法人和其他经济组织以及本社职工自愿入股组成的农村合作金融机构，性质属于集体经济组织。根据《中华人民共和国监察法》第十五条第六项、《中华人民共和国监察法实施条例》第四十三条第三项规定，其管理人员是“其他依法履行公职的人员”。检察机关在审查监察机关移送起诉的此类人员涉嫌职务犯罪案件时，应当审查其是否具有国家工作人员身份，对其行为定性和所涉罪名作出准确认定。一般应当根据其所在信用社的股权结构进行判断，注册资本中没有国有资本，所从事工作不具有“从事公务”属性的，相关人员不属于国家工作人员。

〔65〕**【司法解释】**2011年4月8日最高法**《关于准确理解和适用刑法中“国家规定”的有关问题的通知》**（法发〔2011〕155号），为准确把握刑法有关

第九十七条 【首要分子的含义】本法所称首要分子，是指在犯罪集团或者聚众犯罪中起组织、策划、指挥作用的犯罪分子。

第九十八条 【告诉才处理的含义】本法所称告诉才处理，是指被害人告诉才处理。如果被害人因受强制、威吓无法告诉的，人民检察院和被害人的近亲属也可以告诉。

第九十九条 【以上、以下、以内包括本数】本法所称以上、以下、以内，包括本数。

条文规定的“违反国家规定”的认定标准，依法惩治犯罪，统一法律适用，现就有关问题通知如下：

一、根据刑法第九十六条的规定，刑法中的“国家规定”是指，全国人民代表大会及其常务委员会制定的法律和决定，国务院制定的行政法规、规定的行政措施、发布的决定和命令。其中，“国务院规定的行政措施”应当由国务院决定，通常以行政法规或者国务院制发文件的形式加以规定。以国务院办公厅名义制发的文件，符合以下条件的，亦应视为刑法中的“国家规定”：(1)有明确的法律依据或者同相关行政法规不相抵触；(2)经国务院常务会议讨论通过或者经国务院批准；(3)在国务院公报上公开发布。

二、各级人民法院在刑事审判工作中，对有关案件所涉及的“违反国家规定”的认定，要依照相关法律、行政法规及司法解释的规定准确把握。对于规定不明确的，要按照本通知的要求审慎认定。对于违反地方性法规、部门规章的行为，不得认定为“违反国家规定”。对被告人的行为是否“违反国家规定”存在争议的，应当作为法律适用问题，逐级向最高法请示。

三、各级人民法院审理非法经营犯罪案件……(➽参见刑法第225条脚注“Ⅰ 总体解释”部分)

【会议纪要】根据2004年5月18日最高法**《关于审理行政案件适用法律规范问题的座谈会纪要》**(法〔2004〕96号)：考虑建国后我国立法程序的沿革情况，现行有效的行政法规有以下三种类型：一是国务院制定并公布的行政法规；二是立法法施行以前，按照当时有效的行政法规制定程序，经国务院批准、由国务院部门公布的行政法规。但在立法法施行以后，经国务院批准、由国务院部门公布的规范性文件，不再属于行政法规；三是在清理行政法规时由国务院确认的其他行政法规(★该《纪要》有助于理解刑法第九十六条中“国务院制定的行政法规”的含义——编者说明)。

第一百条[66] **【前科报告义务与例外规定】**依法受过刑事处罚的人，在入伍、就业的时候，应当如实向有关单位报告自己曾受过刑事处罚，不得隐瞒。

犯罪的时候不满十八周岁被判处五年有期徒刑以下刑罚的人，免除前款规定的报告义务。

第一百零一条 【总则的适用】本法总则适用于其他有刑罚规定的法律，但是其他法律有特别规定的除外。

---

〔66〕**【刑法修订】**本条第二款为2011年**《刑法修正案（八）》第十九条**增设。

【相关法规】根据2018年**《刑事诉讼法》第二百八十六条**，犯罪的时候不满18周岁，被判处5年有期徒刑以下刑罚的，应当对相关犯罪记录予以封存。犯罪记录被封存的，不得向任何单位和个人提供，但司法机关为办案需要或者有关单位根据国家规定进行查询的除外。依法进行查询的单位，应当对被封存的犯罪记录的情况予以保密。

根据2020年修订后的**《预防未成年人犯罪法》第五十九条**，未成年人的犯罪记录依法被封存的，公安机关、人民检察院、人民法院和司法行政部门不得向任何单位或者个人提供，但司法机关因办案需要或者有关单位根据国家有关规定进行查询的除外。依法进行查询的单位和个人应当对相关记录信息予以保密。

未成年人接受专门矫治教育、专门教育的记录，以及被行政处罚、采取刑事强制措施和不起诉的记录，适用前款规定。

【司法解释】根据2022年5月24日最高法、最高检、公安部、司法部**《关于未成年人犯罪记录封存的实施办法》第九条**，未成年人犯罪记录封存应当贯彻及时、有效的原则。对于犯罪记录被封存的未成年人，在入伍、就业时免除犯罪记录的报告义务。

被封存犯罪记录的未成年人因涉嫌再次犯罪接受司法机关调查时，应当主动、如实地供述其犯罪记录情况，不得回避、隐瞒。

★2012年5月10日最高法、最高检、公安部、国家安全部、司法部《关于建立犯罪人员犯罪记录制度的意见》，就建立我国犯罪人员犯罪记录制度，特别是建立犯罪人员信息库、建立犯罪人员信息通报机制、规范犯罪人员信息查询机制、建立未成年人犯罪记录封存制度、明确违反规定处理犯罪人员信息的责任，提出了明确意见。2017年3月2日最高检《未成年人刑事检察工作指引（试行）》第82～92条，2022年5月24日最高法、最高检、公安部、司法部《关于未成年人犯罪记录封存的实施办法》，均对未成年人犯罪记录封存问题作了详细规定——编者说明。

第二编　分　　则

第一章　危害国家安全罪

第一百零二条　【背叛国家罪】勾结外国，危害中华人民共和国的主权、领土完整和安全的，处无期徒刑或者十年以上有期徒刑。

与境外机构、组织、个人相勾结，犯前款罪的，依照前款的规定处罚。

第一百零三条〔67〕　**【分裂国家罪】**组织、策划、实施分裂国家、破坏国家统一的，对首要分子或者罪行重大的，处无期徒刑或者十年以上有期徒刑；对积极参加的，处三年以上十年以下有期徒刑；对其他参加的，处三年以下有期徒刑、拘役、管制或者剥夺政治权利。

【煽动分裂国家罪】煽动分裂国家、破坏国家统一的，处五年以下有期徒刑、拘役、管制或者剥夺政治权利；首要分子或者罪行重大的，处五年以上有期徒刑。

第102条—第103条

〔67〕**【司法解释】**根据1998年12月17日最高法**《关于审理非法出版物刑事案件具体应用法律若干问题的解释》**(法释〔1998〕30号)**第一条**，明知出版物中载有煽动分裂国家、破坏国家统一或者煽动颠覆国家政权、推翻社会主义制度的内容，而予以出版、印刷、复制、发行、传播的，依照刑法第一百零三条第二款或者第一百零五条第二款的规定，以煽动分裂国家罪或者煽动颠覆国家政权罪定罪处罚。

根据2003年5月14日最高法、最高检**《关于办理妨害预防、控制突发传染病疫情等灾害的刑事案件具体应用法律若干问题的解释》第十条第二款**，利用突发传染病疫情等灾害，制造、传播谣言，煽动分裂国家、破坏国家统一，或者煽动颠覆国家政权、推翻社会主义制度的，依照刑法第一百零三条第二款、第一百零五条第二款的规定，以煽动分裂国家罪或者煽动颠覆国家政权罪定罪处罚。

根据2020年2月6日最高法、最高检、公安部、司法部**《关于依法惩治妨害新型冠状病毒感染肺炎疫情防控违法犯罪的意见》**，利用新型冠状病毒感染肺炎疫情，制造、传播谣言，煽动分裂国家、破坏国家统一，或者煽动颠覆国家政权、推翻社会主义制度的，依照刑法第一百零三条第二款、第一百零五条第二款的规定，以煽动分裂国家罪或者煽动颠覆国家政权罪定罪处罚。

……

对恶意编造虚假疫情信息，制造社会恐慌，挑动社会情绪，扰乱公共秩序，特别是恶意攻击党和政府，借机煽动颠覆国家政权、推翻社会主义制度的，要依法严惩。对于因轻信而传播虚假信息，危害不大的，不以犯罪论处。

第一百零四条 【武装叛乱、暴乱罪】组织、策划、实施武装叛乱或者武装暴乱的，对首要分子或者罪行重大的，处无期徒刑或者十年以上有期徒刑；对积极参加的，处三年以上十年以下有期徒刑；对其他参加的，处三年以下有期徒刑、拘役、管制或者剥夺政治权利。

策动、胁迫、勾引、收买国家机关工作人员、武装部队人员、人民警察、民兵进行武装叛乱或者武装暴乱的，依照前款的规定从重处罚。

第一百零五条 【颠覆国家政权罪】组织、策划、实施颠覆国家政权、推翻社会主义制度的，对首要分子或者罪行重大的，处无期徒刑或者十年以上有期徒刑；对积极参加的，处三年以上十年以下有期徒刑；对其他参加的，处三年以下有期徒刑、拘役、管制或者剥夺政治权利。

【煽动颠覆国家政权罪】以造谣、诽谤或者其他方式煽动颠覆国家政权、推翻社会主义制度的，处五年以下有期徒刑、拘役、管制或者剥夺政治权利；首要分子或者罪行重大的，处五年以上有期徒刑。

第一百零六条 【与境外勾结的从重处罚】与境外机构、组织、个人相勾结，实施本章第一百零三条、第一百零四条、第一百零五条规定之罪的，依照各该条的规定从重处罚。

第一百零七条[68] **【资助危害国家安全犯罪活动罪】**境内外机构、组织或者个人资助实施本章第一百零二条、第一百零三条、第一百零四条、第一百零五条规定之罪的，对直接责任人员，处五年以下有期徒刑、拘役、管制或者剥夺政治权利；情节严重的，处五年以上有期徒刑。

第一百零八条 【投敌叛变罪】投敌叛变的，处三年以上十年以下有期徒刑；情节严重或者带领武装部队人员、人民警察、民兵投敌叛变的，处十年以上有期徒刑或者无期徒刑。

第104条—第108条

---

〔68〕**【刑法修订】**2011年**《刑法修正案（八）》第二十条**修订了本条。1997年刑法原文如下：

第一百零七条 境内外机构、组织或者个人资助境内组织或者个人实施本章第一百零二条、第一百零三条、第一百零四条、第一百零五条规定之罪的，对直接责任人员，处五年以下有期徒刑、拘役、管制或者剥夺政治权利；情节严重的，处五年以上有期徒刑。

2011年**《刑法修正案（八）》**将该条中“资助境内组织或者个人实施”修改为“资助实施”。

第一百零九条[69] **【叛逃罪】**国家机关工作人员在履行公务期间，擅离岗位，叛逃境外或者在境外叛逃的，处五年以下有期徒刑、拘役、管制或者剥夺政治权利；情节严重的，处五年以上十年以下有期徒刑。

掌握国家秘密的国家工作人员叛逃境外或者在境外叛逃的，依照前款的规定从重处罚。

第一百一十条[70] **【间谍罪】**有下列间谍行为之一，危害国家安全的，处十年以上有期徒刑或者无期徒刑；情节较轻的，处三年以上十年以下有期徒刑：

（一）参加间谍组织或者接受间谍组织及其代理人的任务的；

（二）为敌人指示轰击目标的。

第一百一十一条[71] **【为境外窃取、刺探、收买、非法提供国家秘密、情报罪】**为境外的机构、组织、人员窃取、刺探、收买、非法提供国家秘密或者情报的，处五年以上十年以下有期徒刑；情节特别严重的，处十年以上有期徒刑或者无期徒刑；情节较轻的，处五年以下有期徒刑、拘役、管制或者剥夺政治权利。

第109条－第111条

---

〔69〕**【刑法修订】**2011年《**刑法修正案（八）**》**第二十一条**修订了本条。1997年刑法原文如下：

第一百零九条 国家机关工作人员在履行公务期间，擅离岗位，叛逃境外或者在境外叛逃，危害中华人民共和国国家安全的，处五年以下有期徒刑、拘役、管制或者剥夺政治权利；情节严重的，处五年以上十年以下有期徒刑。

掌握国家秘密的国家工作人员犯前款罪的，依照前款的规定从重处罚。

2011年《**刑法修正案（八）**》删除了原第一款中“危害中华人民共和国国家安全”的规定，并将原第二款掌握国家秘密的国家工作人员“犯前款罪”修改为“叛逃境外或者在境外叛逃”。

〔70〕**【相关法规】**根据2023年修订后的《**反间谍法**》**第五十五条**，实施间谍行为，有自首或者立功表现的，可以从轻、减轻或者免除处罚；有重大立功表现的，给予奖励。

在境外受胁迫或者受诱骗参加间谍组织、敌对组织，从事危害中华人民共和国国家安全的活动，及时向中华人民共和国驻外机构如实说明情况，或者入境后直接或者通过所在单位及时向国家安全机关如实说明情况，并有悔改表现的，可以不予追究。

〔71〕**【司法解释】**2001年1月17日最高法《**关于审理为境外窃取、刺**

探、收买、非法提供国家秘密、情报案件具体应用法律若干问题的解释》(法释〔2001〕4号,自2001年1月22日起施行),就审理为境外的机构、组织、人员窃取、刺探、收买、非法提供国家秘密、情报的犯罪案件具体应用法律的若干问题解释如下:

第一条 刑法第一百一十一条规定的“国家秘密”,是指《中华人民共和国保守国家秘密法》第二条、第八条(★现为2010年修订后的《保守国家秘密法》第九条——编者说明)以及《中华人民共和国保守国家秘密法实施办法》第四条确定的事项(★该《实施办法》已被废止——编者说明)。

刑法第一百一十一条规定的“情报”,是指关系国家安全和利益、尚未公开或者依照有关规定不应公开的事项。

对为境外机构、组织、人员窃取、刺探、收买、非法提供国家秘密之外的情报的行为,以为境外窃取、刺探、收买、非法提供情报罪定罪处罚。

第二条 为境外窃取、刺探、收买、非法提供国家秘密或者情报,具有下列情形之一的,属于“情节特别严重”,处10年以上有期徒刑、无期徒刑,可以并处没收财产:

(一)为境外窃取、刺探、收买、非法提供绝密级国家秘密的;

(二)为境外窃取、刺探、收买、非法提供3项以上机密级国家秘密的;

(三)为境外窃取、刺探、收买、非法提供国家秘密或者情报,对国家安全和利益造成其他特别严重损害的。

实施前款行为,对国家和人民危害特别严重、情节特别恶劣的,可以判处死刑,并处没收财产。

第三条 为境外窃取、刺探、收买、非法提供国家秘密或者情报,具有下列情形之一的,处5年以上10年以下有期徒刑,可以并处没收财产:

(一)为境外窃取、刺探、收买、非法提供机密级国家秘密的;

(二)为境外窃取、刺探、收买、非法提供3项以上秘密级国家秘密的;

(三)为境外窃取、刺探、收买、非法提供国家秘密或者情报,对国家安全和利益造成其他严重损害的。

第四条 为境外窃取、刺探、收买、非法提供秘密级国家秘密或者情报,属于“情节较轻”,处5年以下有期徒刑、拘役、管制或者剥夺政治权利,可以并处没收财产。

第五条 行为人知道或者应当知道没有标明密级的事项关系国家安全和利益,而为境外窃取、刺探、收买、非法提供的,依照刑法第一百一十一条的规定以为境外窃取、刺探、收买、非法提供国家秘密罪定罪处罚。

第六条 通过互联网将国家秘密或者情报非法发送给境外的机构、组织、个人的,依照刑法第一百一十一条的规定定罪处罚;将国家秘密通过互联网予以发布,情节严重的,依照刑法第三百九十八条的规定定罪处罚。

第七条 审理为境外窃取、刺探、收买、非法提供国家秘密案件,需要对

第一百一十二条 【资敌罪】战时供给敌人武器装备、军用物资资敌的，处十年以上有期徒刑或者无期徒刑；情节较轻的，处三年以上十年以下有期徒刑。

第一百一十三条 【本章之罪死刑、没收财产的适用】本章上述危害国家安全罪行中，除第一百零三条第二款、第一百零五条、第一百零七条、第一百零九条外，对国家和人民危害特别严重、情节特别恶劣的，可以判处死刑。

犯本章之罪的，可以并处没收财产。

有关事项是否属于国家秘密以及属于何种密级进行鉴定的，由国家保密工作部门或者省、自治区、直辖市保密工作部门鉴定。

根据2001年8月22日最高法、国家保密局**《关于执行〈关于审理为境外窃取、刺探、收买、非法提供国家秘密、情报案件具体应用法律若干问题的解释〉有关问题的通知》**（法发〔2001〕117号），人民法院审理为境外窃取、刺探、收买、非法提供情报案件，需要对有关事项是否属于情报进行鉴定的，由国家保密工作部门或者省、自治区、直辖市保密工作部门鉴定。

根据2020年3月11日最高法、国家保密局**《人民法院、保密行政管理部门办理侵犯国家秘密案件若干问题的规定》**（保发〔2020〕2号）**第二条**，人民法院、保密行政管理部门办理《中华人民共和国刑法》第一百零九条第二款、第一百一十条、第一百一十一条、第二百八十二条、第三百九十八条、第四百三十一条、第四百三十二条规定的侵犯国家秘密案件，适用本规定。

第三条 人民法院审理侵犯国家秘密案件，需要对有关事项是否属于国家秘密以及属于何种密级或者是否属于情报进行鉴定的，应当由有关机关依据《密级鉴定工作规定》向国家保密行政管理部门或者省、自治区、直辖市保密行政管理部门提起。

第二章　危害公共安全罪

第一百一十四条〔72〕　**【放火罪】**　**【决水罪】**　**【爆炸罪】**　**【投放危险物质罪】**　**【以危险方法危害公共安全罪】**放火、决水、爆炸以及投放毒害性、放射性、传染病病原体等物质或者以其他危险方法危害公共安全，尚未造成严重后果的，处三年以上十年以下有期徒刑。

---

〔72〕　**【刑法修订】**2001 年**《刑法修正案(三)》第一条**修订了本条。1997 年刑法原文如下：

第一百一十四条　放火、决水、爆炸、投毒或者以其他危险方法破坏工厂、矿场、油田、港口、河流、水源、仓库、住宅、森林、农场、谷场、牧场、重要管道、公共建筑物或者其他公私财产，危害公共安全，尚未造成严重后果的，处三年以上十年以下有期徒刑。

2001 年**《刑法修正案(三)》**将本条“投毒或者以其他危险方法破坏工厂、矿场、油田、港口、河流、水源、仓库、住宅、森林、农场、谷场、牧场、重要管道、公共建筑物或者其他公私财产，危害公共安全”修改为“以及投放毒害性、放射性、传染病病原体等物质或者以其他危险方法危害公共安全”，从而使本条罪状更为简明。

【司法解释】根据 2017 年 1 月 25 日**最高法、最高检《关于办理组织、利用邪教组织破坏法律实施等刑事案件适用法律若干问题的解释》第十二条**，邪教组织人员以自焚、自爆或者其他危险方法危害公共安全的，依照刑法第一百一十四条、第一百一十五条的规定，以放火罪、爆炸罪、以危险方法危害公共安全罪等定罪处罚。

2003 年 5 月 14 日最高法、最高检**《关于办理妨害预防、控制突发传染病疫情等灾害的刑事案件具体应用法律若干问题的解释》**(法释〔2003〕8 号，自 2003 年 5 月 15 日起施行)，就办理突发传染病疫情等灾害的犯罪活动相关刑事案件具体应用法律的若干问题解释如下：

第一条　故意传播突发传染病病原体，危害公共安全的，依照刑法第一百一十四条、第一百一十五条第一款的规定，按照以危险方法危害公共安全罪定罪处罚。

患有突发传染病或者疑似突发传染病而拒绝接受检疫、强制隔离或者治疗，过失造成传染病传播，情节严重，危害公共安全的，依照刑法第一百一十五条第二款的规定，按照过失以危险方法危害公共安全罪定罪处罚。

……

第十七条　人民法院、人民检察院办理有关妨害预防、控制突发传染病疫情等灾害的刑事案件，对于有自首、立功等悔罪表现的，依法从轻、减轻、免除处罚或者依法作出不起诉决定。

第十八条 本解释所称“突发传染病疫情等灾害”，是指突然发生，造成或者可能造成社会公众健康严重损害的重大传染病疫情、群体性不明原因疾病以及其他严重影响公众健康的灾害。

根据2013年7月19日公安部《**关于公安机关处置信访活动中违法犯罪行为适用法律的指导意见**》（公通字〔2013〕25号），为制造社会影响、发泄不满情绪、实现个人诉求，驾驶机动车在公共场所任意冲闯，危害公共安全，符合《刑法》第一百一十四条、第一百一十五条第一款规定的，以以危险方法危害公共安全罪追究刑事责任。

……

采取放火、爆炸或者以其他危险方法自伤、自残、自杀，危害公共安全，符合《刑法》第一百一十四条和第一百一十五条第一款规定的，以放火罪、爆炸罪、以危险方法危害公共安全罪追究刑事责任。

根据2019年5月19日最高法、最高检、公安部、司法部《**关于依法严厉打击传播艾滋病病毒等违法犯罪行为的指导意见**》（公通字〔2019〕23号），采用危险方法，意图使不特定多数人感染艾滋病病毒，危害公共安全，尚未造成严重后果的，依照刑法第一百一十四条的规定，以以危险方法危害公共安全罪定罪处罚；致人重伤、死亡或者使公私财产遭受重大损失的，依照刑法第一百一十五条的规定定罪处罚。

根据2020年2月6日最高法、最高检、公安部、司法部《**关于依法惩治妨害新型冠状病毒感染肺炎疫情防控违法犯罪的意见**》（法发〔2020〕7号），故意传播新型冠状病毒感染肺炎病原体，具有下列情形之一，危害公共安全的，依照刑法第一百一十四条、第一百一十五条第一款的规定，以以危险方法危害公共安全罪定罪处罚：

1. 已经确诊的新型冠状病毒感染肺炎病人、病原携带者，拒绝隔离治疗或者隔离期未满擅自脱离隔离治疗，并进入公共场所或者公共交通工具的；

2. 新型冠状病毒感染肺炎疑似病人拒绝隔离治疗或者隔离期未满擅自脱离隔离治疗，并进入公共场所或者公共交通工具，造成新型冠状病毒传播的。

其他拒绝执行卫生防疫机构依照传染病防治法提出的防控措施，引起新型冠状病毒传播或者有传播严重危险的，依照刑法第三百三十条的规定，以妨害传染病防治罪定罪处罚。

★经国务院批准，自2023年1月8日起，解除对新型冠状病毒感染采取的《中华人民共和国传染病防治法》规定的甲类传染病预防、控制措施。鉴于新型冠状病毒对人体健康的危害性降低，上述意见应当不再适用——编者说明。

根据2020年3月16日最高法、最高检、公安部《**关于办理涉窨井盖相关刑事案件的指导意见》第二条**，盗窃、破坏人员密集往来的非机动车道、人行道以及车站、码头、公园、广场、学校、商业中心、厂区、社区、院落等生产生活、人

第一百一十五条〔73〕**【放火罪】【决水罪】【爆炸罪】【投放危险物质罪】【以危险方法危害公共安全罪】**放火、决水、爆炸以及投放毒害性、放射性、传染病病原体等物质或者以其他危险方法致人重伤、死亡或者使公私财产遭受重大损失的，处十年以上有期徒刑、无期徒刑或者死刑。

员聚集场所的窨井盖，足以危害公共安全，尚未造成严重后果的，依照刑法第一百一十四条的规定，以以危险方法危害公共安全罪定罪处罚；致人重伤、死亡或者使公私财产遭受重大损失的，依照刑法第一百一十五条第一款的规定处罚。

过失致人重伤、死亡或者使公私财产遭受重大损失的，依照刑法第一百一十五条第二款的规定，以过失以危险方法危害公共安全罪定罪处罚。

根据2021年12月28日最高法、最高检、公安部等十部门《**关于依法惩治涉枪支、弹药、爆炸物、易燃易爆危险物品犯罪的意见**》，在水路、铁路、航空易燃易爆危险物品运输生产作业活动中违反有关安全管理的规定，有下列情形之一，明知存在重大事故隐患而不排除，足以危害公共安全的，依照刑法第一百一十四条的规定，以以危险方法危害公共安全罪定罪处罚；致人重伤、死亡或者使公私财产遭受重大损失的，依照刑法第一百一十五条第一款的规定处罚：

（1）未经依法批准或者许可，擅自从事易燃易爆危险物品运输的；

（2）委托无资质企业或者个人承运易燃易爆危险物品的；

（3）在托运的普通货物中夹带易燃易爆危险物品的；

（4）将易燃易爆危险物品谎报或者匿报为普通货物托运的；

（5）其他在水路、铁路、航空易燃易爆危险物品运输活动中违反有关安全管理规定的情形。

【会议纪要】根据2019年2月20日最高法、最高检、公安部、司法部、生态环境部《**关于办理环境污染刑事案件有关问题座谈会纪要**》，司法实践中对环境污染行为适用投放危险物质罪追究刑事责任时，应当重点审查判断行为人的主观恶性、污染行为恶劣程度、污染物的毒害性危险性、污染持续时间、污染结果是否可逆、是否对公共安全造成现实、具体、明确的危险或者危害等各方面因素。对于行为人明知其排放、倾倒、处置的污染物含有毒害性、放射性、传染病病原体等危险物质，仍实施环境污染行为放任其危害公共安全，造成重大人员伤亡、重大公私财产损失等严重后果，以污染环境罪论处明显不足以罚当其罪的，可以按投放危险物质罪定罪量刑。实践中，此类情形主要是向饮用水水源保护区，饮用水供水单位取水口和出水口，南水北调水库、干渠、涵洞等配套工程，重要渔业水体以及自然保护区核心区等特殊保护区域，排放、倾倒、处置毒害性极强的污染物，危害公共安全并造成严重后果的情形。

〔73〕**【刑法修订】**2001年《**刑法修正案（三）**》**第二条**修订了本条第一款。1997年刑法该款原文如下：

第115条

【失火罪】【过失决水罪】【过失爆炸罪】【过失投放危险物质罪】【过失以危险方法危害公共安全罪】过失犯前款罪的，处三年以上七年以下有期徒刑；情节较轻的，处三年以下有期徒刑或者拘役。

第一百一十五条第一款 放火、决水、爆炸、投毒或者以其他危险方法致人重伤、死亡或者使公私财产遭受重大损失的，处十年以上有期徒刑、无期徒刑或者死刑。

2001年《**刑法修正案（三）**》将第一款中“投毒”修改为“以及投放毒害性、放射性、传染病病原体等物质”。

【立案标准】根据2008年6月25日最高检、公安部《**关于公安机关管辖的刑事案件立案追诉标准的规定（一）**》（公通字〔2008〕36号）**第一条**，过失引起火灾，涉嫌下列情形之一的，应予立案追诉：

（一）造成死亡1人以上，或者重伤3人以上的；

（二）造成公共财产或者他人财产直接经济损失50万元以上的；

（三）造成10户以上家庭的房屋以及其他基本生活资料烧毁的；

（四）造成森林火灾，过火有林地面积2公顷以上，或者过火疏林地、灌木林地、未成林地、苗圃地面积4公顷以上的；

（五）其他造成严重后果的情形。

本条和本规定第十五条规定的“有林地”、“疏林地”、“灌木林地”、“未成林地”、“苗圃地”，按照国家林业主管部门的有关规定确定。

【司法解释】2009年9月11日最高法《**关于印发醉酒驾车犯罪法律适用问题指导意见及相关典型案例的通知**》（法发〔2009〕47号），对醉酒驾车犯罪法律适用问题作出统一规范如下：

一、准确适用法律，依法严惩醉酒驾车犯罪

刑法规定，醉酒的人犯罪，应当负刑事责任。行为人明知酒后驾车违法、醉酒驾车会危害公共安全，却无视法律醉酒驾车，特别是在肇事后继续驾车冲撞，造成重大伤亡，说明行为人主观上对持续发生的危害结果持放任态度，具有危害公共安全的故意。对此类醉酒驾车造成重大伤亡的，应依法以以危险方法危害公共安全罪定罪。

……

二、贯彻宽严相济刑事政策，适当裁量刑罚

根据刑法第一百一十五条第一款的规定，醉酒驾车，放任危害结果发生，造成重大伤亡事故，构成以危险方法危害公共安全罪的，应处以10年以上有期徒刑、无期徒刑或者死刑。具体决定对被告人的刑罚时，要综合考虑此类犯罪的性质、被告人的犯罪情节、危害后果及其主观恶性、人身危险性。一般情况下，醉酒驾车构成本罪的，行为人在主观上并不希望、也不追求危害结果的

第一百一十六条 **【破坏交通工具罪】**破坏火车、汽车、电车、船只、航空器，足以使火车、汽车、电车、船只、航空器发生倾覆、毁坏危险，尚未造成严重后果的，处三年以上十年以下有期徒刑。

第一百一十七条〔74〕 **【破坏交通设施罪】**破坏轨道、桥梁、隧道、公路、机场、航道、灯塔、标志或者进行其他破坏活动，足以使火车、汽车、电车、船只、航空器发生倾覆、毁坏危险，尚未造成严重后果的，处三年以上十年以下有期徒刑。

发生，属于间接故意犯罪，行为的主观恶性与以制造事端为目的而恶意驾车撞人并造成重大伤亡后果的直接故意犯罪有所不同，因此，在决定刑罚时，也应当有所区别。此外，醉酒状态下驾车，行为人的辨认和控制能力实际有所减弱，量刑时也应酌情考虑。

被告人黎景全和被告人孙伟铭醉酒驾车犯罪案件，依法没有适用死刑，而是分别判处无期徒刑，主要考虑到二被告人均系间接故意犯罪，与直接故意犯罪相比，主观恶性不是很深，人身危险性不是很大；犯罪时驾驶车辆的控制能力有所减弱；归案后认罪、悔罪态度较好，积极赔偿被害方的经济损失，一定程度上获得了被害方的谅解。

三、统一法律适用，充分发挥司法审判职能作用

为依法严肃处理醉酒驾车犯罪案件，遏制酒后和醉酒驾车对公共安全造成的严重危害，警示、教育潜在违规驾驶人员，今后，对醉酒驾车，放任危害结果的发生，造成重大伤亡的，一律按照本意见规定，并参照附发的典型案例，依法以以危险方法危害公共安全罪定罪量刑。

为维护生效裁判的既判力，稳定社会关系，对于此前已经处理过的将特定情形的醉酒驾车认定为交通肇事罪的案件，应维持终审裁判，不再变动。

★上述指导意见发布于2011年《刑法修正案(八)》增设危险驾驶罪之前，应在《刑法修正案(八)》第22条的基础上加以理解。对于醉酒驾车行为，符合刑法第133条之一的规定的，应以危险驾驶罪定罪处罚。醉酒驾车行为在客观上对不特定多数人的生命、健康或者重大财产安全造成具体的、急迫的危险，行为人主观上对此存在故意的，对此才能以以危险方法危害公共安全罪定罪处罚——编者说明。

〔74〕**【司法解释】**根据2020年2月6日最高法、最高检、公安部、司法部**《关于依法惩治妨害新型冠状病毒感染肺炎疫情防控违法犯罪的意见》**，在疫情防控期间，破坏轨道、桥梁、隧道、公路、机场、航道、灯塔、标志或者进行其他破坏活动，足以使火车、汽车、电车、船只、航空器发生倾覆、毁坏危险的，依照刑法第一百一十七条、第一百一十九条第一款的规定，以破坏交通设施罪定罪处罚。

办理破坏交通设施案件，要区分具体情况，依法审慎处理。对于为了防止疫情蔓延，未经批准擅自封路阻碍交通，未造成严重后果的，一般不以犯罪论处，由主管部门予以纠正。

2020年3月16日最高法、最高检、公安部《**关于办理涉窨井盖相关刑事案件的指导意见**》(高检发〔2020〕3号)，为依法惩治涉窨井盖相关犯罪，切实维护公共安全和人民群众合法权益，提升办案质效，根据《中华人民共和国刑法》等法律规定，提出以下意见。

一、盗窃、破坏正在使用中的社会机动车通行道路上的窨井盖，足以使汽车、电车发生倾覆、毁坏危险，尚未造成严重后果的，依照刑法第一百一十七条的规定，以破坏交通设施罪定罪处罚；造成严重后果的，依照刑法第一百一十九条第一款的规定处罚。

过失造成严重后果的，依照刑法第一百一十九条第二款的规定，以过失损坏交通设施罪定罪处罚。

二、盗窃、破坏人员密集往来的非机动车道、人行道以及车站、码头、公园、广场、学校、商业中心、厂区、社区、院落等生产生活、人员聚集场所的窨井盖，足以危害公共安全，尚未造成严重后果的，依照刑法第一百一十四条的规定，以以危险方法危害公共安全罪定罪处罚；致人重伤、死亡或者使公私财产遭受重大损失的，依照刑法第一百一十五条第一款的规定处罚。

过失致人重伤、死亡或者使公私财产遭受重大损失的，依照刑法第一百一十五条第二款的规定，以过失以危险方法危害公共安全罪定罪处罚。

三、对于本意见第一条、第二条规定以外的其他场所的窨井盖，明知会造成人员伤亡后果而实施盗窃、破坏行为，致人受伤或者死亡的，依照刑法第二百三十四条、第二百三十二条的规定，分别以故意伤害罪、故意杀人罪定罪处罚。

过失致人重伤或者死亡的，依照刑法第二百三十五条、第二百三十三条的规定，分别以过失致人重伤罪、过失致人死亡罪定罪处罚。

四、盗窃本意见第一条、第二条规定以外的其他场所的窨井盖，且不属于本意见第三条规定的情形，数额较大，或者多次盗窃的，依照刑法第二百六十四条的规定，以盗窃罪定罪处罚。

故意毁坏本意见第一条、第二条规定以外的其他场所的窨井盖，且不属于本意见第三条规定的情形，数额较大或者有其他严重情节的，依照刑法第二百七十五条的规定，以故意毁坏财物罪定罪处罚。

五、在生产、作业中违反有关安全管理的规定，擅自移动窨井盖或者未做好安全防护措施等，发生重大伤亡事故或者造成其他严重后果的，依照刑法第一百三十四条第一款的规定，以重大责任事故罪定罪处罚。

窨井盖建设、设计、施工、工程监理单位违反国家规定，降低工程质量标

第一百一十八条[75] **【破坏电力设备罪】【破坏易燃易爆设备罪】**破坏电力、燃气或者其他易燃易爆设备，危害公共安全，尚未造成严重后果的，处三年以上十年以下有期徒刑。

准，造成重大安全事故的，依照刑法第一百三十七条的规定，以工程重大安全事故罪定罪处罚。

六、生产不符合保障人身、财产安全的国家标准、行业标准的窨井盖，或者销售明知是不符合保障人身、财产安全的国家标准、行业标准的窨井盖，造成严重后果的，依照刑法第一百四十六条的规定，以生产、销售不符合安全标准的产品罪定罪处罚。

七、知道或者应当知道是盗窃所得的窨井盖及其产生的收益而予以窝藏、转移、收购、代为销售或者以其他方法掩饰、隐瞒的，依照刑法第三百一十二条和《最高人民法院关于审理掩饰、隐瞒犯罪所得、犯罪所得收益刑事案件适用法律若干问题的解释》的规定，以掩饰、隐瞒犯罪所得、犯罪所得收益罪定罪处罚。

八、在窨井盖采购、施工、验收、使用、检查过程中负有决定、管理、监督等职责的国家机关工作人员玩忽职守或者滥用职权，致使公共财产、国家和人民利益遭受重大损失的，依照刑法第三百九十七条的规定，分别以玩忽职守罪、滥用职权罪定罪处罚。

九、在依照法律、法规规定行使窨井盖行政管理职权的公司、企业、事业单位中从事公务的人员以及在受国家机关委托代表国家机关行使窨井盖行政管理职权的组织中从事公务的人员，玩忽职守或者滥用职权，致使公共财产、国家和人民利益遭受重大损失的，依照刑法第三百九十七条和《全国人民代表大会常务委员会关于〈中华人民共和国刑法〉第九章渎职罪主体适用问题的解释》的规定，分别以玩忽职守罪、滥用职权罪定罪处罚。

十、对窨井盖负有管理职责的其他公司、企业、事业单位的工作人员，严重不负责任，导致人员坠井等事故，致人重伤或者死亡，符合刑法第二百三十五条、第二百三十三条规定的，分别以过失致人重伤罪、过失致人死亡罪定罪处罚。

十一、国家机关工作人员利用职务上的便利，收受他人财物，为他人谋取与窨井盖相关利益，同时构成受贿罪和刑法分则第九章规定的渎职犯罪的，除刑法另有规定外，以受贿罪和渎职犯罪数罪并罚。

十二、本意见所称的“窨井盖”，包括城市、城乡结合部和乡村等地的窨井盖以及其他井盖。

〔75〕**【司法解释】**2007年8月15日最高法**《关于审理破坏电力设备刑事案件具体应用法律若干问题的解释》**，就审理破坏电力设备刑事案件具体应用法律的若干问题解释如下：

第三条　盗窃电力设备，危害公共安全，但不构成盗窃罪的，以破坏电力设备罪定罪处罚；同时构成盗窃罪和破坏电力设备罪的，依照刑法处罚较重的规定定罪处罚。

盗窃电力设备，没有危及公共安全，但应当追究刑事责任的，可以根据案件的不同情况，按照盗窃罪等犯罪处理。

第四条　本解释所称电力设备，是指处于运行、应急等使用中的电力设备；已经通电使用，只是由于枯水季节或电力不足等原因暂停使用的电力设备；已经交付使用但尚未通电的电力设备。不包括尚未安装完毕，或者已经安装完毕但尚未交付使用的电力设备。

本解释中直接经济损失的计算范围，包括电量损失金额，被毁损设备材料的购置、更换、修复费用，以及因停电给用户造成的直接经济损失等。

2007年1月15日最高法、最高检**《关于办理盗窃油气、破坏油气设备等刑事案件具体应用法律若干问题的解释》**（法释〔2007〕3号，自2007年1月19日起施行），就办理盗窃油气、破坏油气设备等犯罪刑事案件具体应用法律的若干问题解释如下：

第一条　在实施盗窃油气等行为过程中，采用切割、打孔、撬砸、拆卸、开关等手段破坏正在使用的油气设备的，属于刑法第一百一十八条规定的"破坏燃气或者其他易燃易爆设备"的行为；危害公共安全，尚未造成严重后果的，依照刑法第一百一十八条的规定定罪处罚。

……

第四条　盗窃油气同时构成盗窃罪和破坏易燃易爆设备罪的，依照刑法处罚较重的规定定罪处罚。

……

第八条　本解释所称的"油气"，是指石油、天然气。其中，石油包括原油、成品油；天然气包括煤层气。

本解释所称"油气设备"，是指用于石油、天然气生产、储存、运输等易燃易爆设备。

2018年9月28日最高法、最高检、公安部**《关于办理盗窃油气、破坏油气设备等刑事案件适用法律若干问题的意见》**（法发〔2018〕18号），为依法惩治盗窃油气、破坏油气设备等犯罪，维护公共安全、能源安全和生态安全，根据《中华人民共和国刑法》《中华人民共和国刑事诉讼法》《最高人民法院、最高人民检察院关于办理盗窃油气、破坏油气设备等刑事案件具体应用法律若干问题的解释》等法律、司法解释的规定，结合工作实际，制定本意见。

一、关于危害公共安全的认定

在实施盗窃油气等行为过程中，破坏正在使用的油气设备，具有下列情形之一的，应当认定为刑法第一百一十八条规定的“危害公共安全”：

（一）采用切割、打孔、撬砸、拆卸手段的，但是明显未危害公共安全的除外；

（二）采用开、关等手段，足以引发火灾、爆炸等危险的。

二、关于盗窃油气未遂的刑事责任

着手实施盗窃油气行为，由于意志以外的原因未得逞，具有下列情形之一的，以盗窃罪（未遂）追究刑事责任：

（一）以数额巨大的油气为盗窃目标的；

（二）已将油气装入包装物或者运输工具，达到“数额较大”标准3倍以上的；

（三）携带盗油卡子、手摇钻、电钻、电焊枪等切割、打孔、撬砸、拆卸工具的；

（四）其他情节严重的情形。

三、关于共犯的认定

在共同盗窃油气、破坏油气设备等犯罪中，实际控制、为主出资或者组织、策划、纠集、雇佣、指使他人参与犯罪的，应当依法认定为主犯；对于其他人员，在共同犯罪中起主要作用的，也应当依法认定为主犯。

在输油输气管道投入使用前擅自安装阀门，在管道投入使用后将该阀门提供给他人盗窃油气的，以盗窃罪、破坏易燃易爆设备罪等有关犯罪的共同犯罪论处。

四、关于内外勾结盗窃油气行为的处理

行为人与油气企业人员勾结共同盗窃油气，没有利用油气企业人员职务便利，仅仅是利用其易于接近油气设备、熟悉环境等方便条件的，以盗窃罪的共同犯罪论处。

实施上述行为，同时构成破坏易燃易爆设备罪的，依照处罚较重的规定定罪处罚。

五、关于窝藏、转移、收购、加工、代为销售被盗油气行为的处理

明知是犯罪所得的油气而予以窝藏、转移、收购、加工、代为销售或者以其他方式掩饰、隐瞒，符合刑法第三百一十二条规定的，以掩饰、隐瞒犯罪所得罪追究刑事责任。

“明知”的认定，应当结合行为人的认知能力、所得报酬、运输工具、运输路线、收购价格、收购形式、加工方式、销售地点、仓储条件等因素综合考虑。

实施第一款规定的犯罪行为，事前通谋的，以盗窃罪、破坏易燃易爆设备罪等有关犯罪的共同犯罪论处。

六、关于直接经济损失的认定

《最高人民法院、最高人民检察院关于办理盗窃油气、破坏油气设备等刑事案件具体应用法律若干问题的解释》第二条第三项规定的“直接经济损失”

第一百一十九条[76] **【破坏交通工具罪】【破坏交通设施罪】【破坏电力设备罪】【破坏易燃易爆设备罪】**破坏交通工具、交通设施、电力设备、燃气设备、易燃易爆设备,造成严重后果的,处十年以上有期徒刑、无期徒刑或者死刑。

【过失损坏交通工具罪】【过失损坏交通设施罪】【过失损坏电力设备罪】【过失损坏易燃易爆设备罪】过失犯前款罪的,处三年以上七年以下有期徒刑;情节较轻的,处三年以下有期徒刑或者拘役。

包括因实施盗窃油气等行为直接造成的油气损失以及采取抢修堵漏等措施所产生的费用。

对于直接经济损失数额,综合油气企业提供的证据材料、犯罪嫌疑人、被告人及其辩护人所提辩解、辩护意见等认定;难以确定的,依据价格认证机构出具的报告,结合其他证据认定。

油气企业提供的证据材料,应当有工作人员签名和企业公章。

七、关于专门性问题的认定

对于油气的质量、标准等专门性问题,综合油气企业提供的证据材料、犯罪嫌疑人、被告人及其辩护人所提辩解、辩护意见等认定;难以确定的,依据司法鉴定机构出具的鉴定意见或者国务院公安部门指定的机构出具的报告,结合其他证据认定。

油气企业提供的证据材料,应当有工作人员签名和企业公章。

〔76〕**【司法解释】**2007 年 8 月 15 日最高法**《关于审理破坏电力设备刑事案件具体应用法律若干问题的解释》**(法释〔2007〕15 号,自 2007 年 8 月 21 日起施行),就审理破坏电力设备刑事案件具体应用法律的若干问题解释如下:

第一条 破坏电力设备,具有下列情形之一的,属于刑法第一百一十九条第一款规定的"造成严重后果",以破坏电力设备罪判处 10 年以上有期徒刑、无期徒刑或者死刑:

(一)造成 1 人以上死亡、3 人以上重伤或者 10 人以上轻伤的;

(二)造成 1 万以上用户电力供应中断 6 小时以上,致使生产、生活受到严重影响的;

(三)造成直接经济损失 100 万元以上的;

(四)造成其他危害公共安全严重后果的。

第二条 过失损坏电力设备,造成本解释第一条规定的严重后果的,依照刑法第一百一十九条第二款的规定,以过失损坏电力设备罪判处 3 年以上 7 年以下有期徒刑;情节较轻的,处 3 年以下有期徒刑或者拘役。

第一百二十条[77] **【组织、领导、参加恐怖组织罪】**组织、领导恐怖活动组织的，处十年以上有期徒刑或者无期徒刑，并处没收财产；积极参加的，处三年以上十年以下有期徒刑，并处罚金；其他参加的，处三年以下有期徒刑、拘役、管制或者剥夺政治权利，可以并处罚金。

犯前款罪并实施杀人、爆炸、绑架等犯罪的，依照数罪并罚的规定处罚。

根据2007年1月15日最高法、最高检**《关于办理盗窃油气、破坏油气设备等刑事案件具体应用法律若干问题的解释》第二条**，实施本解释第一条规定的行为，具有下列情形之一的，属于刑法第一百一十九条第一款规定的“造成严重后果”，依照刑法第一百一十九条第一款的规定定罪处罚：

（一）造成1人以上死亡、3人以上重伤或者10人以上轻伤的；

（二）造成井喷或者重大环境污染事故的；

（三）造成直接经济损失数额在50万元以上的；

（四）造成其他严重后果的。

〔77〕**【刑法修订】**本条第一款被修订二次。1997年刑法该款原文如下：

第一百二十条第一款 组织、领导和积极参加恐怖活动组织的，处三年以上十年以下有期徒刑；其他参加的，处三年以下有期徒刑、拘役或者管制。

2001年**《刑法修正案（三）》第三条**区分组织、领导者与积极参加者，分别设置轻重不同的法定刑，从而提高了组织、领导者的法定刑，降低了其他参加者的法定刑。经此修订后的该款规定如下：

第一百二十条第一款 组织、领导恐怖活动组织的，处十年以上有期徒刑或者无期徒刑；积极参加的，处三年以上十年以下有期徒刑；其他参加的，处三年以下有期徒刑、拘役、管制或者剥夺政治权利。

2015年**《刑法修正案（九）》第五条**再次修订该款，在法定刑中增设相应的财产刑。

【相关法规】根据2018年修正后的**《反恐怖主义法》第三条**，本法所称恐怖主义，是指通过暴力、破坏、恐吓等手段，制造社会恐慌、危害公共安全、侵犯人身财产，或者胁迫国家机关、国际组织，以实现其政治、意识形态等目的的主张和行为。

本法所称恐怖活动，是指恐怖主义性质的下列行为：

（一）组织、策划、准备实施、实施造成或者意图造成人员伤亡、重大财产损失、公共设施损坏、社会秩序混乱等严重社会危害的活动的；

(二)宣扬恐怖主义,煽动实施恐怖活动,或者非法持有宣扬恐怖主义的物品,强制他人在公共场所穿戴宣扬恐怖主义的服饰、标志的;

(三)组织、领导、参加恐怖活动组织的;

(四)为恐怖活动组织、恐怖活动人员、实施恐怖活动或者恐怖活动培训提供信息、资金、物资、劳务、技术、场所等支持、协助、便利的;

(五)其他恐怖活动。

本法所称恐怖活动组织,是指三人以上为实施恐怖活动而组成的犯罪组织。

本法所称恐怖活动人员,是指实施恐怖活动的人和恐怖活动组织的成员。

本法所称恐怖事件,是指正在发生或者已经发生的造成或者可能造成重大社会危害的恐怖活动。

……

第三十条,对恐怖活动罪犯和极端主义罪犯被判处徒刑以上刑罚的,监狱、看守所应当在刑满释放前根据其犯罪性质、情节和社会危害程度,服刑期间的表现,释放后对所居住社区的影响等进行社会危险性评估……

罪犯服刑地的中级人民法院对于确有社会危险性的,应当在罪犯刑满释放前作出责令其在刑满释放后接受安置教育的决定。决定书副本应当抄送同级人民检察院……

安置教育由省级人民政府组织实施。安置教育机构应当每年对被安置教育人员进行评估,对于确有悔改表现,不致再危害社会的,应当及时提出解除安置教育的意见,报决定安置教育的中级人民法院作出决定。被安置教育人员有权申请解除安置教育。

人民检察院对安置教育的决定和执行实行监督。

【司法解释】2018年3月16日最高法、最高检、公安部、司法部**《关于办理恐怖活动和极端主义犯罪案件适用法律若干问题的意见》**(高检会〔2018〕1号),为了依法惩治恐怖活动和极端主义犯罪,维护国家安全、社会稳定,保障人民群众生命财产安全,根据《中华人民共和国刑法》《中华人民共和国刑事诉讼法》《中华人民共和国反恐怖主义法》等法律规定,结合司法实践,制定本意见。

一、准确认定犯罪

(一)具有下列情形之一的,应当认定为刑法第一百二十条规定的"组织、领导恐怖活动组织",以组织、领导恐怖组织罪定罪处罚:

1. 发起、建立恐怖活动组织的;
2. 恐怖活动组织成立后,对组织及其日常运行负责决策、指挥、管理的;
3. 恐怖活动组织成立后,组织、策划、指挥该组织成员进行恐怖活动的;
4. 其他组织、领导恐怖活动组织的情形。

具有下列情形之一的，应当认定为刑法第一百二十条规定的“积极参加”，以参加恐怖组织罪定罪处罚：

1. 纠集他人共同参加恐怖活动组织的；

2. 多次参加恐怖活动组织的；

3. 曾因参加恐怖活动组织、实施恐怖活动被追究刑事责任或者2年内受过行政处罚，又参加恐怖活动组织的；

4. 在恐怖活动组织中实施恐怖活动且作用突出的；

5. 在恐怖活动组织中积极协助组织、领导者实施组织、领导行为的；

6. 其他积极参加恐怖活动组织的情形。

参加恐怖活动组织，但不具有前两款规定情形的，应当认定为刑法第一百二十条规定的“其他参加”，以参加恐怖组织罪定罪处罚。

犯刑法第一百二十条规定的犯罪，又实施杀人、放火、爆炸、绑架、抢劫等犯罪的，依照数罪并罚的规定定罪处罚。

……

（八）犯刑法第一百二十条规定的犯罪，同时构成刑法第一百二十条之一至之六规定的犯罪的，依照处罚较重的规定定罪处罚。

犯刑法第一百二十条之一至之六规定的犯罪，同时构成其他犯罪的，依照处罚较重的规定定罪处罚。

（九）恐怖主义、极端主义，恐怖活动，恐怖活动组织，根据《中华人民共和国反恐怖主义法》等法律法规认定。

二、正确适用程序

（一）组织、领导、参加恐怖组织罪，帮助恐怖活动罪，准备实施恐怖活动罪，宣扬恐怖主义、煽动实施恐怖活动罪，强制穿戴宣扬恐怖主义服饰、标志罪，非法持有宣扬恐怖主义物品罪的第一审刑事案件由中级人民法院管辖；宣扬极端主义罪，利用极端主义破坏法律实施罪，强制穿戴宣扬极端主义服饰、标志罪，非法持有宣扬极端主义物品罪的第一审刑事案件由基层人民法院管辖。高级人民法院可以根据级别管辖的规定，结合本地区社会治安状况、案件数量等情况，决定实行相对集中管辖，指定辖区内特定的中级人民法院集中审理恐怖活动和极端主义犯罪第一审刑事案件，或者指定辖区内特定的基层人民法院集中审理极端主义犯罪第一审刑事案件，并将指定法院名单报最高人民法院备案。

（二）国家反恐怖主义工作领导机构对恐怖活动组织和恐怖活动人员作出认定并予以公告的，人民法院可以在办案中根据公告直接认定。国家反恐怖主义工作领导机构没有公告的，人民法院应当严格依照《中华人民共和国反恐怖主义法》有关恐怖活动组织和恐怖活动人员的定义认定，必要时，可以商地市级以上公安机关出具意见作为参考。

（三）宣扬恐怖主义、极端主义的图书、音频视频资料，服饰、标志或者其他物品的认定，应当根据《中华人民共和国反恐怖主义法》有关恐怖主义、极端主义的规定，从其记载的内容、外观特征等分析判断。公安机关应当对涉案物品全面审查并逐一标注或者摘录，提出审读意见，与扣押、移交物品清单及涉案物品原件一并移送人民检察院审查。人民检察院、人民法院可以结合在案证据、案件情况、办案经验等综合审查判断。

（四）恐怖活动和极端主义犯罪案件初查过程中收集提取的电子数据，以及通过网络在线提取的电子数据，可以作为证据使用。对于原始存储介质位于境外或者远程计算机信息系统上的恐怖活动和极端主义犯罪电子数据，可以通过网络在线提取。必要时，可以对远程计算机信息系统进行网络远程勘验。立案后，经设区的市一级以上公安机关负责人批准，可以采取技术侦查措施。对于恐怖活动和极端主义犯罪电子数据量大或者提取时间长等需要冻结的，经县级以上公安机关负责人或者检察长批准，可以进行冻结。对于电子数据涉及的专门性问题难以确定的，由具备资格的司法鉴定机构出具鉴定意见，或者由公安部指定的机构出具报告。

三、完善工作机制

……

（三）人民法院、人民检察院和公安机关办理恐怖活动和极端主义犯罪案件，应当坚持对涉案人员区别对待，实行教育转化。对被教唆、胁迫、引诱参与恐怖活动、极端主义活动，或者参与恐怖活动、极端主义活动情节轻微，尚不构成犯罪的人员，公安机关应当组织有关部门、村民委员会、居民委员会、所在单位、就读学校、家庭和监护人对其进行帮教。对被判处有期徒刑以上刑罚的恐怖活动罪犯和极端主义罪犯，服刑地的中级人民法院应当根据其社会危险性评估结果和安置教育建议，在其刑满释放前作出是否安置教育的决定。人民检察院依法对安置教育进行监督，对于实施安置教育过程中存在违法行为的，应当及时提出纠正意见或者检察建议。

根据 2015 年 9 月 16 日最高法**《关于充分发挥审判职能作用切实维护公共安全的若干意见》**（法发〔2015〕12 号），对暴力恐怖犯罪活动，要坚持严打方针不动摇，对首要分子、骨干成员、罪行重大者，该判处重刑乃至死刑的应当依法判处；要立足打早打小打苗头，对已经构成犯罪的一律依法追究刑事责任，对因被及时发现、采取预防措施而没有造成实际损害的暴恐分子，只要符合犯罪构成条件的，该依法重判的也要依法重判；要注意区别对待，对自动投案、检举揭发，特别是主动交代、协助抓捕幕后指使的，要体现政策依法从宽处理。要通过依法裁判，树立法治威严，坚决打掉暴恐分子的嚣张气焰，有效维护人民权益和社会安宁。

第一百二十条之一[78]　**【帮助恐怖活动罪】**资助恐怖活动组织、实施恐怖活动的个人的，或者资助恐怖活动培训的，处五年以下有期徒刑、拘役、管制或者剥夺政治权利，并处罚金；情节严重的，处五年以上有期徒刑，并处罚金或者没收财产。

为恐怖活动组织、实施恐怖活动或者恐怖活动培训招募、运送人员的，依照前款的规定处罚。

单位犯前两款罪的，对单位判处罚金，并对其直接负责的主管人员和其他直接责任人员，依照第一款的规定处罚。

---

〔78〕**【刑法修订】**本条为2001年**《刑法修正案（三）》第四条**增设，增设的条文如下：

第一百二十条之一　资助恐怖活动组织或者实施恐怖活动的个人的，处五年以下有期徒刑、拘役、管制或者剥夺政治权利，并处罚金；情节严重的，处五年以上有期徒刑，并处罚金或者没收财产。

单位犯前款罪的，对单位判处罚金，并对其直接负责的主管人员和其他直接责任人员，依照前款的规定处罚。

2015年**《刑法修正案（九）》第六条**修订了本条，在第一款将“资助恐怖活动组织或者实施恐怖活动的个人”修改为“资助恐怖活动组织、实施恐怖活动的个人”，在该款增设“或者资助恐怖活动培训的”规定；增设了第二款“为恐怖活动组织、实施恐怖活动或者恐怖活动培训招募、运送人员的，依照前款的规定处罚”的规定；将原第二款改为第三款，将该款中单位犯“前款罪的……依照前款的规定处罚”修改为单位犯“前两款罪……依照第一款的规定处罚”。

【立案标准】根据2022年4月6日最高检、公安部**《关于公安机关管辖的刑事案件立案追诉标准的规定（二）》第一条**，资助恐怖活动组织、实施恐怖活动的个人的，或者资助恐怖活动培训的，应予立案追诉。

【司法解释】根据2018年3月16日最高法、最高检、公安部、司法部**《关于办理恐怖活动和极端主义犯罪案件适用法律若干问题的意见》**，具有下列情形之一的，依照刑法第一百二十条之一的规定，以帮助恐怖活动罪定罪处罚：

1. 以募捐、变卖房产、转移资金等方式为恐怖活动组织、实施恐怖活动的个人、恐怖活动培训筹集、提供经费，或者提供器材、设备、交通工具、武器装备等物资，或者提供其他物质便利的；

2. 以宣传、招收、介绍、输送等方式为恐怖活动组织、实施恐怖活动、恐怖活动培训招募人员的；

第一百二十条之二〔79〕**【准备实施恐怖活动罪】**有下列情形之一的，处五年以下有期徒刑、拘役、管制或者剥夺政治权利，并处罚金；情节严重的，处五年以上有期徒刑，并处罚金或者没收财产：

（一）为实施恐怖活动准备凶器、危险物品或者其他工具的；

（二）组织恐怖活动培训或者积极参加恐怖活动培训的；

（三）为实施恐怖活动与境外恐怖活动组织或者人员联络的；

（四）为实施恐怖活动进行策划或者其他准备的。

有前款行为，同时构成其他犯罪的，依照处罚较重的规定定罪处罚。

3.以帮助非法出入境，或者为非法出入境提供中介服务、中转运送、停留住宿、伪造身份证明材料等便利，或者充当向导、帮助探查偷越国（边）境路线等方式，为恐怖活动组织、实施恐怖活动、恐怖活动培训运送人员的；

4. 其他资助恐怖活动组织、实施恐怖活动的个人、恐怖活动培训，或者为恐怖活动组织、实施恐怖活动、恐怖活动培训招募、运送人员的情形。

实施恐怖活动的个人，包括已经实施恐怖活动的个人，也包括准备实施、正在实施恐怖活动的个人。包括在我国领域内实施恐怖活动的个人，也包括在我国领域外实施恐怖活动的个人。包括我国公民，也包括外国公民和无国籍人。

帮助恐怖活动罪的主观故意，应当根据案件具体情况，结合行为人的具体行为、认知能力、一贯表现和职业等综合认定。

明知是恐怖活动犯罪所得及其产生的收益，为掩饰、隐瞒其来源和性质，而提供资金账户，协助将财产转换为现金、金融票据、有价证券，通过转账或者其他结算方式协助资金转移，协助将资金汇往境外的，以洗钱罪定罪处罚。事先通谋的，以相关恐怖活动犯罪的共同犯罪论处。

〔79〕**【刑法修订】**本条为2015年**《刑法修正案（九）》第七条**增设。

【司法解释】根据2018年3月16日最高法、最高检、公安部、司法部**《关于办理恐怖活动和极端主义犯罪案件适用法律若干问题的意见》**，具有下列情形之一的，依照刑法第一百二十条之二的规定，以准备实施恐怖活动罪定罪处罚：

1. 为实施恐怖活动制造、购买、储存、运输凶器，易燃易爆、易制爆品，腐蚀性、放射性、传染性、毒害性物品等危险物品，或者其他工具的；

2. 以当面传授、开办培训班、组建训练营、开办论坛、组织收听收看音频视频资料等方式，或者利用网站、网页、论坛、博客、微博客、网盘、即时通信、通讯群组、聊天室等网络平台、网络应用服务组织恐怖活动培训的，或者积极参加恐怖活动心理体能培训，传授、学习犯罪技能方法或者进行恐怖活动训练的；

第一百二十条之三〔80〕**【宣扬恐怖主义、极端主义、煽动实施恐怖活动罪】**以制作、散发宣扬恐怖主义、极端主义的图书、音频视频资料或者其他物品，或者通过讲授、发布信息等方式宣扬恐怖主义、极端主义的，或者煽动实施恐怖活动的，处五年以下有期徒刑、拘役、管制或者剥夺政治权利，并处罚金；情节严重的，处五年以上有期徒刑，并处罚金或者没收财产。

---

3. 为实施恐怖活动，通过拨打电话、发送短信、电子邮件等方式，或者利用网站、网页、论坛、博客、微博客、网盘、即时通信、通讯群组、聊天室等网络平台、网络应用服务与境外恐怖活动组织、人员联络的；

4. 为实施恐怖活动出入境或者组织、策划、煽动、拉拢他人出入境的；

5. 为实施恐怖活动进行策划或者其他准备的情形。

〔80〕**【刑法修订】**本条为 2015 年《**刑法修正案（九）**》**第七条**增设。

【相关法规】根据 2018 年修正后的《**反恐怖主义法**》**第八十条**，参与下列活动之一，情节轻微，尚不构成犯罪的，由公安机关处十日以上十五日以下拘留，可以并处一万元以下罚款：

（一）宣扬恐怖主义、极端主义或者煽动实施恐怖活动、极端主义活动的；

（二）制作、传播、非法持有宣扬恐怖主义、极端主义的物品的；

（三）强制他人在公共场所穿戴宣扬恐怖主义、极端主义的服饰、标志的；

（四）为宣扬恐怖主义、极端主义或者实施恐怖主义、极端主义活动提供信息、资金、物资、劳务、技术、场所等支持、协助、便利的。

【司法解释】根据 2018 年 3 月 16 日最高法、最高检、公安部、司法部《**关于办理恐怖活动和极端主义犯罪案件适用法律若干问题的意见**》，实施下列行为之一，宣扬恐怖主义、极端主义或者煽动实施恐怖活动的，依照刑法第一百二十条之三的规定，以宣扬恐怖主义、极端主义、煽动实施恐怖活动罪定罪处罚：

1. 编写、出版、印刷、复制、发行、散发、播放载有宣扬恐怖主义、极端主义内容的图书、报刊、文稿、图片或者音频视频资料的；

2. 设计、生产、制作、销售、租赁、运输、托运、寄递、散发、展示带有宣扬恐怖主义、极端主义内容的标识、标志、服饰、旗帜、徽章、器物、纪念品等物品的；

3. 利用网站、网页、论坛、博客、微博客、网盘、即时通信、通讯群组、聊天室等网络平台、网络应用服务等登载、张贴、复制、发送、播放、演示载有恐怖主义、极端主义内容的图书、报刊、文稿、图片或者音频视频资料的；

4. 网站、网页、论坛、博客、微博客、网盘、即时通信、通讯群组、聊天室等网络平台、网络应用服务的建立、开办、经营、管理者，明知他人利用网络平

第一百二十条之四〔81〕 **【利用极端主义破坏法律实施罪】**利用极端主义煽动、胁迫群众破坏国家法律确立的婚姻、司法、教育、社会管理等制度实施的，处三年以下有期徒刑、拘役或者管制，并处罚金；情节严重的，处三年以上七年以下有期徒刑，并处罚金；情节特别严重的，处七年以上有期徒刑，并处罚金或者没收财产。

台、网络应用服务散布、宣扬恐怖主义、极端主义内容，经相关行政主管部门处罚后仍允许或者放任他人发布的；

5. 利用教经、讲经、解经、学经、婚礼、葬礼、纪念、聚会和文体活动等宣扬恐怖主义、极端主义、煽动实施恐怖活动的；

6. 其他宣扬恐怖主义、极端主义、煽动实施恐怖活动的行为。

〔81〕 **【刑法修订】**本条为 2015 年**《刑法修正案（九）》第七条**增设。

【相关法规】根据 2018 年修正后的**《反恐怖主义法》第八十一条**，利用极端主义，实施下列行为之一，情节轻微，尚不构成犯罪的，由公安机关处五日以上十五日以下拘留，可以并处一万元以下罚款：

（一）强迫他人参加宗教活动，或者强迫他人向宗教活动场所、宗教教职人员提供财物或者劳务的；

（二）以恐吓、骚扰等方式驱赶其他民族或者有其他信仰的人员离开居住地的；

（三）以恐吓、骚扰等方式干涉他人与其他民族或者有其他信仰的人员交往、共同生活的；

（四）以恐吓、骚扰等方式干涉他人生活习俗、方式和生产经营的；

（五）阻碍国家机关工作人员依法执行职务的；

（六）歪曲、诋毁国家政策、法律、行政法规，煽动、教唆抵制人民政府依法管理的；

（七）煽动、胁迫群众损毁或者故意损毁居民身份证、户口簿等国家法定证件以及人民币的；

（八）煽动、胁迫他人以宗教仪式取代结婚、离婚登记的；

（九）煽动、胁迫未成年人不接受义务教育的；

（十）其他利用极端主义破坏国家法律制度实施的。

【司法解释】根据 2018 年 3 月 16 日最高法、最高检、公安部、司法部**《关于办理恐怖活动和极端主义犯罪案件适用法律若干问题的意见》**，利用极端主义，实施下列行为之一的，依照刑法第一百二十条之四的规定，以利用极端主义破坏法律实施罪定罪处罚：

1. 煽动、胁迫群众以宗教仪式取代结婚、离婚登记，或者干涉婚姻自由的；
2. 煽动、胁迫群众破坏国家法律确立的司法制度实施的；

第一百二十条之五[82] **【强制穿戴宣扬恐怖主义、极端主义服饰、标志罪】**以暴力、胁迫等方式强制他人在公共场所穿着、佩戴宣扬恐怖主义、极端主义服饰、标志的，处三年以下有期徒刑、拘役或者管制，并处罚金。

第一百二十条之六[83] **【非法持有宣扬恐怖主义、极端主义物品罪】**明知是宣扬恐怖主义、极端主义的图书、音频视频资料或者其他物品而非法持有，情节严重的，处三年以下有期徒刑、拘役或者管制，并处或者单处罚金。

---

3. 煽动、胁迫群众干涉未成年人接受义务教育，或者破坏学校教育制度、国家教育考试制度等国家法律规定的教育制度的；

4. 煽动、胁迫群众抵制人民政府依法管理，或者阻碍国家机关工作人员依法执行职务的；

5. 煽动、胁迫群众损毁居民身份证、居民户口簿等国家法定证件以及人民币的；

6. 煽动、胁迫群众驱赶其他民族、有其他信仰的人员离开居住地，或者干涉他人生活和生产经营的；

7. 其他煽动、胁迫群众破坏国家法律制度实施的行为。

〔82〕**【刑法修订】**本条为2015年**《刑法修正案（九）》第七条**增设。

【司法解释】根据2018年3月16日最高法、最高检、公安部、司法部**《关于办理恐怖活动和极端主义犯罪案件适用法律若干问题的意见》**，具有下列情形之一的，依照刑法第一百二十条之五的规定，以强制穿戴宣扬恐怖主义、极端主义服饰、标志罪定罪处罚：

1. 以暴力、胁迫等方式强制他人在公共场所穿着、佩戴宣扬恐怖主义、极端主义服饰的；

2. 以暴力、胁迫等方式强制他人在公共场所穿着、佩戴含有恐怖主义、极端主义的文字、符号、图形、口号、徽章的服饰、标志的；

3. 其他强制他人穿戴宣扬恐怖主义、极端主义服饰、标志的情形。

〔83〕**【刑法修订】**本条为2015年**《刑法修正案（九）》第七条**增设。

【司法解释】根据2018年3月16日最高法、最高检、公安部、司法部**《关于办理恐怖活动和极端主义犯罪案件适用法律若干问题的意见》**，明知是载有宣扬恐怖主义、极端主义内容的图书、报刊、文稿、图片、音频视频资料、服饰、标志或者其他物品而非法持有，达到下列数量标准之一的，依照刑法第一百二十条之六的规定，以非法持有宣扬恐怖主义、极端主义物品罪定罪处罚：

1. 图书、刊物20册以上，或者电子图书、刊物5册以上的；

第一百二十一条 【劫持航空器罪】以暴力、胁迫或者其他方法劫持航空器的，处十年以上有期徒刑或者无期徒刑；致人重伤、死亡或者使航空器遭受严重破坏的，处死刑。

第一百二十二条 【劫持船只、汽车罪】以暴力、胁迫或者其他方法劫持船只、汽车的，处五年以上十年以下有期徒刑；造成严重后果的，处十年以上有期徒刑或者无期徒刑。

---

2. 报纸100份（张）以上，或者电子报纸20份（张）以上的；

3. 文稿、图片100篇（张）以上，或者电子文稿、图片20篇（张）以上，或者电子文档50万字符以上的；

4. 录音带、录像带等音像制品20个以上，或者电子音频视频资料5个以上，或者电子音频视频资料20分钟以上的；

5. 服饰、标志20件以上的。

非法持有宣扬恐怖主义、极端主义的物品，虽未达到前款规定的数量标准，但具有多次持有，持有多类物品，造成严重后果或者恶劣社会影响，曾因实施恐怖活动、极端主义违法犯罪被追究刑事责任或者2年内受过行政处罚等情形之一的，也可以定罪处罚。

多次非法持有宣扬恐怖主义、极端主义的物品，未经处理的，数量应当累计计算。非法持有宣扬恐怖主义、极端主义的物品，涉及不同种类或者形式的，可以根据本条规定的不同数量标准的相应比例折算后累计计算。

非法持有宣扬恐怖主义、极端主义物品罪主观故意中的"明知"，应当根据案件具体情况，以行为人实施的客观行为为基础，结合其一贯表现，具体行为、程度、手段、事后态度，以及年龄、认知和受教育程度、所从事的职业等综合审查判断。

具有下列情形之一，行为人不能做出合理解释的，可以认定其"明知"，但有证据证明确属被蒙骗的除外：

1. 曾因实施恐怖活动、极端主义违法犯罪被追究刑事责任，或者2年内受过行政处罚，或者被责令改正后又实施的；

2. 在执法人员检查时，有逃跑、丢弃携带物品或者逃避、抗拒检查等行为，在其携带、藏匿或者丢弃的物品中查获宣扬恐怖主义、极端主义的物品的；

3. 采用伪装、隐匿、暗语、手势、代号等隐蔽方式制作、散发、持有宣扬恐怖主义、极端主义的物品的；

4. 以虚假身份、地址或者其他虚假方式办理托运、寄递手续，在托运、寄递的物品中查获宣扬恐怖主义、极端主义的物品的；

5. 有其他证据足以证明行为人应当知道的情形。

第一百二十三条　【暴力危及飞行安全罪】对飞行中的航空器上的人员使用暴力，危及飞行安全，尚未造成严重后果的，处五年以下有期徒刑或者拘役；造成严重后果的，处五年以上有期徒刑。

第一百二十四条〔84〕　**【破坏广播电视设施、公用电信设施罪】**破坏广播电视设施、公用电信设施，危害公共安全的，处三年以上七年以下有期徒刑；造成严重后果的，处七年以上有期徒刑。

【过失损坏广播电视设施、公用电信设施罪】过失犯前款罪的，处三年以上七年以下有期徒刑；情节较轻的，处三年以下有期徒刑或者拘役。

〔84〕　**【司法解释】**2004年12月30日最高法**《关于审理破坏公用电信设施刑事案件具体应用法律若干问题的解释》**（法释〔2004〕21号，自2005年1月11日起施行），就审理破坏公用电信设施刑事案件具体应用法律的若干问题解释如下：

第一条　采用截断通信线路、损毁通信设备或者删除、修改、增加电信网计算机信息系统中存储、处理或者传输的数据和应用程序等手段，故意破坏正在使用的公用电信设施，具有下列情形之一的，属于刑法第一百二十四条规定的“危害公共安全”，依照刑法第一百二十四条第一款规定，以破坏公用电信设施罪处3年以上7年以下有期徒刑：

（一）造成火警、匪警、医疗急救、交通事故报警、救灾、抢险、防汛等通信中断或者严重障碍，并因此贻误救助、救治、救灾、抢险等，致使人员死亡1人、重伤3人以上或者造成财产损失30万元以上的；

（二）造成2000以上不满1万用户通信中断1小时以上，或者1万以上用户通信中断不满1小时的；

（三）在一个本地网范围内，网间通信全阻、关口局至某一局向全部中断或网间某一业务全部中断不满2小时或者直接影响范围不满5万（用户 × 小时）的；

（四）造成网间通信严重障碍，一日内累计2小时以上不满12小时的；

（五）其他危害公共安全的情形。

第二条　实施本解释第一条规定的行为，具有下列情形之一的，属于刑法第一百二十四条第一款规定的“严重后果”，以破坏公用电信设施罪处7年以上有期徒刑：

（一）造成火警、匪警、医疗急救、交通事故报警、救灾、抢险、防汛等通信中断或者严重障碍，并因此贻误救助、救治、救灾、抢险等，致使人员死亡2人以上、重伤6人以上或者造成财产损失60万元以上的；

（二）造成1万以上用户通信中断1小时以上的；

（三）在一个本地网范围内，网间通信全阻、关口局至某一局向全部中断或网间某一业务全部中断 2 小时以上或者直接影响范围 5 万（用户 × 小时）以上的；

（四）造成网间通信严重障碍，一日内累计 12 小时以上的；

（五）造成其他严重后果的。

第三条 故意破坏正在使用的公用电信设施尚未危害公共安全，或者故意毁坏尚未投入使用的公用电信设施，造成财物损失，构成犯罪的，依照刑法第二百七十五条规定，以故意毁坏财物罪定罪处罚。

盗窃公用电信设施价值数额不大，但是构成危害公共安全犯罪的，依照刑法第一百二十四条的规定定罪处罚；盗窃公用电信设施同时构成盗窃罪和破坏公用电信设施罪的，依照处罚较重的规定定罪处罚。

第四条 指使、组织、教唆他人实施本解释规定的故意犯罪行为的，按照共犯定罪处罚。

第五条 本解释中规定的公用电信设施的范围、用户数、通信中断和严重障碍的标准和时间长度，依据国家电信行业主管部门的有关规定确定。

根据 2014 年 3 月 14 日最高法、最高检、公安部、国家安全部《**关于依法办理非法生产销售使用“伪基站”设备案件的意见**》，非法使用“伪基站”设备干扰公用电信网络信号，危害公共安全的，依照《刑法》第一百二十四条第一款的规定，以破坏公用电信设施罪追究刑事责任；同时构成虚假广告罪、非法获取公民个人信息罪（★罪名已变更为侵犯公民个人信息罪——编者说明）、破坏计算机信息系统罪、扰乱无线电通讯管理秩序罪的，依照处罚较重的规定追究刑事责任。

除法律、司法解释另有规定外，利用“伪基站”设备实施诈骗等其他犯罪行为，同时构成破坏公用电信设施罪的，依照处罚较重的规定追究刑事责任。

根据最高法研究室《**关于非法生产、销售、使用“伪基站”行为定性的研究意见**》，行为人利用“伪基站”设备，以非法占用电信频率的方式，破坏正在使用中的公用无线通信网络，在较大范围内较长时间造成用户通信中断，严重危害公共安全的，可以以破坏公用电信设施罪定罪处罚（参见《司法研究与指导》2014 年总第 5 辑）。

★为有效打击盗窃、破坏电信设施违法犯罪行为，支撑司法部门对相关案件的立案侦查和定罪量刑，2014 年 8 月 28 日最高法、最高检、工业和信息化部、公安部制定了《公用电信设施损坏经济损失计算方法》（工信部联电管〔2014〕372 号）——编者说明。

2011 年 6 月 7 日最高法《**关于审理破坏广播电视设施等刑事案件具体应**

用法律若干问题的解释》(法释〔2011〕13号,自2011年6月13日起施行),就审理破坏广播电视设施类刑事案件具体应用法律的若干问题解释如下:

第一条　采取拆卸、毁坏设备,剪割缆线,删除、修改、增加广播电视设备系统中存储、处理、传输的数据和应用程序,非法占用频率等手段,破坏正在使用的广播电视设施,具有下列情形之一的,依照刑法第一百二十四条第一款的规定,以破坏广播电视设施罪处3年以上7年以下有期徒刑:

(一)造成救灾、抢险、防汛和灾害预警等重大公共信息无法发布的;

(二)造成县级、地市(设区的市)级广播电视台中直接关系节目播出的设施无法使用,信号无法播出的;

(三)造成省级以上广播电视传输网内的设施无法使用,地市(设区的市)级广播电视传输网内的设施无法使用3小时以上,县级广播电视传输网内的设施无法使用12小时以上,信号无法传输的;

(四)其他危害公共安全的情形。

第二条　实施本解释第一条规定的行为,具有下列情形之一的,应当认定为刑法第一百二十四条第一款规定的"造成严重后果",以破坏广播电视设施罪处7年以上有期徒刑:

(一)造成救灾、抢险、防汛和灾害预警等重大公共信息无法发布,因此贻误排除险情或者疏导群众,致使1人以上死亡、3人以上重伤或者财产损失50万元以上,或者引起严重社会恐慌、社会秩序混乱的;

(二)造成省级以上广播电视台中直接关系节目播出的设施无法使用,信号无法播出的;

(三)造成省级以上广播电视传输网内的设施无法使用3小时以上,地市(设区的市)级广播电视传输网内的设施无法使用12小时以上,县级广播电视传输网内的设施无法使用48小时以上,信号无法传输的;

(四)造成其他严重后果的。

第三条　过失损坏正在使用的广播电视设施,造成本解释第二条规定的严重后果的,依照刑法第一百二十四条第二款的规定,以过失损坏广播电视设施罪处3年以上7年以下有期徒刑;情节较轻的,处3年以下有期徒刑或者拘役。

过失损坏广播电视设施构成犯罪,但能主动向有关部门报告,积极赔偿损失或者修复被损坏设施的,可以酌情从宽处罚。

第四条　建设、施工单位的管理人员、施工人员,在建设、施工过程中,违反广播电视设施保护规定,故意或者过失损毁正在使用的广播电视设施,构成犯罪的,以破坏广播电视设施罪或者过失损坏广播电视设施罪定罪处罚。其定罪量刑标准适用本解释第一至三条的规定。

第五条　盗窃正在使用的广播电视设施,尚未构成盗窃罪,但具有本解释第一条、第二条规定情形的,以破坏广播电视设施罪定罪处罚;同时构成盗窃罪和破坏广播电视设施罪的,依照处罚较重的规定定罪处罚。

第一百二十五条〔85〕 **【非法制造、买卖、运输、邮寄、储存枪支、弹药、爆炸物罪】**非法制造、买卖、运输、邮寄、储存枪支、弹药、爆炸物的，处三年以上十年以下有期徒刑；情节严重的，处十年以上有期徒刑、无期徒刑或者死刑。

【非法制造、买卖、运输、储存危险物质罪】非法制造、买卖、运输、储存毒害性、放射性、传染病病原体等物质，危害公共安全的，依照前款的规定处罚。

单位犯前两款罪的，对单位判处罚金，并对其直接负责的主管人员和其他直接责任人员，依照第一款的规定处罚。

第六条 破坏正在使用的广播电视设施未危及公共安全，或者故意毁坏尚未投入使用的广播电视设施，造成财物损失数额较大或者有其他严重情节的，以故意毁坏财物罪定罪处罚。

第七条 实施破坏广播电视设施犯罪，并利用广播电视设施实施煽动分裂国家、煽动颠覆国家政权、煽动民族仇恨、民族歧视或者宣扬邪教等行为，同时构成其他犯罪的，依照处罚较重的规定定罪处罚。

第八条 本解释所称广播电视台中直接关系节目播出的设施、广播电视传输网内的设施，参照国家广播电视行政主管部门和其他相关部门的有关规定确定。

〔85〕**【刑法修订】**2001年《**刑法修正案（三）**》**第五条**修订了本条第二款。1997年刑法该款原文如下：

第一百二十五条第二款 非法买卖、运输核材料的，依照前款的规定处罚。

2001年《**刑法修正案（三）**》将该款“非法买卖、运输核材料的”修改为“非法制造、买卖、运输、储存毒害性、放射性、传染病病原体等物质，危害公共安全的”。

【相关法规】根据2015年修正后的《**枪支管理法**》**第四十六条**，本法所称枪支，是指以火药或者压缩气体等为动力，利用管状器具发射金属弹丸或者其他物质，足以致人伤亡或者丧失知觉的各种枪支。

根据2002年9月30日国务院办公厅《**关于进一步加强民用爆炸物品安全管理的通知**》（国办发〔2002〕52号），对无证或者无合同销售、购买硝酸铵、氯酸钾的，或者将硝酸铵、氯酸钾销售给个人的，由公安机关依照《民用爆炸物品管理条例》（★已失效，现为2014年《民用爆炸物品安全管理条例》——编者说明）的有关规定，没收涉案硝酸铵、氯酸钾，并依法给予其他处罚；情节严重、构成犯罪的，按照《刑法》第125条的规定，依法追究刑事责任。

对民爆器材生产、经营企业违反规定生产、销售、使用未编码打号的雷管的，由公安机关依照《民用爆炸物品管理条例》的有关规定，没收无号雷管并依法给予其他处罚；情节严重、构成犯罪的，按照《刑法》第125条的规定，依法追究刑事责任。

【立案标准】根据2008年6月25日最高检、公安部**《关于公安机关管辖的刑事案件立案追诉标准的规定(一)》第二条**，非法制造、买卖、运输、储存毒害性、放射性、传染病病原体等物质，危害公共安全，涉嫌下列情形之一的，应予立案追诉：

(一)造成人员重伤或者死亡的；

(二)造成直接经济损失10万元以上的；

(三)非法制造、买卖、运输、储存毒鼠强、氟乙酰胺、氟乙酸钠、毒鼠硅、甘氟原粉、原液、制剂50克以上，或者饵料2000克以上的；

(四)造成急性中毒、放射性疾病或者造成传染病流行、暴发的；

(五)造成严重环境污染的；

(六)造成毒害性、放射性、传染病病原体等危险物质丢失、被盗、被抢或者被他人利用进行违法犯罪活动的；

(七)其他危害公共安全的情形。

【司法解释】2009年11月16日修正后的最高法**《关于审理非法制造、买卖、运输枪支、弹药、爆炸物等刑事案件具体应用法律若干问题的解释》**(法释〔2009〕18号，自2010年1月1日起施行)，就审理非法制造、买卖、运输枪支、弹药、爆炸物等案件具体应用法律的若干问题解释如下：

第一条　个人或者单位非法制造、买卖、运输、邮寄、储存枪支、弹药、爆炸物，具有下列情形之一的，依照刑法第一百二十五条第一款的规定，以非法制造、买卖、运输、邮寄、储存枪支、弹药、爆炸物罪定罪处罚：

(一)非法制造、买卖、运输、邮寄、储存军用枪支1支以上的；

(二)非法制造、买卖、运输、邮寄、储存以火药为动力发射枪弹的非军用枪支1支以上或者以压缩气体等为动力的其他非军用枪支2支以上的；

(三)非法制造、买卖、运输、邮寄、储存军用子弹10发以上、气枪铅弹500发以上或者其他非军用子弹100发以上的；

(四)非法制造、买卖、运输、邮寄、储存手榴弹1枚以上的；

(五)非法制造、买卖、运输、邮寄、储存爆炸装置的；

(六)非法制造、买卖、运输、邮寄、储存炸药、发射药、黑火药1000克以上或者烟火药3000克以上、雷管30枚以上或者导火索、导爆索30米以上的；

(七)具有生产爆炸物品资格的单位不按照规定的品种制造，或者具有销售、使用爆炸物品资格的单位超过限额买卖炸药、发射药、黑火药10千克以上或者烟火药30千克以上、雷管300枚以上或者导火索、导爆索300米以上的；

（八）多次非法制造、买卖、运输、邮寄、储存弹药、爆炸物的；

（九）虽未达到上述最低数量标准，但具有造成严重后果等其他恶劣情节的。

介绍买卖枪支、弹药、爆炸物的，以买卖枪支、弹药、爆炸物罪的共犯论处。

第二条 非法制造、买卖、运输、邮寄、储存枪支、弹药、爆炸物，具有下列情形之一的，属于刑法第一百二十五条第一款规定的“情节严重”：

（一）非法制造、买卖、运输、邮寄、储存枪支、弹药、爆炸物的数量达到本解释第一条第（一）、（二）、（三）、（六）、（七）项规定的最低数量标准5倍以上的；

（二）非法制造、买卖、运输、邮寄、储存手榴弹3枚以上的；

（三）非法制造、买卖、运输、邮寄、储存爆炸装置，危害严重的；

（四）达到本解释第一条规定的最低数量标准，并具有造成严重后果等其他恶劣情节的。

……

第七条 非法制造、买卖、运输、邮寄、储存、盗窃、抢夺、持有、私藏、携带成套枪支散件的，以相应数量的枪支计；非成套枪支散件以每30件为一成套枪支散件计。

第八条第一款 刑法第一百二十五条第一款规定的“非法储存”，是指明知是他人非法制造、买卖、运输、邮寄的枪支、弹药而为其存放的行为，或者非法存放爆炸物的行为。

第九条 因筑路、建房、打井、整修宅基地和土地等正常生产、生活需要，以及因从事合法的生产经营活动而非法制造、买卖、运输、邮寄、储存爆炸物，数量达到本解释第一条规定标准，没有造成严重社会危害，并确有悔改表现的，可依法从轻处罚；情节轻微的，可以免除处罚。

具有前款情形，数量虽达到本解释第二条规定标准的，也可以不认定为刑法第一百二十五条第一款规定的“情节严重”。

在公共场所、居民区等人员集中区域非法制造、买卖、运输、邮寄、储存爆炸物，或者因非法制造、买卖、运输、邮寄、储存爆炸物3年内受到2次以上行政处罚又实施上述行为，数量达到本解释规定标准的，不适用前两款量刑的规定。

第十条 实施非法制造、买卖、运输、邮寄、储存、盗窃、抢夺、持有、私藏其他弹药、爆炸物品等行为，参照本解释有关条文规定的定罪量刑标准处罚。

根据2003年1月15日最高法**《关于处理涉枪、涉爆申诉案件有关问题的通知》**（法〔2003〕8号），我院《关于审理非法制造、买卖、运输枪支、弹药、爆炸物等刑事案件具体应用法律若干问题的解释》(★该《解释》已被最高法修改为2009年11月16日最高法《关于审理非法制造、买卖、运输枪支、弹药、爆炸物等刑事案件具体应用法律若干问题的解释》——编者说明)公布后,人民法院经审理并已作出生效裁判的非法制造、买卖、运输枪支、弹药、爆炸物等刑事案件,当事人依法提出申诉,经审查认为生效裁判不符合《对执行〈关于审理非法制造、买卖、运输枪支、弹药、爆炸物等刑事案件具体应用法律若干问题的解释〉有关问题的通知》(★该《通知》已经被废止——编者说明)规定的,人民法院可以根据案件的具体情况,按照审判监督程序重新审理,并依照《通知》规定的精神予以改判。

根据2004年11月3日最高检法律政策研究室**《关于非法制造、买卖、运输、储存以火药为动力发射弹药的大口径武器的行为如何适用法律问题的答复》**(高检研发〔2004〕第18号),对于非法制造、买卖、运输、储存以火药为动力发射弹药的大口径武器的行为,应当依照刑法第一百二十五条第一款的规定,以非法制造、买卖、运输、储存枪支罪追究刑事责任。

根据2018年3月8日最高法、最高检**《关于涉以压缩气体为动力的枪支、气枪铅弹刑事案件定罪量刑问题的批复》**(法释〔2018〕8号,自2018年3月30日起施行),对于非法制造、买卖、运输、邮寄、储存、持有、私藏、走私以压缩气体为动力且枪口比动能较低的枪支的行为,在决定是否追究刑事责任以及如何裁量刑罚时,不仅应当考虑涉案枪支的数量,而且应当充分考虑涉案枪支的外观、材质、发射物、购买场所和渠道、价格、用途、致伤力大小、是否易于通过改制提升致伤力,以及行为人的主观认知、动机目的、一贯表现、违法所得、是否规避调查等情节,综合评估社会危害性,坚持主客观相统一,确保罪责刑相适应。

对于非法制造、买卖、运输、邮寄、储存、持有、私藏、走私气枪铅弹(用铅、铅合金或者其他金属加工的气枪弹)的行为,在决定是否追究刑事责任以及如何裁量刑罚时,应当综合考虑气枪铅弹的数量、用途以及行为人的动机目的、一贯表现、违法所得、是否规避调查等情节,综合评估社会危害性,确保罪责刑相适应。

根据最高法研究室**《关于非法买卖气枪铅弹行为是否构成犯罪的研究意见》**,非法买卖气枪铅弹,数量达到《最高人民法院关于审理非法制造、买卖、运输枪支、弹药、爆炸物等刑事案件具体应用法律若干问题的解释》规定的定罪量刑标准,应当以非法买卖弹药罪定罪处罚。但考虑到社会上非法买卖气枪铅弹的行为主要是为了娱乐或者供他人娱乐,如果没有造成严重危害后果,行为人主观恶性不深,具有悔罪表现,可结合案情对被告人从宽处理(参见《司法研究与指导》2012年总第1辑)。

根据2018年5月7日最高法、最高检、公安部**《关于依法收缴非法枪支弹药爆炸物品严厉打击枪爆违法犯罪的通告》**(公治〔2018〕258号)**第八条**,本通告所称枪支包括:军用枪、猎枪、射击运动枪、麻醉注射枪、气枪、彩弹枪、火药枪等各类制式枪支、能发射制式弹药或者枪口比动能大于等于1.8焦耳/平方厘米的非制式枪支以及枪支零部件;弹药包括:以上各类枪支使用的制式、非制式弹丸;爆炸物品包括:炸药、雷管、导火索、导爆索、震源弹、黑火药、烟火药、手榴弹、地雷等各类爆炸物品以及列入易制爆危险化学品名录,可用于制造爆炸物品的危险化学品。

根据2002年6月7日公安部**《关于对彩弹枪按照枪支进行管理的通知》**(公治〔2002〕82号),彩弹枪的结构符合《中华人民共和国枪支管理法》第四十六条有关枪支定义规定的要件,且其发射彩弹时枪口动能平均值达到93焦耳,已超过国家军用标准规定的对人体致伤动能的标准(78焦耳)。各地要按照《中华人民共和国枪支管理法》的有关规定对彩弹枪进行管理,以维护社会治安秩序,保障公共安全。

根据2006年5月25日公安部**《关于涉弩违法犯罪行为的处理及性能鉴定问题的批复》**(公复字〔2006〕2号),弩是一种具有一定杀伤能力的运动器材,但其结构和性能不符合《中华人民共和国枪支管理法》对枪支的定义,不属于枪支范畴。因此,不能按照《最高人民法院关于审理非法制造、买卖、运输枪支、弹药、爆炸物等刑事案件具体应用法律若干问题的解释》(法释〔2001〕15号)[★该解释已于2009年11月16日被最高法修正(法释〔2009〕18号)——编者说明]追究刑事责任,仍应按照《公安部、国家工商行政管理局关于加强弩管理的通知》(公治〔1999〕1646号)的规定,对非法制造、销售、运输、持有弩的登记收缴,消除社会治安隐患。

2006年10月11日公安部**《关于对以气体等为动力发射金属弹丸或者其他物质的仿真枪认定问题的批复》**(公复字〔2006〕5号)指出:依据《中华人民共和国枪支管理法》第四十六条的规定,利用气瓶、弹簧、电机等形成压缩气体为动力、发射金属弹丸或者其他物质并具有杀伤力的"仿真枪",具备制式气枪的本质特征,应认定为枪支,并按气枪进行管制处理。对非法制造、买卖、运输、储存、邮寄、持有、携带和走私此类枪支的,应当依照《中华人民共和国枪支管理法》、《中华人民共和国刑法》、《中华人民共和国治安管理处罚法》的有关规定,追究当事人的法律责任。对不具有杀伤力但符合仿真枪认定规定的,应认定为仿真枪;对非法制造、销售此类仿真枪的,应当依照《中华人民共和国枪支管理法》的有关规定,予以处罚。

2008年2月19日公安部**《仿真枪认定标准》**(公通字〔2008〕8号),仿真枪的认定标准如下:

一、凡符合以下条件之一的，可以认定为仿真枪：

1. 符合《中华人民共和国枪支管理法》规定的枪支构成要件，所发射金属弹丸或其他物质的枪口比动能小于 1.8 焦耳 / 平方厘米（不含本数）、大于 0.16 焦耳 / 平方厘米（不含本数）的；

2. 具备枪支外形特征，并且具有与制式枪支材质和功能相似的枪管、枪机、机匣或者击发等机构之一的；

3. 外形、颜色与制式枪支相同或者近似，并且外形长度尺寸介于相应制式枪支全枪长度尺寸的二分之一与一倍之间的。

二、枪口比动能的计算，按照《枪支致伤力的法庭科学鉴定判据》规定的计算方法执行。

三、术语解释

1. 制式枪支：国内制造的制式枪支是指已完成定型试验，并且经军队或国家有关主管部门批准投入装备、使用（含外贸出口）的各类枪支。国外制造的制式枪支是指制造商已完成定型试验，并且装备、使用或投入市场销售的各类枪支。

2. 全枪长：是指从枪管口部至枪托或枪机框（适用于无枪托的枪支）底部的长度。

2011 年 1 月 8 日公安部**《关于仿真枪认定标准有关问题的批复》**（公复字〔2011〕1 号），关于仿真枪认定标准有关问题批复如下：

一、关于仿真枪与制式枪支的比例问题

公安部《仿真枪认定标准》第一条第三项规定的“外形长度尺寸介于相应制式枪支全枪长度尺寸的二分之一与一倍之间”，其中的“一倍”是指比相应制式枪支全枪长度尺寸长出一倍；其中的二分之一与一倍均不包含本数。

二、关于仿真枪仿制式枪支年代问题

鉴于转轮手枪等一些手动、半自动枪械均属于第一次世界大战以前就已问世的产品。因此，制式枪支的概念不能以第一次世界大战来划定，仍应当按照《仿真枪认定标准》的有关规定执行。但绳枪、燧发枪等古代前装枪不属于制式枪支的范畴。

2019 年 12 月 9 日公安部**《公安机关涉案枪支弹药鉴定工作规定》**（公通字〔2019〕30 号），为规范涉案枪支、弹药的鉴定工作，确保鉴定意见合法、准确、公正，根据《中华人民共和国刑事诉讼法》《中华人民共和国枪支管理法》和有关法律法规，制定本规定。

一、鉴定范围

公安机关在依法办理案件中需要鉴定涉案枪支、弹药及其散件的，适用本规定。

本规定所称枪支，是指符合《中华人民共和国枪支管理法》第四十六条之规定，以火药或者压缩气体等为动力，利用管状器具发射金属弹丸或者其他物质，足以致人伤亡或者丧失知觉的各种枪支。枪支一般应具备枪身、枪管、击发机构、发射机构等。

本规定所称弹药，一般应具备弹头（弹丸）、弹壳、底火、发射药四部分结构。气枪弹虽不具备上述结构，但属于本规定所称弹药。

本规定所称枪支散件，是指专门用于组成枪支的主要零部件。

本规定所称弹药散件，是指组成弹药的弹头、弹壳、底火等。

本规定所称制式枪支、弹药，是指按照国家标准或者公安部、军队下达的战术技术指标要求，经国家有关部门或者军队批准定型，由合法企业生产的各类枪支、弹药，以及境外合法企业制造的枪支、弹药和历史遗留的各类旧杂式枪支、弹药。

本规定所称非制式枪支、弹药，是指未经有关部门批准定型或者不符合国家标准的各类枪支、弹药，包括自制、改制的枪支、弹药和枪支、弹药生产企业研制工作中的中间产品。

二、鉴定机关

涉案枪支、弹药的鉴定工作由地（市）级及以上公安机关鉴定机构负责。

三、鉴定标准

（一）制式枪支、弹药及其散件的鉴定标准

与制式枪支、弹药及其散件的实物或者资料相符，或者具备制式枪支、弹药及其散件特征的，应认定为枪支、弹药及其散件。

制式枪支、弹药，无论能否击发，均应认定为枪支、弹药。

（二）非制式枪支、弹药及其散件的鉴定标准

1. 以火药为动力的非制式枪支、弹药的鉴定标准

对以火药为动力的非制式枪支，能发射制式或者非制式弹药的，应认定为枪支。对火铳类枪支，其枪管、传火孔贯通，且能实现发射功能的，应认定为枪支。

对以火药为动力的非制式枪支，因缺少个别零件或者锈蚀不能完成击发动作，经加装相关零件或者除锈后具备发射功能的，应认定为枪支。

对以火药为动力的非制式弹药，具备弹药组成结构，且各部分具备相应功能或者能够发射的，应认定为弹药。

2. 以压缩气体等为动力的非制式枪支、弹药的鉴定标准

对以压缩气体等为动力的非制式枪支，所发射弹丸的枪口比动能大于等于1.8焦耳/平方厘米的，应认定为枪支。因缺少个别零件或者锈蚀不能完成击发动作，经加装相关零件或者除锈后具备发射功能，且枪口比动能大于等于1.8焦耳/平方厘米的，应认定为枪支。

对非制式气枪弹，与境内外生产的制式气枪弹外形、规格相符或者相近

的，应认定为气枪弹。

3. 非制式枪支、弹药散件的鉴定标准

对非制式枪支散件，与制式或者非制式枪支散件的实物、资料相符或者相近，或者具备枪支散件相同功能的，应认定为枪支散件。

对非制式弹药散件，与制式弹药散件的实物、资料相符或者相近的，应认定为弹药散件。

四、附则

（一）对同一类型的枪支、弹药及其散件，因数量较大等原因无法进行全部检验的，可按照有关规定进行抽样检验。

（二）涉案枪支、弹药的鉴定程序，按照《公安机关鉴定规则》执行。

★公安部对2010年印发的《公安机关涉案枪支弹药性能鉴定工作规定》（公通字〔2010〕67号）进行了修订，形成上述《公安机关涉案枪支弹药鉴定工作规定》。虽经修订，但1.8焦耳/平方厘米的枪口比动能并未改变——编者说明。

根据2011年9月22日公安部**《关于对空包弹管理有关问题的批复》**（公复字〔2011〕3号），空包弹是一种能够被枪支击发的无弹头特种枪弹。鉴于空包弹易被犯罪分子改制成枪弹，并且发射时其枪口冲击波在一定距离内，仍能够对人员造成伤害。因此，应当依据《中华人民共和国枪支管理法》将空包弹纳入枪支弹药管理范畴。其中，对中国人民解放军、武装警察部队需要配备使用的各类空包弹，纳入军队、武警部队装备枪支弹药管理范畴予以管理；对公务用枪配备单位需要使用的各类空包弹，纳入公务用枪管理范畴予以管理；对民用枪支配置、影视制作等单位需要配置使用的各类空包弹，纳入民用枪支弹药管理范畴予以管理。

对于射钉弹、发令弹的口径与制式枪支口径相同的，应当作为民用枪支弹药进行管理；口径与制式枪支口径不同的，对制造企业应当作为民用爆炸物品使用单位进行管理，其销售、购买应当实行实名登记管理。

根据2014年3月6日公安部**《关于枪支主要零部件管理有关问题的批复》**（公治〔2014〕110号），枪支主要零部件是指组成枪支的主要零件和部件，其中，枪支主要零件是指对枪支性能具有较大影响而且不可拆分的单个制件，如枪管、击针、扳机等；枪支部件是指由若干枪支零件组成具有一定功能的集合体，如击发机构部件、枪机部件等。《最高人民法院关于审理非法制造、买卖、运输枪支、弹药、爆炸物等刑事案件具体应用法律若干问题的解释》（法释〔2009〕18号）中的枪支散件和《公安机关涉案枪支弹药性能鉴定工作规定》（公通字〔2010〕67号）[★已修订，现为2019年12月9日公安部《公安机关涉案枪支弹药鉴定工作规定》（公通字〔2019〕30号）。下同——编者说明]中的枪支专用散件等同于枪支主要零件。

枪支主要零部件的生产加工应当委托具有枪支制造资质的企业进行。对枪支主要零部件的鉴定工作，应当按照《公安机关涉案枪支弹药性能鉴定工作规定》进行，对国外生产的枪支或者自制枪支的主要零部件，可以采取判别是否具有枪支零部件主要性能特征的方式进行鉴定（★该《批复》文后附有《枪支主要零件及性能特征明细表》，本书对此未收录——编者说明）。

根据2009年5月6日最高法研究室**《关于生产烟花爆竹配制烟火药行为是否构成非法制造、买卖爆炸物罪的答复》**（法研〔2009〕85号），将1984年的《民用爆炸物管理条例》理解为由2006年颁布的《民用爆炸物品安全管理条例》和《烟花爆竹安全管理条例》共同取代的观点是有道理的，烟花爆竹具有爆炸性、危险性，这是一般人都能够认识和好理解的。但是，由于烟花爆竹的普遍被接受性、娱乐性、爆炸力被分散性等特点，将烟花爆竹认定为爆炸物会扩大打击面，也与普通民众的认识观念、传统习俗不符，因此，最高人民法院的司法解释没有将烟花爆竹认定为爆炸物。

根据2012年9月6日最高法、最高检、公安部、国家安全监管总局**《关于依法加强对涉嫌犯罪的非法生产经营烟花爆竹行为刑事责任追究的通知》**（安监总管三〔2012〕116号），非法生产、经营烟花爆竹及相关行为涉及非法制造、买卖、运输、邮寄、储存黑火药、烟火药，构成非法制造、买卖、运输、邮寄、储存爆炸物罪的，应当依照刑法第一百二十五条的规定定罪处罚；非法生产、经营烟花爆竹及相关行为涉及生产、销售伪劣产品或不符合安全标准产品，构成生产、销售伪劣产品罪或生产、销售不符合安全标准产品罪（★罪名应为生产、销售不符合安全标准的产品罪——编者说明）的，应当依照刑法第一百四十条、第一百四十六条的规定定罪处罚；非法生产、经营烟花爆竹及相关行为构成非法经营罪的，应当依照刑法第二百二十五条的规定定罪处罚。上述非法生产经营烟花爆竹行为的定罪量刑和立案追诉标准，分别按照《最高人民法院关于审理非法制造、买卖、运输枪支、弹药、爆炸物等刑事案件具体应用法律若干问题的解释》（法释〔2009〕18号）、《最高人民法院、最高人民检察院关于办理生产、销售伪劣商品刑事案件具体应用法律若干问题的解释》（法释〔2001〕10号）、《最高人民检察院、公安部关于公安机关管辖的刑事案件立案追诉标准的规定（一）》（公通字〔2008〕36号）、《最高人民检察院、公安部关于公安机关管辖的刑事案件立案追诉标准的规定（二）》（公通字〔2010〕23号）等有关规定执行（★烟花爆竹是否属于刑法上的爆炸物，本《通知》与前述2009年最高法研究室《关于生产烟花爆竹配制烟火药行为是否构成非法制造、买卖爆炸物罪的答复》的意见并不一致。法院实务目前仅将制造烟花爆竹所需的黑火药认定为爆炸物——编者说明）。

根据2000年5月9日公安部**《关于加强爆炸案件和爆炸物品丢失被盗案**

件倒查责任追究工作的通知》(公明发〔2000〕1186号),对故意向作案犯罪分子提供爆炸物品的,依照《刑法》有关规定,以共同犯罪论处;对非法制造、买卖、运输、储存爆炸物品的,依照《刑法》第125条的规定,追究责任人的刑事责任,属于单位犯罪的,一并追究单位主管负责人的刑事责任。

2021年12月28日最高法、最高检、公安部等十部门《**关于依法惩治涉枪支、弹药、爆炸物、易燃易爆危险物品犯罪的意见**》(法发〔2021〕35号,自2021年12月31日起施行),对涉枪支、弹药、爆炸物、易燃易爆危险物品犯罪,制定意见如下:

4. 非法制造、买卖、运输、邮寄、储存、盗窃、抢夺、抢劫、持有、私藏、走私枪支、弹药、爆炸物,并利用该枪支、弹药、爆炸物实施故意杀人、故意伤害、抢劫、绑架等犯罪的,依照数罪并罚的规定处罚。

……

10. 对于非法制造、买卖、运输、邮寄、储存、持有、私藏、走私枪支、弹药,以及非法制造、买卖、运输、邮寄、储存爆炸物的行为,应当依照刑法和《最高人民法院关于审理非法制造、买卖、运输枪支、弹药、爆炸物等刑事案件具体应用法律若干问题的解释》《最高人民法院、最高人民检察院关于办理走私刑事案件适用法律若干问题的解释》等规定,从严追究刑事责任。

11. 对于非法制造、买卖、运输、邮寄、储存、持有、私藏、走私以压缩气体为动力且枪口比动能较低的枪支以及气枪铅弹的行为,应当依照刑法和《最高人民法院、最高人民检察院关于涉以压缩气体为动力的枪支、气枪铅弹刑事案件定罪量刑问题的批复》的规定,综合考虑案件情节,综合评估社会危害性,坚持主客观相统一,决定是否追究刑事责任以及如何裁量刑罚,确保罪责刑相适应。

12. 利用信息网络非法买卖枪支、弹药、爆炸物、易燃易爆危险物品,或者利用寄递渠道非法运输枪支、弹药、爆炸物、易燃易爆危险物品,依法构成犯罪的,从严追究刑事责任。

13. 确因正常生产、生活需要,以及因从事合法的生产经营活动而非法生产、储存、使用、经营、运输易燃易爆危险物品,依法构成犯罪,没有造成严重社会危害,并确有悔改表现的,可以从轻处罚。

14. 将非法枪支、弹药、爆炸物主动上交公安机关,或者将未经依法批准或者许可生产、储存、使用、经营、运输的易燃易爆危险物品主动上交行政执法机关处置的,可以从轻处罚;未造成实际危害后果,犯罪情节轻微不需要判处刑罚的,可以依法不起诉或者免予刑事处罚;成立自首的,可以依法从轻、减轻或者免除处罚。

有揭发他人涉枪支、弹药、爆炸物、易燃易爆危险物品犯罪行为,查证属实的,或者提供重要线索,从而得以侦破其他涉枪支、弹药、爆炸物、易燃易爆危险物品案件等立功表现的，可以依法从轻或者减轻处罚；有重大立功表现的，可以依法减轻或者免除处罚。

……

22. 人民法院对涉枪支、弹药、爆炸物、易燃易爆危险物品犯罪案件被告人判处罚金、有期徒刑或者拘役的，有关行政执法机关已经依法给予的罚款、行政拘留，应当依法折抵相应罚金或者刑期。有关行政执法机关尚未给予罚款的，不再给予罚款。

对于人民检察院依法决定不起诉或者人民法院依法免予刑事处罚的案件，需要给予行政处罚的，由有关行政执法机关依法给予行政处罚。

23. 本意见所称易燃易爆危险物品，是指具有爆炸、易燃性质的危险化学品、危险货物等，具体范围依照相关法律、行政法规、部门规章和国家标准确定。依照有关规定属于爆炸物的除外。

24. 本意见所称有关行政执法机关，包括民用爆炸物品行业主管部门、燃气管理部门、交通运输主管部门、应急管理部门、铁路监管部门、民用航空主管部门和邮政管理部门等。

25. 本意见自2021年12月31日起施行。

根据2022年10月22日最高法、最高检、公安部等九部门**《关于军地共同加强部队训练场未爆弹药安全风险防控的意见》**，挖捡、非法买卖未爆弹药，符合刑法第一百二十七条第一款、第一百二十五条第一款规定的，分别以盗窃弹药、爆炸物罪和非法买卖弹药、爆炸物罪定罪处罚。非法买卖未爆弹药拆解的炮弹引信、火炸药，符合刑法第一百二十五条第一款规定的，以非法买卖弹药、爆炸物罪定罪处罚。

有非法挖捡买卖行为，经教育后确有悔改表现，上交未爆弹药、炮弹残片或者销售炮弹残片违法所得的，可以依法从宽处罚；情节显著轻微危害不大不构成犯罪、构成违反治安管理行为的，依法给予治安管理处罚。

2003年9月4日最高法、最高检**《关于办理非法制造、买卖、运输、储存毒鼠强等禁用剧毒化学品刑事案件具体应用法律若干问题的解释》**（法释〔2003〕14号，自2003年10月1日起施行），就办理毒鼠强等禁用剧毒化学品刑事案件具体应用法律的若干问题解释如下：

第一条　非法制造、买卖、运输、储存毒鼠强等禁用剧毒化学品，危害公共安全，具有下列情形之一的，依照刑法第一百二十五条的规定，以非法制造、买卖、运输、储存危险物质罪，处3年以上10年以下有期徒刑：

（一）非法制造、买卖、运输、储存原粉、原液、制剂50克以上，或者饵料2千克以上的；

（二）在非法制造、买卖、运输、储存过程中致人重伤、死亡或者造成公私财产损失10万元以上的。

第二条　非法制造、买卖、运输、储存毒鼠强等禁用剧毒化学品，具有下列情形之一的，属于刑法第一百二十五条规定的“情节严重”，处10年以上有期徒刑、无期徒刑或者死刑：

（一）非法制造、买卖、运输、储存原粉、原液、制剂500克以上，或者饵料20千克以上的；

（二）在非法制造、买卖、运输、储存过程中致3人以上重伤、死亡，或者造成公私财产损失20万元以上的；

（三）非法制造、买卖、运输、储存原粉、原液、制剂50克以上不满500克，或者饵料2千克以上不满20千克，并具有其他严重情节的。

第三条　单位非法制造、买卖、运输、储存毒鼠强等禁用剧毒化学品的，依照本解释第一条、第二条规定的定罪量刑标准执行。

第四条　……（➻参见刑法第397条脚注相关部分）

第五条　本解释施行以前，确因生产、生活需要而非法制造、买卖、运输、储存毒鼠强等禁用剧毒化学品饵料自用，没有造成严重社会危害的，可以依照刑法第十三条的规定，不作为犯罪处理。

本解释施行以后，确因生产、生活需要而非法制造、买卖、运输、储存毒鼠强等禁用剧毒化学品饵料自用，构成犯罪，但没有造成严重社会危害，经教育确有悔改表现的，可以依法从轻、减轻或者免除处罚。

第六条　本解释所称“毒鼠强等禁用剧毒化学品”，是指国家明令禁止的毒鼠强、氟乙酰胺、氟乙酸钠、毒鼠硅、甘氟。

根据2019年5月19日最高法、最高检、公安部、司法部**《关于依法严厉打击传播艾滋病病毒等违法犯罪行为的指导意见》**，非法买卖含有艾滋病病毒的血液，危害公共安全的，依照刑法第一百二十五条第二款的规定，以非法买卖危险物质罪定罪处罚。

根据最高法研究室**《关于磷化铝是否属于刑法规定的毒害性物质的研究意见》**，磷化铝片剂属于刑法中规定的毒害性物质，但是结合磷化铝在粮食储存中被广泛使用以及案件的具体情况，可以对被告人从宽处理（参见《司法研究与指导》2012年总第1辑）。

【指导案例】根据2013年1月31日最高法**第四批指导性案例·指导案例13号·王召成等非法买卖、储存危险物质案**，国家严格监督管理的氰化钠等剧毒化学品，易致人中毒或者死亡，对人体、环境具有极大的毒害性和危险性，属于刑法第一百二十五条第二款规定的“毒害性”物质。

“非法买卖”毒害性物质，是指违反法律和国家主管部门规定，未经有关主管部门批准许可，擅自购买或者出售毒害性物质的行为，并不需要兼有买进和卖出的行为。

第125条

第一百二十六条[86] **【违规制造、销售枪支罪】**依法被指定、确定的枪支制造企业、销售企业，违反枪支管理规定，有下列行为之一的，对单位判处罚金，并对其直接负责的主管人员和其他直接责任人员，处五年以下有期徒刑；情节严重的，处五年以上十年以下有期徒刑；情节特别严重的，处十年以上有期徒刑或者无期徒刑：

（一）以非法销售为目的，超过限额或者不按照规定的品种制造、配售枪支的；

（二）以非法销售为目的，制造无号、重号、假号的枪支的；

（三）非法销售枪支或者在境内销售为出口制造的枪支的。

---

〔86〕**【立案标准】**根据2008年6月25日最高检、公安部**《关于公安机关管辖的刑事案件立案追诉标准的规定(一)》第三条**，依法被指定、确定的枪支制造企业、销售企业，违反枪支管理规定，以非法销售为目的，超过限额或者不按照规定的品种制造、配售枪支，或者以非法销售为目的，制造无号、重号、假号的枪支，或者非法销售枪支或者在境内销售为出口制造的枪支，涉嫌下列情形之一的，应予立案追诉：

（一）违规制造枪支5支以上的；

（二）违规销售枪支2支以上的；

（三）虽未达到上述数量标准，但具有造成严重后果等其他恶劣情节的。

本条和本规定第四条、第七条规定的“枪支”，包括枪支散件。成套枪支散件，以相应数量的枪支计；非成套枪支散件，以每三十件为一成套枪支散件计。

【司法解释】根据2009年11月16日修正后的最高法**《关于审理非法制造、买卖、运输枪支、弹药、爆炸物等刑事案件具体应用法律若干问题的解释》第三条**，依法被指定或者确定的枪支制造、销售企业，实施刑法第一百二十六条规定的行为，具有下列情形之一的，以违规制造、销售枪支罪定罪处罚：

（一）违规制造枪支5支以上的；

（二）违规销售枪支2支以上的；

（三）虽未达到上述最低数量标准，但具有造成严重后果等其他恶劣情节的。

具有下列情形之一的，属于刑法第一百二十六条规定的“情节严重”：

（一）违规制造枪支20支以上的；

（二）违规销售枪支10支以上的；

（三）达到本条第一款规定的最低数量标准，并具有造成严重后果等其他恶劣情节的。

第一百二十七条〔87〕　**【盗窃、抢夺枪支、弹药、爆炸物、危险物质罪】**盗窃、抢夺枪支、弹药、爆炸物的，或者盗窃、抢夺毒害性、放射性、传染病病原体等物质，危害公共安全的，处三年以上十年以下有期徒刑；情节严重的，处十年以上有期徒刑、无期徒刑或者死刑。

【抢劫枪支、弹药、爆炸物、危险物质罪】【盗窃、抢夺枪支、弹药、爆炸物罪】抢劫枪支、弹药、爆炸物的，或者抢劫毒害性、放射性、传染病病原体等物质，危害公共安全的，或者盗窃、抢夺国家机关、军警人员、民兵的枪支、弹药、爆炸物的，处十年以上有期徒刑、无期徒刑或者死刑。

具有下列情形之一的，属于刑法第一百二十六条规定的"情节特别严重"：

（一）违规制造枪支50支以上的；

（二）违规销售枪支30支以上的；

（三）达到本条第二款规定的最低数量标准，并具有造成严重后果等其他恶劣情节的。

〔87〕**【刑法修订】**2001年**《刑法修正案（三）》第六条**修订了本条。1997年刑法原文如下：

第一百二十七条　盗窃、抢夺枪支、弹药、爆炸物的，处三年以上十年以下有期徒刑；情节严重的，处十年以上有期徒刑、无期徒刑或者死刑。

抢劫枪支、弹药、爆炸物或者盗窃、抢夺国家机关、军警人员、民兵的枪支、弹药、爆炸物的，处十年以上有期徒刑、无期徒刑或者死刑。

2001年**《刑法修正案（三）》**在本条第一款增加"或者盗窃、抢夺毒害性、放射性、传染病病原体等物质，危害公共安全"的规定，在第二款增加"或者抢劫毒害性、放射性、传染病病原体等物质，危害公共安全"的规定。

【司法解释】根据2009年11月16日修正后的最高法**《关于审理非法制造、买卖、运输枪支、弹药、爆炸物等刑事案件具体应用法律若干问题的解释》第四条**，盗窃、抢夺枪支、弹药、爆炸物，具有下列情形之一的，依照刑法第一百二十七条第一款的规定，以盗窃、抢夺枪支、弹药、爆炸物罪定罪处罚：

（一）盗窃、抢夺以火药为动力的发射枪弹非军用枪支1支以上或者以压缩气体等为动力的其他非军用枪支2支以上的；

（二）盗窃、抢夺军用子弹10发以上、气枪铅弹500发以上或者其他非军用子弹100发以上的；

（三）盗窃、抢夺爆炸装置的；

（四）盗窃、抢夺炸药、发射药、黑火药1000克以上或者烟火药3000克以上、雷管30枚以上或者导火索、导爆索30米以上的；

（五）虽未达到上述最低数量标准，但具有造成严重后果等其他恶劣情节的。

第127条

第一百二十八条〔88〕 **【非法持有、私藏枪支、弹药罪】**违反枪支管理规定，非法持有、私藏枪支、弹药的，处三年以下有期徒刑、拘役或者管制；情节严重的，处三年以上七年以下有期徒刑。

【非法出租、出借枪支罪】依法配备公务用枪的人员，非法出租、出借枪支的，依照前款的规定处罚。

【非法出租、出借枪支罪】依法配置枪支的人员，非法出租、出借枪支，造成严重后果的，依照第一款的规定处罚。

单位犯第二款、第三款罪的，对单位判处罚金，并对其直接负责的主管人员和其他直接责任人员，依照第一款的规定处罚。

具有下列情形之一的，属于刑法第一百二十七条第一款规定的“情节严重”：

（一）盗窃、抢夺枪支、弹药、爆炸物的数量达到本条第一款规定的最低数量标准5倍以上的；

（二）盗窃、抢夺军用枪支的；

（三）盗窃、抢夺手榴弹的；

（四）盗窃、抢夺爆炸装置，危害严重的；

（五）达到本条第一款规定的最低数量标准，并具有造成严重后果等其他恶劣情节的。

〔88〕**【立案标准】**2008年6月25日最高检、公安部《**关于公安机关管辖的刑事案件立案追诉标准的规定（一）**》，对刑法第一百二十八条的立案追诉标准规定如下：

第四条 违反枪支管理规定，非法持有、私藏枪支、弹药，涉嫌下列情形之一的，应予立案追诉：

（一）非法持有、私藏军用枪支1支以上的；

（二）非法持有、私藏以火药为动力发射枪弹的非军用枪支1支以上，或者以压缩气体等为动力的其他非军用枪支2支以上的；

（三）非法持有、私藏军用子弹20发以上、气枪铅弹1000发以上或者其他非军用子弹200发以上的；

（四）非法持有、私藏手榴弹、炸弹、地雷、手雷等具有杀伤性弹药1枚以上的；

（五）非法持有、私藏的弹药造成人员伤亡、财产损失的。

本条规定的“非法持有”，是指不符合配备、配置枪支、弹药条件的人员，擅自持有枪支、弹药的行为；“私藏”，是指依法配备、配置枪支、弹药的人员，在配备、配置枪支、弹药的条件消除后，私自藏匿所配备、配置的枪支、弹药且拒不交出的行为。

第五条　依法配备公务用枪的人员或单位，非法将枪支出租、出借给未取得公务用枪配备资格的人员或单位，或者将公务用枪用作借债质押物的，应予立案追诉。

依法配备公务用枪的人员或单位，非法将枪支出租、出借给具有公务用枪配备资格的人员或单位，以及依法配置民用枪支的人员或单位，非法出租、出借民用枪支，涉嫌下列情形之一的，应予立案追诉：

（一）造成人员轻伤以上伤亡事故的；

（二）造成枪支丢失、被盗、被抢的；

（三）枪支被他人利用进行违法犯罪活动的；

（四）其他造成严重后果的情形。

【司法解释】2009 年 11 月 16 日修正后的最高法**《关于审理非法制造、买卖、运输枪支、弹药、爆炸物等刑事案件具体应用法律若干问题的解释》**，就非法持有、私藏枪支、弹药案件适用法律问题解释如下：

第五条　具有下列情形之一的，依照刑法第一百二十八条第一款的规定，以非法持有、私藏枪支、弹药罪定罪处罚：

（一）非法持有、私藏军用枪支 1 支的；

（二）非法持有、私藏以火药为动力发射枪弹的非军用枪支 1 支或者以压缩气体等为动力的其他非军用枪支 2 支以上的；

（三）非法持有、私藏军用子弹 20 发以上，气枪铅弹 1000 发以上或者其他非军用子弹 200 发以上的；

（四）非法持有、私藏手榴弹 1 枚以上的；

（五）非法持有、私藏的弹药造成人员伤亡、财产损失的。

具有下列情形之一的，属于刑法第一百二十八条第一款规定的“情节严重”：

（一）非法持有、私藏军用枪支 2 支以上的；

（二）非法持有、私藏以火药为动力发射枪弹的非军用枪支 2 支以上或者以压缩气体等为动力的其他非军用枪支 5 支以上的；

（三）非法持有、私藏军用子弹 100 发以上，气枪铅弹 5000 发以上或者其他非军用子弹 1000 发以上的；

（四）非法持有、私藏手榴弹 3 枚以上的；

（五）达到本条第一款规定的最低数量标准，并具有造成严重后果等其他恶劣情节的。

……

第八条　刑法第一百二十五条第一款规定的“非法储存”，是指明知是他人非法制造、买卖、运输、邮寄的枪支、弹药而为其存放的行为，或者非法存放爆炸物的行为。

第一百二十九条[89]　**【丢失枪支不报罪】**依法配备公务用枪的人员，丢失枪支不及时报告，造成严重后果的，处三年以下有期徒刑或者拘役。

第一百三十条[90]　**【非法携带枪支、弹药、管制刀具、危险物品危及公共安全罪】**非法携带枪支、弹药、管制刀具或者爆炸性、易燃性、放射性、毒害性、腐蚀性物品，进入公共场所或者公共交通工具，危及公共安全，情节严重的，处三年以下有期徒刑、拘役或者管制。

刑法第一百二十八条第一款规定的"非法持有"，是指不符合配备、配置枪支、弹药条件的人员，违反枪支管理法律、法规的规定，擅自持有枪支、弹药的行为。

刑法第一百二十八条第一款规定的"私藏"，是指依法配备、配置枪支、弹药的人员，在配备、配置枪支、弹药的条件消除后，违反枪支管理法律、法规的规定，私自藏匿所配备、配置的枪支、弹药且拒不交出的行为。

根据1998年11月3日最高检**《关于将公务用枪用作借债质押的行为如何适用法律问题的批复》**(高检发释字〔1998〕4号)，依法配备公务用枪的人员，违反法律规定，将公务用枪用作借债质押物，使枪支处于非依法持枪人的控制、使用之下，严重危害公共安全，是刑法第一百二十八条第二款所规定的非法出借枪支行为的一种形式，应以非法出借枪支罪追究刑事责任；对接受枪支质押的人员，构成犯罪的，根据刑法第一百二十八条第一款的规定，应以非法持有枪支罪追究其刑事责任。

〔89〕**【立案标准】**根据2008年6月25日最高检、公安部**《关于公安机关管辖的刑事案件立案追诉标准的规定(一)》第六条**，依法配备公务用枪的人员，丢失枪支不及时报告，涉嫌下列情形之一的，应予立案追诉：

(一)丢失的枪支被他人使用造成人员轻伤以上伤亡事故的；

(二)丢失的枪支被他人利用进行违法犯罪活动的；

(三)其他造成严重后果的情形。

〔90〕**【相关法规】**根据2015年修正后的**《铁路法》第六十条**，违反本法规定，携带危险品进站上车或者以非危险品品名托运危险品，导致发生重大事故的，依照刑法有关规定追究刑事责任。企业事业单位、国家机关、社会团体犯本款罪的，处以罚金，对其主管人员和直接责任人员依法追究刑事责任。

携带炸药、雷管或者非法携带枪支子弹、管制刀具进站上车的，依照刑法有关规定追究刑事责任。

根据2021年修正后的**《民用航空法》第一百九十三条**，违反本法规定，隐匿携带炸药、雷管或者其他危险品乘坐民用航空器，或者以非危险品品名托运危险品的，依照刑法有关规定追究刑事责任。

企业事业单位犯前款罪的，判处罚金，并对直接负责的主管人员和其他直接责任人员依照前款规定追究刑事责任。

隐匿携带枪支子弹、管制刀具乘坐民用航空器的，依照刑法有关规定追究刑事责任。

【立案标准】根据2008年6月25日最高检、公安部**《关于公安机关管辖的刑事案件立案追诉标准的规定（一）》第七条**，非法携带枪支、弹药、管制刀具或者爆炸性、易燃性、放射性、毒害性、腐蚀性物品，进入公共场所或者公共交通工具，危及公共安全，涉嫌下列情形之一的，应予立案追诉：

（一）携带枪支1支以上或者手榴弹、炸弹、地雷、手雷等具有杀伤性弹药1枚以上的；

（二）携带爆炸装置1套以上的；

（三）携带炸药、发射药、黑火药500克以上或者烟火药1000克以上、雷管20枚以上或者导火索、导爆索20米以上，或者虽未达到上述数量标准，但拒不交出的；

（四）携带的弹药、爆炸物在公共场所或者公共交通工具上发生爆炸或者燃烧，尚未造成严重后果的；

（五）携带管制刀具20把以上，或者虽未达到上述数量标准，但拒不交出，或者用来进行违法活动尚未构成其他犯罪的；

（六）携带的爆炸性、易燃性、放射性、毒害性、腐蚀性物品在公共场所或者公共交通工具上发生泄漏、遗洒，尚未造成严重后果的；

（七）其他情节严重的情形。

【司法解释】根据2009年11月16日修正后的最高法**《关于审理非法制造、买卖、运输枪支、弹药、爆炸物等刑事案件具体应用法律若干问题的解释》第六条**，非法携带枪支、弹药、爆炸物进入公共场所或者公共交通工具，危及公共安全，具有下列情形之一的，属于刑法第一百三十条规定的“情节严重”：

（一）携带枪支或者手榴弹的；

（二）携带爆炸装置的；

（三）携带炸药、发射药、黑火药500克以上或者烟火药1000克以上、雷管20枚以上或者导火索、导爆索20米以上的；

（四）携带的弹药、爆炸物在公共场所或者公共交通工具上发生爆炸或者燃烧，尚未造成严重后果的；

（五）具有其他严重情节的。

行为人非法携带本条第一款第（三）项规定的爆炸物进入公共场所或者公共交通工具，虽未达到上述数量标准，但拒不交出的，依照刑法第一百三十条的规定定罪处罚；携带的数量达到最低数量标准，能够主动、全部交出的，可

第一百三十一条 【重大飞行事故罪】航空人员违反规章制度，致使发生重大飞行事故，造成严重后果的，处三年以下有期徒刑或者拘役；造成飞机坠毁或者人员死亡的，处三年以上七年以下有期徒刑。

不以犯罪论处。

根据2013年7月19日公安部《**关于公安机关处置信访活动中违法犯罪行为适用法律的指导意见**》，在信访接待场所、其他国家机关或者公共场所、公共交通工具上非法携带枪支、弹药、弓弩、匕首等管制器具，或者爆炸性、毒害性、放射性、腐蚀性等危险物质的，应当及时制止，收缴枪支、弹药、管制器具、危险物质……情节严重，符合《刑法》第一百三十条规定的，以非法携带枪支、弹药、管制刀具、危险物品危及公共安全罪追究刑事责任。

根据2021年12月28日最高法、最高检、公安部等十部门《**关于依法惩治涉枪支、弹药、爆炸物、易燃易爆危险物品犯罪的意见**》，非法携带易燃易爆危险物品进入水路、铁路、航空公共交通工具或者有关公共场所，危及公共安全，情节严重的，依照刑法第一百三十条的规定，以非法携带危险物品危及公共安全罪定罪处罚。

2001年4月28日公安部《**关于对少数民族人员佩带刀具乘坐火车如何处理问题的批复**》(公复字〔2001〕6号)指出：根据国务院批准、公安部发布的《对部分刀具实行管制的暂行规定》(〔83〕公发(治)31号)的规定，管制刀具是指匕首、三棱刀(包括机械加工用的三棱刮刀)、带有自锁装置的弹簧刀(跳刀)以及其他相类似的单刃、双刃、三棱尖刃[★关于管制刀具的最新认定标准，参见2007年1月14日公安部《管制刀具认定标准》(公通字〔2007〕2号)——编者说明]。任何人不得非法制造、销售、携带和私自保存管制刀具。少数民族人员只能在民族自治地区佩带、销售和使用藏刀、腰刀、靴刀等民族刀具；在非民族自治地区，只要少数民族人员所携带的刀具属于管制刀具范围，公安机关就应当严格按照相应规定予以管理。凡公安工作中涉及的此类有关少数民族的政策、法律规定，各级公安机关应当积极采取多种形式广泛宣传，特别是要加大在车站等人员稠密的公共场所及公共交通工具上的宣传力度。

少数民族人员违反《中华人民共和国铁路法》和《铁路运输安全保护条例》(★《铁路运输安全保护条例》已被2013年8月17日国务院《铁路安全管理条例》取代——编者说明)携带管制刀具进入车站、乘坐火车的，由公安机关依法予以没收，但在本少数民族自治地区携带具有特别纪念意义或者比较珍贵的民族刀具进入车站的，可以由携带人交其亲友带回或者交由车站派出所暂时保存并出具相应手续，携带人返回时领回；对不服从管理，构成违反治安管理行为的，依法予以治安处罚；构成犯罪的，依法追究其刑事责任。

第一百三十二条[91]　**【铁路运营安全事故罪】**铁路职工违反规章制度，致使发生铁路运营安全事故，造成严重后果的，处三年以下有期徒刑或者拘役；造成特别严重后果的，处三年以上七年以下有期徒刑。

根据2010年4月7日公安部**《关于将陶瓷类刀具纳入管制刀具管理问题的批复》**（公复字〔2010〕1号），陶瓷类刀具具有超高硬度、超高耐磨、刃口锋利等特点，其技术特性已达到或超过了部分金属刀具的性能，对符合《管制刀具认定标准》（公通字〔2007〕2号）规定的刀具类型、刀刃长度和刀尖角度等条件的陶瓷类刀具，应当作为管制刀具管理。

〔91〕**【司法解释】**2015年12月14日最高法、最高检**《关于办理危害生产安全刑事案件适用法律若干问题的解释》**，就刑法第一百三十二条的适用解释如下：

第六条第一款　实施刑法第一百三十二条、第一百三十四条第一款、第一百三十五条、第一百三十五条之一、第一百三十六条、第一百三十九条规定的行为，因而发生安全事故，具有下列情形之一的，应当认定为“造成严重后果”或者“发生重大伤亡事故或者造成其他严重后果”，对相关责任人员，处3年以下有期徒刑或者拘役：

（一）造成死亡1人以上，或者重伤3人以上的；

（二）造成直接经济损失100万元以上的；

（三）其他造成严重后果或者重大安全事故的情形。

第七条第一款　实施刑法第一百三十二条、第一百三十四条第一款、第一百三十五条、第一百三十五条之一、第一百三十六条、第一百三十九条规定的行为，因而发生安全事故，具有下列情形之一的，对相关责任人员，处3年以上7年以下有期徒刑：

（一）造成死亡3人以上或者重伤10人以上，负事故主要责任的；

（二）造成直接经济损失500万元以上，负事故主要责任的；

（三）其他造成特别严重后果、情节特别恶劣或者后果特别严重的情形。

……

第十二条　实施刑法第一百三十二条、第一百三十四条至第一百三十九条之一规定的犯罪行为，具有下列情形之一的，从重处罚：

（一）未依法取得安全许可证件或者安全许可证件过期、被暂扣、吊销、注销后从事生产经营活动的；

（二）关闭、破坏必要的安全监控和报警设备的；

（三）已经发现事故隐患，经有关部门或者个人提出后，仍不采取措施的；

（四）1年内曾因危害生产安全违法犯罪活动受过行政处罚或者刑事处罚的；

（五）采取弄虚作假、行贿等手段，故意逃避、阻挠负有安全监督管理职责的部门实施监督检查的；

第一百三十三条〔92〕　**【交通肇事罪】**违反交通运输管理法规，因而发生重大事故，致人重伤、死亡或者使公私财产遭受重大损失的，处三年以下有期徒刑或者拘役；交通运输肇事后逃逸或者有其他特别恶劣情节的，处三年以上七年以下有期徒刑；因逃逸致人死亡的，处七年以上有期徒刑。

(六)安全事故发生后转移财产意图逃避承担责任的；

(七)其他从重处罚的情形。

实施前款第五项规定的行为，同时构成刑法第三百八十九条规定的犯罪的，依照数罪并罚的规定处罚。

第十三条　实施刑法第一百三十二条、第一百三十四条至第一百三十九条之一规定的犯罪行为，在安全事故发生后积极组织、参与事故抢救，或者积极配合调查、主动赔偿损失的，可以酌情从轻处罚。

〔92〕　**【相关法规】**根据2021年修正后的**《道路交通安全法》第九十一条第五款**，饮酒后或者醉酒驾驶机动车发生重大交通事故，构成犯罪的，依法追究刑事责任，并由公安机关交通管理部门吊销机动车驾驶证，终生不得重新取得机动车驾驶证。

……

第一百零一条　违反道路交通安全法律、法规的规定，发生重大交通事故，构成犯罪的，依法追究刑事责任，并由公安机关交通管理部门吊销机动车驾驶证。

造成交通事故后逃逸的，由公安机关交通管理部门吊销机动车驾驶证，且终生不得重新取得机动车驾驶证。

【司法解释】2000年11月15日最高法**《关于审理交通肇事刑事案件具体应用法律若干问题的解释》**(法释〔2000〕33号，自2000年11月21日起施行)，就审理交通肇事刑事案件具体应用法律的若干问题解释如下：

第一条　从事交通运输人员或者非交通运输人员，违反交通运输管理法规发生重大交通事故，在分清事故责任的基础上，对于构成犯罪的，依照刑法第一百三十三条的规定定罪处罚。

第二条　交通肇事具有下列情形之一的，处3年以下有期徒刑或者拘役：

(一)死亡1人或者重伤3人以上，负事故全部或者主要责任的；

(二)死亡3人以上，负事故同等责任的；

(三)造成公共财产或者他人财产直接损失，负事故全部或者主要责任，无能力赔偿数额在30万元以上的。

交通肇事致1人以上重伤，负事故全部或者主要责任，并具有下列情形之一的，以交通肇事罪定罪处罚：

(一)酒后、吸食毒品后驾驶机动车辆的；

（二）无驾驶资格驾驶机动车辆的；

（三）明知是安全装置不全或者安全机件失灵的机动车辆而驾驶的；

（四）明知是无牌证或者已报废的机动车辆而驾驶的；

（五）严重超载驾驶的；

（六）为逃避法律追究逃离事故现场的。

第三条 “交通运输肇事后逃逸”，是指行为人具有本解释第二条第一款规定和第二款第（一）至（五）项规定的情形之一，在发生交通事故后，为逃避法律追究而逃跑的行为。

第四条 交通肇事具有下列情形之一的，属于“有其他特别恶劣情节”，处3年以上7年以下有期徒刑：

（一）死亡2人以上或者重伤5人以上，负事故全部或者主要责任的；

（二）死亡6人以上，负事故同等责任的；

（三）造成公共财产或者他人财产直接损失，负事故全部或者主要责任，无能力赔偿数额在60万元以上的。

第五条 “因逃逸致人死亡”，是指行为人在交通肇事后为逃避法律追究而逃跑，致使被害人因得不到救助而死亡的情形。

交通肇事后，单位主管人员、机动车辆所有人、承包人或者乘车人指使肇事人逃逸，致使被害人因得不到救助而死亡的，以交通肇事罪的共犯论处（★这一解释是否符合刑法规定与共犯原理，值得研究——编者说明）。

第六条 行为人在交通肇事后为逃避法律追究，将被害人带离事故现场后隐藏或者遗弃，致使被害人无法得到救助而死亡或者严重残疾的，应当分别依照刑法第二百三十二条、第二百三十四条第二款的规定，以故意杀人罪或者故意伤害罪定罪处罚。

第七条 单位主管人员、机动车辆所有人或者机动车辆承包人指使、强令他人违章驾驶造成重大交通事故，具有本解释第二条规定情形之一的，以交通肇事罪定罪处罚。

第八条 在实行公共交通管理的范围内发生重大交通事故的，依照刑法第一百三十三条和本解释的有关规定办理。

在公共交通管理的范围外，驾驶机动车辆或者使用其他交通工具致人伤亡或者致使公共财产或者他人财产遭受重大损失，构成犯罪的，分别依照刑法第一百三十四条、第一百三十五条、第二百三十三条等规定定罪处罚。

第九条 各省、自治区、直辖市高级人民法院可以根据本地实际情况，在30万元至60万元、60万元至100万元的幅度内，确定本地区执行本解释第二条第一款第（三）项、第四条第（三）项的起点数额标准，并报最高人民法院备案。

根据2014年2月24日最高法研究室《**关于交通肇事刑事案件附带民事**

赔偿范围问题的答复》(法研〔2014〕30号),交通肇事刑事案件的附带民事诉讼当事人未能就民事赔偿问题达成调解、和解协议的,无论附带民事诉讼被告人是否投保机动车第三者强制责任保险,均可将死亡赔偿金、残疾赔偿金纳入判决赔偿的范围。

根据2020年9月22日最高法、最高检、公安部《**关于依法办理“碰瓷”违法犯罪案件的指导意见**》,实施“碰瓷”,驾驶机动车对其他机动车进行追逐、冲撞、挤别、拦截或者突然加减速、急刹车等可能影响交通安全的行为,因而发生重大事故,致人重伤、死亡或者使公私财物遭受重大损失,符合刑法第一百三十三条规定的,以交通肇事罪定罪处罚。

根据最高法研究室《**关于对运输货车自行滑坡造成他人死亡如何定性处理问题的研究意见**》,行为人严重超载与事故发生之间如有因果关系,行为人的行为已符合交通肇事罪的构成,但考虑到本案发生具有一定的偶发性,如通过民事赔偿能够化解矛盾,被害方不坚持追诉,也可不追究行为人的刑事责任。如行为人严重超载与事故发生之间不能认定存在因果关系,则应认定为意外事件(参见《司法研究与指导》2012年总第2辑)。

根据最高法研究室《**关于纵容他人醉酒驾驶造成重大交通事故定性问题的研究意见**》,对“纵容他人在道路上醉酒驾驶机动车造成重大交通事故”的,不宜以交通肇事罪追究刑事责任。主要考虑:将机动车交由醉酒者驾驶与指使、强令他人违章驾驶相比,行为人的主观故意明显不同,以交通肇事罪追究将机动车交由醉酒者驾驶的人的刑事责任,不符合共同犯罪原理,当事人之间对危害后果不存在共同罪过(参见《司法研究与指导》2012年总第2辑)(★该意见涉及的案件为:车辆所有人王某某明知他人饮酒,仍应饮酒之人的要求将车辆交其驾驶,并造成重大交通事故。对王某某能否以交通肇事罪追究刑事责任存在意见分歧。有关部门就此征求意见,最高法研究室给出上述研究意见。该意见是否合适,值得研究——编者说明)。

【公报案例】根据《**公报**》**2017年第6期·安徽省颍上县人民检察院诉龚德田交通肇事案**,交通肇事案件中,已作为入罪要件的逃逸行为,不能再作为对被告人加重处罚的量刑情节而予以重复评价。

【量刑指导】根据2021年6月17日最高法、最高检《**关于常见犯罪的量刑指导意见(试行)**》,1. 构成交通肇事罪的,根据下列情形在相应的幅度内确定量刑起点:

(1)致人重伤、死亡或者使公私财产遭受重大损失的,在2年以下有期徒刑、拘役幅度内确定量刑起点。

(2)交通运输肇事后逃逸或者有其他特别恶劣情节的,在3年至5年有期徒刑幅度内确定量刑起点。

第一百三十三条之一[93]　**【危险驾驶罪】**在道路上驾驶机动车，有下列情形之一的，处拘役，并处罚金：

（一）追逐竞驶，情节恶劣的；

（二）醉酒驾驶机动车的；

（三）从事校车业务或者旅客运输，严重超过额定乘员载客，或者严重超过规定时速行驶的；

（四）违反危险化学品安全管理规定运输危险化学品，危及公共安全的。

机动车所有人、管理人对前款第三项、第四项行为负有直接责任的，依照前款的规定处罚。

有前两款行为，同时构成其他犯罪的，依照处罚较重的规定定罪处罚。

（3）因逃逸致1人死亡的，在7年至10年有期徒刑幅度内确定量刑起点。

2. 在量刑起点的基础上，根据事故责任、致人重伤、死亡的人数或者财产损失的数额以及逃逸等其他影响犯罪构成的犯罪事实增加刑罚量，确定基准刑。

3. 构成交通肇事罪的，综合考虑事故责任、危害后果、赔偿谅解等犯罪事实、量刑情节，以及被告人的主观恶性、人身危险性、认罪悔罪表现等因素，决定缓刑的适用。

〔93〕**【刑法修订】**本条为2011年《**刑法修正案（八）**》**第二十二条**增设，增设的条文如下：

第一百三十三条之一　在道路上驾驶机动车追逐竞驶，情节恶劣的，或者在道路上醉酒驾驶机动车的，处拘役，并处罚金。

有前款行为，同时构成其他犯罪的，依照处罚较重的规定定罪处罚。

2015年《**刑法修正案（九）**》**第八条**修订了本条，在本条第一款中设立四项，在第三项、第四项增设了两种危险驾驶行为；新增第二款“机动车所有人、管理人对前款第三项、第四项行为负有直接责任的，依照前款的规定处罚”规定；将原第二款改为第三款，将“有前款行为”修改为“有前两款行为”。

【相关法规】根据2021年修正后的《**道路交通安全法**》**第九十一条**，饮酒后驾驶机动车的，处暂扣六个月机动车驾驶证，并处一千元以上二千元以下罚款。因饮酒后驾驶机动车被处罚，再次饮酒后驾驶机动车的，处十日以下拘留，并处一千元以上二千元以下罚款，吊销机动车驾驶证。

醉酒驾驶机动车的，由公安机关交通管理部门约束至酒醒，吊销机动车驾驶证，依法追究刑事责任；五年内不得重新取得机动车驾驶证。

饮酒后驾驶营运机动车的，处十五日拘留，并处五千元罚款，吊销机动车驾驶证，五年内不得重新取得机动车驾驶证。

醉酒驾驶营运机动车的，由公安机关交通管理部门约束至酒醒，吊销机动车驾驶证，依法追究刑事责任；十年内不得重新取得机动车驾驶证，重新取得机动车驾驶证后，不得驾驶营运机动车。

饮酒后或者醉酒驾驶机动车发生重大交通事故，构成犯罪的，依法追究刑事责任，并由公安机关交通管理部门吊销机动车驾驶证，终生不得重新取得机动车驾驶证。

……

第一百一十九条 本法中下列用语的含义：

（一）"道路"，是指公路、城市道路和虽在单位管辖范围但允许社会机动车通行的地方，包括广场、公共停车场等用于公众通行的场所。

（二）……

（三）"机动车"，是指以动力装置驱动或者牵引，上道路行驶的供人员乘用或者用于运送物品以及进行工程专项作业的轮式车辆。

【立案标准】2015年11月20日公安部**《严重超员、严重超速危险驾驶刑事案件立案标准（试行）》**（公传发〔2015〕708号），公安部在认真总结《道路交通安全法》实施以来各地查处严重超员、严重超速违法行为的执法实践，剖析相关重特大道路交通事故原因和教训，并广泛征求相关部门的意见基础上，制定了《严重超员、严重超速危险驾驶刑事案件立案标准（试行）》，现传发给你们，请参照执行。本标准试行期间，只供公安机关内部参考掌握，不对外宣传和在法律文书中引用。各地执行中遇到的问题，请及时报部。

第一条 在道路上驾驶机动车从事校车业务或者公路客运、旅游客运、包车客运，有下列严重超过额定乘员载客情形之一的，可以立案侦查：

（一）驾驶大型载客汽车，载客超过额定乘员50%以上或者超过额定乘员15人以上的；

（二）驾驶中型载客汽车，载客超过额定乘员80%以上或者超过额定乘员10人以上的；

（三）驾驶小型、微型载客汽车，载客超过额定乘员100%以上或者超过额定乘员7人以上的。

第二条 在道路上驾驶机动车从事校车业务或者公路客运、旅游客运、包车客运，有下列严重超过规定时速行驶情形之一的，可以立案侦查：

（一）在高速公路、城市快速路上行驶，超过规定时速50%以上，且行驶时速达到90公里以上；

（二）在高速公路、城市快速路以外的道路上行驶，超过规定时速100%以上，且行驶时速达到60公里以上的；

（三）通过铁路道口、急弯路、窄路、窄桥或者在冰雪、泥泞的道路上行驶，或者掉头、转弯、下陡坡，以及遇雾、雨、雪、沙尘、冰雹等低能见度气象条件时，超过规定时速50%以上，且行驶时速达到30公里以上的；

（四）通过傍山险路、连续下坡、连续急弯等事故易发路段，超过规定时速50%以上，且行驶时速达到30公里以上的。

第三条　机动车所有人、管理人强迫、指使机动车驾驶人实施本标准第一条、第二条所列行为或者有其他负有直接责任情形的，可以立案侦查。

【司法解释】2023年12月13日最高法、最高检、公安部、司法部**《关于办理醉酒危险驾驶刑事案件的意见》**（高检发办字〔2023〕187号，自2023年12月28日起施行），为维护人民群众生命财产安全和道路交通安全，依法惩治醉酒危险驾驶（以下简称醉驾）违法犯罪，根据刑法、刑事诉讼法等有关规定，结合执法司法实践，制定本意见。

一、总体要求

第一条　人民法院、人民检察院、公安机关办理醉驾案件，应当坚持分工负责，互相配合，互相制约，坚持正确适用法律，坚持证据裁判原则，严格执法，公正司法，提高办案效率，实现政治效果、法律效果和社会效果的有机统一。人民检察院依法对醉驾案件办理活动实行法律监督。

第二条　人民法院、人民检察院、公安机关办理醉驾案件，应当全面准确贯彻宽严相济刑事政策，根据案件的具体情节，实行区别对待，做到该宽则宽，当严则严，罚当其罪。

第三条　人民法院、人民检察院、公安机关和司法行政机关应当坚持惩治与预防相结合，采取多种方式强化综合治理、诉源治理，从源头上预防和减少酒后驾驶行为发生。

二、立案与侦查

第四条　在道路上驾驶机动车，经呼气酒精含量检测，显示血液酒精含量达到80毫克/100毫升以上的，公安机关应当依照刑事诉讼法和本意见的规定决定是否立案。对情节显著轻微、危害不大，不认为是犯罪的，不予立案。

公安机关应当及时提取犯罪嫌疑人血液样本送检。认定犯罪嫌疑人是否醉酒，主要以血液酒精含量鉴定意见作为依据。

犯罪嫌疑人经呼气酒精含量检测，显示血液酒精含量达到80毫克/100毫升以上，在提取血液样本前脱逃或者找人顶替的，可以以呼气酒精含量检测结果作为认定其醉酒的依据。

犯罪嫌疑人在公安机关依法检查时或者发生道路交通事故后，为逃避法律追究，在呼气酒精含量检测或者提取血液样本前故意饮酒的，可以以查获后血液酒精含量鉴定意见作为认定其醉酒的依据。

第五条　醉驾案件中"道路""机动车"的认定适用道路交通安全法有关"道路""机动车"的规定。

对机关、企事业单位、厂矿、校园、居民小区等单位管辖范围内的路段是否认定为“道路”，应当以其是否具有“公共性”，是否“允许社会机动车通行”作为判断标准。只允许单位内部机动车、特定来访机动车通行的，可以不认定为“道路”。

第六条 对醉驾犯罪嫌疑人、被告人，根据案件具体情况，可以依法予以拘留或者取保候审。具有下列情形之一的，一般予以取保候审：

（一）因本人受伤需要救治的；

（二）患有严重疾病，不适宜羁押的；

（三）系怀孕或者正在哺乳自己婴儿的妇女；

（四）系生活不能自理的人的唯一扶养人；

（五）其他需要取保候审的情形。

对符合取保候审条件，但犯罪嫌疑人、被告人不能提出保证人，也不交纳保证金的，可以监视居住。对违反取保候审、监视居住规定的犯罪嫌疑人、被告人，情节严重的，可以予以逮捕。

第七条 办理醉驾案件，应当收集以下证据：

（一）证明犯罪嫌疑人情况的证据材料，主要包括人口信息查询记录或者户籍证明等身份证明；驾驶证、驾驶人信息查询记录；犯罪前科记录、曾因饮酒后驾驶机动车被查获或者行政处罚记录、本次交通违法行政处罚决定书等；

（二）证明醉酒检测鉴定情况的证据材料，主要包括呼气酒精含量检测结果、呼气酒精含量检测仪标定证书、血液样本提取笔录、鉴定委托书或者鉴定机构接收检材登记材料、血液酒精含量鉴定意见、鉴定意见通知书等；

（三）证明机动车情况的证据材料，主要包括机动车行驶证、机动车信息查询记录、机动车照片等；

（四）证明现场执法情况的照片，主要包括现场检查机动车、呼气酒精含量检测、提取与封装血液样本等环节的照片，并应当保存相关环节的录音录像资料；

（五）犯罪嫌疑人供述和辩解。

根据案件具体情况，还应当收集以下证据：

（一）犯罪嫌疑人是否饮酒、驾驶机动车有争议的，应当收集同车人员、现场目击证人或者共同饮酒人员等证人证言、饮酒场所及行驶路段监控记录等；

（二）道路属性有争议的，应当收集相关管理人员、业主等知情人员证言、管理单位或者有关部门出具的证明等；

（三）发生交通事故的，应当收集交通事故认定书、事故路段监控记录、人体损伤程度等鉴定意见、被害人陈述等；

（四）可能构成自首的，应当收集犯罪嫌疑人到案经过等材料；

（五）其他确有必要收集的证据材料。

第八条 对犯罪嫌疑人血液样本提取、封装、保管、送检、鉴定等程序，按照公安部、司法部有关道路交通安全违法行为处理程序、鉴定规则等规定执行。

公安机关提取、封装血液样本过程应当全程录音录像。血液样本提取、封装应当做好标记和编号,由提取人、封装人、犯罪嫌疑人在血液样本提取笔录上签字。犯罪嫌疑人拒绝签字的,应当注明。提取的血液样本应当及时送往鉴定机构进行血液酒精含量鉴定。因特殊原因不能及时送检的,应当按照有关规范和技术标准保管检材并在5个工作日内送检。

鉴定机构应当对血液样品制备和仪器检测过程进行录音录像。鉴定机构应当在收到送检血液样本后3个工作日内,按照有关规范和技术标准进行鉴定并出具血液酒精含量鉴定意见,通知或者送交委托单位。

血液酒精含量鉴定意见作为证据使用的,办案单位应当自收到血液酒精含量鉴定意见之日起5个工作日内,书面通知犯罪嫌疑人、被告人、被害人或者其法定代理人。

第九条　具有下列情形之一,经补正或者作出合理解释的,血液酒精含量鉴定意见可以作为定案的依据;不能补正或者作出合理解释的,应当予以排除:

(一)血液样本提取、封装、保管不规范的;

(二)未按规定的时间和程序送检、出具鉴定意见的;

(三)鉴定过程未按规定同步录音录像的;

(四)存在其他瑕疵或者不规范的取证行为的。

三、刑事追究

第十条　醉驾具有下列情形之一,尚不构成其他犯罪的,从重处理:

(一)造成交通事故且负事故全部或者主要责任的;

(二)造成交通事故后逃逸的;

(三)未取得机动车驾驶证驾驶汽车的;

(四)严重超员、超载、超速驾驶的;

(五)服用国家规定管制的精神药品或者麻醉药品后驾驶的;

(六)驾驶机动车从事客运活动且载有乘客的;

(七)驾驶机动车从事校车业务且载有师生的;

(八)在高速公路上驾驶的;

(九)驾驶重型载货汽车的;

(十)运输危险化学品、危险货物的;

(十一)逃避、阻碍公安机关依法检查的;

(十二)实施威胁、打击报复、引诱、贿买证人、鉴定人等人员或者毁灭、伪造证据等妨害司法行为的;

(十三)2年内曾因饮酒后驾驶机动车被查获或者受过行政处罚的;

(十四)5年内曾因危险驾驶行为被判决有罪或者作相对不起诉的;

(十五)其他需要从重处理的情形。

第十一条　醉驾具有下列情形之一的,从宽处理:

(一)自首、坦白、立功的;

(二)自愿认罪认罚的;

（三）造成交通事故，赔偿损失或者取得谅解的；

（四）其他需要从宽处理的情形。

第十二条 醉驾具有下列情形之一，且不具有本意见第十条规定情形的，可以认定为情节显著轻微、危害不大，依照刑法第十三条、刑事诉讼法第十六条的规定处理：

（一）血液酒精含量不满150毫克/100毫升的；

（二）出于急救伤病人员等紧急情况驾驶机动车，且不构成紧急避险的；

（三）在居民小区、停车场等场所因挪车、停车入位等短距离驾驶机动车的；

（四）由他人驾驶至居民小区、停车场等场所短距离接替驾驶停放机动车的，或者为了交由他人驾驶，自居民小区、停车场等场所短距离驶出的；

（五）其他情节显著轻微的情形。

醉酒后出于急救伤病人员等紧急情况，不得已驾驶机动车，构成紧急避险的，依照刑法第二十一条的规定处理。

第十三条 对公安机关移送审查起诉的醉驾案件，人民检察院综合考虑犯罪嫌疑人驾驶的动机和目的、醉酒程度、机动车类型、道路情况、行驶时间、速度、距离以及认罪悔罪表现等因素，认为属于犯罪情节轻微的，依照刑法第三十七条、刑事诉讼法第一百七十七条第二款的规定处理。

第十四条 对符合刑法第七十二条规定的醉驾被告人，依法宣告缓刑。具有下列情形之一的，一般不适用缓刑：

（一）造成交通事故致他人轻微伤或者轻伤，且负事故全部或者主要责任的；

（二）造成交通事故且负事故全部或者主要责任，未赔偿损失的；

（三）造成交通事故后逃逸的；

（四）未取得机动车驾驶证驾驶汽车的；

（五）血液酒精含量超过180毫克/100毫升的；

（六）服用国家规定管制的精神药品或者麻醉药品后驾驶的；

（七）采取暴力手段抗拒公安机关依法检查，或者实施妨害司法行为的；

（八）5年内曾因饮酒后驾驶机动车被查获或者受过行政处罚的；

（九）曾因危险驾驶行为被判决有罪或者作相对不起诉的；

（十）其他情节恶劣的情形。

第十五条 对被告人判处罚金，应当根据醉驾行为、实际损害后果等犯罪情节，综合考虑被告人缴纳罚金的能力，确定与主刑相适应的罚金数额。起刑点一般不应低于道路交通安全法规定的饮酒后驾驶机动车相应情形的罚款数额；每增加1个月拘役，增加1000元至5000元罚金。

第十六条 醉驾同时构成交通肇事罪、过失以危险方法危害公共安全罪、以危险方法危害公共安全罪等其他犯罪的，依照处罚较重的规定定罪，依法从严追究刑事责任。

醉酒驾驶机动车，以暴力、威胁方法阻碍公安机关依法检查，又构成妨害公务罪、袭警罪等其他犯罪的，依照数罪并罚的规定处罚。

第十七条　犯罪嫌疑人醉驾被现场查获后，经允许离开，再经公安机关通知到案或者主动到案，不认定为自动投案；造成交通事故后保护现场、抢救伤者，向公安机关报告并配合调查的，应当认定为自动投案。

第十八条　根据本意见第十二条第一款、第十三条、第十四条处理的案件，可以将犯罪嫌疑人、被告人自愿接受安全驾驶教育、从事交通志愿服务、社区公益服务等情况作为作出相关处理的考量因素。

第十九条　对犯罪嫌疑人、被告人决定不起诉或者免予刑事处罚的，可以根据案件的不同情况，予以训诫或者责令具结悔过、赔礼道歉、赔偿损失，需要给予行政处罚、处分的，移送有关主管机关处理。

第二十条　醉驾属于严重的饮酒后驾驶机动车行为。血液酒精含量达到80毫克/100毫升以上，公安机关应当在决定不予立案、撤销案件或者移送审查起诉前，给予行为人吊销机动车驾驶证行政处罚。根据本意见第十二条第一款处理的案件，公安机关还应当按照道路交通安全法规定的饮酒后驾驶机动车相应情形，给予行为人罚款、行政拘留的行政处罚。

人民法院、人民检察院依据本意见第十二条第一款、第十三条处理的案件，对被不起诉人、被告人需要予以行政处罚的，应当提出检察意见或者司法建议，移送公安机关依照前款规定处理。公安机关应当将处理情况通报人民法院、人民检察院。

四、快速办理

第二十一条　人民法院、人民检察院、公安机关和司法行政机关应当加强协作配合，在遵循法定程序、保障当事人权利的前提下，因地制宜建立健全醉驾案件快速办理机制，简化办案流程，缩短办案期限，实现醉驾案件优质高效办理。

第二十二条　符合下列条件的醉驾案件，一般应当适用快速办理机制：

（一）现场查获，未造成交通事故的；

（二）事实清楚，证据确实、充分，法律适用没有争议的；

（三）犯罪嫌疑人、被告人自愿认罪认罚的；

（四）不具有刑事诉讼法第二百二十三条规定情形的。

第二十三条　适用快速办理机制办理的醉驾案件，人民法院、人民检察院、公安机关一般应当在立案侦查之日起30日内完成侦查、起诉、审判工作。

第二十四条　在侦查或者审查起诉阶段采取取保候审措施的，案件移送至审查起诉或者审判阶段时，取保候审期限尚未届满且符合取保候审条件的，受案机关可以不再重新作出取保候审决定，由公安机关继续执行原取保候审措施。

第二十五条　对醉驾被告人拟提出缓刑量刑建议或者宣告缓刑的，一般可以不进行调查评估。确有必要的，应当及时委托社区矫正机构或者有关社会组织进行调查评估。受委托方应当及时向委托机关提供调查评估结果。

第二十六条 适用简易程序、速裁程序的醉驾案件，人民法院、人民检察院、公安机关和司法行政机关可以采取合并式、要素式、表格式等方式简化文书。

具备条件的地区，可以通过一体化的网上办案平台流转、送达电子卷宗、法律文书等，实现案件线上办理。

五、综合治理（下略）

六、附则

第三十条 本意见自2023年12月28日起施行。《最高人民法院 最高人民检察院 公安部关于办理醉酒驾驶机动车刑事案件适用法律若干问题的意见》（法发〔2013〕15号）同时废止。

★为规范公安机关办理醉酒驾驶机动车犯罪的执法活动，2011年9月19日公安部发布了《关于公安机关办理醉酒驾驶机动车犯罪案件的指导意见》（公交管〔2011〕190号），就进一步规范现场调查、办案期限等问题作了详细规定。道路交通执法活动中涉嫌饮酒、醉酒人员的血液采集的提取、保存、送检的技术要求，参见2019年4月19日公安部《道路交通执法人体血液采集技术规范》（GA/T1556-2019）。车辆驾驶人员血液中酒精含量检验方法按照GA/T1073或者GA/T842的规定强制执行，参见2018年5月3日司法部司法鉴定管理局《关于车辆驾驶人员血液中酒精含量测定适用标准有关意见的函》（司鉴函〔2018〕5号）——编者说明。

根据2021年12月28日最高法、最高检、公安部等十部门**《关于依法惩治涉枪支、弹药、爆炸物、易燃易爆危险物品犯罪的意见》**，违反危险化学品安全管理规定，未经依法批准或者许可擅自从事易燃易爆危险物品道路运输活动，或者实施其他违反危险化学品安全管理规定通过道路运输易燃易爆危险物品的行为，危及公共安全的，依照刑法第一百三十三条之一第一款第四项的规定，以危险驾驶罪定罪处罚。

【指导案例】根据2014年12月18日最高法**第八批指导性案例·指导案例32号·张某某、金某危险驾驶案**，机动车驾驶人员出于竞技、追求刺激、斗气或者其他动机，在道路上曲折穿行、快速追赶行驶的，属于《中华人民共和国刑法》第一百三十三条之一规定的“追逐竞驶”。

追逐竞驶虽未造成人员伤亡或财产损失，但综合考虑超过限速、闯红灯、强行超车、抗拒交通执法等严重违反道路交通安全法的行为，足以威胁他人生命、财产安全的，属于危险驾驶罪中“情节恶劣”的情形。

【量刑指导】根据2021年6月17日最高法、最高检**《关于常见犯罪的量刑指导意见（试行）》**，1. 构成危险驾驶罪的，依法在1个月至6个月拘役幅度

第一百三十三条之二[94]　**【妨害安全驾驶罪】**对行驶中的公共交通工具的驾驶人员使用暴力或者抢控驾驶操纵装置，干扰公共交通工具正常行驶，危及公共安全的，处一年以下有期徒刑、拘役或者管制，并处或者单处罚金。

前款规定的驾驶人员在行驶的公共交通工具上擅离职守，与他人互殴或者殴打他人，危及公共安全的，依照前款的规定处罚。

有前两款行为，同时构成其他犯罪的，依照处罚较重的规定定罪处罚。

第一百三十四条[95]　**【重大责任事故罪】**在生产、作业中违反有关安全管理的规定，因而发生重大伤亡事故或者造成其他严重后果的，处三年以下有期徒刑或者拘役；情节特别恶劣的，处三年以上七年以下有期徒刑。

【强令、组织他人违章冒险作业罪】强令他人违章冒险作业，或者明知存在重大事故隐患而不排除，仍冒险组织作业，因而发生重大伤亡事故或者造成其他严重后果的，处五年以下有期徒刑或者拘役；情节特别恶劣的，处五年以上有期徒刑。

第133条之二—第134条

内确定宣告刑。

2. 构成危险驾驶罪的，根据危险驾驶行为、实际损害后果等犯罪情节，综合考虑被告人缴纳罚金的能力，决定罚金数额。

3. 构成危险驾驶罪的，综合考虑危险驾驶行为、危害后果等犯罪事实、量刑情节，以及被告人主观恶性、人身危险性、认罪悔罪表现等因素，决定缓刑的适用。

〔94〕**【刑法修订】**本条为2020年**《刑法修正案（十一）》第二条**增设。

【司法解释】根据2019年1月8日最高法、最高检、公安部**《关于依法惩治妨害公共交通工具安全驾驶违法犯罪行为的指导意见》**，乘客在公共交通工具行驶过程中，随意殴打其他乘客，追逐、辱骂他人，或者起哄闹事，妨害公共交通工具运营秩序，符合刑法第二百九十三条规定的，以寻衅滋事罪定罪处罚。

〔95〕**【刑法修订】**本条被修订二次。1997年刑法原文如下：

第一百三十四条　工厂、矿山、林场、建筑企业或者其他企业、事业单位的职工，由于不服管理、违反规章制度，或者强令工人违章冒险作业，因而发生重大伤亡事故或者造成其他严重后果的，处三年以下有期徒刑或者拘役；情节特别恶劣的，处三年以上七年以下有期徒刑。

2006年《**刑法修正案(六)**》**第一条**修订了本条,分款规定重大责任事故罪行与强令违章冒险作业罪行,对后者设置了更重的法定刑。经此修订后的条文如下:

第一百三十四条 在生产、作业中违反有关安全管理的规定,因而发生重大伤亡事故或者造成其他严重后果的,处三年以下有期徒刑或者拘役;情节特别恶劣的,处三年以上七年以下有期徒刑。

强令他人违章冒险作业,因而发生重大伤亡事故或者造成其他严重后果的,处五年以下有期徒刑或者拘役;情节特别恶劣的,处五年以上有期徒刑。

2020年《**刑法修正案(十一)**》**第三条**修订了本条第二款,在该款增加"明知存在重大事故隐患而不排除,仍冒险组织作业"的规定。

【司法解释】2015年12月14日最高法、最高检《**关于办理危害生产安全刑事案件适用法律若干问题的解释**》(法释〔2015〕22号,自2015年12月16日起施行),为依法惩治危害生产安全犯罪,根据刑法有关规定,现就办理此类刑事案件适用法律的若干问题解释如下:

第一条 刑法第一百三十四条第一款规定的犯罪主体,包括对生产、作业负有组织、指挥或者管理职责的负责人、管理人员、实际控制人、投资人等人员,以及直接从事生产、作业的人员。

第二条 刑法第一百三十四条第二款规定的犯罪主体,包括对生产、作业负有组织、指挥或者管理职责的负责人、管理人员、实际控制人、投资人等人员。

第三条 ……(➽参见刑法第135条脚注相关部分)

第四条 ……(➽参见刑法第139条之一脚注相关部分)

第五条 明知存在事故隐患、继续作业存在危险,仍然违反有关安全管理的规定,实施下列行为之一的,应当认定为刑法第一百三十四条第二款规定的"强令他人违章冒险作业":

(一)利用组织、指挥、管理职权,强制他人违章作业的;

(二)采取威逼、胁迫、恐吓等手段,强制他人违章作业的;

(三)……(★与2022年12月15日最高法、最高检《关于办理危害生产安全刑事案件适用法律若干问题的解释(二)》第一条不一致,故省略——编者说明)

(四)其他强令他人违章作业的行为。

第六条 实施刑法第一百三十二条、第一百三十四条第一款、第一百三十五条、第一百三十五条之一、第一百三十六条、第一百三十九条规定的行为,因而发生安全事故,具有下列情形之一的,应当认定为"造成严重后果"或者"发生重大伤亡事故或者造成其他严重后果",对相关责任人员,处3年以下有期徒刑或者拘役:

(一)造成死亡1人以上,或者重伤3人以上的;
(二)造成直接经济损失100万元以上的;
(三)其他造成严重后果或者重大安全事故的情形。

实施刑法第一百三十四条第二款规定的行为,因而发生安全事故,具有本条第一款规定情形的,应当认定为"发生重大伤亡事故或者造成其他严重后果",对相关责任人员,处5年以下有期徒刑或者拘役。

……(➸参见刑法第137条、第138条脚注相关部分)

第七条　实施刑法第一百三十二条、第一百三十四条第一款、第一百三十五条、第一百三十五条之一、第一百三十六条、第一百三十九条规定的行为,因而发生安全事故,具有下列情形之一的,对相关责任人员,处3年以上7年以下有期徒刑:
(一)造成死亡3人以上或者重伤10人以上,负事故主要责任的;
(二)造成直接经济损失500万元以上,负事故主要责任的;
(三)其他造成特别严重后果、情节特别恶劣或者后果特别严重的情形。

实施刑法第一百三十四条第二款规定的行为,因而发生安全事故,具有本条第一款规定情形的,对相关责任人员,处5年以上有期徒刑。

……(➸参见刑法第137条、第138条脚注相关部分)

第八条　……(➸参见刑法第139条之一脚注相关部分)

第九条　……(➸参见刑法第139条之一脚注相关部分)

第十条　在安全事故发生后,直接负责的主管人员和其他直接责任人员故意阻挠开展抢救,导致人员死亡或者重伤,或者为了逃避法律追究,对被害人进行隐藏、遗弃,致使被害人因无法得到救助而死亡或者重度残疾的,分别依照刑法第二百三十二条、第二百三十四条的规定,以故意杀人罪或者故意伤害罪定罪处罚。

第十一条　……(➸参见刑法第146条脚注相关部分)

第十二条　实施刑法第一百三十二条、第一百三十四条至第一百三十九条之一规定的犯罪行为,具有下列情形之一的,从重处罚:
(一)未依法取得安全许可证件或者安全许可证件过期、被暂扣、吊销、注销后从事生产经营活动的;
(二)关闭、破坏必要的安全监控和报警设备的;
(三)已经发现事故隐患,经有关部门或者个人提出后,仍不采取措施的;
(四)1年内曾因危害生产安全违法犯罪活动受过行政处罚或者刑事处罚的;
(五)采取弄虚作假、行贿等手段,故意逃避、阻挠负有安全监督管理职责的部门实施监督检查的;
(六)安全事故发生后转移财产意图逃避承担责任的;
(七)其他从重处罚的情形。

实施前款第五项规定的行为，同时构成刑法第三百八十九条规定的犯罪的，依照数罪并罚的规定处罚。

第十三条 实施刑法第一百三十二条、第一百三十四条至第一百三十九条之一规定的犯罪行为，在安全事故发生后积极组织、参与事故抢救，或者积极配合调查、主动赔偿损失的，可以酌情从轻处罚。

第十四条 国家工作人员违反规定投资入股生产经营，构成本解释规定的有关犯罪的，或者国家工作人员的贪污、受贿犯罪行为与安全事故发生存在关联性的，从重处罚；同时构成贪污、受贿犯罪和危害生产安全犯罪的，依照数罪并罚的规定处罚。

第十五条 ……（➻参见刑法第397条脚注相关部分）

第十六条 对于实施危害生产安全犯罪适用缓刑的犯罪分子，可以根据犯罪情况，禁止其在缓刑考验期限内从事与安全生产相关联的特定活动；对于被判处刑罚的犯罪分子，可以根据犯罪情况和预防再犯罪的需要，禁止其自刑罚执行完毕之日或者假释之日起3年至5年内从事与安全生产相关的职业。

第十七条 本解释自2015年12月16日起施行。本解释施行后，《最高人民法院、最高人民检察院关于办理危害矿山生产安全刑事案件具体应用法律若干问题的解释》（法释〔2007〕5号）同时废止。最高人民法院、最高人民检察院此前发布的司法解释和规范性文件与本解释不一致的，以本解释为准。

2022年12月15日最高法、最高检《**关于办理危害生产安全刑事案件适用法律若干问题的解释（二）**》（法释〔2022〕19号，自2022年12月19日起施行），就办理危害生产安全刑事案件适用法律的若干问题解释如下：

第一条 明知存在事故隐患，继续作业存在危险，仍然违反有关安全管理的规定，有下列情形之一的，属于刑法第一百三十四条第二款规定的“强令他人违章冒险作业”：

（一）以威逼、胁迫、恐吓等手段，强制他人违章作业的；

（二）利用组织、指挥、管理职权，强制他人违章作业的；

（三）其他强令他人违章冒险作业的情形。

明知存在重大事故隐患，仍然违反有关安全管理的规定，不排除或者故意掩盖重大事故隐患，组织他人作业的，属于刑法第一百三十四条第二款规定的“冒险组织作业”。

……

第四条第一款 刑法第一百三十四条第二款和第一百三十四条之一第二项规定的“重大事故隐患”，依照法律、行政法规、部门规章、强制性标准以及有关行政规范性文件进行认定。

第五条 在生产、作业中违反有关安全管理的规定，有刑法第一百三十四条之一规定情形之一，因而发生重大伤亡事故或者造成其他严重后果，构成刑法第一百三十四条、第一百三十五条至第一百三十九条等规定的重大责任事故罪、重大劳动安全事故罪、危险物品肇事罪、工程重大安全事故罪等犯罪的，依照该规定定罪处罚。

……

第十一条 有本解释规定的行为，被不起诉或者免予刑事处罚，需要给予行政处罚、政务处分或者其他处分的，依法移送有关主管机关处理。

第十二条 本解释自2022年12月19日起施行。最高人民法院、最高人民检察院此前发布的司法解释与本解释不一致的，以本解释为准。

2011年12月30日最高法**《关于进一步加强危害生产安全刑事案件审判工作的意见》**(法发〔2011〕20号)，就进一步加强危害生产安全刑事案件审判工作，制定如下意见。

一、高度重视危害生产安全刑事案件审判工作(下略)

二、危害生产安全刑事案件审判工作的原则

3. 严格依法，从严惩处……

4. 区分责任，均衡量刑。危害生产安全犯罪，往往涉案人员较多，犯罪主体复杂，既包括直接从事生产、作业的人员，也包括对生产、作业负有组织、指挥或者管理职责的负责人、管理人员、实际控制人、投资人等，有的还涉及国家机关工作人员渎职犯罪。对相关责任人的处理，要根据事故原因、危害后果、主体职责、过错大小等因素，综合考虑全案，正确划分责任，做到罪责刑相适应。

5. 主体平等，确保公正。审理危害生产安全刑事案件，对于所有责任主体，都必须严格落实法律面前人人平等的刑法原则，确保刑罚适用公正，确保裁判效果良好。

三、正确确定责任

6. 审理危害生产安全刑事案件，政府或相关职能部门依法对事故原因、损失大小、责任划分作出的调查认定，经庭审质证后，结合其他证据，可作为责任认定的依据。

7. 认定相关人员是否违反有关安全管理规定，应当根据相关法律、行政法规，参照地方性法规、规章及国家标准、行业标准，必要时可参考公认的惯例和生产经营单位制定的安全生产规章制度、操作规程。

8. 多个原因行为导致生产安全事故发生的，在区分直接原因与间接原因的同时，应当根据原因行为在引发事故中所具作用的大小，分清主要原因与次要原因，确认主要责任和次要责任，合理确定罪责。

一般情况下，对生产、作业负有组织、指挥或者管理职责的负责人、管理人员、实际控制人、投资人，违反有关安全生产管理规定，对重大生产安全事故的发生起决定性、关键性作用的，应当承担主要责任。

对于直接从事生产、作业的人员违反安全管理规定，发生重大生产安全事故的，要综合考虑行为人的从业资格、从业时间、接受安全生产教育培训情况、现场条件、是否受到他人强令作业、生产经营单位执行安全生产规章制度的情况等因素认定责任，不能将直接责任简单等同于主要责任。

对于负有安全生产管理、监督职责的工作人员，应根据其岗位职责、履职依据、履职时间等，综合考察工作职责、监管条件、履职能力、履职情况等，合理确定罪责。

四、准确适用法律

9. 严格把握危害生产安全犯罪与以其他危险方法危害公共安全罪的界限，不应将生产经营中违章违规的故意不加区别地视为对危害后果发生的故意。

10. 以行贿方式逃避安全生产监督管理，或者非法、违法生产、作业，导致发生重大生产安全事故，构成数罪的，依照数罪并罚的规定处罚。

违反安全生产管理规定，非法采矿、破坏性采矿或排放、倾倒、处置有害物质严重污染环境，造成重大伤亡事故或者其他严重后果，同时构成危害生产安全犯罪和破坏环境资源保护犯罪的，依照数罪并罚的规定处罚。

……（★与 2015 年 12 月 14 日最高法、最高检《关于办理危害生产安全刑事案件适用法律若干问题的解释》不一致，故省略——编者说明）

五、准确把握宽严相济刑事政策

13. 审理危害生产安全刑事案件，应综合考虑生产安全事故所造成的伤亡人数、经济损失、环境污染、社会影响、事故原因与被告人职责的关联程度、被告人主观过错大小、事故发生后被告人的施救表现、履行赔偿责任情况等，正确适用刑罚，确保裁判法律效果和社会效果相统一。

14. 造成《关于办理危害矿山生产安全刑事案件具体应用法律若干问题的解释》第四条规定的“重大伤亡事故或者其他严重后果”，同时具有下列情形之一的，也可以认定为刑法第一百三十四条、第一百三十五条规定的“情节特别恶劣”：

（一）非法、违法生产的；

（二）无基本劳动安全设施或未向生产、作业人员提供必要的劳动防护用品，生产、作业人员劳动安全无保障的；

（三）曾因安全生产设施或者安全生产条件不符合国家规定，被监督管理部门处罚或责令改正，1 年内再次违规生产致使发生重大生产安全事故的；

（四）关闭、故意破坏必要安全警示设备的；

（五）已发现事故隐患，未采取有效措施，导致发生重大事故的；

（六）事故发生后不积极抢救人员，或者毁灭、伪造、隐藏影响事故调查的证据，或者转移财产逃避责任的；

（七）其他特别恶劣的情节。

15. 相关犯罪中，具有以下情形之一的，依法从重处罚：

（一）国家工作人员违反规定投资入股生产经营企业，构成危害生产安全犯罪的；

（二）贪污贿赂行为与事故发生存在关联性的；

（三）国家工作人员的职务犯罪与事故存在直接因果关系的；

（四）以行贿方式逃避安全生产监督管理，或者非法、违法生产、作业的；

（五）生产安全事故发生后，负有报告职责的国家工作人员不报或者谎报事故情况，贻误事故抢救，尚未构成不报、谎报安全事故罪的；

（六）事故发生后，采取转移、藏匿、毁灭遇难人员尸体，或者毁灭、伪造、隐藏影响事故调查的证据，或者转移财产，逃避责任的；

（七）曾因安全生产设施或者安全生产条件不符合国家规定，被监督管理部门处罚或责令改正，1 年内再次违规生产致使发生重大生产安全事故的（★第 14 条、第 15 条规定与 2015 年 12 月 14 日最高法、最高检《关于办理危害生产安全刑事案件适用法律若干问题的解释》不一致。考虑到具有这些情形，对被告人原则上不适用缓刑，故本书仍予以保留——编者说明）。

16. 对于事故发生后，积极施救，努力挽回事故损失，有效避免损失扩大；积极配合调查，赔偿受害人损失的，可依法从宽处罚。

六、依法正确适用缓刑和减刑、假释

17. 对于危害后果较轻，在责任事故中不负主要责任，符合法律有关缓刑适用条件的，可以依法适用缓刑，但应注意根据案件具体情况，区别对待，严格控制，避免适用不当造成的负面影响。

18. 对于具有下列情形的被告人，原则上不适用缓刑：

（一）具有本意见第 14 条、第 15 条所规定的情形的；

（二）数罪并罚的。

19. 宣告缓刑，可以根据犯罪情况，同时禁止犯罪分子在缓刑考验期限内从事与安全生产有关的特定活动。

20. 办理与危害生产安全犯罪相关的减刑、假释案件，要严格执行刑法、刑事诉讼法和有关司法解释规定。是否决定减刑、假释，既要看罪犯服刑期间的悔改表现，还要充分考虑原判认定的犯罪事实、性质、情节、社会危害程度等情况。

七、加强组织领导，注意协调配合（下略）

根据 2015 年 9 月 16 日最高法**《关于充分发挥审判职能作用切实维护公共安全的若干意见》**（法发〔2015〕12 号），结合当前形势并针对犯罪原因，既要重点惩治发生在危险化学品、民爆器材、烟花爆竹、电梯、煤矿、非煤矿山、油气运送管道、建筑施工、消防、粉尘涉爆等重点行业领域企业，以及港口、码头、人员密集场所等重点部位的危害安全生产犯罪，更要从严惩治发生在这些犯罪背后的国家机关工作人员贪污贿赂和渎职犯罪。既要依法追究直接造成损害的从事生产、作业的责任人员，更要依法从严惩治对生产、作业负有组织、指挥或者管理职责的负责人、管理人、实际控制人、投资人。既要加大对各类安全生产犯罪的惩治力度，更要从严惩治因安全生产条件不符合国家规定被处罚而又违规生产，关闭或者故意破坏安全警示设备，事故发生后不积极抢救人员或者毁灭、伪造、隐藏影响事故调查证据，通过行贿非法获取相关生产经营资质等情节的危害安全生产的犯罪。

对当事人因重大责任事故遭受人身、财产损失而提起诉讼要求赔偿的，应当依法及时受理，保障当事人诉权。对两人以上实施危及他人人身、财产安全的行为，其中一人或者数人的行为造成他人损害，能够确定具体责任人的，由责任人承担赔偿责任，不能确定具体责任人的，由行为人承担连带责任。被告人因重大责任事故既承担刑事、行政责任，又承担民事责任的，其财产应当优先承担民事责任。原告因重大责任事故遭受损失而无法及时履行赡养、抚养等义务，申请先予执行的，应当依法支持。

根据2019年10月21日最高法《**关于依法妥善审理高空抛物、坠物案件的意见**》，在生产、作业中违反有关安全管理规定，从高空坠落物品，发生重大伤亡事故或者造成其他严重后果的，依照刑法第一百三十四条第一款的规定，以重大责任事故罪定罪处罚。

根据2020年3月16日最高法、最高检、公安部《**关于办理涉窨井盖相关刑事案件的指导意见**》**第五条**，在生产、作业中违反有关安全管理的规定，擅自移动窨井盖或者未做好安全防护措施等，发生重大伤亡事故或者造成其他严重后果的，依照刑法第一百三十四条第一款的规定，以重大责任事故罪定罪处罚。

窨井盖建设、设计、施工、工程监理单位违反国家规定，降低工程质量标准，造成重大安全事故的，依照刑法第一百三十七条的规定，以工程重大安全事故罪定罪处罚。

【指导案例】根据2021年1月20日最高检**第二十五批指导性案例·检例第94号·余某某等人重大劳动安全事故重大责任事故案**，办理危害生产安全刑事案件，要根据案发原因及涉案人员的职责和行为，准确适用重大责任事故罪和重大劳动安全事故罪。要全面审查案件事实证据，依法追诉漏罪漏犯，准确认定责任主体和相关人员责任，并及时移交职务违法犯罪线索。针对事故中暴露出的相关单位安全管理漏洞和监管问题，要及时制发检察建议，督促落实整改。

★该指导案例在“指导意义”部分指出：对企业安全生产负有责任的人员，在生产、作业过程中违反安全管理规定的，应认定为重大责任事故罪；对企业安全生产设施或者安全生产条件不符合国家规定负有责任的人员，应认定为重大劳动安全事故罪；如果行为人的行为同时包括在生产、作业中违反有关安全管理的规定和提供安全生产设施或条件不符合国家规定，为全面评价其行为，应认定为重大责任事故罪。

安全生产刑事案件，有的涉案人员较多，既有一线的直接责任人员，也有管理层的实际控制人，还有负责审批监管的国家工作人员；有的涉及罪名较广，包括生产、销售不符合安全标准的产品罪、玩忽职守罪、受贿罪、帮助毁灭证据罪等；除了自然人犯罪，有的还包括单位犯罪。

根据2021年1月20日最高检**第二十五批指导性案例·检例第97号·夏某某等人重大责任事故案**，内河运输中发生的船舶交通事故，相关责任人员可能同时涉嫌交通肇事罪和重大责任事故罪，要根据运输活动是否具有营运性质以及相关人员的具体职责和行为，准确适用罪名。重大责任事故往往涉案人员较多，因果关系复杂，要准确认定涉案单位投资人、管理人员及相关国家工作人员等涉案人员的刑事责任。

★该指导案例在“指导意义”部分指出：一般情况下，在航道、公路等公共交通领域，违反交通运输法规驾驶机动车辆或者其他交通工具，致人伤亡或者造成其他重大财产损失，构成犯罪的，应认定为交通肇事罪；在停车场、修理厂、进行农耕生产的田地等非公共交通领域，驾驶机动车辆或者其他交通工具，造成人员伤亡或者财产损失，构成犯罪的，应区分情况，分别认定为重大责任事故罪、重大劳动安全事故罪、过失致人死亡罪等罪名。需要指出的是，对于从事营运活动的交通运输组织来说，航道、公路既是公共交通领域，也是其生产经营场所，“交通运输法规”同时亦属交通运输组织的“安全管理的规定”，交通运输活动的负责人、投资人、驾驶人员等违反有关规定导致在航道、公路上发生交通事故，造成人员伤亡或者财产损失的，可能同时触犯交通肇事罪与重大责任事故罪。鉴于两罪前两档法定刑均为7年以下有期徒刑（交通肇事罪有因逃逸致人死亡判处7年以上有期徒刑的第三档法定刑），要综合考虑行为人对交通运输活动是否负有安全管理职责、对事故发生是否负有直接责任、所实施行为违反的主要是交通运输法规还是其他安全管理的法规等，准确选择适用罪名。具有营运性质的交通运输活动中，行为人既违反交通运输法规，也违反其他安全管理规定（如未取得安全许可证、经营资质、不配备安全设施等），发生重大事故的，由于该类运输活动主要是一种生产经营活动，并非单纯的交通运输行为，为全面准确评价行为人的行为，一般可按照重大责任事故罪认定。交通运输活动的负责人、投资人等负有安全监管职责的人员违反有关安全管理规定，造成重大事故发生，应认定为重大责任事故罪；驾驶人员等一线运输人员违反交通运输法规造成事故发生的，应认定为交通肇事罪。

危害生产安全案件往往多因一果，涉案人员较多，既有直接从事生产、作

第一百三十四条之一[96] **【危险作业罪】**在生产、作业中违反有关安全管理的规定，有下列情形之一，具有发生重大伤亡事故或者其他严重后果的现实危险的，处一年以下有期徒刑、拘役或者管制：

（一）关闭、破坏直接关系生产安全的监控、报警、防护、救生设备、设施，或者篡改、隐瞒、销毁其相关数据、信息的；

（二）因存在重大事故隐患被依法责令停产停业、停止施工、停止使用有关设备、设施、场所或者立即采取排除危险的整改措施，而拒不执行的；

（三）涉及安全生产的事项未经依法批准或者许可，擅自从事矿山开采、金属冶炼、建筑施工，以及危险物品生产、经营、储存等高度危险的生产作业活动的。

业的人员，又有投资人、实际控制人等，还可能涉及相关负有监管职责的国家工作人员。投资人、实际控制人等一般并非现场作业人员，确定其行为与事故后果之间是否存在刑法意义上的因果关系是个难点。如果投资人、实际控制人等实施了未取得经营资质和安全生产许可证、未制定安全生产管理规定或规章制度、不提供安全生产条件和必要设施等不履行安全监管职责的行为，在此情况下进行生产、作业，导致发生重大伤亡事故或者造成其他严重后果的，不论事故发生是否介入第三人违规行为或者其他因素，均不影响认定其行为与事故后果之间存在刑法上的因果关系，应当依法追究其刑事责任。对发案单位的生产、作业负有安全监管、查处等职责的国家工作人员，不履行或者不正确履行工作职责，致使发案单位违规生产、作业或者危险状态下生产、作业，发生重大安全事故的，其行为也是造成危害结果发生的重要原因，应以渎职犯罪追究其刑事责任。

【典型案例】根据2022年12月15日最高法、最高检**人民法院、人民检察院依法惩治危害生产安全犯罪典型案例·案例2、李某、王某华、焦某东等强令违章冒险作业、重大责任事故案**，对生产、作业负有组织、指挥或者管理职责的人员虽未采取威逼、胁迫、恐吓等手段，但利用自己的组织、指挥、管理职权强制他人违章作业的，也可以构成强令违章冒险作业罪（强令他人违章冒险作业罪）。对于受他人强令违章冒险作业的一线生产、作业人员，应当综合考虑其所受到强令的程度、各自行为对引发事故所起作用大小，依法确定刑事责任。

〔96〕**【刑法修订】**本条为2020年**《刑法修正案（十一）》第四条**增设。

【司法解释】2022年12月15日最高法、最高检**《关于办理危害生产安全刑事案件适用法律若干问题的解释（二）》**，就刑法第一百三十四条之一的适用解释如下：

第二条　刑法第一百三十四条之一规定的犯罪主体，包括对生产、作业负有组织、指挥或者管理职责的负责人、管理人员、实际控制人、投资人等人员，以及直接从事生产、作业的人员。

第三条　因存在重大事故隐患被依法责令停产停业、停止施工、停止使用有关设备、设施、场所或者立即采取排除危险的整改措施，有下列情形之一的，属于刑法第一百三十四条之一第二项规定的“拒不执行”：

（一）无正当理由故意不执行各级人民政府或者负有安全生产监督管理职责的部门依法作出的上述行政决定、命令的；

（二）虚构重大事故隐患已经排除的事实，规避、干扰执行各级人民政府或者负有安全生产监督管理职责的部门依法作出的上述行政决定、命令的；

（三）以行贿等不正当手段，规避、干扰执行各级人民政府或者负有安全生产监督管理职责的部门依法作出的上述行政决定、命令的。

有前款第三项行为，同时构成刑法第三百八十九条行贿罪、第三百九十三条单位行贿罪等犯罪的，依照数罪并罚的规定处罚。

认定是否属于“拒不执行”，应当综合考虑行政决定、命令是否具有法律、行政法规等依据，行政决定、命令的内容和期限要求是否明确、合理，行为人是否具有按照要求执行的能力等因素进行判断。

第四条　刑法第一百三十四条第二款和第一百三十四条之一第二项规定的“重大事故隐患”，依照法律、行政法规、部门规章、强制性标准以及有关行政规范性文件进行认定。

刑法第一百三十四条之一第三项规定的“危险物品”，依照安全生产法第一百一十七条的规定确定。

对于是否属于“重大事故隐患”或者“危险物品”难以确定的，可以依据司法鉴定机构出具的鉴定意见、地市级以上负有安全生产监督管理职责的部门或者其指定的机构出具的意见，结合其他证据综合审查，依法作出认定。

第五条　在生产、作业中违反有关安全管理的规定，有刑法第一百三十四条之一规定情形之一，因而发生重大伤亡事故或者造成其他严重后果，构成刑法第一百三十四条、第一百三十五条至第一百三十九条等规定的重大责任事故罪、重大劳动安全事故罪、危险物品肇事罪、工程重大安全事故罪等犯罪的，依照该规定定罪处罚。

……

第十条　有刑法第一百三十四条之一行为，积极配合公安机关或者负有安全生产监督管理职责的部门采取措施排除事故隐患，确有悔改表现，认罪认罚的，可以依法从宽处罚；犯罪情节轻微不需要判处刑罚的，可以不起诉或者免予刑事处罚；情节显著轻微危害不大的，不作为犯罪处理。

根据2021年12月28日最高法、最高检、公安部等十部门**《关于依法惩**

治涉枪支、弹药、爆炸物、易燃易爆危险物品犯罪的意见》，在易燃易爆危险物品生产、经营、储存等高度危险的生产作业活动中违反有关安全管理的规定，有下列情形之一，具有发生重大伤亡事故或者其他严重后果的现实危险的，依照刑法第一百三十四条之一第三项的规定，以危险作业罪定罪处罚：

（1）委托无资质企业或者个人储存易燃易爆危险物品的；

（2）在储存的普通货物中夹带易燃易爆危险物品的；

（3）将易燃易爆危险物品谎报或者匿报为普通货物申报、储存的；

（4）其他涉及安全生产的事项未经依法批准或者许可，擅自从事易燃易爆危险物品生产、经营、储存等活动的情形。

【典型案例】根据2022年12月15日最高法、最高检**人民法院、人民检察院依法惩治危害生产安全犯罪典型案例·案例4、高某海等危险作业案**，根据《危险化学品目录（2015版）》规定，汽油属于危险化学品。根据《危险化学品安全管理条例》第33条的规定，国家对危险化学品经营实行许可制度，未经许可，任何单位和个人不得经营危险化学品。销售、储存汽油均应取得相应证照，操作人员应当经过专业培训、规范操作，储存汽油应当具备相应条件。司法机关在办理具体案件过程中，对于行为人在未经专业培训、无经营资质、无专业设备、无安全储存条件、无应急处理能力情况下，在居民楼附近擅自从事危险物品生产、经营、储存等高度危险的生产作业活动，并由于不规范操作造成行为人本人重度烧伤、周围物品烧毁的后果的，综合考虑其行为方式、案发地点及危害后果，可以认定为刑法第134条之一危险作业罪中“具有发生重大伤亡事故或者其他严重后果的现实危险”。同时，应当注意区别对待，对于其他为行为人提供便利条件、参与分装赚取差价的人员，综合考虑其在共同犯罪中所起作用以及认罪认罚等情节，可以依法作出不起诉决定，体现宽严相济刑事政策。

根据2022年12月15日最高法、最高检**人民法院、人民检察院依法惩治危害生产安全犯罪典型案例·案例5、李某远危险作业案**，根据刑法第134条之一规定，危险作业罪中“具有发生重大伤亡事故或者其他严重后果的现实危险”，是指客观存在的、紧迫的危险，这种危险未及时消除、持续存在，将可能随时导致发生重大伤亡事故或者其他严重后果。司法实践中，是否属于“具有发生重大伤亡事故或者其他严重后果的现实危险”，应当结合行业属性、行为对象、现场环境、违规行为严重程度、纠正整改措施的及时性和有效性等具体因素，进行综合判断。司法机关在办理具体案件过程中要准确把握立法原意，对于行为人关闭、破坏直接关系生产安全的监控、报警、防护、救生设备、设施，已经出现重大险情，或者发生了“小事故”，由于偶然性的客观原因而未造成重大严重后果的情形，可以认定为“具有发生重大伤亡事故或者其他严重后果的现实危险”。

第一百三十五条〔97〕 **【重大劳动安全事故罪】**安全生产设施或者安全生产条件不符合国家规定，因而发生重大伤亡事故或者造成其他严重后果的，对直接负责的主管人员和其他直接责任人员，处三年以下有期徒刑或者拘役；情节特别恶劣的，处三年以上七年以下有期徒刑。

根据2022年12月15日最高法、最高检**人民法院、人民检察院依法惩治危害生产安全犯罪典型案例·案例6、赵某宽、赵某龙危险作业不起诉案**，对于涉及安全生产的事项未经依法批准或者许可，擅自从事矿山开采、金属冶炼、建筑施工等生产作业活动，已经发生安全事故，因开展有效救援尚未造成重大严重后果的情形，可以认定为刑法第134条之一危险作业罪中“具有发生重大伤亡事故或者其他严重后果的现实危险”。办案中，司法机关应当依法适用认罪认罚从宽制度，全面准确规范落实少捕慎诉慎押刑事司法政策，对于犯罪情节轻微不需要判处刑罚的危险作业犯罪，可以作出不起诉决定。

〔97〕**【刑法修订】**2006年《**刑法修正案（六）**》**第二条**修订了本条。1997年刑法原文如下：

第一百三十五条 工厂、矿山、林场、建筑企业或者其他企业、事业单位的劳动安全设施不符合国家规定，经有关部门或者单位职工提出后，对事故隐患仍不采取措施，因而发生重大伤亡事故或者造成其他严重后果的，对直接责任人员，处三年以下有期徒刑或者拘役；情节特别恶劣的，处三年以上七年以下有期徒刑。

2006年《**刑法修正案（六）**》精简了罪状表述，将“工厂、矿山、林场、建筑企业或者其他企业、事业单位的劳动安全设施不符合国家规定”修改为“安全生产设施或者安全生产条件不符合国家规定”，删除了“经有关部门或者单位职工提出后，对事故隐患仍不采取措施”的要求，将处罚的主体“对直接责任人员”修改为“对直接负责的主管人员和其他直接责任人员”。

【司法解释】2015年12月14日最高法、最高检《**关于办理危害生产安全刑事案件适用法律若干问题的解释**》，就刑法第一百三十五条的适用解释如下：

第三条 刑法第一百三十五条规定的“直接负责的主管人员和其他直接责任人员”，是指对安全生产设施或者安全生产条件不符合国家规定负有直接责任的生产经营单位负责人、管理人员、实际控制人、投资人，以及其他对安全生产设施或者安全生产条件负有管理、维护职责的人员。

……

第六条第一款 实施刑法第一百三十二条、第一百三十四条第一款、第一百三十五条、第一百三十五条之一、第一百三十六条、第一百三十九条规定的行为，因而发生安全事故，具有下列情形之一的，应当认定为“造成严重后果”或者“发生重大伤亡事故或者造成其他严重后果”，对相关责任人员，处3年以下有期徒刑或者拘役：

第一百三十五条之一[98] **【大型群众性活动重大安全事故罪】**举办大型群众性活动违反安全管理规定,因而发生重大伤亡事故或者造成其他严重后果的,对直接负责的主管人员和其他直接责任人员,处三年以下有期徒刑或者拘役;情节特别恶劣的,处三年以上七年以下有期徒刑。

第一百三十六条[99] **【危险物品肇事罪】**违反爆炸性、易燃性、放射性、毒害性、腐蚀性物品的管理规定,在生产、储存、运输、使用中发生重大事故,造成严重后果的,处三年以下有期徒刑或者拘役;后果特别严重的,处三年以上七年以下有期徒刑。

(一)造成死亡1人以上,或者重伤3人以上的;
(二)造成直接经济损失100万元以上的;
(三)其他造成严重后果或者重大安全事故的情形。

第七条第一款 实施刑法第一百三十二条、第一百三十四条第一款、第一百三十五条、第一百三十五条之一、第一百三十六条、第一百三十九条规定的行为,因而发生安全事故,具有下列情形之一的,对相关责任人员,处3年以上7年以下有期徒刑:
(一)造成死亡3人以上或者重伤10人以上,负事故主要责任的;
(二)造成直接经济损失500万元以上,负事故主要责任的;
(三)其他造成特别严重后果、情节特别恶劣或者后果特别严重的情形。

根据2009年12月25日最高法研究室**《关于被告人阮某重大劳动安全事故案有关法律适用问题的答复》**(法研〔2009〕228号),用人单位违反职业病防治法的规定,职业病危害预防设施不符合国家规定,因而发生重大伤亡事故或者造成其他严重后果的,对直接负责的主管人员和其他直接责任人员,可以依照刑法第一百三十五条的规定,以重大劳动安全事故罪定罪处罚。

〔98〕**【刑法修订】**本条为2006年**《刑法修正案(六)》第三条**增设。

【司法解释】关于本条"发生重大伤亡事故或者造成其他严重后果""情节特别恶劣"的认定以及从重、从轻处罚,参见2015年最高法、最高检**《关于办理危害生产安全刑事案件适用法律若干问题的解释》**第6条、第7条、第12条、第13条(➻参见刑法第134条脚注部分)。

〔99〕**【司法解释】**关于本条"造成严重后果""后果特别严重"的认定以及从重、从轻处罚,参见2015年最高法、最高检**《关于办理危害生产安全刑事案件适用法律若干问题的解释》**第6条、第7条、第12条、第13条(➻参见刑法第134条脚注部分)。

2021年12月28日最高法、最高检、公安部等十部门**《关于依法惩治涉枪**

支、弹药、爆炸物、易燃易爆危险物品犯罪的意见》，对涉易燃易爆危险物品犯罪，制定意见如下：

5. 违反危险化学品安全管理规定，未经依法批准或者许可擅自从事易燃易爆危险物品道路运输活动，或者实施其他违反危险化学品安全管理规定通过道路运输易燃易爆危险物品的行为，危及公共安全的，依照刑法第一百三十三条之一第一款第四项的规定，以危险驾驶罪定罪处罚。

在易燃易爆危险物品生产、经营、储存等高度危险的生产作业活动中违反有关安全管理的规定，有下列情形之一，具有发生重大伤亡事故或者其他严重后果的现实危险的，依照刑法第一百三十四条之一第三项的规定，以危险作业罪定罪处罚：

（1）委托无资质企业或者个人储存易燃易爆危险物品的；

（2）在储存的普通货物中夹带易燃易爆危险物品的；

（3）将易燃易爆危险物品谎报或者匿报为普通货物申报、储存的；

（4）其他涉及安全生产的事项未经依法批准或者许可，擅自从事易燃易爆危险物品生产、经营、储存等活动的情形。

实施前两款行为，同时构成刑法第一百三十条规定之罪等其他犯罪的，依照处罚较重的规定定罪处罚；导致发生重大伤亡事故或者其他严重后果，符合刑法第一百三十四条、第一百三十五条、第一百三十六条等规定的，依照各该条的规定定罪从重处罚。

6. 在易燃易爆危险物品生产、储存、运输、使用中违反有关安全管理的规定，实施本意见第5条前两款规定以外的其他行为，导致发生重大事故，造成严重后果，符合刑法第一百三十六条等规定的，以危险物品肇事罪等罪名定罪处罚。

7. 实施刑法第一百三十六条规定等行为，向负有安全生产监督管理职责的部门不报、谎报或者迟报相关情况的，从重处罚；同时构成刑法第一百三十九条之一规定之罪的，依照数罪并罚的规定处罚。

8. 在水路、铁路、航空易燃易爆危险物品运输生产作业活动中违反有关安全管理的规定，有下列情形之一，明知存在重大事故隐患而不排除，足以危害公共安全的，依照刑法第一百一十四条的规定，以以危险方法危害公共安全罪定罪处罚；致人重伤、死亡或者使公私财产遭受重大损失的，依照刑法第一百一十五条第一款的规定处罚：

（1）未经依法批准或者许可，擅自从事易燃易爆危险物品运输的；

（2）委托无资质企业或者个人承运易燃易爆危险物品的；

（3）在托运的普通货物中夹带易燃易爆危险物品的；

（4）将易燃易爆危险物品谎报或者匿报为普通货物托运的；

（5）其他在水路、铁路、航空易燃易爆危险物品运输活动中违反有关安全管理规定的情形。

非法携带易燃易爆危险物品进入水路、铁路、航空公共交通工具或者有关

第一百三十七条[100] **【工程重大安全事故罪】**建设单位、设计单位、施工单位、工程监理单位违反国家规定，降低工程质量标准，造成重大安全事故的，对直接责任人员，处五年以下有期徒刑或者拘役，并处罚金；后果特别严重的，处五年以上十年以下有期徒刑，并处罚金。

公共场所，危及公共安全，情节严重的，依照刑法第一百三十条的规定，以非法携带危险物品危及公共安全罪定罪处罚。

9. 通过邮件、快件夹带易燃易爆危险物品，或者将易燃易爆危险物品谎报为普通物品交寄，符合本意见第 5 条至第 8 条规定的，依照各该条的规定定罪处罚。

……

23. 本意见所称易燃易爆危险物品，是指具有爆炸、易燃性质的危险化学品、危险货物等，具体范围依照相关法律、行政法规、部门规章和国家标准确定。依照有关规定属于爆炸物的除外。

……

25. 本意见自 2021 年 12 月 31 日起施行。

根据 2000 年 5 月 9 日公安部**《关于加强爆炸案件和爆炸物品丢失被盗案件倒查责任追究工作的通知》**，对因安全管理制度不落实、仓储设施不符合安全要求、守卫看护人员擅离职守等导致爆炸物品被私拿、私藏或丢失、被盗，或者非法转借、转送等被犯罪分子获取作案的，依照《刑法》第 136 条的规定，追究责任人的刑事责任。

根据 2004 年 11 月 12 日公安部、中央社会治安综合治理委员会办公室、民政部等六部门**《关于进一步加强和改进出租房屋管理工作有关问题的通知》**（公通字〔2004〕83 号），明知承租人违反爆炸、剧毒、易燃、放射性等危险物品管理规定，利用出租房屋生产、销售、储存、使用危险物品，不及时制止、报告，尚未造成严重后果的，由公安部门依照《租赁房屋治安管理规定》第九条第（三）项的规定予以处罚；构成犯罪的，依照《中华人民共和国刑法》第一百三十六条的规定追究刑事责任。

〔100〕**【司法解释】**2015 年 12 月 14 日最高法、最高检**《关于办理危害生产安全刑事案件适用法律若干问题的解释》**，就刑法第一百三十七条的适用解释如下：

第六条 实施刑法第一百三十二条、第一百三十四条第一款、第一百三十五条、第一百三十五条之一、第一百三十六条、第一百三十九条规定的行为，因而发生安全事故，具有下列情形之一的，应当认定为“造成严重后果”或者“发生重大伤亡事故或者造成其他严重后果”，对相关责任人员，处三年以下有期徒刑或者拘役：

第一百三十八条〔101〕　**【教育设施重大安全事故罪】**明知校舍或者教育教学设施有危险，而不采取措施或者不及时报告，致使发生重大伤亡事故的，对直接责任人员，处三年以下有期徒刑或者拘役；后果特别严重的，处三年以上七年以下有期徒刑。

（一）造成死亡1人以上，或者重伤3人以上的；

（二）造成直接经济损失100万元以上的；

（三）其他造成严重后果或者重大安全事故的情形。

实施刑法第一百三十四条第二款规定的行为……

实施刑法第一百三十七条规定的行为，因而发生安全事故，具有本条第一款规定情形的，应当认定为“造成重大安全事故”，对直接责任人员，处5年以下有期徒刑或者拘役，并处罚金。

第七条　实施刑法第一百三十二条、第一百三十四条第一款、第一百三十五条、第一百三十五条之一、第一百三十六条、第一百三十九条规定的行为，因而发生安全事故，具有下列情形之一的，对相关责任人员，处3年以上7年以下有期徒刑：

（一）造成死亡3人以上或者重伤10人以上，负事故主要责任的；

（二）造成直接经济损失500万元以上，负事故主要责任的；

（三）其他造成特别严重后果、情节特别恶劣或者后果特别严重的情形。

实施刑法第一百三十四条第二款规定的行为……

实施刑法第一百三十七条规定的行为，因而发生安全事故，具有本条第一款规定情形的，对直接责任人员，处5年以上10年以下有期徒刑，并处罚金。

根据2020年3月16日最高法、最高检、公安部《**关于办理涉窨井盖相关刑事案件的指导意见**》**第五条**，窨井盖建设、设计、施工、工程监理单位违反国家规定，降低工程质量标准，造成重大安全事故的，依照刑法第一百三十七条的规定，以工程重大安全事故罪定罪处罚。

〔101〕**【司法解释】**2015年12月14日最高法、最高检《**关于办理危害生产安全刑事案件适用法律若干问题的解释**》，就刑法第一百三十八条的适用解释如下：

第六条　实施刑法第一百三十二条、第一百三十四条第一款、第一百三十五条、第一百三十五条之一、第一百三十六条、第一百三十九条规定的行为，因而发生安全事故，具有下列情形之一的，应当认定为“造成严重后果”或者“发生重大伤亡事故或者造成其他严重后果”，对相关责任人员，处三年以下有期徒刑或者拘役：

（一）造成死亡1人以上，或者重伤3人以上的；

（二）造成直接经济损失100万元以上的；

第一百三十九条[102] **【消防责任事故罪】**违反消防管理法规，经消防监督机构通知采取改正措施而拒绝执行，造成严重后果的，对直接责任人员，处三年以下有期徒刑或者拘役；后果特别严重的，处三年以上七年以下有期徒刑。

（三）其他造成严重后果或者重大安全事故的情形。

实施刑法第一百三十四条第二款规定的行为……

实施刑法第一百三十七条规定的行为……

实施刑法第一百三十八条规定的行为，因而发生安全事故，具有本条第一款第一项规定情形的，应当认定为“发生重大伤亡事故”，对直接责任人员，处3年以下有期徒刑或者拘役。

第七条 实施刑法第一百三十二条、第一百三十四条第一款、第一百三十五条、第一百三十五条之一、第一百三十六条、第一百三十九条规定的行为，因而发生安全事故，具有下列情形之一的，对相关责任人员，处3年以上7年以下有期徒刑：

（一）造成死亡3人以上或者重伤10人以上，负事故主要责任的；

（二）造成直接经济损失500万元以上，负事故主要责任的；

（三）其他造成特别严重后果、情节特别恶劣或者后果特别严重的情形。

实施刑法第一百三十四条第二款规定的行为……

实施刑法第一百三十七条规定的行为……

实施刑法第一百三十八条规定的行为，因而发生安全事故，具有下列情形之一的，对直接责任人员，处3年以上7年以下有期徒刑：

（一）造成死亡3人以上或者重伤10人以上，负事故主要责任的；

（二）具有本解释第六条第一款第一项规定情形，同时造成直接经济损失500万元以上并负事故主要责任的，或者同时造成恶劣社会影响的。

〔102〕**【立案标准】**根据2008年6月25日最高检、公安部**《关于公安机关管辖的刑事案件立案追诉标准的规定（一）》第十五条**，违反消防管理法规，经消防监督机构通知采取改正措施而拒绝执行，涉嫌下列情形之一的，应予立案追诉：

（一）造成死亡1人以上，或者重伤3人以上；

（二）造成直接经济损失50万元以上的（★2015年12月14日最高法、最高检《关于办理危害生产安全刑事案件适用法律若干问题的解释》第六条已将造成直接经济损失的数额由50万元上调为100万元——编者说明）；

（三）造成森林火灾，过火有林地面积2公顷以上，或者过火疏林地、灌木林地、未成林地、苗圃地面积4公顷以上的；

（四）其他造成严重后果的情形。

第一百三十九条之一[103] **【不报、谎报安全事故罪】**在安全事故发生后，负有报告职责的人员不报或者谎报事故情况，贻误事故抢救，情节严重的，处三年以下有期徒刑或者拘役；情节特别严重的，处三年以上七年以下有期徒刑。

【司法解释】关于本条"造成严重后果""后果特别严重"的认定以及从重、从轻处罚，参见2015年最高法、最高检**《关于办理危害生产安全刑事案件适用法律若干问题的解释》**第6条、第7条、第12条、第13条（➻参见刑法第134条脚注部分）。

〔103〕**【刑法修订】**本条为2006年**《刑法修正案（六）》第四条**增设。

【立案标准】根据2017年4月27日最高检、公安部**《关于公安机关管辖的刑事案件立案追诉标准的规定（一）的补充规定》（公通字〔2017〕12号）第一条**，在安全事故发生后，负有报告职责的人员不报或者谎报事故情况，贻误事故抢救，涉嫌下列情形之一的，应予立案追诉：

（一）导致事故后果扩大，增加死亡1人以上，或者增加重伤3人以上，或者增加直接经济损失100万元以上的；

（二）实施下列行为之一，致使不能及时有效开展事故抢救的：

1.决定不报、迟报、谎报事故情况或者指使、串通有关人员不报、迟报、谎报事故情况的；

2.在事故抢救期间擅离职守或者逃匿的；

3.伪造、破坏事故现场，或者转移、藏匿、毁灭遇难人员尸体，或者转移、藏匿受伤人员的；

4.毁灭、伪造、隐匿与事故有关的图纸、记录、计算机数据等资料以及其他证据的；

（三）其他不报、谎报安全事故情节严重的情形。

本条规定的"负有报告职责的人员"，是指负有组织、指挥或者管理职责的负责人、管理人员、实际控制人、投资人，以及其他负有报告职责的人员。

【司法解释】2015年12月14日最高法、最高检**《关于办理危害生产安全刑事案件适用法律若干问题的解释》**，就刑法第一百三十九条之一的适用解释如下：

第四条　刑法第一百三十九条之一规定的"负有报告职责的人员"，是指负有组织、指挥或者管理职责的负责人、管理人员、实际控制人、投资人，以及其他负有报告职责的人员。

……

第八条　在安全事故发生后，负有报告职责的人员不报或者谎报事故情况，贻误事故抢救，具有下列情形之一的，应当认定为刑法第一百三十九条之一规定的"情节严重"：

（一）导致事故后果扩大，增加死亡1人以上，或者增加重伤3人以上，或者增加直接经济损失100万元以上的；

（二）实施下列行为之一，致使不能及时有效开展事故抢救的：

1. 决定不报、迟报、谎报事故情况或者指使、串通有关人员不报、迟报、谎报事故情况的；

2. 在事故抢救期间擅离职守或者逃匿的；

3. 伪造、破坏事故现场，或者转移、藏匿、毁灭遇难人员尸体，或者转移、藏匿受伤人员的；

4. 毁灭、伪造、隐匿与事故有关的图纸、记录、计算机数据等资料以及其他证据的；

（三）其他情节严重的情形。

具有下列情形之一的，应当认定为刑法第一百三十九条之一规定的"情节特别严重"：

（一）导致事故后果扩大，增加死亡3人以上，或者增加重伤10人以上，或者增加直接经济损失500万元以上的；

（二）采用暴力、胁迫、命令等方式阻止他人报告事故情况，导致事故后果扩大的；

（三）其他情节特别严重的情形。

第九条 在安全事故发生后，与负有报告职责的人员串通，不报或者谎报事故情况，贻误事故抢救，情节严重的，依照刑法第一百三十九条之一的规定，以共犯论处。

【指导案例】根据2021年1月20日最高检**第二十五批指导性案例·检例第96号·黄某某等人重大责任事故、谎报安全事故案**，认定谎报安全事故罪，要重点审查谎报行为与贻误事故抢救结果之间的因果关系。对同时构成重大责任事故罪和谎报安全事故罪的，应当数罪并罚。应注重督促涉事单位或有关部门及时赔偿被害人损失，有效化解社会矛盾。

★该指导案例在"指导意义"部分指出：只有谎报事故的行为造成贻误事故抢救的后果，即造成事故后果扩大或致使不能及时有效开展事故抢救，才可能构成本罪。如果事故已经完成抢救，或者没有抢救时机（危害结果不可能加重或扩大），则不构成本罪。

第三章　破坏社会主义市场经济秩序罪[104]

〔104〕　**【相关法规】**根据2023年第二次修订后的**《公司法》第一百七十八条第一款第(二)项**,因贪污、贿赂、侵占财产、挪用财产或者破坏社会主义市场经济秩序,被判处刑罚,或者因犯罪被剥夺政治权利,执行期满未逾5年,被宣告缓刑的,自缓刑考验期满之日起未逾2年,不得担任公司的董事、监事、高级管理人员。

根据2021年国务院**《市场主体登记管理条例》第十二条第(二)项**,因贪污、贿赂、侵占财产、挪用财产或者破坏社会主义市场经济秩序被判处刑罚,执行期满未逾5年,或者因犯罪被剥夺政治权利,执行期满未逾5年的,不得担任公司、非公司企业法人的法定代表人。

【司法解释】根据2010年6月21日最高法**《关于在经济犯罪审判中参照适用〈最高人民检察院、公安部关于公安机关管辖的刑事案件立案追诉标准的规定(二)〉的通知》**(法发〔2010〕22号):2010年5月18日,最高人民检察院、公安部印发了《最高人民检察院、公安部关于公安机关管辖的刑事案件立案追诉标准的规定(二)》(以下简称《标准二》)。现就人民法院在审理经济犯罪案件中参照适用《标准二》的有关问题通知如下:

一、最高人民法院对相关经济犯罪的定罪量刑标准没有规定的,人民法院在审理经济犯罪案件时,可以参照适用《标准二》的规定。

二、各级人民法院在参照适用《标准二》的过程中,如认为《标准二》的有关规定不能适应案件审理需要的,要结合案件具体情况和本地实际,依法审慎稳妥处理好案件的法律适用和政策把握,争取更好的社会效果。

三、最高人民法院将在进一步总结审判经验的基础上,对审判实践中亟需的相关经济犯罪定罪量刑标准作出具体规定。在此之前,拟通过有关工作会议、司法文件、公布典型案例等方式,对人民法院经济犯罪案件审判工作加强指导,以不断提高经济犯罪案件审判水平,更好地服务经济社会发展和依法惩处经济犯罪工作的需要[★2010年5月《最高人民检察院、公安部关于公安机关管辖的刑事案件立案追诉标准的规定(二)》(公通字〔2010〕23号)经修订后已被废止(现行有效的是2022年4月6日《最高人民检察院、公安部关于公安机关管辖的刑事案件立案追诉标准的规定(二)》),但上述《通知》的精神仍可适用——编者说明]。

★为进一步规范公安机关办理经济犯罪案件,2017年11月24日最高检、公安部在修订以往规定的基础上,发布了《公安机关办理经济犯罪案件的若干规定》(公通字〔2017〕25号),对经济犯罪案件的管辖、立案、撤案、强制措施等问题作了详细规定——编者说明。

第一节 生产、销售伪劣商品罪

第一百四十条[105] **【生产、销售伪劣产品罪】**生产者、销售者在产品中掺杂、掺假，以假充真，以次充好或者以不合格产品冒充合格产品，销售金额五万元以上不满二十万元的，处二年以下有期徒刑或者拘役，并处或者单处销售金额百分之五十以上二倍以下罚金；销售金额二十万元以上不满五十万元的，处二年以上七年以下有期徒刑，并处销售金额百分之五十以上二倍以下罚金；销售金额五十万元以上不满二百万元的，处七年以上有期徒刑，并处销售金额百分之五十以上二倍以下罚金；销售金额二百万元以上的，处十五年有期徒刑或者无期徒刑，并处销售金额百分之五十以上二倍以下罚金或者没收财产。

〔105〕**【立案标准】**根据2008年6月25日最高检、公安部《**关于公安机关管辖的刑事案件立案追诉标准的规定（一）**》**第十六条**，生产者、销售者在产品中掺杂、掺假，以假充真，以次充好或者以不合格产品冒充合格产品，涉嫌下列情形之一的，应予立案追诉：

（一）伪劣产品销售金额5万元以上的；

（二）伪劣产品尚未销售，货值金额15万元以上的；

（三）伪劣产品销售金额不满5万元，但将已销售金额乘以3倍后，与尚未销售的伪劣产品货值金额合计15万元以上的。

本条规定的“掺杂、掺假”，是指在产品中掺入杂质或者异物，致使产品质量不符合国家法律、法规或者产品明示质量标准规定的质量要求，降低、失去应有使用性能的行为；“以假充真”，是指以不具有某种使用性能的产品冒充具有该种使用性能的产品的行为；“以次充好”，是指以低等级、低档次产品冒充高等级、高档次产品，或者以残次、废旧零配件组合、拼装后冒充正品或者新产品的行为；“不合格产品”，是指不符合《中华人民共和国产品质量法》规定的质量要求的产品。

对本条规定的上述行为难以确定的，应当委托法律、行政法规规定的产品质量检验机构进行鉴定。本条规定的“销售金额”，是指生产者、销售者出售伪劣产品后所得和应得的全部违法收入；“货值金额”，以违法生产、销售的伪劣产品的标价计算；没有标价的，按照同类合格产品的市场中间价格计算。货值金额难以确定的，按照《扣押、追缴、没收物品估价管理办法》的规定，委托估价机构进行确定。

【司法解释】2001年4月9日最高法、最高检《**关于办理生产、销售伪劣商品刑事案件具体应用法律若干问题的解释**》（法释〔2001〕10号，自2001年4月10日起施行），就办理生产、销售伪劣商品犯罪案件具体应用法律的若干问题解释如下：

第一条　刑法第一百四十条规定的“在产品中掺杂、掺假”，是指在产品中掺入杂质或者异物，致使产品质量不符合国家法律、法规或者产品明示质量标准规定的质量要求，降低、失去应有使用性能的行为。

刑法第一百四十条规定的“以假充真”，是指以不具有某种使用性能的产品冒充具有该种使用性能的产品的行为。

刑法第一百四十条规定的“以次充好”，是指以低等级、低档次产品冒充高等级、高档次产品，或者以残次、废旧零配件组合、拼装后冒充正品或者新产品的行为。

刑法第一百四十条规定的“不合格产品”，是指不符合《中华人民共和国产品质量法》第二十六条第二款规定的质量要求的产品（★ 2018 年修正后的《产品质量法》第二十六条第二款规定：产品质量应当符合下列要求：（一）不存在危及人身、财产安全的不合理的危险，有保障人体健康和人身、财产安全的国家标准、行业标准的，应当符合该标准；（二）具备产品应当具备的使用性能，但是，对产品存在使用性能的瑕疵作出说明的除外；（三）符合在产品或者其包装上注明采用的产品标准，符合以产品说明、实物样品等方式表明的质量状况——编者说明）。

对本条规定的上述行为难以确定的，应当委托法律、行政法规规定的产品质量检验机构进行鉴定。

第二条　刑法第一百四十条、第一百四十九条规定的“销售金额”，是指生产者、销售者出售伪劣产品后所得和应得的全部违法收入。

伪劣产品尚未销售，货值金额达到刑法第一百四十条规定的销售金额 3 倍以上的，以生产、销售伪劣产品罪（未遂）定罪处罚。

货值金额以违法生产、销售的伪劣产品的标价计算；没有标价的，按照同类合格产品的市场中间价格计算。货值金额难以确定的，按照国家计划委员会、最高人民法院、最高人民检察院、公安部 1997 年 4 月 22 日联合发布的《扣押、追缴、没收物品估价管理办法》的规定，委托指定的估价机构确定。

多次实施生产、销售伪劣产品行为，未经处理的，伪劣产品的销售金额或者货值金额累计计算。

……

第九条　知道或者应当知道他人实施生产、销售伪劣商品犯罪，而为其提供贷款、资金、账号、发票、证明、许可证件，或者提供生产、经营场所或者运输、仓储、保管、邮寄等便利条件，或者提供制假生产技术的，以生产、销售伪劣商品犯罪的共犯论处。

第十条　实施生产、销售伪劣商品犯罪，同时构成侵犯知识产权、非法经营等其他犯罪的，依照处罚较重的规定定罪处罚。

第十一条　实施刑法第一百四十条至第一百四十八条规定的犯罪，又以暴力、威胁方法抗拒查处，构成其他犯罪的，依照数罪并罚的规定处罚。

第十二条 国家机关工作人员参与生产、销售伪劣商品犯罪的，从重处罚。

根据2001年5月21日最高法**《关于审理生产、销售伪劣商品刑事案件有关鉴定问题的通知》**（法〔2001〕70号），生产、销售伪劣产品、假冒商标和非法经营等犯罪案件中涉及的生产、销售的产品，有的纯属伪劣产品，有的则只是侵犯知识产权的非伪劣产品。由于涉案产品是否"以假充真"、"以次充好"、"以不合格产品冒充合格产品"，直接影响到对被告人的定罪及处刑，为准确适用刑法和《最高人民法院、最高人民检察院关于办理生产、销售伪劣商品刑事案件具体应用法律若干问题的解释》（以下简称《解释》），严惩假冒伪劣商品犯罪，不放纵和轻纵犯罪分子，现就审理生产、销售伪劣商品、假冒商标和非法经营等严重破坏社会主义市场经济秩序的犯罪案件中可能涉及的假冒伪劣商品的有关鉴定问题通知如下：

一、对于提起公诉的生产、销售伪劣产品、假冒商标、非法经营等严重破坏社会主义市场经济秩序的犯罪案件，所涉生产、销售的产品是否属于"以假充真"、"以次充好"、"以不合格产品冒充合格产品"难以确定的，应当根据《解释》第一条第五款的规定，由公诉机关委托法律、行政法规规定的产品质量检验机构进行鉴定。

二、……（★与现有司法解释规定不一致，故省略——编者说明）

三、经鉴定确系伪劣商品，被告人的行为既构成生产、销售伪劣产品罪，又构成生产、销售假药罪或者生产、销售不符合卫生标准的食品罪（★罪名已变更为生产、销售不符合安全标准的食品罪——编者说明），或者同时构成侵犯知识产权、非法经营等其他犯罪的，根据刑法第一百四十九条第二款和《解释》第十条的规定，应当依照处罚较重的规定定罪处罚。

根据2003年5月14日最高法、最高检**《关于办理妨害预防、控制突发传染病疫情等灾害的刑事案件具体应用法律若干问题的解释》第二条**，在预防、控制突发传染病疫情等灾害期间，生产、销售伪劣的防治、防护产品、物资，或者生产、销售用于防治传染病的假药、劣药，构成犯罪的，分别依照刑法第一百四十条、第一百四十一条、第一百四十二条的规定，以生产、销售伪劣产品罪，生产、销售假药罪或者生产、销售劣药罪定罪，依法从重处罚。

2010年3月2日最高法、最高检**《关于办理非法生产、销售烟草专卖品等刑事案件具体应用法律若干问题的解释》**（法释〔2010〕7号，自2010年3月26日起施行），就办理非法生产、销售烟草专卖品等刑事案件具体应用法律的若干问题解释如下：

第一条 生产、销售伪劣卷烟、雪茄烟等烟草专卖品，销售金额在5万元以上的，依照刑法第一百四十条的规定，以生产、销售伪劣产品罪定罪处罚。

未经卷烟、雪茄烟等烟草专卖品注册商标所有人许可，在卷烟、雪茄烟等烟草专卖品上使用与其注册商标相同的商标，情节严重的，依照刑法第二百一十三条的规定，以假冒注册商标罪定罪处罚。

销售明知是假冒他人注册商标的卷烟、雪茄烟等烟草专卖品，销售金额较大（★应为违法所得数额较大或者有其他严重情节——编者说明）的，依照刑法第二百一十四条的规定，以销售假冒注册商标的商品罪定罪处罚。

伪造、擅自制造他人卷烟、雪茄烟注册商标标识或者销售伪造、擅自制造的卷烟、雪茄烟注册商标标识，情节严重的，依照刑法第二百一十五条的规定，以非法制造、销售非法制造的注册商标标识罪定罪处罚。

违反国家烟草专卖管理法律法规，未经烟草专卖行政主管部门许可，无烟草专卖生产企业许可证、烟草专卖批发企业许可证、特种烟草专卖经营企业许可证、烟草专卖零售许可证等许可证明，非法经营烟草专卖品，情节严重的，依照刑法第二百二十五条的规定，以非法经营罪定罪处罚。

第二条　伪劣卷烟、雪茄烟等烟草专卖品尚未销售，货值金额达到刑法第一百四十条规定的销售金额定罪起点数额标准的 3 倍以上的，或者销售金额未达到 5 万元，但与未销售货值金额合计达到 15 万元以上的，以生产、销售伪劣产品罪（未遂）定罪处罚。

销售金额和未销售货值金额分别达到不同的法定刑幅度或者均达到同一法定刑幅度的，在处罚较重的法定刑幅度内酌情从重处罚。

查获的未销售的伪劣卷烟、雪茄烟，能够查清销售价格的，按照实际销售价格计算。无法查清实际销售价格，有品牌的，按照该品牌卷烟、雪茄烟的查获地省级烟草专卖行政主管部门出具的零售价格计算；无品牌的，按照查获地省级烟草专卖行政主管部门出具的上年度卷烟平均零售价格计算。

第三条　……（➻参见刑法第 225 条脚注相关部分）

第四条　……（➻参见刑法第 225 条脚注相关部分）

第五条　行为人实施非法生产、销售烟草专卖品犯罪，同时构成生产、销售伪劣产品罪、侵犯知识产权犯罪、非法经营罪的，依照处罚较重的规定定罪处罚。

第六条　明知他人实施本解释第一条所列犯罪，而为其提供贷款、资金、帐号、发票、证明、许可证件，或者提供生产、经营场所、设备、运输、仓储、保管、邮寄、代理进出口等便利条件，或者提供生产技术、卷烟配方的，应当按照共犯追究刑事责任。

第七条　办理非法生产、销售烟草专卖品等刑事案件，需要对伪劣烟草专卖品鉴定的，应当委托国务院产品质量监督管理部门和省、自治区、直辖市人民政府产品质量监督管理部门指定的烟草质量检测机构进行。

第八条　以暴力、威胁方法阻碍烟草专卖执法人员依法执行职务，构成犯罪的，以妨害公务罪追究刑事责任。

煽动群众暴力抗拒烟草专卖法律实施，构成犯罪的，以煽动暴力抗拒法律实施罪追究刑事责任。

第九条 本解释所称"烟草专卖品",是指卷烟、雪茄烟、烟丝、复烤烟叶、烟叶、卷烟纸、滤嘴棒、烟用丝束、烟草专用机械。

本解释所称"卷烟辅料",是指卷烟纸、滤嘴棒、烟用丝束。

本解释所称"烟草专用机械",是指由国务院烟草专卖行政主管部门烟草专用机械名录所公布的,在卷烟、雪茄烟、烟丝、复烤烟叶、烟叶、卷烟纸、滤嘴棒、烟用丝束的生产加工过程中,能够完成一项或者多项特定加工工序,可以独立操作的机械设备。

本解释所称"同类烟草专用机械",是指在卷烟、雪茄烟、烟丝、复烤烟叶、烟叶、卷烟纸、滤嘴棒、烟用丝束的生产加工过程中,能够完成相同加工工序的机械设备。

第十条 以前发布的有关规定与本解释不一致的,以本解释为准。

根据 2020 年 2 月 6 日最高法、最高检、公安部、司法部**《关于依法惩治妨害新型冠状病毒感染肺炎疫情防控违法犯罪的意见》**,在疫情防控期间,生产、销售伪劣的防治、防护产品、物资,或者生产、销售用于防治新型冠状病毒感染肺炎的假药、劣药,符合刑法第一百四十条、第一百四十一条、第一百四十二条规定的,以生产、销售伪劣产品罪,生产、销售假药罪或者生产、销售劣药罪定罪处罚。

根据 2020 年 7 月 22 日最高检**《关于充分发挥检察职能服务保障"六稳""六保"的意见》**(高检发〔2020〕10 号),严格把握涉企业生产经营、创新创业的新类型案件的法律政策界限。对于企业创新产品与现有国家标准难以对应的,应当深入调查,进行实质性评估,加强请示报告,准确认定产品属性和质量,防止简单化"对号入座",以生产、销售伪劣产品定罪处罚。

根据 2021 年 12 月 30 日最高法、最高检**《关于办理危害食品安全刑事案件适用法律若干问题的解释》第十五条**,生产、销售不符合食品安全标准的食品添加剂,用于食品的包装材料、容器、洗涤剂、消毒剂,或者用于食品生产经营的工具、设备等,符合刑法第一百四十条规定的,以生产、销售伪劣产品罪定罪处罚。

生产、销售用超过保质期的食品原料、超过保质期的食品、回收食品作为原料的食品,或者以更改生产日期、保质期、改换包装等方式销售超过保质期的食品、回收食品,适用前款的规定定罪处罚。

实施前两款行为,同时构成生产、销售不符合安全标准的食品罪,生产、销售不符合安全标准的产品罪等其他犯罪的,依照处罚较重的规定定罪处罚。

【会议纪要】2003 年 12 月 23 日最高法、最高检、公安部、国家烟草专卖局**《关于办理假冒伪劣烟草制品等刑事案件适用法律问题座谈会纪要》**(高检会〔2003〕4 号),就办理假冒伪劣烟草制品等刑事案件中一些带有普遍性的具

体适用法律问题,纪要如下:

一、关于生产、销售伪劣烟草制品行为适用法律问题

(一)关于生产伪劣烟草制品尚未销售或者尚未完全销售行为定罪量刑问题

根据刑法第一百四十条的规定,生产、销售伪劣烟草制品,销售金额在5万元以上的,构成生产、销售伪劣产品罪。

根据《最高人民法院、最高人民检察院关于办理生产、销售伪劣商品刑事案件具体应用法律若干问题的解释》的有关规定,销售金额是指生产者、销售者出售伪劣烟草制品后所得和应得的全部违法收入。伪劣烟草制品尚未销售,货值金额达到刑法第一百四十条规定的销售金额3倍(15万元)以上的,以生产、销售伪劣产品罪(未遂)定罪处罚。货值金额以违法生产、销售的伪劣产品的标价计算;没有标价的,按照同类合格产品的市场中间价格计算。货值金额难以确定的,按照国家计划委员会、最高人民法院、最高人民检察院、公安部1997年4月22日联合发布的《扣押、追缴、没收物品估价管理办法》的规定,委托指定的估价机构确定。

伪劣烟草制品尚未销售,货值金额分别达到15万元以上不满20万元、20万元以上不满50万元、50万元以上不满200万元、200万元以上的,分别依照刑法第一百四十条规定的各量刑档次定罪处罚。

伪劣烟草制品的销售金额不满5万元,但与尚未销售的伪劣烟草制品的货值金额合计达到15万元以上的,以生产、销售伪劣产品罪(未遂)定罪处罚。

生产伪劣烟草制品尚未销售,无法计算货值金额,有下列情形之一的,以生产、销售伪劣产品罪(未遂)定罪处罚:

1. 生产伪劣烟用烟丝数量在1000公斤以上的;

2. 生产伪劣烟用烟叶数量在1500公斤以上的。

(二)关于非法生产、拼装、销售烟草专用机械行为定罪处罚问题

非法生产、拼装、销售烟草专用机械行为,依照刑法第一百四十条的规定,以生产、销售伪劣产品罪追究刑事责任。

二、关于销售明知是假冒烟用注册商标的烟草制品行为中的"明知"问题(下略)

三、关于非法经营烟草制品行为适用法律问题(下略)

四、关于共犯问题

知道或者应当知道他人实施本纪要第一条至第三条规定的犯罪行为,仍实施下列行为之一的,应认定为共犯,依法追究刑事责任:

1. 直接参与生产、销售假冒伪劣烟草制品或者销售假冒烟用注册商标的烟草制品或者直接参与非法经营烟草制品并在其中起主要作用的;

2. 提供房屋、场地、设备、车辆、贷款、资金、帐号、发票、证明、技术等设

施和条件，用于帮助生产、销售、储存、运输假冒伪劣烟草制品、非法经营烟草制品的；

3. 运输假冒伪劣烟草制品的。

上述人员中有检举他人犯罪经查证属实，或者提供重要线索，有立功表现的，可以从轻或减轻处罚；有重大立功表现的，可以减轻或者免除处罚。

五、国家机关工作人员参与实施本纪要第一条至第三条规定的犯罪行为的处罚问题

根据《最高人民法院、最高人民检察院关于办理生产、销售伪劣商品刑事案件具体应用法律若干问题的解释》的规定，国家机关工作人员参与实施本纪要第一条至第三条规定的犯罪行为的，从重处罚。

六、关于一罪与数罪问题

行为人的犯罪行为同时构成生产、销售伪劣产品罪、销售假冒注册商标的商品罪、非法经营罪等罪的，依照处罚较重的规定定罪处罚。

七、关于窝藏、转移非法制售的烟草制品行为的定罪处罚问题

明知是非法制售的烟草制品而予以窝藏、转移的，依照刑法第三百一十二条的规定，以窝藏、转移赃物罪（★罪名已变更为掩饰、隐瞒犯罪所得罪——编者说明）定罪处罚。

窝藏、转移非法制售的烟草制品，事前与犯罪分子通谋的，以共同犯罪论处。

八、关于以暴力、威胁方法阻碍烟草专卖执法人员依法执行职务行为的定罪处罚问题

以暴力、威胁方法阻碍烟草专卖执法人员依法执行职务的，依照刑法第二百七十七条的规定，以妨害公务罪定罪处罚。

九、关于煽动群众暴力抗拒烟草专卖法律实施行为的定罪处罚问题

煽动群众暴力抗拒烟草专卖法律实施的，依照刑法第二百七十八条的规定，以煽动暴力抗拒法律实施罪定罪处罚。

十、关于鉴定问题（下略）

十一、关于烟草制品、卷烟的范围

本纪要所称烟草制品指卷烟、雪茄烟、烟丝、复烤烟叶、烟叶、卷烟纸、滤嘴棒、烟用丝束。

本纪要所称卷烟包括散支烟和成品烟。

★对于上述《纪要》第一条中生产伪劣烟草制品尚未销售、无法计算货值金额案件的处理，以及第十条假冒伪劣烟草制品的鉴定问题，2010年3月2日最高法、最高检《关于办理非法生产、销售烟草专卖品等刑事案件具体应用法律若干问题的解释》第二条、第七条已经作出新的规定——编者说明。

第一百四十一条[106]　**【生产、销售、提供假药罪】**生产、销售假药的，处三年以下有期徒刑或者拘役，并处罚金；对人体健康造成严重危害或者有其他严重情节的，处三年以上十年以下有期徒刑，并处罚金；致人死亡或者有其他特别严重情节的，处十年以上有期徒刑、无期徒刑或者死刑，并处罚金或者没收财产。

药品使用单位的人员明知是假药而提供给他人使用的，依照前款的规定处罚。

---

〔106〕**【刑法修订】**本条被修订二次。1997年刑法原文如下：

第一百四十一条　生产、销售假药，足以严重危害人体健康的，处三年以下有期徒刑或者拘役，并处或者单处销售金额百分之五十以上二倍以下罚金；对人体健康造成严重危害的，处三年以上十年以下有期徒刑，并处销售金额百分之五十以上二倍以下罚金；致人死亡或者对人体健康造成特别严重危害的，处十年以上有期徒刑、无期徒刑或者死刑，并处销售金额百分之五十以上二倍以下罚金或者没收财产。

本条所称假药，是指依照《中华人民共和国药品管理法》的规定属于假药和按假药处理的药品、非药品。

2011年**《刑法修正案（八）》第二十三条**修订了本条第一款，删除了“足以严重危害人体健康”的要求，将“处三年以下有期徒刑或者拘役，并处或者单处销售金额百分之五十以上二倍以下罚金”修改为“处三年以下有期徒刑或者拘役，并处罚金”；将“对人体健康造成严重危害的，处三年以上十年以下有期徒刑，并处销售金额百分之五十以上二倍以下罚金”修改为“对人体健康造成严重危害或者有其他严重情节的，处三年以上十年以下有期徒刑，并处罚金”；将“致人死亡或者对人体健康造成特别严重危害的，处十年以上有期徒刑、无期徒刑或者死刑，并处销售金额百分之五十以上二倍以下罚金或者没收财产”修改为“致人死亡或者有其他特别严重情节的，处十年以上有期徒刑、无期徒刑或者死刑，并处罚金或者没收财产”。经此修订后的条文如下：

第一百四十一条　生产、销售假药的，处三年以下有期徒刑或者拘役，并处罚金；对人体健康造成严重危害或者有其他严重情节的，处三年以上十年以下有期徒刑，并处罚金；致人死亡或者有其他特别严重情节的，处十年以上有期徒刑、无期徒刑或者死刑，并处罚金或者没收财产。

本条所称假药，是指依照《中华人民共和国药品管理法》的规定属于假药和按假药处理的药品、非药品。

2020年**《刑法修正案（十一）》第五条**删除了第二款假药的定义，代之以“药品使用单位的人员明知是假药而提供给他人使用的，依照前款的规定处罚”的规定。

【相关法规】根据2019年修订后的**《药品管理法》第九十八条第二款**,有下列情形之一的,为假药:

(一)药品所含成份与国家药品标准规定的成份不符;

(二)以非药品冒充药品或者以他种药品冒充此种药品;

(三)变质的药品;

(四)药品所标明的适应症或者功能主治超出规定范围。

【立案标准】根据2017年4月27日最高检、公安部**《关于公安机关管辖的刑事案件立案追诉标准的规定(一)的补充规定》第二条**,生产、销售假药的,应予立案追诉。但销售少量根据民间传统配方私自加工的药品,或者销售少量未经批准进口的国外、境外药品,没有造成他人伤害后果或者延误诊治,情节显著轻微危害不大的除外。

以生产、销售假药为目的,具有下列情形之一的,属于本条规定的"生产":

(一)合成、精制、提取、储存、加工炮制药品原料的;

(二)将药品原料、辅料、包装材料制成成品过程中,进行配料、混合、制剂、储存、包装的;

(三)印制包装材料、标签、说明书的。

医疗机构、医疗机构工作人员明知是假药而有偿提供给他人使用,或者为出售而购买、储存的,属于本条规定的"销售"。

【司法解释】2022年3月3日最高法、最高检**《关于办理危害药品安全刑事案件适用法律若干问题的解释》**(高检发释字〔2022〕1号,自2022年3月6日起施行),为依法惩治危害药品安全犯罪,保障人民群众生命健康,维护药品管理秩序,根据《中华人民共和国刑法》《中华人民共和国刑事诉讼法》及《中华人民共和国药品管理法》等有关规定,现就办理此类刑事案件适用法律的若干问题解释如下:

第一条 生产、销售、提供假药,具有下列情形之一的,应当酌情从重处罚:

(一)涉案药品以孕产妇、儿童或者危重病人为主要使用对象的;

(二)涉案药品属于麻醉药品、精神药品、医疗用毒性药品、放射性药品、生物制品,或者以药品类易制毒化学品冒充其他药品的;

(三)涉案药品属于注射剂药品、急救药品的;

(四)涉案药品系用于应对自然灾害、事故灾难、公共卫生事件、社会安全事件等突发事件的;

(五)药品使用单位及其工作人员生产、销售假药的;

(六)其他应当酌情从重处罚的情形。

第二条 生产、销售、提供假药,具有下列情形之一的,应当认定为刑法第一百四十一条规定的"对人体健康造成严重危害":

(一)造成轻伤或者重伤的;

（二）造成轻度残疾或者中度残疾的；

（三）造成器官组织损伤导致一般功能障碍或者严重功能障碍的；

（四）其他对人体健康造成严重危害的情形。

第三条　生产、销售、提供假药，具有下列情形之一的，应当认定为刑法第一百四十一条规定的“其他严重情节”：

（一）引发较大突发公共卫生事件的；

（二）生产、销售、提供假药的金额20万元以上不满50万元的；

（三）生产、销售、提供假药的金额10万元以上不满20万元，并具有本解释第一条规定情形之一的；

（四）根据生产、销售、提供的时间、数量、假药种类、对人体健康危害程度等，应当认定为情节严重的。

第四条　生产、销售、提供假药，具有下列情形之一的，应当认定为刑法第一百四十一条规定的“其他特别严重情节”：

（一）致人重度残疾以上的；

（二）造成3人以上重伤、中度残疾或者器官组织损伤导致严重功能障碍的；

（三）造成5人以上轻度残疾或者器官组织损伤导致一般功能障碍的；

（四）造成10人以上轻伤的；

（五）引发重大、特别重大突发公共卫生事件的；

（六）生产、销售、提供假药的金额50万元以上的；

（七）生产、销售、提供假药的金额20万元以上不满50万元，并具有本解释第一条规定情形之一的；

（八）根据生产、销售、提供的时间、数量、假药种类、对人体健康危害程度等，应当认定为情节特别严重的。

第五条　……（➻参见刑法第142条脚注相关部分）

第六条　以生产、销售、提供假药、劣药为目的，合成、精制、提取、储存、加工炮制药品原料，或者在将药品原料、辅料、包装材料制成成品过程中，进行配料、混合、制剂、储存、包装的，应当认定为刑法第一百四十一条、第一百四十二条规定的“生产”。

药品使用单位及其工作人员明知是假药、劣药而有偿提供给他人使用的，应当认定为刑法第一百四十一条、第一百四十二条规定的“销售”；无偿提供给他人使用的，应当认定为刑法第一百四十一条、第一百四十二条规定的“提供”。

第七条　……（➻参见刑法第142条之一脚注相关部分）

第八条　……（➻参见刑法第142条之一脚注相关部分）

第九条　明知他人实施危害药品安全犯罪，而有下列情形之一的，以共同犯罪论处：

（一）提供资金、贷款、账号、发票、证明、许可证件的；

（二）提供生产、经营场所、设备或者运输、储存、保管、邮寄、销售渠道等便利条件的；

（三）提供生产技术或者原料、辅料、包装材料、标签、说明书的；

（四）提供虚假药物非临床研究报告、药物临床试验报告及相关材料的；

（五）提供广告宣传的；

（六）提供其他帮助的。

第十条 办理生产、销售、提供假药、生产、销售、提供劣药、妨害药品管理等刑事案件，应当结合行为人的从业经历、认知能力、药品质量、进货渠道和价格、销售渠道和价格以及生产、销售方式等事实综合判断认定行为人的主观故意。具有下列情形之一的，可以认定行为人有实施相关犯罪的主观故意，但有证据证明确实不具有故意的除外：

（一）药品价格明显异于市场价格的；

（二）向不具有资质的生产者、销售者购买药品，且不能提供合法有效的来历证明的；

（三）逃避、抗拒监督检查的；

（四）转移、隐匿、销毁涉案药品、进销货记录的；

（五）曾因实施危害药品安全违法犯罪行为受过处罚，又实施同类行为的；

（六）其他足以认定行为人主观故意的情形。

第十一条 以提供给他人生产、销售、提供药品为目的，违反国家规定，生产、销售不符合药用要求的原料、辅料，符合刑法第一百四十条规定的，以生产、销售伪劣产品罪从重处罚；同时构成其他犯罪的，依照处罚较重的规定定罪处罚。

第十二条 ……（➻参见刑法第222条脚注相关部分）

第十三条 ……（➻参见刑法第312条、第266条脚注相关部分）

第十四条 ……（➻参见刑法第408条之一脚注相关部分）

第十五条 对于犯生产、销售、提供假药罪、生产、销售、提供劣药罪、妨害药品管理罪的，应当结合被告人的犯罪数额、违法所得，综合考虑被告人缴纳罚金的能力，依法判处罚金。罚金一般应当在生产、销售、提供的药品金额2倍以上；共同犯罪的，对各共同犯罪人合计判处的罚金一般应当在生产、销售、提供的药品金额2倍以上。

第十六条 对于犯生产、销售、提供假药罪、生产、销售、提供劣药罪、妨害药品管理罪的，应当依照刑法规定的条件，严格缓刑、免予刑事处罚的适用。对于被判处刑罚的，可以根据犯罪情况和预防再犯罪的需要，依法宣告职业禁止或者禁止令。《中华人民共和国药品管理法》等法律、行政法规另有规定的，从其规定。

对于被不起诉或者免予刑事处罚的行为人，需要给予行政处罚、政务处分或者其他处分的,依法移送有关主管机关处理。

第十七条　单位犯生产、销售、提供假药罪、生产、销售、提供劣药罪、妨害药品管理罪的,对单位判处罚金,并对直接负责的主管人员和其他直接责任人员,依照本解释规定的自然人犯罪的定罪量刑标准处罚。

单位犯罪的,对被告单位及其直接负责的主管人员、其他直接责任人员合计判处的罚金一般应当在生产、销售、提供的药品金额 2 倍以上。

第十八条　根据民间传统配方私自加工药品或者销售上述药品,数量不大,且未造成他人伤害后果或者延误诊治的,或者不以营利为目的实施带有自救、互助性质的生产、进口、销售药品的行为,不应当认定为犯罪。

对于是否属于民间传统配方难以确定的,根据地市级以上药品监督管理部门或者有关部门出具的认定意见,结合其他证据作出认定。

第十九条　刑法第一百四十一条、第一百四十二条规定的"假药""劣药",依照《中华人民共和国药品管理法》的规定认定。

对于《中华人民共和国药品管理法》第九十八条第二款第二项、第四项及第三款第三项至第六项规定的假药、劣药,能够根据现场查获的原料、包装,结合犯罪嫌疑人、被告人供述等证据材料作出判断的,可以由地市级以上药品监督管理部门出具认定意见。对于依据《中华人民共和国药品管理法》第九十八条第二款、第三款的其他规定认定假药、劣药,或者是否属于第九十八条第二款第二项、第三款第六项规定的假药、劣药存在争议的,应当由省级以上药品监督管理部门设置或者确定的药品检验机构进行检验,出具质量检验结论。司法机关根据认定意见、检验结论,结合其他证据作出认定[★根据 2020 年 7 月 10 日国家药监局综合司《关于假药劣药认定有关问题的复函》(药监综法函〔2020〕431 号),对假药、劣药的处罚决定,有的无需载明药品检验机构的质量检验结论。根据《药品管理法》第九十八条第二款第四项"药品所标明的适应症或者功能主治超出规定范围"认定为假药,以及根据《药品管理法》第九十八条第三款第三项至第七项认定为劣药,只需要事实认定,不需要对涉案药品进行检验,处罚决定亦无需载明药品检验机构的质量检验结论……总之,对违法行为的事实认定,应当以合法、有效、充分的证据为基础,药品质量检验结论并非为认定违法行为的必要证据,除非法律、法规、规章等明确规定对涉案药品依法进行检验并根据质量检验结论才能认定违法事实,或者不对涉案药品依法进行检验就无法对案件所涉事实予以认定。如对黑窝点生产的药品,是否需要进行质量检验,应当根据案件调查取证的情况具体案件具体分析——编者说明]。

第二十条　对于生产、提供药品的金额,以药品的货值金额计算;销售药品的金额,以所得和可得的全部违法收入计算。

第二十一条　本解释自 2022 年 3 月 6 日起施行。本解释公布施行后,《最高人民法院、最高人民检察院关于办理危害药品安全刑事案件适用法律若干问题的解释》(法释〔2014〕14 号)、《最高人民法院、最高人民检察院关于办理药品、医疗器械注册申请材料造假刑事案件适用法律若干问题的解释》(法释〔2017〕15号)同时废止。

2015年10月26日最高检法律政策研究室**《对〈关于具有药品经营资质的企业通过非法渠道从私人手中购进药品后销售的如何适用法律问题的请示〉的答复》**(高检研〔2015〕19号)指出:司法机关应当根据《中华人民共和国药品管理法》的有关规定,对具有药品经营资质的企业通过非法渠道从私人手中购销的药品的性质进行认定,区分不同情况,分别定性处理:一是对于经认定属于假药、劣药,且达到"两高"《关于办理危害药品安全刑事案件适用法律若干问题的解释》(以下称《药品解释》)规定的销售假药罪、销售劣药罪的定罪量刑标准的,应当以销售假药罪、销售劣药罪依法追究刑事责任。二是对于经认定属于劣药,但尚未达到《药品解释》规定的销售劣药罪的定罪量刑标准的,可以依据刑法第一百四十九条、第一百四十条的规定,以销售伪劣产品罪追究刑事责任。三是对于无法认定属于假药、劣药的,可以由药品监督管理部门依照《中华人民共和国药品管理法》的规定给予行政处罚,不宜以非法经营罪追究刑事责任。

根据2016年9月29日最高检**《关于全面履行检察职能为推进健康中国建设提供有力司法保障的意见》**(高检发〔2016〕12号),办案中要严格落实罪刑法定原则,贯彻宽严相济刑事政策,对于销售少量根据民间传统配方私自加工的药品,或者销售少量未经批准进口的国外、境外药品,没有造成他人伤害后果或者延误诊治的行为,以及病患者实施的不以营利为目的带有自救、互助性质的制售药品行为,不作为犯罪处理。对于认定罪与非罪争议较大的案件,及时向上级检察机关请示报告。

2023年1月10日国家药品监督管理局、国家市场监督管理总局、公安部、最高法、最高检**《药品行政执法与刑事司法衔接工作办法》**(国药监法〔2022〕41号,自2023年2月1日起施行),就健全药品行政执法与刑事司法衔接工作机制规定如下:

第一条 为进一步健全药品行政执法与刑事司法衔接工作机制……结合工作实际,制定本办法。

第二条 本办法适用于各级药品监管部门、公安机关、人民检察院、人民法院办理的药品领域(含药品、医疗器械、化妆品,下同)涉嫌违法犯罪案件。

……

第十五条第三款 已经作出罚款行政处罚并已全部或者部分执行的,人民法院在判处罚金时,在罚金数额范围内对已经执行的罚款进行折抵。

违法行为构成犯罪,人民法院判处拘役或者有期徒刑时,公安机关已经给予当事人行政拘留并执行完毕的,应当依法折抵相应刑期。

……

第二十条 多次实施危害药品安全违法犯罪行为,未经处理,且依法应当

第一百四十二条〔107〕 **【生产、销售、提供劣药罪】** 生产、销售劣药，对人体健康造成严重危害的，处三年以上十年以下有期徒刑，并处罚金；后果特别严重的，处十年以上有期徒刑或者无期徒刑，并处罚金或者没收财产。

药品使用单位的人员明知是劣药而提供给他人使用的，依照前款的规定处罚。

追诉的，涉案产品的销售金额或者货值金额累计计算。

……

第二十五条　对同一批次或者同一类型的涉案药品，如因数量较大等原因，无法进行全部检验检测，根据办案需要，可以依法进行抽样检验检测。公安机关、人民检察院、人民法院对符合行政执法规范要求的抽样检验检测结果予以认可，可以作为该批次或者该类型全部涉案产品的检验检测结果。

第二十六条　对于《中华人民共和国药品管理法》第九十八条第二款第二项、第四项及第三款第三项至第六项规定的假药、劣药，能够根据在案证据材料作出判断的，可以由地市级以上药品监管部门出具认定意见。

对于依据《中华人民共和国药品管理法》第九十八条第二款、第三款的其他规定认定假药、劣药，或者是否属于第九十八条第二款第二项、第三款第六项规定的假药、劣药存在争议的，应当由省级以上药品监管部门设置或者确定的药品检验机构进行检验，出具质量检验结论。

对于《中华人民共和国刑法》第一百四十二条之一规定的“足以严重危害人体健康”难以确定的，根据地市级以上药品监管部门出具的认定意见，结合其他证据作出认定。

对于是否属于民间传统配方难以确定的，根据地市级以上药品监管部门或者有关部门出具的认定意见，结合其他证据作出认定。

第二十七条　药品、医疗器械、化妆品的检验检测，按照《中华人民共和国药品管理法》及其实施条例、《医疗器械监督管理条例》《化妆品监督管理条例》等有关规定执行。必要时，检验机构可以使用经国务院药品监督管理部门批准的补充检验项目和检验方法进行检验，出具检验结论。

【会议纪要】根据 2023 年 6 月 26 日最高法**《全国法院毒品案件审判工作会议纪要》**，确有证据证明出于治疗疾病等相关目的，违反药品管理法规，未取得药品相关批准证明文件，生产国家规定管制的麻醉药品、精神药品，进口在境外也未合法上市的国家规定管制的麻醉药品、精神药品，或者明知是上述未经批准生产、进口的国家规定管制的麻醉药品、精神药品而予以销售，构成妨害药品管理罪的，依法定罪处罚。

〔107〕 **【刑法修订】**2020 年**《刑法修正案（十一）》第六条**修订了本条。1997 年刑法原文如下：

第
142
条

第一百四十二条 生产、销售劣药，对人体健康造成严重危害的，处三年以上十年以下有期徒刑，并处销售金额百分之五十以上二倍以下罚金；后果特别严重的，处十年以上有期徒刑或者无期徒刑，并处销售金额百分之五十以上二倍以下罚金或者没收财产。

本条所称劣药，是指依照《中华人民共和国药品管理法》的规定属于劣药的药品。

2020年《**刑法修正案（十一）**》在第一款将倍比罚金修改为无限额罚金，在第二款删除了劣药的定义，代之以“药品使用单位的人员明知是劣药而提供给他人使用的，依照前款的规定处罚”的规定。

【相关法规】根据2019年修订后的《**药品管理法**》**第九十八条第三款**，有下列情形之一的，为劣药：

（一）药品成份的含量不符合国家药品标准；

（二）被污染的药品；

（三）未标明或者更改有效期的药品；

（四）未注明或者更改产品批号的药品；

（五）超过有效期的药品；

（六）擅自添加防腐剂、辅料的药品；

（七）其他不符合药品标准的药品。

【立案标准】根据2008年6月25日最高检、公安部《**关于公安机关管辖的刑事案件立案追诉标准的规定（一）**》**第十八条**，生产（包括配制）、销售劣药，涉嫌下列情形之一的，应予立案追诉：

（一）造成人员轻伤、重伤或者死亡的；

（二）其他对人体健康造成严重危害的情形。

【司法解释】2022年3月3日最高法、最高检《**关于办理危害药品安全刑事案件适用法律若干问题的解释**》，对于刑法第一百四十二条之一的适用解释如下：

第一条 生产、销售、提供假药，具有下列情形之一的，应当酌情从重处罚：

（一）涉案药品以孕产妇、儿童或者危重病人为主要使用对象的；

（二）涉案药品属于麻醉药品、精神药品、医疗用毒性药品、放射性药品、生物制品，或者以药品类易制毒化学品冒充其他药品的；

（三）涉案药品属于注射剂药品、急救药品的；

（四）涉案药品系用于应对自然灾害、事故灾难、公共卫生事件、社会安全事件等突发事件的；

（五）药品使用单位及其工作人员生产、销售假药的；

（六）其他应当酌情从重处罚的情形。

第二条　生产、销售、提供假药，具有下列情形之一的，应当认定为刑法第一百四十一条规定的“对人体健康造成严重危害”：

（一）造成轻伤或者重伤的；

（二）造成轻度残疾或者中度残疾的；

（三）造成器官组织损伤导致一般功能障碍或者严重功能障碍的；

（四）其他对人体健康造成严重危害的情形。

第三条　……（➻参见刑法第 141 条脚注相关部分）

第四条　生产、销售、提供假药，具有下列情形之一的，应当认定为刑法第一百四十一条规定的“其他特别严重情节”：

（一）致人重度残疾以上的；

（二）造成 3 人以上重伤、中度残疾或者器官组织损伤导致严重功能障碍的；

（三）造成 5 人以上轻度残疾或者器官组织损伤导致一般功能障碍的；

（四）造成 10 人以上轻伤的；

（五）引发重大、特别重大突发公共卫生事件的；

（六）生产、销售、提供假药的金额 50 万元以上的；

（七）生产、销售、提供假药的金额 20 万元以上不满 50 万元，并具有本解释第一条规定情形之一的；

（八）根据生产、销售、提供的时间、数量、假药种类、对人体健康危害程度等，应当认定为情节特别严重的。

第五条　生产、销售、提供劣药，具有本解释第一条规定情形之一的，应当酌情从重处罚。

生产、销售、提供劣药，具有本解释第二条规定情形之一的，应当认定为刑法第一百四十二条规定的“对人体健康造成严重危害”。

生产、销售、提供劣药，致人死亡，或者具有本解释第四条第一项至第五项规定情形之一的，应当认定为刑法第一百四十二条规定的“后果特别严重”。

第六条　以生产、销售、提供假药、劣药为目的，合成、精制、提取、储存、加工炮制药品原料，或者在将药品原料、辅料、包装材料制成成品过程中，进行配料、混合、制剂、储存、包装的，应当认定为刑法第一百四十一条、第一百四十二条规定的“生产”。

药品使用单位及其工作人员明知是假药、劣药而有偿提供给他人使用的，应当认定为刑法第一百四十一条、第一百四十二条规定的“销售”；无偿提供给他人使用的，应当认定为刑法第一百四十一条、第一百四十二条规定的“提供”。

第一百四十二条之一[108] **【妨害药品管理罪】**违反药品管理法规，有下列情形之一，足以严重危害人体健康的，处三年以下有期徒刑或者拘役，并处或者单处罚金；对人体健康造成严重危害或者有其他严重情节的，处三年以上七年以下有期徒刑，并处罚金：

（一）生产、销售国务院药品监督管理部门禁止使用的药品的；

（二）未取得药品相关批准证明文件生产、进口药品或者明知是上述药品而销售的；

（三）药品申请注册中提供虚假的证明、数据、资料、样品或者采取其他欺骗手段的；

（四）编造生产、检验记录的。

有前款行为，同时又构成本法第一百四十一条、第一百四十二条规定之罪或者其他犯罪的，依照处罚较重的规定定罪处罚。

〔108〕**【刑法修订】**本条为2020年**《刑法修正案（十一）》**第七条增设。

【司法解释】2022年3月3日最高法、最高检**《关于办理危害药品安全刑事案件适用法律若干问题的解释》**，就刑法第一百四十二条之一的适用解释如下：

第七条 实施妨害药品管理的行为，具有下列情形之一的，应当认定为刑法第一百四十二条之一规定的“足以严重危害人体健康”：

（一）生产、销售国务院药品监督管理部门禁止使用的药品，综合生产、销售的时间、数量、禁止使用原因等情节，认为具有严重危害人体健康的现实危险的；

（二）未取得药品相关批准证明文件生产药品或者明知是上述药品而销售，涉案药品属于本解释第一条第一项至第三项规定情形的；

（三）未取得药品相关批准证明文件生产药品或者明知是上述药品而销售，涉案药品的适应症、功能主治或者成分不明的；

（四）未取得药品相关批准证明文件生产药品或者明知是上述药品而销售，涉案药品没有国家药品标准，且无核准的药品质量标准，但检出化学药成分的；

（五）未取得药品相关批准证明文件进口药品或者明知是上述药品而销售，涉案药品在境外也未合法上市的；

（六）在药物非临床研究或者药物临床试验过程中故意使用虚假试验用药品，或者瞒报与药物临床试验用药品相关的严重不良事件的；

（七）故意损毁原始药物非临床研究数据或者药物临床试验数据，或者编造受试动物信息、受试者信息、主要试验过程记录、研究数据、检测数据等药物非临床研究数据或者药物临床试验数据，影响药品的安全性、有效性和质量可控性的；

第一百四十三条[109] **【生产、销售不符合安全标准的食品罪】**生产、销售不符合食品安全标准的食品，足以造成严重食物中毒事故或者其他严重食源性疾病的，处三年以下有期徒刑或者拘役，并处罚金；对人体健康造成严重危害或者有其他严重情节的，处三年以上七年以下有期徒刑，并处罚金；后果特别严重的，处七年以上有期徒刑或者无期徒刑，并处罚金或者没收财产。

（八）编造生产、检验记录，影响药品的安全性、有效性和质量可控性的；

（九）其他足以严重危害人体健康的情形。

对于涉案药品是否在境外合法上市，应当根据境外药品监督管理部门或者权利人的证明等证据，结合犯罪嫌疑人、被告人及其辩护人提供的证据材料综合审查，依法作出认定。

对于"足以严重危害人体健康"难以确定的，根据地市级以上药品监督管理部门出具的认定意见，结合其他证据作出认定。

第八条 实施妨害药品管理的行为，具有本解释第二条规定情形之一的，应当认定为刑法第一百四十二条之一规定的"对人体健康造成严重危害"。

实施妨害药品管理的行为，足以严重危害人体健康，并具有下列情形之一的，应当认定为刑法第一百四十二条之一规定的"有其他严重情节"：

（一）生产、销售国务院药品监督管理部门禁止使用的药品，生产、销售的金额50万元以上的；

（二）未取得药品相关批准证明文件生产、进口药品或者明知是上述药品而销售，生产、销售的金额50万元以上的；

（三）药品申请注册中提供虚假的证明、数据、资料、样品或者采取其他欺骗手段，造成严重后果的；

（四）编造生产、检验记录，造成严重后果的；

（五）造成恶劣社会影响或者具有其他严重情节的情形。

实施刑法第一百四十二条之一规定的行为，同时又构成生产、销售、提供假药罪、生产、销售、提供劣药罪或者其他犯罪的，依照处罚较重的规定定罪处罚。

根据2022年12月26日最高法**《关于为促进消费提供司法服务和保障的意见》**（法发〔2022〕35号），未取得药品相关批准证明文件而生产药品或者明知是该类药品而销售，药品的适应症、功能主治或者成分不明的，按妨害药品管理罪惩处；药品被依法认定为假劣药，生产经营者同时构成生产、销售假药罪或者生产、销售劣药罪的，依照处罚较重的规定定罪处罚。

〔109〕**【刑法修订】**2011年**《刑法修正案（八）》**第二十四条修订了本条。1997年刑法原文如下：

第一百四十三条 生产、销售不符合卫生标准的食品，足以造成严重食物中毒事故或者其他严重食源性疾患的，处三年以下有期徒刑或者拘役，并处或者单处销售金额百分之五十以上二倍以下罚金；对人体健康造成严重危害的，处三年以上七年以下有期徒刑，并处销售金额百分之五十以上二倍以下罚金；后果特别严重的，处七年以上有期徒刑或者无期徒刑，并处销售金额百分之五十以上二倍以下罚金或者没收财产。

2011 年《**刑法修正案(八)**》将原文"不符合卫生标准的食品"修改为"不符合食品安全标准的食品"，取消了基本犯单处罚金的规定，将本条的倍比罚金全部修改为无限额罚金，在"对人体健康造成严重危害"后面增加了"有其他严重情节"的规定。

第
143
条

【相关法规】根据 2021 年修正后的《**食品安全法**》**第一百五十条**，本法下列用语的含义：

食品，指各种供人食用或者饮用的成品和原料以及按照传统既是食品又是中药材的物品，但是不包括以治疗为目的的物品。

食品安全，指食品无毒、无害，符合应当有的营养要求，对人体健康不造成任何急性、亚急性或者慢性危害。

……

食源性疾病，指食品中致病因素进入人体引起的感染性、中毒性等疾病，包括食物中毒。

【司法解释】2021 年 12 月 30 日最高法、最高检《**关于办理危害食品安全刑事案件适用法律若干问题的解释**》(法释〔2021〕24 号，自 2022 年 1 月 1 日起施行)，为依法惩治危害食品安全犯罪，保障人民群众身体健康、生命安全，根据《中华人民共和国刑法》《中华人民共和国刑事诉讼法》的有关规定，对办理此类刑事案件适用法律的若干问题解释如下：

第一条 生产、销售不符合食品安全标准的食品，具有下列情形之一的，应当认定为刑法第一百四十三条规定的"足以造成严重食物中毒事故或者其他严重食源性疾病"：

(一)含有严重超出标准限量的致病性微生物、农药残留、兽药残留、生物毒素、重金属等污染物质以及其他严重危害人体健康的物质的；

(二)属于病死、死因不明或者检验检疫不合格的畜、禽、兽、水产动物肉类及其制品的；

(三)属于国家为防控疾病等特殊需要明令禁止生产、销售的；

(四)特殊医学用途配方食品、专供婴幼儿的主辅食品营养成分严重不符合食品安全标准的；

(五)其他足以造成严重食物中毒事故或者严重食源性疾病的情形。

第二条 生产、销售不符合食品安全标准的食品，具有下列情形之一的，应当认定为刑法第一百四十三条规定的“对人体健康造成严重危害”：

（一）造成轻伤以上伤害的；

（二）造成轻度残疾或者中度残疾的；

（三）造成器官组织损伤导致一般功能障碍或者严重功能障碍的；

（四）造成10人以上严重食物中毒或者其他严重食源性疾病的；

（五）其他对人体健康造成严重危害的情形。

第三条 生产、销售不符合食品安全标准的食品，具有下列情形之一的，应当认定为刑法第一百四十三条规定的“其他严重情节”：

（一）生产、销售金额20万元以上的；

（二）生产、销售金额10万元以上不满20万元，不符合食品安全标准的食品数量较大或者生产、销售持续时间6个月以上的；

（三）生产、销售金额10万元以上不满20万元，属于特殊医学用途配方食品、专供婴幼儿的主辅食品的；

（四）生产、销售金额10万元以上不满20万元，且在中小学校园、托幼机构、养老机构及周边面向未成年人、老年人销售的；

（五）生产、销售金额10万元以上不满20万元，曾因危害食品安全犯罪受过刑事处罚或者2年内因危害食品安全违法行为受过行政处罚的；

（六）其他情节严重的情形。

第四条 生产、销售不符合食品安全标准的食品，具有下列情形之一的，应当认定为刑法第一百四十三条规定的“后果特别严重”：

（一）致人死亡的；

（二）造成重度残疾以上的；

（三）造成3人以上重伤、中度残疾或者器官组织损伤导致严重功能障碍的；

（四）造成10人以上轻伤、5人以上轻度残疾或者器官组织损伤导致一般功能障碍的；

（五）造成30人以上严重食物中毒或者其他严重食源性疾病的；

（六）其他特别严重的后果。

第五条 在食品生产、销售、运输、贮存等过程中，违反食品安全标准，超限量或者超范围滥用食品添加剂，足以造成严重食物中毒事故或者其他严重食源性疾病的，依照刑法第一百四十三条的规定以生产、销售不符合安全标准的食品罪定罪处罚。

在食用农产品种植、养殖、销售、运输、贮存等过程中，违反食品安全标准，超限量或者超范围滥用添加剂、农药、兽药等，足以造成严重食物中毒事故或者其他严重食源性疾病的，适用前款的规定定罪处罚。

……（➽参见刑法第144条脚注相关部分）

第十二条 在食品生产、销售、运输、贮存等过程中，使用不符合食品安全标准的食品包装材料、容器、洗涤剂、消毒剂，或者用于食品生产经营的工具、设备等，造成食品被污染，符合刑法第一百四十三条、第一百四十四条规定的，以生产、销售不符合安全标准的食品罪或者生产、销售有毒、有害食品罪定罪处罚。

第十三条 生产、销售不符合食品安全标准的食品，有毒、有害食品，符合刑法第一百四十三条、第一百四十四条规定的，以生产、销售不符合安全标准的食品罪或者生产、销售有毒、有害食品罪定罪处罚。同时构成其他犯罪的，依照处罚较重的规定定罪处罚。

生产、销售不符合食品安全标准的食品，无证据证明足以造成严重食物中毒事故或者其他严重食源性疾病，不构成生产、销售不符合安全标准的食品罪，但构成生产、销售伪劣产品罪，妨害动植物防疫、检疫罪等其他犯罪的，依照该其他犯罪定罪处罚。

第十四条 明知他人生产、销售不符合食品安全标准的食品，有毒、有害食品，具有下列情形之一的，以生产、销售不符合安全标准的食品罪或者生产、销售有毒、有害食品罪的共犯论处：

（一）提供资金、贷款、账号、发票、证明、许可证件的；

（二）提供生产、经营场所或者运输、贮存、保管、邮寄、销售渠道等便利条件的；

（三）提供生产技术或者食品原料、食品添加剂、食品相关产品或者有毒、有害的非食品原料的；

（四）提供广告宣传的；

（五）提供其他帮助行为的。

第十五条 生产、销售不符合食品安全标准的食品添加剂，用于食品的包装材料、容器、洗涤剂、消毒剂，或者用于食品生产经营的工具、设备等，符合刑法第一百四十条规定的，以生产、销售伪劣产品罪定罪处罚。

生产、销售用超过保质期的食品原料、超过保质期的食品、回收食品作为原料的食品，或者以更改生产日期、保质期、改换包装等方式销售超过保质期的食品、回收食品，适用前款的规定定罪处罚。

实施前两款行为，同时构成生产、销售不符合安全标准的食品罪，生产、销售不符合安全标准的产品罪等其他犯罪的，依照处罚较重的规定定罪处罚。

第十六条 ……（➻参见刑法第 225 条脚注相关部分）

第十七条第一款……（➻参见刑法第 225 条脚注相关部分）

在畜禽屠宰相关环节，对畜禽使用食品动物中禁止使用的药品及其他化合物等有毒、有害的非食品原料，依照刑法第一百四十四条的规定以生产、销售有毒、有害食品罪定罪处罚；对畜禽注水或者注入其他物质，足以造成严重食物中毒事故或者其他严重食源性疾病的，依照刑法第一百四十三条的规定以生产、销售不符合安全标准的食品罪定罪处罚；虽不足以造成严重食物中毒

第
143
条

事故或者其他严重食源性疾病，但符合刑法第一百四十条规定的，以生产、销售伪劣产品罪定罪处罚。

第十八条第一款……（➽参见刑法第225条脚注相关部分）

实施本解释规定的非法经营行为，同时构成生产、销售伪劣产品罪，生产、销售不符合安全标准的食品罪，生产、销售有毒、有害食品罪，生产、销售伪劣农药、兽药罪等其他犯罪的，依照处罚较重的规定定罪处罚。

第十九条 违反国家规定，利用广告对保健食品或者其他食品作虚假宣传，符合刑法第二百二十二条规定的，以虚假广告罪定罪处罚；以非法占有为目的，利用销售保健食品或者其他食品诈骗财物，符合刑法第二百六十六条规定的，以诈骗罪定罪处罚。同时构成生产、销售伪劣产品罪等其他犯罪的，依照处罚较重的规定定罪处罚。

第二十条 ……（➽参见刑法第408条之一脚注相关部分）

第二十一条 犯生产、销售不符合安全标准的食品罪，生产、销售有毒、有害食品罪，一般应当依法判处生产、销售金额2倍以上的罚金。

共同犯罪的，对各共同犯罪人合计判处的罚金一般应当在生产、销售金额的2倍以上。

第二十二条 对实施本解释规定之犯罪的犯罪分子，应当依照刑法规定的条件，严格适用缓刑、免予刑事处罚。对于依法适用缓刑的，可以根据犯罪情况，同时宣告禁止令。

对于被不起诉或者免予刑事处罚的行为人，需要给予行政处罚、政务处分或者其他处分的，依法移送有关主管机关处理。

第二十三条 单位实施本解释规定的犯罪的，对单位判处罚金，并对直接负责的主管人员和其他直接责任人员，依照本解释规定的定罪量刑标准处罚。

第二十四条 “足以造成严重食物中毒事故或者其他严重食源性疾病”“有毒、有害的非食品原料”等专门性问题难以确定的，司法机关可以依据鉴定意见、检验报告、地市级以上相关行政主管部门组织出具的书面意见，结合其他证据作出认定。必要时，专门性问题由省级以上相关行政主管部门组织出具书面意见。

第二十五条 本解释所称“2年内”，以第一次违法行为受到行政处罚的生效之日与又实施相应行为之日的时间间隔计算确定。

第二十六条 本解释自2022年1月1日起施行。本解释公布实施后，《最高人民法院、最高人民检察院关于办理危害食品安全刑事案件适用法律若干问题的解释》（法释〔2013〕12号）同时废止；之前发布的司法解释与本解释不一致的，以本解释为准。

根据2004年6月21日最高法《**关于依法惩处生产销售伪劣食品、药品等严重破坏市场经济秩序犯罪的通知**》（法〔2004〕118号），要把犯罪数额巨大、

第一百四十四条〔110〕 **【生产、销售有毒、有害食品罪】** 在生产、销售的食品中掺入有毒、有害的非食品原料的，或者销售明知掺有有毒、有害的非食品原料的食品的，处五年以下有期徒刑，并处罚金；对人体健康造成严重危害或者有其他严重情节的，处五年以上十年以下有期徒刑，并处罚金；致人死亡或者有其他特别严重情节的，依照本法第一百四十一条的规定处罚。

情节恶劣、危害严重、群众反映强烈，给国家和人民利益造成重大损失的案件，特别是有国家工作人员参与或者包庇纵容的案件，作为大案要案，抓紧及时审理，依法从严判处。依法应当重判的，要坚决重判。在依法适用主刑的同时，必须充分适用财产刑。法律规定应当并处罚金或者没收财产的，要坚决判处罚金或者没收财产；法律规定可以并处罚金或者没收财产的，一般也要判处罚金或者没收财产。对犯罪分子违法所得的财物要依法追缴或者责令退赔；对其用于犯罪的本人财物要依法予以没收。

根据 2019 年 11 月 18 日最高法**《关于审理走私、非法经营、非法使用兴奋剂刑事案件适用法律若干问题的解释》第五条**，生产、销售含有兴奋剂目录所列物质的食品，符合刑法第一百四十三条、第一百四十四条规定的，以生产、销售不符合安全标准的食品罪、生产、销售有毒、有害食品罪定罪处罚。

根据 2020 年 3 月 27 日最高检**《关于废止〈最高人民检察院关于办理非法经营食盐刑事案件具体应用法律若干问题的解释〉的决定》**（高检发释字〔2020〕2 号，自 2020 年 4 月 1 日起施行），根据《食盐专营办法》（国务院令 696 号）的规定，结合检察工作实际，最高人民检察院决定废止《最高人民检察院关于办理非法经营食盐刑事案件具体应用法律若干问题的解释》（高检发释字〔2002〕6 号）。

该解释废止后，对以非碘盐充当碘盐或者以工业用盐等非食盐充当食盐等危害食盐安全的行为，人民检察院可以依据《最高人民法院、最高人民检察院关于办理生产、销售伪劣商品刑事案件具体应用法律若干问题的解释》（法释〔2001〕10 号）、《最高人民法院、最高人民检察院关于办理危害食品安全刑事案件适用法律若干问题的解释》（法释〔2013〕12 号）[★该解释已被 2021 年 12 月 30 日最高法、最高检《关于办理危害食品安全刑事案件适用法律若干问题的解释》（法释〔2021〕24 号）取代——编者说明]的规定，分别不同情况，以生产、销售伪劣产品罪，或者生产、销售不符合安全标准的食品罪，或者生产、销售有毒、有害食品罪追究刑事责任。

〔110〕**【刑法修订】**2011 年**《刑法修正案（八）》第二十五条**修订了本条。1997 年刑法原文如下：

第一百四十四条　在生产、销售的食品中掺入有毒、有害的非食品原料的，或者销售明知掺有有毒、有害的非食品原料的食品的，处五年以下有期徒刑或者拘役，并处或者单处销售金额百分之五十以上二倍以下罚金；造成严重食物中毒事故或者其他严重食源性疾患，对人体健康造成严重危害的，处五年以上十年以下有期徒刑，并处销售金额百分之五十以上二倍以下罚金；致人死亡或者对人体健康造成特别严重危害的，依照本法第一百四十一条的规定处罚。

2011年《**刑法修正案（八）**》修改了本条的法定刑，将“处五年以下有期徒刑或者拘役，并处或者单处销售金额百分之五十以上二倍以下罚金”修改为“处五年以下有期徒刑，并处罚金”，将“造成严重食物中毒事故或者其他严重食源性疾患，对人体健康造成严重危害的，处五年以上十年以下有期徒刑，并处销售金额百分之五十以上二倍以下罚金”修改为“对人体健康造成严重危害或者有其他严重情节的，处五年以上十年以下有期徒刑，并处罚金”。

第
144
条

【**相关法规**】根据2021年修正后的《**食品安全法**》**第一百三十五条第二款**，因食品安全犯罪被判处有期徒刑以上刑罚的，终身不得从事食品生产经营管理工作，也不得担任食品生产经营企业食品安全管理人员。

根据2021年国务院修订后的《**生猪屠宰管理条例**》**第三十八条**，因食品安全犯罪被判处有期徒刑以上刑罚的，终身不得从事生猪屠宰管理活动。

【**司法解释**】2021年12月30日最高法、最高检《**关于办理危害食品安全刑事案件适用法律若干问题的解释**》，就适用刑法第一百四十四条解释如下：

第二条　生产、销售不符合食品安全标准的食品，具有下列情形之一的，应当认定为刑法第一百四十三条规定的“对人体健康造成严重危害”：

（一）造成轻伤以上伤害的；

（二）造成轻度残疾或者中度残疾的；

（三）造成器官组织损伤导致一般功能障碍或者严重功能障碍的；

（四）造成10人以上严重食物中毒或者其他严重食源性疾病的；

（五）其他对人体健康造成严重危害的情形。

……（➻参见刑法第143条脚注相关部分）

第六条　生产、销售有毒、有害食品，具有本解释第二条规定情形之一的，应当认定为刑法第一百四十四条规定的“对人体健康造成严重危害”。

第七条　生产、销售有毒、有害食品，具有下列情形之一的，应当认定为刑法第一百四十四条规定的“其他严重情节”：

（一）生产、销售金额20万元以上不满50万元的；

（二）生产、销售金额10万元以上不满20万元，有毒、有害食品数量较大或者生产、销售持续时间6个月以上的；

（三）生产、销售金额10万元以上不满20万元，属于特殊医学用途配方食品、专供婴幼儿的主辅食品的；

（四）生产、销售金额10万元以上不满20万元，且在中小学校园、托幼机构、养老机构及周边面向未成年人、老年人销售的；

（五）生产、销售金额10万元以上不满20万元，曾因危害食品安全犯罪受过刑事处罚或者2年内因危害食品安全违法行为受过行政处罚的；

（六）有毒、有害的非食品原料毒害性强或者含量高的；

（七）其他情节严重的情形。

第八条 生产、销售有毒、有害食品，生产、销售金额50万元以上，或者具有本解释第四条第二项至第六项规定的情形之一的，应当认定为刑法第一百四十四条规定的"其他特别严重情节"。

第九条 下列物质应当认定为刑法第一百四十四条规定的"有毒、有害的非食品原料"：

（一）因危害人体健康，被法律、法规禁止在食品生产经营活动中添加、使用的物质；

（二）因危害人体健康，被国务院有关部门列入《食品中可能违法添加的非食用物质名单》《保健食品中可能非法添加的物质名单》和国务院有关部门公告的禁用农药、《食品动物中禁止使用的药品及其他化合物清单》等名单上的物质；

（三）其他有毒、有害的物质。

第十条 刑法第一百四十四条规定的"明知"，应当综合行为人的认知能力、食品质量、进货或者销售的渠道及价格等主、客观因素进行认定。

具有下列情形之一的，可以认定为刑法第一百四十四条规定的"明知"，但存在相反证据并经查证属实的除外：

（一）长期从事相关食品、食用农产品生产、种植、养殖、销售、运输、贮存行业，不依法履行保障食品安全义务的；

（二）没有合法有效的购货凭证，且不能提供或者拒不提供销售的相关食品来源的；

（三）以明显低于市场价格进货或者销售且无合理原因的；

（四）在有关部门发出禁令或者食品安全预警的情况下继续销售的；

（五）因实施危害食品安全行为受过行政处罚或者刑事处罚，又实施同种行为的；

（六）其他足以认定行为人明知的情形。

第十一条 在食品生产、销售、运输、贮存等过程中，掺入有毒、有害的非食品原料，或者使用有毒、有害的非食品原料生产食品的，依照刑法第一百四十四条的规定以生产、销售有毒、有害食品罪定罪处罚。

在食用农产品种植、养殖、销售、运输、贮存等过程中，使用禁用农药、食品动物中禁止使用的药品及其他化合物等有毒、有害的非食品原料，适用前款的规定定罪处罚。

在保健食品或者其他食品中非法添加国家禁用药物等有毒、有害的非食品原料的，适用第一款的规定定罪处罚。

2002年8月16日最高法、最高检**《关于办理非法生产、销售、使用禁止在饲料和动物饮用水中使用的药品等刑事案件具体应用法律若干问题的解释》**（法释〔2002〕26号，自2002年8月23日起施行），为依法惩治非法生产、销售、使用盐酸克仑特罗（Clenbuterol Hydrochloride，俗称“瘦肉精”）等禁止在饲料和动物饮用水中使用的药品等犯罪活动，维护社会主义市场经济秩序，保护公民身体健康，根据刑法有关规定，现就办理这类刑事案件具体应用法律的若干问题解释如下：

第一条 ……（➻参见刑法第225条脚注相关部分）

第二条 ……（➻参见刑法第225条脚注相关部分）

第三条 使用盐酸克仑特罗等禁止在饲料和动物饮用水中使用的药品或者含有该类药品的饲料养殖供人食用的动物，或者销售明知是使用该类药品或者含有该类药品的饲料养殖的供人食用的动物的，依照刑法第一百四十四条的规定，以生产、销售有毒、有害食品罪追究刑事责任。

第四条 明知是使用盐酸克仑特罗等禁止在饲料和动物饮用水中使用的药品或者含有该类药品的饲料养殖的供人食用的动物，而提供屠宰等加工服务，或者销售其制品的，依照刑法第一百四十四条的规定，以生产、销售有毒、有害食品罪追究刑事责任。

第五条 实施本解释规定的行为，同时触犯刑法规定的两种以上犯罪的，依照处罚较重的规定追究刑事责任。

第六条 禁止在饲料和动物饮用水中使用的药品，依照国家有关部门公告的禁止在饲料和动物饮用水中使用的药物品种目录确定。

根据2010年9月14日最高法、最高检、公安部、司法部**《关于依法严惩危害食品安全犯罪活动的通知》**（法发〔2010〕38号），要依法严惩危害食品安全犯罪活动，在现有的法律框架内，用足用好法律，坚决杜绝以罚代刑、重罪轻判、降格处理。公安机关对于涉嫌危害食品安全犯罪的要及时立案，依法采取有效的刑事强制措施，快速侦破，并及时移送审查起诉。检察机关要切实做好审查批捕和起诉工作，充分履行法律监督职责，依法对行政机关移送涉嫌犯罪情况实行监督，进一步强化对立案、起诉、审判、执行等环节的法律监督，确保侦查、起诉、审判、执行工作依法有序进行。人民法院要准确理解、严格适用法律。定罪量刑不仅要考虑犯罪数额、人身伤亡情况，还要充分考虑犯罪分子的主观恶性、犯罪手段、犯罪行为对市场秩序的破坏程度、恶劣影响等。对于危害食品安全犯罪的累犯、惯犯、共同犯罪中的主犯、对人体健康造成严重危害以及销售金额巨大的犯罪分子，要坚决依法严惩，罪当判处死刑的，要坚决依法判处死刑；要加大财产刑的适用，彻底剥夺犯罪分子非法获利和再次犯罪的资本；对危害食品安全犯罪分子适用缓刑和免予刑事处罚的要层报高级人民法院审查，影响特别重大的要层报最高人民法院审查。司法行政机关要加大对律师正面教育、管理工作的力度，引导律师依法履行辩护代理职责，不得以对案件作歪曲、不实、有误导性报道或炒作方式干扰、影响案件依法办理。对正在服刑的危害食品安全犯罪分子报请减刑、假释的，要依法从严把握。要切实贯彻落实好宽严相济刑事政策，分化瓦解犯罪分子，确保取得良好的法律效果和社会效果。

依法遏制和从严打击危害食品安全犯罪活动，必须依法严惩相关的职务犯罪行为。对于包庇、纵容危害食品安全违法犯罪活动的腐败分子，以及在食品安全监管和查处危害食品安全违法犯罪活动中收受贿赂、玩忽职守、滥用职权、徇私枉法、不履行法定职责的国家工作人员，要排除一切阻力和干扰，加大查处力度，依法从重处罚。对与危害食品安全相关的职务犯罪分子一般不得适用缓刑或者判处免予刑事处罚。

根据2011年5月27日最高法**《关于进一步加大力度，依法严惩危害食品安全及相关职务犯罪的通知》**，被告人实施危害食品安全的行为同时构成危害食品安全犯罪和生产、销售伪劣产品、侵犯知识产权、非法经营等犯罪的，依照处罚较重的规定定罪处罚。要综合考虑犯罪分子的主观恶性、犯罪手段、犯罪数额、危害后果、恶劣影响等因素，依法准确裁量刑罚。对于致人死亡或者有其他特别严重情节，罪当判处死刑的，要坚决依法判处死刑。要加大财产刑的判处力度，用足、用好罚金、没收财产等刑罚手段，剥夺犯罪分子再次犯罪的能力。要从严把握对危害食品安全的犯罪分子及相关职务犯罪分子适用缓免刑的条件。对依法必须适用缓刑的犯罪分子，可以同时宣告禁止令，禁止其在缓刑考验期内从事与食品生产、销售等有关的活动。

……

要做好辖区内同类案件的量刑平衡工作，避免出现同罪不同判，同罪不同罚的现象。对在同一条生产销售链上的犯罪分子，分案由不同法院审判的，既要严格依据法律规定对其量刑，又要在法律规定的幅度内体现严惩源头犯罪的精神，确保源头犯罪与下游犯罪量刑的整体平衡。

2012年1月9日最高法、最高检、公安部**《关于依法严惩“地沟油”犯罪活动的通知》**（公通字〔2012〕1号），为依法严惩“地沟油”犯罪活动，切实保障人民群众的生命健康安全，根据刑法和有关司法解释的规定，现就有关事项通知如下：

一、依法严惩“地沟油”犯罪，切实维护人民群众食品安全

“地沟油”犯罪，是指用餐厨垃圾、废弃油脂、各类肉及肉制品加工废弃物等非食品原料，生产、加工“食用油”，以及明知是利用“地沟油”生产、加工的油脂而作为食用油销售的行为……。

二、准确理解法律规定，严格区分犯罪界限

（一）对于利用“地沟油”生产“食用油”的，依照刑法第144条生产有毒、

有害食品罪的规定追究刑事责任。

（二）明知是利用“地沟油”生产的“食用油”而予以销售的，依照刑法第144条销售有毒、有害食品罪的规定追究刑事责任。认定是否“明知”，应当结合犯罪嫌疑人、被告人的认知能力，犯罪嫌疑人、被告人及其同案人的供述和辩解，证人证言，产品质量，进货渠道及进货价格、销售渠道及销售价格等主、客观因素予以综合判断。

（三）对于利用“地沟油”生产的“食用油”，已经销售出去没有实物，但是有证据证明系已被查实生产、销售有毒、有害食品犯罪事实的上线提供的，依照刑法第144条销售有毒、有害食品罪的规定追究刑事责任。

（四）虽无法查明“食用油”是否系利用“地沟油”生产、加工，但犯罪嫌疑人、被告人明知该“食用油”来源可疑而予以销售的，应分别情形处理：经鉴定，检出有毒、有害成分的，依照刑法第144条销售有毒、有害食品罪的规定追究刑事责任；属于不符合安全标准的食品的，依照刑法第143条销售不符合安全标准的食品罪追究刑事责任；属于以假充真、以次充好、以不合格产品冒充合格产品或者假冒注册商标，构成犯罪的，依照刑法第140条销售伪劣产品罪或者第213条假冒注册商标罪、第214条销售假冒注册商标的商品罪追究刑事责任。

（五）知道或应当知道他人实施以上第（一）、（二）、（三）款犯罪行为，而为其掏捞、加工、贩运“地沟油”，或者提供贷款、资金、帐号、发票、证明、许可证件，或者提供技术、生产、经营场所、运输、仓储、保管等便利条件的，依照本条第（一）、（二）、（三）款犯罪的共犯论处。

（六）对违反有关规定，掏捞、加工、贩运“地沟油”，没有证据证明用于生产“食用油”的，交由行政部门处理。

（七）对于国家工作人员在食用油安全监管和查处“地沟油”违法犯罪活动中滥用职权、玩忽职守、徇私枉法，构成犯罪的，依照刑法有关规定追究刑事责任。

三、准确把握宽严相济刑事政策在食品安全领域的适用

在对“地沟油”犯罪定罪量刑时，要充分考虑犯罪数额、犯罪分子主观恶性及其犯罪手段、犯罪行为对人民群众生命安全和身体健康的危害、对市场经济秩序的破坏程度、恶劣影响等。对于具有累犯、前科、共同犯罪的主犯、集团犯罪的首要分子等情节，以及犯罪数额巨大、情节恶劣、危害严重，群众反映强烈，给国家和人民利益造成重大损失的犯罪分子，依法严惩，罪当判处死刑的，要坚决依法判处死刑。对在同一条生产销售链上的犯罪分子，要在法定刑幅度内体现严惩源头犯罪的精神，确保生产环节与销售环节量刑的整体平衡。对于明知是“地沟油”而非法销售的公司、企业，要依法从严追究有关单位和直接责任人员的责任。对于具有自首、立功、从犯等法定情节的犯罪分子，可以依法从宽处理。要严格把握适用缓刑、免予刑事处罚的条件。对依法

必须适用缓刑的，一般同时宣告禁止令，禁止其在缓刑考验期内从事与食品生产、销售等有关的活动。

根据2014年12月24日国家禁毒委员会办公室、公安部、国家食品药品监督管理总局、国家工商行政管理总局**《关于严厉打击在食品中添加罂粟壳行为的通知》**(禁毒办通〔2014〕62号)，罂粟壳作为国家管制的麻醉药品，长期食用易使人体产生依赖造成瘾癖……凡发现在食品中掺用罂粟壳的，要严格依照《食品安全法》等规定予以处罚，并将查处情况通报当地公安机关和工商部门。公安机关要强化对集贸市场、调味品批发市场及零售单位，特别是供应、使用罂粟壳情况较多的中医药点等重点单位的巡查工作，严格按照《刑法》、《治安管理处罚法》、《禁毒法》等规定，对构成"教唆、引诱、欺骗他人吸毒罪"、"非法持有毒品罪"、"生产、销售有毒、有害食品罪"等罪名，以及"非法运输、买卖、储存、使用罂粟壳"等违法行为，依法严厉追究涉案单位及相关责任人员的法律责任。

根据2015年9月16日最高法**《关于充分发挥审判职能作用切实维护公共安全的若干意见》**(法发〔2015〕12号)，要以"零容忍"的态度，坚持最严厉的处罚、最严肃的问责，依法严惩生产、销售有毒、有害食品、不符合卫生标准的食品(★《刑法修正案(八)》已将"不符合卫生标准的食品"修改为"不符合食品安全标准的食品"——编者说明)，以及生产、销售假药、劣药等犯罪。要充分认识此类犯罪的严重社会危害，严格缓刑、免刑等非监禁刑的适用。要采取有效措施依法追缴违法犯罪所得，充分适用财产刑，坚决让犯罪分子在经济上无利可图、得不偿失。要依法适用禁止令，有效防范犯罪分子再次危害社会。

【指导案例】根据2014年2月20日最高检**第四批指导性案例·检例第12号·柳立国等人生产、销售有毒、有害食品，生产、销售伪劣产品案**，明知对方是食用油经销者，仍将用餐厨废弃油(俗称"地沟油")加工而成的劣质油脂销售给对方，导致劣质油脂流入食用油市场供人食用的，构成生产、销售有毒、有害食品罪；明知油脂经销者向饲料生产企业和药品生产企业等单位销售豆油等食用油，仍将用餐厨废弃油加工而成的劣质油脂销售给对方，导致劣质油脂流向饲料生产企业和药品生产企业等单位的，构成生产、销售伪劣产品罪。

根据2014年2月20日最高检**第四批指导性案例·检例第13号·徐孝伦等人生产、销售有害食品案**，在食品加工过程中，使用有毒、有害的非食品原料加工食品并出售的，应当认定为生产、销售有毒、有害食品罪；明知是他人使用有毒、有害的非食品原料加工出的食品仍然购买并出售的，应当认定为销售有毒、有害食品罪。

根据2014年2月20日最高检**第四批指导性案例·检例第14号·孙建**

亮等人生产、销售有毒、有害食品案，明知盐酸克伦特罗（俗称“瘦肉精”）是国家禁止在饲料和动物饮用水中使用的药品，而用以养殖供人食用的动物并出售的，应当认定为生产、销售有毒、有害食品罪。明知盐酸克伦特罗是国家禁止在饲料和动物饮用水中使用的药品，而买卖和代买盐酸克伦特罗片，供他人用以养殖供人食用的动物的，应当认定为生产、销售有毒、有害食品罪的共犯。

根据2014年2月20日最高检**第四批指导性案例·检例第15号·胡林贵等人生产、销售有毒、有害食品，行贿案**，实施生产、销售有毒、有害食品犯罪，为逃避查处向负有食品安全监管职责的国家工作人员行贿的，应当以生产、销售有毒、有害食品罪和行贿罪实行数罪并罚。

根据2016年12月28日最高法**第十五批指导性案例·指导案例70号·北京阳光一佰生物技术开发有限公司、习文有等生产、销售有毒、有害食品案**，行为人在食品生产经营中添加的虽然不是国务院有关部门公布的《食品中可能违法添加的非食用物质名单》和《保健食品中可能非法添加的物质名单》中的物质，但如果该物质与上述名单中所列物质具有同等属性，并且根据检验报告和专家意见等相关材料能够确定该物质对人体具有同等危害的，应当认定为《中华人民共和国刑法》第一百四十四条规定的“有毒、有害的非食品原料”。

【典型案例】根据2023年11月28日最高法、最高检**危害食品安全犯罪典型案例·案例二、曾某维生产、销售有毒、有害食品案**，网络销售非法添加西布曲明等成分的减肥食品是常见高发的危害食品安全犯罪。西布曲明曾被用于减肥药，后国家药监局组织专家对西布曲明的安全性进行评估，发现使用西布曲明可能增加严重心脑血管风险，遂于2010年决定停止西布曲明制剂和原料药的生产、销售和使用。西布曲明被列入《保健食品中可能非法添加的物质名单》，属于国家禁止添加的“有毒、有害的非食品原料”。本案被告人在制售的减肥食品中非法添加西布曲明，其行为构成生产、销售有毒、有害食品罪。

根据2023年11月28日最高法、最高检**危害食品安全犯罪典型案例·案例三、付某德生产、销售有毒、有害食品案**，个别不法商家为了让米粉延长保鲜期、保持韧性，在生产过程中非法添加硼砂等物质。硼砂是《食品中可能违法添加的非食用物质名单》明确禁止添加到食品中的物质，属于“有毒、有害的非食品原料”，长期食用添加硼砂的食品会对人体产生损害，特别是对人体生殖、发育和内分泌系统产生毒性影响。本案中，被告人付某德在米粉生产过程中添加硼砂的行为构成生产、销售有毒、有害食品罪。

根据2023年11月28日最高法、最高检**危害食品安全犯罪典型案例·案**

第一百四十五条〔111〕 **【生产、销售不符合标准的医用器材罪】**生产不符合保障人体健康的国家标准、行业标准的医疗器械、医用卫生材料，或者销售明知是不符合保障人体健康的国家标准、行业标准的医疗器械、医用卫生材料，足以严重危害人体健康的，处三年以下有期徒刑或者拘役，并处销售金额百分之五十以上二倍以下罚金；对人体健康造成严重危害的，处三年以上十年以下有期徒刑，并处销售金额百分之五十以上二倍以下罚金；后果特别严重的，处十年以上有期徒刑或者无期徒刑，并处销售金额百分之五十以上二倍以下罚金或者没收财产。

例四、张某玉、张某生产、销售有毒、有害食品案，一些不良商贩为防止腌制的腊肉生虫，在腊肉上喷洒敌敌畏等农药。敌敌畏是《食品中可能违法添加的非食用物质名单》明确禁止添加到食品中的物质，属于"有毒、有害的非食品原料"，在生产、销售的腊肉上喷洒敌敌畏，应当以生产、销售有毒、有害食品罪定罪处罚。

〔111〕 **【刑法修订】**2002年《**刑法修正案(四)**》**第一条**修订了本条。1997年刑法原文如下：

第一百四十五条 生产不符合保障人体健康的国家标准、行业标准的医疗器械、医用卫生材料，或者销售明知是不符合保障人体健康的国家标准、行业标准的医疗器械、医用卫生材料，对人体健康造成严重危害的，处五年以下有期徒刑，并处销售金额百分之五十以上二倍以下罚金；后果特别严重的，处五年以上十年以下有期徒刑，并处销售金额百分之五十以上二倍以下罚金，其中情节特别恶劣的，处十年以上有期徒刑或者无期徒刑，并处销售金额百分之五十以上二倍以下罚金或者没收财产。

2002年《**刑法修正案(四)**》将本条"对人体健康造成严重危害"修改为"足以严重危害人体健康"，将"后果特别严重"修改为"对人体健康造成严重危害"，将"其中情节特别恶劣"修改为"后果特别严重"，并将"处五年以下有期徒刑""处五年以上十年以下有期徒刑"分别修改为"处三年以下有期徒刑或者拘役""处三年以上十年以下有期徒刑"。

【立案标准】根据2008年6月25日最高检、公安部《**关于公安机关管辖的刑事案件立案追诉标准的规定(一)**》**第二十一条**，生产不符合保障人体健康的国家标准、行业标准的医疗器械、医用卫生材料，或者销售明知是不符合保障人体健康的国家标准、行业标准的医疗器械、医用卫生材料，涉嫌下列情形之一的，应予立案追诉：

(一)进入人体的医疗器械的材料中含有超过标准的有毒有害物质的；

（二）进入人体的医疗器械的有效性指标不符合标准要求，导致治疗、替代、调节、补偿功能部分或者全部丧失，可能造成贻误诊治或者人体严重损伤的；

（三）用于诊断、监护、治疗的有源医疗器械的安全指标不符合强制性标准要求，可能对人体构成伤害或者潜在危害的；

（四）用于诊断、监护、治疗的有源医疗器械的主要性能指标不合格，可能造成贻误诊治或者人体严重损伤的；

（五）未经批准，擅自增加功能或者适用范围，可能造成贻误诊治或者人体严重损伤的；

（六）其他足以严重危害人体健康或者对人体健康造成严重危害的情形。

医疗机构或者个人知道或者应当知道是不符合保障人体健康的国家标准、行业标准的医疗器械、医用卫生材料而购买并有偿使用的，视为本条规定的"销售"。

【司法解释】根据 2001 年 4 月 9 日最高法、最高检**《关于办理生产、销售伪劣商品刑事案件具体应用法律若干问题的解释》第六条**，生产、销售不符合标准的医疗器械、医用卫生材料，致人轻伤或者其他严重后果的，应认定为刑法第一百四十五条规定的"对人体健康造成严重危害"。

生产、销售不符合标准的医疗器械、医用卫生材料，造成感染病毒性肝炎等难以治愈的疾病、1 人以上重伤、3 人以上轻伤或者其他严重后果的，应认定为"后果特别严重"。

生产、销售不符合标准的医疗器械、医用卫生材料，致人死亡、严重残疾、感染艾滋病、3 人以上重伤、10 人以上轻伤或者造成其他特别严重后果的，应认定为"情节特别恶劣"。

医疗机构或者个人，知道或者应当知道是不符合保障人体健康的国家标准、行业标准的医疗器械、医用卫生材料而购买、使用，对人体健康造成严重危害的，以销售不符合标准的医用器材罪定罪处罚。

没有国家标准、行业标准的医疗器械，注册产品标准可视为"保障人体健康的行业标准"。

★上述司法解释与《刑法修正案（四）》将生产、销售不符合标准的医用器材罪修改为危险犯不一致，对其应在《刑法修正案（四）》第一条的基础上加以理解——编者说明。

根据 2003 年 5 月 14 日最高法、最高检**《关于办理妨害预防、控制突发传染病疫情等灾害的刑事案件具体应用法律若干问题的解释》第三条**，在预防、控制突发传染病疫情等灾害期间，生产用于防治传染病的不符合保障人体健康的国家标准、行业标准的医疗器械、医用卫生材料，或者销售明知是用于防治传染病的不符合保障人体健康的国家标准、行业标准的医疗器械、医

第一百四十六条[112] **【生产、销售不符合安全标准的产品罪】**生产不符合保障人身、财产安全的国家标准、行业标准的电器、压力容器、易燃易爆产品或者其他不符合保障人身、财产安全的国家标准、行业标准的产品，或者销售明知是以上不符合保障人身、财产安全的国家标准、行业标准的产品，造成严重后果的，处五年以下有期徒刑，并处销售金额百分之五十以上二倍以下罚金；后果特别严重的，处五年以上有期徒刑，并处销售金额百分之五十以上二倍以下罚金。

用卫生材料，不具有防护、救治功能，足以严重危害人体健康的，依照刑法第一百四十五条的规定，以生产、销售不符合标准的医用器材罪定罪，依法从重处罚。

医疗机构或者个人，知道或者应当知道系前款规定的不符合保障人体健康的国家标准、行业标准的医疗器械、医用卫生材料而购买并有偿使用的，以销售不符合标准的医用器材罪定罪，依法从重处罚。

根据2020年2月6日最高法、最高检、公安部、司法部**《关于依法惩治妨害新型冠状病毒感染肺炎疫情防控违法犯罪的意见》**，在疫情防控期间，生产不符合保障人体健康的国家标准、行业标准的医用口罩、护目镜、防护服等医用器材，或者销售明知是不符合标准的医用器材，足以严重危害人体健康的，依照刑法第一百四十五条的规定，以生产、销售不符合标准的医用器材罪定罪处罚。

〔112〕**【立案标准】**根据2008年6月25日最高检、公安部**《关于公安机关管辖的刑事案件立案追诉标准的规定（一）》第二十二条**，生产不符合保障人身、财产安全的国家标准、行业标准的电器、压力容器、易燃易爆或者其他不符合保障人身、财产安全的国家标准、行业标准的产品，或者销售明知是以上不符合保障人身、财产安全的国家标准、行业标准的产品，涉嫌下列情形之一的，应予立案追诉：

（一）造成人员重伤或者死亡的；

（二）造成直接经济损失10万元以上的；

（三）其他造成严重后果的情形。

【司法解释】根据2015年12月14日最高法、最高检**《关于办理危害生产安全刑事案件适用法律若干问题的解释》第十一条**，生产不符合保障人身、财产安全的国家标准、行业标准的安全设备，或者明知安全设备不符合保障人身、财产安全的国家标准、行业标准而进行销售，致使发生安全事故，造成严重后果的，依照刑法第一百四十六条的规定，以生产、销售不符合安全标准的产品罪定罪处罚。

第一百四十七条〔113〕　**【生产、销售伪劣农药、兽药、化肥、种子罪】**生产假农药、假兽药、假化肥，销售明知是假的或者失去使用效能的农药、兽药、化肥、种子，或者生产者、销售者以不合格的农药、兽药、化肥、种子冒充合格的农药、兽药、化肥、种子，使生产遭受较大损失的，处三年以下有期徒刑或者拘役，并处或者单处销售金额百分之五十以上二倍以下罚金；使生产遭受重大损失的，处三年以上七年以下有期徒刑，并处销售金额百分之五十以上二倍以下罚金；使生产遭受特别重大损失的，处七年以上有期徒刑或者无期徒刑，并处销售金额百分之五十以上二倍以下罚金或者没收财产。

---

〔113〕　**【相关法规】**根据2021年修正后的**《种子法》第七十四条第二款、第七十五条第二款**，因生产经营假种子、劣种子犯罪被判处有期徒刑以上刑罚的，种子企业或者其他单位的法定代表人、直接负责的主管人员自刑罚执行完毕之日起5年内不得担任种子企业的法定代表人、高级管理人员。

【立案标准】根据2008年6月25日最高检、公安部**《关于公安机关管辖的刑事案件立案追诉标准的规定(一)》第二十三条**，生产假农药、假兽药、假化肥，销售明知是假的或者失去使用效能的农药、兽药、化肥、种子，或者生产者、销售者以不合格的农药、兽药、化肥、种子冒充合格的农药、兽药、化肥、种子，涉嫌下列情形之一的，应予立案追诉：

(一)使生产遭受损失2万元以上的；

(二)其他使生产遭受较大损失的情形。

【司法解释】根据2001年4月9日最高法、最高检**《关于办理生产、销售伪劣商品刑事案件具体应用法律若干问题的解释》第七条**，刑法第一百四十七条规定的生产、销售伪劣农药、兽药、化肥、种子罪中“使生产遭受较大损失”，一般以2万元为起点；“重大损失”，一般以10万元为起点；“特别重大损失”，一般以50万元为起点。

2022年3月2日最高法**《关于进一步加强涉种子刑事审判工作的指导意见》**(法〔2022〕66号)，为深入贯彻落实中央关于种业振兴决策部署，依法惩治涉种子犯罪，全面净化种业市场，维护国家种源安全，加快种业振兴，根据有关法律规定，制定本意见。

一、切实提高政治站位，深刻认识进一步加强涉种子刑事审判工作的重要意义……

二、充分发挥刑事审判职能作用，坚持依法从严惩处的基本要求。要依法加大对制假售假、套牌侵权和破坏种质资源等涉种子犯罪的惩处力度，重拳出击，形成震慑，有效维护种子生产经营者、使用者的合法权益，净化种业市场，维护国家种源安全，为种业健康发展提供有力刑事司法保障。

三、准确适用法律，依法严惩种子制假售假犯罪。对销售明知是假的或者失去使用效能的种子，或者生产者、销售者以不合格的种子冒充合格的种子，使生产遭受较大损失的，依照刑法第一百四十七条的规定以生产、销售伪劣种子罪定罪处罚。

对实施生产、销售伪劣种子行为，因无法认定使生产遭受较大损失等原因，不构成生产、销售伪劣种子罪，但是销售金额在5万元以上的，依照刑法第一百四十条的规定以生产、销售伪劣产品罪定罪处罚。同时构成假冒注册商标罪等其他犯罪的，依照处罚较重的规定定罪处罚。

四、立足现有罪名，依法严惩种子套牌侵权相关犯罪。假冒品种权以及未经许可或者超出委托规模生产、繁殖授权品种种子对外销售等种子套牌侵权行为，经常伴随假冒注册商标、侵犯商业秘密等其他犯罪行为。审理此类案件时要把握这一特点，立足刑法现有规定，通过依法适用与种子套牌侵权密切相关的假冒注册商标罪，销售假冒注册商标的商品罪，非法制造、销售非法制造的注册商标标识罪，侵犯商业秘密罪，为境外窃取、刺探、收买、非法提供商业秘密罪等罪名，实现对种子套牌侵权行为的依法惩处。同时，应当将种子套牌侵权行为作为从重处罚情节，加大对此类犯罪的惩处力度。

五、保护种质资源，依法严惩破坏种质资源犯罪。非法采集或者采伐天然种质资源，符合刑法第三百四十四条规定的，以危害国家重点保护植物罪定罪处罚。

在种质资源库、种质资源保护区或者种质资源保护地实施上述行为的，应当酌情从重处罚。

六、贯彻落实宽严相济的刑事政策，确保裁判效果。实施涉种子犯罪，具有下列情形之一的，应当酌情从重处罚：针对稻、小麦、玉米、棉花、大豆等主要农作物种子实施的，曾因涉种子犯罪受过刑事处罚的，2年内曾因涉种子违法行为受过行政处罚的，其他应当酌情从重处罚的情形。

对受雇佣或者受委托参与种子生产、繁殖的，要综合考虑社会危害程度、在共同犯罪中的地位作用、认罪悔罪表现等情节，准确适用刑罚。犯罪情节轻微的，可以依法免予刑事处罚；情节显著轻微危害不大的，不以犯罪论处。

七、依法解决鉴定难问题，准确认定伪劣种子。对是否属于假的、失去使用效能的或者不合格的种子，或者使生产遭受的损失难以确定的，可以依据具有法定资质的种子质量检验机构出具的鉴定意见、检验报告，农业农村、林业和草原主管部门出具的书面意见，农业农村主管部门所属的种子管理机构组织出具的田间现场鉴定书等，结合其他证据作出认定。

八、坚持多措并举，健全完善工作机制……（下略）

【指导案例】根据2019年12月20日最高检**第十六批指导性案例·检例**

第61号·王敏生产、销售伪劣种子案，以同一科属的此品种种子冒充彼品种种子，属于刑法上的“假种子”。行为人对假种子进行小包装分装销售，使农业生产遭受较大损失的，应当以生产、销售伪劣种子罪追究刑事责任。

★该指导案例在“指导意义”部分指出：假种子有不符型假种子（种类、名称、产地与标注不符）和冒充型假种子（以甲冒充乙、非种子冒充种子）。现实生活中，完全以非种子冒充种子的，比较少见。犯罪嫌疑人往往抓住种子专业性强、农户识别能力低的弱点，以此种子冒充彼种子或者以不合格种子冒充合格种子进行销售。因农作物生产周期较长，案发较为隐蔽，冒充型假种子往往造成农民投入种植成本，得不到应有收成回报，严重影响农业生产，应当依据刑法予以追诉。

对伪劣种子造成的损失应予综合认定。伪劣种子造成的损失是涉假种子类案件办理时的疑难问题。实践中，可由专业人员根据现场勘查情况，对农业生产产量及其损失进行综合计算。具体可考察以下几方面：一是根据现场实地勘察，邀请农业、气象、土壤等方面专家，分析鉴定农作物生育期异常的原因，能否正常结实，是减产还是绝收等，分析减产或者绝收面积、产量。二是通过审定的农作物区试平均产量与根据现场调查的往年产量，结合当年可能影响产量的气候、土肥等因素，综合评估平均产量。三是根据农作物市场行情及平均单价等，确定直接经济损失。

根据2019年12月20日最高检**第十六批指导性案例·检例第62号·南京百分百公司等生产、销售伪劣农药案**，未取得农药登记证的企业或者个人，借用他人农药登记证、生产许可证、质量标准证等许可证明文件生产、销售农药，使生产遭受较大损失的，以生产、销售伪劣农药罪追究刑事责任。

对于使用伪劣农药造成的农业生产损失，可采取田间试验的方法确定受损原因，并以农作物绝收折损面积、受害地区前三年该类农作物的平均亩产量和平均销售价格为基准，综合计算认定损失金额。

★该指导案例在“指导意义”部分指出：根据我国《农药管理条例》规定，农药生产销售应具备“农药三证”。一些企业通过非法转让或者购买等手段非法获取“农药三证”生产不合格农药，扰乱农药市场，往往造成农业生产重大损失，危害农民利益。借用或者通过非法转让获得“农药三证”生产不符合资质农药，经检验鉴定含有药害成分，致使农业生产遭受损失2万元以上的，应当依据刑法予以追诉。农药生产企业将“农药三证”出借给未取得生产资质的企业或者个人，且明知借用方生产、销售伪劣农药的，构成生产、销售伪劣农药罪共同犯罪。其中使农业生产遭受损失50万元以上，销售金额不满200万元的，依据刑法第一百四十七条生产、销售伪劣农药罪追诉；销售金额200万元以上的，依据刑法第一百四十九条从重处罚原则，以生产、销售伪劣产品罪予以追诉。

第一百四十八条[114] **【生产、销售不符合卫生标准的化妆品罪】**生产不符合卫生标准的化妆品，或者销售明知是不符合卫生标准的化妆品，造成严重后果的，处三年以下有期徒刑或者拘役，并处或者单处销售金额百分之五十以上二倍以下罚金。

第一百四十九条 【本节法条的适用】生产、销售本节第一百四十一条至第一百四十八条所列产品，不构成各该条规定的犯罪，但是销售金额在五万元以上的，依照本节第一百四十条的规定定罪处罚。

生产、销售本节第一百四十一条至第一百四十八条所列产品，构成各该条规定的犯罪，同时又构成本节第一百四十条规定之罪的，依照处罚较重的规定定罪处罚。

第一百五十条 【单位犯本节之罪的处罚】单位犯本节第一百四十条至第一百四十八条规定之罪的，对单位判处罚金，并对其直接负责的主管人员和其他直接责任人员，依照各该条的规定处罚。

第148条-第150条

生产损失认定方法。生产、销售伪劣农药罪为结果犯，需以“使生产遭受较大损失”为前提。办理此类案件，可以采用以下方法认定生产损失：一是运用田间试验确定涉案农药与生产损失的因果关系。可在公证部门见证下，依据农业生产专家指导，根据农户对受损作物实际使用的农药种类，合理确定试验方法和试验所需样本田块数量，综合认定农药使用与生产损失的因果关系。二是及时引导侦查机关收集、固定受损作物折损情况证据。检察机关应结合农业生产具有时令性的特点，引导侦查机关走访受损农户了解情况，实地考察受损农田，及时收集证据，防止作物收割、复播影响生产损失的认定。三是综合评估损害数额。农业生产和粮食作物价格具有一定的波动性，办案中对损害具体数额的评估，应以绝收折损面积为基准，综合考察受损地区前三年农作物平均亩产量和平均销售价格，计算损害后果。

〔114〕**【立案标准】**根据2008年6月25日最高检、公安部**《关于公安机关管辖的刑事案件立案追诉标准的规定（一）》第二十四条**，生产不符合卫生标准的化妆品，或者销售明知是不符合卫生标准的化妆品，涉嫌下列情形之一的，应予立案追诉：

（一）造成他人容貌毁损或者皮肤严重损伤的；

（二）造成他人器官组织损伤导致严重功能障碍的；

（三）致使他人精神失常或者自杀、自残造成重伤、死亡的；

（四）其他造成严重后果的情形。

第二节 走私罪[115]

[115] 【司法解释】2002年7月8日最高法、最高检、海关总署《关于办理走私刑事案件适用法律若干问题的意见》(法〔2002〕139号),就办理走私刑事案件适用法律问题提出如下意见:

五、关于走私犯罪嫌疑人、被告人主观故意的认定问题

行为人明知自己的行为违反国家法律法规,逃避海关监管,偷逃进出境货物、物品的应缴税额,或者逃避国家有关进出境的禁止性管理,并且希望或者放任危害结果发生的,应认定为具有走私的主观故意。

走私主观故意中的“明知”是指行为人知道或者应当知道所从事的行为是走私行为。具有下列情形之一的,可以认定为“明知”,但有证据证明确属被蒙骗的除外:

(一)逃避海关监管,运输、携带、邮寄国家禁止进出境的货物、物品的;

(二)用特制的设备或者运输工具走私货物、物品的;

(三)未经海关同意,在非设关的码头、海(河)岸、陆路边境等地点,运输(驳载)、收购或者贩卖非法进出境货物、物品的;

(四)提供虚假的合同、发票、证明等商业单证委托他人办理通关手续的;

(五)以明显低于货物正常进(出)口的应缴税额委托他人代理进(出)口业务的;

(六)曾因同一种走私行为受过刑事处罚或者行政处罚的;

(七)其他有证据证明的情形。

六、关于行为人对其走私的具体对象不明确的案件的处理问题

走私犯罪嫌疑人主观上具有走私犯罪故意,但对其走私的具体对象不明确的,不影响走私犯罪构成,应当根据实际的走私对象定罪处罚(★这一规定不符合认识错误原理,已被相关公报案例修正。参见刑法第151条脚注部分《公报》2014年第5期上海市人民检察院第一分院诉应志敏、陆毅走私废物、走私普通货物案——编者说明)。但是,确有证据证明行为人因受蒙骗而对走私对象发生认识错误的,可以从轻处罚。

……

十一、关于伪报价格走私犯罪案件中实际成交价格的认定问题

走私犯罪案件中的伪报价格行为,是指犯罪嫌疑人、被告人在进出口货物、物品时,向海关申报进口或者出口的货物、物品的价格低于或者高于进出口货物的实际成交价格。

对实际成交价格的认定,在无法提取真、伪两套合同、发票等单证的情况下,可以根据犯罪嫌疑人、被告人的付汇渠道、资金流向、会计帐册、境内外收发货人的真实交易方式,以及其他能够证明进出口货物实际成交价格的证据

材料综合认定。

十二、关于出售走私货物已缴纳的增值税应否从走私偷逃应缴税额中扣除的问题

走私犯罪嫌疑人为出售走私货物而开具增值税专用发票并缴纳增值税，是其走私行为既遂后在流通领域获违法所得的一种手段，属于非法开具增值税专用发票。对走私犯罪嫌疑人因出售走私货物而实际缴纳走私货物增值税的，在核定走私货物偷逃应缴税额时，不应当将其已缴纳的增值税额从其走私偷逃应缴税额中扣除。

……

十七、关于单位走私犯罪案件诉讼代表人的确定及其相关问题

单位走私犯罪案件的诉讼代表人，应当是单位的法定代表人或者主要负责人。单位的法定代表人或者主要负责人被依法追究刑事责任或者因其他原因无法参与刑事诉讼的，人民检察院应当另行确定被告单位的其他负责人作为诉讼代表人参加诉讼。

接到出庭通知的被告单位的诉讼代表人应当出庭应诉。拒不出庭的，人民法院在必要的时候，可以拘传到庭。

对直接负责的主管人员和其他直接责任人员均无法归案的单位走私犯罪案件，只要单位走私犯罪的事实清楚、证据确实充分，且能够确定诉讼代表人代表单位参与刑事诉讼活动的，可以先行追究该单位的刑事责任。

被告单位没有合适人选作为诉讼代表人出庭的，因不具备追究该单位刑事责任的诉讼条件，可按照单位犯罪的条款先行追究单位犯罪中直接负责的主管人员或者其他直接责任人员的刑事责任。人民法院在对单位犯罪中直接负责的主管人员或者直接责任人员进行判决时，对于扣押、冻结的走私货物、物品、违法所得以及属于犯罪单位所有的走私犯罪工具，应当一并判决予以追缴、没收。

十八、关于单位走私犯罪及其直接负责的主管人员和直接责任人员的认定问题

具备下列特征的，可以认定为单位走私犯罪：(1)以单位的名义实施走私犯罪，即由单位集体研究决定，或者由单位的负责人或者被授权的其他人员决定、同意；(2)为单位谋取不正当利益或者违法所得大部分归单位所有。

依照《最高人民法院关于审理单位犯罪案件具体应用法律有关问题的解释》第二条的规定，个人为进行违法犯罪活动而设立的公司、企业、事业单位实施犯罪的，或者个人设立公司、企业、事业单位后，以实施犯罪为主要活动的，不以单位犯罪论处。单位是否以实施犯罪为主要活动，应根据单位实施走私行为的次数、频度、持续时间、单位进行合法经营的状况等因素综合考虑认定。

根据单位人员在单位走私犯罪活动中所发挥的不同作用，对其直接负责

的主管人员和其他直接责任人员，可以确定为一人或者数人。对于受单位领导指派而积极参与实施走私犯罪行为的人员，如果其行为在走私犯罪的主要环节起重要作用的，可以认定为单位犯罪的直接责任人员。

十九、关于单位走私犯罪后发生分立、合并或者其他资产重组情形以及单位被依法注销、宣告破产等情况下，如何追究刑事责任的问题

单位走私犯罪后，单位发生分立、合并或者其他资产重组等情况的，只要承受该单位权利义务的单位存在，应当追究单位走私犯罪的刑事责任。走私单位发生分立、合并或者其他资产重组后，原单位名称发生更改的，仍以原单位（名称）作为被告单位。承受原单位权利义务的单位法定代表人或者负责人为诉讼代表人。

单位走私犯罪后，发生分立、合并或者其他资产重组情形，以及被依法注销、宣告破产等情况的，无论承受该单位权利义务的单位是否存在，均应追究原单位直接负责的主管人员和其他直接责任人员的刑事责任。

人民法院对原走私单位判处罚金的，应当将承受原单位权利义务的单位作为被执行人。罚金超出新单位所承受的财产的，可在执行中予以减除。

二十、关于单位与个人共同走私普通货物、物品案件的处理问题……

（➸参见刑法第 153 条脚注相关部分）

二十一、关于单位走私犯罪案件自首的认定问题

在办理单位走私犯罪案件中，对单位集体决定自首的，或者单位直接负责的主管人员自首的，应当认定单位自首。认定单位自首后，如实交代主要犯罪事实的单位负责的其他主管人员和其他直接责任人员，可视为自首，但对拒不交代主要犯罪事实或逃避法律追究的人员，不以自首论。

二十二、关于共同走私犯罪案件如何判处罚金刑问题

审理共同走私犯罪案件时，对各共同犯罪人判处罚金的总额应掌握在共同走私行为偷逃应缴税额的 1 倍以上 5 倍以下。

二十三、关于走私货物、物品、走私违法所得以及走私犯罪工具的处理问题

在办理走私犯罪案件过程中，对发现的走私货物、物品、走私违法所得以及属于走私犯罪分子所有的犯罪工具，走私犯罪侦查机关应当及时追缴，依法予以查扣、冻结。在移送审查起诉时应当将扣押物品文件清单、冻结存款证明文件等材料随案移送，对于扣押的危险品或者鲜活、易腐、易失效、易贬值等不宜长期保存的货物、物品，已经依法先行变卖、拍卖的，应当随案移送变卖、拍卖物品清单以及原物的照片或者录像资料；人民检察院在提起公诉时应当将上述扣押物品文件清单、冻结存款证明和变卖、拍卖物品清单一并移送；人民法院在判决走私罪案件时，应当对随案清单、证明文件中载明的款、物审查确认并依法判决予以追缴、没收；海关根据人民法院的判决和海关法的有关规定予以处理，上缴中央国库。

二十四、关于走私货物、物品无法扣押或者不便扣押情况下走私违法所得的追缴问题

在办理走私普通货物、物品犯罪案件中，对于走私货物、物品因流入国内市场或者投入使用，致使走私货物、物品无法扣押或者不便扣押的，应当按照走私货物、物品的进出口完税价格认定违法所得予以追缴；走私货物、物品实际销售价格高于进出口完税价格的，应当按照实际销售价格认定违法所得予以追缴。

2006 年 4 月 30 日最高法**《关于严格执行有关走私案件涉案财物处理规定的通知》**（法〔2006〕114 号）指出，据海关总署反映，有的地方法院在审理走私刑事案件中有不判或部分判决涉案赃款赃物的现象。对人民法院没有判决追缴、没收的涉案财物，海关多以行政处罚的方式予以没收或收缴，从而导致行政诉讼等不良后果。为严肃规范执法，现就有关规定重申如下：

关于刑事案件赃款赃物的处理问题，相关法律、司法解释已经规定的很明确。《海关法》第九十二条规定，“海关依法扣留的货物、物品、运输工具，在人民法院判决或者海关处罚决定作出之前，不得处理”；“人民法院判决没收或者海关决定没收的走私货物、物品、违法所得、走私运输工具、特制设备，由海关依法统一处理，所得价款和海关决定处以的罚款，全部上缴中央国库”。《最高人民法院、最高人民检察院、海关总署关于办理走私刑事案件适用法律若干问题的意见》第二十三条规定，“人民法院在判决走私罪案件时，应当对随案清单、证明文件中载明的款、物审查确认并依法判决予以追缴、没收；海关根据人民法院的判决和海关法的有关规定予以处理，上缴中央国库。”

据此，地方各级人民法院在审理走私犯罪案件时，对涉案的款、物等，应当严格遵循并切实执行上述法律、司法解释的规定，依法作出追缴、没收的判决。

2010 年 4 月 7 日最高法刑二庭**《宽严相济在经济犯罪和职务犯罪案件审判中的具体贯彻》**指出：根据《关于贯彻宽严相济刑事政策的若干意见》第 25 条规定的宽严“相济”要求，应当区分犯罪行为的具体情形区别对待。以走私犯罪为例，对海上偷运走私、绕关走私等未向海关报关的走私与价格瞒骗走私，走私特殊物品与走私普通货物、物品在具体量刑时都应当有所区别；对进口走私象牙等珍贵动物制品犯罪在量刑时应当酌情考虑出口国家的法律规定以及行为人的主观认识因素。

第一百五十一条[116] **【走私武器、弹药罪】【走私核材料罪】【走私假币罪】**走私武器、弹药、核材料或者伪造的货币的，处七年以上有期徒刑，并处罚金或者没收财产；情节特别严重的，处无期徒刑，并处没收财产；情节较轻的，处三年以上七年以下有期徒刑，并处罚金。

【走私文物罪】【走私贵重金属罪】【走私珍贵动物、珍贵动物制品罪】走私国家禁止出口的文物、黄金、白银和其他贵重金属或者国家禁止进出口的珍贵动物及其制品的，处五年以上十年以下有期徒刑，并处罚金；情节特别严重的，处十年以上有期徒刑或者无期徒刑，并处没收财产；情节较轻的，处五年以下有期徒刑，并处罚金。

【走私国家禁止进出口的货物、物品罪】走私珍稀植物及其制品等国家禁止进出口的其他货物、物品的，处五年以下有期徒刑或者拘役，并处或者单处罚金；情节严重的，处五年以上有期徒刑，并处罚金。

单位犯本条规定之罪的，对单位判处罚金，并对其直接负责的主管人员和其他直接责任人员，依照本条各款的规定处罚。

第151条

---

〔116〕**【刑法修订】**本条被修订三次。1997年刑法原文如下：

第一百五十一条 走私武器、弹药、核材料或者伪造的货币的，处七年以上有期徒刑，并处罚金或者没收财产；情节较轻的，处三年以上七年以下有期徒刑，并处罚金。

走私国家禁止出口的文物、黄金、白银和其他贵重金属或者国家禁止进出口的珍贵动物及其制品的，处五年以上有期徒刑，并处罚金；情节较轻的，处五年以下有期徒刑，并处罚金。

走私国家禁止进出口的珍稀植物及其制品的，处五年以下有期徒刑，并处或者单处罚金；情节严重的，处五年以上有期徒刑，并处罚金。

犯第一款、第二款罪，情节特别严重的，处无期徒刑或者死刑，并处没收财产。

单位犯本条规定之罪的，对单位判处罚金，并对其直接负责的主管人员和其他直接责任人员，依照本条各款的规定处罚。

2009年**《刑法修正案（七）》第一条**修订了第三款，将“走私国家禁止进出口的珍稀植物及其制品”修改为“走私珍稀植物及其制品等国家禁止进出口的其他货物、物品”，并在基本犯中增设了拘役刑。经此修订后的该款如下：

第一百五十一条第三款 走私珍稀植物及其制品等国家禁止进出口的其他货物、物品的，处五年以下有期徒刑或者拘役，并处或者单处罚金；情节严重的，处五年以上有期徒刑，并处罚金。

2011年《**刑法修正案(八)**》**第二十六条**对本条进行了第二次修订,删除了1997年刑法原条文第四款"犯第一款、第二款罪,情节特别严重的,处无期徒刑或者死刑,并处没收财产"的规定,重新设置了第一款、第二款犯罪的法定刑,从而废除了第二款之罪的死刑。经此修订后的条文如下:

第一百五十一条　走私武器、弹药、核材料或者伪造的货币的,处七年以上有期徒刑,并处罚金或者没收财产;情节特别严重的,处无期徒刑或者死刑,并处没收财产;情节较轻的,处三年以上七年以下有期徒刑,并处罚金。

走私国家禁止出口的文物、黄金、白银和其他贵重金属或者国家禁止进出口的珍贵动物及其制品的,处五年以上十年以下有期徒刑,并处罚金;情节特别严重的,处十年以上有期徒刑或者无期徒刑,并处没收财产;情节较轻的,处五年以下有期徒刑,并处罚金。

走私珍稀植物及其制品等国家禁止进出口的其他货物、物品的,处五年以下有期徒刑或者拘役,并处或者单处罚金;情节严重的,处五年以上有期徒刑,并处罚金。

单位犯本条规定之罪的,对单位判处罚金,并对其直接负责的主管人员和其他直接责任人员,依照本条各款的规定处罚。

2015年《**刑法修正案(九)**》**第九条**再次修订第一款,删除了该款的死刑规定。至此,废除了所有走私犯罪的死刑。

【**立案标准**】根据2022年4月6日最高检、公安部《**关于公安机关管辖的刑事案件立案追诉标准的规定(二)**》**第二条**,走私伪造的货币,涉嫌下列情形之一的,应予立案追诉:

(一)总面额在2000元以上或者币量在200张(枚)以上的;

(二)总面额在1000元以上或者币量在100张(枚)以上,2年内因走私假币受过行政处罚,又走私假币的;

(三)其他走私假币应予追究刑事责任的情形。

【**司法解释**】2014年8月12日最高法、最高检《**关于办理走私刑事案件适用法律若干问题的解释**》(法释〔2014〕10号,自2014年9月10日起施行),为依法惩治走私犯罪活动,根据刑法有关规定,现就办理走私刑事案件适用法律的若干问题解释如下:

第一条　走私武器、弹药,具有下列情形之一的,可以认定为刑法第一百五十一条第一款规定的"情节较轻":

(一)走私以压缩气体等非火药为动力发射枪弹的枪支2支以上不满5支的;

(二)走私气枪铅弹500发以上不满2500发,或者其他子弹10发以上不满50发的;

(三)未达到上述数量标准,但属于犯罪集团的首要分子,使用特种车辆从事走私活动，或者走私的武器、弹药被用于实施犯罪等情形的；

（四）走私各种口径在60毫米以下常规炮弹、手榴弹或者枪榴弹等分别或者合计不满5枚的。

具有下列情形之一的，依照刑法第一百五十一条第一款的规定处7年以上有期徒刑，并处罚金或者没收财产：

（一）走私以火药为动力发射枪弹的枪支1支，或者以压缩气体等非火药为动力发射枪弹的枪支5支以上不满10支的；

（二）走私第一款第二项规定的弹药，数量在该项规定的最高数量以上不满最高数量5倍的；

（三）走私各种口径在60毫米以下常规炮弹、手榴弹或者枪榴弹等分别或者合计达到5枚以上不满10枚，或者各种口径超过60毫米以上常规炮弹合计不满5枚的；

（四）达到第一款第一、二、四项规定的数量标准，且属于犯罪集团的首要分子，使用特种车辆从事走私活动，或者走私的武器、弹药被用于实施犯罪等情形的。

具有下列情形之一的，应当认定为刑法第一百五十一条第一款规定的“情节特别严重”：

（一）走私第二款第一项规定的枪支，数量超过该项规定的数量标准的；

（二）走私第一款第二项规定的弹药，数量在该项规定的最高数量标准5倍以上的；

（三）走私第二款第三项规定的弹药，数量超过该项规定的数量标准，或者走私具有巨大杀伤力的非常规炮弹1枚以上的；

（四）达到第二款第一项至第三项规定的数量标准，且属于犯罪集团的首要分子，使用特种车辆从事走私活动，或者走私的武器、弹药被用于实施犯罪等情形的。

走私其他武器、弹药，构成犯罪的，参照本条各款规定的标准处罚。

第二条 刑法第一百五十一条第一款规定的“武器、弹药”的种类，参照《中华人民共和国进口税则》及《中华人民共和国禁止进出境物品表》的有关规定确定。

第三条 走私枪支散件，构成犯罪的，依照刑法第一百五十一条第一款的规定，以走私武器罪定罪处罚。成套枪支散件以相应数量的枪支计，非成套枪支散件以每30件为一套枪支散件计。

第四条 走私各种弹药的弹头、弹壳，构成犯罪的，依照刑法第一百五十一条第一款的规定，以走私弹药罪定罪处罚。具体的定罪量刑标准，按照本解释第一条规定的数量标准的5倍执行。

走私报废或者无法组装并使用的各种弹药的弹头、弹壳，构成犯罪的，依照刑法第一百五十三条的规定，以走私普通货物、物品罪定罪处罚；属于废物的，依照刑法第一百五十二条第二款的规定，以走私废物罪定罪处罚。

弹头、弹壳是否属于前款规定的“报废或者无法组装并使用”或者“废物”，由国家有关技术部门进行鉴定。

第五条 走私国家禁止或者限制进出口的仿真枪、管制刀具，构成犯罪的，依照刑法第一百五十一条第三款的规定，以走私国家禁止进出口的货物、物品罪定罪处罚。具体的定罪量刑标准，适用本解释第十一条第一款第六、七项和第二款的规定。

走私的仿真枪经鉴定为枪支，构成犯罪的，依照刑法第一百五十一条第一款的规定，以走私武器罪定罪处罚。不以牟利或者从事违法犯罪活动为目的，且无其他严重情节的，可以依法从轻处罚；情节轻微不需要判处刑罚的，可以免予刑事处罚。

第六条 走私伪造的货币，数额在2000元以上不满2万元，或者数量在200张（枚）以上不满2000张（枚）的，可以认定为刑法第一百五十一条第一款规定的“情节较轻”（★2022年4月6日最高检、公安部《关于公安机关管辖的刑事案件立案追诉标准的规定（二）》第二条扩张了“情节较轻”的认定——编者说明）。

具有下列情形之一的，依照刑法第一百五十一条第一款的规定处7年以上有期徒刑，并处罚金或者没收财产：

（一）走私数额在2万元以上不满20万元，或者数量在2000张（枚）以上不满2万张（枚）的；

（二）走私数额或者数量达到第一款规定的标准，且具有走私的伪造货币流入市场等情节的。

具有下列情形之一的，应当认定为刑法第一百五十一条第一款规定的“情节特别严重”：

（一）走私数额在20万元以上，或者数量在2万张（枚）以上的；

（二）走私数额或者数量达到第二款第一项规定的标准，且属于犯罪集团的首要分子，使用特种车辆从事走私活动，或者走私的伪造货币流入市场等情形的。

第七条 刑法第一百五十一条第一款规定的“货币”，包括正在流通的人民币和境外货币。伪造的境外货币数额，折合成人民币计算。

第八条 ……（★与2015年12月30日最高法、最高检《关于办理妨害文物管理等刑事案件适用法律若干问题的解释》第一条不一致，不再适用——编者说明）

第九条 ……（★与2022年4月6日最高法、最高检《关于办理破坏野生动物资源刑事案件适用法律若干问题的解释》第二条不一致，不再适用——编者说明）

第十条 ……（★与2022年4月6日最高法、最高检《关于办理破坏野生

动物资源刑事案件适用法律若干问题的解释》第一条不一致，不再适用——编者说明）

第十一条　走私国家禁止进出口的货物、物品，具有下列情形之一的，依照刑法第一百五十一条第三款的规定处5年以下有期徒刑或者拘役，并处或者单处罚金：

（一）走私国家一级保护野生植物5株以上不满25株，国家二级保护野生植物10株以上不满50株，或者珍稀植物、珍稀植物制品数额在20万元以上不满100万元的；

（二）走私重点保护古生物化石或者未命名的古生物化石不满10件，或者一般保护古生物化石10件以上不满50件的；

（三）走私禁止进出口的有毒物质1吨以上不满5吨，或者数额在2万元以上不满10万元的；

（四）走私来自境外疫区的动植物及其产品5吨以上不满25吨，或者数额在5万元以上不满25万元的；

（五）走私木炭、硅砂等妨害环境、资源保护的货物、物品10吨以上不满50吨，或者数额在10万元以上不满50万元的；

（六）走私旧机动车、切割车、旧机电产品或者其他禁止进出口的货物、物品20吨以上不满100吨，或者数额在20万元以上不满100万元的；

（七）数量或者数额未达到本款第一项至第六项规定的标准，但属于犯罪集团的首要分子，使用特种车辆从事走私活动，造成环境严重污染，或者引起甲类传染病传播、重大动植物疫情等情形的。

具有下列情形之一的，应当认定为刑法第一百五十一条第三款规定的“情节严重”：

（一）走私数量或者数额超过前款第一项至第六项规定的标准的；

（二）达到前款第一项至第六项规定的标准，且属于犯罪集团的首要分子，使用特种车辆从事走私活动，造成环境严重污染，或者引起甲类传染病传播、重大动植物疫情等情形的。

第十二条　刑法第一百五十一条第三款规定的“珍稀植物”，包括列入《国家重点保护野生植物名录》《国家重点保护野生药材物种名录》《国家珍贵树种名录》中的国家一、二级保护野生植物、国家重点保护的野生药材、珍贵树木，《濒危野生动植物种国际贸易公约》附录Ⅰ、附录Ⅱ中的野生植物，以及人工培育的上述植物。

本解释规定的“古生物化石”，按照《古生物化石保护条例》的规定予以认定。走私具有科学价值的古脊椎动物化石、古人类化石，构成犯罪的，依照刑法第一百五十一条第二款的规定，以走私文物罪定罪处罚。

……

第二十一条　未经许可进出口国家限制进出口的货物、物品，构成犯罪的，应当依照刑法第一百五十一条、第一百五十二条的规定，以走私国家禁止进出口的货物、物品罪等罪名定罪处罚；偷逃应缴税额，同时又构成走私普通货物、物品罪的，依照处罚较重的规定定罪处罚。

取得许可，但超过许可数量进出口国家限制进出口的货物、物品，构成犯罪的，依照刑法第一百五十三条的规定，以走私普通货物、物品罪定罪处罚。

租用、借用或者使用购买的他人许可证，进出口国家限制进出口的货物、物品的，适用本条第一款的规定定罪处罚。

第
151
条

第二十二条 在走私的货物、物品中藏匿刑法第一百五十一条、第一百五十二条、第三百四十七条、第三百五十条规定的货物、物品，构成犯罪的，以实际走私的货物、物品定罪处罚；构成数罪的，实行数罪并罚。

第二十三条 实施走私犯罪，具有下列情形之一的，应当认定为犯罪既遂：

（一）在海关监管现场被查获的；

（二）以虚假申报方式走私，申报行为实施完毕的；

（三）以保税货物或者特定减税、免税进口的货物、物品为对象走私，在境内销售的，或者申请核销行为实施完毕的。

第二十四条第一款 单位犯刑法第一百五十一条、第一百五十二条规定之罪，依照本解释规定的标准定罪处罚。

第二十五条 本解释发布实施后，《最高人民法院关于审理走私刑事案件具体应用法律若干问题的解释》（法释〔2000〕30号）、《最高人民法院关于审理走私刑事案件具体应用法律若干问题的解释（二）》（法释〔2006〕9号）同时废止。之前发布的司法解释与本解释不一致的，以本解释为准。

2015年12月30日最高法、最高检**《关于办理妨害文物管理等刑事案件适用法律若干问题的解释》**（法释〔2015〕23号，自2016年1月1日起施行），就走私文物罪的刑法适用解释如下：

第一条 刑法第一百五十一条规定的“国家禁止出口的文物”，依照《中华人民共和国文物保护法》规定的“国家禁止出境的文物”的范围认定。

走私国家禁止出口的二级文物的，应当依照刑法第一百五十一条第二款的规定，以走私文物罪处5年以上10年以下有期徒刑，并处罚金；走私国家禁止出口的一级文物的，应当认定为刑法第一百五十一条第二款规定的“情节特别严重”；走私国家禁止出口的三级文物的，应当认定为刑法第一百五十一条第二款规定的“情节较轻”。

走私国家禁止出口的文物，无法确定文物等级，或者按照文物等级定罪量刑明显过轻或者过重的，可以按照走私的文物价值定罪量刑。走私的文物价值在20万元以上不满100万元的，应当依照刑法第一百五十一条第二款的规定，以走私文物罪处5年以上10年以下有期徒刑，并处罚金；文物价值在

100万元以上的，应当认定为刑法第一百五十一条第二款规定的“情节特别严重”；文物价值在5万元以上不满20万元的，应当认定为刑法第一百五十一条第二款规定的“情节较轻”。

……

第十一条第一款 单位实施走私文物、倒卖文物等行为，构成犯罪的，依照本解释规定的相应自然人犯罪的定罪量刑标准，对直接负责的主管人员和其他直接责任人员定罪处罚，并对单位判处罚金。

第十二条 针对不可移动文物整体实施走私、盗窃、倒卖等行为的，根据所属不可移动文物的等级，依照本解释第一条、第二条、第六条的规定定罪量刑：

（一）尚未被确定为文物保护单位的不可移动文物，适用一般文物的定罪量刑标准；

（二）市、县级文物保护单位，适用三级文物的定罪量刑标准；

（三）全国重点文物保护单位、省级文物保护单位，适用二级以上文物的定罪量刑标准。

针对不可移动文物中的建筑构件、壁画、雕塑、石刻等实施走私、盗窃、倒卖等行为的，根据建筑构件、壁画、雕塑、石刻等文物本身的等级或者价值，依照本解释第一条、第二条、第六条的规定定罪量刑。建筑构件、壁画、雕塑、石刻等所属不可移动文物的等级，应当作为量刑情节予以考虑。

第十三条 案件涉及不同等级的文物的，按照高级别文物的量刑幅度量刑；有多件同级文物的，5件同级文物视为1件高一级文物，但是价值明显不相当的除外。

第十四条 依照文物价值定罪量刑的，根据涉案文物的有效价格证明认定文物价值；无有效价格证明，或者根据价格证明认定明显不合理的，根据销赃数额认定，或者结合本解释第十五条规定的鉴定意见、报告认定。

第十五条 在行为人实施有关行为前，文物行政部门已对涉案文物及其等级作出认定的，可以直接对有关案件事实作出认定。

对案件涉及的有关文物鉴定、价值认定等专门性问题难以确定的，由司法鉴定机构出具鉴定意见，或者由国务院文物行政部门指定的机构出具报告。其中，对于文物价值，也可以由有关价格认证机构作出价格认证并出具报告。

第十六条第一款 实施本解释第一条、第二条、第六条至第九条规定的行为，虽已达到应当追究刑事责任的标准，但行为人系初犯，积极退回或者协助追回文物，未造成文物损毁，并确有悔罪表现的，可以认定为犯罪情节轻微，不起诉或者免予刑事处罚。

第十七条 走私、盗窃、损毁、倒卖、盗掘或者非法转让具有科学价值的古脊椎动物化石、古人类化石的，依照刑法和本解释的有关规定定罪量刑。

第十八条 本解释自2016年1月1日起施行。本解释公布施行后,《最高人民法院、最高人民检察院关于办理盗窃、盗掘、非法经营和走私文物的案件具体应用法律的若干问题的解释》[法(研)发〔1987〕32号]同时废止;之前发布的司法解释与本解释不一致的,以本解释为准。

2022年4月6日最高法、最高检**《关于办理破坏野生动物资源刑事案件适用法律若干问题的解释》**,就刑法第一百五十一条第二款走私珍贵动物、珍贵动物制品罪的适用,规定如下:

第一条 具有下列情形之一的,应当认定为刑法第一百五十一条第二款规定的走私国家禁止进出口的珍贵动物及其制品:

(一)未经批准擅自进出口列入经国家濒危物种进出口管理机构公布的《濒危野生动植物种国际贸易公约》附录一、附录二的野生动物及其制品;

(二)未经批准擅自出口列入《国家重点保护野生动物名录》的野生动物及其制品。

第二条 走私国家禁止进出口的珍贵动物及其制品,价值20万元以上不满200万元的,应当依照刑法第一百五十一条第二款的规定,以走私珍贵动物、珍贵动物制品罪处5年以上10年以下有期徒刑,并处罚金;价值200万元以上的,应当认定为"情节特别严重",处10年以上有期徒刑或者无期徒刑,并处没收财产;价值2万元以上不满20万元的,应当认定为"情节较轻",处5年以下有期徒刑,并处罚金。

实施前款规定的行为,具有下列情形之一的,从重处罚:

(一)属于犯罪集团的首要分子的;

(二)为逃避监管,使用特种交通工具实施的;

(三)2年内曾因破坏野生动物资源受过行政处罚的。

实施第一款规定的行为,不具有第二款规定的情形,且未造成动物死亡或者动物、动物制品无法追回,行为人全部退赃退赔,确有悔罪表现的,按照下列规定处理:

(一)珍贵动物及其制品价值200万元以上的,可以处5年以上10年以下有期徒刑,并处罚金;

(二)珍贵动物及其制品价值20万元以上不满200万元的,可以认定为"情节较轻",处5年以下有期徒刑,并处罚金;

(三)珍贵动物及其制品价值2万元以上不满20万元的,可以认定为犯罪情节轻微,不起诉或者免予刑事处罚;情节显著轻微危害不大的,不作为犯罪处理(★2014年8月12日最高法、最高检《关于办理走私刑事案件适用法律若干问题的解释》第九条第四款规定:"不以牟利为目的,为留作纪念而走私珍贵动物制品进境,数额不满10万元的,可以免予刑事处罚;情节显著轻微的,不作为犯罪处理。"该规定内容为本款所涵盖,实践中可以继续执行——

编者说明）。

……

第十五条第（一）项　对于国家禁止进出口的珍贵动物及其制品、国家重点保护的珍贵、濒危野生动物及其制品的价值，根据国务院野生动物保护主管部门制定的评估标准和方法核算。

2019 年 11 月 18日最高法**《关于审理走私、非法经营、非法使用兴奋剂刑事案件适用法律若干问题的解释》**（法释〔2019〕16 号，自 2020 年 1 月 1 日起施行），为依法惩治走私、非法经营、非法使用兴奋剂犯罪，维护体育竞赛的公平竞争，保护体育运动参加者的身心健康，根据《中华人民共和国刑法》《中华人民共和国刑事诉讼法》的规定，制定本解释。

第一条　运动员、运动员辅助人员走私兴奋剂目录所列物质，或者其他人员以在体育竞赛中非法使用为目的走私兴奋剂目录所列物质，涉案物质属于国家禁止进出口的货物、物品，具有下列情形之一的，应当依照刑法第一百五十一条第三款的规定，以走私国家禁止进出口的货物、物品罪定罪处罚：

（一）一年内曾因走私被给予二次以上行政处罚后又走私的；

（二）用于或者准备用于未成年人运动员、残疾人运动员的；

（三）用于或者准备用于国内、国际重大体育竞赛的；

（四）其他造成严重恶劣社会影响的情形。

实施前款规定的行为，涉案物质不属于国家禁止进出口的货物、物品，但偷逃应缴税额一万元以上或者一年内曾因走私被给予二次以上行政处罚后又走私的，应当依照刑法第一百五十三条的规定，以走私普通货物、物品罪定罪处罚。

对于本条第一款、第二款规定以外的走私兴奋剂目录所列物质行为，适用《最高人民法院、最高人民检察院关于办理走私刑事案件适用法律若干问题的解释》（法释〔2014〕10 号）规定的定罪量刑标准。

……

第七条　实施本解释规定的行为，涉案物质属于毒品、制毒物品等，构成有关犯罪的，依照相应犯罪定罪处罚。

第八条　对于是否属于本解释规定的“兴奋剂”“兴奋剂目录所列物质”“体育运动”“国内、国际重大体育竞赛”等专门性问题，应当依据《中华人民共和国体育法》《反兴奋剂条例》等法律法规，结合国务院体育主管部门出具的认定意见等证据材料作出认定。

第九条　本解释自 2020 年 1 月 1 日起施行。

2021 年 12 月 14日最高法、最高检、海关总署、公安部、中国海警局**《关于打击粤港澳海上跨境走私犯罪适用法律若干问题的指导意见》**（署缉发

〔2021〕141号),为严厉打击粤港澳海上跨境走私,现就当前比较突出的法律适用问题提出以下指导意见:

一、非设关地走私进口未取得国家检验检疫准入证书的冻品,应认定为国家禁止进口的货物,构成犯罪的,按走私国家禁止进出口的货物罪定罪处罚。其中,对走私来自境外疫区的冻品,依据《最高人民法院、最高人民检察院关于办理走私刑事案件适用法律若干问题的解释》(法释〔2014〕10号,以下简称《解释》)第十一条第一款第四项和第二款规定定罪处罚。对走私来自境外非疫区的冻品,或者无法查明是否来自境外疫区的冻品,依据《解释》第十一条第一款第六项和第二款规定定罪处罚。

二、走私犯罪分子在实施走私犯罪或者逃避追缉过程中,实施碰撞、挤别、抛撒障碍物、超高速行驶、强光照射驾驶人员等危险行为,危害公共安全的,以走私罪和以危险方法危害公共安全罪数罪并罚。以暴力、威胁方法抗拒缉私执法,以走私罪和袭警罪或者妨害公务罪数罪并罚。武装掩护走私的,依照刑法第一百五十一条第一款规定从重处罚。

三、犯罪嫌疑人真实姓名、住址无法查清的,按其绰号或者自报的姓名、住址认定,并在法律文书中注明。

犯罪嫌疑人的国籍、身份,根据其入境时的有效证件认定;拥有两国以上护照的,以其入境时所持的护照认定其国籍。

犯罪嫌疑人国籍不明的,可以通过出入境管理部门协助查明,或者以有关国家驻华使、领馆出具的证明认定;确实无法查明国籍的,以无国籍人员对待。

四、对用于运输走私冻品等货物的船舶、车辆,按照以下原则处置:

(一)对"三无"船舶,无法提供有效证书的船舶、车辆,依法予以没收、收缴或者移交主管机关依法处置;

(二)对走私犯罪分子自有的船舶、车辆或者假挂靠、长期不作登记、虚假登记等实为走私分子所有的船舶、车辆,作为犯罪工具依法没收;

(三)对所有人明知或者应当知道他人实施走私冻品等犯罪而出租、出借的船舶、车辆,依法予以没收。

具有下列情形之一的,可以认定船舶、车辆出租人、出借人明知或者应当知道他人实施违法犯罪,但有证据证明确属被蒙骗或者有其他相反证据的除外:

(一)出租人、出借人未经有关部门批准,擅自将船舶改装为可运载冻品等货物用的船舶,或者进行伪装的;

(二)出租人、出借人默许实际承运人将船舶改装为可运载冻品等货物用船舶,或者进行伪装的;

(三)因出租、出借船舶、车辆用于走私受过行政处罚,又出租、出借给同一走私人或者同一走私团伙使用的;

(四)出租人、出借人拒不提供真实的实际承运人信息,或者提供虚假的实际承运人信息的;

第一百五十二条[117]　**【走私淫秽物品罪】**以牟利或者传播为目的，走私淫秽的影片、录像带、录音带、图片、书刊或者其他淫秽物品的，处三年以上十年以下有期徒刑，并处罚金；情节严重的，处十年以上有期徒刑或者无期徒刑，并处罚金或者没收财产；情节较轻的，处三年以下有期徒刑、拘役或者管制，并处罚金。

【走私废物罪】逃避海关监管将境外固体废物、液态废物和气态废物运输进境，情节严重的，处五年以下有期徒刑，并处或者单处罚金；情节特别严重的，处五年以上有期徒刑，并处罚金。

单位犯前两款罪的，对单位判处罚金，并对其直接负责的主管人员和其他直接责任人员，依照前两款的规定处罚。

（五）其他可以认定明知或者应当知道的情形。

是否属于“三无”船舶，按照《“三无”船舶联合认定办法》（署缉发〔2021〕88号印发）规定认定。

五、对查封、扣押的未取得国家检验检疫准入证书的冻品，走私犯罪事实已基本查清的，在做好拍照、录像、称量、勘验、检查等证据固定工作和保留样本后，依照《罚没走私冻品处置办法（试行）》（署缉发〔2015〕289号印发）和《海关总署财政部关于查获走私冻品由地方归口处置的通知》（署财函〔2019〕300号）规定，先行移交有关部门作无害化处理。

六、办理粤港澳海上以外其他地区非设关地走私刑事案件，可以参照本意见的精神依法处理。

【公报案例】根据**《公报》2014年第5期·上海市人民检察院第一分院诉应志敏、陆毅走私废物、走私普通货物案**，在走私犯罪案件中，应当根据案情综合判断行为人对夹藏物品是否具有走私的故意。行为人不具有走私的概括故意，对于走私物品中还夹藏有其他不同种类走私物品确实不明知的，不能适用相关规范性文件中“根据实际的走私对象定罪处罚”的规定进行数罪并罚，而应当根据主客观相统一原则，以行为人主观认知的走私对象性质加以定罪处罚。对于客观上走私了夹藏的其他物品的，可作为行为人所构成特定走私犯罪的量刑情节予以评价，以体现罪责刑相适应原则。

〔117〕**【刑法修订】**2002年**《刑法修正案（四）》第二条**修订了本条。1997年刑法原文如下：

第一百五十二条　以牟利或者传播为目的，走私淫秽的影片、录像带、录音带、图片、书刊或者其他淫秽物品的，处三年以上十年以下有期徒刑，并处罚金；情节严重的，处十年以上有期徒刑或者无期徒刑，并处罚金或者没收财产；情节较轻的，处三年以下有期徒刑、拘役或者管制，并处罚金。

单位犯前款罪的，对单位判处罚金，并对其直接负责的主管人员和其他直接责任人员，依照前款的规定处罚。

2002 年《**刑法修正案(四)**》在本条增设了第二款走私废物罪，将原第二款改为第三款，将单位犯“前款罪……依照前款的规定处罚”修改为单位犯“前两款罪，……依照前两款的规定处罚”。

【立案标准】根据 2008 年 6 月 25 日最高检、公安部《**关于公安机关管辖的刑事案件立案追诉标准的规定(一)**》**第二十五条**，以牟利或者传播为目的，走私淫秽的影片、录像带、录音带、图片、书刊或者其他通过文字、声音、形象等形式表现淫秽内容的影碟、音碟、电子出版物等物品，涉嫌下列情形之一的，应予立案追诉：

(一)走私淫秽录像带、影碟 50 盘(张)以上的；

(二)走私淫秽录音带、音碟 100 盘(张)以上的；

(三)走私淫秽扑克、书刊、画册 100 副(册)以上的；

(四)走私淫秽照片、画片 500 张以上的；

(五)走私其他淫秽物品相当于上述数量的；

(六)走私淫秽物品数量虽未达到本条第(一)项至第(四)项规定标准，但分别达到其中两项以上标准的 50% 以上的(★ 2014 年 8 月 12 日最高法、最高检《关于办理走私刑事案件适用法律若干问题的解释》第十三条并无本项规定，只规定了前五项情形，因此，本项规定是否仍然有效，值得研究——编者说明)。

【司法解释】2014 年 8 月 12 日最高法、最高检《**关于办理走私刑事案件适用法律若干问题的解释**》，对刑法第一百五十二条的适用解释如下：

第十三条 以牟利或者传播为目的，走私淫秽物品，达到下列数量之一的，可以认定为刑法第一百五十二条第一款规定的“情节较轻”：

(一)走私淫秽录像带、影碟 50 盘(张)以上不满 100 盘(张)的；

(二)走私淫秽录音带、音碟 100 盘(张)以上不满 200 盘(张)的；

(三)走私淫秽扑克、书刊、画册 100 副(册)以上不满 200 副(册)的；

(四)走私淫秽照片、画片 500 张以上不满 1000 张的；

(五)走私其他淫秽物品相当于上述数量的。

走私淫秽物品在前款规定的最高数量以上不满最高数量 5 倍的，依照刑法第一百五十二条第一款的规定处 3 年以上 10 年以下有期徒刑，并处罚金。

走私淫秽物品在第一款规定的最高数量 5 倍以上，或者在第一款规定的最高数量以上不满 5 倍，但属于犯罪集团的首要分子，使用特种车辆从事走私活动等情形的，应当认定为刑法第一百五十二条第一款规定的“情节严重”。

第十四条 走私国家禁止进口的废物或者国家限制进口的可用作原料的废物，具有下列情形之一的，应当认定为刑法第一百五十二条第二款规定的“情节严重”：

第一百五十三条〔118〕　**【走私普通货物、物品罪】**走私本法第一百五十一条、第一百五十二条、第三百四十七条规定以外的货物、物品的，根据情节轻重，分别依照下列规定处罚：

（一）走私货物、物品偷逃应缴税额较大或者一年内曾因走私被给予二次行政处罚后又走私的，处三年以下有期徒刑或者拘役，并处偷逃应缴税额一倍以上五倍以下罚金。

（二）走私货物、物品偷逃应缴税额巨大或者有其他严重情节的，处三年以上十年以下有期徒刑，并处偷逃应缴税额一倍以上五倍以下罚金。

（三）走私货物、物品偷逃应缴税额特别巨大或者有其他特别严重情节的，处十年以上有期徒刑或者无期徒刑，并处偷逃应缴税额一倍以上五倍以下罚金或者没收财产。

单位犯前款罪的，对单位判处罚金，并对其直接负责的主管人员和其他直接责任人员，处三年以下有期徒刑或者拘役；情节严重的，处三年以上十年以下有期徒刑；情节特别严重的，处十年以上有期徒刑。

对多次走私未经处理的，按照累计走私货物、物品的偷逃应缴税额处罚。

第
153
条

（一）走私国家禁止进口的危险性固体废物、液态废物分别或者合计达到1吨以上不满5吨的；

（二）走私国家禁止进口的非危险性固体废物、液态废物分别或者合计达到5吨以上不满25吨的；

（三）走私国家限制进口的可用作原料的固体废物、液态废物分别或者合计达到20吨以上不满100吨的；

（四）未达到上述数量标准，但属于犯罪集团的首要分子，使用特种车辆从事走私活动，或者造成环境严重污染等情形的。

具有下列情形之一的，应当认定为刑法第一百五十二条第二款规定的“情节特别严重”：

（一）走私数量超过前款规定的标准的；

（二）达到前款规定的标准，且属于犯罪集团的首要分子，使用特种车辆从事走私活动，或者造成环境严重污染等情形的；

（三）未达到前款规定的标准，但造成环境严重污染且后果特别严重的。

走私置于容器中的气态废物，构成犯罪的，参照前两款规定的标准处罚。

第十五条　国家限制进口的可用作原料的废物的具体种类，参照国家有关部门的规定确定。

〔118〕**【刑法修订】**2011年《**刑法修正案（八）**》**第二十七条**修订了本条第一款。1997年刑法该款原文如下：

第一百五十三条 走私本法第一百五十一条、第一百五十二条、第三百四十七条规定以外的货物、物品的，根据情节轻重，分别依照下列规定处罚：

（一）走私货物、物品偷逃应缴税额在五十万元以上的，处十年以上有期徒刑或者无期徒刑，并处偷逃应缴税额一倍以上五倍以下罚金或者没收财产；情节特别严重的，依照本法第一百五十一条第四款的规定处罚。

（二）走私货物、物品偷逃应缴税额在十五万元以上不满五十万元的，处三年以上十年以下有期徒刑，并处偷逃应缴税额一倍以上五倍以下罚金；情节特别严重的，处十年以上有期徒刑或者无期徒刑，并处偷逃应缴税额一倍以上五倍以下罚金或者没收财产。

（三）走私货物、物品偷逃应缴税额在五万元以上不满十五万元的，处三年以下有期徒刑或者拘役，并处偷逃应缴税额一倍以上五倍以下罚金。

2011年《**刑法修正案（八）**》删除了各款中的具体应缴税额，以应缴税额大小与其他情节轻重来配置法定刑；删除了第一项中“情节特别严重的，依照本法第一百五十一条第四款的规定处罚”的规定，从而废除了本条的死刑；将原五档法定刑改为三档法定刑，并按法定刑由轻到重的顺序重新排列各项，由此形成了现行刑法规定。

【相关法规】根据2015年修正后的《**烟草专卖法**》**第三十七条**，走私烟草专卖品，构成走私罪的，依照刑法有关规定追究刑事责任；走私烟草专卖品，数额不大，不构成走私罪的，由海关没收走私货物、物品和违法所得，可以并处罚款。

烟草专卖行政主管部门和烟草公司工作人员利用职务上的便利犯前款罪的，依法从重处罚。

【司法解释】根据2011年4月26日最高法《**关于审理走私犯罪案件适用法律有关问题的通知**》（法〔2011〕163号），《刑法修正案（八）》取消了走私普通货物、物品罪定罪量刑的数额标准，《刑法修正案（八）》施行后，新的司法解释出台前，各地人民法院在审理走私普通货物、物品犯罪案件时，可参照适用修正前的刑法及《最高人民法院关于审理走私刑事案件具体应用法律若干问题的解释》（法释〔2000〕30号）规定的数额标准（★ 2014年新的走私案件司法解释已经发布，本段内容应当不再适用——编者说明）。

对于1年内曾因走私被给予2次行政处罚后又走私需要追究刑事责任的，具体的定罪量刑标准可由各地人民法院结合案件具体情况和本地实际确定。各地人民法院要依法审慎稳妥把握好案件的法律适用和政策适用，争取社会效果和法律效果的统一。

2014年8月12日最高法、最高检《**关于办理走私刑事案件适用法律若干问题的解释**》，对刑法第一百五十三条的适用解释如下：

第十六条　走私普通货物、物品，偷逃应缴税额在10万元以上不满50万元的，应当认定为刑法第一百五十三条第一款规定的“偷逃应缴税额较大”；偷逃应缴税额在50万元以上不满250万元的，应当认定为“偷逃应缴税额巨大”；偷逃应缴税额在250万元以上的，应当认定为“偷逃应缴税额特别巨大”。

走私普通货物、物品，具有下列情形之一，偷逃应缴税额在30万元以上不满50万元的，应当认定为刑法第一百五十三条第一款规定的“其他严重情节”；偷逃应缴税额在150万元以上不满250万元的，应当认定为“其他特别严重情节”：

（一）犯罪集团的首要分子；

（二）使用特种车辆从事走私活动的；

（三）为实施走私犯罪，向国家机关工作人员行贿的；

（四）教唆、利用未成年人、孕妇等特殊人群走私的；

（五）聚众阻挠缉私的。

第十七条　刑法第一百五十三条第一款规定的“1年内曾因走私被给予2次行政处罚后又走私”中的“1年内”，以因走私第1次受到行政处罚的生效之日与“又走私”行为实施之日的时间间隔计算确定；“被给予2次行政处罚”的走私行为，包括走私普通货物、物品以及其他货物、物品；“又走私”行为仅指走私普通货物、物品。

第十八条　刑法第一百五十三条规定的“应缴税额”，包括进出口货物、物品应当缴纳的进出口关税和进口环节海关代征税的税额。应缴税额以走私行为实施时的税则、税率、汇率和完税价格计算；多次走私的，以每次走私行为实施时的税则、税率、汇率和完税价格逐票计算；走私行为实施时间不能确定的，以案发时的税则、税率、汇率和完税价格计算。

刑法第一百五十三条第三款规定的“多次走私未经处理”，包括未经行政处理和刑事处理。

……

第二十四条第二款　单位犯走私普通货物、物品罪，偷逃应缴税额在20万元以上不满100万元的，应当依照刑法第一百五十三条第二款的规定，对单位判处罚金，并对其直接负责的主管人员和其他直接责任人员，处3年以下有期徒刑或者拘役；偷逃应缴税额在100万元以上不满500万元的，应当认定为“情节严重”；偷逃应缴税额在500万元以上的，应当认定为“情节特别严重”。

2002年7月8日最高法、最高检、海关总署**《关于办理走私刑事案件适用法律若干问题的意见》**，就适用刑法第一百五十三条解释如下：

九、关于利用购买的加工贸易登记手册、特定减免税批文等涉税单证进口货物行为的定性处理问题加工贸易登记手册、特定减免税批文等涉税单证是海关根据国家法律法规以及有关政策性规定，给予特定企业用于保税货物经营管理和减免税优惠待遇的凭证。利用购买的加工贸易登记手册、特定减免税批文等涉税单证进口货物，实质是将一般贸易货物伪报为加工贸易保税货物或者特定减免税货物进口，以达到偷逃应缴税款的目的，应当适用刑法第一百五十三条以走私普通货物、物品罪定罪处罚。如果行为人与走私分子通谋出售上述涉税单证，或者在出卖批文后又以提供印章、向海关伪报保税货物、特定减免税货物等方式帮助买方办理进口通关手续的，对卖方依照刑法第一百五十六条以走私罪共犯定罪处罚。买卖上述涉税单证情节严重尚未进口货物的，依照刑法第二百八十条的规定定罪处罚。

十、关于在加工贸易活动中骗取海关核销行为的认定问题

在加工贸易经营活动中，以假出口、假结转或者利用虚假单证等方式骗取海关核销，致使保税货物、物品脱离海关监管，造成国家税款流失，情节严重的，依照刑法第一百五十三条的规定，以走私普通货物、物品罪追究刑事责任。但有证据证明因不可抗力原因导致保税货物脱离海关监管，经营人无法办理正常手续而骗取海关核销的，不认定为走私犯罪。

……

二十、关于单位与个人共同走私普通货物、物品案件的处理问题

单位和个人（不包括单位直接负责的主管人员和其他直接责任人员）共同走私的，单位和个人均应对共同走私所偷逃应缴税额负责。

对单位和个人共同走私偷逃应缴税额为5万元以上不满25万元的，应当根据其在案件中所起的作用，区分不同情况做出处理。单位起主要作用的，对单位和个人均不追究刑事责任，由海关予以行政处理；个人起主要作用的，对个人依照刑法有关规定追究刑事责任，对单位由海关予以行政处理。无法认定单位或个人起主要作用的，对个人和单位分别按个人犯罪和单位犯罪的标准处理（★对本段中的偷逃应缴税额标准，应执行2014年8月12日最高法、最高检《关于办理走私刑事案件适用法律若干问题的解释》第十六条、第二十四条的规定——编者说明）。

单位和个人共同走私偷逃应缴税额超过25万元且能区分主、从犯的，应当按照刑法关于主、从犯的有关规定，对从犯从轻、减轻处罚或者免除处罚。

2021年6月11日最高检第四检察厅**《关于办理涉走私平行进口车刑事案件有关问题的指导意见》**（高检四厅〔2021〕13号），近来，部分地方反映，在办理低报价格走私平行进口车（★全称“平行贸易进口车”，是指未经品牌厂商授权，贸易商从海外市场购买，并引入中国市场进行销售的汽车——编者说明）刑事案件过程中，对于主观故意的认定和法律适用等问题存在分歧。为准确把握罪与非罪的界限，规范执法行为，统一执法标准，根据有关法律法规，

经共同研究,提出以下指导意见:

一、关于进口平行车低报价格走私行为的认定

1. 行为人在进口平行进口车过程中,应当依法如实向海关申报进口货物的成交价格,并按照海关的规定提供有关确定完税价格等所需的材料。行为人违反海关法律法规,逃避海关监管,故意以低于成交价格的价格向海关申报,偷逃应缴税款,数额达到入罪标准的,以走私普通货物罪追究刑事责任。

二、关于完税价格的认定

2. 办案机关应当查明进口车商向境外卖方实付、应付的各种费用,准确认定进口车辆的完税价格。

3. 完税价格应包括进口货物的成交价格、货物运抵中华人民共和国境内输入地点起卸前的运输及其相关费用、保险费。进口货物的完税价格,由海关以该货物的成交价格为基础,根据《中华人民共和国海关审定进出口货物完税价格办法》审查确定。

行为人在进口平行进口车过程中,为完成交易,向境外卖方支付的加价款(俗称贸款、帽款、冒款),应计入完税价格。

4. 行为人在交易过程中支付了自有资金、获得了货物的所有权,并承担了货物的风险和收益,其在交易中的地位应认定为卖方,不属于法律意义上的中间人或代理人。进口车商向其支付的费用不属于购货佣金,应计入完税价格。

5. 对于进口车商支付给中间人、代理人的佣金,是否计入完税价格,应以该中间人或代理人在交易中承担的实际地位和作用作为判断标准,而不能简单地以合同标示的名称作为唯一判断标准。具体可以从以下几方面综合考察:

(一)购车款项的实际支出;

(二)货物交付前灭失、毁损的风险承担;

(三)不支付该笔费用是否能够完成交易。

三、关于低报价格主观故意的认定

6. 行为人在进口平行进口车过程中,有下列行为之一的,可以认定为故意低报价格:

(一)伪造货物交易合同,或采取分签合同、篡改合同价格、支付方式条款等方式低报价格的;

(二)通过第三方支付货款,或利用“地下钱庄”等非法方式支付货款,或利用预付款、后期余款付款等方式,隐瞒加价款的;

(三)综合记账单、差额款支付记录、通讯聊天记录等客观性证据,可以认定行为人隐瞒实际成交价格的;

(四)综合犯罪嫌疑人供述、证人证言等证据材料,可以认定行为人故意低报价格的。

7. 行为人在进口平行进口车过程中低报价格，有下列情形之一的，可以认定具有走私的主观故意，但有其他相反证据的除外：

（一）曾因低报价格等违规进口平行进口车行为受过行政、刑事处罚的；

（二）曾从事平行进口车业务，因当地其他相同经营模式的平行进口车商低报价格走私被查处而转移到其他地方继续从事平行进口车业务的；

（三）曾具有海关相关行业从业经历，或具有国际贸易、海关、报关等专门知识的；

（四）其他可以认定具有走私犯罪故意的情形。

8. 对于平行进口车商向海关申报货物成交价格时，既有高于实际成交价格申报情况，又有低于实际成交价格申报情况的，认定其是否具有走私犯罪的主观故意，应结合在案其他证据综合认定。

行为人在进口平行进口车过程中，在报关单中虽未如实填写成交价格，而是以“车窗纸价＋运费、保险”向海关申报但在随附单据中列明了货物进口的各项实际费用的，不宜直接认定为低报价格走私行为而追究刑事责任。

四、关于宽严相济刑事政策的把握

9. 处理涉平行进口车走私案件，要充分体现宽严相济刑事政策，贯彻落实《最高人民检察院关于充分发挥检察职能服务保障“六稳”“六保”的意见》，适用认罪认罚从宽制度，以实现三个效果的有机统一。

【会议纪要】2019年10月24日最高法、最高检、海关总署《**打击非设关地成品油走私专题研讨会会议纪要**》（署缉发〔2019〕210号），就办理非设关地成品油走私刑事案件纪要如下：

一、关于定罪处罚

走私成品油，构成犯罪的，依照刑法第一百五十三条的规定，以走私普通货物罪定罪处罚。

对不构成走私共犯的收购人，直接向走私人购买走私的成品油，数额较大的，依照刑法第一百五十五条第（一）项的规定，以走私罪论处；向非直接走私人购买走私的成品油的，根据其主观故意，分别依照刑法第一百九十一条规定的洗钱罪或者第三百一十二条规定的掩饰、隐瞒犯罪所得、犯罪所得收益罪定罪处罚。

在办理非设关地走私成品油刑事案件中，发现行为人在销售的成品油中掺杂、掺假，以假充真，以次充好或者以不合格油品冒充合格油品，构成犯罪的，依照刑法第一百四十条的规定，对该行为以生产、销售伪劣产品罪定罪处罚。

行为人与他人事先通谋或者明知他人从事走私成品油犯罪活动，而在我国专属经济区或者公海向其贩卖、过驳成品油的，应当按照走私犯罪的共犯追究刑事责任。

明知他人从事走私成品油犯罪活动而为其提供资金、贷款、账号、发票、证明、许可文件，或者提供运输、仓储等其他便利条件的，应当按照走私犯罪的共犯追究刑事责任。

对成品油走私共同犯罪或者犯罪集团中的主要出资者、组织者，应当认定为主犯；对受雇用的联络员、船长等管理人员，可以认定为从犯，如其在走私犯罪中起重要作用的，应当认定为主犯；对其他参与人员，如船员、司机、“黑引水”、盯梢望风人员等，不以其职业、身份判断是否追究刑事责任，应当按照其在走私活动中的实际地位、作用、涉案金额、参与次数等确定是否追究刑事责任。

对在非设关地走私成品油的犯罪嫌疑人、被告人，人民检察院、人民法院应当依法严格把握不起诉、缓刑适用条件。

二、关于主观故意的认定

行为人没有合法证明，逃避监管，在非设关地运输、贩卖、收购、接卸成品油，有下列情形之一的，综合其他在案证据，可以认定具有走私犯罪故意，但有证据证明确属被蒙骗或者有其他相反证据的除外：

（一）使用“三无”船舶、虚假船名船舶、非法改装的船舶，或者使用虚假号牌车辆、非法改装、伪装的车辆的；

（二）虚假记录船舶航海日志、轮机日志，进出港未申报或者进行虚假申报的；

（三）故意关闭或者删除船载 AIS 系统、GPS 及其他导航系统存储数据，销毁手机存储数据，或者销毁成品油交易、运输单证的；

（四）在明显不合理的隐蔽时间、偏僻地点过驳成品油的；

（五）使用无实名登记或者无法定位的手机卡、卫星电话卡等通讯工具的；

（六）使用暗号、信物进行联络、接头的；

（七）交易价格明显低于同类商品国内合规市场同期价格水平且无法作出合理解释的；

（八）使用控制的他人名下银行账户收付成品油交易款项的；

（九）逃避、抗拒执法机关检查，或者事前制定逃避执法机关检查预案的；

（十）其他可以认定具有走私犯罪故意情形的。

三、关于犯罪数额的认定

非设关地成品油走私活动属于非法的贸易活动，计核非设关地成品油走私刑事案件的偷逃应缴税额，一律按照成品油的普通税率核定，不适用最惠国税率或者暂定税率。

查获部分走私成品油的，可以按照被查获的走私成品油标准核定应缴税额；全案没有查获成品油的，可以结合其他在案证据综合认定走私成品油的种类和数量，核定应缴税额。

办理非设关地成品油走私犯罪案件，除主要犯罪嫌疑人以外，对集团犯

第一百五十四条〔119〕 **【走私普通货物、物品罪】**下列走私行为，根据本节规定构成犯罪的，依照本法第一百五十三条的规定定罪处罚：

（一）未经海关许可并且未补缴应缴税额，擅自将批准进口的来料加工、来件装配、补偿贸易的原材料、零件、制成品、设备等保税货物，在境内销售牟利的；

（二）未经海关许可并且未补缴应缴税额，擅自将特定减税、免税进口的货物、物品，在境内销售牟利的。

第154条

罪、共同犯罪中的其他犯罪嫌疑人，无法准确核定其参与走私的具体偷逃应缴税额的，可以结合在案相关证据，根据其参与走私的涉案金额、次数或者在走私活动中的地位、作用等情节决定是否追究刑事责任。

……

七、其他问题

本纪要中的成品油是指汽油、煤油、柴油以及其他具有相同用途的乙醇汽油和生物柴油等替代燃料（包括添加染色剂的“红油”“白油”“蓝油”等）。

办理非设关地走私白糖、冻品等刑事案件的相关问题，可以参照本纪要的精神依法处理。

〔119〕**【相关法规】**根据2021年修正后的**《海关法》第一百条**，保税货物，是指经海关批准未办理纳税手续进境，在境内储存、加工、装配后复运出境的货物。

【司法解释】根据2014年8月12日最高法、最高检**《关于办理走私刑事案件适用法律若干问题的解释》第十九条**，刑法第一百五十四条规定的“保税货物”，是指经海关批准，未办理纳税手续进境，在境内储存、加工、装配后应予复运出境的货物，包括通过加工贸易、补偿贸易等方式进口的货物，以及在保税仓库、保税工厂、保税区或者免税商店内等储存、加工、寄售的货物。

根据2000年10月16日最高检**《关于擅自销售进料加工保税货物的行为法律适用问题的解释》**（高检发释字〔2000〕3号，自2000年10月16日起施行），保税货物是指经海关批准未办理纳税手续进境，在境内储存、加工、装配后复运出境的货物。经海关批准进口的进料加工的货物属于保税货物。未经海关许可并且未补缴应缴税额，擅自将批准进口的进料加工的原材料、零件、制成品、设备等保税货物，在境内销售牟利，偷逃应缴税额在5万元以上的（★对偷逃应缴税额标准，应执行2014年8月12日最高法、最高检《关于办理走私刑事案件适用法律若干问题的解释》第十六条的规定——编者说明），依照刑法第一百五十四条、第一百五十三条的规定，以走私普通货物、物品罪追究刑事责任。

第一百五十五条〔120〕 **【以走私罪论处的情形】**下列行为，以走私罪论处，依照本节的有关规定处罚：

（一）直接向走私人非法收购国家禁止进口物品的，或者直接向走私人非法收购走私进口的其他货物、物品，数额较大的；

（二）在内海、领海、界河、界湖运输、收购、贩卖国家禁止进出口物品的，或者运输、收购、贩卖国家限制进出口货物、物品，数额较大，没有合法证明的。

根据2002年7月8日最高法、最高检、海关总署**《关于办理走私刑事案件适用法律若干问题的意见》第十三条**，刑法第一百五十四条第（一）、（二）项规定的"销售牟利"，是指行为人主观上为了牟取非法利益而擅自销售海关监管的保税货物、特定减免税货物。该种行为是否构成犯罪，应当根据偷逃的应缴税额是否达到刑法第一百五十三条及相关司法解释规定的数额标准予以认定。实际获利与否或者获利多少并不影响其定罪。

〔120〕 **【刑法修订】**2002年**《刑法修正案（四）》第三条**修订了本条。1997年刑法原文如下：

第一百五十五条 下列行为，以走私罪论处，依照本节的有关规定处罚：

（一）直接向走私人非法收购国家禁止进口物品的，或者直接向走私人非法收购走私进口的其他货物、物品，数额较大的；

（二）在内海、领海运输、收购、贩卖国家禁止进出口物品的，或者运输、收购、贩卖国家限制进出口货物、物品，数额较大，没有合法证明的；

（三）逃避海关监管将境外固体废物运输进境的。

2002年**《刑法修正案（四）》**在第（二）项增加了"界河、界湖"，删除了原第（三）项规定。

【司法解释】根据2014年8月12日最高法、最高检**《关于办理走私刑事案件适用法律若干问题的解释》第二十条**，直接向走私人非法收购走私进口的货物、物品，在内海、领海、界河、界湖运输、收购、贩卖国家禁止进出口的物品，或者没有合法证明，在内海、领海、界河、界湖运输、收购、贩卖国家限制进出口的货物、物品，构成犯罪的，应当按照走私货物、物品的种类，分别依照刑法第一百五十一条、第一百五十二条、第一百五十三条、第三百四十七条、第三百五十条的规定定罪处罚。

刑法第一百五十五条第二项规定的"内海"，包括内河的入海口水域。

根据2002年7月8日最高法、最高检、海关总署**《关于办理走私刑事案件适用法律若干问题的意见》第十四条**，对刑法第一百五十五条第（二）项规定的实施海上走私犯罪行为的运输人、收购人或者贩卖人应当追究刑事责任。对运输人，一般追究运输工具的负责人或者主要责任人的刑事责任，但对于事先通谋的、集资走私的、或者使用特殊的走私运输工具从事走私犯罪活动的，可以追究其他参与人员的刑事责任。

第一百五十六条[121] **【走私罪的共犯】**与走私罪犯通谋，为其提供贷款、资金、帐号、发票、证明，或者为其提供运输、保管、邮寄或者其他方便的，以走私罪的共犯论处。

第一百五十七条[122] **【武装掩护走私、抗拒缉私的处罚】**武装掩护走私的，依照本法第一百五十一条第一款的规定从重处罚。

以暴力、威胁方法抗拒缉私的，以走私罪和本法第二百七十七条规定的阻碍国家机关工作人员依法执行职务罪，依照数罪并罚的规定处罚。

第三节 妨害对公司、企业的管理秩序罪[123]

---

〔121〕**【司法解释】**根据2002年7月8日最高法、最高检、海关总署《**关于办理走私刑事案件适用法律若干问题的意见**》**第十五条**，刑法第一百五十六条规定的“与走私罪犯通谋”中的通谋，是指犯罪行为人之间事先或者事中形成的共同的走私故意。下列情形可以认定为通谋：

（一）对明知他人从事走私活动而同意为其提供贷款、资金、帐号、发票、证明、海关单证，提供运输、保管、邮寄或者其他方便的；

（二）多次为同一走私犯罪分子的走私行为提供前项帮助的。

〔122〕**【刑法修订】**2011年《**刑法修正案（八）**》**第二十八条**修订了本条第一款，删除了该款中第一百五十一条“第四款”的文字。

〔123〕**【相关法规】**根据2016年11月4日中共中央、国务院《**关于完善产权保护制度依法保护产权的意见**》，妥善处理历史形成的产权案件……严格遵循法不溯及既往、罪刑法定、在新旧法之间从旧兼从轻等原则，以发展眼光客观看待和依法妥善处理改革开放以来各类企业特别是民营企业经营过程中存在的不规范问题。

……

审慎把握处理产权和经济纠纷的司法政策。充分考虑非公有制经济特点，严格区分经济纠纷与经济犯罪的界限、企业正当融资与非法集资的界限、民营企业参与国有企业兼并重组中涉及的经济纠纷与恶意侵占国有资产的界限，准确把握经济违法行为入刑标准，准确认定经济纠纷和经济犯罪的性质，防范刑事执法介入经济纠纷，防止选择性司法。对于法律界限不明、罪与非罪不清的，司法机关应严格遵循罪刑法定、疑罪从无、严禁有罪推定的原则，防止把经济纠纷当作犯罪处理。严禁党政干部干预司法活动、介入司法纠纷、插手具体案件处理。对民营企业在生产、经营、融资活动中的经济行为，除法律、行政法规明确禁止外，不以违法犯罪对待。对涉及犯罪的民营企业投资人，在当事人服刑期间依法保障其行使财产权利等民事权利。

【司法解释】2005 年 8 月 1 日最高法**《关于如何认定国有控股、参股股份有限公司中的国有公司、企业人员的解释》**(法释〔2005〕10 号，自 2005 年 8 月 11 日起施行)，为准确认定刑法分则第三章第三节中的国有公司、企业人员，现对国有控股、参股的股份有限公司中的国有公司、企业人员解释如下：

国有公司、企业委派到国有控股、参股公司从事公务的人员，以国有公司、企业人员论。

根据 2017 年 12 月 4 日最高检**《关于充分发挥职能作用营造保护企业家合法权益的法治环境支持企业家创新创业的通知》**(高检发〔2017〕12 号)，以“谦抑、审慎、文明”理念作为办案指导思想，坚持罪刑法定，严格把握罪与非罪的界限。营造鼓励创新、宽容失败的社会氛围，对企业家合法经营中出现的失误失败给予更多理解、宽容、帮助。对企业生产、经营、融资等经济行为，除法律、行政法规明确禁止外，不得以违法犯罪处理。对国有企业以增强国有经济活力和竞争力等为目标，在企业发展中大胆探索、锐意改革所出现的失误，只要不属于有令不行、有禁不止、不当谋利、失职渎职等情形，要予以容错。

根据 2021 年 1 月 8 日最高法**《关于人民法院为海南自由贸易港建设提供司法服务和保障的意见》**(法发〔2021〕1 号)，坚持罪刑法定原则，对市场主体在生产、经营、融资活动中的创新创业行为，只要不违反刑事法律的规定，不得以犯罪论处。

根据 2022 年 1 月 13 日最高法**《关于充分发挥司法职能作用助力中小微企业发展的指导意见》**(法发〔2022〕2 号)，严格落实罪刑法定、疑罪从无等法律原则，严格区分中小微企业正当融资与非法集资、合同纠纷与合同诈骗、参与兼并重组与恶意侵占国有资产等的界限，坚决防止把经济纠纷认定为刑事犯罪、把民事责任认定为刑事责任。

根据 2023 年 9 月 25 日最高法**《关于优化法治环境 促进民营经济发展壮大的指导意见》**(法发〔2023〕15 号)，严格区分经济纠纷与违法犯罪。严格落实罪刑法定、疑罪从无等刑法原则，全面贯彻宽严相济刑事政策，该严则严，当宽则宽。依法认定民营企业正当融资与非法集资、合同纠纷与合同诈骗、参与兼并重组与恶意侵占国有资产等罪与非罪的界限，严格区分经济纠纷、行政违法与刑事犯罪，坚决防止和纠正利用行政或者刑事手段干预经济纠纷，坚决防止和纠正地方保护主义，坚决防止和纠正把经济纠纷认定为刑事犯罪、把民事责任认定为刑事责任。

第一百五十八条[124]　**【虚报注册资本罪】**申请公司登记使用虚假证明文件或者采取其他欺诈手段虚报注册资本，欺骗公司登记主管部门，取得公司登记，虚报注册资本数额巨大、后果严重或者有其他严重情节的，处三年以下有期徒刑或者拘役，并处或者单处虚报注册资本金额百分之一以上百分之五以下罚金。

单位犯前款罪的，对单位判处罚金，并对其直接负责的主管人员和其他直接责任人员，处三年以下有期徒刑或者拘役。

---

〔124〕**【立法解释】**根据2014年4月24日全国人大常委会**《关于〈中华人民共和国刑法〉第一百五十八条、第一百五十九条的解释》**，刑法第一百五十八条、第一百五十九条的规定，只适用于依法实行注册资本实缴登记制的公司。

【立案标准】根据2022年4月6日最高检、公安部**《关于公安机关管辖的刑事案件立案追诉标准的规定（二）》第三条**，申请公司登记使用虚假证明文件或者采取其他欺诈手段虚报注册资本，欺骗公司登记主管部门，取得公司登记，涉嫌下列情形之一的，应予立案追诉：

（一）法定注册资本最低限额在600万元以下，虚报数额占其应缴出资数额60%以上的；

（二）法定注册资本最低限额超过600万元，虚报数额占其应缴出资数额30%以上的；

（三）造成投资者或者其他债权人直接经济损失累计数额在50万元以上的；

（四）虽未达到上述数额标准（*★是指接近上述数额标准且已达到该数额的80%以上——编者说明*），但具有下列情形之一的：

1.2年内因虚报注册资本受过2次以上行政处罚，又虚报注册资本的；

2. 向公司登记主管人员行贿的；

3. 为进行违法活动而注册的。

（五）其他后果严重或者有其他严重情节的情形。

本条只适用于依法实行注册资本实缴登记制的公司。

【司法解释】2014年5月15日最高检、公安部**《关于严格依法办理虚报注册资本和虚假出资抽逃出资刑事案件的通知》**（公经〔2014〕247号）指出，根据新修改的公司法和全国人大常委会立法解释，自2014年3月1日起，除依法实行注册资本实缴登记制的公司［参见《国务院关于印发注册资本登记制度改革方案的通知》（国发〔2014〕7号）］以外，对申请公司登记的单位和个人不得以虚报注册资本罪追究刑事责任；对公司股东、发起人不得以虚假出资、抽逃出资罪追究刑事责任。对依法实行注册资本实缴登记制的公司涉嫌虚报

第一百五十九条〔125〕 **【虚假出资、抽逃出资罪】**公司发起人、股东违反公司法的规定未交付货币、实物或者未转移财产权，虚假出资，或者在公司成立后又抽逃其出资，数额巨大、后果严重或者有其他严重情节的，处五年以下有期徒刑或者拘役，并处或者单处虚假出资金额或者抽逃出资金额百分之二以上百分之十以下罚金。

单位犯前款罪的，对单位判处罚金，并对其直接负责的主管人员和其他直接责任人员，处五年以下有期徒刑或者拘役。

注册资本和虚假出资、抽逃出资犯罪的，各级公安机关、检察机关依照刑法和《立案追诉标准（二）》的相关规定追究刑事责任时，应当认真研究行为性质和危害后果，确保执法办案的法律效果和社会效果。

依法妥善处理跨时限案件。各级公安机关、检察机关对发生在2014年3月1日以前尚未处理或者正在处理的虚报注册资本和虚假出资、抽逃出资刑事案件，应当按照刑法第十二条规定的精神处理：除依法实行注册资本实缴登记制的公司以外，依照新修改的公司法不再符合犯罪构成要件的案件，公安机关已经立案侦查的，应当撤销案件；检察机关已经批准逮捕的，应当撤销批准逮捕决定，并监督公安机关撤销案件；检察机关审查起诉的，应当作出不起诉决定；检察机关已经起诉的，应当撤回起诉并作出不起诉决定；检察机关已经抗诉的，应当撤回抗诉。

〔125〕**【立法解释】**根据2014年4月24日全国人大常委会《**关于〈中华人民共和国刑法〉第一百五十八条、第一百五十九条的解释**》，刑法第一百五十八条、第一百五十九条的规定，只适用于依法实行注册资本实缴登记制的公司。

【立案标准】根据2022年4月6日最高检、公安部《**关于公安机关管辖的刑事案件立案追诉标准的规定（二）**》**第四条**，公司发起人、股东违反公司法的规定未交付货币、实物或者未转移财产权，虚假出资，或者在公司成立后又抽逃其出资，涉嫌下列情形之一的，应予立案追诉：

（一）法定注册资本最低限额在600万元以下，虚假出资、抽逃出资数额占其应缴出资数额60%以上的；

（二）法定注册资本最低限额超过600万元，虚假出资、抽逃出资数额占其应缴出资数额30%以上的；

（三）造成公司、股东、债权人的直接经济损失累计数额在50万元以上的；

（四）虽未达到上述数额标准（★是指接近上述数额标准且已达到该数额的80%以上——编者说明），但具有下列情形之一的：

1. 致使公司资不抵债或者无法正常经营的；

2. 公司发起人、股东合谋虚假出资、抽逃出资的；

第
159
条

第一百六十条〔126〕 **【欺诈发行证券罪】**在招股说明书、认股书、公司、企业债券募集办法等发行文件中隐瞒重要事实或者编造重大虚假内容，发行股票或者公司、企业债券、存托凭证或者国务院依法认定的其他证券，数额巨大、后果严重或者有其他严重情节的，处五年以下有期徒刑或者拘役，并处或者单处罚金；数额特别巨大、后果特别严重或者有其他特别严重情节的，处五年以上有期徒刑，并处罚金。

控股股东、实际控制人组织、指使实施前款行为的，处五年以下有期徒刑或者拘役，并处或者单处非法募集资金金额百分之二十以上一倍以下罚金；数额特别巨大、后果特别严重或者有其他特别严重情节的，处五年以上有期徒刑，并处非法募集资金金额百分之二十以上一倍以下罚金。

单位犯前两款罪的，对单位判处非法募集资金金额百分之二十以上一倍以下罚金，并对其直接负责的主管人员和其他直接责任人员，依照第一款的规定处罚。

3.2年内因虚假出资、抽逃出资受过2次以上行政处罚，又虚假出资、抽逃出资的；

4.利用虚假出资、抽逃出资所得资金进行违法活动的。

（五）其他后果严重或者有其他严重情节的情形。

本条只适用于依法实行注册资本实缴登记制的公司。

〔126〕 **【刑法修订】**2020年**《刑法修正案（十一）》第八条**修订了本条。1997年刑法原文如下：

第一百六十条 在招股说明书、认股书、公司、企业债券募集办法中隐瞒重要事实或者编造重大虚假内容，发行股票或者公司、企业债券，数额巨大、后果严重或者有其他严重情节的，处五年以下有期徒刑或者拘役，并处或者单处非法募集资金金额百分之一以上百分之五以下罚金。

单位犯前款罪的，对单位判处罚金，并对其直接负责的主管人员和其他直接责任人员，处五年以下有期徒刑或者拘役。

2020年**《刑法修正案（十一）》**在第一款“募集办法”之后增加“等发行文件”的文字，将“发行股票或者公司、企业债券……处五年以下有期徒刑或者拘役，并处或者单处非法募集资金金额百分之一以上百分之五以下罚金”修改为“发行股票或者公司、企业债券、存托凭证或者国务院依法认定的其他证券……处五年以下有期徒刑或者拘役，并处或者单处罚金；数额特别巨大、后果特别严重或者有其他特别严重情节的，处五年以上有期徒刑，并处罚金”；在第二款增设了控股股东、实际控制人组织、指使实施欺诈发行证券的处罚；将原第二款改为第三款，将“单位犯前款罪的，对单位判处罚金，并对其直接

第一百六十一条〔127〕 **【违规披露、不披露重要信息罪】**依法负有信息披露义务的公司、企业向股东和社会公众提供虚假的或者隐瞒重要事实的财务会计报告，或者对依法应当披露的其他重要信息不按照规定披露，严重损害股东或者其他人利益，或者有其他严重情节的，对其直接负责的主管人员和其他直接责任人员，处五年以下有期徒刑或者拘役，并处或者单处罚金；情节特别严重的，处五年以上十年以下有期徒刑，并处罚金。

前款规定的公司、企业的控股股东、实际控制人实施或者组织、指使实施前款行为的，或者隐瞒相关事项导致前款规定的情形发生的，依照前款的规定处罚。

犯前款罪的控股股东、实际控制人是单位的，对单位判处罚金，并对其直接负责的主管人员和其他直接责任人员，依照第一款的规定处罚。

第161条

负责的主管人员和其他直接责任人员，处五年以下有期徒刑或者拘役”修改为“单位犯前两款罪的，对单位判处非法募集资金金额百分之二十以上一倍以下罚金，并对其直接负责的主管人员和其他直接责任人员，依照第一款的规定处罚”。

【立案标准】根据2022年4月6日最高检、公安部《**关于公安机关管辖的刑事案件立案追诉标准的规定（二）**》**第五条**，在招股说明书、认股书、公司、企业债券募集办法等发行文件中隐瞒重要事实或者编造重大虚假内容，发行股票或者公司、企业债券、存托凭证或者国务院依法认定的其他证券，涉嫌下列情形之一的，应予立案追诉：

（一）非法募集资金金额在1000万元以上的；

（二）虚增或者虚减资产达到当期资产总额30%以上的；

（三）虚增或者虚减营业收入达到当期营业收入总额30%以上的；

（四）虚增或者虚减利润达到当期利润总额30%以上的；

（五）隐瞒或者编造的重大诉讼、仲裁、担保、关联交易或者其他重大事项所涉及的数额或者连续12个月的累计数额达到最近一期披露的净资产50%以上的；

（六）造成投资者直接经济损失数额累计在100万元以上的；

（七）为欺诈发行证券而伪造、变造国家机关公文、有效证明文件或者相关凭证、单据的；

（八）为欺诈发行证券向负有金融监督管理职责的单位或者人员行贿的；

（九）募集的资金全部或者主要用于违法犯罪活动的；

（十）其他后果严重或者有其他严重情节的情形。

〔127〕 **【刑法修订】**本条被修订二次。1997年刑法原文如下：

第一百六十一条 公司向股东和社会公众提供虚假的或者隐瞒重要事实的财务会计报告，严重损害股东或者其他人利益的，对其直接负责的主管人员和其他直接责任人员，处三年以下有期徒刑或者拘役，并处或者单处二万元以上二十万元以下罚金。

2006年《**刑法修正案（六）**》**第五条**将本罪主体“公司”修改为“依法负有信息披露义务的公司、企业”，增设了“或者对依法应当披露的其他重要信息不按照规定披露”的行为方式，增加了“或者有其他严重情节”的规定。经此修订后的条文如下：

第一百六十一条 依法负有信息披露义务的公司、企业向股东和社会公众提供虚假的或者隐瞒重要事实的财务会计报告，或者对依法应当披露的其他重要信息不按照规定披露，严重损害股东或者其他人利益，或者有其他严重情节的，对其直接负责的主管人员和其他直接责任人员，处三年以下有期徒刑或者拘役，并处或者单处二万元以上二十万元以下罚金。

2020年《**刑法修正案（十一）**》**第九条**修改了本条法定刑，将“处三年以下有期徒刑或者拘役，并处或者单处二万元以上二十万元以下罚金”修改为“处五年以下有期徒刑或者拘役，并处或者单处罚金；情节特别严重的，处五年以上十年以下有期徒刑，并处罚金”；增设了第二款、第三款。

【立案标准】根据2022年4月6日最高检、公安部《**关于公安机关管辖的刑事案件立案追诉标准的规定（二）**》**第六条**，依法负有信息披露义务的公司、企业向股东和社会公众提供虚假的或者隐瞒重要事实的财务会计报告，或者对依法应当披露的其他重要信息不按照规定披露，涉嫌下列情形之一的，应予立案追诉：

（一）造成股东、债权人或者其他人直接经济损失数额累计在100万元以上的；

（二）虚增或者虚减资产达到当期披露的资产总额30%以上的；

（三）虚增或者虚减营业收入达到当期披露的营业收入总额30%以上的；

（四）虚增或者虚减利润达到当期披露的利润总额30%以上的；

（五）未按照规定披露的重大诉讼、仲裁、担保、关联交易或者其他重大事项所涉及的数额或者连续12个月的累计数额达到最近一期披露的净资产50%以上的；

（六）致使不符合发行条件的公司、企业骗取发行核准或者注册并且上市交易的；

（七）致使公司、企业发行的股票或者公司、企业债券、存托凭证或者国务院依法认定的其他证券被终止上市交易的；

（八）在公司财务会计报告中将亏损披露为盈利，或者将盈利披露为亏损的；

（九）多次提供虚假的或者隐瞒重要事实的财务会计报告，或者多次对依法应当披露的其他重要信息不按照规定披露的；

（十）其他严重损害股东、债权人或者其他人利益，或者有其他严重情节的情形。

【司法解释】根据 2002 年 5 月 9 日公安部经济犯罪侦查局**《关于如何认定湖北 ×× 股份有限公司涉嫌提供虚假财会报告罪的批复》**（公经〔2002〕549 号），关于直接经济损失的认定。如湖北 ×× 股份有限公司（现湖北 ×× 生态农业股份有限公司）涉嫌提供虚假财会报告是中国证监会和公安机关对该公司进行调查的主要原因，则“涉嫌提供虚假财会报告”应认定为该公司股票下跌的直接原因，由此引起的该公司股票两次连续 3 天的下跌应计算为股东的经济损失。经济损失数额应包括该公司股票市值两次连续 3 天缩水的总额，即所有股东的整体损失。

根据 2002 年 6 月 13 日公安部经济犯罪侦查局**《关于认定烟台 ×× 电子信息产业股份有限公司涉嫌提供虚假财会报告罪犯罪结果的批复》**（公经〔2002〕697 号），烟台 ×× 电子信息产业股份有限公司因提供虚假财会报告被中国证监会调查后，该公司在 2001 年 9 月 8 日发布的风险提示报告、2002 年 4 月 17 日及 19 日发布的较大会计差错报告，是导致该股在 2001 年 9 月 8 日、10 日及 2002 年 4 月 17 日至 22 日连续数日股票大幅下跌的直接原因，在此期间该股市值缩小数额应计算为提供虚假财会报告给股东造成的经济损失，应认定为犯罪结果（★关于如何计算股东的经济损失，上述公安部经济犯罪侦查局的两则文件作出了批复。这有助于刑法第 161 条“严重损害股东利益”的认定——编者说明）。

【典型案例】根据 2022 年 9 月 8 日最高法、最高检、公安部、中国证监会**依法从严打击证券犯罪典型案例·马某田等人违规披露、不披露重要信息、操纵证券市场案**，对信息披露义务人违反披露规定构成犯罪的行为，应当区分行为发生在股票发行、持续信息披露等不同时期，分别以欺诈发行证券罪，违规披露、不披露重要信息罪依法追究刑事责任，构成两种犯罪的依法数罪并罚。

根据 2022 年 9 月 8 日最高法、最高检、公安部、中国证监会**依法从严打击证券犯罪典型案例·郭某军等人违规披露、不披露重要信息案**，刑法规定的“依法负有信息披露义务的公司、企业”不限于上市公司，也包括其他披露义务人，其他信息披露义务人提供虚假信息，构成犯罪的，应当依法承担刑事责任。根据中国证监会《上市公司重大资产重组管理办法》《上市公司信息披露管理办法》等相关规定，刑法第一百六十一条规定的“依法负有信息披露义务的公司、企业”，除上市公司外还包括进行收购、重大资产重组、再融资、重大

第一百六十二条〔128〕 **【妨害清算罪】**公司、企业进行清算时，隐匿财产，对资产负债表或者财产清单作虚伪记载或者在未清偿债务前分配公司、企业财产，严重损害债权人或者其他人利益的，对其直接负责的主管人员和其他直接责任人员，处五年以下有期徒刑或者拘役，并处或者单处二万元以上二十万元以下罚金。

第一百六十二条之一〔129〕 **【隐匿、故意销毁会计凭证、会计帐簿、财务会计报告罪】**隐匿或者故意销毁依法应当保存的会计凭证、会计帐簿、财务会计报告，情节严重的，处五年以下有期徒刑或者拘役，并处或者单处二万元以上二十万元以下罚金。

单位犯前款罪的，对单位判处罚金，并对其直接负责的主管人员和其他直接责任人员，依照前款的规定处罚。

交易的有关各方以及破产管理人等。其他信息披露义务人应当向上市公司提供真实、准确、完整的信息，由上市公司向社会公开披露，这些义务人向上市公司提供虚假信息或隐瞒应当披露的重要信息，构成犯罪的，依法以违规披露、不披露重要信息罪追究刑事责任。

〔128〕 **【立案标准】**根据2022年4月6日最高检、公安部**《关于公安机关管辖的刑事案件立案追诉标准的规定（二）》第七条**，公司、企业进行清算时，隐匿财产，对资产负债表或者财产清单作虚伪记载或者在未清偿债务前分配公司、企业财产，涉嫌下列情形之一的，应予立案追诉：

（一）隐匿财产价值在50万元以上的；

（二）对资产负债表或者财产清单作虚伪记载涉及金额在50万元以上的；

（三）在未清偿债务前分配公司、企业财产价值在50万元以上的；

（四）造成债权人或者其他人直接经济损失数额累计在10万元以上的；

（五）虽未达到上述数额标准（★是指接近上述数额标准且已达到该数额的80%以上——编者说明），但应清偿的职工的工资、社会保险费用和法定补偿金得不到及时清偿，造成恶劣社会影响的；

（六）其他严重损害债权人或者其他人利益的情形。

〔129〕 **【刑法修订】**本条为1999年**《刑法修正案》第一条**增设。

【立法解释】2002年1月14日全国人大常委会法制工作委员会**《关于对"隐匿、销毁会计凭证、会计帐簿、财务会计报告构成犯罪的主体范围"问题的答复意见》**（法工委复字〔2002〕3号）指出，根据全国人大常委会1999年12月25日刑法修正案第一条的规定，任何单位和个人在办理会计事务时对依法应当保存的会计凭证、会计帐簿、财务会计报告，进行隐匿、销毁，情节严重的，构成犯罪，应当依法追究其刑事责任。

第一百六十二条之二〔130〕 **【虚假破产罪】**公司、企业通过隐匿财产、承担虚构的债务或者以其他方法转移、处分财产,实施虚假破产,严重损害债权人或者其他人利益的,对其直接负责的主管人员和其他直接责任人员,处五年以下有期徒刑或者拘役,并处或者单处二万元以上二十万元以下罚金。

第一百六十三条〔131〕 **【非国家工作人员受贿罪】**公司、企业或者其他单位的工作人员,利用职务上的便利,索取他人财物或者非法收受他人财物,为他人谋取利益,数额较大的,处三年以下有期徒刑或者拘役,并处罚金;数额巨大或者有其他严重情节的,处三年以上十年以下有期徒刑,并处罚金;数额特别巨大或者有其他特别严重情节的,处十年以上有期徒刑或者无期徒刑,并处罚金。

【立案标准】根据2022年4月6日最高检、公安部《**关于公安机关管辖的刑事案件立案追诉标准的规定(二)**》**第八条**,隐匿或者故意销毁依法应当保存的会计凭证、会计帐簿、财务会计报告,涉嫌下列情形之一的,应予立案追诉:

(一)隐匿、故意销毁的会计凭证、会计帐簿、财务会计报告涉及金额在50万元以上的;

(二)依法应当向监察机关、司法机关、行政机关、有关主管部门等提供而隐匿、故意销毁或者拒不交出会计凭证、会计帐簿、财务会计报告的;

(三)其他情节严重的情形。

〔130〕 **【刑法修订】**本条为2006年《**刑法修正案(六)**》第六条增设。

【立案标准】根据2022年4月6日最高检、公安部《**关于公安机关管辖的刑事案件立案追诉标准的规定(二)**》**第九条**,公司、企业通过隐匿财产、承担虚构的债务或者以其他方法转移、处分财产,实施虚假破产,涉嫌下列情形之一的,应予立案追诉:

(一)隐匿财产价值在50万元以上的;

(二)承担虚构的债务涉及金额在50万元以上的;

(三)以其他方法转移、处分财产价值在50万元以上的;

(四)造成债权人或者其他人直接经济损失数额累计在10万元以上的;

(五)虽未达到上述数额标准(★是指接近上述数额标准且已达到该数额的80%以上——编者说明),但应清偿的职工的工资、社会保险费用和法定补偿金得不到及时清偿,造成恶劣社会影响的;

(六)其他严重损害债权人或者其他人利益的情形。

〔131〕 **【刑法修订】**本条被修订二次。1997年刑法原文如下:

公司、企业或者其他单位的工作人员在经济往来中，利用职务上的便利，违反国家规定，收受各种名义的回扣、手续费，归个人所有的，依照前款的规定处罚。

国有公司、企业或者其他国有单位中从事公务的人员和国有公司、企业或者其他国有单位委派到非国有公司、企业以及其他单位从事公务的人员有前两款行为的，依照本法第三百八十五条、第三百八十六条的规定定罪处罚。

第一百六十三条 公司、企业的工作人员利用职务上的便利，索取他人财物或者非法收受他人财物，为他人谋取利益，数额较大的，处五年以下有期徒刑或者拘役；数额巨大的，处五年以上有期徒刑，可以并处没收财产。

公司、企业的工作人员在经济往来中，违反国家规定，收受各种名义的回扣、手续费，归个人所有的，依照前款的规定处罚。

国有公司、企业中从事公务的人员和国有公司、企业委派到非国有公司、企业从事公务的人员有前两款行为的，依照本法第三百八十五条、第三百八十六条的规定定罪处罚。

2006年**《刑法修正案（六）》第七条**在第一款、第二款犯罪主体部分增加了“或者其他单位的工作人员”的规定，在第三款主体“国有公司、企业中从事公务的人员和国有公司、企业委派到非国有公司、企业从事公务的人员”修改为“国有公司、企业或者其他国有单位中从事公务的人员和国有公司、企业或者其他国有单位委派到非国有公司、企业以及其他单位从事公务的人员”，在第二款增加了“利用职务上的便利”的规定。经此修订后的条文如下：

第一百六十三条 公司、企业或者其他单位的工作人员利用职务上的便利，索取他人财物或者非法收受他人财物，为他人谋取利益，数额较大的，处五年以下有期徒刑或者拘役；数额巨大的，处五年以上有期徒刑，可以并处没收财产。

公司、企业或者其他单位的工作人员在经济往来中，利用职务上的便利，违反国家规定，收受各种名义的回扣、手续费，归个人所有的，依照前款的规定处罚。

国有公司、企业或者其他国有单位中从事公务的人员和国有公司、企业或者其他国有单位委派到非国有公司、企业以及其他单位从事公务的人员有前两款行为的，依照本法第三百八十五条、第三百八十六条的规定定罪处罚。

2020年**《刑法修正案（十一）》第十条**再次修订了本条第一款，将“公司、企业或者其他单位的工作人员利用职务上的便利”修改为“公司、企业或者其他单位的工作人员，利用职务上的便利”，将“数额较大的，处五年以下有期徒刑或者拘役”修改为“处三年以下有期徒刑或者拘役，并处罚金”，将“数额巨大的，处五年以上有期徒刑，可以并处没收财产”修改为“数额巨大或者有其他严重情节的，处三年以上十年以下有期徒刑，并处罚金”，增设了第三档法定刑“数额特别巨大或者有其他特别严重情节的，处十年以上有期徒刑或者无期徒刑，并处罚金”。

【立案标准】根据 2022 年 4 月 6 日最高检、公安部**《关于公安机关管辖的刑事案件立案追诉标准的规定（二）》第十条**，公司、企业或者其他单位的工作人员利用职务上的便利，索取他人财物或者非法收受他人财物，为他人谋取利益，或者在经济往来中，利用职务上的便利，违反国家规定，收受各种名义的回扣、手续费，归个人所有，数额在 3 万元以上的，应予立案追诉。

【司法解释】2008 年 11 月 20 日最高法、最高检**《关于办理商业贿赂刑事案件适用法律若干问题的意见》**（法发〔2008〕33 号），就办理商业贿赂刑事案件适用法律的若干问题，提出如下意见：

一、商业贿赂犯罪涉及刑法规定的以下八种罪名：(1)非国家工作人员受贿罪（刑法第一百六十三条）；(2)对非国家工作人员行贿罪（刑法第一百六十四条）；(3)受贿罪（刑法第三百八十五条）；(4)单位受贿罪（刑法第三百八十七条）；(5)行贿罪（刑法第三百八十九条）；(6)对单位行贿罪（刑法第三百九十一条）；(7)介绍贿赂罪（刑法第三百九十二条）；(8)单位行贿罪（刑法第三百九十三条）［★根据现行刑法，商业贿赂犯罪涉及的罪名还应包括：(9)对外国公职人员、国际公共组织官员行贿罪（第一百六十四条）；(10)利用影响力受贿罪（第三百八十八条之一）；(11)对有影响力的人行贿罪（第三百九十条之一）——编者说明］。

二、刑法第一百六十三条、第一百六十四条规定的“其他单位”，既包括事业单位、社会团体、村民委员会、居民委员会、村民小组等常设性的组织，也包括为组织体育赛事、文艺演出或者其他正当活动而成立的组委会、筹委会、工程承包队等非常设性的组织。

三、刑法第一百六十三条、第一百六十四条规定的“公司、企业或者其他单位的工作人员”，包括国有公司、企业以及其他国有单位中的非国家工作人员。

四、医疗机构中的国家工作人员，在药品、医疗器械、医用卫生材料等医药产品采购活动中，利用职务上的便利，索取销售方财物，或者非法收受销售方财物，为销售方谋取利益，构成犯罪的，依照刑法第三百八十五条的规定，以受贿罪定罪处罚。

医疗机构中的非国家工作人员，有前款行为，数额较大的，依照刑法第一百六十三条的规定，以非国家工作人员受贿罪定罪处罚。

医疗机构中的医务人员，利用开处方的职务便利，以各种名义非法收受药品、医疗器械、医用卫生材料等医药产品销售方财物，为医药产品销售方谋取利益，数额较大的，依照刑法第一百六十三条的规定，以非国家工作人员受贿罪定罪处罚。

五、学校及其他教育机构中的国家工作人员，在教材、教具、校服或者其他物品的采购等活动中，利用职务上的便利，索取销售方财物，或者非法收受销售方财物，为销售方谋取利益，构成犯罪的，依照刑法第三百八十五条的规定，以受贿罪定罪处罚。

学校及其他教育机构中的非国家工作人员，有前款行为，数额较大的，依照刑法第一百六十三条的规定，以非国家工作人员受贿罪定罪处罚。

学校及其他教育机构中的教师，利用教学活动的职务便利，以各种名义非法收受教材、教具、校服或者其他物品销售方财物，为教材、教具、校服或者其他物品销售方谋取利益，数额较大的，依照刑法第一百六十三条的规定，以非国家工作人员受贿罪定罪处罚。

六、依法组建的评标委员会、竞争性谈判采购中谈判小组、询价采购中询价小组的组成人员，在招标、政府采购等事项的评标或者采购活动中，索取他人财物或者非法收受他人财物，为他人谋取利益，数额较大的，依照刑法第一百六十三条的规定，以非国家工作人员受贿罪定罪处罚。

依法组建的评标委员会、竞争性谈判采购中谈判小组、询价采购中询价小组中国家机关或者其他国有单位的代表有前款行为的，依照刑法第三百八十五条的规定，以受贿罪定罪处罚。

七、商业贿赂中的财物，既包括金钱和实物，也包括可以用金钱计算数额的财产性利益，如提供房屋装修、含有金额的会员卡、代币卡（券）、旅游费用等。具体数额以实际支付的资费为准。

八、收受银行卡的，不论受贿人是否实际取出或者消费，卡内的存款数额一般应全额认定为受贿数额。使用银行卡透支的，如果由给予银行卡的一方承担还款责任，透支数额也应当认定为受贿数额。

九、在行贿犯罪中，“谋取不正当利益”，是指……（➻参见刑法第164条脚注相关部分）

十、办理商业贿赂犯罪案件，要注意区分贿赂与馈赠的界限。主要应当结合以下因素全面分析、综合判断：（1）发生财物往来的背景，如双方是否存在亲友关系及历史上交往的情形和程度；（2）往来财物的价值；（3）财物往来的缘由、时机和方式，提供财物方对于接受方有无职务上的请托；（4）接受方是否利用职务上的便利为提供方谋取利益。

十一、非国家工作人员与国家工作人员通谋，共同收受他人财物，构成共同犯罪的，根据双方利用职务便利的具体情形分别定罪追究刑事责任：

（1）利用国家工作人员的职务便利为他人谋取利益的，以受贿罪追究刑事责任。

（2）利用非国家工作人员的职务便利为他人谋取利益的，以非国家工作人员受贿罪追究刑事责任。

（3）分别利用各自的职务便利为他人谋取利益的，按照主犯的犯罪性质追究刑事责任，不能分清主从犯的，可以受贿罪追究刑事责任。

2002年2月25日最高检**《依法严肃处理足球“黑哨”腐败问题的通知》**指出，根据目前我国足球行业管理体制现状和体育法等有关规定，对于足球裁判的受贿行为，可以依照刑法第一百六十三条的规定，以公司、企业人员受贿罪（★罪名已变更为非国家工作人员受贿罪——编者说明）依法批捕、提起公诉；对于国家工作人员涉嫌贿赂犯罪的案件，应当依法立案侦查、提起公诉，追究刑事责任；对于其他相关的犯罪行为，应根据案件的具体情况，确定适用刑法问题。

根据2003年5月14日最高检法律政策研究室**《关于在房屋拆迁过程中利用职务便利索取贿赂如何定性的批复》**，国有资本控股的上海杨房拆迁综合服务有限公司受建设单位委托对政府决策改造的地块进行拆迁，是依据法律规定进行市场运作的企业行为而非受政府委托的管理职能行为。犯罪嫌疑人沈×作为国有资本控股公司的一般工作人员，既不属于在国有公司中从事公务的人员，又不是受委派在非国有公司中从事公务的人员。其利用在房屋拆迁过程中的职务便利索取贿赂，应依法认定为公司、企业人员受贿罪（★罪名已变更为非国家工作人员受贿罪——编者说明）。

2010年4月7日最高法刑二庭**《宽严相济在经济犯罪和职务犯罪案件审判中的具体贯彻》**指出：关于政策法律界限，在坚持依法从严惩处职务犯罪的同时，同样需要根据《关于贯彻宽严相济刑事政策的若干意见》第14条、第25条的规定，体现宽严“相济”，做到严中有宽、宽以济严。以贿赂犯罪为例说明如下：（1）对于收受财物后于案发前退还或上交所收财物的，应当区分情况做出不同处理：收受请托人财物后及时退还或者上交的，因其受贿故意不能确定，同时为了感化、教育潜在受贿犯罪分子，故不宜以受贿处理；受贿后因自身或者与其受贿有关联的人、事被查处，为掩饰犯罪而退还或者上交的，因受贿行为既已完毕，且无主动悔罪之意思，故不影响受贿罪的认定。（2）对于行业、领域内带有一定普遍性、涉案人员众多的案件，要注意区别对待，防止因打击面过宽导致不良的社会效果。特别是对于普通医生的商业贿赂犯罪问题，更要注意运用多种手段治理应对。对收受回扣数额大的；明知药品伪劣，但为收受回扣而要求医院予以采购的；为收受回扣而给病人大量开药或者使用不对症药品，造成严重后果的；收受回扣造成其他严重影响的等情形，应依法追究刑事责任。（3）对于性质恶劣、情节严重、涉案范围广、影响面大的商业贿赂犯罪案件，特别是对于顶风作案的，或者案发后隐瞒犯罪事实、毁灭证据、订立攻守同盟、负案潜逃等企图逃避法律追究的，应当依照《关于贯彻宽严相济刑事政策的若干意见》第8条第2款的规定依法从严惩处的同时，对于在自查自纠中主动向单位、行业主管（监管）部门讲清问题、积极退赃的，或者检举、揭发他人犯罪行为，有自首、立功情节的，应当依照《关于贯彻宽严相济刑事政策的若干意见》有关规定依法从轻、减轻或者免予处罚。

根据 2023 年 10 月 13 日最高检**《关于全面履行检察职能推动民营经济发展壮大的意见》**，对民营企业为开展正常经营活动而给付“回扣”“好处费”行为，既要在法律允许范围内讲政策、给出路，又要防止片面强调保护企业经营而放纵犯罪。

根据 2016 年 4 月 18 日最高法、最高检**《关于办理贪污贿赂刑事案件适用法律若干问题的解释》第十一条第一款**，刑法第一百六十三条规定的非国家工作人员受贿罪、第二百七十一条规定的职务侵占罪中的“数额较大”“数额巨大”的数额起点，按照本解释关于受贿罪、贪污罪相对应的数额标准规定的 2 倍、5 倍执行（★该规定与《刑法修正案（十一）》的立法精神不符，也与 2022 年 4 月 6 日最高检、公安部《关于公安机关管辖的刑事案件立案追诉标准的规定（二）》第十条不一致，应当不再适用——编者说明）。

根据最高法研究室**《关于向非国家工作人员介绍贿赂行为如何定性问题的研究意见》**，对于向非国家工作人员介绍贿赂行为，根据罪刑法定原则，不宜定罪处罚。但对于确已明显构成行贿共犯或者受贿共犯的，予以定罪处罚，也依法有据，并不违反罪刑法定原则（参见《司法研究与指导》2012 年总第 2 辑）。

【典型案例】根据 2023 年 12 月 20 日最高法、最高检**依法从严打击私募基金犯罪典型案例 · 胡某等人非国家工作人员受贿案**，办理涉私募基金职务犯罪案件时，要结合私募基金投资运作特点准确把握犯罪主体和“利用职务便利”的范围。私募基金管理人代表投资者对私募基金投资项目行使重要决策权和管理权，具有职务便利的人员范围包括私募基金管理人的工作人员和受私募基金管理人委派至投资项目开展工作的人员。上述人员利用对投资项目的决策权、管理权等职务便利，索取或者非法收受他人财物，为他人谋取利益，数额较大的，应以非国家工作人员受贿罪追究刑事责任。本案中，胡某为作为光某安石首席运营官，以私募基金管理人的高级管理人员身份对新某大中心项目招投标具有决策权，杨某华、肖某、汪某辉作为受光某安石委派执行新某大中心项目建设管理事务的工作人员，对工程招投标和建设有具体管理的职权，四人收受钱款，利用上述职务便利为中某公司项目投标和后续工程建设结算谋取利益，构成非国家工作人员受贿罪。

第一百六十四条〔132〕　**【对非国家工作人员行贿罪】**为谋取不正当利益，给予公司、企业或者其他单位的工作人员以财物，数额较大的，处三年以下有期徒刑或者拘役，并处罚金；数额巨大的，处三年以上十年以下有期徒刑，并处罚金。

【对外国公职人员、国际公共组织官员行贿罪】为谋取不正当商业利益，给予外国公职人员或者国际公共组织官员以财物的，依照前款的规定处罚。

单位犯前两款罪的，对单位判处罚金，并对其直接负责的主管人员和其他直接责任人员，依照第一款的规定处罚。

行贿人在被追诉前主动交待行贿行为的，可以减轻处罚或者免除处罚。

〔132〕**【刑法修订】**本条被修订三次。1997年刑法原文如下：

第一百六十四条　为谋取不正当利益，给予公司、企业的工作人员以财物，数额较大的，处三年以下有期徒刑或者拘役；数额巨大的，处三年以上十年以下有期徒刑，并处罚金。

单位犯前款罪的，对单位判处罚金，并对其直接负责的主管人员和其他直接责任人员，依照前款的规定处罚。

行贿人在被追诉前主动交待行贿行为的，可以减轻处罚或者免除处罚。

2006年**《刑法修正案（六）》第八条**修订了第一款，将本罪主体扩大到“其他单位的工作人员”。

2011年**《刑法修正案（八）》第二十九条**第二次修订本条，新设了第二款对外国公职人员、国际公共组织官员行贿罪，将原第二、三款改为第三、四款，并细微修改了单位犯罪的表述。经此修订后的条文如下：

第一百六十四条　为谋取不正当利益，给予公司、企业或者其他单位的工作人员以财物，数额较大的，处三年以下有期徒刑或者拘役；数额巨大的，处三年以上十年以下有期徒刑，并处罚金。

为谋取不正当商业利益，给予外国公职人员或者国际公共组织官员以财物的，依照前款的规定处罚。

单位犯前两款罪的，对单位判处罚金，并对其直接负责的主管人员和其他直接责任人员，依照第一款的规定处罚。

行贿人在被追诉前主动交待行贿行为的，可以减轻处罚或者免除处罚。

2015年**《刑法修正案（九）》第十条**再次修订本条第一款，在第一档法定刑中增设了“并处罚金”的规定。

【相关法规】根据2019年修正后的**《反不正当竞争法》第七条**，经营者不得采用财物或者其他手段贿赂下列单位或者个人，以谋取交易机会或者竞争优势：

（一）交易相对方的工作人员；

（二）受交易相对方委托办理相关事务的单位或者个人；

（三）利用职权或者影响力影响交易的单位或者个人。

经营者在交易活动中，可以以明示方式向交易相对方支付折扣，或者向中间人支付佣金。经营者向交易相对方支付折扣、向中间人支付佣金的，应当如实入账。接受折扣、佣金的经营者也应当如实入账。

经营者的工作人员进行贿赂的，应当认定为经营者的行为；但是，经营者有证据证明该工作人员的行为与为经营者谋取交易机会或者竞争优势无关的除外。

【立案标准】2022年4月6日最高检、公安部**《关于公安机关管辖的刑事案件立案追诉标准的规定（二）》**，对于刑法第一百六十四条立案追诉标准规定如下：

第十一条 为谋取不正当利益，给予公司、企业或者其他单位的工作人员以财物，个人行贿数额在3万元以上的，单位行贿数额在20万元以上的，应予立案追诉。

第十二条 为谋取不正当商业利益，给予外国公职人员或者国际公共组织官员以财物，个人行贿数额在3万元以上的，单位行贿数额在20万元以上的，应予立案追诉。

★2016年4月18日最高法、最高检《关于办理贪污贿赂刑事案件适用法律若干问题的解释》第十一条第三款曾规定，刑法第一百六十四条第一款规定的对非国家工作人员行贿罪中的“数额较大”“数额巨大”的数额起点，按照本解释第七条、第八条第一款关于行贿罪的数额标准规定的2倍执行。该规定与《刑法修正案（十一）》的立法精神不符，也与2022年4月6日最高检、公安部《关于公安机关管辖的刑事案件立案追诉标准的规定（二）》第十一条不一致，应当不再适用——编者说明。

【司法解释】根据2008年11月20日最高法、最高检**《关于办理商业贿赂刑事案件适用法律若干问题的意见》第九条**，在行贿犯罪中，“谋取不正当利益”，是指行贿人谋取违反法律、法规、规章或者政策规定的利益，或者要求对方违反法律、法规、规章、政策、行业规范的规定提供帮助或者方便条件。

在招标投标、政府采购等商业活动中，违背公平原则，给予相关人员财物以谋取竞争优势的，属于“谋取不正当利益”。

根据2002年10月25日公安部经济犯罪侦查局**《关于对××商业贿赂案如何定性的批复》**（公经〔2002〕1299号），认定对公司、企业人员行贿案的必要条件是为获取不正当利益。不正当利益是指获取的利益违反法律、法规、国家政策、规章制度。在推销药品过程中，采用宴请、送礼券、现金和实物等

第一百六十五条[133] **【非法经营同类营业罪】**国有公司、企业的董事、监事、高级管理人员，利用职务便利，自己经营或者为他人经营与其所任职公司、企业同类的营业，获取非法利益，数额巨大的，处三年以下有期徒刑或者拘役，并处或者单处罚金；数额特别巨大的，处三年以上七年以下有期徒刑，并处罚金。

其他公司、企业的董事、监事、高级管理人员违反法律、行政法规规定，实施前款行为，致使公司、企业利益遭受重大损失的，依照前款的规定处罚。

手段，扩大药品的市场销售量，由此获取的利益违反了《中华人民共和国反不正当竞争法》第八条和第二十二条（★对应于2019年《反不正当竞争法》第七条和第十九条——编者说明）的规定，属不正当利益。

〔133〕**【刑法修订】**2023年**《刑法修正案（十二）》第一条**修订了本条。1997年刑法原文如下：

第一百六十五条 国有公司、企业的董事、经理利用职务便利，自己经营或者为他人经营与其所任职公司、企业同类的营业，获取非法利益，数额巨大的，处三年以下有期徒刑或者拘役，并处或者单处罚金；数额特别巨大的，处三年以上七年以下有期徒刑，并处罚金。

2023年**《刑法修正案（十二）》**将第一款的“董事、经理利用职务便利”修改为“董事、监事、高级管理人员，利用职务便利”，同时增设了第二款。

【典型案例】根据2023年12月8日最高检**粮食购销领域职务犯罪典型案例·案例一、周某某贪污、受贿、非法经营同类营业案**，国有粮库主任、粮管所所长等企业负责人，实质上行使董事、经理职权，属于刑法第一百六十五条规定的“国有公司、企业的董事、经理”。行为人利用职务便利，安排自己经营的企业借用其任职单位的资质从事粮食收储等经营活动，属于非法经营同类营业行为。

★该典型案例在“典型意义”部分指出：国有粮食公司、企业的董事、经理等负责人利用职务便利，帮助自己经营的公司、企业借用其任职国有公司、企业的资质，从事与其任职国有公司、企业相同的营业行为，违反竞业禁止义务，抢占、排除任职国有公司、企业的交易机会，具有竞争和利益冲突关系，侵害了国有公司、企业的正常管理秩序，损害了国有公司、企业的利益，应当认定为非法经营同类营业行为（★该典型案例对经营同类的营业的解释，与《刑法修正案（十二）》并不冲突——编者说明）。

第一百六十六条[134] **【为亲友非法牟利罪】**国有公司、企业、事业单位的工作人员，利用职务便利，有下列情形之一，致使国家利益遭受重大损失的，处三年以下有期徒刑或者拘役，并处或者单处罚金；致使国家利益遭受特别重大损失的，处三年以上七年以下有期徒刑，并处罚金：

（一）将本单位的盈利业务交由自己的亲友进行经营的；

（二）以明显高于市场的价格从自己的亲友经营管理的单位采购商品、接受服务或者以明显低于市场的价格向自己的亲友经营管理的单位销售商品、提供服务的；

（三）从自己的亲友经营管理的单位采购、接受不合格商品、服务的。

其他公司、企业的工作人员违反法律、行政法规规定，实施前款行为，致使公司、企业利益遭受重大损失的，依照前款的规定处罚。

第一百六十七条[135] **【签订、履行合同失职被骗罪】**国有公司、企业、事业单位直接负责的主管人员，在签订、履行合同过程中，因严重不负责任被诈骗，致使国家利益遭受重大损失的，处三年以下有期徒刑或者拘役；致使国家利益遭受特别重大损失的，处三年以上七年以下有期徒刑。

---

〔134〕**【刑法修订】**2023年《**刑法修正案（十二）**》**第二条**修订了本条。1997年刑法原文如下：

第一百六十六条 国有公司、企业、事业单位的工作人员，利用职务便利，有下列情形之一，使国家利益遭受重大损失的，处三年以下有期徒刑或者拘役，并处或者单处罚金；致使国家利益遭受特别重大损失的，处三年以上七年以下有期徒刑，并处罚金：

（一）将本单位的盈利业务交由自己的亲友进行经营的；

（二）以明显高于市场的价格向自己的亲友经营管理的单位采购商品或者以明显低于市场的价格向自己的亲友经营管理的单位销售商品的；

（三）向自己的亲友经营管理的单位采购不合格商品的。

2023年《**刑法修正案（十二）**》增设了第二款，并将第一款的"使国家利益"修改为"致使国家利益"，将第一款第二项的"向自己的亲友经营管理的单位采购商品""向自己的亲友经营管理的单位销售商品"分别修改为"从自己的亲友经营管理的单位采购商品、接受服务""向自己的亲友经营管理的单位销售商品、提供服务"，将第一款第三项的"向自己的亲友经营管理的单位采购不合格商品"修改为"从自己的亲友经营管理的单位采购、接受不合格商品、服务"。

〔135〕**【相关法规】**根据1998年全国人大常委会《**关于惩治骗购外汇、逃汇和非法买卖外汇犯罪的决定**》**第七条**，金融机构、从事对外贸易经营活动

第一百六十八条〔136〕 **【国有公司、企业、事业单位人员失职罪】【国有公司、企业、事业单位人员滥用职权罪】**国有公司、企业的工作人员，由于严重不负责任或者滥用职权，造成国有公司、企业破产或者严重损失，致使国家利益遭受重大损失的，处三年以下有期徒刑或者拘役；致使国家利益遭受特别重大损失的，处三年以上七年以下有期徒刑。

国有事业单位的工作人员有前款行为，致使国家利益遭受重大损失的，依照前款的规定处罚。

国有公司、企业、事业单位的工作人员，徇私舞弊，犯前两款罪的，依照第一款的规定从重处罚。

的公司、企业的工作人员严重不负责任，造成大量外汇被骗购或者逃汇，致使国家利益遭受重大损失的，依照刑法第一百六十七条的规定定罪处罚。

【司法解释】根据2001年4月最高法刑事审判第二庭**《关于签订、履行合同失职被骗犯罪是否以对方当事人的行为构成诈骗犯罪为要件的意见》**，认定签订、履行合同失职被骗罪和国家机关工作人员签订、履行合同失职被骗罪应当以对方当事人涉嫌诈骗，行为构成犯罪为前提。但司法机关在办理或者审判行为人被指控犯有上述两罪的案件过程中，不能以对方当事人已经被人民法院判决构成诈骗犯罪作为认定本案当事人构成签订、履行合同失职被骗罪或者国家机关工作人员签订、履行合同失职被骗罪的前提。也就是说，司法机关在办理案件过程中，只要认定对方当事人的行为已经涉嫌构成诈骗犯罪，就可依法认定行为人构成签订、履行合同失职被骗罪或者国家机关工作人员签订、履行合同失职被骗罪，而不需要搁置或者中止审理，直至对方当事人被人民法院审理并判决构成诈骗犯罪（参见《刑事审判参考》2001年总第15辑）。

〔136〕 **【刑法修订】**1999年**《刑法修正案》第二条**修订了本条。1997年刑法原文如下：

第一百六十八条 国有公司、企业直接负责的主管人员，徇私舞弊，造成国有公司、企业破产或者严重亏损，致使国家利益遭受重大损失的，处三年以下有期徒刑或者拘役。

1999年**《刑法修正案》**将第一款中“国有公司、企业直接负责的主管人员”修改为“国有公司、企业的工作人员”，将“徇私舞弊”修改为“由于严重不负责任或者滥用职权”，增设一档法定刑“致使国家利益遭受特别重大损失的，处三年以上七年以下有期徒刑”，同时增设了第二款、第三款。

【司法解释】根据2000年5月12日最高法**《关于审理扰乱电信市场管理秩序案件具体应用法律若干问题的解释》第六条**，国有电信企业的工作人员，由于严重不负责任或者滥用职权，造成国有电信企业破产或者严重损失，致使国家利益遭受重大损失的，依照刑法第一百六十八条的规定定罪处罚。

根据2002年9月23日最高检研究室**《关于中国农业发展银行及其分支机构的工作人员法律适用问题的答复》**(高检研发〔2002〕第16号),中国农业发展银行及其分支机构的工作人员严重不负责任或者滥用职权,构成犯罪的,应当依照刑法第一百六十八条的规定追究刑事责任。

根据2003年5月14日最高法、最高检**《关于办理妨害预防、控制突发传染病疫情等灾害的刑事案件具体应用法律若干问题的解释》第四条**,国有公司、企业、事业单位的工作人员,在预防、控制突发传染病疫情等灾害的工作中,由于严重不负责任或者滥用职权,造成国有公司、企业破产或者严重损失,致使国家利益遭受重大损失的,依照刑法第一百六十八条的规定,以国有公司、企业、事业单位人员失职罪或者国有公司、企业、事业单位人员滥用职权罪定罪处罚。

根据2005年1月13日最高法刑事审判第二庭**《关于国有公司人员滥用职权犯罪追诉期限等问题的答复》**,国有公司人员滥用职权或失职罪的追诉期限应从损失结果发生之日起计算。就本案而言,追诉期限应以法律意义上的损失发生为标准,即以人民法院民事终审判决之日起计算。

根据2010年11月26日最高法、最高检**《关于办理国家出资企业中职务犯罪案件具体应用法律若干问题的意见》第四条**,国家出资企业中的国家工作人员在公司、企业改制或者国有资产处置过程中严重不负责任或者滥用职权,致使国家利益遭受重大损失的,依照刑法第一百六十八条的规定,以国有公司、企业人员失职罪或者国有公司、企业人员滥用职权罪定罪处罚。

……(➻参见刑法第169条脚注相关部分)

根据2002年4月9日公安部经济犯罪侦查局**《关于能否对章××进行立案侦查的批复》**(公经〔2002〕446号),国有企业人员失职案的追诉标准,应按失职行为造成的直接经济损失计算,案发后司法机关追回的赃款和犯罪嫌疑人主动退回的赃款数额,只是量刑的情节,不影响定罪。如果按上述标准计算,符合追诉标准的,应予立案侦查。

根据2012年3月27日公安部经济犯罪侦查局**《关于对国有控股、参股的金融部门及其分支机构有关人员失职或者滥用职权可否适用〈刑法〉第168条的批复》**(公经〔2012〕269号),国有控股或参股的公司、企业,不属于《刑法》规定中的国有公司、企业,但国有控股、参股公司、企业的工作人员在一定条件下可以适用《刑法》第168条的规定。

【指导案例】根据2023年7月31日最高检**第四十七批指导性案例·检例第188号·桑某受贿、国有公司人员滥用职权、利用未公开信息交易案**,在办理国有公司人员滥用职权犯罪案件时,要客观认定行为造成公共财产损失的范围,对于国有公司应得而未获得的预期收益,可以认定为损失数额。

★该指导案例在“指导意义”部分指出:渎职犯罪造成公共财产损失的范

第一百六十九条〔137〕 **【徇私舞弊低价折股、出售公司、企业资产罪】**国有公司、企业或者其上级主管部门直接负责的主管人员，徇私舞弊，将国有资产低价折股或者低价出售，致使国家利益遭受重大损失的，处三年以下有期徒刑或者拘役；致使国家利益遭受特别重大损失的，处三年以上七年以下有期徒刑。

其他公司、企业直接负责的主管人员，徇私舞弊，将公司、企业资产低价折股或者低价出售，致使公司、企业利益遭受重大损失的，依照前款的规定处罚。

第169条

围包括国有单位因错失交易机会、压缩利润空间、让渡应有权益进而造成应得而未得的收益损失。实践中，渎职犯罪造成公共财产的损失范围一般为国有单位现有财产的实际损失，但在金融领域渎职犯罪案件中，介入交易规则变化、收益分配方式调整等因素，可能导致国有单位压缩利润空间、让渡应有权益，进而造成国有单位预期收益应得而未得。检察机关应当注重审查造成损失的原因是市场因素还是渎职行为，渎职行为的违规性、违法性，是否具有徇私舞弊情节等要素。对因渎职行为而不是市场因素造成预期收益损失的部分，一般应当计入公共财产损失范围。

【典型案例】根据 2023 年 12 月 8 日最高检**粮食购销领域职务犯罪典型案例 · 案例九、王某某受贿、国有公司人员失职、国有公司人员滥用职权案**，对国有公司人员渎职类犯罪，要关注对主观故意内容的审查，明晰滥权行为与失职行为的区别，充分运用证据，查明职权范围与履职过程，客观判断履职行为与损害结果间的因果关系，依法准确适用法律。

★该典型案例在"典型意义"部分指出：在办理国有企业人员渎职类犯罪案件过程中，对不正当履职造成国有资产流失的，应当区分情形，准确定性。行为人明知具有潜在重大风险，仍不听劝阻、违反各项规定，甚至伪造会议记录、审批手续的，应当认定为滥用职权行为；行为人无从得知存在潜在风险，又因事务繁杂、无暇顾及，出现怠于履职或履职不到位情形的，应当认定为失职行为。

〔137〕 **【刑法修订】**2023 年**《刑法修正案（十二）》第三条**修订了本条，在本条增设了第二款。

【司法解释】根据 2010 年 11 月 26 日最高法、最高检**《关于办理国家出资企业中职务犯罪案件具体应用法律若干问题的意见》第四条**，国家出资企业中的国家工作人员在公司、企业改制或者国有资产处置过程中严重不负责任或者滥用职权，致使国家利益遭受重大损失的，依照刑法第一百六十八条的规定，以国有公司、企业人员失职罪或者国有公司、企业人员滥用职权罪定罪处罚。

国家出资企业中的国家工作人员在公司、企业改制或者国有资产处置过程中徇私舞弊，将国有资产低价折股或者低价出售给其本人未持有股份

第一百六十九条之一〔138〕**【背信损害上市公司利益罪】**上市公司的董事、监事、高级管理人员违背对公司的忠实义务，利用职务便利，操纵上市公司从事下列行为之一，致使上市公司利益遭受重大损失的，处三年以下有期徒刑或者拘役，并处或者单处罚金；致使上市公司利益遭受特别重大损失的，处三年以上七年以下有期徒刑，并处罚金：

（一）无偿向其他单位或者个人提供资金、商品、服务或者其他资产的；

（二）以明显不公平的条件，提供或者接受资金、商品、服务或者其他资产的；

（三）向明显不具有清偿能力的单位或者个人提供资金、商品、服务或者其他资产的；

（四）为明显不具有清偿能力的单位或者个人提供担保，或者无正当理由为其他单位或者个人提供担保的；

（五）无正当理由放弃债权、承担债务的；

（六）采用其他方式损害上市公司利益的。

的公司、企业或者其他个人，致使国家利益遭受重大损失的，依照刑法第一百六十九条的规定，以徇私舞弊低价折股、出售国有资产罪（★经《刑法修正案（十二）》修订之后，罪名已变更为徇私舞弊低价折股、出售公司、企业资产罪——编者说明）定罪处罚。

国家出资企业中的国家工作人员在公司、企业改制或者国有资产处置过程中徇私舞弊，将国有资产低价折股或者低价出售给特定关系人持有股份或者本人实际控制的公司、企业，致使国家利益遭受重大损失的，依照刑法第三百八十二条、第三百八十三条的规定，以贪污罪定罪处罚。贪污数额以国有资产的损失数额计算。

国家出资企业中的国家工作人员因实施第一款、第二款行为收受贿赂，同时又构成刑法第三百八十五条规定之罪的，依照处罚较重的规定定罪处罚（★2016年4月18日最高法、最高检《关于办理贪污贿赂刑事案件适用法律若干问题的解释》第17条规定："国家工作人员利用职务上的便利，收受他人财物，为他人谋取利益，同时构成受贿罪和刑法分则第三章第三节、第九章规定的渎职犯罪的，除刑法另有规定外，以受贿罪和渎职犯罪数罪并罚。"第20条规定："本解释自2016年4月18日起施行。最高人民法院、最高人民检察院此前发布的司法解释与本解释不一致的，以本解释为准。"据此，国家出资企业中的国家工作人员因实施第一款、第二款行为收受贿赂，同时又构成刑法第三百八十五条规定之罪的，应当数罪并罚——编者说明）。

〔138〕**【刑法修订】**本条为2006年《**刑法修正案（六）**》**第九条**增设。

上市公司的控股股东或者实际控制人，指使上市公司董事、监事、高级管理人员实施前款行为的，依照前款的规定处罚。

犯前款罪的上市公司的控股股东或者实际控制人是单位的，对单位判处罚金，并对其直接负责的主管人员和其他直接责任人员，依照第一款的规定处罚。

【立案标准】根据2022年4月6日最高检、公安部**《关于公安机关管辖的刑事案件立案追诉标准的规定(二)》第十三条**，上市公司的董事、监事、高级管理人员违背对公司的忠实义务，利用职务便利，操纵上市公司从事损害上市公司利益的行为，以及上市公司的控股股东或者实际控制人，指使上市公司董事、监事、高级管理人员实施损害上市公司利益的行为，涉嫌下列情形之一的，应予立案追诉：

(一)无偿向其他单位或者个人提供资金、商品、服务或者其他资产，致使上市公司直接经济损失数额在150万元以上的；

(二)以明显不公平的条件，提供或者接受资金、商品、服务或者其他资产，致使上市公司直接经济损失数额在150万元以上的；

(三)向明显不具有清偿能力的单位或者个人提供资金、商品、服务或者其他资产，致使上市公司直接经济损失数额在150万元以上的；

(四)为明显不具有清偿能力的单位或者个人提供担保，或者无正当理由为其他单位或者个人提供担保，致使上市公司直接经济损失数额在150万元以上的；

(五)无正当理由放弃债权、承担债务，致使上市公司直接经济损失数额在150万元以上的；

(六)致使公司、企业发行的股票或者公司、企业债券、存托凭证或者国务院依法认定的其他证券被终止上市交易的；

(七)其他致使上市公司利益遭受重大损失的情形。

【典型案例】根据2022年9月8日最高法、最高检、公安部、中国证监会**依法从严打击证券犯罪典型案例·鲜某背信损害上市公司利益、操纵证券市场案**，准确把握背信损害上市公司利益罪违背忠实义务，将上市公司利益向个人或其他单位输送的实质。背信损害上市公司利益犯罪的手段多种多样，如与关联公司不正当交易、伪造支付名目、违规担保、无偿提供资金等，并且多采用复杂的资金流转、股权控制方式掩饰违法行为，究其实质，均系违背对上市公司的忠实义务、输送公司利益。本案中，汉某公司系上市公司的并表子公司，鲜某将汉某公司资金转入个人控制账户，相比直接转移上市公司资金隐蔽性更强，由于相关财务数据计入上市公司，最终仍然致使上市公司利益遭受重大损失。办案中，应当透过合同、资金流转、股权关系等表象，准确认识行为实质，依法追究责任。

第四节 破坏金融管理秩序罪

第一百七十条〔139〕 **【伪造货币罪】**伪造货币的，处三年以上十年以下有期徒刑，并处罚金；有下列情形之一的，处十年以上有期徒刑或者无期徒刑，并处罚金或者没收财产：

（一）伪造货币集团的首要分子；

（二）伪造货币数额特别巨大的；

（三）有其他特别严重情节的。

〔139〕**【刑法修订】**2015年**《刑法修正案（九）》第十一条**修订了本条。1997年刑法原文如下：

第一百七十条 伪造货币的，处三年以上十年以下有期徒刑，并处五万元以上五十万元以下罚金；有下列情形之一的，处十年以上有期徒刑、无期徒刑或者死刑，并处五万元以上五十万元以下罚金或者没收财产：

（一）伪造货币集团的首要分子；

（二）伪造货币数额特别巨大的；

（三）有其他特别严重情节的。

2015年**《刑法修正案（九）》**删除了本条的死刑，并将限额罚金修改为无限额罚金。

【立案标准】2022年4月6日最高检、公安部**《关于公安机关管辖的刑事案件立案追诉标准的规定（二）》**，对于刑法第一百七十条立案追诉标准规定如下：

第十四条 伪造货币，涉嫌下列情形之一的，应予立案追诉：

（一）总面额在2000元以上或者币量在200张（枚）以上的；

（二）总面额在1000元以上或者币量在100张（枚）以上，2年内因伪造货币受过行政处罚，又伪造货币的；

（三）制造货币版样或者为他人伪造货币提供版样的；

（四）其他伪造货币应予追究刑事责任的情形。

……

第七十九条 本规定中的“货币”是指在境内外正在流通的以下货币：

（一）人民币（含普通纪念币、贵金属纪念币）、港元、澳门元、新台币；

（二）其他国家及地区的法定货币。

贵金属纪念币的面额以中国人民银行授权中国金币总公司的初始发售价格为准。

【司法解释】2000年9月8日最高法**《关于审理伪造货币等案件具体应用法律若干问题的解释》**（法释〔2000〕26号，自2000年9月14日起施行），就审理伪造货币犯罪案件具体应用法律的问题解释如下：

第一条　伪造货币的总面额在2000元以上不满3万元或者币量在200张(枚)以上不足3000张(枚)的，依照刑法第一百七十条的规定，处3年以上10年以下有期徒刑……(★省略部分与《刑法修正案(九)》第十一条不一致——编者说明)

伪造货币的总面额在3万元以上的，属于"伪造货币数额特别巨大"。

行为人制造货币版样或者与他人事前通谋，为他人伪造货币提供版样的，依照刑法第一百七十条的规定定罪处罚。

……

第七条　本解释所称"货币"是指可在国内市场流通或者兑换的人民币和境外货币。

货币面额应当以人民币计算，其他币种以案发时国家外汇管理机关公布的外汇牌价折算成人民币(★本条与2010年10月20日最高法《关于审理伪造货币等案件具体应用法律若干问题的解释(二)》第三条不一致——编者说明)。

2010年10月20日最高法**《关于审理伪造货币等案件具体应用法律若干问题的解释(二)》**(法释〔2010〕14号，自2010年11月3日起施行)，就审理伪造货币、变造货币等刑事案件具体应用法律的若干问题解释如下：

第一条　仿照真货币的图案、形状、色彩等特征非法制造假币，冒充真币的行为，应当认定为刑法第一百七十条规定的"伪造货币"。

对真货币采用剪贴、挖补、揭层、涂改、移位、重印等方法加工处理，改变真币形态、价值的行为，应当认定为刑法第一百七十三条规定的"变造货币"。

第二条　同时采用伪造和变造手段，制造真伪拼凑货币的行为，依照刑法第一百七十条的规定，以伪造货币罪定罪处罚。

第三条　以正在流通的境外货币为对象的假币犯罪，依照刑法第一百七十条至第一百七十三条的规定定罪处罚。

假境外货币犯罪的数额，按照案发当日中国外汇交易中心或者中国人民银行授权机构公布的人民币对该货币的中间价折合成人民币计算。中国外汇交易中心或者中国人民银行授权机构未公布汇率中间价的境外货币，按照案发当日境内银行人民币对该货币的中间价折算成人民币，或者该货币在境内银行、国际外汇市场对美元汇率，与人民币对美元汇率中间价进行套算。

第四条　以中国人民银行发行的普通纪念币和贵金属纪念币为对象的假币犯罪，依照刑法第一百七十条至第一百七十三条的规定定罪处罚。

假普通纪念币犯罪的数额，以面额计算；假贵金属纪念币犯罪的数额，以贵金属纪念币的初始发售价格计算。

第五条　以使用为目的，伪造停止流通的货币，或者使用伪造的停止流通的货币的,依照刑法第二百六十六条的规定,以诈骗罪定罪处罚。

第六条 此前发布的司法解释与本解释不一致的,以本解释为准(★本解释与2000年9月8日最高法《关于审理伪造货币等案件具体应用法律若干问题的解释》的不一致之处在于:本解释第三条扩大了假币犯罪的对象,将国内不可流通或者兑换的境外货币纳入假币犯罪的范围,并对于国内不可兑换的境外货币应如何折算作了明确规定——编者说明)。

2009年9月15日最高法、最高检、公安部《**关于严厉打击假币犯罪活动的通知**》(公通字〔2009〕45号)指出:根据刑事诉讼法的有关规定,假币犯罪案件的地域管辖应当遵循以犯罪地管辖为主,犯罪嫌疑人居住地管辖为辅的原则。假币犯罪案件中的犯罪地,既包括犯罪预谋地、行为发生地,也包括运输假币的途经地。假币犯罪案件中的犯罪嫌疑人居住地,不仅包括犯罪嫌疑人经常居住地和户籍所在地,也包括其临时居住地……人民法院对于假币犯罪要依法从严惩处,对于假币犯罪累犯、惯犯、涉案假币数额巨大或者全部流入社会的犯罪分子,要坚决重判……(★省略部分与《刑法修正案(九)》第十一条冲突——编者说明)

根据2004年3月31日公安部经济犯罪侦查局《**关于伪造缅甸货币行为定性问题的批复**》(公经〔2004〕493号),鉴于缅甸货币在中缅边境地区可以与人民币兑换,伪造缅甸货币的行为应以伪造货币罪定罪处罚。

根据2007年11月2日公安部经济犯罪侦查局《**关于对制贩假贵金属纪念币行为性质认定问题的批复**》(公经〔2007〕2548号),根据《中华人民共和国人民币管理条例》规定,贵金属纪念币是人民币的有机组成部分,是国家法定货币。制贩假贵金属纪念币的行为,应以《中华人民共和国刑法》第一百七十条、第一百七十一条等规定的伪造货币罪,出售、购买、运输假货币罪等罪定罪处罚。其犯罪数额认定应以中国人民银行授权中国金币总公司初始发售价格为依据标准。

【会议纪要】根据2001年1月21日最高法《**全国法院审理金融犯罪案件工作座谈会纪要**》(法〔2001〕8号),假币犯罪是一种严重破坏金融管理秩序的犯罪。只要有证据证明行为人实施了出售、购买、运输、使用假币行为,且数额较大,就构成犯罪。伪造货币的,只要实施了伪造行为,不论是否完成全部印制工序,即构成伪造货币罪;对于尚未制造出成品,无法计算伪造、销售假币面额的,或者制造、销售用于伪造货币的版样的,不认定犯罪数额,依据犯罪情节决定刑罚。明知是伪造的货币而持有,数额较大,根据现有证据不能认定行为人是为了进行其他假币犯罪的,以持有假币罪定罪处罚;如果有证据证明其持有的假币已构成其他假币犯罪的,应当以其他假币犯罪定罪处罚。

假币犯罪案件中犯罪分子实施数个相关行为的，在确定罪名时应把握以下原则：(1)对同一宗假币实施了法律规定为选择性罪名的行为，应根据行为人所实施的数个行为，按相关罪名刑法规定的排列顺序并列确定罪名，数额不累计计算，不实行数罪并罚。(2)对不同宗假币实施法律规定为选择性罪名的行为，并列确定罪名，数额按全部假币面额累计计算，不实行数罪并罚。(3)对同一宗假币实施了刑法没有规定为选择性罪名的数个犯罪行为，择一重罪从重处罚。如伪造货币或者购买假币后使用的，以伪造货币罪或购买假币罪定罪，从重处罚。(4)对不同宗假币实施了刑法没有规定为选择性罪名的数个犯罪行为，分别定罪，数罪并罚。

在出售假币时被抓获的，除现场查获的假币应认定为出售假币的犯罪数额外，现场之外在行为人住所或者其他藏匿地查获的假币，亦应认定为出售假币的犯罪数额。但有证据证实后者是行为人有实施其他假币犯罪的除外。

对于伪造台币的，应当以伪造货币罪定罪处罚；出售伪造的台币的，应当以出售假币罪定罪处罚。

【指导案例】根据2023年5月11日最高检**第四十四批指导性案例·检例第176号·郭四记、徐维伦等人伪造货币案**，行为人为直接实施伪造货币人员提供专门用于伪造货币的技术或者物资的，应当认定其具有伪造货币的共同犯罪故意。通过网络积极宣传、主动为直接实施伪造货币人员提供伪造货币的关键技术、物资，或者明知他人有伪造货币意图，仍积极提供专门从事伪造货币相关技术、物资等，应当认定其在共同伪造货币犯罪中起主要作用，系主犯，对其实际参与的伪造货币犯罪总额负责。对于通过网络联络、分工负责、共同实施伪造货币犯罪案件，检察机关应当注重对伪造货币犯罪全链条依法追诉。

★该指导案例在“指导意义”部分指出：明知他人意图伪造货币，通过网络提供伪造货币技术或者设备、材料的人员，与直接实施伪造货币的人员构成伪造货币共同犯罪。为直接实施伪造货币人员提供专门用于伪造货币的技术或者设备、材料的，应当认定其具有伪造货币的共同犯罪故意。

对于提供伪造货币的技术或者设备、材料但未直接实施伪造货币行为的人员，应当根据具体行为判断在共同伪造货币中的地位和作用。通过网络积极宣传、主动为直接实施伪造货币人员提供伪造货币的关键技术、设备、材料，或者明知他人有伪造货币意图，仍积极提供专门从事伪造货币的相关技术、设备、材料等，应当认定其在共同伪造货币犯罪中起主要作用，系主犯，对其实际参与的伪造货币犯罪总额负责。

第一百七十一条[140] **【出售、购买、运输假币罪】**出售、购买伪造的货币或者明知是伪造的货币而运输，数额较大的，处三年以下有期徒刑或者拘役，并处二万元以上二十万元以下罚金；数额巨大的，处三年以上十年以下有期徒刑，并处五万元以上五十万元以下罚金；数额特别巨大的，处十年以上有期徒刑或者无期徒刑，并处五万元以上五十万元以下罚金或者没收财产。

【金融工作人员购买假币、以假币换取货币罪】银行或者其他金融机构的工作人员购买伪造的货币或者利用职务上的便利，以伪造的货币换取货币的，处三年以上十年以下有期徒刑，并处二万元以上二十万元以下罚金；数额巨大或者有其他严重情节的，处十年以上有期徒刑或者无期徒刑，并处二万元以上二十万元以下罚金或者没收财产；情节较轻的，处三年以下有期徒刑或者拘役，并处或者单处一万元以上十万元以下罚金。

第171条

伪造货币并出售或者运输伪造的货币的，依照本法第一百七十条的规定定罪从重处罚。

---

〔140〕**【立案标准】**2022年4月6日最高检、公安部**《关于公安机关管辖的刑事案件立案追诉标准的规定(二)》**，对于刑法第一百七十一条立案追诉标准规定如下：

第十五条 出售、购买伪造的货币或者明知是伪造的货币而运输，涉嫌下列情形之一的，应予立案追诉：

(一)总面额在4000元以上或者币量在400张(枚)以上的；

(二)总面额在2000元以上或者币量在200张(枚)以上，2年内因出售、购买、运输假币受过行政处罚，又出售、购买、运输假币的；

(三)其他出售、购买、运输假币应予追究刑事责任的情形。

在出售假币时被抓获的，除现场查获的假币应认定为出售假币的数额外，现场之外在行为人住所或者其他藏匿地查获的假币，也应认定为出售假币的数额(★2001年1月21日最高法《全国法院审理金融犯罪案件工作座谈会纪要》指出，现场之外在行为人住所或者其他藏匿地查获的假币，亦应认定为出售假币的犯罪数额，但有证据证实这些假币是行为人实施其他假币犯罪的除外——编者说明)。

第十六条 银行或者其他金融机构的工作人员购买伪造的货币或者利用职务上的便利，以伪造的货币换取货币，总面额在2000元以上或者币量在200张(枚)以上的，应予立案追诉。

【司法解释】2000年9月8日最高法**《关于审理伪造货币等案件具体应用法律若干问题的解释》**，就适用刑法第一百七十一条有关问题解释如下：

第一百七十二条〔141〕 **【持有、使用假币罪】**明知是伪造的货币而持有、使用,数额较大的,处三年以下有期徒刑或者拘役,并处或者单处一万元以上十万元以下罚金;数额巨大的,处三年以上十年以下有期徒刑,并处二万元以上二十万元以下罚金;数额特别巨大的,处十年以上有期徒刑,并处五万元以上五十万元以下罚金或者没收财产。

第一条 ……(➽参见刑法第170条脚注相关部分)

第二条 行为人购买假币后使用,构成犯罪的,依照刑法第一百七十一条的规定,以购买假币罪定罪,从重处罚。

行为人出售、运输假币构成犯罪,同时有使用假币行为的,依照刑法第一百七十一条、第一百七十二条的规定,实行数罪并罚。

第三条 出售、购买假币或者明知是假币而运输,总面额在4000元以上不满5万元的,属于"数额较大";总面额在5万元以上不满20万元的,属于"数额巨大";总面额在20万元以上的,属于"数额特别巨大",依照刑法第一百七十一条第一款的规定定罪处罚。

第四条 银行或者其他金融机构的工作人员购买假币或者利用职务上的便利,以假币换取货币,总面额在4000元以上不满5万元或者币量在400张(枚)以上不足5000张(枚)的,处3年以上10年以下有期徒刑,并处2万元以上20万元以下罚金;总面额在5万元以上或者币量在5000张(枚)以上或者有其他严重情节的,处10年以上有期徒刑或者无期徒刑,并处2万元以上20万元以下罚金或者没收财产;总面额不满人民币4000元或者币量不足400张(枚)或者具有其他情节较轻情形的,处3年以下有期徒刑或者拘役,并处或者单处1万元以上10万元以下罚金。

〔141〕 **【立案标准】**根据2022年4月6日最高检、公安部**《关于公安机关管辖的刑事案件立案追诉标准的规定(二)》第十七条**,明知是伪造的货币而持有、使用,涉嫌下列情形之一的,应予立案追诉:

(一)总面额在4000元以上或者币量在400张(枚)以上的;

(二)总面额在2000元以上或者币量在200张(枚)以上,2年内因持有、使用假币受过行政处罚,又持有、使用假币的;

(三)其他持有、使用假币应予追究刑事责任的情形。

【司法解释】根据2000年9月8日最高法**《关于审理伪造货币等案件具体应用法律若干问题的解释》第五条**,明知是假币而持有、使用,总面额在4000元以上不满5万元的,属于"数额较大";总面额在5万元以上不满20万元的,属于"数额巨大";总面额在20万元以上的,属于"数额特别巨大",依照刑法第一百七十二条的规定定罪处罚。

第一百七十三条[142] **【变造货币罪】**变造货币，数额较大的，处三年以下有期徒刑或者拘役，并处或者单处一万元以上十万元以下罚金；数额巨大的，处三年以上十年以下有期徒刑，并处二万元以上二十万元以下罚金。

---

〔142〕 **【立案标准】**根据2022年4月6日最高检、公安部**《关于公安机关管辖的刑事案件立案追诉标准的规定（二）》第十八条**，变造货币，涉嫌下列情形之一的，应予立案追诉：

（一）总面额在2000元以上或者币量在200张（枚）以上的；

（二）总面额在1000元以上或者币量在100张（枚）以上，2年内因变造货币受过行政处罚，又变造货币的；

（三）其他变造货币应予追究刑事责任的情形。

【司法解释】根据2010年10月20日最高法**《关于审理伪造货币等案件具体应用法律若干问题的解释（二）》第一条第二款**，对真货币采用剪贴、挖补、揭层、涂改、移位、重印等方法加工处理，改变真币形态、价值的行为，应当认定为刑法第一百七十三条规定的"变造货币"。

根据2000年9月8日最高法**《关于审理伪造货币等案件具体应用法律若干问题的解释》第六条**，变造货币的总面额在2000元以上不满3万元的，属于"数额较大"；总面额在3万元以上的，属于"数额巨大"，依照刑法第一百七十三条的规定定罪处罚。

根据2003年11月12日公安部经济犯罪侦查局**《关于马××变造货币案中变造货币数额认定问题的批复》**（公经〔2003〕1329号），犯罪嫌疑人以货币为基本材料，采用挖补、撕揭、拼凑等方法，改变货币的外在形态，变造货币的数额应以实际变造出的货币的票面数额计算，包括被因挖补、撕揭而改变了外在形态的货币，但已灭失的货币除外。

根据2012年6月14日公安部**《关于对残损硬币进行加工修复是否属于"变造货币"问题的批复》**（公经〔2012〕576号），擅自对内芯和外圈分离的外国残损硬币进行拼装组合、加工修复的行为，可以认定为"变造货币"行为。

根据最高法研究室**《对外国残损、变形硬币进行加工修复是否属于"变造货币"问题的研究意见》**，对从废旧金属、洋垃圾中分拣的外国残损、变形硬币进行加工修复行为所涉情形较为复杂，应当区分情况处理：对其中内芯、外圈分离的硬币进行重新拼装，加工修复的，可以认定为"变造货币"；对分拣出的外国硬币进行清洗、挑选，或者对扭曲变形的外国硬币进行敲打、压平，不应认定为"变造货币"（参见《司法研究与指导》2012年总第2辑）。

第一百七十四条[143] **【擅自设立金融机构罪】**未经国家有关主管部门批准，擅自设立商业银行、证券交易所、期货交易所、证券公司、期货经纪公司、保险公司或者其他金融机构的，处三年以下有期徒刑或者拘役，并处或者单处二万元以上二十万元以下罚金；情节严重的，处三年以上十年以下有期徒刑，并处五万元以上五十万元以下罚金。

【伪造、变造、转让金融机构经营许可证、批准文件罪】伪造、变造、转让商业银行、证券交易所、期货交易所、证券公司、期货经纪公司、保险公司或者其他金融机构的经营许可证或者批准文件的，依照前款的规定处罚。

单位犯前两款罪的，对单位判处罚金，并对其直接负责的主管人员和其他直接责任人员，依照第一款的规定处罚。

〔143〕**【刑法修订】**1999年《**刑法修正案**》**第三条**修订了本条。1997年刑法原文如下：

第一百七十四条　未经中国人民银行批准，擅自设立商业银行或者其他金融机构的，处三年以下有期徒刑或者拘役，并处或者单处二万元以上二十万元以下罚金；情节严重的，处三年以上十年以下有期徒刑，并处五万元以上五十万元以下罚金。

伪造、变造、转让商业银行或者其他金融机构经营许可证的，依照前款的规定处罚。

单位犯前两款罪的，对单位判处罚金，并对其直接负责的主管人员和其他直接责任人员，依照第一款的规定处罚。

1999年《**刑法修正案**》将第一款"未经中国人民银行批准"修改为"未经国家有关主管部门批准"，将"擅自设立商业银行或者其他金融机构"修改为"擅自设立商业银行、证券交易所、期货交易所、证券公司、期货经纪公司、保险公司或者其他金融机构"，将第二款"伪造、变造、转让商业银行或者其他金融机构经营许可证"修改为"伪造、变造、转让商业银行、证券交易所、期货交易所、证券公司、期货经纪公司、保险公司或者其他金融机构的经营许可证或者批准文件"。

【立案标准】2022年4月6日最高检、公安部《**关于公安机关管辖的刑事案件立案追诉标准的规定(二)**》，对于刑法第一百七十四条立案追诉标准规定如下：

第十九条　未经国家有关主管部门批准，擅自设立金融机构，涉嫌下列情形之一的，应予立案追诉：

(一)擅自设立商业银行、证券交易所、期货交易所、证券公司、期货公司、保险公司或者其他金融机构的；

(二)擅自设立金融机构筹备组织的。

第一百七十五条〔144〕**【高利转贷罪】**以转贷牟利为目的，套取金融机构信贷资金高利转贷他人，违法所得数额较大的，处三年以下有期徒刑或者拘役，并处违法所得一倍以上五倍以下罚金；数额巨大的，处三年以上七年以下有期徒刑，并处违法所得一倍以上五倍以下罚金。

单位犯前款罪的，对单位判处罚金，并对其直接负责的主管人员和其他直接责任人员，处三年以下有期徒刑或者拘役。

第一百七十五条之一〔145〕**【骗取贷款、票据承兑、金融票证罪】**以欺骗手段取得银行或者其他金融机构贷款、票据承兑、信用证、保函等，给银行或者其他金融机构造成重大损失的，处三年以下有期徒刑或者拘役，并处或者单处罚金；给银行或者其他金融机构造成特别重大损失或者有其他特别严重情节的，处三年以上七年以下有期徒刑，并处罚金。

单位犯前款罪的，对单位判处罚金，并对其直接负责的主管人员和其他直接责任人员，依照前款的规定处罚。

第二十条 伪造、变造、转让商业银行、证券交易所、期货交易所、证券公司、期货公司、保险公司或者其他金融机构的经营许可证或者批准文件的，应予立案追诉。

【司法解释】根据2011年8月17日公安部经济犯罪侦查局**《关于小额贷款公司是否属于金融机构的批复》**（公经金融〔2011〕153号），根据《中华人民共和国商业银行法》、《非法金融机构和非法金融业务取缔办法》等法律行政法规的规定，我国境内（不含港、澳、台地区）的金融机构必须是由金融监督管理机构批准设立并监管、领取金融业务牌照、从事特许金融业务活动的机构。根据《中国银行业监督管理委员会》、《中国人民银行关于小额贷款公司试点的指导意见》（银监发〔2008〕23号），小额贷款公司是由自然人、企业法人与其他社会组织依照《中华人民共和国公司法》投资设立、不吸收公众存款、经营小额贷款业务的有限责任公司或股份有限公司，省级人民政府承担小额贷款公司风险处置责任，并明确一个主管部门（金融办或相关机构）负责对小额贷款公司的监督管理。因此，从现行金融法律规定来看，小额贷款公司属非持牌的工商企业，目前不宜界定为金融机构。

〔144〕**【立案标准】**根据2022年4月6日最高检、公安部**《关于公安机关管辖的刑事案件立案追诉标准的规定（二）》第二十一条**，以转贷牟利为目的，套取金融机构信贷资金高利转贷他人，违法所得数额在50万元以上的，应予立案追诉。

〔145〕**【刑法修订】**本条为2006年**《刑法修正案（六）》第十条**增设，增设的原文如下：

第一百七十五条之一　以欺骗手段取得银行或者其他金融机构贷款、票据承兑、信用证、保函等，给银行或者其他金融机构造成重大损失或者有其他严重情节的，处三年以下有期徒刑或者拘役，并处或者单处罚金；给银行或者其他金融机构造成特别重大损失或者有其他特别严重情节的，处三年以上七年以下有期徒刑，并处罚金。

单位犯前款罪的，对单位判处罚金，并对其直接负责的主管人员和其他直接责任人员，依照前款的规定处罚。

2020年《**刑法修正案(十一)**》**第十一条**删除了第一款"或者有其他严重情节"的规定。

【**立案标准**】根据2022年4月6日最高检、公安部《**关于公安机关管辖的刑事案件立案追诉标准的规定(二)**》**第二十二条**，以欺骗手段取得银行或者其他金融机构贷款、票据承兑、信用证、保函等，给银行或者其他金融机构造成直接经济损失数额在50万元以上的，应予立案追诉。

【**司法解释**】根据2011年7月20日最高法《**关于被告人陈岩骗取贷款请示一案的批复**》(〔2011〕刑他字第53号)，骗取贷款罪，虽不要求行为人具有非法占有目的，但应以危害金融安全为要件。被告人陈岩虽然采用欺骗手段从银行获取贷款的数额特别巨大，但其提供了足额真实抵押，未给银行造成损失，不会危及金融安全。因此，陈岩的行为不属于刑法第一百七十五条之一规定的"有其他严重情节"，不构成犯罪。

根据2009年6月24日最高法刑事审判第二庭《**关于针对骗取贷款、票据承兑、金融票证罪和违法发放贷款罪立案追诉标准的意见**》，根据《贷款通则》第三十四条的规定，不良贷款是指呆账贷款、呆滞贷款、逾期贷款。《贷款风险分类指导原则》(试行)(★已失效——编者说明)第三条规定，贷款分为正常、关注、次级、可疑和损失五类，后三类合称为不良贷款。因此，不良贷款根据不同的标准划分为不同级别，各个级别的风险程度也有差别，不宜一概以金融机构出具"形成不良贷款"的结论来认定"造成重大损失"。例如达到"次级"的贷款，虽然借款人的还款能力出现明显问题，依靠其正常经营收入已无法保证足额偿还本息，但若有他人为之提供担保的，银行仍然可以通过民事诉讼实现债权。因此，"不良贷款"不等于"经济损失"，亦不能将"形成不良贷款数额"等同于"重大经济损失数额"。

根据2009年6月30日最高检公诉厅《**关于对骗取贷款罪等犯罪立案追诉标准有关问题的回复意见**》，如果银行或者其他金融机构仅仅出具"形成不良贷款数额"的结论，不宜认定为"重大经济损失数额"。根据目前国有商业银行、股份制商业银行实行的贷款五级分类制，商业贷款分为正常、关注、次级、可疑、损失五类，其中后三类称为不良贷款，因此不良贷款尽管"不良"但不一定形成了既成的损失，不宜把形成不良贷款数额等同于"重大经济损失

第一百七十六条[146] **【非法吸收公众存款罪】**非法吸收公众存款或者变相吸收公众存款，扰乱金融秩序的，处三年以下有期徒刑或者拘役，并处或者单处罚金；数额巨大或者有其他严重情节的，处三年以上十年以下有期徒刑，并处罚金；数额特别巨大或者有其他特别严重情节的，处十年以上有期徒刑，并处罚金。

单位犯前款罪的，对单位判处罚金，并对其直接负责的主管人员和其他直接责任人员，依照前款的规定处罚。

有前两款行为，在提起公诉前积极退赃退赔，减少损害结果发生的，可以从轻或者减轻处罚。

数额”。

【典型案例】根据 2023 年 10 月 10 日最高法**涉民营企业产权和企业家合法权益保护再审典型案例·案例 3、蒋启智骗取票据承兑再审改判无罪案**，被告人在申请银行承兑汇票过程中提供了虚假的申请材料，应当予以否定性评价，但其提供了足额的抵押担保，尚未达到危害金融机构资金安全、给银行造成实际损失、构成犯罪的程度，不构成骗取票据承兑罪。

〔146〕 **【刑法修订】**2020 年《**刑法修正案（十一）**》**第十二条**修订了本条。1997 年刑法原文如下：

第一百七十六条 非法吸收公众存款或者变相吸收公众存款，扰乱金融秩序的，处三年以下有期徒刑或者拘役，并处或者单处二万元以上二十万元以下罚金；数额巨大或者有其他严重情节的，处三年以上十年以下有期徒刑，并处五万元以上五十万元以下罚金。

单位犯前款罪的，对单位判处罚金，并对其直接负责的主管人员和其他直接责任人员，依照前款的规定处罚。

2020 年《**刑法修正案（十一）**》在第一款新设了第三档法定刑，将限额罚金修改为无限额罚金，并增设了第三款具备特定情形从宽处罚的规定。

【立案标准】根据 2022 年 4 月 6 日最高检、公安部《**关于公安机关管辖的刑事案件立案追诉标准的规定（二）**》**第二十三条**，非法吸收公众存款或者变相吸收公众存款，扰乱金融秩序，涉嫌下列情形之一的，应予立案追诉：

（一）非法吸收或者变相吸收公众存款数额在 100 万元以上的；

（二）非法吸收或者变相吸收公众存款对象 150 人以上的；

（三）非法吸收或者变相吸收公众存款，给集资参与人造成直接经济损失数额在 50 万元以上的。

非法吸收或者变相吸收公众存款数额在 50 万元以上或者给集资参与人造成直接经济损失数额在 25 万元以上，同时涉嫌下列情形之一的，应予立案追诉：

（一）因非法集资受过刑事追究的；

（二）2 年内因非法集资受过行政处罚的；

（三）造成恶劣社会影响或者其他严重后果的。

【司法解释】2022 年 2 月 23 日修正后的最高法**《关于审理非法集资刑事案件具体应用法律若干问题的解释》**（法释〔2022〕5 号，该修正自 2022 年 3 月 1 日起施行），为依法惩治非法吸收公众存款、集资诈骗等非法集资犯罪活动，根据《中华人民共和国刑法》的规定，现就审理此类刑事案件具体应用法律的若干问题解释如下：

第一条　违反国家金融管理法律规定，向社会公众（包括单位和个人）吸收资金的行为，同时具备下列四个条件的，除刑法另有规定的以外，应当认定为刑法第一百七十六条规定的“非法吸收公众存款或者变相吸收公众存款”：

（一）未经有关部门依法许可或者借用合法经营的形式吸收资金；

（二）通过网络、媒体、推介会、传单、手机信息等途径向社会公开宣传；

（三）承诺在一定期限内以货币、实物、股权等方式还本付息或者给付回报；

（四）向社会公众即社会不特定对象吸收资金。

未向社会公开宣传，在亲友或者单位内部针对特定对象吸收资金的，不属于非法吸收或者变相吸收公众存款。

第二条　实施下列行为之一，符合本解释第一条第一款规定的条件的，应当依照刑法第一百七十六条的规定，以非法吸收公众存款罪定罪处罚：

（一）不具有房产销售的真实内容或者不以房产销售为主要目的，以返本销售、售后包租、约定回购、销售房产份额等方式非法吸收资金的；

（二）以转让林权并代为管护等方式非法吸收资金的；

（三）以代种植（养殖）、租种植（养殖）、联合种植（养殖）等方式非法吸收资金的；

（四）不具有销售商品、提供服务的真实内容或者不以销售商品、提供服务为主要目的，以商品回购、寄存代售等方式非法吸收资金的；

（五）不具有发行股票、债券的真实内容，以虚假转让股权、发售虚构债券等方式非法吸收资金的；

（六）不具有募集基金的真实内容，以假借境外基金、发售虚构基金等方式非法吸收资金的；

（七）不具有销售保险的真实内容，以假冒保险公司、伪造保险单据等方式非法吸收资金的；

（八）以网络借贷、投资入股、虚拟币交易等方式非法吸收资金的；

（九）以委托理财、融资租赁等方式非法吸收资金的；

（十）以提供“养老服务”、投资“养老项目”、销售“老年产品”等方式非法吸收资金的；

（十一）利用民间“会”“社”等组织非法吸收资金的；

（十二）其他非法吸收资金的行为。

第三条 非法吸收或者变相吸收公众存款，具有下列情形之一的，应当依法追究刑事责任：

（一）非法吸收或者变相吸收公众存款数额在100万元以上的；

（二）非法吸收或者变相吸收公众存款对象150人以上的；

（三）非法吸收或者变相吸收公众存款，给存款人造成直接经济损失数额在50万元以上的。

非法吸收或者变相吸收公众存款数额在50万元以上或者给存款人造成直接经济损失数额在25万元以上，同时具有下列情节之一的，应当依法追究刑事责任：

（一）曾因非法集资受过刑事追究的；

（二）2年内曾因非法集资受过行政处罚的；

（三）造成恶劣社会影响或者其他严重后果的。

第四条 非法吸收或者变相吸收公众存款，具有下列情形之一的，应当认定为刑法第一百七十六条规定的“数额巨大或者有其他严重情节”：

（一）非法吸收或者变相吸收公众存款数额在500万元以上的；

（二）非法吸收或者变相吸收公众存款对象500人以上的；

（三）非法吸收或者变相吸收公众存款，给存款人造成直接经济损失数额在250万元以上的。

非法吸收或者变相吸收公众存款数额在250万元以上或者给存款人造成直接经济损失数额在150万元以上，同时具有本解释第三条第二款第三项情节的，应当认定为“其他严重情节”。

第五条 非法吸收或者变相吸收公众存款，具有下列情形之一的，应当认定为刑法第一百七十六条规定的“数额特别巨大或者有其他特别严重情节”：

（一）非法吸收或者变相吸收公众存款数额在5000万元以上的；

（二）非法吸收或者变相吸收公众存款对象5000人以上的；

（三）非法吸收或者变相吸收公众存款，给存款人造成直接经济损失数额在2500万元以上的。

非法吸收或者变相吸收公众存款数额在2500万元以上或者给存款人造成直接经济损失数额在1500万元以上，同时具有本解释第三条第二款第三项情节的，应当认定为“其他特别严重情节”。

第六条 非法吸收或者变相吸收公众存款的数额，以行为人所吸收的资金全额计算。在提起公诉前积极退赃退赔，减少损害结果发生的，可以从轻或者减轻处罚；在提起公诉后退赃退赔的，可以作为量刑情节酌情考虑。

非法吸收或者变相吸收公众存款，主要用于正常的生产经营活动，能够在提起公诉前清退所吸收资金，可以免予刑事处罚；情节显著轻微危害不大的，不作为犯罪处理。

对依法不需要追究刑事责任或者免予刑事处罚的，应当依法将案件移送有关行政机关。

……

第九条第一款 犯非法吸收公众存款罪，判处3年以下有期徒刑或者拘役，并处或者单处罚金的，处5万元以上100万元以下罚金；判处3年以上10年以下有期徒刑的，并处10万元以上500万元以下罚金；判处10年以上有期徒刑的，并处50万元以上罚金。

……

第十三条 通过传销手段向社会公众非法吸收资金，构成非法吸收公众存款罪或者集资诈骗罪，同时又构成组织、领导传销活动罪的，依照处罚较重的规定定罪处罚。

第十四条 单位实施非法吸收公众存款、集资诈骗犯罪的，依照本解释规定的相应自然人犯罪的定罪量刑标准，对单位判处罚金，并对其直接负责的主管人员和其他直接责任人员定罪处罚。

第十五条 此前发布的司法解释与本解释不一致的，以本解释为准。

根据2001年9月10日最高法研究室**《关于认定非法吸收公众存款罪主体问题的复函》**（法研〔2001〕71号），金融机构及其工作人员不能构成非法吸收公众存款罪的犯罪主体。对于银行或者其他金融机构及其工作人员以牟利为目的，采用吸收客户资金不入账并将资金用于非法拆借、发放贷款，构成犯罪的，依照刑法有关规定定罪处罚［★最高法相关人员认为，具有主体资格但具体业务未经批准，或者具有主体资格但经营行为违法的，具备集资的“非法性”特征（参见刘为波：《〈关于审理非法集资刑事案件具体应用法律若干问题的解释〉的理解与适用》，载《人民司法》2011年第5期）。据此，金融机构及其工作人员也能构成非法吸收公众存款罪的犯罪主体。因此，《复函》的结论是否仍可适用，值得研究——编者说明］。

根据2004年9月8日最高法刑事审判第二庭**《关于以投资林业为名向社会吸收资金行为定性的答复意见》**，在现有的刑事立法框架内，在刑事司法上将非法集资视同为变相吸存，以非法吸收公众存款罪定罪处罚，是必要的，也是可行的。国务院《非法金融机构和非法金融业务活动取缔办法》（★已被2021年1月26日国务院《防范和处置非法集资条例》第40条废止——编者说明）以及中国人民银行《关于取缔非法金融机构和非法金融业务活动中有关问题的通知》中，对非法吸存、变相吸存、非法集资的规定，除了具体手法有所不同，三者并无实质性分别。刑法未对非法集资专门规定罪名，在以往的司法实践中，以非法占有为目的的非法吸存是以集资诈骗定罪处罚的。对于不具有非法占有目的的非法集资行为也有按非法吸收公众存款罪定罪处罚的先例。但是,对于此类以投资某些项目为名向社会公众非法吸收资金案件的违法性把握上应当慎重,除未经国家金融主管部门批准外,只有所涉及的项目及经营方式也违反了行政审批的有关规定,才作为犯罪论处。

对于此类行为,如主观上存在非法占有目的,客观上实施了诈骗行为,则应以集资诈骗罪定罪处罚。

第176条

2010年4月7日最高法刑二庭**《宽严相济在经济犯罪和职务犯罪案件审判中的具体贯彻》**指出:对于当前金融危机背景下的经济违法行为,应当根据《关于贯彻宽严相济刑事政策的若干意见》第4条规定的"审时度势"原则,第5条规定的"两个效果相统一"原则以及第14条、第23条规定的从宽要求,审慎分析判断其社会危害性,从有利于保障经济增长、维护社会稳定的角度依法准确定罪量刑。以非法集资案件为例说明如下:一是要准确界定非法集资与民间借贷、商业交易的政策法律界限。未经社会公开宣传,在单位职工或者亲友内部针对特定对象筹集资金的,一般可以不作为非法集资(★该结论与最新规定不一致。2022年2月23日最高法《关于审理非法集资刑事案件具体应用法律若干问题的解释》第一条第二款规定,未向社会公开宣传,在亲友或者单位内部针对特定对象吸收资金的,不属于非法吸收或者变相吸收公众存款——编者说明)。二是要准确把握非法集资罪与非罪的界限。资金主要用于生产经营及相关活动,行为人有还款意愿,能够及时清退集资款项,情节轻微,社会危害不大的,可以免予刑事处罚或者不作为犯罪处理。此外,对于"边缘案"、"踩线案"、罪与非罪界限一时难以划清的案件,要从有利于促进企业生存发展、有利于保障员工生计、有利于维护社会和谐稳定的高度,依法妥善处理,可定可不定的,原则上不按犯罪处理。特别对于涉及企业、公司法定代表人、技术人员因政策界限不明而实施的轻微违法犯罪,更要依法慎重处理(参见2010年4月7日《人民法院报》)。

根据2011年8月18日最高法**《关于非法集资刑事案件性质认定问题的通知》**(法〔2011〕262号),行政部门对于非法集资的性质认定,不是非法集资案件进入刑事程序的必经程序。行政部门未对非法集资作出性质认定的,不影响非法集资刑事案件的审判。

人民法院应当依照刑法和《最高人民法院关于审理非法集资刑事案件具体应用法律若干问题的解释》等有关规定认定案件事实的性质,并认定相关行为是否构成犯罪。

对于案情复杂、性质认定疑难的案件,人民法院可以在有关部门关于是否符合行业技术标准的行政认定意见的基础上,根据案件事实和法律规定作出性质认定。

2014年3月25日最高法、最高检、公安部**《关于办理非法集资刑事案件**

适用法律若干问题的意见》（公通字〔2014〕16号），就办理非法集资刑事案件适用法律问题提出以下意见：

一、关于行政认定的问题

行政部门对于非法集资的性质认定，不是非法集资刑事案件进入刑事诉讼程序的必经程序。行政部门未对非法集资作出性质认定的，不影响非法集资刑事案件的侦查、起诉和审判。

公安机关、人民检察院、人民法院应当依法认定案件事实的性质，对于案情复杂、性质认定疑难的案件，可参考有关部门的认定意见，根据案件事实和法律规定作出性质认定。

二、关于“向社会公开宣传”的认定问题

《最高人民法院关于审理非法集资刑事案件具体应用法律若干问题的解释》第一条第一款第二项中的“向社会公开宣传”，包括以各种途径向社会公众传播吸收资金的信息，以及明知吸收资金的信息向社会公众扩散而予以放任等情形。

三、关于“社会公众”的认定问题

下列情形不属于《最高人民法院关于审理非法集资刑事案件具体应用法律若干问题的解释》第一条第二款规定的“针对特定对象吸收资金”的行为，应当认定为向社会公众吸收资金：

（一）在向亲友或者单位内部人员吸收资金的过程中，明知亲友或者单位内部人员向不特定对象吸收资金而予以放任的；

（二）以吸收资金为目的，将社会人员吸收为单位内部人员，并向其吸收资金的。

四、关于共同犯罪的处理问题

为他人向社会公众非法吸收资金提供帮助，从中收取代理费、好处费、返点费、佣金、提成等费用，构成非法集资共同犯罪的，应当依法追究刑事责任。能够及时退缴上述费用的，可依法从轻处罚；其中情节轻微的，可以免除处罚；情节显著轻微、危害不大的，不作为犯罪处理。

五、关于涉案财物的追缴和处置问题

向社会公众非法吸收的资金属于违法所得。以吸收的资金向集资参与人支付的利息、分红等回报，以及向帮助吸收资金人员支付的代理费、好处费、返点费、佣金、提成等费用，应当依法追缴。集资参与人本金尚未归还的，所支付的回报可予折抵本金。

将非法吸收的资金及其转换财物用于清偿债务或者转让给他人，有下列情形之一的，应当依法追缴：

（一）他人明知是上述资金及财物而收取的；

（二）他人无偿取得上述资金及财物的；

（三）他人以明显低于市场的价格取得上述资金及财物的；

(四)他人取得上述资金及财物系源于非法债务或者违法犯罪活动的;

(五)其他依法应当追缴的情形。

查封、扣押、冻结的易贬值及保管、养护成本较高的涉案财物,可以在诉讼终结前依照有关规定变卖、拍卖。所得价款由查封、扣押、冻结机关予以保管,待诉讼终结后一并处置。

查封、扣押、冻结的涉案财物,一般应在诉讼终结后,返还集资参与人。涉案财物不足全部返还的,按照集资参与人的集资额比例返还。

六、关于证据的收集问题

办理非法集资刑事案件中,确因客观条件的限制无法逐一收集集资参与人的言词证据的,可结合已收集的集资参与人的言词证据和依法收集并查证属实的书面合同、银行帐户交易记录、会计凭证及会计帐簿、资金收付凭证、审计报告、互联网电子数据等证据,综合认定非法集资对象人数和吸收资金数额等犯罪事实。

七、关于涉及民事案件的处理问题(下略)

八、关于跨区域案件的处理问题(下略)

2019年1月30日最高法、最高检、公安部**《关于办理非法集资刑事案件若干问题的意见》**(高检会〔2019〕2号),为依法惩治非法吸收公众存款、集资诈骗等非法集资犯罪活动,维护国家金融管理秩序,保护公民、法人和其他组织合法权益,根据刑法、刑事诉讼法等法律规定,结合司法实践,现就办理非法吸收公众存款、集资诈骗等非法集资刑事案件有关问题提出以下意见:

一、关于非法集资的"非法性"认定依据问题

人民法院、人民检察院、公安机关认定非法集资的"非法性",应当以国家金融管理法律法规作为依据。对于国家金融管理法律法规仅作原则性规定的,可以根据法律规定的精神并参考中国人民银行、中国银行保险监督管理委员会、中国证券监督管理委员会等行政主管部门依照国家金融管理法律法规制定的部门规章或者国家有关金融管理的规定、办法、实施细则等规范性文件的规定予以认定。

二、关于单位犯罪的认定问题

单位实施非法集资犯罪活动,全部或者大部分违法所得归单位所有的,应当认定为单位犯罪。

个人为进行非法集资犯罪活动而设立的单位实施犯罪的,或者单位设立后,以实施非法集资犯罪活动为主要活动的,不以单位犯罪论处,对单位中组织、策划、实施非法集资犯罪活动的人员应当以自然人犯罪依法追究刑事责任。

判断单位是否以实施非法集资犯罪活动为主要活动,应当根据单位实施非法集资的次数、频度、持续时间、资金规模、资金流向、投入人力物力情况、

单位进行正当经营的状况以及犯罪活动的影响、后果等因素综合考虑认定。

三、关于涉案下属单位的处理问题

办理非法集资刑事案件中，人民法院、人民检察院、公安机关应当全面查清涉案单位，包括上级单位（总公司、母公司）和下属单位（分公司、子公司）的主体资格、层级、关系、地位、作用、资金流向等，区分情况依法作出处理。

上级单位已被认定为单位犯罪，下属单位实施非法集资犯罪活动，且全部或者大部分违法所得归下属单位所有的，对该下属单位也应当认定为单位犯罪。上级单位和下属单位构成共同犯罪的，应当根据犯罪单位的地位、作用，确定犯罪单位的刑事责任。

上级单位已被认定为单位犯罪，下属单位实施非法集资犯罪活动，但全部或者大部分违法所得归上级单位所有的，对下属单位不单独认定为单位犯罪。下属单位中涉嫌犯罪的人员，可以作为上级单位的其他直接责任人员依法追究刑事责任。

上级单位未被认定为单位犯罪，下属单位被认定为单位犯罪的，对上级单位中组织、策划、实施非法集资犯罪的人员，一般可以与下属单位按照自然人与单位共同犯罪处理。

上级单位与下属单位均未被认定为单位犯罪的，一般以上级单位与下属单位中承担组织、领导、管理、协调职责的主管人员和发挥主要作用的人员作为主犯，以其他积极参加非法集资犯罪的人员作为从犯，按照自然人共同犯罪处理。

四、关于主观故意的认定问题

认定犯罪嫌疑人、被告人是否具有非法吸收公众存款的犯罪故意，应当依据犯罪嫌疑人、被告人的任职情况、职业经历、专业背景、培训经历、本人因同类行为受到行政处罚或者刑事追究情况以及吸收资金方式、宣传推广、合同资料、业务流程等证据，结合其供述，进行综合分析判断。

犯罪嫌疑人、被告人使用诈骗方法非法集资，符合《最高人民法院关于审理非法集资刑事案件具体应用法律若干问题的解释》第四条（★现为2022年修正后的《最高人民法院关于审理非法集资刑事案件具体应用法律若干问题的解释》第七条。参见刑法第192条脚注相关部分——编者说明）规定的，可以认定为集资诈骗罪中“以非法占有为目的”。

办案机关在办理非法集资刑事案件中，应当根据案件具体情况注意收集运用涉及犯罪嫌疑人、被告人的以下证据：是否使用虚假身份信息对外开展业务；是否虚假订立合同、协议；是否虚假宣传，明显超出经营范围或者夸大经营、投资、服务项目及盈利能力；是否吸收资金后隐匿、销毁合同、协议、账目；是否传授或者接受规避法律、逃避监管的方法，等等。

五、关于犯罪数额的认定问题

非法吸收或者变相吸收公众存款构成犯罪，具有下列情形之一的，向亲友或者单位内部人员吸收的资金应当与向不特定对象吸收的资金一并计入犯罪数额：

（一）在向亲友或者单位内部人员吸收资金的过程中，明知亲友或者单位内部人员向不特定对象吸收资金而予以放任的；

（二）以吸收资金为目的，将社会人员吸收为单位内部人员，并向其吸收资金的；

（三）向社会公开宣传，同时向不特定对象、亲友或者单位内部人员吸收资金的。

非法吸收或者变相吸收公众存款的数额，以行为人所吸收的资金全额计算。集资参与人收回本金或者获得回报后又重复投资的数额不予扣除，但可以作为量刑情节酌情考虑。

六、关于宽严相济刑事政策把握问题

办理非法集资刑事案件，应当贯彻宽严相济刑事政策，依法合理把握追究刑事责任的范围，综合运用刑事手段和行政手段处置和化解风险，做到惩处少数、教育挽救大多数。要根据行为人的客观行为、主观恶性、犯罪情节及其地位、作用、层级、职务等情况，综合判断行为人的责任轻重和刑事追究的必要性，按照区别对待原则分类处理涉案人员，做到罚当其罪、罪责刑相适应。

重点惩处非法集资犯罪活动的组织者、领导者和管理人员，包括单位犯罪中的上级单位（总公司、母公司）的核心层、管理层和骨干人员，下属单位（分公司、子公司）的管理层和骨干人员，以及其他发挥主要作用的人员。

对于涉案人员积极配合调查、主动退赃退赔、真诚认罪悔罪的，可以依法从轻处罚；其中情节轻微的，可以免除处罚；情节显著轻微、危害不大的，不作为犯罪处理。

七、关于管辖问题（下略）

八、关于办案工作机制问题（下略）

九、关于涉案财物追缴处置问题

……

根据有关规定，查封、扣押、冻结的涉案财物，一般应在诉讼终结后返还集资参与人。涉案财物不足全部返还的，按照集资参与人的集资额比例返还。退赔集资参与人的损失一般优先于其他民事债务以及罚金、没收财产的执行。

十、关于集资参与人权利保障问题（下略）

十一、关于行政执法与刑事司法衔接问题（下略）

十二、关于国家工作人员相关法律责任问题

国家工作人员具有下列行为之一，构成犯罪的，应当依法追究刑事责任：

（一）明知单位和个人所申请机构或者业务涉嫌非法集资，仍为其办理行政许可或者注册手续的；

（二）明知所主管、监管的单位有涉嫌非法集资行为，未依法及时处理或者移送处置非法集资职能部门的；

（三）查处非法集资过程中滥用职权、玩忽职守、徇私舞弊的；

（四）徇私舞弊不向司法机关移交非法集资刑事案件的；

（五）其他通过职务行为或者利用职务影响，支持、帮助、纵容非法集资的。

根据 2022 年 1 月 13 日最高法**《关于充分发挥司法职能作用助力中小微企业发展的指导意见》**，落实刑法及有关司法解释的规定，对于中小微企业非法吸收或者变相吸收公众存款，主要用于正常的生产经营活动，能够及时清退所吸收资金的，可以免予刑事处罚；情节显著轻微、危害不大的，不作为犯罪处理。

根据 2022 年 8 月 21 日最高法、最高检、公安部**《关于打击整治养老诈骗专项行动的指导意见》**，养老企业、养老机构在经营过程中非法吸收或者变相吸收公众存款，主要用于正常的养老业务经营活动，能够在提起公诉前清退所吸收资金的，可以免予刑事处罚；情节显著轻微危害不大的，不作为犯罪处理；综合老年人权益保护、企业实际经营状况等情况，人民检察院可以要求涉案企业、机构进行合规建设。

根据 2023 年 10 月 13 日最高检**《关于全面履行检察职能推动民营经济发展壮大的意见》**，针对司法实践中民营企业常见多发的非法集资类、贷款类、涉税类等犯罪，要依照法律和司法解释规定，坚持罪刑法定原则、主客观相一致原则和罪责刑相适应原则，注重实质判断和全面判断，综合考虑企业的实际生产经营状况、行为人主观上是否具有非法占有目的、客观上是否造成重大损失以及资金流向、行为手段是否异常等因素，客观评价行为的社会危害性和刑罚必要性，准确定性处理。

【会议纪要】2017 年 6 月 1 日最高检公诉厅**《关于办理涉互联网金融犯罪案件有关问题座谈会纪要》**（高检诉〔2017〕14 号），就非法吸收公众存款行为的认定，纪要如下：

6. 涉互联网金融活动在未经有关部门依法批准的情形下，公开宣传并向不特定公众吸收资金，承诺在一定期限内还本付息的，应当依法追究刑事责任。其中，应重点审查互联网金融活动相关主体是否存在归集资金、沉淀资金，致使投资人资金存在被挪用、侵占等重大风险等情形。

7. 互联网金融的本质是金融，判断其是否属于“未经有关部门依法批准”，即行为是否具有非法性的主要法律依据是《商业银行法》、《非法金融机构和非法金融业务活动取缔办法》（国务院令第 247 号）等现行有效的金融管理法律规定（★《非法金融机构和非法金融业务活动取缔办法》已被 2021 年 1 月 26 日国务院《防范和处置非法集资条例》第 40 条废止——编者说明）。

8. 对以下网络借贷领域的非法吸收公众资金的行为，应当以非法吸收公

第
176
条

众存款罪分别追究相关行为主体的刑事责任：

（1）中介机构以提供信息中介服务为名，实际从事直接或间接归集资金、甚至自融或变相自融等行为，应当依法追究中介机构的刑事责任。特别要注意识别变相自融行为，如中介机构通过拆分融资项目期限、实行债权转让等方式为自己吸收资金的，应当认定为非法吸收公众存款。

（2）中介机构与借款人存在以下情形之一的，应当依法追究刑事责任：①中介机构与借款人合谋或者明知借款人存在违规情形，仍为其非法吸收公众存款提供服务的；中介机构与借款人合谋，采取向出借人提供信用担保、通过电子渠道以外的物理场所开展借贷业务等违规方式向社会公众吸收资金的；②双方合谋通过拆分融资项目期限、实行债权转让等方式为借款人吸收资金的。在对中介机构、借款人进行追诉时，应根据各自在非法集资中的地位、作用确定其刑事责任。中介机构虽然没有直接吸收资金，但是通过大肆组织借款人开展非法集资并从中收取费用数额巨大、情节严重的，可以认定为主犯。

（3）借款人故意隐瞒事实，违反规定，以自己名义或借用他人名义利用多个网络借贷平台发布借款信息，借款总额超过规定的最高限额，或将吸收资金用于明确禁止的投资股票、场外配资、期货合约等高风险行业，造成重大损失和社会影响的，应当依法追究借款人的刑事责任。对于借款人将借款主要用于正常的生产经营活动，能够及时清退所吸收资金，不作为犯罪处理。

9. 在非法吸收公众存款罪中，原则上认定主观故意并不要求以明知法律的禁止性规定为要件。特别是具备一定涉金融活动相关从业经历、专业背景或在犯罪活动中担任一定管理职务的犯罪嫌疑人，应当知晓相关金融法律管理规定，如果有证据证明其实际从事的行为应当批准而未经批准，行为在客观上具有非法性，原则上就可以认定其具有非法吸收公众存款的主观故意。在证明犯罪嫌疑人的主观故意时，可以收集运用犯罪嫌疑人的任职情况、职业经历、专业背景、培训经历、此前任职单位或者其本人因从事同类行为受到处罚情况等证据，证明犯罪嫌疑人提出的“不知道相关行为被法律所禁止，故不具有非法吸收公众存款的主观故意”等辩解不能成立。除此之外，还可以收集运用以下证据进一步印证犯罪嫌疑人知道或应当知道其所从事行为具有非法性，比如犯罪嫌疑人故意规避法律以逃避监管的相关证据：自己或要求下属与投资人签订虚假的亲友关系确认书，频繁更换宣传用语逃避监管，实际推介内容与宣传用语、实际经营状况不一致，刻意向投资人夸大公司兑付能力，在培训课程中传授或接受规避法律的方法，等等。

10. 对于无相关职业经历、专业背景，且从业时间短暂，在单位犯罪中层级较低，纯属执行单位领导指令的犯罪嫌疑人提出辩解的，如确实无其他证据证明其具有主观故意的，可以不作为犯罪处理。另外，实践中还存在犯罪嫌疑人提出因信赖行政主管部门出具的相关意见而陷入错误认识的辩解。如果上述辩解确有证据证明，不应作为犯罪处理，但应当对行政主管部门出具的相关意见及其出具过程进行查证，如存在以下情形之一，仍应认定犯罪嫌疑人具有非法吸收公众存款的主观故意：(1)行政主管部门出具意见所涉及的行为与犯罪嫌疑人实际从事的行为不一致的；(2)行政主管部门出具的意见未对是否存在非法吸收公众存款问题进行合法性审查，仅对其他合法性问题进行审查的；(3)犯罪嫌疑人在行政主管部门出具意见时故意隐瞒事实、弄虚作假的；(4)犯罪嫌疑人与出具意见的行政主管部门的工作人员存在利益输送行为的；(5)犯罪嫌疑人存在其他影响和干扰行政主管部门出具意见公正性的情形的。对于犯罪嫌疑人提出因信赖专家学者、律师等专业人士、主流新闻媒体宣传或有关行政主管部门工作人员的个人意见而陷入错误认识的辩解，不能作为犯罪嫌疑人判断自身行为合法性的根据和排除主观故意的理由。

11. 负责或从事吸收资金行为的犯罪嫌疑人非法吸收公众存款金额，根据其实际参与吸收的全部金额认定。但以下金额不应计入该犯罪嫌疑人的吸收金额：(1)犯罪嫌疑人自身及其近亲属所投资的资金金额；(2)记录在犯罪嫌疑人名下，但其未实际参与吸收且未从中收取任何形式好处的资金。吸收金额经过司法会计鉴定的，可以将前述不计入部分直接扣除。但是，前述两项所涉金额仍应计入相对应的上一级负责人及所在单位的吸收金额。

12. 投资人在每期投资结束后，利用投资账户中的资金（包括每期投资结束后归还的本金、利息）进行反复投资的金额应当累计计算，但对反复投资的数额应当作出说明。对负责或从事行政管理、财务会计、技术服务等辅助工作的犯罪嫌疑人，应当按照其参与的犯罪事实，结合其在犯罪中的地位和作用，依法确定刑事责任范围。

13. 确定犯罪嫌疑人的吸收金额时，应当重点审查、运用以下证据：(1)涉案主体自身的服务器或第三方服务器上存储的交易记录等电子数据；(2)会计账簿和会计凭证；(3)银行账户交易记录、POS 机支付记录；(4)资金收付凭证、书面合同等书证。仅凭投资人报案数据不能认定吸收金额。

【指导案例】根据 2020 年 2 月 5 日最高检**第十七批指导性案例·检例第 64 号·杨卫国等人非法吸收公众存款案**，单位或个人假借开展网络借贷信息中介业务之名，未经依法批准，归集不特定公众的资金设立资金池，控制、支配资金池中的资金，并承诺还本付息的，构成非法吸收公众存款罪。

★该指导案例在“指导意义”部分指出：向不特定社会公众吸收存款是商业银行专属金融业务，任何单位和个人未经批准不得实施。根据《中华人民共和国商业银行法》第十一条规定，未经国务院银行业监督管理机构批准，任何单位和个人不得从事吸收公众存款等商业银行业务，这是判断吸收公众存款行为合法与非法的基本法律依据。任何单位或个人，包括非银行金融机构，未经国务院银行业监督管理机构批准，面向社会吸收公众存款或者变相吸收公众存款均属非法。国务院《非法金融机构和非法金融业务活动取缔办法》进

第
176
条

一步明确规定，未经依法批准，非法吸收公众存款、变相吸收公众存款、以任何名义向社会不特定对象进行的非法集资都属于非法金融活动，必须予以取缔。为了解决传统金融机构覆盖不了、满足不好的社会资金需求，缓解个体经营者、小微企业经营当中的小额资金困难，国务院金融监管机构于2016年发布了《网络借贷信息中介机构业务活动管理暂行办法》等“一个办法、三个指引”，允许单位或个人在规定的借款余额范围内通过网络借贷信息中介机构进行小额借贷，并且对单一组织、单一个人在单一平台、多个平台的借款余额上限作了明确限定。检察机关在办案中要准确把握法律法规、金融管理规定确定的界限、标准和原则精神，准确区分融资借款活动的性质，对于违反规定达到追诉标准的，依法追究刑事责任。

金融创新必须遵守金融管理法律规定，不得触犯刑法规定……金融也需要发展和创新，但金融创新必须有效地防控可能产生的风险，必须遵守金融管理法律法规，尤其是依法须经许可才能从事的金融业务，不允许未经许可而以创新的名义擅自开展。检察机关办理涉金融案件，要深入分析、清楚认识各类新金融现象，准确把握金融的本质，透过复杂多样的表现形式，准确区分是真的金融创新还是披着创新外衣的伪创新，是合法金融活动还是以金融创新为名实施金融违法犯罪活动，为防范化解金融风险提供及时、有力的司法保障。

网络借贷中介机构非法控制、支配资金，构成非法吸收公众存款。网络借贷信息中介机构依法只能从事信息中介业务，为借款人与出借人实现直接借贷提供信息搜集、信息公布、资信评估、信息交互、借贷撮合等服务。信息中介机构不得提供增信服务，不得直接或间接归集资金，包括设立资金池控制、支配资金或者为自己控制的公司融资。网络借贷信息中介机构利用互联网发布信息归集资金，不仅超出了信息中介业务范围，同时也触犯了刑法第一百七十六条的规定。检察机关在办案中要通过对网络借贷平台的股权结构、实际控制关系、资金来源、资金流向、中间环节和最终投向的分析，综合全流程信息，分析判断是规范的信息中介，还是假借信息中介名义从事信用中介活动，是否存在违法设立资金池、自融、变相自融等违法归集、控制、支配、使用资金的行为，准确认定行为性质。

【典型案例】2019年5月21日最高法**依法平等保护民营企业家人身财产安全十大典型案例·十、上海微微爱珠宝公司、吴微微非法吸收公众存款（宣告无罪）案**的案件情况如下：

（一）案情简介

上海微微爱珠宝公司（以下简称微微珠宝公司）系一家在沪经营多年的民营企业。2010年6月至2011年10月间，微微珠宝公司法定代表人吴微微以投资或者经营需要资金周转等为由，通过出具借据或签订借款协议等方式，分别向涂某等向十余位借款人借款共计1.5亿余元，其中大多承诺较高利息，部分提供房产抵押或珠宝质押。所借款项主要用于偿还他人的借款本息、支付公司运营支出等。至案发，吴微微和微微珠宝公司对上述款项尚未完全支付本息，故被公诉机关指控犯非法吸收公众存款罪。

上海市黄浦区人民法院经审理认为，首先，从宣传手段上看，吴微微借款方式为或当面或通过电话一对一向借款人提出借款，并约定利息和期限，既不存在通过媒体、推介会、传单、手机短信等途径向社会公开宣传的情形，亦无证据显示其要求借款对象为其募集、吸收资金或明知他人将其吸收资金的信息向社会公众扩散而予以放任的情形；其次，从借款对象上看，吴微微的借款对象绝大部分与其有特定的社会关系基础，范围相对固定、封闭，不具有开放性，并非随机选择或者随时可能变化的不特定对象。对于查明的出资中确有部分资金并非亲友自有而系转借而来的情况，但现有证据难以认定吴微微系明知亲友向他人吸收资金而予以放任，此外，其个别亲友转借的对象亦是个别特定对象，而非社会公众；再次，吴微微在向他人借款的过程中，存在并未约定利息或回报的情况，对部分借款还提供了房产、珠宝抵押，故吴微微的上述行为并不符合非法吸收公众存款罪的特征。

综上，一审法院认为，公诉机关指控被告单位上海微微爱珠宝有限公司及被告人吴微微犯非法吸收公众存款罪的证据不足，指控罪名不能成立。依照《中华人民共和国刑事诉讼法》第一百九十五条第（三）项之规定，判决：一、被告单位上海微微爱珠宝有限公司无罪；二、被告人吴微微无罪。一审宣判后，公诉机关提起抗诉。上海市第二中级人民法院经审理认为，原判认定事实和适用法律正确，所作的判决并无不当，且诉讼程序合法，裁定驳回抗诉，维持原判。

（二）典型意义

民间融资作为民营企业重要的融资渠道，在解决民营企业资金短缺困境的同时，也增加了民营企业经营和法律风险。司法实践中要严格把握民间融资与非法集资的界限，审慎对待由于民间融资引发的经济纠纷，防止刑事手段过度干预民营企业生产经营。本案通过审理依法认定被告人既未向社会公开宣传，借款对象亦非不特定人员，其借款融资行为不符合非法吸收公众存款罪的构成要件，依法应宣告无罪。当然，吴微微及微微爱珠宝公司的借款行为虽未构成犯罪，但依法要承担相应的民事责任。借款人陆续通过诉讼、协商等方式，确保其债权的实现。

根据 2023 年 12 月 20 日最高法、最高检**依法从严打击私募基金犯罪典型案例·苏某明等人非法吸收公众存款案**，私募基金管理人经登记、私募基金经备案或者部分备案，不影响对非法集资行为“非法性”的认定。根据《证券投资基金法》《私募投资基金监督管理条例》（本案依据《私募投资基金监督管理暂行办法》）规定，私募基金是指以非公开方式向投资者募集资金设立的投资

第 176 条

基金，具有“非公开”和“向特定合格投资者募集”两个基本属性；私募基金不设行政审批，私募基金管理人应当向基金业协会申请登记，募集完毕后办理基金备案，经登记、备案不属于“经有关部门依法许可”向社会公众吸收资金。根据《商业银行法》规定，向不特定社会公众公开吸收存款是商业银行的专属业务，须经国务院银行业监督管理机构批准。违反上述规定，向不特定社会公众公开发行销售私募基金的，属于假借私募基金的合法经营形式，掩盖非法集资之实，既违反了私募基金管理法律规定，又违反了商业银行法的规定，无论是否经基金业协会登记、备案，均具有非法性。

以私募基金为名非法集资的手段多样，实质上都是突破私募基金“私”的本质和投资风险自负的底线，以具有公开性、社会性和利诱性的方式非法募集资金。常用的手段有：通过网站、电话、微信、讲座、推介会、分析会、撒网式代销推荐等方式向不特定对象宣传，具有公开性；通过组织不合格投资者私下协议代持基金份额、允许“拼单团购”、将私募基金份额或者收益权进行拆分转让、同一融资项目设立多只私募基金等方式，降低合格投资者标准，规避投资者人数限制，具有社会性；除私募基金认购合同外，通过另行签订补充协议或者口头承诺回购、担保、年化收益率等方式，以预期利润为引诱，承诺还本付息或者给付回报，具有利诱性。发行销售私募基金的行为具备上述特征的，属于非法集资或者变相非法集资，应当依法追究刑事责任。

是否具有非法占有目的，是区分非法吸收公众存款罪与集资诈骗罪的关键。私募股权类基金产品一般从事创业投资，以投资项目公司、企业的股权为标的，对于发行私募股权类基金产品符合非法集资犯罪“四性”特征，但大部分资金用于真实项目投资，没有抽逃、转移、隐匿、挥霍等情形的，可以不认定具有“以非法占有为目的”。本案中，苏某明等人以私募为名实施非法集资活动，募集资金除返本付息和维持运营外，主要用于约定房地产项目、其他房地产项目以及与项目相关的建筑材料采购，项目真实，依法认定不具有非法占有目的，以非法吸收公众存款罪追究刑事责任。

【量刑指导】根据2021年6月17日最高法、最高检**《关于常见犯罪的量刑指导意见（试行）》**，1.构成非法吸收公众存款罪的，根据下列情形在相应的幅度内确定量刑起点：

（1）犯罪情节一般的，在1年以下有期徒刑、拘役幅度内确定量刑起点。

（2）达到数额巨大起点或者有其他严重情节的，在3年至4年有期徒刑幅度内确定量刑起点。

（3）达到数额特别巨大起点或者有其他特别严重情节的，在10年至12年有期徒刑幅度内确定量刑起点。

2.在量刑起点的基础上，根据非法吸收存款数额等其他影响犯罪构成的犯罪事实增加刑罚量，确定基准刑。

第一百七十七条[147]　**【伪造、变造金融票证罪】**有下列情形之一，伪造、变造金融票证的，处五年以下有期徒刑或者拘役，并处或者单处二万元以上二十万元以下罚金；情节严重的，处五年以上十年以下有期徒刑，并处五万元以上五十万元以下罚金；情节特别严重的，处十年以上有期徒刑或者无期徒刑，并处五万元以上五十万元以下罚金或者没收财产：

（一）伪造、变造汇票、本票、支票的；

（二）伪造、变造委托收款凭证、汇款凭证、银行存单等其他银行结算凭证的；

（三）伪造、变造信用证或者附随的单据、文件的；

（四）伪造信用卡的。

单位犯前款罪的，对单位判处罚金，并对其直接负责的主管人员和其他直接责任人员，依照前款的规定处罚。

---

3. 对于在提起公诉前积极退赃退赔，减少损害结果发生的，可以减少基准刑的40%以下；犯罪较轻的，可以减少基准刑的40%以上或者依法免除处罚。

4. 构成非法吸收公众存款罪的，根据非法吸收公众存款数额、存款人人数、给存款人造成的直接经济损失数额等犯罪情节，综合考虑被告人缴纳罚金的能力，决定罚金数额。

5. 构成非法吸收公众存款罪的，综合考虑非法吸收存款数额、存款人人数、给存款人造成的直接经济损失数额、清退资金数额等犯罪事实、量刑情节，以及被告人主观恶性、人身危险性、认罪悔罪表现等因素，决定缓刑的适用。

〔147〕**【立案标准】**根据2022年4月6日最高检、公安部《**关于公安机关管辖的刑事案件立案追诉标准的规定（二）**》第二十四条，伪造、变造金融票证，涉嫌下列情形之一的，应予立案追诉：

（一）伪造、变造汇票、本票、支票，或者伪造、变造委托收款凭证、汇款凭证、银行存单等其他银行结算凭证，或者伪造、变造信用证或者附随的单据、文件，总面额在1万元以上或者数量在10张以上的；

（二）伪造信用卡1张以上，或者伪造空白信用卡10张以上的。

【司法解释】2018年11月28日最高法、最高检修正后的《**关于办理妨害信用卡管理刑事案件具体应用法律若干问题的解释**》（法释〔2018〕19号，自2018年12月1日起施行），就办理妨害信用卡管理刑事案件具体应用法律问题解释如下：

第一条　复制他人信用卡、将他人信用卡信息资料写入磁条介质、芯片或者以其他方法伪造信用卡1张以上的，应当认定为刑法第一百七十七条第一款第（四）项规定的"伪造信用卡"，以伪造金融票证罪定罪处罚。

伪造空白信用卡10张以上的，应当认定为刑法第一百七十七条第一款第（四）项规定的“伪造信用卡”，以伪造金融票证罪定罪处罚。

伪造信用卡，有下列情形之一的，应当认定为刑法第一百七十七条规定的“情节严重”：

（一）伪造信用卡5张以上不满25张的；

（二）伪造的信用卡内存款余额、透支额度单独或者合计数额在20万元以上不满100万元的；

（三）伪造空白信用卡50张以上不满250张的；

（四）其他情节严重的情形。

伪造信用卡，有下列情形之一的，应当认定为刑法第一百七十七条规定的“情节特别严重”：

（一）伪造信用卡25张以上的；

（二）伪造的信用卡内存款余额、透支额度单独或者合计数额在100万元以上的；

（三）伪造空白信用卡250张以上的；

（四）其他情节特别严重的情形。

本条所称“信用卡内存款余额、透支额度”，以信用卡被伪造后发卡行记录的最高存款余额、可透支额度计算。

……

第十三条 单位实施本解释规定的行为，适用本解释规定的相应自然人犯罪的定罪量刑标准。

第177条

根据2001年12月27日最高检法律政策研究室**《关于对居间贩卖假金融票证行为如何认定问题的意见》**，对居间贩卖假金融票证的行为，首先应当考虑该行为是否构成伪造、变造金融票证或者金融诈骗犯罪的共犯；如果不能认定共同犯罪，也不构成其他犯罪，而只能以非法经营罪追究刑事责任的，应当依照《最高人民检察院、公安部关于经济犯罪案件追诉标准的规定》（★《关于经济犯罪案件追诉标准的规定》已被废止——编者说明）有关非法经营罪的规定办理，而不宜对此再掌握不同的追诉标准。

根据2002年2月21日最高法研究室**《关于对贩卖假金融票证行为如何适用法律问题的复函》**（法研〔2002〕21号），明知是伪造、变造的金融票证而贩卖，或者明知他人实施金融诈骗行为而为其提供伪造、变造的金融票证的，以伪造、变造金融票证罪或者金融诈骗犯罪的共犯论处。

根据2000年12月19日公安部经济犯罪侦查局**《关于单位定期存款开户证实书性质的批复》**（公经〔2000〕1329号），“单位定期存款开户证实书”是接受存款的金融机构向存款单位开具的人民币定期存款权利凭证，其性质上是一种金融凭证，它与存单同样起到存款证明作用，只是不能作为质押的权利凭证。

根据 2003 年 5 月 29 日公安部经济犯罪侦查局《**关于转发〈中国人民银行办公厅关于单位取款凭条性质认定问题的意见〉的通知**》（公经〔2003〕575 号），根据《支付结算办法》（银发〔1997〕393 号）的有关规定，银行结算凭证是办理支付结算的工具，是银行、单位和个人凭以记载财务的会计凭证，是记载经济业务和明确经济责任的一种书面证明。单位取款凭条，是存款人开户银行根据存款人委托，从其账户中将款项支付给指定收款人的一种书面证明，应属银行结算凭证。

根据 2006 年 12 月 1 日公安部经济犯罪侦查局《**关于伪造银行履约保函的行为是否构成伪造、变造金融票证罪的批复**》（公经〔2006〕2769 号），银行履约保函是保函的一种，属于《刑法》第一百八十八条所列的金融票证的范畴。但只有在经济活动中具有给付货币和资金清算作用，并表明银行与客户之间已受理或已办结相关支付结算业务的凭据，才能认定为银行结算凭证。因此，《刑法》第一百七十七条"伪造、变造金融票证罪"规定的金融票证种类中并未包括银行履约保函。

根据 2007 年 8 月 22 日公安部经济犯罪侦查局《**关于对伪造、变造金融凭证罪法律适用问题的批复**》（公经〔2007〕1900 号），《刑法》意义上的伪造、变造金融票证行为，其核心是对金融票证的物理性状进行改变。本案中犯罪嫌疑人先将资金存入 ×× 信用社取得存单，再假称存单丢失，通过办理存单挂失手续将存款提现的方法取得已挂失的存单，犯罪嫌疑人的行为不属于《刑法》规定的伪造、变造金融票证的范畴。

银行质押凭证止付通知书不属于《刑法》第一百七十七条中的金融票证。

根据 2008 年 7 月 22 日公安部经济犯罪侦查局《**关于银行进账单、支票存根联、支付系统专用凭证、转账贷方传票是否属于银行结算凭证的批复**》（公经金融〔2008〕116 号），银行进账单、支付系统专用凭证、转账贷方传票属于银行结算凭证，而支票存根联是出票人自行留存、用于核对账务的内部凭证，不属于银行结算凭证。

根据 2009 年 3 月 31 日公安部经济犯罪侦查局《**关于银行现金缴款单和进账单是否属于银行结算凭证的批复**》（公经金融〔2009〕96 号），根据中国人民银行前期就此问题的相关复函，银行现金缴款单、进账单均属于《刑法》第一百七十七条所指的银行结算凭证。

根据 2012 年 10 月 31 日公安部经济犯罪侦查局《**关于"12·24"票据诈骗案件有关法律问题的批复**》（公经金融〔2012〕182 号），涉案的 PROMISSORY NOTE（英译为本票）及附随英文确认书系商业本票。根据我国《票据法》第七十三条第二款"本票是指银行本票"之规定，该商业本票不符合我国票据法

第一百七十七条之一[148] **【妨害信用卡管理罪】** 有下列情形之一，妨害信用卡管理的，处三年以下有期徒刑或者拘役，并处或者单处一万元以上十万元以下罚金；数量巨大或者有其他严重情节的，处三年以上十年以下有期徒刑，并处二万元以上二十万元以下罚金：

（一）明知是伪造的信用卡而持有、运输的，或者明知是伪造的空白信用卡而持有、运输，数量较大的；

（二）非法持有他人信用卡，数量较大的；

（三）使用虚假的身份证明骗领信用卡的；

（四）出售、购买、为他人提供伪造的信用卡或者以虚假的身份证明骗领的信用卡的。

【窃取、收买、非法提供信用卡信息罪】 窃取、收买或者非法提供他人信用卡信息资料的，依照前款规定处罚。

银行或者其他金融机构的工作人员利用职务上的便利，犯第二款罪的，从重处罚。

对本票的概念，也不属于《刑法》第一百七十七条、第一百九十四条关于本票的范畴。

根据2013年7月30日公安部经济犯罪侦查局**《关于网上银行电子回单是否属于金融票证的批复》**（公经金融〔2013〕69号），根据《支付结算办法》（银发〔1997〕393号，以下简称《办法》）的规定，结算凭证是办理支付结算的工具，是办理支付结算和现金收付的重要依据，未按《办法》规定填写的结算凭证，银行有权不予受理。因而，结算凭证一般可理解为银行在办理支付结算活动中所使用的，据以执行客户支付指令、办理资金划转的凭证。根据《电子支付指引（第一号）》（中国人民银行公告〔2005〕第23号）第五条、第十九条和《办法》第一百七十四条的规定，电子支付指令与纸质支付凭证具有同等效力，而网上银行电子回单（包括纸质形式）可理解为银行对电子支付指令进行确认后，向客户提供的用以证明银行受理了相关业务的单证，并非办理支付结算业务和资金划转的依据，也不能证明有关的货币给付或资金清算已经完成。综上，网上银行电子回单（包括纸质形式）不属于结算凭证，也不属于金融票证。

〔148〕 **【刑法修订】**本条为2005年**《刑法修正案（五）》第一条**增设。

【立案标准】2022年4月6日最高检、公安部**《关于公安机关管辖的刑事案件立案追诉标准的规定（二）》**，对于第一百七十七条之一立案追诉标准规定如下：

第二十五条　妨害信用卡管理,涉嫌下列情形之一的,应予立案追诉:

(一)明知是伪造的信用卡而持有、运输的;

(二)明知是伪造的空白信用卡而持有、运输,数量累计在10张以上的;

(三)非法持有他人信用卡,数量累计在5张以上的;

(四)使用虚假的身份证明骗领信用卡的;

(五)出售、购买、为他人提供伪造的信用卡或者以虚假的身份证明骗领的信用卡的。

违背他人意愿,使用其居民身份证、军官证、士兵证、港澳居民往来内地通行证、台湾居民来往大陆通行证、护照等身份证明申领信用卡的,或者使用伪造、变造的身份证明申领信用卡的,应当认定为"使用虚假的身份证明骗领信用卡"。

第二十六条　窃取、收买或者非法提供他人信用卡信息资料,足以伪造可进行交易的信用卡,或者足以使他人以信用卡持卡人名义进行交易,涉及信用卡1张以上的,应予立案追诉。

【司法解释】2018年11月28日最高法、最高检修正后的**《关于办理妨害信用卡管理刑事案件具体应用法律若干问题的解释》**,就办理妨害信用卡管理刑事案件具体应用法律问题解释如下:

第一条　……(➻参见刑法第177条脚注相关部分)

第二条　明知是伪造的空白信用卡而持有、运输10张以上不满100张的,应当认定为刑法第一百七十七条之一第一款第(一)项规定的"数量较大";非法持有他人信用卡5张以上不满50张的,应当认定为刑法第一百七十七条之一第一款第(二)项规定的"数量较大"。

有下列情形之一的,应当认定为刑法第一百七十七条之一第一款规定的"数量巨大":

(一)明知是伪造的信用卡而持有、运输10张以上的;

(二)明知是伪造的空白信用卡而持有、运输100张以上的;

(三)非法持有他人信用卡50张以上的;

(四)使用虚假的身份证明骗领信用卡10张以上的;

(五)出售、购买、为他人提供伪造的信用卡或者以虚假的身份证明骗领的信用卡10张以上的。

违背他人意愿,使用其居民身份证、军官证、士兵证、港澳居民往来内地通行证、台湾居民来往大陆通行证、护照等身份证明申领信用卡的,或者使用伪造、变造的身份证明申领信用卡的,应当认定为刑法第一百七十七条之一第一款第(三)项规定的"使用虚假的身份证明骗领信用卡"。

第三条　窃取、收买、非法提供他人信用卡信息资料,足以伪造可进行交易的信用卡,或者足以使他人以信用卡持卡人名义进行交易,涉及信用卡1张以上不满5张的，依照刑法第一百七十七条之一第二款的规定，以窃取、收买、非法提供信用卡信息罪定罪处罚；涉及信用卡5张以上的，应当认定为刑法第一百七十七条之一第一款规定的“数量巨大”。

根据2008年7月1日公安部经济犯罪侦查局**《关于对以虚假的工作单位证明及收入证明骗领信用卡是否可以认定为妨害信用卡管理罪请示的批复》**（公经金融〔2008〕107号），以虚假的工作单位证明及收入证明骗领信用卡不能认定为妨害信用卡管理罪。

【会议纪要】根据2022年3月22日最高法刑事审判第三庭、最高检第四检察厅、公安部刑事侦查局**《关于“断卡”行动中有关法律适用问题的会议纪要》**，关于收购、出售、出租信用卡的行为，可否以窃取、收买、非法提供信用卡信息罪追究刑事责任的问题。《刑法修正案（五）》设立了窃取、收买、非法提供信用卡信息罪，主要考虑是：利用信用卡信息资料复制磁条卡的问题在当时比较突出，严重危害持卡人的财产安全和国家金融安全，故设立本罪，相关司法解释将本罪入罪门槛规定为1张（套）信用卡。其中的“信用卡信息资料”，是指用于伪造信用卡的电子数据等基础信息，如有关发卡行代码、持卡人账户、密码等内容的加密电子数据。在“断卡”行动破获的此类案件中，行为人非法交易信用卡的主要目的在于直接使用信用卡，而非利用其中的信息资料伪造信用卡。故当前办理“断卡”行动中的此类案件，一般不以窃取、收买、非法提供信用卡信息罪追究刑事责任。

【典型案例】根据2023年4月7日最高法、最高检**《关于印发办理涉“两卡”犯罪案件典型案例的通知》·案例四、夏某亮、陈某等9人妨害信用卡管理案**，收购并出售银行卡的行为，未涉及持卡人信用卡信息的，不构成窃取、收买、非法提供信用卡信息罪。在案证据无法证实行为人收购的银行卡用于帮助他人进行违法犯罪活动，但持有数量较大的，可以妨害信用卡管理罪论处。非法持有他人银行卡的行为以事实上的支配为标准，既包括直接持有，也包括间接持有。

★该典型案例在“典型意义”部分指出：收购并出售银行卡的行为，未涉及持卡人信用卡资料信息的，不构成窃取、收买、非法提供信用卡信息罪。窃取、收买、非法提供信用卡信息罪保护的法益是信用卡管理秩序，犯罪对象是信用卡资料信息。行为人收购的银行卡套件一般附带U盾、网银账号密码、身份信息等资料，系经持卡人同意获得银行卡套件全部信息，没有侵犯持卡人的信用卡信息，故不构成窃取、收买、非法提供信用卡信息罪。同时，窃取、收买、非法提供信用卡信息罪设立目的主要是为了打击伪造信用卡的行为，在涉“两卡”犯罪案件中，行为人非法交易银行卡的目的在于直接使用而非伪造信用卡，故原则上不以该罪论处。

坚持主客观相统一，准确认定贩卖银行卡行为的性质。在行为人贩卖银

第一百七十八条[149]　**【伪造、变造国家有价证券罪】**伪造、变造国库券或者国家发行的其他有价证券，数额较大的，处三年以下有期徒刑或者拘役，并处或者单处二万元以上二十万元以下罚金；数额巨大的，处三年以上十年以下有期徒刑，并处五万元以上五十万元以下罚金；数额特别巨大的，处十年以上有期徒刑或者无期徒刑，并处五万元以上五十万元以下罚金或者没收财产。

【伪造、变造股票、公司、企业债券罪】伪造、变造股票或者公司、企业债券，数额较大的，处三年以下有期徒刑或者拘役，并处或者单处一万元以上十万元以下罚金；数额巨大的，处三年以上十年以下有期徒刑，并处二万元以上二十万元以下罚金。

单位犯前两款罪的，对单位判处罚金，并对其直接负责的主管人员和其他直接责任人员，依照前两款的规定处罚。

行卡过程中，既可能涉及非法持有他人信用卡的行为，又可能涉及帮助他人实施信息网络犯罪的行为等，应当结合行为人主观认识、收购银行卡对象、银行卡实际用途等综合认定。行为人为上游实施信息网络犯罪收购、租借他人银行卡后非法持有的，在案证据无法证明这些银行卡被用于帮助他人进行违法犯罪活动的，但持有数量较大的，可以妨害信用卡管理罪论处。对于有证据证明这些银行卡被用于上游信息网络犯罪的，其行为同时构成妨害信用卡管理罪和帮助信息网络犯罪活动罪，择一重罪论处。

非法持有他人信用卡中的“持有”行为以事实上的支配为标准。非法持有他人信用卡的行为，从持有方式看，既可以是行为人直接持有，也可以是通过第三人间接持有。在涉“两卡”犯罪案件中，“卡头”（系组织他人贩卖银行卡的人员）往往通过指示下线“卡贩”（系职业从事收购银行卡的人员）收卡、验卡，并根据其指令售卡。“卡头”虽未直接持有，但其对所出售卡具有实际控制权，依法可以认定为刑法规定的“非法持有他人信用卡”的行为。

〔149〕　**【立案标准】**2022年4月6日最高检、公安部**《关于公安机关管辖的刑事案件立案追诉标准的规定（二）》**，对于第一百七十八条立案追诉标准规定如下：

第二十七条　伪造、变造国库券或者国家发行的其他有价证券，总面额在2000元以上的，应予立案追诉。

第二十八条　伪造、变造股票或者公司、企业债券，总面额在3万元以上的，应予立案追诉。

第一百七十九条〔150〕**【擅自发行股票、公司、企业债券罪】**未经国家有关主管部门批准，擅自发行股票或者公司、企业债券，数额巨大、后果严重或者有其他严重情节的，处五年以下有期徒刑或者拘役，并处或者单处非法募集资金金额百分之一以上百分之五以下罚金。

单位犯前款罪的，对单位判处罚金，并对其直接负责的主管人员和其他直接责任人员，处五年以下有期徒刑或者拘役。

〔150〕**【立案标准】**根据2022年4月6日最高检、公安部**《关于公安机关管辖的刑事案件立案追诉标准的规定(二)》第二十九条**，未经国家有关主管部门批准或者注册，擅自发行股票或者公司、企业债券，涉嫌下列情形之一的，应予立案追诉：

(一)非法募集资金金额在100万元以上的；

(二)造成投资者直接经济损失数额累计在50万元以上的；

(三)募集的资金全部或者主要用于违法犯罪活动的；

(四)其他后果严重或者有其他严重情节的情形。

本条规定的"擅自发行股票或者公司、企业债券"，是指向社会不特定对象发行、以转让股权等方式变相发行股票或者公司、企业债券，或者向特定对象发行、变相发行股票或者公司、企业债券累计超过200人的行为。

【司法解释】根据2022年2月23日修正后的最高法**《关于审理非法集资刑事案件具体应用法律若干问题的解释》第十条**，未经国家有关主管部门批准，向社会不特定对象发行、以转让股权等方式变相发行股票或者公司、企业债券，或者向特定对象发行、变相发行股票或者公司、企业债券累计超过200人的，应当认定为刑法第一百七十九条规定的"擅自发行股票或者公司、企业债券"。构成犯罪的，以擅自发行股票、公司、企业债券罪定罪处罚。

根据2008年1月2日最高法、最高检、公安部、中国证券监督管理委员会**《关于整治非法证券活动有关问题的通知》**(证监发〔2008〕1号)，未经依法核准，擅自发行证券，涉嫌犯罪的，依照《刑法》第一百七十九条之规定，以擅自发行股票、公司、企业债券罪追究刑事责任。未经依法核准，以发行证券为幌子，实施非法证券活动，涉嫌犯罪的，依照《刑法》第一百七十六条、第一百九十二条等规定，以非法吸收公众存款罪、集资诈骗罪等罪名追究刑事责任。未构成犯罪的，依照《证券法》和有关法律的规定给予行政处罚。

对于中介机构非法代理买卖非上市公司股票，涉嫌犯罪的，应当依照《刑法》第二百二十五条之规定，以非法经营罪追究刑事责任；所代理的非上市公司涉嫌擅自发行股票，构成犯罪的，应当依照《刑法》第一百七十九条之规定，以擅自发行股票罪追究刑事责任。非上市公司和中介机构共谋擅自发行股票，构成犯罪的，以擅自发行股票罪的共犯论处。未构成犯罪的，依照《证券法》和有关法律的规定给予行政处罚。

第一百八十条〔151〕　**【内幕交易、泄露内幕信息罪】**证券、期货交易内幕信息的知情人员或者非法获取证券、期货交易内幕信息的人员，在涉及证券的发行，证券、期货交易或者其他对证券、期货交易价格有重大影响的信息尚未公开前，买入或者卖出该证券，或者从事与该内幕信息有关的期货交易，或者泄露该信息，或者明示、暗示他人从事上述交易活动，情节严重的，处五年以下有期徒刑或者拘役，并处或者单处违法所得一倍以上五倍以下罚金；情节特别严重的，处五年以上十年以下有期徒刑，并处违法所得一倍以上五倍以下罚金。

单位犯前款罪的，对单位判处罚金，并对其直接负责的主管人员和其他直接责任人员，处五年以下有期徒刑或者拘役。

内幕信息、知情人员的范围，依照法律、行政法规的规定确定。

【利用未公开信息交易罪】证券交易所、期货交易所、证券公司、期货经纪公司、基金管理公司、商业银行、保险公司等金融机构的从业人员以及有关监管部门或者行业协会的工作人员，利用因职务便利获取的内幕信息以外的其他未公开的信息，违反规定，从事与该信息相关的证券、期货交易活动，或者明示、暗示他人从事相关交易活动，情节严重的，依照第一款的规定处罚。

---

〔151〕**【刑法修订】**本条被修订二次。1997年刑法原文如下：

第一百八十条　证券交易内幕信息的知情人员或者非法获取证券交易内幕信息的人员，在涉及证券的发行、交易或者其他对证券的价格有重大影响的信息尚未公开前，买入或者卖出该证券，或者泄露该信息，情节严重的，处五年以下有期徒刑或者拘役，并处或者单处违法所得一倍以上五倍以下罚金；情节特别严重的，处五年以上十年以下有期徒刑，并处违法所得一倍以上五倍以下罚金。

单位犯前款罪的，对单位判处罚金，并对其直接负责的主管人员和其他直接责任人员，处五年以下有期徒刑或者拘役。

内幕信息的范围，依照法律、行政法规的规定确定。

知情人员的范围，依照法律、行政法规的规定确定。

1999年**《刑法修正案》第四条**在第一款增加处罚期货内幕交易、泄露期货内幕信息的规定，并将原第三款、第四款合并为第三款。经此修订后的条文如下：

第一百八十条　证券、期货交易内幕信息的知情人员或者非法获取证券、期货交易内幕信息的人员，在涉及证券的发行，证券、期货交易或者其他对证券、期货交易价格有重大影响的信息尚未公开前，买入或者卖出该证券，或者从事与该内幕信息有关的期货交易，或者泄露该信息，情节严重的，处五年以下有期徒刑或者拘役，并处或者单处违法所得一倍以上五倍以下罚金；情节特别严重的，处五年以上十年以下有期徒刑，并处违法所得一倍以上五倍以下罚金。

单位犯前款罪的，对单位判处罚金，并对其直接负责的主管人员和其他直接责任人员，处五年以下有期徒刑或者拘役。

内幕信息、知情人员的范围，依照法律、行政法规的规定确定。

2009 年《**刑法修正案（七）**》**第二条**在第一款增加了处罚"明示、暗示他人从事上述交易活动"的规定，并增设了第四款利用未公开信息交易罪。

【相关法规】2019 年修订后的《**证券法**》，对内幕信息的知情人与内幕信息的规定如下：

第五十一条 证券交易内幕信息的知情人包括：

（一）发行人及其董事、监事、高级管理人员；

（二）持有公司百分之五以上股份的股东及其董事、监事、高级管理人员，公司的实际控制人及其董事、监事、高级管理人员；

（三）发行人控股或者实际控制的公司及其董事、监事、高级管理人员；

（四）由于所任公司职务或者因与公司业务往来可以获取公司有关内幕信息的人员；

（五）上市公司收购人或者重大资产交易方及其控股股东、实际控制人、董事、监事和高级管理人员；

（六）因职务、工作可以获取内幕信息的证券交易场所、证券公司、证券登记结算机构、证券服务机构的有关人员；

（七）因职责、工作可以获取内幕信息的证券监督管理机构工作人员；

（八）因法定职责对证券的发行、交易或者对上市公司及其收购、重大资产交易进行管理可以获取内幕信息的有关主管部门、监管机构的工作人员；

（九）国务院证券监督管理机构规定的可以获取内幕信息的其他人员。

第五十二条 证券交易活动中，涉及发行人的经营、财务或者对该发行人证券的市场价格有重大影响的尚未公开的信息，为内幕信息。

本法第八十条第二款、第八十一条第二款所列重大事件属于内幕信息。

……

第八十条 发生可能对上市公司、股票在国务院批准的其他全国性证券交易场所交易的公司的股票交易价格产生较大影响的重大事件，投资者尚未得知时，公司应当立即将有关该重大事件的情况向国务院证券监督管理机构和证券交易场所报送临时报告，并予公告，说明事件的起因、目前的状态和可能产生的法律后果。

前款所称重大事件包括：

（一）公司的经营方针和经营范围的重大变化；

（二）公司的重大投资行为，公司在一年内购买、出售重大资产超过公司资产总额百分之三十，或者公司营业用主要资产的抵押、质押、出售或者报废一次超过该资产的百分之三十；

（三）公司订立重要合同、提供重大担保或者从事关联交易，可能对公司的资产、负债、权益和经营成果产生重要影响；

（四）公司发生重大债务和未能清偿到期重大债务的违约情况；

（五）公司发生重大亏损或者重大损失；

（六）公司生产经营的外部条件发生的重大变化；

（七）公司的董事、三分之一以上监事或者经理发生变动，董事长或者经理无法履行职责；

（八）持有公司百分之五以上股份的股东或者实际控制人持有股份或者控制公司的情况发生较大变化，公司的实际控制人及其控制的其他企业从事与公司相同或者相似业务的情况发生较大变化；

（九）公司分配股利、增资的计划，公司股权结构的重要变化，公司减资、合并、分立、解散及申请破产的决定，或者依法进入破产程序、被责令关闭；

（十）涉及公司的重大诉讼、仲裁，股东大会、董事会决议被依法撤销或者宣告无效；

（十一）公司涉嫌犯罪被依法立案调查，公司的控股股东、实际控制人、董事、监事、高级管理人员涉嫌犯罪被依法采取强制措施；

（十二）国务院证券监督管理机构规定的其他事项。

公司的控股股东或者实际控制人对重大事件的发生、进展产生较大影响的，应当及时将其知悉的有关情况书面告知公司，并配合公司履行信息披露义务。

第八十一条 发生可能对上市交易公司债券的交易价格产生较大影响的重大事件，投资者尚未得知时，公司应当立即将有关该重大事件的情况向国务院证券监督管理机构和证券交易场所报送临时报告，并予公告，说明事件的起因、目前的状态和可能产生的法律后果。

前款所称重大事件包括：

（一）公司股权结构或者生产经营状况发生重大变化；

（二）公司债券信用评级发生变化；

（三）公司重大资产抵押、质押、出售、转让、报废；

（四）公司发生未能清偿到期债务的情况；

（五）公司新增借款或者对外提供担保超过上年末净资产的百分之二十；

（六）公司放弃债权或者财产超过上年末净资产的百分之十；

（七）公司发生超过上年末净资产百分之十的重大损失；

（八）公司分配股利，作出减资、合并、分立、解散及申请破产的决定，或者依法进入破产程序、被责令关闭；

（九）涉及公司的重大诉讼、仲裁；

(十)公司涉嫌犯罪被依法立案调查,公司的控股股东、实际控制人、董事、监事、高级管理人员涉嫌犯罪被依法采取强制措施;

(十一)国务院证券监督管理机构规定的其他事项。

2022年4月20日**《期货和衍生品法》**,为了规范期货交易和衍生品交易行为,制定本法如下:

第三条 本法所称期货交易,是指以期货合约或者标准化期权合约为交易标的的交易活动。

……

第十四条 本法所称内幕信息,是指可能对期货交易或者衍生品交易的交易价格产生重大影响的尚未公开的信息。

期货交易的内幕信息包括:

(一)国务院期货监督管理机构以及其他相关部门正在制定或者尚未发布的对期货交易价格可能产生重大影响的政策、信息或者数据;

(二)期货交易场所、期货结算机构作出的可能对期货交易价格产生重大影响的决定;

(三)期货交易场所会员、交易者的资金和交易动向;

(四)相关市场中的重大异常交易信息;

(五)国务院期货监督管理机构规定的对期货交易价格有重大影响的其他信息。

第十五条 本法所称内幕信息的知情人,是指由于经营地位、管理地位、监督地位或者职务便利等,能够接触或者获得内幕信息的单位和个人。

期货交易的内幕信息的知情人包括:

(一)期货经营机构、期货交易场所、期货结算机构、期货服务机构的有关人员;

(二)国务院期货监督管理机构和其他有关部门的工作人员;

(三)国务院期货监督管理机构规定的可以获取内幕信息的其他单位和个人。

【立案标准】2022年4月6日最高检、公安部**《关于公安机关管辖的刑事案件立案追诉标准的规定(二)》**,对于第一百八十条立案追诉标准规定如下:

第三十条 证券、期货交易内幕信息的知情人员、单位或者非法获取证券、期货交易内幕信息的人员、单位,在涉及证券的发行,证券、期货交易或者其他对证券、期货交易价格有重大影响的信息尚未公开前,买入或者卖出该证券,或者从事与该内幕信息有关的期货交易,或者泄露该信息,或者明示、暗示他人从事上述交易活动,涉嫌下列情形之一的,应予立案追诉:

(一)获利或者避免损失数额在50万元以上的;

(二)证券交易成交额在200万元以上的;

（三）期货交易占用保证金数额在 100 万元以上的；

（四）2 年内 3 次以上实施内幕交易、泄露内幕信息行为的；

（五）明示、暗示 3 人以上从事与内幕信息相关的证券、期货交易活动的；

（六）具有其他严重情节的。

内幕交易获利或者避免损失数额在 25 万元以上，或者证券交易成交额在 100 万元以上，或者期货交易占用保证金数额在 50 万元以上，同时涉嫌下列情形之一的，应予立案追诉：

（一）证券法规定的证券交易内幕信息的知情人实施或者与他人共同实施内幕交易行为的；

（二）以出售或者变相出售内幕信息等方式，明示、暗示他人从事与该内幕信息相关的交易活动的；

（三）因证券、期货犯罪行为受过刑事追究的；

（四）2 年内因证券、期货违法行为受过行政处罚的；

（五）造成其他严重后果的。

第三十一条　证券交易所、期货交易所、证券公司、期货公司、基金管理公司、商业银行、保险公司等金融机构的从业人员以及有关监管部门或者行业协会的工作人员，利用因职务便利获取的内幕信息以外的其他未公开的信息，违反规定，从事与该信息相关的证券、期货交易活动，或者明示、暗示他人从事相关交易活动，涉嫌下列情形之一的，应予立案追诉：

（一）获利或者避免损失数额在 100 万元以上的；

（二）2 年内 3 次以上利用未公开信息交易的；

（三）明示、暗示 3 人以上从事相关交易活动的；

（四）具有其他严重情节的。

利用未公开信息交易，获利或者避免损失数额在 50 万元以上，或者证券交易成交额在 500 万元以上，或者期货交易占用保证金数额在 100 万元以上，同时涉嫌下列情形之一的，应予立案追诉：

（一）以出售或者变相出售未公开信息等方式，明示、暗示他人从事相关交易活动的；

（二）因证券、期货犯罪行为受过刑事追究的；

（三）2 年内因证券、期货违法行为受过行政处罚的；

（四）造成其他严重后果的。

【司法解释】2012 年 3 月 29 日最高法、最高检**《关于办理内幕交易、泄露内幕信息刑事案件具体应用法律若干问题的解释》**（法释〔2012〕6 号，自 2012 年 6 月 1 日起施行），为维护证券、期货市场管理秩序，依法惩治证券、期货犯罪，根据刑法有关规定，现就办理内幕交易、泄露内幕信息刑事案件具体应用法律的若干问题解释如下：

第一条 下列人员应当认定为刑法第一百八十条第一款规定的“证券、期货交易内幕信息的知情人员”：

（一）证券法第七十四条（★现为2019年《证券法》第五十一条——编者说明）规定的人员；

（二）期货交易管理条例第八十五条第十二项（★现为2022年《期货和衍生品法》第十五条——编者说明）规定的人员。

第二条 具有下列行为的人员应当认定为刑法第一百八十条第一款规定的“非法获取证券、期货交易内幕信息的人员”：

（一）利用窃取、骗取、套取、窃听、利诱、刺探或者私下交易等手段获取内幕信息的；

（二）内幕信息知情人员的近亲属或者其他与内幕信息知情人员关系密切的人员，在内幕信息敏感期内，从事或者明示、暗示他人从事，或者泄露内幕信息导致他人从事与该内幕信息有关的证券、期货交易，相关交易行为明显异常，且无正当理由或者正当信息来源的；

（三）在内幕信息敏感期内，与内幕信息知情人员联络、接触，从事或者明示、暗示他人从事，或者泄露内幕信息导致他人从事与该内幕信息有关的证券、期货交易，相关交易行为明显异常，且无正当理由或者正当信息来源的。

第三条 本解释第二条第二项、第三项规定的“相关交易行为明显异常”，要综合以下情形，从时间吻合程度、交易背离程度和利益关联程度等方面予以认定：

（一）开户、销户、激活资金帐户或者指定交易（托管）、撤销指定交易（转托管）的时间与该内幕信息形成、变化、公开时间基本一致的；

（二）资金变化与该内幕信息形成、变化、公开时间基本一致的；

（三）买入或者卖出与内幕信息有关的证券、期货合约时间与内幕信息的形成、变化和公开时间基本一致的；

（四）买入或者卖出与内幕信息有关的证券、期货合约时间与获悉内幕信息的时间基本一致的；

（五）买入或者卖出证券、期货合约行为明显与平时交易习惯不同的；

（六）买入或者卖出证券、期货合约行为，或者集中持有证券、期货合约行为与该证券、期货公开信息反映的基本面明显背离的；

（七）帐户交易资金进出与该内幕信息知情人员或者非法获取人员有关联或者利害关系的；

（八）其他交易行为明显异常情形。

第四条 具有下列情形之一的，不属于刑法第一百八十条第一款规定的从事与内幕信息有关的证券、期货交易：

（一）持有或者通过协议、其他安排与他人共同持有上市公司百分之五以上股份的自然人、法人或者其他组织收购该上市公司股份的；

（二）按照事先订立的书面合同、指令、计划从事相关证券、期货交易的；

（三）依据已被他人披露的信息而交易的；

（四）交易具有其他正当理由或者正当信息来源的。

第五条　本解释所称“内幕信息敏感期”是指内幕信息自形成至公开的期间。

证券法第六十七条第二款（★现为2019年《证券法》第八十条第二款、第八十一条第二款——编者说明）所列“重大事件”的发生时间，第七十五条（★现为2019年《证券法》第八十条——编者说明）规定的“计划”、“方案”以及期货交易管理条例第八十五条第十一项（★现为2022年《期货和衍生品法》第十四条——编者说明）规定的“政策”、“决定”等的形成时间，应当认定为内幕信息的形成之时。

影响内幕信息形成的动议、筹划、决策或者执行人员，其动议、筹划、决策或者执行初始时间，应当认定为内幕信息的形成之时。

内幕信息的公开，是指内幕信息在国务院证券、期货监督管理机构指定的报刊、网站等媒体披露。

第六条　在内幕信息敏感期内从事或者明示、暗示他人从事或者泄露内幕信息导致他人从事与该内幕信息有关的证券、期货交易，具有下列情形之一的，应当认定为刑法第一百八十条第一款规定的“情节严重”（★本条“情节严重”的规定，与2022年4月6日最高检、公安部《关于公安机关管辖的刑事案件立案追诉标准的规定（二）》第30条严重不一致——编者说明）：

（一）证券交易成交额在50万元以上的；

（二）期货交易占用保证金数额在30万元以上的；

（三）获利或者避免损失数额在15万元以上的；

（四）3次以上的；

（五）具有其他严重情节的。

第七条　在内幕信息敏感期内从事或者明示、暗示他人从事或者泄露内幕信息导致他人从事与该内幕信息有关的证券、期货交易，具有下列情形之一的，应当认定为刑法第一百八十条第一款规定的“情节特别严重”：

（一）证券交易成交额在250万元以上的；

（二）期货交易占用保证金数额在150万元以上的；

（三）获利或者避免损失数额在75万元以上的；

（四）具有其他特别严重情节的。

第八条　2次以上实施内幕交易或者泄露内幕信息行为，未经行政处理或者刑事处理的，应当对相关交易数额依法累计计算。

第九条　同一案件中，成交额、占用保证金额、获利或者避免损失额分别构成情节严重、情节特别严重的，按照处罚较重的数额定罪处罚。

构成共同犯罪的，按照共同犯罪行为人的成交总额、占用保证金总额、获利或者避免损失总额定罪处罚，但判处各被告人罚金的总额应掌握在获利或者避免损失总额的1倍以上5倍以下。

第十条 刑法第一百八十条第一款规定的"违法所得"，是指通过内幕交易行为所获利益或者避免的损失。

内幕信息的泄露人员或者内幕交易的明示、暗示人员未实际从事内幕交易的，其罚金数额按照因泄露而获悉内幕信息人员或者被明示、暗示人员从事内幕交易的违法所得计算。

第十一条 单位实施刑法第一百八十条第一款规定的行为，具有本解释第六条规定情形之一的，按照刑法第一百八十条第二款的规定定罪处罚。

2019年6月27日最高法、最高检**《关于办理利用未公开信息交易刑事案件适用法律若干问题的解释》**（法释〔2019〕10号，自2019年7月1日起施行），为依法惩治证券、期货犯罪，维护证券、期货市场管理秩序，促进证券、期货市场稳定健康发展，保护投资者合法权益，根据《中华人民共和国刑法》《中华人民共和国刑事诉讼法》的规定，现就办理利用未公开信息交易刑事案件适用法律的若干问题解释如下：

第一条 刑法第一百八十条第四款规定的"内幕信息以外的其他未公开的信息"，包括下列信息：

（一）证券、期货的投资决策、交易执行信息；

（二）证券持仓数量及变化、资金数量及变化、交易动向信息；

（三）其他可能影响证券、期货交易活动的信息。

第二条 内幕信息以外的其他未公开的信息难以认定的，司法机关可以在有关行政主（监）管部门的认定意见的基础上，根据案件事实和法律规定作出认定。

第三条 刑法第一百八十条第四款规定的"违反规定"，是指违反法律、行政法规、部门规章、全国性行业规范有关证券、期货未公开信息保护的规定，以及行为人所在的金融机构有关信息保密、禁止交易、禁止利益输送等规定。

第四条 刑法第一百八十条第四款规定的行为人"明示、暗示他人从事相关交易活动"，应当综合以下方面进行认定：

（一）行为人具有获取未公开信息的职务便利；

（二）行为人获取未公开信息的初始时间与他人从事相关交易活动的初始时间具有关联性；

（三）行为人与他人之间具有亲友关系、利益关联、交易终端关联等关联关系；

（四）他人从事相关交易的证券、期货品种、交易时间与未公开信息所涉证券、期货品种、交易时间等方面基本一致；

（五）他人从事的相关交易活动明显不具有符合交易习惯、专业判断等正当理由；

（六）行为人对明示、暗示他人从事相关交易活动没有合理解释。

第五条　利用未公开信息交易，具有下列情形之一的，应当认定为刑法第一百八十条第四款规定的“情节严重”：

（一）违法所得数额在100万元以上的；

（二）2年内3次以上利用未公开信息交易的；

（三）明示、暗示3人以上从事相关交易活动的。

第六条　利用未公开信息交易，违法所得数额（★本条与第五条中的“违法所得数额”，在2022年4月6日最高检、公安部《关于公安机关管辖的刑事案件立案追诉标准的规定（二）》第31条中表述为“获利或者避免损失数额”——编者说明）在50万元以上，或者证券交易成交额在500万元以上，或者期货交易占用保证金数额在100万元以上，具有下列情形之一的，应当认定为刑法第一百八十条第四款规定的“情节严重”：

（一）以出售或者变相出售未公开信息等方式，明示、暗示他人从事相关交易活动的；

（二）因证券、期货犯罪行为受过刑事追究的；

（三）2年内因证券、期货违法行为受过行政处罚的；

（四）造成恶劣社会影响或者其他严重后果的。

第七条　刑法第一百八十条第四款规定的“依照第一款的规定处罚”，包括该条第一款关于“情节特别严重”的规定。

利用未公开信息交易，违法所得数额在1000万元以上的，应当认定为“情节特别严重”。

违法所得数额在500万元以上，或者证券交易成交额在5000万元以上，或者期货交易占用保证金数额在1000万元以上，具有本解释第六条规定的四种情形之一的，应当认定为“情节特别严重”。

第八条　2次以上利用未公开信息交易，依法应予行政处理或者刑事处理而未经处理的，相关交易数额或者违法所得数额累计计算。

第九条　本解释所称“违法所得”，是指行为人利用未公开信息从事与该信息相关的证券、期货交易活动所获利益或者避免的损失。

行为人明示、暗示他人利用未公开信息从事相关交易活动，被明示、暗示人员从事相关交易活动所获利益或者避免的损失，应当认定为“违法所得”。

第十条　行为人未实际从事与未公开信息相关的证券、期货交易活动的，其罚金数额按照被明示、暗示人员从事相关交易活动的违法所得计算。

第十一条　符合本解释第五条、第六条规定的标准，行为人如实供述犯罪事实，认罪悔罪，并积极配合调查，退缴违法所得的，可以从轻处罚；其中犯罪情节轻微的，可以依法不起诉或者免予刑事处罚。

符合刑事诉讼法规定的认罪认罚从宽适用范围和条件的，依照刑事诉讼法的规定处理。

第十二条 本解释自2019年7月1日起施行。

根据2010年8月31日公安部经济犯罪侦查局**《关于转证监会〈关于韩×等人涉嫌利用未公开信息交易案有关问题的认定函〉的通知》**（公证券〔2010〕86号），本案涉及的“未公开信息”，是指韩×担任××基金管理有限公司××证券投资基金（以下简称××基金）经理期间，因管理该基金而掌握的有关投资决策、交易等方面的重要信息，包括××基金投资股票的名称、数量、价格、盈利预期以及投资（买卖）时点等。

本案有关证券交易账户利用“未公开信息”所进行的股票交易与××基金投资的关联性，是指涉案账户和××基金在股票交易品种及交易时机上的关联，即涉案账户先于或同步于××基金买入或卖出同一只股票。

【指导案例】根据2016年5月31日最高检**第七批指导性案例·检例第24号·马乐利用未公开信息交易案**，刑法第一百八十条第四款利用未公开信息交易罪为援引法定刑的情形，应当是对第一款法定刑的全部援引。其中，“情节严重”是入罪标准，在处罚上应当依照本条第一款内幕交易、泄露内幕信息罪的全部法定刑处罚，即区分不同情形分别依照第一款规定的“情节严重”和“情节特别严重”两个量刑档次处罚。

根据2016年6月30日最高法**第十三批指导性案例·指导案例61号·马乐利用未公开信息交易案**，刑法第一百八十条第四款规定的利用未公开信息交易罪援引法定刑的情形，应当是对第一款内幕交易、泄露内幕信息罪全部法定刑的引用，即利用未公开信息交易罪应有“情节严重”“情节特别严重”两种情形和两个量刑档次。

根据2023年7月31日最高检**第四十七批指导性案例·检例第188号·桑某受贿、国有公司人员滥用职权、利用未公开信息交易案**，在办理利用未公开信息交易犯罪案件时，对于内幕信息、未公开信息的范围、趋同性交易盈利数额等关键要件的认定，要调取证券监督管理部门、证券交易所等专业机构出具的认定意见，综合全案证据审查判断。

★该指导案例在“指导意义”部分指出：行为人利用职务便利实施的内幕交易、利用未公开信息交易犯罪，此类犯罪中的内幕信息、未公开信息等关键要件的认定，以及对趋同性交易盈利数额等重要情节的认定，专业性较强，要以证券监督管理部门、证券交易所等专业机构出具的认定意见为依据，如在审查中发现缺少专业认定意见，应及时与监察机关沟通，补充完善相关证据材料。

【公报案例】根据《公报》**2013年第1期·江苏省南通市人民检察院诉刘宝春、陈巧玲内幕交易案**，国家工作人员因履行工作职责而获取对证券交易价格具有重大影响的、尚未公开的信息的，属于内幕信息的知情人员。在内幕信息敏感期内，知情人员与关系密切人共同从事证券交易活动，情节严重的，应当以内幕交易罪定罪处罚。

根据《公报》**2012年第10期·上海市静安区人民检察院诉许春茂利用未公开信息交易案**，行为人在担任基金经理期间，违反规定，利用掌握的未公开的信息，从事与该信息相关的证券交易活动，先于或同步多次买入、卖出相同个股，情节严重，应当按照《中华人民共和国刑法》第一百八十条第四款的规定，以利用未公开信息交易罪定罪处罚。

【典型案例】根据2022年9月8日最高法、最高检、公安部、中国证监会**依法从严打击证券犯罪典型案例·姜某君、柳某利用未公开信息交易案**，私募基金从业人员可以成为利用未公开信息交易罪的共犯，私募基金账户趋同交易金额和获利金额应计入交易成交额和违法所得数额。利用未公开信息交易罪的犯罪主体是金融机构从业人员，根据《中华人民共和国证券投资基金法》等规定，公募基金管理公司属于金融机构，公募基金从业人员与私募基金从业人员共同利用公募基金从业人员职务便利获取的未公开信息，从事相关证券、期货交易活动的，构成利用未公开信息交易罪共同犯罪。利用未公开信息交易行为严重破坏证券市场的公平交易秩序，其社会危害性以及对证券市场秩序的侵害程度，应当以所有趋同交易的成交数额和违法所得数额来衡量，即不仅包括实际利益归属于被告人的相关账户趋同交易数额，也包括实际利益归属于特定投资人的私募基金账户趋同交易数额。

利用未公开信息交易行为具有专业、隐蔽的特征，行为人也具有智商高、脱罪能力强的特点，常以自身金融专业判断等理由进行辩解，侦查取证和指控证明的难度较大。行政调查和司法办案中，应当全面把握本罪的特点和证明方法，准确认定犯罪事实，防止打击不力。工作中一般应当注意以下问题：一是重点调取、对比审查客观证据，如未公开信息所涉证券（期货）品种、交易时间记录与涉案的相应品种、记录等，以对比证明交易的趋同性；行为人的职务权限、行为信息等，以证明交易信息的来源；二是在证明方法上，本罪的构成要件和隐蔽实施的行为特点决定，能够证明行为人知悉未公开信息并实施了趋同交易的，就认为行为人“利用”了未公开信息，至于该未公开信息是否系行为人决定交易的唯一信息，即行为人是否同时使用了“自身研究成果”，不影响本罪的认定。

根据2022年9月8日最高法、最高检、公安部、中国证监会**依法从严打击证券犯罪典型案例·王某、李某内幕交易案**，以风险、收益是否共担为标准，准确区分内幕交易的共同犯罪与泄露内幕信息罪。内幕信息知情人将内幕信息泄露给他人，并对内幕交易共担风险、共享收益的，属于内幕交易的共同犯罪。内幕信息知情人仅泄露内幕信息给他人，不承担风险、不参与分赃的，单独认定为泄露内幕信息罪。本案中，虽然用于交易的证券账户和资金账户均在李某名下，但王某和李某资金混合，作为共同财产支配使用，二人不是泄露内幕

第一百八十一条〔152〕 **【编造并传播证券、期货交易虚假信息罪】**编造并且传播影响证券、期货交易的虚假信息，扰乱证券、期货交易市场，造成严重后果的，处五年以下有期徒刑或者拘役，并处或者单处一万元以上十万元以下罚金。

【诱骗投资者买卖证券、期货合约罪】证券交易所、期货交易所、证券公司、期货经纪公司的从业人员，证券业协会、期货业协会或者证券期货监督管理部门的工作人员，故意提供虚假信息或者伪造、变造、销毁交易记录，诱骗投资者买卖证券、期货合约，造成严重后果的，处五年以下有期徒刑或者拘役，并处或者单处一万元以上十万元以下罚金；情节特别恶劣的，处五年以上十年以下有期徒刑，并处二万元以上二十万元以下罚金。

单位犯前两款罪的，对单位判处罚金，并对其直接负责的主管人员和其他直接责任人员，处五年以下有期徒刑或者拘役。

第181条

信息与利用内幕信息交易的前后手犯罪关系，而是合谋利用内幕信息进行证券交易的共同犯罪，均应对内幕交易的成交总额、占用保证金总额、获利或避免损失总额承担责任。

被告人不供述犯罪，间接证据形成完整证明体系的，可以认定被告人有罪和判处刑罚。内幕交易犯罪隐蔽性强，经常出现内幕信息知情人与内幕交易行为人订立攻守同盟、否认信息传递，企图以拒不供认来逃避惩罚的现象。对此，应通过收集行为人职务职责、参与涉内幕信息相关工作等证据证明其系内幕信息知情人；通过收集内幕信息知情人与内幕交易行为人之间的联络信息证明双方传递内幕信息的动机和条件；通过收集交易数据、资金往来、历史交易、大盘基本面等证据，证明相关交易行为是否存在明显异常等。对于间接证据均查证属实且相互印证，形成完整的证明体系，能够得出唯一结论的，应当依法定案。

在内幕信息敏感期反复交易的，对交易成交额累计计算；实施内幕交易并亏损，交易成交额符合追诉标准的，也要依法追究刑事责任。内幕交易犯罪以谋利为意图，破坏证券市场公平交易秩序，司法解释、立案追诉标准均规定，证券交易成交额、获利或者避免损失数额等其中之一达到相关标准的，即应当认定为刑法第一百八十条第一款规定的“情节严重”。内幕交易成交额达到“情节严重”标准的，严重破坏了证券市场公平交易秩序，无论获利或者亏损，均应当依法追究刑事责任，且数次交易的交易数额应当依法累计计算。本案中，李某从王某处获悉内幕信息后两次实施内幕交易，虽然亏损9万元，但两次交易累计成交额为412万元，属于情节特别严重，依法判处其有期徒刑5年，体现了司法机关依法从严惩处证券犯罪、维护资本市场公平交易秩序的决心和力度。

〔152〕**【刑法修订】**1999年《**刑法修正案**》**第五条**修订了本条。1997年刑法原文如下：

第一百八十一条　编造并且传播影响证券交易的虚假信息，扰乱证券交易市场，造成严重后果的，处五年以下有期徒刑或者拘役，并处或者单处一万元以上十万元以下罚金。

证券交易所、证券公司的从业人员，证券业协会或者证券管理部门的工作人员，故意提供虚假信息或者伪造、变造、销毁交易记录，诱骗投资者买卖证券，造成严重后果的，处五年以下有期徒刑或者拘役，并处或者单处一万元以上十万元以下罚金；情节特别恶劣的，处五年以上十年以下有期徒刑，并处二万元以上二十万元以下罚金。

单位犯前两款罪的，对单位判处罚金，并对其直接负责的主管人员和其他直接责任人员，处五年以下有期徒刑或者拘役。

1999年《**刑法修正案**》在本条第一款、第二款中增加了期货交易犯罪的规定，将第二款犯罪主体相应扩大至期货相关人员。

第181条

【立案标准】2022年4月6日最高检、公安部《**关于公安机关管辖的刑事案件立案追诉标准的规定(二)**》，对于第一百八十一条立案追诉标准规定如下：

第三十二条　编造并且传播影响证券、期货交易的虚假信息，扰乱证券、期货交易市场，涉嫌下列情形之一的，应予立案追诉：

（一）获利或者避免损失数额在5万元以上的；

（二）造成投资者直接经济损失数额在50万元以上的；

（三）虽未达到上述数额标准（★本条与下条中的“虽未达到上述数额标准”，是指接近上述数额标准且已达到该数额的80%以上——编者说明），但多次编造并且传播影响证券、期货交易的虚假信息的；

（四）致使交易价格或者交易量异常波动的；

（五）造成其他严重后果的。

第三十三条　证券交易所、期货交易所、证券公司、期货公司的从业人员，证券业协会、期货业协会或者证券期货监督管理部门的工作人员，故意提供虚假信息或者伪造、变造、销毁交易记录，诱骗投资者买卖证券、期货合约，涉嫌下列情形之一的，应予立案追诉：

（一）获利或者避免损失数额在5万元以上的；

（二）造成投资者直接经济损失数额在50万元以上的；

（三）虽未达到上述数额标准，但多次诱骗投资者买卖证券、期货合约的；

（四）致使交易价格或者交易量异常波动的；

（五）造成其他严重后果的。

第182条

第一百八十二条[153] **【操纵证券、期货市场罪】** 有下列情形之一，操纵证券、期货市场，影响证券、期货交易价格或者证券、期货交易量，情节严重的，处五年以下有期徒刑或者拘役，并处或者单处罚金；情节特别严重的，处五年以上十年以下有期徒刑，并处罚金：

（一）单独或者合谋，集中资金优势、持股或者持仓优势或者利用信息优势联合或者连续买卖的；

（二）与他人串通，以事先约定的时间、价格和方式相互进行证券、期货交易的；

（三）在自己实际控制的帐户之间进行证券交易，或者以自己为交易对象，自买自卖期货合约的；

（四）不以成交为目的，频繁或者大量申报买入、卖出证券、期货合约并撤销申报的；

（五）利用虚假或者不确定的重大信息，诱导投资者进行证券、期货交易的；

（六）对证券、证券发行人、期货交易标的公开作出评价、预测或者投资建议，同时进行反向证券交易或者相关期货交易的；

（七）以其他方法操纵证券、期货市场的。

单位犯前款罪的，对单位判处罚金，并对其直接负责的主管人员和其他直接责任人员，依照前款的规定处罚。

---

〔153〕**【刑法修订】**本条被修订三次。1997年刑法原文如下：

第一百八十二条 有下列情形之一，操纵证券交易价格，获取不正当利益或者转嫁风险，情节严重的，处五年以下有期徒刑或者拘役，并处或者单处违法所得一倍以上五倍以下罚金：

（一）单独或者合谋，集中资金优势、持股优势或者利用信息优势联合或者连续买卖，操纵证券交易价格的；

（二）与他人串通，以事先约定的时间、价格和方式相互进行证券交易或者相互买卖并不持有的证券，影响证券交易价格或者证券交易量的；

（三）以自己为交易对象，进行不转移证券所有权的自买自卖，影响证券交易价格或者证券交易量的；

（四）以其他方法操纵证券交易价格的。

单位犯前款罪的，对单位判处罚金，并对其直接负责的主管人员和其他直接责任人员，处五年以下有期徒刑或者拘役。

1999年**《刑法修正案》第六条**修订了本条第一款，将操纵期货市场的行为犯罪化，相应修改了第一款及其各项的表述。经此修订后的条文如下：

第一百八十二条 有下列情形之一，操纵证券、期货交易价格，获取不正当利益或者转嫁风险，情节严重的，处五年以下有期徒刑或者拘役，并处或者单处违法所得一倍以上五倍以下罚金：

（一）单独或者合谋，集中资金优势、持股或者持仓优势或者利用信息优势联合或者连续买卖，操纵证券、期货交易价格的；

（二）与他人串通，以事先约定的时间、价格和方式相互进行证券、期货交易，或者相互买卖并不持有的证券，影响证券、期货交易价格或者证券、期货交易量的；

（三）以自己为交易对象，进行不转移证券所有权的自买自卖，或者以自己为交易对象，自买自卖期货合约，影响证券、期货交易价格或者证券、期货交易量的；

（四）以其他方法操纵证券、期货交易价格的。

单位犯前款罪的，对单位判处罚金，并对其直接负责的主管人员和其他直接责任人员，处五年以下有期徒刑或者拘役。

2006 年《**刑法修正案（六）**》**第十一条**删除了第一款"获取不正当利益或者转嫁风险"的要件，修改了第一款前三项的文字表述，同时删除了第二款单位犯罪的法定刑。经此修订后的条文如下：

第一百八十二条 有下列情形之一，操纵证券、期货市场，情节严重的，处五年以下有期徒刑或者拘役，并处或者单处罚金；情节特别严重的，处五年以上十年以下有期徒刑，并处罚金：

（一）单独或者合谋，集中资金优势、持股或者持仓优势或者利用信息优势联合或者连续买卖，操纵证券、期货交易价格或者证券、期货交易量的；

（二）与他人串通，以事先约定的时间、价格和方式相互进行证券、期货交易，影响证券、期货交易价格或者证券、期货交易量的；

（三）在自己实际控制的帐户之间进行证券交易，或者以自己为交易对象，自买自卖期货合约，影响证券、期货交易价格或者证券、期货交易量的；

（四）以其他方法操纵证券、期货市场的。

单位犯前款罪的，对单位判处罚金，并对其直接负责的主管人员和其他直接责任人员，依照前款的规定处罚。

2020 年《**刑法修正案（十一）**》**第十三条**再次修订了本条第一款，对本条之罪增加了"影响证券、期货交易价格或者证券、期货交易量"的要求，修改了前三项的文字表述，在第四项到第六项增补了三种操纵证券、期货市场的情形，将原第四项改为第七项。

【相关法规】根据 2019 年《**证券法**》**第五十五条**，禁止任何人以下列手段操纵证券市场，影响或者意图影响证券交易价格或者证券交易量：

（一）单独或者通过合谋，集中资金优势、持股优势或者利用信息优势联合

第
182
条

或者连续买卖；

（二）与他人串通，以事先约定的时间、价格和方式相互进行证券交易；

（三）在自己实际控制的账户之间进行证券交易；

（四）不以成交为目的，频繁或者大量申报并撤销申报；

（五）利用虚假或者不确定的重大信息，诱导投资者进行证券交易；

（六）对证券、发行人公开作出评价、预测或者投资建议，并进行反向证券交易；

（七）利用在其他相关市场的活动操纵证券市场；

（八）操纵证券市场的其他手段。

操纵证券市场行为给投资者造成损失的，应当依法承担赔偿责任。

根据2022年**《期货和衍生品法》第十二条**，任何单位和个人不得操纵期货市场或者衍生品市场。

禁止以下列手段操纵期货市场，影响或者意图影响期货交易价格或者期货交易量：

（一）单独或者合谋，集中资金优势、持仓优势或者利用信息优势联合或者连续买卖合约；

（二）与他人串通，以事先约定的时间、价格和方式相互进行期货交易；

（三）在自己实际控制的账户之间进行期货交易；

（四）利用虚假或者不确定的重大信息，诱导交易者进行期货交易；

（五）不以成交为目的，频繁或者大量申报并撤销申报；

（六）对相关期货交易或者合约标的物的交易作出公开评价、预测或者投资建议，并进行反向操作或者相关操作；

（七）为影响期货市场行情囤积现货；

（八）在交割月或者临近交割月，利用不正当手段规避持仓限额，形成持仓优势；

（九）利用在相关市场的活动操纵期货市场；

（十）操纵期货市场的其他手段。

【立案标准】根据2022年4月6日最高检、公安部**《关于公安机关管辖的刑事案件立案追诉标准的规定（二）》第三十四条**，操纵证券、期货市场，影响证券、期货交易价格或者证券、期货交易量，涉嫌下列情形之一的，应予立案追诉：

（一）持有或者实际控制证券的流通股份数量达到该证券的实际流通股份总量10%以上，实施刑法第一百八十二条第一款第一项操纵证券市场行为，连续10个交易日的累计成交量达到同期该证券总成交量20%以上的；

（二）实施刑法第一百八十二条第一款第二项、第三项操纵证券市场行为，连续 10 个交易日的累计成交量达到同期该证券总成交量 20% 以上的；

（三）利用虚假或者不确定的重大信息，诱导投资者进行证券交易，行为人进行相关证券交易的成交额在 1000 万元以上的；

（四）对证券、证券发行人公开作出评价、预测或者投资建议，同时进行反向证券交易，证券交易成交额在 1000 万元以上的；

（五）通过策划、实施资产收购或者重组、投资新业务、股权转让、上市公司收购等虚假重大事项，误导投资者作出投资决策，并进行相关交易或者谋取相关利益，证券交易成交额在 1000 万元以上的；

（六）通过控制发行人、上市公司信息的生成或者控制信息披露的内容、时点、节奏，误导投资者作出投资决策，并进行相关交易或者谋取相关利益，证券交易成交额在 1000 万元以上的；

（七）实施刑法第一百八十二条第一款第一项操纵期货市场行为，实际控制的帐户合并持仓连续 10 个交易日的最高值超过期货交易所限仓标准的 2 倍，累计成交量达到同期该期货合约总成交量 20% 以上，且期货交易占用保证金数额在 500 万元以上的；

（八）通过囤积现货，影响特定期货品种市场行情，并进行相关期货交易，实际控制的帐户合并持仓连续 10 个交易日的最高值超过期货交易所限仓标准的 2 倍，累计成交量达到同期该期货合约总成交量 20% 以上，且期货交易占用保证金数额在 500 万元以上的；

（九）实施刑法第一百八十二条第一款第二项、第三项操纵期货市场行为，实际控制的帐户连续 10 个交易日的累计成交量达到同期该期货合约总成交量 20% 以上，且期货交易占用保证金数额在 500 万元以上的；

（十）利用虚假或者不确定的重大信息，诱导投资者进行期货交易，行为人进行相关期货交易，实际控制的帐户连续 10 个交易日的累计成交量达到同期该期货合约总成交量 20% 以上，且期货交易占用保证金数额在 500 万元以上的；

（十一）对期货交易标的公开作出评价、预测或者投资建议，同时进行相关期货交易，实际控制的帐户连续 10 个交易日的累计成交量达到同期该期货合约总成交量的 20% 以上，且期货交易占用保证金数额在 500 万元以上的；

（十二）不以成交为目的，频繁或者大量申报买入、卖出证券、期货合约并撤销申报，当日累计撤回申报量达到同期该证券、期货合约总申报量 50% 以上，且证券撤回申报额在 1000 万元以上、撤回申报的期货合约占用保证金数额在 500 万元以上的；

（十三）实施操纵证券、期货市场行为，获利或者避免损失数额在 100 万元以上的。

操纵证券、期货市场，影响证券、期货交易价格或者证券、期货交易量，

获利或者避免损失数额在50万元以上,同时涉嫌下列情形之一的,应予立案追诉:

(一)发行人、上市公司及其董事、监事、高级管理人员、控股股东或者实际控制人实施操纵证券、期货市场行为的;

(二)收购人、重大资产重组的交易对方及其董事、监事、高级管理人员、控股股东或者实际控制人实施操纵证券、期货市场行为的;

(三)行为人明知操纵证券、期货市场行为被有关部门调查,仍继续实施的;

(四)因操纵证券、期货市场行为受过刑事追究的;

(五)2年内因操纵证券、期货市场行为受过行政处罚的;

(六)在市场出现重大异常波动等特定时段操纵证券、期货市场的;

(七)造成其他严重后果的。

对于在全国中小企业股份转让系统中实施操纵证券市场行为,社会危害性大,严重破坏公平公正的市场秩序的,比照本条的规定执行,但本条第一款第一项和第二项除外。

★上述立案追诉标准与2019年6月27日最高法、最高检《关于办理操纵证券、期货市场刑事案件适用法律若干问题的解释》第二条、第三条关于刑法第一百八十二条第一款“情节严重”的规定基本相同;二者的区别在于,本追诉标准采用“获利或者避免损失数额”取代了《解释》“违法所得数额”的表述——编者说明。

第182条

【司法解释】2019年6月27日最高法、最高检《**关于办理操纵证券、期货市场刑事案件适用法律若干问题的解释**》(法释〔2019〕9号,自2019年7月1日起施行),为依法惩治证券、期货犯罪,维护证券、期货市场管理秩序,促进证券、期货市场稳定健康发展,保护投资者合法权益,根据《中华人民共和国刑法》《中华人民共和国刑事诉讼法》的规定,现就办理操纵证券、期货市场刑事案件适用法律的若干问题解释如下(★对于如下解释,应在《刑法修正案(十一)》的基础上加以理解——编者说明):

第一条 行为人具有下列情形之一的,可以认定为刑法第一百八十二条第一款第四项规定的“以其他方法操纵证券、期货市场”:

(一)利用虚假或者不确定的重大信息,诱导投资者作出投资决策,影响证券、期货交易价格或者证券、期货交易量,并进行相关交易或者谋取相关利益的(★本项与《刑法修正案(十一)》第十三条冲突,不再适用——编者说明);

(二)通过对证券及其发行人、上市公司、期货交易标的公开作出评价、预测或者投资建议,误导投资者作出投资决策,影响证券、期货交易价格或者证券、期货交易量,并进行与其评价、预测、投资建议方向相反的证券交易或者相关期货交易的（★本项与《刑法修正案（十一）》第十三条冲突，不再适用——编者说明）；

（三）通过策划、实施资产收购或者重组、投资新业务、股权转让、上市公司收购等虚假重大事项，误导投资者作出投资决策，影响证券交易价格或者证券交易量，并进行相关交易或者谋取相关利益的（★本项与《刑法修正案（十一）》第十三条冲突，不再适用——编者说明）；

（四）通过控制发行人、上市公司信息的生成或者控制信息披露的内容、时点、节奏，误导投资者作出投资决策，影响证券交易价格或者证券交易量，并进行相关交易或者谋取相关利益的；

（五）不以成交为目的，频繁申报、撤单或者大额申报、撤单，误导投资者作出投资决策，影响证券、期货交易价格或者证券、期货交易量，并进行与申报相反的交易或者谋取相关利益的（★本项与《刑法修正案（十一）》第十三条冲突，不再适用——编者说明）；

（六）通过囤积现货，影响特定期货品种市场行情，并进行相关期货交易的；

（七）以其他方法操纵证券、期货市场的。

第二条　操纵证券、期货市场，具有下列情形之一的，应当认定为刑法第一百八十二条第一款规定的“情节严重”：

（一）持有或者实际控制证券的流通股份数量达到该证券的实际流通股份总量10%以上，实施刑法第一百八十二条第一款第一项操纵证券市场行为，连续10个交易日的累计成交量达到同期该证券总成交量20%以上的；

（二）实施刑法第一百八十二条第一款第二项、第三项操纵证券市场行为，连续10个交易日的累计成交量达到同期该证券总成交量20%以上的；

（三）实施本解释第一条第一项至第四项操纵证券市场行为，证券交易成交额在1000万元以上的；

（四）实施刑法第一百八十二条第一款第一项及本解释第一条第六项操纵期货市场行为，实际控制的账户合并持仓连续10个交易日的最高值超过期货交易所限仓标准的2倍，累计成交量达到同期该期货合约总成交量20%以上，且期货交易占用保证金数额在500万元以上的；

（五）实施刑法第一百八十二条第一款第二项、第三项及本解释第一条第一项、第二项操纵期货市场行为，实际控制的账户连续10个交易日的累计成交量达到同期该期货合约总成交量20%以上，且期货交易占用保证金数额在500万元以上的；

（六）实施本解释第一条第五项操纵证券、期货市场行为，当日累计撤回申报量达到同期该证券、期货合约总申报量50%以上，且证券撤回申报额在1000万元以上、撤回申报的期货合约占用保证金数额在500万元以

上的；

（七）实施操纵证券、期货市场行为，违法所得数额在100万元以上的。

第三条 操纵证券、期货市场，违法所得数额在50万元以上，具有下列情形之一的，应当认定为刑法第一百八十二条第一款规定的“情节严重”：

（一）发行人、上市公司及其董事、监事、高级管理人员、控股股东或者实际控制人实施操纵证券、期货市场行为的；

（二）收购人、重大资产重组的交易对方及其董事、监事、高级管理人员、控股股东或者实际控制人实施操纵证券、期货市场行为的；

（三）行为人明知操纵证券、期货市场行为被有关部门调查，仍继续实施的；

（四）因操纵证券、期货市场行为受过刑事追究的；

（五）二年内因操纵证券、期货市场行为受过行政处罚的；

（六）在市场出现重大异常波动等特定时段操纵证券、期货市场的；

（七）造成恶劣社会影响或者其他严重后果的。

第四条 具有下列情形之一的，应当认定为刑法第一百八十二条第一款规定的“情节特别严重”：

（一）持有或者实际控制证券的流通股份数量达到该证券的实际流通股份总量10%以上，实施刑法第一百八十二条第一款第一项操纵证券市场行为，连续10个交易日的累计成交量达到同期该证券总成交量50%以上的；

（二）实施刑法第一百八十二条第一款第二项、第三项操纵证券市场行为，连续10个交易日的累计成交量达到同期该证券总成交量50%以上的；

（三）实施本解释第一条第一项至第四项操纵证券市场行为，证券交易成交额在5000万元以上的；

（四）实施刑法第一百八十二条第一款第一项及本解释第一条第六项操纵期货市场行为，实际控制的账户合并持仓连续10个交易日的最高值超过期货交易所限仓标准的5倍，累计成交量达到同期该期货合约总成交量50%以上，且期货交易占用保证金数额在2500万元以上的；

（五）实施刑法第一百八十二条第一款第二项、第三项及本解释第一条第一项、第二项操纵期货市场行为，实际控制的账户连续10个交易日的累计成交量达到同期该期货合约总成交量50%以上，且期货交易占用保证金数额在2500万元以上的；

（六）实施操纵证券、期货市场行为，违法所得数额在1000万元以上的。

实施操纵证券、期货市场行为，违法所得数额在500万元以上，并具有本解释第三条规定的七种情形之一的，应当认定为“情节特别严重”。

第五条 下列账户应当认定为刑法第一百八十二条中规定的“自己实际控制的账户”：

（一）行为人以自己名义开户并使用的实名账户；

（二）行为人向账户转入或者从账户转出资金，并承担实际损益的他人账户；

（三）行为人通过第一项、第二项以外的方式管理、支配或者使用的他人账户；

（四）行为人通过投资关系、协议等方式对账户内资产行使交易决策权的他人账户；

（五）其他有证据证明行为人具有交易决策权的账户。

有证据证明行为人对前款第一项至第三项账户内资产没有交易决策权的除外。

第六条　2次以上实施操纵证券、期货市场行为，依法应予行政处理或者刑事处理而未经处理的，相关交易数额或者违法所得数额累计计算。

第七条　符合本解释第二条、第三条规定的标准，行为人如实供述犯罪事实，认罪悔罪，并积极配合调查，退缴违法所得的，可以从轻处罚；其中犯罪情节轻微的，可以依法不起诉或者免予刑事处罚。

符合刑事诉讼法规定的认罪认罚从宽适用范围和条件的，依照刑事诉讼法的规定处理。

第八条　单位实施刑法第一百八十二条第一款行为的，依照本解释规定的定罪量刑标准，对其直接负责的主管人员和其他直接责任人员定罪处罚，并对单位判处罚金。

第九条　本解释所称“违法所得”，是指通过操纵证券、期货市场所获利益或者避免的损失。

本解释所称“连续10个交易日”，是指证券、期货市场开市交易的连续10个交易日，并非指行为人连续交易的10个交易日。

第十条　对于在全国中小企业股份转让系统中实施操纵证券市场行为，社会危害性大，严重破坏公平公正的市场秩序的，比照本解释的规定执行，但本解释第二条第一项、第二项和第四条第一项、第二项除外。

第十一条　本解释自2019年7月1日起施行。

【指导案例】根据2018年7月3日最高检**第十批指导性案例·检例第39号·朱炜明操纵证券市场案**，证券公司、证券咨询机构、专业中介机构及其工作人员违背从业禁止规定，买卖或者持有证券，并在对相关证券作出公开评价、预测或者投资建议后，通过预期的市场波动反向操作，谋取利益，情节严重的，以操纵证券市场罪追究其刑事责任。

【典型案例】根据2022年9月8日最高法、最高检、公安部、中国证监会**依法从严打击证券犯罪典型案例·鲜某背信损害上市公司利益、操纵证券市场案**，在信息型操纵证券案件中，应当结合当事人控制信息的手段、对证券交易价格、交易量的影响、情节严重程度等认定是否构成操纵证券市场犯罪。上市公司实际控制人、高级管理人员利用其特殊地位，迎合市场热点，控制信息的生成或信息披露的内容、时点、节奏，进行误导性披露，是信息型操纵证券犯罪的重要手段。其本质是行为人通过控制公开披露的信息，误导投资者作出投资决策，扭曲证券价格正常形成机制，影响证券交易价格或者证券交易量。该类信息型操纵属于刑法第一百八十二条第一款第七项（刑法修正案十一之前的第四项）规定的“以其他方法操纵证券、期货市场的”行为，最高人民检察院、公安部《关于公安机关管辖的刑事案件立案追诉标准的规定（二）》（2010年规定第三十九条第六项、2022年规定第三十四条第六项）以及最高人民法院、最高人民检察院《关于办理操纵证券、期货市场刑事案件适用法律若干问题的解释》（第一条第四项）对此均作了列举规定。办案中需要注意，信息型操纵与交易型操纵认定“情节严重”的标准不同，前者主要以证券交易成交额、违法所得数额来判断，而后者主要以持股占比、成交量占比来判断。

根据2022年9月22日最高法**人民法院依法惩治金融犯罪典型案例·案例7、张家港保税区伊世顿国际贸易有限公司、金文献等操纵期货市场案**，本案是新型操纵期货市场犯罪的典型案例，法律、司法解释对本案中操纵方法没有明确规定。本案中，被告单位伊世顿公司、被告人金文献等人违反有关规定，隐瞒实际控制伊世顿账户组、大量账户从事高频程序化交易等情况，规避中金所对风险控制的监管措施，将自行研发的报单交易系统非法接入中金所交易系统，利用以逃避期货公司资金和持仓验证等非法手段获取的交易速度优势，大量操纵股指期货交易，影响期货交易价格或者期货交易量，其行为符合操纵期货市场罪的构成要件。伊世顿公司的操纵行为严重破坏了股指期货市场的公平交易秩序和原则，与刑法规定的连续交易、自买自卖等操纵行为的本质相同，可以认定为“以其他方法操纵证券、期货市场的”情形。

根据2022年9月22日最高法**人民法院依法惩治金融犯罪典型案例·案例8、远大石化有限公司、吴向东操纵期货市场案**，本案系以囤积现货影响期货行情等手段实施操纵期货市场犯罪的典型案例。刑法第一百八十二条第一款规定了多种常见操纵证券、期货市场的方法，“两高”《关于办理操纵证券、期货市场刑事案件适用法律若干问题的解释》第一条规定了七种其他操纵证券、期货市场的方法，“跨期、现货市场操纵”是其中之一。本案被告单位通过直接采购、代采代持、售后回购等多种方式囤积现货，影响期货品种市场行情，就属于“跨期、现货市场操纵”的情形。同时被告单位利用实际控制的多个期货账户，集中资金优势连续交易期货合约，操纵期货合约价格，违法所得数亿元，应认定为“情节特别严重”。

第一百八十三条　【保险公司工作人员骗取保险金的处理】保险公司的工作人员利用职务上的便利，故意编造未曾发生的保险事故进行虚假理赔，骗取保险金归自己所有的，依照本法第二百七十一条的规定定罪处罚。

国有保险公司工作人员和国有保险公司委派到非国有保险公司从事公务的人员有前款行为的，依照本法第三百八十二条、第三百八十三条的规定定罪处罚。

第一百八十四条　【金融机构工作人员受贿的处理】银行或者其他金融机构的工作人员在金融业务活动中索取他人财物或者非法收受他人财物，为他人谋取利益的，或者违反国家规定，收受各种名义的回扣、手续费，归个人所有的，依照本法第一百六十三条的规定定罪处罚。

国有金融机构工作人员和国有金融机构委派到非国有金融机构从事公务的人员有前款行为的，依照本法第三百八十五条、第三百八十六条的规定定罪处罚。

第183条—第185条

第一百八十五条〔154〕　**【金融机构工作人员挪用资金的处理】**商业银行、证券交易所、期货交易所、证券公司、期货经纪公司、保险公司或者其他金融机构的工作人员利用职务上的便利，挪用本单位或者客户资金的，依照本法第二百七十二条的规定定罪处罚。

国有商业银行、证券交易所、期货交易所、证券公司、期货经纪公司、保险公司或者其他国有金融机构的工作人员和国有商业银行、证券交易所、期货交易所、证券公司、期货经纪公司、保险公司或者其他国有金融机构委派到前款规定中的非国有机构从事公务的人员有前款行为的，依照本法第三百八十四条的规定定罪处罚。

---

〔154〕**【刑法修订】**1999年**《刑法修正案》第七条**修订了本条。1997年刑法原文如下：

第一百八十五条　银行或者其他金融机构的工作人员利用职务上的便利，挪用本单位或者客户资金的，依照本法第二百七十二条的规定定罪处罚。

国有金融机构工作人员和国有金融机构委派到非国有金融机构从事公务的人员有前款行为的，依照本法第三百八十四条的规定定罪处罚。

1999年**《刑法修正案》**扩大了本条犯罪主体的范围，在第一款、第二款中增加了金融机构的列举。

第一百八十五条之一[155] **【背信运用受托财产罪】**商业银行、证券交易所、期货交易所、证券公司、期货经纪公司、保险公司或者其他金融机构，违背受托义务，擅自运用客户资金或者其他委托、信托的财产，情节严重的，对单位判处罚金，并对其直接负责的主管人员和其他直接责任人员，处三年以下有期徒刑或者拘役，并处三万元以上三十万元以下罚金；情节特别严重的，处三年以上十年以下有期徒刑，并处五万元以上五十万元以下罚金。

【违法运用资金罪】社会保障基金管理机构、住房公积金管理机构等公众资金管理机构，以及保险公司、保险资产管理公司、证券投资基金管理公司，违反国家规定运用资金的，对其直接负责的主管人员和其他直接责任人员，依照前款的规定处罚。

---

〔155〕**【刑法修订】**本条为2006年**《刑法修正案（六）》第十二条**增设。

【立案标准】2022年4月6日最高检、公安部**《关于公安机关管辖的刑事案件立案追诉标准的规定（二）》**，对于第一百八十五条之一立案追诉标准规定如下：

第三十五条 商业银行、证券交易所、期货交易所、证券公司、期货公司、保险公司或者其他金融机构，违背受托义务，擅自运用客户资金或者其他委托、信托的财产，涉嫌下列情形之一的，应予立案追诉：

（一）擅自运用客户资金或者其他委托、信托的财产数额在30万元以上的；

（二）虽未达到上述数额标准（★本条与下条中的"虽未达到上述数额标准"，是指接近上述数额标准且已达到该数额的80%以上——编者说明），但多次擅自运用客户资金或者其他委托、信托的财产，或者擅自运用多个客户资金或者其他委托、信托的财产的；

（三）其他情节严重的情形。

第三十六条 社会保障基金管理机构、住房公积金管理机构等公众资金管理机构，以及保险公司、保险资产管理公司、证券投资基金管理公司，违反国家规定运用资金，涉嫌下列情形之一的，应予立案追诉：

（一）违反国家规定运用资金数额在30万元以上的；

（二）虽未达到上述数额标准，但多次违反国家规定运用资金的；

（三）其他情节严重的情形。

第一百八十六条〔156〕　**【违法发放贷款罪】**银行或者其他金融机构的工作人员违反国家规定发放贷款，数额巨大或者造成重大损失的，处五年以下有期徒刑或者拘役，并处一万元以上十万元以下罚金；数额特别巨大或者造成特别重大损失的，处五年以上有期徒刑，并处二万元以上二十万元以下罚金。

银行或者其他金融机构的工作人员违反国家规定，向关系人发放贷款的，依照前款的规定从重处罚。

单位犯前两款罪的，对单位判处罚金，并对其直接负责的主管人员和其他直接责任人员，依照前两款的规定处罚。

关系人的范围，依照《中华人民共和国商业银行法》和有关金融法规确定。

---

〔156〕**【刑法修订】**2006年《**刑法修正案（六）**》**第十三条**修订了本条第一款、第二款1997年刑法原文如下：

第一百八十六条　银行或者其他金融机构的工作人员违反法律、行政法规规定，向关系人发放信用贷款或者发放担保贷款的条件优于其他借款人同类贷款的条件，造成较大损失的，处五年以下有期徒刑或者拘役，并处一万元以上十万元以下罚金；造成重大损失的，处五年以上有期徒刑，并处二万元以上二十万元以下罚金。

银行或者其他金融机构的工作人员违反法律、行政法规规定，向关系人以外的其他人发放贷款，造成重大损失的，处五年以下有期徒刑或者拘役，并处一万元以上十万元以下罚金；造成特别重大损失的，处五年以上有期徒刑，并处二万元以上二十万元以下罚金。

单位犯前两款罪的，对单位判处罚金，并对其直接负责的主管人员和其他直接责任人员，依照前两款的规定处罚。

关系人的范围，依照《中华人民共和国商业银行法》和有关金融法规确定。

2006年《**刑法修正案（六）**》将第一款银行或者其他金融机构的工作人员“违反法律、行政法规规定，向关系人发放信用贷款或者发放担保贷款的条件优于其他借款人同类贷款的条件，造成较大损失”修改为“违反国家规定发放贷款，数额巨大或者造成重大损失”，将原文“造成重大损失”修改为“数额特别巨大或者造成特别重大损失”；删除了第二款的法定刑，改为对该款行为“依照前款的规定从重处罚”。

【相关法规】根据2015年修正后的《**商业银行法**》**第四十条**，商业银行不得向关系人发放信用贷款；向关系人发放担保贷款的条件不得优于其他借款人同类贷款的条件。

前款所称关系人是指：

（一）商业银行的董事、监事、管理人员、信贷业务人员及其近亲属；

（二）前项所列人员投资或者担任高级管理职务的公司、企业和其他经济组织。

【立案标准】根据2022年4月6日最高检、公安部**《关于公安机关管辖的刑事案件立案追诉标准的规定（二）》第三十七条**，银行或者其他金融机构及其工作人员违反国家规定发放贷款，涉嫌下列情形之一的，应予立案追诉：

（一）违法发放贷款，数额在200万元以上的；

（二）违法发放贷款，造成直接经济损失数额在50万元以上的。

【司法解释】根据2006年7月5日最高法刑事审判第二庭**《关于对银行工作人员违规票据贴现行为如何适用法律问题的函》**（〔2006〕刑二函字第42号），根据我国法律规定，票据贴现属于贷款的一种类型。违规票据贴现行为是否构成违法发放贷款罪，应当根据案件事实和刑法规定综合评判加以认定。

根据2009年6月24日最高法刑事审判第二庭**《关于针对骗取贷款、票据承兑、金融票证罪和违法发放贷款罪立案追诉标准的意见》**，不良贷款根据不同的标准划分为不同级别，各个级别的风险程度也有差别，不宜一概以金融机构出具"形成不良贷款"的结论来认定"造成重大损失"。例如达到"次级"的贷款，虽然借款人的还款能力出现明显问题，依靠其正常经营收入已无法保证足额偿还本息，但若有他人为之提供担保的，银行仍然可以通过民事诉讼实现债权。因此，"不良贷款"不等于"经济损失"，亦不能将"形成不良贷款数额"等同于"重大经济损失数额"。

根据2010年9月9日最高检侦查监督厅**《关于对郭××涉嫌违法发放贷款犯罪性质认定的回复意见》**（〔2010〕高检侦监函32号），银监会制定的《流动资金贷款管理暂行办法》和《个人贷款管理暂行办法》是对《中华人民共和国商业银行法》有关规定的细化，可以作为认定案件性质的依据。

根据2001年9月7日公安部经济犯罪侦查局**《关于以信用卡透支协议的形式进行借款可否视为贷款问题的批复》**（公经〔2001〕1021号），根据中国人民银行《信用卡业务管理办法》的规定，信用卡只能在规定的限额内透支。信用卡超限额透支的金额，属于贷款性质。若该行为造成了重大损失，符合违法发放贷款罪的构成要件，则构成违法发放贷款罪。

根据2006年8月1日公安部经济犯罪侦查局**《关于对中国银行××支行行长潘×等人行为如何适用法律问题的通知》**（公经〔2006〕1655号），中国银行股份有限公司××支行行长潘×，在没有取得银行承兑汇票的情况下，违反法律、法规规定，制作贴现凭证，办理贴现业务，致使所贴现的资金无法追回，造成重大损失。依据中国人民银行颁布的《贷款通则》，票据贴现应

第一百八十七条[157] **【吸收客户资金不入帐罪】**银行或者其他金融机构的工作人员吸收客户资金不入帐，数额巨大或者造成重大损失的，处五年以下有期徒刑或者拘役，并处二万元以上二十万元以下罚金；数额特别巨大或者造成特别重大损失的，处五年以上有期徒刑，并处五万元以上五十万元以下罚金。

单位犯前款罪的，对单位判处罚金，并对其直接负责的主管人员和其他直接责任人员，依照前款的规定处罚。

第187条

属贷款种类之一，潘 × 违反有关规定办理票据贴现业务，实则为发放贷款行为……涉嫌违法发放贷款罪。

根据2007年7月27日公安部经济犯罪侦查局**《关于对违法发放贷款案件中损失认定问题的批复》**（公经〔2007〕1458号），在案件侦办过程中，如有证据证明犯罪嫌疑人实施了违法、违规发放贷款的行为，只要发生贷款已无法收回的情况且达到追诉标准的，就应视为《刑法》第一百八十六条所规定的造成损失。案中提及的未到期贷款及其利息，如确定不能追回，应视为犯罪损失。

根据2011年1月4日公安部经济犯罪侦查局**《关于对郭 ×× 涉嫌违法放贷犯罪性质认定请示的批复》**（公经金融〔2011〕4号），根据2004年7月16日银监会发布的《商业银行授信工作尽职指引》第十五条、第十六条、第二十七条、第二十八条、第二十九条、第五十一条的规定，我们认为，郭 ×× 作为原中国银行工作人员，在审查 ×× 化工有限公司贷款过程中，未按规定履行对该公司的贷款资料和担保单位的担保能力进行全面核实和实地审核的尽职调查义务即发放贷款，致使 ×× 化工有限公司利用虚假的贷款资料和伪造的担保合同取得贷款，并给银行造成巨额损失，其行为违反了国家有关规定，涉嫌违法发放贷款犯罪。

〔157〕**【刑法修订】**2006年**《刑法修正案（六）》第十四条**修订了本条第一款。1997年刑法该款原文如下：

第一百八十七条第一款　银行或者其他金融机构的工作人员以牟利为目的，采取吸收客户资金不入帐的方式，将资金用于非法拆借、发放贷款，造成重大损失的，处五年以下有期徒刑或者拘役，并处二万元以上二十万元以下罚金；造成特别重大损失的，处五年以上有期徒刑，并处五万元以上五十万元以下罚金。

2006年**《刑法修正案（六）》**删除了该款“以牟利为目的”“将资金用于非法拆借、发放贷款”的规定，将“造成重大损失”修改为“数额巨大或者造成重大损失”，将“造成特别重大损失”修改为“数额特别巨大或者造成特别重大损失”。

第一百八十八条[158] **【违规出具金融票证罪】**银行或者其他金融机构的工作人员违反规定，为他人出具信用证或者其他保函、票据、存单、资信证明，情节严重的，处五年以下有期徒刑或者拘役；情节特别严重的，处五年以上有期徒刑。

单位犯前款罪的，对单位判处罚金，并对其直接负责的主管人员和其他直接责任人员，依照前款的规定处罚。

第188条

【罪名说明】关于刑法第187条的罪名用字，在司法文件、刑法教科书与学术论文中，极不统一。2007年最高法、最高检《关于执行〈中华人民共和国刑法〉确定罪名的补充规定（三）》，将刑法第187条的罪名表述为“吸收客户资金不入账罪”，罪名用字是“账”而不是“帐”。单纯就语言文字而言，因为该条与金钱有关，故应用“贝”字旁的“账”，该罪名用字正确。但从刑法文本的角度看，该罪名用字存在问题，因为其与刑法第187条条文用“帐”字不一致（在《刑法修正案（三）》之后，刑法文本已经统一用“帐”，再无“账”字）。此外，上述2007年罪名解释还写错了1997年最高法《关于执行〈中华人民共和国刑法〉确定罪名的规定》确定的该条原罪名“用帐外客户资金非法拆借、发放贷款罪”，将其写成“用账外客户资金非法拆借、发放贷款罪”。据此可推断，“吸收客户资金不入账罪”的用字，是“两高”的技术性错误所致。如主张应尊重“两高”的罪名用字，刑法第187条的罪名就是“吸收客户资金不入账罪”。如主张罪名用字应与刑法文本一致，则该条罪名应为“吸收客户资金不入帐罪”。当然，无论采用哪一用字，单纯以“罪名用字存在错误”为由的被告人上诉、检察院抗诉，都不应得到支持。

【立案标准】根据2022年4月6日最高检、公安部《**关于公安机关管辖的刑事案件立案追诉标准的规定（二）**》**第三十八条**，银行或者其他金融机构及其工作人员吸收客户资金不入帐，涉嫌下列情形之一的，应予立案追诉：

（一）吸收客户资金不入帐，数额在200万元以上的；

（二）吸收客户资金不入帐，造成直接经济损失数额在50万元以上的。

【司法解释】根据2010年12月13日最高检法律政策研究室《**对〈关于征求吸收客户资金不入账犯罪法律适用问题的函〉的回复意见**》（高检研函字〔2010〕74号），保险费属于刑法第一百八十七条规定的客户资金，保险公司及其工作人员收到保险费不入账，数额巨大或者造成重大损失的，应按吸收客户资金不入账罪追究刑事责任。

【会议纪要】根据2001年1月21日最高法《**全国法院审理金融犯罪案件工作座谈会纪要**》，吸收客户资金不入帐，是指不记入金融机构的法定存款帐目，以逃避国家金融监管，至于是否记入法定帐目以外设立的帐目，不影响该罪成立。

〔158〕**【刑法修订】**2006年《**刑法修正案（六）**》**第十五条**修订了本条第一款。1997年刑法该款原文如下：

第一百八十八条第一款 银行或者其他金融机构的工作人员违反规定，为他人出具信用证或者其他保函、票据、存单、资信证明，造成较大损失的，处五年以下有期徒刑或者拘役；造成重大损失的，处五年以上有期徒刑。

2006 年《**刑法修正案（六）**》将“造成较大损失”“造成重大损失”分别修改为“情节严重”“情节特别严重”。

【立案标准】根据 2022 年 4 月 6 日最高检、公安部《**关于公安机关管辖的刑事案件立案追诉标准的规定（二）**》**第三十九条**，银行或者其他金融机构及其工作人员违反规定，为他人出具信用证或者其他保函、票据、存单、资信证明，涉嫌下列情形之一的，应予立案追诉：

（一）违反规定为他人出具信用证或者其他保函、票据、存单、资信证明，数额在 200 万元以上的；

（二）违反规定为他人出具信用证或者其他保函、票据、存单、资信证明，造成直接经济损失数额在 50 万元以上的；

（三）多次违规出具信用证或者其他保函、票据、存单、资信证明的；

（四）接受贿赂违规出具信用证或者其他保函、票据、存单、资信证明的；

（五）其他情节严重的情形。

【司法解释】根据 1999 年 10 月 10 日最高检审查批捕厅《**对公安部经济犯罪侦查局〈关于对银行非法出具金融票证和造成损失征求意见的函〉的复函**》，同意你局关于“承诺书”具有担保性质应视为“保函”的意见。根据《商业银行法》第三条第十项规定（★现为第三条第十一项——编者说明），工商银行可提供担保。《刑法》第一百八十八条规定的犯罪必须是银行工作人员违反“规定”的行为，因乌 ×× 的身份是工商银行分理处主任，其行为违反了当地工商银行关于担保的哪些“规定”，贵局告当地公安机关就此问题向当地工商银行查证。

根据 2000 年 6 月 27 日最高法刑事审判第一庭《**关于银行内部机构的工作人员以本部门与他人合办的公司为受益人开具信用证是否属于“为他人出具信用证”问题的复函**》，刑法第 188 条非法出具金融票证罪（★罪名已变更为违规出具金融票证罪——编者说明）规定的“为他人出具信用证”中的“他人”，是指银行或者其他金融机构以外的个人或者单位。银行内部机构的工作人员以本部门与他人合办的公司为受益人，违反规定开具信用证，属于为他人非法出具信用证。

根据 2003 年 1 月 27 日公安部《**关于对涉嫌非法出具金融票证犯罪案件涉及的部分法律问题的批复**》（公经〔2003〕88 号），关于损失的认定问题。对于借款人有下列情形之一，其借款不能归还的，应认定为损失：

（一）法院宣布借款人破产，已清算完毕的；

（二）借款人被依法撤销、关闭、解散，并终止法人资格的；

（三）借款人虽未被依法终止法人资格，但生产经营活动已停止，借款人已名存实亡的；

（四）借款人的经营活动虽未停止，但公司、企业已亏损严重，资不抵债的；

（五）其他应认定为损失的情形。

关于损失的认定时间，应分为定罪损失和量刑损失两种情形来考虑：定罪损失是立案损失、成罪损失，应以公安机关立案时为标准；量刑损失是法院审理案件时的实际损失，以确定最终量刑幅度（★ 2006 年《刑法修正案（六）》虽将刑法第 188 条“造成较大损失”“造成重大损失”修改为“情节严重”“情节特别严重”，但造成的损失如何无疑是认定情节是否严重的重要指标。因而，《批复》关于损失的认定仍然值得参考——编者说明）。

根据 2002 年 6 月 24 日公安部经济犯罪侦查局**《关于转发中国人民银行办公厅〈关于银行预付款保函认定事宜的复函〉的通知》**（公经〔2002〕745 号），预付款保函是银行保函的一种形式，属于刑法意义上的金融票证。

根据 2009 年 11 月 4 日公安部经济犯罪侦查局**《关于民间借贷合同加盖金融机构公章能否视为保函有关问题的批复》**（公经金融〔2009〕295 号），银行保函是指银行应委托人的申请而向受益人开立的有担保性质的书面承诺文件，一旦委托人未按其与受益人签订的合同的约定偿还债务或履行约定义务时，由银行按照与委托人签订的《保函委托书》履行担保责任。而本案中，犯罪嫌疑人杨 ×× 违反规定，利用其担任中国建设银行郑州市 ×× 支行行长便利，私自在河南 ×× 纸业股份有限公司向辛 ×× 个人借款 1360 万元的民间借贷合同上加盖本行印章，由于单纯公章印章本身不具备保函的形式要件，不能视为保函。同时，对杨 ×× 的行为应按照主客观相统一的原则，查明其是否存在职务犯罪等情况。

根据 2012 年 10 月 31 日公安部经济犯罪侦查局**《关于“12 · 24”票据诈骗案件有关法律问题的批复》**（公经金融〔2012〕182 号），涉案的商业承兑汇票（不可撤销）保证函、不可撤销的还款担保函属于银行履约保函的一种。根据我局 2006 年 12 月 1 日《关于伪造银行履约保函的行为是否构成伪造、变造金融票证罪的批复》（公经〔2006〕2769 号），银行履约保函是保函的一种，属于《刑法》第一百八十八条所列的金融票证的范畴。

【指导案例】根据 2023 年 7 月 31 日最高检**第四十七批指导性案例 · 检例第 190 号 · 宋某某违规出具金融票证、违法发放贷款、非国家工作人员受贿案**，银行或其他金融机构工作人员违反规定，不正当履行职权或超越职权出具信用证或者保函、票据、存单、资信证明，情节严重的，构成违规出具金融票证罪。

第一百八十九条[159]　**【对违法票据承兑、付款、保证罪】**银行或者其他金融机构的工作人员在票据业务中，对违反票据法规定的票据予以承兑、付款或者保证，造成重大损失的，处五年以下有期徒刑或者拘役；造成特别重大损失的，处五年以上有期徒刑。

单位犯前款罪的，对单位判处罚金，并对其直接负责的主管人员和其他直接责任人员，依照前款的规定处罚。

第一百九十条[160]　**【逃汇罪】**公司、企业或者其他单位，违反国家规定，擅自将外汇存放境外，或者将境内的外汇非法转移到境外，数额较大的，对单位判处逃汇数额百分之五以上百分之三十以下罚金，并对其直接负责的主管人员和其他直接责任人员，处五年以下有期徒刑或者拘役；数额巨大或者有其他严重情节的，对单位判处逃汇数额百分之五以上百分之三十以下罚金，并对其直接负责的主管人员和其他直接责任人员，处五年以上有期徒刑。

★该指导案例在“指导意义”部分指出：不具备出具保函、票据等金融票证资质的银行或其他金融机构工作人员，违规为他人出具金融票证，情节严重的，应当认定构成违规出具金融票证罪。国家有关金融法律、法规对金融票证出具条件及程序有严格规定，银行及其他金融机构内部也有严格的规章制度和业务规程，有出具金融票证资质的银行、金融机构工作人员违反法定程序、超越职权范围出具金融票证，情节严重的，构成违规出具金融票证罪。对于明知所在金融机构不具备出具金融票证资质，仍为他人出具相关金融票证，属于超越职权范围滥用职权，行为人主观恶性更深、社会危害性更大，对其依法定罪处罚不仅是刑法的应有之义，也符合常情常理和社会大众普遍认知，符合违规出具金融票证罪的，应依法予以认定。

〔159〕**【立案标准】**根据2022年4月6日最高检、公安部**《关于公安机关管辖的刑事案件立案追诉标准的规定（二）》第四十条**，银行或者其他金融机构及其工作人员在票据业务中，对违反票据法规定的票据予以承兑、付款或者保证，造成直接经济损失数额在50万元以上的，应予立案追诉。

〔160〕**【刑法修订】**1998年全国人大常委会**《关于惩治骗购外汇、逃汇和非法买卖外汇犯罪的决定》第三条**修订了本条。1997年刑法原文如下：

第一百九十条　国有公司、企业或者其他国有单位，违反国家规定，擅自将外汇存放境外，或者将境内的外汇非法转移到境外，情节严重的，对单位判处罚金，并对其直接负责的主管人员和其他直接责任人员，处五年以下有期徒刑或者拘役。

1998年《**关于惩治骗购外汇、逃汇和非法买卖外汇犯罪的决定**》取消了本条犯罪主体的所有制限定，增设了第二档法定刑，并将对单位判处的无限额罚金改为比例罚金。

【相关法规】1998年全国人大常委会《**关于惩治骗购外汇、逃汇和非法买卖外汇犯罪的决定**》**第一条**［**骗购外汇罪**］有下列情形之一，骗购外汇，数额较大的，处五年以下有期徒刑或者拘役，并处骗购外汇数额百分之五以上百分之三十以下罚金；数额巨大或者有其他严重情节的，处五年以上十年以下有期徒刑，并处骗购外汇数额百分之五以上百分之三十以下罚金；数额特别巨大或者有其他特别严重情节的，处十年以上有期徒刑或者无期徒刑，并处骗购外汇数额百分之五以上百分之三十以下罚金或者没收财产：

（一）使用伪造、变造的海关签发的报关单、进口证明、外汇管理部门核准件等凭证和单据的；

（二）重复使用海关签发的报关单、进口证明、外汇管理部门核准件等凭证和单据的；

（三）以其他方式骗购外汇的。

伪造、变造海关签发的报关单、进口证明、外汇管理部门核准件等凭证和单据，并用于骗购外汇的，依照前款的规定从重处罚。

明知用于骗购外汇而提供人民币资金的，以共犯论处。

单位犯前三款罪的，对单位依照第一款的规定判处罚金，并对其直接负责的主管人员和其他直接责任人员，处五年以下有期徒刑或者拘役；数额巨大或者有其他严重情节的，处五年以上十年以下有期徒刑；数额特别巨大或者有其他特别严重情节的，处十年以上有期徒刑或者无期徒刑。

【立案标准】2022年4月6日最高检、公安部《**关于公安机关管辖的刑事案件立案追诉标准的规定（二）**》，对于逃汇与骗购外汇的立案追诉标准规定如下：

第四十一条 公司、企业或者其他单位，违反国家规定，擅自将外汇存放境外，或者将境内的外汇非法转移到境外，单笔在200万美元以上或者累计数额在500万美元以上的，应予立案追诉。

第四十二条 骗购外汇，数额在50万美元以上的，应予立案追诉。

【会议纪要】1999年6月7日最高法、最高检、公安部《**关于印发〈办理骗汇、逃汇犯罪案件联席会议纪要〉的通知**》（公通字〔1999〕39号）指出，全国人大常委会《关于惩治骗购外汇、逃汇和非法买卖外汇犯罪的决定》公布施行后发生的犯罪行为，应当依照《决定》办理；对于《决定》公布施行前发生的公布后尚未处理或者正在处理的行为，依照修订后的刑法第十二条第一款规定的原则办理。

第一百九十一条[161]　**【洗钱罪】**为掩饰、隐瞒毒品犯罪、黑社会性质的组织犯罪、恐怖活动犯罪、走私犯罪、贪污贿赂犯罪、破坏金融管理秩序犯罪、金融诈骗犯罪的所得及其产生的收益的来源和性质，有下列行为之一的，没收实施以上犯罪的所得及其产生的收益，处五年以下有期徒刑或者拘役，并处或者单处罚金；情节严重的，处五年以上十年以下有期徒刑，并处罚金：

（一）提供资金帐户的；

（二）将财产转换为现金、金融票据、有价证券的；

（三）通过转帐或者其他支付结算方式转移资金的；

（四）跨境转移资产的；

（五）以其他方法掩饰、隐瞒犯罪所得及其收益的来源和性质的。

单位犯前款罪的，对单位判处罚金，并对其直接负责的主管人员和其他直接责任人员，依照前款的规定处罚。

第191条

---

〔161〕**【刑法修订】**本条被修订三次。1997年刑法原文如下：

第一百九十一条　明知是毒品犯罪、黑社会性质的组织犯罪、走私犯罪的违法所得及其产生的收益，为掩饰、隐瞒其来源和性质，有下列行为之一的，没收实施以上犯罪的违法所得及其产生的收益，处五年以下有期徒刑或者拘役，并处或者单处洗钱数额百分之五以上百分之二十以下罚金；情节严重的，处五年以上十年以下有期徒刑，并处洗钱数额百分之五以上百分之二十以下罚金：

（一）提供资金账户的；

（二）协助将财产转换为现金或者金融票据的；

（三）通过转账或者其他结算方式协助资金转移的；

（四）协助将资金汇往境外的；

（五）以其他方法掩饰、隐瞒犯罪的违法所得及其收益的性质和来源的。

单位犯前款罪的，对单位判处罚金，并对其直接负责的主管人员和其他直接责任人员，处五年以下有期徒刑或者拘役。

2001年**《刑法修正案（三）》第七条**第一次修订，在第一款将"恐怖活动犯罪"列为洗钱的上游犯罪，在第二款单位犯罪中增设了一档法定刑。经此修订后的条文如下：

第一百九十一条　明知是毒品犯罪、黑社会性质的组织犯罪、恐怖活动犯罪、走私犯罪的违法所得及其产生的收益，为掩饰、隐瞒其来源和性质，有下列行为之一的，没收实施以上犯罪的违法所得及其产生的收益，处五年以下有期徒刑或者拘役，并处或者单处洗钱数额百分之五以上百分之二十以下罚金；情节严重的，处五年以上十年以下有期徒刑，并处洗钱数额百分之五以上百分之二十以下罚金：

（一）提供资金帐户的；
（二）协助将财产转换为现金或者金融票据的；
（三）通过转帐或者其他结算方式协助资金转移的；
（四）协助将资金汇往境外的；
（五）以其他方法掩饰、隐瞒犯罪的违法所得及其收益的来源和性质的。

单位犯前款罪的，对单位判处罚金，并对其直接负责的主管人员和其他直接责任人员，处五年以下有期徒刑或者拘役；情节严重的，处五年以上十年以下有期徒刑。

第191条

2006年《**刑法修正案（六）**》**第十六条**再次修订了本条第一款，将“贪污贿赂犯罪、破坏金融管理秩序犯罪、金融诈骗犯罪”列为洗钱的上游犯罪，并修改了第一款第二项、第五项的文字表述。经此修订后的条文如下：

第一百九十一条 明知是毒品犯罪、黑社会性质的组织犯罪、恐怖活动犯罪、走私犯罪、贪污贿赂犯罪、破坏金融管理秩序犯罪、金融诈骗犯罪的所得及其产生的收益，为掩饰、隐瞒其来源和性质，有下列行为之一的，没收实施以上犯罪的所得及其产生的收益，处五年以下有期徒刑或者拘役，并处或者单处洗钱数额百分之五以上百分之二十以下罚金；情节严重的，处五年以上十年以下有期徒刑，并处洗钱数额百分之五以上百分之二十以下罚金：
（一）提供资金帐户的；
（二）协助将财产转换为现金、金融票据、有价证券的；
（三）通过转帐或者其他结算方式协助资金转移的；
（四）协助将资金汇往境外的；
（五）以其他方法掩饰、隐瞒犯罪所得及其收益的来源和性质的。

单位犯前款罪的，对单位判处罚金，并对其直接负责的主管人员和其他直接责任人员，处五年以下有期徒刑或者拘役；情节严重的，处五年以上十年以下有期徒刑。

2020年《**刑法修正案（十一）**》**第十四条**第三次修订，在第一款修改了罪状表述，将“明知是毒品犯罪、黑社会性质的组织犯罪、恐怖活动犯罪、走私犯罪、贪污贿赂犯罪、破坏金融管理秩序犯罪、金融诈骗犯罪的所得及其产生的收益，为掩饰、隐瞒其来源和性质”修改为“为掩饰、隐瞒毒品犯罪、黑社会性质的组织犯罪、恐怖活动犯罪、走私犯罪、贪污贿赂犯罪、破坏金融管理秩序犯罪、金融诈骗犯罪的所得及其产生的收益的来源和性质”；在法定刑部分，将比例罚金刑修改为无限额罚金刑。在第二款删除了单位犯罪中处罚自然人的法定刑，对自然人按照第一款的规定处罚。

【立案标准】根据2022年4月6日最高检、公安部《**关于公安机关管辖的刑事案件立案追诉标准的规定（二）**》**第四十三条**，为掩饰、隐瞒毒品犯罪、黑社会性质的组织犯罪、恐怖活动犯罪、走私犯罪、贪污贿赂犯罪、破坏金融管理秩序犯罪、金融诈骗犯罪的所得及其产生的收益的来源和性质，涉嫌下列情形之一的，应予立案追诉：

（一）提供资金帐户的；

（二）将财产转换为现金、金融票据、有价证券的；

（三）通过转帐或者其他支付结算方式转移资金的；

（四）跨境转移资产的；

（五）以其他方法掩饰、隐瞒犯罪所得及其收益的来源和性质的。

★上述立案追诉标准及下述司法解释对洗钱行为在入罪时，没有提出任何定量要求，容易给人留下只要实施了洗钱行为就构成洗钱罪的印象。但是，刑法分则之罪的认定必须符合刑法总则第 13 条的规定，这意味着对于情节显著轻微危害不大的洗钱行为，不能以洗钱罪论处——编者说明。

【司法解释】2009 年 11 月 4 日最高法《**关于审理洗钱等刑事案件具体应用法律若干问题的解释**》(法释〔2009〕15 号，自 2009 年 11 月 11 日起施行)，就审理洗钱，掩饰、隐瞒犯罪所得、犯罪所得收益，资助恐怖活动等犯罪刑事案件具体应用法律的若干问题解释如下：

第一条 刑法第一百九十一条、第三百一十二条规定的“明知”，应当结合被告人的认知能力，接触他人犯罪所得及其收益的情况，犯罪所得及其收益的种类、数额，犯罪所得及其收益的转换、转移方式以及被告人的供述等主、客观因素进行认定。

具有下列情形之一的，可以认定被告人明知系犯罪所得及其收益，但有证据证明确实不知道的除外：

（一）知道他人从事犯罪活动，协助转换或者转移财物的；

（二）没有正当理由，通过非法途径协助转换或者转移财物的；

（三）没有正当理由，以明显低于市场的价格收购财物的；

（四）没有正当理由，协助转换或者转移财物，收取明显高于市场的“手续费”的；

（五）没有正当理由，协助他人将巨额现金散存于多个银行帐户或者在不同银行帐户之间频繁划转的；

（六）协助近亲属或者其他关系密切的人转换或者转移与其职业或者财产状况明显不符的财物的；

（七）其他可以认定行为人明知的情形。

被告人将刑法第一百九十一条规定的某一上游犯罪的犯罪所得及其收益误认为刑法第一百九十一条规定的上游犯罪范围内的其他犯罪所得及其收益的，不影响刑法第一百九十一条规定的“明知”的认定。

第二条 具有下列情形之一的，可以认定为刑法第一百九十一条第一款第（五）项规定的“以其他方法掩饰、隐瞒犯罪所得及其收益的来源和性质”：

（一）通过典当、租赁、买卖、投资等方式，协助转移、转换犯罪所得及其收益的；

（二）通过与商场、饭店、娱乐场所等现金密集型场所的经营收入相混合的方式，协助转移、转换犯罪所得及其收益的；

（三）通过虚构交易、虚设债权债务、虚假担保、虚报收入等方式，协助将犯罪所得及其收益转换为“合法”财物的；

（四）通过买卖彩票、奖券等方式，协助转换犯罪所得及其收益的；

（五）通过赌博方式，协助将犯罪所得及其收益转换为赌博收益的；

（六）协助将犯罪所得及其收益携带、运输或者邮寄出入境的；

（七）通过前述规定以外的方式协助转移、转换犯罪所得及其收益的。

第三条 明知是犯罪所得及其产生的收益而予以掩饰、隐瞒，构成刑法第三百一十二条规定的犯罪，同时又构成刑法第一百九十一条或者第三百四十九条规定的犯罪的，依照处罚较重的规定定罪处罚。

第四条 刑法第一百九十一条、第三百一十二条、第三百四十九条规定的犯罪，应当以上游犯罪事实成立为认定前提。上游犯罪尚未依法裁判，但查证属实的，不影响刑法第一百九十一条、第三百一十二条、第三百四十九条规定的犯罪的审判。

上游犯罪事实可以确认，因行为人死亡等原因依法不予追究刑事责任的，不影响刑法第一百九十一条、第三百一十二条、第三百四十九条规定的犯罪的认定。

上游犯罪事实可以确认，依法以其他罪名定罪处罚的，不影响刑法第一百九十一条、第三百一十二条、第三百四十九条规定的犯罪的认定。

本条所称“上游犯罪”，是指产生刑法第一百九十一条、第三百一十二条、第三百四十九条规定的犯罪所得及其收益的各种犯罪行为。

2020年11月6日最高法、最高检、公安部《**关于办理洗钱刑事案件若干问题的意见**》（法发〔2020〕41号），为依法惩治洗钱犯罪活动，维护金融管理秩序和国家经济金融安全，根据刑法、刑事诉讼法及有关司法解释等规定，现就办理洗钱刑事案件若干问题提出如下意见。

一、办理洗钱刑事案件的总体要求（下略）

二、依法准确认定洗钱犯罪

4. 刑法第一百九十一条规定的洗钱罪与刑法第三百一十二条规定的掩饰、隐瞒犯罪所得、犯罪所得收益罪是刑法特别规定与一般规定的关系。掩饰、隐瞒犯罪所得、犯罪所得收益罪包含传统的窝藏犯罪和普通的洗钱犯罪，洗钱罪是针对毒品犯罪、黑社会性质的组织犯罪、恐怖活动犯罪、走私犯罪、贪污贿赂犯罪、破坏金融管理秩序犯罪、金融诈骗犯罪等严重犯罪而为其洗钱的行为所作的特别规定。同时符合刑法第一百九十一条和第三百一十二条规定的，优先适用第一百九十一条特别规定。

5. 刑法第一百九十一条规定的“黑社会性质的组织犯罪所得及其产生的收益”，是指黑社会性质组织及其成员实施的各种犯罪所得及其产生的收益，包括黑社会性质组织的形成、发展过程中，该组织及组织成员通过违法犯罪活动或其他不正当手段聚敛的全部财物、财产性权益及其孳息、收益。

6. 主观上认识到是刑法第一百九十一条规定的上游犯罪的所得及其产生的收益，并实施该条第一款规定的洗钱行为的，可以认定其具有掩饰、隐瞒犯罪所得及其收益的来源和性质的目的，但有证据证明不是为掩饰、隐瞒犯罪所得及其收益的来源和性质的除外。

7. 刑法第一百九十一条规定的洗钱罪，应当以上游犯罪事实成立为认定前提。上游犯罪是否既遂，不影响洗钱罪的认定。上游犯罪尚未依法裁判，但查证属实的，不影响洗钱罪的认定。

上游犯罪事实经查证属实，因行为人死亡、未达到刑事责任年龄等原因依法不予追究刑事责任的，不影响洗钱罪的认定。

8. 主观上认识到是刑法第一百九十一条规定的上游犯罪的所得及其产生的收益，包括知道或者应当知道。其中："知道"是指根据犯罪嫌疑人、被告人的供述、证人证言等证据，可以直接证明犯罪嫌疑人、被告人知悉、了解其所掩饰、隐瞒的是刑法第一百九十一条规定的上游犯罪的所得及其产生的收益；"应当知道"是指结合查证的主、客观证据，可以证明犯罪嫌疑人、被告人知悉、了解其所掩饰、隐瞒的是刑法第一百九十一条规定的上游犯罪的所得及其产生的收益。

认定主观认知，应当结合犯罪嫌疑人、被告人的身份背景、职业经历、认知能力及其所接触、接收的信息，与上游犯罪嫌疑人、被告人的亲属关系、上下级关系、交往情况、了解程度、信任程度，接触、接收他人犯罪所得及其收益的情况，犯罪所得及其收益的种类、数额，犯罪所得及其收益的转换、转移方式，交易行为、资金账户的异常情况，以及犯罪嫌疑人、被告人的供述及证人证言等主、客观因素，进行综合分析判断。对于犯罪嫌疑人、被告人的供述和辩解，要结合全案证据进行审查判断。

9. 主观上认识到是刑法第一百九十一条规定的上游犯罪的所得及其产生的收益，是指对上游犯罪客观事实的认识，而非对行为性质的认识。将某一上游犯罪的所得及其产生的收益认为是该条规定的其他上游犯罪的所得及其产生的收益的，不影响主观认知的认定。

10. 实施刑法第一百九十一条规定的洗钱行为，构成洗钱罪的同时，又构成刑法第三百四十九条规定的窝藏、转移、隐瞒毒赃罪，刑法第一百二十条之一规定的帮助恐怖活动罪，或者刑法第二百二十五条规定的非法经营罪的，依照处罚较重的规定定罪处罚。法律和司法解释另有规定的除外。

具有刑法第一百九十一条规定的上游犯罪的犯罪事实，又具有为其他不是同一事实的上游犯罪洗钱的犯罪事实的，分别以上游犯罪、洗钱罪定罪处罚，依法实行数罪并罚。

三、依法从严惩处洗钱犯罪

11. 行为人主观上认识到是刑法第一百九十一条规定的七类上游犯罪的

所得及其产生的收益，并实施该条第一款规定的洗钱行为，从而掩饰、隐瞒犯罪所得及其收益的来源和性质，构成犯罪的，应依法以洗钱罪定罪处罚。

12. 洗钱数额在10万元以上的，或者洗钱数额在5万元以上，且具有下列情形之一的，可以认定为“情节严重”：

（1）多次实施洗钱行为的；

（2）曾因洗钱行为受过刑事追究的；

（3）拒不交代涉案资金去向或者拒不配合追缴工作，致使赃款无法追缴的；

（4）造成重大损失或者其他严重后果的。

二次以上实施洗钱犯罪行为，依法应予刑事处理而未经处理的，洗钱数额累计计算。

13. 地下钱庄实施洗钱犯罪的，或者金融机构及其从业人员实施洗钱犯罪的，可以依法从重处罚。

14. 单位实施洗钱犯罪行为的，与自然人犯罪的定罪量刑标准相同，对单位判处罚金，并依法对其直接负责的主管人员和其他直接责任人员定罪处罚。

15. 要依法用足用好财产刑，从经济上最大限度制裁洗钱犯罪分子。对洗钱犯罪判处罚金，应当根据被告人的犯罪情节，在法律规定的数额幅度内决定罚金数额，充分体现从重处罚的政策精神。对于自然人洗钱犯罪“情节严重”的，一般可并处洗钱数额10%以上20%以下罚金。对单位犯罪，一般可判处洗钱数额10%以上罚金。

16. 对于行为人如实供述犯罪事实，认罪悔罪，并如实交代涉案资金去向，积极配合调查和追缴工作，符合刑事诉讼法规定的认罪认罚从宽适用范围和条件的，可以依法从宽处理。

17. 要从严掌握洗钱犯罪的缓刑适用。适用缓刑，应当综合考虑犯罪情节、悔罪表现、再犯罪的危险以及宣告缓刑对所居住社区的影响，依法作出决定。对于地下钱庄犯罪分子，以洗钱为业，多次实施洗钱行为，或者拒不交代涉案资金去向的，一般不适用缓刑。

四、强化洗钱刑事案件证据的收集、审查和运用

……

21. 人民法院要强化对洗钱刑事案件证据的审查、判断，综合运用证据，就行为人主观上是否认识到是洗钱罪的七类上游犯罪的所得及其产生的收益，是否通过实施洗钱行为掩饰、隐瞒犯罪所得及其收益的来源和性质等犯罪事实进行审查、认定，确保案件事实清楚，证据确实、充分。同时要注重从上游犯罪的事实证据中挖掘洗钱犯罪线索，发现洗钱犯罪线索或者新的洗钱犯罪事实的，应当及时将有关材料移送公安机关，或者建议人民检察院补充、追加或者变更起诉。

22.……

23. 人民法院、人民检察院、公安机关办理洗钱刑事案件，应当依法查询、查封、扣押、冻结全部涉案财产。对于依法查封、扣押、冻结的涉案财产，应当

全面收集、审查证明其来源、性质、用途、权属及价值大小等有关证据。

对于涉及洗钱犯罪及其上游犯罪的违法所得及其产生的收益，应当依法追缴、没收。依法应当追缴、没收的财产无法找到、价值灭失或者与其他合法财产混合且不可分割的，可以追缴、没收洗钱犯罪行为人的其他等值财产。人民法院可以依法判决责令行为人以其他等值财产在违法所得范围内退赔。

对于依法查封、扣押、冻结的涉案财产，有证据证明确属被害人合法财产，或者确与行为人及其犯罪活动无关的，应予返还。

五、合力预防和惩治洗钱犯罪（下略）

★上述《关于办理洗钱刑事案件若干问题的意见》发布于《刑法修正案（十一）》之前，对其应在《刑法修正案（十一）》的基础上加以理解。还提请注意，《刑法修正案（十一）》第十四条虽然删除了原文“明知是”的文字表述，但洗钱罪是故意犯罪，根据故意犯原理，成立洗钱罪当然要求行为人“明知是”毒品犯罪等特定七种犯罪的所得及其产生的收益。因此，上述关于“明知”的解释，在外形上貌似与《刑法修正案（十一）》冲突，其实仍可继续适用——编者说明。

根据2020年7月22日最高检**《关于充分发挥检察职能服务保障“六稳”“六保”的意见》**，加大惩治洗钱犯罪的力度。切实转变“重上游犯罪，轻洗钱犯罪”的做法，办理上游犯罪案件时要同步审查是否涉嫌洗钱犯罪，上游犯罪共犯以及掩饰、隐瞒犯罪所得、非法经营地下钱庄等行为同时构成洗钱罪的，择一重罪依法从严追诉。

【指导案例】根据2021年12月9日最高检**第三十二批指导性案例·检例第128号·彭旭峰受贿，贾斯语受贿、洗钱违法所得没收案**，对于跨境转移贪污贿赂所得的洗钱犯罪案件，检察机关应当依法适用特别程序追缴贪污贿赂违法所得。对于犯罪嫌疑人、被告人转移至境外的财产，如果有证据证明具有高度可能属于违法所得及其他涉案财产的，可以依法申请予以没收。对于共同犯罪的主犯逃匿境外，其他共同犯罪人已经在境内依照普通刑事诉讼程序处理的案件，应当充分考虑主犯应对全案事实负责以及国际刑事司法协助等因素，依法审慎适用特别程序追缴违法所得。

【典型案例】根据2022年11月3日最高检**检察机关惩治洗钱犯罪典型案例·丁某环、朱某洗钱、鹿某掩饰、隐瞒犯罪所得收益案**，股权交易是非法集资犯罪转移、隐匿犯罪所得及其收益的常见方法，频繁转让股权、虚假投资股权是洗钱的重要手段。检察机关在审查非法集资资金去向时发现股权转让、股权投资等情况，要跟进审查股权交易人员之间的关系、股权交易价格、股权交易后的实际控制人等相关证据，判断股权交易是否真实，发现洗钱犯罪线索，及时移送公安机关立案侦查。

对于共同实施掩饰、隐瞒犯罪所得及其收益的人员，应当结合其接触上游犯罪的程度、身份背景、职业经历、交易方式等情况，分别判断其对上游犯罪的主观认识，并根据其认识内容准确定罪。知道或者应当知道犯罪所得及其收益是来自于刑法第一百九十一条规定的七类上游犯罪的，应当认定为洗钱罪；知道或者应当知道犯罪所得及其收益是来自于其他犯罪的，应当认定为掩饰、隐瞒犯罪所得、犯罪所得收益罪。

根据2022年11月3日最高检**检察机关惩治洗钱犯罪典型案例·李某华洗钱案**，主观上认识到是黑社会性质组织犯罪所得及其产生的收益，是构成为他人的黑社会性质组织犯罪所得及其产生的收益洗钱的要件之一，认识内容是对黑社会性质组织犯罪事实的认识，而不是对法律性质的认识。对黑社会性质组织犯罪事实的认识，包括对上游犯罪人员从事的体现黑社会性质组织犯罪组织特征、经济特征、行为特征、危害性特征相关具体事实的认识。公安司法机关公开征集涉黑犯罪线索、发布涉黑犯罪公告、对相关黑社会性质组织成员采取强制措施后，仍帮助黑社会性质组织成员转移涉案资金的，可以认定其知道或者应当知道是黑社会性质组织犯罪所得及其产生的收益。

为掩饰、隐瞒刑法第一百九十一条规定的七类上游犯罪所得及其产生的收益的来源和性质，将上游犯罪所得及其收益在不同账户中划转，或者转换为股票、金融票据，或者转移到境外的，即属刑法规定的洗钱犯罪，转移、转换的资金数额即为洗钱犯罪数额。要注意区分洗钱行为与洗钱后使用犯罪所得及其收益行为的不同性质，犯罪所得及其收益经转移、转换后的资金使用行为不影响洗钱罪的成立，转移、转换后的资金用途不影响洗钱数额的认定。

根据2022年11月3日最高检**检察机关惩治洗钱犯罪典型案例·马某益受贿、洗钱案**，准确区分洗钱罪与上游犯罪的共犯。洗钱罪是在上游犯罪完成、取得或控制犯罪所得及其收益后实施的新的犯罪活动，与上游犯罪分别具有独立的构成。在上游犯罪实行过程中提供资金账户、协助转账汇款等帮助上游犯罪实现的行为，是上游犯罪的组成部分，应当认定为上游犯罪的共犯，不能认定洗钱罪。上游犯罪完成后掩饰、隐瞒犯罪所得及其收益的来源和性质的行为，才成立洗钱罪。办案当中要根据行为人实施掩饰、隐瞒等行为所发生时间节点及其与上游犯罪关系，准确区分上游犯罪与洗钱罪，不能将为上游犯罪提供账户、转账等上游犯罪共犯行为以洗钱罪追诉。

刑法第一百九十一条规定的洗钱罪与刑法第三百一十二条规定的掩饰、隐瞒犯罪所得、犯罪所得收益罪是刑法特别规定与一般规定的关系，掩饰、隐瞒犯罪所得及其产生的收益，构成刑法第一百九十一条规定的洗钱罪，同时又构成刑法第三百一十二条规定的掩饰、隐瞒犯罪所得、犯罪所得收益罪的，依照刑法第一百九十一条洗钱罪的规定追究刑事责任。

根据2022年11月3日最高检**检察机关惩治洗钱犯罪典型案例·冯某才等人贩卖毒品、洗钱案**，对上游犯罪人员的自洗钱行为以洗钱罪追究刑事责任，是刑法修正案（十一）根据反洗钱形势任务作出的重大调整，检察机关应当认真贯彻执行……公安机关移送起诉上游犯罪，检察机关审查认为洗钱罪

第五节　金融诈骗罪[162]

（包括上游犯罪人员自洗钱和上游犯罪共犯以外的人员帮助洗钱）的事实清楚、证据确实、充分，符合起诉条件的，可以直接将洗钱罪与上游犯罪一并提起公诉，对上游犯罪共犯以外的人员帮助洗钱犯罪可以一并追诉。

要坚持主观因素与客观因素相统一的刑事责任评价原则，“为掩饰、隐瞒上游犯罪所得及其产生的收益的来源和性质”和“有下列行为之一”都是构成洗钱罪的必要条件，主观上具有掩饰、隐瞒犯罪所得及其产生的收益来源和性质的故意，客观上实施了掩饰、隐瞒犯罪所得及其产生的收益的来源和性质的行为，同时符合主客观两方面条件的，应当承担刑事责任，并与上游犯罪数罪并罚。认定上游犯罪和自洗钱犯罪，都应当符合各自独立的犯罪构成，上游犯罪行为人完成上游犯罪并取得或控制犯罪所得后，进一步实施的掩饰、隐瞒犯罪所得及其产生的收益的来源和性质的行为，属于自洗钱行为。上游犯罪实施过程中的接收、接受资金行为，属于上游犯罪的完成行为，是上游犯罪既遂的必要条件，不宜重复认定为洗钱行为，帮助接收、接受犯罪所得的人员可以成立上游犯罪的共犯。对于连续、持续进行的上游犯罪和洗钱犯罪，应当逐一分别评价，准确认定。

〔162〕**【会议纪要】**根据2001年1月21日最高法**《全国法院审理金融犯罪案件工作座谈会纪要》**（法〔2001〕8号），金融诈骗犯罪都是以非法占有为目的的犯罪。在司法实践中，认定是否具有非法占有为目的，应当坚持主客观相一致的原则，既要避免单纯根据损失结果客观归罪，也不能仅凭被告人自己的供述，而应当根据案件具体情况具体分析。根据司法实践，对于行为人通过诈骗的方法非法获取资金，造成数额较大资金不能归还，并具有下列情形之一的，可以认定为具有非法占有的目的：(1)明知没有归还能力而大量骗取资金的；(2)非法获取资金后逃跑的；(3)肆意挥霍骗取资金的；(4)使用骗取的资金进行违法犯罪活动的；(5)抽逃、转移资金、隐匿财产，以逃避返还资金的；(6)隐匿、销毁帐目，或者搞假破产、假倒闭，以逃避返还资金的；(7)其他非法占有资金、拒不返还的行为。但是，在处理具体案件的时候，对于有证据证明行为人不具有非法占有目的的，不能单纯以财产不能归还就按金融诈骗罪处罚。

……

金融诈骗的数额不仅是定罪的重要标准，也是量刑的主要依据。在没有新的司法解释之前，可参照1996年《最高人民法院关于审理诈骗案件具体应用法律的若干问题的解释》（★该解释已被废止——编者说明）的规定执行。在具体认定金融诈骗犯罪的数额时，应当以行为人实际骗取的数额计算。对于行为人为实施金融诈骗活动而支付的中介费、手续费、回扣等，或者用于行贿、赠与等费用，均应计入金融诈骗的犯罪数额。但应当将案发前已归还的数额扣除。

……

金融犯罪是图利型犯罪，惩罚和预防此类犯罪，应当注重同时从经济上制

第一百九十二条〔163〕　**【集资诈骗罪】**以非法占有为目的，使用诈骗方法非法集资，数额较大的，处三年以上七年以下有期徒刑，并处罚金；数额巨大或者有其他严重情节的，处七年以上有期徒刑或者无期徒刑，并处罚金或者没收财产。

单位犯前款罪的，对单位判处罚金，并对其直接负责的主管人员和其他直接责任人员，依照前款的规定处罚。

裁犯罪分子。刑法对金融犯罪都规定了财产刑，人民法院应当严格依法判处。罚金的数额，应当根据被告人的犯罪情节，在法律规定的数额幅度内确定。对于具有从轻、减轻或者免除处罚情节的被告人，对于本应并处的罚金刑原则上也应当从轻、减轻或者免除。

单位金融犯罪中直接负责的主管人员和其他直接责任人员，是否适用罚金刑，应当根据刑法的具体规定。刑法分则条文规定有罚金刑，并规定对单位犯罪中直接负责的主管人员和其他直接责任人员依照自然人犯罪条款处罚的，应当判处罚金刑，但是对直接负责的主管人员和其他直接责任人员判处罚金的数额，应当低于对单位判处罚金的数额；刑法分则条文明确规定对单位犯罪中直接负责的主管人员和其他直接责任人员只判处自由刑的，不能附加判处罚金刑。

【司法解释】根据2003年1月27日公安部**《关于对涉嫌非法出具金融票证犯罪案件涉及的部分法律问题的批复》**（公经〔2003〕88号），在金融机构及其工作人员非法出具金融票证等破坏金融管理秩序犯罪活动中，用资人的行为能否被认定为金融诈骗犯罪，首先应当考察其主观上是否有非法占有的故意。对此，可参照最高法2001年1月21日印发的《全国法院审理金融犯罪案件工作座谈会纪要》（法〔2001〕8号）中的有关内容，即对于行为人通过诈骗的方法非法获取资金，造成数额较大资金不能归还，并具有下列情形之一的，可以认定为具有非法占有的目的：

（一）明知没有归还能力而大量骗取资金的；

（二）非法获取资金后逃跑的；

（三）肆意挥霍骗取资金的；

（四）使用骗取的资金进行违法犯罪活动的；

（五）抽逃、转移资金、隐匿财产，以逃避返还资金的；

（六）隐匿、销毁账目，或者搞假破产、假倒闭，以逃避返还资金的；

（七）其他非法占有资金、拒不返还的行为。

〔163〕 **【刑法修订】**2020年**《刑法修正案（十一）》第十五条**修订了本条。1997年刑法原文如下：

第一百九十二条　以非法占有为目的，使用诈骗方法非法集资，数额较大的，处五年以下有期徒刑或者拘役，并处二万元以上二十万元以下罚金；数额巨大或者有其他严重情节的，处五年以上十年以下有期徒刑，并处五万元以上五十万元以下罚金；数额特别巨大或者有其他特别严重情节的，处十年以上有期徒刑或者无期徒刑，并处五万元以上五十万元以下罚金或者没收财产。

2020年《**刑法修正案（十一）**》将数额较大的"处五年以下有期徒刑或者拘役，并处二万元以上二十万元以下罚金"修改为"处三年以上七年以下有期徒刑，并处罚金"，将"数额巨大或者有其他严重情节的，处五年以上十年以下有期徒刑，并处五万元以上五十万元以下罚金；数额特别巨大或者有其他特别严重情节的，处十年以上有期徒刑或者无期徒刑，并处五万元以上五十万元以下罚金或者没收财产"修改为"数额巨大或者有其他严重情节的，处七年以上有期徒刑或者无期徒刑，并处罚金或者没收财产"（原来的三档法定刑变为两档法定刑）；增设第二款单位犯本罪的处罚规定（单位犯本罪的处罚原被规定在刑法第二百条中）。

【立案标准】根据2022年4月6日最高检、公安部《**关于公安机关管辖的刑事案件立案追诉标准的规定（二）**》**第四十四条**，以非法占有为目的，使用诈骗方法非法集资，数额在10万元以上的，应予立案追诉。

【司法解释】2022年2月23日修正后的最高法《**关于审理非法集资刑事案件具体应用法律若干问题的解释**》（法释〔2022〕5号，该修正自2022年3月1日起施行），就审理集资诈骗刑事案件具体应用法律的若干问题解释如下：

第一条　……（➸参见刑法第176条脚注相关部分）

第二条　实施下列行为之一，符合本解释第一条第一款规定的条件的，应当依照刑法第一百七十六条的规定，以非法吸收公众存款罪定罪处罚：

（一）不具有房产销售的真实内容或者不以房产销售为主要目的，以返本销售、售后包租、约定回购、销售房产份额等方式非法吸收资金的；

（二）以转让林权并代为管护等方式非法吸收资金的；

（三）以代种植（养殖）、租种植（养殖）、联合种植（养殖）等方式非法吸收资金的；

（四）不具有销售商品、提供服务的真实内容或者不以销售商品、提供服务为主要目的，以商品回购、寄存代售等方式非法吸收资金的；

（五）不具有发行股票、债券的真实内容，以虚假转让股权、发售虚构债券等方式非法吸收资金的；

（六）不具有募集基金的真实内容，以假借境外基金、发售虚构基金等方式非法吸收资金的；

第192条

（七）不具有销售保险的真实内容，以假冒保险公司、伪造保险单据等方式非法吸收资金的；

（八）以网络借贷、投资入股、虚拟币交易等方式非法吸收资金的；

（九）以委托理财、融资租赁等方式非法吸收资金的；

（十）以提供"养老服务"、投资"养老项目"、销售"老年产品"等方式非法吸收资金的；

（十一）利用民间"会""社"等组织非法吸收资金的；

（十二）其他非法吸收资金的行为。

……

第七条 以非法占有为目的，使用诈骗方法实施本解释第二条规定所列行为的，应当依照刑法第一百九十二条的规定，以集资诈骗罪定罪处罚。

使用诈骗方法非法集资，具有下列情形之一的，可以认定为"以非法占有为目的"：

（一）集资后不用于生产经营活动或者用于生产经营活动与筹集资金规模明显不成比例，致使集资款不能返还的；

（二）肆意挥霍集资款，致使集资款不能返还的；

（三）携带集资款逃匿的；

（四）将集资款用于违法犯罪活动的；

（五）抽逃、转移资金、隐匿财产，逃避返还资金的；

（六）隐匿、销毁账目，或者搞假破产、假倒闭，逃避返还资金的；

（七）拒不交代资金去向，逃避返还资金的；

（八）其他可以认定非法占有目的的情形。

集资诈骗罪中的非法占有目的，应当区分情形进行具体认定。行为人部分非法集资行为具有非法占有目的的，对该部分非法集资行为所涉集资款以集资诈骗罪定罪处罚；非法集资共同犯罪中部分行为人具有非法占有目的，其他行为人没有非法占有集资款的共同故意和行为的，对具有非法占有目的的行为人以集资诈骗罪定罪处罚。

第八条 集资诈骗数额在10万元以上的，应当认定为"数额较大"；数额在100万元以上的，应当认定为"数额巨大"。

集资诈骗数额在50万元以上，同时具有本解释第三条第二款第三项情节的，应当认定为刑法第一百九十二条规定的"其他严重情节"。

集资诈骗的数额以行为人实际骗取的数额计算，在案发前已归还的数额应予扣除。行为人为实施集资诈骗活动而支付的广告费、中介费、手续费、回扣，或者用于行贿、赠与等费用，不予扣除。行为人为实施集资诈骗活动而支付的利息，除本金未归还可予折抵本金以外，应当计入诈骗数额。

第九条第二款 犯集资诈骗罪，判处3年以上7年以下有期徒刑的，并处10万元以上500万元以下罚金；判处7年以上有期徒刑或者无期徒刑的，并处50万元以上罚金或者没收财产。

……

第十四条　单位实施非法吸收公众存款、集资诈骗犯罪的，依照本解释规定的相应自然人犯罪的定罪量刑标准，对单位判处罚金，并对其直接负责的主管人员和其他直接责任人员定罪处罚。

第十五条　此前发布的司法解释与本解释不一致的，以本解释为准。

【会议纪要】根据2001年1月21日最高法**《全国法院审理金融犯罪案件工作座谈会纪要》**，集资诈骗罪和欺诈发行股票、债券罪（★现为“欺诈发行证券罪”——编者说明）、非法吸收公众存款罪在客观上均表现为向社会公众非法募集资金。区别的关键在于行为人是否具有非法占有的目的。对于以非法占有为目的而非法集资，或者在非法集资过程中产生了非法占有他人资金的故意，均构成集资诈骗罪。但是，在处理具体案件时要注意以下两点：一是不能仅凭较大数额的非法集资款不能返还的结果，推定行为人具有非法占有的目的；二是行为人将大部分资金用于投资或生产经营活动，而将少量资金用于个人消费或挥霍的，不应仅以此便认定具有非法占有的目的。

2017年6月1日最高检公诉厅**《关于办理涉互联网金融犯罪案件有关问题座谈会纪要》**，就集资诈骗行为的认定，纪要如下：

14. 以非法占有为目的，使用诈骗方法非法集资，是集资诈骗罪的本质特征。是否具有非法占有目的，是区分非法吸收公众存款罪和集资诈骗罪的关键要件，对此要重点围绕融资项目真实性、资金去向、归还能力等事实进行综合判断。犯罪嫌疑人存在以下情形之一的，原则上可以认定具有非法占有目的：(1)大部分资金未用于生产经营活动，或名义上投入生产经营但又通过各种方式抽逃转移资金的；(2)资金使用成本过高，生产经营活动的盈利能力不具有支付全部本息的现实可能性的；(3)对资金使用的决策极度不负责任或肆意挥霍造成资金缺口较大的；(4)归还本息主要通过借新还旧来实现的；(5)其他依照有关司法解释可以认定为非法占有目的的情形（★关于集资诈骗罪非法占有目的的认定，还可参见2022年2月23日修正后的最高法《关于审理非法集资刑事案件具体应用法律若干问题的解释》第七条——编者说明）。

15. 对于共同犯罪或单位犯罪案件中，不同层级的犯罪嫌疑人之间存在犯罪目的发生转化或者犯罪目的明显不同的，应当根据犯罪嫌疑人的犯罪目的分别认定。

(1)注意区分犯罪目的发生转变的时间节点。犯罪嫌疑人在初始阶段仅具有非法吸收公众存款的故意，不具有非法占有目的，但在发生经营失败、资金链断裂等问题后，明知没有归还能力仍然继续吸收公众存款的，这一时间节点之后的行为应当认定为集资诈骗罪，此前的行为应当认定为非法吸收公众存款罪。

（2）注意区分犯罪嫌疑人的犯罪目的的差异。在共同犯罪或单位犯罪中，犯罪嫌疑人由于层级、职责分工、获取收益方式、对全部犯罪事实的知情程度等不同，其犯罪目的也存在不同。在非法集资犯罪中，有的犯罪嫌疑人具有非法占有的目的，有的则不具有非法占有目的，对此，应当分别认定为集资诈骗罪和非法吸收公众存款罪。

16. 证明主观上是否具有非法占有目的，可以重点收集、运用以下客观证据：（1）与实施集资诈骗整体行为模式相关的证据：投资合同、宣传资料、培训内容等；（2）与资金使用相关的证据：资金往来记录、会计账簿和会计凭证、资金使用成本（包括利息和佣金等）、资金决策使用过程、资金主要用途、财产转移情况等；（3）与归还能力相关的证据：吸收资金所投资项目内容、投资实际经营情况、盈利能力、归还本息资金的主要来源、负债情况、是否存在虚构业绩等虚假宣传行为等；（4）其他涉及欺诈等方面的证据：虚构融资项目进行宣传、隐瞒资金实际用途、隐匿销毁账簿；等等。司法会计鉴定机构对相关数据进行鉴定时，办案部门可以根据查证犯罪事实的需要提出重点鉴定的项目，保证司法会计鉴定意见与待证的构成要件事实之间的关联性。

17. 集资诈骗的数额，应当以犯罪嫌疑人实际骗取的金额计算。犯罪嫌疑人为吸收公众资金制造还本付息的假象，在诈骗的同时对部分投资人还本付息的，集资诈骗的金额以案发时实际未兑付的金额计算（★ 2022 年 2 月 23 日修正后的最高法《关于审理非法集资刑事案件具体应用法律若干问题的解释》第八条第三款规定：行为人为实施集资诈骗活动而支付的利息，除本金未归还可予折抵本金以外，应当计入诈骗数额——编者说明）。案发后，犯罪嫌疑人主动退还集资款项的，不能从集资诈骗的金额中扣除，但可以作为量刑情节考虑。

【指导案例】根据 2018 年 7 月 3 日最高检**第十批指导性案例·检例第 40 号·周辉集资诈骗案**，网络借贷信息中介机构或其控制人，利用网络借贷平台发布虚假信息，非法建立资金池募集资金，所得资金大部分未用于生产经营活动，主要用于借新还旧和个人挥霍，无法归还所募资金数额巨大，应认定为具有非法占有目的，以集资诈骗罪追究刑事责任。

★该指导案例在“指导意义”部分指出：是否具有非法占有目的，是正确区分非法吸收公众存款罪和集资诈骗罪的关键。对非法占有目的的认定，应当围绕融资项目真实性、资金去向、归还能力等事实、证据进行综合判断。行为人将所吸收资金大部分未用于生产经营活动，或名义上投入生产经营，但又通过各种方式抽逃转移资金，或供其个人肆意挥霍，归还本息主要通过借新还旧来实现，造成数额巨大的募集资金无法归还的，可以认定具有非法占有的目的。

根据 2023 年 5 月 11 日最高检**第四十四批指导性案例·检例第 175 号·张业强等人非法集资案**，违反私募基金管理有关规定，以发行销售私募基金形式公开宣传，向社会公众吸收资金，并承诺还本付息的，属于变相非法集资。向私募基金投资者隐瞒未将募集资金用于约定项目的事实，虚构投资项目经营情况，应当认定为使用诈骗方法。非法集资人虽然将部分集资款投入生产经营活动，但投资随意，明知经营活动盈利能力不具有支付本息的现实可能性，仍然向社会公众大规模吸收资金，还本付息主要通过募新还旧实现，致使集资款不能返还的，应当认定其具有非法占有目的。在共同犯罪或者单位犯罪中，应当根据非法集资人是否具有非法占有目的，认定其构成集资诈骗罪还是非法吸收公众存款罪。检察机关应当围绕私募基金宣传推介方式、收益分配规则、投资人信息、资金实际去向等重点判断非法集资人是否具有非法占有目的，针对性开展指控证明工作。

★该指导案例在"指导意义"部分指出：与公募基金不同，私募基金只需经过备案、无需审批，但不能以私募为名公开募集资金。检察机关办理以私募基金为名非法集资的案件，应当结合《中华人民共和国证券投资基金法》《私募投资基金监督管理暂行办法》等有关私募基金宣传推介途径、收益分配、募集对象等方面的具体规定，对涉案私募基金是否符合非法集资特征作出判断。违反私募基金有关管理规定，通过公众媒体或者讲座、报告会、分析会等方式向不特定对象宣传，属于向社会公开宣传；通过签订回购协议等方式向投资者承诺投资本金不受损失或者承诺最低收益，属于变相承诺还本付息；通过"拼单""代持"等方式向合格投资者之外的单位和个人募集资金或者投资者累计超过规定人数，属于向社会公众吸收资金。在发行销售私募基金过程中同时具有上述情形的，本质上系假借私募之名变相非法集资，应当依法追究刑事责任。

以发行销售私募基金名义，使用诈骗的方法非法集资，对集资款具有非法占有目的，应当认定集资诈骗罪。非法集资人是否使用诈骗方法、是否具有非法占有目的，应当根据涉案私募基金信息披露情况、募集资金实际用途、非法集资人归还能力等要素综合判断……在共同犯罪或者单位犯罪中，由于行为人层级、职责分工、获利方式、对全部犯罪事实的知情程度不同，其犯罪目的也存在不同，应当根据非法集资人是否具有非法占有目的分别认定构成集资诈骗罪还是非法吸收公众存款罪。

【典型案例】根据 2023 年 12 月 20 日最高法、最高检**依法从严打击私募基金犯罪典型案例·中某中基集团、孟某、岑某集资诈骗案**，以发行销售私募基金为名，使用诈骗方法非法集资，对集资款具有非法占有目的的，构成集资诈骗罪。司法机关应以私募基金发行中约定的投资项目、底层资产是否真实，销售中是否提供虚假承诺等作为是否使用诈骗方法的审查重点；应以资金流转过程和最终去向作为是否具有非法占有目的的审查重点，包括募集资金是否用于私募基金约定投资项目，是否用于其他真实投资项目，是否存在极不负责任的投资，是否通过关联交易、暗箱操作等手段进行利益输送，是否以各种方式抽逃转移资金，是否用于个人大额消费和投资等。本案中，孟某等人虚构对外贸易项目、伪造财务资料发行内容虚假的私募基金，以虚假担保诱骗投资人投资，属于典型的使用诈骗方法募集资金；募集资金汇集于中某中基集团资金池，主要用于兑付本息、支付高额运营成本和个人占有挥霍，虽有17亿余元用于投资，但是与募集资金的规模明显不成比例，且投资项目前期均未经过充分的尽职调查，资金投入后也未对使用情况进行任何有效管理，对资金使用的决策极不负责任，应依法认定具有非法占有目的。

准确认定犯罪主体，全面审查涉案财产，依法追赃挽损。私募基金非法集资案件涉及私募基金设计、管理、销售等多方主体，认定犯罪主体应以募集资金的支配与归属为核心，对于犯罪活动经私募基金管理人或其实际控制人决策实施，全部或者大部分违法所得归单位所有的，除单位设立后专门从事违法犯罪活动外，应依法认定为单位犯罪，追缴单位全部违法所得。私募股权类投资基金的涉案资金以股权投资形式流向其他公司的，追赃挽损的范围不限于犯罪单位的财物，对涉案私募基金在其他公司投资的股权，应在确认权属后依法予以追缴。本案中，10多家关联公司围绕中某中基集团开展私募基金发行销售活动，募集资金归中某中基集团统一支配使用，司法机关依法认定中某中基集团为单位犯罪主体，对单位财产、流向空壳公司的财产以及投资项目财产全面追赃挽损。

【量刑指导】根据2021年6月17日最高法、最高检**《关于常见犯罪的量刑指导意见(试行)》**，1. 构成集资诈骗罪的，根据下列情形在相应的幅度内确定量刑起点：

(1)达到数额较大起点的，在3年至4年有期徒刑幅度内确定量刑起点。

(2)达到数额巨大起点或者有其他严重情节的，在7年至9年有期徒刑幅度内确定量刑起点。依法应当判处无期徒刑的除外。

2. 在量刑起点的基础上，根据集资诈骗数额等其他影响犯罪构成的犯罪事实增加刑罚量，确定基准刑。

3. 构成集资诈骗罪的，根据犯罪数额、危害后果等犯罪情节，综合考虑被告人缴纳罚金的能力，决定罚金数额。

4. 构成集资诈骗罪的，综合考虑犯罪数额、诈骗对象、危害后果、退赃退赔等犯罪事实、量刑情节，以及被告人主观恶性、人身危险性、认罪悔罪表现等因素，决定缓刑的适用。

第一百九十三条[164]　**【贷款诈骗罪】**有下列情形之一，以非法占有为目的，诈骗银行或者其他金融机构的贷款，数额较大的，处五年以下有期徒刑或者拘役，并处二万元以上二十万元以下罚金；数额巨大或者有其他严重情节的，处五年以上十年以下有期徒刑，并处五万元以上五十万元以下罚金；数额特别巨大或者有其他特别严重情节的，处十年以上有期徒刑或者无期徒刑，并处五万元以上五十万元以下罚金或者没收财产：

（一）编造引进资金、项目等虚假理由的；

（二）使用虚假的经济合同的；

（三）使用虚假的证明文件的；

（四）使用虚假的产权证明作担保或者超出抵押物价值重复担保的；

（五）以其他方法诈骗贷款的。

---

〔164〕**【立案标准】**根据2022年4月6日最高检、公安部**《关于公安机关管辖的刑事案件立案追诉标准的规定（二）》第四十五条**，以非法占有为目的，诈骗银行或者其他金融机构的贷款，数额在5万元以上的，应予立案追诉。

【司法解释】根据2020年7月22日最高检**《关于充分发挥检察职能服务保障"六稳""六保"的意见》**，在办理骗取贷款等犯罪案件时，充分考虑企业"融资难""融资贵"的实际情况，注意从借款人采取的欺骗手段是否属于明显虚构事实或者隐瞒真相，是否与银行工作人员合谋、受其指使，是否非法影响银行放贷决策、危及信贷资金安全，是否造成重大损失等方面，合理判断其行为危害性，不苛求企业等借款人。对于借款人因生产经营需要，在贷款过程中虽有违规行为，但未造成实际损失的，一般不作为犯罪处理。对于借款人采取欺骗手段获取贷款，虽给银行造成损失，但证据不足以认定借款人有非法占有目的的，不能以贷款诈骗罪定性处理。

【会议纪要】根据2001年1月21日最高法**《全国法院审理金融犯罪案件工作座谈会纪要》**，审理贷款诈骗犯罪案件，应当注意以下两个问题：一是单位不能构成贷款诈骗罪。根据刑法第三十条和第一百九十三条的规定，单位不构成贷款诈骗罪。对于单位实施的贷款诈骗行为，不能以贷款诈骗罪定罪处罚，也不能以贷款诈骗罪追究直接负责的主管人员和其他直接责任人员的刑事责任。但是，在司法实践中，对于单位十分明显地以非法占有为目的，利用签订、履行借款合同诈骗银行或其他金融机构贷款，符合刑法第二百二十四条规定的合同诈骗罪构成要件的，应当以合同诈骗罪定罪处罚（★"不能以贷款诈骗罪追究直接负责的主管人员和其他直接责任人员的刑事责任"的解释

第一百九十四条[165] **【票据诈骗罪】**有下列情形之一，进行金融票据诈骗活动，数额较大的，处五年以下有期徒刑或者拘役，并处二万元以上二十万元以下罚金；数额巨大或者有其他严重情节的，处五年以上十年以下有期徒刑，并处五万元以上五十万元以下罚金；数额特别巨大或者有其他特别严重情节的，处十年以上有期徒刑或者无期徒刑，并处五万元以上五十万元以下罚金或者没收财产：

（一）明知是伪造、变造的汇票、本票、支票而使用的；

（二）明知是作废的汇票、本票、支票而使用的；

（三）冒用他人的汇票、本票、支票的；

（四）签发空头支票或者与其预留印鉴不符的支票，骗取财物的；

（五）汇票、本票的出票人签发无资金保证的汇票、本票或者在出票时作虚假记载，骗取财物的。

【金融凭证诈骗罪】使用伪造、变造的委托收款凭证、汇款凭证、银行存单等其他银行结算凭证的，依照前款的规定处罚。

与2014年4月24日第十二届全国人大常委会《关于〈中华人民共和国刑法〉第三十条的解释》相矛盾——编者说明）。二是要严格区分贷款诈骗与贷款纠纷的界限。对于合法取得贷款后，没有按规定的用途使用贷款，到期没有归还贷款的，不能以贷款诈骗罪定罪处罚；对于确有证据证明行为人不具有非法占有的目的，因不具备贷款的条件而采取了欺骗手段获取贷款，案发时有能力履行还贷义务，或者案发时不能归还贷款是因为意志以外的原因，如因经营不善、被骗、市场风险等，不应以贷款诈骗罪定罪处罚。

〔165〕**【立案标准】**2022年4月6日最高检、公安部**《关于公安机关管辖的刑事案件立案追诉标准的规定（二）》**，对于刑法第一百九十四条立案追诉标准规定如下：

第四十六条 进行金融票据诈骗活动，数额在5万元以上的，应予立案追诉。

第四十七条 使用伪造、变造的委托收款凭证、汇款凭证、银行存单等其他银行结算凭证进行诈骗活动，数额在5万元以上的，应予立案追诉。

第一百九十五条[166]　**【信用证诈骗罪】**有下列情形之一，进行信用证诈骗活动的，处五年以下有期徒刑或者拘役，并处二万元以上二十万元以下罚金；数额巨大或者有其他严重情节的，处五年以上十年以下有期徒刑，并处五万元以上五十万元以下罚金；数额特别巨大或者有其他特别严重情节的，处十年以上有期徒刑或者无期徒刑，并处五万元以上五十万元以下罚金或者没收财产：

（一）使用伪造、变造的信用证或者附随的单据、文件的；

（二）使用作废的信用证的；

（三）骗取信用证的；

（四）以其他方法进行信用证诈骗活动的。

---

〔166〕**【立案标准】**根据2022年4月6日最高检、公安部《**关于公安机关管辖的刑事案件立案追诉标准的规定（二）**》第四十八条，进行信用证诈骗活动，涉嫌下列情形之一的，应予立案追诉：

（一）使用伪造、变造的信用证或者附随的单据、文件的；

（二）使用作废的信用证的；

（三）骗取信用证的；

（四）以其他方法进行信用证诈骗活动的。

【司法解释】根据2003年11月19日最高法《**关于对信用证诈骗案件有关问题的复函**》（法函〔2003〕60号），在办理信用证诈骗案件中，是否必须查明虚假议付单据、文件的来源和议付款项的最终流向不能一概而论，应当视案件的证据情况决定。对属于认定行为人主观上“是否明知”以及“是否具有非法占有目的”必不可少的证据，则应当查清。

关于委托境外执法部门协助提供的证人证言可否作为证据使用的问题。根据刑事诉讼法第17条（★2018年《刑事诉讼法》第18条——编者说明）的规定，依照刑事司法协助的内容委托境外执法机构询问证人的情况可以作为证据使用。但如果境外执法部门所取得的证言上加盖有“不得作呈堂证供”的印章，应当经过适当形式的转换后使用。

【会议纪要】根据2001年1月21日最高法《**全国法院审理金融犯罪案件工作座谈会纪要**》，对信用证诈骗罪的数额，可参照1996年最高法《关于审理诈骗案件具体应用法律的若干问题的解释》（★该解释已被废止——编者说明），即个人进行信用证诈骗数额在10万元以上的，属于“数额巨大”；个人进行信用证诈骗数额在50万元以上的，属于“数额特别巨大”。单位进行信用证诈骗数额在50万元以上的，属于“数额巨大”；单位进行信用证诈骗数额在250万元以上的，属于“数额特别巨大”。

第一百九十六条[167] **【信用卡诈骗罪】**有下列情形之一，进行信用卡诈骗活动，数额较大的，处五年以下有期徒刑或者拘役，并处二万元以上二十万元以下罚金；数额巨大或者有其他严重情节的，处五年以上十年以下有期徒刑，并处五万元以上五十万元以下罚金；数额特别巨大或者有其他特别严重情节的，处十年以上有期徒刑或者无期徒刑，并处五万元以上五十万元以下罚金或者没收财产：

（一）使用伪造的信用卡，或者使用以虚假的身份证明骗领的信用卡的；

（二）使用作废的信用卡的；

（三）冒用他人信用卡的；

（四）恶意透支的。

前款所称恶意透支，是指持卡人以非法占有为目的，超过规定限额或者规定期限透支，并且经发卡银行催收后仍不归还的行为。

盗窃信用卡并使用的，依照本法第二百六十四条的规定定罪处罚。

---

〔167〕**【刑法修订】**2005年《**刑法修正案（五）**》**第二条**修订了本条，仅修订了第一款第一项，将“（一）使用伪造的信用卡的”修改为“（一）使用伪造的信用卡，或者使用以虚假的身份证明骗领的信用卡的”。

【立法解释】根据2004年12月29日全国人大常委会《**关于〈中华人民共和国刑法〉有关信用卡规定的解释**》，刑法规定的“信用卡”，是指由商业银行或者其他金融机构发行的具有消费支付、信用贷款、转帐结算、存取现金等全部功能或者部分功能的电子支付卡。

【立案标准】根据2022年4月6日最高检、公安部《**关于公安机关管辖的刑事案件立案追诉标准的规定（二）**》**第四十九条**，进行信用卡诈骗活动，涉嫌下列情形之一的，应予立案追诉：

（一）使用伪造的信用卡、以虚假的身份证明骗领的信用卡、作废的信用卡或者冒用他人信用卡，进行诈骗活动，数额在5000元以上的；

（二）恶意透支，数额在5万元以上的。

本条规定的“恶意透支”，是指持卡人以非法占有为目的，超过规定限额或者规定期限透支，经发卡银行两次有效催收后超过3个月仍不归还的。

恶意透支的数额，是指公安机关刑事立案时尚未归还的实际透支的本金数额，不包括利息、复利、滞纳金、手续费等发卡银行收取的费用。归还或者支付的数额，应当认定为归还实际透支的本金。

恶意透支，数额在5万元以上不满50万元的，在提起公诉前全部归还或者具有其他情节轻微情形的，可以不起诉。但是，因信用卡诈骗受过2次以上处罚的除外。

【司法解释】2018年11月28日修正后的最高法、最高检《**关于办理妨害信用卡管理刑事案件具体应用法律若干问题的解释**》(法释〔2018〕19号,自2018年12月1日起施行),就刑法第一百九十六条的具体适用解释如下:

第五条　使用伪造的信用卡、以虚假的身份证明骗领的信用卡、作废的信用卡或者冒用他人信用卡,进行信用卡诈骗活动,数额在5000元以上不满5万元的,应当认定为刑法第一百九十六条规定的"数额较大";数额在5万元以上不满50万元的,应当认定为刑法第一百九十六条规定的"数额巨大";数额在50万元以上的,应当认定为刑法第一百九十六条规定的"数额特别巨大"。

刑法第一百九十六条第一款第三项所称"冒用他人信用卡",包括以下情形:

(一)拾得他人信用卡并使用的;

(二)骗取他人信用卡并使用的;

(三)窃取、收买、骗取或者以其他非法方式获取他人信用卡信息资料,并通过互联网、通讯终端等使用的;

(四)其他冒用他人信用卡的情形。

第六条　持卡人以非法占有为目的,超过规定限额或者规定期限透支,经发卡银行两次有效催收后超过3个月仍不归还的,应当认定为刑法第一百九十六条规定的"恶意透支"。

对于是否以非法占有为目的,应当综合持卡人信用记录、还款能力和意愿、申领和透支信用卡的状况、透支资金的用途、透支后的表现、未按规定还款的原因等情节作出判断。不得单纯依据持卡人未按规定还款的事实认定非法占有目的。

具有以下情形之一的,应当认定为刑法第一百九十六条第二款规定的"以非法占有为目的",但有证据证明持卡人确实不具有非法占有目的的除外:

(一)明知没有还款能力而大量透支,无法归还的;

(二)使用虚假资信证明申领信用卡后透支,无法归还的;

(三)透支后通过逃匿、改变联系方式等手段,逃避银行催收的;

(四)抽逃、转移资金,隐匿财产,逃避还款的;

(五)使用透支的资金进行犯罪活动的;

(六)其他非法占有资金,拒不归还的情形。

第七条　催收同时符合下列条件的,应当认定为本解释第六条规定的"有效催收":

(一)在透支超过规定限额或者规定期限后进行;

(二)催收应当采用能够确认持卡人收悉的方式,但持卡人故意逃避催收的除外;

（三）两次催收至少间隔30日；

（四）符合催收的有关规定或者约定。

对于是否属于有效催收，应当根据发卡银行提供的电话录音、信息送达记录、信函送达回执、电子邮件送达记录、持卡人或者其家属签字以及其他催收原始证据材料作出判断。

发卡银行提供的相关证据材料，应当有银行工作人员签名和银行公章。

第八条 恶意透支，数额在5万元以上不满50万元的，应当认定为刑法第一百九十六条规定的“数额较大”；数额在50万元以上不满500万元的，应当认定为刑法第一百九十六条规定的“数额巨大”；数额在500万元以上的，应当认定为刑法第一百九十六条规定的“数额特别巨大”。

第九条 恶意透支的数额，是指公安机关刑事立案时尚未归还的实际透支的本金数额，不包括利息、复利、滞纳金、手续费等发卡银行收取的费用。归还或者支付的数额，应当认定为归还实际透支的本金。

检察机关在审查起诉、提起公诉时，应当根据发卡银行提供的交易明细、分类账单（透支账单、还款账单）等证据材料，结合犯罪嫌疑人、被告人及其辩护人所提辩解、辩护意见及相关证据材料，审查认定恶意透支的数额；恶意透支的数额难以确定的，应当依据司法会计、审计报告，结合其他证据材料审查认定。人民法院在审判过程中，应当在对上述证据材料查证属实的基础上，对恶意透支的数额作出认定。

发卡银行提供的相关证据材料，应当有银行工作人员签名和银行公章。

第十条 恶意透支数额较大，在提起公诉前全部归还或者具有其他情节轻微情形的，可以不起诉；在一审判决前全部归还或者具有其他情节轻微情形的，可以免予刑事处罚。但是，曾因信用卡诈骗受过两次以上处罚的除外。

第十一条 发卡银行违规以信用卡透支形式变相发放贷款，持卡人未按规定归还的，不适用刑法第一百九十六条“恶意透支”的规定。构成其他犯罪的，以其他犯罪论处。

根据2008年4月18日最高检《**关于拾得他人信用卡并在自动柜员机（ATM机）上使用的行为如何定性问题的批复**》（高检发释字〔2008〕1号，自2008年5月7日起施行），拾得他人信用卡并在自动柜员机（ATM机）上使用的行为，属于刑法第一百九十六条第一款第（三）项规定的“冒用他人信用卡”的情形，构成犯罪的，以信用卡诈骗罪追究刑事责任。

2010年7月5日最高法研究室《**关于信用卡犯罪法律适用若干问题的复函**》（法研〔2010〕105号），就办理信用卡犯罪案件法律适用问题，提出以下意见供参考：

一、对于一人持有多张信用卡进行恶意透支，每张信用卡透支数额均未达到 1 万元的立案追诉标准(★立案追诉标准已被调整,本处应为每张信用卡透支数额均未达到 5 万元的立案追诉标准——编者说明)的,原则上可以累计数额进行追诉。但考虑到一人办多张信用卡的情况复杂,如累计透支数额不大的,应分别不同情况慎重处理。

二、发卡银行的“催收”应有电话录音、持卡人或其家属签字等证据证明。“两次催收”一般应分别采用电话、信函、上门等两种以上催收形式(★关于有效催收的认定,应以 2018 年 11 月 28 日最高法、最高检《关于办理妨害信用卡管理刑事案件具体应用法律若干问题的解释》第七条规定为准——编者说明)。

三、若持卡人在透支大额款项后,仅向发卡行偿还远低于最低还款额的欠款,具有非法占有目的的,可以认定为“恶意透支”;行为人确实不具有非法占有目的的,不能认定为“恶意透支”。

四、非法套现犯罪的证据规格,仍应遵循刑事诉讼法规定的证据确实、充分的证明标准。原则上应向各持卡人询问并制作笔录。如因持卡人数量众多、下落不明等客观原因导致无法取证,且其他证据已能确实、充分地证明使用信用卡非法套现的犯罪事实及套现数额的,则可以不向所有持卡人询问并制作笔录。

根据 2011 年 8 月 8 日最高法、最高检、公安部《**关于信用卡诈骗犯罪管辖有关问题的通知**》(公通字〔2011〕29 号),近年来,信用卡诈骗流窜作案逐年增多,受害人在甲地申领的信用卡,被犯罪嫌疑人在乙地盗取了信用卡信息,并在丙地被提现或消费。犯罪嫌疑人企图通过空间的转换逃避刑事打击。为及时有效打击此类犯罪,现就有关案件管辖问题通知如下:

对以窃取、收买等手段非法获取他人信用卡信息资料后在异地使用的信用卡诈骗犯罪案件,持卡人信用卡申领地的公安机关、人民检察院、人民法院可以依法立案侦查、起诉、审判。

【典型案例】根据 2015 年 12 月 4 日最高法**公布 11 起诈骗犯罪典型案例·七、张某信用卡诈骗案**,张某信用卡诈骗案是一起将盗取的信用卡信息进行复制,再利用复制的伪卡盗取现金的信用卡诈骗案,是近年来信用卡诈骗案中出现的新型作案手段。该案例明确了盗窃信用卡信息又复制伪卡,使用伪卡盗取现金的行为,应按照信用卡诈骗罪定罪处罚。

根据 2023 年 10 月 10 日最高法**涉民营企业产权和企业家合法权益保护再审典型案例·案例 6、王成军信用卡诈骗再审改判无罪案**,采用真实个人信息申领信用卡进行透支、透支款项用于生产经营且主观上不具有非法占有目的的信用卡欠款逾期不还的行为,不构成信用卡诈骗罪。

【量刑指导】根据 2021 年 6 月 17 日最高法、最高检《**关于常见犯罪的量**

第一百九十七条〔168〕 **【有价证券诈骗罪】**使用伪造、变造的国库券或者国家发行的其他有价证券，进行诈骗活动，数额较大的，处五年以下有期徒刑或者拘役，并处二万元以上二十万元以下罚金；数额巨大或者有其他严重情节的，处五年以上十年以下有期徒刑，并处五万元以上五十万元以下罚金；数额特别巨大或者有其他特别严重情节的，处十年以上有期徒刑或者无期徒刑，并处五万元以上五十万元以下罚金或者没收财产。

第一百九十八条〔169〕 **【保险诈骗罪】**有下列情形之一，进行保险诈骗活动，数额较大的，处五年以下有期徒刑或者拘役，并处一万元以上十万元以下罚金；数额巨大或者有其他严重情节的，处五年以上十年以下有期徒刑，并处二万元以上二十万元以下罚金；数额特别巨大或者有其他特别严重情节的，处十年以上有期徒刑，并处二万元以上二十万元以下罚金或者没收财产：

刑指导意见（试行）》，1. 构成信用卡诈骗罪的，根据下列情形在相应的幅度内确定量刑起点：

（1）达到数额较大起点的，在2年以下有期徒刑、拘役幅度内确定量刑起点。

（2）达到数额巨大起点或者有其他严重情节的，在5年至6年有期徒刑幅度内确定量刑起点。

（3）达到数额特别巨大起点或者有其他特别严重情节的，在10年至12年有期徒刑幅度内确定量刑起点。依法应当判处无期徒刑的除外。

2. 在量刑起点的基础上，根据信用卡诈骗数额等其他影响犯罪构成的犯罪事实增加刑罚量，确定基准刑。

3. 构成信用卡诈骗罪的，根据诈骗手段、犯罪数额、危害后果等犯罪情节，综合考虑被告人缴纳罚金的能力，决定罚金数额。

4. 构成信用卡诈骗罪的，综合考虑诈骗手段、犯罪数额、危害后果、退赃退赔等犯罪事实、量刑情节，以及被告人主观恶性、人身危险性、认罪悔罪表现等因素，决定缓刑的适用。

〔168〕**【立案标准】**根据2022年4月6日最高检、公安部**《关于公安机关管辖的刑事案件立案追诉标准的规定（二）》第五十条**，使用伪造、变造的国库券或者国家发行的其他有价证券进行诈骗活动，数额在5万元以上的，应予立案追诉。

〔169〕**【立案标准】**根据2022年4月6日最高检、公安部**《关于公安机关管辖的刑事案件立案追诉标准的规定（二）》第五十一条**，进行保险诈骗活动，数额在5万元以上的，应予立案追诉。

（一）投保人故意虚构保险标的，骗取保险金的；

（二）投保人、被保险人或者受益人对发生的保险事故编造虚假的原因或者夸大损失的程度，骗取保险金的；

（三）投保人、被保险人或者受益人编造未曾发生的保险事故，骗取保险金的；

（四）投保人、被保险人故意造成财产损失的保险事故，骗取保险金的；

（五）投保人、受益人故意造成被保险人死亡、伤残或者疾病，骗取保险金的。

有前款第四项、第五项所列行为，同时构成其他犯罪的，依照数罪并罚的规定处罚。

单位犯第一款罪的，对单位判处罚金，并对其直接负责的主管人员和其他直接责任人员，处五年以下有期徒刑或者拘役；数额巨大或者有其他严重情节的，处五年以上十年以下有期徒刑；数额特别巨大或者有其他特别严重情节的，处十年以上有期徒刑。

保险事故的鉴定人、证明人、财产评估人故意提供虚假的证明文件，为他人诈骗提供条件的，以保险诈骗的共犯论处。

第一百九十九条〔170〕（删去）

【司法解释】根据1998年11月27日最高检法律政策研究室**《关于保险诈骗未遂能否按犯罪处理问题的答复》**（高检研发〔1998〕第20号），行为人已经着手实施保险诈骗行为，但由于其意志以外的原因未能获得保险赔偿的，是诈骗未遂，情节严重的，应依法追究刑事责任。

根据2009年9月14日公安部经济犯罪侦查局**《关于对一起保险诈骗案件有关问题的批复》**（公经金融〔2009〕248号），1998年11月27日《最高人民检察院关于保险诈骗未遂能否按犯罪处理问题的答复》中指出："行为人已经着手实施保险诈骗行为，但由于其意志以外的原因未能获得保险赔偿的，是诈骗未遂，情节严重的，应依法追究刑事责任。"但目前对"情节严重"尚无具体司法解释。本案中，张某隐瞒其妻子已患癌症的事实，向中国人寿保险开封分公司和中国太平人寿保险开封分公司共投保43万元，并在其妻死亡后申请理赔，其行为已涉嫌保险诈骗罪……应予追诉。

〔170〕**【刑法修订】**本条被修订二次，目前有条无文。1997年刑法原文如下：

第一百九十九条　犯本节第一百九十二条、第一百九十四条、第一百九十五

第二百条[171] **【单位犯本节之罪的处罚】**单位犯本节第一百九十四条、第一百九十五条规定之罪的，对单位判处罚金，并对其直接负责的主管人员和其他直接责任人员，处五年以下有期徒刑或者拘役，可以并处罚金；数额巨大或者有其他严重情节的，处五年以上十年以下有期徒刑，并处罚金；数额特别巨大或者有其他特别严重情节的，处十年以上有期徒刑或者无期徒刑，并处罚金。

第六节 危害税收征管罪

第二百零一条[172] **【逃税罪】**纳税人采取欺骗、隐瞒手段进行虚假纳税申报或者不申报，逃避缴纳税款数额较大并且占应纳税额百分之十以上的，处三年以下有期徒刑或者拘役，并处罚金；数额巨大并且占应纳税额百分之三十以上的，处三年以上七年以下有期徒刑，并处罚金。

条规定之罪，数额特别巨大并且给国家和人民利益造成特别重大损失的，处无期徒刑或者死刑，并处没收财产。

2011年《**刑法修正案（八）**》**第三十条**删除了本条“第一百九十四条、第一百九十五条”的文字。2015年《**刑法修正案（九）**》**第十二条**彻底删除了本条内容。由此，金融诈骗罪均已废止死刑。

〔171〕**【刑法修订】**本条被修订二次。1997年刑法原文如下：

第二百条 单位犯本节第一百九十二条、第一百九十四条、第一百九十五条规定之罪的，对单位判处罚金，并对其直接负责的主管人员和其他直接责任人员，处五年以下有期徒刑或者拘役；数额巨大或者有其他严重情节的，处五年以上十年以下有期徒刑；数额特别巨大或者有其他特别严重情节的，处十年以上有期徒刑或者无期徒刑。

2011年《**刑法修正案（八）**》**第三十一条**在本条增设了罚金刑。经此修订后的条文如下：

第二百条 单位犯本节第一百九十二条、第一百九十四条、第一百九十五条规定之罪的，对单位判处罚金，并对其直接负责的主管人员和其他直接责任人员，处五年以下有期徒刑或者拘役，可以并处罚金；数额巨大或者有其他严重情节的，处五年以上十年以下有期徒刑，并处罚金；数额特别巨大或者有其他特别严重情节的，处十年以上有期徒刑或者无期徒刑，并处罚金。

2020年《**刑法修正案（十一）**》**第十六条**删除了本条中“第一百九十二条”的文字，因为已在刑法第一百九十二条第二款设立了单位犯集资诈骗罪的处罚规定。

〔172〕**【刑法修订】**2009年《**刑法修正案（七）**》**第三条**修订了本条。

扣缴义务人采取前款所列手段，不缴或者少缴已扣、已收税款，数额较大的，依照前款的规定处罚。

对多次实施前两款行为，未经处理的，按照累计数额计算。

有第一款行为，经税务机关依法下达追缴通知后，补缴应纳税款，缴纳滞纳金，已受行政处罚的，不予追究刑事责任；但是，五年内因逃避缴纳税款受过刑事处罚或者被税务机关给予二次以上行政处罚的除外。

1997 年刑法原文如下：

第二百零一条　纳税人采取伪造、变造、隐匿、擅自销毁帐簿、记帐凭证，在帐簿上多列支出或者不列、少列收入，经税务机关通知申报而拒不申报或者进行虚假的纳税申报的手段，不缴或者少缴应纳税款，偷税数额占应纳税额的百分之十以上不满百分之三十并且偷税数额在一万元以上不满十万元的，或者因偷税被税务机关给予二次行政处罚又偷税的，处三年以下有期徒刑或者拘役，并处偷税数额一倍以上五倍以下罚金；偷税数额占应纳税额的百分之三十以上并且偷税数额在十万元以上的，处三年以上七年以下有期徒刑，并处偷税数额一倍以上五倍以下罚金。

扣缴义务人采取前款所列手段，不缴或者少缴已扣、已收税款，数额占应缴税额的百分之十以上并且数额在一万元以上的，依照前款的规定处罚。

对多次犯有前两款行为，未经处理的，按照累计数额计算。

2009 年**《刑法修正案（七）》**全面修订了本条。在第一款，将“纳税人采取伪造、变造、隐匿、擅自销毁帐簿、记帐凭证，在帐簿上多列支出或者不列、少列收入，经税务机关通知申报而拒不申报或者进行虚假的纳税申报的手段，不缴或者少缴应纳税款”修改为“纳税人采取欺骗、隐瞒手段进行虚假纳税申报或者不申报，逃避缴纳税款”，将“偷税数额占应纳税额的百分之十以上不满百分之三十并且偷税数额在一万元以上不满十万元的，或者因偷税被税务机关给予二次行政处罚又偷税的，处三年以下有期徒刑或者拘役，并处偷税数额一倍以上五倍以下罚金”修改为“数额较大并且占应纳税额百分之十以上的，处三年以下有期徒刑或者拘役，并处罚金”，将“偷税数额占应纳税额的百分之三十以上并且偷税数额在十万元以上的，处三年以上七年以下有期徒刑，并处偷税数额一倍以上五倍以下罚金”修改为“数额巨大并且占应纳税额百分之三十以上的，处三年以上七年以下有期徒刑，并处罚金”；在第二款，将“数额占应缴税额的百分之十以上并且数额在一万元以上”修改为“数额较大”；在第三款，将“多次犯有”修改为“多次实施”；此外，还增设了第四款特定情形不予追究刑事责任的规定。

【相关法规】根据 2015 年修正后的**《税收征收管理法》第四条**，法律、行政法规规定负有纳税义务的单位和个人为纳税人。

法律、行政法规规定负有代扣代缴、代收代缴税款义务的单位和个人为扣缴义务人。

纳税人、扣缴义务人必须依照法律、行政法规的规定缴纳税款、代扣代缴、代收代缴税款。

【立案标准】根据2022年4月6日最高检、公安部《**关于公安机关管辖的刑事案件立案追诉标准的规定(二)**》**第五十二条**,逃避缴纳税款,涉嫌下列情形之一的,应予立案追诉:

(一)纳税人采取欺骗、隐瞒手段进行虚假纳税申报或者不申报,逃避缴纳税款,数额在10万元以上并且占各税种应纳税总额10%以上,经税务机关依法下达追缴通知后,不补缴应纳税款、不缴纳滞纳金或者不接受行政处罚的;

(二)纳税人5年内因逃避缴纳税款受过刑事处罚或者被税务机关给予2次以上行政处罚,又逃避缴纳税款,数额在10万元以上并且占各税种应纳税总额10%以上的;

(三)扣缴义务人采取欺骗、隐瞒手段,不缴或者少缴已扣、已收税款,数额在10万元以上的。

纳税人在公安机关立案后再补缴应纳税款、缴纳滞纳金或者接受行政处罚的,不影响刑事责任的追究。

【司法解释】根据1999年11月23日公安部《**关于如何理解〈刑法〉第二百零一条规定的"应纳税额"问题的批复**》(公复字〔1999〕4号),《刑法》第二百零一条规定的"应纳税额"是指某一法定纳税期限或者税务机关依法核定的纳税期间内应纳税额的总和。偷税行为涉及两个以上税种的,只要其中一个税种的偷税数额、比例达到法定标准的,即构成偷税罪(★罪名已变更为逃税罪——编者说明),其他税种的偷税数额累计计算。

2007年5月23日公安部《**关于对未依法办理税务登记的纳税人能否成为偷税犯罪主体问题的批复**》(公复字〔2007〕3号)指出,根据《中华人民共和国税收征收管理法》第四条、第三十七条的规定,未按照规定办理税务登记的从事生产、经营的纳税人以及临时从事经营的纳税人,可以构成偷税罪(★罪名已变更为逃税罪。下同——编者说明)的犯罪主体。其行为触犯《中华人民共和国刑法》第二百零一条规定的,公安机关应当以偷税罪立案侦查,依法追究刑事责任。

根据2003年7月22日公安部经济犯罪侦查局《**关于挂靠单位和个人是否符合偷税犯罪主体特征请示的答复**》(公经〔2003〕819号),虽然税法没有明确规定挂靠和承包两种经营形式的纳税主体,但是,税法的立法精神与原则以及其他有关规定已对该两种经营形式的纳税主体做了原则性的规定(★该

《答复》还详细规定了如果纳税企业单位改变经营方式，其全部或部分被个人、其他企业、单位实行承租经营的，如何确定纳税人，以及如果单位和个人以挂靠其他单位的形式从事生产经营活动，如何确定其纳税人的原则、承租经营形式等问题——编者说明)。

根据2003年12月5日公安部经济犯罪侦查局**《关于对两种涉税违法行为适用法律问题的批复》**(公经〔2003〕1449号)，行为人使用非法制造的发票的行为，应视具体情况而定：如果行为人不知道是非法制造的发票，主观上也没有偷逃税款的目的，即使客观上使用了该发票，也不宜按照犯罪处理；如果行为人明知是非法制造的发票而使用，且偷逃税款达到了法定数额、比例要求，根据刑法第二百零一条和最高人民法院《关于审理偷税抗税刑事案件具体应用法律若干问题的解释》第二条的规定，应当以偷税罪(★罪名已变更为逃税罪——编者说明)追究刑事责任。

根据2005年6月21日公安部经济犯罪侦查局**《关于偷逃契税能否定性为偷税问题的批复》**(公经〔2005〕1040号)，纳税人采取《刑法》第二百零一条所列举的手段，不缴或少缴契税，达到偷税罪追诉标准的，应以涉嫌偷税罪(★罪名已变更为逃税罪——编者说明)定罪论处。

根据2006年8月21日公安部经济犯罪侦查局**《关于应纳税总额是否包含海关等部门征收的其他税种问题的批复》**(公经〔2006〕1829号)，《刑法》第二百零一条所规定的应纳税款及应纳税额不包含海关关税及海关代征增值税。《最高人民法院关于审理偷税抗税刑事案件具体应用法律若干问题的解释》第一条、第三条中“应纳税总额”不包含《刑法》第一百五十三条规定的“偷逃应缴税额”部分在内。

根据2007年7月2日公安部经济犯罪侦查局**《关于地方政府擅自制定的税收优惠不能作为纳税人不缴少缴税款依据的批复》**(公经〔2007〕1459号)，根据《中华人民共和国税收征收管理法》第三十三条的规定，“减税、免税的申请须经法律、行政法规规定的减税、免税审查批准机关审批。地方各级人民政府、各级人民政府主管部门、单位和个人违反法律、行政法规规定，擅自作出的减税、免税决定无效，税务机关不得执行，并向上级税务机关报告”。因此，黑龙江省佳木斯市东风区政府于2003年10月以“常务会议纪要”的方式作出的给予黑龙江××路桥建筑有限责任公司2003年至2005年定额征税1000万元的税收优惠规定无效，对征纳双方不具有约束力，不能作为纳税人不按国家税收法律、法规缴纳税款的依据。因此如果其行为触犯《刑法》第二百零一条规定的，公安机关应当以涉嫌偷税罪(★罪名已变更为逃税罪——编者说明)追究其刑事责任。

根据2010年8月17日最高法研究室**《关于税收通用完税证和车辆购置**

第201条

第二百零二条〔173〕 **【抗税罪】**以暴力、威胁方法拒不缴纳税款的，处三年以下有期徒刑或者拘役，并处拒缴税款一倍以上五倍以下罚金；情节严重的，处三年以上七年以下有期徒刑，并处拒缴税款一倍以上五倍以下罚金。

税完税证是否属于发票问题的回函》（法研〔2010〕140号），对伪造税务机关征税专用章，非法制造税收通用完税证和车辆购置税完税证对外出售的，视情可以伪造国家机关印章罪论处；对非法购买上述两种伪造的完税证，逃避缴纳税款的，视情可以逃税罪论处。

★《刑法修正案（七）》对1997年刑法第201条的罪状作了重大修改，2002年11月5日最高法《关于审理偷税抗税刑事案件具体应用法律若干问题的解释》中关于偷税部分的解释已难以继续执行，故本书不再收录——编者说明。

【典型案例】根据2023年10月10日最高法**涉民营企业产权和企业家合法权益保护再审典型案例·案例5、孟丙祥逃税再审改判无罪案**，税务机关在作出行政行为时应当遵循合法和程序正当原则，对逃避纳税义务的个人和企业作出行政处罚决定后要严格按照法定程序送达行政相对人。被告人因处于被人身羁押状态，不知晓税务处理决定而未能及时补缴税款和滞纳金的，不构成逃税罪。

〔173〕 **【立案标准】**根据2022年4月6日最高检、公安部**《关于公安机关管辖的刑事案件立案追诉标准的规定（二）》第五十三条**，以暴力、威胁方法拒不缴纳税款，涉嫌下列情形之一的，应予立案追诉：

（一）造成税务工作人员轻微伤以上的；

（二）以给税务工作人员及其亲友的生命、健康、财产等造成损害为威胁，抗拒缴纳税款的；

（三）聚众抗拒缴纳税款的；

（四）以其他暴力、威胁方法拒不缴纳税款的。

【司法解释】2002年11月5日最高法**《关于审理偷税抗税刑事案件具体应用法律若干问题的解释》**（法释〔2002〕33号，自2002年11月7日起施行），就审理抗税刑事案件具体应用法律的若干问题解释如下：

第五条 实施抗税行为具有下列情形之一的，属于刑法第二百零二条规定的“情节严重”：

（一）聚众抗税的首要分子；

（二）抗税数额在10万元以上的；

（三）多次抗税的；

（四）故意伤害致人轻伤的；

第二百零三条[174] **【逃避追缴欠税罪】**纳税人欠缴应纳税款，采取转移或者隐匿财产的手段，致使税务机关无法追缴欠缴的税款，数额在一万元以上不满十万元的，处三年以下有期徒刑或者拘役，并处或者单处欠缴税款一倍以上五倍以下罚金；数额在十万元以上的，处三年以上七年以下有期徒刑，并处欠缴税款一倍以上五倍以下罚金。

第二百零四条[175] **【骗取出口退税罪】**以假报出口或者其他欺骗手段，骗取国家出口退税款，数额较大的，处五年以下有期徒刑或者拘役，并处骗取税款一倍以上五倍以下罚金；数额巨大或者有其他严重情节的，处五年以上十年以下有期徒刑，并处骗取税款一倍以上五倍以下罚金；数额特别巨大或者有其他特别严重情节的，处十年以上有期徒刑或者无期徒刑，并处骗取税款一倍以上五倍以下罚金或者没收财产。

纳税人缴纳税款后，采取前款规定的欺骗方法，骗取所缴纳的税款的，依照本法第二百零一条的规定定罪处罚；骗取税款超过所缴纳的税款部分，依照前款的规定处罚。

（五）具有其他严重情节。

第六条 实施抗税行为致人重伤、死亡，构成故意伤害罪、故意杀人罪的，分别依照刑法第二百三十四条第二款、第二百三十二条的规定定罪处罚。

与纳税人或者扣缴义务人共同实施抗税行为的，以抗税罪的共犯依法处罚。

〔174〕**【立案标准】**根据2022年4月6日最高检、公安部**《关于公安机关管辖的刑事案件立案追诉标准的规定（二）》第五十四条**，纳税人欠缴应纳税款，采取转移或者隐匿财产的手段，致使税务机关无法追缴欠缴的税款，数额在1万元以上的，应予立案追诉。

〔175〕**【立案标准】**根据2022年4月6日最高检、公安部**《关于公安机关管辖的刑事案件立案追诉标准的规定（二）》第五十五条**，以假报出口或者其他欺骗手段，骗取国家出口退税款，数额在10万元以上的，应予立案追诉。

【司法解释】2002年9月17日最高法**《关于审理骗取出口退税刑事案件具体应用法律若干问题的解释》**（法释〔2002〕30号，自2002年9月23日起施行），就审理骗取出口退税刑事案件具体应用法律的若干问题解释如下：

第一条 刑法第二百零四条规定的“假报出口”，是指以虚构已税货物出口事实为目的，具有下列情形之一的行为：

（一）伪造或者签订虚假的买卖合同；

（二）以伪造、变造或者其他非法手段取得出口货物报关单、出口收汇核销单、出口货物专用缴款书等有关出口退税单据、凭证；

（三）虚开、伪造、非法购买增值税专用发票或者其他可以用于出口退税的发票；

（四）其他虚构已税货物出口事实的行为。

第二条 具有下列情形之一的，应当认定为刑法第二百零四条规定的“其他欺骗手段”：

（一）骗取出口货物退税资格的；

（二）将未纳税或者免税货物作为已税货物出口的；

（三）虽有货物出口，但虚构该出口货物的品名、数量、单价等要素，骗取未实际纳税部分出口退税款的；

（四）以其他手段骗取出口退税款的。

第三条 骗取国家出口退税款5万元以上的，为刑法第二百零四条规定的“数额较大”；骗取国家出口退税款50万元以上的，为刑法第二百零四条规定的“数额巨大”；骗取国家出口退税款250万元以上的，为刑法第二百零四条规定的“数额特别巨大”（★本条“数额较大”的规定，与2022年4月6日最高检、公安部《关于公安机关管辖的刑事案件立案追诉标准的规定（二）》第五十五条严重不一致，宜执行最新规定——编者说明）。

第四条 具有下列情形之一的，属于刑法第二百零四条规定的“其他严重情节”：

（一）造成国家税款损失30万元以上并且在第一审判决宣告前无法追回的；

（二）因骗取国家出口退税行为受过行政处罚，2年内又骗取国家出口退税款数额在30万元以上的；

（三）情节严重的其他情形。

第五条 具有下列情形之一的，属于刑法第二百零四条规定的“其他特别严重情节”：

（一）造成国家税款损失150万元以上并且在第一审判决宣告前无法追回的；

（二）因骗取国家出口退税行为受过行政处罚，2年内又骗取国家出口退税款数额在150万元以上的；

（三）情节特别严重的其他情形。

第六条 有进出口经营权的公司、企业，明知他人意欲骗取国家出口退税款，仍违反国家有关进出口经营的规定，允许他人自带客户、自带货源、自带汇票并自行报关，骗取国家出口退税款的，依照刑法第二百零四条第一款、第二百一十一条的规定定罪处罚。

第二百零五条〔176〕　**【虚开增值税专用发票、用于骗取出口退税、抵扣税款发票罪】**虚开增值税专用发票或者虚开用于骗取出口退税、抵扣税款的其他发票的，处三年以下有期徒刑或者拘役，并处二万元以上二十万元以下罚金；虚开的税款数额较大或者有其他严重情节的，处三年以上十年以下有期徒刑，并处五万元以上五十万元以下罚金；虚开的税款数额巨大或者有其他特别严重情节的，处十年以上有期徒刑或者无期徒刑，并处五万元以上五十万元以下罚金或者没收财产。

单位犯本条规定之罪的，对单位判处罚金，并对其直接负责的主管人员和其他直接责任人员，处三年以下有期徒刑或者拘役；虚开的税款数额较大或者有其他严重情节的，处三年以上十年以下有期徒刑；虚开的税款数额巨大或者有其他特别严重情节的，处十年以上有期徒刑或者无期徒刑。

虚开增值税专用发票或者虚开用于骗取出口退税、抵扣税款的其他发票，是指有为他人虚开、为自己虚开、让他人为自己虚开、介绍他人虚开行为之一的。

第七条　实施骗取国家出口退税行为，没有实际取得出口退税款的，可以比照既遂犯从轻或者减轻处罚。

第八条　国家工作人员参与实施骗取出口退税犯罪活动的，依照刑法第二百零四条第一款的规定从重处罚。

第九条　实施骗取出口退税犯罪，同时构成虚开增值税专用发票罪等其他犯罪的，依照刑法处罚较重的规定定罪处罚。

〔176〕**【刑法修订】**2011年《**刑法修正案（八）**》**第三十二条**修订了本条第二款。1997年刑法该款原文如下：

第二百零五条第二款　有前款行为骗取国家税款，数额特别巨大，情节特别严重，给国家利益造成特别重大损失的，处无期徒刑或者死刑，并处没收财产。

2011年《**刑法修正案（八）**》删除了该款（从而废除了本条的死刑），将原第三、四款改为第二、三款。

【立法解释】根据2005年《**关于〈中华人民共和国刑法〉有关出口退税、抵扣税款的其他发票规定的解释**》，刑法规定的“出口退税、抵扣税款的其他发票”，是指除增值税专用发票以外的，具有出口退税、抵扣税款功能的收付款凭证或者完税凭证。

【立案标准】根据2022年4月6日最高检、公安部**《关于公安机关管辖的刑事案件立案追诉标准的规定(二)》第五十六条**,虚开增值税专用发票或者虚开用于骗取出口退税、抵扣税款的其他发票,虚开的税款数额在10万元以上或者造成国家税款损失数额在5万元以上的,应予立案追诉。

【司法解释】根据2001年10月17日最高法**《关于对〈审计署关于咨询虚开增值税专用发票罪问题的函〉的复函》**(法函〔2001〕66号),地方税务机关实施"高开低征"或者"开大征小"等违规开具增值税专用发票的行为,不属于刑法第二百零五条规定的虚开增值税专用发票的犯罪行为,造成国家税款重大损失的,对有关主管部门的国家机关工作人员,应当根据刑法有关渎职罪的规定追究刑事责任。

根据2002年4月16日最高法**《关于湖北汽车商场虚开增值税专用发票一案的批复》**(行他字〔2001〕36号),本案被告单位和被告人虽然实施了虚开增值税专用发票的行为,但主观上不具有偷骗税款的目的,客观上亦未实际造成国家税收损失,其行为不符合刑法规定的虚开增值税专用发票罪的犯罪构成,不构成犯罪。

根据2003年11月20日最高法研究室**《关于对三种涉税行为法律适用问题意见的复函》**(法研〔2003〕175号),行为人购买非法制造的用于抵扣税款的其他发票又虚开的行为,根据刑法第二百零五条的规定,构成犯罪的,以虚开用于抵扣税款发票罪追究刑事责任。

行为人使用非法制造的发票的行为,应当具体情形具体分析。如果行为人不知道是非法制造的发票,主观上也没有偷逃税款的目的,即使客观上使用了该发票,也不能按照犯罪来处理。如果行为人明知是非法制造的发票而使用,且偷逃税款达到了法定数额、比例要求,根据刑法第二百零一条和我院《关于审理偷税抗税刑事案件具体应用法律若干问题的解释》第二条的规定,应当以偷税罪(★罪名已变更为逃税罪——编者说明)追究刑事责任。

根据2004年3月17日最高检法律政策研究室**《关于税务机关工作人员通过企业以"高开低征"的方法代开增值税专用发票的行为如何适用法律问题的答复》**(高检研发〔2004〕6号),税务机关及其工作人员将不具备条件的小规模纳税人虚报为一般纳税人,并让其采用"高开低征"的方法为他人代开增值税专用发票的行为,属于虚开增值税专用发票。对于造成国家税款损失,构成犯罪的,应当依照刑法第二百零五条的规定追究刑事责任。

根据2008年10月17日最高法刑事审判第二庭**《对〈关于征求对国税函〔2002〕893号文件适用暨××公司案定性问题意见的函〉的复函》**(〔2008〕刑二函字第92号),关于国税函〔2002〕893号文件的法律效力问题，同意你局（★公安部经济犯罪侦查局——编者说明）意见，即符合国税函〔2002〕893号文件的行为不宜以虚开犯罪处理。

该案能否适用国税函〔2002〕893号文件，关键在于××公司是否属于实际从事废旧物资经营的单位。如果能够证实××公司确系没有实际经营业务的开票公司，则其不符合国税函〔2002〕893号文件规定的实质主体要件，不适用国税函〔2002〕893号文件。其行为构成犯罪的，依照刑法及相关司法解释的有关规定处理（★国税函〔2002〕893号文件《国家税务总局关于废旧物资回收经营业务有关税收问题的批复》规定，废旧物资收购人员（非本单位人员）在社会上收购废旧物资，直接运送到购货方（生产厂家），废旧物资经营单位根据上述双方实际发生的业务，向废旧物资收购人员开具废旧物资收购凭证，在财务上作购进处理，同时向购货方开具增值税专用发票或普通发票，在财务上作销售处理，将购货方支付的购货款以现金方式转付给废旧物资收购人员。鉴于此种经营方式是由目前废旧物资行业的经营特点决定的，且废旧物资经营单位在开具增值税专用发票时确实收取了同等金额的货款，并确有同等数量的货物销售，因此，废旧物资经营单位开具增值税专用发票的行为不违背有关税收规定，不应定性为虚开——编者说明）。

根据2003年8月28日公安部经济犯罪侦查局**《关于江苏丹阳××电器有限公司虚开增值税专用发票案件定性问题的答复》**（公经〔2003〕982号），根据我国《刑法》第205条的规定，虚开增值税专用发票应属行为犯，不论是否造成国家税款损失，只要虚开行为发生即可认定构成虚开增值税专用发票犯罪（★是否应当认定为虚开增值税专用发票犯罪既遂，值得研究——编者说明）。

根据2008年11月12日公安部经济犯罪侦查局**《关于安徽省泗县××废旧物资回收公司案定性问题的批复》**（公经财税〔2008〕67号），国税函〔2002〕893号文件是对税收征管法的补充说明，文件所规定的行为不宜以虚开犯罪论处；但国税函〔2002〕893号文件的适用是有一定条件的，需同时满足以下条件："废旧物资收购人员（非本单位人员）在社会上收购废旧物资"，"直接运送到购货方（生产厂家）"，"废旧物资经营单位根据上述双方实际发生的业务，据实进行购销财务处理，资金流与物流相匹配"。

关于××公司行为的定性问题。能否适用国税函〔2002〕893号文件，关键在于是否属于实际从事废旧物资经营的单位。如果能够证明××公司确系没有实际经营业务的开票公司，则其不符合国税函〔2002〕893号文件规定的实质主体要件，不适用国税函〔2002〕893号文件。其行为构成犯罪的，依照刑法及相关司法解释的有关规定处理。

根据2008年11月7日最高检公诉厅**《〈关于征求对国税函〔2002〕893号文件适用暨××公司案定性问题意见的函〉的回复函》**，废旧物资回收经

第205条

营行业符合国税函〔2002〕893号文件规定经营方式的应按该文处理，但不符合该文的情形是否认定为虚开，不可一概而论，应根据具体情况依法处理。建议公安机关核实××公司是否存在实际经营业务，如果确系"开票公司"，××公司为甲钢厂的开票行为倾向认定为虚开。

根据2015年6月11日最高法研究室**《关于如何认定以"挂靠"有关公司名义实施经营活动并让有关公司为自己虚开增值税专用发票行为的性质的复函》**（法研〔2015〕58号），挂靠方以挂靠形式向受票方实际销售货物，被挂靠方向受票方开具增值税专用发票的，不属于刑法第205条规定的"虚开增值税专用发票"。

行为人利用他人的名义从事经营活动，并以他人名义开具增值税专用发票的，即便行为人与该他人之间不存在挂靠关系，但如行为人进行了实际的经营活动，主观上并无骗取抵扣税款的故意，客观上也未造成国家增值税款损失的，不宜认定为刑法第205条规定的"虚开增值税专用发票"；符合逃税罪等其他犯罪构成条件的，可以其他犯罪论处。

根据2018年8月22日最高法**《关于虚开增值税专用发票定罪量刑标准有关问题的通知》**（法〔2018〕226号），自本通知下发之日起，人民法院在审判工作中不再参照执行《最高人民法院关于适用〈全国人民代表大会常务委员会关于惩治虚开、伪造和非法出售增值税专用发票犯罪的决定〉的若干问题的解释》（法发〔1996〕30号）第一条规定的虚开增值税专用发票罪的定罪量刑标准。

在新的司法解释颁行前，对虚开增值税专用发票刑事案件定罪量刑的数额标准，可以参照《最高人民法院关于审理骗取出口退税刑事案件具体应用法律若干问题的解释》（法释〔2002〕30号）第三条的规定执行，即虚开的税款数额在5万元以上的，以虚开增值税专用发票罪处3年以下有期徒刑或者拘役，并处2万元以上20万元以下罚金；虚开的税款数额在50万元以上的，认定为刑法第二百零五条规定的"数额较大"；虚开的税款数额在250万元以上的，认定为刑法第二百零五条规定的"数额巨大"（★本《通知》的入罪数额规定，与2022年4月6日最高检、公安部《关于公安机关管辖的刑事案件立案追诉标准的规定（二）》第五十六条严重不一致，宜执行最新规定——编者说明）。

根据2020年7月22日最高检**《关于充分发挥检察职能服务保障"六稳""六保"的意见》**，依法慎重处理企业涉税案件。注意把握一般涉税违法行为与以骗取国家税款为目的的涉税犯罪的界限，对于有实际生产经营活动的企业为虚增业绩、融资、贷款等非骗税目的且没有造成税款损失的虚开增值税专用发票行为，不以虚开增值税专用发票罪定性处理，依法作出不起诉决定的，移送税务机关给予行政处罚。

第二百零五条之一〔177〕 **【虚开发票罪】**虚开本法第二百零五条规定以外的其他发票，情节严重的，处二年以下有期徒刑、拘役或者管制，并处罚金；情节特别严重的，处二年以上七年以下有期徒刑，并处罚金。

单位犯前款罪的，对单位判处罚金，并对其直接负责的主管人员和其他直接责任人员，依照前款的规定处罚。

第二百零六条〔178〕 **【伪造、出售伪造的增值税专用发票罪】**伪造或者出售伪造的增值税专用发票的，处三年以下有期徒刑、拘役或者管制，并处二万元以上二十万元以下罚金；数量较大或者有其他严重情节的，处三年以上十年以下有期徒刑，并处五万元以上五十万元以下罚金；数量巨大或者有其他特别严重情节的，处十年以上有期徒刑或者无期徒刑，并处五万元以上五十万元以下罚金或者没收财产。

单位犯本条规定之罪的，对单位判处罚金，并对其直接负责的主管人员和其他直接责任人员，处三年以下有期徒刑、拘役或者管制；数量较大或者有其他严重情节的，处三年以上十年以下有期徒刑；数量巨大或者有其他特别严重情节的，处十年以上有期徒刑或者无期徒刑。

【典型案例】根据2018年12月4日最高法**发布人民法院充分发挥审判职能作用保护产权和企业家合法权益典型案例（第二批）·一、张某强虚开增值税专用发票案**，被告人张某强以其他单位名义对外签订销售合同，由该单位收取货款、开具增值税专用发票，不具有骗取国家税款的目的，未造成国家税款损失，其行为不构成虚开增值税专用发票罪。

〔177〕 **【刑法修订】**本条为2011年《**刑法修正案（八）**》**第三十三条**增设。

【立案标准】根据2022年4月6日最高检、公安部《**关于公安机关管辖的刑事案件立案追诉标准的规定（二）**》**第五十七条**，虚开刑法第二百零五条规定以外的其他发票，涉嫌下列情形之一的，应予立案追诉：

（一）虚开发票金额累计在50万元以上的；

（二）虚开发票100份以上且票面金额在30万元以上的；

（三）5年内因虚开发票受过刑事处罚或者2次以上行政处罚，又虚开发票，数额达到第一、二项标准60%以上的。

〔178〕 **【刑法修订】**2011年《**刑法修正案（八）**》**第三十四条**修订了本条第二款。1997年刑法该款原文如下：

第二百零六条第二款 伪造并出售伪造的增值税专用发票，数量特别巨大，情节特别严重，严重破坏经济秩序的，处无期徒刑或者死刑，并处没收财产。

2011 年《**刑法修正案（八）**》删除了该款（从而废除了本条的死刑），将原第三款改为第二款。

【立案标准】根据 2022 年 4 月 6 日最高检、公安部《**关于公安机关管辖的刑事案件立案追诉标准的规定（二）**》**第五十八条**，伪造或者出售伪造的增值税专用发票，涉嫌下列情形之一的，应予立案追诉：

（一）票面税额累计在 10 万元以上的；

（二）伪造或者出售伪造的增值税专用发票 10 份以上且票面税额在 6 万元以上的；

（三）非法获利数额在 1 万元以上的。

★最新立案追诉规定在降低发票份数（由 25 份降至 10 份）的同时，增加了票面税额 6 万元以上的新要求；还增设了非法获利数额在 1 万元以上也需要追诉的新情形。如何协调下述司法解释内容与最新立案追诉标准，值得研究。刑法第二百零七条面临同样的问题——编者说明。

【司法解释】根据 1996 年 10 月 17 日最高法《**关于适用〈全国人民代表大会常务委员会关于惩治虚开、伪造和非法出售增值税专用发票犯罪的决定〉的若干问题的解释**》（法发〔1996〕30 号）**第二条**，伪造或者出售伪造的增值税专用发票 25 份以上或者票面额（千元版以每份 1000 元，万元版以每份 1 万元计算，以此类推。下同）累计 10 万元以上的应当依法定罪处罚。

伪造或者出售伪造的增值税专用发票 100 份以上或者票面额累计 50 万元以上的，属于“数量较大”。具有下列情形之一的，属于“有其他严重情节”：（1）违法所得数额在 1 万元以上的；（2）伪造并出售伪造的增值税专用发票 60 份以上或者票面额累计 30 万元以上的；（3）造成严重后果或者具有其他严重情节的。

伪造或者出售伪造的增值税专用发票 500 份以上或者票面额累计 250 万元以上的，属于“数量巨大”。具有下列情形之一的，属于“有其他特别严重情节”：（1）违法所得数额在 5 万元以上的；（2）伪造并出售伪造的增值税专用发票 300 份以上或者票面额累计 200 万元以上的；（3）伪造或者出售伪造的增值税专用发票接近“数量巨大”并有其他严重情节的；（4）造成特别严重后果或者具有其他特别严重情节的。

……

伪造并出售同一宗增值税专用发票的，数量或者票面额不重复计算。

变造增值税专用发票的，按照伪造增值税专用发票行为处理。

第二百零七条[179] **【非法出售增值税专用发票罪】**非法出售增值税专用发票的，处三年以下有期徒刑、拘役或者管制，并处二万元以上二十万元以下罚金；数量较大的，处三年以上十年以下有期徒刑，并处五万元以上五十万元以下罚金；数量巨大的，处十年以上有期徒刑或者无期徒刑，并处五万元以上五十万元以下罚金或者没收财产。

第二百零八条[180] **【非法购买增值税专用发票、购买伪造的增值税专用发票罪】**非法购买增值税专用发票或者购买伪造的增值税专用发票的，处五年以下有期徒刑或者拘役，并处或者单处二万元以上二十万元以下罚金。

非法购买增值税专用发票或者购买伪造的增值税专用发票又虚开或者出售的，分别依照本法第二百零五条、第二百零六条、第二百零七条的规定定罪处罚。

---

〔179〕**【立案标准】**根据2022年4月6日最高检、公安部**《关于公安机关管辖的刑事案件立案追诉标准的规定(二)》第五十九条**，非法出售增值税专用发票，涉嫌下列情形之一的，应予立案追诉：

(一)票面税额累计在10万元以上的；

(二)非法出售增值税专用发票10份以上且票面税额在6万元以上的；

(三)非法获利数额在1万元以上的。

【司法解释】根据1996年10月17日最高法**《关于适用〈全国人民代表大会常务委员会关于惩治虚开、伪造和非法出售增值税专用发票犯罪的决定〉的若干问题的解释》第三条**，非法出售增值税专用发票案件的定罪量刑数量标准，按照本解释第二条第二、三、四款的规定执行(★即按照伪造、出售伪造的增值税专用发票罪的定罪量刑数量标准执行——编者说明)。

〔180〕**【立案标准】**根据2022年4月6日最高检、公安部**《关于公安机关管辖的刑事案件立案追诉标准的规定(二)》第六十条**，非法购买增值税专用发票或者购买伪造的增值税专用发票，涉嫌下列情形之一的，应予立案追诉：

(一)非法购买增值税专用发票或者购买伪造的增值税专用发票20份以上且票面税额在10万元以上的；

(二)票面税额累计在20万元以上的。

【司法解释】根据1996年10月17日最高法**《关于适用〈全国人民代表大会常务委员会关于惩治虚开、伪造和非法出售增值税专用发票犯罪的决定〉的若干问题的解释》第四条第三款**，非法购买真、伪两种增值税专用发票的，数量累计计算，不实行数罪并罚。

第二百零九条[181] **【非法制造、出售非法制造的用于骗取出口退税、抵扣税款发票罪】**伪造、擅自制造或者出售伪造、擅自制造的可以用于骗取出口退税、抵扣税款的其他发票的，处三年以下有期徒刑、拘役或者管制，并处二万元以上二十万元以下罚金；数量巨大的，处三年以上七年以下有期徒刑，并处五万元以上五十万元以下罚金；数量特别巨大的，处七年以上有期徒刑，并处五万元以上五十万元以下罚金或者没收财产。

【非法制造、出售非法制造的发票罪】伪造、擅自制造或者出售伪造、擅自制造的前款规定以外的其他发票的，处二年以下有期徒刑、拘役或者管制，并处或者单处一万元以上五万元以下罚金；情节严重的，处二年以上七年以下有期徒刑，并处五万元以上五十万元以下罚金。

【非法出售用于骗取出口退税、抵扣税款发票罪】非法出售可以用于骗取出口退税、抵扣税款的其他发票的，依照第一款的规定处罚。

【非法出售发票罪】非法出售第三款规定以外的其他发票的，依照第二款的规定处罚。

根据2003年12月5日公安部经济犯罪侦查局《**关于对购买非法制造的用于抵扣税款的其他发票又虚开的行为适用法律问题的批复**》(公经〔2003〕1448号)，行为人购买非法制造的用于抵扣税款的其他发票又虚开的行为，根据刑法第二百零五条的规定，构成犯罪的，以虚开用于抵扣税款发票罪追究刑事责任。因此，犯罪嫌疑人彭大达购买非法制造的运输业发票后又虚开的行为，已经构成犯罪，应以虚开用于抵扣税款发票罪追究其刑事责任。

〔181〕**【立法解释】**根据2005年全国人大常委会《**关于〈中华人民共和国刑法〉有关出口退税、抵扣税款的其他发票规定的解释**》，刑法规定的“出口退税、抵扣税款的其他发票”，是指除增值税专用发票以外的，具有出口退税、抵扣税款功能的收付款凭证或者完税凭证。

根据2005年1月17日全国人大常委会法制工作委员会刑法室《**关于对变造、出售变造普通发票行为的定性问题的意见**》(刑发〔2005〕1号)，刑法第二百零九条第二款规定的“伪造、擅自制造，或者出售伪造、擅自制造的前款规定以外的其他发票”的行为，包括变造、出售变造的普通发票的行为。

【立案标准】2022年4月6日最高检、公安部《**关于公安机关管辖的刑事案件立案追诉标准的规定(二)**》，对于刑法第二百零九条立案追诉标准规定如下：

第六十一条　伪造、擅自制造或者出售伪造、擅自制造的用于骗取出口退税、抵扣税款的其他发票，涉嫌下列情形之一的，应予立案追诉：

（一）票面可以退税、抵扣税额累计在 10 万元以上的；

（二）伪造、擅自制造或者出售伪造、擅自制造的发票 10 份以上且票面可以退税、抵扣税额在 6 万元以上的；

（三）非法获利数额在 1 万元以上的。

第六十二条　伪造、擅自制造或者出售伪造、擅自制造的不具有骗取出口退税、抵扣税款功能的其他发票，涉嫌下列情形之一的，应予立案追诉：

（一）伪造、擅自制造或者出售伪造、擅自制造的不具有骗取出口退税、抵扣税款功能的其他发票一百份以上且票面金额累计在 30 万元以上的；

（二）票面金额累计在 50 万元以上的；

（三）非法获利数额在 1 万元以上的。

第六十三条　非法出售可以用于骗取出口退税、抵扣税款的其他发票，涉嫌下列情形之一的，应予立案追诉：

（一）票面可以退税、抵扣税额累计在 10 万元以上的；

（二）非法出售用于骗取出口退税、抵扣税款的其他发票 10 份以上且票面可以退税、抵扣税额在 6 万元以上的；

（三）非法获利数额在 1 万元以上的。

第六十四条　非法出售增值税专用发票、用于骗取出口退税、抵扣税款的其他发票以外的发票，涉嫌下列情形之一的，应予立案追诉：

（一）非法出售增值税专用发票、用于骗取出口退税、抵扣税款的其他发票以外的发票 100 份以上且票面金额累计在 30 万元以上的；

（二）票面金额累计在 50 万元以上的；

（三）非法获利数额在 1 万元以上的。

【司法解释】根据 1998 年 5 月 8 日最高法、最高检、公安部、国家工商行政管理局**《关于依法查处盗窃、抢劫机动车案件的规定》第六条**，非法出售机动车有关发票的，或者伪造、擅自制造或者出售伪造、擅自制造的机动车有关发票的，依照刑法第二百零九条的规定处罚。

根据 2010 年 6 月 21 日最高法刑事审判第二庭**《关于航空运输代理机构虚开、销售虚假航空行程单的行为如何定性问题的复函》**（〔2010〕刑二函字第 82 号），航空票务代理机构购买非法印制的空白航空行程单并出售的，或者购买非法印制的空白航空行程单后，为他人虚开并收取手续费的，其行为符合刑法第二百零九条第二款的规定，构成犯罪的，可按照出售非法制造的发票罪追究相关机构和人员的刑事责任。

航空票务代理机构的主管人员或直接责任人员与他人相互勾结，为他人利用虚开的航空行程单贪污、侵占等犯罪行为提供帮助的，以相应犯罪的共犯论处。

航空票务代理机构购买非法印制的空白航空行程单后，在非法印制的航空行程单上按真实票价额填开后出具给乘机者的，或者应乘机者的要求，在非法印制的航空行程单上填开虚增的票价额后出具给乘机者的，属于使用不符合规定的发票的行为，可由税务机关予以行政处罚。

根据2010年6月23日公安部经济犯罪侦查局《**关于航空运输代理机构虚开、销售虚假航空行程单行为如何定性问题的批复**》(公经财税〔2010〕137号)，航空行程单属于《税收征收管理法》和《发票管理办法》规定的发票。航空票务代理机构购买非法印制的空白航空行程单并出售的，或者购买非法印制的空白航空行程单后，为他人虚开并收取手续费的，其行为符合《刑法》第二百零九条第二款的规定，构成犯罪的，应按照出售非法制造的发票罪追究相关机构和人员的刑事责任。航空票务代理机构的主管人员或直接责任人员与他人相互勾结，为他人利用虚开的航空行程单实施贪污、侵占等犯罪行为提供帮助的，应以相应犯罪的共犯论处。

航空票务代理机构购买非法印制的空白航空行程单，并在非法印制的航空行程单上按真实票价额填开后出具给乘机者的，属于使用不符合规定的发票的行为，应按照《税收征收管理法》和《发票管理办法》相关规定，由税务机关予以行政处罚。

根据2007年10月8日公安部经济犯罪侦查局《**关于对非法出售过期普通发票行为定性问题的批复**》(公经〔2007〕2290号)，非法出售过期普通发票，属于《中华人民共和国发票管理办法》第三十八条规定的“私自倒卖发票”的行为。非法出售过期普通发票，达到刑事追诉标准的，公安机关应当按照《中华人民共和国刑法》第二百零九条第四款的规定，依法追究其刑事责任。

根据2004年10月21日公安部法制局《**关于对非法制造当场处罚罚款定额收据行为如何处理的意见的函**》(公法〔2004〕195号)，根据《中华人民共和国发票管理办法》第三条规定，发票是指在购销商品、提供或者接受服务以及从事其他经营活动中，开具、收取的收付款凭证。当场处罚罚款收据是行政执法机关按照《行政处罚法》的规定，实施行政处罚需要当场收缴罚款而使用的罚款票据，不属于发票。对于非法印制当场处罚罚款收据的，不能以非法制造发票罪追究刑事责任。上述行为构成其他犯罪的，应当根据所触犯的罪名追究刑事责任；不构成犯罪的，交由有关主管行政机关依法处理。

根据2010年2月9日公安部经济犯罪侦查局《**关于交通工具意外伤害保险单认定问题的批复**》(公经财税〔2010〕31号)，保险行业开具发票方式是在

第二百一十条[182]　**【盗窃、骗取增值税专用发票或者用于骗取出口退税、抵扣税款发票的处理】**盗窃增值税专用发票或者可以用于骗取出口退税、抵扣税款的其他发票的，依照本法第二百六十四条的规定定罪处罚。

使用欺骗手段骗取增值税专用发票或者可以用于骗取出口退税、抵扣税款的其他发票的，依照本法第二百六十六条的规定定罪处罚。

提供保单之外另行开具单独的保险业发票。交通工具意外伤害保险单，虽然包含了缴纳保费的内容，但就其印制监制、主要用途和管理方式而言，仍然是作为保险单使用，不应认定为发票。

根据2010年3月18日公安部经济犯罪侦查局《**关于××公司私自印制的客运车票是否属于假发票问题的批复**》（公经财税〔2010〕55号），内蒙古自治区通辽市开鲁镇××运输有限责任公司私自印制的客运车票，不具备全国统一发票监制章、发票代码、发票号码等发票基本要素，不属于发票范畴，不能认定为假发票。

根据2010年6月11日公安部经济犯罪侦查局《**关于两种完税凭证不属于发票问题的批复**》（公经〔2010〕356号），《中华人民共和国税收通用完税证》和《车辆购置税完税证明》不具备发票功能，不属于发票。对利用伪造的《税收通用完税证》进行虚假纳税申报，逃避缴纳税款，达到立案追诉标准的，应以逃税罪刑事责任。

根据2013年5月28日公安部经济犯罪侦查局《**关于对江西省高速公路联网收费专用收据定性问题的批复**》（公经财税〔2013〕43号），伪造的财政性专用收据不具备发票监制章、发票代码、发票号码等发票基本要素，不属于假发票。

〔182〕**【司法解释】**根据1996年10月17日最高法《**关于适用〈全国人民代表大会常务委员会关于惩治虚开、伪造和非法出售增值税专用发票犯罪的决定〉的若干问题的解释》第七条**，盗窃增值税专用发票或者可以用于骗取出口退税、抵扣税款的其他发票25份以上，或者其他发票50份以上的；诈骗增值税专用发票或者可以用于骗取出口退税、抵扣税款的其他发票50份以上，或者其他发票100份以上的，依照刑法第一百五十一条的规定处罚（★即按照1997年刑法盗窃罪或者诈骗罪“数额较大”的规定处罚——编者说明）。

盗窃增值税专用发票或者可以用于骗取出口退税、抵扣税款的其他发票250份以上，或者其他发票500份以上的；诈骗增值税专用发票或者可以用于骗取出口退税、抵扣税款的其他发票500份以上，或者其他发票1000份以上的，依照刑法第一百五十二条的规定处罚（★即按照1997年刑法盗窃罪或者诈骗罪“数额巨大”的规定处罚——编者说明）。

第二百一十条之一〔183〕 **【持有伪造的发票罪】** 明知是伪造的发票而持有，数量较大的，处二年以下有期徒刑、拘役或者管制，并处罚金；数量巨大的，处二年以上七年以下有期徒刑，并处罚金。

单位犯前款罪的，对单位判处罚金，并对其直接负责的主管人员和其他直接责任人员，依照前款的规定处罚。

第二百一十一条　【单位犯本节之罪的处罚】 单位犯本节第二百零一条、第二百零三条、第二百零四条、第二百零七条、第二百零八条、第二百零九条规定之罪的，对单位判处罚金，并对其直接负责的主管人员和其他直接责任人员，依照各该条的规定处罚。

盗窃增值税专用发票或者其他发票情节特别严重的，依照《全国人民代表大会常务委员会关于严惩严重破坏经济的罪犯的决定》第一条第（一）项的规定处罚（★即根据1997年刑法第264条的规定，处10年以上有期徒刑或者无期徒刑，并处罚金或者没收财产——编者说明）。

盗窃、诈骗增值税专用发票或者其他发票后，又实施虚开增值税专用发票罪、非法出售增值税专用发票罪等犯罪的，按照其中的重罪定罪处罚，不实行数罪并罚。

〔183〕 **【刑法修订】**本条为2011年《**刑法修正案（八）**》**第三十五条**增设。

【立案标准】根据2022年4月6日最高检、公安部《**关于公安机关管辖的刑事案件立案追诉标准的规定（二）**》**第六十五条**，明知是伪造的发票而持有，涉嫌下列情形之一的，应予立案追诉：

（一）持有伪造的增值税专用发票或者可以用于骗取出口退税、抵扣税款的其他发票50份以上且票面税额累计在25万元以上的；

（二）持有伪造的增值税专用发票或者可以用于骗取出口退税、抵扣税款的其他发票票面税额累计在50万元以上的；

（三）持有伪造的第一项规定以外的其他发票100份以上且票面金额在50万元以上的；

（四）持有伪造的第一项规定以外的其他发票票面金额累计在100万元以上的。

【司法解释】根据2010年6月1日最高法、最高检、公安部《**关于严厉打击发票违法犯罪活动的通知**》（公通字〔2010〕28号），普通发票的真伪鉴定，参照国家税务总局《关于普通发票真伪鉴定问题的通知》（国税函〔2008〕948号）的规定执行。

第二百一十二条　【涉税犯罪优先追缴税款、出口退税款】犯本节第二百零一条至第二百零五条规定之罪，被判处罚金、没收财产的，在执行前，应当先由税务机关追缴税款和所骗取的出口退税款。

第七节　侵犯知识产权罪〔184〕

〔184〕**【相关法规】**根据2009年修正后的全国人大常委会**《关于维护互联网安全的决定》第三条第(三)项**，利用互联网侵犯他人知识产权的，依照刑法有关规定(★即本节侵犯知识产权罪——编者说明)追究刑事责任。

【司法解释】2007年4月5日最高法、最高检**《关于办理侵犯知识产权刑事案件具体应用法律若干问题的解释(二)》**(法释〔2007〕6号，自2007年4月5日起施行)，就办理侵犯知识产权刑事案件具体应用法律的若干问题解释如下：

第一条　……(➸参见刑法第217条脚注相关部分)

第二条　……(➸参见刑法第217条脚注相关部分)

第三条　侵犯知识产权犯罪，符合刑法规定的缓刑条件的，依法适用缓刑。有下列情形之一的，一般不适用缓刑：

(一)因侵犯知识产权被刑事处罚或者行政处罚后，再次侵犯知识产权构成犯罪的；

(二)不具有悔罪表现的(★根据《刑法修正案(八)》第十一条的规定，不具有悔罪表现的，不得宣告缓刑——编者说明)；

(三)拒不交出违法所得的(★如"拒不交出违法所得"属于"不具有悔罪表现"，则根据《刑法修正案(八)》第十一条的规定，对此同样不得宣告缓刑——编者说明)；

(四)其他不宜适用缓刑的情形。

第四条　……(与最新解释不一致)

第五条　被害人有证据证明的侵犯知识产权刑事案件，直接向人民法院起诉的，人民法院应当依法受理；严重危害社会秩序和国家利益的侵犯知识产权刑事案件，由人民检察院依法提起公诉。

第六条　单位实施刑法第二百一十三条至第二百一十九条规定的行为，按照《最高人民法院、最高人民检察院关于办理侵犯知识产权刑事案件具体应用法律若干问题的解释》和本解释规定的相应个人犯罪的定罪量刑标准定罪处罚。

第七条　以前发布的司法解释与本解释不一致的，以本解释为准。

2011年1月10日最高法、最高检、公安部**《关于办理侵犯知识产权刑事案件适用法律若干问题的意见》**(法发〔2011〕3号)，就办理侵犯知识产权刑事案件适用法律若干问题，制定本意见。

一、关于侵犯知识产权犯罪案件的管辖问题

侵犯知识产权犯罪案件由犯罪地公安机关立案侦查。必要时，可以由犯罪嫌疑人居住地公安机关立案侦查。侵犯知识产权犯罪案件的犯罪地，包括侵权产品制造地、储存地、运输地、销售地，传播侵权作品、销售侵权产品的网站服务器所在地、网络接入地、网站建立者或者管理者所在地，侵权作品上传者所在地，权利人受到实际侵害的犯罪结果发生地……

……

十四、关于多次实施侵犯知识产权行为累计计算数额问题

依照《最高人民法院、最高人民检察院关于办理侵犯知识产权刑事案件具体应用法律若干问题的解释》第十二条第二款的规定，多次实施侵犯知识产权行为，未经行政处理或者刑事处罚的，非法经营数额、违法所得数额或者销售金额累计计算。

2 年内多次实施侵犯知识产权违法行为，未经行政处理，累计数额构成犯罪的，应当依法定罪处罚。实施侵犯知识产权犯罪行为的追诉期限，适用刑法的有关规定，不受前述 2 年的限制。

十五、关于为他人实施侵犯知识产权犯罪提供原材料、机械设备等行为的定性问题

明知他人实施侵犯知识产权犯罪，而为其提供生产、制造侵权产品的主要原材料、辅助材料、半成品、包装材料、机械设备、标签标识、生产技术、配方等帮助，或者提供互联网接入、服务器托管、网络存储空间、通讯传输通道、代收费、费用结算等服务的，以侵犯知识产权犯罪的共犯论处。

十六、关于侵犯知识产权犯罪竞合的处理问题

行为人实施侵犯知识产权犯罪，同时构成生产、销售伪劣商品犯罪的，依照侵犯知识产权犯罪与生产、销售伪劣商品犯罪中处罚较重的规定定罪处罚。

2020 年 9月 12 日最高法、最高检**《关于办理侵犯知识产权刑事案件具体应用法律若干问题的解释（三）》**（法释〔2020〕10 号，自 2020 年 9 月 14 日起施行），为依法惩治侵犯知识产权犯罪，维护社会主义市场经济秩序，现就办理侵犯知识产权刑事案件具体应用法律的若干问题解释如下：

……

第七条 除特殊情况外，假冒注册商标的商品、非法制造的注册商标标识、侵犯著作权的复制品、主要用于制造假冒注册商标的商品、注册商标标识或者侵权复制品的材料和工具，应当依法予以没收和销毁。

上述物品需要作为民事、行政案件的证据使用的，经权利人申请，可以在民事、行政案件终结后或者采取取样、拍照等方式对证据固定后予以销毁。

第八条 具有下列情形之一的，可以酌情从重处罚，一般不适用缓刑：

（一）主要以侵犯知识产权为业的；

（二）因侵犯知识产权被行政处罚后再次侵犯知识产权构成犯罪的；

（三）在重大自然灾害、事故灾难、公共卫生事件期间，假冒抢险救灾、防疫物资等商品的注册商标的；

（四）拒不交出违法所得的。

第九条　具有下列情形之一的，可以酌情从轻处罚：

（一）认罪认罚的；

（二）取得权利人谅解的；

（三）具有悔罪表现的；

（四）以不正当手段获取权利人的商业秘密后尚未披露、使用或者允许他人使用的。

第十条　对于侵犯知识产权犯罪的，应当综合考虑犯罪违法所得数额、非法经营数额、给权利人造成的损失数额、侵权假冒物品数量及社会危害性等情节，依法判处罚金。

罚金数额一般在违法所得数额的1倍以上5倍以下确定。违法所得数额无法查清的，罚金数额一般按照非法经营数额的50%以上1倍以下确定。违法所得数额和非法经营数额均无法查清，判处3年以下有期徒刑、拘役、管制或者单处罚金的，一般在3万元以上100万元以下确定罚金数额；判处3年以上有期徒刑的，一般在15万元以上500万元以下确定罚金数额。

第十一条　本解释发布施行后，之前发布的司法解释和规范性文件与本解释不一致的，以本解释为准。

第十二条　本解释自2020年9月14日起施行。

根据2004年9月14日最高法**《关于进一步加强知识产权司法保护工作的通知》**（法〔2004〕200号）**第二条**，要注重产品质量鉴定，准确适用刑事法律，对于既假冒他人注册商标及其标识，又属于生产销售伪劣产品的，要依照刑法规定处罚较重的罪名定罪处罚。要善于运用多种刑罚手段同侵犯知识产权犯罪作斗争，在依法适用主刑的同时，要高度重视财产刑的适用，法律规定应当并处罚金或者没收财产的，要坚决判处罚金或者没收财产；法律规定可以并处罚金或者没收财产的，一般也要判处罚金或者没收财产；对犯罪分子违法所得的财物要依法追缴或者责令退赔，对其用于犯罪的本人财物要依法予以没收。要切实保障被害人的刑事自诉权利，依法做好侵犯知识产权等刑事自诉案件的受理、调解和审判工作，被害人直接向人民法院起诉的知识产权等刑事案件，符合自诉条件的，人民法院应当依法受理；对于其中证据不足、可由公安机关受理的，或者认为对被告人可能判处3年有期徒刑以上刑罚的，应当移送公安机关立案侦查。

根据2020年8月13日全国打击侵犯知识产权和制售假冒伪劣商品工作

第二百一十三条[185] **【假冒注册商标罪】**未经注册商标所有人许可，在同一种商品、服务上使用与其注册商标相同的商标，情节严重的，处三年以下有期徒刑，并处或者单处罚金；情节特别严重的，处三年以上十年以下有期徒刑，并处罚金。

领导小组办公室、中央宣传部、最高法、最高检等9部门《**关于加强侵权假冒商品销毁工作的意见**》(打假办发〔2020〕3号)，侵犯知识产权刑事案件中，审判机关判决有罪的，除特殊情况外，应当对销毁事项作出判决。自判决生效之日起6个月内，司法办案单位应当对涉案侵权假冒商品和主要用于制造侵权假冒商品的材料和器具、模具等工具予以销毁；判决无罪、作出不起诉决定或者撤销案件，但构成行政违法的，应当将涉案侵权假冒物品移送行政执法办案单位，由行政执法办案单位按规定处置。

根据2020年9月14日最高法《**关于依法加大知识产权侵权行为惩治力度的意见**》(法发〔2020〕33号)，通过网络销售实施侵犯知识产权犯罪的非法经营数额、违法所得数额，应当综合考虑网络销售电子数据、银行账户往来记录、送货单、物流公司电脑系统记录、证人证言、被告人供述等证据认定。

对于主要以侵犯知识产权为业、在特定期间假冒抢险救灾、防疫物资等商品的注册商标以及因侵犯知识产权受到行政处罚后再次侵犯知识产权构成犯罪的情形，依法从重处罚，一般不适用缓刑。

依法严格追缴违法所得，加强罚金刑的适用，剥夺犯罪分子再次侵犯知识产权的能力和条件。

〔185〕**【刑法修订】**2020年《**刑法修正案(十一)**》**第十七条**修订了本条。1997年刑法原文如下：

第二百一十三条 未经注册商标所有人许可，在同一种商品上使用与其注册商标相同的商标，情节严重的，处三年以下有期徒刑或者拘役，并处或者单处罚金；情节特别严重的，处三年以上七年以下有期徒刑，并处罚金。

2020年《**刑法修正案(十一)**》在本条"同一种商品"后面增加"服务"二字，删除了第一档法定刑中的拘役刑，将情节特别严重的"处三年以上七年以下有期徒刑"修改为"处三年以上十年以下有期徒刑"。

【相关法规】根据2019年修正后的《**商标法**》**第三条**，经商标局核准注册的商标为注册商标，包括商品商标、服务商标和集体商标、证明商标；商标注册人享有商标专用权，受法律保护。

本法所称集体商标，是指以团体、协会或者其他组织名义注册，供该组织成员在商事活动中使用，以表明使用者在该组织中的成员资格的标志。

本法所称证明商标，是指由对某种商品或者服务具有监督能力的组织所控制，而由该组织以外的单位或者个人使用于其商品或者服务，用以证明该商品或者服务的原产地、原料、制造方法、质量或者其他特定品质的标志。

集体商标、证明商标注册和管理的特殊事项，由国务院工商行政管理部门规定。

【司法解释】2004 年 12 月 8 日最高法、最高检**《关于办理侵犯知识产权刑事案件具体应用法律若干问题的解释》**（法释〔2004〕19 号，自 2004 年 12 月 22 日起施行），就办理侵犯知识产权刑事案件具体应用法律的若干问题解释如下：

第一条　未经注册商标所有人许可，在同一种商品上使用与其注册商标相同的商标，具有下列情形之一的，属于刑法第二百一十三条规定的“情节严重”，应当以假冒注册商标罪判处 3 年以下有期徒刑或者拘役（★《刑法修正案（十一）》取消了本罪的拘役刑——编者说明），并处或者单处罚金：

（一）非法经营数额在 5 万元以上或者违法所得数额在 3 万元以上的；

（二）假冒两种以上注册商标，非法经营数额在 3 万元以上或者违法所得数额在 2 万元以上的；

（三）其他情节严重的情形。

具有下列情形之一的，属于刑法第二百一十三条规定的“情节特别严重”，应当以假冒注册商标罪判处 3 年以上 7 年以下有期徒刑（★此处与 2020 年《刑法修正案（十一）》第十七条不符，应当判处 3 年以上 10 年以下有期徒刑——编者说明），并处罚金：

（一）非法经营数额在 25 万元以上或者违法所得数额在 15 万元以上的；

（二）假冒两种以上注册商标，非法经营数额在 15 万元以上或者违法所得数额在 10 万元以上的；

（三）其他情节特别严重的情形。

……

第八条　刑法第二百一十三条规定的“相同的商标”，是指与被假冒的注册商标完全相同，或者与被假冒的注册商标在视觉上基本无差别、足以对公众产生误导的商标。

刑法第二百一十三条规定的“使用”，是指将注册商标或者假冒的注册商标用于商品、商品包装或者容器以及产品说明书、商品交易文书，或者将注册商标或者假冒的注册商标用于广告宣传、展览以及其他商业活动等行为。

……

第十二条　本解释所称“非法经营数额”，是指行为人在实施侵犯知识产权行为过程中，制造、储存、运输、销售侵权产品的价值。已销售的侵权产品的价值，按照实际销售的价格计算。制造、储存、运输和未销售的侵权产品的价值，按照标价或者已经查清的侵权产品的实际销售平均价格计算。侵权产品没有标价或者无法查清其实际销售价格的，按照被侵权产品的市场中间价格计算。

多次实施侵犯知识产权行为，未经行政处理或者刑事处罚的，非法经营数额、违法所得数额或者销售金额累计计算。

本解释第三条所规定的“件”，是指标有完整商标图样的一份标识。

第十三条 实施刑法第二百一十三条规定的假冒注册商标犯罪，又销售该假冒注册商标的商品，构成犯罪的，应当依照刑法第二百一十三条的规定，以假冒注册商标罪定罪处罚。

实施刑法第二百一十三条规定的假冒注册商标犯罪，又销售明知是他人的假冒注册商标的商品，构成犯罪的，应当实行数罪并罚。

……

第十六条 明知他人实施侵犯知识产权犯罪，而为其提供贷款、资金、帐号、发票、证明、许可证件，或者提供生产、经营场所或者运输、储存、代理进出口等便利条件、帮助的，以侵犯知识产权犯罪的共犯论处。

第十七条 以前发布的有关侵犯知识产权犯罪的司法解释，与本解释相抵触的，自本解释施行后不再适用。

根据2020年9月12日最高法、最高检**《关于办理侵犯知识产权刑事案件具体应用法律若干问题的解释（三）》第一条**，具有下列情形之一的，可以认定为刑法第二百一十三条规定的“与其注册商标相同的商标”：

（一）改变注册商标的字体、字母大小写或者文字横竖排列，与注册商标之间基本无差别的；

（二）改变注册商标的文字、字母、数字等之间的间距，与注册商标之间基本无差别的；

（三）改变注册商标颜色，不影响体现注册商标显著特征的；

（四）在注册商标上仅增加商品通用名称、型号等缺乏显著特征要素，不影响体现注册商标显著特征的；

（五）与立体注册商标的三维标志及平面要素基本无差别的；

（六）其他与注册商标基本无差别、足以对公众产生误导的商标。

2011年1月10日最高法、最高检、公安部**《关于办理侵犯知识产权刑事案件适用法律若干问题的意见》**，就适用刑法第二百一十三条意见如下：

五、关于刑法第二百一十三条规定的“同一种商品”的认定问题

名称相同的商品以及名称不同但指同一事物的商品，可以认定为“同一种商品”。“名称”是指国家工商行政管理总局商标局在商标注册工作中对商品使用的名称，通常即《商标注册用商品和服务国际分类》中规定的商品名称。“名称不同但指同一事物的商品”是指在功能、用途、主要原料、消费对象、销售渠道等方面相同或者基本相同，相关公众一般认为是同一种事物的商品。

认定“同一种商品”，应当在权利人注册商标核定使用的商品和行为人实际生产销售的商品之间进行比较。

六、关于刑法第二百一十三条规定的“与其注册商标相同的商标”的认定问题(★2020年9月12日最高法、最高检《关于办理侵犯知识产权刑事案件具体应用法律若干问题的解释(三)》第一条已作出最新规定,不再收录——编者说明)

七、关于尚未附着或者尚未全部附着假冒注册商标标识的侵权产品价值是否计入非法经营数额的问题

在计算制造、储存、运输和未销售的假冒注册商标侵权产品价值时,对于已经制作完成但尚未附着(含加贴)或者尚未全部附着(含加贴)假冒注册商标标识的产品,如果有确实、充分证据证明该产品将假冒他人注册商标,其价值计入非法经营数额。

根据2009年4月10日最高检侦查监督厅**《关于对〈关于就一起涉嫌假冒注册商标案征求意见的函〉的答复函》**(〔2009〕高检侦监函12号),集体商标也属于注册商标,应属于刑法保护范围。关于×××醋业有限公司的行为是否触犯刑法第213条至第215条的规定,要看其侵权的情节是否严重,是否达到追诉的数额。

2009年4月10日最高法刑事审判第二庭**《关于集体商标是否属于我国刑法的保护范围问题的复函》**(〔2009〕刑二函字第28号)指出:

一、我国《商标法》第三条规定:“经商标局核准注册的商标为注册商标,包括商品商标、服务商标和集体商标、证明商标;商标注册人享有商标专用权,受法律保护。”因此,刑法第二百一十三条至第二百一十五条所规定的“注册商标”应当涵盖“集体商标”。

二、商标标识中注明了自己的注册商标的同时,又使用了他人注册为集体商标的地理名称,可以认定为刑法规定的“相同的商标”……

根据2010年3月2日最高法、最高检**《关于办理非法生产、销售烟草专卖品等刑事案件具体应用法律若干问题的解释》第一条第二款**,未经卷烟、雪茄烟等烟草专卖品注册商标所有人许可,在卷烟、雪茄烟等烟草专卖品上使用与其注册商标相同的商标,情节严重的,依照刑法第二百一十三条的规定,以假冒注册商标罪定罪处罚。

根据2012年7月2日公安部经济犯罪侦查局**《关于对假冒“四季沐歌”商标案件的批复》**(公经知产〔2012〕164号),在办理侵犯商标权刑事案件中,对于犯罪嫌疑人所使用的商标是否与注册商标相同等问题,行政主管部门的认定意见不是刑事认定的必经程序。公安司法机关可依照《刑法》《商标法》等法律、法规和司法解释的规定,并综合具体案件事实和各方面证据进行认定。必要时,公安司法机关可以就相关专业性问题咨询有关主管部门意见。对于确实需要进行鉴定的事项,应当委托国家认可的有鉴定资质的鉴定机构

进行鉴定。

关于张 ×× 一案，根据你总队上报的材料，犯罪嫌疑人所使用的商标虽然与有关注册商标在字形、字体上存在差别，其中两个文字还有作其他理解的可能，但是，以相关公众的一般注意力为标准，其与有关注册商标在视觉上基本无差别，且足以对公众产生误导。因此，犯罪嫌疑人所使用的商标可以认定为与有关注册商标相同的商标。

【指导案例】2017 年 3 月 6 日最高法**第十六批指导性案例·指导案例 87 号·郭明升、郭明锋、孙淑标假冒注册商标案**，假冒注册商标犯罪的非法经营数额、违法所得数额，应当综合被告人供述、证人证言、被害人陈述、网络销售电子数据、被告人银行账户往来记录、送货单、快递公司电脑系统记录、被告人等所作记账等证据认定。被告人辩解称网络销售记录存在刷信誉的不真实交易，但无证据证实的，对其辩解不予采纳。

根据 2021 年 2 月 4 日最高检**第二十六批指导性案例·检例第 98 号·邓秋城、双善食品（厦门）有限公司等销售假冒注册商标的商品案**，办理侵犯注册商标类犯罪案件，应注意结合被告人销售假冒商品数量、扩散范围、非法获利数额及在上下游犯罪中的地位、作用等因素，综合判断犯罪行为的社会危害性，确保罪责刑相适应。在认定犯罪的主观明知时，不仅考虑被告人供述，还应综合考虑交易场所、交易时间、交易价格等客观行为，坚持主客观相一致。对侵害众多消费者利益的情形，可以建议相关社会组织或自行提起公益诉讼。

★该指导案例在“指导意义”部分指出：制假售假犯罪链条中由于层层加价销售，往往出现上游制售假冒商品数量大但销售金额小、下游销售数量小而销售金额大的现象。检察机关在提出量刑建议时，不能仅考虑犯罪金额，还要综合考虑被告人在上下游犯罪中的地位与作用、所处的制假售假环节、销售数量、扩散范围、非法获利数额、社会影响等多种因素，客观评价社会危害性，体现重点打击制假售假源头的政策导向，做到罪刑相适应，有效惩治犯罪行为。

司法实践中，对于销售主观明知的认定，应注意审查被告人在上下游犯罪中的客观行为。对售假源头者，可以通过是否伪造授权文件等进行认定；对批发环节的经营者，可以通过进出货价格是否明显低于市场价格，以及交易场所与交易方式是否合乎常理等因素进行甄别；对终端销售人员，可以通过客户反馈是否异常等情况进行判断；对确受伪造变造文件蒙蔽或主观明知证据不足的人员，应坚持主客观相一致原则，依法不予追诉。

根据 2021 年 2 月 4 日最高检**第二十六批指导性案例·检例第 99 号·广州卡门实业有限公司涉嫌销售假冒注册商标的商品立案监督案**，在办理注册商标类犯罪的立案监督案件时，对符合商标法规定的正当合理使用情形而未侵犯注册商标专用权的，应依法监督公安机关撤销案件，以保护涉案企业合法

第二百一十四条[186]　**【销售假冒注册商标的商品罪】**销售明知是假冒注册商标的商品，违法所得数额较大或者有其他严重情节的，处三年以下有期徒刑，并处或者单处罚金；违法所得数额巨大或者有其他特别严重情节的，处三年以上十年以下有期徒刑，并处罚金。

权益。必要时可组织听证，增强办案透明度和监督公信力。

★该指导案例在“指导意义”部分指出：商标注册人申请商标注册前，他人已经在同一种商品或者类似商品上先于商标注册人使用与注册商标相同或者近似并有一定影响的商标的，注册商标专用权人无权禁止该使用人在原使用范围内继续使用该商标，注册商标所有人仅可以要求其附加适当区别标识。判断是否存在在先使用抗辩事由，需重点审查以下方面：一是在先使用人是否在商标注册人申请注册前先于商标注册人使用该商标。二是在先使用商标是否已产生一定影响。三是在先商标使用人主观上是否善意。

根据2021年2月4日最高检**第二十六批指导性案例·检例第101号·姚常龙等五人假冒注册商标案**，凡在我国合法注册且在有效期内的商标，商标所有人享有的商标专用权依法受我国法律保护。未经商标所有人许可，无论假冒商品是否销往境外，情节严重构成犯罪的，依法应予追诉。判断侵犯注册商标犯罪案件是否构成共同犯罪，应重点审查假冒商品生产者和销售者之间的意思联络情况、对假冒违法性的认知程度、对销售价格与正品价格差价的认知情况等因素综合判断。

★该指导案例在“指导意义”部分指出：未经注册商标所有人许可，假冒在我国注册的商标的商品，无论由境内生产销往境外，还是由境外生产销往境内，均属违反我国商标管理法律法规，侵害商标专用权，损害商品信誉，情节严重的，构成犯罪。

侵犯注册商标犯罪案件往往涉案人数较多，呈现团伙作案、分工有序实施犯罪的特点。实践中，对被告人客观行为表现为生产、销售等分工负责情形的，检察机关应结合假冒商品生产者和销售者之间的意思联络情况，销售者对商品生产、商标标识制作等违法性认知程度，对销售价格与正品价格差价的认知情况，销售中对客户有无刻意隐瞒、回避商品系假冒，以及销售者的从业经历等因素，综合判断是否构成共同犯罪。对于部分被告人在假冒注册商标行为持续过程中产生主观明知，形成分工负责的共同意思联络，并继续维持或者实施帮助销售行为的，应认定构成共同犯罪。

〔186〕**【刑法修订】**2020年**《刑法修正案（十一）》第十八条**修订了本条。1997年刑法原文如下：

第二百一十四条　销售明知是假冒注册商标的商品，销售金额数额较大的，处三年以下有期徒刑或者拘役，并处或者单处罚金；销售金额数额巨大的，处三年以上七年以下有期徒刑，并处罚金。

第214条

第二百一十五条[187]　**【非法制造、销售非法制造的注册商标标识罪】**伪造、擅自制造他人注册商标标识或者销售伪造、擅自制造的注册商标标识，情节严重的，处三年以下有期徒刑，并处或者单处罚金；情节特别严重的，处三年以上十年以下有期徒刑，并处罚金。

2020年《**刑法修正案(十一)**》将"销售金额数额较大的，处三年以下有期徒刑或者拘役，并处或者单处罚金"修改为"违法所得数额较大或者有其他严重情节的，处三年以下有期徒刑，并处或者单处罚金"，将"销售金额数额巨大的，处三年以上七年以下有期徒刑，并处罚金"修改为"违法所得数额巨大或者有其他特别严重情节的，处三年以上十年以下有期徒刑，并处罚金"。

【司法解释】根据2011年1月10日最高法、最高检、公安部《**关于办理侵犯知识产权刑事案件适用法律若干问题的意见**》**第八条**，关于销售假冒注册商标的商品犯罪案件中尚未销售或者部分销售情形的定罪量刑问题：

销售明知是假冒注册商标的商品，具有下列情形之一的，依照刑法第二百一十四条的规定，以销售假冒注册商标的商品罪(未遂)定罪处罚：

(一)假冒注册商标的商品尚未销售，货值金额在15万元以上的；

(二)假冒注册商标的商品部分销售，已销售金额不满5万元，但与尚未销售的假冒注册商标的商品的货值金额合计在15万元以上的。

【会议纪要】根据2003年12月23日最高法、最高检、公安部、国家烟草专卖局《**关于办理假冒伪劣烟草制品等刑事案件适用法律问题座谈会纪要**》**第二条**，"明知"，是指知道或应当知道。有下列情形之一的，可以认定为刑法第二百一十四条规定的"明知"：

1. 以明显低于市场价格进货的；
2. 以明显低于市场价格销售的；
3. 销售假冒烟用注册商标的烟草制品被发现后转移、销毁物证或者提供虚假证明、虚假情况的；
4. 其他可以认定为明知的情形。

★ 2004年12月8日最高法、最高检《关于办理侵犯知识产权刑事案件具体应用法律若干问题的解释》第二条、第九条对刑法第二百一十四条"销售金额"的解释，与2020年《刑法修正案(十一)》第十八条不一致，不再适用，故本书未予收录——编者说明。

〔187〕 **【刑法修订】**2020年《**刑法修正案(十一)**》**第十九条**修订了本条法定刑。1997年刑法原文如下：

第二百一十五条　伪造、擅自制造他人注册商标标识或者销售伪造、擅自制造的注册商标标识，情节严重的，处三年以下有期徒刑、拘役或者管制，并处或者单处罚金；情节特别严重的，处三年以上七年以下有期徒刑，并处罚金。

2020年《**刑法修正案（十一）**》将"处三年以下有期徒刑、拘役或者管制"修改为"处三年以下有期徒刑"，将"处三年以上七年以下有期徒刑"修改为"处三年以上十年以下有期徒刑"。

【司法解释】根据2004年12月8日最高法、最高检《**关于办理侵犯知识产权刑事案件具体应用法律若干问题的解释**》**第三条**，伪造、擅自制造他人注册商标标识或者销售伪造、擅自制造的注册商标标识，具有下列情形之一的，属于刑法第二百一十五条规定的"情节严重"，应当以非法制造、销售非法制造的注册商标标识罪判处3年以下有期徒刑、拘役或者管制（★根据《刑法修正案（十一）》，应当判处3年以下有期徒刑——编者说明），并处或者单处罚金：

（一）伪造、擅自制造或者销售伪造、擅自制造的注册商标标识数量在2万件以上，或者非法经营数额在5万元以上，或者违法所得数额在3万元以上的；

（二）伪造、擅自制造或者销售伪造、擅自制造两种以上注册商标标识数量在1万件以上，或者非法经营数额在3万元以上，或者违法所得数额在2万元以上的；

（三）其他情节严重的情形。

具有下列情形之一的，属于刑法第二百一十五条规定的"情节特别严重"，应当以非法制造、销售非法制造的注册商标标识罪判处3年以上7年以下有期徒刑（★根据《刑法修正案（十一）》，应当判处3年以上10年以下有期徒刑——编者说明），并处罚金：

（一）伪造、擅自制造或者销售伪造、擅自制造的注册商标标识数量在10万件以上，或者非法经营数额在25万元以上，或者违法所得数额在15万元以上的；

（二）伪造、擅自制造或者销售伪造、擅自制造两种以上注册商标标识数量在5万件以上，或者非法经营数额在15万元以上，或者违法所得数额在10万元以上的；

（三）其他情节特别严重的情形。

根据2010年3月2日最高法、最高检《**关于办理非法生产、销售烟草专卖品等刑事案件具体应用法律若干问题的解释**》**第一条第四款**，伪造、擅自制造他人卷烟、雪茄烟注册商标标识或者销售伪造、擅自制造的卷烟、雪茄烟注册商标标识，情节严重的，依照刑法第二百一十五条的规定，以非法制造、销售非法制造的注册商标标识罪定罪处罚。

第二百一十六条[188] **【假冒专利罪】**假冒他人专利，情节严重的，处三年以下有期徒刑或者拘役，并处或者单处罚金。

根据2011年1月10日最高法、最高检、公安部《**关于办理侵犯知识产权刑事案件适用法律若干问题的意见**》**第九条**，关于销售他人非法制造的注册商标标识犯罪案件中尚未销售或者部分销售情形的定罪问题：

销售他人伪造、擅自制造的注册商标标识，具有下列情形之一的，依照刑法第二百一十五条的规定，以销售非法制造的注册商标标识罪（未遂）定罪处罚：

（一）尚未销售他人伪造、擅自制造的注册商标标识数量在6万件以上的；

（二）尚未销售他人伪造、擅自制造的2种以上注册商标标识数量在3万件以上的；

（三）部分销售他人伪造、擅自制造的注册商标标识，已销售标识数量不满2万件，但与尚未销售标识数量合计在6万件以上的；

（四）部分销售他人伪造、擅自制造的2种以上注册商标标识，已销售标识数量不满1万件，但与尚未销售标识数量合计在3万件以上的。

〔188〕**【司法解释】**2004年12月8日最高法、最高检《**关于办理侵犯知识产权刑事案件具体应用法律若干问题的解释**》，就刑法第二百一十六条的适用解释如下：

第四条 假冒他人专利，具有下列情形之一的，属于刑法第二百一十六条规定的“情节严重”，应当以假冒专利罪判处3年以下有期徒刑或者拘役，并处或者单处罚金：

（一）非法经营数额在20万元以上或者违法所得数额在10万元以上的；

（二）给专利权人造成直接经济损失50万元以上的；

（三）假冒2项以上他人专利，非法经营数额在10万元以上或者违法所得数额在5万元以上的；

（四）其他情节严重的情形。

……

第十条 实施下列行为之一的，属于刑法第二百一十六条规定的“假冒他人专利”的行为：

（一）未经许可，在其制造或者销售的产品、产品的包装上标注他人专利号的；

（二）未经许可，在广告或者其他宣传材料中使用他人的专利号，使人将所涉及的技术误认为是他人专利技术的；

（三）未经许可，在合同中使用他人的专利号，使人将合同涉及的技术误认为是他人专利技术的；

（四）伪造或者变造他人的专利证书、专利文件或者专利申请文件的。

第二百一十七条[189]　**【侵犯著作权罪】**以营利为目的，有下列侵犯著作权或者与著作权有关的权利的情形之一，违法所得数额较大或者有其他严重情节的，处三年以下有期徒刑，并处或者单处罚金；违法所得数额巨大或者有其他特别严重情节的，处三年以上十年以下有期徒刑，并处罚金：

（一）未经著作权人许可，复制发行、通过信息网络向公众传播其文字作品、音乐、美术、视听作品、计算机软件及法律、行政法规规定的其他作品的；

（二）出版他人享有专有出版权的图书的；

（三）未经录音录像制作者许可，复制发行、通过信息网络向公众传播其制作的录音录像的；

（四）未经表演者许可，复制发行录有其表演的录音录像制品，或者通过信息网络向公众传播其表演的；

（五）制作、出售假冒他人署名的美术作品的；

（六）未经著作权人或者与著作权有关的权利人许可，故意避开或者破坏权利人为其作品、录音录像制品等采取的保护著作权或者与著作权有关的权利的技术措施的。

---

〔189〕**【刑法修订】**2020年《**刑法修正案（十一）**》**第二十条**修订了本条。1997年刑法原文如下：

第二百一十七条　以营利为目的，有下列侵犯著作权情形之一，违法所得数额较大或者有其他严重情节的，处三年以下有期徒刑或者拘役，并处或者单处罚金；违法所得数额巨大或者有其他特别严重情节的，处三年以上七年以下有期徒刑，并处罚金：

（一）未经著作权人许可，复制发行其文字作品、音乐、电影、电视、录像作品、计算机软件及其他作品的；

（二）出版他人享有专有出版权的图书的；

（三）未经录音录像制作者许可，复制发行其制作的录音录像的；

（四）制作、出售假冒他人署名的美术作品的。

2020年《**刑法修正案（十一）**》将保护对象著作权扩及“与著作权有关的权利”，在第一档法定刑中删除了拘役刑，将第二档法定刑“处三年以上七年以下有期徒刑”修改为“处三年以上十年以下有期徒刑”；将第一项未经著作权人许可“复制发行其文字作品、音乐、电影、电视、录像作品、计算机软件及其他作品”修改为“复制发行、通过信息网络向公众传播其文字作品、音乐、美术、视听作品、计算机软件及法律、行政法规规定的其他作品”，将第三项未经录音录像制作者许可“复制发行其制作的录音录像”修改为“复制发行、通过信息网络向公众传播其制作的录音录像”；在第四项与第六项，新设了两种侵犯著作权的情形，将原第四项修改为第五项。

【立案标准】根据2008年6月25日最高检、公安部**《关于公安机关管辖的刑事案件立案追诉标准的规定(一)》第二十六条**，以营利为目的，未经著作权人许可，复制发行其文字作品、音乐、电影、电视、录像作品、计算机软件及其他作品，或者出版他人享有专有出版权的图书，或者未经录音录像制作者许可，复制发行其制作的录音录像，或者制作、出售假冒他人署名的美术作品，涉嫌下列情形之一的，应予立案追诉：

(一)违法所得数额3万元以上的；

(二)非法经营数额5万元以上的；

(三)未经著作权人许可，复制发行其文字作品、音乐、电影、电视、录像作品、计算机软件及其他作品，复制品数量合计500张(份)以上的；

(四)未经录音录像制作者许可，复制发行其制作的录音录像制品，复制品数量合计500张(份)以上的；

(五)其他情节严重的情形。

以刊登收费广告等方式直接或者间接收取费用的情形，属于本条规定的“以营利为目的”。

本条规定的“未经著作权人许可”，是指没有得到著作权人授权或者伪造、涂改著作权人授权许可文件或者超出授权许可范围的情形。

本条规定的“复制发行”，包括复制、发行或者既复制又发行的行为。

……

侵权产品的持有人通过广告、征订等方式推销侵权产品的，属于本条规定的“发行”。

本条规定的“非法经营数额”，是指行为人在实施侵犯知识产权行为过程中，制造、储存、运输、销售侵权产品的价值。已销售的侵权产品的价值，按照实际销售的价格计算。制造、储存、运输和未销售的侵权产品的价值，按照标价或者已经查清的侵权产品的实际销售平均价格计算。侵权产品没有标价或者无法查清其实际销售价格的，按照被侵权产品的市场中间价格计算。

【司法解释】2004年12月8日最高法、最高检**《关于办理侵犯知识产权刑事案件具体应用法律若干问题的解释》**，就刑法第二百一十七条的适用解释如下：

第五条　以营利为目的，实施刑法第二百一十七条所列侵犯著作权行为之一，违法所得数额在3万元以上的，属于“违法所得数额较大”；具有下列情形之一的，属于“有其他严重情节”，应当以侵犯著作权罪判处3年以下有期

第217条

徒刑或者拘役(★《刑法修正案(十一)》已经取消了本罪的拘役刑——编者说明),并处或者单处罚金:

(一)非法经营数额在5万元以上的;

(二)……(与《关于办理侵犯知识产权刑事案件具体应用法律若干问题的解释(二)》的规定冲突);

(三)其他严重情节的情形。

以营利为目的,实施刑法第二百一十七条所列侵犯著作权行为之一,违法所得数额在15万元以上的,属于"违法所得数额巨大";具有下列情形之一的,属于"有其他特别严重情节",应当以侵犯著作权罪判处3年以上7年以下有期徒刑(★根据《刑法修正案(十一)》,应处3年以上10年以下有期徒刑——编者说明),并处罚金:

(一)非法经营数额在25万元以上的;

(二)……(与《关于办理侵犯知识产权刑事案件具体应用法律若干问题的解释(二)》的规定冲突);

(三)其他特别严重情节的情形。

……

第十一条 以刊登收费广告等方式直接或者间接收取费用的情形,属于刑法第二百一十七条规定的"以营利为目的"。

刑法第二百一十七条规定的"未经著作权人许可",是指没有得到著作权人授权或者伪造、涂改著作权人授权许可文件或者超出授权许可范围的情形。

2005年10月13日最高法、最高检**《关于办理侵犯著作权刑事案件中涉及录音录像制品有关问题的批复》**(法释〔2005〕12号,自2005年10月18日起施行),就办理侵犯著作权刑事案件中涉及录音录像制品的有关问题批复如下:

以营利为目的,未经录音录像制作者许可,复制发行其制作的录音录像制品的行为,复制品的数量标准分别适用《最高人民法院、最高人民检察院关于办理侵犯知识产权刑事案件具体应用法律若干问题的解释》第五条第一款第(二)项、第二款第(二)项的规定(★已有新的司法解释,应当适用2007年4月5日最高法、最高检《关于办理侵犯知识产权刑事案件具体应用法律若干问题的解释(二)》第一条的规定——编者说明)。

未经录音录像制作者许可,通过信息网络传播其制作的录音录像制品的行为,应当视为刑法第二百一十七条第(三)项规定的"复制发行"。

2007年4月5日最高法、最高检**《关于办理侵犯知识产权刑事案件具体应用法律若干问题的解释(二)》**,就刑法第二百一十七条的适用,补充解释如下:

第一条 以营利为目的,未经著作权人许可,复制发行其文字作品、音乐、电影、电视、录像作品、计算机软件及其他作品，复制品数量合计在 500 张（份）以上的，属于刑法第二百一十七条规定的“有其他严重情节”；复制品数量在 2500 张（份）以上的，属于刑法第二百一十七条规定的“有其他特别严重情节”。

第二条 刑法第二百一十七条侵犯著作权罪中的“复制发行”，包括复制、发行或者既复制又发行的行为。

侵权产品的持有人通过广告、征订等方式推销侵权产品的，属于刑法第二百一十七条规定的“发行”。

非法出版、复制、发行他人作品，侵犯著作权构成犯罪的，按照侵犯著作权罪定罪处罚。

根据 2020 年 9 月 12 日最高法、最高检**《关于办理侵犯知识产权刑事案件具体应用法律若干问题的解释（三）》第二条**，在刑法第二百一十七条规定的作品、录音制品上以通常方式署名的自然人、法人或者非法人组织，应当推定为著作权人或者录音制作者，且该作品、录音制品上存在着相应权利，但有相反证明的除外。

在涉案作品、录音制品种类众多且权利人分散的案件中，有证据证明涉案复制品系非法出版、复制发行，且出版者、复制发行者不能提供获得著作权人、录音制作者许可的相关证据材料的，可以认定为刑法第二百一十七条规定的“未经著作权人许可”“未经录音制作者许可”。但是，有证据证明权利人放弃权利、涉案作品的著作权或者录音制品的有关权利不受我国著作权法保护、权利保护期限已经届满的除外。

根据 2010年 11 月 2 日公安部经济犯罪侦查局**《关于对“××视频”网站涉嫌侵犯著作权案如何适用法律问题的批复》**（公经〔2010〕663 号），就网上影视复制品数量计算等问题，批复如下：

一、根据最高人民法院、最高人民检察院《关于办理侵犯知识产权刑事案件具体应用法律若干问题的解释（二）》（法释〔2007〕6 号）、《关于办理侵犯著作权刑事案件中涉及录音录像制品有关问题的批复》（法释〔2005〕12 号）等有关规定，以营利为目的，未经著作权人许可，通过信息网络向公众提供他人影视作品下载或在线观看，侵权影视作品数量合计在 500 份以上的，以侵犯著作权罪定罪处罚。其中，包含 1 部及以上电影，或 1 集及以上电视剧的 1 个视频文件为 1 份。

二、根据最高人民法院、最高人民检察院《关于办理侵犯知识产权刑事案件具体应用法律若干问题的解释》（法释〔2004〕19 号）等有关规定，通过信息网络向公众提供侵权影视作品下载或在线观看，以刊登收费广告等方式直接或间接收取的费用，应当计入违法所得数额、非法经营数额等犯罪数额。

有关广告在侵权影视作品及非侵权作品中均有刊登的，或者刊登广告的网页上同时提供侵权影视作品和其他非侵权作品的，应当根据广告刊登方式、刊登位置、收费方式等因素合理确定其犯罪数额。无法查清的，可以参照有关广告费用乘以广告在侵权影视作品中播放、显示的次数占全部广告播放、显示次数的比例所得之积计算；或者参照有关广告费用乘以侵权影视作品的实际被点击次数占有关作品、网页实际被点击总次数的比例所得之积计算。上述方法均无法计算的，对于以播放影视作品为主的视频网站，可以参照有关广告费用乘以侵权影视作品占网站所有影视作品的比例所得之积计算（★最高人民法院刑二庭以及当时的最高人民检察院公诉厅、侦查监督厅均同意《批复》的意见——编者说明）。

2011 年 1 月 10 日最高法、最高检、公安部**《关于办理侵犯知识产权刑事案件适用法律若干问题的意见》**，就适用刑法第二百一十七条意见如下：

十、关于侵犯著作权犯罪案件“以营利为目的”的认定问题

除销售外，具有下列情形之一的，可以认定为“以营利为目的”：

（一）以在他人作品中刊登收费广告、捆绑第三方作品等方式直接或者间接收取费用的；

（二）通过信息网络传播他人作品，或者利用他人上传的侵权作品，在网站或者网页上提供刊登收费广告服务，直接或者间接收取费用的；

（三）以会员制方式通过信息网络传播他人作品，收取会员注册费或者其他费用的；

（四）其他利用他人作品牟利的情形。

十一、关于侵犯著作权犯罪案件“未经著作权人许可”的认定问题

“未经著作权人许可”一般应当依据著作权人或者其授权的代理人、著作权集体管理组织、国家著作权行政管理部门指定的著作权认证机构出具的涉案作品版权认证文书，或者证明出版者、复制发行者伪造、涂改授权许可文件或者超出授权许可范围的证据，结合其他证据综合予以认定。

在涉案作品种类众多且权利人分散的案件中，上述证据确实难以一一取得，但有证据证明涉案复制品系非法出版、复制发行的，且出版者、复制发行者不能提供获得著作权人许可的相关证明材料的，可以认定为“未经著作权人许可”。但是，有证据证明权利人放弃权利、涉案作品的著作权不受我国著作权法保护，或者著作权保护期限已经届满的除外。

十二、关于刑法第二百一十七条规定的“发行”的认定及相关问题

“发行”，包括总发行、批发、零售、通过信息网络传播以及出租、展销等活动。

非法出版、复制、发行他人作品，侵犯著作权构成犯罪的，按照侵犯著作权罪定罪处罚，不认定为非法经营罪等其他犯罪。

十三、关于通过信息网络传播侵权作品行为的定罪处罚标准问题

以营利为目的，未经著作权人许可，通过信息网络向公众传播他人文字作品、音乐、电影、电视、美术、摄影、录像作品、录音录像制品、计算机软件及其他作品，具有下列情形之一的，属于刑法第二百一十七条规定的“其他严重情节”：

（一）非法经营数额在5万元以上的；

（二）传播他人作品的数量合计在500件（部）以上的；

（三）传播他人作品的实际被点击数达到5万次以上的；

（四）以会员制方式传播他人作品，注册会员达到1000人以上的；

（五）数额或者数量虽未达到第（一）项至第（四）项规定标准，但分别达到其中2项以上标准一半以上的；

（六）其他严重情节的情形。

实施前款规定的行为，数额或者数量达到前款第（一）项至第（五）项规定标准5倍以上的，属于刑法第二百一十七条规定的“其他特别严重情节”。

2003年6月20日公安部**《关于对侵犯著作权案件中尚未印制完成的侵权复制品如何计算非法经营数额问题的批复》**（公复字〔2003〕2号）指出：根据《最高人民法院关于审理非法出版物刑事案件具体应用法律若干问题的解释》（法释〔1998〕30号）第17条的规定，侵犯著作权案件，应以非法出版物的定价数额乘以行为人经营的非法出版物数量所得的数额计算其经营数额。因此，对于行为人尚未印制完成侵权复制品的，应当以侵权复制品的定价数额乘以承印数量所得的数额计算其经营数额。但由于上述行为属于犯罪未遂，对于需要追究刑事责任的，公安机关应当在起诉意见书中予以说明。

★对于上述立案标准以及所有司法解释，均应在2020年《刑法修正案（十一）》第二十条的基础上加以理解，其中明显与《刑法修正案（十一）》冲突的内容，已被本书省略——编者说明。

根据最高法研究室**《关于制作、销售网络游戏外挂程序如何处理问题的研究意见》**，对于制作、销售网络游戏外挂程序的行为，要全面综合判断行为的社会危害性，秉持刑法的谦抑性，慎用刑事制裁手段。对于社会危险性严重、确需追究刑事责任的制作、销售互联网游戏外挂程序行为，也应妥善选择适用罪名。对制作、销售网络游戏外挂程序的行为应以侵犯著作权罪定罪处罚，不宜适用非法经营罪、破坏计算机信息系统罪等其他罪名（参见《司法研究与指导》2012年总第2辑）。

【指导案例】根据2021年2月4日最高检**第二十六批指导性案例·检例第100号·陈力等八人侵犯著作权案**，办理网络侵犯视听作品著作权犯罪案

件，应注意及时提取、固定和保全相关电子数据，并围绕客观性、合法性、关联性要求对电子数据进行全面审查。对涉及众多作品的案件，在认定“未经著作权人许可”时，应围绕涉案复制品是否系非法出版、复制发行且被告人能否提供获得著作权人许可的相关证明材料进行审查。

★该指导案例在“指导意义”部分指出：为证明涉案网站系非法提供网络视听服务的网站，可以收集“信息网络传播视听节目许可证”持证机构名单等证据，补强对涉案复制品系非法出版、复制发行的证明。涉案侵权作品数量众多时，可进行抽样取证，但应注意审查所抽取的样本是否具有代表性、抽样范围与其他在案证据是否相符、抽样是否具备随机性等影响抽样客观性的因素。在达到追诉标准的侵权数量基础上，对抽样作品提交著作权人进行权属认证，以确认涉案作品是否均系侵权作品。

根据2023年7月27日最高检**第四十八批指导性案例·检例第194号·上海某公司、许林、陶伟侵犯著作权案**，通过反向工程获取芯片中二进制代码后，未经许可以复制二进制代码方式制售权利人芯片的，应认定为复制发行计算机软件行为，违法所得数额较大或有其他严重情节的，以侵犯著作权罪追究刑事责任。对于以复制二进制代码方式制售权利人芯片的，应以二进制代码作为比对客体，综合全案证据认定计算机软件是否构成实质性相似。

★该指导案例在“指导意义”部分指出：侵犯计算机软件的知识产权犯罪行为，可能触犯侵犯商标权犯罪、侵犯著作权犯罪和侵犯商业秘密犯罪。检察机关办理此类案件，需要结合案件事实和证据，依据不同罪名的构成要件准确定性，精准打击犯罪行为。司法实践中，对于通过反向工程获取芯片中二进制代码后，未经许可以复制二进制代码方式制售权利人芯片的，应认定为复制发行计算机软件行为，违法所得数额较大或有其他严重情节的，以侵犯著作权罪追究刑事责任。行为人制售的芯片上附着有与他人注册商标相同的标识，但该标识封闭于产品内部，未用于区分商品来源，不构成侵犯商标权犯罪。对于行为人从公开渠道购买芯片并从中提取二进制代码的，应注重审查其反向工程的辩解是否成立，综合认定是否构成侵犯商业秘密罪。

【公报案例】根据**《公报》2012年第1期·江苏省无锡市滨湖区人民检察院诉鞠文明、徐路路、华轶侵犯著作权案**，行为人通过非法手段获取他人享有著作权的计算机软件中的目标程序并与特定硬件产品相结合，用于生产同类侵权产品，在某些程序、代码方面虽有不同，但只要实现硬件产品功能的目标程序或功能性代码与他人享有著作权的计算机软件“实质相同”，即属于非法复制发行计算机软件的行为，应以侵犯著作权罪定罪处罚。如果涉案侵权产品的价值主要在于实现其产品功能的软件程序，即软件著作权价值为其主要价值构成，应以产品整体销售价格作为非法经营数额的认定依据。

【**典型案例**】根据 2023 年 12 月 28 日最高检**检察机关依法惩治侵犯著作权犯罪典型案例·案例三、黄某侵犯著作权案**，办理涉及音乐作品种类众多且权利人分散的案件中，认定侵权音乐作品数量难度较大，查明涉案音乐作品权属及授权情况是依法准确认定作品数量的前提。通过启动重大疑难案件听取意见机制，检察机关派员提前审查证据材料，建议公安机关采取抽样取证方式确定涉案音乐作品权属及授权情况。在审查起诉阶段，检察机关对抽取样本是否具有代表性、抽样范围与其他在案证据是否相符、抽样是否具备随机性等影响抽样客观性的因素进行审查，同时结合行为人供述和辩解及涉案音乐作品是否存在权利人放弃权利、权利不受我国著作权法保护、权利已过保护期限等情形，认定侵权音乐作品数量。

根据 2023 年 12 月 28 日最高检**检察机关依法惩治侵犯著作权犯罪典型案例·案例四、彭某某、李某某侵犯著作权案**，涉案玩具是否系著作权法保护的作品，是构成侵犯著作权罪的基础问题。著作权实行自动保护，不论作品是否登记，作品具有独创性是取得著作权的实质要件。涉案玩具中具有独创性的艺术美感部分，可以作为美术作品给予保护。涉案玩具取得专利权的，其具有独创性艺术美感的部分仍受著作权法保护。在侵权行为已构成侵犯著作权犯罪的情形下，应以侵犯著作权罪定罪处罚。

根据 2023 年 12 月 28 日最高检**检察机关依法惩治侵犯著作权犯罪典型案例·案例五、郝某某侵犯著作权案**，“剧本杀”是让玩家阅读剧本、扮演角色，围绕剧情和线索游戏卡展开故事推理，通过游戏互动还原剧情、人物关系的一种游戏形式，融合了文字、美术等要素，是文学艺术领域的智力创造成果，具有独创性，属于我国著作权法保护的作品。以牟利为目的，非法制作正版“剧本杀”剧本并对外销售的行为属于侵犯作品复制权和发行权的行为，构成犯罪的，应以侵犯著作权罪定罪处罚。

根据 2023 年 12 月 28 日最高检**检察机关依法惩治侵犯著作权犯罪典型案例·案例六、何某甲等侵犯著作权、朱某甲等销售侵权复制品案**，对于未标注出版社的盗版教辅图书的定性，要坚持实质审查原则，不能简单否定侵犯著作权犯罪的适用。如果该部分图书内容与正版图书内容完全相同，系对正版图书的复制，应认定为侵犯他人著作权的行为。对犯罪行为定性有分歧的（★公安机关倾向于认为，未标注出版社的图书属于非法出版物，相关印制行为应按非法经营罪认定——编者说明），检察机关应充分发挥补充侦查职能，依法收集证据，准确认定案件性质，正确适用法律。对网络销售侵权犯罪中普遍存在的刷单问题，检察机关应结合销售数据、物流证据和被告人辩解等，扣除刷单金额，准确认定犯罪数额。

第二百一十八条[190]　**【销售侵权复制品罪】**以营利为目的，销售明知是本法第二百一十七条规定的侵权复制品，违法所得数额巨大或者有其他严重情节的，处五年以下有期徒刑，并处或者单处罚金。

---

〔190〕**【刑法修订】**2020年《**刑法修正案（十一）**》**第二十一条**修订了本条。1997年刑法原文如下：

第二百一十八条　以营利为目的，销售明知是本法第二百一十七条规定的侵权复制品，违法所得数额巨大的，处三年以下有期徒刑或者拘役，并处或者单处罚金。

2020年《**刑法修正案（十一）**》将本条"违法所得数额巨大的，处三年以下有期徒刑或者拘役"修改为"违法所得数额巨大或者有其他严重情节的，处五年以下有期徒刑"。

【立案标准】根据2008年6月25日最高检、公安部《**关于公安机关管辖的刑事案件立案追诉标准的规定（一）**》**第二十七条**，以营利为目的，销售明知是刑法第二百一十七条规定的侵权复制品，涉嫌下列情形之一的，应予立案追诉：

（一）违法所得数额10万元以上的；

（二）违法所得数额虽未达到上述数额标准，但尚未销售的侵权复制品货值金额达到30万元以上的。

★提请注意，上述立案追诉标准并未涉及"有其他严重情节"的情形——编者说明。

【司法解释】2004年12月8日最高法、最高检《**关于办理侵犯知识产权刑事案件具体应用法律若干问题的解释**》，就刑法第二百一十八条的适用解释如下：

第六条　以营利为目的，实施刑法第二百一十八条规定的行为，违法所得数额在10万元以上的，属于"违法所得数额巨大"，应当以销售侵权复制品罪判处3年以下有期徒刑或者拘役（★根据《刑法修正案（十一）》，应处5年以下有期徒刑——编者说明），并处或者单处罚金。

……

第十四条　实施刑法第二百一十七条规定的侵犯著作权犯罪，又销售该侵权复制品，构成犯罪的，应当依照刑法第二百一十七条的规定，以侵犯著作权罪定罪处罚。

实施刑法第二百一十七条规定的侵犯著作权犯罪，又销售明知是他人的侵权复制品，构成犯罪的，应当实行数罪并罚。

第二百一十九条[191] **【侵犯商业秘密罪】**有下列侵犯商业秘密行为之一，情节严重的，处三年以下有期徒刑，并处或者单处罚金；情节特别严重的，处三年以上十年以下有期徒刑，并处罚金：

（一）以盗窃、贿赂、欺诈、胁迫、电子侵入或者其他不正当手段获取权利人的商业秘密的；

（二）披露、使用或者允许他人使用以前项手段获取的权利人的商业秘密的；

（三）违反保密义务或者违反权利人有关保守商业秘密的要求，披露、使用或者允许他人使用其所掌握的商业秘密的。

明知前款所列行为，获取、披露、使用或者允许他人使用该商业秘密的，以侵犯商业秘密论。

本条所称权利人，是指商业秘密的所有人和经商业秘密所有人许可的商业秘密使用人。

---

〔191〕**【刑法修订】**2020年《**刑法修正案（十一）**》**第二十一条**修订了本条。1997年刑法原文如下：

第二百一十九条 有下列侵犯商业秘密行为之一，给商业秘密的权利人造成重大损失的，处三年以下有期徒刑或者拘役，并处或者单处罚金；造成特别严重后果的，处三年以上七年以下有期徒刑，并处罚金：

（一）以盗窃、利诱、胁迫或者其他不正当手段获取权利人的商业秘密的；

（二）披露、使用或者允许他人使用以前项手段获取的权利人的商业秘密的；

（三）违反约定或者违反权利人有关保守商业秘密的要求，披露、使用或者允许他人使用其所掌握的商业秘密的。

明知或者应知前款所列行为，获取、使用或者披露他人的商业秘密的，以侵犯商业秘密论。

本条所称商业秘密，是指不为公众所知悉，能为权利人带来经济利益，具有实用性并经权利人采取保密措施的技术信息和经营信息。

本条所称权利人，是指商业秘密的所有人和经商业秘密所有人许可的商业秘密使用人。

2020年《**刑法修正案（十一）**》对本条作了重大修订。在第一款，将“给商业秘密的权利人造成重大损失的，处三年以下有期徒刑或者拘役，并处或者单处罚金；造成特别严重后果的，处三年以上七年以下有期徒刑，并处罚金”修改为“情节严重的，处三年以下有期徒刑，并处或者单处罚金；情节特别严重的，处三年以上十年以下有期徒刑，并处罚金”，将第一款第一项“以盗窃、利诱、胁迫”修改为“以盗窃、贿赂、欺诈、胁迫、电子侵入”，将第三项“违反约定”修改为“违反保密义务”；将第二款“明知或者应知前款所列行为，获取、使用或者披露他人的商业秘密”修改为“明知前款所列行为，获取、披露、使用或者允许他人使用该商业秘密”；在第三款，删除了商业秘密的定义，将原第四款改为第三款。

【**相关法规**】根据2019年修正后的《**反不正当竞争法**》**第九条**，经营者不得实施下列侵犯商业秘密的行为：

（一）以盗窃、贿赂、欺诈、胁迫、电子侵入或者其他不正当手段获取权利人的商业秘密；

（二）披露、使用或者允许他人使用以前项手段获取的权利人的商业秘密；

（三）违反保密义务或者违反权利人有关保守商业秘密的要求，披露、使用或者允许他人使用其所掌握的商业秘密；

（四）教唆、引诱、帮助他人违反保密义务或者违反权利人有关保守商业秘密的要求，获取、披露、使用或者允许他人使用权利人的商业秘密。

经营者以外的其他自然人、法人和非法人组织实施前款所列违法行为的，视为侵犯商业秘密。

第三人明知或者应知商业秘密权利人的员工、前员工或者其他单位、个人实施本条第一款所列违法行为，仍获取、披露、使用或者允许他人使用该商业秘密的，视为侵犯商业秘密。

本法所称的商业秘密，是指不为公众所知悉、具有商业价值并经权利人采取相应保密措施的技术信息、经营信息等商业信息。

【**立案标准**】根据2020年9月17日最高检、公安部《**关于修改侵犯商业秘密刑事案件立案追诉标准的决定**》，侵犯商业秘密，涉嫌下列情形之一的，应予立案追诉：

（一）给商业秘密权利人造成损失数额在30万元以上的；

（二）因侵犯商业秘密违法所得数额在30万元以上的；

（三）直接导致商业秘密的权利人因重大经营困难而破产、倒闭的；

（四）其他给商业秘密权利人造成重大损失的情形。

前款规定的造成损失数额或者违法所得数额，可以按照下列方式认定：

（一）以不正当手段获取权利人的商业秘密，尚未披露、使用或者允许他人使用的，损失数额可以根据该项商业秘密的合理许可使用费确定；

（二）以不正当手段获取权利人的商业秘密后，披露、使用或者允许他人使用的，损失数额可以根据权利人因被侵权造成销售利润的损失确定，但该损失数额低于商业秘密合理许可使用费的，根据合理许可使用费确定；

（三）违反约定、权利人有关保守商业秘密的要求，披露、使用或者允许他人使用其所掌握的商业秘密的，损失数额可以根据权利人因被侵权造成销售利润的损失确定；

(四)明知商业秘密是不正当手段获取或者是违反约定、权利人有关保守商业秘密的要求披露、使用、允许使用，仍获取、使用或者披露的，损失数额可以根据权利人因被侵权造成销售利润的损失确定；

(五)因侵犯商业秘密行为导致商业秘密已为公众所知悉或者灭失的，损失数额可以根据该项商业秘密的商业价值确定。商业秘密的商业价值，可以根据该项商业秘密的研究开发成本、实施该项商业秘密的收益综合确定；

(六)因披露或者允许他人使用商业秘密而获得的财物或者其他财产性利益，应当认定为违法所得。

前款第二项、第三项、第四项规定的权利人因被侵权造成销售利润的损失，可以根据权利人因被侵权造成销售量减少的总数乘以权利人每件产品的合理利润确定；销售量减少的总数无法确定的，可以根据侵权产品销售量乘以权利人每件产品的合理利润确定；权利人因被侵权造成销售量减少的总数和每件产品的合理利润均无法确定的，可以根据侵权产品销售量乘以每件侵权产品的合理利润确定。商业秘密系用于服务等其他经营活动的，损失数额可以根据权利人因被侵权而减少的合理利润确定。

商业秘密的权利人为减轻对商业运营、商业计划的损失或者重新恢复计算机信息系统安全、其他系统安全而支出的补救费用，应当计入给商业秘密的权利人造成的损失。

第
219
条

★上述立案标准发布于《刑法修正案(十一)》之前。《刑法修正案(十一)》已将“给商业秘密的权利人造成重大损失”修改为“情节严重”，故应在《刑法修正案(十一)》的基础上把握上述立案标准——编者说明。

2020年9月12日最高法、最高检**《关于办理侵犯知识产权刑事案件具体应用法律若干问题的解释(三)》**，就刑法第二百一十九条的适用解释如下：

第三条 采取非法复制、未经授权或者超越授权使用计算机信息系统等方式窃取商业秘密的，应当认定为刑法第二百一十九条第一款第一项规定的“盗窃”。

……

第四条 实施刑法第二百一十九条规定的行为，具有下列情形之一的，应当认定为“给商业秘密的权利人造成重大损失”：

(一)给商业秘密的权利人造成损失数额或者因侵犯商业秘密违法所得数额在30万元以上的；

(二)直接导致商业秘密的权利人因重大经营困难而破产、倒闭的；

(三)造成商业秘密的权利人其他重大损失的。

给商业秘密的权利人造成损失数额或者因侵犯商业秘密违法所得数额在250万元以上的，应当认定为刑法第二百一十九条规定的“造成特别严重后果”。

第五条 实施刑法第二百一十九条规定的行为造成的损失数额或者违法所得数额,可以按照下列方式认定:

(一)以不正当手段获取权利人的商业秘密,尚未披露、使用或者允许他人使用的,损失数额可以根据该项商业秘密的合理许可使用费确定;

(二)以不正当手段获取权利人的商业秘密后,披露、使用或者允许他人使用的,损失数额可以根据权利人因被侵权造成销售利润的损失确定,但该损失数额低于商业秘密合理许可使用费的,根据合理许可使用费确定;

(三)违反约定、权利人有关保守商业秘密的要求,披露、使用或者允许他人使用其所掌握的商业秘密的,损失数额可以根据权利人因被侵权造成销售利润的损失确定;

(四)明知商业秘密是不正当手段获取或者是违反约定、权利人有关保守商业秘密的要求披露、使用、允许使用,仍获取、使用或者披露的,损失数额可以根据权利人因被侵权造成销售利润的损失确定;

(五)因侵犯商业秘密行为导致商业秘密已为公众所知悉或者灭失的,损失数额可以根据该项商业秘密的商业价值确定。商业秘密的商业价值,可以根据该项商业秘密的研究开发成本、实施该项商业秘密的收益综合确定;

(六)因披露或者允许他人使用商业秘密而获得的财物或者其他财产性利益,应当认定为违法所得。

前款第二项、第三项、第四项规定的权利人因被侵权造成销售利润的损失,可以根据权利人因被侵权造成销售量减少的总数乘以权利人每件产品的合理利润确定;销售量减少的总数无法确定的,可以根据侵权产品销售量乘以权利人每件产品的合理利润确定;权利人因被侵权造成销售量减少的总数和每件产品的合理利润均无法确定的,可以根据侵权产品销售量乘以每件侵权产品的合理利润确定。商业秘密系用于服务等其他经营活动的,损失数额可以根据权利人因被侵权而减少的合理利润确定。

商业秘密的权利人为减轻对商业运营、商业计划的损失或者重新恢复计算机信息系统安全、其他系统安全而支出的补救费用,应当计入给商业秘密的权利人造成的损失。

第六条 在刑事诉讼程序中,当事人、辩护人、诉讼代理人或者案外人书面申请对有关商业秘密或者其他需要保密的商业信息的证据、材料采取保密措施的,应当根据案件情况采取组织诉讼参与人签署保密承诺书等必要的保密措施。

违反前款有关保密措施的要求或者法律法规规定的保密义务的,依法承担相应责任。擅自披露、使用或者允许他人使用在刑事诉讼程序中接触、获取的商业秘密,符合刑法第二百一十九条规定的,依法追究刑事责任。

★给商业秘密的权利人"造成重大损失"属于"情节严重"的情形之一,

故上述立案追诉标准与司法解释与《刑法修正案(十一)》第二十一条并不冲突,但必须注意,其并未揭示刑法第二百一十九条“情节严重”的全部内容——编者说明。

2020年9月10日最高法**《关于审理侵犯商业秘密民事案件适用法律若干问题的规定》**(法释〔2020〕7号,自2020年9月12日起施行),为正确审理侵犯商业秘密民事案件,制定本规定。

第一条 与技术有关的结构、原料、组分、配方、材料、样品、样式、植物新品种繁殖材料、工艺、方法或其步骤、算法、数据、计算机程序及其有关文档等信息,人民法院可以认定构成反不正当竞争法第九条第四款所称的技术信息。

与经营活动有关的创意、管理、销售、财务、计划、样本、招投标材料、客户信息、数据等信息,人民法院可以认定构成反不正当竞争法第九条第四款所称的经营信息。

前款所称的客户信息,包括客户的名称、地址、联系方式以及交易习惯、意向、内容等信息。

第二条 当事人仅以与特定客户保持长期稳定交易关系为由,主张该特定客户属于商业秘密的,人民法院不予支持。

客户基于对员工个人的信赖而与该员工所在单位进行交易,该员工离职后,能够证明客户自愿选择与该员工或者该员工所在的新单位进行交易的,人民法院应当认定该员工没有采用不正当手段获取权利人的商业秘密。

第三条 权利人请求保护的信息在被诉侵权行为发生时不为所属领域的相关人员普遍知悉和容易获得的,人民法院应当认定为反不正当竞争法第九条第四款所称的不为公众所知悉。

第四条 具有下列情形之一的,人民法院可以认定有关信息为公众所知悉:

(一)该信息在所属领域属于一般常识或者行业惯例的;

(二)该信息仅涉及产品的尺寸、结构、材料、部件的简单组合等内容,所属领域的相关人员通过观察上市产品即可直接获得的;

(三)该信息已经在公开出版物或者其他媒体上公开披露的;

(四)该信息已通过公开的报告会、展览等方式公开的;

(五)所属领域的相关人员从其他公开渠道可以获得该信息的。

将为公众所知悉的信息进行整理、改进、加工后形成的新信息,符合本规定第三条规定的,应当认定该新信息不为公众所知悉。

第五条 权利人为防止商业秘密泄露,在被诉侵权行为发生以前所采取的合理保密措施,人民法院应当认定为反不正当竞争法第九条第四款所称的相应保密措施。

人民法院应当根据商业秘密及其载体的性质、商业秘密的商业价值、保密措施的可识别程度、保密措施与商业秘密的对应程度以及权利人的保密意愿等因素，认定权利人是否采取了相应保密措施。

第六条 具有下列情形之一，在正常情况下足以防止商业秘密泄露的，人民法院应当认定权利人采取了相应保密措施：

（一）签订保密协议或者在合同中约定保密义务的；

（二）通过章程、培训、规章制度、书面告知等方式，对能够接触、获取商业秘密的员工、前员工、供应商、客户、来访者等提出保密要求的；

（三）对涉密的厂房、车间等生产经营场所限制来访者或者进行区分管理的；

（四）以标记、分类、隔离、加密、封存、限制能够接触或者获取的人员范围等方式，对商业秘密及其载体进行区分和管理的；

（五）对能够接触、获取商业秘密的计算机设备、电子设备、网络设备、存储设备、软件等，采取禁止或者限制使用、访问、存储、复制等措施的；

（六）要求离职员工登记、返还、清除、销毁其接触或者获取的商业秘密及其载体，继续承担保密义务的；

（七）采取其他合理保密措施的。

第七条 权利人请求保护的信息因不为公众所知悉而具有现实的或者潜在的商业价值的，人民法院经审查可以认定为反不正当竞争法第九条第四款所称的具有商业价值。

生产经营活动中形成的阶段性成果符合前款规定的，人民法院经审查可以认定该成果具有商业价值。

第八条 被诉侵权人以违反法律规定或者公认的商业道德的方式获取权利人的商业秘密的，人民法院应当认定属于反不正当竞争法第九条第一款所称的以其他不正当手段获取权利人的商业秘密。

第九条 被诉侵权人在生产经营活动中直接使用商业秘密，或者对商业秘密进行修改、改进后使用，或者根据商业秘密调整、优化、改进有关生产经营活动的，人民法院应当认定属于反不正当竞争法第九条所称的使用商业秘密。

第十条 当事人根据法律规定或者合同约定所承担的保密义务，人民法院应当认定属于反不正当竞争法第九条第一款所称的保密义务。

当事人未在合同中约定保密义务，但根据诚信原则以及合同的性质、目的、缔约过程、交易习惯等，被诉侵权人知道或者应当知道其获取的信息属于权利人的商业秘密的，人民法院应当认定被诉侵权人对其获取的商业秘密承担保密义务。

第十一条 法人、非法人组织的经营、管理人员以及具有劳动关系的其他人员，人民法院可以认定为反不正当竞争法第九条第三款所称的员工、前

第二百一十九条之一〔192〕 **【为境外窃取、刺探、收买、非法提供商业秘密罪】**为境外的机构、组织、人员窃取、刺探、收买、非法提供商业秘密的，处五年以下有期徒刑，并处或者单处罚金；情节严重的，处五年以上有期徒刑，并处罚金。

员工。

……

第十四条 通过自行开发研制或者反向工程获得被诉侵权信息的，人民法院应当认定不属于反不正当竞争法第九条规定的侵犯商业秘密行为。

前款所称的反向工程，是指通过技术手段对从公开渠道取得的产品进行拆卸、测绘、分析等而获得该产品的有关技术信息。

被诉侵权人以不正当手段获取权利人的商业秘密后，又以反向工程为由主张未侵犯商业秘密的，人民法院不予支持。

★上述解释虽是审理侵犯商业秘密民事案件的解释，但其对《反不正当竞争法》第9条所作的解释，有助于理解商业秘密以及侵犯商业秘密行为，从而有助于正确认定侵犯商业秘密罪，故本书予以收录——编者说明。

【指导案例】根据2021年2月4日最高检**第二十六批指导性案例·检例第102号·金义盈侵犯商业秘密案**，办理侵犯商业秘密犯罪案件，被告人作无罪辩解的，既要注意审查商业秘密的成立及侵犯商业秘密的证据，又要依法排除被告人取得商业秘密的合法来源，形成指控犯罪的证据链。对鉴定意见的审查，必要时可聘请或指派有专门知识的人辅助办案。

★该指导案例在"指导意义"部分指出：在被告人不作有罪供述时，为查明犯罪事实，检察机关应注意引导公安机关从被告人使用的信息与权利人的商业秘密是否实质上相同、是否具有知悉和掌握权利人商业秘密的条件、有无取得和使用商业秘密的合法来源，全面客观收集证据。特别是要着重审查被告人是否存在合法取得商业秘密的情形，应注意围绕辩方提出的商业秘密系经许可、承继、自行研发、受让、反向工程等合法方式获得的辩解，引导公安机关收集被告人会计账目、支出凭证等能够证明是否有研发费用、资金投入、研发人员工资等研发成本支出的证据；收集被告人所在单位研发人员名单、研发资质能力、实施研发行为、研发过程的证据；收集有关商业秘密的转让合同、许可合同、支付转让费、许可费的证据；收集被告人是否通过公开渠道取得产品并实施反向工程对产品进行拆卸、测绘、分析的证据，以及被告人因传承、承继商业秘密的书证等证据。通过证据之间的相互印证，排除被告人获取、使用商业秘密来源合法的可能性的，可以证实其实施侵犯商业秘密的犯罪行为。

〔192〕**【刑法修订】**本条为2020年**《刑法修正案（十一）》第二十三条**修订增设。

第二百二十条[193] **【单位犯本节之罪的处罚】** 单位犯本节第二百一十三条至第二百一十九条之一规定之罪的，对单位判处罚金，并对其直接负责的主管人员和其他直接责任人员，依照本节各该条的规定处罚。

第八节 扰乱市场秩序罪

第二百二十一条[194] **【损害商业信誉、商品声誉罪】** 捏造并散布虚伪事实，损害他人的商业信誉、商品声誉，给他人造成重大损失或者有其他严重情节的，处二年以下有期徒刑或者拘役，并处或者单处罚金。

第二百二十二条[195] **【虚假广告罪】** 广告主、广告经营者、广告发布者违反国家规定，利用广告对商品或者服务作虚假宣传，情节严重的，处二年以下有期徒刑或者拘役，并处或者单处罚金。

---

〔193〕 **【刑法修订】** 2020 年《**刑法修正案（十一）**》**第二十四条**修订了本条。1997 年刑法原文如下：

第二百二十条 单位犯本节第二百一十三条至第二百一十九条规定之罪的，对单位判处罚金，并对其直接负责的主管人员和其他直接责任人员，依照本节各该条的规定处罚。

2020 年《**刑法修正案（十一）**》将本条“至第二百一十九条”修改为“至第二百一十九条之一”。

〔194〕 **【立案标准】** 根据 2022 年 4 月 6 日最高检、公安部《**关于公安机关管辖的刑事案件立案追诉标准的规定（二）**》**第六十六条**，捏造并散布虚伪事实，损害他人的商业信誉、商品声誉，涉嫌下列情形之一的，应予立案追诉：

（一）给他人造成直接经济损失数额在 50 万元以上的；

（二）虽未达到上述数额标准（★是指接近上述数额标准且已达到该数额的 80% 以上——编者说明），但造成公司、企业等单位停业、停产 6 个月以上，或者破产的；

（三）其他给他人造成重大损失或者有其他严重情节的情形。

〔195〕 **【相关法规】** 根据 2021 年修正后的《**广告法**》**第二条**，本法所称广告主，是指为推销商品或者服务，自行或者委托他人设计、制作、发布广告的自然人、法人或者其他组织。

本法所称广告经营者，是指接受委托提供广告设计、制作、代理服务的自然人、法人或者其他组织。

本法所称广告发布者，是指为广告主或者广告主委托的广告经营者发布广告的自然人、法人或者其他组织。

【立案标准】根据 2022 年 4 月 6 日最高检、公安部《**关于公安机关管辖的刑事案件立案追诉标准的规定(二)**》**第六十七条**,广告主、广告经营者、广告发布者违反国家规定,利用广告对商品或者服务作虚假宣传,涉嫌下列情形之一的,应予立案追诉:

(一)违法所得数额在 10 万元以上的;

(二)假借预防、控制突发事件、传染病防治的名义,利用广告作虚假宣传,致使多人上当受骗,违法所得数额在 3 万元以上的;

(三)利用广告对食品、药品作虚假宣传,违法所得数额在 3 万元以上的;

(四)虽未达到上述数额标准(★是指接近上述数额标准且已达到该数额的 80% 以上——编者说明),但 2 年内因利用广告作虚假宣传受过 2 次以上行政处罚,又利用广告作虚假宣传的;

(五)造成严重危害后果或者恶劣社会影响的;

(六)其他情节严重的情形。

【司法解释】根据 2003 年 5 月 14 日最高法、最高检《**关于办理妨害预防、控制突发传染病疫情等灾害的刑事案件具体应用法律若干问题的解释**》**第五条**,广告主、广告经营者、广告发布者违反国家规定,假借预防、控制突发传染病疫情等灾害的名义,利用广告对所推销的商品或者服务作虚假宣传,致使多人上当受骗,违法所得数额较大或者有其他严重情节的,依照刑法第二百二十二条的规定,以虚假广告罪定罪处罚。

第
222
条

根据 2020 年 2 月 6 日最高法、最高检、公安部、司法部《**关于依法惩治妨害新型冠状病毒感染肺炎疫情防控违法犯罪的意见**》,在疫情防控期间,违反国家规定,假借疫情防控的名义,利用广告对所推销的商品或者服务作虚假宣传,致使多人上当受骗,违法所得数额较大或者有其他严重情节的,依照刑法第二百二十二条的规定,以虚假广告罪定罪处罚。

根据 2022 年 3 月 3 日最高法、最高检《**关于办理危害药品安全刑事案件适用法律若干问题的解释**》**第十二条**,广告主、广告经营者、广告发布者违反国家规定,利用广告对药品作虚假宣传,情节严重的,依照刑法第二百二十二条的规定,以虚假广告罪定罪处罚。

根据 2022 年 2 月 23 日修正后的最高法《**关于审理非法集资刑事案件具体应用法律若干问题的解释**》**第十二条**,广告经营者、广告发布者违反国家规定,利用广告为非法集资活动相关的商品或者服务作虚假宣传,具有下列情形之一的,依照刑法第二百二十二条的规定,以虚假广告罪定罪处罚:

(一)违法所得数额在 10 万元以上的;

(二)造成严重危害后果或者恶劣社会影响的;

(三)二年内利用广告作虚假宣传,受过行政处罚 2 次以上的;

(四)其他情节严重的情形。

第二百二十三条〔196〕　**【串通投标罪】**投标人相互串通投标报价，损害招标人或者其他投标人利益，情节严重的，处三年以下有期徒刑或者拘役，并处或者单处罚金。

投标人与招标人串通投标，损害国家、集体、公民的合法利益的，依照前款的规定处罚。

明知他人从事欺诈发行证券，非法吸收公众存款，擅自发行股票、公司、企业债券，集资诈骗或者组织、领导传销活动等集资犯罪活动，为其提供广告等宣传的，以相关犯罪的共犯论处。

〔196〕　**【立案标准】**根据2022年4月6日最高检、公安部**《关于公安机关管辖的刑事案件立案追诉标准的规定（二）》第六十八条**，投标人相互串通投标报价，或者投标人与招标人串通投标，涉嫌下列情形之一的，应予立案追诉：

（一）损害招标人、投标人或者国家、集体、公民的合法利益，造成直接经济损失数额在50万元以上的；

（二）违法所得数额在20万元以上的；

（三）中标项目金额在400万元以上的；

（四）采取威胁、欺骗或者贿赂等非法手段的；

（五）虽未达到上述数额标准（★是指接近上述数额标准且已达到该数额的80%以上——编者说明），但2年内因串通投标受过2次以上行政处罚，又串通投标的；

（六）其他情节严重的情形。

【指导案例】根据2020年12月21日最高检**第二十四批指导性案例·检例第90号·许某某、包某某串通投标立案监督案**，刑法规定了串通投标罪，但未规定串通拍卖行为构成犯罪。对于串通拍卖行为，不能以串通投标罪予以追诉。公安机关对串通竞拍国有资产行为以涉嫌串通投标罪刑事立案的，检察机关应当通过立案监督，依法通知公安机关撤销案件。

★该指导案例在"指导意义"部分指出：检察机关发现公安机关对串通拍卖行为以涉嫌串通投标罪刑事立案的，应当依法监督撤销案件。严格遵循罪刑法定原则，法律没有明文规定为犯罪行为的，不得予以追诉。拍卖与投标虽然都是竞争性的交易方式，形式上具有一定的相似性，但二者行为性质不同，分别受不同法律规范调整……刑法未规定串通拍卖行为构成犯罪，拍卖法亦未规定串通拍卖行为可以追究刑事责任。公安机关将串通拍卖行为类推为串通投标行为予以刑事立案的，检察机关应当通过立案监督，通知公安机关撤销案件。

准确把握法律政策界限，依法保护企业合法权益和正常经济活动。坚持

第二百二十四条〔197〕 **【合同诈骗罪】**有下列情形之一，以非法占有为目的，在签订、履行合同过程中，骗取对方当事人财物，数额较大的，处三年以下有期徒刑或者拘役，并处或者单处罚金；数额巨大或者有其他严重情节的，处三年以上十年以下有期徒刑，并处罚金；数额特别巨大或者有其他特别严重情节的，处十年以上有期徒刑或者无期徒刑，并处罚金或者没收财产：

（一）以虚构的单位或者冒用他人名义签订合同的；

（二）以伪造、变造、作废的票据或者其他虚假的产权证明作担保的；

（三）没有实际履行能力，以先履行小额合同或者部分履行合同的方法，诱骗对方当事人继续签订和履行合同的；

（四）收受对方当事人给付的货物、货款、预付款或者担保财产后逃匿的；

（五）以其他方法骗取对方当事人财物的。

法治思维，贯彻“谦抑、审慎”理念，严格区分案件性质及应承担的责任类型。对企业的经济行为，法律政策界限不明，罪与非罪不清的，应充分考虑其行为动机和对于社会有无危害及其危害程度，加强研究分析，慎重妥善处理，不能轻易进行刑事追诉。对于民营企业参与国有资产处置过程中的串通拍卖行为，不应以串通投标罪论处。如果在串通拍卖过程中有其他犯罪行为或者一般违法违规行为的，依照刑法、拍卖法等法律法规追究相应责任。

〔197〕**【立案标准】**根据2022年4月6日最高检、公安部《**关于公安机关管辖的刑事案件立案追诉标准的规定（二）**》**第六十九条**，以非法占有为目的，在签订、履行合同过程中，骗取对方当事人财物，数额在2万元以上的，应予立案追诉。

【司法解释】根据2002年5月22日最高检办公厅《**关于对合同诈骗、侵犯知识产权等经济犯罪案件依法正确适用逮捕措施的通知**》（高检办发〔2002〕14号），近来，少数地方的检察机关对侦查机关提请审查批捕的合同诈骗、侵犯知识产权等经济犯罪案件审查把关不严，对一些事实不清、证据不足的案件甚至不构成犯罪的人作出了批捕决定，为少数基层侦查机关越权插手经济纠纷，异地抓人、扣物、查封企业财产等行为提供了“合法”外衣，影响了检察机关公正司法的形象，助长了地方和部门保护主义。为保证对合同诈骗、侵犯知识产权等经济犯罪案件依法正确适用逮捕措施，依法监督越权插手经济纠纷的违法行为，特通知如下：

一、要全面正确贯彻为经济建设服务的指导思想和“强化监督，公正执法”的检察工作主题。市场经济是法制经济，竞争是市场经济的基本法则，在激烈的竞争中，市场主体之间产生经济纠纷是不可避免的。检察机关作为法律监督机关，要认真履行维护国家法制统一正确实施的神圣职责，依法保障竞争在法律规定的范围内公平有序地进行，促进社会主义市场经济的健康发展。对于确实构成犯罪的经济犯罪行为，要坚决依法予以严厉打击，以维护正常的经济秩序，保障国家利益以及企业、当事人的合法权益；对于经济纠纷只能通过民事法律手段去解决，不能为了地方利益，动用刑事手段，更不能变相把逮捕措施作为搞地方保护主义的手段。

二、要严格区分经济犯罪与经济纠纷的界限。经济犯罪案件具有案情较复杂，犯罪与经济纠纷往往相互交织在一起，罪与非罪的界限不易区分的特点。认定经济犯罪，必须严格依照刑法规定的犯罪基本特征和犯罪构成要件，从行为的社会危害性、刑事违法性、应受惩罚性几个方面综合考虑。各级检察机关在审查批捕工作中，要严格区分经济犯罪与经济纠纷的界限，尤其要注意区分合同诈骗罪与合同违约、债务纠纷的界限，以及商业秘密与进入公知领域的技术信息、经营信息的界限，做到慎重稳妥，不枉不纵，依法打击犯罪者，保护无辜者，实现法律效果和社会效果的统一。不能把履行合同中发生的经济纠纷作为犯罪处理；对于造成本地企业利益受到损害的行为，要具体分析，不能一概作为犯罪处理，防止滥用逮捕权。对于合同和知识产权纠纷中，当事双方主体真实有效，行为客观存在，罪与非罪难以辨别，当事人可以行使民事诉讼权利的，更要慎用逮捕权。

三、要正确掌握逮捕条件，严格办案程序……

四、上级检察机关要加强协调和指导，支持下级检察机关依法办案……

五、要加强监督，严肃办案纪律。检察机关要加强对公安机关侦办的合同诈骗、侵犯知识产权犯罪案件的立案监督工作，对不构成犯罪不应立案而立案的，要及时通知撤案，以体现法律的严肃性。对有关机关越权插手经济纠纷，乱抓人、乱扣物以及超期羁押等违法行为，要切实履行职责，依法提出纠正意见并监督落实情况。对检察机关因受地方保护主义影响，违法办案，滥用逮捕权的，上级检察机关要及时纠正，并追究有关领导和直接责任人员的责任。对典型案件，高检院将予以通报批评。对于越权插手经济纠纷，造成严重后果，构成犯罪的，要依法查处，追究有关人员的刑事责任。

根据2016年11月28日最高法**《关于充分发挥审判职能作用切实加强产权司法保护的意见》**(法发〔2016〕27号)，客观看待企业经营的不规范问题，对定罪依据不足的依法宣告无罪。对改革开放以来各类企业特别是民营企业因经营不规范所引发的问题，要以历史和发展的眼光客观看待，严格遵循罪刑法定、疑罪从无、从旧兼从轻等原则，依法公正处理。对虽属违法违规、但不构成犯罪，或者罪与非罪不清的，应当宣告无罪。对在生产、经营、融资等活动中的经济行为，除法律、行政法规明确禁止的，不得以犯罪论处。

严格区分经济纠纷与刑事犯罪，坚决防止把经济纠纷当作犯罪处理。充分考虑非公有制经济特点，严格把握刑事犯罪的认定标准，严格区分正当融资与非法集资、合同纠纷与合同诈骗、民营企业参与国有企业兼并重组中涉及的经济纠纷与恶意侵占国有资产等的界限，坚决防止把经济纠纷认定为刑事犯罪，坚决防止利用刑事手段干预经济纠纷。对于各类经济纠纷，特别是民营企业与国有企业之间的纠纷，不论实际损失多大，都要始终坚持依法办案，排除各种干扰，确保公正审判。

依法慎用强制措施和查封、扣押、冻结措施，最大限度降低对企业正常生产经营活动的不利影响。对涉案企业和人员，应当综合考虑行为性质、危害程度以及配合诉讼的态度等情况，依法慎重决定是否适用强制措施和查封、扣押、冻结措施。在刑事审判中，对已被逮捕的被告人，符合取保候审、监视居住条件的，应当变更强制措施。在刑事、民事、行政审判中，确需采取查封、扣押、冻结措施的，除依法需责令关闭的企业外，在条件允许的情况下可以为企业预留必要的流动资金和往来账户。不得查封、扣押、冻结与案件无关的财产。

严格规范涉案财产的处置，依法维护涉案企业和人员的合法权益。严格区分违法所得和合法财产，对于经过审理不能确认为违法所得的，不得判决追缴或者责令退赔。严格区分个人财产和企业法人财产，处理股东、企业经营管理者等自然人犯罪不得任意牵连企业法人财产，处理企业犯罪不得任意牵连股东、企业经营管理者个人合法财产。严格区分涉案人员个人财产和家庭成员财产，处理涉案人员犯罪不得牵连其家庭成员合法财产。按照公开公正和规范高效的要求，严格执行、不断完善涉案财物保管、鉴定、估价、拍卖、变卖制度。

根据2016年11月28日最高法**《关于依法妥善处理历史形成的产权案件工作实施意见》**（法发〔2016〕28号），准确把握罪与非罪的法律政策界限。严格区分经济纠纷与经济犯罪特别是合同纠纷与合同诈骗的界限、企业正当融资与非法集资的界限、民营企业参与国有企业兼并重组中涉及的经济纠纷与恶意侵占国有资产的界限。准确把握经济违法行为入刑标准，准确认定经济纠纷和经济犯罪的性质，坚决纠正将经济纠纷当作犯罪处理的错误生效裁判。对于在生产、经营、融资等活动中的经济行为，当时法律、行政法规没有明确禁止而以犯罪论处的，或者虽属违法违规但不构成犯罪而以犯罪论处的，均应依法纠正。

根据2017年12月29日最高法**《关于充分发挥审判职能作用为企业家创新创业营造良好法治环境的通知》**（法〔2018〕1号），严格执行刑事法律和司法解释，坚决防止利用刑事手段干预经济纠纷。坚持罪刑法定原则，对企业家在生产、经营、融资活动中的创新创业行为，只要不违反刑事法律的规定，不得以犯罪论处。严格非法经营罪、合同诈骗罪的构成要件，防止随意扩大适用。对于在合同签订、履行过程中产生的民事争议，如无确实充分的证据证明符合犯罪构成的，不得作为刑事案件处理。严格区分企业家违法所得和合法财产，没有充分证据证明为违法所得的，不得判决追缴或者责令退赔。严格区分企业家个人财产和企业法人财产，在处理企业犯罪时不得牵连企业家个人合法财产和家庭成员财产。

根据 2023 年 10 月 13 日最高检**《关于全面履行检察职能推动民营经济发展壮大的意见》**，要准确认定合同诈骗罪主客观方面，既要严格审查行为人是否具有虚构事实、隐瞒真相的行为，是否属于刑法规定的法定情形，又要注重从项目真实性、履约能力、履约行为表现、未履约原因等因素判断行为人主观上是否具有非法占有目的。

【指导案例】根据 2020 年 12 月 21 日最高检**第二十四批指导性案例·检例第 91 号·温某某合同诈骗立案监督案**，检察机关办理涉企业合同诈骗犯罪案件，应当严格区分合同诈骗与民事违约行为的界限。要注意审查涉案企业在签订、履行合同过程中是否具有非法占有目的和虚构事实、隐瞒真相的行为，准确认定是否具有诈骗故意。发现公安机关对企业之间的合同纠纷以合同诈骗进行刑事立案的，应当依法监督撤销案件。对于立案后久侦不结的“挂案”，检察机关应当向公安机关提出纠正意见。

★该指导案例在“指导意义”部分指出：严格区分合同诈骗与民事违约行为的界限。注意审查涉案企业在签订、履行合同过程中是否具有虚构事实、隐瞒真相的行为，是否有刑法第二百二十四条规定的五种情形之一。注重从合同项目真实性、标的物用途、有无实际履约行为、是否有逃匿和转移资产的行为、资金去向、违约原因等方面，综合认定是否具有诈骗的故意，避免片面关注行为结果而忽略主观上是否具有非法占有的目的。对于签订合同时具有部分履约能力，其后完善履约能力并积极履约的，不能以合同诈骗罪追究刑事责任。

对于公安机关立案后久侦未结形成的“挂案”，检察机关应当提出监督意见。由于立案标准、工作程序和认识分歧等原因，有些涉民营企业刑事案件逾期滞留在侦查环节，既未被撤销，又未被移送审查起诉，形成“挂案”，导致民营企业及企业相关人员长期处于被追诉状态，严重影响企业的正常生产经营，破坏当地营商环境，也损害了司法机关的公信力。检察机关发现侦查环节“挂案”的，应当对公安机关的立案行为进行监督，同时也要对公安机关侦查过程中的违法行为依法提出纠正意见。

【量刑指导】根据 2021 年 6 月 17 日最高法、最高检**《关于常见犯罪的量刑指导意见（试行）》**，1. 构成合同诈骗罪的，根据下列情形在相应的幅度内确定量刑起点：

第二百二十四条之一[198] **【组织、领导传销活动罪】** 组织、领导以推销商品、提供服务等经营活动为名，要求参加者以缴纳费用或者购买商品、服务等方式获得加入资格，并按照一定顺序组成层级，直接或者间接以发展人员的数量作为计酬或者返利依据，引诱、胁迫参加者继续发展他人参加，骗取财物，扰乱经济社会秩序的传销活动的，处五年以下有期徒刑或者拘役，并处罚金；情节严重的，处五年以上有期徒刑，并处罚金。

---

(1)达到数额较大起点的，在1年以下有期徒刑、拘役幅度内确定量刑起点。

(2)达到数额巨大起点或者有其他严重情节的，在3年至4年有期徒刑幅度内确定量刑起点。

(3)达到数额特别巨大起点或者有其他特别严重情节的，在10年至12年有期徒刑幅度内确定量刑起点。依法应当判处无期徒刑的除外。

2. 在量刑起点的基础上，根据合同诈骗数额等其他影响犯罪构成的犯罪事实增加刑罚量，确定基准刑。

3. 构成合同诈骗罪的，根据诈骗手段、犯罪数额、损失数额、危害后果等犯罪情节，综合考虑被告人缴纳罚金的能力，决定罚金数额。

4. 构成合同诈骗罪的，综合考虑诈骗手段、犯罪数额、危害后果、退赃退赔等犯罪事实、量刑情节，以及被告人主观恶性、人身危险性、认罪悔罪表现等因素，决定缓刑的适用。

〔198〕**【刑法修订】**本条为2009年**《刑法修正案(七)》第四条**增设。

【立案标准】根据2022年4月6日最高检、公安部**《关于公安机关管辖的刑事案件立案追诉标准的规定(二)》第七十条**，组织、领导以推销商品、提供服务等经营活动为名，要求参加者以缴纳费用或者购买商品、服务等方式获得加入资格，并按照一定顺序组成层级，直接或者间接以发展人员的数量作为计酬或者返利依据，引诱、胁迫参加者继续发展他人参加，骗取财物，扰乱经济社会秩序的传销活动，涉嫌组织、领导的传销活动人员在30人以上且层级在3级以上的，对组织者、领导者，应予立案追诉。

下列人员可以认定为传销活动的组织者、领导者：

(一)在传销活动中起发起、策划、操纵作用的人员；

(二)在传销活动中承担管理、协调等职责的人员；

(三)在传销活动中承担宣传、培训等职责的人员；

(四)因组织、领导传销活动受过刑事追究，或者1年内因组织、领导传销活动受过行政处罚，又直接或者间接发展参与传销活动人员在15人以上且层级在3级以上的人员；

第224条之一

（五）其他对传销活动的实施、传销组织的建立、扩大等起关键作用的人员。

【**司法解释**】2013年11月14日最高法、最高检、公安部《**关于办理组织领导传销活动刑事案件适用法律若干问题的意见**》（公通字〔2013〕37号），就办理组织、领导传销活动刑事案件适用法律问题提出以下意见：

一、关于传销组织层级及人数的认定问题

以推销商品、提供服务等经营活动为名，要求参加者以缴纳费用或者购买商品、服务等方式获得加入资格，并按照一定顺序组成层级，直接或者间接以发展人员的数量作为计酬或者返利依据，引诱、胁迫参加者继续发展他人参加，骗取财物，扰乱经济社会秩序的传销组织，其组织内部参与传销活动人员在30人以上且层级在3级以上的，应当对组织者、领导者追究刑事责任。

组织、领导多个传销组织，单个或者多个组织中的层级已达3级以上的，可将在各个组织中发展的人数合并计算。

组织者、领导者形式上脱离原传销组织后，继续从原传销组织获取报酬或者返利的，原传销组织在其脱离后发展人员的层级数和人数，应当计算为其发展的层级数和人数。

办理组织、领导传销活动刑事案件中，确因客观条件的限制无法逐一收集参与传销活动人员的言词证据的，可以结合依法收集并查证属实的缴纳、支付费用及计酬、返利记录，视听资料，传销人员关系图，银行帐户交易记录，互联网电子数据，鉴定意见等证据，综合认定参与传销的人数、层级数等犯罪事实。

二、关于传销活动有关人员的认定和处理问题

下列人员可以认定为传销活动的组织者、领导者：

（一）在传销活动中起发起、策划、操纵作用的人员；

（二）在传销活动中承担管理、协调等职责的人员；

（三）在传销活动中承担宣传、培训等职责的人员；

（四）曾因组织、领导传销活动受过刑事处罚，或者1年以内因组织、领导传销活动受过行政处罚，又直接或者间接发展参与传销活动人员在15人以上且层级在3级以上的人员；

（五）其他对传销活动的实施、传销组织的建立、扩大等起关键作用的人员。

以单位名义实施组织、领导传销活动犯罪的，对于受单位指派，仅从事劳务性工作的人员，一般不予追究刑事责任。

三、关于"骗取财物"的认定问题

传销活动的组织者、领导者采取编造、歪曲国家政策，虚构、夸大经营、投资、服务项目及盈利前景，掩饰计酬、返利真实来源或者其他欺诈手段，实施

刑法第二百二十四条之一规定的行为，从参与传销活动人员缴纳的费用或者购买商品、服务的费用中非法获利的，应当认定为骗取财物。参与传销活动人员是否认为被骗，不影响骗取财物的认定。

四、关于“情节严重”的认定问题

对符合本意见第一条第一款规定的传销组织的组织者、领导者，具有下列情形之一的，应当认定为刑法第二百二十四条之一规定的“情节严重”：

（一）组织、领导的参与传销活动人员累计达 120 人以上的；

（二）直接或者间接收取参与传销活动人员缴纳的传销资金数额累计达 250 万元以上的；

（三）曾因组织、领导传销活动受过刑事处罚，或者 1 年以内因组织、领导传销活动受过行政处罚，又直接或者间接发展参与传销活动人员累计达 60 人以上的；

（四）造成参与传销活动人员精神失常、自杀等严重后果的；

（五）造成其他严重后果或者恶劣社会影响的。

五、关于“团队计酬”行为的处理问题

传销活动的组织者或者领导者通过发展人员，要求传销活动的被发展人员发展其他人员加入，形成上下线关系，并以下线的销售业绩为依据计算和给付上线报酬，牟取非法利益的，是“团队计酬”式传销活动。

以销售商品为目的、以销售业绩为计酬依据的单纯的“团队计酬”式传销活动，不作为犯罪处理。形式上采取“团队计酬”方式，但实质上属于“以发展人员的数量作为计酬或者返利依据”的传销活动，应当依照刑法第二百二十四条之一的规定，以组织、领导传销活动罪定罪处罚。

六、关于罪名的适用问题

以非法占有为目的，组织、领导传销活动，同时构成组织、领导传销活动罪和集资诈骗罪的，依照处罚较重的规定定罪处罚。

犯组织、领导传销活动罪，并实施故意伤害、非法拘禁、敲诈勒索、妨害公务、聚众扰乱社会秩序、聚众冲击国家机关、聚众扰乱公共场所秩序、交通秩序等行为，构成犯罪的，依照数罪并罚的规定处罚。

七、其他问题

本意见所称“以上”、“以内”，包括本数。

本意见所称“层级”和“级”，系指组织者、领导者与参与传销活动人员之间的上下线关系层次，而非组织者、领导者在传销组织中的身份等级。

对传销组织内部人数和层级数的计算，以及对组织者、领导者直接或者间接发展参与传销活动人员人数和层级数的计算，包括组织者、领导者本人及其本层级在内。

【指导案例】根据 2018 年 7 月 3 日最高检**第十批指导性案例·检例第 41**

第二百二十五条[199] **【非法经营罪】**违反国家规定，有下列非法经营行为之一，扰乱市场秩序，情节严重的，处五年以下有期徒刑或者拘役，并处或者单处违法所得一倍以上五倍以下罚金；情节特别严重的，处五年以上有期徒刑，并处违法所得一倍以上五倍以下罚金或者没收财产：

（一）未经许可经营法律、行政法规规定的专营、专卖物品或者其他限制买卖的物品的；

（二）买卖进出口许可证、进出口原产地证明以及其他法律、行政法规规定的经营许可证或者批准文件的；

（三）未经国家有关主管部门批准非法经营证券、期货、保险业务的，或者非法从事资金支付结算业务的；

（四）其他严重扰乱市场秩序的非法经营行为。

号·叶经生等组织、领导传销活动案，组织者或者经营者利用网络发展会员，要求被发展人员以缴纳或者变相缴纳“入门费”为条件，获得提成和发展下线的资格。通过发展人员组成层级关系，并以直接或者间接发展的人员数量作为计酬或者返利的依据，引诱被发展人员继续发展他人参加，骗取财物，扰乱经济社会秩序的，以组织、领导传销活动罪追究刑事责任。

★该指导案例在“指导意义”部分指出：传销组织在手段上借助互联网不断翻新，打着“金融创新”的旗号，以“资本运作”“消费投资”“网络理财”“众筹”“慈善互助”等为名从事传销活动。常见的表现形式有：组织者、经营者注册成立电子商务企业，以此名义建立电子商务网站。以网络营销、网络直销等名义，变相收取入门费，设置各种返利机制，激励会员发展下线，上线从直接或者间接发展的下线的销售业绩中计酬，或以直接或者间接发展的人员数量为依据计酬或者返利。这类行为，不管其手段如何翻新，只要符合传销组织骗取财物、扰乱市场经济秩序本质特征的，应以组织、领导传销活动罪论处。

检察机关办理组织、领导传销活动犯罪案件，要紧扣传销活动骗取财物的本质特征和构成要件，收集、审查、运用证据。特别要注意针对传销网站的经营特征与其他合法经营网站的区别，重点收集涉及入门费、设层级、拉人头等传销基本特征的证据及企业资金投入、人员组成、资金来源去向、网站功能等方面的证据，揭示传销犯罪没有创造价值，经营模式难以持续，用后加入者的财物支付给先加入者，通过发展下线牟利骗取财物的本质特征。

〔199〕**【刑法修订】**本条被修订二次。1997年刑法原文如下：

第二百二十五条 违反国家规定，有下列非法经营行为之一，扰乱市场秩序，情节严重的，处五年以下有期徒刑或者拘役，并处或者单处违法所得一倍以上五倍以下罚金；情节特别严重的，处五年以上有期徒刑，并处违法所得一倍以上五倍以下罚金或者没收财产：

第225条 下一刑法条文☞第510页

（一）未经许可经营法律、行政法规规定的专营、专卖物品或者其他限制买卖的物品的；

（二）买卖进出口许可证、进出口原产地证明以及其他法律、行政法规规定的经营许可证或者批准文件的；

（三）其他严重扰乱市场秩序的非法经营行为。

1999年**《刑法修正案》第八条**增设第三项，将原第三项改为第四项。经此修订后的条文如下：

第二百二十五条 违反国家规定，有下列非法经营行为之一，扰乱市场秩序，情节严重的，处五年以下有期徒刑或者拘役，并处或者单处违法所得一倍以上五倍以下罚金；情节特别严重的，处五年以上有期徒刑，并处违法所得一倍以上五倍以下罚金或者没收财产：

（一）未经许可经营法律、行政法规规定的专营、专卖物品或者其他限制买卖的物品的；

（二）买卖进出口许可证、进出口原产地证明以及其他法律、行政法规规定的经营许可证或者批准文件的；

（三）未经国家有关主管部门批准，非法经营证券、期货或者保险业务的；

（四）其他严重扰乱市场秩序的非法经营行为。

2009年**《刑法修正案（七）》第五条**再次修订第三项，增加了"非法从事资金支付结算业务"的规定。

【相关法规】根据1998年全国人大常委会**《关于惩治骗购外汇、逃汇和非法买卖外汇犯罪的决定》第四条**，在国家规定的交易场所以外非法买卖外汇，扰乱市场秩序，情节严重的，依照刑法第二百二十五条的规定定罪处罚。

单位犯前款罪的，依照第二百三十一条的规定处罚。

根据1999年国务院**《金融违法行为处罚办法》第九条第二款**，金融机构超出中国人民银行批准的业务范围从事金融业务活动的，给予警告，没收违法所得……构成非法经营罪或者其他罪的，依法追究刑事责任。

第十八条 金融机构不得违反国家规定从事证券、期货或者其他衍生金融工具交易，不得为证券、期货或者其他衍生金融工具交易提供信贷资金或者担保，不得违反国家规定从事非自用不动产、股权、实业等投资活动。

金融机构违反前款规定的，给予警告，没收违法所得……对该金融机构直接负责的高级管理人员给予开除的纪律处分……构成非法经营罪、违法发放贷款罪或者其他罪的，依法追究刑事责任（★据此，2001年国务院办公厅《关于严厉打击以证券期货投资为名进行违法犯罪活动的通知》（国办发〔2001〕64号）规定，对超出核准的经营范围，非法从事或变相非法从事证券期货交易活动，非法经营境外期货、外汇期货业务的，以涉嫌非法经营罪立案查处——编者说明）。

根据2001年国务院《**电影管理条例**》**第五十五条**，违反本条例规定，擅自设立电影片的制片、发行、放映单位，或者擅自从事电影制片、进口、发行、放映活动的，由工商行政管理部门予以取缔；依照刑法关于非法经营罪的规定，依法追究刑事责任……

根据2001年国务院《**货物进出口管理条例**》**第六十五条**，擅自超出批准、许可的范围进口或者出口属于限制进出口的货物的，依照刑法关于走私罪或者非法经营罪的规定，依法追究刑事责任……

第六十六条　伪造、变造或者买卖货物进出口配额证明、批准文件、许可证或者自动进口许可证明的，依照刑法关于非法经营罪或者伪造、变造、买卖国家机关公文、证件、印章罪的规定，依法追究刑事责任……

第六十八条　违反本条例第五十一条规定，擅自从事实行国营贸易管理或者指定经营管理的货物进出口贸易，扰乱市场秩序，情节严重的，依照刑法关于非法经营罪的规定，依法追究刑事责任……

根据2002年国务院《**生物两用品及相关设备和技术出口管制条例**》**第十八条**，未经许可擅自出口生物两用品（★是指既可用于医疗、预防、保护、防护等和平目的，又可用于发展、生产生物武器等非和平目的的病原体、毒素、遗传物质——编者说明）及相关设备和技术的，或者擅自超出许可的范围出口生物两用品及相关设备和技术的，依照刑法关于走私罪、非法经营罪、泄露国家秘密罪或者其他罪的规定，依法追究刑事责任……

第十九条　伪造、变造或者买卖生物两用品及相关设备和技术出口许可证件的，依照刑法关于非法经营罪或者伪造、变造、买卖国家机关公文、证件、印章罪的规定，依法追究刑事责任……

根据2002年修订后的国务院《**军品出口管理条例**》**第二十五条第一款**，军品贸易公司违反本条例第二十二条第（四）项、第（五）项［★第（四）项规定为“伪造、变造、骗取或者转让军品出口项目批准文件、合同批准文件、许可证和接受国的有效证明文件等单证”；第（五）项规定为“超越核定的经营范围经营”——编者说明］规定，触犯刑律的，依照刑法关于非法经营罪，伪造、变造、买卖国家机关公文、证件、印章罪或者其他罪的规定，依法追究刑事责任……

第二十六条　违反本条例第二十条规定（★该条规定为“未取得军品出口经营权的任何单位或者组织，不得从事军品出口经营活动。国家禁止个人从事军品出口经营活动”——编者说明）的，由国家军品出口主管部门取缔非法活动；触犯刑律的，依照刑法关于非法经营罪或者其他罪的规定，依法追究刑事责任……

根据2009年修订后的国务院《**特种设备安全监察条例**》**第七十五条**，未经许可，擅自从事锅炉、压力容器、电梯、起重机械、客运索道、大型游乐设施、场（厂）内专用机动车辆及其安全附件、安全保护装置的制造、安装、改造以及压力管道元件的制造活动的，由特种设备安全监督管理部门予以取缔……触犯刑律的，对负有责任的主管人员和其他直接责任人员依照刑法关于生产、销售伪劣产品罪、非法经营罪、重大责任事故罪或者其他罪的规定，依法追究刑事责任（★该《条例》第73条、第77条、第80条、第91条也规定了一系列可能构成非法经营罪的行为，但这些行为是否符合刑法第225条的规定，值得研究——编者说明）。

根据2016年修订后的国务院《**退耕还林条例**》**第五十九条**，采用不正当手段垄断种苗市场，或者哄抬种苗价格的，依照刑法关于非法经营罪、强迫交易罪或者其他罪的规定，依法追究刑事责任……

根据2019年修订后的国务院《**外资保险公司管理条例**》**第三十一条**，违反本条例规定，擅自设立外资保险公司或者非法从事保险业务活动的，由国务院保险监督管理机构予以取缔；依照刑法关于擅自设立金融机构罪、非法经营罪或者其他罪的规定，依法追究刑事责任……

第三十二条 外资保险公司违反本条例规定，超出核定的业务范围、业务地域范围或者服务对象范围从事保险业务活动的，依照刑法关于非法经营罪或者其他罪的规定，依法追究刑事责任……

根据2019年修订后的国务院《**国际海运条例**》**第四十六条**，非法从事进出中国港口的国际海上运输经营活动以及与国际海上运输相关的辅助性经营活动，扰乱国际海上运输市场秩序的，依照刑法关于非法经营罪的规定，依法追究刑事责任。

根据2020年修订后的国务院《**出版管理条例**》**第六十一条**，未经批准，擅自设立出版物的出版、印刷或者复制、进口单位，或者擅自从事出版物的出版、印刷或者复制、进口、发行业务，假冒出版单位名称或者伪造、假冒报纸、期刊名称出版出版物的，由出版行政主管部门、工商行政管理部门依照法定职权予以取缔；依照刑法关于非法经营罪的规定，依法追究刑事责任……

根据2020年修订后的国务院《**音像制品管理条例**》**第三十九条**，未经批准，擅自设立音像制品出版、进口单位，擅自从事音像制品出版、制作、复制业务或者进口、批发、零售经营活动的，由出版行政主管部门、工商行政管理部门依照法定职权予以取缔；依照刑法关于非法经营罪的规定，依法追究刑事责任……

根据2020年修订后的国务院《**技术进出口管理条例**》**第四十三条**，进口或者出口属于禁止进出口的技术的，或者未经许可擅自进口或者出口属于限制进出口的技术的，依照刑法关于走私罪、非法经营罪、泄露国家秘密罪或者其他罪的规定，依法追究刑事责任……

第四十四条　擅自超出许可的范围进口或者出口属于限制进出口的技术的，依照刑法关于非法经营罪或者其他罪的规定，依法追究刑事责任……

第四十五条　伪造、变造或者买卖技术进出口许可证或者技术进出口合同登记证的，依照刑法关于非法经营罪或者伪造、变造、买卖国家机关公文、证件、印章罪的规定，依法追究刑事责任……

根据 2022 年修订后的国务院**《互联网上网服务营业场所管理条例》第二十七条**，违反本条例的规定，擅自从事互联网上网服务经营活动的，由文化行政部门或者由文化行政部门会同公安机关依法予以取缔，查封其从事违法经营活动的场所，扣押从事违法经营活动的专用工具、设备；触犯刑律的，依照刑法关于非法经营罪的规定，依法追究刑事责任……

【立案标准】根据 2022 年 4 月 6 日最高检、公安部**《关于公安机关管辖的刑事案件立案追诉标准的规定(二)》第七十一条**，违反国家规定，进行非法经营活动，扰乱市场秩序，涉嫌下列情形之一的，应予立案追诉：

（一）违反国家烟草专卖管理法律法规，未经烟草专卖行政主管部门许可，无烟草专卖生产企业许可证、烟草专卖批发企业许可证、特种烟草专卖经营企业许可证、烟草专卖零售许可证等许可证明，非法经营烟草专卖品，具有下列情形之一的：

1. 非法经营数额在 5 万元以上，或者违法所得数额在 2 万元以上的；

2. 非法经营卷烟 20 万支以上的；

3.3 年内因非法经营烟草专卖品受过 2 次以上行政处罚，又非法经营烟草专卖品且数额在 3 万元以上的。

（二）未经国家有关主管部门批准，非法经营证券、期货、保险业务，或者非法从事资金支付结算业务，具有下列情形之一的：

1. 非法经营证券、期货、保险业务，数额在 100 万元以上，或者违法所得数额在 10 万元以上的；

2. 非法从事资金支付结算业务，数额在 500 万元以上，或者违法所得数额在 10 万元以上的；

3. 非法从事资金支付结算业务，数额在 250 万元以上不满 500 万元，或者违法所得数额在 5 万元以上不满 10 万元，且具有下列情形之一的：

（1）因非法从事资金支付结算业务犯罪行为受过刑事追究的；

（2）2 年内因非法从事资金支付结算业务违法行为受过行政处罚的；

（3）拒不交代涉案资金去向或者拒不配合追缴工作，致使赃款无法追缴的；

（4）造成其他严重后果的。

4. 使用销售点终端机具（POS 机）等方法，以虚构交易、虚开价格、现金退货等方式向信用卡持卡人直接支付现金，数额在 100 万元以上的，或者造成金融机构资金20万元以上逾期未还的，或者造成金融机构经济损失10万元以上的。

（三）实施倒买倒卖外汇或者变相买卖外汇等非法买卖外汇行为，扰乱金融市场秩序，具有下列情形之一的：

1. 非法经营数额在500万元以上的，或者违法所得数额在10万元以上的；

2. 非法经营数额在250万元以上，或者违法所得数额在5万元以上，且具有下列情形之一的：

（1）因非法买卖外汇犯罪行为受过刑事追究的；

（2）2年内因非法买卖外汇违法行为受过行政处罚的；

（3）拒不交代涉案资金去向或者拒不配合追缴工作，致使赃款无法追缴的；

（4）造成其他严重后果的。

3. 公司、企业或者其他单位违反有关外贸代理业务的规定，采用非法手段，或者明知是伪造、变造的凭证、商业单据，为他人向外汇指定银行骗购外汇，数额在500万美元以上或者违法所得数额在50万元以上的；

4. 居间介绍骗购外汇，数额在100万美元以上或者违法所得数额在10万元以上的。

（四）出版、印刷、复制、发行严重危害社会秩序和扰乱市场秩序的非法出版物，具有下列情形之一的：

1. 个人非法经营数额在5万元以上的，单位非法经营数额在15万元以上的；

2. 个人违法所得数额在2万元以上的，单位违法所得数额在5万元以上的；

3. 个人非法经营报纸5000份或者期刊5000本或者图书2000册或者音像制品、电子出版物500张（盒）以上的，单位非法经营报纸1.5万份或者期刊1.5万本或者图书5000册或者音像制品、电子出版物1500张（盒）以上的；

4. 虽未达到上述数额标准，但具有下列情形之一的：

（1）2年内因出版、印刷、复制、发行非法出版物受过2次以上行政处罚，又出版、印刷、复制、发行非法出版物的；

（2）因出版、印刷、复制、发行非法出版物造成恶劣社会影响或者其他严重后果的。

（五）非法从事出版物的出版、印刷、复制、发行业务，严重扰乱市场秩序，具有下列情形之一的：

1. 个人非法经营数额在15万元以上的，单位非法经营数额在50万元以上的；

2. 个人违法所得数额在5万元以上的，单位违法所得数额在15万元以上的；

3. 个人非法经营报纸1.5万份或者期刊1.5万本或者图书5000册或者音像制品、电子出版物1500张（盒）以上的，单位非法经营报纸5万份或者期刊5万本或者图书1.5万册或者音像制品、电子出版物5000张（盒）以上的；

4. 虽未达到上述数额标准，2年内因非法从事出版物的出版、印刷、复制、发行业务受过2次以上行政处罚，又非法从事出版物的出版、印刷、复制、发行业务的。

（六）采取租用国际专线、私设转接设备或者其他方法，擅自经营国际电信业务或者涉港澳台电信业务进行营利活动，扰乱电信市场管理秩序，具有下列情形之一的：

1. 经营去话业务数额在100万元以上的；

2. 经营来话业务造成电信资费损失数额在100万元以上的；

3. 虽未达到上述数额标准，但具有下列情形之一的：

（1）2年内因非法经营国际电信业务或者涉港澳台电信业务行为受过2次以上行政处罚，又非法经营国际电信业务或者涉港澳台电信业务的；

（2）因非法经营国际电信业务或者涉港澳台电信业务行为造成其他严重后果的。

（七）以营利为目的，通过信息网络有偿提供删除信息服务，或者明知是虚假信息，通过信息网络有偿提供发布信息等服务，扰乱市场秩序，具有下列情形之一的：

1. 个人非法经营数额在5万元以上，或者违法所得数额在2万元以上的；

2. 单位非法经营数额在15万元以上，或者违法所得数额在5万元以上的。

（八）非法生产、销售“黑广播”“伪基站”、无线电干扰器等无线电设备，具有下列情形之一的：

1. 非法生产、销售无线电设备3套以上的；

2. 非法经营数额在5万元以上的；

3. 虽未达到上述数额标准，但2年内因非法生产、销售无线电设备受过2次以上行政处罚，又非法生产、销售无线电设备的。

（九）以提供给他人开设赌场为目的，违反国家规定，非法生产、销售具有退币、退分、退钢珠等赌博功能的电子游戏设施设备或者其专用软件，具有下列情形之一的：

1. 个人非法经营数额在5万元以上，或者违法所得数额在1万元以上的；

2. 单位非法经营数额在50万元以上，或者违法所得数额在10万元以上的；

3. 虽未达到上述数额标准，但2年内因非法生产、销售赌博机行为受过2次以上行政处罚，又进行同种非法经营行为的；

4. 其他情节严重的情形。

（十）实施下列危害食品安全行为，非法经营数额在10万元以上，或者违法所得数额在5万元以上的：

1. 以提供给他人生产、销售食品为目的，违反国家规定，生产、销售国家禁止用于食品生产、销售的非食品原料的；

2. 以提供给他人生产、销售食用农产品为目的，违反国家规定，生产、销售国家禁用农药、食品动物中禁止使用的药品及其他化合物等有毒、有害的非食品原料，或者生产、销售添加上述有毒、有害的非食品原料的农药、兽药、饲料、饲料添加剂、饲料原料的；

3. 违反国家规定，私设生猪屠宰厂（场），从事生猪屠宰、销售等经营活动的。

（十一）未经监管部门批准，或者超越经营范围，以营利为目的，以超过36%的实际年利率经常性地向社会不特定对象发放贷款，具有下列情形之一的：

1. 个人非法放贷数额累计在200万元以上的，单位非法放贷数额累计在1000万元以上的；

2. 个人违法所得数额累计在80万元以上的，单位违法所得数额累计在400万元以上的；

3. 个人非法放贷对象累计在50人以上的，单位非法放贷对象累计在150人以上的；

4. 造成借款人或者其近亲属自杀、死亡或者精神失常等严重后果的；

5. 虽未达到上述数额标准，但具有下列情形之一的：

（1）2年内因实施非法放贷行为受过2次以上行政处罚的；

（2）以超过72%的实际年利率实施非法放贷行为10次以上的。

黑恶势力非法放贷的，按照第1、2、3项规定的相应数额、数量标准的50%确定。同时具有第5项规定情形的，按照相应数额、数量标准的40%确定。

（十二）从事其他非法经营活动，具有下列情形之一的：

1. 个人非法经营数额在5万元以上，或者违法所得数额在1万元以上的；

2. 单位非法经营数额在50万元以上，或者违法所得数额在10万元以上的；

3. 虽未达到上述数额标准，但2年内因非法经营行为受过2次以上行政处罚，又从事同种非法经营行为的；

4. 其他情节严重的情形。

法律、司法解释对非法经营罪的立案追诉标准另有规定的，依照其规定。

【司法解释】

总体解释

2011年4月8日最高法**《关于准确理解和适用刑法中“国家规定”的有关问题的通知》**(法发〔2011〕155号),为准确把握刑法有关条文规定的“违反国家规定”的认定标准,现就有关问题通知如下:

一、根据刑法第九十六条的规定,刑法中的“国家规定”是指,全国人民代表大会及其常务委员会制定的法律和决定,国务院制定的行政法规、规定的行政措施、发布的决定和命令。其中,“国务院规定的行政措施”应当由国务院决定,通常以行政法规或者国务院制发文件的形式加以规定。以国务院办公厅名义制发的文件,符合以下条件的,亦应视为刑法中的“国家规定”:(1)有明确的法律依据或者同相关行政法规不相抵触;(2)经国务院常务会议讨论通过或者经国务院批准;(3)在国务院公报上公开发布。

二、各级人民法院在刑事审判工作中,对有关案件所涉及的“违反国家规定”的认定,要依照相关法律、行政法规及司法解释的规定准确把握。对于规定不明确的,要按照本通知的要求审慎认定。对于违反地方性法规、部门规章的行为,不得认定为“违反国家规定”。对被告人的行为是否“违反国家规定”存在争议的,应当作为法律适用问题,逐级向最高法请示。

三、各级人民法院审理非法经营犯罪案件,要依法严格把握刑法第二百二十五条第(四)项的适用范围。对被告人的行为是否属于刑法第二百二十五条第(四)项规定的“其它严重扰乱市场秩序的非法经营行为”,有关司法解释未作明确规定的,应当作为法律适用问题,逐级向最高人民法院请示。

根据2023年10月13日最高检**《关于全面履行检察职能推动民营经济发展壮大的意见》**,要依法准确适用非法经营罪,对民营企业的经营行为,法律和司法解释没有作出明确禁止性规定的,应当作为法律适用问题,逐级向最高人民检察院请示。

根据最高法研究室**《关于非法经营罪中“违法所得”认定问题的研究意见》**,非法经营罪中的“违法所得”,应是指获利数额,即以行为人违法生产、销售商品或者提供服务所获得的全部收入(即非法经营数额),扣除其直接用于经营活动的合理支出部分后剩余的数额(参见《司法研究与指导》2013年总第3辑)。

根据2001年3月14日最高法研究室**《关于对既涉嫌非法经营又涉嫌偷税的经济犯罪案件如何适用法律问题的意见函》**(法研〔2001〕24号),行为人在实施非法经营犯罪过程中,又涉嫌偷税构成犯罪的,应以处罚较重的犯罪依法追究刑事责任,不实行数罪(★该意见函中的“偷税”,现为“逃税”;该意见是否符合罪数原理,值得研究——编者说明)。

涉及本条第一项的解释

根据 2002 年 5 月 20 日中国民用航空总局、国家发展计划委员会、公安部、国家税务总局、国家工商行政管理总局**《关于坚决打击暗扣销售和非法经营销售国内机票行为规范航空运输市场秩序的通知》**（民航财发〔2002〕101 号），各地公安机关对非法经营销售国内机票涉嫌犯罪的行为，按照《中华人民共和国刑法》第二百二十五条第（一）项的规定查处。

根据 2002 年 8 月 16 日最高法、最高检**《关于办理非法生产、销售、使用禁止在饲料和动物饮用水中使用的药品等刑事案件具体应用法律若干问题的解释》第一条**，未取得药品生产、经营许可证件和批准文号，非法生产、销售盐酸克仑特罗等禁止在饲料和动物饮用水中使用的药品，扰乱药品市场秩序，情节严重的，依照刑法第二百二十五条第（一）项的规定，以非法经营罪追究刑事责任。

根据 2003 年 1 月 13 日最高检侦查监督厅**《对非法倒卖陈化粮行为定性的意见》**（〔2003〕高检侦监发第 4 号），犯罪嫌疑人刘 ××、向 ×× 违反国家规定，非法倒卖陈化粮，违法所得数额巨大，其行为符合刑法第二百二十五条的规定，应以非法经营罪追究刑事责任。

第
225
条

根据 2005 年 5 月 19 日最高法研究室**《关于非法经营黄金案件移送起诉期间国务院出台〈国务院关于取消第二批行政审批项目和改变一批行政审批项目管理方式的决定〉如何适用法律问题的答复》**（法研〔2005〕80 号），国务院〔2003〕5 号文件发布后，个人收购、销售黄金的行为，不构成非法经营罪。对于该文件发布前个人收购、销售黄金的行为，应按照《中华人民共和国刑法》第十二条的规定处理。

根据 2008 年 11 月 28 日最高法**《关于被告人缪绿伟非法经营一案的批复》**（刑他字〔2008〕86 号），《盐业管理条例》第二十条虽然规定盐的批发业务由各级盐业公司统一经营，但并无相应法律责任的规定，1995 年国家计委、国家经贸委下发的《关于改进工业盐供销和价格管理办法的通知》明确取消了工业盐准运证和准运章制度，工业盐已不再属于国家限制买卖的物品。因此，被告人缪绿伟经营工业盐的行为不构成非法经营犯罪（★ 1. 根据 2020 年 3 月 27 日最高检《关于废止〈最高检关于办理非法经营食盐刑事案件具体应用法律若干问题的解释〉的决定》，违反国家有关盐业管理规定，非法生产、储运、销售食盐，扰乱市场秩序的行为构成非法经营罪的规定，已被废止；对以非碘盐充当碘盐或者以工业用盐等非食盐充当食盐等危害食盐安全的行为，可以分别不同情况，以生产、销售伪劣产品罪，或者生产、销售不符合安全标准的食品罪，或者生产、销售有毒、有害食品罪追究刑事责任。2.《批复》提及的《盐业管理条例》与《关于改进工业盐供销和价格管理办法的通知》，均已被废止——编者说明)。

根据2008年12月1日最高法刑事审判第二庭**《关于对未经行政许可审批经营成品油批发业务是否构成非法经营罪的意见》**(〔2008〕刑二函字第108号),珠海××石油化工公司在未取得合法有效的《成品油批发经营批准证书》的情况下,进行成品油批发经营业务,属于违反国家规定,未经许可经营法律、行政法规规定限制买卖的物品的行为。对于扰乱市场秩序,情节严重的,可以非法经营罪追究刑事责任(★2019年8月16日《国务院办公厅关于加快发展流通促进商业消费的意见》(国办发〔2019〕42号)第17条规定:"取消石油成品油批发仓储经营资格审批,将成品油零售经营资格审批下放至地市级人民政府,加强成品油流通事中事后监管,强化安全保障措施落实。"据此,对无证经营成品油的行为能否以非法经营罪追究刑事责任,值得研究——编者说明)。

2010年3月2日最高法、最高检**《关于办理非法生产、销售烟草专卖品等刑事案件具体应用法律若干问题的解释》**(法释〔2010〕7号,自2010年3月26日起施行),就非法经营烟草专卖品刑事案件具体应用法律的若干问题解释如下:

第一条第五款　违反国家烟草专卖管理法律法规,未经烟草专卖行政主管部门许可,无烟草专卖生产企业许可证、烟草专卖批发企业许可证、特种烟草专卖经营企业许可证、烟草专卖零售许可证等许可证明,非法经营烟草专卖品,情节严重的,依照刑法第二百二十五条的规定,以非法经营罪定罪处罚。

……

第三条　非法经营烟草专卖品,具有下列情形之一的,应当认定为刑法第二百二十五条规定的"情节严重":

(一)非法经营数额在5万元以上的,或者违法所得数额在2万元以上的;

(二)非法经营卷烟20万支以上的;

(三)曾因非法经营烟草专卖品3年内受过2次以上行政处罚,又非法经营烟草专卖品且数额在3万元以上的。

具有下列情形之一的,应当认定为刑法第二百二十五条规定的"情节特别严重":

(一)非法经营数额在25万元以上,或者违法所得数额在10万元以上的;

(二)非法经营卷烟100万支以上的。

第四条　非法经营烟草专卖品,能够查清销售或者购买价格的,按照其销售或者购买的价格计算非法经营数额。无法查清销售或者购买价格的,按照下列方法计算非法经营数额:

(一)查获的卷烟、雪茄烟的价格,有品牌的,按照该品牌卷烟、雪茄烟的查获地省级烟草专卖行政主管部门出具的零售价格计算;无品牌的,按照查获地省级烟草专卖行政主管部门出具的上年度卷烟平均零售价格计算；

（二）查获的复烤烟叶、烟叶的价格按照查获地省级烟草专卖行政主管部门出具的上年度烤烟调拨平均基准价格计算；

（三）烟丝的价格按照第（二）项规定价格计算标准的1.5倍计算；

（四）卷烟辅料的价格，有品牌的，按照该品牌辅料的查获地省级烟草专卖行政主管部门出具的价格计算；无品牌的，按照查获地省级烟草专卖行政主管部门出具的上年度烟草行业生产卷烟所需该类卷烟辅料的平均价格计算；

（五）非法生产、销售、购买烟草专用机械的价格按照国务院烟草专卖行政主管部门下发的全国烟草专用机械产品指导价格目录进行计算；目录中没有该烟草专用机械的，按照省级以上烟草专卖行政主管部门出具的目录中同类烟草专用机械的平均价格计算。

★在2003年12月23日最高法、最高检、公安部和国家烟草专卖局《关于办理假冒伪劣烟草制品等刑事案件适用法律问题座谈会纪要》中，对涉烟非法经营罪的个人与单位采取了不同的定罪量刑标准。而在上述2010年3月2日最高法、最高检《关于办理非法生产、销售烟草专卖品等刑事案件具体应用法律若干问题的解释》中，无论是个人还是单位实施的涉烟非法经营罪，都适用统一的定罪量刑标准。应当认为，《关于办理假冒伪劣烟草制品等刑事案件适用法律问题座谈会纪要》采取不同标准的规定已被废止——编者说明。

第
225
条

根据2011年5月6日最高法**《关于被告人李明华非法经营请示一案的批复》**（刑他字〔2011〕第21号），被告人李明华持有烟草专卖零售许可证，但多次实施批发业务，而且从非指定烟草专卖部门进货的行为，属于超范围和地域经营的情形，不宜按照非法经营罪处理，应由相关主管部门进行处理。

涉及本条第二项的解释

根据2006年9月22日公安部经济犯罪侦查局**《关于对新疆××公司使用配额许可证行为性质的批复》**（公经〔2006〕2115号），2004年4月26日，新疆××国际经贸股份有限公司（以下简称新疆××公司）与山西省大同市××煤焦化有限责任公司签订了出口10000吨焦炭的供货协议，之后新疆××公司又与××国际贸易股份有限公司签订了合作出口协议书及此后为履行上述两协议而进行的有关商品交易行为和通关、外汇收汇核销等手续，符合国家有关法律法规的规定，也是我国对外贸易企业从事出口经营的惯常做法，即不构成倒卖或变相倒卖出口配额许可证的行为。

涉及本条第三项的解释

根据2008年1月2日最高法、最高检、公安部、中国证券监督管理委员会**《关于整治非法证券活动有关问题的通知》**（证监发〔2008〕1号），任何单位和个人经营证券业务，必须经证监会批准。未经批准的，属于非法经营证券业务，应予以取缔；涉嫌犯罪的，依照《刑法》第二百二十五条之规定，以非法经营罪追究刑事责任。对于中介机构非法代理买卖非上市公司股票，涉嫌犯罪的，应当依照《刑法》第二百二十五条之规定，以非法经营罪追究刑事责任。

根据2013年10月9日最高检法律政策研究室**《关于买卖银行承兑汇票行为如何适用法律问题的答复意见》**（高检研函字〔2013〕58号），根据票据行为的无因性以及票据法关于汇票可背书转让的规定，汇票买卖不同于支付结算行为，将二者等同可能会造成司法实践的混乱。实践中，买卖银行承兑汇票的情况比较复杂，对于单纯买卖银行承兑汇票的行为不宜以非法经营罪追究刑事责任。

2017年6月1日最高检公诉厅**《关于办理涉互联网金融犯罪案件有关问题座谈会纪要》**，就非法经营资金支付结算行为的认定，纪要如下：

18. 支付结算业务（也称支付业务）是商业银行或者支付机构在收付款人之间提供的货币资金转移服务。非银行机构从事支付结算业务，应当经中国人民银行批准取得《支付业务许可证》，成为支付机构。未取得支付业务许可从事该业务的行为，违反《非法金融机构和非法金融业务活动取缔办法》（★已被2021年1月26日国务院《防范和处置非法集资条例》第40条废止——编者说明）第四条第一款第（三）、（四）项的规定，破坏了支付结算业务许可制度，危害支付市场秩序和安全，情节严重的，适用刑法第二百二十五条第（三）项，以非法经营罪追究刑事责任。具体情形：（1）未取得支付业务许可经营基于客户支付账户的网络支付业务。无证网络支付机构为客户非法开立支付账户，客户先把资金支付到该支付账户，再由无证机构根据订单信息从支付账户平台将资金结算到收款人银行账户。（2）未取得支付业务许可经营多用途预付卡业务。无证发卡机构非法发行可跨地区、跨行业、跨法人使用的多用途预付卡，聚集大量的预付卡销售资金，并根据客户订单信息向商户划转结算资金。

19. 在具体办案时，要深入剖析相关行为是否具备资金支付结算的实质特征，准确区分支付工具的正常商业流转与提供支付结算服务、区分单用途预付卡与多用途预付卡业务，充分考虑具体行为与“地下钱庄”等同类犯罪在社会危害方面的相当性以及刑事处罚的必要性，严格把握入罪和出罪标准。

2018年11月28日最高法、最高检修正后的**《关于办理妨害信用卡管理刑事案件具体应用法律若干问题的解释》**，就非法向信用卡持卡人直接支付现金刑事案件适用法律问题解释如下：

第十二条　违反国家规定，使用销售点终端机具（POS机）等方法，以虚构交易、虚开价格、现金退货等方式向信用卡持卡人直接支付现金，情节严重的，应当依据刑法第二百二十五条的规定，以非法经营罪定罪处罚。

实施前款行为，数额在100万元以上的，或者造成金融机构资金20万元以上逾期未还的，或者造成金融机构经济损失10万元以上的，应当认定为刑法第二百二十五条规定的“情节严重”；数额在500万元以上的，或者造成金融机构资金100万元以上逾期未还的，或者造成金融机构经济损失50万元以上的，应当认定为刑法第二百二十五条规定的“情节特别严重”。

持卡人以非法占有为目的，采用上述方式恶意透支，应当追究刑事责任的，依照刑法第一百九十六条的规定，以信用卡诈骗罪定罪处罚。

第十三条 单位实施本解释规定的行为，适用本解释规定的相应自然人犯罪的定罪量刑标准。

根据2010年4月16日最高法研究室《**关于明确〈关于办理妨害信用卡管理刑事案件具体应用法律若干问题的解释〉溯及力问题的复函**》（法研〔2010〕70号），对1997年刑法施行后、《关于办理妨害信用卡管理刑事案件具体应用法律若干问题的解释》（★已于2018年被最高法、最高检修正——编者说明）施行前发生的利用信用卡非法套现行为，如未超过法定追诉时效，社会危害重大的，可以依法追究。

第225条

2019年1月31日最高法、最高检《**关于办理非法从事资金支付结算业务、非法买卖外汇刑事案件适用法律若干问题的解释**》（法释〔2019〕1号，自2019年2月1日起施行），为依法惩治非法从事资金支付结算业务、非法买卖外汇犯罪活动，维护金融市场秩序，根据《中华人民共和国刑法》《中华人民共和国刑事诉讼法》的规定，现就办理非法从事资金支付结算业务、非法买卖外汇刑事案件适用法律的若干问题解释如下：

第一条 违反国家规定，具有下列情形之一的，属于刑法第二百二十五条第三项规定的“非法从事资金支付结算业务”：

（一）使用受理终端或者网络支付接口等方法，以虚构交易、虚开价格、交易退款等非法方式向指定付款方支付货币资金的；

（二）非法为他人提供单位银行结算账户套现或者单位银行结算账户转个人账户服务的；

（三）非法为他人提供支票套现服务的；

（四）其他非法从事资金支付结算业务的情形。

第二条 违反国家规定，实施倒买倒卖外汇或者变相买卖外汇等非法买卖外汇行为，扰乱金融市场秩序，情节严重的，依照刑法第二百二十五条第四项的规定，以非法经营罪定罪处罚。

第三条 非法从事资金支付结算业务或者非法买卖外汇，具有下列情形之一的，应当认定为非法经营行为“情节严重”：

（一）非法经营数额在500万元以上的；

（二）违法所得数额在10万元以上的。

非法经营数额在250万元以上，或者违法所得数额在5万元以上，且具有下列情形之一的，可以认定为非法经营行为“情节严重”：

（一）曾因非法从事资金支付结算业务或者非法买卖外汇犯罪行为受过刑事追究的；

（二）2年内因非法从事资金支付结算业务或者非法买卖外汇违法行为受过行政处罚的；

（三）拒不交代涉案资金去向或者拒不配合追缴工作，致使赃款无法追缴的；

（四）造成其他严重后果的。

第四条 非法从事资金支付结算业务或者非法买卖外汇，具有下列情形之一的，应当认定为非法经营行为“情节特别严重”：

（一）非法经营数额在2500万元以上的；

（二）违法所得数额在50万元以上的。

非法经营数额在1250万元以上，或者违法所得数额在25万元以上，且具有本解释第三条第二款规定的四种情形之一的，可以认定为非法经营行为“情节特别严重”。

第五条 非法从事资金支付结算业务或者非法买卖外汇，构成非法经营罪，同时又构成刑法第一百二十条之一规定的帮助恐怖活动罪或者第一百九十一条规定的洗钱罪的，依照处罚较重的规定定罪处罚。

第六条 2次以上非法从事资金支付结算业务或者非法买卖外汇，依法应予行政处理或者刑事处理而未经处理的，非法经营数额或者违法所得数额累计计算。

同一案件中，非法经营数额、违法所得数额分别构成情节严重、情节特别严重的，按照处罚较重的数额定罪处罚。

第七条 非法从事资金支付结算业务或者非法买卖外汇违法所得数额难以确定的，按非法经营数额的千分之一认定违法所得数额，依法并处或者单处违法所得1倍以上5倍以下罚金。

第八条 符合本解释第三条规定的标准，行为人如实供述犯罪事实，认罪悔罪，并积极配合调查，退缴违法所得的，可以从轻处罚；其中犯罪情节轻微的，可以依法不起诉或者免予刑事处罚。

符合刑事诉讼法规定的认罪认罚从宽适用范围和条件的，依照刑事诉讼法的规定处理。

第九条 单位实施本解释第一条、第二条规定的非法从事资金支付结算业务、非法买卖外汇行为，依照本解释规定的定罪量刑标准，对单位判处罚金，并对其直接负责的主管人员和其他直接责任人员定罪处罚。

第十条 非法从事资金支付结算业务、非法买卖外汇刑事案件中的犯罪地，包括犯罪嫌疑人、被告人用于犯罪活动的账户开立地、资金接收地、资金过渡账户开立地、资金账户操作地，以及资金交易对手资金交付和汇出地等。

第十一条 涉及外汇的犯罪数额，按照案发当日中国外汇交易中心或者中国人民银行授权机构公布的人民币对该货币的中间价折合成人民币计算。中国外汇交易中心或者中国人民银行授权机构未公布汇率中间价的境外货币，按照案发当日境内银行人民币对该货币的中间价折算成人民币，或者该货币在境内银行、国际外汇市场对美元汇率，与人民币对美元汇率中间价进行套算。

第十二条 本解释自2019年2月1日起施行。《最高人民法院关于审理骗购外汇、非法买卖外汇刑事案件具体应用法律若干问题的解释》(法释〔1998〕20号)与本解释不一致的，以本解释为准。

根据2006年8月15日公安部经济犯罪侦查局《**关于对四川××等公司代理转让未上市公司股权行为定性的批复**》(公经〔2006〕1789号)，四川××等公司代理未上市公司股票向不特定社会公众转让的行为，属于《证券法》规定的证券业务。根据《证券法》第一百九十七条规定，未经中国证监会批准，其行为构成非法经营证券业务。如其非法经营数额达到刑事追诉标准，则涉嫌构成《刑法》第二百二十五条规定的非法经营罪。

西安××股权托管服务有限公司的行为，如其不提供股票转让交易服务，仅办理股东名册变更登记，则不属于非法经营证券业务。但如其提供股票转让交易服务，则构成《证券法》第一百九十六条规定的非法开设证券交易场所的行为。

根据2009年9月18日公安部经济犯罪侦查局《**关于对倒卖银行承兑汇票行为性质认定意见的批复**》(公经金融〔2009〕253号)，此类与他人串通注册成立空壳公司，伪造贸易合同，虚构贸易背景，从银行开出多份银行承兑汇票转手倒卖，及从他人手中购买银行承兑汇票进行倒卖，从中获利的行为，数额巨大，严重扰乱正常的票据管理秩序，可以认定为刑法修正案(七)第五条规定的“非法从事资金支付结算业务”的活动。

根据2009年11月27日公安部经济犯罪侦查局《**关于南京××公司从事非法票据贴现业务认定意见的批复**》(公经金融〔2009〕315号)，犯罪嫌疑人王×等人注册成立多家空壳公司，并雇人寻找需要贴现票据的企业，通过伪造购销合同和增值税发票等，以上述空壳公司的名义通过银行为企业进行票据贴现，收取手续费的行为，数额巨大，严重扰乱正常的票据管理秩序，可以认定为刑法修正案(七)第五条规定的“非法从事资金支付结算业务”的活动。

根据2010年7月6日公安部经济犯罪侦查局《**关于对徐×等人经营银

行承兑汇票贴现业务定性问题的批复》(公经金融〔2010〕135号),对此类多次虚构贸易背景,从事倒卖银行承兑汇票活动,从中获利的行为,数额巨大,严重扰乱正常的票据管理秩序,可以认定为刑法修正案(七)第五条规定的"非法从事资金支付结算业务"的活动。

根据2014年4月9日公安部经济犯罪侦查局**《关于利用转账支票为他人套现行为性质认定的批复》**(公经〔2014〕172号),行为人在无真实贸易背景的情况下,为牟取不法利益,利用空壳公司账户等手段协助他人套取巨额现金的行为,违反了《人民币银行结算账户管理办法》(中国人民银行令〔2013〕第5号)第三十九条的规定,属于《中华人民共和国现金管理暂行条例》第二十一条第五项和第八项规定的"用转账凭证套取现金"、"利用账户替其他单位和个人套取现金"的违规情形,扰乱了市场秩序,具有明显的社会危害性,其行为构成非法从事资金支付结算业务。

涉及本条第四项的解释

根据2003年1月13日最高法刑事审判第二庭**《关于涂汉江非法从事金融业务行为性质认定的复函》**(刑二字〔2003〕号),涂汉江向他人非法发放高息贷款的行为,属于从事非法金融活动。根据国务院《非法金融机构和非法金融业务活动取缔办法》第22条的规定,"设立非法金融机构或者从事非法金融业务活动,构成犯罪的,依法追究刑事责任",涂汉江的行为属于《中华人民共和国刑法》第225条第(四)项所列的"其他严重扰乱市场秩序的非法经营行为"。

根据2003年4月8日公安部**《关于涂××等人从事非法金融业务行为性质认定问题的批复》**(公经〔2003〕385号),涂××等人或假借中国农业银行武汉市××支行及未经批准成立的武汉市××区工商联互助基金会之名,或用武汉市××贸易有限责任公司或个人的名义,以武汉市××贸易有限责任公司或个人资金,向他人非法发放高息贷款的行为,属于从事非法金融业务活动。1998年6月国务院发布施行的《非法金融机构和非法金融业务活动取缔办法》第二十二条规定:"设立非法金融或者从事非法金融业务活动,构成犯罪的,依法追究刑事责任。"涂××等人从事非法金融业务活动,数额巨大,其行为属于刑法第二百二十五条第(四)项所规定的"其他严重扰乱市场秩序的非法经营行为",应以涉嫌非法经营罪立案侦查。

根据2008年9月1日公安部经济犯罪侦查局**《关于刘××等人利用银行账户为他人转移资金行为定性问题的批复》**(公经〔2008〕164号),根据国务院1998年7月13日发布实施的《非法金融机构和非法金融业务活动取缔办法》第四条规定,刘××等犯罪嫌疑人未经国务院银行业监督管理机构及其派出机构批准,以营利为目的,大量使用虚假身份或冒用他人身份,注册成立无经营地址、无从业人员、无经营活动的“三无公司”，在银行开立单位基本账户并开通网上银行业务，在没有真实交易的情况下接受性质不明的巨额资金，获取大量非法利益，该行为属于非法办理结算业务。刘××等犯罪嫌疑人的行为应认定为从事非法金融业务活动，并依法追究刑事责任。

根据1998年8月28日最高法**《关于审理骗购外汇、非法买卖外汇刑事案件具体应用法律若干问题的解释》第四条**，公司、企业或者其他单位，违反有关外贸代理业务的规定，采用非法手段，或者明知是伪造、变造的凭证、商业单据，为他人向外汇指定银行骗购外汇，数额在500万美元以上或者违法所得50万元人民币以上的，按照刑法第二百二十五条第（三）项（★现为现行刑法第二百二十五条第（四）项——编者说明）的规定定罪处罚。

居间介绍骗购外汇100万美元以上或者违法所得10万元人民币以上的，按照刑法第二百二十五条第（三）项（★现为现行刑法第二百二十五条第（四）项——编者说明）的规定定罪处罚。

根据1999年6月7日最高法、最高检、公安部**《关于印发〈办理骗汇、逃汇犯罪案件联席会议纪要〉的通知》**（公通字〔1999〕39号），全国人大常委会《关于惩治骗购外汇、逃汇和非法买卖外汇犯罪的决定》（以下简称《决定》）公布施行后发生的犯罪行为，应当依照《决定》办理；对于《决定》公布施行前发生的公布后尚未处理或者正在处理的行为，依照修订后的刑法第十二条第一款规定的原则办理。

最高人民法院1998年8月28日发布的《关于审理骗购外汇、非法买卖外汇刑事案件具体应用法律若干问题的解释》（以下简称《解释》），是对具体应用修订后的刑法有关问题的司法解释，适用于依照修订后的刑法判处的案件。各执法部门对于《解释》应当准确理解，严格执行。

《解释》第四条中所称“采用非法手段”，是指有国家批准的进出口经营权的外贸代理企业在经营代理进口业务时，不按国家经济主管部门有关规定履行职责，放任被代理方自带客户、自带货源、自带汇票、自行报关，在不见进口产品、不见供货货主、不见外商的情况下代理进口业务，或者采取法律、行政法规和部门规章禁止的其他手段代理进口业务。认定《解释》第四条所称的“明知”，要结合案件的具体情节予以综合考虑，不能仅仅因为行为人不供述就不予认定。报关行为先于签订外贸代理协议的，或者委托方提供的购汇凭证明显与真实凭证、商业单据不符的，应当认定为明知。《解释》第四条所称“居间介绍骗购外汇”，是指收取他人人民币、以虚假购汇凭证委托外贸公司、企业骗购外汇，获取非法收益的行为。

公安机关侦查骗汇、逃汇犯罪案件，要及时全面收集和固定犯罪证据，抓紧缉捕犯罪分子。人民检察院和人民法院对正在办理的骗汇、逃汇犯罪案件，只要基本犯罪事实清楚，基本证据确实充分，应当及时依法起诉、审判。主犯在逃或者骗购外汇所需人民币资金的来源无法彻底查清，但证明在案的其他犯罪嫌疑人实施犯罪的基本证据确实充分的，为在法定时限内结案，可以对在案的其他犯罪嫌疑人先行处理。

对于已收集到外汇指定银行汇出凭证和境外收汇银行收款凭证等证据，能够证明所骗购外汇确已汇至港澳台地区或国外的，应视为骗购外汇既遂。

对骗购外汇共同犯罪的主犯，或者参与伪造、变造购汇凭证的骗汇人员，以及与骗购外汇的犯罪分子相勾结的国家工作人员，要从严惩处。对具有自首、立功或者其他法定从轻、减轻情节的，依法从轻、减轻处理。

根据2019年1月31日最高法、最高检**《关于办理非法从事资金支付结算业务、非法买卖外汇刑事案件适用法律若干问题的解释》第二条**，违反国家规定，实施倒买倒卖外汇或者变相买卖外汇等非法买卖外汇行为，扰乱金融市场秩序，情节严重的，依照刑法第二百二十五条第四项的规定，以非法经营罪定罪处罚。

根据2008年11月24日公安部经济犯罪侦查局**《关于对艾××等人有关行为定性问题的批复》**（公经反洗钱〔2008〕585号），根据《外汇管理条例》（国务院令第532号）第四十五条规定，艾××等人，将委托人的外汇资金假借外商投资的名义汇入境内，骗取银行结汇后，按照委托人要求支付给指定的境内收款人，并依据汇入外汇资金数量向委托人收取报酬的行为，属于非法买卖外汇违法犯罪行为，应依法追究刑事责任。

根据2010年3月8日公安部经济犯罪侦查局**《关于对闻丽×等人有关行为定性问题的批复》**（公经反洗钱〔2010〕84号），犯罪嫌疑人闻丽×等人按照新加坡"××快速汇款公司"（以下简称"××公司"）授意，在境内私设××公司办事处，由××公司在新加坡收取客户新加坡元，后指示闻丽×等人按照约定汇率在境内将相应人民币汇入客户指定的账户（或现金交付）。根据《中华人民共和国外汇管理条例》（国务院第532号令）第四十五条规定及相关证据，闻丽×等人的行为属于非法买卖外汇行为。

1998年12月17日最高法**《关于审理非法出版物刑事案件具体应用法律若干问题的解释》**（法释〔1998〕30号，自1998年12月23日起施行），就经营非法出版物问题作出如下解释：

第十一条 违反国家规定，出版、印刷、复制、发行本解释第一条至第十条规定以外的其他严重危害社会秩序和扰乱市场秩序的非法出版物，情节严重的，依照刑法第二百二十五条第（三）项（★现为现行刑法第二百二十五条第（四）项——编者说明），以非法经营罪定罪处罚。

第十二条 个人实施本解释第十一条规定的行为，具有下列情形之一的，属于非法经营行为"情节严重"：

(一)经营数额在5万元至10万元以上的;
(二)违法所得数额在2万元至3万元以上的;
(三)经营报纸5000份或者期刊5000本或者图书2000册或者音像制品、电子出版物500张(盒)以上的。
具有下列情形之一的,属于非法经营行为“情节特别严重”:
(一)经营数额在15万元至30万元以上的;
(二)违法所得数额在5万元至10万元以上的;
(三)经营报纸1.5万份或者期刊1.5万本或者图书5000册或者音像制品、电子出版物1500张(盒)以上的。
第十三条 单位实施本解释第十一条规定的行为,具有下列情形之一的,属于非法经营行为“情节严重”:
(一)经营数额在15万元至30万元以上的;
(二)违法所得数额在5万元至10万元以上的;
(三)经营报纸1.5万份或者期刊1.5万本或者图书5000册或者音像制品、电子出版物1500张(盒)以上的。
具有下列情形之一的,属于非法经营行为“情节特别严重”:
(一)经营数额在50万元至100万元以上的;
(二)违法所得数额在15万元至30万元以上的;
(三)经营报纸5万份或者期刊5万本或者图书1.5万册或者音像制品、电子出版物5000张(盒)以上的。
第十四条 实施本解释第十一条规定的行为,经营数额、违法所得数额或者经营数量接近非法经营行为“情节严重”、“情节特别严重”的数额、数量起点标准,并具有下列情形之一的,可以认定为非法经营行为“情节严重”、“情节特别严重”:
(一)2年内因出版、印刷、复制、发行非法出版物受过行政处罚2次以上的;
(二)因出版、印刷、复制、发行非法出版物造成恶劣社会影响或者其他严重后果的。
第十五条 非法从事出版物的出版、印刷、复制、发行业务,严重扰乱市场秩序,情节特别严重,构成犯罪的,可以依照刑法第二百二十五条第(三)项(★应为现行刑法第二百二十五条第(四)项——编者说明)的规定,以非法经营罪定罪处罚。
第十六条 出版单位与他人事前通谋,向其出售、出租或者以其他形式转让该出版单位的名称、书号、刊号、版号,他人实施本解释第二条、第四条、第八条、第九条、第十条、第十一条规定的行为,构成犯罪的,对该出版单位应当以共犯论处。
第十七条 本解释所称“经营数额”,是指以非法出版物的定价数额乘以行为人经营的非法出版物数量所得的数额。

本解释所称“违法所得数额”，是指获利数额。

非法出版物没有定价或者以境外货币定价的，其单价数额应当按照行为人实际出售的价格认定。

根据2002年10月25日最高检法律政策研究室**《关于非法经营行为界定有关问题的复函》**（高检研发〔2002〕第24号），对于经营违法音像制品行为，构成犯罪的，应当根据案件的具体情况，分别依照最高法《关于审理非法出版物刑事案件具体应用法律若干问题的解释》和最高检、公安部《关于经济犯罪案件追诉标准的规定》（★该《规定》被废止——编者说明）等相关规定办理。

只要行为人明知是违法音像制品而进行经营即属于非法经营行为，其是否具有音像制品合法经营资格并不影响非法经营行为的认定；非法经营行为包括一系列环节，经营者购进违法音像制品并存放于仓库等场所的行为属于经营行为的中间环节，对此也可以认定为是非法经营行为。

2000年5月12日最高法**《关于审理扰乱电信市场管理秩序案件具体应用法律若干问题的解释》**（法释〔2000〕12号，自2000年5月24日起施行），就扰乱电信市场管理秩序犯罪案件具体应用法律的若干问题解释如下：

第一条 违反国家规定，采取租用国际专线、私设转接设备或者其他方法，擅自经营国际电信业务或者涉港澳台电信业务进行营利活动，扰乱电信市场管理秩序，情节严重的，依照刑法第二百二十五条第（四）项的规定，以非法经营罪定罪处罚。

第二条 实施本解释第一条规定的行为，具有下列情形之一的，属于非法经营行为“情节严重”：

（一）经营去话业务数额在100万元以上的；

（二）经营来话业务造成电信资费损失数额在100万元以上的。

具有下列情形之一的，属于非法经营行为“情节特别严重”：

（一）经营去话业务数额在500万元以上的；

（二）经营来话业务造成电信资费损失数额在500万元以上的。

第三条 实施本解释第一条规定的行为，经营数额或者造成电信资费损失数额接近非法经营行为“情节严重”、“情节特别严重”的数额起点标准，并具有下列情形之一的，可以分别认定为非法经营行为“情节严重”、“情节特别严重”：

（一）2年内因非法经营国际电信业务或者涉港澳台电信业务行为受过行政处罚2次以上的；

（二）因非法经营国际电信业务或者涉港澳台电信业务行为造成其他严重后果的。

第四条 单位实施本解释第一条规定的行为构成犯罪的，对单位判处罚金，并对其直接负责的主管人员和其他直接责任人员，依照本解释第二条、第三条的规定处罚。

第五条 违反国家规定，擅自设置、使用无线电台（站），或者擅自占用频率，非法经营国际电信业务或者涉港澳台电信业务进行营利活动，同时构成非法经营罪和刑法第二百八十八条规定的扰乱无线电通讯管理秩序罪的，依照处罚较重的规定定罪处罚。

……

第十条 本解释所称"经营去话业务数额"，是指以行为人非法经营国际电信业务或者涉港澳台电信业务的总时长（分钟数）乘以行为人每分钟收取的用户使用费所得的数额。

本解释所称"电信资费损失数额"，是指以行为人非法经营国际电信业务或者涉港澳台电信业务的总时长（分钟数）乘以在合法电信业务中我国应当得到的每分钟国际结算价格所得的数额。

根据 2002 年 2 月 6 日最高检**《关于非法经营国际或港澳台地区电信业务行为法律适用问题的批复》**（高检发释字〔2002〕1 号，自 2002 年 2 月 11 日起施行），违反《中华人民共和国电信条例》规定，采取租用电信国际专线、私设转接设备或者其他方法，擅自经营国际或者香港特别行政区、澳门特别行政区和台湾地区电信业务进行营利活动，扰乱电信市场管理秩序，情节严重的，应当依照刑法第二百二十五条第（四）项的规定，以非法经营罪追究刑事责任。

2003 年 4 月 22 日最高法、最高检、公安部**《办理非法经营国际电信业务犯罪案件联席会议纪要》**（公通字〔2002〕29 号），就打击非法经营国际电信业务犯罪工作中的法律适用问题，会议纪要如下：

二、最高法《关于审理扰乱电信市场管理秩序案件具体应用法律若干问题的解释》（以下简称《解释》）第一条规定："违反国家规定，采取租用国际专线、私设转接设备或者其他方法，擅自经营国际电信业务或者涉港澳台电信业务进行营利活动，扰乱电信市场管理秩序，情节严重的，依照刑法第二百二十五条第（四）项的规定，以非法经营罪定罪处罚。"对于未取得国际电信业务（含涉港澳台电信业务，下同）经营许可证而经营，或被终止国际电信业务经营资格后继续经营，应认定为"擅自经营国际电信业务或者涉港澳台电信业务"；情节严重的，应按上述规定以非法经营罪追究刑事责任。

《解释》第一条所称"其他方法"，是指在边境地区私自架设跨境通信线路；利用互联网跨境传送 IP 话音并设立转接设备，将国际话务转接至我境内公用电话网或转接至其他国家或地区；在境内以租用、托管、代维等方式设立转接平台；私自设置国际通信出入口等方法。

三、获得国际电信业务经营许可的经营者（含涉港澳台电信业务经营者）明知他人非法从事国际电信业务，仍违反国家规定，采取出租、合作、授权等手段，为他人提供经营和技术条件，利用现有设备或另设国际话务转接设备并从中营利，情节严重的，应以非法经营罪的共犯追究刑事责任。

2002 年 8 月 16 日最高法、最高检**《关于办理非法生产、销售、使用禁止在饲料和动物饮用水中使用的药品等刑事案件具体应用法律若干问题的解释》第二条**，在生产、销售的饲料中添加盐酸克仑特罗等禁止在饲料和动物饮用水中使用的药品，或者销售明知是添加有该类药品的饲料，情节严重的，依照刑法第二百二十五条第（四）项的规定，以非法经营罪追究刑事责任。

2021 年 12 月 30 日最高法、最高检**《关于办理危害食品安全刑事案件适用法律若干问题的解释》**，就适用刑法第二百二十五条解释如下：

第十六条　以提供给他人生产、销售食品为目的，违反国家规定，生产、销售国家禁止用于食品生产、销售的非食品原料，情节严重的，依照刑法第二百二十五条的规定以非法经营罪定罪处罚。

以提供给他人生产、销售食用农产品为目的，违反国家规定，生产、销售国家禁用农药、食品动物中禁止使用的药品及其他化合物等有毒、有害的非食品原料，或者生产、销售添加上述有毒、有害的非食品原料的农药、兽药、饲料、饲料添加剂、饲料原料，情节严重的，依照前款的规定定罪处罚。

第十七条第一款　违反国家规定，私设生猪屠宰厂（场），从事生猪屠宰、销售等经营活动，情节严重的，依照刑法第二百二十五条的规定以非法经营罪定罪处罚。

……（➽参见刑法第 143 条脚注相关部分）

第十八条　实施本解释规定的非法经营行为，非法经营数额在 10 万元以上，或者违法所得数额在 5 万元以上的，应当认定为刑法第二百二十五条规定的“情节严重”；非法经营数额在 50 万元以上，或者违法所得数额在 25 万元以上的，应当认定为刑法第二百二十五条规定的“情节特别严重”。

实施本解释规定的非法经营行为，同时构成生产、销售伪劣产品罪，生产、销售不符合安全标准的食品罪，生产、销售有毒、有害食品罪，生产、销售伪劣农药、兽药罪等其他犯罪的，依照处罚较重的规定定罪处罚。

根据 2003 年 3 月 21 日最高检法律政策研究室**《关于 1998 年 4 月 18 日以前的传销或者变相传销行为如何处理的答复》**（高检研发〔2003〕第 7 号），对 1998 年 4 月 18 日国务院发布《关于禁止传销经营活动的通知》以前的传销或者变相传销行为，不宜以非法经营罪追究刑事责任。行为人在传销或者变相传销活动中实施销售假冒伪劣产品、诈骗、非法集资、虚报注册资本、偷税（★现为“逃税”——编者说明）等行为，构成犯罪的，应当依照刑法的相关规定追究刑事责任。

根据 2003 年 5 月 14 日最高法、最高检**《关于办理妨害预防、控制突发传**

染病疫情等灾害的刑事案件具体应用法律若干问题的解释》第六条，违反国家在预防、控制突发传染病疫情等灾害期间有关市场经营、价格管理等规定，哄抬物价、牟取暴利，严重扰乱市场秩序，违法所得数额较大或者有其他严重情节的，依照刑法第二百二十五条第（四）项的规定，以非法经营罪定罪，依法从重处罚。

根据2004年7月16日最高法、最高检、公安部**《关于依法开展打击淫秽色情网站专项行动有关工作的通知》**（公通字〔2004〕53号），对于违反国家规定，擅自设立互联网上网服务营业场所，或者擅自从事互联网上网服务经营活动，情节严重，构成犯罪的，以非法经营罪追究刑事责任。

根据2005年5月11日最高法、最高检**《关于办理赌博刑事案件具体应用法律若干问题的解释》第六条**，未经国家批准擅自发行、销售彩票，构成犯罪的，依照刑法第二百二十五条第（四）项的规定，以非法经营罪定罪处罚。

根据最高法研究室**《关于经营彩票"优化"、"缩水"业务定性问题的研究意见》**，经营彩票"优化"、"缩水"业务是为彩民提供咨询服务的营利活动，由于目前国家有关彩票经营的规定并未禁止此种经营行为，不宜认定为犯罪。如果此种行为属于未经许可的擅自经营行为，可由行政机关予以行政处罚（参见《司法研究与指导》2012年总第1辑）（★通过电脑软件对国家体彩、福彩若干彩种复式组号进行筛选，对彩民所选的号码进行优化，称为彩票"优化"、"缩水"——编者说明）。

根据2013年9月6日最高法、最高检**《关于办理利用信息网络实施诽谤等刑事案件适用法律若干问题的解释》第七条**，违反国家规定，以营利为目的，通过信息网络有偿提供删除信息服务，或者明知是虚假信息，通过信息网络有偿提供发布信息等服务，扰乱市场秩序，具有下列情形之一的，属于非法经营行为"情节严重"，依照刑法第二百二十五条第（四）项的规定，以非法经营罪定罪处罚：

（一）个人非法经营数额在5万元以上，或者违法所得数额在2万元以上的；

（二）单位非法经营数额在15万元以上，或者违法所得数额在5万元以上的。

实施前款规定的行为，数额达到前款规定的数额5倍以上的，应当认定为刑法第二百二十五条规定的"情节特别严重"。

根据2014年3月14日最高法、最高检、公安部、国家安全部**《关于依法办理非法生产销售使用"伪基站"设备案件的意见》**（公通字〔2014〕13号），近年来，各地非法生产、销售、使用"伪基站"设备违法犯罪活动日益猖獗，有的借以非法获取公民个人信息，有的非法经营广告业务，或者发送虚假广告，甚至实施诈骗等犯罪活动。“伪基站”设备是未取得电信设备进网许可和无线电发射设备型号核准的非法无线电通信设备，具有搜取手机用户信息，强行向不特定用户手机发送短信息等功能，使用过程中会非法占用公众移动通信频率，局部阻断公众移动通信网络信号。非法生产、销售、使用“伪基站”设备，不仅破坏正常电信秩序，影响电信运营商正常经营活动，危害公共安全，扰乱市场秩序，而且严重影响用户手机使用，损害公民财产权益，侵犯公民隐私，社会危害性严重。为依法办理非法生产、销售、使用“伪基站”设备案件，保障国家正常电信秩序，维护市场经济秩序，保护公民合法权益，根据有关法律规定，制定本意见。

一、准确认定行为性质

（一）非法生产、销售“伪基站”设备，具有以下情形之一的，依照《刑法》第二百二十五条的规定，以非法经营罪追究刑事责任：

……（★关于“情节严重”“情节特别严重”等认定与2017年6月27日最高法、最高检《关于办理扰乱无线电通讯管理秩序等刑事案件适用法律若干问题的解释》第四条不一致——编者说明）

非法生产、销售“伪基站”设备，经鉴定为专用间谍器材的，依照《刑法》第二百八十三条的规定，以非法生产、销售间谍专用器材罪（★罪名已变更为非法生产、销售专用间谍器材罪——编者说明）追究刑事责任；同时构成非法经营罪的，以非法经营罪追究刑事责任。

（二）非法使用“伪基站”设备干扰公用电信网络信号，危害公共安全的，依照《刑法》第一百二十四条第一款的规定，以破坏公用电信设施罪追究刑事责任；同时构成虚假广告罪、非法获取公民个人信息罪（★罪名已变更为侵犯公民个人信息罪——编者说明）、破坏计算机信息系统罪、扰乱无线电通讯管理秩序罪的，依照处罚较重的规定追究刑事责任。

除法律、司法解释另有规定外，利用“伪基站”设备实施诈骗等其他犯罪行为，同时构成破坏公用电信设施罪的，依照处罚较重的规定追究刑事责任。

（三）明知他人实施非法生产、销售“伪基站”设备，或者非法使用“伪基站”设备干扰公用电信网络信号等犯罪，为其提供资金、场所、技术、设备等帮助的，以共同犯罪论处。

（四）对于非法使用“伪基站”设备扰乱公共秩序，侵犯他人人身权利、财产权利，情节较轻，尚不构成犯罪，但构成违反治安管理行为的，依法予以治安管理处罚。

二、严格贯彻宽严相济刑事政策

对犯罪嫌疑人、被告人的处理，应当结合其主观恶性大小、行为危害程度以及在案件中所起的作用等因素，切实做到区别对待。对组织指挥、实施非法生产、销售、使用“伪基站”设备的首要分子、积极参加的犯罪分子，以及曾因非法生产、销售、使用“伪基站”设备受到行政处罚或者刑事处罚，又实施非法生产、销售、使用“伪基站”设备的犯罪分子，应当作为打击重点依法予以严惩；对具有自首、立功、从犯等法定情节的犯罪分子，可以依法从宽处理。对情节显著轻微、危害不大的，依法不作为犯罪处理。

三、合理确定管辖

（一）案件一般由犯罪地公安机关管辖，犯罪嫌疑人居住地公安机关管辖更为适宜的，也可以由犯罪嫌疑人居住地公安机关管辖。对案件管辖有争议的，可以由共同的上级公安机关指定管辖；情况特殊的，上级公安机关可以指定其他公安机关管辖。

根据最高法研究室**《关于非法生产、销售、使用“伪基站”行为定性的研究意见》**，关于利用“伪基站”设备经营广告短信群发业务的定性。利用“伪基站”设备经营广告短信群发业务的行为，属于未经许可从事电信业务经营活动的行为，但根据《电信条例》（★该条例已被修订2次，现行有效的是2016年《电信条例》——编者说明）第六十七条、第六十八条的规定，只有利用电信网络制作、复制、发布、传播第五十七条所列含有法律、行政法规禁止的内容的信息，实施第五十八条所列危害电信网络安全和信息安全的行为，以及实施第五十九条第二、三、四项所列扰乱电信市场秩序的行为，构成犯罪的，才能追究刑事责任。利用“伪基站”经营广告短信群发业务，不在上述范围内，故依法不能以非法经营罪论处（参见《司法研究与指导》2014年总第5辑）。

第225条

根据2014年3月26日最高法、最高检、公安部**《关于办理利用赌博机开设赌场案件适用法律若干问题的意见》**，以提供给他人开设赌场为目的，违反国家规定，非法生产、销售具有退币、退分、退钢珠等赌博功能的电子游戏设施设备或者其专用软件，情节严重的，依照刑法第二百二十五条的规定，以非法经营罪定罪处罚。

实施前款规定的行为，具有下列情形之一的，属于非法经营行为“情节严重”：

（一）个人非法经营数额在5万元以上，或者违法所得数额在1万元以上的；

（二）单位非法经营数额在50万元以上，或者违法所得数额在10万元以上的；

（三）虽未达到上述数额标准，但2年内因非法生产、销售赌博机行为受过2次以上行政处罚，又进行同种非法经营行为的；

（四）其他情节严重的情形。

具有下列情形之一的，属于非法经营行为“情节特别严重”：

（一）个人非法经营数额在25万元以上，或者违法所得数额在5万元以上的；

（二）单位非法经营数额在250万元以上，或者违法所得数额在50万元以上的。

根据2012年6月26日公安部禁毒局**《关于非法滥用、买卖复方曲马多片处理意见的通知》**(公禁毒传发〔2012〕188号),目前尚不能将复方曲马多片按精神药品管理,也不宜将非法买卖复方曲马多片按照贩卖毒品罪或者非法提供麻醉药品、精神药品罪立案追诉。

个人非法买卖复方曲马多片经营数额在5万元以上,或者违法所得数额在1万元以上的;或者单位非法买卖复方曲马多片经营数额在50万元以上,或者违法所得数额在10万元以上的;或者虽未达到上述数额标准,但两年内因同种非法经营行为受过2次以上行政处罚,又进行同种非法经营行为的,应……以“非法经营案”移交公安机关立案追诉。

根据2013年5月21日最高法、最高检、公安部、农业部、食品药品监管总局**《关于进一步加强麻黄草管理严厉打击非法买卖麻黄草等违法犯罪活动的通知》**,违反国家规定采挖、销售、收购麻黄草,没有证据证明以制造毒品或者走私、非法买卖制毒物品为目的,依照刑法第二百二十五条的规定构成犯罪的,以非法经营罪定罪处罚。

根据1999年4月1日广电总局、公安部、国家安全部**《关于坚决查处擅自接收、转播境外卫星电视的通知》**(广发社字〔1999〕166号)**第四条**,各级公安机关要积极配合广播电视部门对卫星地面接收设施的检查工作。对检查过程中发生的抗拒、阻碍国家机关工作人员依法执行职务行为,要依法严厉查处;对非法推销、买卖卫星地面接收设施,构成犯罪的,要依照《刑法》第二百二十五条的有关规定,追究行为人的刑事责任。

根据2015年9月18日最高法、最高检、公安部、国家新闻出版广电总局**《关于依法严厉打击非法电视网络接收设备违法犯罪活动的通知》**(新广电发〔2015〕229号),根据刑法和司法解释的规定,违反国家规定,从事生产、销售非法电视网络接收设备(含软件),以及为非法广播电视接收软件提供下载服务、为非法广播电视节目频道接收提供链接服务等营利性活动,扰乱市场秩序,个人非法经营数额在5万元以上或违法所得数额在1万元以上,单位非法经营数额在50万元以上或违法所得数额在10万元以上,按照非法经营罪追究刑事责任。对于利用生产、销售、安装非法电视网络接收设备传播淫秽色情节目、实施危害国家安全等行为的,根据其行为的性质,依法追究刑事责任。对非法电视网络接收设备犯罪行为,涉及数个罪名的,按照相关原则,择一重罪处罚或数罪并罚。在追究犯罪分子刑事责任的同时,还要依法追缴违法所得,没收其犯罪所用的本人财物。对于实施上述行为尚不构成犯罪的,由新闻出版广电等相关行政主管部门依法给予行政处罚;构成违反治安管理行为的,依法给予治安管理处罚。

根据2017年6月27日最高法、最高检《**关于办理扰乱无线电通讯管理秩序等刑事案件适用法律若干问题的解释**》第四条，非法生产、销售"黑广播""伪基站"、无线电干扰器等无线电设备，具有下列情形之一的，应当认定为刑法第二百二十五条规定的"情节严重"：

（一）非法生产、销售无线电设备3套以上的；

（二）非法经营数额5万元以上的；

（三）其他情节严重的情形。

实施前款规定的行为，数量或者数额达到前款第一项、第二项规定标准5倍以上，或者具有其他情节特别严重的情形的，应当认定为刑法第二百二十五条规定的"情节特别严重"。

在非法生产、销售无线电设备窝点查扣的零件，以组装完成的套数以及能够组装的套数认定；无法组装为成套设备的，每3套广播信号调制器（激励器）认定为1套"黑广播"设备，每3块主板认定为1套"伪基站"设备。

2019年7月23日最高法、最高检、公安部、司法部《**关于办理非法放贷刑事案件若干问题的意见**》（法发〔2019〕24号），现对办理非法放贷刑事案件若干问题提出如下意见：

一、违反国家规定，未经监管部门批准，或者超越经营范围，以营利为目的，经常性地向社会不特定对象发放贷款，扰乱金融市场秩序，情节严重的，依照刑法第二百二十五条第（四）项的规定，以非法经营罪定罪处罚。

前款规定中的"经常性地向社会不特定对象发放贷款"，是指2年内向不特定多人（包括单位和个人）以借款或其他名义出借资金10次以上。

贷款到期后延长还款期限的，发放贷款次数按照1次计算。

二、以超过36%的实际年利率实施符合本意见第一条规定的非法放贷行为，具有下列情形之一的，属于刑法第二百二十五条规定的"情节严重"，但单次非法放贷行为实际年利率未超过36%的，定罪量刑时不得计入：

（一）个人非法放贷数额累计在200万元以上的，单位非法放贷数额累计在1000万元以上的；

（二）个人违法所得数额累计在80万元以上的，单位违法所得数额累计在400万元以上的；

（三）个人非法放贷对象累计在50人以上的，单位非法放贷对象累计在150人以上的；

（四）造成借款人或者其近亲属自杀、死亡或者精神失常等严重后果的。

具有下列情形之一的，属于刑法第二百二十五条规定的"情节特别严重"：

（一）个人非法放贷数额累计在1000万元以上的，单位非法放贷数额累计在5000万元以上的；

（二）个人违法所得数额累计在400万元以上的，单位违法所得数额累计在 2000 万元以上的；

（三）个人非法放贷对象累计在 250 人以上的，单位非法放贷对象累计在 750 人以上的；

（四）造成多名借款人或者其近亲属自杀、死亡或者精神失常等特别严重后果的。

三、非法放贷数额、违法所得数额、非法放贷对象数量接近本意见第二条规定的“情节严重”“情节特别严重”的数额、数量起点标准，并具有下列情形之一的，可以分别认定为“情节严重”“情节特别严重”：

（一）2 年内因实施非法放贷行为受过行政处罚 2 次以上的；

（二）以超过 72% 的实际年利率实施非法放贷行为 10 次以上的。

前款规定中的“接近”，一般应当掌握在相应数额、数量标准的 80% 以上。

四、仅向亲友、单位内部人员等特定对象出借资金，不得适用本意见第一条的规定定罪处罚。但具有下列情形之一的，定罪量刑时应当与向不特定对象非法放贷的行为一并处理：

（一）通过亲友、单位内部人员等特定对象向不特定对象发放贷款的；

（二）以发放贷款为目的，将社会人员吸收为单位内部人员，并向其发放贷款的；

（三）向社会公开宣传，同时向不特定多人和亲友、单位内部人员等特定对象发放贷款的。

五、非法放贷数额应当以实际出借给借款人的本金金额认定。非法放贷行为人以介绍费、咨询费、管理费、逾期利息、违约金等名义和以从本金中预先扣除等方式收取利息的，相关数额在计算实际年利率时均应计入。

非法放贷行为人实际收取的除本金之外的全部财物，均应计入违法所得。

非法放贷行为未经处理的，非法放贷次数和数额、违法所得数额、非法放贷对象数量等应当累计计算。

六、为从事非法放贷活动，实施擅自设立金融机构、套取金融机构资金高利转贷、骗取贷款、非法吸收公众存款等行为，构成犯罪的，应当择一重罪处罚。

为强行索要因非法放贷而产生的债务，实施故意杀人、故意伤害、非法拘禁、故意毁坏财物、寻衅滋事等行为，构成犯罪的，应当数罪并罚。

纠集、指使、雇佣他人采用滋扰、纠缠、哄闹、聚众造势等手段强行索要债务，尚不单独构成犯罪，但实施非法放贷行为已构成非法经营罪的，应当按照非法经营罪的规定酌情从重处罚。

以上规定的情形，刑法、司法解释另有规定的除外。

七、有组织地非法放贷，同时又有其他违法犯罪活动，符合黑社会性质组织或者恶势力、恶势力犯罪集团认定标准的，应当分别按照黑社会性质组织或者恶势力、恶势力犯罪集团侦查、起诉、审判。

黑恶势力非法放贷的，据以认定“情节严重”“情节特别严重”的非法放贷数额、违法所得数额、非法放贷对象数量起点标准，可以分别按照本意见第二条规定中相应数额、数量标准的50%确定；同时具有本意见第三条第一款规定情形的，可以分别按照相应数额、数量标准的40%确定。

八、本意见自2019年10月21日起施行。对于本意见施行前发生的非法放贷行为，依照最高法《关于准确理解和适用刑法中“国家规定”的有关问题的通知》（法发〔2011〕155号）的规定办理。

根据2019年11月18日最高法**《关于审理走私、非法经营、非法使用兴奋剂刑事案件适用法律若干问题的解释》**第二条，违反国家规定，未经许可经营兴奋剂目录所列物质，涉案物质属于法律、行政法规规定的限制买卖的物品，扰乱市场秩序，情节严重的，应当依照刑法第二百二十五条的规定，以非法经营罪定罪处罚。

根据2020年2月6日最高法、最高检、公安部、司法部**《关于依法惩治妨害新型冠状病毒感染肺炎疫情防控违法犯罪的意见》**，在疫情防控期间，违反国家有关市场经营、价格管理等规定，囤积居奇，哄抬疫情防控急需的口罩、护目镜、防护服、消毒液等防护用品、药品或者其他涉及民生的物品价格，牟取暴利，违法所得数额较大或者有其他严重情节，严重扰乱市场秩序的，依照刑法第二百二十五条第四项的规定，以非法经营罪定罪处罚。

违反国家规定，非法经营非国家重点保护野生动物及其制品（包括开办交易场所、进行网络销售、加工食品出售等），扰乱市场秩序，情节严重的，依照刑法第二百二十五条第四项的规定，以非法经营罪定罪处罚（★符合《刑法修正案（十一）》增设的刑法第341条第3款“违反野生动物保护管理法规，以食用为目的非法收购、运输、出售第一款规定以外的在野外环境自然生长繁殖的陆生野生动物，情节严重的，依照前款的规定处罚”情形的，应以非法猎捕、收购、运输、出售陆生野生动物罪定罪处罚——编者说明）。

根据2020年2月13日国家市场监督管理总局办公厅、公安部办公厅**《关于新冠肺炎疫情防控期间加强价格行政执法与刑事司法衔接工作的通知》**（市监竞争〔2020〕13号），现就新冠肺炎疫情防控期间加强价格行政执法与刑事司法衔接工作通知如下：

二、市场监管部门在查处价格违法案件过程中，发现利用疫情捏造、散布涨价信息、恶意囤积、哄抬价格，有下列情形之一的，应当将案件移送公安机关。

（一）个人非法经营数额在5万元以上，或者违法所得数额在1万元以上的；

（二）单位非法经营数额在50万元以上，或者违法所得数额在10万元以

上的；

（三）其他情节严重的情形。

……

十一、国家有关部门宣布疫情结束后，本通知自动停止实施。

根据2022年2月23日修正后的最高法**《关于审理非法集资刑事案件具体应用法律若干问题的解释》第十一条**，违反国家规定，未经依法核准擅自发行基金份额募集基金，情节严重的，依照刑法第二百二十五条的规定，以非法经营罪定罪处罚。

根据2023年8月8日最高法、最高检**《关于办理环境污染刑事案件适用法律若干问题的解释》第七条**，无危险废物经营许可证从事收集、贮存、利用、处置危险废物经营活动，严重污染环境的，按照污染环境罪定罪处罚；同时构成非法经营罪的，依照处罚较重的规定定罪处罚。

实施前款规定的行为，不具有超标排放污染物、非法倾倒污染物或者其他违法造成环境污染的情形的，可以认定为非法经营情节显著轻微危害不大，不认为是犯罪；构成生产、销售伪劣产品等其他犯罪的，以其他犯罪论处。

【指导案例】根据2018年12月19日最高法**第十九批指导性案例·指导案例97号·王力军非法经营再审改判无罪案**，对于刑法第二百二十五条第四项规定的"其他严重扰乱市场秩序的非法经营行为"的适用，应当根据相关行为是否具有与刑法第二百二十五条前三项规定的非法经营行为相当的社会危害性、刑事违法性和刑事处罚必要性进行判断。

判断违反行政管理有关规定的经营行为是否构成非法经营罪，应当考虑该经营行为是否属于严重扰乱市场秩序。对于虽然违反行政管理有关规定，但尚未严重扰乱市场秩序的经营行为，不应当认定为非法经营罪。

根据2023年5月11日最高检**第四十四批指导性案例·检例第177号·孙旭东非法经营案**，对于为恶意透支的信用卡持卡人非法套现的行为，应当根据其与信用卡持卡人有无犯意联络、是否具有非法占有目的等，区分非法经营罪与信用卡诈骗罪。

★该指导案例在"指导意义"部分指出：使用销售点终端机具（POS机）等方法，以虚构交易等方式向信用卡持卡人支付货币资金，违反了《中华人民共和国商业银行法》第三条、第十一条和2021年实施的《防范和处置非法集资条例》第三十九条等规定，系非法从事资金支付结算业务，构成非法经营罪。与恶意透支的信用卡持卡人通谋，或者明知信用卡持卡人意图恶意透支信用卡，仍然使用销售点终端机具（POS机）等方法帮助其非法套现，构成信用卡诈骗罪的共同犯罪。虽然信用卡持卡人通过非法套现恶意透支，但证明从事非法套现的行为人构成信用卡诈骗罪共同犯罪证据不足的，对其非法经营POS机套现的行为依法以非法经营罪定罪处罚。

【公报案例】根据《公报》**2022年第11期·上海市闵行区人民检察院诉卞飞非法经营案**，人民法院认定非法经营行为，应依据行政法律、法规的规定，对于行政机关内部文件，应当全面审查其是否符合行政法律法规的相关规定，不得单独据以认定行为人的行为构成犯罪。

【典型案例】根据2023年12月11日最高检、国家外汇管理局**惩治涉外汇违法犯罪典型案例·赵某等人非法经营案**，以虚拟货币为媒介，实现人民币与外汇兑换的行为，构成非法经营罪。行为人以虚拟货币为媒介，通过提供跨境兑换及支付服务赚取汇率差盈利，系利用虚拟货币的特殊属性绕开国家外汇监管，通过“外汇—虚拟货币—人民币”的兑换实现外汇和人民币的价值转换，属于变相买卖外汇，应当依法以非法经营罪追究刑事责任。

根据2023年12月11日最高检、国家外汇管理局**惩治涉外汇违法犯罪典型案例·郭某钊等人非法经营帮助信息网络犯罪活动案**，明知他人非法买卖外汇，以兑换虚拟货币为媒介提供帮助的，属于非法经营罪的共犯。在我国，虚拟货币不具有与法定货币等同的法律地位，但以虚拟货币为媒介帮助他人间接实现本币和外币之间的非法兑换，系非法买卖外汇犯罪链条中的重要环节，应予依法惩治。提供虚拟货币行为人与非法买卖外汇人员事前通谋，或者明知他人非法买卖外汇，仍通过交易虚拟货币等方式为其实现本币与外币转换提供实质帮助的，构成非法经营罪的共同犯罪。向非法买卖外汇人员提供虚拟货币交易服务，但对所帮助犯罪行为只是概括认识，并没有具体认识到帮助非法买卖外汇犯罪的，可以帮助信息网络犯罪活动罪追究刑事责任。

第225条

根据2023年12月11日最高检、国家外汇管理局**惩治涉外汇违法犯罪典型案例·徐某悦等人非法经营案**，以营利为目的，利用破解的POS机在境外通过持卡人刷卡消费收取人民币，同时向持卡人支付外币，属于变相非法买卖外汇，情节严重的，构成非法经营罪。对于利用破解POS机刷卡消费的交易金额，综合其他证据证明该POS机用于非法买卖外汇，并足以排除POS机关联账户内资金存在除非法买卖外汇外的其他来源可能性的，可以认定为非法买卖外汇犯罪数额。

对行为人因办理出入境手续短暂离开犯罪团伙后又返回，不认定犯罪中止，应当以其参与犯罪团伙后的全部犯罪数额承担责任。在跨境犯罪中，部分行为人由于签证期限限制需要短期离开犯罪地，办理出入境手续后再返回，主观上没有脱离犯罪团伙的意图，客观上短暂离开后返回继续从事共同犯罪活动，没有阻止共同犯罪结果的发生，不属于犯罪中止，应当将其离开前后行为认定为一个整体犯罪行为，对其离开期间发生的犯罪数额不予以扣除。

根据2023年12月11日最高检、国家外汇管理局**惩治涉外汇违法犯罪**

典型案例·章某虎、章某娴非法经营案，行为人为了获取非法利益，居间介绍客户与地下钱庄完成非法买卖外汇交易，构成非法经营罪。在非法买卖外汇产业链中，既存在规模性地下钱庄，也存在居间介绍非法买卖外汇的掮客，对于此类掮客，应根据其与地下钱庄的共谋情况、行为模式、获利方式等综合认定是否构成非法经营罪。对于独立招揽对接非法买卖外汇客户、接收购汇资金、确定收费标准、收取违法所得的人员，虽未参与境外兑付外币环节的活动，仍可以独立构成非法经营罪，根据其自身的犯罪情节、地位作用等确定主从犯。

根据 2023 年 12 月 11 日最高检、国家外汇管理局**惩治涉外汇违法犯罪典型案例·张某群、吴某锐等人非法经营、骗取出口退税虚开增值税专用发票案**，非法买卖外汇数额通常因涉外证据难以固定、利率变化、交易信息庞杂等因素而难以精准认定。检察机关应注重梳理行为人控制账户的资金流向，引导侦查机关根据取证情况做好资金分类统计工作，综合银行流水、聊天记录、言辞证据等，准确认定非法经营数额。对于境外外币资金难以查证情况下，有证据能够证明境内账户收取的人民币资金均用于非法兑换外币的，应当直接按照境内人民币交易数额认定为非法经营数额。

根据 2023 年 12 月 11 日最高检、国家外汇管理局**惩治涉外汇违法犯罪典型案例·李某杰非法经营案**，非法买卖外汇案件涉案银行账户资金交易记录、买卖外汇人员数量众多，作案时间长，逃避侦查能力强，案发后难以收集到全部证据，检察机关应当按照事实清楚，证据确实、充分的刑事诉讼证明标准，在涉案银行账户资金交易记录基础上，结合其他证据综合判断认定犯罪数额。用于接收购汇资金的银行账户交易记录，能够与犯罪嫌疑人、被告人供述、客户证言、财务账册记录等其他证据相互印证的，足以认定相关交易金额是非法买卖外汇数额。对于涉案银行账户交易存在其他用途交易的，应当结合收集到的客户证言等证据证明对应的非法买卖外汇行为及数额，对于没有其他证据核实的交易记录不计入犯罪数额。

根据 2023 年 12 月 11 日最高检、国家外汇管理局**惩治涉外汇违法犯罪典型案例·王某良等人非法经营案**，非法买卖外汇为骗取出口退税境内外资金循环提供了支持，不仅破坏了国家外汇管理秩序，而且给国家税收造成了巨额损失，应当注重全链条打击。对于非法买卖外汇人员，应当根据与骗取出口退税人是否事先通谋、主观上是否明知、客观上是否实施其他帮助行为等，判断其是否构成骗取出口退税罪的共犯。对于证明构成骗取出口退税共同犯罪证据不足，但其非法买卖外汇行为情节严重构成犯罪的，应当以非法经营罪定罪处罚。

根据 2023 年 12 月 11 日最高检、国家外汇管理局**惩治涉外汇违法犯罪典**

第二百二十六条[200] **【强迫交易罪】**以暴力、威胁手段，实施下列行为之一，情节严重的，处三年以下有期徒刑或者拘役，并处或者单处罚金；情节特别严重的，处三年以上七年以下有期徒刑，并处罚金：

（一）强买强卖商品的；

（二）强迫他人提供或者接受服务的；

（三）强迫他人参与或者退出投标、拍卖的；

（四）强迫他人转让或者收购公司、企业的股份、债券或者其他资产的；

（五）强迫他人参与或者退出特定的经营活动的。

型案例·郑某东等人骗购外汇案**，通过为他人制作虚假的跨境贸易资料、凭证等手段，利用具有跨境支付金融牌照的机构作为通道，向银行等金融机构骗购外汇的，构成骗购外汇罪。骗购外汇罪与非法买卖外汇型非法经营罪容易发生混淆，应当根据外汇交易行为发生的场所、行为人主观故意及客观行为准确区分二罪的界限。发生在国家规定的交易场所外的非法买卖外汇行为，构成非法经营罪；外汇交易行为发生在国家规定的交易场所内，行为人主观明知他人为骗购外汇，客观上实施了提供虚构事实、伪造、变造凭证和单据等行为，构成骗购外汇罪。

〔200〕 **【刑法修订】**2011 年《**刑法修正案（八）**》第三十六条修订了本条。1997 年刑法原文如下：

第二百二十六条 以暴力、威胁手段强买强卖商品、强迫他人提供服务或者强迫他人接受服务，情节严重的，处三年以下有期徒刑或者拘役，并处或者单处罚金。

2011 年《**刑法修正案（八）**》在本条设项，增设了（三）（四）（五）项，明确了强迫交易行为的行为类型，并增设了第二档法定刑“情节特别严重的，处三年以上七年以下有期徒刑，并处罚金”。

【立案标准】根据 2017 年 4 月 27 日最高检、公安部《**关于公安机关管辖的刑事案件立案追诉标准的规定（一）的补充规定**》第五条，以暴力、威胁手段强买强卖商品，强迫他人提供服务或者接受服务，涉嫌下列情形之一的，应予立案追诉：

（一）造成被害人轻微伤的；

（二）造成直接经济损失 2000 元以上的；

（三）强迫交易 3 次以上或者强迫 3 人以上交易的；

（四）强迫交易数额 1 万元以上，或者违法所得数额 2000 元以上的；

第二百二十七条〔201〕　**【伪造、倒卖伪造的有价票证罪】**伪造或者倒卖伪造的车票、船票、邮票或者其他有价票证，数额较大的，处二年以下有期徒刑、拘役或者管制，并处或者单处票证价额一倍以上五倍以下罚金；数额巨大的，处二年以上七年以下有期徒刑，并处票证价额一倍以上五倍以下罚金。

【倒卖车票、船票罪】倒卖车票、船票，情节严重的，处三年以下有期徒刑、拘役或者管制，并处或者单处票证价额一倍以上五倍以下罚金。

（五）强迫他人购买伪劣商品数额5000元以上，或者违法所得数额1000元以上的；

（六）其他情节严重的情形。

以暴力、威胁手段强迫他人参与或者退出投标、拍卖，强迫他人转让或者收购公司、企业的股份、债券或者其他资产，强迫他人参与或者退出特定的经营活动，具有多次实施、手段恶劣、造成严重后果或者恶劣社会影响等情形之一的，应予立案追诉。

【司法解释】根据2014年4月17日最高检《**关于强迫借贷行为适用法律问题的批复**》（高检发释字〔2014〕1号，自2014年4月17日起施行），以暴力、胁迫手段强迫他人借贷，属于刑法第二百二十六条第二项规定的“强迫他人提供或者接受服务”，情节严重的，以强迫交易罪追究刑事责任；同时构成故意伤害罪等其他犯罪的，依照处罚较重的规定定罪处罚。以非法占有为目的，以借贷为名采用暴力、胁迫手段获取他人财物，符合刑法第二百六十三条或者第二百七十四条规定的，以抢劫罪或者敲诈勒索罪追究刑事责任。

〔201〕**【立案标准】**2008年6月25日最高检、公安部《**关于公安机关管辖的刑事案件立案追诉标准的规定（一）**》，对刑法第二百二十七条的立案追诉标准规定如下：

第二十九条　伪造或者倒卖伪造的车票、船票、邮票或者其他有价票证，涉嫌下列情形之一的，应予立案追诉：

（一）车票、船票票面数额累计2000元以上，或者数量累计50张以上的；

（二）邮票票面数额累计5000元以上，或者数量累计1000枚以上的；

（三）其他有价票证价额累计5000元以上，或者数量累计100张以上的；

（四）非法获利累计1000元以上的；

（五）其他数额较大的情形。

第三十条　倒卖车票、船票或者倒卖车票坐席、卧铺签字号以及订购车票、船票凭证，涉嫌下列情形之一的，应予立案追诉：

第二百二十八条[202]　**【非法转让、倒卖土地使用权罪】**以牟利为目的，违反土地管理法规，非法转让、倒卖土地使用权，情节严重的，处三年以下有期徒刑或者拘役，并处或者单处非法转让、倒卖土地使用权价额百分之五以上百分之二十以下罚金；情节特别严重的，处三年以上七年以下有期徒刑，并处非法转让、倒卖土地使用权价额百分之五以上百分之二十以下罚金。

（一）票面数额累计5000元以上的；

（二）非法获利累计2000元以上的；

（三）其他情节严重的情形。

【司法解释】1999年9月6日最高法**《关于审理倒卖车票刑事案件有关问题的解释》**（法释〔1999〕17号，自1999年9月14日起施行），就审理倒卖车票刑事案件的有关问题解释如下：

第一条　高价、变相加价倒卖车票或者倒卖坐席、卧铺签字号及订购车票凭证，票面数额在5000元以上，或者非法获利数额在2000元以上的，构成刑法第二百二十七条第二款规定的“倒卖车票情节严重”。

第二条　对于铁路职工倒卖车票或者与其他人员勾结倒卖车票；组织倒卖车票的首要分子；曾因倒卖车票受过治安处罚2次以上或者被劳动教养1次以上，2年内又倒卖车票，构成倒卖车票罪的，依法从重处罚。

根据2000年12月5日最高法**《关于对变造、倒卖变造邮票行为如何适用法律问题的解释》**（法释〔2000〕41号，自2000年12月9日起施行），对变造或者倒卖变造的邮票数额较大的，应当依照刑法第二百二十七条第一款的规定定罪处罚。

根据2003年4月2日最高检法律政策研究室**《关于非法制作、出售、使用IC电话卡行为如何适用法律问题的答复》**（高检研发〔2003〕第10号），非法制作或者出售非法制作的IC电话卡，数额较大的，应当依照刑法第二百二十七条第一款的规定，以伪造、倒卖伪造的有价票证罪追究刑事责任，犯罪数额可以根据销售数额认定；明知是非法制作的IC电话卡而使用或者购买并使用，造成电信资费损失数额较大的，应当依照刑法第二百六十四条的规定，以盗窃罪追究刑事责任。

〔202〕**【立法解释】**根据2001年全国人大常委会**《关于〈中华人民共和国刑法〉第二百二十八条、第三百四十二条、第四百一十条的解释》**，刑法第二百二十八条中“违反土地管理法规”，是指违反土地管理法、森林法、草原法等法律以及有关行政法规中关于土地管理的规定。

【立案标准】根据 2022 年 4 月 6 日最高检、公安部**《关于公安机关管辖的刑事案件立案追诉标准的规定(二)》第七十二条**,以牟利为目的,违反土地管理法规,非法转让、倒卖土地使用权,涉嫌下列情形之一的,应予立案追诉:

(一)非法转让、倒卖永久基本农田 5 亩以上的;

(二)非法转让、倒卖永久基本农田以外的耕地 10 亩以上的;

(三)非法转让、倒卖其他土地 20 亩以上的;

(四)违法所得数额在 50 万元以上的;

(五)虽未达到上述数额标准(★是指接近上述数额标准且已达到该数额的 80% 以上——编者说明),但因非法转让、倒卖土地使用权受过行政处罚,又非法转让、倒卖土地的;

(六)其他情节严重的情形。

【司法解释】2000 年 6 月 19 日最高法**《关于审理破坏土地资源刑事案件具体应用法律若干问题的解释》**(法释〔2000〕14 号,自 2000 年 6 月 22 日起施行),就审理破坏土地资源犯罪案件具体应用法律的若干问题解释如下:

第一条　以牟利为目的,违反土地管理法规,非法转让、倒卖土地使用权,具有下列情形之一的,属于非法转让、倒卖土地使用权"情节严重",依照刑法第二百二十八条的规定,以非法转让、倒卖土地使用权罪定罪处罚:

(一)非法转让、倒卖基本农田 5 亩以上的;

(二)非法转让、倒卖基本农田以外的耕地 10 亩以上的;

(三)非法转让、倒卖其他土地 20 亩以上的;

(四)非法获利 50 万元以上的;

(五)非法转让、倒卖土地接近上述数量标准并具有其他恶劣情节的,如曾因非法转让、倒卖土地使用权受过行政处罚或者造成严重后果等。

第二条　实施第一条规定的行为,具有下列情形之一的,属于非法转让、倒卖土地使用权"情节特别严重":

(一)非法转让、倒卖基本农田 10 亩以上的;

(二)非法转让、倒卖基本农田以外的耕地 20 亩以上的;

(三)非法转让、倒卖其他土地 40 亩以上的;

(四)非法获利 100 万元以上的;

(五)非法转让、倒卖土地接近上述数量标准并具有其他恶劣情节,如造成严重后果等。

……

第八条　单位犯非法转让、倒卖土地使用权罪、非法占有耕地罪(★罪名已变更为非法占用农用地罪——编者说明)的定罪量刑标准,依照本解释第一条、第二条、第三条的规定执行。

第九条　多次实施本解释规定的行为依法应当追诉的,或者 1 年内多次

第二百二十九条〔203〕 **【提供虚假证明文件罪】**承担资产评估、验资、验证、会计、审计、法律服务、保荐、安全评价、环境影响评价、环境监测等职责的中介组织的人员故意提供虚假证明文件，情节严重的，处五年以下有期徒刑或者拘役，并处罚金；有下列情形之一的，处五年以上十年以下有期徒刑，并处罚金：

（一）提供与证券发行相关的虚假的资产评估、会计、审计、法律服务、保荐等证明文件，情节特别严重的；

（二）提供与重大资产交易相关的虚假的资产评估、会计、审计等证明文件，情节特别严重的；

（三）在涉及公共安全的重大工程、项目中提供虚假的安全评价、环境影响评价等证明文件，致使公共财产、国家和人民利益遭受特别重大损失的。

有前款行为，同时索取他人财物或者非法收受他人财物构成犯罪的，依照处罚较重的规定定罪处罚。

【出具证明文件重大失实罪】第一款规定的人员，严重不负责任，出具的证明文件有重大失实，造成严重后果的，处三年以下有期徒刑或者拘役，并处或者单处罚金。

实施本解释规定的行为未经处理的，按照累计的数量、数额处罚。

根据2008年1月25日公安部经济犯罪侦查局《**关于对程××的行为是否涉嫌非法转让、倒卖土地使用权犯罪的批复**》（公经法〔2008〕29号），程××的行为是否涉嫌非法转让、倒卖土地使用权，关键是看甲公司和乙公司于2000年2月1日签订的合同的性质。从合同约定的权利义务关系以及合同的实际履行情况来看，所谓"买断"指的不是该土地的土地使用权，而是对该地块的开发经营收益权，即双方通过合作开发、销售房地产取得收益。从该块国有土地转移的过程看，是经人民政府批准将原划拨给××集团的土地使用权收回后出让给乙公司，而并非出让给甲公司后再转让给乙公司。因此，该合同的性质不是土地使用权买卖性质。

〔203〕**【刑法修订】**2020年《**刑法修正案（十一）**》**第二十五条**修订了本条第一款与第二款。1997年刑法原文如下：

第二百二十九条 承担资产评估、验资、验证、会计、审计、法律服务等职责的中介组织的人员故意提供虚假证明文件，情节严重的，处五年以下有期徒刑或者拘役，并处罚金。

前款规定的人员，索取他人财物或者非法收受他人财物，犯前款罪的，处五年以上十年以下有期徒刑，并处罚金。

第一款规定的人员，严重不负责任，出具的证明文件有重大失实，造成严重后果的，处三年以下有期徒刑或者拘役，并处或者单处罚金。

2020 年《**刑法修正案（十一）**》在第一款将“法律服务等职责”修改为“法律服务、保荐、安全评价、环境影响评价、环境监测等职责”，增设了第二档法定刑以及三项适用该档法定刑的情形；将第二款“前款规定的人员，索取他人财物或者非法收受他人财物，犯前款罪的，处五年以上十年以下有期徒刑，并处罚金”修改为“有前款行为，同时索取他人财物或者非法收受他人财物构成犯罪的，依照处罚较重的规定定罪处罚”。

【相关法规】根据 2016 年《**资产评估法**》**第十一条**，因故意犯罪或者在从事评估、财务、会计、审计活动中因过失犯罪而受刑事处罚，自刑罚执行完毕之日起不满 5 年的人员，不得从事评估业务。

……

第四十五条 评估专业人员违反本法规定，签署虚假评估报告的，由有关评估行政管理部门责令停止从业 2 年以上 5 年以下；有违法所得的，没收违法所得；情节严重的，责令停止从业 5 年以上 10 年以下；构成犯罪的，依法追究刑事责任，终身不得从事评估业务。

【立案标准】2022 年 4 月 6 日最高检、公安部《**关于公安机关管辖的刑事案件立案追诉标准的规定（二）**》，对于刑法第二百二十九条立案追诉标准规定如下：

第七十三条 承担资产评估、验资、验证、会计、审计、法律服务、保荐、安全评价、环境影响评价、环境监测等职责的中介组织的人员故意提供虚假证明文件，涉嫌下列情形之一的，应予立案追诉：

（一）给国家、公众或者其他投资者造成直接经济损失数额在 50 万元以上的；

（二）违法所得数额在 10 万元以上的；

（三）虚假证明文件虚构数额在 100 万元以上且占实际数额 30% 以上的；

（四）虽未达到上述数额标准，但 2 年内因提供虚假证明文件受过 2 次以上行政处罚，又提供虚假证明文件的；

（五）其他情节严重的情形。

第七十四条 承担资产评估、验资、验证、会计、审计、法律服务、保荐、安全评价、环境影响评价、环境监测等职责的中介组织的人员严重不负责任，出具的证明文件有重大失实，涉嫌下列情形之一的，应予立案追诉：

（一）给国家、公众或者其他投资者造成直接经济损失数额在 100 万元以上的；

(二)其他造成严重后果的情形。

【**司法解释**】根据2009年1月7日最高检《**关于公证员出具公证书有重大失实行为如何适用法律问题的批复**》(高检发释字〔2009〕1号,自2009年1月15日起施行),《中华人民共和国公证法》施行以后,公证员在履行公证职责过程中,严重不负责任,出具的公证书有重大失实,造成严重后果的,依照刑法第二百二十九条第三款的规定,以出具证明文件重大失实罪追究刑事责任。

根据2015年10月27日最高检《**关于地质工程勘测院和其他履行勘测职责的单位及其工作人员能否成为刑法第二百二十九条规定的有关犯罪主体的批复**》(高检发释字〔2015〕4号,自2015年11月12日起施行),地质工程勘测院和其他履行勘测职责的单位及其工作人员在履行勘察、勘查、测绘职责过程中,故意提供虚假工程地质勘察报告等证明文件,情节严重的,依照刑法第二百二十九条第一款和第二百三十一条的规定,以提供虚假证明文件罪追究刑事责任;地质工程勘测院和其他履行勘测职责的单位及其工作人员在履行勘察、勘查、测绘职责过程中,严重不负责任,出具的工程地质勘察报告等证明文件有重大失实,造成严重后果的,依照刑法第二百二十九条第三款和第二百三十一条的规定,以出具证明文件重大失实罪追究刑事责任。

根据2023年8月8日最高法、最高检《**关于办理环境污染刑事案件适用法律若干问题的解释**》**第十条**,承担环境影响评价、环境监测、温室气体排放检验检测、排放报告编制或者核查等职责的中介组织的人员故意提供虚假证明文件,具有下列情形之一的,应当认定为刑法第二百二十九条第一款规定的"情节严重":

(一)违法所得30万元以上的;

(二)2年内曾因提供虚假证明文件受过2次以上行政处罚,又提供虚假证明文件的;

(三)其他情节严重的情形。

实施前款规定的行为,在涉及公共安全的重大工程、项目中提供虚假的环境影响评价等证明文件,致使公共财产、国家和人民利益遭受特别重大损失的,应当依照刑法第二百二十九条第一款的规定,处5年以上10年以下有期徒刑,并处罚金。

实施前两款规定的行为,同时索取他人财物或者非法收受他人财物构成犯罪的,依照处罚较重的规定定罪处罚。

根据2018年11月28日最高法、最高检修正后的《**关于办理妨害信用卡管理刑事案件具体应用法律若干问题的解释**》**第四条第二款**,承担资产评估、验资、验证、会计、审计、法律服务等职责的中介组织或其人员，为信用卡申请人提供虚假的财产状况、收入、职务等资信证明材料，应当追究刑事责任的，依照刑法第二百二十九条的规定，分别以提供虚假证明文件罪和出具证明文件重大失实罪定罪处罚。

2022年12月15日最高法、最高检《**关于办理危害生产安全刑事案件适用法律若干问题的解释（二）**》，就刑法第二百二十九条的适用解释如下：

第六条　承担安全评价职责的中介组织的人员提供的证明文件有下列情形之一的，属于刑法第二百二十九条第一款规定的“虚假证明文件”：

（一）故意伪造的；

（二）在周边环境、主要建（构）筑物、工艺、装置、设备设施等重要内容上弄虚作假，导致与评价期间实际情况不符，影响评价结论的；

（三）隐瞒生产经营单位重大事故隐患及整改落实情况、主要灾害等级等情况，影响评价结论的；

（四）伪造、篡改生产经营单位相关信息、数据、技术报告或者结论等内容，影响评价结论的；

（五）故意采用存疑的第三方证明材料、监测检验报告，影响评价结论的；

（六）有其他弄虚作假行为，影响评价结论的情形。

生产经营单位提供虚假材料、影响评价结论，承担安全评价职责的中介组织的人员对评价结论与实际情况不符无主观故意的，不属于刑法第二百二十九条第一款规定的“故意提供虚假证明文件”。

有本条第二款情形，承担安全评价职责的中介组织的人员严重不负责任，导致出具的证明文件有重大失实，造成严重后果的，依照刑法第二百二十九条第三款的规定追究刑事责任。

第七条　承担安全评价职责的中介组织的人员故意提供虚假证明文件，有下列情形之一的，属于刑法第二百二十九条第一款规定的“情节严重”：

（一）造成死亡1人以上或者重伤3人以上安全事故的；

（二）造成直接经济损失50万元以上安全事故的；

（三）违法所得数额10万元以上的；

（四）两年内因故意提供虚假证明文件受过两次以上行政处罚，又故意提供虚假证明文件的；

（五）其他情节严重的情形。

在涉及公共安全的重大工程、项目中提供虚假的安全评价文件，有下列情形之一的，属于刑法第二百二十九条第一款第三项规定的“致使公共财产、国家和人民利益遭受特别重大损失”：

（一）造成死亡3人以上或者重伤10人以上安全事故的；

（二）造成直接经济损失500万元以上安全事故的；

第二百三十条〔204〕 **【逃避商检罪】**违反进出口商品检验法的规定，逃避商品检验，将必须经商检机构检验的进口商品未报经检验而擅自销售、使用，或者将必须经商检机构检验的出口商品未报经检验合格而擅自出口，情节严重的，处三年以下有期徒刑或者拘役，并处或者单处罚金。

（三）其他致使公共财产、国家和人民利益遭受特别重大损失的情形。

承担安全评价职责的中介组织的人员有刑法第二百二十九条第一款行为，在裁量刑罚时，应当考虑其行为手段、主观过错程度、对安全事故的发生所起作用大小及其获利情况、一贯表现等因素，综合评估社会危害性，依法裁量刑罚，确保罪责刑相适应。

第八条 承担安全评价职责的中介组织的人员，严重不负责任，出具的证明文件有重大失实，有下列情形之一的，属于刑法第二百二十九条第三款规定的“造成严重后果”：

（一）造成死亡1人以上或者重伤3人以上安全事故的；

（二）造成直接经济损失100万元以上安全事故的；

（三）其他造成严重后果的情形。

第九条 承担安全评价职责的中介组织犯刑法第二百二十九条规定之罪的，对该中介组织判处罚金，并对其直接负责的主管人员和其他直接责任人员，依照本解释第七条、第八条的规定处罚。

第十条 有刑法第一百三十四条之一行为，积极配合公安机关或者负有安全生产监督管理职责的部门采取措施排除事故隐患，确有悔改表现，认罪认罚的，可以依法从宽处罚；犯罪情节轻微不需要判处刑罚的，可以不起诉或者免予刑事处罚；情节显著轻微危害不大的，不作为犯罪处理。

【典型案例】根据2022年12月15日最高法、最高检**人民法院、人民检察院依法惩治危害生产安全犯罪典型案例·案例3、江苏天某安全技术公司、柏某等提供虚假证明文件案**，安全评价中介组织接受委托开展安全评价活动、出具安全评价报告，对生产经营单位能否获得安全生产监管部门的批准和许可、能否开展生产经营活动起到关键性作用，应当依法履行职责，出具真实客观的安全评价报告，否则可能承担刑事责任。司法机关对于安全评价中介组织及其工作人员提供虚假证明文件犯罪行为，在裁量刑罚时，应当综合考虑其行为手段、主观过错程度、对安全事故的发生所起作用大小以及获利情况、一贯表现等各方面因素，综合评估社会危害性，依照刑法规定妥当裁量刑罚，确保罪责刑相适应。

〔204〕 **【立案标准】**根据2022年4月6日最高检、公安部《**关于公安机关管辖的刑事案件立案追诉标准的规定（二）**》**第七十五条**，违反进出口商品

第230条

第二百三十一条　【单位犯本节之罪的处罚】单位犯本节第二百二十一条至第二百三十条规定之罪的，对单位判处罚金，并对其直接负责的主管人员和其他直接责任人员，依照本节各该条的规定处罚。

检验法的规定，逃避商品检验，将必须经商检机构检验的进口商品未报经检验而擅自销售、使用，或者将必须经商检机构检验的出口商品未报经检验合格而擅自出口，涉嫌下列情形之一的，应予立案追诉：

（一）给国家、单位或者个人造成直接经济损失数额在50万元以上的；

（二）逃避商检的进出口货物货值金额在300万元以上的；

（三）导致病疫流行、灾害事故的；

（四）多次逃避商检的；

（五）引起国际经济贸易纠纷，严重影响国家对外贸易关系，或者严重损害国家声誉的；

（六）其他情节严重的情形。

第四章　侵犯公民人身权利、民主权利罪

第二百三十二条〔205〕　**【故意杀人罪】**故意杀人的，处死刑、无期徒刑或者十年以上有期徒刑；情节较轻的，处三年以上十年以下有期徒刑。

---

〔205〕　**【司法解释】**2015 年 3 月 2 日最高法、最高检、公安部、司法部**《关于依法办理家庭暴力犯罪案件的意见》**指出，对于长期遭受家庭暴力后，在激愤、恐惧状态下为了防止再次遭受家庭暴力，或者为了摆脱家庭暴力而故意杀害、伤害施暴人，被告人的行为具有防卫因素，施暴人在案件起因上具有明显过错或者直接责任的，可以酌情从宽处罚。对于因遭受严重家庭暴力，身体、精神受到重大损害而故意杀害施暴人；或者因不堪忍受长期家庭暴力而故意杀害施暴人，犯罪情节不是特别恶劣，手段不是特别残忍的，可以认定为刑法第二百三十二条规定的故意杀人“情节较轻”。在服刑期间确有悔改表现的，可以根据其家庭情况，依法放宽减刑的幅度，缩短减刑的起始时间与间隔时间；符合假释条件的，应当假释。被杀害施暴人的近亲属表示谅解的，在量刑、减刑、假释时应当予以充分考虑。

根据 2015 年 12 月 14 日最高法、最高检**《关于办理危害生产安全刑事案件适用法律若干问题的解释》第十条**，在安全事故发生后，直接负责的主管人员和其他直接责任人员故意阻挠开展抢救，导致人员死亡或者重伤，或者为了逃避法律追究，对被害人进行隐藏、遗弃，致使被害人因无法得到救助而死亡或者重度残疾的，分别依照刑法第二百三十二条、第二百三十四条的规定，以故意杀人罪或者故意伤害罪定罪处罚。

根据 2017 年 1 月 25 日最高法、最高检**《关于办理组织、利用邪教组织破坏法律实施等刑事案件适用法律若干问题的解释》第十一条**，组织、利用邪教组织，制造、散布迷信邪说，组织、策划、煽动、胁迫、教唆、帮助其成员或者他人实施自杀、自伤的，依照刑法第二百三十二条、第二百三十四条的规定，以故意杀人罪或者故意伤害罪定罪处罚。

根据 2020 年 7 月 22 日最高检**《关于充分发挥检察职能服务保障“六稳”“六保”的意见》**，对故意杀人、故意伤害、绑架、抢劫、强奸等严重暴力犯罪造成被害人重伤、死亡的，或者被害人家庭因案致贫、因案返贫的，结合具体案情及时、主动给予司法救助，并积极协调有关部门落实多元救助措施，保障困难当事人的基本生活。

根据 2020 年 9 月 22 日最高法、最高检、公安部**《关于依法办理“碰瓷”违法犯罪案件的指导意见》**，为实施“碰瓷”而故意杀害、伤害他人或者过失致人重伤、死亡，符合刑法第二百三十二条、第二百三十四条、第二百三十三条、

第二百三十五条规定的，分别以故意杀人罪、故意伤害罪、过失致人死亡罪、过失致人重伤罪定罪处罚。

根据最高法研究室**《关于醉酒后在公共场所持刀连续捅刺致多人死伤行为如何定性问题研究意见》**，醉酒后在公共场所持刀连续捅刺，致多人死伤的行为，宜定性为故意杀人罪（故意伤害罪被吸收）（参见《司法研究与指导》2012 年总第 2 辑）。

2009 年 8 月 3 日最高法**《关于审理故意杀人、故意伤害案件正确适用死刑问题的指导意见》**，就审理故意杀人、故意伤害案件正确适用死刑问题，意见如下：

一、关于故意杀人、故意伤害犯罪死刑适用的基本要求

故意杀人、故意伤害（指致人死亡或者以特别残忍的手段致人重伤造成严重残疾的）犯罪是非法剥夺他人生命和健康权利的严重犯罪。对罪行极其严重的故意杀人、故意伤害犯罪分子依法适用死刑，是贯彻执行“保留死刑，严格控制和慎重适用死刑”刑事政策的重要方面。

“保留死刑，严格控制和慎重适用死刑”是我国一贯的刑事政策，必须保证这一重要刑事政策适用的连续性和稳定性；要以最严格的标准和最审慎的态度，确保死刑只适用于极少数罪行极其严重的犯罪分子，保证更有力、更准确地依法惩治严重刑事犯罪。

要更加注重贯彻宽严相济的基本刑事政策。注意区分案件的不同情况，区别对待，做到当严则严，该宽则宽，宽严相济，罚当其罪。对于犯罪动机特别卑劣、犯罪情节特别恶劣、犯罪后果特别严重等严重危害社会治安和影响人民群众安全感的故意杀人、故意伤害案件，要依法从严惩处。对因婚姻家庭、邻里纠纷等民间矛盾引发的案件，要慎重适用死刑。

要严格依法量刑，注重办案效果。对故意杀人、故意伤害犯罪案件是否适用死刑，要严格依照法律规定，坚持罪刑法定、罪刑相适应等刑法基本原则，综合考虑案件的性质，犯罪的起因、动机、目的、手段等情节，犯罪的后果，被告人的主观恶性和人身危险性等因素，全面分析影响量刑的轻、重情节，根据被告人的罪责，并考虑涉案当地的社会治安状况和犯罪行为对人民群众安全感的影响，严格依法适用，确保死刑裁判法律效果和社会效果的有机统一。

二、关于故意杀人罪的死刑适用

对于故意杀人犯罪案件是否适用死刑，要综合分析，区别对待，依法慎重决定。

一是要注意区分案件性质。对下列严重危害社会治安和严重影响人民群众安全感的犯罪，应当体现从严惩处的原则，依法判处被告人重刑直至死刑立即执行。如：暴力恐怖犯罪、黑社会性质组织犯罪、恶势力犯罪以及其他

严重暴力犯罪中故意杀人的首要分子；雇凶杀人的；冒充军警、执法人员杀人的，等等。但是，对于其中具有法定从轻处罚情节的，也要注意依法从宽处罚。

对于因婚姻家庭、邻里纠纷以及山林、水流、田地纠纷等民间矛盾激化引发的故意杀人案件，在适用死刑时要特别慎重。如：被害人一方有明显过错或者对矛盾激化负有直接责任的；被告人有法定从轻处罚情节的；被告人积极赔偿被害人经济损失、真诚悔罪的；被害方谅解的，等等，除犯罪情节特别恶劣、犯罪后果特别严重、人身危险性极大的被告人外，一般可考虑不判处死刑立即执行。

二是要注重区分犯罪情节。对于犯罪情节特别恶劣，又无从轻处罚情节的被告人，可以依法判处死刑立即执行。如：暴力抗法而杀害执法人员的；以特别残忍的手段杀人的；持枪杀人的；实施其他犯罪后杀人灭口的；杀人后为掩盖罪行或者出于其他卑劣动机分尸、碎尸、焚尸灭迹的，等等。

三是要注重区分犯罪后果。故意杀人罪的直接后果主要是致人死亡，但也要考虑对社会治安的影响等其他后果。对于被害人有明显过错，或者有其他从轻情节可以对被告人从宽处罚的，即使造成了死亡的后果，一般也可不判处死刑立即执行。故意杀人未遂的，一般不判处被告人死刑。对于防卫过当致人死亡的，应当减轻或者免除处罚。虽不构成防卫过当，但带有防卫性质的故意杀人，即使造成了被害人死亡的结果，也不判处被告人死刑。

四是注重区分被告人的主观恶性及人身危险性。要从被告人的犯罪动机、犯罪预谋、犯罪过程中的具体情节以及被害人的过错等方面综合判断被告人的主观恶性。在直接故意杀人与间接故意杀人案件中，被告人的主观恶性程度是不同的，在处刑上也应有所区别。

对于犯罪动机卑劣而预谋杀人的，或者性情残暴动辄肆意杀人的被告人，可以依法判处死刑立即执行。对于坦白主要犯罪事实并对定案证据的收集有重要作用的；犯罪后自动归案但尚不构成自首的；被告人亲属协助司法机关抓获被告人后，被告人对自己的罪行供认不讳的；被告人及其亲属积极赔偿被害方经济损失并取得被害方谅解的；刚满18周岁或已满70周岁以上的人犯罪且情节不是特别恶劣的，等等，一般可不判处死刑立即执行。

要从被告人有无前科及平时表现、犯罪后的悔罪情况等方面综合判断被告人的人身危险性。对于累犯中前罪系暴力犯罪，或者曾因暴力犯罪被判重刑后又犯故意杀人罪的；杀人后毫无悔罪表现的，等等，如果没有法定从轻处罚情节，一般可依法判处死刑立即执行。对于犯罪后积极抢救被害人、减轻危害后果或者防止危害后果扩大的；虽具有累犯等法定从重处罚情节，但前罪较轻，或者同时具有自首等法定、酌定从轻情节，经综合考虑不是必须判处死刑立即执行的，等等，一般可不判处被告人死刑立即执行。

三、关于故意伤害罪的死刑适用（➽参见刑法第234条脚注相关部分）

四、关于故意杀人、故意伤害共同犯罪的死刑适用

对于故意杀人、故意伤害共同犯罪案件的死刑适用，要充分考虑各被告人在共同犯罪中的地位和作用、犯罪后果、被告人的主观恶性和人身危险性等情况，正确认定各被告人的罪责并适用刑罚。一案中有多名主犯的，要在主犯中区分出罪责最为严重者和较为严重者。

对于共同致一人死亡，依法应当判处被告人死刑立即执行的，原则上只判处一名被告人死刑立即执行。罪行极其严重的主犯因有立功、自首等法定从轻处罚情节而依法不判处死刑立即执行的，也不能对罪行相对较轻的主犯判处死刑立即执行。

对于被告人地位、作用相当，罪责相对分散，或者罪责确实难以分清的，一般不判处被告人死刑立即执行。确需判处被告人死刑立即执行的，要充分考虑被告人在主观恶性和人身危险性等方面的不同，审慎决定。

对于家庭成员共同犯罪案件，适用死刑要特别慎重，应尽量避免判处同一家庭两名以上成员死刑立即执行。

对于有同案犯在逃的案件，要分清罪责，慎重决定对在案的被告人判处死刑立即执行。

雇凶犯罪作为一种共同犯罪，其社会危害性比一般共同犯罪更大，应当依法从严惩处。雇凶者作为犯罪的“造意者”，其对案件的发生负有直接和更主要的责任，只有依法严惩雇凶者，才能有效遏制犯罪。但在具体量刑时，也要根据案件的不同情况，区别对待。

对于雇凶者与受雇者共同直接实施故意杀人、故意伤害犯罪行为的，应认定雇凶者为罪行最严重的主犯；雇凶者没有直接实施故意杀人、故意伤害犯罪行为，但参与了共同犯罪的策划，实施了具体组织、指挥行为的，对雇凶者也应认定为罪行最严重的主犯；雇凶者只是笼统提出犯意，没有实施具体组织、指挥行为，积极实施犯罪行为的受雇者可认定为罪行最严重的主犯；雇凶者雇佣未成年人实施故意杀人、故意伤害犯罪的，雇凶者为罪行最严重的主犯；对于多名受雇者地位、作用相当，责任相对分散，或者责任难以分清的，雇凶者应对全案负责，应认定雇凶者为罪行最严重的主犯。

受雇者明显超出雇凶者授意范围，实施故意杀人、故意伤害犯罪，因行为过限，造成更严重危害后果的，应当以实际实施的行为承担刑事责任。

对于雇凶杀人、伤害只致一人死亡的案件，一般不宜同时判处雇凶者与受雇者死刑立即执行。对于案情特别重大，后果特别严重，确需判处两名以上被告人死刑立即执行的，要严格区分多名受雇者的地位、作用，根据其罪责和犯罪情节，一般可对雇凶者和其中罪行最严重的受雇者判处死刑立即执行。

五、关于被告人有自首、立功情节的死刑适用

自首和立功是刑法明确规定的、司法实践中适用较多的两种法定从轻或减轻处罚情节。对于具备这两种情节之一的，一般都应依法从轻处罚。对于

具有自首、立功情节，同时又有累犯、前科等法定、酌定从重处罚情节的，要综合分析从重因素和从轻因素哪方面更突出一些，依法体现宽严相济的基本刑事政策。

对于被告人未自首，但被告人亲属协助抓获被告人，或者提供被告人犯罪的主要证据对定案起到重要作用等情况的，应作为酌定从宽情节，予以充分考虑。

对于具有犯罪后果特别严重、犯罪动机特别卑劣或者被告人为规避法律而自首等情形的，对被告人是否从轻处罚，要从严掌握。

对于罪该判处死刑的被告人具有立功表现的，是否从轻处罚，应当以该立功是否足以抵罪为标准。被告人确有重大立功表现的，一般应当考虑从轻处罚；被告人有一般立功表现，经综合考虑足以从轻的，也可以考虑对被告人从轻处罚；被告人亲属为使被告人得到从轻处罚，检举、揭发他人犯罪或者协助司法机关抓捕其他犯罪嫌疑人的，虽不能视为被告人立功，也可以作为酌定从宽情节考虑。对于黑社会性质组织犯罪的首要分子、犯罪集团的首要分子等，犯罪主体的特殊性决定了其有可能掌握他人较多的犯罪线索，即使其检举揭发与其犯罪有关联的人或事构成重大立功的，从轻处罚也要从严掌握。如果被告人罪行极其严重，只有一般立功表现，经综合考虑不足以从轻的，可不予从轻处罚。

六、正确把握民事赔偿与死刑适用的关系

对于因婚姻家庭、邻里纠纷等民间矛盾激化引发、侵害对象特定的故意杀人、故意伤害案件，如果被告人积极履行赔偿义务，获得被害方的谅解或者没有强烈社会反响的，可以依法从宽判处。对于那些严重危害社会治安的故意杀人、故意伤害案件，被告人积极赔偿，得到被害方谅解的，依法从宽判处应当特别慎重。

要特别重视对故意杀人、故意伤害死刑案件的民事调解工作。一、二审法院要进一步加大调解力度，尽可能地促使当事人在一审达成调解协议。一审调解不成的，二审法院仍然要做更多更细致的工作，将调解工作贯穿案件审理始终，避免因民事部分没有妥善处理而影响量刑、出现上访闹访。对于依法可以不判处被告人死刑的案件，要最大限度地促成双方当事人达成赔偿协议，取得被害方谅解。对于具有法定从轻情节，被害人有明显过错等依法不应当判处被告人死刑的案件，也不能因为被害方不接受赔偿或达不成调解协议而判处被告人死刑。对于因具有赔偿好等情节而不判处死刑的，裁判文书中应注意从被告人积极认罪、真诚悔罪、获得被害方谅解等角度充分阐释裁判理由，争取更好的社会效果。

要注意依法保护被害方的合法权益。被告人的犯罪行为造成被害人经济损失的，要依法判决被告人承担民事赔偿责任，不能因为判处被告人死刑而该赔的不赔。对于那些因被告人没有赔偿能力而得不到赔偿的，要通过国家救助制度，解决被害方因被告人的犯罪行为造成的暂时的生活、医疗困难，安抚被害人及其亲属，促进社会和谐。

七、正确对待被害方的诉求

要正确对待和慎重处理被害方反映强烈的案件。有的案件，无论一、二审法院是否判处被告人死刑，都可能会有当事人及其亲属对裁判结果不满，并通过上访闹访等各种途径给法院施加压力，严重影响社会和谐稳定。各级法院对此要引起高度重视，着力化解矛盾，避免因工作上的失误造成当事人自伤自残的后果，甚至引发群体性事件。

被害方对犯罪的社会危害性体会最深刻、感受最具体，这种感受、体会也是犯罪社会危害性的重要反映。但是，由于被害方与案件有利害关系，他们表达的诉求和意愿往往带有一定的感情色彩和情绪化的因素。对被害方的意愿既要充分地理解、尊重和考虑，又不能简单地把被害方的意愿等同于民意，要注意区分情况，慎重处理。对于被害方合法合理的诉求，要依法保护；对于超出法律规定的要求，要注意做好说服解释工作，尤其是对于依法不应当判处死刑的，不能因为被害方反应激烈就判处死刑。要注意工作方法和策略，着力化解矛盾，引导被害方采取理性合法的形式表达诉求，以维护法律权威，确保社会稳定。

要充分依靠当地党委和政府，认真做好当事人及其亲属的工作，妥善处理上访事件。在严格依法独立公正办案的同时，要把案件处理与解决纠纷、化解矛盾结合起来。对于因判处死刑或者不判处死刑，或者因民事部分处理不当而引发的缠讼、上访和群体性事件，要依靠党委，争取政府和有关部门的支持，耐心细致地做好教育、疏导、制止工作，最大程度地实现“案结事了”，最大程度地实现法律效果和社会效果的有机统一。

2010年4月14日最高法刑三庭**《在审理故意杀人、伤害及黑社会性质组织犯罪案件中切实贯彻宽严相济刑事政策》**指出：2010年2月8日印发的《最高人民法院关于贯彻宽严相济刑事政策的若干意见》（以下简称《意见》）……是人民法院刑事审判工作的重要指南。现结合审判实践，就故意杀人、伤害及黑社会性质组织犯罪案件审判中如何贯彻《意见》的精神作简要阐释。

一、在三类案件中贯彻宽严相济刑事政策的总体要求

在故意杀人、伤害及黑社会性质组织犯罪案件的审判中贯彻宽严相济刑事政策，要落实《意见》第1条规定：根据犯罪的具体情况，实行区别对待，做到该宽则宽，当严则严，宽严相济，罚当其罪。落实这个总体要求，要注意把握以下几点：

1. 正确把握宽与严的对象。故意杀人和故意伤害犯罪的发案率高，社会危害大，是各级法院刑事审判工作的重点。黑社会性质组织犯罪在我国自二十世纪八十年代末出现以来，长时间保持快速发展势头，严厉打击黑社会性

质组织犯罪,是法院刑事审判在当前乃至今后相当长一段时期内的重要任务。因此,对这三类犯罪总体上应坚持从严惩处的方针。但是在具体案件的处理上,也要分别案件的性质、情节和行为人的主观恶性、人身危险性等情况,把握宽严的范围。在确定从宽与从严的对象时,还应当注意审时度势,对经济社会的发展和治安形势的变化作出准确判断,为构建社会主义和谐社会的目标服务。

2. 坚持严格依法办案。三类案件的审判中,无论是从宽还是从严,都必须严格依照法律规定进行,做到宽严有据,罚当其罪,不能为追求打击效果,突破法律界限。比如在黑社会性质组织犯罪的审理中,黑社会性质组织的认定必须符合法律和立法解释规定的标准,既不能降格处理,也不能拔高认定。

3. 注重法律效果与社会效果的统一。严格依法办案,确保良好法律效果的同时,还应当充分考虑案件的处理是否有利于赢得人民群众的支持和社会稳定,是否有利于瓦解犯罪,化解矛盾,是否有利于罪犯的教育改造和回归社会,是否有利于减少社会对抗,促进社会和谐,争取更好的社会效果。比如在刑罚执行过程中,对于故意杀人、伤害犯罪及黑社会性质组织犯罪的领导者、组织者和骨干成员就应当从严掌握减刑、假释的适用,其他主观恶性不深、人身危险性不大的罪犯则可以从宽把握。

二、故意杀人、伤害案件审判中宽严相济的把握

1. 注意区分两类不同性质的案件。故意杀人、故意伤害侵犯的是人的生命和身体健康,社会危害大,直接影响到人民群众的安全感,《意见》第7条将故意杀人、故意伤害致人死亡犯罪作为严惩的重点是十分必要的。但是,实践中的故意杀人、伤害案件复杂多样,处理时要注意分别案件的不同性质,做到区别对待。

实践中,故意杀人、伤害案件从性质上通常可分为两类:一类是严重危害社会治安、严重影响人民群众安全感的案件,如极端仇视国家和社会,以不特定人为行凶对象的;一类是因婚姻家庭、邻里纠纷等民间矛盾激化引发的案件。对于前者应当作为严惩的重点,依法判处被告人重刑直至判处死刑。对于后者处理时应注意体现从严的精神,在判处重刑尤其是适用死刑时应特别慎重,除犯罪情节特别恶劣、犯罪后果特别严重、人身危险性极大的被告人外,一般不应当判处死刑。对于被害人在起因上存在过错,或者是被告人案发后积极赔偿,真诚悔罪,取得被害人或其家属谅解的,应依法从宽处罚,对同时有法定从轻、减轻处罚情节的,应考虑在无期徒刑以下裁量刑罚。同时应重视此类案件中的附带民事调解工作,努力化解双方矛盾,实现积极的"案结事了",增进社会和谐,达成法律效果与社会效果的有机统一。《意见》第23条是对此审判经验的总结。

此外,实践中一些致人死亡的犯罪是故意杀人还是故意伤害往往难以区分,在认定时除从作案工具、打击的部位、力度等方面进行判断外,也要注意

考虑犯罪的起因等因素。对于民间纠纷引发的案件，如果难以区分是故意杀人还是故意伤害时，一般可考虑定故意伤害罪。

2. 充分考虑各种犯罪情节。犯罪情节包括犯罪的动机、手段、对象、场所及造成的后果等，不同的犯罪情节反映不同的社会危害性。犯罪情节多属酌定量刑情节，法律往往未作明确的规定，但犯罪情节是适用刑罚的基础，是具体案件决定从严或从宽处罚的基本依据，需要在案件审理中进行仔细甄别，以准确判断犯罪的社会危害性。有的案件犯罪动机特别卑劣，比如为了铲除政治对手而雇凶杀人的，也有一些人犯罪是出于义愤，甚至是“大义灭亲”、“为民除害”的动机杀人。有的案件犯罪手段特别残忍，比如采取放火、泼硫酸等方法把人活活烧死的故意杀人行为。犯罪后果也可以分为一般、严重和特别严重几档。在实际中一般认为故意杀人、故意伤害一人死亡的为后果严重，致二人以上死亡的为犯罪后果特别严重。特定的犯罪对象和场所也反映社会危害性的不同，如针对妇女、儿童等弱势群体或在公共场所实施的杀人、伤害，就具有较大的社会危害性。以上犯罪动机卑劣，或者犯罪手段残忍，或者犯罪后果严重，或者针对妇女、儿童等弱势群体作案等情节恶劣的，又无其他法定或酌定从轻情节应当依法从重判处。如果犯罪情节一般，被告人真诚悔罪，或有立功、自首等法定从轻情节的，一般应考虑从宽处罚。

实践中，故意杀人、伤害案件的被告人既有法定或酌定的从宽情节，又有法定或酌定从严情节的情形比较常见，此时，就应当根据《意见》第 28 条，在全面考察犯罪的事实、性质、情节和对社会危害程度的基础上，结合被告人的主观恶性、人身危险性、社会治安状况等因素，综合作出分析判断。

3. 充分考虑主观恶性和人身危险性。《意见》第 10 条、第 16 条明确了被告人的主观恶性和人身危险性是从严和从宽的重要依据，在适用刑罚时必须充分考虑。主观恶性是被告人对自己行为及社会危害性所抱的心理态度，在一定程度上反映了被告人的改造可能性。一般来说，经过精心策划的、有长时间计划的杀人、伤害，显示被告人的主观恶性深；激情犯罪，临时起意的犯罪，因被害人的过错行为引发的犯罪，显示的主观恶性较小。对主观恶性深的被告人要从严惩处，主观恶性较小的被告人则可考虑适用较轻的刑罚。

人身危险性即再犯可能性，可从被告人有无前科、平时表现及悔罪情况等方面综合判断。人身危险性大的被告人，要依法从重处罚。如累犯中前罪系暴力犯罪，或者曾因暴力犯罪被判重刑后又犯故意杀人、故意伤害致人死亡的；平时横行乡里，寻衅滋事杀人、伤害致人死亡的，应依法从重判处。人身危险性小的被告人，应依法体现从宽精神。如被告人平时表现较好，激情犯罪，系初犯、偶犯的；被告人杀人或伤人后有抢救被害人行为的，在量刑时应该酌情予以从宽处罚。

未成年人及老年人的故意杀人、伤害犯罪与一般人犯罪相比，主观恶性和人身危险性等方面有一定特殊性，在处理时应当依据《意见》的第 20 条、第

21 条考虑从宽。对犯故意杀人、伤害罪的未成年人，要坚持“教育为主，惩罚为辅”的原则和“教育、感化、挽救”的方针进行处罚。对于情节较轻、后果不重的伤害案件，可以依法适用缓刑或者判处管制、单处罚金等非监禁刑。对于情节严重的未成年人，也应当从轻或减轻处罚。对于已满 14 周岁不满 16 周岁的未成年人，一般不判处无期徒刑。对于 70 周岁以上的老年人犯故意杀人、伤害罪的，由于其已没有再犯罪的可能，在综合考虑其犯罪情节和主观恶性、人身危险性的基础上，一般也应酌情从宽处罚。

4. 严格控制和慎重适用死刑。故意杀人和故意伤害犯罪在判处死刑的案件中所占比例最高，审判中要按照《意见》第 29 条的规定，准确理解和严格执行“保留死刑，严格控制和慎重适用死刑”的死刑政策，坚持统一的死刑适用标准，确保死刑只适用于极少数罪行极其严重的犯罪分子；坚持严格的证据标准，确保把每一起判处死刑的案件都办成铁案。对于罪行极其严重，但只要有法定、酌定从轻情节，依法可不立即执行的，就不应当判处死刑立即执行。

对于自首的故意杀人、故意伤害致人死亡的被告人，除犯罪情节特别恶劣，犯罪后果特别严重的，一般不应考虑判处死刑立即执行。对亲属送被告人归案或协助抓获被告人的，也应视为自首，原则上应当从宽处罚。对具有立功表现的故意杀人、故意伤害致死的被告人，一般也应当体现从宽，可考虑不判处死刑立即执行。但如果犯罪情节特别恶劣，犯罪后果特别严重的，即使有立功情节，也可以不予从轻处罚。

共同犯罪中，多名被告人共同致死一名被害人的，原则上只判处一人死刑。处理时，根据案件的事实和证据能分清主从犯的，都应当认定主从犯；有多名主犯的，应当在主犯中进一步区分出罪行最为严重者和较为严重者，不能以分不清主次为由，简单地一律判处死刑（参见 2010 年 4 月 14 日《人民法院报》）。

【会议纪要】根据 1999 年 10 月 27 日最高法**《全国法院维护农村稳定刑事审判工作座谈会纪要》**（法〔1999〕217 号），对故意杀人犯罪是否判处死刑，不仅要看是否造成了被害人死亡结果，还要综合考虑案件的全部情况。对于因婚姻家庭、邻里纠纷等民间矛盾激化引发的故意杀人犯罪，适用死刑一定要十分慎重，应当与发生在社会上的严重危害社会治安的其他故意杀人犯罪案件有所区别。对于被害人一方有明显过错或对矛盾激化负有直接责任，或者被告人有法定从轻处罚情节的，一般不应判处死刑立即执行。

【指导案例】根据 2011 年 12 月 20 日最高法**第一批指导性案例·指导案例 4 号·王志才故意杀人案**，因恋爱、婚姻矛盾激化引发的故意杀人案件，被告人犯罪手段残忍，论罪应当判处死刑，但被告人具有坦白悔罪、积极赔偿等从轻处罚情节，同时被害人亲属要求严惩的，人民法院根据案件性质、犯罪情节、危害后果和被告人的主观恶性及人身危险性，可以依法判处被告人死刑，缓期 2 年执行，同时决定限制减刑，以有效化解社会矛盾，促进社会和谐。

第二百三十三条　【过失致人死亡罪】过失致人死亡的，处三年以上七年以下有期徒刑；情节较轻的，处三年以下有期徒刑。本法另有规定的，依照规定。

第二百三十四条〔206〕　**【故意伤害罪】**故意伤害他人身体的，处三年以下有期徒刑、拘役或者管制。

犯前款罪，致人重伤的，处三年以上十年以下有期徒刑；致人死亡或者以特别残忍手段致人重伤造成严重残疾的，处十年以上有期徒刑、无期徒刑或者死刑。本法另有规定的，依照规定。

根据2012年9月18日最高法**第三批指导性案例·指导案例12号·李飞故意杀人案**，对于因民间矛盾引发的故意杀人案件，被告人犯罪手段残忍，且系累犯，论罪应当判处死刑，但被告人亲属主动协助公安机关将其抓捕归案，并积极赔偿的，人民法院根据案件具体情节，从尽量化解社会矛盾角度考虑，可以依法判处被告人死刑，缓期二年执行，同时决定限制减刑。

〔206〕**【相关法规】**根据2012年《**治安管理处罚法**》**第四十三条第一款**，殴打他人的，或者故意伤害他人身体的，处五日以上十日以下拘留，并处二百元以上五百元以下罚款；情节较轻的，处五日以下拘留或者五百元以下罚款。

【司法解释】根据2022年12月22日最高检、公安部《**关于依法妥善办理轻伤害案件的指导意见**》（高检发办字〔2022〕167号，自2022年12月22日起施行），为全面贯彻习近平法治思想，践行以人民为中心的发展理念，落实宽严相济刑事政策，提升轻伤害案件办案质效，有效化解社会矛盾，促进社会和谐稳定，实现办案政治效果，法律效果和社会效果的统一，根据《中华人民共和国刑法》《中华人民共和国刑事诉讼法》等有关规定，制定本意见。

一、基本要求

（一）坚持严格依法办案……

（二）注重矛盾化解、诉源治理。轻伤害案件常见多发，如果处理不当，容易埋下问题隐患或者激化矛盾。人民检察院、公安机关办理轻伤害案件，要依法用足用好认罪认罚从宽制度、刑事和解制度和司法救助制度，把化解矛盾、修复社会关系作为履职办案的重要任务。要充分借助当事人所在单位、社会组织、基层组织、调解组织等第三方力量，不断创新工作机制和方法，促进矛盾纠纷解决以及当事人和解协议的有效履行。

（三）落实宽严相济刑事政策。人民检察院、公安机关要以宽严相济刑事政策为指导，对因婚恋、家庭、亲友、邻里、同学、同事等民间矛盾纠纷或者偶发事件引发的轻伤害案件，结合个案具体情况把握好法理情的统一，依法少捕慎诉慎押；对主观恶性大、情节恶劣的轻伤害案件，应当依法从严惩处，当捕即捕、当诉则诉。

二、依法全面调查取证、审查案件

（四）坚持全面调查取证……

（五）坚持全面审查案件……

（六）对鉴定意见进行实质性审查……

（七）准确区分罪与非罪。对被害人出现伤害后果的，人民检察院、公安机关判断犯罪嫌疑人是否构成故意伤害罪时，应当在全面审查案件事实、证据的基础上，根据双方的主观方面和客观行为准确认定，避免“唯结果论”“谁受伤谁有理”。如果犯罪嫌疑人只是与被害人发生轻微推搡、拉扯的，或者为摆脱被害人拉扯或者控制而实施甩手、后退等应急、防御行为的，不宜认定为刑法意义上的故意伤害行为。

（八）准确区分寻衅滋事罪与故意伤害罪。对出现被害人轻伤后果的案件，人民检察院、公安机关要全面分析案件性质，查明案件发生起因、犯罪嫌疑人的动机、是否有涉黑涉恶或者其他严重情节等，依法准确定性，不能简单化办案，一概机械认定为故意伤害罪。犯罪嫌疑人无事生非、借故生非，随意殴打他人的，属于“寻衅滋事”，构成犯罪的，应当以寻衅滋事罪依法从严惩处。

（九）准确区分正当防卫与互殴型故意伤害……（➻参见刑法第20条脚注相关部分）

（十）准确认定共同犯罪。二人以上对同一被害人共同故意实施伤害行为，无论是否能够证明伤害结果具体由哪一犯罪嫌疑人的行为造成的，均应当按照共同犯罪认定处理，并根据各犯罪嫌疑人在共同犯罪中的地位、作用、情节等追究刑事责任。犯罪嫌疑人对被害人实施伤害时，对虽然在场但并无伤害故意和伤害行为的人员，不能认定为共同犯罪。对虽然有一定参与但犯罪情节轻微，依照刑法规定不需要判处刑罚或者免除刑罚的，可以依法作出不起诉处理。对情节显著轻微、危害不大，不认为是犯罪的，应当撤销案件，或者作出不起诉处理。

三、积极促进矛盾化解

（十一）充分适用刑事和解制度……

（十二）充分适用认罪认罚从宽制度……

（十三）积极开展国家司法救助……

（十四）充分发挥矛盾纠纷多元化解工作机制作用……

（十五）注重通过不起诉释法说理修复社会关系……

四、规范落实少捕慎诉慎押刑事司法政策

（十六）依法准确把握逮捕标准。轻伤害案件中，犯罪嫌疑人具有认罪认罚，且没有其他犯罪嫌疑；与被害人已达成和解协议并履行赔偿义务；系未成年人或者在校学生，本人确有悔罪表现等情形，人民检察院、公安机关经审查认为犯罪嫌疑人不具有社会危险性的，公安机关可以不再提请批准逮捕，人民检察院可以作出不批捕的决定。犯罪嫌疑人因其伤害行为致使当事人双方矛盾进一步激化，可能实施新的犯罪或者具有其他严重社会危险性情形的，人民检察院可以依法批准逮捕。

（十七）依法准确适用不起诉。对于犯罪事实清楚，证据确实、充分，犯罪嫌疑人具有本意见第十六条第一款规定情形之一，依照刑法规定不需要判处刑罚或者免除刑罚的，可以依法作出不起诉决定。对犯罪嫌疑人自愿认罪认罚，愿意积极赔偿，并提供了担保，但因被害人赔偿请求明显不合理，未能达成和解谅解的，一般不影响对符合条件的犯罪嫌疑人依法作出不起诉决定。

（十八）落实不起诉后非刑罚责任。人民检察院决定不起诉的轻伤害案件，可以根据案件的不同情况，对被不起诉人予以训诫或者责令具结悔过、赔礼道歉、赔偿损失，被不起诉人在不起诉前已被刑事拘留、逮捕的，或者当事人双方已经和解并承担了民事赔偿责任的，人民检察院作出不起诉决定后，一般不再提出行政拘留的检察意见。

（十九）依法开展羁押必要性审查。对于已经批准逮捕的犯罪嫌疑人，如果犯罪嫌疑人认罪认罚，当事人达成刑事和解，没有继续羁押必要的，人民检察院应当依法释放、变更强制措施或者建议公安机关、人民法院释放、变更强制措施。

（二十）对情节恶劣的轻伤害案件依法从严处理。对于虽然属于轻伤害案件，但犯罪嫌疑人涉黑涉恶的，雇凶伤害他人的，在被采取强制措施或者刑罚执行期间伤害他人的，犯罪动机、手段恶劣的，伤害多人的，多次伤害他人的，伤害未成年人、老年人、孕妇、残疾人及医护人员等特定职业人员的，以及具有累犯等其他恶劣情节的，应当依法从严惩处。

五、健全完善工作机制（下略）

六、附则

（二十三）本意见所称轻伤害案件，是指根据《中华人民共和国刑法》第二百三十四条第一款的规定，故意伤害他人身体，致人损伤程度达到《人体损伤程度鉴定标准》轻伤标准的案件。

（二十四）本意见自发布之日起施行。

2013 年 8 月 30 日最高法、最高检、公安部、国家安全部、司法部发布的**《人体损伤程度鉴定标准》**，对重伤、轻伤、轻微伤的定义如下：

3.1 重伤

使人肢体残废、毁人容貌、丧失听觉、丧失视觉、丧失其他器官功能或者其他对于人身健康有重大伤害的损伤，包括重伤一级和重伤二级。

3.2 轻伤

使人肢体或者容貌损害，听觉、视觉或者其他器官功能部分障碍或者其他对于人身健康有中度伤害的损伤，包括轻伤一级和轻伤二级。

3.3　轻微伤

各种致伤因素所致的原发性损伤，造成组织器官结构轻微损害或者轻微功能障碍。

根据2014年1月2日最高法**《关于执行〈人体损伤程度鉴定标准〉有关问题的通知》**（法〔2014〕3号），《最高人民法院、最高人民检察院、公安部、国家安全部、司法部关于发布〈人体损伤程度鉴定标准〉的公告》已于2013年8月30日发布，《人体损伤程度鉴定标准》（以下简称《损伤标准》）自2014年1月1日起施行。《人体重伤鉴定标准》（司发〔1990〕070号）、《人体轻伤鉴定标准（试行）》（法（司）发〔1990〕6号）和《人体轻微伤的鉴定》（GA/T146-1996）同时废止。为正确适用《损伤标准》，做好涉人体损伤案件审判工作，现就执行《损伤标准》有关问题通知如下：

一、致人损伤的行为发生在2014年1月1日之前，尚未审判或者正在审判的案件，需要进行损伤程度鉴定的，适用原鉴定标准。但按照《损伤标准》不构成损伤或者损伤程度较轻的，适用《损伤标准》。

二、致人损伤的行为发生在2014年1月1日之后，需要进行损伤程度鉴定的，适用《损伤标准》。

第234条

三、2014年1月1日前已发生法律效力的判决、裁定，按照当时的法律和司法解释，认定事实和适用法律没有错误的，不再变动。当事人及其法定代理人、近亲属以《损伤标准》的相关规定发生变更为由申请再审的，人民法院不予受理。

四、对于正在审理案件需要进行损伤程度鉴定的，司法技术部门应做好前期技术审核工作，在对外委托时应明确向鉴定机构提出适用标准。

2005年12月27日公安部**《公安机关办理伤害案件规定》**（公通字〔2005〕98号，自2006年2月1日起施行），为规范公安机关办理伤害案件，制定如下规定。

第二十八条　被害人伤情构成轻伤、重伤或者死亡，需要追究犯罪嫌疑人刑事责任的，依照《中华人民共和国刑事诉讼法》的有关规定办理。

第二十九条　根据《中华人民共和国刑法》第十三条及《中华人民共和国刑事诉讼法》第十五条第一项（★现为2018年《刑事诉讼法》第十六条第一项——编者说明）规定，对故意伤害他人致轻伤，情节显著轻微、危害不大，不认为是犯罪的，以及被害人伤情达不到轻伤的，应当依法予以治安管理处罚。

第三十条　对于因民间纠纷引起的殴打他人或者故意伤害他人身体的行为，情节较轻尚不够刑事处罚，具有下列情形之一的，经双方当事人同意，公安机关可以依法调解处理：

（一）亲友、邻里或者同事之间因琐事发生纠纷，双方均有过错的；

（二）未成年人、在校学生殴打他人或者故意伤害他人身体的；
（三）行为人的侵害行为系由被害人事前的过错行为引起的；
（四）其他适用调解处理更易化解矛盾的（★《公安机关办理伤害案件规定》第三十一条还规定了7种不得调解处理的情形——编者说明）。

根据2013年7月19日公安部**《关于公安机关处置信访活动中违法犯罪行为适用法律的指导意见》**，殴打他人或者故意伤害他人身体，符合《治安管理处罚法》第四十三条规定的，以殴打他人、故意伤害依法予以治安管理处罚；符合《刑法》第二百三十四条规定的，以故意伤害罪追究刑事责任。明知患有艾滋病或者其他严重传染疾病，故意以撕咬、抓挠等方式伤害他人，符合《刑法》第二百三十四条规定的，以故意伤害罪追究刑事责任。

2017年7月21日最高法、最高检**《关于办理组织、强迫、引诱、容留、介绍卖淫刑事案件适用法律若干问题的解释》第十二条第二款**，具有下列情形之一，致使他人感染艾滋病病毒的，认定为刑法第九十五条第三项"其他对于人身健康有重大伤害"所指的"重伤"，依照刑法第二百三十四条第二款的规定，以故意伤害罪定罪处罚：
（一）明知自己感染艾滋病病毒而卖淫、嫖娼的；
（二）明知自己感染艾滋病病毒，故意不采取防范措施而与他人发生性关系的。

根据2019年5月19日最高法、最高检、公安部、司法部**《关于依法严厉打击传播艾滋病病毒等违法犯罪行为的指导意见》**，明知自己感染艾滋病病毒或者患有艾滋病而卖淫、嫖娼或者故意不采取防范措施与他人发生性关系，致人感染艾滋病病毒的，依照刑法第二百三十四条第二款的规定，以故意伤害罪定罪处罚。

故意采取针刺等方法，致人感染艾滋病病毒的，依照刑法第二百三十四条第二款的规定，以故意伤害罪定罪处罚；未致人感染艾滋病病毒，但造成他人身体轻伤以上伤害的，依照刑法第二百三十四条的规定，以故意伤害罪定罪处罚。

明知他人感染艾滋病病毒或者患有艾滋病而隐瞒情况，介绍与其他人发生性关系，致人感染艾滋病病毒的，以故意伤害罪的共犯论处。

告知对方自己感染艾滋病病毒或者患有艾滋病，或者对方明知他人感染艾滋病病毒或者患有艾滋病，双方仍自愿发生性关系的，不作为犯罪处理。

根据2020年2月6日最高法、最高检、公安部、司法部**《关于依法惩治妨害新型冠状病毒感染肺炎疫情防控违法犯罪的意见》**，在疫情防控期间，故意伤害医务人员造成轻伤以上的严重后果，或者对医务人员实施撕扯防护装备、吐口水等行为，致使医务人员感染新型冠状病毒的，依照刑法第二百三十四条的规定，以故意伤害罪定罪处罚（★该意见后段当前是否妥当，值得研究——编者说明）。

根据2009年8月3日最高法**《关于审理故意杀人、故意伤害案件正确适用死刑问题的指导意见》**，相对于故意杀人犯罪而言，故意伤害犯罪的社会危害性和被告人的主观恶性程度不同，适用死刑应当比故意杀人犯罪更加慎重，标准更加严格。只有对于犯罪后果特别严重、手段特别残忍、情节特别恶劣的被告人，才可以适用死刑立即执行。

对故意伤害致人死亡的被告人决定是否适用死刑立即执行时，要将严重危害社会治安的案件与民间纠纷引发的案件有所区别；将手段特别残忍、情节特别恶劣的与手段、情节一般的有所区别；将预谋犯罪与激情犯罪有所区别，等等。

对于下列故意伤害致人死亡的被告人，如果没有从轻情节，可以适用死刑立即执行。如：暴力恐怖犯罪、黑社会性质组织犯罪、恶势力犯罪以及其他严重暴力犯罪中故意伤害他人的首要分子；起组织、策划作用或者为主实施伤害行为罪行最严重的主犯；聚众“打砸抢”伤害致人死亡的首要分子；动机卑劣而预谋伤害致人死亡的，等等。

对于故意伤害致人死亡的被告人，如果具有下列情形，一般不判处死刑立即执行。如：因婚姻家庭、邻里纠纷以及山林、水流、田地纠纷等民间矛盾激化引发的；被害人有过错，或者对引发案件负有直接责任的；犯罪手段、情节一般的；被告人犯罪后积极救治被害人，或者积极赔偿被害方经济损失并真诚悔罪的；被告人作案时刚满18周岁或已满70周岁以上，且情节不是特别恶劣的；其他经综合考虑所有量刑情节可不判处死刑立即执行的，等等。

以特别残忍手段致人重伤造成严重残疾的故意伤害案件，适用死刑时应当更加严格把握，并不是只要达到“严重残疾”的程度就必须判处被告人死刑。要根据致人“严重残疾”的具体情况，综合考虑犯罪情节和“严重残疾”的程度等情况，慎重决定。

故意伤害案件中“严重残疾”的标准，在有关司法解释出台前，可参照1996年国家技术监督局颁布的《职工工伤与职业病致残程度鉴定标准》确定残疾等级（★2016年4月18日最高法、最高检、公安部、国家安全部、司法部《关于发布〈人体损伤致残程度分级〉的公告》，要求司法鉴定机构和司法鉴定人进行人体损伤致残程度鉴定时，应当统一适用《人体损伤致残程度分级》。因此，当前不应再依据《职工工伤与职业病致残程度鉴定标准》确定残疾等级——编者说明）。即“严重残疾”是指下列情形之一：被害人身体器官大部缺损、器官明显畸形、身体器官有中等功能障碍、造成严重并发症等。残疾程度可以分为一般残疾（十至七级）、严重残疾（六至三级）、特别严重残疾（二至一级），六级以上为“严重残疾”。

对于以特别残忍手段造成被害人重伤致特别严重残疾的被告人，可以适用死刑立即执行。但对于那些使用硫酸等化学物质严重毁容，或者采取砍掉手脚等极其残忍手段致使被害人承受极度肉体、精神痛苦的，虽未达到特别严重残疾的程度，但犯罪情节特别恶劣，造成被害人四级以上严重残疾程度的，也可以适用死刑立即执行。

【会议纪要】根据1999年10月27日最高法《**全国法院维护农村稳定刑事审判工作座谈会纪要**》，间接故意杀人与故意伤害致人死亡，虽然都造成了死亡的后果，但行为人故意的性质和内容是截然不同的。不注意区分犯罪的性质和故意的内容，只要有死亡后果就判处死刑的做法是错误的，这在今后的工作中，应当予以纠正。对于故意伤害致人死亡，手段特别残忍，情节特别恶劣的，才可以判处死刑。参照1996年国家技术监督局颁布的《职工工伤与职业病致残程度鉴定标准》（以下简称"工伤标准"），刑法第二百三十四条第二款规定的"严重残疾"是指下列情形之一：被害人身体器官大部缺损、器官明显畸形、身体器官有中等功能障碍、造成严重并发症等。残疾程度可以分为一般残疾（10至7级）、严重残疾（6至3级）、特别严重残疾（2至1级），6级以上视为"严重残疾"。在有关司法解释出台前，可统一参照"工伤标准"确定残疾等级（★根据2016年4月18日最高法、最高检、公安部、国家安全部、司法部《关于发布〈人体损伤致残程度分级〉的公告》，《人体损伤致残程度分级》自2017年1月1日起施行。司法鉴定机构和司法鉴定人应当统一适用《人体损伤致残程度分级》确定残疾等级——编者说明）。实践中，并不是只要达到"严重残疾"就判处死刑，还要根据伤害致人"严重残疾"的具体情况，综合考虑犯罪情节和危害后果来决定刑罚。故意伤害致人重伤造成严重残疾，只有犯罪手段特别残忍，后果特别严重的，才能考虑适用死刑（包括死刑，缓期2年执行）。

【量刑指导】根据2021年6月17日最高法、最高检《**关于常见犯罪的量刑指导意见（试行）**》，1. 构成故意伤害罪的，根据下列情形在相应的幅度内确定量刑起点：

（1）故意伤害致1人轻伤的，在2年以下有期徒刑、拘役幅度内确定量刑起点。

（2）故意伤害致1人重伤的，在3年至5年有期徒刑幅度内确定量刑起点。

（3）以特别残忍手段故意伤害致1人重伤，造成6级严重残疾的，在10年至13年有期徒刑幅度内确定量刑起点。依法应当判处无期徒刑以上刑罚的除外。

2. 在量刑起点的基础上，根据伤害后果、伤残等级、手段残忍程度等其他影响犯罪构成的犯罪事实增加刑罚量，确定基准刑。

故意伤害致人轻伤的，伤残程度可以在确定量刑起点时考虑，或者作为调

第二百三十四条之一[207] **【组织出卖人体器官罪】**组织他人出卖人体器官的，处五年以下有期徒刑，并处罚金；情节严重的，处五年以上有期徒刑，并处罚金或者没收财产。

未经本人同意摘取其器官，或者摘取不满十八周岁的人的器官，或者强迫、欺骗他人捐献器官的，依照本法第二百三十四条、第二百三十二条的规定定罪处罚。

违背本人生前意愿摘取其尸体器官，或者本人生前未表示同意，违反国家规定，违背其近亲属意愿摘取其尸体器官的，依照本法第三百零二条的规定定罪处罚。

第二百三十五条 【过失致人重伤罪】过失伤害他人致人重伤的，处三年以下有期徒刑或者拘役。本法另有规定的，依照规定。

第二百三十六条[208] **【强奸罪】**以暴力、胁迫或者其他手段强奸妇女的，处三年以上十年以下有期徒刑。

奸淫不满十四周岁的幼女的，以强奸论，从重处罚。

强奸妇女、奸淫幼女，有下列情形之一的，处十年以上有期徒刑、无期徒刑或者死刑：

（一）强奸妇女、奸淫幼女情节恶劣的；

（二）强奸妇女、奸淫幼女多人的；

（三）在公共场所当众强奸妇女、奸淫幼女的；

（四）二人以上轮奸的；

（五）奸淫不满十周岁的幼女或者造成幼女伤害的；

（六）致使被害人重伤、死亡或者造成其他严重后果的。

节基准刑的量刑情节。

3. 构成故意伤害罪的，综合考虑故意伤害的起因、手段、危害后果、赔偿谅解等犯罪事实、量刑情节，以及被告人的主观恶性、人身危险性、认罪悔罪表现等因素，决定缓刑的适用。

〔207〕**【刑法修订】**本条为2011年《**刑法修正案（八）**》**第三十七条**增设。

〔208〕**【刑法修订】**2020年《**刑法修正案（十一）**》**第二十六条**修订了本条。1997年刑法原文如下：

第二百三十六条 以暴力、胁迫或者其他手段强奸妇女的，处三年以上十年以下有期徒刑。

奸淫不满十四周岁的幼女的，以强奸论，从重处罚。

强奸妇女、奸淫幼女，有下列情形之一的，处十年以上有期徒刑、无期徒刑或者死刑：

（一）强奸妇女、奸淫幼女情节恶劣的；

（二）强奸妇女、奸淫幼女多人的；

（三）在公共场所当众强奸妇女的；

（四）二人以上轮奸的；

（五）致使被害人重伤、死亡或者造成其他严重后果的。

2020 年**《刑法修正案（十一）》**在本条第三款第三项“在公共场所当众强奸妇女”中增加“奸淫幼女”的情形，新设了第五项“奸淫不满十周岁的幼女或者造成幼女伤害”，将原第五项改为第六项。

【司法解释】2023 年 5 月 24 日最高法、最高检、公安部、司法部**《关于办理性侵害未成年人刑事案件的意见》**（高检发〔2023〕4 号），为深入贯彻习近平法治思想，依法惩治性侵害未成年人犯罪，规范办理性侵害未成年人刑事案件，加强未成年人司法保护，根据《中华人民共和国刑法》《中华人民共和国刑事诉讼法》《中华人民共和国未成年人保护法》等相关法律规定，结合司法实际，制定本意见。

一、总则

第一条　本意见所称性侵害未成年人犯罪，包括《中华人民共和国刑法》第二百三十六条、第二百三十六条之一、第二百三十七条、第三百五十八条、第三百五十九条规定的针对未成年人实施的强奸罪，负有照护职责人员性侵罪，强制猥亵、侮辱罪，猥亵儿童罪，组织卖淫罪，强迫卖淫罪，协助组织卖淫罪，引诱、容留、介绍卖淫罪，引诱幼女卖淫罪等。

第二条　办理性侵害未成年人刑事案件，应当坚持以下原则：

（一）依法从严惩处性侵害未成年人犯罪；

（二）坚持最有利于未成年人原则，充分考虑未成年人身心发育尚未成熟、易受伤害等特点，切实保障未成年人的合法权益；

（三）坚持双向保护原则，对于未成年人实施性侵害未成年人犯罪的，在依法保护未成年被害人的合法权益时，也要依法保护未成年犯罪嫌疑人、未成年被告人的合法权益。

……

二、案件办理

……

第十七条　知道或者应当知道对方是不满十四周岁的幼女，而实施奸淫等性侵害行为的，应当认定行为人“明知”对方是幼女。

对不满十二周岁的被害人实施奸淫等性侵害行为的，应当认定行为人“明知”对方是幼女。

对已满十二周岁不满十四周岁的被害人，从其身体发育状况、言谈举止、衣着特征、生活作息规律等观察可能是幼女，而实施奸淫等性侵害行为的，应当认定行为人“明知”对方是幼女。

第十八条 在校园、游泳馆、儿童游乐场、学生集体宿舍等公共场所对未成年人实施强奸、猥亵犯罪，只要有其他多人在场，不论在场人员是否实际看到，均可以依照刑法第二百三十六条第三款、第二百三十七条的规定，认定为在公共场所“当众”强奸、猥亵。

第十九条 外国人在中华人民共和国领域内实施强奸、猥亵未成年人等犯罪的，在依法判处刑罚时，可以附加适用驱逐出境。对于尚不构成犯罪但构成违反治安管理行为的，或者有性侵害未成年人犯罪记录不适宜在境内继续停留居留的，公安机关可以依法适用限期出境或者驱逐出境。

第二十条 对性侵害未成年人的成年犯罪分子严格把握减刑、假释、暂予监外执行的适用条件。纳入社区矫正的，应当严管严控。

三、证据收集与审查判断

……

第三十一条 对十四周岁以上未成年被害人真实意志的判断，不以其明确表示反对或者同意为唯一证据，应当结合未成年被害人的年龄、身体状况、被侵害前后表现以及双方关系、案发环境、案发过程等进行综合判断。

四、未成年被害人保护与救助

……

第三十六条 对未成年人因被性侵害而造成人身损害，不能及时获得有效赔偿，生活困难的，人民法院、人民检察院、公安机关可会同有关部门，优先考虑予以救助。

五、其他（下略）

六、附则

第四十条 本意见自2023年6月1日起施行。本意见施行后，《最高人民法院 最高人民检察院 公安部 司法部关于依法惩治性侵害未成年人犯罪的意见》（法发〔2013〕12号）同时废止。

2023年5月24日最高法、最高检《**关于办理强奸、猥亵未成年人刑事案件适用法律若干问题的解释**》（法释〔2023〕3号，自2023年6月1日起施行），为依法惩处强奸、猥亵未成年人犯罪，保护未成年人合法权益，根据《中华人民共和国刑法》等法律规定，现就办理此类刑事案件适用法律的若干问题解释如下：

第一条 奸淫幼女的，依照刑法第二百三十六条第二款的规定从重处罚。具有下列情形之一的，应当适用较重的从重处罚幅度：

(一)负有特殊职责的人员实施奸淫的;
(二)采用暴力、胁迫等手段实施奸淫的;
(三)侵入住宅或者学生集体宿舍实施奸淫的;
(四)对农村留守女童、严重残疾或者精神发育迟滞的被害人实施奸淫的;
(五)利用其他未成年人诱骗、介绍、胁迫被害人的;
(六)曾因强奸、猥亵犯罪被判处刑罚的。

强奸已满十四周岁的未成年女性,具有前款第一项、第三项至第六项规定的情形之一,或者致使被害人轻伤、患梅毒、淋病等严重性病的,依照刑法第二百三十六条第一款的规定定罪,从重处罚。

第二条 强奸已满十四周岁的未成年女性或者奸淫幼女,具有下列情形之一的,应当认定为刑法第二百三十六条第三款第一项规定的"强奸妇女、奸淫幼女情节恶劣":

(一)负有特殊职责的人员多次实施强奸、奸淫的;
(二)有严重摧残、凌辱行为的;
(三)非法拘禁或者利用毒品诱骗、控制被害人的;
(四)多次利用其他未成年人诱骗、介绍、胁迫被害人的;
(五)长期实施强奸、奸淫的;
(六)奸淫精神发育迟滞的被害人致使怀孕的;
(七)对强奸、奸淫过程或者被害人身体隐私部位制作视频、照片等影像资料,以此胁迫对被害人实施强奸、奸淫,或者致使影像资料向多人传播,暴露被害人身份的;
(八)其他情节恶劣的情形。

第三条 奸淫幼女,具有下列情形之一的,应当认定为刑法第二百三十六条第三款第五项规定的"造成幼女伤害":

(一)致使幼女轻伤的;
(二)致使幼女患梅毒、淋病等严重性病的;
(三)对幼女身心健康造成其他伤害的情形。

第四条 强奸已满十四周岁的未成年女性或者奸淫幼女,致使其感染艾滋病病毒的,应当认定为刑法第二百三十六条第三款第六项规定的"致使被害人重伤"。

第五条 ……(➻参见刑法第 236 条之一脚注相关部分)

第六条 对已满十四周岁的未成年女性负有特殊职责的人员,利用优势地位或者被害人孤立无援的境地,迫使被害人与其发生性关系的,依照刑法第二百三十六条的规定,以强奸罪定罪处罚。

……

第十一条 强奸、猥亵未成年人的成年被告人认罪认罚的,是否从宽处罚及从宽幅度应当从严把握。

第十二条 对强奸未成年人的成年被告人判处刑罚时，一般不适用缓刑。

对于判处刑罚同时宣告缓刑的，可以根据犯罪情况，同时宣告禁止令，禁止犯罪分子在缓刑考验期限内从事与未成年人有关的工作、活动，禁止其进入中小学校、幼儿园及其他未成年人集中的场所。确因本人就学、居住等原因，经执行机关批准的除外。

第十三条 对于利用职业便利实施强奸、猥亵未成年人等犯罪的，人民法院应当依法适用从业禁止。

第十四条 对未成年人实施强奸、猥亵等犯罪造成人身损害的，应当赔偿医疗费、护理费、交通费、营养费、住院伙食补助费等为治疗和康复支付的合理费用，以及因误工减少的收入。

根据鉴定意见、医疗诊断书等证明需要对未成年人进行精神心理治疗和康复，所需的相关费用，应当认定为前款规定的合理费用。

第十五条 本解释规定的“负有特殊职责的人员”，是指对未成年人负有监护、收养、看护、教育、医疗等职责的人员，包括与未成年人具有共同生活关系且事实上负有照顾、保护等职责的人员。

第十六条 本解释自2023年6月1日起施行。

根据2006年1月11日最高法**《关于审理未成年人刑事案件具体应用法律若干问题的解释》第六条**，已满14周岁不满16周岁的人偶尔与幼女发生性行为，情节轻微、未造成严重后果的，不认为是犯罪。

【指导案例】根据2018年11月9日最高检**第十一批指导性案例·检例第42号·齐某强奸、猥亵儿童案**，性侵未成年人犯罪案件中，被害人陈述稳定自然，对于细节的描述符合正常记忆认知、表达能力，被告人辩解没有证据支持，结合生活经验对全案证据进行审查，能够形成完整证明体系的，可以认定案件事实。

奸淫幼女具有《最高人民法院、最高人民检察院、公安部、司法部关于依法惩治性侵害未成年人犯罪的意见》（★该意见已被2023年5月24日最高人民法院、最高人民检察院、公安部、司法部《关于办理性侵害未成年人刑事案件的意见》取代——编者说明）规定的从严处罚情节，社会危害性与刑法第二百三十六条第三款第二至四项规定的情形相当的，可以认定为该款第一项规定的“情节恶劣”。

行为人在教室、集体宿舍等场所实施猥亵行为，只要当时有多人在场，即使在场人员未实际看到，也应当认定犯罪行为是在“公共场所当众”实施。

★该指导案例在“指导意义”部分指出：准确适用奸淫幼女“情节恶劣”的规定……实践中，奸淫幼女具有从严惩处情形，社会危害性与刑法第二百三十六条第三款第二至四项相当的，可以认为属于该款第一项规定的“情节恶劣”。例如，该款第二项规定的“奸淫幼女多人”，一般是指奸淫幼女三人以上。本案中，被告人具备教师的特殊身份，奸淫二名幼女，且分别奸淫多次，其危害性并不低于奸淫幼女三人的行为，据此可以认定符合“情节恶劣”的规定。

准确适用“公共场所当众”实施强奸、猥亵未成年人犯罪的规定……适用这一规定，是否属于“当众”实施犯罪至为关键。对在规定列举之外的场所实施强奸、猥亵未成年人犯罪的，只要场所具有相对公开性，且有其他多人在场，有被他人感知可能的，就可以认定为在“公共场所当众”犯罪。最高人民法院对本案的判决表明：学校中的教室、集体宿舍、公共厕所、集体洗澡间等，是不特定未成年人活动的场所，在这些场所实施强奸、猥亵未成年人犯罪的，应当认定为在“公共场所当众”实施犯罪。

根据 2023 年 2 月 24 日最高检**第四十三批指导性案例·检例第 172 号·阻断性侵犯罪未成年被害人感染艾滋病风险综合司法保护案**，行为人明知自己系艾滋病病人或感染者，奸淫幼女，造成艾滋病传播重大现实风险的，应当认定为奸淫幼女“情节恶劣”。对于犯罪情节恶劣，社会危害严重，主观恶性大的成年人性侵害未成年人案件，即使认罪认罚也不足以从宽处罚的，依法不予从宽。

★该指导案例在“指导意义”部分指出：行为人明知自己患有艾滋病或者感染艾滋病病毒，仍对幼女实施奸淫，放任艾滋病传播风险的发生，客观上极易造成被害人感染艾滋病的严重后果，主观上体现出行为人对幼女健康权、生命权的极度漠视，其社会危害程度与《中华人民共和国刑法》第二百三十六条第三款第二项至六项规定的情形具有相当性，应当依法认定为奸淫幼女“情节恶劣”，适用十年以上有期徒刑、无期徒刑或者死刑的刑罚。对成年人性侵害未成年人犯罪，应综合考虑案件性质、主观恶性、具体情节、社会危害等因素，从严适用认罪认罚从宽制度。对于犯罪性质和危害后果严重、犯罪手段残忍、社会影响恶劣的，可依法不予从宽。

【量刑指导】根据 2021 年 6 月 17 日最高法、最高检**《关于常见犯罪的量刑指导意见（试行）》**，1. 构成强奸罪的，根据下列情形在相应的幅度内确定量刑起点：

（1）强奸妇女 1 人的，在 3 年至 6 年有期徒刑幅度内确定量刑起点。

奸淫幼女 1 人的，在 4 年至 7 年有期徒刑幅度内确定量刑起点。

（2）有下列情形之一的，在 10 年至 13 年有期徒刑幅度内确定量刑起点：强奸妇女、奸淫幼女情节恶劣的；强奸妇女、奸淫幼女 3 人的；在公共场所当众强奸妇女、奸淫幼女的；2 人以上轮奸妇女的；奸淫不满 10 周岁的幼女或者造成幼女伤害的；强奸致被害人重伤或者造成其他严重后果的。依法应当判处无期徒刑以上刑罚的除外。

2. 在量刑起点的基础上，根据强奸妇女、奸淫幼女情节恶劣程度、强奸

第二百三十六条之一〔209〕 **【负有照护职责人员性侵罪】**对已满十四周岁不满十六周岁的未成年女性负有监护、收养、看护、教育、医疗等特殊职责的人员，与该未成年女性发生性关系的，处三年以下有期徒刑；情节恶劣的，处三年以上十年以下有期徒刑。

有前款行为，同时又构成本法第二百三十六条规定之罪的，依照处罚较重的规定定罪处罚。

人数、致人伤害后果等其他影响犯罪构成的犯罪事实增加刑罚量，确定基准刑。

强奸多人多次的，以强奸人数作为增加刑罚量的事实，强奸次数作为调节基准刑的量刑情节。

3. 构成强奸罪的，综合考虑强奸的手段、危害后果等犯罪事实、量刑情节，以及被告人的主观恶性、人身危险性、认罪悔罪表现等因素，从严把握缓刑的适用。

〔209〕**【刑法修订】**本条为 2020 年《**刑法修正案（十一）**》**第二十七条**增设。

2023 年 5 月 24 日最高法、最高检《**关于办理强奸、猥亵未成年人刑事案件适用法律若干问题的解释**》，就适用刑法第二百三十六条之一解释如下：

第五条 对已满十四周岁不满十六周岁的未成年女性负有特殊职责的人员，与该未成年女性发生性关系，具有下列情形之一的，应当认定为刑法第二百三十六条之一规定的“情节恶劣”：

（一）长期发生性关系的；

（二）与多名被害人发生性关系的；

（三）致使被害人感染艾滋病病毒或者患梅毒、淋病等严重性病的；

（四）对发生性关系的过程或者被害人身体隐私部位制作视频、照片等影像资料，致使影像资料向多人传播，暴露被害人身份的；

（五）其他情节恶劣的情形。

第六条 对已满十四周岁的未成年女性负有特殊职责的人员，利用优势地位或者被害人孤立无援的境地，迫使被害人与其发生性关系的，依照刑法第二百三十六条的规定，以强奸罪定罪处罚。

……

第十五条 本解释规定的“负有特殊职责的人员”，是指对未成年人负有监护、收养、看护、教育、医疗等职责的人员，包括与未成年人具有共同生活关系且事实上负有照顾、保护等职责的人员。

第二百三十七条[210]　**【强制猥亵、侮辱罪】**以暴力、胁迫或者其他方法强制猥亵他人或者侮辱妇女的，处五年以下有期徒刑或者拘役。

聚众或者在公共场所当众犯前款罪的，或者有其他恶劣情节的，处五年以上有期徒刑。

【猥亵儿童罪】猥亵儿童的，处五年以下有期徒刑；有下列情形之一的，处五年以上有期徒刑：

（一）猥亵儿童多人或者多次的；

（二）聚众猥亵儿童的，或者在公共场所当众猥亵儿童，情节恶劣的；

（三）造成儿童伤害或者其他严重后果的；

（四）猥亵手段恶劣或者有其他恶劣情节的。

---

〔210〕**【刑法修订】**本条被修订二次。1997年刑法原文如下：

第二百三十七条　以暴力、胁迫或者其他方法强制猥亵妇女或者侮辱妇女的，处五年以下有期徒刑或者拘役。

聚众或者在公共场所当众犯前款罪的，处五年以上有期徒刑。

猥亵儿童的，依照前两款的规定从重处罚。

2015年**《刑法修正案（九）》第十三条**将第一款“猥亵妇女”修改为“猥亵他人”，在第二款增设“有其他恶劣情节”的规定。经此修订后的条文如下：

第二百三十七条　以暴力、胁迫或者其他方法强制猥亵他人或者侮辱妇女的，处五年以下有期徒刑或者拘役。

聚众或者在公共场所当众犯前款罪的，或者有其他恶劣情节的，处五年以上有期徒刑。

猥亵儿童的，依照前两款的规定从重处罚。

2020年**《刑法修正案（十一）》第二十八条**修订了本条第三款，对猥亵儿童罪增设了独立的法定刑，设置了四项法定刑升格的情形。

【司法解释】2023年5月24日最高法、最高检《关于办理强奸、猥亵未成年人刑事案件适用法律若干问题的解释》，就适用刑法第二百三十七条解释如下：

第七条　猥亵儿童，具有下列情形之一的，应当认定为刑法第二百三十七条第三款第三项规定的“造成儿童伤害或者其他严重后果”：

（一）致使儿童轻伤以上的；

（二）致使儿童自残、自杀的；

（三）对儿童身心健康造成其他伤害或者严重后果的情形。

第八条　猥亵儿童，具有下列情形之一的，应当认定为刑法第二百三十七条第三款第四项规定的“猥亵手段恶劣或者有其他恶劣情节”：

（一）以生殖器侵入肛门、口腔或者以生殖器以外的身体部位、物品侵入被害人生殖器、肛门等方式实施猥亵的；

（二）有严重摧残、凌辱行为的；

（三）对猥亵过程或者被害人身体隐私部位制作视频、照片等影像资料，以此胁迫对被害人实施猥亵，或者致使影像资料向多人传播，暴露被害人身份的；

（四）采取其他恶劣手段实施猥亵或者有其他恶劣情节的情形。

第九条　胁迫、诱骗未成年人通过网络视频聊天或者发送视频、照片等方式，暴露身体隐私部位或者实施淫秽行为，符合刑法第二百三十七条规定的，以强制猥亵罪或者猥亵儿童罪定罪处罚。

胁迫、诱骗未成年人通过网络直播方式实施前款行为，同时符合刑法第二百三十七条、第三百六十五条的规定，构成强制猥亵罪、猥亵儿童罪、组织淫秽表演罪的，依照处罚较重的规定定罪处罚。

第十条　实施猥亵未成年人犯罪，造成被害人轻伤以上后果，同时符合刑法第二百三十四条或者第二百三十二条的规定，构成故意伤害罪、故意杀人罪的，依照处罚较重的规定定罪处罚。

第十一条　强奸、猥亵未成年人的成年被告人认罪认罚的，是否从宽处罚及从宽幅度应当从严把握。。

【指导案例】根据2018年11月9日最高检**第十一批指导性案例·检例第43号·骆某猥亵儿童案**，行为人以满足性刺激为目的，以诱骗、强迫或者其他方法要求儿童拍摄裸体、敏感部位照片、视频等供其观看，严重侵害儿童人格尊严和心理健康的，构成猥亵儿童罪。

★该指导案例在"指导意义"部分指出：猥亵儿童罪是指以淫秽下流的手段猥亵不满14周岁儿童的行为。刑法没有对猥亵儿童的具体方式作出列举，需要根据实际情况进行判断和认定。实践中，只要行为人主观上以满足性刺激为目的，客观上实施了猥亵儿童的行为，侵害了特定儿童人格尊严和身心健康的，应当认定构成猥亵儿童罪。

网络环境下，以满足性刺激为目的，虽未直接与被害儿童进行身体接触，但是通过QQ、微信等网络软件，以诱骗、强迫或者其他方法要求儿童拍摄、传送暴露身体的不雅照片、视频，行为人通过画面看到被害儿童裸体、敏感部位的，是对儿童人格尊严和心理健康的严重侵害，与实际接触儿童身体的猥亵行为具有相同的社会危害性，应当认定构成猥亵儿童罪。

根据2018年11月9日最高检**第十一批指导性案例·检例第42号·齐某强奸、猥亵儿童案**，行为人在教室、集体宿舍等场所实施猥亵行为，只要当时有多人在场，即使在场人员未实际看到，也应当认定犯罪行为是在"公共场所当众"实施。

第二百三十八条〔211〕 **【非法拘禁罪】**非法拘禁他人或者以其他方法非法剥夺他人人身自由的，处三年以下有期徒刑、拘役、管制或者剥夺政治权利。具有殴打、侮辱情节的，从重处罚。

犯前款罪，致人重伤的，处三年以上十年以下有期徒刑；致人死亡的，处十年以上有期徒刑。使用暴力致人伤残、死亡的，依照本法第二百三十四条、第二百三十二条的规定定罪处罚。

为索取债务非法扣押、拘禁他人的，依照前两款的规定处罚。

国家机关工作人员利用职权犯前三款罪的，依照前三款的规定从重处罚。

★该指导案例在“指导意义”部分指出：准确适用“公共场所当众”实施强奸、猥亵未成年人犯罪的规定……适用这一规定，是否属于“当众”实施犯罪至为关键。对在规定列举之外的场所实施强奸、猥亵未成年人犯罪的，只要场所具有相对公开性，且有其他多人在场，有被他人感知可能的，就可以认定为在“公共场所当众”犯罪。最高人民法院对本案的判决表明：学校中的教室、集体宿舍、公共厕所、集体洗澡间等，是不特定未成年人活动的场所，在这些场所实施强奸、猥亵未成年人犯罪的，应当认定为在“公共场所当众”实施犯罪。

【典型案例】根据2019年7月24日最高法**性侵害儿童犯罪典型案例·三、蒋成飞猥亵儿童案**，构成猥亵儿童罪，既包括行为人主动对儿童实施猥亵，也包括迫使或诱骗儿童做出淫秽动作；既包括在同一物理空间内直接接触被害人身体进行猥亵，也包括通过网络在虚拟空间内对被害人实施猥亵。网络性侵害儿童犯罪是近几年出现的新型犯罪，与传统猥亵行为相比，犯罪分子利用信息不对称，以及被害人年幼、心智不成熟、缺少自我防范意识等条件，对儿童施以诱惑甚至威胁，更易达到犯罪目的；被害目标具有随机性，涉及人数多；犯罪分子所获取的淫秽视频、图片等一旦通过网络传播，危害后果具有扩散性，增加了儿童遭受二次伤害的风险。本案中，被告人蒋成飞利用社会上一些人崇拜明星、想一夜成名等心态，对30余名女童实施猥亵。本案的审理反映出，对于如何加强和改进网络信息管理，以及学校、家庭如何帮助儿童提高识别网络不良信息、增强自我保护意识和能力，从而更好地防范网络儿童性侵害已迫在眉睫。

〔211〕 **【相关法规】**根据2023年第五次修正后的**《民事诉讼法》第一百二十条**，采取对妨害民事诉讼的强制措施必须由人民法院决定。任何单位和个人采取非法拘禁他人或者非法私自扣押他人财产追索债务的，应当依法追究刑事责任，或者予以拘留、罚款。

【立案标准】根据2006年7月26日最高检《**关于渎职侵权犯罪案件立案标准的规定**》(高检发释字〔2006〕2号,自2006年7月26日起施行),非法拘禁罪是指以拘禁或者其他方法非法剥夺他人人身自由的行为。国家机关工作人员利用职权非法拘禁,涉嫌下列情形之一的,应予立案:

1. 非法剥夺他人人身自由24小时以上的;

2. 非法剥夺他人人身自由,并使用械具或者捆绑等恶劣手段,或者实施殴打、侮辱、虐待行为的;

3. 非法拘禁,造成被拘禁人轻伤、重伤、死亡的;

4. 非法拘禁,情节严重,导致被拘禁人自杀、自残造成重伤、死亡,或者精神失常的;

5. 非法拘禁3人次以上的;

6. 司法工作人员对明知是没有违法犯罪事实的人而非法拘禁的;

7. 其他非法拘禁应予追究刑事责任的情形(★该立案标准亦可作为非国家机关工作人员非法拘禁他人案件是否立案的参考——编者说明)。

【司法解释】根据2000年7月13日最高法《**关于对为索取法律不予保护的债务非法拘禁他人行为如何定罪问题的解释**》(法释〔2000〕19号,自2000年7月19日起施行),行为人为索取高利贷、赌债等法律不予保护的债务,非法扣押、拘禁他人的,依照刑法第二百三十八条的规定定罪处罚(★在《刑法修正案(十一)》增设第293条之一催收非法债务罪之后,为索取高利贷、赌债等法律不予保护的债务,非法扣押、拘禁他人的,还构成催收非法债务罪。根据竞合犯原理,对此仍应按照刑法第二百三十八条的规定定罪处罚——编者说明)。

第238条

根据2018年1月16日最高法、最高检、公安部、司法部《**关于办理黑恶势力犯罪案件若干问题的指导意见**》,黑恶势力有组织地多次短时间非法拘禁他人的,应当认定为《刑法》第二百三十八条规定的"以其他方法非法剥夺他人人身自由"。非法拘禁他人3次以上、每次持续时间在4小时以上,或者非法拘禁他人累计时间在12小时以上的,应以非法拘禁罪定罪处罚。

根据2020年2月6日最高法、最高检、公安部、司法部《**关于依法惩治妨害新型冠状病毒感染肺炎疫情防控违法犯罪的意见**》,以不准离开工作场所等方式非法限制医务人员人身自由,符合刑法第二百三十八条规定的,以非法拘禁罪定罪处罚[★根据刑法第二百三十八条的规定,对此以非法拘禁罪定罪处罚,需要达到"剥夺"(而非"限制")医务人员人身自由的程度——编者说明]。

根据2020年9月22日最高法、最高检、公安部《**关于依法办理"碰瓷"违法犯罪案件的指导意见**》,实施"碰瓷",为索取财物,采取非法拘禁等方法非法剥夺他人人身自由或者非法搜查他人身体,符合刑法第二百三十八条、第二百四十五条规定的,分别以非法拘禁罪、非法搜查罪定罪处罚。

第二百三十九条[212]　**【绑架罪】**以勒索财物为目的绑架他人的，或者绑架他人作为人质的，处十年以上有期徒刑或者无期徒刑，并处罚金或者没收财产；情节较轻的，处五年以上十年以下有期徒刑，并处罚金。

犯前款罪，杀害被绑架人的，或者故意伤害被绑架人，致人重伤、死亡的，处无期徒刑或者死刑，并处没收财产。

以勒索财物为目的偷盗婴幼儿的，依照前两款的规定处罚。

【量刑指导】根据2021年6月17日最高法、最高检**《关于常见犯罪的量刑指导意见（试行）》**，1. 构成非法拘禁罪的，根据下列情形在相应的幅度内确定量刑起点：

（1）犯罪情节一般的，在1年以下有期徒刑、拘役幅度内确定量刑起点。

（2）致1人重伤的，在3年至5年有期徒刑幅度内确定量刑起点。

（3）致1人死亡的，在10年至13年有期徒刑幅度内确定量刑起点。

2. 在量刑起点的基础上，根据非法拘禁人数、拘禁时间、致人伤亡后果等其他影响犯罪构成的犯罪事实增加刑罚量，确定基准刑。

非法拘禁多人多次的，以非法拘禁人数作为增加刑罚量的事实，非法拘禁次数作为调节基准刑的量刑情节。

3. 有下列情节之一的，增加基准刑的10%-20%：

（1）具有殴打、侮辱情节的；

（2）国家机关工作人员利用职权非法扣押、拘禁他人的。

4. 构成非法拘禁罪的，综合考虑非法拘禁的起因、时间、危害后果等犯罪事实、量刑情节，以及被告人的主观恶性、人身危险性、认罪悔罪表现等因素，决定缓刑的适用。

〔212〕**【刑法修订】**本条被修订二次。1997年刑法原文如下：

第二百三十九条　以勒索财物为目的绑架他人的，或者绑架他人作为人质的，处十年以上有期徒刑或者无期徒刑，并处罚金或者没收财产；致使被绑架人死亡或者杀害被绑架人的，处死刑，并处没收财产。

以勒索财物为目的偷盗婴幼儿的，依照前款的规定处罚。

2009年**《刑法修正案（七）》第六条**在第一款增设了"情节较轻的，处五年以上十年以下有期徒刑，并处罚金"的规定，并将"致使被绑架人死亡或者杀害被绑架人"的规定单列为第二款，原第二款改为第三款。经此修订后的条文如下：

第二百三十九条　以勒索财物为目的绑架他人的，或者绑架他人作为人质的，处十年以上有期徒刑或者无期徒刑，并处罚金或者没收财产；情节较轻的，处五年以上十年以下有期徒刑，并处罚金。

犯前款罪，致使被绑架人死亡或者杀害被绑架人的，处死刑，并处没收财产。

以勒索财物为目的偷盗婴幼儿的，依照前两款的规定处罚。

第二百四十条[213]**【拐卖妇女、儿童罪】**拐卖妇女、儿童的，处五年以上十年以下有期徒刑，并处罚金；有下列情形之一的，处十年以上有期徒刑或者无期徒刑，并处罚金或者没收财产；情节特别严重的，处死刑，并处没收财产：

（一）拐卖妇女、儿童集团的首要分子；

（二）拐卖妇女、儿童三人以上的；

（三）奸淫被拐卖的妇女的；

（四）诱骗、强迫被拐卖的妇女卖淫或者将被拐卖的妇女卖给他人迫使其卖淫的；

（五）以出卖为目的，使用暴力、胁迫或者麻醉方法绑架妇女、儿童的；

（六）以出卖为目的，偷盗婴幼儿的；

（七）造成被拐卖的妇女、儿童或者其亲属重伤、死亡或者其他严重后果的；

（八）将妇女、儿童卖往境外的。

拐卖妇女、儿童是指以出卖为目的，有拐骗、绑架、收买、贩卖、接送、中转妇女、儿童的行为之一的。

2015年《**刑法修正案（九）**》第十四条修订了本条第二款，将该款“犯前款罪，致使被绑架人死亡或者杀害被绑架人的，处死刑，并处没收财产”修改为“犯前款罪，杀害被绑架人的，或者故意伤害被绑架人，致人重伤、死亡的，处无期徒刑或者死刑，并处没收财产”。

【司法解释】根据2001年11月8日最高法《**关于对在绑架过程中以暴力、胁迫等手段当场劫取被害人财物的行为如何适用法律问题的答复**》（法函〔2001〕68号），行为人在绑架过程中，又以暴力、胁迫等手段当场劫取被害人财物，构成犯罪的，择一重罪处罚。

根据最高法研究室《**第三方受到勒索是否属于绑架罪构成要件**》，构成绑架罪，无需以行为人自行或者通过被绑架人向被绑架人的亲友明确告知绑架事实为要件，只要以勒索财物为目的绑架他人的，均应以绑架罪论处（参见《司法研究与指导》2012年总第2辑）。

〔213〕**【司法解释】**2010年3月15日最高法、最高检、公安部、司法部《**关于依法惩治拐卖妇女儿童犯罪的意见**》（法发〔2010〕7号），就依法惩治拐卖妇女、儿童犯罪提出如下意见：

……

五、定性

14. 犯罪嫌疑人、被告人参与拐卖妇女、儿童犯罪活动的多个环节，只有部分环节的犯罪事实查证清楚、证据确实、充分的，可以对该环节的犯罪事实依法予以认定。

15. 以出卖为目的强抢儿童，或者捡拾儿童后予以出卖，符合刑法第二百四十条第二款规定的，应当以拐卖儿童罪论处。

以抚养为目的偷盗婴幼儿或者拐骗儿童，之后予以出卖的，以拐卖儿童罪论处。

16. 以非法获利为目的，出卖亲生子女的，应当以拐卖妇女、儿童罪论处。

17. 要严格区分借送养之名出卖亲生子女与民间送养行为的界限。区分的关键在于行为人是否具有非法获利的目的。应当通过审查将子女"送"人的背景和原因、有无收取钱财及收取钱财的多少、对方是否具有抚养目的及有无抚养能力等事实，综合判断行为人是否具有非法获利的目的。

具有下列情形之一的，可以认定属于出卖亲生子女，应当以拐卖妇女、儿童罪论处：

（1）将生育作为非法获利手段，生育后即出卖子女的；

（2）明知对方不具有抚养目的，或者根本不考虑对方是否具有抚养目的，为收取钱财将子女"送"给他人的；

（3）为收取明显不属于"营养费"、"感谢费"的巨额钱财将子女"送"给他人的；

（4）其他足以反映行为人具有非法获利目的的"送养"行为的。

不是出于非法获利目的，而是迫于生活困难，或者受重男轻女思想影响，私自将没有独立生活能力的子女送给他人抚养，包括收取少量"营养费"、"感谢费"的，属于民间送养行为，不能以拐卖妇女、儿童罪论处。对私自送养导致子女身心健康受到严重损害，或者具有其他恶劣情节，符合遗弃罪特征的，可以遗弃罪论处；情节显著轻微危害不大的，可由公安机关依法予以行政处罚。

18. 将妇女拐卖给有关场所，致使被拐卖的妇女被迫卖淫或者从事其他色情服务的，以拐卖妇女罪论处。

有关场所的经营管理人员事前与拐卖妇女的犯罪人通谋的，对该经营管理人员以拐卖妇女罪的共犯论处；同时构成拐卖妇女罪和组织卖淫罪的，择一重罪论处。

19. 医疗机构、社会福利机构等单位的工作人员以非法获利为目的，将所诊疗、护理、抚养的儿童贩卖给他人的，以拐卖儿童罪论处。

20.……（➻参见刑法第 241 条脚注相关部分）

六、共同犯罪

21. 明知他人拐卖妇女、儿童，仍然向其提供被拐卖妇女、儿童的健康证明、出生证明或者其他帮助的，以拐卖妇女、儿童罪的共犯论处。

明知他人收买被拐卖的妇女、儿童，仍然向其提供被收买妇女、儿童的户籍证明、出生证明或者其他帮助的，以收买被拐卖的妇女、儿童罪的共犯论处，但是，收买人未被追究刑事责任的除外。

认定是否"明知"，应当根据证人证言、犯罪嫌疑人、被告人及其同案人供述和辩解，结合提供帮助的人次，以及是否明显违反相关规章制度、工作流程等，予以综合判断。

22. 明知他人系拐卖儿童的"人贩子"，仍然利用从事诊疗、福利救助等工作的便利或者了解被拐卖方情况的条件，居间介绍的，以拐卖儿童罪的共犯论处。

23. 对于拐卖妇女、儿童犯罪的共犯，应当根据各被告人在共同犯罪中的分工、地位、作用，参与拐卖的人数、次数，以及分赃数额等，准确区分主从犯。

对于组织、领导、指挥拐卖妇女、儿童的某一个或者某几个犯罪环节，或者积极参与实施拐骗、绑架、收买、贩卖、接送、中转妇女、儿童等犯罪行为，起主要作用的，应当认定为主犯。

对于仅提供被拐卖妇女、儿童信息或者相关证明文件，或者进行居间介绍，起辅助或者次要作用，没有获利或者获利较少的，一般可认定为从犯。

对于各被告人在共同犯罪中的地位、作用区别不明显的，可以不区分主从犯。

七、一罪与数罪

24. 拐卖妇女、儿童，又奸淫被拐卖的妇女、儿童，或者诱骗、强迫被拐卖的妇女、儿童卖淫的，以拐卖妇女、儿童罪处罚。

25. 拐卖妇女、儿童，又对被拐卖的妇女、儿童实施故意杀害、伤害、猥亵、侮辱等行为，构成其他犯罪的，依照数罪并罚的规定处罚。

26. 拐卖妇女、儿童或者收买被拐卖的妇女、儿童，又组织、教唆被拐卖、收买的妇女、儿童进行犯罪的，以拐卖妇女、儿童罪或者收买被拐卖的妇女、儿童罪与其所组织、教唆的罪数罪并罚。

27. 拐卖妇女、儿童或者收买被拐卖的妇女、儿童，又组织、教唆被拐卖、收买的未成年妇女、儿童进行盗窃、诈骗、抢夺、敲诈勒索等违反治安管理活动的，以拐卖妇女、儿童罪或者收买被拐卖的妇女、儿童罪与组织未成年人进行违反治安管理活动罪数罪并罚。

八、刑罚适用

28. 对于拐卖妇女、儿童犯罪集团的首要分子，情节严重的主犯，累犯，偷盗婴幼儿、强抢儿童情节严重，将妇女、儿童卖往境外情节严重，拐卖妇女、儿童多人多次、造成伤亡后果，或者具有其他严重情节的，依法从重处罚；情节特别严重的，依法判处死刑。

拐卖妇女、儿童，并对被拐卖的妇女、儿童实施故意杀害、伤害、猥亵、侮辱等行为，数罪并罚决定执行的刑罚应当依法体现从严。

29. 对于拐卖妇女、儿童的犯罪分子，应当注重依法适用财产刑，并切实加大执行力度，以强化刑罚的特殊预防与一般预防效果。

30.……（➻参见刑法第 241 条脚注相关部分）

31. 多名家庭成员或者亲友共同参与出卖亲生子女，或者“买人为妻”、“买人为子”构成收买被拐卖的妇女、儿童罪的，一般应当在综合考察犯意提起、各行为人在犯罪中所起作用等情节的基础上，依法追究其中罪责较重者的刑事责任。对于其他情节显著轻微危害不大，不认为是犯罪的，依法不追究刑事责任；必要时可以由公安机关予以行政处罚。

32. 具有从犯、自首、立功等法定从宽处罚情节的，依法从轻、减轻或者免除处罚。

对被拐卖的妇女、儿童没有实施摧残、虐待等违法犯罪行为，或者能够协助解救被拐卖的妇女、儿童，或者具有其他酌定从宽处罚情节的，可以依法酌情从轻处罚。

33. 同时具有从严和从宽处罚情节的，要在综合考察拐卖妇女、儿童的手段、拐卖妇女、儿童或者收买被拐卖妇女、儿童的人次、危害后果以及被告人主观恶性、人身危险性等因素的基础上，结合当地此类犯罪发案情况和社会治安状况，决定对被告人总体从严或者从宽处罚。

九、涉外犯罪

34. 要进一步加大对跨国、跨境拐卖妇女、儿童犯罪的打击力度。加强双边或者多边“反拐”国际交流与合作，加强对被跨国、跨境拐卖的妇女、儿童的救助工作。依照我国缔结或者参加的国际条约的规定，积极行使所享有的权利，履行所承担的义务，及时请求或者提供各项司法协助，有效遏制跨国、跨境拐卖妇女、儿童犯罪。

2000 年 1 月 3 日最高法**《关于审理拐卖妇女案件适用法律有关问题的解释》**（法释〔2000〕1 号，自 2000 年 1 月 25 日起施行），就审理拐卖妇女案件具体适用法律的有关问题解释如下：

第一条　刑法第二百四十条规定的拐卖妇女罪中的“妇女”，既包括具有中国国籍的妇女，也包括具有外国国籍和无国籍的妇女。被拐卖的外国妇女没有身份证明的，不影响对犯罪分子的定罪处罚。

第二条　外国人或者无国籍人拐卖外国妇女到我国境内被查获的，应当根据刑法第六条的规定，适用我国刑法定罪处罚。

第三条　对于外国籍被告人身份无法查明或者其国籍国拒绝提供有关身份证明，人民检察院根据刑事诉讼法第一百二十八条第二款（★ 2018 年《刑事诉讼法》第一百六十条第二款——编者说明）的规定起诉的案件，人民法院应当依法受理。

2016 年 12 月 21 日最高法**《关于审理拐卖妇女儿童犯罪案件具体应用法**

律若干问题的解释》(法释〔2016〕28号,自2017年1月1日起施行),为依法惩治拐卖妇女、儿童犯罪,切实保障妇女、儿童的合法权益,维护家庭和谐与社会稳定,根据刑法有关规定,结合司法实践,现就审理此类案件具体应用法律的若干问题解释如下:

第一条 对婴幼儿采取欺骗、利诱等手段使其脱离监护人或者看护人的,视为刑法第二百四十条第一款第(六)项规定的"偷盗婴幼儿"。

第二条 医疗机构、社会福利机构等单位的工作人员以非法获利为目的,将所诊疗、护理、抚养的儿童出卖给他人的,以拐卖儿童罪论处。

第三条 以介绍婚姻为名,采取非法扣押身份证件、限制人身自由等方式,或者利用妇女人地生疏、语言不通、孤立无援等境况,违背妇女意志,将其出卖给他人的,应当以拐卖妇女罪追究刑事责任。

以介绍婚姻为名,与被介绍妇女串通骗取他人钱财,数额较大的,应当以诈骗罪追究刑事责任。

……(第四条到第八条➻参见刑法第241条脚注相关部分)

第九条 刑法第二百四十条、第二百四十一条规定的儿童,是指不满14周岁的人。其中,不满1周岁的为婴儿,1周岁以上不满6周岁的为幼儿。

第十条 本解释自2017年1月1日起施行。

1998年12月24日最高检法律政策研究室《**关于以出卖为目的的倒卖外国妇女的行为是否构成拐卖妇女罪的答复**》(高检研发〔1998〕第21号)指出,刑法第二百四十条明确规定:"拐卖妇女、儿童是指以出卖为目的,有拐骗、绑架、收买、贩卖、接送、中转妇女、儿童的行为之一的。"其中作为"收买"对象的妇女、儿童并不要求必须是"被拐骗、绑架的妇女、儿童"。因此,以出卖为目的,收买、贩卖外国妇女,从中牟取非法利益的,应以拐卖妇女罪追究刑事责任。但确属为他人介绍婚姻收取介绍费,而非以出卖为目的的,不能追究刑事责任。

根据2000年3月20日最高法、最高检、公安部、民政部、司法部、中华全国妇女联合会联合发布的《**关于打击拐卖妇女儿童犯罪有关问题的通知**》(公通字〔2000〕26号),凡是拐卖妇女、儿童的,不论是哪个环节,只要是以出卖为目的,有拐骗、绑架、收买、贩卖、接送、中转、窝藏妇女、儿童的行为之一的,不论拐卖人数多少,是否获利,均应以拐卖妇女、儿童罪追究刑事责任。对收买被拐卖的妇女、儿童的,以及阻碍解救被拐卖妇女、儿童构成犯罪的,也要依法惩处。出卖亲生子女的,由公安机关依法没收非法所得,并处以罚款;以营利为目的,出卖不满14周岁子女,情节恶劣的,借收养名义拐卖儿童的,以及出卖捡拾的儿童的,均应以拐卖儿童罪追究刑事责任。出卖14周岁以上女性亲属或者其他不满14周岁亲属的,以拐卖妇女、儿童罪追究刑事责任。

2000 年 3 月 17 日公安部**《关于打击拐卖妇女儿童犯罪适用法律和政策有关问题的意见》**(公通字〔2000〕25 号),关于打击拐卖妇女、儿童犯罪的意见如下:

(一)要正确认定拐卖妇女、儿童罪。凡是拐卖妇女、儿童的,不论是哪个环节,只要是以出卖为目的,有拐骗、绑架、收买、贩卖、接送、中转妇女、儿童的行为之一的,均以拐卖妇女、儿童罪立案侦查。

(二)在办理拐卖妇女、儿童案件中,不论拐卖人数多少,是否获利,只要实施拐卖妇女、儿童行为的,均应当以拐卖妇女、儿童罪立案侦查。

(三)明知是拐卖妇女、儿童的犯罪分子而事先通谋,为其拐卖行为提供资助或者其他便利条件的,应当以拐卖妇女、儿童罪的共犯立案侦查。

(四)对拐卖过程中奸淫被拐卖妇女的;诱骗、强迫被拐卖的妇女卖淫或者将被拐卖的妇女卖给他人迫使其卖淫的;以出卖为目的使用暴力、胁迫、麻醉等方法绑架妇女、儿童的;以出卖为目的,偷盗婴幼儿的;造成被拐卖的妇女、儿童或者其亲属重伤、死亡或者其他严重后果的,均以拐卖妇女、儿童罪立案侦查。

(五)教唆他人实施拐卖妇女、儿童犯罪的,以拐卖妇女、儿童罪的共犯立案侦查。向他人传授拐卖妇女、儿童的犯罪方法的,以传授犯罪方法罪立案侦查。明知是拐卖妇女、儿童的犯罪分子,而在其实施犯罪后为其提供隐藏处所、财物,帮助其逃匿或者作假证明包庇的,以窝藏、包庇罪立案侦查。

(六)出卖亲生子女的,由公安机关依法没收非法所得,并处以罚款;以营利为目的,出卖不满 14 周岁子女,情节恶劣的,以拐卖儿童罪立案侦查。

(七)出卖 14 周岁以上女性亲属或者其他不满 14 周岁亲属的,以拐卖妇女、儿童罪立案侦查。

(八)借收养名义拐卖儿童的,出卖捡拾的儿童的,均以拐卖儿童罪立案侦查。

(九)以勒索财物为目的,偷盗婴幼儿的,以绑架罪立案侦查。

(十)犯组织他人偷越国(边)境罪,对被组织的妇女、儿童有拐卖犯罪行为的,以组织他人偷越国(边)境罪和拐卖妇女、儿童罪立案侦查。

(十一)非以出卖为目的,拐骗不满 14 周岁的未成年人脱离家庭或者监护人的,以拐骗儿童罪立案侦查。

(十二)教唆被拐卖、拐骗、收买的未成年人实施盗窃、诈骗等犯罪行为的,应当以盗窃罪、诈骗罪等犯罪的共犯立案侦查。

办案中,要正确区分罪与非罪、罪与罪的界限,特别是拐卖妇女罪与介绍婚姻收取钱物行为、拐卖儿童罪与收养中介行为、拐卖儿童罪与拐骗儿童罪,以及绑架儿童罪(★意指绑架儿童犯罪——编者说明)与拐卖儿童罪的界限,防止扩大打击面或者放纵犯罪。

第二百四十一条〔214〕 **【收买被拐卖的妇女、儿童罪】**收买被拐卖的妇女、儿童的，处三年以下有期徒刑、拘役或者管制。

收买被拐卖的妇女，强行与其发生性关系的，依照本法第二百三十六条的规定定罪处罚。

收买被拐卖的妇女、儿童，非法剥夺、限制其人身自由或者有伤害、侮辱等犯罪行为的，依照本法的有关规定定罪处罚。

收买被拐卖的妇女、儿童，并有第二款、第三款规定的犯罪行为的，依照数罪并罚的规定处罚。

收买被拐卖的妇女、儿童又出卖的，依照本法第二百四十条的规定定罪处罚。

收买被拐卖的妇女、儿童，对被买儿童没有虐待行为，不阻碍对其进行解救的，可以从轻处罚；按照被买妇女的意愿，不阻碍其返回原居住地的，可以从轻或者减轻处罚。

……

关于办理涉外案件的意见如下：

（一）外国人或者无国籍人拐卖外国妇女、儿童到我国境内被查获的，应当适用我国刑法，以拐卖妇女、儿童罪立案侦查。

（二）拐卖妇女犯罪中的"妇女"，既包括具有中国国籍的妇女，也包括具有外国国籍和无国籍的妇女。被拐卖的外国妇女没有身份证明的，不影响对犯罪分子的立案侦查。

（三）对外国人依法作出取保候审、监视居住决定或者执行拘留、逮捕后，由有关省、自治区、直辖市公安厅、局在规定的期限内，将外国人的有关情况、涉嫌犯罪的主要事实、已采取的强制措施及其法律依据，通知该外国人所属国家的驻华使、领馆，同时报告公安部。

（四）对于外国籍犯罪嫌疑人身份无法查明或者其国籍国拒绝提供有关身份证明的，也可以按其自报的姓名依法提请人民检察院批准逮捕、移送审查起诉。

（五）对非法入出我国国境、非法居留的外国人，应当依照《中华人民共和国外国人入境出境管理法》（★随着《中华人民共和国出境入境管理法》自2013年7月1日起施行，《中华人民共和国外国人入境出境管理法》同时废止——编者说明）及其实施细则进行处罚；情节严重，构成犯罪的，依法追究刑事责任。

〔214〕**【刑法修订】**2015年**《刑法修正案（九）》第十五条**修订了本条第六款。1997年刑法该款原文如下：

第二百四十一条第六款　收买被拐卖的妇女、儿童，按照被买妇女的意愿，不阻碍其返回原居住地的，对被买儿童没有虐待行为，不阻碍对其进行解救的，可以不追究刑事责任。

2015年《**刑法修正案（九）**》调整被买妇女、被买儿童的顺序，将该款“按照被买妇女的意愿，不阻碍其返回原居住地的，对被买儿童没有虐待行为，不阻碍对其进行解救的，可以不追究刑事责任”修改为“对被买儿童没有虐待行为，不阻碍对其进行解救的，可以从轻处罚；按照被买妇女的意愿，不阻碍其返回原居住地的，可以从轻或者减轻处罚”。

【司法解释】2010年3月15日最高法、最高检、公安部、司法部《**关于依法惩治拐卖妇女儿童犯罪的意见**》，就依法惩治拐卖妇女、儿童犯罪提出如下意见：

20. 明知是被拐卖的妇女、儿童而收买，具有下列情形之一的，以收买被拐卖的妇女、儿童罪论处；同时构成其他犯罪的，依照数罪并罚的规定处罚：

（1）收买被拐卖的妇女后，违背被收买妇女的意愿，阻碍其返回原居住地的；

（2）阻碍对被收买妇女、儿童进行解救的；

（3）非法剥夺、限制被收买妇女、儿童的人身自由，情节严重，或者对被收买妇女、儿童有强奸、伤害、侮辱、虐待等行为的；

（4）所收买的妇女、儿童被解救后又再次收买，或者收买多名被拐卖的妇女、儿童的；

（5）组织、诱骗、强迫被收买的妇女、儿童从事乞讨、苦役，或者盗窃、传销、卖淫等违法犯罪活动的；

（6）造成被收买妇女、儿童或者其亲属重伤、死亡以及其他严重后果的；

（7）具有其他严重情节的。

被追诉前主动向公安机关报案或者向有关单位反映，愿意让被收买妇女返回原居住地，或者将被收买儿童送回其家庭，或者将被收买妇女、儿童交给公安、民政、妇联等机关、组织，没有其他严重情节的，可以不追究刑事责任（★此部分与《刑法修正案（九）》冲突——编者说明）。

……

30. 犯收买被拐卖的妇女、儿童罪，对被收买妇女、儿童实施违法犯罪活动或者将其作为牟利工具的，处罚时应当依法体现从严。

收买被拐卖的妇女、儿童，对被收买妇女、儿童没有实施摧残、虐待行为或者与其已形成稳定的婚姻家庭关系，但仍应依法追究刑事责任的，一般应当从轻处罚；符合缓刑条件的，可以依法适用缓刑。

收买被拐卖的妇女、儿童，犯罪情节轻微的，可以依法免予刑事处罚。

31. 多名家庭成员或者亲友共同参与出卖亲生子女，或者“买人为妻”、“买人为子”构成收买被拐卖的妇女、儿童罪的，一般应当在综合考察犯意提起、各行为人在犯罪中所起作用等情节的基础上，依法追究其中罪责较重者的刑事责任。对于其他情节显著轻微危害不大，不认为是犯罪的，依法不追究刑事责任；必要时可以由公安机关予以行政处罚。

2016年12月21日最高法《**关于审理拐卖妇女儿童犯罪案件具体应用法律若干问题的解释**》，就审理收买被拐卖的妇女、儿童犯罪案件具体应用法律的若干问题解释如下：

第四条 在国家机关工作人员排查来历不明儿童或者进行解救时，将所收买的儿童藏匿、转移或者实施其他妨碍解救行为，经说服教育仍不配合的，属于刑法第二百四十一条第六款规定的“阻碍对其进行解救”。

第五条 收买被拐卖的妇女，业已形成稳定的婚姻家庭关系，解救时被买妇女自愿继续留在当地共同生活的，可以视为“按照被买妇女的意愿，不阻碍其返回原居住地”。

第六条 收买被拐卖的妇女、儿童后又组织、强迫卖淫或者组织乞讨、进行违反治安管理活动等构成其他犯罪的，依照数罪并罚的规定处罚。

第七条 收买被拐卖的妇女、儿童，又以暴力、威胁方法阻碍国家机关工作人员解救被收买的妇女、儿童，或者聚众阻碍国家机关工作人员解救被收买的妇女、儿童，构成妨害公务罪、聚众阻碍解救被收买的妇女、儿童罪的，依照数罪并罚的规定处罚。

第八条 出于结婚目的收买被拐卖的妇女，或者出于抚养目的收买被拐卖的儿童，涉及多名家庭成员、亲友参与的，对其中起主要作用的人员应当依法追究刑事责任。

2000年3月17日公安部《**关于打击拐卖妇女儿童犯罪适用法律和政策有关问题的意见**》，关于打击收买被拐卖的妇女、儿童犯罪的意见如下：

（一）收买被拐卖的妇女、儿童的，以收买被拐卖的妇女、儿童罪立案侦查。

（二）收买被拐卖的妇女、儿童，并有下列犯罪行为的，同时以收买被拐卖的妇女、儿童罪和下列罪名立案侦查：

1. 违背被拐卖妇女的意志，强行与其发生性关系的，以强奸罪立案侦查。

2. 明知收买的妇女是精神病患者（间歇性精神病患者在发病期间）或者痴呆者（程度严重的）而与其发生性关系的，以强奸罪立案侦查。

3. 与收买的不满14周岁的幼女发生性关系的，不论被害人是否同意，均以奸淫幼女罪（★罪名已变更为强奸罪——编者说明）立案侦查。

4. 非法剥夺、限制被拐卖的妇女、儿童人身自由的，或者对其实施伤害、侮辱、猥亵等犯罪行为的，以非法拘禁罪，或者伤害罪、侮辱罪、强制猥亵妇女罪（★罪名已变更为强制猥亵罪——编者说明）、猥亵儿童罪等犯罪立案侦查。

5. 明知被拐卖的妇女是现役军人的妻子而与之同居或者结婚的，以破坏军婚罪立案侦查。

第二百四十二条　【妨害公务罪】以暴力、威胁方法阻碍国家机关工作人员解救被收买的妇女、儿童的，依照本法第二百七十七条的规定定罪处罚。

【聚众阻碍解救被收买的妇女、儿童罪】聚众阻碍国家机关工作人员解救被收买的妇女、儿童的首要分子，处五年以下有期徒刑或者拘役；其他参与者使用暴力、威胁方法的，依照前款的规定处罚。

第二百四十三条　【诬告陷害罪】捏造事实诬告陷害他人，意图使他人受刑事追究，情节严重的，处三年以下有期徒刑、拘役或者管制；造成严重后果的，处三年以上十年以下有期徒刑。

国家机关工作人员犯前款罪的，从重处罚。

不是有意诬陷，而是错告，或者检举失实的，不适用前两款的规定。

第二百四十四条〔215〕 **【强迫劳动罪】**以暴力、威胁或者限制人身自由的方法强迫他人劳动的，处三年以下有期徒刑或者拘役，并处罚金；情节严重的，处三年以上十年以下有期徒刑，并处罚金。

（三）收买被拐卖的妇女、儿童后又出卖的，以拐卖妇女、儿童罪立案侦查。

（四）凡是帮助买主实施强奸、伤害、非法拘禁被拐卖的妇女、儿童等犯罪行为的，应当分别以强奸罪、伤害罪、非法拘禁罪等犯罪的共犯立案侦查。

根据2000年6月7日公安部**《关于认真做好已获解救的妇女儿童落户工作的通知》**（公治〔2000〕249号），经调查核实，被解救的妇女本人确实不愿意返回原籍且在现住地有生活基础，并已在有关部门依法补办了结婚登记手续的，当地公安机关应按有关规定，为其办理落户手续。

根据2016年1月20日公安部**《关于进一步加强打拐反拐工作的通知》**（公传发〔2016〕39号），要认真贯彻《刑法修正案（九）》的规定，在严惩拐卖犯罪分子的同时加大对买方市场的打击整治力度，对于收买被拐妇女儿童的行为一律追究刑事责任。

〔215〕 **【刑法修订】**2011年**《刑法修正案（八）》第三十八条**修订了本条。1997年刑法原文如下：

第二百四十四条　用人单位违反劳动管理法规，以限制人身自由方法强迫职工劳动，情节严重的，对直接责任人员，处三年以下有期徒刑或者拘役，并处或者单处罚金。

2011年**《刑法修正案（八）》**删除了“用人单位违反劳动管理法规”“对直接责任人员”的规定，消除了本罪是否仅为单位犯罪的争论；将“以限制人身自由方法强迫职工劳动，情节严重”修改为“以暴力、威胁或者限制人身自由明知他人实施前款行为，为其招募、运送人员或者有其他协助强迫他人劳动行为的，依照前款的规定处罚。

单位犯前两款罪的，对单位判处罚金，并对其直接负责的主管人员和其他直接责任人员，依照第一款的规定处罚。

第二百四十四条之一〔216〕 **【雇用童工从事危重劳动罪】** 违反劳动管理法规，雇用未满十六周岁的未成年人从事超强度体力劳动的，或者从事高空、井下作业的，或者在爆炸性、易燃性、放射性、毒害性等危险环境下从事劳动，情节严重的，对直接责任人员，处三年以下有期徒刑或者拘役，并处罚金；情节特别严重的，处三年以上七年以下有期徒刑，并处罚金。

有前款行为，造成事故，又构成其他犯罪的，依照数罪并罚的规定处罚。

的方法强迫他人劳动”；删除了“单处罚金”的同时，增设第二档法定刑“情节严重的，处三年以上十年以下有期徒刑，并处罚金”；此外，还增设了第二款（协助强迫他人劳动的处理）、第三款（单位犯罪）。

【相关法规】根据 2018 年修正后**《劳动法》第九十六条**，用人单位有下列行为之一，由公安机关对责任人员处以十五日以下拘留、罚款或者警告；构成犯罪的，对责任人员依法追究刑事责任：

（一）以暴力、威胁或者非法限制人身自由的手段强迫劳动的；

（二）侮辱、体罚、殴打、非法搜查和拘禁劳动者的。

【立案标准】根据 2017 年 4 月 27 日最高检、公安部**《关于公安机关管辖的刑事案件立案追诉标准的规定（一）的补充规定》第六条**，以暴力、威胁或者限制人身自由的方法强迫他人劳动的，应予立案追诉。

明知他人以暴力、威胁或者限制人身自由的方法强迫他人劳动，为其招募、运送人员或者有其他协助强迫他人劳动行为的，应予立案追诉。

〔216〕 **【刑法修订】**本条为 2002 年**《刑法修正案（四）》第四条**增设。

【立案标准】根据 2008 年 6 月 25 日最高检、公安部**《关于公安机关管辖的刑事案件立案追诉标准的规定（一）》第三十二条**，违反劳动管理法规，雇用未满 16 周岁的未成年人从事国家规定的第四级体力劳动强度的劳动，或者从事高空、井下劳动，或者在爆炸性、易燃性、放射性、毒害性等危险环境下从事劳动，涉嫌下列情形之一的，应予立案追诉：

（一）造成未满 16 周岁的未成年人伤亡或者对其身体健康造成严重危害的；

（二）雇用未满 16 周岁的未成年人 3 人以上的；

（三）以强迫、欺骗等手段雇用未满 16 周岁的未成年人从事危重劳动的；

（四）其他情节严重的情形。

第二百四十五条[217] **【非法搜查罪】【非法侵入住宅罪】**非法搜查他人身体、住宅,或者非法侵入他人住宅的,处三年以下有期徒刑或者拘役。

司法工作人员滥用职权,犯前款罪的,从重处罚。

第二百四十六条[218] **【侮辱罪】【诽谤罪】**以暴力或者其他方法公然侮辱他人或者捏造事实诽谤他人,情节严重的,处三年以下有期徒刑、拘役、管制或者剥夺政治权利。

前款罪,告诉的才处理,但是严重危害社会秩序和国家利益的除外。

通过信息网络实施第一款规定的行为,被害人向人民法院告诉,但提供证据确有困难的,人民法院可以要求公安机关提供协助。

---

〔217〕**【立案标准】**根据 2006 年 7 月 26 日最高检**《关于渎职侵权犯罪案件立案标准的规定》**,非法搜查罪是指非法搜查他人身体、住宅的行为。国家机关工作人员利用职权非法搜查,涉嫌下列情形之一的,应予立案:

1. 非法搜查他人身体、住宅,并实施殴打、侮辱等行为的;
2. 非法搜查,情节严重,导致被搜查人或者其近亲属自杀、自残造成重伤、死亡,或者精神失常的;
3. 非法搜查,造成财物严重损坏的;
4. 非法搜查 3 人(户)次以上的;
5. 司法工作人员对明知是与涉嫌犯罪无关的人身、住宅非法搜查的;
6. 其他非法搜查应予追究刑事责任的情形(★该立案标准可作为非国家机关工作人员非法搜查案件是否立案的参考——编者说明)。

〔218〕**【刑法修订】**本条第三款为 2015 年**《刑法修正案(九)》第十六条**增设。

【相关法规】根据 2009 年修正后的全国人大常委会**《关于维护互联网安全的决定》第四条第(一)项**,利用互联网侮辱他人或者捏造事实诽谤他人的,依照刑法有关规定追究刑事责任。

【司法解释】根据 2015 年 10 月 29 日最高法**《关于〈中华人民共和国刑法修正案(九)〉时间效力问题的解释》第四条**,对于 2015 年 10 月 31 日以前通过信息网络实施的刑法第二百四十六条第一款规定的侮辱、诽谤行为,被害人向人民法院告诉,但提供证据确有困难的,适用修正后刑法第二百四十六条第三款的规定。

2013 年 9 月 6 日最高法、最高检**《关于办理利用信息网络实施诽谤等刑事案件适用法律若干问题的解释》**(法释〔2013〕21 号,自 2013 年 9 月 10 日

起施行),对办理利用信息网络实施诽谤、寻衅滋事、敲诈勒索、非法经营等刑事案件适用法律的若干问题解释如下:

第一条 具有下列情形之一的,应当认定为刑法第二百四十六条第一款规定的“捏造事实诽谤他人”:

(一)捏造损害他人名誉的事实,在信息网络上散布,或者组织、指使人员在信息网络上散布的;

(二)将信息网络上涉及他人的原始信息内容篡改为损害他人名誉的事实,在信息网络上散布,或者组织、指使人员在信息网络上散布的。

明知是捏造的损害他人名誉的事实,在信息网络上散布,情节恶劣的,以“捏造事实诽谤他人”论。

第二条 利用信息网络诽谤他人,具有下列情形之一的,应当认定为刑法第二百四十六条第一款规定的“情节严重”:

(一)同一诽谤信息实际被点击、浏览次数达到 5000 次以上,或者被转发次数达到 500 次以上的;

(二)造成被害人或者其近亲属精神失常、自残、自杀等严重后果的;

(三)2 年内曾因诽谤受过行政处罚,又诽谤他人的;

(四)其他情节严重的情形。

第三条 利用信息网络诽谤他人,具有下列情形之一的,应当认定为刑法第二百四十六条第二款规定的“严重危害社会秩序和国家利益”:

(一)引发群体性事件的;

(二)引发公共秩序混乱的;

(三)引发民族、宗教冲突的;

(四)诽谤多人,造成恶劣社会影响的;

(五)损害国家形象,严重危害国家利益的;

(六)造成恶劣国际影响的;

(七)其他严重危害社会秩序和国家利益的情形。

第四条 1 年内多次实施利用信息网络诽谤他人行为未经处理,诽谤信息实际被点击、浏览、转发次数累计计算构成犯罪的,应当依法定罪处罚。

第五条 ……(➽参见刑法第 293 条脚注相关部分)

第六条 ……(➽参见刑法第 274 条脚注相关部分)

第七条 ……(➽参见刑法第 225 条脚注相关部分)

第八条 明知他人利用信息网络实施诽谤、寻衅滋事、敲诈勒索、非法经营等犯罪,为其提供资金、场所、技术支持等帮助的,以共同犯罪论处。

第九条 利用信息网络实施诽谤、寻衅滋事、敲诈勒索、非法经营犯罪,同时又构成刑法第二百二十一条规定的损害商业信誉、商品声誉罪,第二百七十八条规定的煽动暴力抗拒法律实施罪,第二百九十一条之一规定的编造、故意传播虚假恐怖信息罪等犯罪的,依照处罚较重的规定定罪处罚。

第十条 本解释所称信息网络，包括以计算机、电视机、固定电话机、移动电话机等电子设备为终端的计算机互联网、广播电视网、固定通信网、移动通信网等信息网络，以及向公众开放的局域网络。

根据1998年12月17日最高法**《关于审理非法出版物刑事案件具体应用法律若干问题的解释》第六条**，在出版物中公然侮辱他人或者捏造事实诽谤他人，情节严重的，依照刑法第二百四十六条的规定，分别以侮辱罪或者诽谤罪定罪处罚。

2009年4月3日公安部**《关于严格依法办理侮辱诽谤案件的通知》**（公通字〔2009〕16号），为严格依法办理侮辱、诽谤案件，规范执法行为，提高办案质量，保护公民合法权益，现就有关问题通知如下：

一、切实提高对严格依法办理侮辱、诽谤案件重要意义的认识……各级公安机关要清醒地认识到，随着国家民主法制建设的不断推进，人民群众的法制意识和政治参与意识不断增强，一些群众从不同角度提出批评、建议，是行使民主权利的表现。部分群众对一些社会消极现象发牢骚、吐怨气，甚至发表一些偏激言论，在所难免。如果将群众的批评、牢骚以及一些偏激言论视作侮辱、诽谤，使用刑罚或治安处罚的方式解决，不仅于法无据，而且可能激化矛盾，甚至被别有用心的人利用，借机攻击我国的社会制度和司法制度，影响党和政府的形象。各级公安机关要从维护社会和谐稳定的大局出发，深刻认识严格准确、依法办理好侮辱、诽谤案件的重要意义，始终坚持党的事业至上、人民利益至上、宪法法律至上，按照“最大限度地增加和谐因素，最大限度地减少不和谐因素”的要求，切实做到严格、公正、文明执法，努力化解矛盾，避免因执法不当而引发新的不安定因素。

二、准确把握侮辱、诽谤公诉案件的管辖范围及基本要件。根据《刑法》第二百四十六条的规定，侮辱、诽谤案件一般属于自诉案件，应当由公民个人自行向人民法院提起诉讼，只有在侮辱、诽谤行为“严重危害社会秩序和国家利益”时，公安机关才能按照公诉程序立案侦查。公安机关在依照公诉程序办理侮辱、诽谤刑事案件时，必须准确把握犯罪构成要件。对于不具备“严重危害社会秩序和国家利益”这一基本要件的，公安机关不得作为公诉案件管辖。对于具有下列情形之一的侮辱、诽谤行为，应当认定为“严重危害社会秩序和国家利益”，以侮辱罪、诽谤罪立案侦查，作为公诉案件办理：（一）因侮辱、诽谤行为导致群体性事件，严重影响社会秩序的；（二）因侮辱、诽谤外交使节、来访的外国国家元首、政府首脑等人员，造成恶劣国际影响的；（三）因侮辱、诽谤行为给国家利益造成严重危害的其他情形（★作为公诉案件办理的情形，并不仅限于这三种情形，应根据最新司法解释与规范性文件认定“严重危害社会秩序和国家利益”，以此确定公诉案件的范围——编者说明）。公安机关在接到公民对侮辱、诽谤行为的报案、控告或者举报后，首先要认真审查，判明是否属于公安机关管辖。对于符合上述情形，但通过公诉可能对国家利益和国家形象造成更大损害的，可以通过其他方式予以处理。对于经过审查认为不属于上述情形但涉嫌犯罪的侮辱、诽谤案件，公安机关应当问明情况，制作笔录，并将案件材料移交有管辖权的人民法院，同时向当事人说明此类案件依照法律规定属于自诉案件，不属公安机关管辖，告知其到人民法院自行提起诉讼。公安机关在立案前的审查过程中，不得对有关人员和财产采取强制性措施。对于不构成犯罪但违反《治安管理处罚法》的，要通过治安调解，最大限度地化解矛盾和纠纷；对于调解不成的，应依法给予治安管理处罚。公安机关在办理侮辱、诽谤案件时，要深入细致，辨法析理，努力争取让违法犯罪行为人和被侵害人心悦诚服地接受处理结果，化消极因素为积极因素，取得法律效果和社会效果的统一。

三、切实加强对办理侮辱、诽谤案件的执法监督。（下略）

四、高度重视办理侮辱、诽谤案件的舆论引导。（下略）

2010年8月23日最高检《**关于严格依法办理诽谤刑事案件有关问题的通知**》（高检发侦监字〔2010〕18号），近年来，一些地方人民检察院办理了一批诽谤刑事案件……办理此类案件主要存在以下问题：一是有的没有准确把握诽谤罪与非罪的界限，错误把群众对个别领导干部的批评、指责及一般性侵权行为当作诽谤犯罪处理；二是有的没有区分自诉案件与公诉案件的界限，把属于告诉才处理的自诉案件作为公诉案件办理，予以批捕、起诉；三是在有关部门对案件进行协调时，检察人员既不坚持依法办案也不向上级人民检察院报告，按照错误的协调意见批捕、起诉。

为深入推进社会矛盾化解、社会管理创新、公正廉洁执法三项重点工作，切实维护公民的民主权利和人身权益，确保依法准确办理诽谤刑事案件，现就有关问题通知如下：

一、要准确把握诽谤案件罪与非罪的界限

随着我国经济社会和民主法制建设的发展，人民群众民主意识、监督意识、维权意识不断增强，特别是网络媒体的日益普及与发展，公众表达意见的渠道更加广泛，人们通过一定形式和渠道对涉及公共利益的事项进行议论更加快捷，其中包括对一些领导干部的公开评论、批评、指责。在这些现象之中，绝大多数属于行使言论自由权利、民主权利、进行舆论监督，个别的可能涉嫌侵犯他人名誉权。这就需要检察机关在办案中认真研究和正确区分正当批评与侵犯名誉权、批评失实与恶意捏造事实进行诽谤之间的法律界限，依法、审慎地作出处理决定。对于公安机关提请批捕、移送审查起诉的诽谤案件，检察机关要全面审查案件事实、证据，严格依照法定条件区分罪与非罪的界限，特别是不能把群众对个别领导干部工作能力、工作作风、工作效果的批评、指责乃至过激言论认定为诽谤犯罪，依法保护公民的言论自由和批评建议权。

二、要严格区分诽谤案件自诉与公诉的界限

根据刑法第 246 条第 2 款的规定，诽谤犯罪案件原则上属于告诉才处理的自诉案件，只有严重危害社会秩序和国家利益的情形，才属于公诉案件。人民检察院对于公安机关提请批捕或者移送审查起诉的诽谤案件，不仅要审查是否涉嫌诽谤犯罪，更要严格审查是否属于可以公诉的情形。经审查认为涉嫌犯罪的诽谤行为没有严重危害社会秩序或者国家利益，依法应当适用自诉程序的，对于提请批准逮捕的案件，应当退回公安机关或者依法作出不批准逮捕的决定，并向公安机关说明理由；对于移送审查起诉的案件，应当退回公安机关，并向公安机关说明理由。

三、建立批捕、起诉诽谤犯罪案件报上一级人民检察院审批的制度

为严格依法办理诽谤刑事案件，确保办案质量和效果，从本通知下发之日起，今后一段时间内，实行批捕、起诉诽谤犯罪案件报上一级人民检察院审批制度。地方各级人民检察院对公安机关提请批捕的诽谤犯罪案件，经审查认为不构成犯罪，或者不属于公诉案件，或者没有逮捕必要的，应当依法作出不批准逮捕的决定，或者退回公安机关。认为涉嫌诽谤犯罪且属于公诉情形并有逮捕必要，拟作出批准逮捕决定的，应当在审查逮捕期限届满 3 日前，将《审查逮捕案件意见书》连同相关证据材料报上一级人民检察院审批……

四、要严格落实协调案件的报告制度

有关部门对诽谤案件进行协调时，检察人员要本着对党和人民负责、对案件事实和证据负责、对法律负责的精神，坚持原则，依据事实、证据和法律发表意见。意见不被采纳的，要及时向上一级人民检察院报告。明知案件不符合批捕、起诉条件而不提出意见或者经协调后不及时向上级人民检察院报告，错误批捕、起诉的，要按照“谁决定谁负责，谁办案谁负责”的原则，严肃追究有关人员的执法过错责任。

2023 年 9 月 20 日最高法、最高检、公安部**《关于依法惩治网络暴力违法犯罪的指导意见》**（法发〔2023〕14 号），就处理网络暴力违法犯罪案件发布指导意见如下：

一、充分认识网络暴力的社会危害，依法维护公民权益和网络秩序（下略）

二、准确适用法律，依法严惩网络暴力违法犯罪

……

2. 依法惩治网络诽谤行为。在信息网络上制造、散布谣言，贬损他人人格、损害他人名誉，情节严重，符合刑法第二百四十六条规定的，以诽谤罪定罪处罚。

3. 依法惩治网络侮辱行为。在信息网络上采取肆意谩骂、恶意诋毁、披露

隐私等方式，公然侮辱他人，情节严重，符合刑法第二百四十六条规定的，以侮辱罪定罪处罚。

4.……（➻参见刑法第 253 条之一脚注相关部分）

5.……（➻参见刑法第 287 条之一脚注相关部分）

6.……（➻参见刑法第 286 条之一脚注相关部分）

7. 依法惩治网络暴力违法行为。实施网络侮辱、诽谤等网络暴力行为，尚不构成犯罪，符合治安管理处罚法等规定的，依法予以行政处罚。

8. 依法严惩网络暴力违法犯罪。对网络暴力违法犯罪，应当体现从严惩治精神，让人民群众充分感受到公平正义。坚持严格执法司法，对于网络暴力违法犯罪，依法严肃追究，切实矫正“法不责众”的错误倾向。要重点打击恶意发起者、组织者、恶意推波助澜者以及屡教不改者。实施网络暴力违法犯罪，具有下列情形之一的，依法从重处罚：

（1）针对未成年人、残疾人实施的；

（2）组织“水军”、“打手”或者其他人员实施的；

（3）编造“涉性”话题侵害他人人格尊严的；

（4）利用“深度合成”等生成式人工智能技术发布违法信息的；

（5）网络服务提供者发起、组织的。

9. 依法支持民事维权……

10. 准确把握违法犯罪行为的认定标准。通过信息网络检举、揭发他人犯罪或者违法违纪行为，只要不是故意捏造事实或者明知是捏造的事实而故意散布的，不应当认定为诽谤违法犯罪。针对他人言行发表评论、提出批评，即使观点有所偏颇、言论有些偏激，只要不是肆意谩骂、恶意诋毁的，不应当认定为侮辱违法犯罪。

三、畅通诉讼程序，及时提供有效法律救济

11. 落实公安机关协助取证的法律规定。根据刑法第二百四十六条第三款的规定，对于被害人就网络侮辱、诽谤提起自诉的案件，人民法院经审查认为被害人提供证据确有困难的，可以要求公安机关提供协助（★人民法院受理侮辱、诽谤刑事案件的条件与自诉人提起自诉的条件，二者并不相同。最高法《关于适用〈中华人民共和国刑事诉讼法〉的解释》（法释〔2021〕1号）第三百一十六条规定“有明确的被告人”和“有证明被告人犯罪事实的证据”是人民法院受理自诉案件的条件，但并非自诉人提起自诉的条件，不能因为确定不了网络暴力犯罪被告人或者缺乏证据，而将自诉人挡在刑事自诉程序之外——编者说明）。公安机关应当根据人民法院要求和案件具体情况，及时查明行为主体，收集相关侮辱、诽谤信息传播扩散情况及造成的影响等证据材料。网络服务提供者应当依法为公安机关取证提供必要的技术支持和协助。经公安机关协助取证，达到自诉案件受理条件的，人民法院应当决定立案；无法收集相关证据材料的，公安机关应当书面向人民法院说明情况。

12. 准确把握侮辱罪、诽谤罪的公诉条件。根据刑法第二百四十六条第二款的规定，实施侮辱、诽谤犯罪，严重危害社会秩序和国家利益的，应当依法提起公诉。对于网络侮辱、诽谤是否严重危害社会秩序，应当综合侵害对象、动机目的、行为方式、信息传播范围、危害后果等因素作出判定。

实施网络侮辱、诽谤行为，具有下列情形之一的，应当认定为刑法第二百四十六条第二款规定的"严重危害社会秩序"：

（1）造成被害人或者其近亲属精神失常、自杀等严重后果，社会影响恶劣的；

（2）随意以普通公众为侵害对象，相关信息在网络上大范围传播，引发大量低俗、恶意评论，严重破坏网络秩序，社会影响恶劣的；

（3）侮辱、诽谤多人或者多次散布侮辱、诽谤信息，社会影响恶劣的；

（4）组织、指使人员在多个网络平台大量散布侮辱、诽谤信息，社会影响恶劣的；

（5）其他严重危害社会秩序的情形。

13. 依法适用侮辱、诽谤刑事案件的公诉程序。对于严重危害社会秩序的网络侮辱、诽谤行为，公安机关应当依法及时立案。被害人同时向人民法院提起自诉的，人民法院可以请自诉人撤回自诉或者裁定不予受理；已经受理的，应当裁定终止审理，并将相关材料移送公安机关，原自诉人可以作为被害人参与诉讼。对于网络侮辱、诽谤行为，被害人在公安机关立案前提起自诉，人民法院经审查认为有关行为严重危害社会秩序的，应当将案件移送公安机关。

对于网络侮辱、诽谤行为，被害人或者其近亲属向公安机关报案，公安机关经审查认为已构成犯罪但不符合公诉条件的，可以告知报案人向人民法院提起自诉。

14. 加强立案监督工作……

15. 依法适用人格权侵害禁令制度。权利人有证据证明行为人正在实施或者即将实施侵害其人格权的违法行为，不及时制止将使其合法权益受到难以弥补的损害，依据民法典第九百九十七条向人民法院申请采取责令行为人停止有关行为的措施的，人民法院可以根据案件具体情况依法作出人格权侵害禁令。

16. 依法提起公益诉讼……

四、落实工作要求，促进强化综合治理

17. 有效保障受害人权益。办理网络暴力案件，应当及时告知受害人及其法定代理人或者近亲属有权委托诉讼代理人，并告知其有权依法申请法律援助。针对相关网络暴力信息传播范围广、社会危害大、影响消除难的现实情况，要依法及时向社会发布案件进展信息，澄清事实真相，有效消除不良影响。

依法适用认罪认罚从宽制度，促使被告人认罪认罚，真诚悔罪，通过媒体公开道歉等方式，实现对受害人人格权的有效保护。对于被判处刑罚的被告人，可以依法宣告职业禁止或者禁止令。

18. 强化衔接配合……

19. 做好法治宣传……

20. 促进网络暴力综合治理……

【指导案例】根据2022年1月26日最高检**第三十四批指导性案例·检例第138号·岳某侮辱案**，利用信息网络散布被害人的裸体视频、照片及带有侮辱性的文字，公然侮辱他人，贬损他人人格、破坏他人名誉，导致出现被害人自杀等后果，严重危害社会秩序的，应当按照公诉程序，以侮辱罪依法追究刑事责任。

★该指导案例在"指导意义"部分指出：侮辱他人行为恶劣或者造成被害人精神失常、自残、自杀等严重后果的，可以认定为"情节严重"。行为人以破坏他人名誉、贬低他人人格为目的，故意在网络上对他人实施侮辱行为，如散布被害人的个人隐私、生理缺陷等，情节严重的，应当认定为侮辱罪。侮辱罪"情节严重"，包括行为恶劣、后果严重等情形，如当众撕光妇女衣服的，当众向被害人泼洒粪便、污物的，造成被害人或者其近亲属精神失常、自残、自杀的，二年内曾因侮辱受过行政处罚又侮辱他人的，在网络上散布被害人隐私导致被广泛传播的，以及其他情节严重情形。

侮辱罪"严重危害社会秩序"可以结合行为方式、社会影响等综合认定。侮辱罪属于告诉才处理的犯罪，但严重危害社会秩序和国家利益的除外。行为人利用信息网络侮辱他人犯罪案件中，是否属于"严重危害社会秩序"的情形，可以根据《最高人民法院、最高人民检察院关于办理利用信息网络实施诽谤等刑事案件适用法律若干问题的解释》的相关规定予以认定。行为人在网络上散布被害人裸照、视频等严重侵犯他人隐私的信息，造成恶劣社会影响的，或者在网络上散布侮辱他人的信息，导致对被害人产生大量负面评价，造成恶劣社会影响的，不仅侵害被害人人格权，而且严重扰乱社会秩序的，可以认定为"其他严重危害社会秩序的情形"，按照公诉程序依法追诉。

准确认定利用网络散布他人裸照、视频等隐私的行为性质。行为人在与被害人交往期间，获得了被害人的裸照、视频等，无论其获取行为是否合法，是否得到被害人授权，只要恶意对外散布，均应当承担相应法律责任，情节严重的，要依法追究刑事责任。对上述行为认定为侮辱罪还是强制侮辱罪，要结合行为人的主客观方面综合判断。如果行为人以破坏特定人名誉、贬低特定人人格为目的，故意在网络上对特定对象实施侮辱行为，情节严重的，应当认定为侮辱罪。如果行为人出于寻求精神刺激等动机，以暴力、胁迫或者其他方式，对妇女进行身体或者精神强制，使之不能反抗或者不敢反抗，进而实施侮辱的行为，应当认定为强制侮辱罪。

根据 2022 年 1 月 26 日最高检**第三十四批指导性案例·检例第 137 号·郎某、何某诽谤案**，利用信息网络诽谤他人，破坏公众安全感，严重扰乱网络社会秩序，符合刑法第二百四十六条第二款“严重危害社会秩序”的，检察机关应当依法履行追诉职责，作为公诉案件办理。对公安机关未立案侦查，被害人已提出自诉的，检察机关应当处理好由自诉向公诉程序的转换。

★该指导案例在“指导意义”部分指出：准确把握网络诽谤犯罪“严重危害社会秩序”的认定条件。网络涉及面广、浏览量大，一旦扩散，往往造成较大社会影响，与传统的发生在熟人之间、社区传播形式的诽谤案件不同，通过网络诽谤他人，诽谤信息经由网络广泛传播，严重损害被害人人格权，如果破坏了公序良俗和公众安全感，严重扰乱网络社会公共秩序的，应当认定为《最高人民法院、最高人民检察院关于办理利用信息网络实施诽谤等刑事案件适用法律若干问题的解释》第三条规定的“其他严重危害社会秩序的情形”。对此，可以根据犯罪方式、对象、内容、主观目的、传播范围和造成后果等，综合全案事实、性质、情节和危害程度等予以评价。

坚持能动司法，依法惩治网络诽谤犯罪。网络诽谤传播广、危害大、影响难消除，被害人往往面临举证难、维权难，通过自诉很难实现权利救济，更无法通过自诉有效追究犯罪嫌疑人刑事责任。如果网络诽谤犯罪侵害了社会公共利益，就应当适用公诉程序处理。检察机关要适应新时代人民群众对人格尊严保护的更高需求，针对网络诽谤犯罪的特点，积极主动履职，加强与其他执法司法机关沟通协调，依法启动公诉程序，及时有效打击犯罪，加强对公民人格权的刑法保护，维护网络社会秩序，营造清朗网络空间。

被害人已提起自诉的网络诽谤犯罪案件，因同时侵害公共利益需要适用公诉程序办理的，应当依法处理好程序转换。对自诉人已经提起自诉的网络诽谤犯罪案件，检察机关审查认为属于“严重危害社会秩序”，应当适用公诉程序的，应当履行法律监督职责，建议公安机关立案侦查。在公安机关立案后，对自诉人提起的自诉案件，人民法院尚未受理的，检察机关可以征求自诉人意见，由其撤回起诉。人民法院对自诉人的自诉案件受理以后，公安机关又立案的，检察机关可以征求自诉人意见，由其撤回起诉，或者建议人民法院依法裁定终止自诉案件的审理，以公诉案件审理。

【典型案例】2023 年 9 月 25 日最高法**依法惩治网络暴力违法犯罪典型案例·三、王某某诉李某某侮辱案**，由于网络具有一定的特殊性，网络侮辱等网络暴力行为的社会危害更加突显，集中表现为传播范围更大、传播速度更快。对于网络侮辱行为是否达到“情节严重”的程度，应当根据侮辱信息的具体情

第二百四十七条[219] **【刑讯逼供罪】** **【暴力取证罪】**司法工作人员对犯罪嫌疑人、被告人实行刑讯逼供或者使用暴力逼取证人证言的，处三年以下有期徒刑或者拘役。致人伤残、死亡的，依照本法第二百三十四条、第二百三十二条的规定定罪从重处罚。

形、传播范围，以及行为手段、造成危害后果等因素，综合评价对被害人社会评价、人格尊严的损害程度，依法准确作出认定。需要特别注意的是，考虑到手机等移动网络终端已广泛普及，单纯依据相关信息的浏览数量入罪应当特别慎重，以确保案件处理符合罪责刑相适应原则。

〔219〕 **【相关法规】**根据2018年**《刑事诉讼法》第五十六条**，采用刑讯逼供等非法方法收集的犯罪嫌疑人、被告人供述和采用暴力、威胁等非法方法收集的证人证言、被害人陈述，应当予以排除……

【立案标准】根据2006年7月26日最高检**《关于渎职侵权犯罪案件立案标准的规定》**，刑讯逼供罪是指司法工作人员对犯罪嫌疑人、被告人使用肉刑或者变相肉刑逼取口供的行为。涉嫌下列情形之一的，应予立案：

1. 以殴打、捆绑、违法使用械具等恶劣手段逼取口供的；
2. 以较长时间冻、饿、晒、烤等手段逼取口供，严重损害犯罪嫌疑人、被告人身体健康的；
3. 刑讯逼供造成犯罪嫌疑人、被告人轻伤、重伤、死亡的；
4. 刑讯逼供，情节严重，导致犯罪嫌疑人、被告人自杀、自残造成重伤、死亡，或者精神失常的；
5. 刑讯逼供，造成错案的；
6. 刑讯逼供3人次以上的；
7. 纵容、授意、指使、强迫他人刑讯逼供，具有上述情形之一的；
8. 其他刑讯逼供应予追究刑事责任的情形。

暴力取证罪是指司法工作人员以暴力逼取证人证言的行为。涉嫌下列情形之一的，应予立案：

1. 以殴打、捆绑、违法使用械具等恶劣手段逼取证人证言的；
2. 暴力取证造成证人轻伤、重伤、死亡的；
3. 暴力取证，情节严重，导致证人自杀、自残造成重伤、死亡，或者精神失常的；
4. 暴力取证，造成错案的；
5. 暴力取证3人次以上的；
6. 纵容、授意、指使、强迫他人暴力取证，具有上述情形之一的；
7. 其他暴力取证应予追究刑事责任的情形。

第二百四十八条[220]　**【虐待被监管人罪】**监狱、拘留所、看守所等监管机构的监管人员对被监管人进行殴打或者体罚虐待，情节严重的，处三年以下有期徒刑或者拘役；情节特别严重的，处三年以上十年以下有期徒刑。致人伤残、死亡的，依照本法第二百三十四条、第二百三十二条的规定定罪从重处罚。

监管人员指使被监管人殴打或者体罚虐待其他被监管人的，依照前款的规定处罚。

第二百四十九条　**【煽动民族仇恨、民族歧视罪】**煽动民族仇恨、民族歧视，情节严重的，处三年以下有期徒刑、拘役、管制或者剥夺政治权利；情节特别严重的，处三年以上十年以下有期徒刑。

---

〔220〕**【立案标准】**根据 2006 年 7 月 26 日最高检**《关于渎职侵权犯罪案件立案标准的规定》**，虐待被监管人罪是指监狱、拘留所、看守所、拘役所、劳教所（★*在我国，目前已无拘役所、劳教所——编者说明*）等监管机构的监管人员对被监管人进行殴打或者体罚虐待，情节严重的行为。涉嫌下列情形之一的，应予立案：

1. 以殴打、捆绑、违法使用械具等恶劣手段虐待被监管人的；

2. 以较长时间冻、饿、晒、烤等手段虐待被监管人，严重损害其身体健康的；

3. 虐待造成被监管人轻伤、重伤、死亡的；

4. 虐待被监管人，情节严重，导致被监管人自杀、自残造成重伤、死亡，或者精神失常的；

5. 殴打或者体罚虐待 3 人次以上的；

6. 指使被监管人殴打、体罚虐待其他被监管人，具有上述情形之一的；

7. 其他情节严重的情形。

【司法解释】2015 年 2 月 15 日最高检**《关于强制隔离戒毒所工作人员能否成为虐待被监管人罪主体问题的批复》**（高检发释字〔2015〕2 号，自 2015 年 2 月 15 日起施行）指出，根据有关法律规定，强制隔离戒毒所是对符合特定条件的吸毒成瘾人员限制人身自由，进行强制隔离戒毒的监管机构，其履行监管职责的工作人员属于刑法第二百四十八条规定的监管人员。

对于强制隔离戒毒所监管人员殴打或者体罚虐待戒毒人员，或者指使戒毒人员殴打、体罚虐待其他戒毒人员，情节严重的，应当适用刑法第二百四十八条的规定，以虐待被监管人罪追究刑事责任；造成戒毒人员伤残、死亡后果的，应当依照刑法第二百三十四条、第二百三十二条的规定，以故意伤害罪、故意杀人罪从重处罚。

第二百五十条[221] **【出版歧视、侮辱少数民族作品罪】**在出版物中刊载歧视、侮辱少数民族的内容，情节恶劣，造成严重后果的，对直接责任人员，处三年以下有期徒刑、拘役或者管制。

第二百五十一条 【非法剥夺公民宗教信仰自由罪】 【侵犯少数民族风俗习惯罪】国家机关工作人员非法剥夺公民的宗教信仰自由和侵犯少数民族风俗习惯，情节严重的，处二年以下有期徒刑或者拘役。

第二百五十二条[222] **【侵犯通信自由罪】**隐匿、毁弃或者非法开拆他人信件，侵犯公民通信自由权利，情节严重的，处一年以下有期徒刑或者拘役。

第二百五十三条 【私自开拆、隐匿、毁弃邮件、电报罪】邮政工作人员私自开拆或者隐匿、毁弃邮件、电报的，处二年以下有期徒刑或者拘役。

犯前款罪而窃取财物的，依照本法第二百六十四条的规定定罪从重处罚。

第二百五十三条之一[223] **【侵犯公民个人信息罪】**违反国家有关规定，向他人出售或者提供公民个人信息，情节严重的，处三年以下有期徒刑或者拘役，并处或者单处罚金；情节特别严重的，处三年以上七年以下有期徒刑，并处罚金。

违反国家有关规定，将在履行职责或者提供服务过程中获得的公民个人信息，出售或者提供给他人的，依照前款的规定从重处罚。

窃取或者以其他方法非法获取公民个人信息的，依照第一款的规定处罚。

单位犯前三款罪的，对单位判处罚金，并对其直接负责的主管人员和其他直接责任人员，依照各该款的规定处罚。

---

〔221〕 **【司法解释】**根据1998年12月17日最高法**《关于审理非法出版物刑事案件具体应用法律若干问题的解释》第七条**，出版刊载歧视、侮辱少数民族内容的作品，情节恶劣，造成严重后果的，依照刑法第二百五十条的规定，以出版歧视、侮辱少数民族作品罪定罪处罚。

〔222〕 **【相关法规】**根据2009年修正后的全国人大常委会**《关于维护互联网安全的决定》第四条第(二)项**，非法截获、篡改、删除他人电子邮件或者其他数据资料，侵犯公民通信自由和通信秘密构成犯罪的，依照刑法有关规定追究刑事责任。

〔223〕 **【刑法修订】**本条为2009年**《刑法修正案(七)》第七条**增设，增设的条文如下：

第二百五十三条之一　国家机关或者金融、电信、交通、教育、医疗等单位的工作人员，违反国家规定，将本单位在履行职责或者提供服务过程中获得的公民个人信息，出售或者非法提供给他人，情节严重的，处三年以下有期徒刑或者拘役，并处或者单处罚金。

窃取或者以其他方法非法获取上述信息，情节严重的，依照前款的规定处罚。

单位犯前两款罪的，对单位判处罚金，并对其直接负责的主管人员和其他直接责任人员，依照各该款的规定处罚。

2015 年**《刑法修正案（九）》第十七条**修订了本条，删除了第一款关于犯罪主体的规定，增设了一档法定刑；将第一款中侵犯履行职责或者提供服务过程中获得的公民个人信息的行为，单列为第二款，对此从重处罚；删除了原第二款“情节严重”的要求，改为第三款；将原第三款单位犯罪改为第四款。

【相关法规】根据 2016 年**《网络安全法》第七十六条第（五）项**，个人信息，是指以电子或者其他方式记录的能够单独或者与其他信息结合识别自然人个人身份的各种信息，包括但不限于自然人的姓名、出生日期、身份证件号码、个人生物识别信息、住址、电话号码等。

根据 2020 年**《民法典》第一千零三十四条第二款**，个人信息是以电子或者其他方式记录的能够单独或者与其他信息结合识别特定自然人的各种信息，包括自然人的姓名、出生日期、身份证件号码、生物识别信息、住址、电话号码、电子邮箱、健康信息、行踪信息等。

根据 2021 年**《个人信息保护法》第四条**，个人信息是以电子或者其他方式记录的与已识别或者可识别的自然人有关的各种信息，不包括匿名化处理后的信息。

个人信息的处理包括个人信息的收集、存储、使用、加工、传输、提供、公开、删除等。

【司法解释】2017 年 5 月 8 日最高法、最高检**《关于办理侵犯公民个人信息刑事案件适用法律若干问题的解释》**（法释〔2017〕10 号，自 2017 年 6 月 1 日起施行），为依法惩治侵犯公民个人信息犯罪活动，保护公民个人信息安全和合法权益，根据《中华人民共和国刑法》《中华人民共和国刑事诉讼法》的有关规定，现就办理此类刑事案件适用法律的若干问题解释如下：

第一条　刑法第二百五十三条之一规定的“公民个人信息”，是指以电子或者其他方式记录的能够单独或者与其他信息结合识别特定自然人身份或者反映特定自然人活动情况的各种信息，包括姓名、身份证件号码、通信通讯联系方式、住址、账号密码、财产状况、行踪轨迹等。

第二条　违反法律、行政法规、部门规章有关公民个人信息保护的规定的，应当认定为刑法第二百五十三条之一规定的“违反国家有关规定”。

第三条 向特定人提供公民个人信息，以及通过信息网络或者其他途径发布公民个人信息的，应当认定为刑法第二百五十三条之一规定的“提供公民个人信息”。

未经被收集者同意，将合法收集的公民个人信息向他人提供的，属于刑法第二百五十三条之一规定的“提供公民个人信息”，但是经过处理无法识别特定个人且不能复原的除外。

第四条 违反国家有关规定，通过购买、收受、交换等方式获取公民个人信息，或者在履行职责、提供服务过程中收集公民个人信息的，属于刑法第二百五十三条之一第三款规定的“以其他方法非法获取公民个人信息”。

第五条 非法获取、出售或者提供公民个人信息，具有下列情形之一的，应当认定为刑法第二百五十三条之一规定的“情节严重”：

（一）出售或者提供行踪轨迹信息，被他人用于犯罪的；

（二）知道或者应当知道他人利用公民个人信息实施犯罪，向其出售或者提供的；

（三）非法获取、出售或者提供行踪轨迹信息、通信内容、征信信息、财产信息 50 条以上的；

（四）非法获取、出售或者提供住宿信息、通信记录、健康生理信息、交易信息等其他可能影响人身、财产安全的公民个人信息 500 条以上的；

（五）非法获取、出售或者提供第三项、第四项规定以外的公民个人信息 5000 条以上的；

（六）数量未达到第三项至第五项规定标准，但是按相应比例合计达到有关数量标准的；

（七）违法所得 5000 元以上的；

（八）将在履行职责或者提供服务过程中获得的公民个人信息出售或者提供给他人，数量或者数额达到第三项至第七项规定标准一半以上的；

（九）曾因侵犯公民个人信息受过刑事处罚或者 2 年内受过行政处罚，又非法获取、出售或者提供公民个人信息的；

（十）其他情节严重的情形。

实施前款规定的行为，具有下列情形之一的，应当认定为刑法第二百五十三条之一第一款规定的“情节特别严重”：

（一）造成被害人死亡、重伤、精神失常或者被绑架等严重后果的；

（二）造成重大经济损失或者恶劣社会影响的；

（三）数量或者数额达到前款第三项至第八项规定标准 10 倍以上的；

（四）其他情节特别严重的情形。

第六条 为合法经营活动而非法购买、收受本解释第五条第一款第三项、第四项规定以外的公民个人信息，具有下列情形之一的，应当认定为刑法第二百五十三条之一规定的“情节严重”：

（一）利用非法购买、收受的公民个人信息获利5万元以上的；

（二）曾因侵犯公民个人信息受过刑事处罚或者2年内受过行政处罚，又非法购买、收受公民个人信息的；

（三）其他情节严重的情形。

实施前款规定的行为，将购买、收受的公民个人信息非法出售或者提供的，定罪量刑标准适用本解释第五条的规定。

第七条 单位犯刑法第二百五十三条之一规定之罪的，依照本解释规定的相应自然人犯罪的定罪量刑标准，对直接负责的主管人员和其他直接责任人员定罪处罚，并对单位判处罚金。

第八条 设立用于实施非法获取、出售或者提供公民个人信息违法犯罪活动的网站、通讯群组，情节严重的，应当依照刑法第二百八十七条之一的规定，以非法利用信息网络罪定罪处罚；同时构成侵犯公民个人信息罪的，依照侵犯公民个人信息罪定罪处罚。

第九条 网络服务提供者拒不履行法律、行政法规规定的信息网络安全管理义务，经监管部门责令采取改正措施而拒不改正，致使用户的公民个人信息泄露，造成严重后果的，应当依照刑法第二百八十六条之一的规定，以拒不履行信息网络安全管理义务罪定罪处罚。

第十条 实施侵犯公民个人信息犯罪，不属于“情节特别严重”，行为人系初犯，全部退赃，并确有悔罪表现的，可以认定为情节轻微，不起诉或者免予刑事处罚；确有必要判处刑罚的，应当从宽处罚。

第十一条 非法获取公民个人信息后又出售或者提供的，公民个人信息的条数不重复计算。

向不同单位或者个人分别出售、提供同一公民个人信息的，公民个人信息的条数累计计算。

对批量公民个人信息的条数，根据查获的数量直接认定，但是有证据证明信息不真实或者重复的除外。

第十二条 对于侵犯公民个人信息犯罪，应当综合考虑犯罪的危害程度、犯罪的违法所得数额以及被告人的前科情况、认罪悔罪态度等，依法判处罚金。罚金数额一般在违法所得的1倍以上5倍以下。

第十三条 本解释自2017年6月1日起施行。

根据2013年4月23日最高法、最高检、公安部**《关于依法惩处侵害公民个人信息犯罪活动的通知》**（公通字〔2013〕12号），公民个人信息包括公民的姓名、年龄、有效证件号码、婚姻状况、工作单位、学历、履历、家庭住址、电话号码等能够识别公民个人身份或者涉及公民个人隐私的信息、数据资料。……对使用非法获取的个人信息，实施其他犯罪行为，构成数罪的，应当依法予以并罚。单位实施侵害公民个人信息罪的，应当追究直接负责的主管人员和其他直接责任人员的刑事责任。要依法加大对财产刑的适用力度，剥夺犯罪分子非法获利和再次犯罪的资本。

侵害公民个人信息犯罪网络覆盖面大，关系错综复杂。犯罪行为发生地、犯罪结果发生地、犯罪分子所在地等往往不在一地。同时，由于犯罪行为大多依托互联网、移动电子设备，通过即时通讯工具、电子邮件等多种方式实施，调查取证难度很大……对于几个公安机关都有权管辖的案件，由最初受理的公安机关管辖。必要时，可以由主要犯罪地的公安机关管辖。对管辖不明确或者有争议的刑事案件，可以由公安机关协商。协商不成的，由共同上级公安机关指定管辖……

2018 年 11 月 9 日最高检**《检察机关办理侵犯公民个人信息案件指引》**（高检发侦监字〔2018〕13 号），结合《最高人民法院、最高人民检察院关于办理侵犯公民个人信息刑事案件适用法律若干问题的解释》（法释〔2017〕10 号）（以下简称《解释》），办理侵犯公民个人信息案件，应当特别注意以下问题：

一、审查证据的基本要求（下略）

二、需要特别注意的问题

在侵犯公民个人信息案件审查逮捕、审查起诉中，要根据相关法律、司法解释等规定，结合在案证据，重点注意以下问题：

（一）对“公民个人信息”的审查认定

根据《解释》的规定，公民个人信息是指以电子或者其他方式记录的能够单独或者与其他信息结合识别特定自然人身份或者反映特定自然人活动情况的各种信息，包括姓名、身份证件号码、通信通讯联系方式、住址、账号密码、财产状况、行踪轨迹等。经过处理无法识别特定自然人且不能复原的信息，虽然也可能反映自然人活动情况，但与特定自然人无直接关联，不属于公民个人信息的范畴。

对于企业工商登记等信息中所包含的手机、电话号码等信息，应当明确该号码的用途。对由公司购买、使用的手机、电话号码等信息，不属于个人信息的范畴，从而严格区分“手机、电话号码等由公司购买，归公司使用”与“公司经办人在工商登记等活动中登记个人电话、手机号码”两种不同情形。

（二）对“违反国家有关规定”的审查认定

《中华人民共和国刑法修正案（九）》将原第二百五十三条之一的“违反国家规定”修改为“违反国家有关规定”，后者的范围明显更广。根据刑法第九十六条的规定，“国家规定”仅限于全国人大及其常委会制定的法律和决定，国务院制定的行政法规、规定的行政措施、发布的决定和命令。而“国家有关规定”还包括部门规章，这些规定散见于金融、电信、交通、教育、医疗、统计、邮政等领域的法律、行政法规或部门规章中。

（三）对“非法获取”的审查认定

在窃取或者以其他方法非法获取公民个人信息的行为中，需要着重把握“其他方法”的范围问题。“其他方法”，是指“窃取”以外，与窃取行为具有同等危害性的方法，其中，购买是最常见的非法获取手段。侵犯公民个人信息犯罪作为电信网络诈骗的上游犯罪，诈骗分子往往先通过网络向他人购买公民个人信息，然后自己直接用于诈骗或转发给其他同伙用于诈骗，诈骗分子购买公民个人信息的行为属于非法获取行为，其同伙接收公民个人信息的行为明显也属于非法获取行为。同时，一些房产中介、物业管理公司、保险公司、担保公司的业务员往往与同行通过QQ、微信群互相交换各自掌握的客户信息，这种交换行为也属于非法获取行为。此外，行为人在履行职责、提供服务过程中，违反国家有关规定，未经他人同意收集公民个人信息，或者收集与提供的服务无关的公民个人信息的，也属于非法获取公民个人信息的行为。

（四）对“情节严重”和“情节特别严重”的审查认定

1. 关于“情节严重”的具体认定标准，根据《解释》第五条第一款的规定，主要涉及五个方面：

（1）信息类型和数量。①行踪轨迹信息、通信内容、征信信息、财产信息，此类信息与公民人身、财产安全直接相关，数量标准为50条以上，且仅限于上述四类信息，不允许扩大范围。对于财产信息，既包括银行、第三方支付平台、证券期货等金融服务账户的身份认证信息（一组确认用户操作权限的数据，包括账号、口令、密码、数字证书等），也包括存款、房产、车辆等财产状况信息。②住宿信息、通信记录、健康生理信息、交易信息等可能影响公民人身、财产安全的信息，数量标准为500条以上，此类信息也与人身、财产安全直接相关，但重要程度要弱于行踪轨迹信息、通信内容、征信信息、财产信息。对“其他可能影响人身、财产安全的公民个人信息”的把握，应当确保所适用的公民个人信息涉及人身、财产安全，且与“住宿信息、通信记录、健康生理信息、交易信息”在重要程度上具有相当性。③除上述两类信息以外的其他公民个人信息，数量标准为5000条以上。

（2）违法所得数额。对于违法所得，可直接以犯罪嫌疑人出售公民个人信息的收入予以认定，不必扣减其购买信息的犯罪成本。同时，在审查认定违法所得数额过程中，应当以查获的银行交易记录、第三方支付平台交易记录、聊天记录、犯罪嫌疑人供述、证人证言综合予以认定，对于犯罪嫌疑人无法说明合法来源的用于专门实施侵犯公民个人信息犯罪的银行账户或第三方支付平台账户内资金收入，可综合全案证据认定为违法所得。

（3）信息用途。公民个人信息被他人用于违法犯罪活动的，不要求他人的行为必须构成犯罪，只要行为人明知他人非法获取公民个人信息用于违法犯罪活动即可。

（4）主体身份。如果行为人系将在履行职责或者提供服务过程中获得的公民个人信息出售或者提供给他人的，涉案信息数量、违法所得数额只要达到一般主体的一半，即可认为“情节严重”。

（5）主观恶性。曾因侵犯公民个人信息受过刑事处罚或者2年内受过行政处罚，又非法获取、出售或者提供公民个人信息的，即可认为“情节严重”。

2. 关于“情节特别严重”的认定标准，根据《解释》，主要分为两类：一是信息数量、违法所得数额标准。二是信息用途引发的严重后果，其中造成人身伤亡、经济损失、恶劣社会影响等后果，需要审查认定侵犯公民个人信息的行为与严重后果间存在因果关系。

对于涉案公民个人信息数量的认定，根据《解释》第十一条，非法获取公民个人信息后又出售或者提供的，公民个人信息的条数不重复计算；向不同单位或者个人分别出售、提供同一公民个人信息的，公民个人信息的条数累计计算；对批量出售、提供公民个人信息的条数，根据查获的数量直接认定，但是有证据证明信息不真实或者重复的除外。在实践中，如犯罪嫌疑人多次获取同一条公民个人信息，一般认定为一条，不重复累计；但获取的该公民个人信息内容发生了变化的除外。

对于涉案公民个人信息的数量、社会危害性等因素的审查，应当结合刑法第二百五十三条之一和《解释》的规定进行综合审查。涉案公民个人信息数量极少，但造成被害人死亡等严重后果的，应审查犯罪嫌疑人行为与该后果之间的因果关系，符合条件的，可以认定为实施《解释》第五条第一款第十项“其他情节严重的情形”的行为，造成被害人死亡等严重后果，从而认定为“情节特别严重”。如涉案公民个人信息数量较多，但犯罪嫌疑人仅仅获取而未向他人出售或提供，则可以在认定相关犯罪事实的基础上，审查该行为是否符合《解释》第五条第一款第三、四、五、六、九项及第二款第三项的情形，符合条件的，可以分别认定为“情节严重”“情节特别严重”。

此外，针对为合法经营活动而购买、收受公民个人信息的行为，在适用《解释》第六条的定罪量刑标准时须满足三个条件：一是为了合法经营活动，对此可以综合全案证据认定，但主要应当由犯罪嫌疑人一方提供相关证据；二是限于普通公民个人信息，即不包括可能影响人身、财产安全的敏感信息；三是信息没有再流出扩散，即行为方式限于购买、收受。如果将购买、收受的公民个人信息非法出售或者提供的，定罪量刑标准应当适用《解释》第五条的规定。

（五）对关联犯罪的审查认定

对于侵犯公民个人信息犯罪与电信网络诈骗犯罪相交织的案件，应严格按照《最高人民法院、最高人民检察院、公安部关于办理电信网络诈骗等刑事案件适用法律若干问题的意见》（法发〔2016〕32号）的规定进行审查认定，即通过认真审查非法获取、出售、提供公民个人信息的犯罪嫌疑人对电信网络诈骗犯罪的参与程度，结合能够证实其认知能力的学历文化、聊天记录、通话频率、获取固定报酬还是参与电信网络诈骗犯罪分成等证据，分析判断其是否属于诈骗共同犯罪、是否应该数罪并罚。

根据《解释》第八条的规定，设立用于实施出售、提供或者非法获取公民个人信息违法犯罪活动的网站、通讯群组，情节严重的，应当依照刑法第二百八十七条之一的规定，以非法利用信息网络罪定罪；同时构成侵犯公民个人信息罪的，应当认定为侵犯公民个人信息罪。

对于违反国家有关规定，采用技术手段非法侵入合法存储公民个人信息的单位数据库窃取公民个人信息的行为，也符合刑法第二百八十五条第二款非法获取计算机信息系统数据罪的客观特征，同时触犯侵犯公民个人信息罪和非法获取计算机信息系统数据罪的，应择一重罪论处。

此外，针对公安民警在履行职责过程中，违反国家有关规定，查询、提供公民个人信息的情形，应当认定为“违反国家有关规定，将在履行职责或者提供服务过程中以其他方法非法获取或提供公民个人信息”。但同时，应当审查犯罪嫌疑人除该行为之外有无其他行为侵害其他法益，从而对可能存在的其他犯罪予以准确认定。

三、社会危险性及羁押必要性审查（下略）

根据 2023 年 9 月 20 日最高法、最高检、公安部《**关于依法惩治网络暴力违法犯罪的指导意见**》，组织“人肉搜索”，违法收集并向不特定多数人发布公民个人信息，情节严重，符合刑法第二百五十三条之一规定的，以侵犯公民个人信息罪定罪处罚；依照刑法和司法解释规定，同时构成其他犯罪的，依照处罚较重的规定定罪处罚。

根据 2018 年最高法研究室《**关于侵犯公民个人信息罪有关法律适用问题征求意见的复函**》（法研〔2018〕11 号），刑法第二百五十三条之一规定的“公民个人信息”的“公民个人信息”，既包括中国公民的个人信息，也包括外国公民和其他无国籍人的个人信息。

【指导案例】根据 2022 年 1 月 26 日最高检**第三十四批指导性案例 · 检例第 140 号 · 柯某侵犯公民个人信息案**，业主房源信息是房产交易信息和身份识别信息的组合，包含姓名、通信通讯联系方式、住址、交易价格等内容，属于法律保护的公民个人信息。未经信息主体另行授权，非法获取、出售限定使用范围的业主房源信息，系侵犯公民个人信息的行为，情节严重、构成犯罪的，应当依法追究刑事责任。检察机关办理案件时应当对涉案公民个人信息具体甄别，筛除模糊、无效及重复信息，准确认定侵犯公民个人信息数量。

★该指导案例在“指导意义”部分指出：包含房产信息和身份识别信息的业主房源信息属于公民个人信息。公民个人信息，是指以电子或者其他方式记录的能够单独或者与其他信息结合识别特定自然人身份或者反映特定自然人活动情况的各种信息，包括姓名、身份证件号码、通信通讯联络方式、住址、账号密码、财产状况、行踪轨迹等。业主房源信息包括房产坐落区域、面积、售租价格等描述房产特征的信息，也包含门牌号码、业主电话、姓名等具有身份识别性的信息，上述信息组合，使业主房源信息符合公民个人信息“识别特定自然人”的规定。上述信息非法流入公共领域存在较大风险。现实生活中，被害人因信息泄露被频繁滋扰，更有大量信息进入黑灰产业链，被用于电信网络诈骗、敲诈勒索等犯罪活动，严重威胁公民人身财产安全、社会公共利益，甚至危及国家信息安全，应当依法惩处。

获取限定使用范围的信息需信息主体同意、授权。对生物识别、宗教信仰、特定身份、医疗健康、金融账户、行踪轨迹等敏感个人信息，进行信息处理须得到信息主体明确同意、授权。对非敏感个人信息，如上述业主电话、姓名等，应当根据具体情况作出不同处理。信息主体自愿、主动向社会完全公开的信息，可以认定同意他人获取，在不侵犯其合法利益的情况下可以合法、合理利用。但限定用途、范围的信息，如仅提供给中介供服务使用的，他人在未经另行授权的情况下，非法获取、出售，情节严重的，应当以侵犯公民个人信息罪追究刑事责任。

认定公民个人信息数量，应当在全面固定数据基础上有效甄别。侵犯公民个人信息案件中，信息一般以电子数据形式存储，往往数据庞杂、真伪交织、形式多样。检察机关应当把握公民个人信息“可识别特定自然人身份或者反映特定自然人活动情况”的标准，准确提炼出关键性的识别要素，如家庭住址、电话号码、姓名等，对信息数据有效甄别。对包含上述信息的认定为有效的公民个人信息，以准确认定信息数量。

根据2022年12月26日最高法**第35批指导性案例·指导性案例192号·李开祥侵犯公民个人信息刑事附带民事公益诉讼案**，使用人脸识别技术处理的人脸信息以及基于人脸识别技术生成的人脸信息均具有高度的可识别性，能够单独或者与其他信息结合识别特定自然人身份或者反映特定自然人活动情况，属于刑法规定的公民个人信息。行为人未经公民本人同意，未具备获得法律、相关部门授权等个人信息保护法规定的处理个人信息的合法事由，利用软件程序等方式窃取或者以其他方法非法获取上述信息，情节严重的，应依照《最高人民法院、最高人民检察院关于办理侵犯公民个人信息刑事案件适用法律若干问题的解释》第五条第一款第四项等规定定罪处罚。

根据2022年12月26日最高法**第35批指导性案例·指导性案例193号·闻巍等侵犯公民个人信息案**，居民身份证信息包含自然人姓名、人脸识别信息、身份号码、户籍地址等多种个人信息，属于《最高人民法院、最高人民检察院关于办理侵犯公民个人信息刑事案件适用法律若干问题的解释》第五条第一款第四项规定的“其他可能影响人身、财产安全的公民个人信息”。非法获取、出售或者提供居民身份证信息，情节严重的，依照刑法第二百五十三条之一第一款规定，构成侵犯公民个人信息罪。

根据2022年12月26日最高法**第35批指导性案例·指导性案例194号·熊昌恒等侵犯公民个人信息案**，违反国家有关规定，购买已注册但未使用的微信账号等社交媒体账号，通过具有智能群发、添加好友、建立讨论群组等功能的营销软件，非法制作带有公民个人信息可用于社交活动的微信账号等社交媒体账号出售、提供给他人，情节严重的，属于刑法第二百五十三条之一第一款规定的“违反国家有关规定，向他人出售或者提供公民个人信息”行为，构成侵犯公民个人信息罪。

未经公民本人同意，或未具备具有法律授权等个人信息保护法规定的理由，通过购买、收受、交换等方式获取在一定范围内已公开的公民个人信息进行非法利用，改变了公民公开个人信息的范围、目的和用途，不属于法律规定的合理处理，属于刑法第二百五十三条之一第三款规定的“以其他方法非法获取公民个人信息”行为，情节严重的，构成侵犯公民个人信息罪。

根据2022年12月26日最高法**第35批指导性案例·指导性案例195号·罗文君、瞿小珍侵犯公民个人信息刑事附带民事公益诉讼案**，服务提供者专门发给特定手机号码的数字、字母等单独或者其组合构成的验证码具有独特性、隐秘性，能够单独或者与其他信息结合识别特定自然人身份或者反映特定自然人活动情况的，属于刑法规定的公民个人信息。行为人将提供服务过程中获得的验证码及对应手机号码出售给他人，情节严重的，依照侵犯公民个人信息罪定罪处罚。

【典型案例】根据2022年12月2日最高检**检察机关依法惩治侵犯公民个人信息犯罪典型案例·案例一、解某某、辛某某等人侵犯公民个人信息案**，对客观上无法排重计算信息数量的，可以通过确定违法所得数额作为定罪量刑的事实依据。信息数量、违法所得数额是侵犯公民个人信息罪定罪量刑的重要依据。其中之一达到司法解释规定的标准，即可认定为“情节严重”或者“情节特别严重”，按照侵犯公民个人信息罪定罪量刑。如果二者分别属于不同的量刑幅度的，可以按照处罚较重的量刑幅度处理。

根据2022年12月2日最高检**检察机关依法惩治侵犯公民个人信息犯罪典型案例·案例二、李某侵犯公民个人信息案**，对批量公民个人信息的条数，根据查获的数量直接认定，但是有证据证明信息不真实或者重复的除外。侵犯公民个人信息犯罪中，涉案信息动辄上万乃至数十万条，在海量信息状态下，对信息逐一核实在客观上较难实现。所以，实践中允许适用推定规则，即根据查获的数量直接认定，但这不意味着举证责任倒置，对通过技术手段可以去重的，应当作去重处理，排除重复的信息。对信息的真实性，可以采取抽样方式进行验证。

人脸信息是具有不可更改性和唯一性的生物识别信息。人脸识别技术给生活带来便利的同时，也容易被犯罪分子窃取利用或者制作合成，破解

第二百五十四条〔224〕　**【报复陷害罪】**国家机关工作人员滥用职权、假公济私，对控告人、申诉人、批评人、举报人实行报复陷害的，处二年以下有期徒刑或者拘役；情节严重的，处二年以上七年以下有期徒刑。

人脸识别验证程序，侵害隐私、名誉和财产（★据此，人脸信息属于刑法第二百五十三条之一中的公民个人信息——编者说明）。

根据2022年12月2日最高检**检察机关依法惩治侵犯公民个人信息犯罪典型案例·案例三、谢某、李某甲等人侵犯公民个人信息案**，对犯罪嫌疑人众多的侵犯公民个人信息犯罪，要结合犯罪嫌疑人在共同犯罪中的地位、作用、主观恶性、犯罪情节等，依法区分主从犯，分类处理。对主犯、“职业惯犯”以及利用未成年人实施犯罪的，要依法从严处理，当捕则捕，当诉则诉，并建议从严判处实刑。对认罪认罚、积极退赃退赔，初犯、偶犯，作用较小、获利较少的从犯，要依法从宽处理，采取非羁押措施，依法不起诉或者建议判处缓刑。

根据2022年12月2日最高检**检察机关依法惩治侵犯公民个人信息犯罪典型案例·案例四、陈某甲、于某、陈某乙侵犯公民个人信息案**，非法获取、出售或者提供行踪轨迹信息，构成犯罪的，应当依法从严惩处。行踪轨迹信息属于公民个人信息。行为人出售或者提供行踪轨迹信息，被他人用于犯罪的，应认定为“情节严重”，依法构成侵犯公民个人信息罪。实施前述行为，造成被害人死亡等严重后果的，属于侵犯公民个人信息罪“情节特别严重”，依法应判处三年以上七年以下有期徒刑。

根据2022年12月2日最高检**检察机关依法惩治侵犯公民个人信息犯罪典型案例·案例五、韦某、吴某甲、吴某乙侵犯公民个人信息案**，产妇分娩信息等是医院在开展医疗活动过程中掌握的公民健康生理信息。对于医护人员将其在履行职责或者提供服务中获得的产妇健康生理信息出售或者提供给他人的行为，构成犯罪的，应依法予以打击。对下游非法获取公民个人信息的犯罪也应依法打击，实现全链条惩处。

〔224〕**【立案标准】**根据2006年7月26日最高检**《关于渎职侵权犯罪案件立案标准的规定》**，报复陷害罪是指国家机关工作人员滥用职权、假公济私，对控告人、申诉人、批评人、举报人实行打击报复、陷害的行为。涉嫌下列情形之一的，应予立案：

1. 报复陷害，情节严重，导致控告人、申诉人、批评人、举报人或者其近亲属自杀、自残造成重伤、死亡，或者精神失常的；

2. 致使控告人、申诉人、批评人、举报人或者其近亲属的其他合法权利受到严重损害的；

3. 其他报复陷害应予追究刑事责任的情形。

第二百五十五条　【打击报复会计、统计人员罪】公司、企业、事业单位、机关、团体的领导人，对依法履行职责、抵制违反会计法、统计法行为的会计、统计人员实行打击报复，情节恶劣的，处三年以下有期徒刑或者拘役。

第二百五十六条〔225〕**【破坏选举罪】**在选举各级人民代表大会代表和国家机关领导人员时，以暴力、威胁、欺骗、贿赂、伪造选举文件、虚报选举票数等手段破坏选举或者妨害选民和代表自由行使选举权和被选举权，情节严重的，处三年以下有期徒刑、拘役或者剥夺政治权利。

第二百五十七条　【暴力干涉婚姻自由罪】以暴力干涉他人婚姻自由的，处二年以下有期徒刑或者拘役。

犯前款罪，致使被害人死亡的，处二年以上七年以下有期徒刑。

第一款罪，告诉的才处理。

第二百五十八条　【重婚罪】有配偶而重婚的，或者明知他人有配偶而与之结婚的，处二年以下有期徒刑或者拘役。

第二百五十九条　【破坏军婚罪】明知是现役军人的配偶而与之同居或者结婚的，处三年以下有期徒刑或者拘役。

利用职权、从属关系，以胁迫手段奸淫现役军人的妻子的，依照本法第二百三十六条的规定定罪处罚。

---

〔225〕**【立案标准】**根据2006年7月26日最高检**《关于渎职侵权犯罪案件立案标准的规定》**，破坏选举罪是指在选举各级人民代表大会代表和国家机关领导人员时，以暴力、威胁、欺骗、贿赂、伪造选举文件、虚报选举票数或者编造选举结果等手段破坏选举或者妨害选民和代表自由行使选举权和被选举权，情节严重的行为。国家机关工作人员利用职权破坏选举，涉嫌下列情形之一的，应予立案：

1. 以暴力、威胁、欺骗、贿赂等手段，妨害选民、各级人民代表大会代表自由行使选举权和被选举权，致使选举无法正常进行，或者选举无效，或者选举结果不真实的；

2. 以暴力破坏选举场所或者选举设备，致使选举无法正常进行的；

3. 伪造选民证、选票等选举文件，虚报选举票数，产生不真实的选举结果或者强行宣布合法选举无效、非法选举有效的；

4. 聚众冲击选举场所或者故意扰乱选举场所秩序，使选举工作无法进行的；

5. 其他情节严重的情形。

第二百六十条[226] **【虐待罪】**虐待家庭成员，情节恶劣的，处二年以下有期徒刑、拘役或者管制。

犯前款罪，致使被害人重伤、死亡的，处二年以上七年以下有期徒刑。

第一款罪，告诉的才处理，但被害人没有能力告诉，或者因受到强制、威吓无法告诉的除外。

---

〔226〕**【刑法修订】**2015年《**刑法修正案（九）**》**第十八条**修订了本条第三款。1997年刑法该款原文如下：

第二百六十条第三款 第一款罪，告诉的才处理。

2015年《**刑法修正案（九）**》在该款"告诉的才处理"之后增设"但被害人没有能力告诉，或者因受到强制、威吓无法告诉的除外"的规定。

【司法解释】根据2015年10月29日最高法《**关于〈中华人民共和国刑法修正案（九）〉时间效力问题的解释**》**第五条**，对于2015年10月31日以前实施的刑法第二百六十条第一款规定的虐待行为，被害人没有能力告诉，或者因受到强制、威吓无法告诉的，适用修正后刑法第二百六十条第三款的规定。

2015年3月2日最高法、最高检、公安部、司法部《**关于依法办理家庭暴力犯罪案件的意见**》（法发〔2015〕4号），就办理家庭暴力犯罪案件的意见如下：

16. 依法准确定罪处罚。对故意杀人、故意伤害、强奸、猥亵儿童、非法拘禁、侮辱、暴力干涉婚姻自由、虐待、遗弃等侵害公民人身权利的家庭暴力犯罪，应当根据犯罪的事实、犯罪的性质、情节和对社会的危害程度，严格依照刑法的有关规定判处。对于同一行为同时触犯多个罪名的，依照处罚较重的规定定罪处罚。

17. 依法惩处虐待犯罪。采取殴打、冻饿、强迫过度劳动、限制人身自由、恐吓、侮辱、谩骂等手段，对家庭成员的身体和精神进行摧残、折磨，是实践中较为多发的虐待性质的家庭暴力。根据司法实践，具有虐待持续时间较长、次数较多；虐待手段残忍；虐待造成被害人轻微伤或者患较严重疾病；对未成年人、老年人、残疾人、孕妇、哺乳期妇女、重病患者实施较为严重的虐待行为等情形，属于刑法第二百六十条第一款规定的虐待"情节恶劣"，应当依法以虐待罪定罪处罚。

准确区分虐待犯罪致人重伤、死亡与故意伤害、故意杀人犯罪致人重伤、死亡的界限，要根据被告人的主观故意、所实施的暴力手段与方式、是否立即或者直接造成被害人伤亡后果等进行综合判断。对于被告人主观上不具有侵害被害人健康或者剥夺被害人生命的故意，而是出于追求被害人肉体和精神上的痛苦，长期或者多次实施虐待行为，逐渐造成被害人身体损害，过失导致被害人重伤或者死亡的；或者因虐待致使被害人不堪忍受而自残、自杀，导致重伤或者死亡的，属于刑法第二百六十条第二款规定的虐待“致使被害人重伤、死亡”，应当以虐待罪定罪处罚。对于被告人虽然实施家庭暴力呈现出经常性、持续性、反复性的特点，但其主观上具有希望或者放任被害人重伤或者死亡的故意，持凶器实施暴力，暴力手段残忍，暴力程度较强，直接或者立即造成被害人重伤或者死亡的，应当以故意伤害罪或者故意杀人罪定罪处罚。

依法惩处遗弃犯罪……（➽参见刑法第 261 条脚注相关部分）

18. 切实贯彻宽严相济刑事政策。对于实施家庭暴力构成犯罪的，应当根据罪刑法定、罪刑相适应原则，兼顾维护家庭稳定、尊重被害人意愿等因素综合考虑，宽严并用，区别对待。根据司法实践，对于实施家庭暴力手段残忍或者造成严重后果；出于恶意侵占财产等卑劣动机实施家庭暴力；因酗酒、吸毒、赌博等恶习而长期或者多次实施家庭暴力；曾因实施家庭暴力受到刑事处罚、行政处罚；或者具有其他恶劣情形的，可以酌情从重处罚。对于实施家庭暴力犯罪情节较轻，或者被告人真诚悔罪，获得被害人谅解，从轻处罚有利于被扶养人的，可以酌情从轻处罚；对于情节轻微不需要判处刑罚的，人民检察院可以不起诉，人民法院可以判处免予刑事处罚。

对于实施家庭暴力情节显著轻微危害不大不构成犯罪的，应当撤销案件、不起诉，或者宣告无罪。

人民法院、人民检察院、公安机关应当充分运用训诫，责令施暴人保证不再实施家庭暴力，或者向被害人赔礼道歉、赔偿损失等非刑罚处罚措施，加强对施暴人的教育与惩戒。

19. 准确认定对家庭暴力的正当防卫……（➽参见刑法第 20 条脚注相关部分）

20. 充分考虑案件中的防卫因素和过错责任……（➽参见刑法第 232 条脚注相关部分）

21. 充分运用禁止令措施。人民法院对实施家庭暴力构成犯罪被判处管制或者宣告缓刑的犯罪分子，为了确保被害人及其子女和特定亲属的人身安全，可以依照刑法第三十八条第二款、第七十二条第二款的规定，同时禁止犯罪分子再次实施家庭暴力，侵扰被害人的生活、工作、学习，进行酗酒、赌博等活动；经被害人申请且有必要的，禁止接近被害人及其未成年子女。

【指导案例】根据 2018 年 11 月 9 日最高检**第十一批指导性案例·检例第 44 号·于某虐待案**，被虐待的未成年人，因年幼无法行使告诉权利的，属于刑法第二百六十条第三款规定的“被害人没有能力告诉”的情形，应当按照公诉案件处理，由检察机关提起公诉，并可以依法提出适用禁止令的建议。

抚养人对未成年人未尽抚养义务，实施虐待或者其他严重侵害未成年人合法权益的行为，不适宜继续担任抚养人的，检察机关可以支持未成年人或者其他监护人向人民法院提起变更抚养权诉讼。

★该指导案例在“指导意义”部分指出：《中华人民共和国刑法》第二百六十条规定，虐待家庭成员，情节恶劣的，告诉的才处理，但被害人没有能力告诉，或者因受到强制、威吓无法告诉的除外。虐待未成年人犯罪案件中，未成年人往往没有能力告诉，应按照公诉案件处理，由检察机关提起公诉，维护未成年被害人的合法权利。

《最高人民法院、最高人民检察院、公安部、司法部关于对判处管制、宣告缓刑的犯罪分子适用禁止令有关问题的规定（试行）》第七条规定，人民检察院在提起公诉时，对可能宣告缓刑的被告人，可以建议禁止其从事特定活动，进入特定区域、场所，接触特定的人。对未成年人遭受家庭成员虐待的案件，结合犯罪情节，检察机关可以在提出量刑建议的同时，有针对性地向人民法院提出适用禁止令的建议，禁止被告人再次对被害人实施家庭暴力，依法保障未成年人合法权益，督促被告人在缓刑考验期内认真改造。

【典型案例】根据2014年5月28日最高法**五起依法惩治侵犯儿童权益犯罪典型案例·四、王玉贵故意伤害、虐待案**，施暴人实施家庭暴力，往往是一个长期、反复的过程。在这一过程中，大部分家庭暴力行为，依照刑法的规定构成虐待罪，但其中又有一次或几次家庭暴力行为，已经符合了刑法规定的故意伤害罪的构成要件，依法构成故意伤害罪。依照刑事诉讼法的规定，故意伤害罪属于公诉案件，虐待罪没有致被害人重伤、死亡的属于自诉案件。人民检察院只能对被告人犯故意伤害罪提起公诉，自诉人可以对被告人犯虐待罪另行提起告诉（即自诉）。人民法院可以将相关公诉案件和自诉案件合并审理。这样处理，既便于在事实、证据的认定方面保持一致，也有利于全面反映被告人实施家庭暴力犯罪的多种情节，综合衡量应当判处的刑罚，还有利于节省司法资源。

根据2015年3月4日最高法**涉家庭暴力犯罪典型案例·案例4、朱朝春虐待案**，司法实践中，家庭暴力犯罪不仅发生在家庭成员之间，在具有监护、扶养、寄养、同居等关系的人员之间也经常发生。为了更好地保护儿童、老人和妇女等弱势群体的权利，促进家庭和谐，维护社会稳定，《关于依法办理家庭暴力犯罪案件的意见》将具有监护、扶养、寄养、同居等关系的人员界定为家庭暴力犯罪的主体范围。本案被告人朱朝春虽与被害人刘祎离婚，二人仍以夫妻名义共同生活，朱朝春经常性、持续性地实施虐待行为，致使刘祎不堪忍受而自杀身亡，属于虐待“致使被害人死亡”的加重处罚情节，应依法予以重判。

第二百六十条之一〔227〕 **【虐待被监护、看护人罪】**对未成年人、老年人、患病的人、残疾人等负有监护、看护职责的人虐待被监护、看护的人，情节恶劣的，处三年以下有期徒刑或者拘役。

单位犯前款罪的，对单位判处罚金，并对其直接负责的主管人员和其他直接责任人员，依照前款的规定处罚。

有第一款行为，同时构成其他犯罪的，依照处罚较重的规定定罪处罚。

第二百六十一条〔228〕 **【遗弃罪】**对于年老、年幼、患病或者其他没有独立生活能力的人，负有扶养义务而拒绝扶养，情节恶劣的，处五年以下有期徒刑、拘役或者管制。

---

〔227〕**【刑法修订】**本条为2015年《**刑法修正案（九）**》第十九条增设。

【司法解释】根据2019年11月18日最高法《**关于审理走私、非法经营、非法使用兴奋剂刑事案件适用法律若干问题的解释**》**第三条**，对未成年人、残疾人负有监护、看护职责的人组织未成年人、残疾人在体育运动中非法使用兴奋剂，具有下列情形之一的，应当认定为刑法第二百六十条之一规定的“情节恶劣”，以虐待被监护、看护人罪定罪处罚：

（一）强迫未成年人、残疾人使用的；

（二）引诱、欺骗未成年人、残疾人长期使用的；

（三）其他严重损害未成年人、残疾人身心健康的情形。

★对于强迫、引诱、欺骗他人使用兴奋剂参加国内、国际重大体育竞赛的行为，《刑法修正案（十一）》第44条新设妨害兴奋剂管理罪。在未成年人、残疾人参加国内、国际重大体育竞赛时，强迫、引诱、欺骗其服用兴奋剂的，根据刑法第260条之一第3款“有第一款行为，同时构成其他犯罪的，依照处罚较重的规定定罪处罚”的规定，妨害兴奋剂管理罪的处罚较重，故对此应以妨害兴奋剂管理罪定罪处罚；只有在服用兴奋剂的未成年人、残疾人参加国内、国际重大体育竞赛之外的其他体育运动时，才以虐待被监护、看护人罪定罪处罚——编者说明。

〔228〕**【司法解释】**根据2015年3月2日最高法、最高检、公安部、司法部《**关于依法办理家庭暴力犯罪案件的意见**》，负有扶养义务且有扶养能力的人，拒绝扶养年幼、年老、患病或者其他没有独立生活能力的家庭成员，是危害严重的遗弃性质的家庭暴力。根据司法实践，具有对被害人长期不予照顾、不提供生活来源；驱赶、逼迫被害人离家，致使被害人流离失所或者生存困难；遗弃患严重疾病或者生活不能自理的被害人；遗弃致使被害人身体严重损害或者造成其他严重后果等情形，属于刑法第二百六十一条规定的遗弃“情节恶

第二百六十二条 【拐骗儿童罪】拐骗不满十四周岁的未成年人，脱离家庭或者监护人的，处五年以下有期徒刑或者拘役。

第二百六十二条之一[229] **【组织残疾人、儿童乞讨罪】**以暴力、胁迫手段组织残疾人或者不满十四周岁的未成年人乞讨的，处三年以下有期徒刑或者拘役，并处罚金；情节严重的，处三年以上七年以下有期徒刑，并处罚金。

第二百六十二条之二[230] **【组织未成年人进行违反治安管理活动罪】**组织未成年人进行盗窃、诈骗、抢夺、敲诈勒索等违反治安管理活动的，处三年以下有期徒刑或者拘役，并处罚金；情节严重的，处三年以上七年以下有期徒刑，并处罚金。

劣”，应当依法以遗弃罪定罪处罚。

准确区分遗弃罪与故意杀人罪的界限，要根据被告人的主观故意、所实施行为的时间与地点、是否立即造成被害人死亡，以及被害人对被告人的依赖程度等进行综合判断。对于只是为了逃避扶养义务，并不希望或者放任被害人死亡，将生活不能自理的被害人弃置在福利院、医院、派出所等单位或者广场、车站等行人较多的场所，希望被害人得到他人救助的，一般以遗弃罪定罪处罚。对于希望或者放任被害人死亡，不履行必要的扶养义务，致使被害人因缺乏生活照料而死亡，或者将生活不能自理的被害人带至荒山野岭等人迹罕至的场所扔弃，使被害人难以得到他人救助的，应当以故意杀人罪定罪处罚。

【典型案例】根据2014年11月24日最高法**发布98起未成年人审判工作典型案例·二十四、王怀志、杨丽仙遗弃案**，本案是典型的出卖亲生子女的行为，对该种行为是构成拐卖儿童罪还是遗弃罪，司法实践中一直以来都存在争议。在现实生活中，将亲生子女出卖的情况是纷繁复杂的，需要具体分析。就本案而言，被告人王怀志、杨丽仙抚养3个小孩确实很困难，所以才产生了将小儿子送给他人抚养以减轻负担的想法。被告人王怀志、杨丽仙是在了解到王英勇确实想收养孩子后，才将孩子送出，协议中也约定可以到家探访，故从中可以看出被告人王怀志、杨丽仙将自己的孩子送出，是希望其可以得到更好的抚养。因此可以判断被告人王怀志、杨丽仙出卖亲生子女的行为，其主观目的在于放弃或拒绝承担抚养义务，而非将亲生子女当作商品予以出卖，认定其行为构成遗弃罪而非拐卖儿童罪是正确的，更符合罪刑相适应原则。

〔229〕**【刑法修订】**本条为2006年《**刑法修正案（六）**》**第十七条**增设。

〔230〕**【刑法修订】**本条为2009年《**刑法修正案（七）**》**第八条**增设。

【指导案例】根据2023年2月24日最高检**第四十三批指导性案例·检例**

第173号·惩治组织未成年人进行违反治安管理活动犯罪综合司法保护案，对组织未成年人在KTV等娱乐场所进行有偿陪侍的，检察机关应当以组织未成年人进行违反治安管理活动罪进行追诉，并可以从被组织人数、持续时间、组织手段、陪侍情节、危害后果等方面综合认定本罪的“情节严重”。

★该指导案例在“指导意义”部分指出：《娱乐场所管理条例》将以营利为目的的陪侍与卖淫嫖娼、赌博等行为并列，一并予以禁止，并规定了相应的处罚措施，明确了该行为具有妨害社会治安管理的行政违法性。处于人生成长阶段的未成年人被组织从事有偿陪侍服务，不仅败坏社会风气，危害社会治安秩序，更严重侵害未成年人的人格尊严和身心健康，构成组织未成年人进行违反治安管理活动罪。检察机关办理此类案件，可以围绕被组织人数众多，犯罪行为持续时间长，采用控制手段的强制程度，色情陪侍方式严重损害未成年人身心健康等情形，综合认定为“情节严重”。

【典型案例】根据2014年11月24日最高法**发布98起未成年人审判工作典型案例·六十、魏帅等组织未成年人进行违反治安管理活动案**，组织未成年人进行违反治安管理活动罪是指组织未成年人进行盗窃、诈骗、抢夺、敲诈勒索等违反治安管理活动的行为，行为人只要实施了组织行为即为既遂，并不要求被组织者完成了盗窃、诈骗、抢夺、敲诈勒索等违反治安管理活动的行为。本案中，四被告人为组织未成年人进行盗窃，先对诱骗的三名未成年的聋哑人进行盗窃技巧的培训，在培训的过程中，尚未进行实际盗窃，即被抓获归案，也应构成既遂。

第五章 侵犯财产罪〔231〕

第二百六十三条〔232〕 **【抢劫罪】**以暴力、胁迫或者其他方法抢劫公私财物的，处三年以上十年以下有期徒刑，并处罚金；有下列情形之一的，处十年以上有期徒刑、无期徒刑或者死刑，并处罚金或者没收财产：

（一）入户抢劫的；

（二）在公共交通工具上抢劫的；

（三）抢劫银行或者其他金融机构的；

（四）多次抢劫或者抢劫数额巨大的；

（五）抢劫致人重伤、死亡的；

（六）冒充军警人员抢劫的；

（七）持枪抢劫的；

（八）抢劫军用物资或者抢险、救灾、救济物资的。

---

〔231〕 **【立法解释】**2005年12月1日全国人大常委会法制工作委员会**《对关于公司人员利用职务上的便利采取欺骗等手段非法占有股东股权的行为如何定性处理的批复的意见》**（法工委发函〔2005〕105号）指出，根据刑法第九十二条的规定，股份属于财产。采用各种非法手段侵吞、占有他人依法享有的股份，构成犯罪的，适用刑法有关非法侵犯他人财产的犯罪规定。

【司法解释】根据2018年1月16日最高法、最高检、公安部、司法部**《关于办理黑恶势力犯罪案件若干问题的指导意见》**，对于以非法占有为目的，假借民间借贷之名，通过“虚增债务”“签订虚假借款协议”“制造资金走账流水”“肆意认定违约”“转单平账”“虚假诉讼”等手段非法占有他人财产，或者使用暴力、威胁手段强立债权、强行索债的，应当根据案件具体事实，以诈骗、强迫交易、敲诈勒索、抢劫、虚假诉讼等罪名侦查、起诉、审判。对于非法占有的被害人实际所得借款以外的虚高“债务”和以“保证金”“中介费”“服务费”等各种名目扣除或收取的额外费用，均应计入违法所得。对于名义上为被害人所得、但在案证据能够证明实际上却为犯罪嫌疑人、被告人实施后续犯罪所使用的“借款”，应予以没收。

〔232〕 **【司法解释】**2000年11月22日最高法**《关于审理抢劫案件具体应用法律若干问题的解释》**（法释〔2000〕35号，自2000年11月28日起施行），就审理抢劫案件具体应用法律的若干问题解释如下：

第一条 刑法第二百六十三条第（一）项规定的“入户抢劫”，是指为实施抢劫行为而进入他人生活的与外界相对隔离的住所，包括封闭的院落、牧民的帐篷、渔民作为家庭生活场所的渔船、为生活租用的房屋等进行抢劫的行为。

对于入户盗窃，因被发现而当场使用暴力或者以暴力相威胁的行为，应当认定为入户抢劫。

第二条 刑法第二百六十三条第（二）项规定的“在公共交通工具上抢劫”，既包括在从事旅客运输的各种公共汽车，大、中型出租车，火车，船只，飞机等正在运营中的机动公共交通工具上对旅客、司售、乘务人员实施的抢劫，也包括对运行途中的机动公共交通工具加以拦截后，对公共交通工具上的人员实施的抢劫。

第三条 刑法第二百六十三条第（三）项规定的“抢劫银行或者其他金融机构”，是指抢劫银行或者其他金融机构的经营资金、有价证券和客户的资金等。

抢劫正在使用中的银行或者其他金融机构的运钞车的，视为“抢劫银行或者其他金融机构”。

第四条 刑法第二百六十三条第（四）项规定的“抢劫数额巨大”的认定标准，参照各地确定的盗窃罪数额巨大的认定标准执行。

第五条 刑法第二百六十三条第（七）项规定的“持枪抢劫”，是指行为人使用枪支或者向被害人显示持有、佩带的枪支进行抢劫的行为。“枪支”的概念和范围，适用《中华人民共和国枪支管理法》的规定。

根据最高法研究室**《关于持仿真玩具枪实施抢劫犯罪有关问题的研究意见》**，持仿真玩具枪实施抢劫，不应认定为“持枪抢劫”（参见《司法研究与指导》2012 年总第 1 辑）。

2005 年 6 月 8 日最高法**《关于审理抢劫、抢夺刑事案件适用法律若干问题的意见》**（法发〔2005〕8 号），对审理抢劫、抢夺犯罪案件中较为突出的几个法律适用问题，意见如下：

一、关于“入户抢劫”的认定

根据最高人民法院《关于审理抢劫案件具体应用法律若干问题的解释》第一条规定，认定“入户抢劫”时，应当注意以下三个问题：一是“户”的范围。“户”在这里是指住所，其特征表现为供他人家庭生活和与外界相对隔离两个方面，前者为功能特征，后者为场所特征。一般情况下，集体宿舍、旅店宾馆、临时搭建工棚等不应认定为“户”，但在特定情况下，如果确实具有上述两个特征的，也可以认定为“户”。二是“入户”目的的非法性。进入他人住所须以实施抢劫等犯罪为目的。抢劫行为虽然发生在户内，但行为人不以实施抢劫等犯罪为目的进入他人住所，而是在户内临时起意实施抢劫的，不属于“入户抢劫”。三是暴力或者暴力胁迫行为必须发生在户内。入户实施盗窃被发现，行为人为窝藏赃物、抗拒抓捕或者毁灭罪证而当场使用暴力或者以暴力相威胁的，如果暴力或者暴力胁迫行为发生在户内，可以认定为“入户抢劫”；如果发生在户外，不能认定为“入户抢劫”。

二、关于“在公共交通工具上抢劫”的认定

公共交通工具承载的旅客具有不特定多数人的特点。根据《关于审理抢劫案件具体应用法律若干问题的解释》第二条规定，“在公共交通工具上抢劫”主要是指在从事旅客运输的各种公共汽车、大、中型出租车、火车、船只、飞机等正在运营中的机动公共交通工具上对旅客、司售、乘务人员实施的抢劫。在未运营中的大、中型公共交通工具上针对司售、乘务人员抢劫的，或者在小型出租车上抢劫的，不属于“在公共交通工具上抢劫”。

三、关于“多次抢劫”的认定

刑法第二百六十三条第（四）项中的“多次抢劫”是指抢劫3次以上。

对于“多次”的认定，应以行为人实施的每一次抢劫行为均已构成犯罪为前提，综合考虑犯罪故意的产生、犯罪行为实施的时间、地点等因素，客观分析、认定。对于行为人基于一个犯意实施犯罪的，如在同一地点同时对在场的多人实施抢劫的；或基于同一犯意在同一地点实施连续抢劫犯罪的，如在同一地点连续地对途经此地的多人进行抢劫的；或在一次犯罪中对一栋居民楼房中的几户居民连续实施入户抢劫的，一般应认定为一次犯罪。

四、关于“携带凶器抢夺”的认定（➻参见刑法第267条脚注相关部分）

五、关于转化抢劫的认定（➻参见刑法第269条脚注相关部分）

六、关于抢劫犯罪数额的计算

抢劫信用卡后使用、消费的，其实际使用、消费的数额为抢劫数额；抢劫信用卡后未实际使用、消费的，不计数额，根据情节轻重量刑。所抢信用卡数额巨大，但未实际使用、消费或者实际使用、消费的数额未达到巨大标准的，不适用“抢劫数额巨大”的法定刑。

为抢劫其他财物，劫取机动车辆当作犯罪工具或者逃跑工具使用的，被劫取机动车辆的价值计入抢劫数额；为实施抢劫以外的其他犯罪劫取机动车辆的，以抢劫罪和实施的其他犯罪实行数罪并罚。

抢劫存折、机动车辆的数额计算，参照执行《关于审理盗窃案件具体应用法律若干问题的解释》的相关规定（★《关于审理盗窃案件具体应用法律若干问题的解释》已经失效，应当参照执行2013年4月2日最高法、最高检《关于办理盗窃刑事案件适用法律若干问题的解释》的相关规定——编者说明）。

七、关于抢劫特定财物行为的定性

以毒品、假币、淫秽物品等违禁品为对象，实施抢劫的，以抢劫罪定罪；抢劫的违禁品数量作为量刑情节予以考虑。抢劫违禁品后又以违禁品实施其他犯罪的，应以抢劫罪与具体实施的其他犯罪实行数罪并罚。

抢劫赌资、犯罪所得的赃款赃物的，以抢劫罪定罪，但行为人仅以其所输赌资或所赢赌债为抢劫对象，一般不以抢劫罪定罪处罚。构成其他犯罪的，依照刑法的相关规定处罚。

为个人使用，以暴力、胁迫等手段取得家庭成员或近亲属财产的，一般不以抢劫罪定罪处罚，构成其他犯罪的，依照刑法的相关规定处理；教唆或者伙同他人采取暴力、胁迫等手段劫取家庭成员或近亲属财产的，可以抢劫罪定罪处罚。

八、关于抢劫罪数的认定

行为人实施伤害、强奸等犯罪行为，在被害人未失去知觉，利用被害人不能反抗、不敢反抗的处境，临时起意劫取他人财物的，应以此前所实施的具体犯罪与抢劫罪实行数罪并罚；在被害人失去知觉或者没有发觉的情形下，以及实施故意杀人犯罪行为之后，临时起意拿走他人财物的，应以此前所实施的具体犯罪与盗窃罪实行数罪并罚。

九、关于抢劫罪与相似犯罪的界限

1. 冒充正在执行公务的人民警察、联防人员，以抓卖淫嫖娼、赌博等违法行为为名非法占有财物的行为定性

行为人冒充正在执行公务的人民警察“抓赌”、“抓嫖”，没收赌资或者罚款的行为，构成犯罪的，以招摇撞骗罪从重处罚；在实施上述行为中使用暴力或者暴力威胁的，以抢劫罪定罪处罚。行为人冒充治安联防队员“抓赌”、“抓嫖”、没收赌资或者罚款的行为，构成犯罪的，以敲诈勒索罪定罪处罚；在实施上述行为中使用暴力或者暴力威胁的，以抢劫罪定罪处罚（★关于本段结论需要注意两点：其一，根据 2021 年 12 月 16 日最高法、最高检、公安部《关于依法惩治招摇撞骗等违法犯罪行为的指导意见》第四条，冒充国家机关工作人员招摇撞骗，同时构成诈骗罪的，依照处罚较重的规定定罪处罚。据此，行为人冒充正在执行公务的人民警察“抓赌”、“抓嫖”，没收赌资或者罚款的行为，同时构成诈骗罪的，应当依照处罚较重的规定定罪处罚。其二，无论是主刑还是附加刑，敲诈勒索罪的法定刑均重于招摇撞骗罪。对于行为人冒充正在执行公务的人民警察“抓赌”、“抓嫖”，没收赌资或者罚款这一危害同等甚至更重的行为，以相对较轻的招摇撞骗罪从重处罚，而对于行为人冒充治安联防队员“抓赌”、“抓嫖”、没收赌资或者罚款的行为，以相对较重的敲诈勒索罪定罪处罚，这一结论是否合适，如何实现二者处罚的均衡，值得研究——编者说明）。

2. 以暴力、胁迫手段索取超出正常交易价钱、费用的钱财的行为定性

从事正常商品买卖、交易或者劳动服务的人，以暴力、胁迫手段迫使他人交出与合理价钱、费用相差不大钱物，情节严重的，以强迫交易罪定罪处罚；以非法占有为目的，以买卖、交易、服务为幌子采用暴力、胁迫手段迫使他人交出与合理价钱、费用相差悬殊的钱物的，以抢劫罪定罪处刑。在具体认定时，既要考虑超出合理价钱、费用的绝对数额，还要考虑超出合理价钱、费用的比例，加以综合判断。

3. 抢劫罪与绑架罪的界限

绑架罪是侵害他人人身自由权利的犯罪，其与抢劫罪的区别在于：第一，主观方面不尽相同。抢劫罪中，行为人一般出于非法占有他人财物的故意实施抢劫行为，绑架罪中，行为人既可能为勒索他人财物而实施绑架行为，也可

能出于其他非经济目的实施绑架行为；第二，行为手段不尽相同。抢劫罪表现为行为人劫取财物一般应在同一时间、同一地点，具有“当场性”；绑架罪表现为行为人以杀害、伤害等方式向被绑架人的亲属或其他人或单位发出威胁，索取赎金或提出其他非法要求，劫取财物一般不具有“当场性”。

绑架过程中又当场劫取被害人随身携带财物的，同时触犯绑架罪和抢劫罪两罪名，应择一重罪定罪处罚。

4. 抢劫罪与寻衅滋事罪的界限

寻衅滋事罪是严重扰乱社会秩序的犯罪，行为人实施寻衅滋事的行为时，客观上也可能表现为强拿硬要公私财物的特征。这种强拿硬要的行为与抢劫罪的区别在于：前者行为人主观上还具有逞强好胜和通过强拿硬要来填补其精神空虚等目的，后者行为人一般只具有非法占有他人财物的目的；前者行为人客观上一般不以严重侵犯他人人身权利的方法强拿硬要财物，而后者行为人则以暴力、胁迫等方式作为劫取他人财物的手段。司法实践中，对于未成年人使用或威胁使用轻微暴力强抢少量财物的行为，一般不宜以抢劫罪定罪处罚。其行为符合寻衅滋事罪特征的，可以寻衅滋事罪定罪处罚。

5. 抢劫罪与故意伤害罪的界限

行为人为索取债务，使用暴力、暴力威胁等手段的，一般不以抢劫罪定罪处罚。构成故意伤害等其他犯罪的，依照刑法第二百三十四条等规定处罚。

十、抢劫罪的既遂、未遂的认定

抢劫罪侵犯的是复杂客体，既侵犯财产权利又侵犯人身权利，具备劫取财物或者造成他人轻伤以上后果两者之一的，均属抢劫既遂；既未劫取财物，又未造成他人人身伤害后果的，属抢劫未遂。据此，刑法第二百六十三条规定的八种处罚情节中除“抢劫致人重伤、死亡的”这一结果加重情节之外，其余七种处罚情节同样存在既遂、未遂问题，其中属抢劫未遂的，应当根据刑法关于加重情节的法定刑规定，结合未遂犯的处理原则量刑。

十一、驾驶机动车、非机动车夺取他人财物行为的定性

对于驾驶机动车、非机动车（以下简称“驾驶车辆”）夺取他人财物的，一般以抢夺罪从重处罚。但具有下列情形之一，应当以抢劫罪定罪处罚：

（1）驾驶车辆，逼挤、撞击或强行逼倒他人以排除他人反抗，乘机夺取财物的；

（2）驾驶车辆强抢财物时，因被害人不放手而采取强拉硬拽方法劫取财物的；

（3）行为人明知其驾驶车辆强行夺取他人财物的手段会造成他人伤亡的后果，仍然强行夺取并放任造成财物持有人轻伤以上后果的。

2016年1月6日最高法**《关于审理抢劫刑事案件适用法律若干问题的指导意见》**（法发〔2016〕2号）指出：抢劫犯罪是多发性的侵犯财产和侵犯公民

人身权利的犯罪。1997 年刑法修订后，最高人民法院先后发布了《关于审理抢劫案件具体应用法律若干问题的解释》(以下简称《抢劫解释》)和《关于审理抢劫、抢夺刑事案件适用法律若干问题的意见》(以下简称《两抢意见》)，对抢劫案件的法律适用作出了规范，发挥了重要的指导作用。但是，抢劫犯罪案件的情况越来越复杂，各级法院在审判过程中不断遇到新情况、新问题。为统一适用法律，根据刑法和司法解释的规定，结合近年来人民法院审理抢劫案件的经验，现对审理抢劫犯罪案件中较为突出的几个法律适用问题和刑事政策把握问题提出如下指导意见：

一、关于审理抢劫刑事案件的基本要求

坚持贯彻宽严相济刑事政策。对于多次结伙抢劫，针对农村留守妇女、儿童及老人等弱势群体实施抢劫，在抢劫中实施强奸等暴力犯罪的，要在法律规定的量刑幅度内从重判处。

对于罪行严重或者具有累犯情节的抢劫犯罪分子，减刑、假释时应当从严掌握，严格控制减刑的幅度和频度。对因家庭成员就医等特定原因初次实施抢劫，主观恶性和犯罪情节相对较轻的，要与多次抢劫以及为了挥霍、赌博、吸毒等实施抢劫的案件在量刑上有所区分。对于犯罪情节较轻，或者具有法定、酌定从轻、减轻处罚情节的，坚持依法从宽处理。

确保案件审判质量。审理抢劫刑事案件，要严格遵守证据裁判原则，确保事实清楚，证据确实、充分。特别是对因抢劫可能判处死刑的案件，更要切实贯彻执行刑事诉讼法及相关司法解释、司法文件，严格依法审查判断和运用证据，坚决防止冤错案件的发生。

对抢劫刑事案件适用死刑，应当坚持“保留死刑，严格控制和慎重适用死刑”的刑事政策，以最严格的标准和最审慎的态度，确保死刑只适用于极少数罪行极其严重的犯罪分子。对被判处死刑缓期 2 年执行的抢劫犯罪分子，根据犯罪情节等情况，可以同时决定对其限制减刑。

二、关于抢劫犯罪部分加重处罚情节的认定

1. 认定“入户抢劫”，要注重审查行为人“入户”的目的，将“入户抢劫”与“在户内抢劫”区别开来。以侵害户内人员的人身、财产为目的，入户后实施抢劫，包括入户实施盗窃、诈骗等犯罪而转化为抢劫的，应当认定为“入户抢劫”。因访友办事等原因经户内人员允许入户后，临时起意实施抢劫，或者临时起意实施盗窃、诈骗等犯罪而转化为抢劫的，不应认定为“入户抢劫”。

对于部分时间从事经营、部分时间用于生活起居的场所，行为人在非营业时间强行入内抢劫或者以购物等为名骗开房门入内抢劫的，应认定为“入户抢劫”。对于部分用于经营、部分用于生活且之间有明确隔离的场所，行为人进入生活场所实施抢劫的，应认定为“入户抢劫”；如场所之间没有明确隔离，行为人在营业时间入内实施抢劫的，不认定为“入户抢劫”，但在非营业时间入内实施抢劫的，应认定为“入户抢劫”。

2.“公共交通工具”,包括从事旅客运输的各种公共汽车,大、中型出租车,火车,地铁,轻轨,轮船,飞机等,不含小型出租车。对于虽不具有商业营运执照,但实际从事旅客运输的大、中型交通工具,可认定为“公共交通工具”。接送职工的单位班车、接送师生的校车等大、中型交通工具,视为“公共交通工具”。

“在公共交通工具上抢劫”,既包括在处于运营状态的公共交通工具上对旅客及司售、乘务人员实施抢劫,也包括拦截运营途中的公共交通工具对旅客及司售、乘务人员实施抢劫,但不包括在未运营的公共交通工具上针对司售、乘务人员实施抢劫。以暴力、胁迫或者麻醉等手段对公共交通工具上的特定人员实施抢劫的,一般应认定为“在公共交通工具上抢劫”。

3.认定“抢劫数额巨大”,参照各地认定盗窃罪数额巨大的标准执行。抢劫数额以实际抢劫到的财物数额为依据。对以数额巨大的财物为明确目标,由于意志以外的原因,未能抢到财物或实际抢得的财物数额不大的,应同时认定“抢劫数额巨大”和犯罪未遂的情节,根据刑法有关规定,结合未遂犯的处理原则量刑。

根据《两抢意见》第六条第一款规定,抢劫信用卡后使用、消费的,以行为人实际使用、消费的数额为抢劫数额。由于行为人意志以外的原因无法实际使用、消费的部分,虽不计入抢劫数额,但应作为量刑情节考虑。通过银行转账或者电子支付、手机银行等支付平台获取抢劫财物的,以行为人实际获取的财物为抢劫数额。

4.认定“冒充军警人员抢劫”,要注重对行为人是否穿着军警制服、携带枪支、是否出示军警证件等情节进行综合审查,判断是否足以使他人误以为是军警人员。对于行为人仅穿着类似军警的服装或仅以言语宣称系军警人员但未携带枪支、也未出示军警证件而实施抢劫的,要结合抢劫地点、时间、暴力或威胁的具体情形,依照常人判断标准,确定是否认定为“冒充军警人员抢劫”。

军警人员利用自身的真实身份实施抢劫的,不认定为“冒充军警人员抢劫”,应依法从重处罚。

三、关于转化型抢劫犯罪的认定

……(➽参见刑法第269条脚注相关部分)

四、具有法定八种加重处罚情节的刑罚适用

1.根据刑法第二百六十三条的规定,具有“抢劫致人重伤、死亡”等八种法定加重处罚情节的,处10年以上有期徒刑、无期徒刑或者死刑,并处罚金或者没收财产。应当根据抢劫的次数及数额、抢劫对人身的损害、对社会治安的危害等情况,结合被告人的主观恶性及人身危险程度,并根据量刑规范化的有关规定,确定具体的刑罚。判处无期徒刑以上刑罚的,一般应并处没收财产。

2.具有下列情形之一的,可以判处无期徒刑以上刑罚:

(1)抢劫致3人以上重伤,或者致人重伤造成严重残疾的;

（2）在抢劫过程中故意杀害他人，或者故意伤害他人，致人死亡的；

（3）具有除“抢劫致人重伤、死亡”外的两种以上加重处罚情节，或者抢劫次数特别多、抢劫数额特别巨大的。

3. 为劫取财物而预谋故意杀人，或者在劫取财物过程中为制服被害人反抗、抗拒抓捕而杀害被害人，且被告人无法定从宽处罚情节的，可依法判处死刑立即执行。对具有自首、立功等法定从轻处罚情节的，判处死刑立即执行应当慎重。对于采取故意杀人以外的其他手段实施抢劫并致人死亡的案件，要从犯罪的动机、预谋、实行行为等方面分析被告人主观恶性的大小，并从有无前科及平时表现、认罪悔罪情况等方面判断被告人的人身危险程度，不能不加区别，仅以出现被害人死亡的后果，一律判处死刑立即执行。

4. 抢劫致人重伤案件适用死刑，应当更加慎重、更加严格，除非具有采取极其残忍的手段造成被害人严重残疾等特别恶劣的情节或者造成特别严重后果的，一般不判处死刑立即执行。

5. 具有刑法第二百六十三条规定的“抢劫致人重伤、死亡”以外其他七种加重处罚情节，且犯罪情节特别恶劣、危害后果特别严重的，可依法判处死刑立即执行。认定“情节特别恶劣、危害后果特别严重”，应当从严掌握，适用死刑必须非常慎重、非常严格。

五、抢劫共同犯罪的刑罚适用

1. 审理抢劫共同犯罪案件，应当充分考虑共同犯罪的情节及后果、共同犯罪人在抢劫中的作用以及被告人的主观恶性、人身危险性等情节，做到准确认定主从犯，分清罪责，以责定刑，罚当其罪。一案中有两名以上主犯的，要从犯罪提意、预谋、准备、行为实施、赃物处理等方面区分出罪责最大者和较大者；有两名以上从犯的，要在从犯中区分出罪责相对更轻者和较轻者。对从犯的处罚，要根据案件的具体事实、从犯的罪责，确定从轻还是减轻处罚。对具有自首、立功或者未成年人且初次抢劫等情节的从犯，可以依法免除处罚。

2. 对于共同抢劫致一人死亡的案件，依法应当判处死刑的，除犯罪手段特别残忍、情节及后果特别严重、社会影响特别恶劣、严重危害社会治安的外，一般只对共同抢劫犯罪中作用最突出、罪行最严重的那名主犯判处死刑立即执行。罪行最严重的主犯如因系未成年人而不适用死刑，或者因具有自首、立功等法定从宽处罚情节而不判处死刑立即执行的，不能不加区别地对其他主犯判处死刑立即执行。

3. 在抢劫共同犯罪案件中，有同案犯在逃的，应当根据现有证据尽量分清在押犯与在逃犯的罪责，对在押犯应按其罪责处刑。罪责确实难以分清，或者不排除在押犯的罪责可能轻于在逃犯的，对在押犯适用刑罚应当留有余地，判处死刑立即执行要格外慎重。

六、累犯等情节的适用

根据刑法第六十五条第一款的规定，对累犯应当从重处罚。抢劫犯罪被告人具有累犯情节的，适用刑罚时要综合考虑犯罪的情节和后果，所犯前后罪的性质、间隔时间及判刑轻重等情况，决定从重处罚的力度。对于前罪系抢劫等严重暴力犯罪的累犯，应当依法加大从重处罚的力度。对于虽不构成累犯，但具有抢劫犯罪前科的，一般不适用减轻处罚和缓刑。对于可能判处死刑的罪犯具有累犯情节的也应慎重，不能只要是累犯就一律判处死刑立即执行；被告人同时具有累犯和法定从宽处罚情节的，判处死刑立即执行应当综合考虑，从严掌握。

七、关于抢劫案件附带民事赔偿的处理原则

要妥善处理抢劫案件附带民事赔偿工作。审理抢劫刑事案件，一般情况下人民法院不主动开展附带民事调解工作。但是，对于犯罪情节不是特别恶劣或者被害方生活、医疗陷入困境，被告人与被害方自行达成民事赔偿和解协议的，民事赔偿情况可作为评价被告人悔罪态度的依据之一，在量刑上酌情予以考虑。

根据2001年5月23日最高法**《关于抢劫过程中故意杀人案件如何定罪问题的批复》**（法释〔2001〕16号，自2001年5月26日起施行），行为人为劫取财物而预谋故意杀人，或者在劫取财物过程中，为制服被害人反抗而故意杀人的，以抢劫罪定罪处罚。

行为人实施抢劫后，为灭口而故意杀人的，以抢劫罪和故意杀人罪定罪，实行数罪并罚。

根据2006年1月11日最高法**《关于审理未成年人刑事案件具体应用法律若干问题的解释》第七条**，已满14周岁不满16周岁的人使用轻微暴力或者威胁，强行索要其他未成年人随身携带的生活、学习用品或者钱财数量不大，且未造成被害人轻微伤以上或者不敢正常到校学习、生活等危害后果的，不认为是犯罪。

已满16周岁不满18周岁的人具有前款规定情形的，一般也不认为是犯罪。

根据2014年4月17日最高检**《关于强迫借贷行为适用法律问题的批复》**（高检发释字〔2014〕1号），以非法占有为目的，以借贷为名采用暴力、胁迫手段获取他人财物，符合刑法第二百六十三条或者第二百七十四条规定的，以抢劫罪或者敲诈勒索罪追究刑事责任。

根据最高法研究室**《关于强迫借贷行为如何适用法律问题的研究意见》**，采用暴力、威胁手段强迫他人借贷的，可以认定为刑法第二百二十六条第二项规定的“强迫他人提供或者接受服务”，情节严重的，以强迫交易罪论处；但是，以非法占有为目的，采用暴力、胁迫、要挟等手段强迫他人借贷，符合刑法第二百六十三条或者第二百七十四条规定的，以抢劫罪或者敲诈勒索罪论处（参见《司法研究与指导》2014年总第5辑）。

根据2019年5月19日最高法、最高检、公安部、司法部**《关于依法严厉打击传播艾滋病病毒等违法犯罪行为的指导意见》**，假冒或者利用艾滋病病毒感染者或者病人身份，以谎称含有或者含有艾滋病病毒的血液为工具，以暴力、胁迫或者其他方法抢劫公私财物的，依照刑法第二百六十三条的规定，以抢劫罪定罪处罚。

根据2020年9月22日最高法、最高检、公安部**《关于依法办理"碰瓷"违法犯罪案件的指导意见》**，实施"碰瓷"，当场使用暴力、胁迫或者其他方法，当场劫取他人财物，符合刑法第二百六十三条规定的，以抢劫罪定罪处罚。

【会议纪要】根据最高法第二巡回法庭2020年第9次法官会议纪要**《多次抢劫中单次抢劫中止的，是否计入"多次抢劫"的次数》**，多次抢劫包括造成损害后果的犯罪中止，但不包括未造成损害后果的犯罪中止；对于抢劫罪，轻微伤不属于刑法意义上的损害后果（★该会议纪要处理的案件是：2016年3月某日，某甲在一商店抢劫他人财物200元。2016年4月某日，某甲在某市抢劫某乙，致乙轻微伤。后因某乙求饶，放弃抢劫。次日，某甲又在该市某宾馆抢劫前台现金500元。本案存在两个问题：其一，"多次抢劫"中的次数是否包括中止状态？其二，某甲致乙轻微伤后放弃抢劫，是否属于"造成损害后果"的中止犯？法官会议纪要对此都作出了明确回答——编者说明）。

【指导案例】根据2014年9月10日最高检**第五批指导性案例·检例第17号·陈邓昌抢劫、盗窃，付志强盗窃案**，对于入户盗窃，因被发现而当场使用暴力或者以暴力相威胁的行为，应当认定为"入户抢劫"。在人民法院宣告判决前，人民检察院发现被告人有遗漏的罪行可以一并起诉和审理的，可以补充起诉。人民检察院认为同级人民法院第一审判决重罪轻判，适用刑罚明显不当的，应当提出抗诉。

【量刑指导】根据2021年6月17日最高法、最高检**《关于常见犯罪的量刑指导意见（试行）》**，1. 构成抢劫罪的，根据下列情形在相应的幅度内确定量刑起点：

（1）抢劫一次的，在3年至6年有期徒刑幅度内确定量刑起点。

（2）有下列情形之一的，在10年至13年有期徒刑幅度内确定量刑起点：入户抢劫的；在公共交通工具上抢劫的；抢劫银行或者其他金融机构的；抢劫3次或者抢劫数额达到数额巨大起点的；抢劫致1人重伤的；冒充军警人员抢劫的；持枪抢劫的；抢劫军用物资或者抢险、救灾、救济物资的。依法应当判处无期徒刑以上刑罚的除外。

2. 在量刑起点的基础上，根据抢劫情节严重程度、抢劫数额、次数、致人伤害后果等其他影响犯罪构成的犯罪事实增加刑罚量，确定基准刑。

3. 构成抢劫罪的，根据抢劫的数额、次数、手段、危害后果等犯罪情节，综

第二百六十四条[233] **【盗窃罪】**盗窃公私财物，数额较大的，或者多次盗窃、入户盗窃、携带凶器盗窃、扒窃的，处三年以下有期徒刑、拘役或者管制，并处或者单处罚金；数额巨大或者有其他严重情节的，处三年以上十年以下有期徒刑，并处罚金；数额特别巨大或者有其他特别严重情节的，处十年以上有期徒刑或者无期徒刑，并处罚金或者没收财产。

合考虑被告人缴纳罚金的能力，决定罚金数额。

4. 构成抢劫罪的，综合考虑抢劫的起因、手段、危害后果等犯罪事实、量刑情节，以及被告人的主观恶性、人身危险性、认罪悔罪表现等因素，从严把握缓刑的适用。

〔233〕**【刑法修订】**2011 年《**刑法修正案（八）**》**第三十九条**修订了本条。1997 年刑法原文如下：

第二百六十四条 盗窃公私财物，数额较大或者多次盗窃的，处三年以下有期徒刑、拘役或者管制，并处或者单处罚金；数额巨大或者有其他严重情节的，处三年以上十年以下有期徒刑，并处罚金；数额特别巨大或者有其他特别严重情节的，处十年以上有期徒刑或者无期徒刑，并处罚金或者没收财产；有下列情形之一的，处无期徒刑或者死刑，并处没收财产：

（一）盗窃金融机构，数额特别巨大的；

（二）盗窃珍贵文物，情节严重的。

2011 年《**刑法修正案（八）**》增加了入户盗窃、携带凶器盗窃、扒窃成立盗窃罪的规定，删除了“有下列情形之一的，处无期徒刑或者死刑，并处没收财产”的两项规定，从而废除了盗窃罪的死刑。

【司法解释】2013 年 4 月 2 日最高法、最高检《**关于办理盗窃刑事案件适用法律若干问题的解释**》（法释〔2013〕8 号，自 2013 年 4 月 4 日起施行），为依法惩治盗窃犯罪活动，保护公私财产，根据《中华人民共和国刑法》《中华人民共和国刑事诉讼法》的有关规定，现就办理盗窃刑事案件适用法律的若干问题解释如下：

第一条 盗窃公私财物价值 1000 元至 3000 元以上、3 万元至 10 万元以上、30 万元至 50 万元以上的，应当分别认定为刑法第二百六十四条规定的“数额较大”、“数额巨大”、“数额特别巨大”。

各省、自治区、直辖市高级人民法院、人民检察院可以根据本地区经济发展状况，并考虑社会治安状况，在前款规定的数额幅度内，确定本地区执行的具体数额标准，报最高人民法院、最高人民检察院批准。

在跨地区运行的公共交通工具上盗窃，盗窃地点无法查证的，盗窃数额是否达到“数额较大”、“数额巨大”、“数额特别巨大”，应当根据受理案件所在地省、自治区、直辖市高级人民法院、人民检察院确定的有关数额标准认定。

盗窃毒品等违禁品，应当按照盗窃罪处理的，根据情节轻重量刑。

第二条　盗窃公私财物，具有下列情形之一的，“数额较大”的标准可以按照前条规定标准的50%确定：

（一）曾因盗窃受过刑事处罚的；

（二）1年内曾因盗窃受过行政处罚的；

（三）组织、控制未成年人盗窃的；

（四）自然灾害、事故灾害、社会安全事件等突发事件期间，在事件发生地盗窃的；

（五）盗窃残疾人、孤寡老人、丧失劳动能力人的财物的；

（六）在医院盗窃病人或者其亲友财物的；

（七）盗窃救灾、抢险、防汛、优抚、扶贫、移民、救济款物的；

（八）因盗窃造成严重后果的。

第三条　2年内盗窃3次以上的，应当认定为“多次盗窃”。

非法进入供他人家庭生活，与外界相对隔离的住所盗窃的，应当认定为“入户盗窃”。

携带枪支、爆炸物、管制刀具等国家禁止个人携带的器械盗窃，或者为了实施违法犯罪携带其他足以危害他人人身安全的器械盗窃的，应当认定为“携带凶器盗窃”。

在公共场所或者公共交通工具上盗窃他人随身携带的财物的，应当认定为“扒窃”。

第四条　盗窃的数额，按照下列方法认定：

（一）被盗财物有有效价格证明的，根据有效价格证明认定；无有效价格证明，或者根据价格证明认定盗窃数额明显不合理的，应当按照有关规定委托估价机构估价；

（二）盗窃外币的，按照盗窃时中国外汇交易中心或者中国人民银行授权机构公布的人民币对该货币的中间价折合成人民币计算；中国外汇交易中心或者中国人民银行授权机构未公布汇率中间价的外币，按照盗窃时境内银行人民币对该货币的中间价折算成人民币，或者该货币在境内银行、国际外汇市场对美元汇率，与人民币对美元汇率中间价进行套算；

（三）盗窃电力、燃气、自来水等财物，盗窃数量能够查实的，按照查实的数量计算盗窃数额；盗窃数量无法查实的，以盗窃前6个月月均正常用量减去盗窃后计量仪表显示的月均用量推算盗窃数额；盗窃前正常使用不足6个月的，按照正常使用期间的月均用量减去盗窃后计量仪表显示的月均用量推算盗窃数额；

（四）明知是盗接他人通信线路、复制他人电信码号的电信设备、设施而使用的，按照合法用户为其支付的费用认定盗窃数额；无法直接确认的，以合法用户的电信设备、设施被盗接、复制后的月缴费额减去被盗接、复制前6个月的月均电话费推算盗窃数额；合法用户使用电信设备、设施不足6个月的，按照实际使用的月均电话费推算盗窃数额；

（五）盗接他人通信线路、复制他人电信码号出售的，按照销赃数额认定盗窃数额。

盗窃行为给失主造成的损失大于盗窃数额的，损失数额可以作为量刑情节考虑。

第五条 盗窃有价支付凭证、有价证券、有价票证的，按照下列方法认定盗窃数额：

（一）盗窃不记名、不挂失的有价支付凭证、有价证券、有价票证的，应当按票面数额和盗窃时应得的孳息、奖金或者奖品等可得收益一并计算盗窃数额；

（二）盗窃记名的有价支付凭证、有价证券、有价票证，已经兑现的，按照兑现部分的财物价值计算盗窃数额；没有兑现，但失主无法通过挂失、补领、补办手续等方式避免损失的，按照给失主造成的实际损失计算盗窃数额。

第六条 盗窃公私财物，具有本解释第二条第三项至第八项规定情形之一，或者入户盗窃、携带凶器盗窃，数额达到本解释第一条规定的“数额巨大”、“数额特别巨大”50%的，可以分别认定为刑法第二百六十四条规定的“其他严重情节”或者“其他特别严重情节”。

第七条 盗窃公私财物数额较大，行为人认罪、悔罪，退赃、退赔，且具有下列情形之一，情节轻微的，可以不起诉或者免予刑事处罚；必要时，由有关部门予以行政处罚：

（一）具有法定从宽处罚情节的；

（二）没有参与分赃或者获赃较少且不是主犯的；

（三）被害人谅解的；

（四）其他情节轻微、危害不大的。

第八条 偷拿家庭成员或者近亲属的财物，获得谅解的，一般可以不认为是犯罪；追究刑事责任的，应当酌情从宽。

第九条 ……（★与2015年12月30日最高法、最高检《关于办理妨害文物管理等刑事案件适用法律若干问题的解释》第二条、第十三条不一致，故省略——编者说明）

第十条 偷开他人机动车的，按照下列规定处理：

（一）偷开机动车，导致车辆丢失的，以盗窃罪定罪处罚；

（二）为盗窃其他财物，偷开机动车作为犯罪工具使用后非法占有车辆，或者将车辆遗弃导致丢失的，被盗车辆的价值计入盗窃数额；

（三）为实施其他犯罪，偷开机动车作为犯罪工具使用后非法占有车辆，或者将车辆遗弃导致丢失的，以盗窃罪和其他犯罪数罪并罚；将车辆送回未造成丢失的，按照其所实施的其他犯罪从重处罚。

第十一条 盗窃公私财物并造成财物损毁的，按照下列规定处理：

（一）采用破坏性手段盗窃公私财物，造成其他财物损毁的，以盗窃罪从重处罚；同时构成盗窃罪和其他犯罪的，择一重罪从重处罚；

（二）实施盗窃犯罪后，为掩盖罪行或者报复等，故意毁坏其他财物构成犯罪的，以盗窃罪和构成的其他犯罪数罪并罚；

（三）盗窃行为未构成犯罪，但损毁财物构成其他犯罪的，以其他犯罪定罪处罚。

第十二条　盗窃未遂，具有下列情形之一的，应当依法追究刑事责任：

（一）以数额巨大的财物为盗窃目标的；

（二）以珍贵文物为盗窃目标的；

（三）其他情节严重的情形。

盗窃既有既遂，又有未遂，分别达到不同量刑幅度的，依照处罚较重的规定处罚；达到同一量刑幅度的，以盗窃罪既遂处罚。

第十三条　单位组织、指使盗窃，符合刑法第二百六十四条及本解释有关规定的，以盗窃罪追究组织者、指使者、直接实施者的刑事责任。

第十四条　因犯盗窃罪，依法判处罚金刑的，应当在1000元以上盗窃数额的2倍以下判处罚金；没有盗窃数额或者盗窃数额无法计算的，应当在1000元以上10万元以下判处罚金。

第十五条　本解释发布实施后，《最高人民法院关于审理盗窃案件具体应用法律若干问题的解释》（法释〔1998〕4号）同时废止；之前发布的司法解释和规范性文件与本解释不一致的，以本解释为准。

★ 1998年3月26日最高法、最高检、公安部《关于盗窃罪数额认定标准问题的规定》与1999年2月4日最高法、最高检、公安部《关于铁路运输过程中盗窃罪数额认定标准问题的规定》关于数额较大、数额巨大、数额特别巨大的规定，与上述《解释》不一致，本书不再收录。此外，关于盗窃数额的确定，可参考2020年11月5日国家发展改革委价格认证中心发布的《被盗财物价格认定规则（2020年）》（发改价认办〔2020〕97号）——编者说明。

2015年12月30日最高法、最高检**《关于办理妨害文物管理等刑事案件适用法律若干问题的解释》**（法释〔2015〕23号，自2016年1月1日起施行），就盗窃文物的刑法适用问题解释如下：

第一条　……（➻参见刑法第151条脚注相关部分）

第二条　盗窃一般文物、三级文物、二级以上文物的，应当分别认定为刑法第二百六十四条规定的"数额较大""数额巨大""数额特别巨大"。

盗窃文物，无法确定文物等级，或者按照文物等级定罪量刑明显过轻或者过重的，按照盗窃的文物价值定罪量刑。

……

第八条第三款　采用破坏性手段盗窃古文化遗址、古墓葬以外的古建筑、石窟寺、石刻、壁画、近代现代重要史迹和代表性建筑等其他不可移动文物的，依照刑法第二百六十四条的规定，以盗窃罪追究刑事责任。

……

第十一条第二款　公司、企业、事业单位、机关、团体等单位实施盗窃文物，故意损毁文物、名胜古迹，过失损毁文物，盗掘古文化遗址、古墓葬等行为的，依照本解释规定的相应定罪量刑标准，追究组织者、策划者、实施者的刑事责任。

第十二条 针对不可移动文物整体实施走私、盗窃、倒卖等行为的，根据所属不可移动文物的等级，依照本解释第一条、第二条、第六条的规定定罪量刑：

（一）尚未被确定为文物保护单位的不可移动文物，适用一般文物的定罪量刑标准；

（二）市、县级文物保护单位，适用三级文物的定罪量刑标准；

（三）全国重点文物保护单位、省级文物保护单位，适用二级以上文物的定罪量刑标准。

针对不可移动文物中的建筑构件、壁画、雕塑、石刻等实施走私、盗窃、倒卖等行为的，根据建筑构件、壁画、雕塑、石刻等文物本身的等级或者价值，依照本解释第一条、第二条、第六条的规定定罪量刑。建筑构件、壁画、雕塑、石刻等所属不可移动文物的等级，应当作为量刑情节予以考虑。

第十三条 案件涉及不同等级的文物的，按照高级别文物的量刑幅度量刑；有多件同级文物的，5 件同级文物视为 1 件高一级文物，但是价值明显不相当的除外。

第十四条 依照文物价值定罪量刑的，根据涉案文物的有效价格证明认定文物价值；无有效价格证明，或者根据价格证明认定明显不合理的，根据销赃数额认定，或者结合本解释第十五条规定的鉴定意见、报告认定。

第十五条 在行为人实施有关行为前，文物行政部门已对涉案文物及其等级作出认定的，可以直接对有关案件事实作出认定。

对案件涉及的有关文物鉴定、价值认定等专门性问题难以确定的，由司法鉴定机构出具鉴定意见，或者由国务院文物行政部门指定的机构出具报告。其中，对于文物价值，也可以由有关价格认证机构作出价格认证并出具报告。

第十六条第一款 实施本解释第一条、第二条、第六条至第九条规定的行为，虽已达到应当追究刑事责任的标准，但行为人系初犯，积极退回或者协助追回文物，未造成文物损毁，并确有悔罪表现的，可以认定为犯罪情节轻微，不起诉或者免予刑事处罚。

第十七条 走私、盗窃、损毁、倒卖、盗掘或者非法转让具有科学价值的古脊椎动物化石、古人类化石的，依照刑法和本解释的有关规定定罪量刑。

根据 2022 年 8 月 16 日最高法、最高检、公安部、国家文物局**《关于办理妨害文物管理等刑事案件若干问题的意见》**“准确认定盗窃行为”，采用破坏性手段盗窃古建筑、石窟寺、石刻、壁画、近现代重要史迹和代表性建筑等不可移动文物未遂，具有下列情形之一的，应当依法追究刑事责任：

1. 针对全国重点文物保护单位、省级文物保护单位中的建筑构件、壁画、雕塑、石刻等实施盗窃，损害文物本体历史、艺术、科学价值，情节严重的；

2. 以被确定为市、县级以上文物保护单位整体为盗窃目标的；

3. 造成市、县级以上文物保护单位的不可移动文物本体损毁的；

4. 针对不可移动文物中的建筑构件、壁画、雕塑、石刻等实施盗窃，所涉部分具有等同于三级以上文物历史、艺术、科学价值的；

5. 其他情节严重的情形。

实施前款规定的行为，同时构成刑法第三百二十四条第一款、第二款规定的故意损毁文物罪、故意损毁名胜古迹罪的，依照处罚较重的规定定罪处罚。

2000 年 5 月 12 日最高法**《关于审理扰乱电信市场管理秩序案件具体应用法律若干问题的解释》**，就电信盗窃有关问题解释如下：

第七条 将电信卡非法充值后使用，造成电信资费损失数额较大的，依照刑法第二百六十四条的规定，以盗窃罪定罪处罚。

第八条 盗用他人公共信息网络上网帐号、密码上网，造成他人电信资费损失数额较大的，依照刑法第二百六十四条的规定，以盗窃罪定罪处罚。

根据 2003 年 4 月 2 日最高检法律政策研究室**《关于非法制作、出售、使用 IC 电话卡行为如何适用法律问题的答复》**（高检研发〔2003〕第 10 号），明知是非法制作的 IC 电话卡而使用或者购买并使用，造成电信资费损失数额较大的，应当依照刑法第二百六十四条的规定，以盗窃罪追究刑事责任。

根据 2006 年 1 月 11 日最高法**《关于审理未成年人刑事案件具体应用法律若干问题的解释》第九条**，已满 16 周岁不满 18 周岁的人实施盗窃行为未超过 3 次，盗窃数额虽已达到“数额较大”标准，但案发后能如实供述全部盗窃事实并积极退赃，且具有下列情形之一的，可以认定为“情节显著轻微危害不大”，不认为是犯罪：

（一）系又聋又哑的人或者盲人；

（二）在共同盗窃中起次要或者辅助作用，或者被胁迫；

（三）具有其他轻微情节的。

已满 16 周岁不满 18 周岁的人盗窃未遂或者中止的，可不认为是犯罪。

已满 16 周岁不满 18 周岁的人盗窃自己家庭或者近亲属财物，或者盗窃其他亲属财物但其他亲属要求不予追究的，可不按犯罪处理。

2007 年 1 月 15 日最高法、最高检**《关于办理盗窃油气、破坏油气设备等刑事案件具体应用法律若干问题的解释》**，就办理盗窃油气、破坏油气设备等犯罪刑事案件具体应用法律的若干问题解释如下：

第三条 盗窃油气或者正在使用的油气设备，构成犯罪，但未危害公共安全的，依照刑法第二百六十四条的规定，以盗窃罪定罪处罚。

盗窃油气，数额巨大但尚未运离现场的，以盗窃未遂定罪处罚。

为他人盗窃油气而偷开油气井、油气管道等油气设备阀门排放油气或者提供其他帮助的，以盗窃罪的共犯定罪处罚。

第四条 盗窃油气同时构成盗窃罪和破坏易燃易爆设备罪的，依照刑法处罚较重的规定定罪处罚。

根据2016年3月18日最高检法律政策研究室**《关于〈关于多次盗窃中“次”如何认定的法律适用请示〉的答复意见》**，多次盗窃中“次”的判断，可以参照2005年最高人民法院《关于审理抢劫、抢夺刑事案件适用法律若干问题的意见》中多次抢劫的规定认定。但多次盗窃与多次抢劫必定有所不同，实践中应结合具体案件的具体情况，从主观方面考量行为人是基于一个盗窃的故意，还是多个盗窃的故意；同时，更需要结合客观方面的行为方式，实施行为的条件，以及行为所造成的后果等来综合判断。

根据2020年9月22日最高法、最高检、公安部**《关于依法办理“碰瓷”违法犯罪案件的指导意见》**，实施“碰瓷”，采取转移注意力、趁人不备等方式，窃取、夺取他人财物，符合刑法第二百六十四条、第二百六十七条规定的，分别以盗窃罪、抢夺罪定罪处罚。

根据2021年4月13日最高法**《关于审理掩饰、隐瞒犯罪所得、犯罪所得收益刑事案件适用法律若干问题的解释》第六条**，对犯罪所得及其产生的收益实施盗窃、抢劫、诈骗、抢夺等行为，构成犯罪的，分别以盗窃罪、抢劫罪、诈骗罪、抢夺罪等定罪处罚。

根据2022年10月22日最高法、最高检、公安部等九部门**《关于军地共同加强部队训练场未爆弹药安全风险防控的意见》**，非法进入训练场挖捡炮弹残片，符合刑法第二百六十四条规定的，以盗窃罪定罪处罚。因敲击、拆解未爆弹药等行为引发爆炸，符合刑法第一百一十五条第二款、第二百三十三条、第二百三十五条规定的，分别以过失爆炸罪、过失致人死亡罪、过失致人重伤罪定罪处罚。

根据2023年7月26日最高检第四检察厅**《关于办理电信网络诈骗及其关联犯罪案件有关问题的解答》**，关于“黑吃黑”行为的认定。“黑吃黑”又称为“掐卡”，在涉“两卡”类犯罪案件中时有发生。具体指行为人出售、出租银行卡后，又另起犯意，通过直接转账或取现、挂失取现、更改密码等方式将流入银行卡内资金据为己有的行为。对于“黑吃黑”的行为，应当根据刑法规定，综合判断财产占有关系、取财手段、主观故意，按照主客观相一致原则予以认定。

行为人出租、出售自己银行卡给他人使用后，其虽然仍是“名义持卡人”，但实质已将银行卡的占有、使用权让渡给实际使用人，银行卡实际使用人已经成为卡内资金的占有人，行为人另起犯意，通过挂失补卡、更改密码等方式，在用卡人不知情的情况下截留卡内资金的行为，系行为人将用卡人对卡内资金的占有转为自己占有，符合盗窃罪的犯罪构成。同时，财产犯罪并不限定相关财物的性质必须是他人合法占有，即使是赃款赃物，根据《最高人民法院关于审理掩饰、隐瞒犯罪所得、犯罪所得收益刑事案件适用法律若干问题的解释》第六条之规定，可以作为盗窃罪的对象，以盗窃罪定罪处罚。行为人在出售、出租银行卡后，另起犯意截留卡内资金，系两个独立的犯罪行为，同时构成帮信罪和盗窃罪的，应数罪并罚。

根据 2023 年 8 月 13 日最高法**《关于审理破坏森林资源刑事案件适用法律若干问题的解释》第十一条**，下列行为，符合刑法第二百六十四条规定的，以盗窃罪定罪处罚：

（一）盗窃国家、集体或者他人所有并已经伐倒的树木的；

（二）偷砍他人在自留地或者房前屋后种植的零星树木的。

非法实施采种、采脂、掘根、剥树皮等行为，符合刑法第二百六十四条规定的，以盗窃罪论处。在决定应否追究刑事责任和裁量刑罚时，应当综合考虑对涉案林木资源的损害程度以及行为人获利数额、行为动机、前科情况等情节；认为情节显著轻微危害不大的，不作为犯罪处理。

根据最高法研究室**《关于利用计算机窃取他人游戏币非法销售获利如何定性问题的研究意见》**，利用计算机窃取他人游戏币非法销售获利行为目前宜以非法获取计算机信息系统数据罪定罪处罚（参见《司法研究与指导》2012 年总第 2 辑）。

根据最高法研究室**《关于入户盗窃但未窃得财物应如何定性问题的研究意见》**，对入户盗窃但未实际窃得任何财物的，应当以盗窃未遂论处（参见《司法研究与指导》2013 年总第 3 辑）。

根据最高法研究室**《关于盗窃互联网上网流量如何认定盗窃数额的研究意见》**，盗窃互联网上网流量的，可以按照销赃数额认定盗窃数额（参见《司法研究与指导》2014 年总第 5 辑）。

【会议纪要】根据 2023 年 6 月 26 日最高法**《全国法院毒品案件审判工作会议纪要》**，盗窃、抢夺或者抢劫毒品，构成盗窃罪、抢夺罪或者抢劫罪的，根据情节轻重依法量刑。盗窃、抢夺或者抢劫毒品后实施贩卖毒品等毒品犯罪的，依法数罪并罚。

【指导案例】根据 2014 年 6 月 26 日最高法**第七批指导性案例 · 指导案例 27 号 · 臧进泉等盗窃、诈骗案**，行为人利用信息网络，诱骗他人点击虚假链接而实际通过预先植入的计算机程序窃取财物构成犯罪的，以盗窃罪定罪处罚；虚构可供交易的商品或者服务，欺骗他人点击付款链接而骗取财物构成犯罪的，以诈骗罪定罪处罚。

根据2017年10月12日最高检**第九批指导性案例·检例第37号·张四毛盗窃案**，网络域名具备法律意义上的财产属性，盗窃网络域名可以认定为盗窃行为。

★该指导案例在“指导意义”部分指出：网络域名是网络用户进入门户网站的一种便捷途径，是吸引网络用户进入其网站的窗口。网络域名注册人注册了某域名后，该域名将不能再被其他人申请注册并使用，因此网络域名具有专属性和唯一性。网络域名属稀缺资源，其所有人可以对域名行使出售、变更、注销、抛弃等处分权利。网络域名具有市场交换价值，所有人可以以货币形式进行交易。通过合法途径获得的网络域名，其注册人利益受法律承认和保护。本案中，行为人利用技术手段，通过变更网络域名绑定邮箱及注册ID，实现了对域名的非法占有，并使原所有人丧失了对网络域名的合法占有和控制，其目的是为了非法获取网络域名的财产价值，其行为给网络域名的所有人带来直接的经济损失。该行为符合以非法占有为目的窃取他人财产利益的盗窃罪本质属性，应以盗窃罪论处。对于网络域名的价值，当前可综合考虑网络域名的购入价、销赃价、域名升值潜力、市场热度等综合认定。

【公报案例】根据**《公报》2011年第5期·陕西省府谷县人民检察院诉郝卫东盗窃案**，《中华人民共和国刑法》第三十七条规定，对于犯罪情节轻微不需要判处刑罚的，可以免予刑事处罚。在审理盗窃案件中，盗窃数额是判断犯罪情节及社会危害性的重要依据，但不是唯一依据，还应综合考虑案件其他情节及被告人的主观恶性和人身危险性等因素。如果盗窃犯罪的案情特殊，综合判断犯罪情节确属轻微的，即使犯罪数额巨大，也可以免予刑事处罚。

判断某一盗窃犯罪行为是否属于刑法第三十七条的“情节轻微”，要根据刑法及相关司法解释的规定，综合考虑犯罪手段、犯罪对象、退赃情况及社会反应等情况，客观评价刑罚处罚的必要性。在案件具有特殊的事实、情节等情况下，要切实贯彻落实宽严相济的刑事政策，真正做到正确裁量、罪刑相当。

根据**《公报》2011年第9期·上海市黄浦区人民检察院诉崔勇、仇国宾、张志国盗窃案**，行为人将银行卡出租给他人使用，租用人更改银行卡密码后，因使用不慎，银行卡被ATM机吞掉。行为人出于非法占有的目的，利用租用人请求其帮助取卡之机，在租用人掌握密码并实际占有、控制银行卡内存款的情况下，通过挂失、补卡等手段将银行卡内租用人的存款取出并占为己有，其行为属于秘密窃取他人财物，应以盗窃罪定罪处罚。

【典型案例】根据2023年4月7日最高法、最高检**《关于印发办理涉“两卡”犯罪案件典型案例的通知》·案例三、吕某钊、宁某帮助信息网络犯罪活动、盗窃案**，行为人出售、出租本人名下银行卡给上游犯罪分子后，又起犯意通过挂失补卡等方式截留卡内资金的行为构成盗窃罪，卡内资金的性质并不影响犯罪认定。

第二百六十五条[234]　**【盗窃罪】**以牟利为目的，盗接他人通信线路、复制他人电信码号或者明知是盗接、复制的电信设备、设施而使用的，依照本法第二百六十四条的规定定罪处罚。

★该典型案例在“典型意义”部分指出：在涉“两卡”犯罪案件中，“黑吃黑”性质的行为（即卖卡人截留流入卡内违法犯罪所得的行为）时有发生。行为人明知他人实施信息网络犯罪，为牟取非法利益，仍出售、出租本人银行卡给他人使用，其实际上已将银行卡的占有、使用权让渡给实际使用人，实际使用人成为卡内资金的占有人。行为人之后又事中起意，通过挂失补卡、注销账户等方式，在银行卡实际使用人不知情的情况下截留卡内资金的行为，系将银行卡实际使用人对卡内资金的占有非法转为自己占有，符合盗窃罪的犯罪构成，卡内资金的性质不影响盗窃罪认定。

【量刑指导】根据2021年6月17日最高法、最高检《**关于常见犯罪的量刑指导意见（试行）**》，1. 构成盗窃罪的，根据下列情形在相应的幅度内确定量刑起点：

（1）达到数额较大起点的，2年内3次盗窃的，入户盗窃的，携带凶器盗窃的，或者扒窃的，在1年以下有期徒刑、拘役幅度内确定量刑起点。

（2）达到数额巨大起点或者有其他严重情节的，在3年至4年有期徒刑幅度内确定量刑起点。

（3）达到数额特别巨大起点或者有其他特别严重情节的，在10年至12年有期徒刑幅度内确定量刑起点。依法应当判处无期徒刑的除外。

2. 在量刑起点的基础上，根据盗窃数额、次数、手段等其他影响犯罪构成的犯罪事实增加刑罚量，确定基准刑。

多次盗窃，数额达到较大以上的，以盗窃数额确定量刑起点，盗窃次数可以作为调节基准刑的量刑情节；数额未达到较大的，以盗窃次数确定量刑起点，超过3次的次数作为增加刑罚量的事实。

3. 构成盗窃罪的，根据盗窃的数额、次数、手段、危害后果等犯罪情节，综合考虑被告人缴纳罚金的能力，在1000元以上盗窃数额2倍以下决定罚金数额；没有盗窃数额或者盗窃数额无法计算的，在1000元以上10万元以下判处罚金。

4. 构成盗窃罪的，综合考虑盗窃的起因、数额、次数、手段、退赃退赔等犯罪事实、量刑情节，以及被告人的主观恶性、人身危险性、认罪悔罪表现等因素，决定缓刑的适用。

〔234〕**【司法解释】**根据1991年9月14日最高法研究室《**关于盗用他人长话帐号案件如何定性问题的复函**》，对盗用他人长话帐号行为的定性意见，经研究，我们认为，这类案件一般来说符合盗窃罪的特征。但是，由于这类案件情况比较复杂，是否都追究刑事责任，还要具体案件具体分析。

第二百六十六条[235] **【诈骗罪】**诈骗公私财物，数额较大的，处三年以下有期徒刑、拘役或者管制，并处或者单处罚金；数额巨大或者有其他严重情节的，处三年以上十年以下有期徒刑，并处罚金；数额特别巨大或者有其他特别严重情节的，处十年以上有期徒刑或者无期徒刑，并处罚金或者没收财产。本法另有规定的，依照规定。

---

〔235〕**【相关法规】**根据2022年《**反电信网络诈骗法**》第三十六条第二款，因从事电信网络诈骗活动受过刑事处罚的人员，设区的市级以上公安机关可以根据犯罪情况和预防再犯罪的需要，决定自处罚完毕之日起6个月至3年以内不准其出境，并通知移民管理机构执行。

……

第四十六条第一款 组织、策划、实施、参与电信网络诈骗活动或者为电信网络诈骗活动提供相关帮助的违法犯罪人员，除依法承担刑事责任、行政责任以外，造成他人损害的，依照《中华人民共和国民法典》等法律的规定承担民事责任。

【立法解释】根据2014年4月24日全国人大常委会《**关于〈中华人民共和国刑法〉第二百六十六条的解释**》，以欺诈、伪造证明材料或者其他手段骗取养老、医疗、工伤、失业、生育等社会保险金或者其他社会保障待遇的，属于刑法第二百六十六条规定的诈骗公私财物的行为。

【司法解释】2011年3月1日最高法、最高检《**关于办理诈骗刑事案件具体应用法律若干问题的解释**》（法释〔2011〕7号，自2011年4月8日起施行），就办理诈骗刑事案件具体应用法律的若干问题解释如下：

第一条 诈骗公私财物价值3000元至1万元以上、3万元至10万元以上、50万元以上的，应当分别认定为刑法第二百六十六条规定的"数额较大"、"数额巨大"、"数额特别巨大"。

各省、自治区、直辖市高级人民法院、人民检察院可以结合本地区经济社会发展状况，在前款规定的数额幅度内，共同研究确定本地区执行的具体数额标准，报最高人民法院、最高人民检察院备案。

第二条 诈骗公私财物达到本解释第一条规定的数额标准，具有下列情形之一的，可以依照刑法第二百六十六条的规定酌情从严惩处：

（一）通过发送短信、拨打电话或者利用互联网、广播电视、报刊杂志等发布虚假信息，对不特定多数人实施诈骗的；

（二）诈骗救灾、抢险、防汛、优抚、扶贫、移民、救济、医疗款物的；

（三）以赈灾募捐名义实施诈骗的；

（四）诈骗残疾人、老年人或者丧失劳动能力人的财物的；

（五）造成被害人自杀、精神失常或者其他严重后果的。

第266条

诈骗数额接近本解释第一条规定的"数额巨大"、"数额特别巨大"的标准，并具有前款规定的情形之一或者属于诈骗集团首要分子的，应当分别认定为刑法第二百六十六条规定的"其他严重情节"、"其他特别严重情节"。

第三条　诈骗公私财物虽已达到本解释第一条规定的"数额较大"的标准，但具有下列情形之一，且行为人认罪、悔罪的，可以根据刑法第三十七条、刑事诉讼法第一百四十二条（★ 2018 年《刑事诉讼法》第一百七十七条——编者说明）的规定不起诉或者免予刑事处罚：

（一）具有法定从宽处罚情节的；

（二）一审宣判前全部退赃、退赔的；

（三）没有参与分赃或者获赃较少且不是主犯的；

（四）被害人谅解的；

（五）其他情节轻微、危害不大的。

第四条　诈骗近亲属的财物，近亲属谅解的，一般可不按犯罪处理。

诈骗近亲属的财物，确有追究刑事责任必要的，具体处理也应酌情从宽。

第五条　诈骗未遂，以数额巨大的财物为诈骗目标的，或者具有其他严重情节的，应当定罪处罚。

利用发送短信、拨打电话、互联网等电信技术手段对不特定多数人实施诈骗，诈骗数额难以查证，但具有下列情形之一的，应当认定为刑法第二百六十六条规定的"其他严重情节"，以诈骗罪（未遂）定罪处罚：

（一）发送诈骗信息 5000 条以上的；

（二）拨打诈骗电话 500 人次以上的；

（三）诈骗手段恶劣、危害严重的。

实施前款规定行为，数量达到前款第（一）、（二）项规定标准 10 倍以上的，或者诈骗手段特别恶劣、危害特别严重的，应当认定为刑法第二百六十六条规定的"其他特别严重情节"，以诈骗罪（未遂）定罪处罚。

第六条　诈骗既有既遂，又有未遂，分别达到不同量刑幅度的，依照处罚较重的规定处罚；达到同一量刑幅度的，以诈骗罪既遂处罚。

第七条　明知他人实施诈骗犯罪，为其提供信用卡、手机卡、通讯工具、通讯传输通道、网络技术支持、费用结算等帮助的，以共同犯罪论处。

第八条　冒充国家机关工作人员进行诈骗，同时构成诈骗罪和招摇撞骗罪的，依照处罚较重的规定定罪处罚。

第九条　案发后查封、扣押、冻结在案的诈骗财物及其孳息，权属明确的，应当发还被害人；权属不明确的，可按被骗款物占查封、扣押、冻结在案的财物及其孳息总额的比例发还被害人，但已获退赔的应予扣除。

第十条　行为人已将诈骗财物用于清偿债务或者转让给他人，具有下列情形之一的，应当依法追缴：

（一）对方明知是诈骗财物而收取的；

（二）对方无偿取得诈骗财物的；
（三）对方以明显低于市场的价格取得诈骗财物的；
（四）对方取得诈骗财物系源于非法债务或者违法犯罪活动的。
他人善意取得诈骗财物的，不予追缴。
第十一条 以前发布的司法解释与本解释不一致的，以本解释为准。

2016 年 12 月 19 日最高法、最高检、公安部**《关于办理电信网络诈骗等刑事案件适用法律若干问题的意见》**（法发〔2016〕32 号），为依法惩治电信网络诈骗等犯罪活动，保护公民、法人和其他组织的合法权益，维护社会秩序，根据《中华人民共和国刑法》《中华人民共和国刑事诉讼法》等法律和有关司法解释的规定，结合工作实际，制定本意见。

一、总体要求（下略）

二、依法严惩电信网络诈骗犯罪

（一）根据《最高人民法院、最高人民检察院关于办理诈骗刑事案件具体应用法律若干问题的解释》第一条的规定，利用电信网络技术手段实施诈骗，诈骗公私财物价值 3000 元以上、3 万元以上、50 万元以上的，应当分别认定为刑法第二百六十六条规定的“数额较大”“数额巨大”“数额特别巨大”。

2 年内多次实施电信网络诈骗未经处理，诈骗数额累计计算构成犯罪的，应当依法定罪处罚。

（二）实施电信网络诈骗犯罪，达到相应数额标准，具有下列情形之一的，酌情从重处罚：

1. 造成被害人或其近亲属自杀、死亡或者精神失常等严重后果的；
2. 冒充司法机关等国家机关工作人员实施诈骗的；
3. 组织、指挥电信网络诈骗犯罪团伙的；
4. 在境外实施电信网络诈骗的；
5. 曾因电信网络诈骗犯罪受过刑事处罚或者 2 年内曾因电信网络诈骗受过行政处罚的；
6. 诈骗残疾人、老年人、未成年人、在校学生、丧失劳动能力人的财物，或者诈骗重病患者及其亲属财物的；
7. 诈骗救灾、抢险、防汛、优抚、扶贫、移民、救济、医疗等款物的；
8. 以赈灾、募捐等社会公益、慈善名义实施诈骗的；
9. 利用电话追呼系统等技术手段严重干扰公安机关等部门工作的；
10. 利用“钓鱼网站”链接、“木马”程序链接、网络渗透等隐蔽技术手段实施诈骗的。

（三）实施电信网络诈骗犯罪，诈骗数额接近“数额巨大”“数额特别巨大”的标准，具有前述第（二）条规定的情形之一的，应当分别认定为刑法第二百六十六条规定的“其他严重情节”“其他特别严重情节”。

上述规定的“接近”，一般应掌握在相应数额标准的百分之八十以上。

（四）实施电信网络诈骗犯罪，犯罪嫌疑人、被告人实际骗得财物的，以诈骗罪（既遂）定罪处罚。诈骗数额难以查证，但具有下列情形之一的，应当认定为刑法第二百六十六条规定的“其他严重情节”，以诈骗罪（未遂）定罪处罚：

1.发送诈骗信息5000条以上的，或者拨打诈骗电话500人次以上的；

2.在互联网上发布诈骗信息，页面浏览量累计5000次以上的。

具有上述情形，数量达到相应标准10倍以上的，应当认定为刑法第二百六十六条规定的“其他特别严重情节”，以诈骗罪（未遂）定罪处罚。

上述“拨打诈骗电话”，包括拨出诈骗电话和接听被害人回拨电话。反复拨打、接听同一电话号码，以及反复向同一被害人发送诈骗信息的，拨打、接听电话次数、发送信息条数累计计算。

因犯罪嫌疑人、被告人故意隐匿、毁灭证据等原因，致拨打电话次数、发送信息条数的证据难以收集的，可以根据经查证属实的日拨打人次数、日发送信息条数，结合犯罪嫌疑人、被告人实施犯罪的时间、犯罪嫌疑人、被告人的供述等相关证据，综合予以认定。

（五）电信网络诈骗既有既遂，又有未遂，分别达到不同量刑幅度的，依照处罚较重的规定处罚；达到同一量刑幅度的，以诈骗罪既遂处罚。

（六）对实施电信网络诈骗犯罪的被告人裁量刑罚，在确定量刑起点、基准刑时，一般应就高选择。确定宣告刑时，应当综合全案事实情节，准确把握从重、从轻量刑情节的调节幅度，保证罪责刑相适应。

（七）对实施电信网络诈骗犯罪的被告人，应当严格控制适用缓刑的范围，严格掌握适用缓刑的条件。

（八）对实施电信网络诈骗犯罪的被告人，应当更加注重依法适用财产刑，加大经济上的惩罚力度，最大限度剥夺被告人再犯的能力。

三、全面惩处关联犯罪

（一）在实施电信网络诈骗活动中，非法使用“伪基站”“黑广播”，干扰无线电通讯秩序，符合刑法第二百八十八条规定的，以扰乱无线电通讯管理秩序罪追究刑事责任。同时构成诈骗罪的，依照处罚较重的规定定罪处罚。

（二）违反国家有关规定，向他人出售或者提供公民个人信息，窃取或者以其他方法非法获取公民个人信息，符合刑法第二百五十三条之一规定的，以侵犯公民个人信息罪追究刑事责任。

使用非法获取的公民个人信息，实施电信网络诈骗犯罪行为，构成数罪的，应当依法予以并罚。

（三）冒充国家机关工作人员实施电信网络诈骗犯罪，同时构成诈骗罪和招摇撞骗罪的，依照处罚较重的规定定罪处罚。

（四）非法持有他人信用卡，没有证据证明从事电信网络诈骗犯罪活动，符合刑法第一百七十七条之一第一款第（二）项规定的，以妨害信用卡管理罪追究刑事责任。

（五）明知是电信网络诈骗犯罪所得及其产生的收益，以下列方式之一予以转账、套现、取现的，依照刑法第三百一十二条第一款的规定，以掩饰、隐瞒犯罪所得、犯罪所得收益罪追究刑事责任。但有证据证明确实不知道的除外：

1. 通过使用销售点终端机具（POS 机）刷卡套现等非法途径，协助转换或者转移财物的；

2. 帮助他人将巨额现金散存于多个银行账户，或在不同银行账户之间频繁划转的；

3. 多次使用或者使用多个非本人身份证明开设的信用卡、资金支付结算账户或者多次采用遮蔽摄像头、伪装等异常手段，帮助他人转账、套现、取现的；

4. 为他人提供非本人身份证明开设的信用卡、资金支付结算账户后，又帮助他人转账、套现、取现的；

5. 以明显异于市场的价格，通过手机充值、交易游戏点卡等方式套现的。

实施上述行为，事前通谋的，以共同犯罪论处。

实施上述行为，电信网络诈骗犯罪嫌疑人尚未到案或案件尚未依法裁判，但现有证据足以证明该犯罪行为确实存在的，不影响掩饰、隐瞒犯罪所得、犯罪所得收益罪的认定。

实施上述行为，同时构成其他犯罪的，依照处罚较重的规定定罪处罚。法律和司法解释另有规定的除外。

（六）网络服务提供者不履行法律、行政法规规定的信息网络安全管理义务，经监管部门责令采取改正措施而拒不改正，致使诈骗信息大量传播，或者用户信息泄露造成严重后果的，依照刑法第二百八十六条之一的规定，以拒不履行信息网络安全管理义务罪追究刑事责任。同时构成诈骗罪的，依照处罚较重的规定定罪处罚。

（七）实施刑法第二百八十七条之一、第二百八十七条之二规定之行为，构成非法利用信息网络罪、帮助信息网络犯罪活动罪，同时构成诈骗罪的，依照处罚较重的规定定罪处罚。

（八）金融机构、网络服务提供者、电信业务经营者等在经营活动中，违反国家有关规定，被电信网络诈骗犯罪分子利用，使他人遭受财产损失的，依法承担相应责任。构成犯罪的，依法追究刑事责任。

四、准确认定共同犯罪与主观故意

（一）三人以上为实施电信网络诈骗犯罪而组成的较为固定的犯罪组织，应依法认定为诈骗犯罪集团。对组织、领导犯罪集团的首要分子，按照集团所犯的全部罪行处罚。对犯罪集团中组织、指挥、策划者和骨干分子依法从严惩处。

对犯罪集团中起次要、辅助作用的从犯，特别是在规定期限内投案自首、积极协助抓获主犯、积极协助追赃的，依法从轻或减轻处罚。

对犯罪集团首要分子以外的主犯，应当按照其所参与的或者组织、指挥的全部犯罪处罚。全部犯罪包括能够查明具体诈骗数额的事实和能够查明发送诈骗信息条数、拨打诈骗电话人次数、诈骗信息网页浏览次数的事实。

（二）多人共同实施电信网络诈骗，犯罪嫌疑人、被告人应对其参与期间该诈骗团伙实施的全部诈骗行为承担责任。在其所参与的犯罪环节中起主要作用的，可以认定为主犯；起次要作用的，可以认定为从犯。

上述规定的"参与期间"，从犯罪嫌疑人、被告人着手实施诈骗行为开始起算。

（三）明知他人实施电信网络诈骗犯罪，具有下列情形之一的，以共同犯罪论处，但法律和司法解释另有规定的除外：

1.提供信用卡、资金支付结算账户、手机卡、通讯工具的；

2.非法获取、出售、提供公民个人信息的；

3.制作、销售、提供"木马"程序和"钓鱼软件"等恶意程序的；

4.提供"伪基站"设备或相关服务的；

5.提供互联网接入、服务器托管、网络存储、通讯传输等技术支持，或者提供支付结算等帮助的；

6.在提供改号软件、通话线路等技术服务时，发现主叫号码被修改为国内党政机关、司法机关、公共服务部门号码，或者境外用户改为境内号码，仍提供服务的；

7.提供资金、场所、交通、生活保障等帮助的；

8.帮助转移诈骗犯罪所得及其产生的收益，套现、取现的。

上述规定的"明知他人实施电信网络诈骗犯罪"，应当结合被告人的认知能力，既往经历，行为次数和手段，与他人关系，获利情况，是否曾因电信网络诈骗受过处罚，是否故意规避调查等主客观因素进行综合分析认定。

（四）负责招募他人实施电信网络诈骗犯罪活动，或者制作、提供诈骗方案、术语清单、语音包、信息等的，以诈骗共同犯罪论处。

（五）部分犯罪嫌疑人在逃，但不影响对已到案共同犯罪嫌疑人、被告人的犯罪事实认定的，可以依法先行追究已到案共同犯罪嫌疑人、被告人的刑事责任。

五、依法确定案件管辖（下略）

六、证据的收集和审查判断（下略）

七、涉案财物的处理

（一）公安机关侦办电信网络诈骗案件，应当随案移送涉案赃款赃物，并附清单。人民检察院提起公诉时，应一并移交受理案件的人民法院，同时就涉案赃款赃物的处理提出意见。

（二）涉案银行账户或者涉案第三方支付账户内的款项，对权属明确的被害人的合法财产，应当及时返还。确因客观原因无法查实全部被害人，但有证据证明该账户系用于电信网络诈骗犯罪，且被告人无法说明款项合法来源的，根据刑法第六十四条的规定，应认定为违法所得，予以追缴。

（三）被告人已将诈骗财物用于清偿债务或者转让给他人，具有下列情形之一的，应当依法追缴：

1. 对方明知是诈骗财物而收取的；

2. 对方无偿取得诈骗财物的；

3. 对方以明显低于市场的价格取得诈骗财物的；

4. 对方取得诈骗财物系源于非法债务或者违法犯罪活动的。

他人善意取得诈骗财物的，不予追缴。

2021 年 6 月 17 日最高法、最高检、公安部**《关于办理电信网络诈骗等刑事案件适用法律若干问题的意见（二）》**（法发〔2021〕22 号），为进一步依法严厉惩治电信网络诈骗犯罪，对其上下游关联犯罪实行全链条、全方位打击，根据《中华人民共和国刑法》《中华人民共和国刑事诉讼法》等法律和有关司法解释的规定，针对司法实践中出现的新的突出问题，结合工作实际，制定本意见。

第
266
条

一、电信网络诈骗犯罪地，除《最高人民法院、最高人民检察院、公安部关于办理电信网络诈骗等刑事案件适用法律若干问题的意见》规定的犯罪行为发生地和结果发生地外，还包括：

（一）用于犯罪活动的手机卡、流量卡、物联网卡的开立地、销售地、转移地、藏匿地；

（二）用于犯罪活动的信用卡的开立地、销售地、转移地、藏匿地、使用地以及资金交易对手资金交付和汇出地；

（三）用于犯罪活动的银行账户、非银行支付账户的开立地、销售地、使用地以及资金交易对手资金交付和汇出地；

（四）用于犯罪活动的即时通讯信息、广告推广信息的发送地、接受地、到达地；

（五）用于犯罪活动的“猫池”（Modem Pool）、GOIP 设备、多卡宝等硬件设备的销售地、入网地、藏匿地；

（六）用于犯罪活动的互联网账号的销售地、登录地。

二、为电信网络诈骗犯罪提供作案工具、技术支持等帮助以及掩饰、隐瞒犯罪所得及其产生的收益，由此形成多层级犯罪链条的，或者利用同一网站、通讯群组、资金账户、作案窝点实施电信网络诈骗犯罪的，应当认定为多个犯罪嫌疑人、被告人实施的犯罪存在关联，人民法院、人民检察院、公安机关可以在其职责范围内并案处理。

三、有证据证实行为人参加境外诈骗犯罪集团或犯罪团伙，在境外针对境内居民实施电信网络诈骗犯罪行为，诈骗数额难以查证，但1年内出境赴境外诈骗犯罪窝点累计时间30日以上或多次出境赴境外诈骗犯罪窝点的，应当认定为刑法第二百六十六条规定的“其他严重情节”，以诈骗罪依法追究刑事责任。有证据证明其出境从事正当活动的除外（★根据2022年3月22日最高法刑事审判第三庭、最高检第四检察厅、公安部刑事侦查局《关于“断卡”行动中有关法律适用问题的会议纪要》，对于该条规定，在司法适用时，要注意把握以下三个要求：(1)有证据证明行为人参加了境外电信网络诈骗犯罪集团或犯罪团伙，且在境外针对境内居民实施了具体的诈骗犯罪行为；(2)行为人1年内出境赴境外诈骗犯罪窝点累计30日以上，应当从行为人实际加入境外诈骗犯罪窝点的日期开始计算时间；(3)诈骗数额难以查证，是指基于客观困难，确实无法查清行为人实施诈骗的具体数额。在办案中，应当首先全力查证具体诈骗数额；在诈骗数额难以查清的情况下，根据《最高人民法院、最高人民检察院关于办理诈骗刑事案件具体应用法律若干问题的解释》和《最高人民法院、最高人民检察院、公安部关于办理电信网络诈骗等刑事案件适用法律若干问题的意见》的规定，还应当查证发送诈骗信息条数和拨打诈骗电话次数，如二者均无法查明，才适用该条规定——编者说明）。

四、无正当理由持有他人的单位结算卡的，属于刑法第一百七十七条之一第一款第(二)项规定的“非法持有他人信用卡”。

五、非法获取、出售、提供具有信息发布、即时通讯、支付结算等功能的互联网账号密码、个人生物识别信息，符合刑法第二百五十三条之一规定的，以侵犯公民个人信息罪追究刑事责任。

对批量前述互联网账号密码、个人生物识别信息的条数，根据查获的数量直接认定，但有证据证明信息不真实或者重复的除外。

六、在网上注册办理手机卡、信用卡、银行账户、非银行支付账户时，为通过网上认证，使用他人身份证件信息并替换他人身份证件相片，属于伪造身份证件行为，符合刑法第二百八十条第三款规定的，以伪造身份证件罪追究刑事责任。

使用伪造、变造的身份证件或者盗用他人身份证件办理手机卡、信用卡、银行账户、非银行支付账户，符合刑法第二百八十条之一第一款规定的，以使用虚假身份证件、盗用身份证件罪追究刑事责任。

实施上述两款行为，同时构成其他犯罪的，依照处罚较重的规定定罪处罚。法律和司法解释另有规定的除外。

七、为他人利用信息网络实施犯罪而实施下列行为，可以认定为刑法第二百八十七条之二规定的“帮助”行为：

(一)收购、出售、出租信用卡、银行账户、非银行支付账户、具有支付结算功能的互联网账号密码、网络支付接口、网上银行数字证书的；

(二)收购、出售、出租他人手机卡、流量卡、物联网卡的。

八、认定刑法第二百八十七条之二规定的行为人明知他人利用信息网络实施犯罪,应当根据行为人收购、出售、出租前述第七条规定的信用卡、银行账户、非银行支付账户、具有支付结算功能的互联网账号密码、网络支付接口、网上银行数字证书,或者他人手机卡、流量卡、物联网卡等的次数、张数、个数,并结合行为人的认知能力、既往经历、交易对象、与实施信息网络犯罪的行为人的关系、提供技术支持或者帮助的时间和方式、获利情况以及行为人的供述等主客观因素,予以综合认定。

收购、出售、出租单位银行结算账户、非银行支付机构单位支付账户,或者电信、银行、网络支付等行业从业人员利用履行职责或提供服务便利,非法开办并出售、出租他人手机卡、信用卡、银行账户、非银行支付账户等的,可以认定为《最高人民法院、最高人民检察院关于办理非法利用信息网络、帮助信息网络犯罪活动等刑事案件适用法律若干问题的解释》第十一条第(七)项规定的"其他足以认定行为人明知的情形"。但有相反证据的除外。

九、明知他人利用信息网络实施犯罪,为其犯罪提供下列帮助之一的,可以认定为《最高人民法院、最高人民检察院关于办理非法利用信息网络、帮助信息网络犯罪活动等刑事案件适用法律若干问题的解释》第十二条第一款第(七)项规定的"其他情节严重的情形":

(一)收购、出售、出租信用卡、银行账户、非银行支付账户、具有支付结算功能的互联网账号密码、网络支付接口、网上银行数字证书 5 张(个)以上的;

(二)收购、出售、出租他人手机卡、流量卡、物联网卡 20 张以上的。

十、电商平台预付卡、虚拟货币、手机充值卡、游戏点卡、游戏装备等经销商,在公安机关调查案件过程中,被明确告知其交易对象涉嫌电信网络诈骗犯罪,仍与其继续交易,符合刑法第二百八十七条之二规定的,以帮助信息网络犯罪活动罪追究刑事责任。同时构成其他犯罪的,依照处罚较重的规定定罪处罚。

十一、明知是电信网络诈骗犯罪所得及其产生的收益,以下列方式之一予以转账、套现、取现,符合刑法第三百一十二条第一款规定的,以掩饰、隐瞒犯罪所得、犯罪所得收益罪追究刑事责任。但有证据证明确实不知道的除外。

(一)多次使用或者使用多个非本人身份证明开设的收款码、网络支付接口等,帮助他人转账、套现、取现的;

(二)以明显异于市场的价格,通过电商平台预付卡、虚拟货币、手机充值卡、游戏点卡、游戏装备等转换财物、套现的;

(三)协助转换或者转移财物,收取明显高于市场的"手续费"的。

实施上述行为,事前通谋的,以共同犯罪论处;同时构成其他犯罪的,依照处罚较重的规定定罪处罚。法律和司法解释另有规定的除外。

十二、为他人实施电信网络诈骗犯罪提供技术支持、广告推广、支付结算等帮助,或者窝藏、转移、收购、代为销售及以其他方法掩饰、隐瞒电信网络诈骗犯罪所得及其产生的收益，诈骗犯罪行为可以确认，但实施诈骗的行为人尚未到案，可以依法先行追究已到案的上述犯罪嫌疑人、被告人的刑事责任。

十三、办案地公安机关可以通过公安机关信息化系统调取异地公安机关依法制作、收集的刑事案件受案登记表、立案决定书、被害人陈述等证据材料。调取时不得少于两名侦查人员，并应记载调取的时间、使用的信息化系统名称等相关信息，调取人签名并加盖办案地公安机关印章。经审核证明真实的，可以作为证据使用。

十四、通过国（区）际警务合作收集或者境外警方移交的境外证据材料，确因客观条件限制，境外警方未提供相关证据的发现、收集、保管、移交情况等材料的，公安机关应当对上述证据材料的来源、移交过程以及种类、数量、特征等作出书面说明，由两名以上侦查人员签名并加盖公安机关印章。经审核能够证明案件事实的，可以作为证据使用。

十五、对境外司法机关抓获并羁押的电信网络诈骗犯罪嫌疑人，在境内接受审判的，境外的羁押期限可以折抵刑期。

十六、办理电信网络诈骗犯罪案件，应当充分贯彻宽严相济刑事政策。在侦查、审查起诉、审判过程中，应当全面收集证据、准确甄别犯罪嫌疑人、被告人在共同犯罪中的层级地位及作用大小，结合其认罪态度和悔罪表现，区别对待，宽严并用，科学量刑，确保罚当其罪。

对于电信网络诈骗犯罪集团、犯罪团伙的组织者、策划者、指挥者和骨干分子，以及利用未成年人、在校学生、老年人、残疾人实施电信网络诈骗的，依法从严惩处。

对于电信网络诈骗犯罪集团、犯罪团伙中的从犯，特别是其中参与时间相对较短、诈骗数额相对较低或者从事辅助性工作并领取少量报酬，以及初犯、偶犯、未成年人、在校学生等，应当综合考虑其在共同犯罪中的地位作用、社会危害程度、主观恶性、人身危险性、认罪悔罪表现等情节，可以依法从轻、减轻处罚。犯罪情节轻微的，可以依法不起诉或者免予刑事处罚；情节显著轻微危害不大的，不以犯罪论处。

十七、查扣的涉案账户内资金，应当优先返还被害人，如不足以全额返还的，应当按照比例返还。

2018 年 11 月 9 日最高检**《检察机关办理电信网络诈骗案件指引》**（高检发侦监字〔2018〕12 号），电信网络诈骗犯罪，是指以非法占有为目的，利用电话、短信、互联网等电信网络技术手段，虚构事实，设置骗局，实施远程、非接触式诈骗，骗取公私财物的犯罪行为。根据《中华人民共和国刑法》第二百六十六条、《最高人民法院、最高人民检察院关于办理诈骗刑事案件具体应用法律若干问题的解释》（法释〔2011〕7 号）（以下简称《解释》）、《最高人民法院、最高人民检察院、公安部关于办理电信网络诈骗等刑事案件适用法律若干问题的意见》(法发〔2016〕32号)(以下简称《意见》),办理电信网络诈骗案件除了要把握普通诈骗案件的基本要求外,还要特别注意以下问题:

一、审查证据的基本要求(下略)

二、需要特别注意的问题

在电信网络诈骗案件审查逮捕、审查起诉中,要根据相关法律、司法解释等规定,结合在案证据,重点注意以下问题:

(一)电信网络诈骗犯罪的界定

1.此罪彼罪

在一些案件中,尤其是利用网络钓鱼、木马链接实施犯罪的案件中,既存在虚构事实、隐瞒真相的诈骗行为,又可能存在秘密窃取的行为,关键要审查犯罪嫌疑人取得财物是否基于被害人对财物的主动处分意识。如果行为人通过秘密窃取的行为获取他人财物,则应认定构成盗窃罪;如果窃取或者骗取的是他人信用卡资料,并通过互联网、通讯终端等使用的,根据《最高人民法院、最高人民检察院关于办理妨害信用卡管理刑事案件具体应用法律若干问题的解释》(法释〔2009〕19号)(★该《解释》已被2018年11月28日最高法、最高检《关于修改〈关于办理妨害信用卡管理刑事案件具体应用法律若干问题的解释〉的决定》修正,现为法释〔2018〕19号——编者说明),则可能构成信用卡诈骗罪;如果通过电信网络技术向不特定多数人发送诈骗信息后又转入接触式诈骗,或者为实现诈骗目的,线上线下并行同时进行接触式和非接触式诈骗,应当按照诈骗取财行为的本质定性,虽然使用电信网络技术但被害人基于接触被骗的,应当认定普通诈骗;如果出现电信网络诈骗和合同诈骗、保险诈骗等特殊诈骗罪名的竞合,应依据刑法有关规定定罪量刑。

2. 追诉标准低于普通诈骗犯罪且无地域差别

追诉标准直接决定了法律适用问题甚至罪与非罪的认定。《意见》规定,利用电信网络技术手段实施诈骗,诈骗公私财物价值3000元以上的,认定为刑法第二百六十六条规定的“数额较大”。而《解释》规定,诈骗公私财物价值3000元至1万元以上的,认定为刑法第二百六十六条规定的“数额较大”。因此,电信网络诈骗的追诉标准要低于普通诈骗的追诉标准,且全国统一无地域差别,即犯罪数额达到3000元以上、3万元以上、50万元以上的,应当分别认定为刑法第二百六十六条规定的“数额较大”“数额巨大”“数额特别巨大”。

(二)犯罪形态的审查

1. 可以查证诈骗数额的未遂

电信网络诈骗应以被害人失去对被骗钱款的实际控制为既遂认定标准。一般情形下,诈骗款项转出后即时到账构成既遂。但随着银行自助设备、第三方支付平台陆续推出“延时到账”“撤销转账”等功能,被害人通过自助设备、第三方支付平台向犯罪嫌疑人指定账户转账,可在规定时间内撤销转账,资金并未实时转出。此种情形下被害人并未对被骗款项完全失去控制，而犯罪嫌疑人亦未取得实际控制，应当认定为未遂。

2. 无法查证诈骗数额的未遂

根据《意见》规定，对于诈骗数额难以查证的，犯罪嫌疑人发送诈骗信息5000条以上，或者拨打诈骗电话500人次以上，或者在互联网上发布诈骗信息的页面浏览量累计5000次以上，可以认定为诈骗罪中“其他严重情节”，以诈骗罪（未遂）定罪处罚。具有上述情形，数量达到相应标准10倍以上的，应当认定为刑法第二百六十六条规定的“其他特别严重情节”，以诈骗罪（未遂）定罪处罚。

（三）诈骗数额及发送信息、拨打电话次数的认定

1. 诈骗数额的认定

（1）根据犯罪集团诈骗账目登记表、犯罪嫌疑人提成表等书证，结合证人证言、犯罪嫌疑人供述和辩解等言词证据，认定犯罪嫌疑人的诈骗数额。

（2）根据经查证属实的银行账户交易记录、第三方支付结算账户交易记录、通话记录、电子数据等证据，结合已收集的被害人陈述，认定被害人人数及诈骗资金数额。

（3）对于确因客观原因无法查实全部被害人，尽管有证据证明该账户系用于电信网络诈骗犯罪，且犯罪嫌疑人无法说明款项合法来源的，也不能简单将账户内的款项全部推定为“犯罪数额”。要根据在案其他证据，认定犯罪集团是否有其他收入来源，“违法所得”有无其他可能性。如果证据足以证实“违法所得”的排他性，则可以将“违法所得”均认定为犯罪数额。

（4）犯罪嫌疑人为实施犯罪购买作案工具、伪装道具、租用场地、交通工具甚至雇佣他人等诈骗成本不能从诈骗数额中扣除。对通过向被害人交付一定货币，进而骗取其信任并实施诈骗的，由于货币具有流通性和经济价值，该部分货币可以从诈骗数额中扣除。

2. 发送信息、拨打电话次数的认定

（1）拨打电话包括拨出诈骗电话和接听被害人回拨电话。反复拨打、接听同一电话号码，以及反复向同一被害人发送诈骗信息的，拨打、接听电话次数、发送信息条数累计计算。

（2）被害人是否接听、接收到诈骗电话、信息不影响次数、条数计算。

（3）通过语音包发送的诈骗录音或通过网络等工具辅助拔出的电话，应当认定为拨打电话。

（4）发送信息条数、拨打电话次数的证据难以收集的，可以根据经查证属实的日发送信息条数、日拨打人次数，结合犯罪嫌疑人实施犯罪的时间、犯罪嫌疑人的供述等相关证据予以认定。

（5）发送信息条数和拨打电话次数在法律及司法解释未明确的情况下不宜换算累加。

（四）共同犯罪及主从犯责任的认定

1. 对于三人以上为实施电信网络诈骗而组成的较为固定的犯罪组织，应当依法认定为犯罪集团。对于犯罪集团的首要分子，按照集团所犯全部犯罪处罚，并且对犯罪集团中组织、指挥、策划者和骨干分子依法从严惩处。

2. 对于其余主犯，按照其所参与或者组织、指挥的全部犯罪处罚。多人共同实施电信网络诈骗，犯罪嫌疑人、被告人应对其参与期间该诈骗团伙实施的全部诈骗行为承担责任。

3. 对于部分被招募发送信息、拨打电话的犯罪嫌疑人，应当对其参与期间整个诈骗团伙的诈骗行为承担刑事责任，但可以考虑参与时间较短、诈骗数额较低、发送信息、拨打电话较少，认定为从犯，从宽处理。

4. 对于专门取款人，由于其可在短时间内将被骗款项异地转移，对诈骗既遂起到了至关重要的作用，也大大增加了侦查和追赃难度，因此应按其在共同犯罪中的具体作用进行认定，不宜一律认定为从犯。

（五）关联犯罪事前通谋的审查

根据《意见》规定，明知是电信网络诈骗犯罪所得及其产生的收益，通过使用销售点终端机具（POS 机）刷卡套现等非法途径，协助转换或者转移财物等五种方式转账、套现、取现的，需要与直接实施电信网络诈骗犯罪嫌疑人事前通谋的才以共同犯罪论处。因此，应当重点审查帮助转换或者转移财物行为人是否在诈骗犯罪既遂之前与实施诈骗犯罪嫌疑人共谋或者虽无共谋但明知他人实施犯罪而提供帮助。对于帮助者明知的内容和程度，并不要求其明知被帮助者实施诈骗行为的具体细节，其只要认识到对方实施诈骗犯罪行为即可。审查时，要根据犯罪嫌疑人的认知能力、既往经历、行为次数和手段、与他人关系、获利情况、是否曾因电信网络诈骗受过处罚以及是否故意规避调查等主客观因素分析认定。

（六）电子数据的审查（下略）

（七）境外证据的审查（下略）

三、社会危险性及羁押必要性审查（下略）

根据 2000 年 5 月 12 日最高法**《关于审理扰乱电信市场管理秩序案件具体应用法律若干问题的解释》第九条**，以虚假、冒用的身份证件办理入网手续并使用移动电话，造成电信资费损失数额较大的，依照刑法第二百六十六条的规定，以诈骗罪定罪处罚。

根据 2000 年 5 月 23 日公安部法制局**《对〈关于对将已经仪器识别为不中奖的彩票出售的行为如何定性处理的请示〉的答复》**（公法〔2000〕83 号），行为人采用欺骗方法使发行彩票的工作人员回收已被识别为不中奖的彩票，数额较大的，应当依照刑法第二百六十六条的规定，以诈骗罪追究刑事责任；行为人与发行彩票的工作人员共谋，发行彩票的工作人员明知是已被识别为不中奖的彩票而回收并向社会公众出售，且数额较大的，对行为人和发行彩票的工作人员，应当以共同犯罪依照刑法第二百六十六条的规定追究刑事责任；尚不构成犯罪的，依照《治安管理处罚条例》第二十三条（★现为2012年修正后的《治安管理处罚法》第四十九条——编者说明）的有关规定予以处罚。

根据2002年6月26日公安部**《关于对伪造学生证及贩卖、使用伪造学生证的行为如何处理问题的批复》**（公刑〔2002〕1046号），对使用伪造的学生证购买半价火车票，数额较大的，应当依照《中华人民共和国刑法》第266条的规定，以诈骗罪立案侦查；尚不够刑事处罚的，应当依照《中华人民共和国治安管理处罚条例》第23条第（一）项的规定（★现为2012年修正后的《治安管理处罚法》第49条——编者说明）以诈骗定性处罚。

根据2002年10月24日最高检法律政策研究室**《关于通过伪造证据骗取法院民事裁判占有他人财物的行为如何适用法律问题的答复》**（高检研发〔2002〕第18号），以非法占有为目的，通过伪造证据骗取法院民事裁判占有他人财物的行为所侵害的主要是人民法院正常的审判活动，可以由人民法院依照民事诉讼法的有关规定作出处理，不宜以诈骗罪追究行为人的刑事责任。如果行为人伪造证据时，实施了伪造公司、企业、事业单位、人民团体印章的行为，构成犯罪的，应当依照刑法第二百八十条第二款的规定，以伪造公司、企业、事业单位、人民团体印章罪追究刑事责任；如果行为人有指使他人作伪证行为，构成犯罪的，应当依照刑法第三百零七条第一款的规定，以妨害作证罪追究刑事责任（★应按《刑法修正案（九）》第三十五条（即修订后的刑法第三百零七条之一）处理此类案件——编者说明）。

根据2003年5月14日最高法、最高检**《关于办理妨害预防、控制突发传染病疫情等灾害的刑事案件具体应用法律若干问题的解释》第七条**，在预防、控制突发传染病疫情等灾害期间，假借研制、生产或者销售用于预防、控制突发传染病疫情等灾害用品的名义，诈骗公私财物数额较大的，依照刑法有关诈骗罪的规定定罪，依法从重处罚。

根据2005年9月5日公安部法制局**《关于办理赌博违法案件有关法律适用问题的电话答复》**，行为人诱使他人参与赌博，约定由行为人本人直接参赌，他人与其共同承担输赢责任，在行为人故意输给其他参赌人后，要求被诱骗人承担还款责任，骗取钱款数额巨大的，应以诈骗罪追究行为人的刑事责任。

根据2010年10月20日最高法**《关于审理伪造货币等案件具体应用法律若干问题的解释（二）》第五条**，以使用为目的，伪造停止流通的货币，或者使用伪造的停止流通的货币的，依照刑法第二百六十六条的规定，以诈骗罪定罪处罚。

根据2019年2月28日最高法、最高检、公安部、司法部**《关于办理“套路贷”刑事案件若干问题的意见》**，实施“套路贷”过程中，未采用明显的暴力或者威胁手段，其行为特征从整体上表现为以非法占有为目的，通过虚构事实、隐瞒真相骗取被害人财物的，一般以诈骗罪定罪处罚；对于在实施“套路贷”过程中多种手段并用，构成诈骗、敲诈勒索、非法拘禁、虚假诉讼、寻衅滋事、强迫交易、抢劫、绑架等多种犯罪的，应当根据具体案件事实，区分不同情况，依照刑法及有关司法解释的规定数罪并罚或者择一重处。

根据2019年5月19日最高法、最高检、公安部、司法部《**关于依法严厉打击传播艾滋病病毒等违法犯罪行为的指导意见**》，出售谎称含有艾滋病病毒的血液，骗取他人财物，数额较大的，依照刑法第二百六十六条的规定，以诈骗罪定罪处罚。

根据2020年2月6日最高法、最高检、公安部、司法部《**关于依法惩治妨害新型冠状病毒感染肺炎疫情防控违法犯罪的意见**》，在疫情防控期间，假借研制、生产或者销售用于疫情防控的物品的名义骗取公私财物，或者捏造事实骗取公众捐赠款物，数额较大的，依照刑法第二百六十六条的规定，以诈骗罪定罪处罚。

根据2020年9月22日最高法、最高检、公安部《**关于依法办理“碰瓷”违法犯罪案件的指导意见**》（公通字〔2020〕12号），所谓“碰瓷”，是指行为人通过故意制造或者编造其被害假象，采取诈骗、敲诈勒索等方式非法索取财物的行为。实践中，一些不法分子有的通过“设局”制造或者捏造他人对其人身、财产造成损害来实施；有的通过自伤、造成同伙受伤或者利用自身原有损伤，诬告系被害人所致来实施；有的故意制造交通事故，利用被害人违反道路通行规定或者酒后驾驶、无证驾驶、机动车手续不全等违法违规行为，通过被害人害怕被查处的心理来实施；有的在“碰瓷”行为被识破后，直接对被害人实施抢劫、抢夺、故意伤害等违法犯罪活动等……为依法惩治“碰瓷”违法犯罪活动，保障人民群众合法权益，维护社会秩序，根据刑法、刑事诉讼法、治安管理处罚法等法律的规定，制定本意见。

一、实施“碰瓷”，虚构事实、隐瞒真相，骗取赔偿，符合刑法第二百六十六条规定的，以诈骗罪定罪处罚；骗取保险金，符合刑法第一百九十八条规定的，以保险诈骗罪定罪处罚。

实施“碰瓷”，捏造人身、财产权益受到侵害的事实，虚构民事纠纷，提起民事诉讼，符合刑法第三百零七条之一规定的，以虚假诉讼罪定罪处罚；同时构成其他犯罪的，依照处罚较重的规定定罪从重处罚。

……

九、共同故意实施“碰瓷”犯罪，起主要作用的，应当认定为主犯，对其参与或者组织、指挥的全部犯罪承担刑事责任；起次要或者辅助作用的，应当认定为从犯，依法予以从轻、减轻处罚或者免除处罚。

三人以上为共同故意实施“碰瓷”犯罪而组成的较为固定的犯罪组织，应当认定为犯罪集团。对首要分子应当按照集团所犯全部罪行处罚。

符合黑恶势力认定标准的,应当按照黑社会性质组织、恶势力或者恶势力犯罪集团侦查、起诉、审判。

十、对实施“碰瓷”,尚不构成犯罪,但构成违反治安管理行为的,依法给予治安管理处罚。

……要严格贯彻宽严相济的刑事政策,落实认罪认罚从宽制度。要综合考虑主观恶性大小、行为的手段、方式、危害后果以及在案件中所起作用等因素,切实做到区别对待。对于“碰瓷”犯罪集团的首要分子、积极参加的犯罪分子以及屡教不改的犯罪分子,应当作为打击重点依法予以严惩。对犯罪性质和危害后果特别严重、社会影响特别恶劣的犯罪分子,虽具有酌定从宽情节但不足以从宽处罚的,依法不予从宽处罚。具有自首、立功、坦白、认罪认罚等情节的,依法从宽处理。同时,应当准确把握法律尺度,注意区分“碰瓷”违法犯罪同普通民事纠纷、行政违法的界限,既防止出现“降格处理”,也要防止打击面过大等问题。

2021 年 12 月 16 日最高法、最高检、公安部**《关于依法惩治招摇撞骗等违法犯罪行为的指导意见》**,为依法惩治招摇撞骗等违法犯罪行为,制定本意见。

一、……(➸参见刑法第 279 条脚注相关部分)

二、冒充党和国家领导人或者其他领导干部的亲属、身边工作人员,骗取公私财物,符合刑法第二百六十六条规定的,以诈骗罪定罪处罚;诈骗数额接近“数额巨大”“数额特别巨大”的标准,并且严重损害国家机关、军队形象和威信或者诈骗手段恶劣、造成其他严重后果的,应当分别认定为刑法第二百六十六条规定的“其他严重情节”“其他特别严重情节”。

三、伪造党和国家领导人或者其他领导干部的题词、书法、绘画或者合影照片、音频、视频等,骗取公私财物,符合刑法第二百六十六条规定的,以诈骗罪定罪处罚。

根据 2022 年 3 月 3 日最高法、最高检**《关于办理危害药品安全刑事案件适用法律若干问题的解释》第十三条**,明知系利用医保骗保购买的药品而非法收购、销售,金额 5 万元以上的,应当依照刑法第三百一十二条的规定,以掩饰、隐瞒犯罪所得罪定罪处罚;指使、教唆、授意他人利用医保骗保购买药品,进而非法收购、销售,符合刑法第二百六十六条规定的,以诈骗罪定罪处罚。

对于利用医保骗保购买药品的行为人是否追究刑事责任,应当综合骗取医保基金的数额、手段、认罪悔罪态度等案件具体情节,依法妥当决定(★根据最高法研究室工作人员的意见,对于虽实施骗保行为,数额达到诈骗罪入罪标准,但具有系初犯、偶犯、受人指使、认罪悔罪、本人也是病患者等情节,经综合考量认为犯罪情节轻微的,可以依法不起诉或者免予刑事处罚;情节显著轻微危害不大的,不作为犯罪处理——编者说明)。利用医保骗保购买药品的行为人是否被追究刑事责任，不影响对非法收购、销售有关药品的行为人定罪处罚。

对于第一款规定的主观明知，应当根据药品标志、收购渠道、价格、规模及药品追溯信息等综合认定。

根据 2022 年 12 月 26 日最高法**《关于为促进消费提供司法服务和保障的意见》**，经营者诱导老年消费者购买不符合其需求或者明显超出其需求范围的保健食品等商品或者服务，致使合同显失公平，消费者请求撤销合同的，人民法院应当依法支持。经营者的行为构成诈骗罪的，依法追究刑事责任；同时构成生产、销售伪劣产品罪等其他犯罪的，依照处罚较重的规定定罪处罚。

【指导案例】根据 2017年 10 月 12 日最高检 **第九批指导性案例 · 检例第 38 号 · 董亮等四人诈骗案**，以非法占有为目的，采用自我交易方式，虚构提供服务事实，骗取互联网公司垫付费用及订单补贴，数额较大的行为，应认定为诈骗罪。

★该指导案例在“指导意义”部分指出：一些互联网公司为抢占市场，以提供订单补贴的形式吸引客户参与。某些不法分子采取违法手段，骗取互联网公司给予的补贴，数额较大的，可以构成诈骗罪。

在网络约车中，行为人以非法占有为目的，通过网约车平台与网约车公司进行交流，发出虚构的用车需求，使网约车公司误认为是符合公司补贴规则的订单，基于错误认识，给予行为人垫付车费及订单补贴的行为，符合诈骗罪的本质特征，是一种新型诈骗罪的表现形式。

【公报案例】根据**《公报》2012 年第 12 期 · 上海市虹口区人民检察院诉陈新金、余明觉等诈骗案**，出于非法占有他人财物的目的，以虚构“医院、专家、神药”，假冒病患、导医、医生、收费员、药品发放员等身份，骗取被害人财物的行为，应当依照《中华人民共和国刑法》第二百六十六条的规定，以诈骗罪定罪处罚。

根据**《公报》2016 年第 2 期 · 江苏省扬州市宝应县人民检察院诉刘国义等诈骗案**，行为人在明知自己控制的为虚拟现货交易平台，客户注入资金并未真正进入现货交易市场的情况下，通过虚构事实、隐瞒真相的方式骗取客户资金占为己有的，应认定为诈骗罪。

根据**《公报》2023 年第 7 期 · 上海市长宁区人民检察院诉顾立、顾全飞诈骗案**，在计算机信息系统具有处分财产功能且正常运行的情况下，行为人通过非法手段满足计算机信息系统控制者的预设条件，如实施添加、删除数据等破坏计算机信息系统的行为，使控制者陷入错误认识并授予行为人通过计算机信息系统获取财物权限的，该行为构成诈骗罪。

【典型案例】根据 2015 年 12 月 4 日最高法**公布 11 起诈骗犯罪典型案例 · 二、曾某某、余某某、陈某某诈骗案**，根据全国人民代表大会常务委员会关

第二百六十七条[236]　**【抢夺罪】**抢夺公私财物，数额较大的，或者多次抢夺的，处三年以下有期徒刑、拘役或者管制，并处或者单处罚金；数额巨大或者有其他严重情节的，处三年以上十年以下有期徒刑，并处罚金；数额特别巨大或者有其他特别严重情节的，处十年以上有期徒刑或者无期徒刑，并处罚金或者没收财产。

携带凶器抢夺的，依照本法第二百六十三条的规定定罪处罚。

于《中华人民共和国刑法》第二百六十六条的解释，以欺诈、伪造证明材料或者其他手段骗取养老、医疗、工伤、失业、生育等社会保险金或者其他社会保障待遇的，属于刑法第二百六十六条规定的诈骗公私财物的行为。本案中，三被告人共谋由曾某某冒用陈某某的名义住院治疗报销医疗费，骗取新农合医疗保险资金，致使公共财产受到损失，其行为构成诈骗罪，应予追究刑事责任。

根据2015年12月4日最高法**公布11起诈骗犯罪典型案例·四、梁建成诈骗案**，本案被告人梁建成以非法占有为目的，采取虚构事实、隐瞒真相的方法，骗取他人财物共计人民币10万元，数额巨大，其行为已构成诈骗罪。民事经济纠纷与诈骗罪最大的区别在于：1.是否虚构事实；2.是否有非法占有的目的。本案被告人梁建成以非法占有为目的虚构事实，构成诈骗罪，其与被害人之间不是民事经济关系。

【量刑指导】根据2021年6月17日最高法、最高检《**关于常见犯罪的量刑指导意见（试行）**》，1.构成诈骗罪的，根据下列情形在相应的幅度内确定量刑起点：

（1）达到数额较大起点的，在1年以下有期徒刑、拘役幅度内确定量刑起点。

（2）达到数额巨大起点或者有其他严重情节的，在3年至4年有期徒刑幅度内确定量刑起点。

（3）达到数额特别巨大起点或者有其他特别严重情节的，在10年至12年有期徒刑幅度内确定量刑起点。依法应当判处无期徒刑的除外。

2.在量刑起点的基础上，根据诈骗数额等其他影响犯罪构成的犯罪事实增加刑罚量，确定基准刑。

3.构成诈骗罪的，根据诈骗的数额、手段、危害后果等犯罪情节，综合考虑被告人缴纳罚金的能力，决定罚金数额。

4.构成诈骗罪的，综合考虑诈骗的起因、手段、数额、危害后果、退赃退赔等犯罪事实、量刑情节，以及被告人的主观恶性、人身危险性、认罪悔罪表现等因素，决定缓刑的适用。对实施电信网络诈骗的，从严把握缓刑的适用。

〔236〕**【刑法修订】**2015年《**刑法修正案（九）**》**第二十条**修订了本条第一款。1997年刑法该款原文如下：

第二百六十七条第一款 抢夺公私财物，数额较大的，处三年以下有期徒刑、拘役或者管制，并处或者单处罚金；数额巨大或者有其他严重情节的，处三年以上十年以下有期徒刑，并处罚金；数额特别巨大或者有其他特别严重情节的，处十年以上有期徒刑或者无期徒刑，并处罚金或者没收财产。

2015年**《刑法修正案（九）》**在该款增设了“多次抢夺”的规定。

【司法解释】2013年11月11日最高法、最高检**《关于办理抢夺刑事案件适用法律若干问题的解释》**（法释〔2013〕25号，自2013年11月18日起施行），为依法惩治抢夺犯罪，保护公私财产，根据《中华人民共和国刑法》的有关规定，现就办理此类刑事案件适用法律的若干问题解释如下：

第一条 抢夺公私财物价值1000元至3000元以上、3万元至8万元以上、20万元至40万元以上的，应当分别认定为刑法第二百六十七条规定的“数额较大”“数额巨大”“数额特别巨大”。

各省、自治区、直辖市高级人民法院、人民检察院可以根据本地区经济发展状况，并考虑社会治安状况，在前款规定的数额幅度内，确定本地区执行的具体数额标准，报最高人民法院、最高人民检察院批准。

第二条 抢夺公私财物，具有下列情形之一的，“数额较大”的标准按照前条规定标准的50%确定：

（一）曾因抢劫、抢夺或者聚众哄抢受过刑事处罚的；

（二）1年内曾因抢夺或者哄抢受过行政处罚的；

（三）1年内抢夺3次以上的（★对此应按《刑法修正案（九）》“多次抢夺”的规定处理——编者说明）；

（四）驾驶机动车、非机动车抢夺的；

（五）组织、控制未成年人抢夺的；

（六）抢夺老年人、未成年人、孕妇、携带婴幼儿的人、残疾人、丧失劳动能力人的财物的；

（七）在医院抢夺病人或者其亲友财物的；

（八）抢夺救灾、抢险、防汛、优抚、扶贫、移民、救济款物的；

（九）自然灾害、事故灾害、社会安全事件等突发事件期间，在事件发生地抢夺的；

（十）导致他人轻伤或者精神失常等严重后果的。

第三条 抢夺公私财物，具有下列情形之一的，应当认定为刑法第二百六十七条规定的“其他严重情节”：

（一）导致他人重伤的；

（二）导致他人自杀的；

（三）具有本解释第二条第三项至第十项规定的情形之一，数额达到本解释第一条规定的“数额巨大”50%的。

第四条　抢夺公私财物，具有下列情形之一的，应当认定为刑法第二百六十七条规定的“其他特别严重情节”：

（一）导致他人死亡的；

（二）具有本解释第二条第三项至第十项规定的情形之一，数额达到本解释第一条规定的“数额特别巨大”50%的。

第五条　抢夺公私财物数额较大，但未造成他人轻伤以上伤害，行为人系初犯，认罪、悔罪，退赃、退赔，且具有下列情形之一的，可以认定为犯罪情节轻微，不起诉或者免予刑事处罚；必要时，由有关部门依法予以行政处罚：

（一）具有法定从宽处罚情节的；

（二）没有参与分赃或者获赃较少，且不是主犯的；

（三）被害人谅解的；

（四）其他情节轻微、危害不大的。

第六条　驾驶机动车、非机动车夺取他人财物，具有下列情形之一的，应当以抢劫罪定罪处罚：

（一）夺取他人财物时因被害人不放手而强行夺取的；

（二）驾驶车辆逼挤、撞击或者强行逼倒他人夺取财物的；

（三）明知会致人伤亡仍然强行夺取并放任造成财物持有人轻伤以上后果的。

第七条　本解释公布施行后，《最高人民法院关于审理抢夺刑事案件具体应用法律若干问题的解释》（法释〔2002〕18号）同时废止；之前发布的司法解释和规范性文件与本解释不一致的，以本解释为准。

根据2000年11月22日最高法**《关于审理抢劫案件具体应用法律若干问题的解释》第六条**，刑法第二百六十七条第二款规定的“携带凶器抢夺”，是指行为人随身携带枪支、爆炸物、管制刀具等国家禁止个人携带的器械进行抢夺或者为了实施犯罪而携带其他器械进行抢夺的行为。

根据2005年6月8日最高法**《关于审理抢劫、抢夺刑事案件适用法律若干问题的意见》**，《关于审理抢劫案件具体应用法律若干问题的解释》第六条规定，“携带凶器抢夺”，是指行为人随身携带枪支、爆炸物、管制刀具等国家禁止个人携带的器械进行抢夺或者为了实施犯罪而携带其他器械进行抢夺的行为。行为人随身携带国家禁止个人携带的器械以外的其他器械抢夺，但有证据证明该器械确实不是为了实施犯罪准备的，不以抢劫罪定罪；行为人将随身携带凶器有意加以显示、能为被害人察觉到的，直接适用刑法第二百六十三条的规定定罪处罚；行为人携带凶器抢夺后，在逃跑过程中为窝藏赃物、抗拒抓捕或者毁灭罪证而当场使用暴力或者以暴力相威胁的，适用刑法第二百六十七条第二款的规定定罪处罚。

【量刑指导】根据2021年6月17日最高法、最高检**《关于常见犯罪的量**

第二百六十八条〔237〕 **【聚众哄抢罪】**聚众哄抢公私财物，数额较大或者有其他严重情节的，对首要分子和积极参加的，处三年以下有期徒刑、拘役或者管制，并处罚金；数额巨大或者有其他特别严重情节的，处三年以上十年以下有期徒刑，并处罚金。

第二百六十九条〔238〕 **【抢劫罪】**犯盗窃、诈骗、抢夺罪，为窝藏赃物、抗拒抓捕或者毁灭罪证而当场使用暴力或者以暴力相威胁的，依照本法第二百六十三条的规定定罪处罚。

刑指导意见（试行）》，1. 构成抢夺罪的，根据下列情形在相应的幅度内确定量刑起点：

（1）达到数额较大起点或者2年内3次抢夺的，在1年以下有期徒刑、拘役幅度内确定量刑起点。

（2）达到数额巨大起点或者有其他严重情节的，在3年至5年有期徒刑幅度内确定量刑起点。

（3）达到数额特别巨大起点或者有其他特别严重情节的，在10年至12年有期徒刑幅度内确定量刑起点。依法应当判处无期徒刑的除外。

2. 在量刑起点的基础上，根据抢夺数额、次数等其他影响犯罪构成的犯罪事实增加刑罚量，确定基准刑。

多次抢夺，数额达到较大以上的，以抢夺数额确定量刑起点，抢夺次数可以作为调节基准刑的量刑情节；数额未达到较大的，以抢夺次数确定量刑起点，超过3次的次数作为增加刑罚量的事实。

3. 构成抢夺罪的，根据抢夺的数额、次数、手段、危害后果等犯罪情节，综合考虑被告人缴纳罚金的能力，决定罚金数额。

4. 构成抢夺罪的，综合考虑抢夺的起因、数额、手段、次数、危害后果、退赃退赔等犯罪事实、量刑情节，以及被告人的主观恶性、人身危险性、认罪悔罪表现等因素，决定缓刑的适用。

〔237〕**【司法解释】**根据2020年2月6日最高法、最高检、公安部、司法部**《关于依法惩治妨害新型冠状病毒感染肺炎疫情防控违法犯罪的意见》**，在疫情防控期间，聚众哄抢公私财物特别是疫情防控和保障物资，数额较大或者有其他严重情节的，对首要分子和积极参加者，依照刑法第二百六十八条的规定，以聚众哄抢罪定罪处罚。

〔238〕**【司法解释】**2005年6月8日最高法**《关于审理抢劫、抢夺刑事案件适用法律若干问题的意见》**，关于转化抢劫的认定，意见如下：行为人实施盗窃、诈骗、抢夺行为，未达到"数额较大"，为窝藏赃物、抗拒抓捕或者毁灭罪证当场使用暴力或者以暴力相威胁，情节较轻、危害不大的，一般不以犯罪论处；但具有下列情节之一的，可依照刑法第二百六十九条的规定，以抢劫

罪定罪处罚：

（1）盗窃、诈骗、抢夺接近“数额较大”标准的；

（2）入户或在公共交通工具上盗窃、诈骗、抢夺后在户外或交通工具外实施上述行为的；

（3）使用暴力致人轻微伤以上后果的；

（4）使用凶器或以凶器相威胁的；

（5）具有其他严重情节的。

2016年1月6日最高法**《关于审理抢劫刑事案件适用法律若干问题的指导意见》**，关于转化型抢劫犯罪的认定，指导意见如下：

根据刑法第二百六十九条的规定，“犯盗窃、诈骗、抢夺罪，为窝藏赃物、抗拒抓捕或者毁灭罪证而当场使用暴力或者以暴力相威胁的”，依照抢劫罪定罪处罚。“犯盗窃、诈骗、抢夺罪”，主要是指行为人已经着手实施盗窃、诈骗、抢夺行为，一般不考察盗窃、诈骗、抢夺行为是否既遂。但是所涉财物数额明显低于“数额较大”的标准，又不具有《两抢意见》第五条所列五种情节之一的，不构成抢劫罪。“当场”是指在盗窃、诈骗、抢夺的现场以及行为人刚离开现场即被他人发现并抓捕的情形。

对于以摆脱的方式逃脱抓捕，暴力强度较小，未造成轻伤以上后果的，可不认定为“使用暴力”，不以抢劫罪论处。

入户或者在公共交通工具上盗窃、诈骗、抢夺后，为了窝藏赃物、抗拒抓捕或者毁灭罪证，在户内或者公共交通工具上当场使用暴力或者以暴力相威胁的，构成“入户抢劫”或者“在公共交通工具上抢劫”。

两人以上共同实施盗窃、诈骗、抢夺犯罪，其中部分行为人为窝藏赃物、抗拒抓捕或者毁灭罪证而当场使用暴力或者以暴力相威胁的，对于其余行为人是否以抢劫罪共犯论处，主要看其对实施暴力或者以暴力相威胁的行为人是否形成共同犯意、提供帮助。基于一定意思联络，对实施暴力或者以暴力相威胁的行为人提供帮助或实际成为帮凶的，可以抢劫共犯论处。

根据2006年1月11日最高法**《关于审理未成年人刑事案件具体应用法律若干问题的解释》第十条**，已满14周岁不满16周岁的人盗窃、诈骗、抢夺他人财物，为窝藏赃物、抗拒抓捕或者毁灭罪证，当场使用暴力，故意伤害致人重伤或者死亡，或者故意杀人的，应当分别以故意伤害罪或者故意杀人罪定罪处罚。

已满16周岁不满18周岁的人犯盗窃、诈骗、抢夺罪，为窝藏赃物、抗拒抓捕或者毁灭罪证而当场使用暴力或者以暴力相威胁的，应当依照刑法第二百六十九条的规定定罪处罚；情节轻微的，可不以抢劫罪定罪处罚。

根据2003年4月18日最高检法律政策研究室**《关于相对刑事责任年龄的人承担刑事责任范围有关问题的答复》**（高检研发〔2003〕第13号），相对刑

第二百七十条 **【侵占罪】**将代为保管的他人财物非法占为己有，数额较大，拒不退还的，处二年以下有期徒刑、拘役或者罚金；数额巨大或者有其他严重情节的，处二年以上五年以下有期徒刑，并处罚金。

将他人的遗忘物或者埋藏物非法占为己有，数额较大，拒不交出的，依照前款的规定处罚。

本条罪，告诉的才处理。

第二百七十一条〔239〕 **【职务侵占罪】**公司、企业或者其他单位的工作人员，利用职务上的便利，将本单位财物非法占为己有，数额较大的，处三年以下有期徒刑或者拘役，并处罚金；数额巨大的，处三年以上十年以下有期徒刑，并处罚金；数额特别巨大的，处十年以上有期徒刑或者无期徒刑，并处罚金。

国有公司、企业或者其他国有单位中从事公务的人员和国有公司、企业或者其他国有单位委派到非国有公司、企业以及其他单位从事公务的人员有前款行为的，依照本法第三百八十二条、第三百八十三条的规定定罪处罚。

事责任年龄的人实施了刑法第二百六十九条规定的行为的，应当依照刑法第二百六十三条的规定，以抢劫罪追究刑事责任（★这一结论与2006年1月11日最高法《关于审理未成年人刑事案件具体应用法律若干问题的解释》第十条的规定不一致。哪一种意见更为合理，值得研究——编者说明）。但对情节显著轻微，危害不大的，可根据刑法第十三条的规定，不予追究刑事责任。

〔239〕**【刑法修订】**2020年《**刑法修正案（十一）**》**第二十九条**修订了本条第一款。1997年刑法该款原文如下：

第二百七十一条第一款 公司、企业或者其他单位的人员，利用职务上的便利，将本单位财物非法占为己有，数额较大的，处五年以下有期徒刑或者拘役；数额巨大的，处五年以上有期徒刑，可以并处没收财产。

2020年《**刑法修正案（十一）**》在该款"人员"前增加了"工作"二字，将原法定刑"数额较大的，处五年以下有期徒刑或者拘役；数额巨大的，处五年以上有期徒刑，可以并处没收财产"修改为"数额较大的，处三年以下有期徒刑或者拘役，并处罚金；数额巨大的，处三年以上十年以下有期徒刑，并处罚金；数额特别巨大的，处十年以上有期徒刑或者无期徒刑，并处罚金"。

【立案标准】根据2022年4月6日最高检、公安部《**关于公安机关管辖的刑事案件立案追诉标准的规定（二）**》**第七十六条**，公司、企业或者其他单位的人员，利用职务上的便利，将本单位财物非法占为己有，数额在3万元以上的，应予立案追诉。

【司法解释】根据1999年6月25日最高法**《关于村民小组组长利用职务便利非法占有公共财物行为如何定性问题的批复》**(法释〔1999〕12号,自1999年7月3日起施行),对村民小组组长利用职务上的便利,将村民小组集体财产非法占为己有,数额较大的行为,应当依照刑法第二百七十一条第一款的规定,以职务侵占罪定罪处罚。

根据2007年4月29日公安部经济犯罪侦查局**《关于对居民小组下设生产队认定问题的批复》**(公经〔2007〕938号),根据罪刑法定原则,不宜将最高法《关于村民小组组长利用职务便利非法占有公共财物行为如何定性问题的批复》(1999年6月25日)类推适用于"居民小组"以及其下设的生产队。在法律、法规以及司法解释没有明确规定的情况下,不宜将"居民小组"以及其下设的生产队认定为刑法意义上的"其他单位"。

2000年6月30日最高法**《关于审理贪污、职务侵占案件如何认定共同犯罪几个问题的解释》**(法释〔2000〕15号,自2000年7月8日起施行),就审理贪污或者职务侵占犯罪案件如何认定共同犯罪问题解释如下:

第一条 ……(➽参见刑法第382条脚注相关部分)

第二条 行为人与公司、企业或者其他单位的人员勾结,利用公司、企业或者其他单位人员的职务便利,共同将该单位财物非法占为己有,数额较大的,以职务侵占罪共犯论处。

第三条 公司、企业或者其他单位中,不具有国家工作人员身份的人与国家工作人员勾结,分别利用各自的职务便利,共同将本单位财物非法占为己有的,按照主犯的犯罪性质定罪。

根据2001年5月23日最高法**《关于在国有资本控股、参股的股份有限公司中从事管理工作的人员利用职务便利非法占有本公司财物如何定罪问题的批复》**(法释〔2001〕17号,自2001年5月26日起施行),在国有资本控股、参股的股份有限公司中从事管理工作的人员,除受国家机关、国有公司、企业、事业单位委派从事公务的以外,不属于国家工作人员。对其利用职务上的便利,将本单位财物非法占为己有,数额较大的,应当依照刑法第二百七十一条第一款的规定,以职务侵占罪定罪处罚。

根据2008年6月17日最高法研究室**《关于对通过虚假验资骗取工商营业执照的"三无"企业能否成为职务侵占罪客体问题征求意见的复函》**(法研〔2008〕79号),根据1999年7月3日施行的《最高人民法院关于审理单位犯罪案件具体应用法律有关问题的解释》第一条的规定,私营、独资等公司、企业、事业单位只有具有法人资格才属于我国刑法中所指的单位,其财产权才能成为职务侵占罪的客体。也就是说,是否具有法人资格是私营、独资等公司、企业、事业单位成为我国刑法中"单位"的关键。行为人通过虚假验资骗取工商营业执照成立的企业,即使为"三无"企业,只要该企业具有法人资格,并且不是为进行违法犯罪活动而设立的公司、企业、事业单位，或者公司、企业、事业单位设立后，不是以实施犯罪为主要活动的，应当视为刑法中的单位，能够成为刑法第二百七十一条第一款规定的“公司、企业或者其他单位”。这些单位中的人员，利用职务上的便利，将单位财物非法占为己有，数额较大的，构成职务侵占罪。

根据2010年10月26日公安部经济犯罪侦查局**《关于对周××等人涉嫌职务侵占案适用法律问题的批复》**（公经商贸〔2010〕259号），根据《刑法》第九十二条、第二百七十一条规定和参照最高人民法院研究室《关于对通过虚假验资骗取工商营业执照的“三无”企业能否成为职务侵占罪客体问题征求意见的复函》（法研〔2008〕79号），××环保投资有限公司各股东以及对所属子公司的实际出资情况与公司有关人员是否涉嫌职务侵占罪无关。

根据2011年2月15日最高法研究室**《关于个人独资企业员工能否成为职务侵占罪主体问题的复函》**（法研〔2011〕20号），刑法第二百七十一条第一款规定中的“单位”，包括“个人独资企业”。主要理由是：

刑法第三十条规定的单位犯罪的“单位”与刑法第二百七十一条第一款职务侵占罪的单位概念不尽一致，前者是指作为犯罪主体应当追究刑事责任的“单位”，后者是指财产被侵害需要刑法保护的“单位”，责任追究针对的是该“单位”中的个人。有关司法解释之所以规定，不具有法人资格的独资企业不能成为单位犯罪的主体，主要是考虑此类企业因无独立财产、个人与企业行为的界限难以区分；不具备独立承担刑事责任的能力。刑法第二百七十一条第一款立法的目的基于保护单位财产，惩处单位内工作人员利用职务便利，侵占单位财产的行为，因此该款规定的“单位”应当也包括独资企业。

根据2012年10月17日最高检法律政策研究室**《对〈关于对范×涉嫌职务侵占案犯罪主体问题征求意见的函〉的回复意见》**，经研究，倾向于同意你局意见，即范×构成职务侵占罪主体（★范×是某小区业主委员会主任，其利用担任业主委员会主任的职务，将小区警卫室用房对外出租后所得租金占为己有。对于业主委员会是否属于刑法第271条规定的“其他单位”，存在不同意见。公安部经济犯罪侦查局倾向于认为业主委员会属于刑法第271条规定的“其他单位”，故范×属于职务侵占罪的犯罪主体。关于业主委员会属于“其他单位”，参见刑法第272条脚注部分《公报》2020年第5期广东省深圳市南山区人民检察院诉王江浩挪用资金案——编者说明）。

根据2016年4月18日最高法、最高检**《关于办理贪污贿赂刑事案件适用法律若干问题的解释》第十一条第一款**，刑法第一百六十三条规定的非国家工作人员受贿罪、第二百七十一条规定的职务侵占罪中的"数额较大""数额巨大"的数额起点，按照本解释关于受贿罪、贪污罪相对应的数额标准规定的2倍、5倍执行（★该规定与《刑法修正案（十一）》的立法精神不符，也与2022年4月6日最高检、公安部《关于公安机关管辖的刑事案件立案追诉标准的规定（二）》第七十六条不一致，应当不再适用——编者说明）。

根据2004年4月30日公安部经济犯罪侦查局**《关于宗教活动场所工作人员能否构成职务侵占或挪用资金犯罪主体的批复》**（公经〔2004〕643号），根据《宗教活动场所管理条例》（国务院令第145号令）等有关规定，宗教活动场所属于刑法第271条和第272条所规定的"其他单位"的范围。宗教活动场所的财产属于公共财产或信教公民共有财产，受法律保护，任何组织和个人不得侵占、哄抢、私分和非法处分宗教团体、宗教活动场所的合法财产。宗教活动场所的管理人员利用职务之便，侵占或挪用宗教活动场所公共财产的，可以构成职务侵占罪或挪用资金罪。

根据2005年6月24日公安部经济犯罪侦查局**《关于对非法占有他人股权是否构成职务侵占罪问题的工作意见》**，对于公司股东之间或者被委托人利用职务便利，非法占有公司股东股权的行为，如果能够认定行为人主观上具有非法占有他人财物的目的，则可对其利用职务便利，非法占有公司管理中的股东股权的行为以职务侵占罪论处。

【会议纪要】根据1999年10月27日最高法**《全国法院维护农村稳定刑事审判工作座谈会纪要》**，关于村委会和村党支部成员利用职务便利侵吞集体财产犯罪的定性问题，为了保证案件的及时审理，在没有司法解释规定之前，对于已起诉到法院的这类案件，原则上以职务侵占罪定罪处罚。

【典型案例】根据2023年12月20日最高法、最高检**依法从严打击私募基金犯罪典型案例·郭某、王某职务侵占案**，在投资过程中，利用职务便利截留私募基金财产非法占为己有的，构成职务侵占罪，侵占数额以私募基金实际受损失数额计算。为投资人进行股票、债券投资是私募证券投资基金的主要业务，管理人员除约定的管理费用外，不应从中获取任何其他利益，对于使用欺骗、隐瞒等方式与私募基金开展不正当交易，将本应归属于私募基金的利益输送至个人的，其实质是截留私募基金财产非法占为己有，应当以职务侵占罪追究刑事责任。本案中，郭某、王某利用郭某担任私募基金债券交易员的职务便利，通过实际控制"中某信托"账户与私募基金进行人为增加的对手方交易，低卖高买截留本属于私募基金的利润归个人所有，系侵占私募基金管理人代为管理的资金，构成职务侵占罪。

全面收集证据，准确区分为投资人利益开展的正常投资与为个人利益实施的不正当交易，做到依法认定、不枉不纵。私募投资基金是"受人之托、代

第二百七十二条[240] **【挪用资金罪】**公司、企业或者其他单位的工作人员，利用职务上的便利，挪用本单位资金归个人使用或者借贷给他人，数额较大、超过三个月未还的，或者虽未超过三个月，但数额较大、进行营利活动的，或者进行非法活动的，处三年以下有期徒刑或者拘役；挪用本单位资金数额巨大的，处三年以上七年以下有期徒刑；数额特别巨大的，处七年以上有期徒刑。

国有公司、企业或者其他国有单位中从事公务的人员和国有公司、企业或者其他国有单位委派到非国有公司、企业以及其他单位从事公务的人员有前款行为的，依照本法第三百八十四条的规定定罪处罚。

有第一款行为，在提起公诉前将挪用的资金退还的，可以从轻或者减轻处罚。其中，犯罪较轻的，可以减轻或者免除处罚。

人理财”的金融产品，以受托权限和忠实勤勉义务为核心。办案过程中，应全面收集投资人合同授权、私募基金管理人对行为人下达的交易指令、市场上同类交易正常交易流程、行为人向单位上报的交易数据、涉案资金最终流向等证据，以证明行为人究竟是开展符合合同约定的正常投资交易还是通过开展不正当交易获取不正当利益。

【量刑指导】根据 2021 年 6 月 17 日最高法、最高检《**关于常见犯罪的量刑指导意见（试行）**》，1. 构成职务侵占罪的，根据下列情形在相应的幅度内确定量刑起点：

（1）达到数额较大起点的，在 1 年以下有期徒刑、拘役幅度内确定量刑起点。

（2）达到数额巨大起点的，在 3 年至 4 年有期徒刑幅度内确定量刑起点。

（3）达到数额特别巨大起点的，在 10 年至 11 年有期徒刑幅度内确定量刑起点。依法应当判处无期徒刑的除外。

2. 在量刑起点的基础上，根据职务侵占数额等其他影响犯罪构成的犯罪事实增加刑罚量，确定基准刑。

3. 构成职务侵占罪的，根据职务侵占的数额、危害后果等犯罪情节，综合考虑被告人缴纳罚金的能力，决定罚金数额。

4. 构成职务侵占罪的，综合考虑职务侵占的数额、手段、危害后果、退赃退赔等犯罪事实、量刑情节，以及被告人的主观恶性、人身危险性、认罪悔罪表现等因素，决定缓刑的适用。

〔240〕 **【刑法修订】**2020 年《**刑法修正案（十一）**》**第三十条**修订了本条的处罚。1997 年刑法原文如下：

第二百七十二条　公司、企业或者其他单位的工作人员，利用职务上的便利，挪用本单位资金归个人使用或者借贷给他人，数额较大、超过三个月未还的，或者虽未超过三个月，但数额较大、进行营利活动的，或者进行非法活动的，处三年以下有期徒刑或者拘役；挪用本单位资金数额巨大的，或者数额较大不退还的，处三年以上十年以下有期徒刑。

国有公司、企业或者其他国有单位中从事公务的人员和国有公司、企业或者其他国有单位委派到非国有公司、企业以及其他单位从事公务的人员有前款行为的，依照本法第三百八十四条的规定定罪处罚。

2020年**《刑法修正案(十一)》**在第一款将第二档法定刑"挪用本单位资金数额巨大的，或者数额较大不退还的，处三年以上十年以下有期徒刑"修改为"挪用本单位资金数额巨大的，处三年以上七年以下有期徒刑；数额特别巨大的，处七年以上有期徒刑"；此外，还增设了第三款及时退还挪用资金可以从宽处罚的规定。

【立法解释】根据2004年9月8日全国人大常委会法制工作委员会刑法室**《关于挪用资金罪有关问题的答复》**(法工委刑发〔2004〕第28号)，刑法第二百七十二条规定的挪用资金罪中的"归个人使用"与刑法第三百八十四条规定的挪用公款罪中的"归个人使用"的含义基本相同。1997年修改刑法时，针对当时挪用资金中比较突出的情况，在规定"归个人使用"的同时，进一步明确了"借贷给他人"属于挪用资金罪的一种表现形式。

第272条

【立案标准】根据2022年4月6日最高检、公安部**《关于公安机关管辖的刑事案件立案追诉标准的规定(二)》第七十七条**，公司、企业或者其他单位的工作人员，利用职务上的便利，挪用本单位资金归个人使用或者借贷给他人，涉嫌下列情形之一的，应予立案追诉：

(一)挪用本单位资金数额在5万元以上，超过三个月未还的；

(二)挪用本单位资金数额在5万元以上，进行营利活动的；

(三)挪用本单位资金数额在3万元以上，进行非法活动的。

具有下列情形之一的，属于本条规定的"归个人使用"：

(一)将本单位资金供本人、亲友或者其他自然人使用的；

(二)以个人名义将本单位资金供其他单位使用的；

(三)个人决定以单位名义将本单位资金供其他单位使用，谋取个人利益的。

【司法解释】根据2000年2月16日最高法**《关于对受委托管理、经营国有财产人员挪用国有资金行为如何定罪问题的批复》**(法释〔2000〕5号，自2000年2月24日起施行)，对于受国家机关、国有公司、企业、事业单位、人民团体委托，管理、经营国有财产的非国家工作人员，利用职务上的便利，挪用国有资金归个人使用构成犯罪的，应当依照刑法第二百七十二条第一款的规定定罪处罚。

根据 2000 年 7 月 20 日最高法**《关于如何理解刑法第二百七十二条规定的“挪用本单位资金归个人使用或者借贷给他人”问题的批复》**(法释〔2000〕22 号,自 2000 年 7 月 27 日起施行),公司、企业或者其他单位的非国家工作人员,利用职务上的便利,挪用本单位资金归本人或者其他自然人使用,或者挪用人以个人名义将所挪用的资金借给其他自然人和单位,构成犯罪的,应当依照刑法第二百七十二条第一款的规定定罪处罚。

根据 2004 年 9 月 8 日公安部经济犯罪侦查局**《关于对挪用资金罪中“归个人使用”有关问题的批复》**(公经〔2004〕1455 号),《中华人民共和国刑法》第二百七十二条规定的挪用资金罪中的“归个人使用”与《中华人民共和国刑法》第三百八十四条规定的挪用公款罪中的“归个人使用”的含义基本相同。在理解时,可以参照 2002 年 4 月 28 日第九届全国人民代表大会常务委员会第二十七次会议通过的全国人大常委会关于《中华人民共和国刑法》第三百八十四条第一款的解释。

根据 2000 年 10 月 9 日最高检**《关于挪用尚未注册成立公司资金的行为适用法律问题的批复》**(高检发研字〔2000〕19 号),筹建公司的工作人员在公司登记注册前,利用职务上的便利,挪用准备设立的公司在银行开设的临时帐户上的资金,归个人使用或者借贷给他人,数额较大、超过 3 个月未还的,或者虽未超过 3 个月,但数额较大、进行营利活动的,或者进行非法活动的,应当根据刑法第二百七十二条的规定,追究刑事责任。

根据 2001 年 4 月 26 日公安部**《关于村民小组组长以本组资金为他人担保贷款如何定性处理问题的批复》**(公法〔2001〕83 号),村民小组组长利用职务上的便利,擅自将村民小组的集体财产为他人担保贷款,并以集体财产承担担保责任的,属于挪用本单位资金归个人使用的行为。构成犯罪的,应当依照刑法第二百七十二条第一款的规定,以挪用资金罪追究行为人的刑事责任。

根据最高法研究室**《关于村民小组是否属于刑法第二百七十二条规定的“其他单位”问题的研究意见》**,刑法第二百七十二条规定的“其他单位”包括村民小组,村民小组组长可以成为挪用资金罪的犯罪主体。村民小组组长利用职务上的便利,挪用本单位资金归个人使用或者借贷给他人,数额较大、超过三个月未还的,或者虽未超过三个月,但数额较大、进行营利活动的,或者进行非法活动的,应当依照刑法第二百七十二条第一款的规定,以挪用资金罪定罪处罚(参见《司法研究与指导》2012 年总第 1 辑)。

根据 2004 年 7 月 9 日最高法研究室**《关于挪用退休职工社会养老金行为如何适用法律问题的复函》**(法研〔2004〕102 号),退休职工养老保险金不属于我国刑法中的救灾、抢险、防汛、优抚、扶贫、移民、救济等特定款物的任何一种。因此，对于挪用退休职工养老保险金的行为，构成犯罪时，不能以挪用特定款物罪追究刑事责任，而应当按照行为人身份的不同，分别以挪用资金罪或者挪用公款罪追究刑事责任。

根据2002年12月24日公安部经济犯罪侦查局**《关于对挪用资金罪有关问题请示的答复》**(公经〔2002〕1604号)，对于在经济往来中所涉及的暂收、预收、暂存其他单位或个人的款项、物品，或者对方支付的货款、交付的货物等，如接收人已以单位名义履行接收手续的，所接收的财、物应视为该单位资产。

根据2016年4月18日最高法、最高检**《关于办理贪污贿赂刑事案件适用法律若干问题的解释》第十一条第二款**，刑法第二百七十二条规定的挪用资金罪中的"数额较大""数额巨大"以及"进行非法活动"情形的数额起点，按照本解释关于挪用公款罪"数额较大""情节严重"以及"进行非法活动"的数额标准规定的2倍执行（★该规定与《刑法修正案（十一）》的立法精神不符，也与上述2022年4月6日最高检、公安部《关于公安机关管辖的刑事案件立案追诉标准的规定（二）》第七十七条不一致，应当不再适用——编者说明）。

根据2020年7月22日最高检**《关于充分发挥检察职能服务保障"六稳""六保"的意见》**，依法严格追诉职务侵占、非国家工作人员受贿和挪用资金犯罪，根据犯罪数额和情节，综合考虑犯罪行为对民营企业经营发展、商业信誉、内部治理、外部环境的影响程度，精准提出量刑建议。对提起公诉前退还挪用资金或者具有其他情节轻微情形的，可以依法不起诉；对数额特别巨大拒不退还或者具有其他情节特别严重情形的，依法从严追诉。

【公报案例】根据《公报》**2020年第5期·广东省深圳市南山区人民检察院诉王江浩挪用资金案**，小区业主委员会向市场监督管理部门登记注册并取得组织机构代码证，符合同类职务犯罪司法解释所规定的"其他单位"的特征，属于作为被害单位的"其他单位"范畴的，业主委员会工作人员可以成为挪用资金罪的犯罪主体。业主委员会在银行开立基本存款账户，账户内资金属于全体业主共有，业主委员会具有属于自己的财产，业主委员会名下的银行账户内资金应视为"本单位资金"。业主委员会工作人员利用职务上的便利，挪用业主委员会资金归个人使用，用于营利活动或借贷给他人，数额较大，超过三个月未还的，应当依照《中华人民共和国刑法》第二百七十二条第一款的规定，以挪用资金罪定罪处罚。

【典型案例】根据2023年12月20日最高法、最高检**依法从严打击私募基金犯罪典型案例·郭某挪用资金案**，私募基金有合伙制、公司制、契约制等多种形式，挪用资金罪的认定要区分不同的被挪用单位。采用合伙制、公司制

第二百七十三条〔241〕 **【挪用特定款物罪】**挪用用于救灾、抢险、防汛、优抚、扶贫、移民、救济款物，情节严重，致使国家和人民群众利益遭受重大损害的，对直接责任人员，处三年以下有期徒刑或者拘役；情节特别严重的，处三年以上七年以下有期徒刑。

的，私募基金管理人和投资人共同成立合伙企业、公司发行私募基金，投资人通过认购基金份额成为合伙企业、公司的合伙人、股东，私募基金管理人作为合伙人、股东负责基金投资运营，其工作人员利用职务便利挪用私募基金资金的，实际挪用的是合伙企业、公司的资金，因该工作人员同时具有合伙企业或者公司工作人员的身份，属于挪用“本单位资金”的行为，应当依法追究刑事责任。采用契约制的，私募基金管理人与投资人签订合同，受托为投资人管理资金、投资运营，双方不成立新的经营实体，其工作人员利用职务便利挪用私募基金资金的，实际挪用的是私募基金管理人代为管理的资金。从侵害法益看，无论是“单位所有”还是“单位管理”的财产，挪用行为均直接侵害了单位财产权（间接侵害了投资人财产权），属于挪用“本单位资金”的行为，应当依法追究刑事责任。本案中，统某投资、安某控股、安徽亚某及8名自然人均为统某富邦合伙人，郭某利用担任合伙人代表的职务便利，挪用统某富邦资金归个人使用、超过三个月未归还，构成挪用资金罪。

全面把握挪用私募基金资金犯罪的特点和证明标准，准确认定案件事实。私募基金具有专业性强、不公开运营的特点，负责基金管理的工作人员利用职务便利实施的犯罪隐蔽性强，常以管理人职责权限、项目运营需要等理由进行辩解，侦查取证和指控证明的难度较大。司法办案中，应当全面把握私募基金的特点和挪用资金罪的证明方法，重点注意以下几点：一是通过收集管理人职责、委托授权内容、投资决策程序等证据，证明是否存在利用职务便利，不经决策程序，擅自挪用资金的行为；二是通过收集私募基金投资项目、托管账户和可疑账户关系、资金往来等证据，证明是否超出投资项目约定，将受委托管理的资金挪为个人使用或者借贷给他人；三是通过收集行为人同时管理的其他私募基金项目、账户、资金往来以及投资经营情况等证据，证明是否存在个人管理的项目间资金互相拆解挪用、进行营利活动的情形，对于为避免承担个人责任或者收取管理费用等谋取个人利益的目的而挪用资金供其他项目使用的，应当认定为“归个人使用”。

〔241〕 **【司法解释】**根据2003年1月28日最高检**《关于挪用失业保险基金和下岗职工基本生活保障资金的行为适用法律问题的批复》**（高检发释字〔2003〕1号，自2003年1月30日起施行），挪用失业保险基金和下岗职工基本生活保障资金属于挪用救济款物。挪用失业保险基金和下岗职工基本生活保障资金，情节严重，致使国家和人民群众利益遭受重大损害的，对直接责

第二百七十四条[242] **【敲诈勒索罪】**敲诈勒索公私财物，数额较大或者多次敲诈勒索的，处三年以下有期徒刑、拘役或者管制，并处或者单处罚金；数额巨大或者有其他严重情节的，处三年以上十年以下有期徒刑，并处罚金；数额特别巨大或者有其他特别严重情节的，处十年以上有期徒刑，并处罚金。

任人员，应当依照刑法第二百七十三条的规定，以挪用特定款物罪追究刑事责任；国家工作人员利用职务上的便利，挪用失业保险基金和下岗职工基本生活保障资金归个人使用，构成犯罪的，应当依照刑法第三百八十四条的规定，以挪用公款罪追究刑事责任。

根据 2003 年 2 月 24 日最高法研究室《**关于挪用民族贸易和民族用品生产贷款利息补贴行为如何定性问题的复函**》(法研〔2003〕16 号)，中国人民银行给予中国农业银行发放民族贸易和民族用品生产贷款的利息补贴，不属于刑法第二百七十三条规定的特定款物。

根据 2003 年 5 月 14 日最高法、最高检《**关于办理妨害预防、控制突发传染病疫情等灾害的刑事案件具体应用法律若干问题的解释**》**第十四条第二款**，挪用用于预防、控制突发传染病疫情等灾害的救灾、优抚、救济等款物，构成犯罪的，对直接责任人员，依照刑法第二百七十三条的规定，以挪用特定款物罪定罪处罚。

根据 2004 年 7 月 9 日最高法研究室《**关于挪用退休职工社会养老金行为如何适用法律问题的复函**》(法研〔2004〕102 号)，退休职工养老保险金不属于我国刑法中的救灾、抢险、防汛、优抚、扶贫、移民、救济等特定款物的任何一种。因此，对于挪用退休职工养老保险金的行为，构成犯罪时，不能以挪用特定款物罪追究刑事责任，而应当按照行为人身份的不同，分别以挪用资金罪或者挪用公款罪追究刑事责任。

〔242〕 **【刑法修订】**2011 年《**刑法修正案(八)**》**第四十条**修订了本条。1997 年刑法原文如下：

第二百七十四条 敲诈勒索公私财物，数额较大的，处三年以下有期徒刑、拘役或者管制；数额巨大或者有其他严重情节的，处三年以上十年以下有期徒刑。

2011 年《**刑法修正案(八)**》在罪状部分增加了“多次敲诈勒索”的规定，在每档法定刑中增设罚金刑，还增设了第三档法定刑“数额特别巨大或者有其他特别严重情节的，处十年以上有期徒刑，并处罚金”。

【司法解释】2013 年 4 月 23 日最高法、最高检《**关于办理敲诈勒索刑事案件适用法律若干问题的解释**》(法释〔2013〕10 号，自 2013 年 4 月 27 日起施行)，为依法惩治敲诈勒索犯罪，保护公私财产权利，根据《中华人民共和国刑法》、《中华人民共和国刑事诉讼法》的有关规定，现就办理敲诈勒索刑事案件适用法律的若干问题解释如下：

第一条 敲诈勒索公私财物价值2000元至5000元以上、3万元至10万元以上、30万元至50万元以上的，应当分别认定为刑法第二百七十四条规定的“数额较大”、“数额巨大”、“数额特别巨大”。

各省、自治区、直辖市高级人民法院、人民检察院可以根据本地区经济发展状况和社会治安状况，在前款规定的数额幅度内，共同研究确定本地区执行的具体数额标准，报最高人民法院、最高人民检察院批准。

第二条 敲诈勒索公私财物，具有下列情形之一的，“数额较大”的标准可以按照本解释第一条规定标准的50%确定：

(一)曾因敲诈勒索受过刑事处罚的；

(二)1年内曾因敲诈勒索受过行政处罚的；

(三)对未成年人、残疾人、老年人或者丧失劳动能力人敲诈勒索的；

(四)以将要实施放火、爆炸等危害公共安全犯罪或者故意杀人、绑架等严重侵犯公民人身权利犯罪相威胁敲诈勒索的；

(五)以黑恶势力名义敲诈勒索的；

(六)利用或者冒充国家机关工作人员、军人、新闻工作者等特殊身份敲诈勒索的；

(七)造成其他严重后果的。

第三条 2年内敲诈勒索3次以上的，应当认定为刑法第二百七十四条规定的“多次敲诈勒索”。

第四条 敲诈勒索公私财物，具有本解释第二条第三项至第七项规定的情形之一，数额达到本解释第一条规定的“数额巨大”、“数额特别巨大”80%的，可以分别认定为刑法第二百七十四条规定的“其他严重情节”、“其他特别严重情节”。

第五条 敲诈勒索数额较大，行为人认罪、悔罪，退赃、退赔，并具有下列情形之一的，可以认定为犯罪情节轻微，不起诉或者免予刑事处罚，由有关部门依法予以行政处罚：

(一)具有法定从宽处罚情节的；

(二)没有参与分赃或者获赃较少且不是主犯的；

(三)被害人谅解的；

(四)其他情节轻微、危害不大的。

第六条 敲诈勒索近亲属的财物，获得谅解的，一般不认为是犯罪；认定为犯罪的，应当酌情从宽处理。

被害人对敲诈勒索的发生存在过错的，根据被害人过错程度和案件其他情况，可以对行为人酌情从宽处理；情节显著轻微危害不大的，不认为是犯罪。

第七条　明知他人实施敲诈勒索犯罪，为其提供信用卡、手机卡、通讯工具、通讯传输通道、网络技术支持等帮助的，以共同犯罪论处。

第八条　对犯敲诈勒索罪的被告人，应当在2000元以上、敲诈勒索数额的2倍以下判处罚金；被告人没有获得财物的，应当在2000元以上10万元以下判处罚金。

第九条　本解释公布施行后，《最高人民法院关于敲诈勒索罪数额认定标准问题的规定》（法释〔2000〕11号）同时废止；此前发布的司法解释与本解释不一致的，以本解释为准。

根据2013年7月19日公安部《**关于公安机关处置信访活动中违法犯罪行为适用法律的指导意见**》，以制造社会影响、采取极端闹访行为、持续缠访闹访等威胁、要挟手段，敲诈勒索，符合《治安管理处罚法》第四十九条规定的，以敲诈勒索依法予以治安管理处罚；符合《刑法》第二百七十四条规定的，以敲诈勒索罪追究刑事责任。

根据2013年9月6日最高法、最高检《**关于办理利用信息网络实施诽谤等刑事案件适用法律若干问题的解释》第六条**，以在信息网络上发布、删除等方式处理网络信息为由，威胁、要挟他人，索取公私财物，数额较大，或者多次实施上述行为的，依照刑法第二百七十四条的规定，以敲诈勒索罪定罪处罚。

根据2018年1月16日最高法、最高检、公安部、司法部《**关于办理黑恶势力犯罪案件若干问题的指导意见**》，黑恶势力以非法占有为目的强行索取公私财物，有组织地采用滋扰、纠缠、哄闹、聚众造势等手段扰乱正常的工作、生活秩序，同时符合《刑法》第二百七十四条规定的其他犯罪构成条件的，应当以敲诈勒索罪定罪处罚。同时由多人实施或者以统一着装、显露纹身、特殊标识以及其他明示或者暗示方式，足以使对方感知相关行为的有组织性的，应当认定为《关于办理敲诈勒索刑事案件适用法律若干问题的解释》第二条第（五）项规定的“以黑恶势力名义敲诈勒索”。

采用上述手段，同时又构成其他犯罪的，应当依法按照处罚较重的规定定罪处罚。

根据2019年7月23日最高法、最高检、公安部、司法部《**关于办理利用信息网络实施黑恶势力犯罪刑事案件若干问题的意见**》（公通字〔2019〕28号），利用信息网络威胁、要挟他人，索取公私财物，数额较大，或者多次实施上述行为的，依照刑法第二百七十四条的规定，以敲诈勒索罪定罪处罚。

根据2019年5月19日最高法、最高检、公安部、司法部《**关于依法严厉**

打击传播艾滋病病毒等违法犯罪行为的指导意见》，假冒或者利用艾滋病病毒感染者或者病人身份，以谎称含有或者含有艾滋病病毒的血液为工具，敲诈勒索公私财物数额较大或者多次敲诈勒索的，依照刑法第二百七十四条的规定，以敲诈勒索罪定罪处罚。

根据 2020 年 9 月 22 日最高法、最高检、公安部《**关于依法办理“碰瓷”违法犯罪案件的指导意见**》，实施“碰瓷”，具有下列行为之一，敲诈勒索他人财物，符合刑法第二百七十四条规定的，以敲诈勒索罪定罪处罚：

1. 实施撕扯、推搡等轻微暴力或者围困、阻拦、跟踪、贴靠、滋扰、纠缠、哄闹、聚众造势、扣留财物等软暴力行为的；

2. 故意制造交通事故，进而利用被害人违反道路通行规定或者其他违法违规行为相要挟的；

3. 以揭露现场掌握的当事人隐私相要挟的；

4. 扬言对被害人及其近亲属人身、财产实施侵害的。

【量刑指导】根据 2021 年 6 月 17 日最高法、最高检《**关于常见犯罪的量刑指导意见(试行)**》，1. 构成敲诈勒索罪的，根据下列情形在相应的幅度内确定量刑起点：

(1)达到数额较大起点的，或者 2 年内 3 次敲诈勒索的，在 1 年以下有期徒刑、拘役幅度内确定量刑起点。

(2)达到数额巨大起点或者有其他严重情节的，在 3 年至 5 年有期徒刑幅度内确定量刑起点。

(3)达到数额特别巨大起点或者有其他特别严重情节的，在 10 年至 12 年有期徒刑幅度内确定量刑起点。

2. 在量刑起点的基础上，根据敲诈勒索数额、次数、犯罪情节严重程度等其他影响犯罪构成的犯罪事实增加刑罚量，确定基准刑。

多次敲诈勒索，数额达到较大以上的，以敲诈勒索数额确定量刑起点，敲诈勒索次数可以作为调节基准刑的量刑情节；数额未达到较大的，以敲诈勒索次数确定量刑起点，超过 3 次的次数作为增加刑罚量的事实。

3. 构成敲诈勒索罪的，根据敲诈勒索的数额、手段、次数、危害后果等犯罪情节，综合考虑被告人缴纳罚金的能力，在 2000 元以上敲诈勒索数额的 2 倍以下决定罚金数额；被告人没有获得财物的，在 2000 元以上 10 万元以下判处罚金。

4. 构成敲诈勒索罪的，综合考虑敲诈勒索的手段、数额、次数、危害后果、退赃退赔等犯罪事实、量刑情节，以及被告人的主观恶性、人身危险性、认罪悔罪表现等因素，决定缓刑的适用。

第二百七十五条[243]　**【故意毁坏财物罪】**故意毁坏公私财物，数额较大或者有其他严重情节的，处三年以下有期徒刑、拘役或者罚金；数额巨大或者有其他特别严重情节的，处三年以上七年以下有期徒刑。

第二百七十六条[244]　**【破坏生产经营罪】**由于泄愤报复或者其他个人目的，毁坏机器设备、残害耕畜或者以其他方法破坏生产经营的，处三年以下有期徒刑、拘役或者管制；情节严重的，处三年以上七年以下有期徒刑。

---

〔243〕**【立案标准】**根据2008年6月25日最高检、公安部《**关于公安机关管辖的刑事案件立案追诉标准的规定(一)**》**第三十三条**，故意毁坏公私财物，涉嫌下列情形之一的，应予立案追诉：

(一)造成公私财物损失5000元以上的；

(二)毁坏公私财物3次以上的；

(三)纠集3人以上公然毁坏公私财物的；

(四)其他情节严重的情形。

【司法解释】根据2020年9月22日最高法、最高检、公安部《**关于依法办理“碰瓷”违法犯罪案件的指导意见**》，实施“碰瓷”，故意造成他人财物毁坏，符合刑法第二百七十五条规定的，以故意毁坏财物罪定罪处罚。

〔244〕**【立案标准】**根据2008年6月25日最高检、公安部《**关于公安机关管辖的刑事案件立案追诉标准的规定(一)**》**第三十四条**，由于泄愤报复或者其他个人目的，毁坏机器设备、残害耕畜或者以其他方法破坏生产经营，涉嫌下列情形之一的，应予立案追诉：

(一)造成公私财物损失5000元以上的；

(二)破坏生产经营3次以上的；

(三)纠集3人以上公然破坏生产经营的；

(四)其他破坏生产经营应予追究刑事责任的情形。

【公报案例】根据《**公报**》**2018年第8期·江苏省南京市雨花台区人民检察院诉董志超、谢文浩破坏生产经营案**，被告人主观上具有报复和从中获利的目的，客观上通过在网络交易平台恶意大量购买他人商品或服务，导致相关单位被网络交易平台认定为虚假交易进而被采取商品搜索降权的管控措施，造成相关单位遭受损失10万元以上，其行为应以破坏生产经营罪定罪处罚。

网络交易平台的搜索排序属于互联网经济的运营方式，应认定为生产要素。在刑法解释上，可以比照实体经济的信誉、商誉予以解释。反向炒信既损害了对方的商业信誉，同时也破坏了生产经营，二者竞合的，应择一重处。

被害单位因被告人犯罪行为遭受的损失，可以综合案发时行业发展趋势、被害单位日常收入情况、案发时收入情况，依照有利于被告人的原则，综合予以认定和评估。

第二百七十六条之一〔245〕 **【拒不支付劳动报酬罪】**以转移财产、逃匿等方法逃避支付劳动者的劳动报酬或者有能力支付而不支付劳动者的劳动报酬，数额较大，经政府有关部门责令支付仍不支付的，处三年以下有期徒刑或者拘役，并处或者单处罚金；造成严重后果的，处三年以上七年以下有期徒刑，并处罚金。

单位犯前款罪的，对单位判处罚金，并对其直接负责的主管人员和其他直接责任人员，依照前款的规定处罚。

有前两款行为，尚未造成严重后果，在提起公诉前支付劳动者的劳动报酬，并依法承担相应赔偿责任的，可以减轻或者免除处罚。

---

〔245〕**【刑法修订】**本条为2011年《**刑法修正案（八）**》**第四十一条**增设。

【立案标准】根据2017年4月27日最高检、公安部《**关于公安机关管辖的刑事案件立案追诉标准的规定（一）的补充规定**》**第七条**，以转移财产、逃匿等方法逃避支付劳动者的劳动报酬或者有能力支付而不支付劳动者的劳动报酬，经政府有关部门责令支付仍不支付，涉嫌下列情形之一的，应予立案追诉：

（一）拒不支付1名劳动者3个月以上的劳动报酬且数额在5000元至2万元以上的；

（二）拒不支付10名以上劳动者的劳动报酬且数额累计在3万元至10万元以上的。

不支付劳动者的劳动报酬，尚未造成严重后果，在刑事立案前支付劳动者的劳动报酬，并依法承担相应赔偿责任的，可以不予立案追诉。

【司法解释】2013年1月16日最高法《**关于审理拒不支付劳动报酬刑事案件适用法律若干问题的解释**》（法释〔2013〕3号，自2013年1月23日起施行），为依法惩治拒不支付劳动报酬犯罪，维护劳动者的合法权益，根据《中华人民共和国刑法》有关规定，现就办理此类刑事案件适用法律的若干问题解释如下：

第一条 劳动者依照《中华人民共和国劳动法》和《中华人民共和国劳动合同法》等法律的规定应得的劳动报酬，包括工资、奖金、津贴、补贴、延长工作时间的工资报酬及特殊情况下支付的工资等，应当认定为刑法第二百七十六条之一第一款规定的“劳动者的劳动报酬”。

第二条 以逃避支付劳动者的劳动报酬为目的，具有下列情形之一的，应当认定为刑法第二百七十六条之一第一款规定的“以转移财产、逃匿等方法逃避支付劳动者的劳动报酬”：

（一）隐匿财产、恶意清偿、虚构债务、虚假破产、虚假倒闭或者以其他方法转移、处分财产的；

（二）逃跑、藏匿的；

（三）隐匿、销毁或者篡改帐目、职工名册、工资支付记录、考勤记录等与劳动报酬相关的材料的；

（四）以其他方法逃避支付劳动报酬的。

第三条　具有下列情形之一的，应当认定为刑法第二百七十六条之一第一款规定的“数额较大”：

（一）拒不支付1名劳动者3个月以上的劳动报酬且数额在5000元至2万元以上的；

（二）拒不支付10名以上劳动者的劳动报酬且数额累计在3万元至10万元以上的。

各省、自治区、直辖市高级人民法院可以根据本地区经济社会发展状况，在前款规定的数额幅度内，研究确定本地区执行的具体数额标准，报最高人民法院备案。

第四条　经人力资源社会保障部门或者政府其他有关部门依法以限期整改指令书、行政处理决定书等文书责令支付劳动者的劳动报酬后，在指定的期限内仍不支付的，应当认定为刑法第二百七十六条之一第一款规定的“经政府有关部门责令支付仍不支付”，但有证据证明行为人有正当理由未知悉责令支付或者未及时支付劳动报酬的除外。

行为人逃匿，无法将责令支付文书送交其本人、同住成年家属或者所在单位负责收件的人的，如果有关部门已通过在行为人的住所地、生产经营场所等地张贴责令支付文书等方式责令支付，并采用拍照、录像等方式记录的，应当视为“经政府有关部门责令支付”。

第五条　拒不支付劳动者的劳动报酬，符合本解释第三条的规定，并具有下列情形之一的，应当认定为刑法第二百七十六条之一第一款规定的“造成严重后果”：

（一）造成劳动者或者其被赡养人、被扶养人、被抚养人的基本生活受到严重影响、重大疾病无法及时医治或者失学的；

（二）对要求支付劳动报酬的劳动者使用暴力或者进行暴力威胁的；

（三）造成其他严重后果的。

第六条　拒不支付劳动者的劳动报酬，尚未造成严重后果，在刑事立案前支付劳动者的劳动报酬，并依法承担相应赔偿责任的，可以认定为情节显著轻微危害不大，不认为是犯罪；在提起公诉前支付劳动者的劳动报酬，并依法承担相应赔偿责任的，可以减轻或者免除刑事处罚；在一审宣判前支付劳动者的劳动报酬，并依法承担相应赔偿责任的，可以从轻处罚。

对于免除刑事处罚的，可以根据案件的不同情况，予以训诫、责令具结悔过或者赔礼道歉。

拒不支付劳动者的劳动报酬，造成严重后果，但在宣判前支付劳动者的劳动报酬，并依法承担相应赔偿责任的，可以酌情从宽处罚。

第七条 不具备用工主体资格的单位或者个人，违法用工且拒不支付劳动者的劳动报酬，数额较大，经政府有关部门责令支付仍不支付的，应当依照刑法第二百七十六条之一的规定，以拒不支付劳动报酬罪追究刑事责任。

第八条 用人单位的实际控制人实施拒不支付劳动报酬行为，构成犯罪的，应当依照刑法第二百七十六条之一的规定追究刑事责任。

第九条 单位拒不支付劳动报酬，构成犯罪的，依照本解释规定的相应个人犯罪的定罪量刑标准，对直接负责的主管人员和其他直接责任人员定罪处罚，并对单位判处罚金。

根据 2014 年 12 月 23 日最高法、最高检、人力资源和社会保障部、公安部**《关于加强涉嫌拒不支付劳动报酬犯罪案件查处衔接工作的通知》**(人社部发〔2014〕100 号)，行为人拖欠劳动者劳动报酬后，人力资源社会保障部门通过书面、电话、短信等能够确认其收悉的方式，通知其在指定的时间内到指定的地点配合解决问题，但其在指定的时间内未到指定的地点配合解决问题或明确表示拒不支付劳动报酬的，视为刑法第二百七十六条之一第一款规定的“以逃匿方法逃避支付劳动者的劳动报酬”。但是，行为人有证据证明因自然灾害、突发重大疾病等非人力所能抗拒的原因造成其无法在指定的时间内到指定的地点配合解决问题的除外。

根据 2020 年 7 月 22 日最高检**《关于充分发挥检察职能服务保障“六稳”“六保”的意见》**，依法慎重处理拒不支付劳动报酬犯罪案件。充分考虑企业生产经营实际，注意把握企业因资金周转困难拖欠劳动报酬与恶意欠薪的界限，灵活采取检察建议、督促履行、协调追欠追赃垫付等形式，既有效维护劳动者权益，又保障企业生产经营。对恶意欠薪涉嫌犯罪，但在提起公诉前支付劳动报酬，并依法承担相应赔偿责任的，可以依法不起诉。

【指导案例】根据 2014 年 6 月 26 日最高法**第七批指导性案例 · 指导案例 28 号 · 胡克金拒不支付劳动报酬案**，不具备用工主体资格的单位或者个人(包工头)，违法用工且拒不支付劳动者报酬，数额较大，经政府有关部门责令支付仍不支付的，应当以拒不支付劳动报酬罪追究刑事责任。不具备用工主体资格的单位或者个人(包工头)拒不支付劳动报酬，即使其他单位或者个人在刑事立案前为其垫付了劳动报酬的，也不影响追究该用工单位或者个人(包工头)拒不支付劳动报酬罪的刑事责任。

【典型案例】根据 2023 年 12 月 22 日最高检**检察机关依法惩治拒不支付劳动报酬犯罪典型案例 · 案例一、柴某某拒不支付劳动报酬案**，对恶意欠薪数额特别巨大、欠薪对象人数众多，逃匿失联、隐瞒涉案资金去向，且具有误导被害人群体上访，造成恶劣社会影响的，属于拒不支付劳动报酬犯罪中的“造成严重后果”，应依法适用升格法定刑，依法从重打击、从严惩处。

★该典型案例在“典型意义”部分指出：拒不支付劳动报酬犯罪虽属轻罪，但也存在应当从严从重惩处的情形。对构成拒不支付劳动报酬罪，恶意欠薪数额特别巨大、欠薪对象人数众多，逃匿失联、隐瞒涉案资金去向，且还具有致被害人群体上访，造成恶劣社会影响的，属于“造成严重后果”，要依法适用升格的法定刑，依法从重打击、从严惩处，有效发挥刑罚的惩治和震慑作用，准确贯彻宽严相济刑事政策，区别情形，做到当严则严。

不具备用工主体资格的单位或个人违法招用劳动者且拒不支付劳动报酬，符合法定条件的，应当对其以拒不支付劳动报酬犯罪追究刑事责任。企业将工程分包给不具备承包工程资质的单位或个人，该单位或个人违法招用劳动者且拒不支付劳动报酬，在有证据证明分包企业已经向不具备承包工程资质的用工主体支付了劳动者全部劳动报酬的情况下，用工主体仍未向劳动者支付的，数额较大，经政府有关部门责令支付仍不支付的，应当向不具备承包工程资质的单位或个人追究刑事责任。

根据 2023 年 12 月 22 日最高检**检察机关依法惩治拒不支付劳动报酬犯罪典型案例·案例四、苏某某拒不支付劳动报酬案**，拒不支付劳动报酬案件中，对于虽不具备用工主体资格，但与劳动者存在事实上劳动关系的，应当认定属于拒不支付劳动报酬犯罪的主体。行为人与发包方之间的民事纠纷，不能成为不支付农民工工资的法定理由。如果存在恶意欠薪行为的，应以拒不支付劳动报酬罪追究刑事责任。

★该典型案例在“典型意义”部分指出：用工主体与转包方的工程款纠纷不影响犯罪主体的认定。拒不支付劳动报酬类犯罪案件中，非法分包、转包现象较为多见，往往牵涉多方利益，涉及工程量核算、合同履行、工程质量等多重纠纷。行为人与发包方、转包方之间的民事纠纷、工程款纠纷等，不能成为不支付农民工工资的法定理由，行为人有能力支付而不支付或逃避支付劳动者劳动报酬的，应当以拒不支付劳动报酬罪追究其刑事责任。

第六章 妨害社会管理秩序罪

第一节 扰乱公共秩序罪

第二百七十七条[246] **【妨害公务罪】**以暴力、威胁方法阻碍国家机关工作人员依法执行职务的，处三年以下有期徒刑、拘役、管制或者罚金。

以暴力、威胁方法阻碍全国人民代表大会和地方各级人民代表大会代表依法执行代表职务的，依照前款的规定处罚。

在自然灾害和突发事件中，以暴力、威胁方法阻碍红十字会工作人员依法履行职责的，依照第一款的规定处罚。

故意阻碍国家安全机关、公安机关依法执行国家安全工作任务，未使用暴力、威胁方法，造成严重后果的，依照第一款的规定处罚。

【袭警罪】暴力袭击正在依法执行职务的人民警察的，处三年以下有期徒刑、拘役或者管制；使用枪支、管制刀具，或者以驾驶机动车撞击等手段，严重危及其人身安全的，处三年以上七年以下有期徒刑。

〔246〕**【刑法修订】**本条被修订二次。2015年《**刑法修正案（九）**》**第二十一条**在原条的基础上，增设了第五款内容如下：

第二百七十七条第五款 暴力袭击正在依法执行职务的人民警察的，依照第一款的规定从重处罚。

2020年《**刑法修正案（十一）**》**第三十一条**再次修订该款，删除了"依照第一款的规定从重处罚"的规定，对袭警行为设置了独立的（两档）法定刑，使得特定情形袭警罪的法定刑重于妨害公务罪。

【司法解释】根据1998年5月8日最高法、最高检、公安部、国家工商行政管理局《**关于依法查处盗窃、抢劫机动车案件的规定**》（公通字〔1998〕31号，自1998年5月8日起施行）**第一条**，司法机关依法查处盗窃、抢劫机动车案件，任何单位和个人都应当予以协助。以暴力、威胁方法阻碍司法工作人员依法办案的，依照刑法第二百七十七条第一款的规定处罚。

根据2000年4月24日最高检《**关于以暴力威胁方法阻碍事业编制人员依法执行行政执法职务是否可对侵害人以妨害公务罪论处的批复**》（高检发释字〔2000〕2号），对于以暴力、威胁方法阻碍国有事业单位人员依照法律、行政法规的规定执行行政执法职务的，或者以暴力、威胁方法阻碍国家机关中受委托从事行政执法活动的事业编制人员执行行政执法职务的，可以对侵害人以妨害公务罪追究刑事责任。

根据 2003 年 5 月 14 日最高法、最高检**《关于办理妨害预防、控制突发传染病疫情等灾害的刑事案件具体应用法律若干问题的解释》第八条**，以暴力、威胁方法阻碍国家机关工作人员、红十字会工作人员依法履行为防治突发传染病疫情等灾害而采取的防疫、检疫、强制隔离、隔离治疗等预防、控制措施的，依照刑法第二百七十七条第一款、第三款的规定，以妨害公务罪定罪处罚。

根据 2010 年 3 月 2 日最高法、最高检**《关于办理非法生产、销售烟草专卖品等刑事案件具体应用法律若干问题的解释》第八条第一款**，以暴力、威胁方法阻碍烟草专卖执法人员依法执行职务，构成犯罪的，以妨害公务罪追究刑事责任。

根据 2012 年 11 月 2 日最高法**《关于审理破坏草原资源刑事案件应用法律若干问题的解释》第四条**，以暴力、威胁方法阻碍草原监督检查人员依法执行职务，构成犯罪的，依照刑法第二百七十七条的规定，以妨害公务罪追究刑事责任。

煽动群众暴力抗拒草原法律、行政法规实施，构成犯罪的，依照刑法第二百七十八条的规定，以煽动暴力抗拒法律实施罪追究刑事责任。

2019 年 12 月 27 日最高法、最高检、公安部**《关于依法惩治袭警违法犯罪行为的指导意见》**(公通字〔2019〕32 号)，为切实维护国家法律尊严，维护民警执法权威，保障民警人身安全，依法惩治袭警违法犯罪行为，根据有关法律法规，经最高人民法院、最高人民检察院、公安部共同研究决定，制定本意见。

一、对正在依法执行职务的民警实施下列行为的，属于刑法第二百七十七条第五款规定的“暴力袭击正在依法执行职务的人民警察”……(★该条中被省略内容“应当以妨害公务罪定罪从重处罚”，与《刑法修正案(十一)》不一致，不再适用。但下列两种情形有利于理解“暴力袭击”，故予以保留——编者说明)：

1. 实施撕咬、踢打、抱摔、投掷等，对民警人身进行攻击的；

2. 实施打砸、毁坏、抢夺民警正在使用的警用车辆、警械等警用装备，对民警人身进行攻击的；

对正在依法执行职务的民警虽未实施暴力袭击，但以实施暴力相威胁，符合刑法第二百七十七条第一款规定的，以妨害公务罪定罪处罚。

醉酒的人实施袭警犯罪行为，应当负刑事责任。

教唆、煽动他人实施袭警犯罪行为或者为他人实施袭警犯罪行为提供工具、帮助的，以共同犯罪论处。

对袭警情节轻微或者辱骂民警，尚不构成犯罪，但构成违反治安管理行为的，应当依法从重给予治安管理处罚。

二、……(与《刑法修正案(十一)》不一致,不再适用)

三、驾车冲撞、碾轧、拖拽、剐蹭民警,或者挤别、碰撞正在执行职务的警用车辆,危害公共安全或者民警生命、健康安全,符合刑法第一百一十四条、第一百一十五条、第二百三十二条、第二百三十四条规定的,应当以以危险方法危害公共安全罪、故意杀人罪或者故意伤害罪定罪,酌情从重处罚。

暴力袭警,致使民警重伤、死亡,符合刑法第二百三十四条、第二百三十二条规定的,应当以故意伤害罪、故意杀人罪定罪,酌情从重处罚。

四、抢劫、抢夺民警枪支,符合刑法第一百二十七条第二款规定的,应当以抢劫枪支罪、抢夺枪支罪定罪。

五、民警在非工作时间,依照《中华人民共和国人民警察法》等法律履行职责的,应当视为执行职务。

六、在民警非执行职务期间,因其职务行为对其实施暴力袭击、拦截、恐吓等行为,符合刑法第二百三十四条、第二百三十二条、第二百九十三条等规定的,应当以故意伤害罪、故意杀人罪、寻衅滋事罪等定罪,并根据袭警的具体情节酌情从重处罚。

根据 2020 年 2 月 6 日最高法、最高检、公安部、司法部**《关于依法惩治妨害新型冠状病毒感染肺炎疫情防控违法犯罪的意见》**,以暴力、威胁方法阻碍国家机关工作人员(含在依照法律、法规规定行使国家有关疫情防控行政管理职权的组织中从事公务的人员,在受国家机关委托代表国家机关行使疫情防控职权的组织中从事公务的人员,虽未列入国家机关人员编制但在国家机关中从事疫情防控公务的人员)依法履行为防控疫情而采取的防疫、检疫、强制隔离、隔离治疗等措施的,依照刑法第二百七十七条第一款、第三款的规定,以妨害公务罪定罪处罚。

【量刑指导】根据 2021 年 6 月 17 日最高法、最高检**《关于常见犯罪的量刑指导意见(试行)》**,1. 构成妨害公务罪的,在 2 年以下有期徒刑、拘役幅度内确定量刑起点。

2. 在量刑起点的基础上,根据妨害公务造成的后果、犯罪情节严重程度等其他影响犯罪构成的犯罪事实增加刑罚量,确定基准刑。

3. 构成妨害公务罪,依法单处罚金的,根据妨害公务的手段、危害后果、造成的人身伤害以及财物毁损情况等犯罪情节,综合考虑被告人缴纳罚金的能力,决定罚金数额。

4. 构成妨害公务罪的,综合考虑妨害公务的手段、造成的人身伤害、财物的毁损及社会影响等犯罪事实、量刑情节,以及被告人的主观恶性、人身危险性、认罪悔罪表现等因素,决定缓刑的适用。

第二百七十八条〔247〕 **【煽动暴力抗拒法律实施罪】**煽动群众暴力抗拒国家法律、行政法规实施的，处三年以下有期徒刑、拘役、管制或者剥夺政治权利；造成严重后果的，处三年以上七年以下有期徒刑。

第二百七十九条〔248〕 **【招摇撞骗罪】**冒充国家机关工作人员招摇撞骗的，处三年以下有期徒刑、拘役、管制或者剥夺政治权利；情节严重的，处三年以上十年以下有期徒刑。

冒充人民警察招摇撞骗的，依照前款的规定从重处罚。

---

〔247〕 **【司法解释】**根据2010年3月2日最高法、最高检《**关于办理非法生产、销售烟草专卖品等刑事案件具体应用法律若干问题的解释**》**第八条**，煽动群众暴力抗拒烟草专卖法律实施，构成犯罪的，以煽动暴力抗拒法律实施罪追究刑事责任。

根据2012年11月2日最高法《**关于审理破坏草原资源刑事案件应用法律若干问题的解释**》**第四条第二款**，煽动群众暴力抗拒草原法律、行政法规实施，构成犯罪的，依照刑法第二百七十八条的规定，以煽动暴力抗拒法律实施罪追究刑事责任。

〔248〕 **【司法解释】**2021年12月16日最高法、最高检、公安部《**关于依法惩治招摇撞骗等违法犯罪行为的指导意见**》(公通字〔2021〕21号)，为依法惩治招摇撞骗等违法犯罪行为，制定本意见。

一、冒充国家机关工作人员、军人，骗取财物、荣誉、地位、待遇、感情等，符合刑法第二百七十九条、第三百七十二条规定的，分别以招摇撞骗罪、冒充军人招摇撞骗罪定罪处罚；严重损害国家机关、军队形象和威信，或者造成其他严重后果的，应当认定为刑法第二百七十九条、第三百七十二条规定的“情节严重”。

……

四、冒充国家机关工作人员或者军人招摇撞骗，同时构成非法吸收公众存款罪、集资诈骗罪、合同诈骗罪、组织、领导传销活动罪、诈骗罪的，依照处罚较重的规定定罪处罚。

五、对下列情形之一的，应当分别认定为刑法第二百七十九条、第三百七十二条规定的“冒充国家机关工作人员”“冒充军人”：

1. 冒充国家机关中真实存在或者虚构的工作人员、军人的；

2. 冒充虚构的国家机关中的工作人员、军人，易让他人信以为真的；

3. 身为国家机关工作人员、军人冒充其他国家机关工作人员、军人的；

4. 以骗取非法利益为目的，制造假象，诱使他人误以为系国家机关工作人员、军人的。

第二百八十条[249] **【伪造、变造、买卖国家机关公文、证件、印章罪】【盗窃、抢夺、毁灭国家机关公文、证件、印章罪】**伪造、变造、买卖或者盗窃、抢夺、毁灭国家机关的公文、证件、印章的，处三年以下有期徒刑、拘役、管制或者剥夺政治权利，并处罚金；情节严重的，处三年以上十年以下有期徒刑，并处罚金。

【伪造公司、企业、事业单位、人民团体印章罪】伪造公司、企业、事业单位、人民团体的印章的，处三年以下有期徒刑、拘役、管制或者剥夺政治权利，并处罚金。

【伪造、变造、买卖身份证件罪】伪造、变造、买卖居民身份证、护照、社会保障卡、驾驶证等依法可以用于证明身份的证件的，处三年以下有期徒刑、拘役、管制或者剥夺政治权利，并处罚金；情节严重的，处三年以上七年以下有期徒刑，并处罚金。

---

〔249〕 **【刑法修订】**2015年《**刑法修正案（九）**》**第二十二条**修订了本条。1997年刑法原文如下：

第二百八十条 伪造、变造、买卖或者盗窃、抢夺、毁灭国家机关的公文、证件、印章的，处三年以下有期徒刑、拘役、管制或者剥夺政治权利；情节严重的，处三年以上十年以下有期徒刑。

伪造公司、企业、事业单位、人民团体的印章的，处三年以下有期徒刑、拘役、管制或者剥夺政治权利。

伪造、变造居民身份证的，处三年以下有期徒刑、拘役、管制或者剥夺政治权利；情节严重的，处三年以上七年以下有期徒刑。

2015年《**刑法修正案（九）**》在第三款将"伪造、变造居民身份证"修改为"伪造、变造、买卖居民身份证、护照、社会保障卡、驾驶证等依法可以用于证明身份的证件"，并在各款均增设了罚金刑。

【相关法规】根据1998年全国人大常委会《**关于惩治骗购外汇、逃汇和非法买卖外汇犯罪的决定**》**第二条**，买卖伪造、变造的海关签发的报关单、进口证明、外汇管理部门核准件等凭证和单据或者国家机关的其他公文、证件、印章的，依照刑法第二百八十条的规定定罪处罚。

根据2020年修订后的国务院《**技术进出口管理条例**》**第四十五条**，伪造、变造或者买卖技术进出口许可证或者技术进出口合同登记证的，依照刑法关于非法经营罪或者伪造、变造、买卖国家机关公文、证件、印章罪的规定，依法追究刑事责任……

根据2022年修订后的国务院**《互联网上网服务营业场所管理条例》第二十九条**，互联网上网服务营业场所经营单位违反本条例的规定，涂改、出租、出借或者以其他方式转让《网络文化经营许可证》，触犯刑律的，依照刑法关于伪造、变造、买卖国家机关公文、证件、印章罪的规定，依法追究刑事责任……

【司法解释】根据1998年5月8日最高法、最高检、公安部、国家工商行政管理局**《关于依法查处盗窃、抢劫机动车案件的规定》第七条**，伪造、变造、买卖机动车牌证及机动车入户、过户、验证的有关证明文件的，依照刑法第二百八十条第一款的规定处罚。

根据1999年6月21日最高检法律政策研究室**《关于买卖伪造的国家机关证件行为是否构成犯罪问题的答复》**（高检研发〔1999〕第5号），对于买卖伪造的国家机关证件的行为，依法应当追究责任的，可适用刑法第二百八十条第一款的规定，以买卖国家机关证件罪追究刑事责任。

根据2000年5月16日公安部**《关于盗窃空白因私护照有关问题的批复》**（公境出〔2000〕881号），李某某、万某某等人所盗取的空白护照属于出入境证件。护照不同于一般的身份证件，它是公民国际旅行的身份证件和国籍证明。在我国，公民因私护照的设计、研制、印刷统一由公安部出入境管理局负责。护照上设计了多项防伪措施，每本护照（包括空白护照）都有一个统一编号，空白护照是签发护照的重要构成因素，对空白护照的发放、使用有严格的管理程序。空白护照丢失，与已签发的护照一样，也由公安部出入境管理局宣布作废，空白护照是作为出入境证件加以管理的。因此，空白护照既是国家机关的证件，也是出入境证件。

李某某、万某某等人所盗护照不同于一般商品，在认定其盗窃情节时，不能简单依照护照本身的研制、印刷费用计算盗窃数额，而应依照所盗护照的本数计算。一次盗窃2000本护照，在建国以来是第一次，所造成的影响极其恶劣。应当认定为“情节严重”，不是一般的盗窃，而应按照刑法第二百八十条规定处理。

根据2001年7月3日最高法、最高检**《关于办理伪造、贩卖伪造的高等院校学历、学位证明刑事案件如何适用法律问题的解释》**（法释〔2001〕22号，自2001年7月5日起施行），对于伪造高等院校印章制作学历、学位证明的行为，应当依照刑法第二百八十条第二款的规定，以伪造事业单位印章罪定罪处罚。明知是伪造高等院校印章制作的学历、学位证明而贩卖的，以伪造事业单位印章罪的共犯论处。

根据2002年6月26日公安部**《关于对伪造学生证及贩卖、使用伪造学生证的行为如何处理问题的批复》**（公刑〔2002〕1046号），对伪造高等院校印章制作学生证的行为，应当依照《中华人民共和国刑法》第280条第2款的规定，以伪造事业单位印章罪立案侦查。对明知是伪造高等院校印章制作的学生证而贩卖的，应当以伪造事业单位印章罪的共犯立案侦查；对贩卖伪造的学生证，尚不够刑事处罚的，应当就其明知是伪造的学生证而购买的行为，依照《中华人民共和国治安管理处罚条例》第24条第（一）项的规定（★现为2012年修正后的《治安管理处罚法》第60条——编者说明），以明知是赃物而购买处罚。

根据2003年6月3日最高检法律政策研究室**《关于伪造、变造、买卖政府设立的临时性机构的公文、证件、印章行为如何适用法律问题的答复》**（高检研发〔2003〕第17号），伪造、变造、买卖各级人民政府设立的行使行政管理权的临时性机构的公文、证件、印章行为，构成犯罪的，应当依照刑法第二百八十条第一款的规定，以伪造、变造、买卖国家机关公文、证件、印章罪追究刑事责任。

根据2003年6月26日公安部经济犯罪侦查局**《关于房产证是否属于"国家机关证件"问题的研究意见》**，我们在办理妨碍对公司、企业管理秩序犯罪案件过程中经常遇到犯罪嫌疑人"涂改房产证明"，用以达到公司、企业注册登记、验资等目的的情形，对于此种情形是否涉嫌构成"伪造、变造、买卖国家机关公文、证件、印章罪"的问题，存在分歧意见：一种意见认为，房产证属于政府房地产管理部门填发的房产证明，应该属于国家机关证件；另一种意见认为，房产证仅是房产权属证明，不属于国家机关证件。我们同意第一种意见，最高人民检察院侦查监督厅也同意此意见。

根据2007年5月9日最高法、最高检**《关于办理与盗窃、抢劫、诈骗、抢夺机动车相关刑事案件具体应用法律若干问题的解释》第二条**，伪造、变造、买卖机动车行驶证、登记证书，累计3本以上的，依照刑法第二百八十条第一款的规定，以伪造、变造、买卖国家机关证件罪定罪，处3年以下有期徒刑、拘役、管制或者剥夺政治权利。

伪造、变造、买卖机动车行驶证、登记证书，累计达到第一款规定数量标准5倍以上的，属于刑法第二百八十条第一款规定中的"情节严重"，处3年以上10年以下有期徒刑。

2009年1月1日最高法研究室**《〈关于伪造、变造、买卖民用机动车号牌行为能否以伪造、变造、买卖国家机关证件罪定罪处罚问题的请示〉的答复》**（法研〔2009〕68号）如下：同意你院审委会讨论中的多数人意见，伪造、变造、买卖民用机动车号牌行为不能以伪造、变造、买卖国家机关证件罪定罪处罚。你院所请示问题的关键在于能否将机动车号牌认定为国家机关证件，从当前我国刑法的规定看，不能将机动车号牌认定为国家机关证件。

根据2010年8月17日最高法研究室**《关于税收通用完税证和车辆购置税完税证是否属于发票问题的回函》**（法研〔2010〕140号），对伪造税务机关

第二百八十条之一〔250〕　**【使用虚假身份证件、盗用身份证件罪】**在依照国家规定应当提供身份证明的活动中，使用伪造、变造的或者盗用他人的居民身份证、护照、社会保障卡、驾驶证等依法可以用于证明身份的证件，情节严重的，处拘役或者管制，并处或者单处罚金。

有前款行为，同时构成其他犯罪的，依照处罚较重的规定定罪处罚。

第二百八十条之二〔251〕　**【冒名顶替罪】**盗用、冒用他人身份，顶替他人取得的高等学历教育入学资格、公务员录用资格、就业安置待遇的，处三年以下有期徒刑、拘役或者管制，并处罚金。

组织、指使他人实施前款行为的，依照前款的规定从重处罚。

国家工作人员有前两款行为，又构成其他犯罪的，依照数罪并罚的规定处罚。

征税专用章，非法制造税收通用完税证和车辆购置税完税证对外出售的，视情可以伪造国家机关印章罪论处；对非法购买上述两种伪造的完税证，逃避缴纳税款的，视情可以逃税罪论处。

根据2016年3月18日最高检法律政策研究室**《关于〈关于伪造机动车登记证书如何适用法律的请示〉的答复意见》**，2007年两高《关于办理与盗窃、抢劫、诈骗、抢夺机动车相关刑事案件具体应用法律若干问题的解释》第二条关于伪造、变造、买卖机动车行驶证、登记证书行为的定罪量刑标准，主要适用于与盗窃、抢劫、诈骗、抢夺机动车相关的刑事案件。

2007年两高《关于办理与盗窃、抢劫、诈骗、抢夺机动车相关刑事案件具体应用法律若干问题的解释》规定情形以外的刑法第280条入罪标准应当根据案件具体情况处理，注意把握行政处罚与刑事处罚的衔接，注意把握行为的社会危害性。

对于刑法第280条入罪标准问题，我们将进一步研究，适时通过司法解释予以明确。

根据2018年11月28日最高法、最高检修正后的**《关于办理妨害信用卡管理刑事案件具体应用法律若干问题的解释》第四条第一款**，为信用卡申请人制作、提供虚假的财产状况、收入、职务等资信证明材料，涉及伪造、变造、买卖国家机关公文、证件、印章，或者涉及伪造公司、企业、事业单位、人民团体印章，应当追究刑事责任的，依照刑法第二百八十条的规定，分别以伪造、变造、买卖国家机关公文、证件、印章罪和伪造公司、企业、事业单位、人民团体印章罪定罪处罚。

〔250〕**【刑法修订】**本条为2015年**《刑法修正案（九）》第二十三条**增设。

〔251〕**【刑法修订】**本条为2020年**《刑法修正案（十一）》第三十二条**增设。

第二百八十一条[252] **【非法生产、买卖警用装备罪】**非法生产、买卖人民警察制式服装、车辆号牌等专用标志、警械，情节严重的，处三年以下有期徒刑、拘役或者管制，并处或者单处罚金。

单位犯前款罪的，对单位判处罚金，并对其直接负责的主管人员和其他直接责任人员，依照前款的规定处罚。

第二百八十二条 【非法获取国家秘密罪】以窃取、刺探、收买方法，非法获取国家秘密的，处三年以下有期徒刑、拘役、管制或者剥夺政治权利；情节严重的，处三年以上七年以下有期徒刑。

【非法持有国家绝密、机密文件、资料、物品罪】非法持有属于国家绝密、机密的文件、资料或者其他物品，拒不说明来源与用途的，处三年以下有期徒刑、拘役或者管制。

---

〔252〕**【立案标准】**根据2008年6月25日最高检、公安部《**关于公安机关管辖的刑事案件立案追诉标准的规定(一)**》**第三十五条**，非法生产、买卖人民警察制式服装、车辆号牌等专用标志、警械，涉嫌下列情形之一的，应予立案追诉：

(一)成套制式服装30套以上，或者非成套制式服装100件以上的；

(二)手铐、脚镣、警用抓捕网、警用催泪喷射器、警灯、警报器单种或者合计10件以上的；

(三)警棍50根以上的；

(四)警衔、警号、胸章、臂章、帽徽等警用标志单种或者合计100件以上的；

(五)警用号牌、省级以上公安机关专段民用车辆号牌1副以上，或者其他公安机关专段民用车辆号牌3副以上的；

(六)非法经营数额5000元以上，或者非法获利1000元以上的；

(七)被他人利用进行违法犯罪活动的；

(八)其他情节严重的情形。

【司法解释】根据2000年3月27日公安部《**人民警察警徽使用管理规定**》**第九条**，对非法持有、使用、制作、仿造、伪造或者买卖警徽的，依照《中华人民共和国人民警察法》第三十六条的规定予以处罚；构成犯罪的，依照《中华人民共和国刑法》第二百八十一条的规定追究刑事责任。

第二百八十三条[253]　**【非法生产、销售专用间谍器材、窃听、窃照专用器材罪】**非法生产、销售专用间谍器材或者窃听、窃照专用器材的，处三年以下有期徒刑、拘役或者管制，并处或者单处罚金；情节严重的，处三年以上七年以下有期徒刑，并处罚金。

单位犯前款罪的，对单位判处罚金，并对其直接负责的主管人员和其他直接责任人员，依照前款的规定处罚。

---

〔253〕**【刑法修订】**2015年《**刑法修正案（九）**》**第二十四条**修订了本条。1997年刑法原文如下：

第二百八十三条　非法生产、销售窃听、窃照等专用间谍器材的，处三年以下有期徒刑、拘役或者管制。

2015年《**刑法修正案（九）**》在罪状部分将“窃听、窃照等专用间谍器材”修改为“专用间谍器材或者窃听、窃照专用器材”，在法定刑部分增设了罚金刑与第二档法定刑，并增设了第二款单位犯罪。

【司法解释】根据2014年3月14日最高法、最高检、公安部、国家安全部《**关于依法办理非法生产销售使用“伪基站”设备案件的意见**》，非法生产、销售“伪基站”设备，经鉴定为专用间谍器材的，依照《刑法》第二百八十三条的规定，以非法生产、销售间谍专用器材罪（★罪名已变更为非法生产、销售专用间谍器材罪——编者说明）追究刑事责任；同时构成非法经营罪的，以非法经营罪追究刑事责任。

2014年12月23日国家工商行政管理总局、公安部、国家质量监督检验检疫总局《**禁止非法生产销售使用窃听窃照专用器材和“伪基站”设备的规定**》（工商总局、公安部、质检总局令第72号），为制止和打击非法生产、销售、使用窃听窃照专用器材等违法犯罪行为，制定如下规定。

第三条　本规定所称窃听专用器材，是指以伪装或者隐蔽方式使用，经公安机关依法进行技术检测后作出认定性结论，有以下情形之一的：

（一）具有无线发射、接收语音信号功能的发射、接收器材；

（二）微型语音信号拾取或者录制设备；

（三）能够获取无线通信信息的电子接收器材；

（四）利用搭接、感应等方式获取通讯线路信息的器材；

（五）利用固体传声、光纤、微波、激光、红外线等技术获取语音信息的器材；

（六）可遥控语音接收器件或者电子设备中的语音接收功能，获取相关语音信息，且无明显提示的器材（含软件）；

（七）其他具有窃听功能的器材。

第二百八十四条 **【非法使用窃听、窃照专用器材罪】**非法使用窃听、窃照专用器材，造成严重后果的，处二年以下有期徒刑、拘役或者管制。

第二百八十四条之一〔254〕 **【组织考试作弊罪】**在法律规定的国家考试中，组织作弊的，处三年以下有期徒刑或者拘役，并处或者单处罚金；情节严重的，处三年以上七年以下有期徒刑，并处罚金。

为他人实施前款犯罪提供作弊器材或者其他帮助的，依照前款的规定处罚。

【非法出售、提供试题、答案罪】为实施考试作弊行为，向他人非法出售或者提供第一款规定的考试的试题、答案的，依照第一款的规定处罚。

【代替考试罪】代替他人或者让他人代替自己参加第一款规定的考试的，处拘役或者管制，并处或者单处罚金。

第四条 本规定所称窃照专用器材，是指以伪装或者隐蔽方式使用，经公安机关依法进行技术检测后作出认定性结论，有以下情形之一的：

（一）具有无线发射功能的照相、摄像器材；

（二）微型针孔式摄像装置以及使用微型针孔式摄像装置的照相、摄像器材；

（三）取消正常取景器和回放显示器的微小相机和摄像机；

（四）利用搭接、感应等方式获取图像信息的器材；

（五）可遥控照相、摄像器件或者电子设备中的照相、摄像功能，获取相关图像信息，且无明显提示的器材（含软件）；

（六）其他具有窃照功能的器材。

……

第八条 非法生产窃听窃照专用器材、“伪基站”设备，不构成犯罪的，由质量技术监督部门责令停止生产，处以3万元以下罚款。

第九条 非法销售窃听窃照专用器材、“伪基站”设备，不构成犯罪的，由工商行政管理部门责令停止销售，处以3万元以下罚款。

〔254〕**【刑法修订】**本条为2015年**《刑法修正案（九）》第二十五条**增设。

【司法解释】根据2015年10月29日最高法**《关于〈中华人民共和国刑法修正案（九）〉时间效力问题的解释》第六条**，对于2015年10月31日以前组织考试作弊，为他人组织考试作弊提供作弊器材或者其他帮助，以及非法向他人出售或者提供考试试题、答案，根据修正前刑法应当以非法获取国家秘密罪、非法生产、销售间谍专用器材罪（★罪名已变更为非法生产、销售专用间谍器材罪——编者说明）或者故意泄露国家秘密罪等追究刑事责任的，适用修正前刑法的有关规定。但是，根据修正后刑法第二百八十四条之一的规定处刑较轻的，适用修正后刑法的有关规定。

2019 年 9 月 2 日最高法、最高检《**关于办理组织考试作弊等刑事案件适用法律若干问题的解释**》(法释〔2019〕13 号，自 2019 年 9 月 4 日起施行)，为依法惩治组织考试作弊、非法出售、提供试题、答案、代替考试等犯罪，维护考试公平与秩序，根据《中华人民共和国刑法》《中华人民共和国刑事诉讼法》的规定，现就办理此类刑事案件适用法律的若干问题解释如下：

第一条　刑法第二百八十四条之一规定的“法律规定的国家考试”，仅限于全国人民代表大会及其常务委员会制定的法律所规定的考试。

根据有关法律规定，下列考试属于“法律规定的国家考试”：

(一)普通高等学校招生考试、研究生招生考试、高等教育自学考试、成人高等学校招生考试等国家教育考试；

(二)中央和地方公务员录用考试；

(三)国家统一法律职业资格考试、国家教师资格考试、注册会计师全国统一考试、会计专业技术资格考试、资产评估师资格考试、医师资格考试、执业药师职业资格考试、注册建筑师考试、建造师执业资格考试等专业技术资格考试；

(四)其他依照法律由中央或者地方主管部门以及行业组织的国家考试。

前款规定的考试涉及的特殊类型招生、特殊技能测试、面试等考试，属于“法律规定的国家考试”。

第二条　在法律规定的国家考试中，组织作弊，具有下列情形之一的，应当认定为刑法第二百八十四条之一第一款规定的“情节严重”：

(一)在普通高等学校招生考试、研究生招生考试、公务员录用考试中组织考试作弊的；

(二)导致考试推迟、取消或者启用备用试题的；

(三)考试工作人员组织考试作弊的；

(四)组织考生跨省、自治区、直辖市作弊的；

(五)多次组织考试作弊的；

(六)组织 30 人次以上作弊的；

(七)提供作弊器材 50 件以上的；

(八)违法所得 30 万元以上的；

(九)其他情节严重的情形。

第三条　具有避开或者突破考场防范作弊的安全管理措施，获取、记录、传递、接收、存储考试试题、答案等功能的程序、工具，以及专门设计用于作弊的程序、工具，应当认定为刑法第二百八十四条之一第二款规定的“作弊器材”。

对于是否属于刑法第二百八十四条之一第二款规定的“作弊器材”难以确定的，依据省级以上公安机关或者考试主管部门出具的报告，结合其他证据作出认定；涉及专用间谍器材、窃听、窃照专用器材、“伪基站”等器材的，依照相关规定作出认定。

第四条 组织考试作弊，在考试开始之前被查获，但已经非法获取考试试题、答案或者具有其他严重扰乱考试秩序情形的，应当认定为组织考试作弊罪既遂。

第五条 为实施考试作弊行为，非法出售或者提供法律规定的国家考试的试题、答案，具有下列情形之一的，应当认定为刑法第二百八十四条之一第三款规定的“情节严重”：

（一）非法出售或者提供普通高等学校招生考试、研究生招生考试、公务员录用考试的试题、答案的；

（二）导致考试推迟、取消或者启用备用试题的；

（三）考试工作人员非法出售或者提供试题、答案的；

（四）多次非法出售或者提供试题、答案的；

（五）向30人次以上非法出售或者提供试题、答案的；

（六）违法所得30万元以上的；

（七）其他情节严重的情形。

第六条 为实施考试作弊行为，向他人非法出售或者提供法律规定的国家考试的试题、答案，试题不完整或者答案与标准答案不完全一致的，不影响非法出售、提供试题、答案罪的认定。

第七条 代替他人或者让他人代替自己参加法律规定的国家考试的，应当依照刑法第二百八十四条之一第四款的规定，以代替考试罪定罪处罚。

对于行为人犯罪情节较轻，确有悔罪表现，综合考虑行为人替考情况以及考试类型等因素，认为符合缓刑适用条件的，可以宣告缓刑；犯罪情节轻微的，可以不起诉或者免予刑事处罚；情节显著轻微危害不大的，不以犯罪论处。

第八条 单位实施组织考试作弊、非法出售、提供试题、答案等行为的，依照本解释规定的相应定罪量刑标准，追究组织者、策划者、实施者的刑事责任。

第九条 以窃取、刺探、收买方法非法获取法律规定的国家考试的试题、答案，又组织考试作弊或者非法出售、提供试题、答案，分别符合刑法第二百八十二条和刑法第二百八十四条之一规定的，以非法获取国家秘密罪和组织考试作弊罪或者非法出售、提供试题、答案罪数罪并罚。

第十条 在法律规定的国家考试以外的其他考试中，组织作弊，为他人组织作弊提供作弊器材或者其他帮助，或者非法出售、提供试题、答案，符合非法获取国家秘密罪、非法生产、销售窃听、窃照专用器材罪、非法使用窃听、窃照专用器材罪、非法利用信息网络罪、扰乱无线电通讯管理秩序罪等犯罪构成要件的，依法追究刑事责任。

第十一条 设立用于实施考试作弊的网站、通讯群组或者发布有关考试作弊的信息，情节严重的，应当依照刑法第二百八十七条之一的规定，以非法利用信息网络罪定罪处罚；同时构成组织考试作弊罪、非法出售、提供试题、答案罪、非法获取国家秘密罪等其他犯罪的，依照处罚较重的规定定罪处罚。

第十二条　对于实施本解释规定的犯罪被判处刑罚的，可以根据犯罪情况和预防再犯罪的需要，依法宣告职业禁止；被判处管制、宣告缓刑的，可以根据犯罪情况，依法宣告禁止令。

第十三条　对于实施本解释规定的行为构成犯罪的，应当综合考虑犯罪的危害程度、违法所得数额以及被告人的前科情况、认罪悔罪态度等，依法判处罚金。

第十四条　本解释自2019年9月4日起施行。

根据2019年11月18日最高法**《关于审理走私、非法经营、非法使用兴奋剂刑事案件适用法律若干问题的解释》第四条**，在普通高等学校招生、公务员录用等法律规定的国家考试涉及的体育、体能测试等体育运动中，组织考生非法使用兴奋剂的，应当依照刑法第二百八十四条之一的规定，以组织考试作弊罪定罪处罚。

明知他人实施前款犯罪而为其提供兴奋剂的，依照前款的规定定罪处罚。

根据2018年最高法研究室**《关于护士执业资格考试是否属于"法律规定的国家考试"问题的答复》**（法研〔2018〕109号），刑法第二百八十四条之一规定的"法律规定的国家考试"，是指全国人大及其常委会制定的法律中规定的国家考试。目前，护士执业资格考试的设定依据是护士条例。护士条例属于国务院制定的行政法规，不属于法律。护士执业资格考试不属于"法律规定的国家考试"。对于在护士执业资格考试中组织作弊，非法出售、提供试题、答案等扰乱考试秩序的行为，符合非法获取国家秘密罪、非法生产、销售窃听、窃照专用器材罪、非法使用窃听、窃照专用器材罪、非法利用信息网络罪、扰乱无线电通讯管理秩序罪等犯罪构成要件的，依照相关犯罪追究刑事责任。

根据2019年最高法研究室**《关于对计算机技术与软件专业技术资格（水平）考试是否属于"法律规定的国家考试"征求意见的复函》**（法研〔2019〕140号），计算机技术与软件专业技术资格（水平）考试系依据部门规章《计算机技术与软件专业技术资格（水平）考试暂行规定》（国人部发〔2003〕39号）的规定举办，根据《最高人民法院、最高人民检察院关于办理组织考试作弊等刑事案件适用法律若干问题的解释》（法释〔2019〕13号）第一条第一款"刑法第二百八十四条之一规定的'法律规定的国家考试'，仅限于全国人民代表大会及其常务委员会制定的法律所规定的考试"的规定，不属于刑法第二百八十四条之一规定的"法律规定的国家考试"。

【公报案例】根据《公报》**2018年第12期 · 上海市崇明区人民检察院诉张志杰、陈钟鸣、包周鑫组织考试作弊案**，组织考试作弊罪中的考试是指法律规

第二百八十五条[255] **【非法侵入计算机信息系统罪】**违反国家规定，侵入国家事务、国防建设、尖端科学技术领域的计算机信息系统的，处三年以下有期徒刑或者拘役。

【非法获取计算机信息系统数据、非法控制计算机信息系统罪】违反国家规定，侵入前款规定以外的计算机信息系统或者采用其他技术手段，获取该计算机信息系统中存储、处理或者传输的数据，或者对该计算机信息系统实施非法控制，情节严重的，处三年以下有期徒刑或者拘役，并处或者单处罚金；情节特别严重的，处三年以上七年以下有期徒刑，并处罚金。

【提供侵入、非法控制计算机信息系统程序、工具罪】提供专门用于侵入、非法控制计算机信息系统的程序、工具，或者明知他人实施侵入、非法控制计算机信息系统的违法犯罪行为而为其提供程序、工具，情节严重的，依照前款的规定处罚。

单位犯前三款罪的，对单位判处罚金，并对其直接负责的主管人员和其他直接责任人员，依照各该款的规定处罚。

定的国家考试，这里的“法律”应当限缩解释为全国人大及其常委会制定的法律。若某部法律中未对国家考试作出直接规定，但明确规定由相关国家机关制定有关制度，相关国家机关据此制定了行政法规或部门规章对国家考试作出规定，则该考试仍应认定为法律规定的国家考试。在该考试中组织作弊的，应依法以组织考试作弊罪追究刑事责任。

〔255〕**【刑法修订】**本条被修订二次。1997年刑法原文如下：

第二百八十五条 违反国家规定，侵入国家事务、国防建设、尖端科学技术领域的计算机信息系统的，处三年以下有期徒刑或者拘役。

2009年**《刑法修正案（七）》第九条**在本条增设了第二款、第三款。经此修订后的条文如下：

第二百八十五条 违反国家规定，侵入国家事务、国防建设、尖端科学技术领域的计算机信息系统的，处三年以下有期徒刑或者拘役。

违反国家规定，侵入前款规定以外的计算机信息系统或者采用其他技术手段，获取该计算机信息系统中存储、处理或者传输的数据，或者对该计算机信息系统实施非法控制，情节严重的，处三年以下有期徒刑或者拘役，并处或者单处罚金；情节特别严重的，处三年以上七年以下有期徒刑，并处罚金。

提供专门用于侵入、非法控制计算机信息系统的程序、工具，或者明知他人实施侵入、非法控制计算机信息系统的违法犯罪行为而为其提供程序、工具，情节严重的，依照前款的规定处罚。

2015 年《**刑法修正案(九)**》**第二十六条**在本条增设了第四款单位犯罪的规定。

【**相关法规**】根据 2011 年修订后的国务院《**计算机信息系统安全保护条例**》**第二条**,本条例所称的计算机信息系统,是指由计算机及其相关的和配套的设备、设施(含网络)构成的,按照一定的应用目标和规则对信息进行采集、加工、存储、传输、检索等处理的人机系统。

根据 2016 年《**网络安全法**》**第六十三条第三款**,违反本法第二十七条规定,受到刑事处罚的人员,终身不得从事网络安全管理和网络运营关键岗位的工作(★《网络安全法》第 27 条规定:任何个人和组织不得从事非法侵入他人网络、干扰他人网络正常功能、窃取网络数据等危害网络安全的活动;不得提供专门用于从事侵入网络、干扰网络正常功能及防护措施、窃取网络数据等危害网络安全活动的程序、工具;明知他人从事危害网络安全的活动的,不得为其提供技术支持、广告推广、支付结算等帮助——编者说明)。

【**司法解释**】根据 2007 年 6 月 26 日最高法《**关于审理危害军事通信刑事案件具体应用法律若干问题的解释**》**第六条第三款**,违反国家规定,侵入国防建设、尖端科学技术领域的军事通信计算机信息系统,尚未对军事通信造成破坏的,依照刑法第二百八十五条的规定定罪处罚;对军事通信造成破坏,同时构成刑法第二百八十五条、第二百八十六条、第三百六十九条第一款规定的犯罪的,依照处罚较重的规定定罪处罚。

2011 年 8 月 1 日最高法、最高检《**关于办理危害计算机信息系统安全刑事案件应用法律若干问题的解释**》(法释〔2011〕19 号,自 2011 年 9 月 1 日起施行),为依法惩治危害计算机信息系统安全的犯罪活动,根据《中华人民共和国刑法》、《全国人民代表大会常务委员会关于维护互联网安全的决定》的规定,现就办理这类刑事案件应用法律的若干问题解释如下:

第一条　非法获取计算机信息系统数据或者非法控制计算机信息系统,具有下列情形之一的,应当认定为刑法第二百八十五条第二款规定的“情节严重”:

(一)获取支付结算、证券交易、期货交易等网络金融服务的身份认证信息 10 组以上的;

(二)获取第(一)项以外的身份认证信息 500 组以上的;

(三)非法控制计算机信息系统 20 台以上的;

(四)违法所得 5000 元以上或者造成经济损失 1 万元以上的;

(五)其他情节严重的情形。

实施前款规定行为,具有下列情形之一的,应当认定为刑法第二百八十五条第二款规定的“情节特别严重”:

（一）数量或者数额达到前款第（一）项至第（四）项规定标准5倍以上的；

（二）其他情节特别严重的情形。

明知是他人非法控制的计算机信息系统，而对该计算机信息系统的控制权加以利用的，依照前两款的规定定罪处罚。

第二条 具有下列情形之一的程序、工具，应当认定为刑法第二百八十五条第三款规定的“专门用于侵入、非法控制计算机信息系统的程序、工具”：

（一）具有避开或者突破计算机信息系统安全保护措施，未经授权或者超越授权获取计算机信息系统数据的功能的；

（二）具有避开或者突破计算机信息系统安全保护措施，未经授权或者超越授权对计算机信息系统实施控制的功能的；

（三）其他专门设计用于侵入、非法控制计算机信息系统、非法获取计算机信息系统数据的程序、工具。

第三条 提供侵入、非法控制计算机信息系统的程序、工具，具有下列情形之一的，应当认定为刑法第二百八十五条第三款规定的“情节严重”：

（一）提供能够用于非法获取支付结算、证券交易、期货交易等网络金融服务身份认证信息的专门性程序、工具5人次以上的；

（二）提供第（一）项以外的专门用于侵入、非法控制计算机信息系统的程序、工具20人次以上的；

（三）明知他人实施非法获取支付结算、证券交易、期货交易等网络金融服务身份认证信息的违法犯罪行为而为其提供程序、工具5人次以上的；

（四）明知他人实施第（三）项以外的侵入、非法控制计算机信息系统的违法犯罪行为而为其提供程序、工具20人次以上的；

（五）违法所得5000元以上或者造成经济损失1万元以上的；

（六）其他情节严重的情形。

实施前款规定行为，具有下列情形之一的，应当认定为提供侵入、非法控制计算机信息系统的程序、工具“情节特别严重”：

（一）数量或者数额达到前款第（一）项至第（五）项规定标准5倍以上的；

（二）其他情节特别严重的情形。

……

第八条 以单位名义或者单位形式实施危害计算机信息系统安全犯罪，达到本解释规定的定罪量刑标准的，应当依照刑法第二百八十五条、第二百八十六条的规定追究直接负责的主管人员和其他直接责任人员的刑事责任。

第九条 明知他人实施刑法第二百八十五条、第二百八十六条规定的行为，具有下列情形之一的，应当认定为共同犯罪，依照刑法第二百八十五条、第二百八十六条的规定处罚：

（一）为其提供用于破坏计算机信息系统功能、数据或者应用程序的程序、工具，违法所得 5000 元以上或者提供 10 人次以上的；

（二）为其提供互联网接入、服务器托管、网络存储空间、通讯传输通道、费用结算、交易服务、广告服务、技术培训、技术支持等帮助，违法所得 5000 元以上的；

（三）通过委托推广软件、投放广告等方式向其提供资金 5000 元以上的。

实施前款规定行为，数量或者数额达到前款规定标准 5 倍以上的，应当认定为刑法第二百八十五条、第二百八十六条规定的“情节特别严重”或者“后果特别严重”。

第十条　对于是否属于刑法第二百八十五条、第二百八十六条规定的“国家事务、国防建设、尖端科学技术领域的计算机信息系统”、“专门用于侵入、非法控制计算机信息系统的程序、工具”、“计算机病毒等破坏性程序”难以确定的，应当委托省级以上负责计算机信息系统安全保护管理工作的部门检验。司法机关根据检验结论，并结合案件具体情况认定。

第十一条　本解释所称“计算机信息系统”和“计算机系统”，是指具备自动处理数据功能的系统，包括计算机、网络设备、通信设备、自动化控制设备等。

本解释所称“身份认证信息”，是指用于确认用户在计算机信息系统上操作权限的数据，包括帐号、口令、密码、数字证书等。

本解释所称“经济损失”，包括危害计算机信息系统犯罪行为给用户直接造成的经济损失，以及用户为恢复数据、功能而支出的必要费用。

根据最高法研究室**《关于利用计算机窃取他人游戏币非法销售获利如何定性问题的研究意见》**，利用计算机窃取他人游戏币非法销售获利行为目前宜以非法获取计算机信息系统数据罪定罪处罚（参见《司法研究与指导》2012 年总第 2 辑）。

【指导案例】根据 2017 年 10 月 12 日最高检**第九批指导性案例·检例第 36 号·卫梦龙、龚旭、薛东东非法获取计算机信息系统数据案**，超出授权范围使用账号、密码登录计算机信息系统，属于侵入计算机信息系统的行为；侵入计算机信息系统后下载其储存的数据，可以认定为非法获取计算机信息系统数据。

★该指导案例在“指导意义”部分指出：非法获取计算机信息系统数据罪中的“侵入”，是指违背被害人意愿、非法进入计算机信息系统的行为。其表现形式既包括采用技术手段破坏系统防护进入计算机信息系统，也包括未取得被害人授权擅自进入计算机信息系统，还包括超出被害人授权范围进入计算机信息系统。

根据 2020 年 3 月 28 日最高检**第十八批指导性案例·检例第 68 号·叶源星、张剑秋提供侵入计算机信息系统程序、谭房妹非法获取计算机信息系统数

据案，对有证据证明用途单一，只能用于侵入计算机信息系统的程序，司法机关可依法认定为“专门用于侵入计算机信息系统的程序”；难以确定的，应当委托专门部门或司法鉴定机构作出检验或鉴定。

★该指导案例在“指导意义”部分指出：审查认定“专门用于侵入计算机信息系统的程序”，一般应要求公安机关提供以下证据：一是从被扣押、封存的涉案电脑、U盘等原始存储介质中收集、提取相关的电子数据。二是对涉案程序、被侵入的计算机信息系统及电子数据进行勘验、检查后制作的笔录。三是能够证实涉案程序的技术原理、制作目的、功能用途和运行效果的书证材料。四是涉案程序的制作人、提供人、使用人对该程序的技术原理、制作目的、功能用途和运行效果进行阐述的言词证据，或能够展示涉案程序功能的视听资料。五是能够证实被侵入计算机信息系统安全保护措施的技术原理、功能以及被侵入后果的专业人员的证言等证据。六是对有运行条件的，应要求公安机关进行侦查实验。对有充分证据证明涉案程序是专门设计用于侵入计算机信息系统、非法获取计算机信息系统数据的，可直接认定为“专门用于侵入计算机信息系统的程序”。

证据审查中，可从以下方面对涉案程序是否属于“专门用于侵入计算机信息系统的程序”进行判断：一是结合被侵入的计算机信息系统的安全保护措施，分析涉案程序是否具有侵入的目的，是否具有避开或者突破计算机信息系统安全保护措施的功能。二是结合计算机信息系统被侵入的具体情形，查明涉案程序是否在未经授权或超越授权的情况下，获取计算机信息系统数据。三是分析涉案程序是否属于“专门”用于侵入计算机信息系统的程序。

根据《最高人民法院、最高人民检察院关于办理危害计算机信息系统安全刑事案件应用法律若干问题的解释》第十条和《最高人民法院、最高人民检察院、公安部关于办理刑事案件收集提取和审查判断电子数据若干问题的规定》第十七条的规定，对是否属于“专门用于侵入计算机信息系统的程序”难以确定的，一般应当委托省级以上负责计算机信息系统安全保护管理工作的部门检验，也可由司法鉴定机构出具鉴定意见，或者由公安部指定的机构出具报告。实践中，应重点审查检验报告、鉴定意见对程序运行过程和运行结果的判断，结合案件具体情况，认定涉案程序是否具有突破或避开计算机信息系统安全保护措施，未经授权或超越授权获取计算机信息系统数据的功能。

根据2020年12月31日最高法**第二十六批指导性案例·指导案例145号·张竣杰等非法控制计算机信息系统案**，通过植入木马程序的方式，非法获取网站服务器的控制权限，进而通过修改、增加计算机信息系统数据，向相关计算机信息系统上传网页链接代码的，应当认定为刑法第二百八十五条第二

第二百八十六条〔256〕　**【破坏计算机信息系统罪】**违反国家规定，对计算机信息系统功能进行删除、修改、增加、干扰，造成计算机信息系统不能正常运行，后果严重的，处五年以下有期徒刑或者拘役；后果特别严重的，处五年以上有期徒刑。

违反国家规定，对计算机信息系统中存储、处理或者传输的数据和应用程序进行删除、修改、增加的操作，后果严重的，依照前款的规定处罚。

故意制作、传播计算机病毒等破坏性程序，影响计算机系统正常运行，后果严重的，依照第一款的规定处罚。

单位犯前三款罪的，对单位判处罚金，并对其直接负责的主管人员和其他直接责任人员，依照第一款的规定处罚。

款"采用其他技术手段"非法控制计算机信息系统的行为。

通过修改、增加计算机信息系统数据，对该计算机信息系统实施非法控制，但未造成系统功能实质性破坏或者不能正常运行的，不应当认定为破坏计算机信息系统罪，符合刑法第二百八十五条第二款规定的，应当认定为非法控制计算机信息系统罪。

★关于办理网络犯罪案件适用刑事诉讼程序问题，参见2022年8月26日最高法、最高检、公安部《关于办理信息网络犯罪案件适用刑事诉讼程序若干问题的意见》(法发〔2022〕23号，自2022年9月1日起施行)。信息网络犯罪案件具体包括：(1)危害计算机信息系统安全犯罪案件；(2)拒不履行信息网络安全管理义务、非法利用信息网络、帮助信息网络犯罪活动的犯罪案件；(3)主要行为通过信息网络实施的诈骗、赌博、侵犯公民个人信息等其他犯罪案件——编者说明。

〔256〕　**【刑法修订】**本条被2015年《**刑法修正案(九)**》**第二十七条**修订，增设了第四款单位犯罪的规定。

【相关法规】根据2009年修正后的全国人大常委会《**关于维护互联网安全的决定**》**第一条第(二)、(三)项**，故意制作、传播计算机病毒等破坏性程序，攻击计算机系统及通信网络，致使计算机系统及通信网络遭受损害，以及违反国家规定，擅自中断计算机网络或者通信服务，造成计算机网络或者通信系统不能正常运行的，依照刑法的有关规定追究刑事责任。

根据2011年修订后的国务院《**计算机信息系统安全保护条例**》**第二十八条第二款**，计算机病毒，是指编制或者在计算机程序中插入的破坏计算机功能或者毁坏数据，影响计算机使用，并能自我复制的一组计算机指令或者程序代码。

【司法解释】根据1998年11月25日公安部**《关于对破坏未联网的微型计算机信息系统是否适用〈刑法〉第二百八十六条的请示的批复》**(公复字〔1998〕7号),《刑法》第二百八十六条中的“违反国家规定”是指包括《中华人民共和国计算机信息系统安全保护条例》(以下简称《条例》)在内的有关行政法规、部门规章的规定(★认为“违反国家规定”包括违反部门规章的规定的看法,与刑法第九十六条的规定以及最高法的相关规范性文件冲突——编者说明)。《条例》第五条第二款规定的“未联网的微型计算机的安全保护办法,另行规定”,主要是考虑到未联入网络的单台微型计算机系统所处环境和使用情况比较复杂,且基本无安全功能,需针对这些特点另外制定相应的安全管理措施。然而,未联网的计算机信息系统也属计算机信息系统,《条例》第二、三、七条的安全保护原则、规定,对未联网的微型计算机系统完全适用。因此破坏未联网的微型计算机信息系统适用《刑法》第二百八十六条。

2011年8月1日最高法、最高检**《关于办理危害计算机信息系统安全刑事案件应用法律若干问题的解释》**,就适用刑法第二百八十六条解释如下:

第四条 破坏计算机信息系统功能、数据或者应用程序,具有下列情形之一的,应当认定为刑法第二百八十六条第一款和第二款规定的“后果严重”:

(一)造成10台以上计算机信息系统的主要软件或者硬件不能正常运行的;

(二)对20台以上计算机信息系统中存储、处理或者传输的数据进行删除、修改、增加操作的;

(三)违法所得5000元以上或者造成经济损失1万元以上的;

(四)造成为100台以上计算机信息系统提供域名解析、身份认证、计费等基础服务或者为1万以上用户提供服务的计算机信息系统不能正常运行累计1小时以上的;

(五)造成其他严重后果的。

实施前款规定行为,具有下列情形之一的,应当认定为破坏计算机信息系统“后果特别严重”:

(一)数量或者数额达到前款第(一)项至第(三)项规定标准5倍以上的;

(二)造成为500台以上计算机信息系统提供域名解析、身份认证、计费等基础服务或者为5万以上用户提供服务的计算机信息系统不能正常运行累计1小时以上的;

(三)破坏国家机关或者金融、电信、交通、教育、医疗、能源等领域提供公共服务的计算机信息系统的功能、数据或者应用程序,致使生产、生活受到严重影响或者造成恶劣社会影响的;

(四)造成其他特别严重后果的。

第五条 具有下列情形之一的程序,应当认定为刑法第二百八十六条第三款规定的“计算机病毒等破坏性程序”:

(一)能够通过网络、存储介质、文件等媒介,将自身的部分、全部或者变种进行复制、传播,并破坏计算机系统功能、数据或者应用程序的;

(二)能够在预先设定条件下自动触发,并破坏计算机系统功能、数据或者应用程序的;

(三)其他专门设计用于破坏计算机系统功能、数据或者应用程序的程序。

第六条　故意制作、传播计算机病毒等破坏性程序,影响计算机系统正常运行,具有下列情形之一的,应当认定为刑法第二百八十六条第三款规定的"后果严重":

(一)制作、提供、传输第五条第(一)项规定的程序,导致该程序通过网络、存储介质、文件等媒介传播的;

(二)造成20台以上计算机系统被植入第五条第(二)、(三)项规定的程序的;

(三)提供计算机病毒等破坏性程序10人次以上的;

(四)违法所得5000元以上或者造成经济损失1万元以上的;

(五)造成其他严重后果的。

实施前款规定行为,具有下列情形之一的,应当认定为破坏计算机信息系统"后果特别严重":

(一)制作、提供、传输第五条第(一)项规定的程序,导致该程序通过网络、存储介质、文件等媒介传播,致使生产、生活受到严重影响或者造成恶劣社会影响的;

(二)数量或者数额达到前款第(二)项至第(四)项规定标准5倍以上的;

(三)造成其他特别严重后果的。

……

第八条　以单位名义或者单位形式实施危害计算机信息系统安全犯罪,达到本解释规定的定罪量刑标准的,应当依照刑法第二百八十五条、第二百八十六条的规定追究直接负责的主管人员和其他直接责任人员的刑事责任。

根据2023年8月8日最高法、最高检**《关于办理环境污染刑事案件适用法律若干问题的解释》第十一条**,违反国家规定,针对环境质量监测系统实施下列行为,或者强令、指使、授意他人实施下列行为,后果严重的,应当依照刑法第二百八十六条的规定,以破坏计算机信息系统罪定罪处罚:

(一)修改系统参数或者系统中存储、处理、传输的监测数据的;

(二)干扰系统采样,致使监测数据因系统不能正常运行而严重失真的;

(三)其他破坏环境质量监测系统的行为。

重点排污单位、实行排污许可重点管理的单位篡改、伪造自动监测数据或者干扰自动监测设施,排放化学需氧量、氨氮、二氧化硫、氮氧化物等污染物,同时构成污染环境罪和破坏计算机信息系统罪的，依照处罚较重的规定定罪处罚。

从事环境监测设施维护、运营的人员实施或者参与实施篡改、伪造自动监测数据、干扰自动监测设施、破坏环境质量监测系统等行为的，依法从重处罚。

根据最高法研究室**《关于对交警部门计算机信息系统中存储的交通违章信息进行删除行为如何定性的研究意见》**，违反国家规定，对交警部门计算机信息系统中存储的交通违章信息进行删除，收取违章人员的好处，应当认定为刑法第二百八十六条第二款规定的对计算机信息系统中存储、处理、传输的数据进行删除的操作，以破坏计算机信息系统罪定罪处罚（参见《司法研究与指导》2012年总第2辑）。

【指导案例】根据2017年10月12日最高检**第九批指导性案例·检例第33号·李丙龙破坏计算机信息系统案**，以修改域名解析服务器指向的方式劫持域名，造成计算机信息系统不能正常运行，是破坏计算机信息系统的行为。

★该指导案例在"指导意义"部分指出：修改域名解析服务器指向，强制用户偏离目标网站或网页进入指定网站或网页，是典型的域名劫持行为。行为人使用恶意代码修改目标网站域名解析服务器，目标网站域名被恶意解析到其他IP地址，无法正常发挥网站服务功能，这种行为实质是对计算机信息系统功能的修改、干扰，符合刑法第二百八十六条第一款"对计算机信息系统功能进行删除、修改、增加、干扰"的规定。根据《最高人民法院、最高人民检察院关于办理危害计算机信息系统安全刑事案件应用法律若干问题的解释》第四条的规定，造成为1万以上用户提供服务的计算机信息系统不能正常运行累计1小时以上的，属于"后果严重"，应以破坏计算机信息系统罪论处；造成为5万以上用户提供服务的计算机信息系统不能正常运行累计1小时以上的，属于"后果特别严重"。

认定遭受破坏的计算机信息系统服务用户数，可以根据计算机信息系统的功能和使用特点，结合网站注册用户、浏览用户等具体情况，作出客观判断。

根据2017年10月12日最高检**第九批指导性案例·检例第34号·李骏杰等破坏计算机信息系统案**，冒用购物网站买家身份进入网站内部评价系统删改购物评价，属于对计算机信息系统内存储数据进行修改操作，应当认定为破坏计算机信息系统的行为。

★该指导案例在"指导意义"部分指出：侵入评价系统删改购物评价，其实质是对计算机信息系统内存储的数据进行删除、修改操作的行为。这种行为危害到计算机信息系统数据采集和流量分配体系运行，使网站注册商户及其商品、服务的搜索受到影响，导致网站商品、服务评价功能无法正常运作，侵害了购物网站所属公司的信息系统安全和消费者的知情权。行为人因删除、修改某购物网站中差评数据违法所得25000元以上，构成破坏计算机信息系统罪，属于“后果特别严重”的情形，应当依法判处5年以上有期徒刑。

根据2017年10月12日最高检**第九批指导性案例 · 检例第35号 · 曾兴亮、王玉生破坏计算机信息系统案**，智能手机终端，应当认定为刑法保护的计算机信息系统。锁定智能手机导致不能使用的行为，可认定为破坏计算机信息系统。

★该指导案例在“指导意义”部分指出：计算机信息系统包括计算机、网络设备、通信设备、自动化控制设备等。智能手机和计算机一样，使用独立的操作系统、独立的运行空间，可以由用户自行安装软件等程序，并可以通过移动通讯网络实现无线网络接入，应当认定为刑法上的“计算机信息系统”。

行为人通过修改被害人手机的登录密码，远程锁定被害人的智能手机设备，使之成为无法开机的“僵尸机”，属于对计算机信息系统功能进行修改、干扰的行为。造成10台以上智能手机系统不能正常运行，符合刑法第二百八十六条破坏计算机信息系统罪构成要件中“对计算机信息系统功能进行修改、干扰”“后果严重”的情形，构成破坏计算机信息系统罪。

行为人采用非法手段锁定手机后以解锁为条件，索要钱财，在数额较大或多次敲诈的情况下，其目的行为又构成敲诈勒索罪。在这类犯罪案件中，手段行为构成的破坏计算机信息系统罪与目的行为构成的敲诈勒索罪之间成立牵连犯。牵连犯应当从一重罪处断。

根据2018年12月25日最高法**第二十批指导性案例 · 指导案例102号 · 付宣豪、黄子超破坏计算机信息系统案**，通过修改路由器、浏览器设置、锁定主页或者弹出新窗口等技术手段，强制网络用户访问指定网站的“DNS劫持”行为，属于破坏计算机信息系统，后果严重的，构成破坏计算机信息系统罪。

对于“DNS劫持”，应当根据造成不能正常运行的计算机信息系统数量、相关计算机信息系统不能正常运行的时间，以及所造成的损失或者影响等，认定其是“后果严重”还是“后果特别严重”。

根据2018年12月25日最高法**第二十批指导性案例 · 指导案例103号 · 徐强破坏计算机信息系统案**，企业的机械远程监控系统属于计算机信息系统。违反国家规定，对企业的机械远程监控系统功能进行破坏，造成计算机信息系统不能正常运行，后果严重的，构成破坏计算机信息系统罪。

根据2018年12月25日最高法**第二十批指导性案例 · 指导案例104号 · 李森、何利民、张锋勃等人破坏计算机信息系统案**，环境质量监测系统属于计算机信息系统。用棉纱等物品堵塞环境质量监测采样设备，干扰采样，致使监测数据严重失真的，构成破坏计算机信息系统罪。

根据2020年3月28日最高检**第十八批指导性案例 · 检例第69号 · 姚晓**

第二百八十六条之一[257] **【拒不履行信息网络安全管理义务罪】**网络服务提供者不履行法律、行政法规规定的信息网络安全管理义务，经监管部门责令采取改正措施而拒不改正，有下列情形之一的，处三年以下有期徒刑、拘役或者管制，并处或者单处罚金：

（一）致使违法信息大量传播的；

（二）致使用户信息泄露，造成严重后果的；

（三）致使刑事案件证据灭失，情节严重的；

（四）有其他严重情节的。

单位犯前款罪的，对单位判处罚金，并对其直接负责的主管人员和其他直接责任人员，依照前款的规定处罚。

有前两款行为，同时构成其他犯罪的，依照处罚较重的规定定罪处罚。

第二百八十七条 【利用计算机实施有关犯罪的规定】 利用计算机实施金融诈骗、盗窃、贪污、挪用公款、窃取国家秘密或者其他犯罪的，依照本法有关规定定罪处罚。

杰等11人破坏计算机信息系统案，为有效打击网络攻击犯罪，检察机关应加强与公安机关的配合，及时介入侦查引导取证，结合案件特点提出明确具体的补充侦查意见。对被害互联网企业提供的证据和技术支持意见，应当结合其他证据进行审查认定，客观全面准确认定破坏计算机信息系统罪的危害后果。

★该指导案例在"指导意义"部分指出：实践中，往往倾向于依据犯罪违法所得数额或造成的经济损失认定破坏计算机信息系统罪的危害后果。但是在一些案件中，违法所得或经济损失并不能全面、准确反映出犯罪行为所造成的危害。有的案件违法所得或者经济损失的数额并不大，但网络攻击行为导致受影响的用户数量特别大，有的导致用户满意度降低或用户流失，有的造成了恶劣社会影响。对这类案件，如果仅根据违法所得或经济损失数额来评估危害后果，可能会导致罪刑不相适应。因此，在办理破坏计算机信息系统犯罪案件时，检察机关应发挥好介入侦查引导取证的作用，及时引导公安机关按照法律规定，从扰乱公共秩序的角度，收集、固定能够证实受影响的计算机信息系统数量或用户数量、受影响或被攻击的计算机信息系统不能正常运行的累计时间、对被害企业造成的影响等证据，对危害后果作出客观、全面、准确认定，做到罪责相当、罚当其罪，使被告人受到应有惩处。

〔257〕**【刑法修订】**本条为2015年**《刑法修正案（九）》**第二十八条增设。

【**司法解释**】2019年10月21日最高法、最高检《**关于办理非法利用信息网络、帮助信息网络犯罪活动等刑事案件适用法律若干问题的解释**》(法释〔2019〕15号,自2019年11月1日起施行),为依法惩治拒不履行信息网络安全管理义务、非法利用信息网络、帮助信息网络犯罪活动等犯罪,维护正常网络秩序,根据《中华人民共和国刑法》《中华人民共和国刑事诉讼法》的规定,现就办理此类刑事案件适用法律的若干问题解释如下:

第一条　提供下列服务的单位和个人,应当认定为刑法第二百八十六条之一第一款规定的"网络服务提供者":

(一)网络接入、域名注册解析等信息网络接入、计算、存储、传输服务;

(二)信息发布、搜索引擎、即时通讯、网络支付、网络预约、网络购物、网络游戏、网络直播、网站建设、安全防护、广告推广、应用商店等信息网络应用服务;

(三)利用信息网络提供的电子政务、通信、能源、交通、水利、金融、教育、医疗等公共服务。

第二条　刑法第二百八十六条之一第一款规定的"监管部门责令采取改正措施",是指网信、电信、公安等依照法律、行政法规的规定承担信息网络安全监管职责的部门,以责令整改通知书或者其他文书形式,责令网络服务提供者采取改正措施。

认定"经监管部门责令采取改正措施而拒不改正",应当综合考虑监管部门责令改正是否具有法律、行政法规依据,改正措施及期限要求是否明确、合理,网络服务提供者是否具有按照要求采取改正措施的能力等因素进行判断。

第三条　拒不履行信息网络安全管理义务,具有下列情形之一的,应当认定为刑法第二百八十六条之一第一款第一项规定的"致使违法信息大量传播":

(一)致使传播违法视频文件200个以上的;

(二)致使传播违法视频文件以外的其他违法信息2000个以上的;

(三)致使传播违法信息,数量虽未达到第一项、第二项规定标准,但是按相应比例折算合计达到有关数量标准的;

(四)致使向2000个以上用户账号传播违法信息的;

(五)致使利用群组成员账号数累计3000以上的通讯群组或者关注人员账号数累计3万以上的社交网络传播违法信息的;

(六)致使违法信息实际被点击数达到5万以上的;

(七)其他致使违法信息大量传播的情形。

第四条　拒不履行信息网络安全管理义务,致使用户信息泄露,具有下列情形之一的,应当认定为刑法第二百八十六条之一第一款第二项规定的"造成严重后果":

(一)致使泄露行踪轨迹信息、通信内容、征信信息、财产信息500条以

上的；

（二）致使泄露住宿信息、通信记录、健康生理信息、交易信息等其他可能影响人身、财产安全的用户信息5000条以上的；

（三）致使泄露第一项、第二项规定以外的用户信息5万条以上的；

（四）数量虽未达到第一项至第三项规定标准，但是按相应比例折算合计达到有关数量标准的；

（五）造成他人死亡、重伤、精神失常或者被绑架等严重后果的；

（六）造成重大经济损失的；

（七）严重扰乱社会秩序的；

（八）造成其他严重后果的。

第五条 拒不履行信息网络安全管理义务，致使影响定罪量刑的刑事案件证据灭失，具有下列情形之一的，应当认定为刑法第二百八十六条之一第一款第三项规定的“情节严重”：

（一）造成危害国家安全犯罪、恐怖活动犯罪、黑社会性质组织犯罪、贪污贿赂犯罪案件的证据灭失的；

（二）造成可能判处5年有期徒刑以上刑罚犯罪案件的证据灭失的；

（三）多次造成刑事案件证据灭失的；

（四）致使刑事诉讼程序受到严重影响的；

（五）其他情节严重的情形。

第六条 拒不履行信息网络安全管理义务，具有下列情形之一的，应当认定为刑法第二百八十六条之一第一款第四项规定的“有其他严重情节”：

（一）对绝大多数用户日志未留存或者未落实真实身份信息认证义务的；

（二）2年内经多次责令改正拒不改正的；

（三）致使信息网络服务被主要用于违法犯罪的；

（四）致使信息网络服务、网络设施被用于实施网络攻击，严重影响生产、生活的；

（五）致使信息网络服务被用于实施危害国家安全犯罪、恐怖活动犯罪、黑社会性质组织犯罪、贪污贿赂犯罪或者其他重大犯罪的；

（六）致使国家机关或者通信、能源、交通、水利、金融、教育、医疗等领域提供公共服务的信息网络受到破坏，严重影响生产、生活的；

（七）其他严重违反信息网络安全管理义务的情形。

……

第十四条 单位实施本解释规定的犯罪的，依照本解释规定的相应自然人犯罪的定罪量刑标准，对直接负责的主管人员和其他直接责任人员定罪处罚，并对单位判处罚金。

第十五条 综合考虑社会危害程度、认罪悔罪态度等情节，认为犯罪情节轻微的，可以不起诉或者免予刑事处罚；情节显著轻微危害不大的，不以犯罪论处。

第十六条　多次拒不履行信息网络安全管理义务、非法利用信息网络、帮助信息网络犯罪活动构成犯罪，依法应当追诉的，或者2年内多次实施前述行为未经处理的，数量或者数额累计计算。

第十七条　对于实施本解释规定的犯罪被判处刑罚的，可以根据犯罪情况和预防再犯罪的需要，依法宣告职业禁止；被判处管制、宣告缓刑的，可以根据犯罪情况，依法宣告禁止令。

第十八条　对于实施本解释规定的犯罪的，应当综合考虑犯罪的危害程度、违法所得数额以及被告人的前科情况、认罪悔罪态度等，依法判处罚金。

第十九条　本解释自2019年11月1日起施行。

根据2020年2月6日最高法、最高检、公安部、司法部《**关于依法惩治妨害新型冠状病毒感染肺炎疫情防控违法犯罪的意见**》，网络服务提供者不履行法律、行政法规规定的信息网络安全管理义务，经监管部门责令采取改正措施而拒不改正，致使虚假疫情信息或者其他违法信息大量传播的，依照刑法第二百八十六条之一的规定，以拒不履行信息网络安全管理义务罪定罪处罚。

根据2021年1月22日最高检《**人民检察院办理网络犯罪案件规定**》**第十九条**，对于网络犯罪案件，认定犯罪嫌疑人的主观方面，应当结合犯罪嫌疑人的认知能力、专业水平、既往经历、人员关系、行为次数、获利情况等综合认定，注重审查以下内容：

（一）反映犯罪嫌疑人主观故意的聊天记录、发布内容、浏览记录等；

（二）犯罪嫌疑人行为是否明显违背系统提示要求、正常操作流程；

（三）犯罪嫌疑人制作、使用或者向他人提供的软件程序是否主要用于违法犯罪活动；

（四）犯罪嫌疑人支付结算的对象、频次、数额等是否明显违反正常交易习惯；

（五）犯罪嫌疑人是否频繁采用隐蔽上网、加密通信、销毁数据等措施或者使用虚假身份；

（六）其他能够反映犯罪嫌疑人主观方面的内容。

第二十条　对于网络犯罪案件，认定犯罪行为的情节和后果，应当结合网络空间、网络行为的特性，从违法所得、经济损失、信息系统的破坏、网络秩序的危害程度以及对被害人的侵害程度等综合判断，注重审查以下内容：

（一）聊天记录、交易记录、音视频文件、数据库信息等能够反映犯罪嫌疑人违法所得、获取和传播数据及文件的性质、数量的内容；

（二）账号数量、信息被点击次数、浏览次数、被转发次数等能够反映犯罪行为对网络空间秩序产生影响的内容；

（三）受影响的计算机信息系统数量、服务器日志信息等能够反映犯罪行

第二百八十七条之一[258] **【非法利用信息网络罪】**利用信息网络实施下列行为之一，情节严重的，处三年以下有期徒刑或者拘役，并处或者单处罚金：

（一）设立用于实施诈骗、传授犯罪方法、制作或者销售违禁物品、管制物品等违法犯罪活动的网站、通讯群组的；

（二）发布有关制作或者销售毒品、枪支、淫秽物品等违禁物品、管制物品或者其他违法犯罪信息的；

（三）为实施诈骗等违法犯罪活动发布信息的。

单位犯前款罪的，对单位判处罚金，并对其直接负责的主管人员和其他直接责任人员，依照第一款的规定处罚。

有前两款行为，同时构成其他犯罪的，依照处罚较重的规定定罪处罚。

为对信息网络运行造成影响程度的内容；

（四）被害人数量、财产损失数额、名誉侵害的影响范围等能够反映犯罪行为对被害人的人身、财产等造成侵害的内容；

（五）其他能够反映犯罪行为情节、后果的内容。

根据2023年9月20日最高法、最高检、公安部**《关于依法惩治网络暴力违法犯罪的指导意见》**，网络服务提供者对于所发现的有关网络暴力违法犯罪的信息不依法履行信息网络安全管理义务，经监管部门责令采取改正措施而拒不改正，致使违法信息大量传播或者有其他严重情节，符合刑法第二百八十六条之一规定的，以拒不履行信息网络安全管理义务罪定罪处罚；依照刑法和司法解释规定，同时构成其他犯罪的，依照处罚较重的规定定罪处罚。

〔258〕**【刑法修订】**本条为2015年**《刑法修正案（九）》**第二十九条增设。

【司法解释】2019年10月21日最高法、最高检**《关于办理非法利用信息网络、帮助信息网络犯罪活动等刑事案件适用法律若干问题的解释》**，对刑法第二百八十七条之一的适用解释如下：

第七条 刑法第二百八十七条之一规定的“违法犯罪”，包括犯罪行为和属于刑法分则规定的行为类型但尚未构成犯罪的违法行为。

第八条 以实施违法犯罪活动为目的而设立或者设立后主要用于实施违法犯罪活动的网站、通讯群组，应当认定为刑法第二百八十七条之一第一款第一项规定的“用于实施诈骗、传授犯罪方法、制作或者销售违禁物品、管制物品等违法犯罪活动的网站、通讯群组”。

第九条　利用信息网络提供信息的链接、截屏、二维码、访问账号密码及其他指引访问服务的，应当认定为刑法第二百八十七条之一第一款第二项、第三项规定的“发布信息”。

第十条　非法利用信息网络，具有下列情形之一的，应当认定为刑法第二百八十七条之一第一款规定的“情节严重”：

（一）假冒国家机关、金融机构名义，设立用于实施违法犯罪活动的网站的；

（二）设立用于实施违法犯罪活动的网站，数量达到3个以上或者注册账号数累计达到2000以上的；

（三）设立用于实施违法犯罪活动的通讯群组，数量达到5个以上或者群组成员账号数累计达到1000以上的；

（四）发布有关违法犯罪的信息或者为实施违法犯罪活动发布信息，具有下列情形之一的：

1. 在网站上发布有关信息100条以上的；
2. 向2000个以上用户账号发送有关信息的；
3. 向群组成员数累计达到3000以上的通讯群组发送有关信息的；
4. 利用关注人员账号数累计达到3万以上的社交网络传播有关信息的；

（五）违法所得1万元以上的；

（六）2年内曾因非法利用信息网络、帮助信息网络犯罪活动、危害计算机信息系统安全受过行政处罚，又非法利用信息网络的；

（七）其他情节严重的情形。

……

第十四条　单位实施本解释规定的犯罪的，依照本解释规定的相应自然人犯罪的定罪量刑标准，对直接负责的主管人员和其他直接责任人员定罪处罚，并对单位判处罚金。

根据2016年4月6日最高法**《关于审理毒品犯罪案件适用法律若干问题的解释》第十四条**，利用信息网络，设立用于实施传授制造毒品、非法生产制毒物品的方法，贩卖毒品，非法买卖制毒物品或者组织他人吸食、注射毒品等违法犯罪活动的网站、通讯群组，或者发布实施前述违法犯罪活动的信息，情节严重的，应当依照刑法第二百八十七条之一的规定，以非法利用信息网络罪定罪处罚。

实施刑法第二百八十七条之一、第二百八十七条之二规定的行为，同时构成贩卖毒品罪、非法买卖制毒物品罪、传授犯罪方法罪等犯罪的，依照处罚较重的规定定罪处罚。

根据2019年5月19日最高法、最高检、公安部、司法部**《关于依法严厉打击传播艾滋病病毒等违法犯罪行为的指导意见》**，设立网站、通讯群组，用

第二百八十七条之二[259]　**【帮助信息网络犯罪活动罪】**明知他人利用信息网络实施犯罪，为其犯罪提供互联网接入、服务器托管、网络存储、通讯传输等技术支持，或者提供广告推广、支付结算等帮助，情节严重的，处三年以下有期徒刑或者拘役，并处或者单处罚金。

单位犯前款罪的，对单位判处罚金，并对其直接负责的主管人员和其他直接责任人员，依照第一款的规定处罚。

有前两款行为，同时构成其他犯罪的，依照处罚较重的规定定罪处罚。

于销售谎称含有或者含有艾滋病病毒的血液等违法犯罪活动，情节严重的，依照刑法第二百八十七条之一的规定，以非法利用信息网络罪定罪处罚。

根据2019年9月2日最高法、最高检**《关于办理组织考试作弊等刑事案件适用法律若干问题的解释》第十一条**，设立用于实施考试作弊的网站、通讯群组或者发布有关考试作弊的信息，情节严重的，应当依照刑法第二百八十七条之一的规定，以非法利用信息网络罪定罪处罚；同时构成组织考试作弊罪、非法出售、提供试题、答案罪、非法获取国家秘密罪等其他犯罪的，依照处罚较重的规定定罪处罚。

根据2023年9月20日最高法、最高检、公安部**《关于依法惩治网络暴力违法犯罪的指导意见》**，基于蹭炒热度、推广引流等目的，利用互联网用户公众账号等推送、传播有关网络暴力违法犯罪的信息，符合刑法第二百八十七条之一规定的，以非法利用信息网络罪定罪处罚；依照刑法和司法解释规定，同时构成其他犯罪的，依照处罚较重的规定定罪处罚。

【会议纪要】根据2023年6月26日最高法**《全国法院毒品案件审判工作会议纪要》**，利用信息网络，设立用于实施贩卖毒品，非法买卖制毒物品，引诱、教唆、欺骗他人吸毒或者传授制造毒品、非法生产制毒物品的方法等违法犯罪活动的网站、通讯群组，或者发布实施上述违法犯罪活动的信息，情节严重的，以非法利用信息网络罪定罪处罚。实施上述行为，同时构成贩卖毒品罪、非法买卖制毒物品罪、引诱、教唆、欺骗他人吸毒罪、传授犯罪方法罪等犯罪的，依照处罚较重的规定定罪处罚。

〔259〕 **【刑法修订】**本条为2015年**《刑法修正案（九）》第二十九条**增设。

【司法解释】2019年10月21日最高法、最高检**《关于办理非法利用信息网络、帮助信息网络犯罪活动等刑事案件适用法律若干问题的解释》**，对刑法第二百八十七条之二的适用解释如下：

第十一条　为他人实施犯罪提供技术支持或者帮助，具有下列情形之一的，可以认定行为人明知他人利用信息网络实施犯罪，但是有相反证据的除外：

（一）经监管部门告知后仍然实施有关行为的；

（二）接到举报后不履行法定管理职责的；

（三）交易价格或者方式明显异常的；

（四）提供专门用于违法犯罪的程序、工具或者其他技术支持、帮助的；

（五）频繁采用隐蔽上网、加密通信、销毁数据等措施或者使用虚假身份，逃避监管或者规避调查的；

（六）为他人逃避监管或者规避调查提供技术支持、帮助的；

（七）其他足以认定行为人明知的情形。

第十二条　明知他人利用信息网络实施犯罪，为其犯罪提供帮助，具有下列情形之一的，应当认定为刑法第二百八十七条之二第一款规定的“情节严重”：

（一）为 3 个以上对象提供帮助的；

（二）支付结算金额 20 万元以上的；

（三）以投放广告等方式提供资金 5 万元以上的；

（四）违法所得 1 万元以上的；

（五）2 年内曾因非法利用信息网络、帮助信息网络犯罪活动、危害计算机信息系统安全受过行政处罚，又帮助信息网络犯罪活动的；

（六）被帮助对象实施的犯罪造成严重后果的；

（七）其他情节严重的情形。

实施前款规定的行为，确因客观条件限制无法查证被帮助对象是否达到犯罪的程度，但相关数额总计达到前款第二项至第四项规定标准 5 倍以上，或者造成特别严重后果的，应当以帮助信息网络犯罪活动罪追究行为人的刑事责任。

第十三条　被帮助对象实施的犯罪行为可以确认，但尚未到案、尚未依法裁判或者因未达到刑事责任年龄等原因依法未予追究刑事责任的，不影响帮助信息网络犯罪活动罪的认定。

第十四条　单位实施本解释规定的犯罪的，依照本解释规定的相应自然人犯罪的定罪量刑标准，对直接负责的主管人员和其他直接责任人员定罪处罚，并对单位判处罚金。

根据 2022 年 8 月 26 日最高法、最高检、公安部**《关于办理信息网络犯罪案件适用刑事诉讼程序若干问题的意见》第二十一条**，对于涉案人数特别众多的信息网络犯罪案件，确因客观条件限制无法收集证据逐一证明、逐人核实涉案账户的资金来源，但根据银行账户、非银行支付账户等交易记录和其他证据材料，足以认定有关账户主要用于接收、流转涉案资金的，可以按照该账户接收的资金数额认定犯罪数额，但犯罪嫌疑人、被告人能够作出合理说明的除外。案外人提出异议的，应当依法审查。

2023 年 7 月 26 日最高检第四检察厅**《关于办理电信网络诈骗及其关联犯罪案件有关问题的解答》**(高检四厅〔2023〕3 号)，就各地重点关注的电信网络诈骗及其关联犯罪 10 个问题形成了如下解答意见，供办案时参考。

一、关于准确把握帮助信息网络犯罪活动罪(以下简称“帮信罪”)案件的管辖。根据《关于办理信息网络犯罪案件适用刑事诉讼程序若干问题的意见》(法发〔2022〕23 号)第 2 条第 3 款之规定，犯罪嫌疑人为信息网络犯罪提供帮助的，其犯罪地、居住地或者被帮助对象(如诈骗犯罪嫌疑人)的犯罪地公安机关均可以立案侦查。也就是说，关于帮信罪案件，常见的管辖连接点包括帮信犯罪的犯罪地、犯罪嫌疑人居住地以及“上游”犯罪的犯罪地等。

在办理帮信罪案件尤其是涉“两卡”类相关案件时，往往存在犯罪嫌疑人出售、出租的银行卡用于诈骗犯罪后，被不同地区的公安机关立案侦查，由此引起管辖争议。对此，根据《意见》第 3 条规定，有多个犯罪地的信息网络犯罪案件，由最初受理的公安机关或者主要犯罪地公安机关立案侦查。有争议的，按照有利于查清犯罪事实、有利于诉讼的原则，协商解决；经协商无法达成一致的，由共同上级公安机关指定有关公安机关立案侦查。

检察机关在审查逮捕阶段发现犯罪嫌疑人另被异地公安机关立案侦查的(如异地公安机关已针对犯罪嫌疑人出售的部分银行卡立案侦查)，应当建议公安机关自行协商侦查管辖问题。如在审查起诉时发现上述情况，应当按照有利于查清犯罪事实、有利于诉讼的原则，与相关检察机关协商解决。经协商无法达成一致的，由共同上级检察机关指定管辖。

二、关于准确认定帮信罪的主观明知。根据刑法第二百八十七条之二规定，帮信罪在主观上需“明知他人利用信息网络实施犯罪”，“两高一部”《关于办理非法利用信息网络、帮助信息网络犯罪活动等刑事案件适用法律若干问题的解释》第十一条、“两高一部”《关于办理电信网络诈骗等刑事案件适用法律若干问题的意见(二)》第八条分别规定了可以认定帮信罪“主观明知”的具体情形。《关于“断卡”行动中有关法律适用问题的会议纪要》进一步明确涉“两卡”类帮信罪案件主观明知认定需要注意审查的内容。

实践中，应按照上述规定要求，围绕案件具体事实，坚持主客观相一致原则，根据提供技术支持或帮助的对象、次数、类型、行为方式、犯罪工具、非法获利等情况，结合行为人的认知能力、职业身份、既往经历、与信息网络犯罪行为人的关系及其供述和辩解等综合认定。根据刑法规定，帮信罪的明知内容并没有限定被帮助行为的类型，行为人认识到他人利用信息网络实施严重危害社会的行为即可，不需要知悉具体行为类型，即使对行为类型认识有误的（如将传销犯罪误认为诈骗犯罪），也不影响明知的认定。

要注重对行为人供述、辩解的审查，结合行为特征和行为时的具体场景，审查分析其供述的真实性和辩解的合理性，注重发现其中的异常点和矛盾点。如，对于行为人提出的“银行卡被赌客用于结算赌资”的辩解，不宜过于严格区分赌博是违法行为还是犯罪行为，而应将赌博行为作整体评价，既包括开设赌场、聚众赌博等犯罪，也包括一般赌博违法行为。结合在案证据，能够证明行为人明知银行卡用途具有非法性的，依法可以认定行为人具有帮信罪的主观明知。又如，对于行为人提出的“为了申办贷款而将银行卡提供给他人刷流水”的辩解，可结合分析行为人是否具有办理贷款的现实需求、是否具有申请办理的实际行为、是否具有跨地域流动、使用即时通讯工具销毁通讯记录等异常行为表现、是否为办理贷款支出合理费用等方面，综合认定其是否具有帮信罪的主观明知。

需要注意的是，对于行为人提出的合理辩解，如，行为人辩解因家庭、亲属等信赖关系偶尔出借银行卡，且没有获取或获取少量费用的，应结合在案其他证据，慎重认定主观明知。

三、关于准确认定掩饰、隐瞒犯罪所得、犯罪所得收益罪（以下简称“掩隐罪”）的主观明知（➽参见刑法第 312 条脚注相关部分）

四、关于准确区分帮信罪与掩隐罪。帮信罪与掩隐罪不论在主观方面还是客观方面都存在不同。关于两罪的主观方面，可参照上述“问题二”和“问题三”解答要点予以判断。需要指出的是，如前文所述，帮信罪明知是一种概括的明知，主观上并不要求知道所帮助的违法犯罪行为的具体类型。掩隐罪虽然在主观上要求明知掩饰、隐瞒的资金系犯罪所得及其收益，但是这种明知也是一种概括的明知，即只要知道掩饰、隐瞒资金系犯罪行为所得即可，不要求确切知道是何种犯罪所得。

关于两罪的客观方面，根据刑法第二百八十七条之二的规定，帮信罪帮助的是“他人利用信息网络实施的犯罪”，在电信网络诈骗案件中，其所帮助的既可能是诈骗罪，也可能是关联犯罪如掩隐罪等。但不论帮助的是诈骗罪还是掩隐罪等，其帮助行为均系在所帮助犯罪实施终了之前，即所帮助犯罪既遂前实施。而掩隐罪中的掩饰、隐瞒行为，则只能是在“上游”犯罪既遂后予以实施。如，行为人为诈骗犯罪仅提供银行卡的，其提供银行卡行为发生在诈骗既遂之前，即被害人按照犯罪分子的指令将钱款打入该银行卡之前的，应按照帮信罪认定。又如，行为人仅提供银行卡且该行为发生在诈骗既遂之后，银行卡作为二级、三级卡被用来层层转账的，这一行为实际为后续的掩饰、隐瞒犯罪提供帮助，此时虽然“上游”诈骗犯罪已经既遂，由于其所帮助的掩饰、隐瞒行为未实施完毕，仍应按照帮信罪认定。

五、关于对出售、出租银行卡后又提供转账“刷脸”等行为的认定。当前，随着打击工作的逐步深入和金融机构风控的不断加强，为了规避金融机构风控措施、降低犯罪成本和减少风险，行为人在出售、出租本人银行卡时，多被犯罪分子要求到场配合转账或者提供“刷脸”等验证服务，这已逐步成为当前涉“两卡”类犯罪案件的主要形态。

在这类案件中，行为人多是被犯罪分子带到指定地点（实践中多为宾馆房间、移动车辆、偏僻郊区等）进行“跑分”洗钱，或是被要求利用自己银行卡频繁转账、在多个银行账户之间频繁划账、将巨额资金散存于多个账户、利用“POS”机刷卡套现、将汇入银行卡内的资金取现等，对于行为人通过上述非法途径或者异常方式协助转账，如没有其他正当理由，依法可以认定其明知系犯罪所得及产生的收益。

当前，金融机构反洗钱措施逐步加强，当银行账户出现资金频繁划转、流水数额激增等可疑交易特征时，往往需要通过“刷脸”等方式对实际持卡人是否系卡主本人进行二次验证。对于行为人所提供的“刷脸”等验证行为（实践中还包括手机验证码验证、接听银行核验电话等），有的是作为支付密码输入方式之一，属于典型的转账行为；有的是作为转账之前登录银行卡账户的验证方式之一，这一行为与随即发生的转账行为密切关联。实践中应将上述行为作为一个整体，统一评价为掩饰、隐瞒行为，依法以掩隐罪认定。

从各地反映情况看，当前，办案机关对这一行为认定争议的主要焦点在于掩饰、隐瞒犯罪所得及其产生的收益的数额认定和量刑建议上。对于掩隐罪的数额认定，应以实际查实的犯罪所得数额为限，对于未查明的不明流水资金不宜作为犯罪数额认定，但应当作为酌定量刑情节考虑。同时，根据“两高一部”《关于办理信息网络犯罪案件适用刑事诉讼程序若干问题的意见》第21条规定，对于涉案人数特别众多的信息网络犯罪案件，确因客观条件限制无法收集证据逐一证明、逐人核实涉案账户的资金来源，但根据银行账户、非银行支付账户等交易记录和其他证据材料，足以认定有关账户主要用于接收、流转涉案资金的，可以按照该账户接收的资金数额认定犯罪数额，但犯罪嫌疑人、被告人能够作出合理解释的除外。案外人提出异议的，应当依法审查。对于量刑建议，坚持实质判断和综合判断原则，防止“唯数额论”。要综合行为的性质、情节、后果以及对上游犯罪的作用等因素，全面把握社会危害性，依法妥当提出量刑建议。对组织、招募、介绍多人参与上述犯罪，或长期、多次参与上述犯罪的人员，应当依法从严惩处。对于仅协助、配合组织者转移赃款的“卡农”，在整个犯罪过程中起次要和辅助作用的，依法可以认定为从犯。特别是在其掩饰、隐瞒犯罪所得及产生的收益数额达到情节严重，综合主观恶性、参与次数、违法所得等其他情节，判处行为人3年以上有期徒刑明显畸重的，可根据其从犯的地位作用，依法提出减轻处罚的量刑建议，确保罪责刑相适应。

六、关于准确区分帮信罪等关联犯罪与诈骗罪共犯的界限。由于电信网络诈骗犯罪链条较长，行为人之间沟通联络相对松散，对于诈骗罪共犯认定标准往往不好把握，实践中容易出现本应认定为诈骗罪共犯，却以帮信罪、掩隐罪等量刑更轻的罪名处理的情形，导致重罪轻诉、罪责刑不相适应。对于上述两类行为区分，可重点从两个方面把握。一方面，审查行为人对所帮助犯罪行为的认知程度。如，在帮信罪案件中，如前文所述，行为人对所帮助犯罪行为只是概括的认识，对具体犯罪类型及犯罪形态并不知悉。而在诈骗罪共犯的场合，行为人对所共同配合实施的行为（包括行为的内容、方式等）存在相对明确的认识。另一方面，审查双方意思联络和行为联系的紧密程度。如，在帮信罪案件中，行为人与被帮助的犯罪分子之间联系是相对松散、不固定的。帮信罪的行为与所帮助的诈骗行为之间并没有形成相互作用、相互促进的紧密联系。而在诈骗罪共犯案件中，这种联络是相对紧密、固定的，联络内容也是相对具体的，往往体现为事前通谋或事中勾连，或者至少是"心照不宣"。双方行为之间更加紧密，形成一个相互配合、相互作用的整体。

司法实践中，符合下列情形之一的，依法可以认定为诈骗罪共犯。一是对于行为人与诈骗犯罪分子事前通谋或事中勾连的，应以诈骗罪共犯论处。前者如在成立诈骗犯罪集团或从事具体诈骗行为之前，双方已有共同预谋、策划、分工的；后者如行为人中途参与到诈骗犯罪集团中，根据分工安排，从事诈骗活动的。在这类情形中，行为人对犯罪分子及其实施的诈骗犯罪有明确认知，且这种认知往往是在其与诈骗犯罪分子联络时就已产生。二是对于行为人既非诈骗团伙成员，也未与诈骗分子有直接的事前或事中联系，但是在较长时间内相对稳定地帮助诈骗团伙实施特定行为（如转移资金、提供个人信息、引流推广等），形成较为稳定协作关系的，已经成为整个诈骗链条上的固定环节。在这类情形中，行为人对诈骗犯罪行为"心知肚明"。综合全案证据，依法可认定其明知他人实施电信网络诈骗犯罪，以诈骗罪共犯论处。三是对于向诈骗集团提供特定支持帮助的黑产团伙，如为诈骗集团开发专门用于犯罪工具、程序的团伙，其中的组织者、领导者和骨干分子一般与诈骗分子联系紧密，对其所帮助的行为有着相对明确的认识，且实际发挥作用较大，根据在案证据，对于团伙中的这类人员依法可以诈骗罪共犯论处。

七、关于"黑吃黑"行为的认定。"黑吃黑"又称为"掐卡"，在涉"两卡"类犯罪案件中时有发生。具体指行为人出售、出租银行卡后，又另起犯意，通过直接转账或取现、挂失取现、更改密码等方式将流入银行卡内资金据为己有的行为。对于"黑吃黑"的行为，应当根据刑法规定，综合判断财产占有关系、取财手段、主观故意，按照主客观相一致原则予以认定。

行为人出租、出售自己银行卡给他人使用后，其虽然仍是"名义持卡人"，但实质已将银行卡的占有、使用权让渡给实际使用人，银行卡实际使用人已经成为卡内资金的占有人，行为人另起犯意，通过挂失补卡、更改密码等方式，在用卡人不知情的情况下截留卡内资金的行为，系行为人将用卡人对卡内资金的占有转为自己占有，符合盗窃罪的犯罪构成。同时，财产犯罪并不限定相关财物的性质必须是他人合法占有，即使是赃款赃物，根据《最高人民法院关于审理掩饰、隐瞒犯罪所得、犯罪所得收益刑事案件适用法律若干问题的解释》第六条之规定，可以作为盗窃罪的对象，以盗窃罪定罪处罚。行为人在出售、出租银行卡后，另起犯意截留卡内资金，系两个独立的犯罪行为，同时构成帮信罪和盗窃罪的，应数罪并罚。

八、关于加强行刑衔接。对电信网络诈骗及其关联犯罪应坚持依法治理、系统治理、综合治理，对行为人犯罪情节轻微，依照刑法规定不需要判处刑罚或者免除刑罚的，检察机关在依法作出不起诉决定的同时，应当及时将案件移送公安机关或有关主管部门，提出对被不起诉人作出行政处罚的检察意见。2022 年 12 月施行的《反电信网络诈骗法》第三十八条、第四十二条、第四十四条分别对实施电信网络诈骗活动及为其提供支持帮助的违法行为，设置了相应的行政处罚。办案中，检察机关要加强与公安机关和有关主管部门的沟通，加强行刑衔接。同时，对于公安机关移送的案件，要将行为人是否受过行政处罚或刑事处罚作为案件审查的重要内容。对于行为人曾因实施电信网络诈骗及其关联行为，如帮信、掩隐、侵犯公民个人信息行为等，受过行政处罚或刑事处罚，又实施相关行为的，应当依法予以追诉，一般不作不起诉处理。

九、关于分类分层处理。对于涉案人数众多的电信网络诈骗及其关联犯罪案件，在坚持依法从严打击的同时，要突出打击重点，分类分层处理，区分犯罪链条上不同环节行为的性质，准确认定不同层级人员的刑事责任，做到罪责刑相适应。

分类分层处理原则上应当先分类后分层。分类处理，主要是指对于犯罪链条上不同环节的犯罪行为，坚持全链条审查，区分此罪与彼罪的界限，准确认定行为的性质。实践中，不同环节的行为人往往实施不同的犯罪行为，行为人之间相互配合，共同推动诈骗行为的最终完成。这其中，行为人往往涉嫌诈骗罪、帮信罪、掩隐罪、非法利用信息网络罪、侵犯公民个人信息罪等犯罪，办案中要准确区分，精准适用。

分层处理，主要是指对于诈骗及其关联犯罪集团中的行为人，要区分其在犯罪集团中的层级，综合考量地位作用，准确认定刑事责任。对于诈骗集团中的人员（集团中人员共同实施诈骗犯罪，均构成诈骗罪），可按照“首要分子—组织者、领导者—骨干分子——般参与者”的主线，由重到轻分别确定各层级犯罪分子的刑事责任。对于公司化运作的诈骗集团，内部人员往往设置总监、经理、组长等职务头衔。这些职务头衔可以作为分层处理的重要参考，但不宜简单以此作为划定层级范围的唯一标准。对于同一层级内的犯罪分子，可根据其参与时间、犯罪金额、获利情况、一贯表现、认罪认罚、退赃退赔等情况，综合认定其所应承担的刑事责任。同时，需要指出的是，电信网络诈骗是侵财类犯罪，一般来说，诈骗数额是反映犯罪行为社会危害性的重要标准。但也应当看到，随着诈骗犯罪迭代升级，电信网络诈骗更多体现为团队实施，往往很难将一笔诈骗金额确定到某个特定个人身上。因此，要在考虑诈骗金额的基础上，结合行为人的地位作用，确定其所应承担的刑事责任。

对于关联犯罪团伙中的人员，在分类定性的基础上，牵头联络组织各关联犯罪团伙实施犯罪的人员，应当对各团伙的全部罪行负责；各关联犯罪团伙的组织者和骨干分子，应当对其组织指挥或者积极参与的团伙内部的罪行负责；其他人员应当对其实际参与的罪行负责。

十、关于准确把握宽严相济刑事政策。针对电信网络诈骗犯罪持续多发高发的态势，全国打击治理电信网络新型违法犯罪工作电视电话会议强调，要进一步加大打击力度，坚决打掉犯罪分子的嚣张气焰，确保此类犯罪多发高发态势得到有效遏制。办理此类案件，要认真贯彻落实习近平总书记重要指示和党中央决策部署，始终做到当严则严、该宽则宽、宽严相济、罚当其罪，确保案件办理政治效果、法律效果和社会效果的统一。

一是坚持突出重点，当严则严。对于以下几类人员，依法从严处理，具体包括（1）累犯、惯犯；（2）诈骗犯罪集团的首要分子、组织者、领导者、幕后"金主"以及骨干分子；（3）为诈骗犯罪提供技术支持、帮助的网络黑产团伙的组织者、领导者及骨干分子；（4）组织未成年人、在校学生、老年人等特殊群体从事电信网络诈骗及其关联犯罪的人员；（5）电信、银行、互联网等行业从业人员利用履行职责或提供服务便利，严重违反内部规定，实施相关犯罪的人员。对于涉嫌犯罪的人员要准确认定行为性质，特别是对于那些可能涉嫌构成诈骗罪共犯的人员，加强全案证据审查，防止就低认定为帮信罪、掩隐罪等关联犯罪。同时，依法全面提出自由刑、罚金刑、职业禁止、禁止令等建议，从严控制相对不起诉适用。

二是区分对象作用，该宽则宽。（1）对于多数层级较低，主要根据上级指令从事犯罪行为，参与时间短、涉案金额小、违法所得少的一般"业务员"，综合认定其社会危险性，依法可以从宽处理。（2）对于涉罪未成年人，要贯彻最大限度保护原则，从实体和程序上把"教育、感化、挽救"方针贯穿始终。依法适用未成年人刑事诉讼程序，将未成年与成年犯罪嫌疑人分案处理，用好附条件不起诉，并对符合条件的依法封存其犯罪记录，引导、教育、帮助涉罪未成年人改过自新。但是，对于个别人身危险性大、行为性质恶劣的未成年人，特别是成为组织者、领导者的，符合法定条件的，要依法批捕起诉，做到宽容不纵容。（3）对于涉罪在校学生（包括刚毕业学生），坚持以教育、挽救、惩戒、警示为主，对于其中的初犯且在犯罪集团内部充当"工具人"角色的学生，综合考虑其犯罪性质危害、认罪悔罪和一贯表现等，依法从宽处理，同时主动加强检校对接与社会联动，压实家庭教育责任。但是，对于其中的犯罪组织者，领导者，由“工具人”转化为“骨干分子”的，参与时间较长、涉案金额较高、主观恶性较大的，以及曾因参与同类违法犯罪活动受过行政处罚、刑事处罚又实施犯罪的在校学生，依法从严追诉。

三是无论从严还是从宽，都要同步加强追赃挽损工作。要把行为人退赃退赔的情况作为判断其是否真诚悔罪、自愿认罚的重要标准。在各个诉讼环节把认罪认罚制度与追赃挽损工作相结合，最大限度挽回被害人损失。对于行为人虽认罪认罚，但不积极退赃退赔的，是否从宽处罚以及从宽幅度应当从严把握。需要注意的是，不宜将退赃退赔数额作为从宽的唯一依据，而要根据行为人犯罪情节、在共同犯罪中的地位作用、违法所得数额以及其个人实际退赔意愿、能力等因素，综合考量把握。

【会议纪要】2020 年 12 月 21 日最高法刑事审判第三庭、最高检第四检察厅、公安部刑事侦查局**《关于深入推进“断卡”行动有关问题的会议纪要》**（高检四厅〔2020〕12 号），就“断卡”行动中刑事政策、协作配合、法律适用等问题进行深入研究，形成工作共识。会议纪要如下：

三、准确把握政策，依法精准打击。人民法院、人民检察院和公安机关要认真贯彻宽严相济刑事政策，坚持打击与治理、惩治与预防、教育相结合，重点打击专门从事非法收购、贩卖电话卡、信用卡（以下简称“两卡”）活动的犯罪团伙以及与之内外勾结的电信、银行等行业从业人员。对于初犯、偶犯、未成年人、在校学生、老年人等，要以教育、挽救、惩戒、警示为主，善于综合运用行政处罚、信用惩戒和刑事打击手段。情节显著轻微危害不大的，不以犯罪论处；到案后主动认罪认罚，积极退赃退赔的，可以依法不起诉或者免予刑事处罚。

四、全面收集证据，综合审查判断主观故意。要高度重视犯罪嫌疑人主观故意方面证据的收集、审查和认定，依法准确适用帮助信息网络犯罪活动罪相关法律条款。要准确把握《最高人民法院、最高人民检察院关于办理非法利用信息网络、帮助信息网络犯罪活动等刑事案件适用法律若干问题的解释》（法释〔2019〕15 号，以下简称《解释》）第十一条之规定，实践中，对于多次出租、出售信用卡或者出租、出售多张信用卡的，结合其认知能力、既往经历、生活环境、交易对象等情况，可以认定行为人明知他人利用信息网络实施犯罪。对于犯罪嫌疑人提出的主观明知方面的辩解，要高度重视、认真查证、综合认定。对于出租、出售信用卡达不到多次、多张的，认定构成犯罪要特别慎重。

五、坚持主客观相统一，准确认定犯罪情节。对于涉“两卡”案件，要全面收集主客观证据，加强对“两卡”交易细节、流向用途和造成后果的查证。对于明知他人利用信息网络实施犯罪，向 3 个以上的个人（团伙）出租、出售电话卡、信用卡，被帮助对象实施的诈骗行为均达到犯罪程度的；或者出租、出售的信用卡被用于实施电信网络诈骗，达到犯罪程度，该信用卡内流水金额超过 30 万元的；或者利用被出租、出售的电话卡、信用卡实施的电信网络诈骗犯罪，造成被害人及其近亲属死亡、重伤、精神失常的，按照符合《解释》第十二条规定的“情节严重”处理。

2022 年 3 月 22 日最高法刑事审判第三庭、最高检第四检察厅、公安部刑事侦查局**《关于“断卡”行动中有关法律适用问题的会议纪要》**，当前，涉“两卡”（即手机卡、信用卡）犯罪形势依旧复杂严峻，犯罪类型多样且不断发展，需要进一步统一认识……就当前“断卡”行动中各地反映的突出法律适用问题进行研究，就相关问题形成共识，供各地在办案中参考。

一、关于帮助信息网络犯罪活动罪中“明知他人利用信息网络实施犯罪”的理解适用。认定行为人是否“明知”他人利用信息网络实施犯罪，应当坚持主客观相一致原则，即要结合行为人的认知能力、既往经历、交易对象、与信息网络犯罪行为人的关系、提供技术支持或者帮助的时间和方式、获利情况、出租、出售“两卡”的次数、张数、个数，以及行为人的供述等主客观因素，同时注重听取行为人的辩解并根据其辩解合理与否，予以综合认定。司法办案中既要防止片面倚重行为人的供述认定明知；也要避免简单客观归罪，仅以行为人有出售“两卡”行为就直接认定明知。特别是对于交易双方存在亲友关系等信赖基础，一方确系偶尔向另一方出租、出售“两卡”的，要根据在案事实证据，审慎认定“明知”。

在办案过程中，可着重审查行为人是否具有以下特征及表现，综合全案证据，对其构成“明知”与否作出判断：(1)跨省或多人结伙批量办理、收购、贩卖“两卡”的；(2)出租、出售“两卡”后，收到公安机关、银行业金融机构、非银行支付机构、电信服务提供者等相关单位部门的口头或书面通知，告知其所出租、出售的“两卡”涉嫌诈骗、洗钱等违法犯罪，行为人未采取补救措施，反而继续出租、出售的；(3)出租、出售的“两卡”因涉嫌诈骗、洗钱等违法犯罪被冻结，又帮助解冻，或者注销旧卡、办理新卡，继续出租、出售的；(4)出租、出售的具有支付结算功能的网络账号因涉嫌诈骗、洗钱等违法犯罪被查封，又帮助解封，继续提供给他人使用的；(5)频繁使用隐蔽上网、加密通信、销毁数据等措施或者使用虚假身份，逃避监管或者规避调查的；(6)事先串通设计应对调查的话术口径的；(7)曾因非法交易“两卡”受过处罚或者信用惩戒、训诫谈话，又收购、出售、出租“两卡”的等。

二、关于《最高人民法院、最高人民检察院关于办理非法利用信息网络、帮助信息网络犯罪活动等刑事案件适用法律若干问题的解释》（以下简称“《解释》”）第十二条第一款第（一）项的理解适用。该项所规定的“为三个以上对象提供帮助”，应理解为分别为 3 个以上行为人或团伙组织提供帮助，且被帮助的行为人或团伙组织实施的行为均达到犯罪程度。为同一对象提供 3

第287条之二

次以上帮助的，不宜理解为“为三个以上对象提供帮助”。

三、关于《解释》第十二条第一款第（四）项的理解适用。该项所规定“违法所得一万元”中的“违法所得”，应理解为行为人为他人实施信息网络犯罪提供帮助，由此所获得的所有违法款项或非法收入。行为人收卡等“成本”费用无须专门扣除。

四、关于《关于深入推进“断卡”行动有关问题的会议纪要》（以下简称“《2020 年会议纪要》”）中列举的符合《解释》第十二条规定的“情节严重”情形的理解适用。《2020 年会议纪要》第五条规定，出租、出售的信用卡被用于实施电信网络诈骗，达到犯罪程度，该信用卡内流水金额超过 30 万元的，按照符合《解释》第十二条规定的“情节严重”处理。在适用时应把握单向流入涉案信用卡中的资金超过 30 万元，且其中至少 3000 元经查证系涉诈骗资金。行为人能够说明资金合法来源和性质的，应当予以扣除。以上述情形认定行为“情节严重”的，要注重审查行为人的主观明知程度、出租、出售信用卡的张数、次数、非法获利的数额以及造成的其他严重后果，综合考虑与《解释》第十二条第一款其他项适用的相当性。行为人出租、出售的信用卡被用于接收电信网络诈骗资金，但行为人未实施代为转账、套现、取现等行为，或者未实施为配合他人转账、套现、取现而提供刷脸等验证服务的，不宜认定为《解释》第十二条第一款第（二）项规定的“支付结算”行为。

五、关于正确区分帮助信息网络犯罪活动罪、掩饰、隐瞒犯罪所得、犯罪所得收益罪与诈骗罪的界限。在办理涉“两卡”犯罪案件中，存在准确界定前述三个罪名之间界限的问题。应当根据行为人的主观明知内容和实施的具体犯罪行为，确定其行为性质。以信用卡为例：（1）明知他人实施电信网络诈骗犯罪，参加诈骗团伙或者与诈骗团伙之间形成较为稳定的配合关系，长期为他人提供信用卡或者转账取现的，可以诈骗罪论处。（2）行为人向他人出租、出售信用卡后，在明知是犯罪所得及其收益的情况下，又代为转账、套现、取现等，或者为配合他人转账、套现、取现而提供刷脸等验证服务的，可以掩饰、隐瞒犯罪所得、犯罪所得收益罪论处。（3）明知他人利用信息网络实施犯罪，仅向他人出租、出售信用卡，未实施其他行为，达到情节严重标准的，可以帮助信息网络犯罪活动罪论处。

在司法实践中，应当具体案情具体分析，结合主客观证据，重视行为人的辩解理由，确保准确定性。

……

八、关于收购、出售、出租信用卡“四件套”行为的处理。行为人收购、出售、出租信用卡“四件套”（一般包括信用卡，身份信息，U 盾，网银），数量较大的，可能同时构成帮助信息网络犯罪活动罪、妨害信用卡管理罪等。“断卡”行动中破获的此类案件，行为人收购、出售、出租的信用卡“四件套”，主要流向电信网络诈骗犯罪团伙或人员手中，用于非法接收、转移诈骗资金，一般以

第二百八十八条〔260〕 **【扰乱无线电通讯管理秩序罪】**违反国家规定，擅自设置、使用无线电台（站），或者擅自使用无线电频率，干扰无线电通讯秩序，情节严重的，处三年以下有期徒刑、拘役或者管制，并处或者单处罚金；情节特别严重的，处三年以上七年以下有期徒刑，并处罚金。

单位犯前款罪的，对单位判处罚金，并对其直接负责的主管人员和其他直接责任人员，依照前款的规定处罚。

帮助信息网络犯罪活动罪论处。对于涉案信用卡“四件套”数量巨大，同时符合妨害信用卡管理罪构成要件的，择一重罪论处。

九、关于重大电信网络诈骗及其关联犯罪案件的管辖。对于涉案人数超过80人，以及在境外实施的电信网络诈骗及其关联犯罪案件，公安部根据工作需要指定异地管辖的，指定管辖前应当商最高人民检察院和最高人民法院。

各级人民法院、人民检察院、公安机关要充分认识到当前持续深入推进“断卡”行动的重要意义，始终坚持依法从严惩处和全面惩处的方针，坚决严惩跨境电信网络诈骗犯罪集团和人员、贩卖“两卡”团伙头目和骨干、职业“卡商”、行业“内鬼”等。同时，还应当注重宽以济严，对于初犯、偶犯、未成年人、在校学生，特别是其中被胁迫或蒙骗出售本人名下“两卡”，违法所得、涉案数额较少且认罪认罚的，以教育、挽救为主，落实“少捕慎诉慎押”的刑事司法政策，可以依法从宽处理，确保社会效果良好。

【典型案例】根据2023年4月7日最高法、最高检**《关于印发办理涉“两卡”犯罪案件典型案例的通知》·案例三、吕某钊、宁某帮助信息网络犯罪活动、盗窃案**，行为人出售、出租本人名下银行卡给上游犯罪分子后，又起犯意通过挂失补卡等方式截留卡内资金的行为构成盗窃罪，卡内资金的性质并不影响犯罪认定。对行为人截留卡内资金的行为与之前出租、出售银行卡的行为，以帮助信息网络犯罪活动罪和盗窃罪数罪并罚。

★该典型案例在“典型意义”部分指出：行为人在出售、出租本人银行卡后，又预谋并实施截留卡内资金的行为，应以帮助信息网络犯罪活动罪和盗窃罪数罪并罚。数行为是否应数罪并罚，首先需明确行为是否符合两个以上犯罪构成，其次要排除刑法分则和司法解释中规定的处断为一罪的情形。行为人在出售、出租银行卡后，另起犯意截留卡内资金，系两个独立的犯罪行为，两者之间不属于连续犯、牵连犯或吸收犯等情形。如果行为人之前出售、出租银行卡的行为已达到帮助信息网络犯罪活动罪的入罪标准，且之后另起犯意截留卡内资金的行为达到盗窃罪的入罪标准，对行为人应以帮助信息网络犯罪活动罪和盗窃罪数罪并罚。

〔260〕**【刑法修订】**2015年**《刑法修正案（九）》第三十条**修订了本条第一款。1997年刑法该款原文如下：

第二百八十八条第一款 违反国家规定，擅自设置、使用无线电台（站），或者擅自占用频率，经责令停止使用后拒不停止使用，干扰无线电通讯正常进行，造成严重后果的，处三年以下有期徒刑、拘役或者管制，并处或者单处罚金。

2015 年《**刑法修正案（九）**》将“擅自占用频率，经责令停止使用后拒不停止使用，干扰无线电通讯正常进行”修改为“擅自使用无线电频率，干扰无线电通讯秩序”，将法定刑“造成严重后果的，处三年以下有期徒刑、拘役或者管制，并处或者单处罚金”修改为“情节严重的，处三年以下有期徒刑、拘役或者管制，并处或者单处罚金；情节特别严重的，处三年以上七年以下有期徒刑，并处罚金”，从而增加了一档法定刑。

【司法解释】2017 年 6 月 27 日最高法、最高检《**关于办理扰乱无线电通讯管理秩序等刑事案件适用法律若干问题的解释**》（法释〔2017〕11 号，自 2017 年 7 月 1 日起施行），为依法惩治扰乱无线电通讯管理秩序犯罪，根据《中华人民共和国刑法》《中华人民共和国刑事诉讼法》的有关规定，现就办理此类刑事案件适用法律的若干问题解释如下：

第一条 具有下列情形之一的，应当认定为刑法第二百八十八条第一款规定的“擅自设置、使用无线电台（站），或者擅自使用无线电频率，干扰无线电通讯秩序”：

（一）未经批准设置无线电广播电台（以下简称“黑广播”），非法使用广播电视专用频段的频率的；

（二）未经批准设置通信基站（以下简称“伪基站”），强行向不特定用户发送信息，非法使用公众移动通信频率的；

（三）未经批准使用卫星无线电频率的；

（四）非法设置、使用无线电干扰器的；

（五）其他擅自设置、使用无线电台（站），或者擅自使用无线电频率，干扰无线电通讯秩序的情形。

第二条 违反国家规定，擅自设置、使用无线电台（站），或者擅自使用无线电频率，干扰无线电通讯秩序，具有下列情形之一的，应当认定为刑法第二百八十八条第一款规定的“情节严重”：

（一）影响航天器、航空器、铁路机车、船舶专用无线电导航、遇险救助和安全通信等涉及公共安全的无线电频率正常使用的；

（二）自然灾害、事故灾难、公共卫生事件、社会安全事件等突发事件期间，在事件发生地使用“黑广播”“伪基站”的；

（三）举办国家或者省级重大活动期间，在活动场所及周边使用“黑广播”“伪基站”的；

（四）同时使用 3 个以上“黑广播”“伪基站”的；

（五）“黑广播”的实测发射功率 500 瓦以上，或者覆盖范围 10 公里以

上的；

（六）使用“伪基站”发送诈骗、赌博、招嫖、木马病毒、钓鱼网站链接等违法犯罪信息，数量在5000条以上，或者销毁发送数量等记录的；

（七）雇佣、指使未成年人、残疾人等特定人员使用“伪基站”的；

（八）违法所得3万元以上的；

（九）曾因扰乱无线电通讯管理秩序受过刑事处罚，或者2年内曾因扰乱无线电通讯管理秩序受过行政处罚，又实施刑法第二百八十八条规定的行为的；

（十）其他情节严重的情形。

第三条 违反国家规定，擅自设置、使用无线电台（站），或者擅自使用无线电频率，干扰无线电通讯秩序，具有下列情形之一的，应当认定为刑法第二百八十八条第一款规定的“情节特别严重”：

（一）影响航天器、航空器、铁路机车、船舶专用无线电导航、遇险救助和安全通信等涉及公共安全的无线电频率正常使用，危及公共安全的；

（二）造成公共秩序混乱等严重后果的；

（三）自然灾害、事故灾难、公共卫生事件和社会安全事件等突发事件期间，在事件发生地使用“黑广播”“伪基站”，造成严重影响的；

（四）对国家或者省级重大活动造成严重影响的；

（五）同时使用10个以上“黑广播”“伪基站”的；

（六）“黑广播”的实测发射功率3000瓦以上，或者覆盖范围20公里以上的；

（七）违法所得15万元以上的；

（八）其他情节特别严重的情形。

第四条 ……（➻参见刑法第225条脚注相关部分）

第五条 单位犯本解释规定之罪的，对单位判处罚金，并对直接负责的主管人员和其他直接责任人员，依照本解释规定的自然人犯罪的定罪量刑标准定罪处罚。

第六条 擅自设置、使用无线电台（站），或者擅自使用无线电频率，同时构成其他犯罪的，按照处罚较重的规定定罪处罚。

明知他人实施诈骗等犯罪，使用“黑广播”“伪基站”等无线电设备为其发送信息或者提供其他帮助，同时构成其他犯罪的，按照处罚较重的规定定罪处罚。

第七条 ……（➻参见刑法第397条、第417条脚注相关部分）

第八条 为合法经营活动，使用“黑广播”“伪基站”或者实施其他扰乱无线电通讯管理秩序的行为，构成扰乱无线电通讯管理秩序罪，但不属于“情节特别严重”，行为人系初犯，并确有悔罪表现的，可以认定为情节轻微，不起诉或者免予刑事处罚；确有必要判处刑罚的，应当从宽处罚。

第九条 对案件所涉的有关专门性问题难以确定的，依据司法鉴定机构

第二百八十九条[261] **【聚众“打砸抢”的处理】**聚众“打砸抢”，致人伤残、死亡的，依照本法第二百三十四条、第二百三十二条的规定定罪处罚。毁坏或者抢走公私财物的，除判令退赔外，对首要分子，依照本法第二百六十三条的规定定罪处罚。

出具的鉴定意见，或者下列机构出具的报告，结合其他证据作出认定：

（一）省级以上无线电管理机构、省级无线电管理机构依法设立的派出机构、地市级以上广播电视主管部门就是否系“伪基站”“黑广播”出具的报告；

（二）省级以上广播电视主管部门及其指定的检测机构就“黑广播”功率、覆盖范围出具的报告；

（三）省级以上航空、铁路、船舶等主管部门就是否干扰导航、通信等出具的报告。

对移动终端用户受影响的情况，可以依据相关通信运营商出具的证明，结合被告人供述、终端用户证言等证据作出认定。

第十条 本解释自2017年7月1日起施行。

根据2000年5月12日最高法**《关于审理扰乱电信市场管理秩序案件具体应用法律若干问题的解释》第五条**，违反国家规定，擅自设置、使用无线电台（站），或者擅自占用频率，非法经营国际电信业务或者涉港澳台电信业务进行营利活动，同时构成非法经营罪和刑法第二百八十八条规定的扰乱无线电通讯管理秩序罪的，依照处罚较重的规定定罪处罚。

根据2007年6月26日最高法**《关于审理危害军事通信刑事案件具体应用法律若干问题的解释》第六条第四款**，违反国家规定，擅自设置、使用无线电台、站，或者擅自占用频率，经责令停止使用后拒不停止使用（★《刑法修正案（九）》已经删除了“经责令停止使用后拒不停止使用”的要求，应按《刑法修正案（九）》的规定理解司法解释——编者说明），干扰无线电通讯正常进行，构成犯罪的，依照刑法第二百八十八条的规定定罪处罚；造成军事通信中断或者严重障碍，同时构成刑法第二百八十八条、第三百六十九条第一款规定的犯罪的，依照处罚较重的规定定罪处罚。

〔261〕**【司法解释】**根据2003年5月14日最高法、最高检**《关于办理妨害预防、控制突发传染病疫情等灾害的刑事案件具体应用法律若干问题的解释》第九条**，在预防、控制突发传染病疫情等灾害期间，聚众“打砸抢”，致人伤残、死亡的，依照刑法第二百八十九条、第二百三十四条、第二百三十二条的规定，以故意伤害罪或者故意杀人罪定罪，依法从重处罚。对毁坏或者抢走公私财物的首要分子，依照刑法第二百八十九条、第二百六十三条的规定，以抢劫罪定罪，依法从重处罚。

第二百九十条[262]　**【聚众扰乱社会秩序罪】**聚众扰乱社会秩序，情节严重，致使工作、生产、营业和教学、科研、医疗无法进行，造成严重损失的，对首要分子，处三年以上七年以下有期徒刑；对其他积极参加的，处三年以下有期徒刑、拘役、管制或者剥夺政治权利。

【聚众冲击国家机关罪】聚众冲击国家机关，致使国家机关工作无法进行，造成严重损失的，对首要分子，处五年以上十年以下有期徒刑；对其他积极参加的，处五年以下有期徒刑、拘役、管制或者剥夺政治权利。

【扰乱国家机关工作秩序罪】多次扰乱国家机关工作秩序，经行政处罚后仍不改正，造成严重后果的，处三年以下有期徒刑、拘役或者管制。

【组织、资助非法聚集罪】多次组织、资助他人非法聚集，扰乱社会秩序，情节严重的，依照前款的规定处罚。

---

〔262〕**【刑法修订】**2015年《**刑法修正案（九）**》**第三十一条**修订了本条。1997年刑法原文如下：

第二百九十条　聚众扰乱社会秩序，情节严重，致使工作、生产、营业和教学、科研无法进行，造成严重损失的，对首要分子，处三年以上七年以下有期徒刑；对其他积极参加的，处三年以下有期徒刑、拘役、管制或者剥夺政治权利。

聚众冲击国家机关，致使国家机关工作无法进行，造成严重损失的，对首要分子，处五年以上十年以下有期徒刑；对其他积极参加的，处五年以下有期徒刑、拘役、管制或者剥夺政治权利。

2015年《**刑法修正案（九）**》在本条第一款增加"医疗"二字，增设了第三款、第四款。

【司法解释】根据2013年7月19日公安部《**关于公安机关处置信访活动中违法犯罪行为适用法律的指导意见**》，聚众扰乱信访工作秩序，情节严重，符合《刑法》第二百九十条第一款规定的，对首要分子和其他积极参加者以聚众扰乱社会秩序罪追究刑事责任。

在国家机关办公场所周围实施静坐，张贴、散发材料，呼喊口号，打横幅，穿着状衣、出示状纸，扬言自伤、自残、自杀等行为或者非法聚集，经有关国家机关工作人员劝阻、批评和教育无效的，依据《信访条例》第四十七条第二款规定，公安机关予以警告、训诫或者制止，收缴相关材料和横幅、状纸、状衣等物品……符合《刑法》第二百九十条第一款规定的，对非法聚集的首要分子和其他积极参加者以聚众扰乱社会秩序罪追究刑事责任；聚集多人围堵、冲击国家机关，扰乱国家机关正常秩序，符合《刑法》第二百九十条第二款规定的，对首要分子和其他积极参加者以聚众冲击国家机关罪追究刑事责任。

在外国使领馆区、国际组织驻华机构所在地实施静坐，张贴、散发材料，呼喊口号，打横幅，穿着状衣、出示状纸等行为或者非法聚集的，应当立即制止……符合《刑法》第二百九十条第一款规定的，对首要分子和其他积极参加者以聚众扰乱社会秩序罪追究刑事责任。

实施跳河、跳楼、跳桥，攀爬建筑物、铁塔、烟囱、树木，或者其他自伤、自残、自杀行为，制造社会影响的，应当积极组织解救……符合《刑法》第二百九十条第一款规定的，对首要分子和其他积极参加者以聚众扰乱社会秩序罪追究刑事责任；符合《刑法》第二百九十一条规定的，对首要分子以聚众扰乱公共场所秩序罪追究刑事责任（★上述规定在《指导意见》中较为分散，本书按照内容将其集中在一起——编者说明）。

2019年2月28日最高法、最高检、公安部**《关于依法处理信访活动中违法犯罪行为的指导意见》**（公通字〔2019〕7号），人民群众既依法享有通过信访途径反映诉求的权利，也应当按照相关法律规定进行信访活动，但有的信访人员不到设立或者指定的信访接待场所走访、不向有权处理的机关反映诉求、集体访不依法推选代表，有的在走访过程中实施抛撒、张贴传单、打横幅、喊口号、穿状衣等行为，有的借信访为名实施聚集滋事行为，有的多次进京信访滋事扰乱公共秩序，还有的甚至实施殴打他人、损毁公私财物、聚众阻塞交通、冲击国家机关、暴力袭警等违法犯罪行为，严重干扰正常信访秩序，扰乱社会公共秩序，影响其他信访人员合法反映诉求，特别是非法进京信访滋事行为更是对法律尊严和国家形象造成严重损害。为进一步维护社会治安秩序，引导信访人员合法维权，切实把信访维权纳入法治化轨道，增强全民依法、逐级、有序信访的理念，依法保障信访人的合法权益，依照《中华人民共和国刑法》《中华人民共和国刑事诉讼法》《中华人民共和国治安管理处罚法》《最高人民法院、最高人民检察院关于办理寻衅滋事刑事案件适用法律若干问题的解释》（法释〔2013〕18号）、《最高人民法院、最高人民检察院关于办理利用信息网络实施诽谤等刑事案件适用法律若干问题的解释》（法释〔2013〕21号）等法律法规和司法解释，制定本指导意见。

一、依法打击违法犯罪行为，明确法律底线

（一）扰乱公共秩序。在信访活动中或者以信访为名，实施下列行为的，依照刑法有关规定定罪处罚：

1. 在各级党委、人大、政协、行政、监察、审判、检察、军事机关，厂矿、商场等企业单位，学校、医院、报社、电视台、科研院所等事业单位，工会、妇联等社会团体单位，机场、车站、码头等重要交通场站，或者在上述场所周边的其他公共场所，聚众实施统一着装、佩戴统一标识、静坐滞留、张贴散发材料、喊口号、打横幅、穿状衣等行为，或者实施跳楼、服毒等自杀、自伤行为以及扬言实施自杀、自伤行为，情节严重，致使工作、生产、营业和教学、科研、医疗活动无法进行，造成严重损失的，依照刑法第二百九十条第一款的规定，对首要分子和其他积极参加者，以聚众扰乱社会秩序罪定罪处罚；

2. 在各级党委、人大、政协、行政、监察、审判、检察、军事机关，聚众实施强行冲闯、围堵大门通道，围攻、辱骂工作人员，强占办公场所，投掷石块杂物等冲击国家机关行为，致使国家机关工作无法进行，造成严重损失的，依照刑法第二百九十条第二款的规定，对首要分子和其他积极参加者，以聚众冲击国家机关罪定罪处罚；

3. 聚众扰乱车站、码头、民用航空站、商场、公园、影剧院、展览会、运动场及周边公共场所或者其他公共场所秩序，聚众堵塞交通或者破坏交通秩序，抗拒、阻碍国家治安管理工作人员依法执行职务，情节严重的，依照刑法第二百九十一条的规定，对首要分子，以聚众扰乱公共场所秩序、交通秩序罪定罪处罚；

4. 个人多次扰乱国家机关的工作秩序，经行政处罚后仍不改正，造成严重后果的，依照刑法第二百九十条第三款的规定，以扰乱国家机关工作秩序罪定罪处罚。

（二）组织、资助非法聚集。多次组织、资助他人到各级党委、人大、政协、行政、监察、审判、检察、军事机关，厂矿、商场等企业单位，学校、医院、报社、电视台、科研院所等事业单位，工会、妇联等社会团体单位，机场、车站、码头等重要交通场站，或者到上述场所周边的其他公共场所，非法聚集，扰乱社会秩序，情节严重的，依照刑法第二百九十条第四款的规定，以组织、资助非法聚集罪定罪处罚。

（三）寻衅滋事……(➻参见刑法第 293 条脚注相关部分)

（四）阻碍执行职务。在信访活动中或者以信访为名，以暴力、威胁方法阻碍国家机关工作人员依法执行职务的，依照刑法第二百七十七条的规定，以妨害公务罪定罪处罚；暴力袭击正在依法执行职务的人民警察的，依法从重处罚（★对暴力袭警应以袭警罪定罪处罚——编者说明）。

（五）非法携带枪支、弹药、管制刀具、危险物品。非法携带枪支、弹药、管制刀具或者爆炸性、易燃性、放射性、毒害性、腐蚀性物品进入公共场所或者公共交通工具，危及公共安全，情节严重的，依照刑法第一百三十条的规定，以非法携带枪支、弹药、管制刀具、危险物品危及公共安全罪定罪处罚。

（六）信息网络有关行为。设立网站、通讯群组，用于在信访活动中或者以信访为名实施违法犯罪活动，情节严重的，依照刑法第二百八十七条之一的规定，以非法利用信息网络罪定罪处罚；明知他人利用信息网络在信访活动中或者以信访为名实施犯罪行为，为其提供技术支持或者其他帮助，情节严重的，依照刑法第二百八十七条之二的规定，以帮助信息网络犯罪活动罪定罪处罚；网络服务提供者不履行法律、行政法规规定的信息网络安全管理义务，经监管部门责令采取改正措施而拒不改正，情节严重的，依照刑法第二百八十六条之一的规定，以拒不履行信息网络安全管理义务罪定罪处罚。

（七）共同违法犯罪。在信访活动中或者以信访为名，煽动、教唆、组织、策划、指挥他人实施违法犯罪行为的，应当按照其在共同违法犯罪中所起的作用以及违法犯罪情节予以处罚。

（八）在特定场所实施犯罪行为。对在天安门广场、中南海地区、党和国家领导人住地、国家重大活动举办场馆、中央国家机关所在地、中央军委大楼、中央主要新闻单位办公场所、外国驻华使领馆、国宾下榻处等非信访场所实施本条第一项至第五项规定的行为，在认定“造成严重损失”“情节严重”“造成严重后果”“造成公共场所秩序严重混乱”“情节恶劣”等入罪情节时，要将上述场所作为重要考虑因素；构成相关犯罪的，从重处罚。

（九）治安管理处罚或者其他行政处罚。实施本条第一项至第六项规定的行为，不构成犯罪、依法不起诉或者免予刑事处罚的，依法予以治安管理处罚或者其他行政处罚；在本条第八项所列场所实施违反治安管理行为的，从重处罚，依法可以行政拘留的，依法予以行政拘留。

二、坚持宽严相济，教育帮助绝大多数

办理此类案件，应当坚持宽严相济，惩治与教育相结合，依法打击极少数，教育帮助绝大多数。对煽动、教唆、组织、策划、指挥实施和积极参与非法聚集，与其他利益诉求群体串联“抱团”实施相关违法犯罪行为，实施殴打国家机关工作人员、打砸公私财物等暴力犯罪行为，利用信息网络制造、传播、主动向境外提供相关虚假信息、企图以外压内，多次到本指导意见第一条第八项所列场所表达诉求，以及专门利用国家重大活动和全国“两会”“七一”“十一”等重要时间节点进京在非信访场所表达诉求、滋事扰序，向地方政府施压的人员，要作为打击重点。对有正当信访事由且初次实施违法行为、情节轻微，或者被引诱、胁迫参与，经劝阻、训诫或者制止，立即停止实施的，可以依法不予处罚。对一般参与、情节较轻，行为人认识到违法犯罪行为危害性，确有悔过表现，明确表示依法信访，或者具有自首、立功表现的，可以依法从轻、减轻或者免予处罚。对自愿如实供述自己的罪行，承认指控的犯罪事实，愿意接受处罚的，可以依法从宽处理。对实施违法犯罪行为而依法不予行政处罚、不负刑事责任的精神病人，应当及时通报居住地公安机关，责令其家属或者监护人严加看管和送医治疗，必要时依法强制医疗。

三、强化协作配合，严格依法规范执法办案（下略）

四、加强宣传教育，引导信访人合法维权（下略）

五、依法维护信访人的合法权益，协助推动解决合理诉求（下略）

第二百九十一条[263] **【聚众扰乱公共场所秩序、交通秩序罪】**聚众扰乱车站、码头、民用航空站、商场、公园、影剧院、展览会、运动场或者其他公共场所秩序，聚众堵塞交通或者破坏交通秩序，抗拒、阻碍国家治安管理工作人员依法执行职务，情节严重的，对首要分子，处五年以下有期徒刑、拘役或者管制。

第二百九十一条之一[264] **【投放虚假危险物质罪】【编造、故意传播虚假恐怖信息罪】**投放虚假的爆炸性、毒害性、放射性、传染病病原体等物质，或者编造爆炸威胁、生化威胁、放射威胁等恐怖信息，或者明知是编造的恐怖信息而故意传播，严重扰乱社会秩序的，处五年以下有期徒刑、拘役或者管制；造成严重后果的，处五年以上有期徒刑。

【编造、故意传播虚假信息罪】编造虚假的险情、疫情、灾情、警情，在信息网络或者其他媒体上传播，或者明知是上述虚假信息，故意在信息网络或者其他媒体上传播，严重扰乱社会秩序的，处三年以下有期徒刑、拘役或者管制；造成严重后果的，处三年以上七年以下有期徒刑。

〔263〕**【司法解释】**根据2013年7月19日公安部《**关于公安机关处置信访活动中违法犯罪行为适用法律的指导意见**》，在车站、码头、商场、公园、广场等公共场所张贴、散发材料，呼喊口号，打横幅，穿着状衣、出示状纸，或者非法聚集，以及在举办文化、体育等大型群众性活动或者国内、国际重大会议期间，在场馆周围、活动区域或者场内实施前述行为，经劝阻、批评和教育无效的，依据《信访条例》第四十七条第二款规定，公安机关予以警告、训诫或者制止，收缴相关材料和横幅、状纸、状衣等物品……聚众扰乱公共场所秩序，抗拒、阻碍国家治安管理工作人员依法执行职务，情节严重，符合《刑法》第二百九十一条规定的，对首要分子以聚众扰乱公共场所秩序罪追究刑事责任。

在信访接待场所、其他国家机关门前或者交通通道上堵塞、阻断交通或者非法聚集，影响交通工具正常行驶……符合《刑法》第二百九十一条规定的，对首要分子以聚众扰乱交通秩序罪追究刑事责任。

〔264〕**【刑法修订】**本条为2001年《**刑法修正案（三）**》**第八条**增设，增设的条文如下：

第二百九十一条之一　投放虚假的爆炸性、毒害性、放射性、传染病病原体等物质，或者编造爆炸威胁、生化威胁、放射威胁等恐怖信息，或者明知是编造的恐怖信息而故意传播，严重扰乱社会秩序的，处五年以下有期徒刑、拘役或者管制；造成严重后果的，处五年以上有期徒刑。

2015年《**刑法修正案（九）**》**第三十二条**在本条增设了第二款规定。

【司法解释】2013年9月18日最高法**《关于审理编造、故意传播虚假恐怖信息刑事案件适用法律若干问题的解释》**(法释〔2013〕24号,自2013年9月30日起施行),为依法惩治编造、故意传播虚假恐怖信息犯罪活动,维护社会秩序,维护人民群众生命、财产安全,根据刑法有关规定,现对审理此类案件具体适用法律的若干问题解释如下:

第一条 编造恐怖信息,传播或者放任传播,严重扰乱社会秩序的,依照刑法第二百九十一条之一的规定,应认定为编造虚假恐怖信息罪。

明知是他人编造的恐怖信息而故意传播,严重扰乱社会秩序的,依照刑法第二百九十一条之一的规定,应认定为故意传播虚假恐怖信息罪。

第二条 编造、故意传播虚假恐怖信息,具有下列情形之一的,应当认定为刑法第二百九十一条之一的"严重扰乱社会秩序":

(一)致使机场、车站、码头、商场、影剧院、运动场馆等人员密集场所秩序混乱,或者采取紧急疏散措施的;

(二)影响航空器、列车、船舶等大型客运交通工具正常运行的;

(三)致使国家机关、学校、医院、厂矿企业等单位的工作、生产、经营、教学、科研等活动中断的;

(四)造成行政村或者社区居民生活秩序严重混乱的;

(五)致使公安、武警、消防、卫生检疫等职能部门采取紧急应对措施的;

(六)其他严重扰乱社会秩序的。

第三条 编造、故意传播虚假恐怖信息,严重扰乱社会秩序,具有下列情形之一的,应当依照刑法第二百九十一条之一的规定,在5年以下有期徒刑范围内酌情从重处罚:

(一)致使航班备降或返航;或者致使列车、船舶等大型客运交通工具中断运行的;

(二)多次编造、故意传播虚假恐怖信息的;

(三)造成直接经济损失20万元以上的;

(四)造成乡镇、街道区域范围居民生活秩序严重混乱的;

(五)具有其他酌情从重处罚情节的。

第四条 编造、故意传播虚假恐怖信息,严重扰乱社会秩序,具有下列情形之一的,应当认定为刑法第二百九十一条之一的"造成严重后果",处5年以上有期徒刑:

(一)造成3人以上轻伤或者1人以上重伤的;

(二)造成直接经济损失50万元以上的;

(三)造成县级以上区域范围居民生活秩序严重混乱的;

(四)妨碍国家重大活动进行的;

(五)造成其他严重后果的。

第五条 编造、故意传播虚假恐怖信息,严重扰乱社会秩序,同时又构成其他犯罪的，择一重罪处罚。

第六条　本解释所称的“虚假恐怖信息”，是指以发生爆炸威胁、生化威胁、放射威胁、劫持航空器威胁、重大灾情、重大疫情等严重威胁公共安全的事件为内容，可能引起社会恐慌或者公共安全危机的不真实信息（★不真实的重大灾情、重大疫情信息是否一律属于恐怖信息，值得研究。在《刑法修正案（九）》增设编造、故意传播虚假信息罪后，编造、故意传播虚假的重大灾情、重大疫情信息，构成编造、故意传播虚假信息罪——编者说明）。

根据2003年5月14日最高法、最高检《**关于办理妨害预防、控制突发传染病疫情等灾害的刑事案件具体应用法律若干问题的解释**》**第十条第一款**，编造与突发传染病疫情等灾害有关的恐怖信息，或者明知是编造的此类恐怖信息而故意传播，严重扰乱社会秩序的，依照刑法第二百九十一条之一的规定，以编造、故意传播虚假恐怖信息罪定罪处罚（★与突发传染病疫情等灾害有关的信息是否都属于恐怖信息，在《刑法修正案（九）》之后，对此是否应以编造、故意传播虚假信息罪论处，值得研究——编者说明）。

2013年5月31日最高检《**关于依法严厉打击编造、故意传播虚假恐怖信息威胁民航飞行安全犯罪活动的通知**》（高检发侦监字〔2013〕5号）指出，根据刑法第291条之一的有关规定，编造虚假恐怖信息并向特定对象散布，严重扰乱社会秩序的，即构成编造虚假恐怖信息罪。编造虚假恐怖信息以后向不特定对象散布，严重扰乱社会秩序的，构成编造、故意传播虚假恐怖信息罪（★根据2013年9月18日最高法《关于审理编造、故意传播虚假恐怖信息刑事案件适用法律若干问题的解释》第1条，编造恐怖信息后传播的，应认定为“编造虚假恐怖信息罪”。哪一定罪结论符合罪名原理，值得研究——编者说明）。对于编造、故意传播虚假恐怖信息，引起公众恐慌，或者致使航班无法正常起降，破坏民航正常运输秩序的，应当认定为“严重扰乱社会秩序”。

根据2020年2月6日最高法、最高检、公安部、司法部《**关于依法惩治妨害新型冠状病毒感染肺炎疫情防控违法犯罪的意见**》，编造虚假的疫情信息，在信息网络或者其他媒体上传播，或者明知是虚假疫情信息，故意在信息网络或者其他媒体上传播，严重扰乱社会秩序的，依照刑法第二百九十一条之一第二款的规定，以编造、故意传播虚假信息罪定罪处罚。

【指导案例】根据2013年5月27日最高检**第三批指导性案例·检例第9号·李泽强编造、故意传播虚假恐怖信息案**，编造、故意传播虚假恐怖信息罪是选择性罪名。编造恐怖信息以后向特定对象散布，严重扰乱社会秩序的，构成编造虚假恐怖信息罪。编造恐怖信息以后向不特定对象散布，严重扰乱社会秩序的，构成编造、故意传播虚假恐怖信息罪（★根据2013年9月18日最高法《关于审理编造、故意传播虚假恐怖信息刑事案件适用法律若干问题的解

第二百九十一条之二〔265〕 **【高空抛物罪】**从建筑物或者其他高空抛掷物品，情节严重的，处一年以下有期徒刑、拘役或者管制，并处或者单处罚金。

有前款行为，同时构成其他犯罪的，依照处罚较重的规定定罪处罚。

释》第1条，编造恐怖信息后传播的，应认定为“编造虚假恐怖信息罪”。哪一定罪结论符合罪名原理，值得研究——编者说明）。

对于实施数个编造、故意传播虚假恐怖信息行为的，不实行数罪并罚，但应当将其作为量刑情节予以考虑。

根据2013年5月27日最高检**第三批指导性案例·检例第10号·卫学臣编造虚假恐怖信息案**，关于编造虚假恐怖信息造成“严重扰乱社会秩序”的认定，应当结合行为对正常的工作、生产、生活、经营、教学、科研等秩序的影响程度、对公众造成的恐慌程度以及处置情况等因素进行综合分析判断。对于编造、故意传播虚假恐怖信息威胁民航安全，引起公众恐慌，或者致使航班无法正常起降的，应当认定为“严重扰乱社会秩序”。

根据2013年5月27日最高检**第三批指导性案例·检例第11号·袁才彦编造虚假恐怖信息案**，对于编造虚假恐怖信息造成有关部门实施人员疏散，引起公众极度恐慌的，或者致使相关单位无法正常营业，造成重大经济损失的，应当认定为“造成严重后果”。

以编造虚假恐怖信息的方式，实施敲诈勒索等其他犯罪的，应当根据案件事实和证据情况，择一重罪处断。

〔265〕 **【刑法修订】**本条为2020年**《刑法修正案（十一）》第三十三条**增设。

【司法解释】根据2019年10月21日最高法**《关于依法妥善审理高空抛物、坠物案件的意见》**（法发〔2019〕25号），故意从高空抛弃物品，尚未造成严重后果，但足以危害公共安全的，依照刑法第一百一十四条规定的以危险方法危害公共安全罪定罪处罚；致人重伤、死亡或者使公私财产遭受重大损失的，依照刑法第一百一十五条第一款的规定处罚。为伤害、杀害特定人员实施上述行为的，依照故意伤害罪、故意杀人罪定罪处罚。

依法从重惩治高空抛物犯罪。具有下列情形之一的，应当从重处罚，一般不得适用缓刑：（1）多次实施的；（2）经劝阻仍继续实施的；（3）受过刑事处罚或者行政处罚后又实施的；（4）在人员密集场所实施的；（5）其他情节严重的情形。

过失导致物品从高空坠落，致人死亡、重伤，符合刑法第二百三十三条、第二百三十五条规定的，依照过失致人死亡罪、过失致人重伤罪定罪处罚。在生产、作业中违反有关安全管理规定，从高空坠落物品，发生重大伤亡事故或

第二百九十二条[266]　**【聚众斗殴罪】**聚众斗殴的，对首要分子和其他积极参加的，处三年以下有期徒刑、拘役或者管制；有下列情形之一的，对首要分子和其他积极参加的，处三年以上十年以下有期徒刑：

（一）多次聚众斗殴的；

（二）聚众斗殴人数多，规模大，社会影响恶劣的；

（三）在公共场所或者交通要道聚众斗殴，造成社会秩序严重混乱的；

（四）持械聚众斗殴的。

聚众斗殴，致人重伤、死亡的，依照本法第二百三十四条、第二百三十二条的规定定罪处罚。

者造成其他严重后果的，依照刑法第一百三十四条第一款的规定，以重大责任事故罪定罪处罚。

★根据《刑法修正案（十一）》第 33 条，对高空抛物行为，一般应以高空抛物罪定罪处罚。因此，上述高空抛物的意见当前是否仍然有效，就成为问题。如果认为上述意见与《刑法修正案（十一）》并不冲突，就应严格把握上述意见，仅在特定情形下（如高空抛物砸中道路上行驶的汽车，导致汽车连环相撞），高空抛物行为确实足以危害公共安全的，对此才能以以危险方法危害公共安全罪定罪处罚——编者说明。

〔266〕**【立案标准】**根据 2008 年 6 月 25 日最高检、公安部**《关于公安机关管辖的刑事案件立案追诉标准的规定（一）》第三十六条**，组织、策划、指挥或者积极参加聚众斗殴的，应予立案追诉。

【司法解释】2004 年 11 月 11 日最高法研究室**《关于对参加聚众斗殴受重伤或者死亡的人及其家属提出的民事赔偿请求能否予以支持问题的答复》**（法研〔2004〕179 号）指出：根据《刑法》第二百九十二条第一款的规定，聚众斗殴的参加者，无论是否首要分子，均明知自己的行为有可能产生伤害他人以及自己被他人的行为伤害的后果，其仍然参加聚众斗殴的，应当自行承担相应的刑事和民事责任。根据《刑法》第二百九十二条第二款的规定，对于参加聚众斗殴，造成他人重伤或者死亡的，行为性质发生变化，应认定为故意伤害罪或者故意杀人罪。聚众斗殴中受重伤或者死亡的人，既是故意伤害罪或者故意杀人罪的受害人，又是聚众斗殴犯罪的行为人。对于参加聚众斗殴受重伤或者死亡的人或其家属提出的民事赔偿请求，依法应予支持，并适用混合过错责任原则。

【量刑指导】根据 2021 年 6 月 17 日最高法、最高检**《关于常见犯罪的量刑指导意见（试行）》**，1. 构成聚众斗殴罪的，根据下列情形在相应的幅度内确定量刑起点：

（1）犯罪情节一般的，在 2 年以下有期徒刑、拘役幅度内确定量刑起点。

第二百九十三条〔267〕 **【寻衅滋事罪】**有下列寻衅滋事行为之一，破坏社会秩序的，处五年以下有期徒刑、拘役或者管制：

（一）随意殴打他人，情节恶劣的；

（二）追逐、拦截、辱骂、恐吓他人，情节恶劣的；

（三）强拿硬要或者任意损毁、占用公私财物，情节严重的；

（四）在公共场所起哄闹事，造成公共场所秩序严重混乱的。

纠集他人多次实施前款行为，严重破坏社会秩序的，处五年以上十年以下有期徒刑，可以并处罚金。

（2）有下列情形之一的，在3年至5年有期徒刑幅度内确定量刑起点：聚众斗殴3次的；聚众斗殴人数多，规模大，社会影响恶劣的；在公共场所或者交通要道聚众斗殴，造成社会秩序严重混乱的；持械聚众斗殴的。

2. 在量刑起点的基础上，根据聚众斗殴人数、次数、手段严重程度等其他影响犯罪构成的犯罪事实增加刑罚量，确定基准刑。

3. 构成聚众斗殴罪的，综合考虑聚众斗殴的手段、危害后果等犯罪事实、量刑情节，以及被告人的主观恶性、人身危险性、认罪悔罪表现等因素，决定缓刑的适用。

〔267〕**【刑法修订】**2011年《**刑法修正案（八）**》**第四十二条**修订了本条。1997年刑法原文如下：

第二百九十三条 有下列寻衅滋事行为之一，破坏社会秩序的，处五年以下有期徒刑、拘役或者管制：

（一）随意殴打他人，情节恶劣的；

（二）追逐、拦截、辱骂他人，情节恶劣的；

（三）强拿硬要或者任意损毁、占用公私财物，情节严重的；

（四）在公共场所起哄闹事，造成公共场所秩序严重混乱的。

2011年《**刑法修正案（八）**》在本条第二项"辱骂"后面增加了"恐吓"二字，增设了第二款"纠集他人多次实施前款行为，严重破坏社会秩序的，处五年以上十年以下有期徒刑，可以并处罚金"的规定。

【立案标准】根据2017年4月27日最高检、公安部《**关于公安机关管辖的刑事案件立案追诉标准的规定（一）的补充规定**》**第八条**，随意殴打他人，破坏社会秩序，涉嫌下列情形之一的，应予立案追诉：

（一）致1人以上轻伤或者2人以上轻微伤的；

（二）引起他人精神失常、自杀等严重后果的；

（三）多次随意殴打他人的；

（四）持凶器随意殴打他人的；

（五）随意殴打精神病人、残疾人、流浪乞讨人员、老年人、孕妇、未成年人，造成恶劣社会影响的；

（六）在公共场所随意殴打他人，造成公共场所秩序严重混乱的；

（七）其他情节恶劣的情形。

追逐、拦截、辱骂、恐吓他人，破坏社会秩序，涉嫌下列情形之一的，应予立案追诉：

（一）多次追逐、拦截、辱骂、恐吓他人，造成恶劣社会影响的；

（二）持凶器追逐、拦截、辱骂、恐吓他人的；

（三）追逐、拦截、辱骂、恐吓精神病人、残疾人、流浪乞讨人员、老年人、孕妇、未成年人，造成恶劣社会影响的；

（四）引起他人精神失常、自杀等严重后果的；

（五）严重影响他人的工作、生活、生产、经营的；

（六）其他情节恶劣的情形。

强拿硬要或者任意损毁、占用公私财物，破坏社会秩序，涉嫌下列情形之一的，应予立案追诉：

（一）强拿硬要公私财物价值 1000 元以上，或者任意损毁、占用公私财物价值 2000 元以上的；

（二）多次强拿硬要或者任意损毁、占用公私财物，造成恶劣社会影响的；

（三）强拿硬要或者任意损毁、占用精神病人、残疾人、流浪乞讨人员、老年人、孕妇、未成年人的财物，造成恶劣社会影响的；

（四）引起他人精神失常、自杀等严重后果的；

（五）严重影响他人的工作、生活、生产、经营的；

（六）其他情节严重的情形。

在车站、码头、机场、医院、商场、公园、影剧院、展览会、运动场或者其他公共场所起哄闹事，应当根据公共场所的性质、公共活动的重要程度、公共场所的人数、起哄闹事的时间、公共场所受影响的范围与程度等因素，综合判断是否造成公共场所秩序严重混乱。

【司法解释】2013 年 7 月 15 日最高法、最高检**《关于办理寻衅滋事刑事案件适用法律若干问题的解释》**（法释〔2013〕18 号，自 2013 年 7 月 22 日起施行），为依法惩治寻衅滋事犯罪，维护社会秩序，根据《中华人民共和国刑法》的有关规定，现就办理寻衅滋事刑事案件适用法律的若干问题解释如下：

第一条　行为人为寻求刺激、发泄情绪、逞强耍横等，无事生非，实施刑法第二百九十三条规定的行为的，应当认定为“寻衅滋事”。

行为人因日常生活中的偶发矛盾纠纷，借故生非，实施刑法第二百九十三条规定的行为的，应当认定为“寻衅滋事”，但矛盾系由被害人故意引发或者被害人对矛盾激化负有主要责任的除外。

行为人因婚恋、家庭、邻里、债务等纠纷，实施殴打、辱骂、恐吓他人或者损毁、占用他人财物等行为的，一般不认定为“寻衅滋事”，但经有关部门批评制止或者处理处罚后，继续实施前列行为，破坏社会秩序的除外。

第二条 随意殴打他人，破坏社会秩序，具有下列情形之一的，应当认定为刑法第二百九十三条第一款第一项规定的“情节恶劣”：

（一）致 1 人以上轻伤或者 2 人以上轻微伤的；

（二）引起他人精神失常、自杀等严重后果的；

（三）多次随意殴打他人的；

（四）持凶器随意殴打他人的；

（五）随意殴打精神病人、残疾人、流浪乞讨人员、老年人、孕妇、未成年人，造成恶劣社会影响的；

（六）在公共场所随意殴打他人，造成公共场所秩序严重混乱的；

（七）其他情节恶劣的情形。

第三条 追逐、拦截、辱骂、恐吓他人，破坏社会秩序，具有下列情形之一的，应当认定为刑法第二百九十三条第一款第二项规定的“情节恶劣”：

（一）多次追逐、拦截、辱骂、恐吓他人，造成恶劣社会影响的；

（二）持凶器追逐、拦截、辱骂、恐吓他人的；

（三）追逐、拦截、辱骂、恐吓精神病人、残疾人、流浪乞讨人员、老年人、孕妇、未成年人，造成恶劣社会影响的；

（四）引起他人精神失常、自杀等严重后果的；

（五）严重影响他人的工作、生活、生产、经营的；

（六）其他情节恶劣的情形。

第四条 强拿硬要或者任意损毁、占用公私财物，破坏社会秩序，具有下列情形之一的，应当认定为刑法第二百九十三条第一款第三项规定的“情节严重”：

（一）强拿硬要公私财物价值 1000 元以上，或者任意损毁、占用公私财物价值 2000 元以上的；

（二）多次强拿硬要或者任意损毁、占用公私财物，造成恶劣社会影响的；

（三）强拿硬要或者任意损毁、占用精神病人、残疾人、流浪乞讨人员、老年人、孕妇、未成年人的财物，造成恶劣社会影响的；

（四）引起他人精神失常、自杀等严重后果的；

（五）严重影响他人的工作、生活、生产、经营的；

（六）其他情节严重的情形。

第五条 在车站、码头、机场、医院、商场、公园、影剧院、展览会、运动场或者其他公共场所起哄闹事，应当根据公共场所的性质、公共活动的重要程度、公共场所的人数、起哄闹事的时间、公共场所受影响的范围与程度等因素，综合判断是否“造成公共场所秩序严重混乱”。

第六条 纠集他人3次以上实施寻衅滋事犯罪，未经处理的，应当依照刑法第二百九十三条第二款的规定处罚。

第七条 实施寻衅滋事行为，同时符合寻衅滋事罪和故意杀人罪、故意伤害罪、故意毁坏财物罪、敲诈勒索罪、抢夺罪、抢劫罪等罪的构成要件的，依照处罚较重的犯罪定罪处罚。

第八条 行为人认罪、悔罪，积极赔偿被害人损失或者取得被害人谅解的，可以从轻处罚；犯罪情节轻微的，可以不起诉或者免予刑事处罚。

根据2018年1月16日最高法、最高检、公安部、司法部**《关于办理黑恶势力犯罪案件若干问题的指导意见》**，黑恶势力为谋取不法利益或形成非法影响，有组织地采用滋扰、纠缠、哄闹、聚众造势等手段扰乱正常的工作、生活秩序，使他人产生心理恐惧或者形成心理强制，分别属于《刑法》第二百九十三条第一款第（二）项规定的"恐吓"、《刑法》第二百二十六规定的"威胁"，同时符合其他犯罪构成条件的，应分别以寻衅滋事罪、强迫交易罪定罪处罚。

《关于办理寻衅滋事刑事案件适用法律若干问题的解释》第二条至第四条中的"多次"一般应当理解为2年内实施寻衅滋事行为3次以上。2年内多次实施不同种类寻衅滋事行为的，应当追究刑事责任。

根据2003年5月14日最高法、最高检**《关于办理妨害预防、控制突发传染病疫情等灾害的刑事案件具体应用法律若干问题的解释》第十一条**，在预防、控制突发传染病疫情等灾害期间，强拿硬要或者任意损毁、占用公私财物情节严重，或者在公共场所起哄闹事，造成公共场所秩序严重混乱的，依照刑法第二百九十三条的规定，以寻衅滋事罪定罪，依法从重处罚。

根据2013年7月19日公安部**《关于公安机关处置信访活动中违法犯罪行为适用法律的指导意见》**，任意损毁、占用信访接待场所、国家机关或者他人财物，符合《治安管理处罚法》第二十六条第三项规定的，以寻衅滋事依法予以治安管理处罚；符合《刑法》第二百九十三条规定的，以寻衅滋事罪追究刑事责任。

根据2013年9月6日最高法、最高检**《关于办理利用信息网络实施诽谤等刑事案件适用法律若干问题的解释》第五条**，利用信息网络辱骂、恐吓他人，情节恶劣，破坏社会秩序的，依照刑法第二百九十三条第一款第（二）项的规定，以寻衅滋事罪定罪处罚。

编造虚假信息，或者明知是编造的虚假信息，在信息网络上散布，或者组织、指使人员在信息网络上散布，起哄闹事，造成公共秩序严重混乱的，依照刑法第二百九十三条第一款第（四）项的规定，以寻衅滋事罪定罪处罚（★在《刑法修正案（九）》增设刑法第291条之一第2款编造、故意传播虚假信息罪之后，该款解释能否继续适用，值得研究——编者说明）。

根据 2014 年 4 月 22 日最高法、最高检、公安部、司法部、国家卫生和计划生育委员会**《关于依法惩处涉医违法犯罪维护正常医疗秩序的意见》**(法发〔2014〕5 号),对涉医违法犯罪行为,要依法严肃追究、坚决打击……人民法院应当加快审理进度,在全面查明案件事实的基础上依法准确定罪量刑,对于犯罪手段残忍、主观恶性深、人身危险性大的被告人或者社会影响恶劣的涉医犯罪行为,要依法从严惩处。

(一)在医疗机构内殴打医务人员或者故意伤害医务人员身体、故意损毁公私财物,尚未造成严重后果的,分别依照治安管理处罚法第四十三条、第四十九条的规定处罚;故意杀害医务人员,或者故意伤害医务人员造成轻伤以上严重后果,或者随意殴打医务人员情节恶劣、任意损毁公私财物情节严重,构成故意杀人罪、故意伤害罪、故意毁坏财物罪、寻衅滋事罪的,依照刑法的有关规定定罪处罚。

(二)在医疗机构私设灵堂、摆放花圈、焚烧纸钱、悬挂横幅、堵塞大门或者以其他方式扰乱医疗秩序,尚未造成严重损失,经劝说、警告无效的,要依法驱散,对拒不服从的人员要依法带离现场,依照治安管理处罚法第二十三条的规定处罚;聚众实施的,对首要分子和其他积极参加者依法予以治安处罚;造成严重损失或者扰乱其他公共秩序情节严重,构成寻衅滋事罪、聚众扰乱社会秩序罪、聚众扰乱公共场所秩序、交通秩序罪的,依照刑法的有关规定定罪处罚。

在医疗机构的病房、抢救室、重症监护室等场所及医疗机构的公共开放区域违规停放尸体,影响医疗秩序,经劝说、警告无效的,依照治安管理处罚法第六十五条的规定处罚;严重扰乱医疗秩序或者其他公共秩序,构成犯罪的,依照前款的规定定罪处罚。

(三)以不准离开工作场所等方式非法限制医务人员人身自由的,依照治安管理处罚法第四十条的规定处罚;构成非法拘禁罪的,依照刑法的有关规定定罪处罚。

(四)公然侮辱、恐吓医务人员的,依照治安管理处罚法第四十二条的规定处罚;采取暴力或者其他方法公然侮辱、恐吓医务人员情节严重(恶劣),构成侮辱罪、寻衅滋事罪的,依照刑法的有关规定定罪处罚。

(五)非法携带枪支、弹药、管制器具或者爆炸性、放射性、毒害性、腐蚀性物品进入医疗机构的,依照治安管理处罚法第三十条、第三十二条的规定处罚;危及公共安全情节严重,构成非法携带枪支、弹药、管制刀具、危险物品危及公共安全罪的,依照刑法的有关规定定罪处罚。

(六)对于故意扩大事态,教唆他人实施针对医疗机构或者医务人员的违法犯罪行为,或者以受他人委托处理医疗纠纷为名实施敲诈勒索、寻衅滋事等行为的,依照治安管理处罚法和刑法的有关规定从严惩处。

根据 2006 年 1 月 11 日最高法**《关于审理未成年人刑事案件具体应用法**

律若干问题的解释》第八条，已满16周岁不满18周岁的人出于以大欺小、以强凌弱或者寻求精神刺激，随意殴打其他未成年人、多次对其他未成年人强拿硬要或者任意损毁公私财物，扰乱学校及其他公共场所秩序，情节严重的，以寻衅滋事罪定罪处罚。

根据2016年9月29日最高检《**关于全面履行检察职能为推进健康中国建设提供有力司法保障的意见**》，重点打击、从严惩处在医疗机构进行寻衅滋事、敲诈勒索、扰乱医疗秩序等犯罪行为的职业"医闹"，专门捏造、寻找、介入他人医患矛盾，故意扩大事态，挑动、教唆他人实施违法犯罪的首要分子和积极参加者，从事非法行医、组织出卖人体器官、非法采供血液违法犯罪活动的游医、假医、"黑诊所""血头"，以及具有幕后组织、网络策划、涉黑涉恶、内外勾结等恶劣情节的犯罪分子或者团伙。对上述重点打击对象，应当依法提出从严处理、不适用缓刑、适用禁止令等量刑建议。

根据2019年2月28日最高法、最高检、公安部《**关于依法处理信访活动中违法犯罪行为的指导意见**》，在信访活动中或者以信访为名，为制造影响或者发泄不满，实施下列行为之一的，依照刑法第二百九十三条的规定，以寻衅滋事罪定罪处罚：

1. 在各级党委、人大、政协、行政、监察、审判、检察、军事机关，厂矿、商场等企业单位，学校、医院、报社、电视台、科研院所等事业单位，工会、妇联等社会团体单位，机场、车站、码头等重要交通场站，或者在上述场所周边的其他公共场所，实施自杀、自伤、打横幅、撒传单、拦车辆、统一着装、佩戴统一标识等行为，起哄闹事，造成公共场所秩序严重混乱的；

2. 追逐、拦截、辱骂、恐吓、随意殴打他人，情节恶劣的，或者强拿硬要、任意损毁、占用公私财物，情节严重的；

3. 编造虚假信息，或者明知是编造的虚假信息，在信息网络上散布，或者组织、指使人员在信息网络上散布，起哄闹事，造成公共秩序严重混乱的。

实施寻衅滋事行为，同时符合寻衅滋事罪、故意杀人罪、故意伤害罪、故意毁坏财物罪、敲诈勒索罪、抢夺罪、抢劫罪等犯罪的构成要件的，依照处罚较重的犯罪定罪处罚。

根据2019年5月19日最高法、最高检、公安部、司法部《**关于依法严厉打击传播艾滋病病毒等违法犯罪行为的指导意见**》，假冒或者利用艾滋病病毒感染者或者病人身份，以谎称含有或者含有艾滋病病毒的血液为工具，追逐、拦截、恐吓他人，情节恶劣，破坏社会秩序的，依照刑法第二百九十三条第一款第二项的规定，以寻衅滋事罪定罪处罚。

编造致人感染艾滋病病毒等虚假信息，或者明知是编造的虚假信息，在信息网络上散布，或者组织、指使人员在信息网络上散布，起哄闹事，造成公共秩序严重混乱的，依照刑法第二百九十三条第一款第四项的规定，以寻衅滋事罪定罪处罚。

对前款中“明知”的认定，应当结合行为人的主观认知、行为表现、案件的具体情节等综合分析，准确认定。对无确实、充分的证据证明主观明知的，不得以犯罪论处。

根据2020年2月6日最高法、最高检、公安部、司法部**《关于依法惩治妨害新型冠状病毒感染肺炎疫情防控违法犯罪的意见》**，随意殴打医务人员，情节恶劣的，依照刑法第二百九十三条的规定，以寻衅滋事罪定罪处罚。

采取暴力或者其他方法公然侮辱、恐吓医务人员，符合刑法第二百四十六条、第二百九十三条规定的，以侮辱罪或者寻衅滋事罪定罪处罚。

编造虚假信息，或者明知是编造的虚假信息，在信息网络上散布，或者组织、指使人员在信息网络上散布，起哄闹事，造成公共秩序严重混乱的，依照刑法第二百九十三条第一款第四项的规定，以寻衅滋事罪定罪处罚（★《意见》中的这些规定相对分散，本书按照内容将其集中在一起——编者说明）。

【典型案例】根据2022年12月30日最高检**检察机关依法惩治涉网络黑恶犯罪典型案例·案例四、赵某等人寻衅滋事案**，行为人针对债务人利用信息网络实施催收行为超过法律允许的限度，使用从网贷公司获取的欠款人手机通讯录信息，滋扰、纠缠、辱骂、威胁、恐吓债务人以及与债务无关的第三方，情节恶劣，严重破坏社会秩序的，应当认定为寻衅滋事罪。有组织地利用信息网络实施“软暴力”催收行为，符合恶势力犯罪集团认定标准的，应依法认定为恶势力犯罪集团。在依法严惩利用信息网络实施“软暴力”催收行为的同时，应当贯彻宽严相济刑事政策，依法妥善处理涉众犯罪案件。

【量刑指导】根据2021年6月17日最高法、最高检**《关于常见犯罪的量刑指导意见（试行）》**，1. 构成寻衅滋事罪的，根据下列情形在相应的幅度内确定量刑起点：

（1）寻衅滋事1次的，在3年以下有期徒刑、拘役幅度内确定量刑起点。

（2）纠集他人3次寻衅滋事（每次都构成犯罪），严重破坏社会秩序的，在5年至7年有期徒刑幅度内确定量刑起点。

2. 在量刑起点的基础上，根据寻衅滋事次数、伤害后果、强拿硬要他人财物或任意损毁、占用公私财物数额等其他影响犯罪构成的犯罪事实增加刑罚量，确定基准刑。

3. 构成寻衅滋事罪，判处5年以上10年以下有期徒刑，并处罚金的，根据寻衅滋事的次数、危害后果、对社会秩序的破坏程度等犯罪情节，综合考虑被告人缴纳罚金的能力，决定罚金数额。

4. 构成寻衅滋事罪的，综合考虑寻衅滋事的具体行为、危害后果、对社会秩序的破坏程度等犯罪事实、量刑情节，以及被告人的主观恶性、人身危险性、认罪悔罪表现等因素，决定缓刑的适用。

第二百九十三条之一[268]　**【催收非法债务罪】**有下列情形之一，催收高利放贷等产生的非法债务，情节严重的，处三年以下有期徒刑、拘役或者管制，并处或者单处罚金：

（一）使用暴力、胁迫方法的；

（二）限制他人人身自由或者侵入他人住宅的；

（三）恐吓、跟踪、骚扰他人的。

第二百九十四条[269]　**【组织、领导、参加黑社会性质组织罪】**组织、领导黑社会性质的组织的，处七年以上有期徒刑，并处没收财产；积极参加的，处三年以上七年以下有期徒刑，可以并处罚金或者没收财产；其他参加的，处三年以下有期徒刑、拘役、管制或者剥夺政治权利，可以并处罚金。

【入境发展黑社会组织罪】境外的黑社会组织的人员到中华人民共和国境内发展组织成员的，处三年以上十年以下有期徒刑。

【包庇、纵容黑社会性质组织罪】国家机关工作人员包庇黑社会性质的组织，或者纵容黑社会性质的组织进行违法犯罪活动的，处五年以下有期徒刑；情节严重的，处五年以上有期徒刑。

犯前三款罪又有其他犯罪行为的，依照数罪并罚的规定处罚。

黑社会性质的组织应当同时具备以下特征：

（一）形成较稳定的犯罪组织，人数较多，有明确的组织者、领导者，骨干成员基本固定；

（二）有组织地通过违法犯罪活动或者其他手段获取经济利益，具有一定的经济实力，以支持该组织的活动；

（三）以暴力、威胁或者其他手段，有组织地多次进行违法犯罪活动，为非作恶，欺压、残害群众；

（四）通过实施违法犯罪活动，或者利用国家工作人员的包庇或者纵容，称霸一方，在一定区域或者行业内，形成非法控制或者重大影响，严重破坏经济、社会生活秩序。

第293条之一—第294条　下一刑法条文☞第751页

---

〔268〕**【刑法修订】**本条为2020年《**刑法修正案（十一）**》**第三十四条**增设。

〔269〕**【刑法修订】**2011年《**刑法修正案（八）**》**第四十三条**修订了本条。1997年刑法原文如下：

第二百九十四条 组织、领导和积极参加以暴力、威胁或者其他手段，有组织地进行违法犯罪活动，称霸一方，为非作恶，欺压、残害群众，严重破坏经济、社会生活秩序的黑社会性质的组织的，处三年以上十年以下有期徒刑；其他参加的，处三年以下有期徒刑、拘役、管制或者剥夺政治权利。

境外的黑社会组织的人员到中华人民共和国境内发展组织成员的，处三年以上十年以下有期徒刑。

犯前两款罪又有其他犯罪行为的，依照数罪并罚的规定处罚。

国家机关工作人员包庇黑社会性质的组织，或者纵容黑社会性质的组织进行违法犯罪活动的，处三年以下有期徒刑、拘役或者剥夺政治权利；情节严重的，处三年以上十年以下有期徒刑。

2011年《**刑法修正案（八）**》将第一款“组织、领导和积极参加以暴力、威胁或者其他手段，有组织地进行违法犯罪活动，称霸一方，为非作恶，欺压、残害群众，严重破坏经济、社会生活秩序的黑社会性质的组织的，处三年以上十年以下有期徒刑；其他参加的，处三年以下有期徒刑、拘役、管制或者剥夺政治权利”修改为“组织、领导黑社会性质的组织的，处七年以上有期徒刑，并处没收财产；积极参加的，处三年以上七年以下有期徒刑，可以并处罚金或者没收财产；其他参加的，处三年以下有期徒刑、拘役、管制或者剥夺政治权利，可以并处罚金”；将原第三款数罪并罚规定修改为第四款，将原第四款国家机关工作人员包庇、纵容黑社会性质组织的规定修改为第三款，提高了该款的法定刑；在吸收了全国人大常委会《关于刑法第二百九十四条第一款的解释》的内容的基础上，新设第五款规定了黑社会性质的组织应当同时具备的四项特征。

【相关法规】2021年12月24日《**反有组织犯罪法**》，为了预防和惩治有组织犯罪，加强和规范反有组织犯罪工作，制定本法如下：

第二条 本法所称有组织犯罪，是指《中华人民共和国刑法》第二百九十四条规定的组织、领导、参加黑社会性质组织犯罪，以及黑社会性质组织、恶势力组织实施的犯罪。

本法所称恶势力组织，是指经常纠集在一起，以暴力、威胁或者其他手段，在一定区域或者行业领域内多次实施违法犯罪活动，为非作恶，欺压群众，扰乱社会秩序、经济秩序，造成较为恶劣的社会影响，但尚未形成黑社会性质组织的犯罪组织。

境外的黑社会组织到中华人民共和国境内发展组织成员、实施犯罪，以及在境外对中华人民共和国国家或者公民犯罪的，适用本法。

……

第十九条 对因组织、领导黑社会性质组织被判处刑罚的人员，设区的市级以上公安机关可以决定其自刑罚执行完毕之日起，按照国家有关规定向公安机关报告个人财产及日常活动。报告期限不超过5年。

第二十条　曾被判处刑罚的黑社会性质组织的组织者、领导者或者恶势力组织的首要分子开办企业或者在企业中担任高级管理人员的，相关行业主管部门应当依法审查，对其经营活动加强监督管理。

……

第二十二条　办理有组织犯罪案件，应当以事实为根据，以法律为准绳，坚持宽严相济。

对有组织犯罪的组织者、领导者和骨干成员，应当严格掌握取保候审、不起诉、缓刑、减刑、假释和暂予监外执行的适用条件，充分适用剥夺政治权利、没收财产、罚金等刑罚。

有组织犯罪的犯罪嫌疑人、被告人自愿如实供述自己的罪行，承认指控的犯罪事实，愿意接受处罚的，可以依法从宽处理。

……

第三十三条　犯罪嫌疑人、被告人积极配合有组织犯罪案件的侦查、起诉、审判等工作，有下列情形之一的，可以依法从宽处罚，但对有组织犯罪的组织者、领导者应当严格适用：

（一）为查明犯罪组织的组织结构及其组织者、领导者、首要分子的地位、作用提供重要线索或者证据的；

（二）为查明犯罪组织实施的重大犯罪提供重要线索或者证据的；

（三）为查处国家工作人员涉有组织犯罪提供重要线索或者证据的；

（四）协助追缴、没收尚未掌握的赃款赃物的；

（五）其他为查办有组织犯罪案件提供重要线索或者证据的情形。

对参加有组织犯罪组织的犯罪嫌疑人、被告人不起诉或者免予刑事处罚的，可以根据案件的不同情况，依法予以训诫、责令具结悔过、赔礼道歉、赔偿损失，或者由主管部门予以行政处罚或者处分。

第三十四条　对黑社会性质组织的组织者、领导者，应当依法并处没收财产。对其他组织成员，根据其在犯罪组织中的地位、作用以及所参与违法犯罪活动的次数、性质、违法所得数额、造成的损失等，可以依法并处罚金或者没收财产。

第三十五条　对有组织犯罪的罪犯，执行机关应当依法从严管理。

黑社会性质组织的组织者、领导者或者恶势力组织的首要分子被判处 10 年以上有期徒刑、无期徒刑、死刑缓期 2 年执行的，应当跨省、自治区、直辖市异地执行刑罚。

第三十六条　对被判处 10 年以上有期徒刑、无期徒刑、死刑缓期 2 年执行的黑社会性质组织的组织者、领导者或者恶势力组织的首要分子减刑的，执行机关应当依法提出减刑建议，报经省、自治区、直辖市监狱管理机关复核后，提请人民法院裁定。

对黑社会性质组织的组织者、领导者或者恶势力组织的首要分子假释的，适用前款规定的程序。

第三十七条 人民法院审理黑社会性质组织犯罪罪犯的减刑、假释案件，应当通知人民检察院、执行机关参加审理，并通知被报请减刑、假释的罪犯参加，听取其意见。

第三十八条 执行机关提出减刑、假释建议以及人民法院审理减刑、假释案件，应当充分考虑罪犯履行生效裁判中财产性判项、配合处置涉案财产等情况。

……

第四十五条 有组织犯罪组织及其成员违法所得的一切财物及其孳息、收益，违禁品和供犯罪所用的本人财物，应当依法予以追缴、没收或者责令退赔。

依法应当追缴、没收的涉案财产无法找到、灭失或者与其他合法财产混合且不可分割的，可以追缴、没收其他等值财产或者混合财产中的等值部分。

被告人实施黑社会性质组织犯罪的定罪量刑事实已经查清，有证据证明其在犯罪期间获得的财产高度可能属于黑社会性质组织犯罪的违法所得及其孳息、收益，被告人不能说明财产合法来源的，应当依法予以追缴、没收。

第四十六条 涉案财产符合下列情形之一的，应当依法予以追缴、没收：

（一）为支持或者资助有组织犯罪活动而提供给有组织犯罪组织及其成员的财产；

（二）有组织犯罪组织成员的家庭财产中实际用于支持有组织犯罪活动的部分；

（三）利用有组织犯罪组织及其成员的违法犯罪活动获得的财产及其孳息、收益。

第四十七条 黑社会性质组织犯罪案件的犯罪嫌疑人、被告人逃匿，在通缉1年后不能到案，或者犯罪嫌疑人、被告人死亡，依照《中华人民共和国刑法》规定应当追缴其违法所得及其他涉案财产的，依照《中华人民共和国刑事诉讼法》有关犯罪嫌疑人、被告人逃匿、死亡案件违法所得的没收程序的规定办理。

……

第五十条第二款 国家工作人员组织、领导、参加有组织犯罪的，应当依法从重处罚。

……

第六十六条 组织、领导、参加黑社会性质组织，国家机关工作人员包庇、纵容黑社会性质组织，以及黑社会性质组织、恶势力组织实施犯罪的，依法追究刑事责任。

境外的黑社会组织的人员到中华人民共和国境内发展组织成员、实施犯罪，以及在境外对中华人民共和国国家或者公民犯罪的，依法追究刑事责任。

第六十七条　发展未成年人参加黑社会性质组织、境外的黑社会组织，教唆、诱骗未成年人实施有组织犯罪，或者实施有组织犯罪侵害未成年人合法权益的，依法从重追究刑事责任。

第六十八条　对有组织犯罪的罪犯，人民法院可以依照《中华人民共和国刑法》有关从业禁止的规定，禁止其从事相关职业，并通报相关行业主管部门。

第六十九条　有下列情形之一，尚不构成犯罪的，由公安机关处5日以上10日以下拘留，可以并处1万元以下罚款；情节较重的，处10日以上15日以下拘留，并处1万元以上3万元以下罚款；有违法所得的，除依法应当返还被害人的以外，应当予以没收：

（一）参加境外的黑社会组织的；

（二）积极参加恶势力组织的；

（三）教唆、诱骗他人参加有组织犯罪组织，或者阻止他人退出有组织犯罪组织的；

（四）为有组织犯罪活动提供资金、场所等支持、协助、便利的；

（五）阻止他人检举揭发有组织犯罪、提供有组织犯罪证据，或者明知他人有有组织犯罪行为，在司法机关向其调查有关情况、收集有关证据时拒绝提供的。

教唆、诱骗未成年人参加有组织犯罪组织或者阻止未成年人退出有组织犯罪组织，尚不构成犯罪的，依照前款规定从重处罚。

第七十条　违反本法第十九条规定，不按照公安机关的决定如实报告个人财产及日常活动的，由公安机关给予警告，并责令改正；拒不改正的，处5日以上10日以下拘留，并处3万元以下罚款。

★为落实《反有组织犯罪法》，2022年8月26日公安部发布《公安机关反有组织犯罪工作规定》（公安部令第165号）。因不涉及刑法适用问题，本书未收录——编者说明。

【司法解释】2002年5月13日最高检**《关于认真贯彻执行全国人民代表大会常务委员会〈关于刑法第二百九十四条第一款的解释〉和〈关于刑法第三百八十四条第一款的解释〉的通知》**（高检发研字〔2002〕11号）指出，根据全国人大常委会《关于刑法第二百九十四条第一款的解释》（★这一解释已被《刑法修正案（八）》第四十三条全部吸收，本书不再收录——编者说明），黑社会性质组织是否有国家工作人员充当“保护伞”，即是否要求国家工作人员参与犯罪或者为犯罪活动提供非法保护，不影响黑社会性质组织的认定，对于同时具备《解释》规定的黑社会性质组织四个特征的案件，应依法予以严惩，以体现“打早打小”的立法精神。

2000年12月5日最高法**《关于审理黑社会性质组织犯罪的案件具体应**

用法律若干问题的解释》(法释〔2000〕42号,自2000年12月10日起施行),就审理黑社会性质组织的犯罪案件具体应用法律的若干问题解释如下:

第一条 刑法第二百九十四条规定的“黑社会性质的组织”,一般应具备以下特征:……(★应以《刑法修正案(八)》为准把握黑社会性质组织的特征——编者说明)。

第二条 刑法第二百九十四条第二款规定的“发展组织成员”,是指将境内、外人员吸收为该黑社会组织成员的行为。对黑社会组织成员进行内部调整等行为,可视为“发展组织成员”。

港、澳、台黑社会组织到内地发展组织成员的,适用刑法第二百九十四条第二款的规定定罪处罚。

第三条 组织、领导、参加黑社会性质的组织又有其他犯罪行为的,根据刑法第二百九十四条第三款的规定,依照数罪并罚的规定处罚;对于黑社会性质组织的组织者、领导者,应当按照其所组织、领导的黑社会性质组织所犯的全部罪行处罚;对于黑社会性质组织的参加者,应当按照其所参与的犯罪处罚。

对于参加黑社会性质的组织,没有实施其他违法犯罪活动的,或者受蒙蔽、胁迫参加黑社会性质的组织,情节轻微的,可以不作为犯罪处理。

第四条 国家机关工作人员组织、领导、参加黑社会性质组织的,从重处罚。

第五条 刑法第二百九十四条第四款规定的“包庇”,是指国家机关工作人员为使黑社会性质组织及其成员逃避查禁,而通风报信,隐匿、毁灭、伪造证据,阻止他人作证、检举揭发,指使他人作伪证,帮助逃匿,或者阻挠其他国家机关工作人员依法查禁等行为。

刑法第二百九十四条第四款规定的“纵容”,是指国家机关工作人员不依法履行职责,放纵黑社会性质组织进行违法犯罪活动的行为。

第六条 国家机关工作人员包庇、纵容黑社会性质的组织,有下列情形之一的,属于刑法第二百九十四条第四款规定的“情节严重”:

(一)包庇、纵容黑社会性质组织跨境实施违法犯罪活动的;

(二)包庇、纵容境外黑社会组织在境内实施违法犯罪活动的;

(三)多次实施包庇、纵容行为的;

(四)致使某一区域或者行业的经济、社会生活秩序遭受黑社会性质组织特别严重破坏的;

(五)致使黑社会性质组织的组织者、领导者逃匿,或者致使对黑社会性质组织的查禁工作严重受阻的;

(六)具有其他严重情节的。

第七条 对黑社会性质组织和组织、领导、参加黑社会性质组织的犯罪分子聚敛的财物及其收益,以及用于犯罪的工具等,应当依法追缴、没收。

★对于上述解释，应在2011年2月25日全国人大常委会《刑法修正案(八)》第四十三条的基础上加以理解——编者说明。

2012年9月11日最高法、最高检、公安部、司法部《**关于办理黑社会性质组织犯罪案件若干问题的规定**》(公通字〔2012〕45号)，就办理黑社会性质组织犯罪案件有关问题，制定本规定。

第十四条　参加黑社会性质组织的犯罪嫌疑人、被告人，自动投案，如实供述自己的罪行，或者在被采取强制措施期间如实供述司法机关还未掌握的本人其他罪行的，应当认定为自首。

参加黑社会性质组织的犯罪嫌疑人、被告人，积极配合侦查、起诉、审判工作，检举、揭发黑社会性质组织其他成员与自己共同犯罪以外的其他罪行，经查证属实的，应当认定为有立功表现。在查明黑社会性质组织的组织结构和组织者、领导者的地位作用，追缴、没收赃款赃物，打击"保护伞"方面提供重要线索，经查证属实的，可以酌情从宽处理。

……

第二十条　对于黑社会性质组织形成、发展过程中，组织及其成员通过违法犯罪活动或者其他不正当手段聚敛的财产及其孳息、收益，以及用于违法犯罪的工具和其他财物，应当依法追缴、没收。

对于其他个人或者单位利用黑社会性质组织及其成员的违法犯罪活动获得的财产及其孳息、收益，应当依法追缴、没收。

对于明知是黑社会性质组织而予以资助、支持的，依法没收资助、支持的财产。

对于被害人的合法财产及其孳息，应当依法及时返还或者责令退赔。

第二十一条　依法应当追缴、没收的财产无法找到、被他人善意取得、价值灭失或者与其他合法财产混合且不可分割的，可以追缴、没收其他等值财产。

对黑社会性质组织及其成员聚敛的财产及其孳息、收益的数额，办案单位可以委托专门机构评估；确实无法准确计算的，可以根据有关法律规定及查明的事实、证据合理估算。

……

第二十七条　对组织、领导和积极参加黑社会性质组织的罪犯减刑的，执行机关应当依法提出减刑建议，报经省、自治区、直辖市监狱管理机关审核后，提请人民法院裁定。监狱管理机关审核时应当向同级人民检察院、公安机关通报情况。

对被判处不满十年有期徒刑的组织、领导和积极参加黑社会性质组织的罪犯假释的，依照前款规定处理。

对因犯组织、领导黑社会性质组织罪被判处十年以上有期徒刑、无期徒刑的罪犯，不得假释。

……

第二十九条　办理境外黑社会组织成员入境发展组织成员犯罪案件，参照本规定执行。

第三十条　本规定自印发之日起施行。

★上述《关于办理黑社会性质组织犯罪案件若干问题的规定》，就管辖、立案、强制措施和羁押、证人保护、特殊情况的处理、涉案财产的控制和处理、律师辩护代理、刑罚执行八个方面，作了详细规定。本书节录了其中部分内容——编者说明。

2018年1月16日最高法、最高检、公安部、司法部《**关于办理黑恶势力犯罪案件若干问题的指导意见**》（法发〔2018〕1号），为贯彻落实《中共中央、国务院关于开展扫黑除恶专项斗争的通知》精神，统一执法思想，提高执法效能，依法、准确、有力惩处黑恶势力犯罪，严厉打击“村霸”、宗族恶势力、“保护伞”以及“软暴力”等犯罪，根据《刑法》、《刑事诉讼法》及有关司法解释等规定，针对实践中遇到的新情况、新问题，现就办理黑恶势力犯罪案件若干问题制定如下指导意见：

一、总体要求

1. 各级人民法院、人民检察院、公安机关和司法行政机关应充分发挥职能作用，密切配合，相互支持，相互制约，形成打击合力，加强预防惩治黑恶势力犯罪长效机制建设，正确运用法律规定加大对黑恶势力违法犯罪以及“保护伞”惩处力度，在侦查、起诉、审判、执行各阶段体现依法从严惩处精神，严格掌握取保候审，严格掌握不起诉，严格掌握缓刑、减刑、假释，严格掌握保外就医适用条件，充分运用《刑法》总则关于共同犯罪和犯罪集团的规定加大惩处力度，充分利用资格刑、财产刑降低再犯可能性。对黑恶势力犯罪，注意串并研判、深挖彻查，防止就案办案，依法加快办理。坚持依法办案、坚持法定标准、坚持以审判为中心，加强法律监督，强化程序意识和证据意识，正确把握“打早打小”与“打准打实”的关系，贯彻落实宽严相济刑事政策，切实做到宽严有据，罚当其罪，实现政治效果、法律效果和社会效果的统一。

2. 各级人民法院、人民检察院、公安机关和司法行政机关应聚焦黑恶势力犯罪突出的重点地区、重点行业和重点领域，重点打击威胁政治安全特别是政权安全、制度安全以及向政治领域渗透的黑恶势力；把持基层政权、操纵破坏基层换届选举、垄断农村资源、侵吞集体资产的黑恶势力；利用家族、宗族势力横行乡里、称霸一方、欺压残害百姓的“村霸”等黑恶势力；在征地、租地、拆迁、工程项目建设等过程中煽动闹事的黑恶势力；在建筑工程、交通运输、矿产资源、渔业捕捞等行业、领域，强揽工程、恶意竞标、非法占地、滥开滥采的黑恶势力；在商贸集市、批发市场、车站码头、旅游景区等场所欺行霸市、强买强卖、收保护费的市霸、行霸等黑恶势力；操纵、经营“黄赌毒”等违法犯罪活动的黑恶势力；非法高利放贷、暴力讨债的黑恶势力；插手民间纠纷，充当“地下执法队”的黑恶势力；组织或雇佣网络“水军”在网上威胁、恐吓、侮辱、诽谤、滋扰的黑恶势力；境外黑社会入境发展渗透以及跨国跨境的黑恶势力。同时，坚决深挖黑恶势力“保护伞”。

二、依法认定和惩处黑社会性质组织犯罪

3. 黑社会性质组织应同时具备《刑法》第二百九十四条第五款中规定的“组织特征”“经济特征”“行为特征”和“危害性特征”。由于实践中许多黑社会性质组织并非这“四个特征”都很明显，在具体认定时，应根据立法本意，认真审查、分析黑社会性质组织“四个特征”相互间的内在联系，准确评价涉案犯罪组织所造成的社会危害，做到不枉不纵。

4. 发起、创建黑社会性质组织，或者对黑社会性质组织进行合并、分立、重组的行为，应当认定为“组织黑社会性质组织”；实际对整个组织的发展、运行、活动进行决策、指挥、协调、管理的行为，应当认定为“领导黑社会性质组织”。黑社会性质组织的组织者、领导者，既包括通过一定形式产生的有明确职务、称谓的组织者、领导者，也包括在黑社会性质组织中被公认的事实上的组织者、领导者。

5. 知道或者应当知道是以实施违法犯罪为基本活动内容的组织，仍加入并接受其领导和管理的行为，应当认定为“参加黑社会性质组织”。没有加入黑社会性质组织的意愿，受雇到黑社会性质组织开办的公司、企业、社团工作，未参与黑社会性质组织违法犯罪活动的，不应认定为“参加黑社会性质组织”。

参加黑社会性质组织并具有以下情形之一的，一般应当认定为“积极参加黑社会性质组织”：多次积极参与黑社会性质组织的违法犯罪活动，或者积极参与较严重的黑社会性质组织的犯罪活动且作用突出，以及其他在组织中起重要作用的情形，如具体主管黑社会性质组织的财务、人员管理等事项。

6. 组织形成后，在一定时期内持续存在，应当认定为“形成较稳定的犯罪组织”。

黑社会性质组织一般在短时间内难以形成，而且成员人数较多，但鉴于“恶势力”团伙和犯罪集团向黑社会性质组织发展是一个渐进的过程，没有明显的性质转变的节点，故对黑社会性质组织存在时间、成员人数问题不宜作出“一刀切”的规定。

黑社会性质组织未举行成立仪式或者进行类似活动的，成立时间可以按照足以反映其初步形成非法影响的标志性事件的发生时间认定。没有明显标志性事件的，可以按照本意见中关于黑社会性质组织违法犯罪活动认定范围的规定，将组织者、领导者与其他组织成员首次共同实施该组织犯罪活动的时间认定为该组织的形成时间。该组织者、领导者因未到案或者因死亡等法定情形未被起诉的，不影响认定。

黑社会性质组织成员既包括已有充分证据证明但尚未归案的组织成员，也包括虽有参加黑社会性质组织的行为但因尚未达到刑事责任年龄或因其他法定情形而未被起诉，或者根据具体情节不作为犯罪处理的组织成员。

7. 在组织的形成、发展过程中通过以下方式获取经济利益的，应当认定为"有组织地通过违法犯罪活动或者其他手段获取经济利益"：

（1）有组织地通过违法犯罪活动或其他不正当手段聚敛；

（2）有组织地以投资、控股、参股、合伙等方式通过合法的生产、经营活动获取；

（3）由组织成员提供或通过其他单位、组织、个人资助取得。

8. 通过上述方式获得一定数量的经济利益，应当认定为"具有一定的经济实力"，同时也包括调动一定规模的经济资源用以支持该组织活动的能力。通过上述方式获取的经济利益，即使是由部分组织成员个人掌控，也应计入黑社会性质组织的"经济实力"。组织成员主动将个人或者家庭资产中的一部分用于支持该组织活动，其个人或者家庭资产可全部计入"一定的经济实力"，但数额明显较小或者仅提供动产、不动产使用权的除外。

由于不同地区的经济发展水平、不同行业的利润空间均存在很大差异，加之黑社会性质组织存在、发展的时间也各有不同，在办案时不能一般性地要求黑社会性质组织所具有的经济实力必须达到特定规模或特定数额。

9. 黑社会性质组织实施的违法犯罪活动包括非暴力性的违法犯罪活动，但暴力或以暴力相威胁始终是黑社会性质组织实施违法犯罪活动的基本手段，并随时可能付诸实施。暴力、威胁色彩虽不明显，但实际是以组织的势力、影响和犯罪能力为依托，以暴力、威胁的现实可能性为基础，足以使他人产生恐惧、恐慌进而形成心理强制或者足以影响、限制人身自由、危及人身财产安全或者影响正常生产、工作、生活的手段，属于《刑法》第二百九十四条第五款第（三）项中的"其他手段"，包括但不限于所谓的"谈判""协商""调解"以及滋扰、纠缠、哄闹、聚众造势等手段。

10. 为确立、维护、扩大组织的势力、影响、利益或者按照纪律规约、组织惯例多次实施违法犯罪活动，侵犯不特定多人的人身权利、民主权利、财产权利，破坏经济秩序、社会秩序，应当认定为"有组织地多次进行违法犯罪活动，为非作恶，欺压、残害群众"。

符合以下情形之一的，应当认定为是黑社会性质组织实施的违法犯罪活动：

（1）为该组织争夺势力范围、打击竞争对手、形成强势地位、谋取经济利益、树立非法权威、扩大非法影响、寻求非法保护、增强犯罪能力等实施的；

（2）按照该组织的纪律规约、组织惯例实施的；

（3）组织者、领导者直接组织、策划、指挥、参与实施的；

(4)由组织成员以组织名义实施，并得到组织者、领导者认可或者默许的；

(5)多名组织成员为逞强争霸、插手纠纷、报复他人、替人行凶、非法敛财而共同实施，并得到组织者、领导者认可或者默许的；

(6)其他应当认定为黑社会性质组织实施的。

11. 鉴于黑社会性质组织非法控制和影响的“一定区域”的大小具有相对性，不能简单地要求“一定区域”必须达到某一特定的空间范围，而应当根据具体案情，并结合黑社会性质组织对经济、社会生活秩序的危害程度加以综合分析判断。

通过实施违法犯罪活动，或者利用国家工作人员的包庇或者不依法履行职责，放纵黑社会性质组织进行违法犯罪活动的行为，称霸一方，并具有以下情形之一的，可认定为“在一定区域或者行业内，形成非法控制或者重大影响，严重破坏经济、社会生活秩序”：

(1)致使在一定区域内生活或者在一定行业内从事生产、经营的多名群众，合法利益遭受犯罪或严重违法活动侵害后，不敢通过正当途径举报、控告的；

(2)对一定行业的生产、经营形成垄断，或者对涉及一定行业的准入、经营、竞争等经济活动形成重要影响的；

(3)插手民间纠纷、经济纠纷，在相关区域或者行业内造成严重影响的；

(4)干扰、破坏他人正常生产、经营、生活，并在相关区域或者行业内造成严重影响的；

(5)干扰、破坏公司、企业、事业单位及社会团体的正常生产经营、工作秩序，在相关区域、行业内造成严重影响，或者使其不能正常生产、经营、工作的；

(6)多次干扰、破坏党和国家机关、行业管理部门以及村委会、居委会等基层群众自治组织的工作秩序，或者致使上述单位、组织的职能不能正常行使的；

(7)利用组织的势力、影响，帮助组织成员或他人获取政治地位，或者在党政机关、基层群众自治组织中担任一定职务的；

(8)其他形成非法控制或者重大影响，严重破坏经济、社会生活秩序的情形。

12. 对于组织者、领导者和因犯参加黑社会性质组织罪被判处5年以上有期徒刑的积极参加者，可以根据《刑法》第五十六条第一款的规定适用附加剥夺政治权利。对于符合《刑法》第三十七条之一规定的组织成员，应当依法禁止其从事相关职业。符合《刑法》第六十六条规定的组织成员，应当认定为累犯，依法从重处罚。

对于因有组织的暴力性犯罪被判处死刑缓期执行的黑社会性质组织犯罪分子，可以根据《刑法》第五十条第二款的规定同时决定对其限制减刑。对于因有组织的暴力性犯罪被判处10年以上有期徒刑、无期徒刑的黑社会性质组织犯罪分子，应当根据《刑法》第八十一条第二款规定，不得假释。

13. 对于组织者、领导者一般应当并处没收个人全部财产。对于确属骨干成员或者为该组织转移、隐匿资产的积极参加者，可以并处没收个人全部财产。对于其他组织成员，应当根据所参与实施违法犯罪活动的次数、性质、地位、作用、违法所得数额以及造成损失的数额等情节，依法决定财产刑的适用。

三、依法惩处恶势力犯罪

14. 具有下列情形的组织，应当认定为“恶势力”：经常纠集在一起，以暴力、威胁或者其他手段，在一定区域或者行业内多次实施违法犯罪活动，为非作恶，欺压百姓，扰乱经济、社会生活秩序，造成较为恶劣的社会影响，但尚未形成黑社会性质组织的违法犯罪组织。恶势力一般为3人以上，纠集者相对固定，违法犯罪活动主要为强迫交易、故意伤害、非法拘禁、敲诈勒索、故意毁坏财物、聚众斗殴、寻衅滋事等，同时还可能伴随实施开设赌场、组织卖淫、强迫卖淫、贩卖毒品、运输毒品、制造毒品、抢劫、抢夺、聚众扰乱社会秩序、聚众扰乱公共场所秩序、交通秩序以及聚众“打砸抢”等。

在相关法律文书中的犯罪事实认定部分，可使用“恶势力”等表述加以描述。

15. 恶势力犯罪集团是符合犯罪集团法定条件的恶势力犯罪组织，其特征表现为：有3名以上的组织成员，有明显的首要分子，重要成员较为固定，组织成员经常纠集在一起，共同故意实施3次以上恶势力惯常实施的犯罪活动或者其他犯罪活动。

16. 公安机关、人民检察院、人民法院在办理恶势力犯罪案件时，应当依照上述规定，区别于普通刑事案件，充分运用《刑法》总则关于共同犯罪和犯罪集团的规定，依法从严惩处。

四、依法惩处利用“软暴力”实施的犯罪

17. 黑恶势力为谋取不法利益或形成非法影响，有组织地采用滋扰、纠缠、哄闹、聚众造势等手段侵犯人身权利、财产权利，破坏经济秩序、社会秩序，构成犯罪的，应当分别依《刑法》相关规定处理：

（1）有组织地采用滋扰、纠缠、哄闹、聚众造势等手段扰乱正常的工作、生活秩序，使他人产生心理恐惧或者形成心理强制，分别属于《刑法》第二百九十三条第一款第（二）项规定的“恐吓”、《刑法》第二百二十六条规定的“威胁”，同时符合其他犯罪构成条件的，应分别以寻衅滋事罪、强迫交易罪定罪处罚。

《关于办理寻衅滋事刑事案件适用法律若干问题的解释》第二条至第四条中的“多次”一般应当理解为2年内实施寻衅滋事行为3次以上。2年内多次实施不同种类寻衅滋事行为的，应当追究刑事责任。

（2）以非法占有为目的强行索取公私财物，有组织地采用滋扰、纠缠、哄闹、聚众造势等手段扰乱正常的工作、生活秩序，同时符合《刑法》第二百七十四条规定的其他犯罪构成条件的，应当以敲诈勒索罪定罪处罚。同时由多人实施或者以统一着装、显露纹身、特殊标识以及其他明示或者暗示方式，足以使对方感知相关行为的有组织性的，应当认定为《关于办理敲诈勒索刑事案件适用法律若干问题的解释》第二条第（五）项规定的"以黑恶势力名义敲诈勒索"。

采用上述手段，同时又构成其他犯罪的，应当依法按照处罚较重的规定定罪处罚。

雇佣、指使他人有组织地采用上述手段强迫交易、敲诈勒索，构成强迫交易罪、敲诈勒索罪的，对雇佣者、指使者，一般应当以共同犯罪中的主犯论处。为强索不受法律保护的债务或者因其他非法目的，雇佣、指使他人有组织地采用上述手段寻衅滋事，构成寻衅滋事罪的，对雇佣者、指使者，一般应当以共同犯罪中的主犯论处（★强索不受法律保护的债务，符合《刑法》第 293 条之一规定的，应以催收非法债务罪论处；同时触犯寻衅滋事罪的，依照处罚较重的规定定罪处罚——编者说明）；为讨合法债务或者因婚恋、家庭、邻里纠纷等民间矛盾而雇佣、指使，没有造成严重后果的，一般不作为犯罪处理，但经有关部门批评制止或者处理处罚后仍继续实施的除外。

18. 黑恶势力有组织地多次短时间非法拘禁他人的，应当认定为《刑法》第二百三十八条规定的"以其他方法非法剥夺他人人身自由"。非法拘禁他人 3 次以上、每次持续时间在 4 小时以上，或者非法拘禁他人累计时间在 12 小时以上的，应以非法拘禁罪定罪处罚。

五、依法打击非法放贷讨债的犯罪活动（★《指导意见》发布于《刑法修正案（十一）》之前。非法放贷讨债，符合《刑法》第 293 条之一规定的，构成催收非法债务罪，故应在《刑法修正案（十一）》的基础上理解《指导意见》的以下规定——编者说明）

19. 在民间借贷活动中，如有擅自设立金融机构、非法吸收公众存款、骗取贷款、套取金融机构资金发放高利贷以及为强索债务而实施故意杀人、故意伤害、非法拘禁、故意毁坏财物等行为的，应当按照具体犯罪侦查、起诉、审判。依法符合数罪并罚条件的，应当并罚。

20. 对于以非法占有为目的，假借民间借贷之名，通过"虚增债务""签订虚假借款协议""制造资金走账流水""肆意认定违约""转单平账""虚假诉讼"等手段非法占有他人财产，或者使用暴力、威胁手段强立债权、强行索债的，应当根据案件具体事实，以诈骗、强迫交易、敲诈勒索、抢劫、虚假诉讼等罪名侦查、起诉、审判。对于非法占有的被害人实际所得借款以外的虚高"债务"和以"保证金""中介费""服务费"等各种名目扣除或收取的额外费用，均应计入违法所得。对于名义上为被害人所得、但在案证据能够证明实际上却为犯罪嫌疑人、被告人实施后续犯罪所使用的“借款”，应予以没收。

21. 对采用讨债公司、“地下执法队”等各种形式有组织地进行上述活动，符合黑社会性质组织、犯罪集团认定标准的，应当按组织、领导、参加黑社会性质组织罪或者犯罪集团侦查、起诉、审判。

六、依法严惩“保护伞”

22.《刑法》第二百九十四条第三款中规定的“包庇”行为，不要求相关国家机关工作人员利用职务便利。利用职务便利包庇黑社会性质组织的，酌情从重处罚。包庇、纵容黑社会性质组织，事先有通谋的，以具体犯罪的共犯论处。

23. 公安机关、人民检察院、人民法院对办理黑恶势力犯罪案件中发现的涉嫌包庇、纵容黑社会性质组织犯罪、收受贿赂、渎职侵权等违法违纪线索，应当及时移送有关主管部门和其他相关部门，坚决依法严惩充当黑恶势力“保护伞”的职务犯罪。

24. 依法严惩农村“两委”等人员在涉农惠农补贴申领与发放、农村基础设施建设、征地拆迁补偿、救灾扶贫优抚、生态环境保护等过程中，利用职权恃强凌弱、吃拿卡要、侵吞挪用国家专项资金的犯罪，以及放纵、包庇“村霸”和宗族恶势力，致使其坐大成患，或者收受贿赂、徇私舞弊，为“村霸”和宗族恶势力充当“保护伞”的犯罪。

25. 公安机关在侦办黑恶势力犯罪案件中，应当注意及时深挖其背后的腐败问题，对于涉嫌特别重大贿赂犯罪案件的犯罪嫌疑人，及时会同有关机关，执行《刑事诉讼法》第三十七条（★ 2018 年《刑事诉讼法》第三十九条——编者说明）的相关规定，辩护律师在侦查期间会见在押犯罪嫌疑人的，应当经相关侦查机关许可。

七、依法处置涉案财产

26. 公安机关、人民检察院、人民法院根据黑社会性质组织犯罪案件的诉讼需要，应当依法查询、查封、扣押、冻结全部涉案财产。公安机关侦查期间，要同工商、税务、国土、住建、审计、人民银行等部门全面调查涉黑组织及其成员的财产状况。

对于不宜查封、扣押、冻结的经营性资产，可以申请当地政府指定有关部门或者委托有关机构代管或者托管。

对黑社会性质组织及其成员聚敛的财产及其孳息、收益的数额，办案单位可以委托专门机构评估；确实无法准确计算的，可以根据有关法律规定及查明的事实、证据合理估算。

27. 对于依法查封、冻结、扣押的黑社会性质组织涉案财产，应当全面收集、审查证明其来源、性质、用途、权属及价值大小的有关证据。符合下列情形之一的，应当依法追缴、没收：

（1）组织及其成员通过违法犯罪活动或其他不正当手段聚敛的财产及其

孳息、收益；

（2）组织成员通过个人实施违法犯罪活动聚敛的财产及其孳息、收益；

（3）其他单位、组织、个人为支持该组织活动资助或主动提供的财产；

（4）通过合法的生产、经营活动获取的财产或者组织成员个人、家庭合法资产中，实际用于支持该组织活动的部分；

（5）组织成员非法持有的违禁品以及供犯罪所用的本人财物；

（6）其他单位、组织、个人利用黑社会性质组织及其成员的违法犯罪活动获取的财产及其孳息、收益；

（7）其他应当追缴、没收的财产。

28. 违法所得已用于清偿债务或者转让给他人，具有下列情形之一的，应当依法追缴：

（1）对方明知是通过违法犯罪活动或者其他不正当手段聚敛的财产及其孳息、收益的；

（2）对方无偿或者以明显低于市场价格取得的；

（3）对方是因非法债务或者违法犯罪活动而取得的；

（4）通过其他方式恶意取得的。

29. 依法应当追缴、没收的财产无法找到、被他人善意取得、价值灭失或者与其他合法财产混合且不可分割的，可以追缴、没收其他等值财产。

30. 黑社会性质组织犯罪嫌疑人、被告人逃匿，在通缉 1 年后不能到案，或者犯罪嫌疑人、被告人死亡的，应当依照法定程序没收其违法所得。

31. 对于依法查封、扣押、冻结的涉案财产，有证据证明确属被害人合法财产，或者确与黑社会性质组织及其违法犯罪活动无关的，应当予以返还。

八、其他

32. 司法行政机关应当加强对律师办理黑社会性质组织犯罪案件辩护代理工作的指导监督……

33. 监狱应当从严管理组织、领导、参加黑社会性质组织的罪犯，严格罪犯会见、减刑、假释、暂予监外执行等执法活动……

34. 办理黑恶势力犯罪案件，要依法建立完善重大疑难案件会商、案件通报等工作机制……

35. 公安机关、人民检察院、人民法院办理黑社会性质组织犯罪案件，应当按照《刑事诉讼法》《关于办理黑社会性质组织犯罪案件若干问题的规定》《公安机关办理刑事案件证人保护工作规定》的有关规定，对证人、报案人、控告人、举报人、鉴定人、被害人采取保护措施。

……

36. 本意见颁布实施后，最高人民法院、最高人民检察院、公安部、司法部联合发布或者单独制定的其他相关规范性文件，内容如与本意见中有关规定不一致的，应当按照本意见执行。

根据2018年2月2日最高法、最高检、公安部、司法部**《关于依法严厉打击黑恶势力违法犯罪的通告》**，黑恶势力犯罪人员的亲友应当积极规劝其尽快投案自首，经亲友规劝、陪同投案的，或者亲友主动报案后将犯罪人员送去投案的，视为自动投案。窝藏、包庇黑恶势力犯罪人员或者帮助洗钱、毁灭、伪造证据以及掩饰、隐瞒犯罪所得、犯罪所得收益的，将依法追究刑事责任。黑恶势力犯罪人员到案后有检举、揭发他人犯罪并经查证属实，以及提供侦破其他案件的重要线索并经查证属实，或者协助司法机关抓获其他犯罪嫌疑人的，可以依法从轻或者减轻处罚；有重大立功表现的，可以依法减轻或者免除处罚。黑恶势力犯罪人员积极配合侦查、起诉、审判工作，在查明黑社会性质组织的组织结构和组织者、领导者的地位作用，组织实施的重大犯罪事实，追缴、没收赃款赃物，打击"保护伞"等方面提供重要线索和证据，经查证属实的，可以根据案件具体情况，依法从轻、减轻或者免除处罚。

2019年2月28日最高法、最高检、公安部、司法部**《关于办理恶势力刑事案件若干问题的意见》**(法发〔2019〕10号)，现对办理恶势力刑事案件若干问题提出如下意见：

一、办理恶势力刑事案件的总体要求

1. 人民法院、人民检察院、公安机关和司法行政机关要深刻认识恶势力违法犯罪的严重社会危害，毫不动摇地坚持依法严惩方针，在侦查、起诉、审判、执行各阶段，运用多种法律手段全面体现依法从严惩处精神，有力震慑恶势力违法犯罪分子，有效打击和预防恶势力违法犯罪。

2. 人民法院、人民检察院、公安机关和司法行政机关要严格坚持依法办案，确保在案件事实清楚，证据确实、充分的基础上，准确认定恶势力和恶势力犯罪集团，坚决防止人为拔高或者降低认定标准。要坚持贯彻落实宽严相济刑事政策，根据犯罪嫌疑人、被告人的主观恶性、人身危险性、在恶势力、恶势力犯罪集团中的地位、作用以及在具体犯罪中的罪责，切实做到宽严有据，罚当其罪，实现政治效果、法律效果和社会效果的统一。

3. 人民法院、人民检察院、公安机关和司法行政机关要充分发挥各自职能，分工负责，互相配合，互相制约，坚持以审判为中心的刑事诉讼制度改革要求，严格执行"三项规程"，不断强化程序意识和证据意识，有效加强法律监督，确保严格执法、公正司法，充分保障当事人、诉讼参与人的各项诉讼权利。

二、恶势力、恶势力犯罪集团的认定标准

4. 恶势力，是指经常纠集在一起，以暴力、威胁或者其他手段，在一定区域或者行业内多次实施违法犯罪活动，为非作恶，欺压百姓，扰乱经济、社会生活秩序，造成较为恶劣的社会影响，但尚未形成黑社会性质组织的违法犯罪组织。

5. 单纯为牟取不法经济利益而实施的"黄、赌、毒、盗、抢、骗"等违法犯罪活动，不具有为非作恶、欺压百姓特征的，或者因本人及近亲属的婚恋纠纷、家庭纠纷、邻里纠纷、劳动纠纷、合法债务纠纷而引发以及其他确属事出有因的违法犯罪活动，不应作为恶势力案件处理。

6. 恶势力一般为 3 人以上，纠集者相对固定。纠集者，是指在恶势力实施的违法犯罪活动中起组织、策划、指挥作用的违法犯罪分子。成员较为固定且符合恶势力其他认定条件，但多次实施违法犯罪活动是由不同的成员组织、策划、指挥，也可以认定为恶势力，有前述行为的成员均可以认定为纠集者。

恶势力的其他成员，是指知道或应当知道与他人经常纠集在一起是为了共同实施违法犯罪，仍按照纠集者的组织、策划、指挥参与违法犯罪活动的违法犯罪分子，包括已有充分证据证明但尚未归案的人员，以及因法定情形不予追究法律责任，或者因参与实施恶势力违法犯罪活动已受到行政或刑事处罚的人员。仅因临时雇佣或被雇佣、利用或被利用以及受蒙蔽参与少量恶势力违法犯罪活动的，一般不应认定为恶势力成员。

7. “经常纠集在一起，以暴力、威胁或者其他手段，在一定区域或者行业内多次实施违法犯罪活动”，是指犯罪嫌疑人、被告人于 2 年之内，以暴力、威胁或者其他手段，在一定区域或者行业内多次实施违法犯罪活动，且包括纠集者在内，至少应有 2 名相同的成员多次参与实施违法犯罪活动。对于“纠集在一起”时间明显较短，实施违法犯罪活动刚刚达到“多次”标准，且尚不足以造成较为恶劣影响的，一般不应认定为恶势力（★ 2021 年《反有组织犯罪法》第 2 条以及上述“4. 恶势力”的定义，均将“造成较为恶劣的社会影响”作为恶势力的必备要件。因此，尚不足以造成较为恶劣影响的，不应认定为恶势力——编者说明）。

8. 恶势力实施的违法犯罪活动，主要为强迫交易、故意伤害、非法拘禁、敲诈勒索、故意毁坏财物、聚众斗殴、寻衅滋事，但也包括具有为非作恶、欺压百姓特征，主要以暴力、威胁为手段的其他违法犯罪活动。

恶势力还可能伴随实施开设赌场、组织卖淫、强迫卖淫、贩卖毒品、运输毒品、制造毒品、抢劫、抢夺、聚众扰乱社会秩序、聚众扰乱公共场所秩序、交通秩序以及聚众“打砸抢”等违法犯罪活动，但仅有前述伴随实施的违法犯罪活动，且不能认定具有为非作恶、欺压百姓特征的，一般不应认定为恶势力（★ 2021 年《反有组织犯罪法》第 2 条以及上述“4. 恶势力”的定义，均将“为非作恶，欺压百姓”作为恶势力的必备要件。因此，不能认定具有为非作恶、欺压百姓特征的，不应认定为恶势力——编者说明）。

9. 办理恶势力刑事案件，“多次实施违法犯罪活动”至少应包括 1 次犯罪活动。对于反复实施强迫交易、非法拘禁、敲诈勒索、寻衅滋事等单一性质的违法行为，单次情节、数额尚不构成犯罪，但按照刑法或者有关司法解释、规范性文件的规定累加后应作为犯罪处理的，在认定是否属于“多次实施违法犯罪活动”时，可将已用于累加的违法行为计为 1 次犯罪活动，其他违法行为单独计算违法活动的次数。

已被处理或者已作为民间纠纷调处，后经查证确属恶势力违法犯罪活动的，均可以作为认定恶势力的事实依据，但不符合法定情形的，不得重新追究法律责任。

10. 认定“扰乱经济、社会生活秩序，造成较为恶劣的社会影响”，应当结合侵害对象及其数量、违法犯罪次数、手段、规模、人身损害后果、经济损失数额、违法所得数额、引起社会秩序混乱的程度以及对人民群众安全感的影响程度等因素综合把握。

11. 恶势力犯罪集团，是指符合恶势力全部认定条件，同时又符合犯罪集团法定条件的犯罪组织。

恶势力犯罪集团的首要分子，是指在恶势力犯罪集团中起组织、策划、指挥作用的犯罪分子。恶势力犯罪集团的其他成员，是指知道或者应当知道是为共同实施犯罪而组成的较为固定的犯罪组织，仍接受首要分子领导、管理、指挥，并参与该组织犯罪活动的犯罪分子。

恶势力犯罪集团应当有组织地实施多次犯罪活动，同时还可能伴随实施违法活动。恶势力犯罪集团所实施的违法犯罪活动，参照《指导意见》第十条第二款的规定认定。

12. 全部成员或者首要分子、纠集者以及其他重要成员均为未成年人、老年人、残疾人的，认定恶势力、恶势力犯罪集团时应当特别慎重。

三、正确运用宽严相济刑事政策的有关要求

13. 对于恶势力的纠集者、恶势力犯罪集团的首要分子、重要成员以及恶势力、恶势力犯罪集团共同犯罪中罪责严重的主犯，要正确运用法律规定加大惩处力度，对依法应当判处重刑或死刑的，坚决判处重刑或死刑。同时要严格掌握取保候审，严格掌握不起诉，严格掌握缓刑、减刑、假释，严格掌握保外就医适用条件，充分利用资格刑、财产刑等法律手段全方位从严惩处。对于符合刑法第三十七条之一规定的，可以依法禁止其从事相关职业。

对于恶势力、恶势力犯罪集团的其他成员，在共同犯罪中罪责相对较小、人身危险性、主观恶性相对不大的，具有自首、立功、坦白、初犯等法定或酌定从宽处罚情节，可以依法从轻、减轻或免除处罚。认罪认罚或者仅参与实施少量的犯罪活动且只起次要、辅助作用，符合缓刑条件的，可以适用缓刑。

14. 恶势力犯罪集团的首要分子检举揭发与该犯罪集团及其违法犯罪活动有关联的其他犯罪线索，如果在认定立功的问题上存在事实、证据或法律适用方面的争议，应当严格把握。依法应认定为立功或者重大立功的，在决定是否从宽处罚、如何从宽处罚时，应当根据罪责刑相一致原则从严掌握。可能导致全案量刑明显失衡的，不予从宽处罚。

恶势力犯罪集团的其他成员如果能够配合司法机关查办案件，有提供线索、帮助收集证据或者其他协助行为，并在侦破恶势力犯罪集团案件、查处

"保护伞"等方面起到较大作用的，即使依法不能认定立功，一般也应酌情对其从轻处罚。

15. 犯罪嫌疑人、被告人同时具有法定、酌定从严和法定、酌定从宽处罚情节的，量刑时要根据所犯具体罪行的严重程度，结合被告人在恶势力、恶势力犯罪集团中的地位、作用、主观恶性、人身危险性等因素整体把握。对于恶势力的纠集者、恶势力犯罪集团的首要分子、重要成员，量刑时要体现总体从严。对于在共同犯罪中罪责相对较小、人身危险性、主观恶性相对不大，且能够真诚认罪悔罪的其他成员，量刑时要体现总体从宽。

16. 恶势力刑事案件的犯罪嫌疑人、被告人自愿如实供述自己的罪行，承认指控的犯罪事实，愿意接受处罚的，可以依法从宽处理，并适用认罪认罚从宽制度。对于犯罪性质恶劣、犯罪手段残忍、社会危害严重的犯罪嫌疑人、被告人，虽然认罪认罚，但不足以从轻处罚的，不适用该制度。

四、办理恶势力刑事案件的其他问题

17. 人民法院、人民检察院、公安机关经审查认为案件符合恶势力认定标准的，应当在起诉意见书、起诉书、判决书、裁定书等法律文书中的案件事实部分明确表述，列明恶势力的纠集者、其他成员、违法犯罪事实以及据以认定的证据……

18. 对于公安机关未在起诉意见书中明确认定，人民检察院在审查起诉期间发现构成恶势力或者恶势力犯罪集团，且相关违法犯罪事实已经查清，证据确实、充分，依法应追究刑事责任的，应当作出起诉决定，根据查明的事实向人民法院提起公诉，并在起诉书中明确认定为恶势力或者恶势力犯罪集团……

审理被告人或者被告人的法定代理人、辩护人、近亲属上诉的案件时，一审判决认定黑社会性质组织有误的，二审法院应当纠正，符合恶势力、恶势力犯罪集团认定标准，应当作出相应认定；一审判决认定恶势力或恶势力犯罪集团有误的，应当纠正，但不得升格认定；一审判决未认定恶势力或恶势力犯罪集团的，不得增加认定。

19. 公安机关、人民检察院、人民法院应当分别以起诉意见书、起诉书、裁判文书所明确的恶势力、恶势力犯罪集团，作为相关数据的统计依据。

20. 本意见自2019年4月9日起施行。

2019年2月28日最高法、最高检、公安部、司法部《**关于办理实施"软暴力"的刑事案件若干问题的意见**》(公通字〔2019〕15号)，为依法办理"软暴力"相关犯罪案件，提出如下意见：

一、"软暴力"是指行为人为谋取不法利益或形成非法影响，对他人或者在有关场所进行滋扰、纠缠、哄闹、聚众造势等，足以使他人产生恐惧、恐慌进而形成心理强制，或者足以影响、限制人身自由、危及人身财产安全，影响正

第294条

常生活、工作、生产、经营的违法犯罪手段。

二、“软暴力”违法犯罪手段通常的表现形式有：

（一）侵犯人身权利、民主权利、财产权利的手段，包括但不限于跟踪贴靠、扬言传播疾病、揭发隐私、恶意举报、诬告陷害、破坏、霸占财物等；

（二）扰乱正常生活、工作、生产、经营秩序的手段，包括但不限于非法侵入他人住宅、破坏生活设施、设置生活障碍、贴报喷字、拉挂横幅、燃放鞭炮、播放哀乐、摆放花圈、泼洒污物、断水断电、堵门阻工，以及通过驱赶从业人员、派驻人员据守等方式直接或间接地控制厂房、办公区、经营场所等；

（三）扰乱社会秩序的手段，包括但不限于摆场架势示威、聚众哄闹滋扰、拦路闹事等；

（四）其他符合本意见第一条规定的“软暴力”手段。

通过信息网络或者通讯工具实施，符合本意见第一条规定的违法犯罪手段，应当认定为“软暴力”。

三、行为人实施“软暴力”，具有下列情形之一，可以认定为足以使他人产生恐惧、恐慌进而形成心理强制或者足以影响、限制人身自由、危及人身财产安全或者影响正常生活、工作、生产、经营：

（一）黑恶势力实施的；

（二）以黑恶势力名义实施的；

（三）曾因组织、领导、参加黑社会性质组织、恶势力犯罪集团、恶势力以及因强迫交易、非法拘禁、敲诈勒索、聚众斗殴、寻衅滋事等犯罪受过刑事处罚后又实施的；

（四）携带凶器实施的；

（五）有组织地实施的或者足以使他人认为暴力、威胁具有现实可能性的；

（六）其他足以使他人产生恐惧、恐慌进而形成心理强制或者足以影响、限制人身自由、危及人身财产安全或者影响正常生活、工作、生产、经营的情形。

由多人实施的，编造或明示暴力违法犯罪经历进行恐吓的，或者以自报组织、头目名号、统一着装、显露纹身、特殊标识以及其他明示、暗示方式，足以使他人感知相关行为的有组织性的，应当认定为“以黑恶势力名义实施”。

由多人实施的，只要有部分行为人符合本条第一款第（一）项至第（四）项所列情形的，该项即成立。

虽然具体实施“软暴力”的行为人不符合本条第一款第（一）项、第（三）项所列情形，但雇佣者、指使者或者纠集者符合的，该项成立。

四、“软暴力”手段属于《刑法》第二百九十四条第五款第（三）项“黑社会性质组织行为特征”以及《指导意见》第14条“恶势力”概念中的“其他手段”。

五、采用“软暴力”手段，使他人产生心理恐惧或者形成心理强制，分别属于《刑法》第二百二十六条规定的“威胁”、《刑法》第二百九十三条第一款第

（二）项规定的"恐吓"，同时符合其他犯罪构成要件的，应当分别以强迫交易罪、寻衅滋事罪定罪处罚。

《关于办理寻衅滋事刑事案件适用法律若干问题的解释》第二条至第四条中的"多次"一般应当理解为二年内实施寻衅滋事行为三次以上。三次以上寻衅滋事行为既包括同一类别的行为，也包括不同类别的行为；既包括未受行政处罚的行为，也包括已受行政处罚的行为。

六、有组织地多次短时间非法拘禁他人的，应当认定为《刑法》第二百三十八条规定的"以其他方法非法剥夺他人人身自由"。非法拘禁他人三次以上、每次持续时间在四小时以上，或者非法拘禁他人累计时间在十二小时以上的，应当以非法拘禁罪定罪处罚。

七、以"软暴力"手段非法进入或者滞留他人住宅的，应当认定为《刑法》第二百四十五条规定的"非法侵入他人住宅"，同时符合其他犯罪构成要件的，应当以非法侵入住宅罪定罪处罚。

八、以非法占有为目的，采用"软暴力"手段强行索取公私财物，同时符合《刑法》第二百七十四条规定的其他犯罪构成要件的，应当以敲诈勒索罪定罪处罚。

《关于办理敲诈勒索刑事案件适用法律若干问题的解释》第三条中"二年内敲诈勒索三次以上"，包括已受行政处罚的行为。

九、采用"软暴力"手段，同时构成两种以上犯罪的，依法按照处罚较重的犯罪定罪处罚，法律另有规定的除外。

十、根据本意见第五条、第八条规定，对已受行政处罚的行为追究刑事责任的，行为人先前所受的行政拘留处罚应当折抵刑期，罚款应当抵扣罚金。

十一、雇佣、指使他人采用"软暴力"手段强迫交易、敲诈勒索，构成强迫交易罪、敲诈勒索罪的，对雇佣者、指使者，一般应当以共同犯罪中的主犯论处。

为强索不受法律保护的债务或者因其他非法目的，雇佣、指使他人采用"软暴力"手段非法剥夺他人人身自由构成非法拘禁罪，或者非法侵入他人住宅、寻衅滋事，构成非法侵入住宅罪、寻衅滋事罪的（★强索不受法律保护的债务，符合《刑法》第293条之一规定的，应以催收非法债务罪论处；同时触犯寻衅滋事罪的，依照处罚较重的规定定罪处罚），对雇佣者、指使者，一般应当以共同犯罪中的主犯论处；因本人及近亲属合法债务、婚恋、家庭、邻里纠纷等民间矛盾而雇佣、指使，没有造成严重后果的，一般不作为犯罪处理，但经有关部门批评制止或者处理处罚后仍继续实施的除外。

十二、本意见自2019年4月9日起施行。

2019年2月28日最高法、最高检、公安部、司法部**《关于办理黑恶势力刑事案件中财产处置若干问题的意见》**（高检发〔2019〕6号），对办理黑恶势力刑事案件中财产处置若干问题提出如下意见：

一、总体工作要求

1. 公安机关、人民检察院、人民法院在办理黑恶势力犯罪案件时，在查明黑恶势力组织违法犯罪事实并对黑恶势力成员依法定罪量刑的同时，要全面调查黑恶势力组织及其成员的财产状况，依法对涉案财产采取查询、查封、扣押、冻结等措施，并根据查明的情况，依法作出处理。

前款所称处理既包括对涉案财产中犯罪分子违法所得、违禁品、供犯罪所用的本人财物以及其他等值财产等依法追缴、没收，也包括对被害人的合法财产等依法返还。

2. 对涉案财产采取措施，应当严格依照法定条件和程序进行。严禁在立案之前查封、扣押、冻结财物。凡查封、扣押、冻结的财物，都应当及时进行审查，防止因程序违法、工作瑕疵等影响案件审理以及涉案财产处置。

3. 对涉案财产采取措施，应当为犯罪嫌疑人、被告人及其所扶养的亲属保留必需的生活费用和物品。

根据案件具体情况，在保证诉讼活动正常进行的同时，可以允许有关人员继续合理使用有关涉案财产，并采取必要的保值保管措施，以减少案件办理对正常办公和合法生产经营的影响。

4. 要彻底摧毁黑社会性质组织的经济基础，防止其死灰复燃。对于组织者、领导者一般应当并处没收个人全部财产。对于确属骨干成员或者为该组织转移、隐匿资产的积极参加者，可以并处没收个人全部财产。对于其他组织成员，应当根据所参与实施违法犯罪活动的次数、性质、地位、作用、违法所得数额以及造成损失的数额等情节，依法决定财产刑的适用。

5. 要深挖细查并依法打击黑恶势力组织进行的洗钱以及掩饰、隐瞒犯罪所得、犯罪所得收益等转变涉案财产性质的关联犯罪。

二、依法采取措施全面收集证据（下略）

三、准确处置涉案财产

……

14. 人民法院作出的判决，除应当对随案移送的涉案财产作出处理外，还应当在判决书中写明需要继续追缴尚未被足额查封、扣押的其他违法所得；对随案移送财产进行处理时，应当列明相关财产的具体名称、数量、金额、处置情况等。涉案财产或者有关当事人人数较多，不宜在判决书正文中详细列明的，可以概括叙述并另附清单。

15. 涉案财产符合下列情形之一的，应当依法追缴、没收：

（1）黑恶势力组织及其成员通过违法犯罪活动或者其他不正当手段聚敛的财产及其孳息、收益；

（2）黑恶势力组织成员通过个人实施违法犯罪活动聚敛的财产及其孳息、收益；

（3）其他单位、组织、个人为支持该黑恶势力组织活动资助或者主动提供的财产；

（4）黑恶势力组织及其成员通过合法的生产、经营活动获取的财产或者组织成员个人、家庭合法财产中，实际用于支持该组织活动的部分；

（5）黑恶势力组织成员非法持有的违禁品以及供犯罪所用的本人财物；

（6）其他单位、组织、个人利用黑恶势力组织及其成员违法犯罪活动获取的财产及其孳息、收益；

（7）其他应当追缴、没收的财产。

16. 应当追缴、没收的的财产已用于清偿债务或者转让、或者设置其他权利负担，具有下列情形之一的，应当依法追缴：

（1）第三人明知是违法犯罪所得而接受的；

（2）第三人无偿或者以明显低于市场的价格取得涉案财物的；

（3）第三人通过非法债务清偿或者违法犯罪活动取得涉案财物的；

（4）第三人通过其他方式恶意取得涉案财物的。

17. 涉案财产符合下列情形之一的，应当依法返还：

（1）有证据证明确属被害人合法财产；

（2）有证据证明确与黑恶势力及其违法犯罪活动无关。

18. 有关违法犯罪事实查证属实后，对于有证据证明权属明确且无争议的被害人、善意第三人或者其他人员合法财产及其孳息，凡返还不损害其他利害关系人的利益，不影响案件正常办理的，应当在登记、拍照或者录像后，依法及时返还。

四、依法追缴、没收其他等值财产

19. 有证据证明依法应当追缴、没收的涉案财产无法找到、被他人善意取得、价值灭失或者与其他合法财产混合且不可分割的，可以追缴、没收其他等值财产。

对于证明前款各种情形的证据，公安机关或者人民检察院应当及时调取。

20. 本意见第 19 条所称“财产无法找到”，是指有证据证明存在依法应当追缴、没收的财产，但无法查证财产去向、下落的。被告人有不同意见的，应当出示相关证据。

21. 追缴、没收的其他等值财产的数额，应当与无法直接追缴、没收的具体财产的数额相对应。

五、其他

22. 本意见所称孳息，包括天然孳息和法定孳息。

本意见所称收益，包括但不限于以下情形：

（1）聚敛、获取的财产直接产生的收益，如使用聚敛、获取的财产购买彩票中奖所得收益等；

（2）聚敛、获取的财产用于违法犯罪活动产生的收益，如使用聚敛、获取的

财产赌博赢利所得收益、非法放贷所得收益、购买并贩卖毒品所得收益等;

(3)聚敛、获取的财产投资、置业形成的财产及其收益;

(4)聚敛、获取的财产和其他合法财产共同投资或者置业形成的财产中,与聚敛、获取的财产对应的份额及其收益;

(5)应当认定为收益的其他情形。

23.本意见未规定的黑恶势力刑事案件财产处置工作其他事宜,根据相关法律法规、司法解释等规定办理。

24.本意见自2019年4月9日起施行。

2019年2月28日最高法、最高检、公安部、司法部**《关于办理"套路贷"刑事案件若干问题的意见》**(法发〔2019〕11号),对办理"套路贷"刑事案件若干问题提出如下意见:

一、准确把握"套路贷"与民间借贷的区别

1."套路贷",是对以非法占有为目的,假借民间借贷之名,诱使或迫使被害人签订"借贷"或变相"借贷""抵押""担保"等相关协议,通过虚增借贷金额、恶意制造违约、肆意认定违约、毁匿还款证据等方式形成虚假债权债务,并借助诉讼、仲裁、公证或者采用暴力、威胁以及其他手段非法占有被害人财物的相关违法犯罪活动的概括性称谓。

2."套路贷"与平等主体之间基于意思自治而形成的民事借贷关系存在本质区别,民间借贷的出借人是为了到期按照协议约定的内容收回本金并获取利息,不具有非法占有他人财物的目的,也不会在签订、履行借贷协议过程中实施虚增借贷金额、制造虚假给付痕迹、恶意制造违约、肆意认定违约、毁匿还款证据等行为。

司法实践中,应当注意非法讨债引发的案件与"套路贷"案件的区别,犯罪嫌疑人、被告人不具有非法占有目的,也未使用"套路"与借款人形成虚假债权债务,不应视为"套路贷"。因使用暴力、威胁以及其他手段强行索债构成犯罪的,应当根据具体案件事实定罪处罚。

3.实践中,"套路贷"的常见犯罪手法和步骤包括但不限于以下情形:

(1)制造民间借贷假象。犯罪嫌疑人、被告人往往以"小额贷款公司""投资公司""咨询公司""担保公司""网络借贷平台"等名义对外宣传,以低息、无抵押、无担保、快速放款等为诱饵吸引被害人借款,继而以"保证金""行规"等虚假理由诱使被害人基于错误认识签订金额虚高的"借贷"协议或相关协议。有的犯罪嫌疑人、被告人还会以被害人先前借贷违约等理由,迫使对方签订金额虚高的"借贷"协议或相关协议。

(2)制造资金走账流水等虚假给付事实。犯罪嫌疑人、被告人按照虚高的"借贷"协议金额将资金转入被害人账户,制造已将全部借款交付被害人的银行流水痕迹,随后便采取各种手段将其中全部或者部分资金收回,被害人实际上并未取得或者完全取得“借贷”协议、银行流水上显示的钱款。

(3)故意制造违约或者肆意认定违约。犯罪嫌疑人、被告人往往会以设置违约陷阱、制造还款障碍等方式，故意造成被害人违约，或者通过肆意认定违约，强行要求被害人偿还虚假债务。

(4)恶意垒高借款金额。当被害人无力偿还时，有的犯罪嫌疑人、被告人会安排其所属公司或者指定的关联公司、关联人员为被害人偿还“借款”，继而与被害人签订金额更大的虚高“借贷”协议或相关协议，通过这种“转单平账”“以贷还贷”的方式不断垒高“债务”。

(5)软硬兼施“索债”。在被害人未偿还虚高“借款”的情况下，犯罪嫌疑人、被告人借助诉讼、仲裁、公证或者采用暴力、威胁以及其他手段向被害人或者被害人的特定关系人索取“债务”。

二、依法严惩“套路贷”犯罪

4. 实施“套路贷”过程中，未采用明显的暴力或者威胁手段，其行为特征从整体上表现为以非法占有为目的，通过虚构事实、隐瞒真相骗取被害人财物的，一般以诈骗罪定罪处罚；对于在实施“套路贷”过程中多种手段并用，构成诈骗、敲诈勒索、非法拘禁、虚假诉讼、寻衅滋事、强迫交易、抢劫、绑架等多种犯罪的，应当根据具体案件事实，区分不同情况，依照刑法及有关司法解释的规定数罪并罚或者择一重处。

5. 多人共同实施“套路贷”犯罪，犯罪嫌疑人、被告人在所参与的犯罪中起主要作用的，应当认定为主犯，对其参与或组织、指挥的全部犯罪承担刑事责任；起次要或辅助作用的，应当认定为从犯。

明知他人实施“套路贷”犯罪，具有以下情形之一的，以相关犯罪的共犯论处，但刑法和司法解释等另有规定的除外：

(1)组织发送“贷款”信息、广告，吸引、介绍被害人“借款”的；

(2)提供资金、场所、银行卡、账号、交通工具等帮助的；

(3)出售、提供、帮助获取公民个人信息的；

(4)协助制造走账记录等虚假给付事实的；

(5)协助办理公证的；

(6)协助以虚假事实提起诉讼或者仲裁的；

(7)协助套现、取现、办理动产或不动产过户等，转移犯罪所得及其产生的收益的；

(8)其他符合共同犯罪规定的情形。

上述规定中的“明知他人实施‘套路贷’犯罪”，应当结合行为人的认知能力、既往经历、行为次数和手段、与同案人、被害人的关系、获利情况、是否曾因“套路贷”受过处罚、是否故意规避查处等主客观因素综合分析认定。

6. 在认定“套路贷”犯罪数额时，应当与民间借贷相区别，从整体上予以否定性评价，“虚高债务”和以“利息”“保证金”“中介费”“服务费”“违约金”

等名目被犯罪嫌疑人、被告人非法占有的财物，均应计入犯罪数额。

犯罪嫌疑人、被告人实际给付被害人的本金数额，不计入犯罪数额。

已经着手实施“套路贷”，但因意志以外原因未得逞的，可以根据相关罪名所涉及的刑法、司法解释规定，按照已着手非法占有的财物数额认定犯罪未遂。既有既遂，又有未遂，犯罪既遂部分与未遂部分分别对应不同法定刑幅度的，应当先决定对未遂部分是否减轻处罚，确定未遂部分对应的法定刑幅度，再与既遂部分对应的法定刑幅度进行比较，选择处罚较重的法定刑幅度，并酌情从重处罚；二者在同一量刑幅度的，以犯罪既遂酌情从重处罚。

7. 犯罪嫌疑人、被告人实施“套路贷”违法所得的一切财物，应当予以追缴或者责令退赔；对被害人的合法财产，应当及时返还。有证据证明是犯罪嫌疑人、被告人为实施“套路贷”而交付给被害人的本金，赔偿被害人损失后如有剩余，应依法予以没收。

犯罪嫌疑人、被告人已将违法所得的财物用于清偿债务、转让或者设置其他权利负担，具有下列情形之一的，应当依法追缴：

（1）第三人明知是违法所得财物而接受的；

（2）第三人无偿取得或者以明显低于市场的价格取得违法所得财物的；

（3）第三人通过非法债务清偿或者违法犯罪活动取得违法所得财物的；

（4）其他应当依法追缴的情形。

8. 以老年人、未成年人、在校学生、丧失劳动能力的人为对象实施“套路贷”，或者因实施“套路贷”造成被害人或其特定关系人自杀、死亡、精神失常、为偿还“债务”而实施犯罪活动的，除刑法、司法解释另有规定的外，应当酌情从重处罚。

在坚持依法从严惩处的同时，对于认罪认罚、积极退赃、真诚悔罪或者具有其他法定、酌定从轻处罚情节的被告人，可以依法从宽处罚。

9. 对于“套路贷”犯罪分子，应当根据其所触犯的具体罪名，依法加大财产刑适用力度。符合刑法第三十七条之一规定的，可以依法禁止从事相关职业。

10.3人以上为实施“套路贷”而组成的较为固定的犯罪组织，应当认定为犯罪集团。对首要分子应按照集团所犯全部罪行处罚。

符合黑恶势力认定标准的，应当按照黑社会性质组织、恶势力或者恶势力犯罪集团侦查、起诉、审判。

三、依法确定“套路贷”刑事案件管辖

11.“套路贷”犯罪案件一般由犯罪地公安机关侦查……

12. 具有下列情形之一的，有关公安机关可以在其职责范围内并案侦查……

13. 本意见自2019年4月9日起施行。

2019年7月23日最高法、最高检、公安部、司法部《**关于办理利用信息网**

络实施黑恶势力犯罪刑事案件若干问题的意见》(公通字〔2019〕28号),对办理利用信息网络实施黑恶势力犯罪案件若干问题提出以下意见:

一、总体要求(下略)

二、依法严惩利用信息网络实施的黑恶势力犯罪

4. 对通过发布、删除负面或虚假信息,发送侮辱性信息、图片,以及利用信息、电话骚扰等方式,威胁、要挟、恐吓、滋扰他人,实施黑恶势力违法犯罪的,应当准确认定,依法严惩。

5. 利用信息网络威胁他人,强迫交易,情节严重的,依照刑法第二百二十六条的规定,以强迫交易罪定罪处罚。

6. 利用信息网络威胁、要挟他人,索取公私财物,数额较大,或者多次实施上述行为的,依照刑法第二百七十四条的规定,以敲诈勒索罪定罪处罚。

7. 利用信息网络辱骂、恐吓他人,情节恶劣,破坏社会秩序的,依照刑法第二百九十三条第一款第二项的规定,以寻衅滋事罪定罪处罚。

编造虚假信息,或者明知是编造的虚假信息,在信息网络上散布,或者组织、指使人员在信息网络上散布,起哄闹事,造成公共秩序严重混乱的,依照刑法第二百九十三条第一款第四项的规定,以寻衅滋事罪定罪处罚。

8. 侦办利用信息网络实施的强迫交易、敲诈勒索等非法敛财类案件,确因被害人人数众多等客观条件的限制,无法逐一收集被害人陈述的,可以结合已收集的被害人陈述,以及经查证属实的银行账户交易记录、第三方支付结算账户交易记录、通话记录、电子数据等证据,综合认定被害人人数以及涉案资金数额等。

三、准确认定利用信息网络实施犯罪的黑恶势力

9. 利用信息网络实施违法犯罪活动,符合刑法、《指导意见》以及最高人民法院、最高人民检察院、公安部、司法部《关于办理恶势力刑事案件若干问题的意见》等规定的恶势力、恶势力犯罪集团、黑社会性质组织特征和认定标准的,应当依法认定为恶势力、恶势力犯罪集团、黑社会性质组织。

认定利用信息网络实施违法犯罪活动的黑社会性质组织时,应当依照刑法第二百九十四条第五款规定的“四个特征”进行综合审查判断,分析“四个特征”相互间的内在联系,根据在网络空间和现实社会中实施违法犯罪活动对公民人身、财产、民主权利和经济、社会生活秩序所造成的危害,准确评价,依法予以认定。

10. 认定利用信息网络实施违法犯罪的黑恶势力组织特征,要从违法犯罪的起因、目的,以及组织、策划、指挥、参与人员是否相对固定,组织形成后是否持续进行犯罪活动、是否有明确的职责分工、行为规范、利益分配机制等方面综合判断。利用信息网络实施违法犯罪的黑恶势力组织成员之间一般通过即时通讯工具、通讯群组、电子邮件、网盘等信息网络方式联络,对部分组织成员通过信息网络方式联络实施黑恶势力违法犯罪活动,即使相互未见面、彼

此不熟识，不影响对组织特征的认定。

11. 利用信息网络有组织地通过实施违法犯罪活动或者其他手段获取一定数量的经济利益，用于违法犯罪活动或者支持该组织生存、发展的，应当认定为符合刑法第二百九十四条第五款第二项规定的黑社会性质组织经济特征。

12. 通过线上线下相结合的方式，有组织地多次利用信息网络实施违法犯罪活动，侵犯不特定多人的人身权利、民主权利、财产权利，破坏经济秩序、社会秩序的，应当认定为符合刑法第二百九十四条第五款第三项规定的黑社会性质组织行为特征。

单纯通过线上方式实施的违法犯罪活动，且不具有为非作恶、欺压残害群众特征的，一般不应作为黑社会性质组织行为特征的认定依据。

13. 对利用信息网络实施黑恶势力犯罪非法控制和影响的“一定区域或者行业”，应当结合危害行为发生地或者危害行业的相对集中程度，以及犯罪嫌疑人、被告人在网络空间和现实社会中的控制和影响程度综合判断。虽然危害行为发生地、危害的行业比较分散，但涉案犯罪组织利用信息网络多次实施强迫交易、寻衅滋事、敲诈勒索等违法犯罪活动，在网络空间和现实社会造成重大影响，严重破坏经济、社会生活秩序的，应当认定为“在一定区域或者行业内，形成非法控制或者重大影响”。

四、利用信息网络实施黑恶势力犯罪案件管辖

14. 利用信息网络实施的黑恶势力犯罪案件管辖依照《关于办理黑社会性质组织犯罪案件若干问题的规定》和《关于办理网络犯罪案件适用刑事诉讼程序若干问题的意见》的有关规定确定，坚持以犯罪地管辖为主、被告人居住地管辖为辅的原则。

……

18. 本意见自 2019 年 10 月 21 日起施行。

根据 2019 年 7 月 23 日最高法、最高检、公安部、司法部**《关于办理非法放贷刑事案件若干问题的意见》第七条**，有组织地非法放贷，同时又有其他违法犯罪活动，符合黑社会性质组织或者恶势力、恶势力犯罪集团认定标准的，应当分别按照黑社会性质组织或者恶势力、恶势力犯罪集团侦查、起诉、审判。

黑恶势力非法放贷的，据以认定“情节严重”“情节特别严重”的非法放贷数额、违法所得数额、非法放贷对象数量起点标准，可以分别按照本意见第二条规定中相应数额、数量标准的 50% 确定；同时具有本意见第三条第一款规定情形的，可以分别按照相应数额、数量标准的 40% 确定（➽本意见全文，参见刑法第 225 条脚注相关部分）。

2019 年 10 月 20 日国家监察委员会、最高法、最高检、公安部、司法部**《关于在扫黑除恶专项斗争中分工负责、互相配合、互相制约 严惩公职人员涉**

黑涉恶违法犯罪问题的通知》(国监发〔2019〕3号),就严惩公职人员涉黑涉恶违法犯罪有关问题通知如下:

6. 国家机关工作人员包庇黑社会性质的组织,或者纵容黑社会性质的组织进行违法犯罪活动的,以包庇、纵容黑社会性质组织罪定罪处罚。

国家机关工作人员既组织、领导、参加黑社会性质组织,又对该组织进行包庇、纵容的,应当以组织、领导、参加黑社会性质组织罪从重处罚。

国家机关工作人员包庇、纵容黑社会性质组织,该包庇、纵容行为同时还构成包庇罪、伪证罪、妨害作证罪、徇私枉法罪、滥用职权罪、帮助犯罪分子逃避处罚罪、徇私舞弊不移交刑事案件罪,以及徇私舞弊减刑、假释、暂予监外执行罪等其他犯罪的,应当择一重罪处罚。

7. 非国家机关工作人员与国家机关工作人员共同包庇、纵容黑社会性质组织,且不属于该组织成员的,以包庇、纵容黑社会性质组织罪的共犯论处。非国家机关工作人员的行为同时还构成其他犯罪,应当择一重罪处罚。

8. 公职人员利用职权或职务便利实施包庇、纵容黑恶势力、伪证、妨害作证,帮助毁灭、伪造证据,以及窝藏、包庇等犯罪行为的,应酌情从重处罚。事先有通谋而实施支持帮助、包庇纵容等保护行为的,以具体犯罪的共犯论处。

根据2019年10月21日最高法、最高检、公安部、司法部**《关于跨省异地执行刑罚的黑恶势力罪犯坦白检举构成自首立功若干问题的意见》**(司发〔2019〕5号)**第十二条**,跨省异地执行刑罚的黑恶势力罪犯检举揭发他人犯罪,构成立功或者重大立功的,监狱依法向人民法院提请减刑。对于检举他人犯罪行为基本属实,但未构成立功或者重大立功的,监狱可以根据有关规定给予日常考核奖励或者物质奖励。

2020年3月23日最高法、最高检、公安部、司法部**《关于依法严惩利用未成年人实施黑恶势力犯罪的意见》**(高检发〔2020〕4号),为保护未成年人合法权益,依法从严惩治胁迫、教唆、引诱、欺骗等利用未成年人实施黑恶势力犯罪的行为,根据有关法律规定,制定本意见。

一、突出打击重点,依法严惩利用未成年人实施黑恶势力犯罪的行为

(一)黑社会性质组织、恶势力犯罪集团、恶势力,实施下列行为之一的,应当认定为"利用未成年人实施黑恶势力犯罪":

1. 胁迫、教唆未成年人参加黑社会性质组织、恶势力犯罪集团、恶势力,或者实施黑恶势力违法犯罪活动的;

2. 拉拢、引诱、欺骗未成年人参加黑社会性质组织、恶势力犯罪集团、恶势力,或者实施黑恶势力违法犯罪活动的;

3. 招募、吸收、介绍未成年人参加黑社会性质组织、恶势力犯罪集团、恶势力,或者实施黑恶势力违法犯罪活动的;

4. 雇用未成年人实施黑恶势力违法犯罪活动的;

5. 其他利用未成年人实施黑恶势力犯罪的情形。

黑社会性质组织、恶势力犯罪集团、恶势力，根据刑法和《最高人民法院、最高人民检察院、公安部、司法部关于办理黑恶势力犯罪案件若干问题的指导意见》《最高人民法院、最高人民检察院、公安部、司法部关于办理恶势力刑事案件若干问题的意见》等法律、司法解释性质文件的规定认定。

（二）利用未成年人实施黑恶势力犯罪，具有下列情形之一的，应当从重处罚：

1. 组织、指挥未成年人实施故意杀人、故意伤害致人重伤或者死亡、强奸、绑架、抢劫等严重暴力犯罪的；

2. 向未成年人传授实施黑恶势力犯罪的方法、技能、经验的；

3. 利用未达到刑事责任年龄的未成年人实施黑恶势力犯罪的；

4. 为逃避法律追究，让未成年人自首、做虚假供述顶罪的；

5. 利用留守儿童、在校学生实施犯罪的；

6. 利用多人或者多次利用未成年人实施犯罪的；

7. 针对未成年人实施违法犯罪的；

8. 对未成年人负有监护、教育、照料等特殊职责的人员利用未成年人实施黑恶势力违法犯罪活动的；

9. 其他利用未成年人违法犯罪应当从重处罚的情形。

（三）黑社会性质组织、恶势力犯罪集团利用未成年人实施犯罪的，对犯罪集团首要分子，按照集团所犯的全部罪行，从重处罚。对犯罪集团的骨干成员，按照其组织、指挥的犯罪，从重处罚。

恶势力利用未成年人实施犯罪的，对起组织、策划、指挥作用的纠集者，恶势力共同犯罪中罪责严重的主犯，从重处罚。

黑社会性质组织、恶势力犯罪集团、恶势力成员直接利用未成年人实施黑恶势力犯罪的，从重处罚。

（四）有胁迫、教唆、引诱等利用未成年人参加黑社会性质组织、恶势力犯罪集团、恶势力，或者实施黑恶势力犯罪的行为，虽然未成年人并没有加入黑社会性质组织、恶势力犯罪集团、恶势力，或者没有实际参与实施黑恶势力违法犯罪活动，对黑社会性质组织、恶势力犯罪集团、恶势力的首要分子、骨干成员、纠集者、主犯和直接利用的成员，即便有自首、立功、坦白等从轻减轻情节的，一般也不予从轻或者减轻处罚。

（五）被黑社会性质组织、恶势力犯罪集团、恶势力利用，偶尔参与黑恶势力犯罪活动的未成年人，按其所实施的具体犯罪行为定性，一般不认定为黑恶势力犯罪组织成员。

二、严格依法办案，形成打击合力

……

（四）办理利用未成年人实施黑恶势力犯罪案件要将依法严惩与认罪认罚

从宽有机结合起来。对利用未成年人实施黑恶势力犯罪的，人民检察院要考虑其利用未成年人的情节，向人民法院提出从严处罚的量刑建议。对于虽然认罪，但利用未成年人实施黑恶势力犯罪，犯罪性质恶劣、犯罪手段残忍、严重损害未成年人身心健康，不足以从宽处罚的，在提出量刑建议时要依法从严从重。对被黑恶势力利用实施犯罪的未成年人，自愿如实认罪、真诚悔罪，愿意接受处罚的，应当依法提出从宽处理的量刑建议。

（五）人民法院要对利用未成年人实施黑恶势力犯罪案件及时审判，从严处罚。严格掌握缓刑、减刑、假释的适用，严格掌握暂予监外执行的适用条件。依法运用财产刑、资格刑，最大限度铲除黑恶势力“经济基础”。对于符合刑法第三十七条之一规定的，应当依法禁止其从事相关职业。

三、积极参与社会治理，实现标本兼治（下略）

【会议纪要】2009 年 12 月 9 日最高法、最高检、公安部**《办理黑社会性质组织犯罪案件座谈会纪要》**（法〔2009〕382 号），为了进一步统一司法标准，会议就实践中争议较大的问题进行了深入研讨，并取得了一致意见：

一、关于黑社会性质组织的认定

黑社会性质组织必须同时具备《立法解释》中规定的“组织特征”、“经济特征”、“行为特征”和“危害性特征”。由于实践中许多黑社会性质组织并非这“四个特征”都很明显，因此，在具体认定时，应根据立法本意，认真审查、分析黑社会性质组织“四个特征”相互间的内在联系，准确评价涉案犯罪组织所造成的社会危害，确保不枉不纵。

1. 关于组织特征。黑社会性质组织不仅有明确的组织者、领导者，骨干成员基本固定，而且组织结构较为稳定，并有比较明确的层级和职责分工。

当前，一些黑社会性质组织为了增强隐蔽性，往往采取各种手段制造“人员频繁更替、组织结构松散”的假象。因此，在办案时，要特别注意审查组织者、领导者，以及对组织运行、活动起着突出作用的积极参加者等骨干成员是否基本固定、联系是否紧密，不要被其组织形式的表象所左右。

关于组织者、领导者、积极参加者和其他参加者的认定。组织者、领导者，是指黑社会性质组织的发起者、创建者，或者在组织中实际处于领导地位，对整个组织及其运行、活动起着决策、指挥、协调、管理作用的犯罪分子，既包括通过一定形式产生的有明确职务、称谓的组织者、领导者，也包括在黑社会性质组织中被公认的事实上的组织者、领导者；积极参加者，是指接受黑社会性质组织的领导和管理，多次积极参与黑社会性质组织的违法犯罪活动，或者积极参与较严重的黑社会性质组织的犯罪活动且作用突出，以及其他在组织中起重要作用的犯罪分子，如具体主管黑社会性质组织的财务、人员管理等事项的犯罪分子；其他参加者，是指除上述组织成员之外，其他接受黑社会性质组织的领导和管理的犯罪分子。根据《司法解释》第三条第二款的规定，对于参加黑社会性质的组织，没有实施其他违法犯罪活动的，或者受蒙蔽、胁迫参加黑社会性质的组织，情节轻微的，可以不作为犯罪处理。

关于黑社会性质组织成员的主观明知问题。在认定黑社会性质组织的成员时，并不要求其主观上认为自己参加的是黑社会性质组织，只要其知道或者应当知道该组织具有一定规模，且是以实施违法犯罪为主要活动的，即可认定。

对于黑社会性质组织存在时间、成员人数及组织纪律等问题的把握。黑社会性质组织一般在短时间内难以形成，而且成员人数较多，但鉴于普通犯罪集团、“恶势力”团伙向黑社会性质组织发展是一个渐进的过程，没有明显的性质转变的节点，故对黑社会性质组织存在时间、成员人数问题不宜作出“一刀切”的规定。对于那些已存在一定时间，且成员人数较多的犯罪组织，在定性时要根据其是否已具备一定的经济实力，是否已在一定区域或行业内形成非法控制或重大影响等情况综合分析判断。此外在通常情况下，黑社会性质组织为了维护自身的安全和稳定，一般会有一些约定俗成的纪律、规约，有些甚至还有明确的规定。因此，具有一定的组织纪律、活动规约，也是认定黑社会性质组织特征时的重要参考依据。

2. 关于经济特征。一定的经济实力是黑社会性质组织坐大成势，称霸一方的基础。由于不同地区的经济发展水平、不同行业的利润空间均存在很大差异，加之黑社会性质组织存在、发展的时间也各有不同，因此，在办案时不能一般性地要求黑社会性质组织所具有的经济实力必须达到特定规模或特定数额。此外，黑社会性质组织的敛财方式也具有多样性。实践中，黑社会性质组织不仅会通过实施赌博、敲诈、贩毒等违法犯罪活动攫取经济利益，而且还往往会通过开办公司、企业等方式“以商养黑”、“以黑护商”。因此，无论其财产是通过非法手段聚敛，还是通过合法的方式获取，只要将其中部分或全部用于违法犯罪活动或者维系犯罪组织的生存、发展即可。

“用于违法犯罪活动或者维系犯罪组织的生存、发展”，一般是指购买作案工具、提供作案经费，为受伤、死亡的组织成员提供医疗费、丧葬费，为组织成员及其家属提供工资、奖励、福利、生活费用，为组织寻求非法保护以及其他与实施有组织的违法犯罪活动有关的费用支出等。

3. 关于行为特征。暴力性、胁迫性和有组织性是黑社会性质组织行为方式的主要特征，但有时也会采取一些“其他手段”。

根据司法实践经验，《立法解释》中规定的“其他手段”主要包括：以暴力、威胁为基础，在利用组织势力和影响已对他人形成心理强制或威慑的情况下，进行所谓的“谈判”、“协商”、“调解”；滋扰、哄闹、聚众等其他干扰、破坏正常经济、社会生活秩序的非暴力手段。

“黑社会性质组织实施的违法犯罪活动”主要包括以下情形：由组织者、领导者直接组织、策划、指挥、参与实施的违法犯罪活动；由组织成员以组织名义实施，并得到组织者、领导者认可或者默许的违法犯罪活动；多名组织成员为逞强争霸、插手纠纷、报复他人、替人行凶、非法敛财而共同实施，并得到组织者、领导者认可或者默许的违法犯罪活动；组织成员为组织争夺势力范围、排除竞争对手、确立强势地位、谋取经济利益、维护非法权威或者按照组织的纪律、惯例、共同遵守的约定而实施的违法犯罪活动；由黑社会性质组织实施的其他违法犯罪活动。

会议认为，在办案时还应准确理解《立法解释》中关于"多次进行违法犯罪活动"的规定。黑社会性质组织实施犯罪活动过程中，往往伴随着大量的违法活动，对此均应作为黑社会性质组织的违法犯罪事实予以认定。但如果仅实施了违法活动，而没有实施犯罪活动的，则不能认定为黑社会性质组织。此外，"多次进行违法犯罪活动"只是认定黑社会性质组织的必要条件之一，最终能否认定为黑社会性质组织，还要结合危害性特征来加以判断。即使有些案件中的违法犯罪活动已符合"多次"的标准，但根据其性质和严重程度，尚不足以形成非法控制或者重大影响的，也不能认定为黑社会性质组织。

4. 关于危害性特征。称霸一方，在一定区域或者行业内，形成非法控制或者重大影响，从而严重破坏经济、社会生活秩序，是黑社会性质组织的本质特征，也是黑社会性质组织区别于一般犯罪集团的关键所在。

对于"一定区域"的理解和把握。区域的大小具有相对性，且黑社会性质组织非法控制和影响的对象并不是区域本身，而是在一定区域中生活的人，以及该区域内的经济、社会生活秩序。因此，不能简单地要求"一定区域"必须达到某一特定的空间范围，而应当根据具体案情，并结合黑社会性质组织对经济、社会生活秩序的危害程度加以综合分析判断。

对于"一定行业"的理解和把握。黑社会性质组织所控制和影响的行业，既包括合法行业，也包括黄、赌、毒等非法行业。这些行业一般涉及生产、流通、交换、消费等一个或多个市场环节。

通过实施违法犯罪活动，或者利用国家工作人员的包庇、纵容，称霸一方，并具有以下情形之一的，可认定为"在一定区域或者行业内，形成非法控制或者重大影响，严重破坏经济、社会生活秩序"：对在一定区域内生活或者在一定行业内从事生产、经营的群众形成心理强制、威慑，致使合法利益受损的群众不敢举报、控告的；对一定行业的生产、经营形成垄断，或者对涉及一定行业的准入、经营、竞争等经济活动形成重要影响的；插手民间纠纷、经济纠纷，在相关区域或者行业内造成严重影响的；干扰、破坏他人正常生产、经营、生活，并在相关区域或者行业内造成严重影响的；干扰、破坏公司、企业、事业单位及社会团体的正常生产、经营、工作秩序，在相关区域、行业内造成严重影响，或者致使其不能正常生产、经营、工作的；多次干扰、破坏国家机关、行业管理部门以及村委会、居委会等基层群众自治组织的工作秩序，或者致使上述单位、组织的职能不能正常行使的；利用组织的势力、影响，使组织成员获取政治地位，或者在党政机关、基层群众自治组织中担任一定职务的；其他形成非法控制或者重大影响，严重破坏经济、社会生活秩序的情形。

二、关于办理黑社会性质组织犯罪案件的其他问题

1. 关于包庇、纵容黑社会性质组织罪主观要件的认定。本罪主观方面要求必须是出于故意，过失不能构成本罪。会议认为，只要行为人知道或者应当知道是从事违法犯罪活动的组织，仍对该组织及其成员予以包庇，或者纵容其实施违法犯罪活动，即可认定本罪。至于行为人是否明知该组织系黑社会性质组织，不影响本罪的成立。

2. 关于黑社会性质组织成员的刑事责任。对黑社会性质组织的组织者、领导者，应根据法律规定和本纪要中关于"黑社会性质组织实施的违法犯罪活动"的规定，按照该组织所犯的全部罪行承担刑事责任。组织者、领导者对于具体犯罪所承担的刑事责任，应当根据其在该起犯罪中的具体地位、作用来确定。对黑社会性质组织中的积极参加者和其他参加者，应按照其所参与的犯罪，根据其在具体犯罪中的地位和作用，依照罪责刑相适应的原则，确定应承担的刑事责任。

3. 关于涉黑犯罪财物及其收益的认定和处置。（下略）

4. 关于认定黑社会性质组织犯罪的证据要求。（下略）

5. 关于黑社会性质组织成员的立功问题。积极参加者、其他参加者配合司法机关查办案件，有提供线索、帮助收集证据或者其他协助行为，并对侦破黑社会性质组织犯罪案件起到一定作用的，即使依法不能认定立功，一般也应酌情对其从轻处罚。组织者、领导者检举揭发与该黑社会性质组织及其违法犯罪活动有关联的其他犯罪线索，即使依法构成立功或者重大立功，在量刑时也应从严掌握。

6. 关于对"恶势力"团伙的认定和处理。"恶势力"是黑社会性质组织的雏形，有的最终发展成为了黑社会性质组织。因此，及时严惩"恶势力"团伙犯罪，是遏制黑社会性质组织滋生，防止违法犯罪活动造成更大社会危害的有效途径。

会议认为，"恶势力"是指经常纠集在一起，以暴力、威胁或其他手段，在一定区域或者行业内多次实施违法犯罪活动，为非作恶，扰乱经济、社会生活秩序，造成较为恶劣的社会影响，但尚未形成黑社会性质组织的犯罪团伙（★应在2021年12月24日《反有组织犯罪法》第二条第二款"恶势力组织"定义的基础上，理解"恶势力"——编者说明）。"恶势力"一般为3人以上，纠集者、骨干成员相对固定，违法犯罪活动一般表现为敲诈勒索、强迫交易、欺行霸市、聚众斗殴、寻衅滋事、非法拘禁、故意伤害、抢劫、抢夺或者黄、赌、毒等。各级人民法院、人民检察院和公安机关在办案时应根据本纪要的精神，结合组织化程度的高低、经济实力的强弱、有无追求和实现对社会的非法控制等特征，对黑社会性质组织与"恶势力"团伙加以正确区分。同时，还要本着实

事求是的态度，正确理解和把握“打早打小”方针。在准确查明“恶势力”团伙具体违法犯罪事实的基础上，构成什么罪，就按什么罪处理，并充分运用刑法总则关于共同犯罪的规定，依法惩处。对符合犯罪集团特征的，要按照犯罪集团处理，以切实加大对“恶势力”团伙依法惩处的力度。

7. 关于视听资料的收集、使用（下略）

8. 庭审时应注意的有关问题（下略）

2015 年 10 月 13 日最高法**《全国部分法院审理黑社会性质组织犯罪案件工作座谈会纪要》**（法〔2015〕291 号）指出，2009 年印发的《最高人民法院、最高人民检察院、公安部办理黑社会性质组织犯罪案件座谈会纪要》（以下简称 2009 年《座谈会纪要》）对于指导审判实践发挥了重要作用。由于黑社会性质组织犯罪始终处于不断发展变化之中，且刑法、刑事诉讼法的相关规定均有修改，因此，对于一些实践中反映较为突出，但 2009 年《座谈会纪要》未作规定或者有关规定尚需进一步细化和完善的问题，确有必要及时加以研究解决。与会代表一致认为，本次会议所取得的成果是对 2009 年《座谈会纪要》的继承与发展，原有内容审判时仍应遵照执行；内容有所补充的，审判时应结合执行。纪要如下。

一、准确把握形势、任务，坚定不移地在法治轨道上深入推进打黑除恶专项斗争

（一）毫不动摇地贯彻依法严惩方针（下略）

（二）认真贯彻落实宽严相济刑事政策

审理黑社会性质组织犯罪案件应当认真贯彻落实宽严相济刑事政策。要依照法律规定，根据具体的犯罪事实、情节以及人身危险性、主观恶性、认罪悔罪态度等因素充分体现刑罚的个别化。同时要防止片面强调从宽或者从严，切实做到区别对待，宽严有据，罚当其罪。对于黑社会性质组织的组织者、领导者、骨干成员及其“保护伞”，要依法从严惩处。根据所犯具体罪行的严重程度，依法应当判处重刑的要坚决判处重刑。确属罪行极其严重，依法应当判处死刑的，也必须坚决判处。对于不属于骨干成员的积极参加者以及一般参加者，确有自首、立功等法定情节的，要依法从轻、减轻或免除处罚；具有初犯、偶犯等酌定情节的，要依法酌情从宽处理。对于一般参加者，虽然参与实施了少量的违法犯罪活动，但系未成年人或是只起次要、辅助作用的，应当依法从宽处理。符合缓刑条件的，可以适用缓刑。

（三）正确把握“打早打小”与“打准打实”的关系

“打早打小”，是指各级政法机关必须依照法律规定对有可能发展成为黑社会性质组织的犯罪集团、“恶势力”团伙及早打击，绝不能允许其坐大成势，而不应被理解为对尚处于低级形态的犯罪组织可以不加区分地一律按照黑社会性质组织处理。“打准打实”，就是要求审判时应当本着实事求是的态度，在

准确查明事实的基础上，构成什么罪，就按什么罪判处刑罚。对于不符合黑社会性质组织认定标准的，应当根据案件事实依照刑法中的相关条款处理，从而把法律规定落到实处。由于黑社会性质组织的形成、发展一般都会经历一个从小到大、由“恶”到“黑”的渐进过程，因此，“打早打小”不仅是政法机关依法惩治黑恶势力犯罪的一贯方针，而且是将黑社会性质组织及时消灭于雏形或萌芽状态，防止其社会危害进一步扩大的有效手段。而“打准打实”既是刑事审判维护公平正义的必然要求，也是确保打黑除恶工作实现预期目标的基本前提。只有打得准，才能有效摧毁黑社会性质组织；只有打得实，才能最大限度地体现惩治力度。“打早打小”和“打准打实”是分别从惩治策略、审判原则的角度对打黑除恶工作提出的要求，各级人民法院对于二者关系的理解不能简单化、片面化，要严格坚持依法办案原则，准确认定黑社会性质组织，既不能“降格”，也不能“拔高”，切实防止以“打早打小”替代“打准打实”。

（四）依法加大惩处“保护伞”的力度

个别国家机关工作人员的包庇、纵容，不仅会对黑社会性质组织的滋生、蔓延起到推波助澜的作用，而且会使此类犯罪的社会危害进一步加大。各级人民法院应当充分认识“保护伞”的严重危害，将依法惩处“保护伞”作为深化打黑除恶工作的重点环节和深入开展反腐败斗争的重要内容，正确运用刑法的有关规定，有效加大对于“保护伞”的惩处力度。同时，各级人民法院还应当全面发挥职能作用，对于审判工作中发现的涉及“保护伞”的线索，应当及时转往有关部门查处，确保实现“除恶务尽”的目标。

（五）严格依照法律履行审判职能（下略）

二、关于黑社会性质组织的认定

（一）认定组织特征的问题

黑社会性质组织存续时间的起点，可以根据涉案犯罪组织举行成立仪式或者进行类似活动的时间来认定。没有前述活动的，可以根据足以反映其初步形成核心利益或强势地位的重大事件发生时间进行审查判断。没有明显标志性事件的，也可以根据涉案犯罪组织为维护、扩大组织势力、实力、影响、经济基础或按照组织惯例、纪律、活动规约而首次实施有组织的犯罪活动的时间进行审查判断。存在、发展时间明显过短、犯罪活动尚不突出的，一般不应认定为黑社会性质组织。

黑社会性质组织应当具有一定规模，人数较多，组织成员一般在10人以上。其中，既包括已有充分证据证明但尚未归案的组织成员，也包括虽有参加黑社会性质组织的行为但因尚未达到刑事责任年龄或因其他法定情形而未被起诉，或者根据具体情节不作为犯罪处理的组织成员。

黑社会性质组织应有明确的组织者、领导者，骨干成员基本固定，并有比较明确的层级和职责分工，一般有三种类型的组织成员，即：组织者、领导者与积极参加者、一般参加者（也即“其他参加者”）。骨干成员，是指直接听命于组织者、领导者，并多次指挥或积极参与实施有组织的违法犯罪活动或者其他长时间在犯罪组织中起重要作用的犯罪分子，属于积极参加者的一部分。

对于黑社会性质组织的组织纪律、活动规约，应当结合制定、形成相关纪律、规约的目的与意图来进行审查判断。凡是为了增强实施违法犯罪活动的组织性、隐蔽性而制定或者自发形成，并用以明确组织内部人员管理、职责分工、行为规范、利益分配、行动准则等事项的成文或不成文的规定、约定，均可认定为黑社会性质组织的组织纪律、活动规约。

对于参加黑社会性质组织，没有实施其他违法犯罪活动，或者受蒙蔽、威胁参加黑社会性质组织，情节轻微的，可以不作为犯罪处理。对于参加黑社会性质组织后仅参与少量情节轻微的违法活动的，也可以不作为犯罪处理。

以下人员不属于黑社会性质组织的成员：1. 主观上没有加入黑社会性质组织的意愿，受雇到黑社会性质组织开办的公司、企业、社团工作，未参与或者仅参与少量黑社会性质组织的违法犯罪活动的人员；2. 因临时被纠集、雇佣或受蒙蔽为黑社会性质组织实施违法犯罪活动或者提供帮助、支持、服务的人员；3. 为维护或扩大自身利益而临时雇佣、收买、利用黑社会性质组织实施违法犯罪活动的人员。上述人员构成其他犯罪的，按照具体犯罪处理。

对于被起诉的组织成员主要为未成年人的案件，定性时应当结合“四个特征”审慎把握。

（二）认定经济特征的问题

“一定的经济实力”，是指黑社会性质组织在形成、发展过程中获取的，足以支持该组织运行、发展以及实施违法犯罪活动的经济利益。包括：1. 有组织地通过违法犯罪活动或其他不正当手段聚敛的资产；2. 有组织地通过合法的生产、经营活动获取的资产；3. 组织成员以及其他单位、个人资助黑社会性质组织的资产。通过上述方式获取的经济利益，即使是由部分组织成员个人掌控，也应计入黑社会性质组织的“经济实力”。

各高级人民法院可以根据本地区的实际情况，对黑社会性质组织所应具有的“经济实力”在 20–50 万元幅度内，自行划定一般掌握的最低数额标准。

是否将所获经济利益全部或部分用于违法犯罪活动或者维系犯罪组织的生存、发展，是认定经济特征的重要依据。无论获利后的分配与使用形式如何变化，只要在客观上能够起到豢养组织成员、维护组织稳定、壮大组织势力的作用即可认定。

（三）认定行为特征的问题

涉案犯罪组织仅触犯少量具体罪名的，是否应认定为黑社会性质组织要结合组织特征、经济特征和非法控制特征（危害性特征）综合判断，严格把握。

黑社会性质组织实施的违法犯罪活动包括非暴力性的违法犯罪活动，但暴力或以暴力相威胁始终是黑社会性质组织实施违法犯罪活动的基本手段，并随时可能付诸实施。因此，在黑社会性质组织所实施的违法犯罪活动中，一般应有一部分能够较明显地体现出暴力或以暴力相威胁的基本特征。否则，定性时应当特别慎重。

属于 2009 年《座谈会纪要》规定的五种情形之一的，一般应当认定为黑社会性质组织实施的违法犯罪活动，但确与维护和扩大组织势力、实力、影响、经济基础无任何关联，亦不是按照组织惯例、纪律、活动规约而实施，则应作为组织成员个人的违法犯罪活动处理。

组织者、领导者明知组织成员曾多次实施起因、性质类似的违法犯罪活动，但并未明确予以禁止的，如果该类行为对扩大组织影响起到一定作用，可以视为是按照组织惯例实施的违法犯罪活动。

（四）认定非法控制特征（危害性特征）的问题

黑社会性质组织所控制和影响的“一定区域”，应当具备一定空间范围，并承载一定的社会功能。既包括一定数量的自然人共同居住、生活的区域，如乡镇、街道、较大的村庄等，也包括承载一定生产、经营或社会公共服务功能的区域，如矿山、工地、市场、车站、码头等。对此，应当结合一定地域范围内的人口数量、流量、经济规模等因素综合评判。如果涉案犯罪组织的控制和影响仅存在于一座酒店、一处娱乐会所等空间范围有限的场所或者人口数量、流量、经济规模较小的其他区域，则一般不能视为是对“一定区域”的控制和影响。

黑社会性质组织所控制和影响的“一定行业”，是指在一定区域内存在的同类生产、经营活动。黑社会性质组织通过多次有组织地实施违法犯罪活动，对黄、赌、毒等非法行业形成非法控制或重大影响的，同样符合非法控制特征（危害性特征）的要求。

2009 年《座谈会纪要》明确了可以认定为“在一定区域或者行业内，形成非法控制或者重大影响，严重破坏经济、社会生活秩序”的八种情形，适用时应当注意以下问题：第 1 种情形中的“致使合法利益受损的群众不敢举报、控告的”，是指致使多名合法利益遭受犯罪或者严重违法活动侵害的群众不敢通过正当途径维护权益；第 2 种情形中的“形成垄断”，是指可以操控、左右、决定与一定行业相关的准入、退出、经营、竞争等经济活动。“形成重要影响”，是指对与一定行业相关的准入、退出、经营、竞争等经济活动具有较大的干预和影响能力，或者具有在该行业内占有较大市场份额、通过违法犯罪活动或以其他不正当手段在该行业内敛财数额巨大（最低数额标准由各高院根据本地情况在 20-50 万元的幅度内自行划定）、给该行业内从事生产、经营活动的其他单位、组织、个人造成直接经济损失 100 万元以上等情节之一；第 3、4、5 种情形中的“造成严重影响”，是指具有致人重伤或致多人轻伤、通过违法犯罪活动或以其他不正当手段敛财数额巨大（数额标准同上）、造成直接经济损失 100 万元以上、多次引发群体性事件或引发大规模群体性事件等情节之一；第 6 种情形中的“多次干扰、破坏国家机关、行业管理部门以及村委会、居委会等基层群众自治组织的工作秩序”，包括以拉拢、收买、威胁等手段多次得到国家机关工作人员包庇或纵容，或者多次对前述单位、组织中正常履行职务的工作人员进行打击、报复的情形；第7种情形中的“获取政治地位”，是指当选各级人大代表、政协委员。“担任一定职务”，是指在各级党政机关及其职能部门、基层群众自治组织中担任具有组织、领导、监督、管理职权的职务。

根据实践经验，在黑社会性质组织犯罪案件中，2009年《座谈会纪要》规定的八种情形一般不会单独存在，往往是两种以上的情形同时并存、相互交织，从而严重破坏经济、社会生活秩序。审判时，应当充分认识这一特点，准确认定该特征。

“四个特征”中其他构成要素均已具备，仅在成员人数、经济实力规模方面未达到本纪要提出的一般性要求，但已较为接近，且在非法控制特征（危害性特征）方面同时具有2009年《座谈会纪要》相关规定中的多种情形，其中至少有一种情形已明显超出认定标准的，也可以认定为黑社会性质组织。

三、关于刑事责任和刑罚适用

（一）已退出或者新接任的组织者、领导者的刑事责任问题

对于在黑社会性质组织形成、发展过程中已经退出的组织者、领导者，或者在加入黑社会性质组织之后逐步发展成为组织者、领导者的犯罪分子，应对其本人参与及其实际担任组织者、领导者期间该组织所犯的全部罪行承担刑事责任。

（二）量刑情节的运用问题

黑社会性质组织的成员虽不具有自首情节，但到案后能够如实供述自己罪行，并具有以下情形之一的，一般应当适用《刑法》第六十七条第三款的规定予以从轻处罚：1. 如实交代大部分尚未被掌握的同种犯罪事实；2. 如实交代尚未被掌握的较重的同种犯罪事实；3. 如实交代犯罪事实，并对收集定案证据、查明案件事实有重要作用的。

积极参加者、一般参加者配合司法机关查办案件，有提供线索、帮助收集证据或者其他协助行为，并在侦破黑社会性质组织犯罪案件、认定黑社会性质组织及其主要成员、追缴黑社会性质组织违法所得、查处“保护伞”等方面起到较大作用的，即使依法不能认定立功，一般也应酌情对其从轻处罚。

组织者、领导者、骨干成员以及“保护伞”协助抓获同案中其他重要的组织成员，或者骨干成员能够检举揭发其他犯罪案件中罪行同样严重的犯罪分子，原则上依法应予从轻或者减轻处罚。组织者、领导者检举揭发与该黑社会性质组织及其违法犯罪活动有关联的其他犯罪线索，如果在是否认定立功的问题上存在事实、证据或法律适用方面的争议，应当严格把握。依法应认定为立功或者重大立功的，在决定是否从宽处罚、如何从宽处罚时，应当根据罪责刑相一致原则从严掌握。可能导致全案量刑明显失衡的，不予从宽处罚。

审理黑社会性质组织犯罪案件，应当通过判处和执行民事赔偿以及积极

开展司法救助来最大限度地弥补被害人及其亲属的损失。被害人及其亲属确有特殊困难，需要接受被认定为黑社会性质组织成员的被告人赔偿并因此表示谅解的，量刑时应当特别慎重。不仅应当查明谅解是否确属真实意思表示以及赔偿款项与黑社会性质组织违法所得有无关联，而且在决定是否从宽处罚、如何从宽处罚时，也应当从严掌握。可能导致全案量刑明显失衡的，不予从宽处罚。

（三）附加剥夺政治权利的适用问题

对于黑社会性质组织的组织者、领导者，可以适用《刑法》第五十六条第一款的规定附加剥夺政治权利。对于因犯参加黑社会性质组织罪被判处5年以上有期徒刑的积极参加者，也可以适用该规定附加剥夺政治权利。

（四）财产刑的适用问题

对于黑社会性质组织的组织者、领导者，依法应当并处没收财产。黑社会性质组织敛财数额特别巨大，但因犯罪分子转移、隐匿、毁灭证据或者拒不交代涉案财产来源、性质，导致违法所得以及其他应当追缴的财产难以准确查清和追缴的，对于组织者、领导者以及为该组织转移、隐匿资产的积极参加者可以并处没收个人全部财产。

对于确属骨干成员的积极参加者一般应当并处罚金或者没收财产。对于其他积极参加者和一般参加者，应当根据所参与实施违法犯罪活动的次数、性质、地位、作用、违法所得数额以及造成损失的数额等情节，依法决定财产刑的适用。

四、关于审判程序和证据审查（下略）

五、关于黑社会性质组织犯罪案件审判工作相关问题（下略）

【指导案例】根据2020年11月24日最高检**第二十二批指导性案例·检例第84号·林某彬等人组织、领导、参加黑社会性质组织案**，认罪认罚从宽制度可以适用于所有刑事案件，没有适用罪名和可能判处刑罚的限定，涉黑涉恶犯罪案件依法可以适用该制度。认罪认罚从宽制度贯穿刑事诉讼全过程，适用于侦查、起诉、审判各个阶段。检察机关办理涉黑涉恶犯罪案件，要积极履行主导责任，发挥认罪认罚从宽制度在查明案件事实、提升指控效果、有效追赃挽损等方面的作用。

★该指导案例在"指导意义"部分指出：对于黑社会性质组织犯罪等共同犯罪案件，适用认罪认罚从宽制度有助于提升指控犯罪质效。检察机关应当注重认罪认罚从宽制度的全流程适用，通过犯罪嫌疑人、被告人认罪认罚，有针对性地收集、完善和固定证据，同时以点带面促使其他被告人认罪认罚，完善指控犯罪的证据体系。对于黑社会性质组织等涉案人数众多的共同犯罪案件，通过对被告人开展认罪认罚教育转化工作，有利于分化瓦解犯罪组织，提升指控犯罪的效果。

认罪认罚从宽制度可以适用于所有案件，但“可以”适用不是一律适用，被告人认罪认罚后是否从宽，要根据案件性质、情节和对社会造成的危害后果等具体情况，坚持罪责刑相适应原则，区分情况、区别对待，做到该宽则宽，当严则严，宽严相济，罚当其罪。对犯罪性质恶劣、犯罪手段残忍、危害后果严重的犯罪分子，即使认罪认罚也不足以从宽处罚的，依法可不予以从宽处罚。

根据2022年11月29日最高法**第33批指导性案例·指导案例186号·龚品文等组织、领导、参加黑社会性质组织案**，犯罪组织以其势力、影响和暴力手段的现实可能性为依托，有组织地长期采用多种“软暴力”手段实施大量违法犯罪行为，同时辅之以“硬暴力”，“软暴力”有向“硬暴力”转化的现实可能性，足以使群众产生恐惧、恐慌进而形成心理强制，并已造成严重危害后果，严重破坏经济、社会生活秩序的，应认定该犯罪组织具有黑社会性质组织的行为特征。

根据2022年11月29日最高法**第33批指导性案例·指导案例187号·吴强等敲诈勒索、抢劫、故意伤害案**，恶势力犯罪集团是符合犯罪集团法定条件的恶势力犯罪组织。恶势力犯罪集团应当具备“为非作恶、欺压百姓”特征，其行为“造成较为恶劣的社会影响”，因而实施违法犯罪活动必然具有一定的公然性，且手段应具有较严重的强迫性、压制性。普通犯罪集团实施犯罪活动如仅为牟取不法经济利益，缺乏造成较为恶劣社会影响的意图，在行为方式的公然性、犯罪手段的强迫压制程度等方面与恶势力犯罪集团存在区别，可按犯罪集团处理，但不应认定为恶势力犯罪集团。

第
294
条

根据2022年11月29日最高法**第33批指导性案例·指导案例188号·史广振等组织、领导、参加黑社会性质组织案**，在涉黑社会性质组织犯罪案件审理中，应当对查封、扣押、冻结财物及其孳息的权属进行调查，案外人对查封、扣押、冻结财物及其孳息提出权属异议的，人民法院应当听取其意见，确有必要的，人民法院可以通知其出庭，以查明相关财物权属。

根据2023年6月25日最高检**第四十五批指导案例·检例第178号·王某等人故意伤害等犯罪二审抗诉案**，检察机关在办案中要加强对未成年人的特殊、优先保护，对于侵害未成年人犯罪手段残忍、情节恶劣、后果严重的，应当依法从严惩处。胁迫未成年人实施毒品犯罪、参加恶势力犯罪集团，采用暴力手段殴打致该未成年人死亡的，属于“罪行极其严重”，应当依法适用死刑。

★该指导案例在“指导意义”部分指出：死刑只适用于极少数罪行极其严重的犯罪分子。根据《最高人民法院、最高人民检察院、公安部、司法部关于依法严惩利用未成年人实施黑恶势力犯罪的意见》，应当依法严厉打击、从重处罚胁迫未达到刑事责任年龄的未成年人参加恶势力犯罪集团的行为。此类恶势力犯罪集团的首要分子，利用未成年人实施毒品犯罪，强迫未成年人吸毒，并致该未成年人死亡，犯罪手段残忍、情节恶劣、社会危害性极大的，属于"罪行极其严重"，应当坚决依法适用死刑。

【典型案例】根据2022年12月30日最高检**检察机关依法惩治涉网络黑恶犯罪典型案例·案例一、汤某甲等人组织、领导、参加黑社会性质组织案**，"套路贷"是假借民间借贷之名非法占有他人财物的类型化犯罪行为。按照主客观一致原则，对存在制造民间借贷假象、制造虚假给付事实、故意制造违约、肆意认定违约、违约金及利息畸高、恶意垒高债务、软硬兼施"索债"等情况，综合认定具有非法占有目的，属于"套路贷"犯罪。对有组织地实施网络"套路贷"犯罪活动，实施"软暴力"催收达到与"暴力"或"以暴力相威胁"等相当的程度，产生欺压、残害群众的效果，在网络空间和现实社会造成重大影响的，依法认定为组织、领导、参加黑社会性质组织犯罪。对以老年人、未成年人、在校学生、丧失劳动能力的人为对象实施"套路贷"犯罪，或因实施"套路贷"导致被害人及相关人员自杀、精神失常的，应该评价为在相关领域造成重大影响，依法从严从重惩处。

根据2022年12月30日最高检**检察机关依法惩治涉网络黑恶犯罪典型案例·案例二、洪某都等人敲诈勒索案**，对于仅以线上有组织地利用信息网络点对点实施敲诈勒索等违法犯罪活动，具有一定隐秘性、尚未对被害人亲友等周边人群形成滋扰威胁、尚未达到严重破坏经济和社会生活秩序的，可以根据其胁迫手段、受害范围、后果等因素，依法认定为恶势力团伙，符合犯罪集团规定的，依法认定为恶势力犯罪集团。对于犯罪链条长、层级复杂的涉网黑恶案件，应当注重审查区分犯罪分子地位、作用、参与程度等，依法界定有组织犯罪的成员范围。对犯罪集团内部各部门、成员之间围绕犯罪行为存在互相联系、支持和帮助的，组织成员应当对集团犯罪金额承担责任，再根据成员的具体地位、角色以及参与时间长短，区分主从犯，对于从犯，予以从轻或减轻处罚，确保罪刑均衡、罚当其罪。

根据2022年12月30日最高检**检察机关依法惩治涉网络黑恶犯罪典型案例·案例三、袁某厚等人敲诈勒索、强迫交易、寻衅滋事案**，对于有组织地利用自媒体等信息网络平台，采用线上线下相结合方式，以曝光负面信息或不实信息相威胁或曝光相关信息后提供有偿删帖服务等方式，多次索要他人财物或强迫提供服务、销售商品，严重侵犯他人人身和财产权利，扰乱社会秩序，造成恶劣社会影响的，依法认定为恶势力组织。对于以威胁手段索要他人财物或强迫提供服务、销售商品，应当从被害方是否有涉案服务或商品的正常需求、行为人是否实际提供服务、商品服务及其对价是否合理、主观目的和侵害的法益等方面准确区分认定为敲诈勒索或强迫交易。

第二百九十五条[270]　**【传授犯罪方法罪】**传授犯罪方法的，处五年以下有期徒刑、拘役或者管制；情节严重的，处五年以上十年以下有期徒刑；情节特别严重的，处十年以上有期徒刑或者无期徒刑。

第二百九十六条[271]　**【非法集会、游行、示威罪】**举行集会、游行、示威，未依照法律规定申请或者申请未获许可，或者未按照主管机关许可的起止时间、地点、路线进行，又拒不服从解散命令，严重破坏社会秩序的，对集会、游行、示威的负责人和直接责任人员，处五年以下有期徒刑、拘役、管制或者剥夺政治权利。

---

〔270〕**【刑法修订】**2011 年**《刑法修正案（八）》第四十四条**修订了本条。1997 年刑法原文如下：

第二百九十五条　传授犯罪方法的，处五年以下有期徒刑、拘役或者管制；情节严重的，处五年以上有期徒刑；情节特别严重的，处无期徒刑或者死刑。

2011 年**《刑法修正案（八）》**修订了本条第二档、第三档法定刑，将“情节严重的，处五年以上有期徒刑；情节特别严重的，处无期徒刑或者死刑”修改为“情节严重的，处五年以上十年以下有期徒刑；情节特别严重的，处十年以上有期徒刑或者无期徒刑”，从而废除了本条的死刑。

【司法解释】根据 2015 年 4 月 14 日中央宣传部、中央网信办、最高法、最高检、公安部、工业和信息化部、国家工商行政管理总局、国家邮政局、国家禁毒委办公室**《关于加强互联网禁毒工作的意见》**，对于利用互联网发布、传播制造毒品等犯罪的方法、技术、工艺的，以传授犯罪方法罪定罪处罚，被传授者是否接受或者是否以此方法实施了制造毒品等犯罪不影响对本罪的认定。

根据 2019 年 5 月 19 日最高法、最高检、公安部、司法部**《关于依法严厉打击传播艾滋病病毒等违法犯罪行为的指导意见》**，通过语言、文字、动作或者其他方式传授能够致人感染艾滋病病毒的具体方法的，依照刑法第二百九十五条的规定，以传授犯罪方法罪定罪处罚。

〔271〕**【立案标准】**根据 2008 年 6 月 25 日最高检、公安部**《关于公安机关管辖的刑事案件立案追诉标准的规定（一）》第三十八条**，举行集会、游行、示威，未依照法律规定申请或者申请未获许可，或者未按照主管机关许可的起止时间、地点、路线进行，又拒不服从解散命令，严重破坏社会秩序的，应予立案追诉。

【司法解释】根据 2013 年 7 月 19 日公安部**《关于公安机关处置信访活动中违法犯罪行为适用法律的指导意见》**，举行集会、游行、示威活动未经主管

第二百九十七条〔272〕 **【非法携带武器、管制刀具、爆炸物参加集会、游行、示威罪】**违反法律规定，携带武器、管制刀具或者爆炸物参加集会、游行、示威的，处三年以下有期徒刑、拘役、管制或者剥夺政治权利。

第二百九十八条〔273〕 **【破坏集会、游行、示威罪】**扰乱、冲击或者以其他方法破坏依法举行的集会、游行、示威，造成公共秩序混乱的，处五年以下有期徒刑、拘役、管制或者剥夺政治权利。

第二百九十九条〔274〕 **【侮辱国旗、国徽、国歌罪】**在公共场合，故意以焚烧、毁损、涂划、玷污、践踏等方式侮辱中华人民共和国国旗、国徽的，处三年以下有期徒刑、拘役、管制或者剥夺政治权利。

在公共场合，故意篡改中华人民共和国国歌歌词、曲谱，以歪曲、贬损方式奏唱国歌，或者以其他方式侮辱国歌，情节严重的，依照前款的规定处罚。

机关许可，未按照主管机关许可的目的、方式、标语、口号、起止时间、地点、路线进行，或者在进行中出现危害公共安全、破坏社会秩序情形的，根据《集会游行示威法》第二十七条规定予以制止、命令解散；不听制止，拒不解散的，依法强行驱散……符合《刑法》第二百九十六条规定的，对负责人和直接责任人员，以非法集会、游行、示威罪追究刑事责任。集会游行示威过程中实施其他违法犯罪行为的，依法追究法律责任。

〔272〕**【立案标准】**根据2008年6月25日最高检、公安部**《关于公安机关管辖的刑事案件立案追诉标准的规定（一）》第三十九条**，违反法律规定，携带武器、管制刀具或者爆炸物参加集会、游行、示威的，应予立案追诉。

〔273〕**【立案标准】**根据2008年6月25日最高检、公安部**《关于公安机关管辖的刑事案件立案追诉标准的规定（一）》第四十条**，扰乱、冲击或者以其他方法破坏依法举行的集会、游行、示威，造成公共秩序严重混乱的，应予立案追诉。

〔274〕**【刑法修订】**2017年**《刑法修正案（十）》**修订了本条。1997年刑法原文如下：

第二百九十九条 在公众场合故意以焚烧、毁损、涂划、玷污、践踏等方式侮辱中华人民共和国国旗、国徽的，处三年以下有期徒刑、拘役、管制或者剥夺政治权利。

2017年**《刑法修正案（十）》**将该条"公众场合"修改为"公共场合"，增设了第二款侮辱国歌罪。

第二百九十九条之一〔275〕 **【侵害英雄烈士名誉、荣誉罪】**侮辱、诽谤或者以其他方式侵害英雄烈士的名誉、荣誉，损害社会公共利益，情节严重的，处三年以下有期徒刑、拘役、管制或者剥夺政治权利。

【相关法规】根据2020年修正后的《**国旗法**》**第二十三条**，在公共场合故意以焚烧、毁损、涂划、玷污、践踏等方式侮辱中华人民共和国国旗的，依法追究刑事责任；情节较轻的，由公安机关处以15日以下拘留。

根据2020年修正后的《**国徽法**》**第十八条**，在公共场合故意以焚烧、毁损、涂划、玷污、践踏等方式侮辱中华人民共和国国徽的，依法追究刑事责任；情节较轻的，由公安机关处以15日以下拘留。

根据2017年《**国歌法**》**第十五条**，在公共场合，故意篡改国歌歌词、曲谱，以歪曲、贬损方式奏唱国歌，或者以其他方式侮辱国歌的，由公安机关处以警告或者15日以下拘留；构成犯罪的，依法追究刑事责任。

〔275〕 **【刑法修订】**本条为2020年《**刑法修正案(十一)**》**第三十五条**增设。

【司法解释】2022年1月11日最高法、最高检、公安部《**关于依法惩治侵害英雄烈士名誉、荣誉违法犯罪的意见**》(公通字〔2022〕5号)，为依法惩治侵害英雄烈士名誉、荣誉违法犯罪活动，维护社会公共利益，传承和弘扬英雄烈士精神、爱国主义精神，培育和践行社会主义核心价值观，根据《中华人民共和国刑法》《中华人民共和国刑事诉讼法》《中华人民共和国英雄烈士保护法》等法律和相关司法解释的规定，制定本意见。

一、关于英雄烈士的概念和范围

根据英雄烈士保护法第二条的规定，刑法第二百九十九条之一规定的“英雄烈士”，主要是指近代以来，为了争取民族独立和人民解放，实现国家富强和人民幸福，促进世界和平和人类进步而毕生奋斗、英勇献身的英雄烈士。

司法适用中，对英雄烈士的认定，应当重点注意把握以下几点：

(一)英雄烈士的时代范围主要为“近代以来”，重点是中国共产党、人民军队和中华人民共和国历史上的英雄烈士。英雄烈士既包括个人，也包括群体；既包括有名英雄烈士，也包括无名英雄烈士。

(二)对经依法评定为烈士的，应当认定为刑法第二百九十九条之一规定的“英雄烈士”；已牺牲、去世，尚未评定为烈士，但其事迹和精神为我国社会普遍公认的英雄模范人物或者群体，可以认定为“英雄烈士”。

(三)英雄烈士是指已经牺牲、去世的英雄烈士。对侮辱、诽谤或者以其他方式侵害健在的英雄模范人物或者群体名誉、荣誉，构成犯罪的，适用刑法有关侮辱、诽谤罪等规定追究刑事责任，符合适用公诉程序条件的，由公安机关依法立案侦查，人民检察院依法提起公诉。但是，被侵害英雄烈士群体中既有已经牺牲的烈士，也有健在的英雄模范人物的，可以统一适用侵害英雄烈士名誉、荣誉罪。

二、关于侵害英雄烈士名誉、荣誉罪入罪标准

根据刑法第二百九十九条之一的规定，侮辱、诽谤或者以其他方式侵害英雄烈士的名誉、荣誉，损害社会公共利益，情节严重的，构成侵害英雄烈士名誉、荣誉罪。

司法实践中，对侵害英雄烈士名誉、荣誉的行为是否达到“情节严重”，应当结合行为方式，涉及英雄烈士的人数，相关信息的数量、传播方式、传播范围、传播持续时间，相关信息实际被点击、浏览、转发次数，引发的社会影响、危害后果以及行为人前科情况等综合判断。根据案件具体情况，必要时，可以参照适用《最高人民法院、最高人民检察院关于办理利用信息网络实施诽谤等刑事案件适用法律若干问题的解释》（法释〔2013〕21号）的规定。

侵害英雄烈士名誉、荣誉，达到入罪标准，但行为人认罪悔罪，综合考虑案件具体情节，认为犯罪情节轻微的，可以不起诉或者免予刑事处罚；情节显著轻微危害不大的，不以犯罪论处；构成违反治安管理行为的，由公安机关依法给予治安管理处罚。

三、关于办案工作要求

（一）坚决依法惩治……（下略）

（二）坚持宽严相济。对侵害英雄烈士名誉、荣誉的，要区分案件具体情况，落实宽严相济刑事政策，突出惩治重点，重在教育挽救，避免打击扩大化、简单化，确保实现政治效果、法律效果和社会效果的有机统一。对利用抹黑英雄烈士恶意攻击我国基本社会制度、损害社会公共利益，特别是与境外势力勾连实施恶意攻击，以及长期、多次实施侵害行为的，要依法予以严惩。对没有主观恶意，仅因模糊认识、好奇等原因而发帖、评论的，或者行为人系在校学生、未成年人的，要以教育转化为主，切实做到教育大多数、打击极少数。

（三）严格规范办案……（下略）

【指导案例】根据2022年1月26日最高检**第三十四批指导性案例·检例第136号·仇某侵害英雄烈士名誉、荣誉案**，侵害英雄烈士名誉、荣誉罪中的“英雄烈士”，是指已经牺牲、逝世的英雄烈士。在同一案件中，行为人所侵害的群体中既有烈士，又有健在的英雄模范人物时，应当整体评价为侵害英雄烈士名誉、荣誉的行为，不宜区别适用侵害英雄烈士名誉、荣誉罪和侮辱罪、诽谤罪。《刑法修正案（十一）》实施后，以侮辱、诽谤或者其他方式侵害英雄烈士名誉、荣誉的行为，情节严重的，构成侵害英雄烈士名誉、荣誉罪。行为人利用信息网络侵害英雄烈士名誉、荣誉，引起广泛传播，造成恶劣社会影响的，应当认定为“情节严重”。英雄烈士没有近亲属或者近亲属不提起民事诉讼的，检察机关在提起公诉时，可以一并提起附带民事公益诉讼。

★该指导案例在“指导意义”部分指出：对侵害英雄烈士名誉、荣誉罪中的“英雄烈士”应当依照刑法修正案的本意作适当解释。本罪中的“英雄烈

士”，是指已经牺牲、逝世的英雄烈士。如果行为人以侮辱、诽谤或者其他方式侵害健在的英雄模范人物名誉、荣誉，构成犯罪的，可以适用侮辱罪、诽谤罪追究刑事责任。但是，如果在同一案件中，行为人的行为所侵害的群体中既有已牺牲的烈士，又有健在的英雄模范人物时，应当整体评价为侵害英雄烈士名誉、荣誉的行为，不宜区别适用侵害英雄烈士名誉、荣誉罪和侮辱罪、诽谤罪。虽不属于烈士，但事迹、精神被社会普遍公认的已故英雄模范人物的名誉、荣誉被侵害的，因他们为国家、民族和人民作出巨大贡献和牺牲，其名誉、荣誉承载着社会主义核心价值观，应当纳入侵害英雄烈士名誉、荣誉罪的犯罪对象，与英雄烈士的名誉、荣誉予以刑法上的一体保护。

《刑法修正案（十一）》实施后，侮辱、诽谤英雄烈士名誉、荣誉，情节严重的，构成侵害英雄烈士名誉、荣誉罪。《刑法修正案（十一）》实施前，实施侮辱、诽谤英雄烈士名誉、荣誉的行为，构成犯罪的，可以按照寻衅滋事罪追究刑事责任。《刑法修正案（十一）》实施后，对上述行为认定为侵害英雄烈士名誉、荣誉罪，符合立法精神，更具有针对性，更有利于实现对英雄烈士名誉、荣誉的特殊保护。发生在《刑法修正案（十一）》实施前的行为，实施后尚未处理或者正在处理的，应当根据刑法第十二条规定的“从旧兼从轻”原则，以侵害英雄烈士名誉、荣誉罪追究刑事责任。

侵害英雄烈士名誉、荣誉罪中“情节严重”的认定，可以参照《网络诽谤的解释》的规定，并可以结合案发时间节点、社会影响等综合认定。《网络诽谤的解释》第二条规定，同一诽谤信息实际被点击、浏览次数达到5000次以上，或者被转发次数达到500次以上的；造成被害人或者其近亲属精神失常、自残、自杀等严重后果的；二年内曾因诽谤受过行政处罚，又诽谤他人的；具有其他情节严重的情形的，属于“情节严重”。办理利用信息网络侵害英雄烈士名誉、荣誉案件时，可以参照上述标准，或者虽未达到上述数量、情节要求，但在特定时间节点通过具有公共空间属性的网络平台和媒介公然侵害英雄烈士名誉、荣誉，引起广泛传播，造成恶劣社会影响的，也可以认定为“情节严重”。对于只是在相对封闭的网络空间，如在亲友微信群、微信朋友圈等发表不当言论，没有造成大范围传播的，可以不认定为“情节严重”。

刑事检察和公益诉讼检察依法协同履职，维护社会公共利益。检察机关办理侵害英雄烈士名誉、荣誉案件，在英雄烈士没有近亲属，或者经征询意见，近亲属不提出民事诉讼时，应当充分履行刑事检察和公益诉讼检察职能，提起公诉的同时，可以向人民法院一并提起附带民事公益诉讼，同步推进刑事责任和民事责任的追究，实现审判阶段刑事诉讼、附带民事公益诉讼由人民法院同一合议庭审理、同步判决，提高诉讼效率、确保庭审效果。

【典型案例】根据2022年12月8日最高法**涉英烈权益保护十大典型案例·案例二、肖某侵害英雄烈士名誉、荣誉罪案**，袁隆平院士为人民自由幸福

第三百条[276] **【组织、利用会道门、邪教组织、利用迷信破坏法律实施罪】**组织、利用会道门、邪教组织或者利用迷信破坏国家法律、行政法规实施的，处三年以上七年以下有期徒刑，并处罚金；情节特别严重的，处七年以上有期徒刑或者无期徒刑，并处罚金或者没收财产；情节较轻的，处三年以下有期徒刑、拘役、管制或者剥夺政治权利，并处或者单处罚金。

【组织、利用会道门、邪教组织、利用迷信致人重伤、死亡罪】组织、利用会道门、邪教组织或者利用迷信蒙骗他人，致人重伤、死亡的，依照前款的规定处罚。

犯第一款罪又有奸淫妇女、诈骗财物等犯罪行为的，依照数罪并罚的规定处罚。

和国家繁荣富强作出重大贡献，属于英雄人物，适用英雄烈士人格利益保护的相关法律规定是应有之义。肖某在微信群发布侮辱袁隆平院士的言论，造成恶劣影响，侵害英雄烈士名誉、荣誉罪。

〔276〕**【刑法修订】**2015年**《刑法修正案（九）》第三十三条**修订了本条。1997年刑法原文如下：

第三百条 组织和利用会道门、邪教组织或者利用迷信破坏国家法律、行政法规实施的，处三年以上七年以下有期徒刑；情节特别严重的，处七年以上有期徒刑。

组织和利用会道门、邪教组织或者利用迷信蒙骗他人，致人死亡的，依照前款的规定处罚。

组织和利用会道门、邪教组织或者利用迷信奸淫妇女、诈骗财物的，分别依照本法第二百三十六条、第二百六十六条的规定定罪处罚。

2015年**《刑法修正案（九）》**在第一款主要是修订了法定刑，一面增设“情节较轻”的法定刑，一面将情节特别严重的法定刑提高至无期徒刑，此外在三档法定刑中均增设了财产刑；在第二款增设了致人重伤的情形；重新表述第三款，改为数罪并罚。

【相关法规】根据2009年修正后的全国人大常委会**《关于维护互联网安全的决定》第二条第（四）项**，利用互联网组织邪教组织、联络邪教组织成员，破坏国家法律、行政法规实施，依照刑法有关规定（★现行刑法第三百条——编者说明）追究刑事责任。

【司法解释】根据1999年10月30日全国人大常委会**《全国人民代表大会常务委员会关于取缔邪教组织、防范和惩治邪教活动的决定》**，坚决依法取缔邪教组织，严厉惩治邪教组织的各种犯罪活动……坚持教育与惩罚相结合，团结、教育绝大多数被蒙骗的群众，依法严惩极少数犯罪分子。在依法处理邪教组织的工作中，要把不明真相参与邪教活动的人同组织和利用邪教组织进行非法活动、蓄意破坏社会稳定的犯罪分子区别开来。对受蒙骗的群众不予追究。对构成犯罪的组织者、策划者、指挥者和骨干分子，坚决依法追究刑事责任；对于自首或者有立功表现的，可以依法从轻、减轻或者免除处罚。

2000年5月10日公安部**《关于认定和取缔邪教组织若干问题的通知》**（公通字〔2000〕39号），现就认定和取缔邪教组织的有关问题通知如下：

一、凡是具有以下特征的，应当认定为邪教组织：

（一）冒用宗教、气功等名义，建立非法组织；

（二）神化首要分子；

（三）制造、散布迷信邪说；

（四）利用制造、散布的迷信邪说等手段，蛊惑、蒙骗他人，发展、控制成员；

（五）有组织地从事扰乱社会秩序、危害公民生命财产安全等活动。

二、根据邪教组织活动区域的不同情况，分别由省、自治区、直辖市公安厅、局和公安部认定。

在某一省、自治区、直辖市内活动的邪教组织，经公安部核准后，由本省、自治区、直辖市公安厅、局认定；跨省、自治区、直辖市活动的邪教组织，由公安部认定。

……

五、邪教组织的资产以及用于邪教活动的物品、工具，依法予以追缴、没收；对专门用于邪教活动的房屋，依法予以查封、没收。

六、对涉嫌组织、利用邪教组织进行犯罪活动的组织者、策划者、指挥者和骨干分子，应当依法追究刑事责任；对有自首、立功表现的，在移送人民检察院审查起诉时，可以依法提出从轻、减轻或者免除处罚的意见。

……

八、在依法取缔邪教组织、惩治邪教活动的工作中，应当坚持团结、教育绝大多数受蒙骗的一般人员，使他们充分认识邪教组织的危害，自觉反对、摆脱、抵制邪教组织的控制和影响，增强法制观念，遵守国家法律。

2017年1月25日最高法、最高检**《关于办理组织、利用邪教组织破坏法律实施等刑事案件适用法律若干问题的解释》**（法释〔2017〕3号，自2017年2月1日起施行），为依法惩治组织、利用邪教组织破坏法律实施等犯罪活动，根据《中华人民共和国刑法》《中华人民共和国刑事诉讼法》有关规定，现就办理此类刑事案件适用法律的若干问题解释如下：

第一条　冒用宗教、气功或者以其他名义建立，神化、鼓吹首要分子，利用制造、散布迷信邪说等手段蛊惑、蒙骗他人，发展、控制成员，危害社会的非法组织，应当认定为刑法第三百条规定的“邪教组织”。

第二条 组织、利用邪教组织，破坏国家法律、行政法规实施，具有下列情形之一的，应当依照刑法第三百条第一款的规定，处3年以上7年以下有期徒刑，并处罚金：

（一）建立邪教组织，或者邪教组织被取缔后又恢复、另行建立邪教组织的；

（二）聚众包围、冲击、强占、哄闹国家机关、企业事业单位或者公共场所、宗教活动场所，扰乱社会秩序的；

（三）非法举行集会、游行、示威，扰乱社会秩序的；

（四）使用暴力、胁迫或者以其他方法强迫他人加入或者阻止他人退出邪教组织的；

（五）组织、煽动、蒙骗成员或者他人不履行法定义务的；

（六）使用"伪基站""黑广播"等无线电台（站）或者无线电频率宣扬邪教的；

（七）曾因从事邪教活动被追究刑事责任或者2年内受过行政处罚，又从事邪教活动的；

（八）发展邪教组织成员50人以上的；

（九）敛取钱财或者造成经济损失100万元以上的；

（十）以货币为载体宣扬邪教，数量在500张（枚）以上的；

（十一）制作、传播邪教宣传品，达到下列数量标准之一的：

1. 传单、喷图、图片、标语、报纸1000份（张）以上的；

2. 书籍、刊物250册以上的；

3. 录音带、录像带等音像制品250盒（张）以上的；

4. 标识、标志物250件以上的；

5. 光盘、U盘、储存卡、移动硬盘等移动存储介质100个以上的；

6. 横幅、条幅50条（个）以上的。

（十二）利用通讯信息网络宣扬邪教，具有下列情形之一的：

1. 制作、传播宣扬邪教的电子图片、文章200张（篇）以上，电子书籍、刊物、音视频50册（个）以上，或者电子文档500万字符以上、电子音视频250分钟以上的；

2. 编发信息、拨打电话1000条（次）以上的；

3. 利用在线人数累计达到1000以上的聊天室，或者利用群组成员、关注人员等账号数累计1000以上的通讯群组、微信、微博等社交网络宣扬邪教的；

4. 邪教信息实际被点击、浏览数达到5000次以上的。

（十三）其他情节严重的情形。

第三条 组织、利用邪教组织，破坏国家法律、行政法规实施，具有下列情形之一的，应当认定为刑法第三百条第一款规定的"情节特别严重"，处7年以上有期徒刑或者无期徒刑，并处罚金或者没收财产：

（一）实施本解释第二条第一项至第七项规定的行为，社会危害特别严重的；

（二）实施本解释第二条第八项至第十二项规定的行为，数量或者数额达到第二条规定相应标准5倍以上的；

（三）其他情节特别严重的情形。

第四条　组织、利用邪教组织，破坏国家法律、行政法规实施，具有下列情形之一的，应当认定为刑法第三百条第一款规定的“情节较轻”，处3年以下有期徒刑、拘役、管制或者剥夺政治权利，并处或者单处罚金：

（一）实施本解释第二条第一项至第七项规定的行为，社会危害较轻的；

（二）实施本解释第二条第八项至第十二项规定的行为，数量或者数额达到相应标准五分之一以上的；

（三）其他情节较轻的情形。

第五条　为了传播而持有、携带，或者传播过程中被当场查获，邪教宣传品数量达到本解释第二条至第四条规定的有关标准的，按照下列情形分别处理：

（一）邪教宣传品是行为人制作的，以犯罪既遂处理；

（二）邪教宣传品不是行为人制作，尚未传播的，以犯罪预备处理；

（三）邪教宣传品不是行为人制作，传播过程中被查获的，以犯罪未遂处理；

（四）邪教宣传品不是行为人制作，部分已经传播出去的，以犯罪既遂处理，对于没有传播的部分，可以在量刑时酌情考虑。

第六条　多次制作、传播邪教宣传品或者利用通讯信息网络宣扬邪教，未经处理的，数量或者数额累计计算。

制作、传播邪教宣传品，或者利用通讯信息网络宣扬邪教，涉及不同种类或者形式的，可以根据本解释规定的不同数量标准的相应比例折算后累计计算。

第七条　组织、利用邪教组织，制造、散布迷信邪说，蒙骗成员或者他人绝食、自虐等，或者蒙骗病人不接受正常治疗，致人重伤、死亡的，应当认定为刑法第三百条第二款规定的组织、利用邪教组织“蒙骗他人，致人重伤、死亡”。

组织、利用邪教组织蒙骗他人，致1人以上死亡或者3人以上重伤的，处3年以上7年以下有期徒刑，并处罚金。

组织、利用邪教组织蒙骗他人，具有下列情形之一的，处7年以上有期徒刑或者无期徒刑，并处罚金或者没收财产：

（一）造成3人以上死亡的；

（二）造成9人以上重伤的；

（三）其他情节特别严重的情形。

组织、利用邪教组织蒙骗他人，致人重伤的，处3年以下有期徒刑、拘役、管制或者剥夺政治权利，并处或者单处罚金。

第八条 实施本解释第二条至第五条规定的行为，具有下列情形之一的，从重处罚：

（一）与境外机构、组织、人员勾结，从事邪教活动的；

（二）跨省、自治区、直辖市建立邪教组织机构、发展成员或者组织邪教活动的；

（三）在重要公共场所、监管场所或者国家重大节日、重大活动期间聚集滋事，公开进行邪教活动的；

（四）邪教组织被取缔后，或者被认定为邪教组织后，仍然聚集滋事，公开进行邪教活动的；

（五）国家工作人员从事邪教活动的；

（六）向未成年人宣扬邪教的；

（七）在学校或者其他教育培训机构宣扬邪教的。

第九条 组织、利用邪教组织破坏国家法律、行政法规实施，符合本解释第四条规定情形，但行为人能够真诚悔罪，明确表示退出邪教组织、不再从事邪教活动的，可以不起诉或者免予刑事处罚。其中，行为人系受蒙蔽、胁迫参加邪教组织的，可以不作为犯罪处理。

组织、利用邪教组织破坏国家法律、行政法规实施，行为人在一审判决前能够真诚悔罪，明确表示退出邪教组织、不再从事邪教活动的，分别依照下列规定处理：

（一）符合本解释第二条规定情形的，可以认定为刑法第三百条第一款规定的“情节较轻”；

（二）符合本解释第三条规定情形的，可以不认定为刑法第三百条第一款规定的“情节特别严重”，处3年以上7年以下有期徒刑，并处罚金。

第十条 组织、利用邪教组织破坏国家法律、行政法规实施过程中，又有煽动分裂国家、煽动颠覆国家政权或者侮辱、诽谤他人等犯罪行为的，依照数罪并罚的规定定罪处罚。

第十一条 组织、利用邪教组织，制造、散布迷信邪说，组织、策划、煽动、胁迫、教唆、帮助其成员或者他人实施自杀、自伤的，依照刑法第二百三十二条、第二百三十四条的规定，以故意杀人罪或者故意伤害罪定罪处罚。

第十二条 邪教组织人员以自焚、自爆或者其他危险方法危害公共安全的，依照刑法第一百一十四条、第一百一十五条的规定，以放火罪、爆炸罪、以危险方法危害公共安全罪等定罪处罚。

第十三条 明知他人组织、利用邪教组织实施犯罪，而为其提供经费、场地、技术、工具、食宿、接送等便利条件或者帮助的，以共同犯罪论处。

第十四条 对于犯组织、利用邪教组织破坏法律实施罪、组织、利用邪教

第三百零一条[277]　**【聚众淫乱罪】**聚众进行淫乱活动的，对首要分子或者多次参加的，处五年以下有期徒刑、拘役或者管制。

【引诱未成年人聚众淫乱罪】引诱未成年人参加聚众淫乱活动的，依照前款的规定从重处罚。

第三百零二条[278]　**【盗窃、侮辱、故意毁坏尸体、尸骨、骨灰罪】**盗窃、侮辱、故意毁坏尸体、尸骨、骨灰的，处三年以下有期徒刑、拘役或者管制。

第三百零三条[279]　**【赌博罪】**以营利为目的，聚众赌博或者以赌博为业的，处三年以下有期徒刑、拘役或者管制，并处罚金。

组织致人重伤、死亡罪，严重破坏社会秩序的犯罪分子，根据刑法第五十六条的规定，可以附加剥夺政治权利。

第十五条　对涉案物品是否属于邪教宣传品难以确定的，可以委托地市级以上公安机关出具认定意见。

第十六条　本解释自 2017 年 2 月 1 日起施行。《最高人民法院、最高人民检察院关于办理组织和利用邪教组织犯罪案件具体应用法律若干问题的解释》（法释〔1999〕18 号），《最高人民法院、最高人民检察院关于办理组织和利用邪教组织犯罪案件具体应用法律若干问题的解释（二）》（法释〔2001〕19 号），以及《最高人民法院、最高人民检察院关于办理组织和利用邪教组织犯罪案件具体应用法律若干问题的解答》（法发〔2002〕7 号）同时废止。

〔277〕**【立案标准】**2008 年 6 月 25 日最高检、公安部**《关于公安机关管辖的刑事案件立案追诉标准的规定（一）》**，对刑法第三百零一条的立案追诉标准规定如下：

第四十一条　组织、策划、指挥 3 人以上进行淫乱活动或者参加聚众淫乱活动 3 次以上的，应予立案追诉。

第四十二条　引诱未成年人参加聚众淫乱活动的，应予立案追诉。

〔278〕**【刑法修订】**2015 年**《刑法修正案（九）》第三十四条**修订了本条。1997 年刑法原文如下：

第三百零二条　盗窃、侮辱尸体的，处三年以下有期徒刑、拘役或者管制。

2015 年**《刑法修正案（九）》**在本条增加了“故意毁坏”行为，在行为对象中增加了“骨灰”。

〔279〕**【刑法修订】**本条被修订二次。1997 年刑法原文如下：

第三百零三条　以营利为目的，聚众赌博、开设赌场或者以赌博为业的，处三年以下有期徒刑、拘役或者管制，并处罚金。

【开设赌场罪】开设赌场的，处五年以下有期徒刑、拘役或者管制，并处罚金；情节严重的，处五年以上十年以下有期徒刑，并处罚金。

【组织参与国(境)外赌博罪】组织中华人民共和国公民参与国（境）外赌博，数额巨大或者有其他严重情节的，依照前款的规定处罚。

2006年《**刑法修正案(六)**》**第十八条**将开设赌场单列为第二款，设立了两档法定刑。经此修订后的条文如下：

第三百零三条 以营利为目的，聚众赌博或者以赌博为业的，处三年以下有期徒刑、拘役或者管制，并处罚金。

开设赌场的，处三年以下有期徒刑、拘役或者管制，并处罚金；情节严重的，处三年以上十年以下有期徒刑，并处罚金。

2020年《**刑法修正案(十一)**》**第三十六条**提高了第二款开设赌场罪的法定刑（将第一档法定刑的上限由三年提高至五年有期徒刑），并增设了第三款组织中国公民参与国（境）外赌博的规定。

【立案标准】2008年6月25日最高检、公安部《**关于公安机关管辖的刑事案件立案追诉标准的规定(一)**》，对刑法第三百零三条的立案追诉标准规定如下：

第四十三条 以营利为目的，聚众赌博，涉嫌下列情形之一的，应予立案追诉：

（一）组织3人以上赌博，抽头渔利数额累计5000元以上的；

（二）组织3人以上赌博，赌资数额累计5万元以上的；

（三）组织3人以上赌博，参赌人数累计20人以上的；

（四）……（与《刑法修正案（十一）》第三十六条不一致，不再适用）

（五）其他聚众赌博应予追究刑事责任的情形。

以营利为目的，以赌博为业的，应予立案追诉。

赌博犯罪中用作赌注的款物、换取筹码的款物和通过赌博赢取的款物属于赌资。通过计算机网络实施赌博犯罪的，赌资数额可以按照在计算机网络上投注或者赢取的点数乘以每一点实际代表的金额认定。

第四十四条 开设赌场的，应予立案追诉。

在计算机网络上建立赌博网站，或者为赌博网站担任代理，接受投注的，属于本条规定的“开设赌场”。

【司法解释】2005年5月11日最高法、最高检《**关于办理赌博刑事案件具体应用法律若干问题的解释**》（法释〔2005〕3号，自2005年5月13日起施行），就办理赌博刑事案件具体应用法律问题解释如下：

第一条 以营利为目的，有下列情形之一的，属于刑法第三百零三条规定的“聚众赌博”：

（一）组织3人以上赌博，抽头渔利数额累计达到5000元以上的；

（二）组织3人以上赌博，赌资数额累计达到5万元以上的；

（三）组织3人以上赌博，参赌人数累计达到20人以上的；

（四）……（与《刑法修正案（十一）》第三十六条不一致，不再适用）。

第二条 以营利为目的，在计算机网络上建立赌博网站，或者为赌博网站担任代理，接受投注的，属于刑法第三百零三条规定的“开设赌场”。

第三条 中华人民共和国公民在我国领域外周边地区聚众赌博、开设赌场，以吸引中华人民共和国公民为主要客源，构成赌博罪的，可以依照刑法规定追究刑事责任（★如果存在组织行为，组织中华人民共和国公民参与国（境）外赌博的，应以组织参与国（境）外赌博罪论处——编者说明）。

第四条 明知他人实施赌博犯罪活动，而为其提供资金、计算机网络、通讯、费用结算等直接帮助的，以赌博罪的共犯论处。

第五条 实施赌博犯罪，有下列情形之一的，依照刑法第三百零三条的规定从重处罚：

（一）具有国家工作人员身份的；

（二）组织国家工作人员赴境外赌博的；

（三）组织未成年人参与赌博，或者开设赌场吸引未成年人参与赌博的。

第六条 未经国家批准擅自发行、销售彩票，构成犯罪的，依照刑法第二百二十五条第（四）项的规定，以非法经营罪定罪处罚。

第七条 通过赌博或者为国家工作人员赌博提供资金的形式实施行贿、受贿行为，构成犯罪的，依照刑法关于贿赂犯罪的规定定罪处罚。

第八条 赌博犯罪中用作赌注的款物、换取筹码的款物和通过赌博赢取的款物属于赌资。通过计算机网络实施赌博犯罪的，赌资数额可以按照在计算机网络上投注或者赢取的点数乘以每一点实际代表的金额认定。

赌资应当依法予以追缴；赌博用具、赌博违法所得以及赌博犯罪分子所有的专门用于赌博的资金、交通工具、通讯工具等，应当依法予以没收。

第九条 不以营利为目的，进行带有少量财物输赢的娱乐活动，以及提供棋牌室等娱乐场所只收取正常的场所和服务费用的经营行为等，不以赌博论处。

★《刑法修正案（六）》将非法开设赌场的行为单立出来规定为开设赌场罪，由此缩小了传统的赌博罪的范围。对于上述《解释》，应在《刑法修正案（六）》第十八条的基础上加以理解——编者说明。

2010年8月31日最高法、最高检、公安部**《关于办理网络赌博犯罪案件适用法律若干问题的意见》**（公通字〔2010〕40号），为依法惩治网络赌博犯罪活动，根据《中华人民共和国刑法》、《中华人民共和国刑事诉讼法》和《最高人民法院、最高人民检察院关于办理赌博刑事案件具体应用法律若干问题的解释》等有关规定，结合司法实践，现就办理网络赌博犯罪案件适用法律的若干问题，提出如下意见：

一、关于网上开设赌场犯罪的定罪量刑标准

利用互联网、移动通讯终端等传输赌博视频、数据，组织赌博活动，具有下列情形之一的，属于刑法第三百零三条第二款规定的“开设赌场”行为：

（一）建立赌博网站并接受投注的；

（二）建立赌博网站并提供给他人组织赌博的；

（三）为赌博网站担任代理并接受投注的；

（四）参与赌博网站利润分成的。

实施前款规定的行为，具有下列情形之一的，应当认定为刑法第三百零三条第二款规定的“情节严重”：

（一）抽头渔利数额累计达到3万元以上的；

（二）赌资数额累计达到30万元以上的；

（三）参赌人数累计达到120人以上的；

（四）建立赌博网站后通过提供给他人组织赌博，违法所得数额在3万元以上的；

（五）参与赌博网站利润分成，违法所得数额在3万元以上的；

（六）为赌博网站招募下级代理，由下级代理接受投注的；

（七）招揽未成年人参与网络赌博的；

（八）其他情节严重的情形。

二、关于网上开设赌场共同犯罪的认定和处罚

明知是赌博网站，而为其提供下列服务或者帮助的，属于开设赌场罪的共同犯罪，依照刑法第三百零三条第二款的规定处罚：

（一）为赌博网站提供互联网接入、服务器托管、网络存储空间、通讯传输通道、投放广告、发展会员、软件开发、技术支持等服务，收取服务费数额在2万元以上的；

（二）为赌博网站提供资金支付结算服务，收取服务费数额在1万元以上或者帮助收取赌资20万元以上的；

（三）为10个以上赌博网站投放与网址、赔率等信息有关的广告或者为赌博网站投放广告累计100条以上的。

实施前款规定的行为，数量或者数额达到前款规定标准5倍以上的，应当认定为刑法第三百零三条第二款规定的“情节严重”。

实施本条第一款规定的行为，具有下列情形之一的，应当认定行为人“明知”，但是有证据证明确实不知道的除外：

（一）收到行政主管机关书面等方式的告知后，仍然实施上述行为的；

（二）为赌博网站提供互联网接入、服务器托管、网络存储空间、通讯传输通道、投放广告、软件开发、技术支持、资金支付结算等服务，收取服务费明显异常的；

（三）在执法人员调查时，通过销毁、修改数据、帐本等方式故意规避调查或者向犯罪嫌疑人通风报信的；

（四）其他有证据证明行为人明知的。

如果有开设赌场的犯罪嫌疑人尚未到案，但是不影响对已到案共同犯罪嫌疑人、被告人的犯罪事实认定的，可以依法对已到案者定罪处罚。

三、关于网络赌博犯罪的参赌人数、赌资数额和网站代理的认定

赌博网站的会员帐号数可以认定为参赌人数，如果查实一个帐号多人使用或者多个帐号一人使用的，应当按照实际使用的人数计算参赌人数。

赌资数额可以按照在网络上投注或者赢取的点数乘以每一点实际代表的金额认定。

对于将资金直接或间接兑换为虚拟货币、游戏道具等虚拟物品，并用其作为筹码投注的，赌资数额按照购买该虚拟物品所需资金数额或者实际支付资金数额认定。

对于开设赌场犯罪中用于接收、流转赌资的银行帐户内的资金，犯罪嫌疑人、被告人不能说明合法来源的，可以认定为赌资。向该银行帐户转入、转出资金的银行帐户数量可以认定为参赌人数。如果查实一个帐户多人使用或多个帐户一人使用的，应当按照实际使用的人数计算参赌人数。

有证据证明犯罪嫌疑人在赌博网站上的帐号设置有下级帐号的，应当认定其为赌博网站的代理。

四、关于网络赌博犯罪案件的管辖

网络赌博犯罪案件的地域管辖，应当坚持以犯罪地管辖为主、被告人居住地管辖为辅的原则。

“犯罪地”包括赌博网站服务器所在地、网络接入地，赌博网站建立者、管理者所在地，以及赌博网站代理人、参赌人实施网络赌博行为地等。

……

五、关于电子证据的收集与保全（下略）

2014 年 3 月 26 日最高法、最高检、公安部《**关于办理利用赌博机开设赌场案件适用法律若干问题的意见**》（公通字〔2014〕17 号），为依法惩治利用具有赌博功能的电子游戏设施设备开设赌场的犯罪活动，根据《中华人民共和国刑法》、《最高人民法院、最高人民检察院关于办理赌博刑事案件具体应用法律若干问题的解释》等有关规定，结合司法实践，现就办理此类案件适用法律问题提出如下意见：

一、关于利用赌博机组织赌博的性质认定

设置具有退币、退分、退钢珠等赌博功能的电子游戏设施设备，并以现金、有价证券等贵重款物作为奖品，或者以回购奖品方式给予他人现金、有价证券等贵重款物（以下简称设置赌博机）组织赌博活动的，应当认定为刑法第三百

零三条第二款规定的“开设赌场”行为。

二、关于利用赌博机开设赌场的定罪处罚标准

设置赌博机组织赌博活动，具有下列情形之一的，应当按照刑法第三百零三条第二款规定的开设赌场罪定罪处罚：

（一）设置赌博机 10 台以上的；

（二）设置赌博机 2 台以上，容留未成年人赌博的；

（三）在中小学校附近设置赌博机 2 台以上的；

（四）违法所得累计达到 5000 元以上的；

（五）赌资数额累计达到 5 万元以上的；

（六）参赌人数累计达到 20 人以上的；

（七）因设置赌博机被行政处罚后，2 年内再设置赌博机 5 台以上的；

（八）因赌博、开设赌场犯罪被刑事处罚后，5 年内再设置赌博机 5 台以上的；

（九）其他应当追究刑事责任的情形。

设置赌博机组织赌博活动，具有下列情形之一的，应当认定为刑法第三百零三条第二款规定的“情节严重”：

（一）数量或者数额达到第二条第一款第一项至第六项规定标准 6 倍以上的；

（二）因设置赌博机被行政处罚后，2 年内再设置赌博机 30 台以上的；

（三）因赌博、开设赌场犯罪被刑事处罚后，5 年内再设置赌博机 30 台以上的；

（四）其他情节严重的情形。

可同时供多人使用的赌博机，台数按照能够独立供一人进行赌博活动的操作基本单元的数量认定。

在两个以上地点设置赌博机，赌博机的数量、违法所得、赌资数额、参赌人数等均合并计算。

三、关于共犯的认定

明知他人利用赌博机开设赌场，具有下列情形之一的，以开设赌场罪的共犯论处：

（一）提供赌博机、资金、场地、技术支持、资金结算服务的；

（二）受雇参与赌场经营管理并分成的；

（三）为开设赌场者组织客源，收取回扣、手续费的；

（四）参与赌场管理并领取高额固定工资的；

（五）提供其他直接帮助的。

四、关于生产、销售赌博机的定罪量刑标准（➻参见刑法第 225 条脚注相关部分）

五、关于赌资的认定

本意见所称赌资包括：

（一）当场查获的用于赌博的款物；

（二）代币、有价证券、赌博积分等实际代表的金额；

（三）在赌博机上投注或赢取的点数实际代表的金额。

六、关于赌博机的认定

对于涉案的赌博机，公安机关应当采取拍照、摄像等方式及时固定证据，并予以认定。对于是否属于赌博机难以确定的，司法机关可以委托地市级以上公安机关出具检验报告。司法机关根据检验报告，并结合案件具体情况作出认定。必要时，人民法院可以依法通知检验人员出庭作出说明。

七、关于宽严相济刑事政策的把握

办理利用赌博机开设赌场的案件，应当贯彻宽严相济刑事政策，重点打击赌场的出资者、经营者。对受雇佣为赌场从事接送参赌人员、望风看场、发牌坐庄、兑换筹码等活动的人员，除参与赌场利润分成或者领取高额固定工资的以外，一般不追究刑事责任，可由公安机关依法给予治安管理处罚。对设置游戏机，单次换取少量奖品的娱乐活动，不以违法犯罪论处。

八、关于国家机关工作人员渎职犯罪的处理

负有查禁赌博活动职责的国家机关工作人员，徇私枉法，包庇、放纵开设赌场违法犯罪活动，或者为违法犯罪分子通风报信、提供便利、帮助犯罪分子逃避处罚，构成犯罪的，依法追究刑事责任。

国家机关工作人员参与利用赌博机开设赌场犯罪的，从重处罚。

根据2014年12月22日最高检法律政策研究室**《对〈关于《关于办理赌博机开设赌场案件适用法律若干问题的意见》第七条是否适用于其他开设赌场案件的请示〉的答复意见》**，办理利用赌博机开设赌场以外的其他开设赌场案件，应当参照适用“两高”、公安部《关于办理利用赌博机开设赌场案件适用法律若干问题的意见》（公通字〔2014〕17号）第七条“关于宽严相济刑事政策的把握”的有关规定。

2020年10月16日最高法、最高检、公安部**《办理跨境赌博犯罪案件若干问题的意见》**（公通字〔2020〕14号），为依法惩治跨境赌博等犯罪活动，维护我国经济安全、社会稳定，根据《中华人民共和国刑法》《中华人民共和国刑事诉讼法》和《最高人民法院、最高人民检察院关于办理赌博刑事案件具体应用法律若干问题的解释》等有关规定，结合司法实践，制定本意见。

一、总体要求

近年来，境外赌场和网络赌博集团对我国公民招赌吸赌问题日益突出，跨境赌博违法犯罪活动日益猖獗，严重妨碍社会管理秩序，引发多种犯罪，严重危害我国经济安全和社会稳定。与此同时，互联网领域黑灰产业助推传统赌博和跨境赌博犯罪向互联网迁移，跨境网络赌博违法犯罪活动呈高发态势，严重威胁人民群众人身财产安全和社会公共安全。人民法院、人民检察院、公安机关要针对跨境赌博犯罪特点，充分发挥职能作用，贯彻宽严相济刑事政策，准确认定赌博犯罪行为，严格依法办案，依法从严从快惩处，坚决有效遏制跨境赌博犯罪活动，努力实现政治效果、法律效果、社会效果的高度统一。

二、关于跨境赌博犯罪的认定

（一）以营利为目的，有下列情形之一的，属于刑法第三百零三条第二款规定的“开设赌场”：

1. 境外赌场经营人、实际控制人、投资人，组织、招揽中华人民共和国公民赴境外赌博的；

2. 境外赌场管理人员，组织、招揽中华人民共和国公民赴境外赌博的；

3. 受境外赌场指派、雇佣，组织、招揽中华人民共和国公民赴境外赌博，或者组织、招揽中华人民共和国公民赴境外赌博，从赌场获取费用、其他利益的；

4. 在境外赌场包租赌厅、赌台，组织、招揽中华人民共和国公民赴境外赌博的；

5. 其他在境外以提供赌博场所、提供赌资、设定赌博方式等，组织、招揽中华人民共和国公民赴境外赌博的。

在境外赌场通过开设账户、洗码等方式，为中华人民共和国公民赴境外赌博提供资金担保服务的，以“开设赌场”论处。

（二）以营利为目的，利用信息网络、通讯终端等传输赌博视频、数据，组织中华人民共和国公民跨境赌博活动，有下列情形之一的，属于刑法第三百零三条第二款规定的“开设赌场”：

1. 建立赌博网站、应用程序并接受投注的；

2. 建立赌博网站、应用程序并提供给他人组织赌博的；

3. 购买或者租用赌博网站、应用程序，组织他人赌博的；

4. 参与赌博网站、应用程序利润分成的；

5. 担任赌博网站、应用程序代理并接受投注的；

6. 其他利用信息网络、通讯终端等传输赌博视频、数据，组织跨境赌博活动的。

（三）……（★与《刑法修正案（十一）》第三十六条不一致，不再适用）

（四）跨境开设赌场犯罪定罪处罚的数量或者数额标准，参照适用《关于办理赌博刑事案件具体应用法律若干问题的解释》《关于办理利用赌博机开设赌场案件适用法律若干问题的意见》和《关于办理网络赌博犯罪案件适用法律若干问题的意见》的有关规定。

三、关于跨境赌博共同犯罪的认定

（一）三人以上为实施开设赌场犯罪而组成的较为固定的犯罪组织，应当依法认定为赌博犯罪集团。对组织、领导犯罪集团的首要分子，按照集团所犯的全部罪行处罚。对犯罪集团中组织、指挥、策划者和骨干分子，应当依法从严惩处。

（二）明知他人实施开设赌场犯罪，为其提供场地、技术支持、资金、资金结算等服务的，以开设赌场罪的共犯论处。

（三）明知是赌博网站、应用程序，有下列情形之一的，以开设赌场罪的共犯论处：

1. 为赌博网站、应用程序提供软件开发、技术支持、互联网接入、服务器托管、网络存储空间、通讯传输通道、广告投放、会员发展、资金支付结算等服务的；

2. 为赌博网站、应用程序担任代理并发展玩家、会员、下线的。

为同一赌博网站、应用程序担任代理，既无上下级关系，又无犯意联络的，不构成共同犯罪。

（四）对受雇佣为赌场从事接送参赌人员、望风看场、发牌坐庄、兑换筹码、发送宣传广告等活动的人员及赌博网站、应用程序中与组织赌博活动无直接关联的一般工作人员，除参与赌场、赌博网站、应用程序利润分成或者领取高额固定工资的外，可以不追究刑事责任，由公安机关依法给予治安管理处罚。

四、关于跨境赌博关联犯罪的认定

（一）使用专门工具、设备或者其他手段诱使他人参赌，人为控制赌局输赢，构成犯罪的，依照刑法关于诈骗犯罪的规定定罪处罚。

网上开设赌场，人为控制赌局输赢，或者无法实现提现，构成犯罪的，依照刑法关于诈骗犯罪的规定定罪处罚。部分参赌者赢利、提现不影响诈骗犯罪的认定。

（二）通过开设赌场或者为国家工作人员参与赌博提供资金的形式实施行贿、受贿行为，构成犯罪的，依照刑法关于贿赂犯罪的规定定罪处罚。同时构成赌博犯罪的，应当依法与贿赂犯罪数罪并罚。

（三）实施跨境赌博犯罪，同时构成组织他人偷越国（边）境、运送他人偷越国（边）境、偷越国（边）境罪等罪的，应当依法数罪并罚。

（四）实施赌博犯罪，为强行索要赌债，实施故意杀人、故意伤害、非法拘禁、故意毁坏财物、寻衅滋事等行为，构成犯罪的，应当依法数罪并罚。

（五）为赌博犯罪提供资金、信用卡、资金结算等服务，构成赌博犯罪共犯，同时构成非法经营罪、妨害信用卡管理罪、窃取、收买、非法提供信用卡信息罪、掩饰、隐瞒犯罪所得、犯罪收益罪等罪的，依照处罚较重的规定定罪处罚。

为网络赌博犯罪提供互联网接入、服务器托管、网络存储、通讯传输等技术支持，或者提供广告推广、支付结算等帮助，构成赌博犯罪共犯，同时构成非法利用信息网络罪、帮助信息网络犯罪活动罪等罪的，依照处罚较重的规定定罪处罚。

为实施赌博犯罪，非法获取公民个人信息，或者向实施赌博犯罪者出售、提供公民个人信息，构成赌博犯罪共犯，同时构成侵犯公民个人信息罪的，依照处罚较重的规定定罪处罚。

五、关于跨境赌博犯罪赌资数额的认定及处理

赌博犯罪中用作赌注的款物、换取筹码的款物和通过赌博赢取的款物属于赌资。

通过网络实施开设赌场犯罪的，赌资数额可以依照开设赌场行为人在其实际控制账户内的投注金额，结合其他证据认定；如无法统计，可以按照查证属实的参赌人员实际参赌的资金额认定。

对于将资金直接或者间接兑换为虚拟货币、游戏道具等虚拟物品，并用其作为筹码投注的，赌资数额按照购买该虚拟物品所需资金数额或者实际支付资金数额认定。

对于开设赌场犯罪中主要用于接收、流转赌资的银行账户内的资金，犯罪嫌疑人、被告人不能说明合法来源的，可以认定为赌资。

公安机关、人民检察院已查封、扣押、冻结的赌资、赌博用具等涉案财物及孳息，应当制作清单。人民法院对随案移送的涉案财物，依法予以处理。赌资应当依法予以追缴。赌博违法所得、赌博用具以及赌博犯罪分子所有的专门用于赌博的财物等，应当依法予以追缴、没收。

六、关于跨境赌博犯罪案件的管辖

（一）跨境赌博犯罪案件一般由犯罪地公安机关立案侦查，由犯罪嫌疑人居住地公安机关立案侦查更为适宜的，可以由犯罪嫌疑人居住地公安机关立案侦查。犯罪地包括犯罪行为发生地和犯罪结果发生地。

跨境网络赌博犯罪地包括用于实施赌博犯罪行为的网络服务使用的服务器所在地，网络服务提供者所在地，犯罪嫌疑人、参赌人员使用的网络信息系统所在地，犯罪嫌疑人为网络赌博犯罪提供帮助的犯罪地等。

……

七、关于跨境赌博犯罪案件证据的收集和审查判断（省略）

八、关于跨境赌博犯罪案件宽严相济刑事政策的运用

人民法院、人民检察院、公安机关要深刻认识跨境赌博犯罪的严重社会危害性，正确贯彻宽严相济刑事政策，运用认罪认罚从宽制度，充分发挥刑罚的惩治和预防功能。对实施跨境赌博犯罪活动的被告人，应当在全面把握犯罪事实和量刑情节的基础上，依法从严惩处，并注重适用财产刑和追缴、没收等财产处置手段，最大限度剥夺被告人再犯的能力。

（一）实施跨境赌博犯罪，有下列情形之一的，酌情从重处罚：

1. 具有国家工作人员身份的；

2. 组织国家工作人员赴境外赌博的；

3. 组织、胁迫、引诱、教唆、容留未成年人参与赌博的；

4. 组织、招揽、雇佣未成年人参与实施跨境赌博犯罪的；

5. 采用限制人身自由等手段强迫他人赌博或者结算赌资，尚不构成其他犯罪的；

6. 因赌博活动致1人以上死亡、重伤或者3人以上轻伤，或者引发其他严重后果，尚不构成其他犯罪的；

7. 组织、招揽中华人民共和国公民赴境外多个国家、地区赌博的；

8. 因赌博、开设赌场曾被追究刑事责任或者二年内曾被行政处罚的。

（二）对于具有赌资数额大、共同犯罪的主犯、曾因赌博犯罪行为被追究刑事责任、悔罪表现不好等情形的犯罪嫌疑人、被告人，一般不适用不起诉、免予刑事处罚、缓刑。

（三）对实施赌博犯罪的被告人，应当加大财产刑的适用。对被告人并处罚金时，应当根据其在赌博犯罪中的地位作用、赌资、违法所得数额等情节决定罚金数额。

（四）犯罪嫌疑人、被告人提供重要证据，对侦破、查明重大跨境赌博犯罪案件起关键作用，经查证属实的，可以根据案件具体情况，依法从宽处理。

根据2004年11月12日公安部、中央社会治安综合治理委员会办公室、民政部等六部门《**关于进一步加强和改进出租房屋管理工作有关问题的通知**》，为他人进行赌博活动提供出租房屋……构成犯罪的，依照《中华人民共和国刑法》第三百零三条的规定追究刑事责任。

根据2005年1月10日最高法、最高检、公安部《**关于开展集中打击赌博违法犯罪活动专项行动有关工作的通知**》（公通字〔2005〕2号），对具有教唆他人赌博、组织未成年人聚众赌博或者开设赌场吸引未成年人参与赌博以及国家工作人员犯赌博罪等情形的，应当依法从严处理。对实施贪污、挪用公款、职务侵占、挪用单位资金、挪用特定款物、受贿等犯罪，并将犯罪所得的款物用于赌博的，分别依照刑法有关规定从重处罚；同时构成赌博罪的，应依照刑法规定实行数罪并罚。要充分运用没收财产、罚金等财产刑，以及追缴违法所得、没收用于赌博的本人财物和犯罪工具等措施，从经济上制裁犯罪分子，铲除赌博犯罪行为的经济基础。要坚持惩办与宽大相结合的刑事政策，区别对待，宽严相济，最大限度地分化瓦解犯罪分子。对主动投案自首或者有检举、揭发赌博违法犯罪活动等立功表现的，可依法从宽处罚。

要严格区分赌博违法犯罪活动与群众正常文娱活动的界限，对不以营利为目的，进行带有少量财物输赢的娱乐活动，以及提供棋牌室等娱乐场所并只收取固定的场所和服务费用的经营行为等，不得以赌博论处。对参赌且赌资较大的，可由公安机关依法给予治安处罚；符合劳动教养条件的，依法给予劳动教养（★劳动教养已于2013年12月28日被全国人大常委会废止——编者说明）；违反党纪政纪的，由主管机关予以纪律处分。要严格依法办案，对构成犯罪的，决不姑息手软，严禁以罚代刑，降格处理；对不构成犯罪或者不应当

第三百零四条[280] **【故意延误投递邮件罪】**邮政工作人员严重不负责任，故意延误投递邮件，致使公共财产、国家和人民利益遭受重大损失的，处二年以下有期徒刑或者拘役。

第二节 妨害司法罪

第三百零五条 【伪证罪】在刑事诉讼中，证人、鉴定人、记录人、翻译人对与案件有重要关系的情节，故意作虚假证明、鉴定、记录、翻译，意图陷害他人或者隐匿罪证的，处三年以下有期徒刑或者拘役；情节严重的，处三年以上七年以下有期徒刑。

给予行政处理的，不得打击、处理，不得以禁赌为名干扰群众的正常文娱活动。

【指导案例】根据2018年12月25日最高法**第二十批指导性案例·指导案例105号·洪小强、洪礼沃、洪清泉、李志荣开设赌场案**，以营利为目的，通过邀请人员加入微信群的方式招揽赌客，根据竞猜游戏网站的开奖结果等方式进行赌博，设定赌博规则，利用微信群进行控制管理，在一段时间内持续组织网络赌博活动的，属于刑法第三百零三条第二款规定的“开设赌场”。

根据2018年12月25日最高法**第二十批指导性案例·指导案例106号·谢检军、高垒、高尔樵、杨泽彬开设赌场案**，以营利为目的，通过邀请人员加入微信群，利用微信群进行控制管理，以抢红包方式进行赌博，在一段时间内持续组织赌博活动的行为，属于刑法第三百零三条第二款规定的“开设赌场”。

根据2020年12月31日最高法**第二十六批指导性案例·指导案例146号·陈庆豪、陈淑娟、赵延海开设赌场案**，以“二元期权”交易的名义，在法定期货交易场所之外利用互联网招揽“投资者”，以未来某段时间外汇品种的价格走势为交易对象，按照“买涨”“买跌”确定盈亏，买对涨跌方向的“投资者”得利，买错的本金归网站（庄家）所有，盈亏结果不与价格实际涨跌幅度挂钩的，本质是“押大小、赌输赢”，是披着期权交易外衣的赌博行为。对相关网站应当认定为赌博网站。

〔280〕**【立案标准】**根据2008年6月25日最高检、公安部**《关于公安机关管辖的刑事案件立案追诉标准的规定（一）》第四十五条**，邮政工作人员严重不负责任，故意延误投递邮件，涉嫌下列情形之一的，应予立案追诉：

（一）造成直接经济损失2万元以上的；

（二）延误高校录取通知书或者其他重要邮件投递，致使他人失去高校录取资格或者造成其他无法挽回的重大损失的；

（三）严重损害国家声誉或者造成其他恶劣社会影响的；

（四）其他致使公共财产、国家和人民利益遭受重大损失的情形。

第三百零六条　【辩护人、诉讼代理人毁灭证据、伪造证据、妨害作证罪】在刑事诉讼中，辩护人、诉讼代理人毁灭、伪造证据，帮助当事人毁灭、伪造证据，威胁、引诱证人违背事实改变证言或者作伪证的，处三年以下有期徒刑或者拘役；情节严重的，处三年以上七年以下有期徒刑。

辩护人、诉讼代理人提供、出示、引用的证人证言或者其他证据失实，不是有意伪造的，不属于伪造证据。

第三百零七条　【妨害作证罪】以暴力、威胁、贿买等方法阻止证人作证或者指使他人作伪证的，处三年以下有期徒刑或者拘役；情节严重的，处三年以上七年以下有期徒刑。

【帮助毁灭、伪造证据罪】帮助当事人毁灭、伪造证据，情节严重的，处三年以下有期徒刑或者拘役。

司法工作人员犯前两款罪的，从重处罚。

第三百零七条之一〔281〕　**【虚假诉讼罪】**以捏造的事实提起民事诉讼，妨害司法秩序或者严重侵害他人合法权益的，处三年以下有期徒刑、拘役或者管制，并处或者单处罚金；情节严重的，处三年以上七年以下有期徒刑，并处罚金。

单位犯前款罪的，对单位判处罚金，并对其直接负责的主管人员和其他直接责任人员，依照前款的规定处罚。

有第一款行为，非法占有他人财产或者逃避合法债务，又构成其他犯罪的，依照处罚较重的规定定罪从重处罚。

司法工作人员利用职权，与他人共同实施前三款行为的，从重处罚；同时构成其他犯罪的，依照处罚较重的规定定罪从重处罚。

---

〔281〕　**【刑法修订】**本条为2015年**《刑法修正案（九）》第三十五条**增设。

【立案标准】根据2022年4月6日最高检、公安部**《关于公安机关管辖的刑事案件立案追诉标准的规定（二）》第七十八条**，单独或者与他人恶意串通，以捏造的事实提起民事诉讼，涉嫌下列情形之一的，应予立案追诉：

（一）致使人民法院基于捏造的事实采取财产保全或者行为保全措施的；

（二）致使人民法院开庭审理，干扰正常司法活动的；

（三）致使人民法院基于捏造的事实作出裁判文书、制作财产分配方案，或者立案执行基于捏造的事实作出的仲裁裁决、公证债权文书的；

（四）多次以捏造的事实提起民事诉讼的；

（五）因以捏造的事实提起民事诉讼被采取民事诉讼强制措施或者受过刑事追究的；

（六）其他妨害司法秩序或者严重侵害他人合法权益的情形。

【司法解释】根据2015年10月29日最高法**《关于〈中华人民共和国刑法修正案（九）〉时间效力问题的解释》第七条**，对于2015年10月31日以前以捏造的事实提起民事诉讼，妨害司法秩序或者严重侵害他人合法权益，根据修正前刑法应当以伪造公司、企业、事业单位、人民团体印章罪或者妨害作证罪等追究刑事责任的，适用修正前刑法的有关规定。但是，根据修正后刑法第三百零七条之一的规定处刑较轻的，适用修正后刑法的有关规定。

实施第一款行为，非法占有他人财产或者逃避合法债务，根据修正前刑法应当以诈骗罪、职务侵占罪或者贪污罪等追究刑事责任的，适用修正前刑法的有关规定。

2018年9月26日最高法、最高检**《关于办理虚假诉讼刑事案件适用法律若干问题的解释》**（法释〔2018〕17号，自2018年10月1日起施行），为依法惩治虚假诉讼犯罪活动，维护司法秩序，保护公民、法人和其他组织合法权益，根据《中华人民共和国刑法》《中华人民共和国刑事诉讼法》《中华人民共和国民事诉讼法》等法律规定，现就办理此类刑事案件适用法律的若干问题解释如下：

第一条 采取伪造证据、虚假陈述等手段，实施下列行为之一，捏造民事法律关系，虚构民事纠纷，向人民法院提起民事诉讼的，应当认定为刑法第三百零七条之一第一款规定的“以捏造的事实提起民事诉讼”：

（一）与夫妻一方恶意串通，捏造夫妻共同债务的；

（二）与他人恶意串通，捏造债权债务关系和以物抵债协议的；

（三）与公司、企业的法定代表人、董事、监事、经理或者其他管理人员恶意串通，捏造公司、企业债务或者担保义务的；

（四）捏造知识产权侵权关系或者不正当竞争关系的；

（五）在破产案件审理过程中申报捏造的债权的；

（六）与被执行人恶意串通，捏造债权或者对查封、扣押、冻结财产的优先权、担保物权的；

（七）单方或者与他人恶意串通，捏造身份、合同、侵权、继承等民事法律关系的其他行为。

隐瞒债务已经全部清偿的事实，向人民法院提起民事诉讼，要求他人履行债务的，以“以捏造的事实提起民事诉讼”论。

向人民法院申请执行基于捏造的事实作出的仲裁裁决、公证债权文书，或者在民事执行过程中以捏造的事实对执行标的提出异议、申请参与执行财产分配的，属于刑法第三百零七条之一第一款规定的“以捏造的事实提起民事诉讼”。

第二条　以捏造的事实提起民事诉讼，有下列情形之一的，应当认定为刑法第三百零七条之一第一款规定的“妨害司法秩序或者严重侵害他人合法权益”：

（一）致使人民法院基于捏造的事实采取财产保全或者行为保全措施的；

（二）致使人民法院开庭审理，干扰正常司法活动的；

（三）致使人民法院基于捏造的事实作出裁判文书、制作财产分配方案，或者立案执行基于捏造的事实作出的仲裁裁决、公证债权文书的；

（四）多次以捏造的事实提起民事诉讼的；

（五）曾因以捏造的事实提起民事诉讼被采取民事诉讼强制措施或者受过刑事追究的；

（六）其他妨害司法秩序或者严重侵害他人合法权益的情形。

第三条　以捏造的事实提起民事诉讼，有下列情形之一的，应当认定为刑法第三百零七条之一第一款规定的“情节严重”：

（一）有本解释第二条第一项情形，造成他人经济损失 100 万元以上的；

（二）有本解释第二条第二项至第四项情形之一，严重干扰正常司法活动或者严重损害司法公信力的；

（三）致使义务人自动履行生效裁判文书确定的财产给付义务或者人民法院强制执行财产权益，数额达到 100 万元以上的；

（四）致使他人债权无法实现，数额达到 100 万元以上的；

（五）非法占有他人财产，数额达到 10 万元以上的；

（六）致使他人因为不执行人民法院基于捏造的事实作出的判决、裁定，被采取刑事拘留、逮捕措施或者受到刑事追究的；

（七）其他情节严重的情形。

第四条　实施刑法第三百零七条之一第一款行为，非法占有他人财产或者逃避合法债务，又构成诈骗罪，职务侵占罪，拒不执行判决、裁定罪，贪污罪等犯罪的，依照处罚较重的规定定罪从重处罚。

第五条　司法工作人员利用职权，与他人共同实施刑法第三百零七条之一前三款行为的，从重处罚；同时构成滥用职权罪，民事枉法裁判罪，执行判决、裁定滥用职权罪等犯罪的，依照处罚较重的规定定罪从重处罚。

第六条　诉讼代理人、证人、鉴定人等诉讼参与人与他人通谋，代理提起虚假民事诉讼、故意作虚假证言或者出具虚假鉴定意见，共同实施刑法第三百零七条之一前三款行为的，依照共同犯罪的规定定罪处罚；同时构成妨害作证罪，帮助毁灭、伪造证据罪等犯罪的，依照处罚较重的规定定罪从重处罚。

第七条　采取伪造证据等手段篡改案件事实，骗取人民法院裁判文书，构成犯罪的，依照刑法第二百八十条、第三百零七条等规定追究刑事责任。

第八条　单位实施刑法第三百零七条之一第一款行为的，依照本解释规定的定罪量刑标准，对其直接负责的主管人员和其他直接责任人员定罪处罚，并对单位判处罚金。

第九条 实施刑法第三百零七条之一第一款行为，未达到情节严重的标准，行为人系初犯，在民事诉讼过程中自愿具结悔过，接受人民法院处理决定，积极退赃、退赔的，可以认定为犯罪情节轻微，不起诉或者免予刑事处罚；确有必要判处刑罚的，可以从宽处罚。

司法工作人员利用职权，与他人共同实施刑法第三百零七条之一第一款行为的，对司法工作人员不适用本条第一款规定。

第十条 虚假诉讼刑事案件由虚假民事诉讼案件的受理法院所在地或者执行法院所在地人民法院管辖。有刑法第三百零七条之一第四款情形的，上级人民法院可以指定下级人民法院将案件移送其他人民法院审判。

第十一条 本解释所称裁判文书，是指人民法院依照民事诉讼法、企业破产法等民事法律作出的判决、裁定、调解书、支付令等文书。

第十二条 本解释自2018年10月1日起施行。

根据2016年6月20日最高法**《关于防范和制裁虚假诉讼的指导意见》**（法发〔2016〕13号），就防范和制裁虚假诉讼提出如下指导意见。

1. 虚假诉讼一般包含以下要素：(1)以规避法律、法规或国家政策谋取非法利益为目的；(2)双方当事人存在恶意串通；(3)虚构事实；(4)借用合法的民事程序；(5)侵害国家利益、社会公共利益或者案外人的合法权益。

2. 实践中，要特别注意以下情形：(1)当事人为夫妻、朋友等亲近关系或者关联企业等共同利益关系；(2)原告诉请司法保护的标的额与其自身经济状况严重不符；(3)原告起诉所依据的事实和理由明显不符合常理；(4)当事人双方无实质性民事权益争议；(5)案件证据不足，但双方仍然主动迅速达成调解协议，并请求人民法院出具调解书。

……

12. 对虚假诉讼参与人，要适度加大罚款、拘留等妨碍民事诉讼强制措施的法律适用力度；虚假诉讼侵害他人民事权益的，虚假诉讼参与人应当承担赔偿责任；虚假诉讼违法行为涉嫌虚假诉讼罪、诈骗罪、合同诈骗罪等刑事犯罪的，民事审判部门应当依法将相关线索和有关案件材料移送侦查机关。

2021年3月4日最高法、最高检、公安部、司法部**《关于进一步加强虚假诉讼犯罪惩治工作的意见》**（法发〔2021〕10号，自2021年3月10日起施行），为进一步加强虚假诉讼犯罪惩治工作，制定如下意见。

第四条 实施《最高人民法院、最高人民检察院关于办理虚假诉讼刑事案件适用法律若干问题的解释》第一条第一款、第二款规定的捏造事实行为，并有下列情形之一的，应当认定为刑法第三百零七条之一第一款规定的“以捏造的事实提起民事诉讼”：

（一）提出民事起诉的；

（二）向人民法院申请宣告失踪、宣告死亡，申请认定公民无民事行为能力、限制民事行为能力，申请认定财产无主，申请确认调解协议，申请实现担保物权，申请支付令，申请公示催告的；

（三）在民事诉讼过程中增加独立的诉讼请求、提出反诉，有独立请求权的第三人提出与本案有关的诉讼请求的；

（四）在破产案件审理过程中申报债权的；

（五）案外人申请民事再审的；

（六）向人民法院申请执行仲裁裁决、公证债权文书的；

（七）案外人在民事执行过程中对执行标的提出异议，债权人在民事执行过程中申请参与执行财产分配的；

（八）以其他手段捏造民事案件基本事实，虚构民事纠纷，提起民事诉讼的。

……

第二十二条第三款　对虚假诉讼刑事案件被告人判处罚金、有期徒刑或者拘役的，人民法院已经依照民事诉讼法的规定给予的罚款、拘留，应当依法折抵相应罚金或者刑期。

2021 年 11 月 4 日最高法**《关于深入开展虚假诉讼整治工作的意见》**（法〔2021〕281 号，自 2021 年 11 月 10 日起施行），为进一步加强虚假诉讼整治工作，制定如下意见。

二、精准甄别查处，依法保护诉权。单独或者与他人恶意串通，采取伪造证据、虚假陈述等手段，捏造民事案件基本事实，虚构民事纠纷，向人民法院提起民事诉讼，损害国家利益、社会公共利益或者他人合法权益，妨害司法秩序的，构成虚假诉讼。向人民法院申请执行基于捏造的事实作出的仲裁裁决、调解书及公证债权文书，在民事执行过程中以捏造的事实对执行标的提出异议、申请参与执行财产分配的，也属于虚假诉讼。诉讼代理人、证人、鉴定人、公证人等与他人串通，共同实施虚假诉讼的，属于虚假诉讼行为人……

十七、依法认定犯罪，从严追究虚假诉讼刑事责任。虚假诉讼行为符合刑法和司法解释规定的定罪标准的，要依法认定为虚假诉讼罪等罪名，从严追究行为人的刑事责任。实施虚假诉讼犯罪，非法占有他人财产或者逃避合法债务，又构成诈骗罪、职务侵占罪、拒不执行判决、裁定罪、贪污罪等犯罪的，依照处罚较重的罪名定罪并从重处罚。对于多人结伙实施的虚假诉讼共同犯罪中罪责最突出的主犯、有虚假诉讼违法犯罪前科再次实施虚假诉讼犯罪的被告人，要充分体现从严，控制缓刑、免予刑事处罚的适用范围。

十八、保持高压态势，严惩"套路贷"虚假诉讼犯罪。及时甄别、依法严厉打击"套路贷"中的虚假诉讼违法犯罪行为，符合黑恶势力认定标准的，应当

第三百零八条 【打击报复证人罪】对证人进行打击报复的，处三年以下有期徒刑或者拘役；情节严重的，处三年以上七年以下有期徒刑。

第三百零八条之一〔282〕 **【泄露不应公开的案件信息罪】**司法工作人员、辩护人、诉讼代理人或者其他诉讼参与人，泄露依法不公开审理的案件中不应当公开的信息，造成信息公开传播或者其他严重后果的，处三年以下有期徒刑、拘役或者管制，并处或者单处罚金。

有前款行为，泄露国家秘密的，依照本法第三百九十八条的规定定罪处罚。

依法认定。对于被告人实施“套路贷”违法所得的一切财物，应当予以追缴或者责令退赔，依法保护被害人的财产权利。保持对“套路贷”虚假诉讼违法犯罪的高压严打态势，将依法严厉打击“套路贷”虚假诉讼违法犯罪作为常态化开展扫黑除恶斗争的重要内容，切实维护司法秩序和人民群众合法权益，满足人民群众对公平正义的心理期待。

十九、做好程序衔接，保持刑民协同。经审理认为民事诉讼当事人的行为构成虚假诉讼犯罪的，作出生效刑事裁判的人民法院应当及时函告审理或者执行该民事案件的人民法院。生效刑事裁判认定构成虚假诉讼犯罪的，有关人民法院应当及时依法启动审判监督程序对相关民事判决、裁定、调解书予以纠正。当事人、案外人以生效刑事裁判认定构成虚假诉讼犯罪为由对生效民事判决、裁定、调解书申请再审的，应当依法及时进行审查。

二十、加强队伍建设，提升整治能力。……法院工作人员利用职权与他人共同实施虚假诉讼行为，构成虚假诉讼罪的，依法从重处罚，同时构成其他犯罪的，依照处罚较重的规定定罪并从重处罚。法院工作人员不正确履行职责，玩忽职守，致使虚假诉讼案件进入诉讼程序，导致公共财产、国家和人民利益遭受重大损失，符合刑法规定的犯罪构成要件的，依照玩忽职守罪、执行判决、裁定失职罪等罪名定罪处罚。

【指导案例】根据 2019 年 5 月 21 日最高检**第十四批指导性案例 · 检例第 54 号 · 陕西甲实业公司等公证执行虚假诉讼监督案**，当事人恶意串通、捏造事实，骗取公证文书并申请法院强制执行，侵害他人合法权益，损害司法秩序和司法权威，构成虚假诉讼。

根据 2019 年 5 月 21 日最高检**第十四批指导性案例 · 检例第 55 号 · 福建王某兴等人劳动仲裁执行虚假诉讼监督案**，为从执行款项中优先受偿，当事人伪造证据将普通债权债务关系虚构为劳动争议申请劳动仲裁，获取仲裁裁决或调解书，据此向人民法院申请强制执行，构成虚假诉讼。

〔282〕**【刑法修订】**本条为 2015 年**《刑法修正案（九）》第三十六条**增设。

【披露、报道不应公开的案件信息罪】公开披露、报道第一款规定的案件信息，情节严重的，依照第一款的规定处罚。

单位犯前款罪的，对单位判处罚金，并对其直接负责的主管人员和其他直接责任人员，依照第一款的规定处罚。

第三百零九条〔283〕　**【扰乱法庭秩序罪】**有下列扰乱法庭秩序情形之一的，处三年以下有期徒刑、拘役、管制或者罚金：

（一）聚众哄闹、冲击法庭的；

（二）殴打司法工作人员或者诉讼参与人的；

（三）侮辱、诽谤、威胁司法工作人员或者诉讼参与人，不听法庭制止，严重扰乱法庭秩序的；

（四）有毁坏法庭设施，抢夺、损毁诉讼文书、证据等扰乱法庭秩序行为，情节严重的。

第三百一十条〔284〕　**【窝藏、包庇罪】**明知是犯罪的人而为其提供隐藏处所、财物，帮助其逃匿或者作假证明包庇的，处三年以下有期徒刑、拘役或者管制；情节严重的，处三年以上十年以下有期徒刑。

犯前款罪，事前通谋的，以共同犯罪论处。

---

〔283〕**【刑法修订】**2015 年《**刑法修正案（九）**》**第三十七条**修订了本条。1997 年刑法原文如下：

第三百零九条　聚众哄闹、冲击法庭，或者殴打司法工作人员，严重扰乱法庭秩序的，处三年以下有期徒刑、拘役、管制或者罚金。

2015 年《**刑法修正案（九）**》在本条设项，将原条的罪状列为第一、二项，在第二项增加殴打“诉讼参与人”，新设了两种扰乱法庭秩序的情形，列为第三、四项。

〔284〕**【司法解释】**2021 年 8 月 9 日最高法、最高检《**关于办理窝藏、包庇刑事案件适用法律若干问题的解释**》（法释〔2021〕16 号，自 2021 年 8 月 11 日起施行），为依法惩治窝藏、包庇犯罪，根据《中华人民共和国刑法》《中华人民共和国刑事诉讼法》的有关规定，结合司法工作实际，现就办理窝藏、包庇刑事案件适用法律的若干问题解释如下：

第一条　明知是犯罪的人，为帮助其逃匿，实施下列行为之一的，应当依照刑法第三百一十条第一款的规定，以窝藏罪定罪处罚：

（一）为犯罪的人提供房屋或者其他可以用于隐藏的处所的；

（二）为犯罪的人提供车辆、船只、航空器等交通工具，或者提供手机等通讯工具的；

（三）为犯罪的人提供金钱的；

（四）其他为犯罪的人提供隐藏处所、财物，帮助其逃匿的情形。

保证人在犯罪的人取保候审期间，协助其逃匿，或者明知犯罪的人的藏匿地点、联系方式，但拒绝向司法机关提供的，应当依照刑法第三百一十条第一款的规定，对保证人以窝藏罪定罪处罚。

虽然为犯罪的人提供隐藏处所、财物，但不是出于帮助犯罪的人逃匿的目的，不以窝藏罪定罪处罚；对未履行法定报告义务的行为人，依法移送有关主管机关给予行政处罚。

第二条 明知是犯罪的人，为帮助其逃避刑事追究，或者帮助其获得从宽处罚，实施下列行为之一的，应当依照刑法第三百一十条第一款的规定，以包庇罪定罪处罚：

（一）故意顶替犯罪的人欺骗司法机关的；

（二）故意向司法机关作虚假陈述或者提供虚假证明，以证明犯罪的人没有实施犯罪行为，或者犯罪的人所实施行为不构成犯罪的；

（三）故意向司法机关提供虚假证明，以证明犯罪的人具有法定从轻、减轻、免除处罚情节的；

（四）其他作假证明包庇的行为。

第三条 明知他人有间谍犯罪或者恐怖主义、极端主义犯罪行为，在司法机关向其调查有关情况、收集有关证据时，拒绝提供，情节严重的，依照刑法第三百一十一条的规定，以拒绝提供间谍犯罪、恐怖主义犯罪、极端主义犯罪证据罪定罪处罚；作假证明包庇的，依照刑法第三百一十条的规定，以包庇罪从重处罚。

第四条 窝藏、包庇犯罪的人，具有下列情形之一的，应当认定为刑法第三百一十条第一款规定的“情节严重”：

（一）被窝藏、包庇的人可能被判处无期徒刑以上刑罚的；

（二）被窝藏、包庇的人犯危害国家安全犯罪、恐怖主义或者极端主义犯罪，或者系黑社会性质组织犯罪的组织者、领导者，且可能被判处10年有期徒刑以上刑罚的；

（三）被窝藏、包庇的人系犯罪集团的首要分子，且可能被判处10年有期徒刑以上刑罚的；

（四）被窝藏、包庇的人在被窝藏、包庇期间再次实施故意犯罪，且新罪可能被判处五年有期徒刑以上刑罚的；

（五）多次窝藏、包庇犯罪的人，或者窝藏、包庇多名犯罪的人的；

（六）其他情节严重的情形。

前款所称“可能被判处”刑罚，是指根据被窝藏、包庇的人所犯罪行，在不考虑自首、立功、认罪认罚等从宽处罚情节时应当依法判处的刑罚。

第五条 认定刑法第三百一十条第一款规定的“明知”，应当根据案件的客观事实，结合行为人的认知能力，接触被窝藏、包庇的犯罪人的情况，以及行为人和犯罪人的供述等主、客观因素进行认定。

第三百一十一条〔285〕**【拒绝提供间谍犯罪、恐怖主义犯罪、极端主义犯罪证据罪】**明知他人有间谍犯罪或者恐怖主义、极端主义犯罪行为，在司法机关向其调查有关情况、收集有关证据时，拒绝提供，情节严重的，处三年以下有期徒刑、拘役或者管制。

行为人将犯罪的人所犯之罪误认为其他犯罪的，不影响刑法第三百一十条第一款规定的“明知”的认定。

行为人虽然实施了提供隐藏处所、财物等行为，但现有证据不能证明行为人知道犯罪的人实施了犯罪行为的，不能认定为刑法第三百一十条第一款规定的“明知”。

第六条　认定窝藏、包庇罪，以被窝藏、包庇的人的行为构成犯罪为前提。

被窝藏、包庇的人实施的犯罪事实清楚，证据确实、充分，但尚未到案、尚未依法裁判或者因不具有刑事责任能力依法未予追究刑事责任的，不影响窝藏、包庇罪的认定。但是，被窝藏、包庇的人归案后被宣告无罪的，应当依照法定程序宣告窝藏、包庇行为人无罪。

第七条　为帮助同一个犯罪的人逃避刑事处罚，实施窝藏、包庇行为，又实施洗钱行为，或者掩饰、隐瞒犯罪所得及其收益行为，或者帮助毁灭证据行为，或者伪证行为的，依照处罚较重的犯罪定罪，并从重处罚，不实行数罪并罚。

第八条　共同犯罪人之间互相实施的窝藏、包庇行为，不以窝藏、包庇罪定罪处罚，但对共同犯罪以外的犯罪人实施窝藏、包庇行为的，以所犯共同犯罪和窝藏、包庇罪并罚。

第九条　本解释自2021年8月11日起施行。

根据2004年11月12日公安部、中央社会治安综合治理委员会办公室、民政部等**《关于进一步加强和改进出租房屋管理工作有关问题的通知》**，明知是有犯罪行为的人而为其提供出租房屋，帮助其逃避或者为其作假证明的，由公安部门依照《中华人民共和国刑法》第三百一十条的规定追究刑事责任。

〔285〕**【刑法修订】**2015年**《刑法修正案（九）》第三十八条**修订了本条。1997年刑法原文如下：

第三百一十一条　明知他人有间谍犯罪行为，在国家安全机关向其调查有关情况、收集有关证据时，拒绝提供，情节严重的，处三年以下有期徒刑、拘役或者管制。

2015年**《刑法修正案（九）》**修改了本条罪状，将“明知他人有间谍犯罪行为”修改为“明知他人有间谍犯罪或者恐怖主义、极端主义犯罪行为”，将“国家安全机关”修改为“司法机关”。

第三百一十二条[286]　**【掩饰、隐瞒犯罪所得、犯罪所得收益罪】**明知是犯罪所得及其产生的收益而予以窝藏、转移、收购、代为销售或者以其他方法掩饰、隐瞒的，处三年以下有期徒刑、拘役或者管制，并处或者单处罚金；情节严重的，处三年以上七年以下有期徒刑，并处罚金。

单位犯前款罪的，对单位判处罚金，并对其直接负责的主管人员和其他直接责任人员，依照前款的规定处罚。

---

〔286〕**【刑法修订】**本条被修订二次。1997年刑法原文如下：

第三百一十二条　明知是犯罪所得的赃物而予以窝藏、转移、收购或者代为销售的，处三年以下有期徒刑、拘役或者管制，并处或者单处罚金。

2006年**《刑法修正案（六）》第十九条**将"明知是犯罪所得的赃物"修改为"明知是犯罪所得及其产生的收益"，增加了"以其他方法掩饰、隐瞒"的规定，并增设了第二档法定刑。经此修订后的条文如下：

第三百一十二条　明知是犯罪所得及其产生的收益而予以窝藏、转移、收购、代为销售或者以其他方法掩饰、隐瞒的，处三年以下有期徒刑、拘役或者管制，并处或者单处罚金；情节严重的，处三年以上七年以下有期徒刑，并处罚金。

2009年**《刑法修正案（七）》第十条**在本条增设了第二款单位犯罪的规定。

【立法解释】根据2014年4月24日全国人大常委会**《关于〈中华人民共和国刑法〉第三百四十一条、第三百一十二条的解释》**，知道或者应当知道是刑法第三百四十一条第二款规定的非法狩猎的野生动物而购买的，属于刑法第三百一十二条第一款规定的明知是犯罪所得而收购的行为。

【司法解释】2021年4月13日最高法**《关于审理掩饰、隐瞒犯罪所得、犯罪所得收益刑事案件适用法律若干问题的解释》**（2015年5月29日发布，法释〔2015〕11号，自2015年6月2日起施行；被最高法2021年4月13日《关于修改〈关于审理掩饰、隐瞒犯罪所得、犯罪所得收益刑事案件适用法律若干问题的解释〉的决定》（法释〔2021〕8号）修正，自2021年4月15日起施行），为依法惩治掩饰、隐瞒犯罪所得、犯罪所得收益犯罪活动，根据刑法有关规定，结合人民法院刑事审判工作实际，现就审理此类案件具体适用法律的若干问题解释如下：

第一条　明知是犯罪所得及其产生的收益而予以窝藏、转移、收购、代为销售或者以其他方法掩饰、隐瞒，具有下列情形之一的，应当依照刑法第三百一十二条第一款的规定，以掩饰、隐瞒犯罪所得、犯罪所得收益罪定罪处罚：

（一）一年内曾因掩饰、隐瞒犯罪所得及其产生的收益行为受过行政处罚，又实施掩饰、隐瞒犯罪所得及其产生的收益行为的；

（二）掩饰、隐瞒的犯罪所得系电力设备、交通设施、广播电视设施、公用电信设施、军事设施或者救灾、抢险、防汛、优抚、扶贫、移民、救济款物的；

（三）掩饰、隐瞒行为致使上游犯罪无法及时查处，并造成公私财物损失无法挽回的；

（四）实施其他掩饰、隐瞒犯罪所得及其产生的收益行为，妨害司法机关对上游犯罪进行追究的。

人民法院审理掩饰、隐瞒犯罪所得、犯罪所得收益刑事案件，应综合考虑上游犯罪的性质、掩饰、隐瞒犯罪所得及其收益的情节、后果及社会危害程度等，依法定罪处罚。

司法解释对掩饰、隐瞒涉及计算机信息系统数据、计算机信息系统控制权的犯罪所得及其产生的收益行为构成犯罪已有规定的，审理此类案件依照该规定。

依照全国人民代表大会常务委员会《关于〈中华人民共和国刑法〉第三百四十一条、第三百一十二条的解释》，明知是非法狩猎的野生动物而收购，数量达到50只以上的，以掩饰、隐瞒犯罪所得罪定罪处罚（★考虑到不同野生动物存在较大差异，2022年4月6日最高法、最高检《关于办理破坏野生动物资源刑事案件适用法律若干问题的解释》对破坏野生动物资源犯罪不再唯数量论，而以野生动物的价值作为基本定罪量刑标准。因而，作为下游犯罪的掩饰、隐瞒犯罪所得罪在入罪时仍坚持数量论，是否合适，值得研究——编者说明）。

第二条　掩饰、隐瞒犯罪所得及其产生的收益行为符合本解释第一条的规定，认罪、悔罪并退赃、退赔，且具有下列情形之一的，可以认定为犯罪情节轻微，免予刑事处罚：

（一）具有法定从宽处罚情节的；

（二）为近亲属掩饰、隐瞒犯罪所得及其产生的收益，且系初犯、偶犯的；

（三）有其他情节轻微情形的。

第三条　掩饰、隐瞒犯罪所得及其产生的收益，具有下列情形之一的，应当认定为刑法第三百一十二条第一款规定的“情节严重”：

（一）掩饰、隐瞒犯罪所得及其产生的收益价值总额达到10万元以上的；

（二）掩饰、隐瞒犯罪所得及其产生的收益10次以上，或者3次以上且价值总额达到5万元以上的；

（三）掩饰、隐瞒的犯罪所得系电力设备、交通设施、广播电视设施、公用电信设施、军事设施或者救灾、抢险、防汛、优抚、扶贫、移民、救济款物，价值总额达到5万元以上的；

（四）掩饰、隐瞒行为致使上游犯罪无法及时查处，并造成公私财物重大损失无法挽回或其他严重后果的；

（五）实施其他掩饰、隐瞒犯罪所得及其产生的收益行为，严重妨害司法机关对上游犯罪予以追究的。

司法解释对掩饰、隐瞒涉及机动车、计算机信息系统数据、计算机信息系统控制权的犯罪所得及其产生的收益行为认定"情节严重"已有规定的，审理此类案件依照该规定。

第四条 掩饰、隐瞒犯罪所得及其产生的收益的数额，应当以实施掩饰、隐瞒行为时为准。收购或者代为销售财物的价格高于其实际价值的，以收购或者代为销售的价格计算。

多次实施掩饰、隐瞒犯罪所得及其产生的收益行为，未经行政处罚，依法应当追诉的，犯罪所得、犯罪所得收益的数额应当累计计算。

第五条 事前与盗窃、抢劫、诈骗、抢夺等犯罪分子通谋，掩饰、隐瞒犯罪所得及其产生的收益的，以盗窃、抢劫、诈骗、抢夺等犯罪的共犯论处。

第六条 对犯罪所得及其产生的收益实施盗窃、抢劫、诈骗、抢夺等行为，构成犯罪的，分别以盗窃罪、抢劫罪、诈骗罪、抢夺罪等定罪处罚。

第七条 明知是犯罪所得及其产生的收益而予以掩饰、隐瞒，构成刑法第三百一十二条规定的犯罪，同时构成其他犯罪的，依照处罚较重的规定定罪处罚。

第八条 认定掩饰、隐瞒犯罪所得、犯罪所得收益罪，以上游犯罪事实成立为前提。上游犯罪尚未依法裁判，但查证属实的，不影响掩饰、隐瞒犯罪所得、犯罪所得收益罪的认定。

上游犯罪事实经查证属实，但因行为人未达到刑事责任年龄等原因依法不予追究刑事责任的，不影响掩饰、隐瞒犯罪所得、犯罪所得收益罪的认定。

第九条 盗用单位名义实施掩饰、隐瞒犯罪所得及其产生的收益行为，违法所得由行为人私分的，依照刑法和司法解释有关自然人犯罪的规定定罪处罚。

第十条 通过犯罪直接得到的赃款、赃物，应当认定为刑法第三百一十二条规定的"犯罪所得"。上游犯罪的行为人对犯罪所得进行处理后得到的孳息、租金等，应当认定为刑法第三百一十二条规定的"犯罪所得产生的收益"。

明知是犯罪所得及其产生的收益而采取窝藏、转移、收购、代为销售以外的方法，如居间介绍买卖，收受，持有，使用，加工，提供资金账户，协助将财物转换为现金、金融票据、有价证券，协助将资金转移、汇往境外等，应当认定为刑法第三百一十二条规定的"其他方法"。

第十一条 掩饰、隐瞒犯罪所得、犯罪所得收益罪是选择性罪名，审理此类案件，应当根据具体犯罪行为及其指向的对象，确定适用的罪名。

★ 2021年《决定》(法释〔2021〕8号)修改的内容为：2015年《关于审理掩饰、隐瞒犯罪所得、犯罪所得收益刑事案件适用法律若干问题的解释》第一条第一款第(一)项、第二款和第二条第二款规定的掩饰、隐瞒犯罪所得、犯罪所得收益罪的数额标准不再适用。人民法院审理掩饰、隐瞒犯罪所得、犯罪所得收益刑事案件，应综合考虑上游犯罪的性质、掩饰、隐瞒犯罪所得及其收益的情节、后果及社会危害程度等，依法定罪处罚——编者说明。

2009年11月4日最高法《**关于审理洗钱等刑事案件具体应用法律若干**

问题的解释》，就审理洗钱，掩饰、隐瞒犯罪所得、犯罪所得收益等犯罪刑事案件具体应用法律的若干问题解释如下：

第一条　刑法第一百九十一条、第三百一十二条规定的“明知”，应当结合被告人的认知能力，接触他人犯罪所得及其收益的情况，犯罪所得及其收益的种类、数额，犯罪所得及其收益的转换、转移方式以及被告人的供述等主、客观因素进行认定。

具有下列情形之一的，可以认定被告人明知系犯罪所得及其收益，但有证据证明确实不知道的除外：

（一）知道他人从事犯罪活动，协助转换或者转移财物的；

（二）没有正当理由，通过非法途径协助转换或者转移财物的；

（三）没有正当理由，以明显低于市场的价格收购财物的；

（四）没有正当理由，协助转换或者转移财物，收取明显高于市场的“手续费”的；

（五）没有正当理由，协助他人将巨额现金散存于多个银行帐户或者在不同银行帐户之间频繁划转的；

（六）协助近亲属或者其他关系密切的人转换或者转移与其职业或者财产状况明显不符的财物的；

（七）其他可以认定行为人明知的情形。

第二条　……（➻参见刑法第 191 条脚注相关部分）

第三条　明知是犯罪所得及其产生的收益而予以掩饰、隐瞒，构成刑法第三百一十二条规定的犯罪，同时又构成刑法第一百九十一条或者第三百四十九条规定的犯罪的，依照处罚较重的规定定罪处罚。

1998 年 5 月 8 日最高法、最高检、公安部、国家工商行政管理局**《关于依法查处盗窃、抢劫机动车案件的规定》**（公通字〔1998〕31 号，自 1998 年 5 月 8 日起施行），就查处盗窃、抢劫机动车案件具体应用法律的若干问题解释如下：

一、司法机关依法查处盗窃、抢劫机动车案件，任何单位和个人都应当予以协助。以暴力、威胁方法阻碍司法工作人员依法办案的，依照刑法第二百七十七条第一款的规定处罚。

二、明知是盗窃、抢劫所得机动车而予以窝藏、转移、收购或者代为销售的，依照刑法第三百一十二条的规定处罚。

对明知是盗窃、抢劫所得机动车而予以拆解、改装、拼装、典当、倒卖的，视为窝藏、转移、收购或者代为销售，依照刑法第三百一十二条的规定处罚。

三、国家指定的车辆交易市场、机动车经营企业（含典当、拍卖行）以及从事机动车修理、零部件销售企业的主管人员或者其他直接责任人员，明知是盗窃、抢劫的机动车而予以窝藏、转移、拆解、改装、拼装、收购或者代为销售的，依照刑法第三百一十二条的规定处罚。单位组织实施上述行为的，由工商行政管理机关予以处罚。

四、本规定第二条和第三条中的行为人事先与盗窃、抢劫机动车辆的犯罪分子通谋的,分别以盗窃、抢劫罪的共犯论处。

五、机动车交易必须在国家指定的交易市场或合法经营企业进行,其交易凭证经工商行政管理机关验证盖章后办理登记或过户手续,私下交易机动车辆属于违法行为,由工商行政管理机关依法处理。

明知是赃车而购买,以收购赃物罪定罪处罚。单位的主管人员或者其他直接责任人员明知是赃车购买的,以收购赃物罪定罪处罚。

明知是赃车而介绍买卖的,以收购、销售赃物罪的共犯论处。

……

十七、本规定所称的"明知",是指知道或者应当知道。有下列情形之一的,可视为应当知道,但有证据证明确属被蒙骗的除外:

(一)在非法的机动车交易场所和销售单位购买的;

(二)机动车证件手续不全或者明显违反规定的;

(三)机动车发动机号或者车架号有更改痕迹,没有合法证明的;

(四)以明显低于市场价格购买机动车的。

★对于上述《规定》,应在《刑法修正案(六)》第十九条的基础上加以理解——编者说明。

2007年5月9日最高法、最高检《**关于办理与盗窃、抢劫、诈骗、抢夺机动车相关刑事案件具体应用法律若干问题的解释**》(法释〔2007〕11号,自2007年5月11日起施行),现对办理盗窃、抢劫、诈骗、抢夺机动车相关的犯罪活动案件具体应用法律的若干问题解释如下:

第一条 明知是盗窃、抢劫、诈骗、抢夺的机动车,实施下列行为之一的,依照刑法第三百一十二条的规定,以掩饰、隐瞒犯罪所得、犯罪所得收益罪定罪,处3年以下有期徒刑、拘役或者管制,并处或者单处罚金:

(一)买卖、介绍买卖、典当、拍卖、抵押或者用其抵债的;

(二)拆解、拼装或者组装的;

(三)修改发动机号、车辆识别代号的;

(四)更改车身颜色或者车辆外形的;

(五)提供或者出售机动车来历凭证、整车合格证、号牌以及有关机动车的其他证明和凭证的;

(六)提供或者出售伪造、变造的机动车来历凭证、整车合格证、号牌以及有关机动车的其他证明和凭证的。

实施第一款规定的行为涉及盗窃、抢劫、诈骗、抢夺的机动车5辆以上或者价值总额达到50万元以上的,属于刑法第三百一十二条规定的"情节严重",处3年以上7年以下有期徒刑,并处罚金。

……

第四条 实施本解释第一条、第二条、第三条第一款或者第三款规定的行为，事前与盗窃、抢劫、诈骗、抢夺机动车的犯罪分子通谋的，以盗窃罪、抢劫罪、诈骗罪、抢夺罪的共犯论处。

第五条 对跨地区实施的涉及同一机动车的盗窃、抢劫、诈骗、抢夺以及掩饰、隐瞒犯罪所得、犯罪所得收益行为，有关公安机关可以依照法律和有关规定一并立案侦查，需要提请批准逮捕、移送审查起诉、提起公诉的，由该公安机关所在地的同级人民检察院、人民法院受理。

第六条 行为人实施本解释第一条、第三条第三款规定的行为，涉及的机动车有下列情形之一的，应当认定行为人主观上属于上述条款所称“明知”：

（一）没有合法有效的来历凭证；

（二）发动机号、车辆识别代号有明显更改痕迹，没有合法证明的。

根据2014年7月29日最高法研究室《**关于〈最高人民法院、最高人民检察院关于办理与盗窃、抢劫、诈骗、抢夺机动车相关刑事案件具体应用法律若干问题的解释〉有关规定如何适用问题的答复**》（法研〔2014〕98号），根据罪责刑相适应刑法基本原则，《最高人民法院、最高人民检察院关于办理与盗窃、抢劫、诈骗、抢夺机动车相关刑事案件具体应用法律若干问题的解释》第一条第二款中规定的“机动车5辆以上”，应当是指机动车数量在5辆以上，且价值总额接近50万元。

根据2007年1月15日最高法、最高检《**关于办理盗窃油气、破坏油气设备等刑事案件具体应用法律若干问题的解释**》**第五条**，明知是盗窃犯罪所得的油气或者油气设备，而予以窝藏、转移、收购、加工、代为销售或者以其他方法掩饰、隐瞒的，依照刑法第三百一十二条的规定定罪处罚。

实施前款规定的犯罪行为，事前通谋的，以盗窃犯罪的共犯定罪处罚。

根据2018年9月28日最高法、最高检、公安部《**关于办理盗窃油气、破坏油气设备等刑事案件适用法律若干问题的意见**》，明知是犯罪所得的油气而予以窝藏、转移、收购、加工、代为销售或者以其他方式掩饰、隐瞒，符合刑法第三百一十二条规定的，以掩饰、隐瞒犯罪所得罪追究刑事责任。

“明知”的认定，应当结合行为人的认知能力、所得报酬、运输工具、运输路线、收购价格、收购形式、加工方式、销售地点、仓储条件等因素综合考虑。

实施第一款规定的犯罪行为，事前通谋的，以盗窃罪、破坏易燃易爆设备罪等有关犯罪的共同犯罪论处（★关于窝藏、转移、收购、加工、代为销售被盗油气行为的处理，事前通谋的，本规定对2007年1月15日最高法、最高检《关于办理盗窃油气、破坏油气设备等刑事案件具体应用法律若干问题的解释》第五条有所修正，除以盗窃罪的共同犯罪论处外，从竞合犯理论出发，还有可能以破坏易燃易爆设备罪等有关犯罪的共同犯罪论处——编者说明）。

根据 2011 年 8 月 1 日最高法、最高检**《关于办理危害计算机信息系统安全刑事案件应用法律若干问题的解释》第七条**，明知是非法获取计算机信息系统数据犯罪所获取的数据、非法控制计算机信息系统犯罪所获取的计算机信息系统控制权，而予以转移、收购、代为销售或者以其他方法掩饰、隐瞒，违法所得 5000 元以上的，应当依照刑法第三百一十二条第一款的规定，以掩饰、隐瞒犯罪所得罪定罪处罚。

实施前款规定行为，违法所得 5 万元以上的，应当认定为刑法第三百一十二条第一款规定的“情节严重”。

单位实施第一款规定行为的，定罪量刑标准依照第一款、第二款的规定执行。

根据 2015 年 12 月 30 日最高法、最高检**《关于办理妨害文物管理等刑事案件适用法律若干问题的解释》第九条**，明知是盗窃文物、盗掘古文化遗址、古墓葬等犯罪所获取的三级以上文物，而予以窝藏、转移、收购、加工、代为销售或者以其他方法掩饰、隐瞒的，依照刑法第三百一十二条的规定，以掩饰、隐瞒犯罪所得罪追究刑事责任。

实施前款规定的行为，事先通谋的，以共同犯罪论处。

根据 2022 年 8 月 16 日最高法、最高检、公安部、国家文物局**《关于办理妨害文物管理等刑事案件若干问题的意见》**，明知是盗窃文物、盗掘古文化遗址、古墓葬等犯罪所获取的文物，而予以窝藏、转移、收购、加工、代为销售或者以其他方法掩饰、隐瞒的，符合《文物犯罪解释》第九条规定的，以刑法第三百一十二条规定的掩饰、隐瞒犯罪所得罪追究刑事责任。

对是否“明知”，应当结合行为人的认知能力、既往经历、行为次数和手段，与实施盗掘、盗窃、倒卖文物等犯罪行为人的关系，获利情况，是否故意规避调查，涉案文物外观形态、价格等主、客观因素进行综合审查判断。具有下列情形之一，行为人不能做出合理解释的，可以认定其“明知”，但有相反证据的除外：

（1）采用黑话、暗语等方式进行联络交易的；

（2）通过伪装、隐匿文物等方式逃避检查，或者以暴力等方式抗拒检查的；

（3）曾因实施盗掘、盗窃、走私、倒卖文物等犯罪被追究刑事责任，或者二年内受过行政处罚的；

（4）有其他证据足以证明行为人应当知道的情形。

根据 2020 年 3 月 16 日最高法、最高检、公安部**《关于办理涉窨井盖相关刑事案件的指导意见》第七条**，知道或者应当知道是盗窃所得的窨井盖及其产生的收益而予以窝藏、转移、收购、代为销售或者以其他方法掩饰、隐瞒的，依照刑法第三百一十二条和《最高人民法院关于审理掩饰、隐瞒犯罪所得、犯罪所得收益刑事案件适用法律若干问题的解释》的规定，以掩饰、隐瞒犯罪所得、犯罪所得收益罪定罪处罚。

根据 2020 年 12 月 17 日最高法、最高检、公安部、农业农村部《**依法惩治长江流域非法捕捞等违法犯罪的意见**》，明知是在长江流域重点水域非法捕捞犯罪所得的水产品而收购、贩卖，价值 1 万元以上的，应当依照刑法第三百一十二条的规定，以掩饰、隐瞒犯罪所得罪定罪处罚。

根据 2022 年 3 月 3 日最高法、最高检《**关于办理危害药品安全刑事案件适用法律若干问题的解释**》**第十三条第一款**，明知系利用医保骗保购买的药品而非法收购、销售，金额 5 万元以上的，应当依照刑法第三百一十二条的规定，以掩饰、隐瞒犯罪所得罪定罪处罚；指使、教唆、授意他人利用医保骗保购买药品，进而非法收购、销售，符合刑法第二百六十六条规定的，以诈骗罪定罪处罚。

根据 2022 年 10 月 22 日最高法、最高检、公安部等九部门《**关于军地共同加强部队训练场未爆弹药安全风险防控的意见**》，明知是非法拆解的未爆弹药或者非法挖捡的炮弹残片及其所产生的收益而窝藏、转移、代为销售或者以其他方法掩饰、隐瞒，符合刑法第三百一十二条规定的，以掩饰、隐瞒犯罪所得、犯罪所得收益罪定罪处罚。

根据 2023 年 7 月 26 日最高检第四检察厅《**关于办理电信网络诈骗及其关联犯罪案件有关问题的解答**》，在办理掩饰、隐瞒犯罪所得、犯罪所得收益罪案件时，判断行为人的主观明知，应当结合其认知能力，接触他人犯罪所得及其收益的场景，犯罪所得及其收益的种类、数额、转换、转移方式，以及本人的供述等综合认定。

以涉“两卡”类掩饰、隐瞒犯罪所得、犯罪所得收益罪案件为例，可重点从几个方面审查行为人及其行为的异常性，进而判断行为人主观是否明知。(1)既往经历的异常性，包括曾经因此类行为受过行政处罚、刑事处罚等。(2)聊天记录的异常性，包括聊天记录里显示有“跑分”“冻结”“洗钱”等内容及相关“暗语黑话”，以及专门传授如何躲避侦查、避免账户被冻结手段等内容。(3)资金的异常性，包括短时间内大量资金快进快出、分散转入集中转出、集中转入分散转出、大额资金取现返存或转存、利用卡内资金短期频繁购买重金属、交易虚拟货币等。(4)行为的异常性，包括跨省赶赴窝点、在宾馆房间或移动车辆、偏僻郊区转账、删除聊天软件或使用即时通讯工具销毁通讯记录、作案过程中账户被限制交易或冻结、收到支付结算机构的风险警示后仍然解冻或办理新卡等。(5)获利的异常性，包括按照转账流水金额比例或是按照天数付款、获利金额明显偏高、通过虚构交易等方式收取报酬、由上家承担交通费、住宿费、餐饮费用等。行为人及其行为明显异常，不能作出合理解释的，依法可以认定其具有掩饰、隐瞒犯罪所得、犯罪所得收益罪的主观明知。

……

当前，金融机构反洗钱措施逐步加强，当银行账户出现资金频繁划转、流水数额激增等可疑交易特征时，往往需要通过“刷脸”等方式对实际持卡人是否系卡主本人进行二次验证。对于行为人所提供的"刷脸"等验证行为（实践中还包括手机验证码验证、接听银行核验电话等），有的是作为支付密码输入方式之一，属于典型的转账行为；有的是作为转账之前登录银行卡账户的验证方式之一，这一行为与随即发生的转账行为密切关联。实践中应将上述行为作为一个整体，统一评价为掩饰、隐瞒行为，依法以掩饰、隐瞒犯罪所得、犯罪所得收益罪认定。

从各地反映情况看，当前，办案机关对这一行为认定争议的主要焦点在于掩饰、隐瞒犯罪所得及其产生的收益的数额认定和量刑建议上。对于掩饰、隐瞒犯罪所得、犯罪所得收益罪的数额认定，应以实际查实的犯罪所得数额为限，对于未查明的不明流水资金不宜作为犯罪数额认定，但应当作为酌定量刑情节考虑。同时，根据"两高一部"《关于办理信息网络犯罪案件适用刑事诉讼程序若干问题的意见》第21条规定，对于涉案人数特别众多的信息网络犯罪案件，确因客观条件限制无法收集证据逐一证明、逐人核实涉案账户的资金来源，但根据银行账户、非银行支付账户等交易记录和其他证据材料，足以认定有关账户主要用于接收、流转涉案资金的，可以按照该账户接收的资金数额认定犯罪数额，但犯罪嫌疑人、被告人能够作出合理解释的除外。案外人提出异议的，应当依法审查。对于量刑建议，坚持实质判断和综合判断原则，防止"唯数额论"。要综合行为的性质、情节、后果以及对上游犯罪的作用等因素，全面把握社会危害性，依法妥当提出量刑建议。对组织、招募、介绍多人参与上述犯罪，或长期、多次参与上述犯罪的人员，应当依法从严惩处。对于仅协助、配合组织者转移赃款的"卡农"，在整个犯罪过程中起次要和辅助作用的，依法可以认定为从犯。特别是在其掩饰、隐瞒犯罪所得及产生的收益数额达到情节严重，综合主观恶性、参与次数、违法所得等其他情节，判处行为人3年以上有期徒刑明显畸重的，可根据其从犯的地位作用，依法提出减轻处罚的量刑建议，确保罪责刑相适应。

【会议纪要】根据2023年6月6日最高法、最高检、中国海警局**《依法打击涉海砂违法犯罪座谈会纪要》**，海砂违法犯罪涉及刑法第312条的使用，纪要如下：

5. 认定非法运输、收购、代为销售或者以其他方法掩饰、隐瞒非法采挖的海砂及其产生的收益构成掩饰、隐瞒犯罪所得、犯罪所得收益罪，以上游非法采矿犯罪事实成立为前提。上游犯罪尚未依法裁判，但查证属实的，不影响掩饰、隐瞒犯罪所得、犯罪所得收益罪的认定。上游非法采挖海砂未达到非法采矿罪"情节严重"标准的，对下游对应的掩饰、隐瞒行为可以依照海洋环境保护法、海域使用管理法、治安管理处罚法等法律法规给予行政处罚。

6. 明知是非法采挖的海砂及其产生的收益，而予以运输、收购、代为销售或者以其他方法掩饰、隐瞒，一年内曾因实施此类行为受过行政处罚，又实施此类行为的，应当依照刑法第三百一十二条的规定，以掩饰、隐瞒犯罪所得、犯罪所得收益罪定罪处罚。多次实施此类行为,未经行政处罚,依法应当追诉的,犯罪所得、犯罪所得收益的数额应当累计计算。

7. 以掩饰、隐瞒犯罪所得、犯罪所得收益罪定罪处罚的,应当注意与上游非法采矿犯罪保持量刑均衡。

【典型案例】根据 2023 年 4 月 7 日最高法、最高检《**关于印发办理涉"两卡"犯罪案件典型案例的通知**》·**案例二、叶某掩饰、隐瞒犯罪所得案**,掩饰、隐瞒犯罪所得罪以行为人明知系犯罪所得为前提,应通过主客观方面证据相互印证,综合予以认定。对于掩饰、隐瞒数额以实际查实的行为人转移的犯罪数额为限。对于"卡农"(主要指出租、出售自己银行卡给上游犯罪分子的个人)的刑事责任认定,除了犯罪数额外,还应考虑其从犯地位作用,依法从轻、减轻处罚,确保罪责刑相适应。

★该典型案例在"典型意义"部分指出:当前,在涉"两卡"犯罪案件中,行为人不仅出售出租本人银行卡,往往还按照收卡人要求提供转账取现等服务,由此可能涉嫌掩饰、隐瞒犯罪所得罪。该罪以行为人主观上明知系犯罪所得为前提。司法人员不能仅以行为人卖卡后实施了转账,或者提供验证码、刷脸验证等协助转账行为,就一概认定其具有掩饰、隐瞒犯罪所得罪的明知。而要结合行为人的认知能力、既往经历、交易对象等,通过分析银行卡内资金流动的异常性(包括卡内资金流入流出的频率、时间、金额等)、金融机构、非银行支付机构的提醒警示(包括办卡时的注意事项提醒、使用过程中特别是卡被冻结后的风险警示)、行为的异常性(包括行为人提供银行卡数量、次数、参与时间、帮助转账的时间地点等)以及行为人获利情况等情形,结合行为人的供述,综合认定其主观上明知转移的资金系犯罪所得。

掩饰、隐瞒犯罪所得的数额应以实际查实的行为人转移的犯罪所得数额为限,对于未查明的不明流水资金不宜纳入认定范围。在认定行为人刑事责任时,除了考虑掩饰、隐瞒犯罪所得的数额外,还应考虑其在犯罪过程中的地位作用。对于大多数"卡农"而言,其主要是协助、配合组织者转移赃款,在整个犯罪过程中起次要和辅助作用,依法可以认定为从犯。特别是在其掩饰、隐瞒犯罪所得数额达到量刑第二档时,根据其从犯的地位作用,依法从轻、减轻处罚,确保罪责刑相适应。

【量刑指导】根据 2021 年 6 月 17 日最高法、最高检《**关于常见犯罪的量刑指导意见(试行)**》,1. 构成掩饰、隐瞒犯罪所得、犯罪所得收益罪的,根据下列情形在相应的幅度内确定量刑起点:

(1)犯罪情节一般的,在 1 年以下有期徒刑、拘役幅度内确定量刑起点。

(2)情节严重的,在 3 年至 4 年有期徒刑幅度内确定量刑起点。

2. 在量刑起点的基础上,根据犯罪数额等其他影响犯罪构成的犯罪事实增加刑罚量,确定基准刑。

第三百一十三条[287] **【拒不执行判决、裁定罪】** 对人民法院的判决、裁定有能力执行而拒不执行，情节严重的，处三年以下有期徒刑、拘役或者罚金；情节特别严重的，处三年以上七年以下有期徒刑，并处罚金。

单位犯前款罪的，对单位判处罚金，并对其直接负责的主管人员和其他直接责任人员，依照前款的规定处罚。

---

3. 构成掩饰、隐瞒犯罪所得、犯罪所得收益罪的，根据掩饰、隐瞒犯罪所得及其收益的数额、犯罪对象、危害后果等犯罪情节，综合考虑被告人缴纳罚金的能力，决定罚金数额。

4. 构成掩饰、隐瞒犯罪所得、犯罪所得收益罪的，综合考虑掩饰、隐瞒犯罪所得及其收益的数额、危害后果、上游犯罪的危害程度等犯罪事实、量刑情节，以及被告人的主观恶性、人身危险性、认罪悔罪表现等因素，决定缓刑的适用。

〔287〕 **【刑法修订】**2015年《**刑法修正案（九）**》**第三十九条**修订了本条。1997年刑法原文如下：

第三百一十三条 对人民法院的判决、裁定有能力执行而拒不执行，情节严重的，处三年以下有期徒刑、拘役或者罚金。

2015年《**刑法修正案（九）**》在本条增加了第二档法定刑，并增设了第二款单位犯罪的规定。

【立法解释】根据2002年8月29日全国人大常委会《**关于〈中华人民共和国刑法〉第三百一十三条的解释**》，刑法第三百一十三条规定的"人民法院的判决、裁定"，是指人民法院依法作出的具有执行内容并已发生法律效力的判决、裁定。人民法院为依法执行支付令、生效的调解书、仲裁裁决、公证债权文书等所作的裁定属于该条规定的裁定。

下列情形属于刑法第三百一十三条规定的"有能力执行而拒不执行，情节严重"的情形：

（一）被执行人隐藏、转移、故意毁损财产或者无偿转让财产、以明显不合理的低价转让财产，致使判决、裁定无法执行的；

（二）担保人或者被执行人隐藏、转移、故意毁损或者转让已向人民法院提供担保的财产，致使判决、裁定无法执行的；

（三）协助执行义务人接到人民法院协助执行通知书后，拒不协助执行，致使判决、裁定无法执行的；

（四）被执行人、担保人、协助执行义务人与国家机关工作人员通谋，利用国家机关工作人员的职权妨害执行，致使判决、裁定无法执行的；

（五）其他有能力执行而拒不执行，情节严重的情形。

国家机关工作人员有上述第四项行为的，以拒不执行判决、裁定罪的共犯追究刑事责任。国家机关工作人员收受贿赂或者滥用职权，有上述第四项行为的，同时又构成刑法第三百八十五条、第三百九十七条规定之罪的，依照处罚较重的规定定罪处罚。

【司法解释】2020年12月29日最高法**《关于审理拒不执行判决、裁定刑事案件适用法律若干问题的解释》**(2015年7月20日发布，法释〔2015〕16号，自2015年7月20日起施行；被2020年12月29日最高法《关于修改〈最高人民法院关于人民法院扣押铁路运输货物若干问题的规定〉等十八件执行类司法解释的决定》(法释〔2020〕21号)修正，自2021年1月1日起施行)，就审理拒不执行判决、裁定刑事案件适用法律若干问题，解释如下：

第一条 被执行人、协助执行义务人、担保人等负有执行义务的人对人民法院的判决、裁定有能力执行而拒不执行，情节严重的，应当依照刑法第三百一十三条的规定，以拒不执行判决、裁定罪处罚。

第二条 负有执行义务的人有能力执行而实施下列行为之一的，应当认定为全国人民代表大会常务委员会关于刑法第三百一十三条的解释中规定的“其他有能力执行而拒不执行，情节严重的情形”：

(一)具有拒绝报告或者虚假报告财产情况、违反人民法院限制高消费及有关消费令等拒不执行行为，经采取罚款或者拘留等强制措施后仍拒不执行的；

(二)伪造、毁灭有关被执行人履行能力的重要证据，以暴力、威胁、贿买方法阻止他人作证或者指使、贿买、胁迫他人作伪证，妨碍人民法院查明被执行人财产情况，致使判决、裁定无法执行的；

(三)拒不交付法律文书指定交付的财物、票证或者拒不迁出房屋、退出土地，致使判决、裁定无法执行的；

(四)与他人串通，通过虚假诉讼、虚假仲裁、虚假和解等方式妨害执行，致使判决、裁定无法执行的；

(五)以暴力、威胁方法阻碍执行人员进入执行现场或者聚众哄闹、冲击执行现场，致使执行工作无法进行的；

(六)对执行人员进行侮辱、围攻、扣押、殴打，致使执行工作无法进行的；

(七)毁损、抢夺执行案件材料、执行公务车辆和其他执行器械、执行人员服装以及执行公务证件，致使执行工作无法进行的；

(八)拒不执行法院判决、裁定，致使债权人遭受重大损失的。

第三条 申请执行人有证据证明同时具有下列情形，人民法院认为符合刑事诉讼法第二百一十条第三项规定的，以自诉案件立案审理：

(一)负有执行义务的人拒不执行判决、裁定，侵犯了申请执行人的人身、财产权利，应当依法追究刑事责任的；

(二)申请执行人曾经提出控告，而公安机关或者人民检察院对负有执行义务的人不予追究刑事责任的。

第四条 本解释第三条规定的自诉案件，依照刑事诉讼法第二百一十二条的规定，自诉人在宣告判决前，可以同被告人自行和解或者撤回自诉。

第五条 拒不执行判决、裁定刑事案件，一般由执行法院所在地人民法院管辖。

第六条 拒不执行判决、裁定的被告人在一审宣告判决前，履行全部或部分执行义务的，可以酌情从宽处罚。

第七条 拒不执行支付赡养费、扶养费、抚育费、抚恤金、医疗费用、劳动报酬等判决、裁定的，可以酌情从重处罚。

第八条 本解释自发布之日起施行。此前发布的司法解释和规范性文件与本解释不一致的，以本解释为准。

根据2015年9月14日最高法**《关于实施〈关于审理拒不执行判决、裁定刑事案件适用法律若干问题的解释〉有关问题的通知》**(法〔2015〕260号)，2015年7月6日，最高人民法院审判委员会第1657次会议审议通过了《最高人民法院关于审理拒不执行判决、裁定刑事案件适用法律若干问题的解释》(以下简称《解释》)。该《解释》已于7月21日发布，自7月22日起施行，请认真贯彻执行。现将有关问题通知如下：

一、《解释》与原有相关立法解释、司法解释及规范性文件的衔接适用问题

1.《解释》第二条对于《全国人民代表大会常务委员会关于刑法第三百一十三条的解释》中“其他有能力执行而拒不执行，情节严重的情形”作了进一步解释和明确，立法解释中已经规定的“情节严重的情形”在《解释》中没有重复规定，实践中仍应遵照执行。

2.《最高人民法院关于审理拒不执行判决、裁定案件具体应用法律若干问题的解释》(法释〔1998〕6号)已经废止；其他司法解释或者规范性文件与《解释》内容冲突的，以本《解释》为准。

二、适用《解释》第三条规定的公诉转自诉程序应当注意以下问题

1.具有下列情形之一的，属于刑事诉讼法第二百零四条第三项(★2018年《刑事诉讼法》第二百一十条第三项——编者说明)规定的“不予追究被告人刑事责任”的情形：

(1)公安机关、检察机关作出《不予立案通知书》或者《不起诉决定书》的；

(2)申请执行人向公安机关、检察机关报案，公安机关、检察机关不予接收材料、不予答复的。

2.人民法院立案部门对申请执行人提交的证据进行核实后，对于符合立案条件的拒执自诉案件，应当及时予以立案。

3.自诉案件立案或者审判过程中，自诉人要求复制已由执行机构搜集和固定，证明其人身、财产权利受到侵犯的证据，执行机构应当允许并及时提供；立案、刑事审判部门需要执行机构提供相应证据的，执行机构应当及时移送相关证据。

4.为确保拒执案件审理程序规范、法律适用统一，在受诉法院内部，应指定一个刑事审判庭统一负责对拒执公诉或自诉案件的审理工作。

三、关于拒执刑事案件管辖问题(下略)

根据2000年12月14日最高法研究室**《关于拒不执行人民法院调解书的行为是否构成拒不执行判决、裁定罪的答复》**(法研〔2000〕117号),刑法第三百一十三条规定的"判决、裁定",不包括人民法院的调解书。对于行为人拒不执行人民法院调解书的行为,不能依照刑法第三百一十三条的规定定罪处罚。

2007年8月30日最高法、最高检、公安部**《关于依法严肃查处拒不执行判决、裁定和暴力抗拒法院执行犯罪行为有关问题的通知》**(法发〔2007〕29号)通知如下:

一、对下列拒不执行判决、裁定的行为,依照刑法第三百一十三条的规定,以拒不执行判决、裁定罪论处。

(一)被执行人隐藏、转移、故意毁损财产或者无偿转让财产、以明显不合理的低价转让财产,致使判决、裁定无法执行的;

(二)担保人或者被执行人隐藏、转移、故意毁损或者转让已向人民法院提供担保的财产,致使判决、裁定无法执行的;

(三)协助执行义务人接到人民法院协助执行通知书后,拒不协助执行,致使判决、裁定无法执行的;

(四)被执行人、担保人、协助执行义务人与国家机关工作人员通谋,利用国家机关工作人员的职权妨害执行,致使判决、裁定无法执行的;

(五)其他有能力执行而拒不执行,情节严重的情形。

二、对下列暴力抗拒执行的行为,依照刑法第二百七十七条的规定,以妨害公务罪论处。

(一)聚众哄闹、冲击执行现场,围困、扣押、殴打执行人员,致使执行工作无法进行的;

(二)毁损、抢夺执行案件材料、执行公务车辆和其他执行器械、执行人员服装以及执行公务证件,造成严重后果的;

(三)其他以暴力、威胁方法妨害或者抗拒执行,致使执行工作无法进行的(★本条第(一)、(二)、(三)项规定与2015年7月20日最高法《关于审理拒不执行判决、裁定刑事案件适用法律若干问题的解释》第二条第(五)、(六)、(七)项规定不一致,应以最新规定为准——编者说明)。

三、负有执行人民法院判决、裁定义务的单位直接负责的主管人员和其他直接责任人员,为了本单位的利益实施本《通知》第一条、第二条所列行为之一的,对该主管人员和其他直接责任人员,依照刑法第三百一十三条和第二百七十七条的规定,分别以拒不执行判决、裁定罪和妨害公务罪论处。

四、国家机关工作人员有本《通知》第一条第四项行为的,以拒不执行判决、裁定罪的共犯追究刑事责任。

国家机关工作人员收受贿赂或者滥用职权,有本《通知》第一条第四项行为的，同时又构成刑法第三百八十五条、第三百九十七条规定罪的，依照处罚较重的规定定罪处罚。

五、拒不执行判决、裁定案件由犯罪行为发生地的公安机关、人民检察院、人民法院管辖。如果由犯罪嫌疑人、被告人居住地的人民法院管辖更为适宜的，可以由犯罪嫌疑人、被告人居住地的公安机关、人民检察院、人民法院管辖（★本条规定与2015年7月20日最高法《关于审理拒不执行判决、裁定刑事案件适用法律若干问题的解释》第五条规定不一致，应以最新规定为准——编者说明）。

六、以暴力、威胁方法妨害或者抗拒执行的，公安机关接到报警后，应当立即出警，依法处置。

七、人民法院在执行判决、裁定过程中，对拒不执行判决、裁定情节严重的人，可以先行司法拘留；拒不执行判决、裁定的行为人涉嫌犯罪的，应当将案件依法移送有管辖权的公安机关立案侦查。

……

十二、本通知自印发之日起执行，执行中遇到的情况和问题，请分别报告最高法、最高检、公安部。

根据2018年6月5日最高法**《关于拒不执行判决、裁定罪自诉案件受理工作有关问题的通知》**（法〔2018〕147号），申请执行人向公安机关控告负有执行义务的人涉嫌拒不执行判决、裁定罪，公安机关不予接受控告材料或者在接受控告材料后60日内不予书面答复，申请执行人有证据证明该拒不执行判决、裁定行为侵犯了其人身、财产权利，应当依法追究刑事责任的，人民法院可以以自诉案件立案审理。

人民法院向公安机关移送拒不执行判决、裁定罪线索，公安机关决定不予立案或者在接受案件线索后60日内不予书面答复，或者人民检察院决定不起诉的，人民法院可以向申请执行人释明；申请执行人有证据证明负有执行义务的人拒不执行判决、裁定侵犯了其人身、财产权利，应当依法追究刑事责任的，人民法院可以以自诉案件立案审理。

公安机关接受申请执行人的控告材料或者人民法院移送的拒不执行判决、裁定罪线索，经过60日之后又决定立案的，对于申请执行人的自诉，人民法院未受理的，裁定不予受理；已经受理的，可以向自诉人释明让其撤回起诉或者裁定终止审理。此后再出现公安机关或者人民检察院不予追究情形的，申请执行人可以依法重新提起自诉。

根据2022年7月14日最高法**《关于办理人身安全保护令案件适用法律若干问题的规定》第十二条**，被申请人违反人身安全保护令，符合《中华人民共和国刑法》第三百一十三条规定的，以拒不执行判决、裁定罪定罪处罚；同时构成其他犯罪的，依照刑法有关规定处理。

第三百一十四条　【非法处置查封、扣押、冻结的财产罪】隐藏、转移、变卖、故意毁损已被司法机关查封、扣押、冻结的财产，情节严重的，处三年以下有期徒刑、拘役或者罚金。

第三百一十五条　【破坏监管秩序罪】依法被关押的罪犯，有下列破坏监管秩序行为之一，情节严重的，处三年以下有期徒刑：

（一）殴打监管人员的；

（二）组织其他被监管人破坏监管秩序的；

（三）聚众闹事，扰乱正常监管秩序的；

（四）殴打、体罚或者指使他人殴打、体罚其他被监管人的。

第三百一十六条〔288〕　**【脱逃罪】**依法被关押的罪犯、被告人、犯罪嫌疑人脱逃的，处五年以下有期徒刑或者拘役。

【劫夺被押解人员罪】劫夺押解途中的罪犯、被告人、犯罪嫌疑人的，处三年以上七年以下有期徒刑；情节严重的，处七年以上有期徒刑。

【指导案例】根据 2016 年 12 月 28 日最高法**第十五批指导性案例·指导案例 71 号·毛建文拒不执行判决、裁定案**，有能力执行而拒不执行判决、裁定的时间从判决、裁定发生法律效力时起算。具有执行内容的判决、裁定发生法律效力后，负有执行义务的人有隐藏、转移、故意毁损财产等拒不执行行为，致使判决、裁定无法执行，情节严重的，应当以拒不执行判决、裁定罪定罪处罚。

根据 2020 年 12 月 21 日最高检**第二十四批指导性案例·检例第 92 号·上海甲建筑装饰有限公司、吕某拒不执行判决立案监督案**，负有执行义务的单位和个人以更换企业名称、隐瞒到期收入等方式妨害执行，致使已经发生法律效力的判决、裁定无法执行，情节严重的，应当以拒不执行判决、裁定罪予以追诉。申请执行人认为公安机关对拒不执行判决、裁定的行为应当立案侦查而不立案侦查，向检察机关提出监督申请的，检察机关应当要求公安机关说明不立案的理由。经调查核实，认为公安机关不立案理由不能成立的，应当通知公安机关立案。对于通知立案的涉企业犯罪案件，应当依法适用认罪认罚从宽制度。

〔288〕**【司法解释】**根据 1983 年 8 月 31 日最高法研究室**《关于因错判在服刑期“脱逃”后确有犯罪其错判服刑期限可否与后判刑期折抵问题的电话答复》**，对被错判徒刑的在服刑期间“脱逃”的行为，可不以脱逃论罪判刑；但在脱逃期间犯罪的，应依法定罪判刑；对被错判已服刑的日期与后来犯罪所判处的刑期不宜折抵，可在量刑时酌情考虑从轻或减轻处罚。

根据 2014 年 8 月 11 日最高法、最高检、公安部、司法部**《关于监狱办理刑事案件有关问题的规定》**（司法通〔2014〕80 号），在押罪犯脱逃后未实施其他犯罪的，由监狱立案侦查，公安机关抓获后通知原监狱押回，监狱所在地人

第三百一十七条 【组织越狱罪】组织越狱的首要分子和积极参加的，处五年以上有期徒刑；其他参加的，处五年以下有期徒刑或者拘役。

【暴动越狱罪】【聚众持械劫狱罪】暴动越狱或者聚众持械劫狱的首要分子和积极参加的，处十年以上有期徒刑或者无期徒刑；情节特别严重的，处死刑；其他参加的，处三年以上十年以下有期徒刑。

第三节 妨害国(边)境管理罪[289]

民检察院审查起诉。罪犯脱逃期间又实施其他犯罪，在捕回监狱前发现的，由新罪犯罪地公安机关侦查新罪，并通知监狱；监狱对脱逃罪侦查终结后移送管辖新罪的公安机关，由公安机关一并移送当地人民检察院审查起诉，人民法院判决后，送当地监狱服刑，罪犯服刑的原监狱应当配合。

〔289〕 **【司法解释】**2012 年 12 月 12 日最高法、最高检《**关于办理妨害国(边)境管理刑事案件应用法律若干问题的解释**》(法释〔2012〕17 号，自 2012 年 12 月 20 日起施行)，为依法惩处妨害国(边)境管理犯罪活动，维护国(边)境管理秩序，根据《中华人民共和国刑法》《中华人民共和国刑事诉讼法》的有关规定，现就办理这类案件应用法律的若干问题解释如下：

第六条 具有下列情形之一的，应当认定为刑法第六章第三节规定的“偷越国(边)境”行为：

(一)没有出入境证件出入国(边)境或者逃避接受边防检查的；

(二)使用伪造、变造、无效的出入境证件出入国(边)境的；

(三)使用他人出入境证件出入国(边)境的；

(四)使用以虚假的出入境事由、隐瞒真实身份、冒用他人身份证件等方式骗取的出入境证件出入国(边)境的；

(五)采用其他方式非法出入国(边)境的。

第七条 以单位名义或者单位形式组织他人偷越国(边)境、为他人提供伪造、变造的出入境证件或者运送他人偷越国(边)境的，应当依照刑法第三百一十八条、第三百二十条、第三百二十一条的规定追究直接负责的主管人员和其他直接责任人员的刑事责任。

第八条 实施组织他人偷越国(边)境犯罪，同时构成骗取出境证件罪、提供伪造、变造的出入境证件罪、出售出入境证件罪、运送他人偷越国(边)境罪的，依照处罚较重的规定定罪处罚。

第九条 对跨地区实施的不同妨害国(边)境管理犯罪，符合并案处理要求，有关地方公安机关依照法律和相关规定一并立案侦查，需要提请批准逮捕、移送审查起诉、提起公诉的，由该公安机关所在地的同级人民检察院、人民法院依法受理。

第 317 条

第十条　本解释发布实施后,《最高人民法院关于审理组织、运送他人偷越国(边)境等刑事案件适用法律若干问题的解释》(法释〔2002〕3号)不再适用。

2022年6月29日最高法、最高检、公安部、国家移民管理局**《关于依法惩治妨害国(边)境管理违法犯罪的意见》**(法发〔2022〕18号),为依法惩治妨害国(边)境管理违法犯罪活动,切实维护国(边)境管理秩序,根据《中华人民共和国刑法》《中华人民共和国刑事诉讼法》《中华人民共和国出境入境管理法》《最高人民法院、最高人民检察院关于办理妨害国(边)境管理刑事案件应用法律若干问题的解释》(法释〔2012〕17号,以下简称《解释》)等有关规定,结合执法、司法实践,制定本意见。

一、总体要求

1. 近年来,妨害国(边)境管理违法犯罪活动呈多发高发态势,与跨境赌博、电信网络诈骗以及边境地区毒品、走私、暴恐等违法犯罪活动交织滋长,严重扰乱国(边)境管理秩序,威胁公共安全和人民群众人身财产安全。人民法院、人民检察院、公安机关和移民管理机构要进一步提高政治站位,深刻认识妨害国(边)境管理违法犯罪的严重社会危害,充分发挥各自职能作用,依法准确认定妨害国(边)境管理犯罪行为,完善执法、侦查、起诉、审判的程序衔接,加大对组织者、运送者、犯罪集团骨干成员以及屡罚屡犯者的惩治力度,最大限度削弱犯罪分子再犯能力,切实维护国(边)境管理秩序,确保社会安全稳定,保障人民群众切身利益,努力实现案件办理法律效果与社会效果的有机统一。

二、关于妨害国(边)境管理犯罪的认定

……(➽参见本节条文脚注相关部分)

三、关于妨害国(边)境管理刑事案件的管辖

13. 妨害国(边)境管理刑事案件由犯罪地的公安机关立案侦查。如果由犯罪嫌疑人居住地的公安机关立案侦查更为适宜的,可以由犯罪嫌疑人居住地的公安机关立案侦查。

妨害国(边)境管理犯罪的犯罪地包括妨害国(边)境管理犯罪行为的预备地、过境地、查获地等与犯罪活动有关的地点。

……

四、关于证据的收集与审查

16. 对于妨害国(边)境管理案件所涉主观明知的认定,应当结合行为实施的过程、方式、被查获时的情形和环境,行为人的认知能力、既往经历、与同案人的关系、非法获利等,审查相关辩解是否明显违背常理,综合分析判断。

在组织他人偷越国(边)境、运送他人偷越国(边)境等案件中,具有下列情形之一的,可以认定行为人主观明知,但行为人作出合理解释或者有相反证

据证明的除外：

(1)使用遮蔽、伪装、改装等隐蔽方式接送、容留偷越国(边)境人员的；

(2)与其他妨害国(边)境管理行为人使用同一通讯群组、暗语等进行联络的；

(3)采取绕关避卡等方式躲避边境检查，或者出境前、入境后途经边境地区的时间、路线等明显违反常理的；

(4)接受执法检查时故意提供虚假的身份、事由、地点、联系方式等信息的；

(5)支付、收取或者约定的报酬明显不合理的；

(6)遇到执法检查时企图逃跑，阻碍、抗拒执法检查，或者毁灭证据的；

(7)其他足以认定行为人明知的情形。

……

五、关于宽严相济刑事政策的把握

21. 办理妨害国(边)境管理刑事案件，应当综合考虑行为人的犯罪动机、行为方式、目的以及造成的危害后果等因素，全面把握犯罪事实和量刑情节，依法惩治。做好行政执法与刑事司法的衔接，对涉嫌妨害国(边)境管理犯罪的案件，要及时移送立案侦查，不得以行政处罚代替刑事追究。

对于实施相关行为被不起诉或者免予刑事处罚的行为人，依法应当给予行政处罚、政务处分或者其他处分的，依法移送有关主管机关处理。

22. 突出妨害国(边)境管理刑事案件的打击重点，从严惩处组织他人偷越国(边)境犯罪，坚持全链条、全环节、全流程对妨害国(边)境管理的产业链进行刑事惩治。对于为组织他人偷越国(边)境实施骗取出入境证件，提供伪造、变造的出入境证件，出售出入境证件，或者运送偷越国(边)境等行为，形成利益链条的，要坚决依法惩治，深挖犯罪源头，斩断利益链条，不断挤压此类犯罪滋生蔓延空间。

对于运送他人偷越国(边)境犯罪，要综合考虑运送人数、违法所得、前科情况等依法定罪处罚，重点惩治以此为业、屡罚屡犯、获利巨大和其他具有重大社会危害的情形。

对于偷越国(边)境犯罪，要综合考虑偷越动机、行为手段、前科情况等依法定罪处罚，重点惩治越境实施犯罪、屡罚屡犯和其他具有重大社会危害的情形。

23. 对于妨害国(边)境管理犯罪团伙、犯罪集团，应当重点惩治首要分子、主犯和积极参加者。对受雇佣或者被利用从事信息登记、材料递交等辅助性工作人员，未直接实施妨害国(边)境管理行为的，一般不追究刑事责任，可以由公安机关、移民管理机构依法作出行政处罚或者其他处理。

24. 对于妨害国(边)境管理犯罪所涉及的在偷越国(边)境之后的相关行为，要区分情况作出处理。对于组织、运送他人偷越国(边)境，进而在他人偷

第三百一十八条〔290〕　**【组织他人偷越国(边)境罪】**组织他人偷越国(边)境的，处二年以上七年以下有期徒刑，并处罚金；有下列情形之一的，处七年以上有期徒刑或者无期徒刑，并处罚金或者没收财产：

(一)组织他人偷越国(边)境集团的首要分子；

(二)多次组织他人偷越国(边)境或者组织他人偷越国(边)境人数众多的；

(三)造成被组织人重伤、死亡的；

(四)剥夺或者限制被组织人人身自由的；

(五)以暴力、威胁方法抗拒检查的；

(六)违法所得数额巨大的；

(七)有其他特别严重情节的。

犯前款罪，对被组织人有杀害、伤害、强奸、拐卖等犯罪行为，或者对检查人员有杀害、伤害等犯罪行为的，依照数罪并罚的规定处罚。

越国(边)境之后组织实施犯罪的，要作为惩治重点，符合数罪并罚规定的，应当数罪并罚。

对于为非法用工而组织、运送他人偷越国(边)境，或者明知是偷越国(边)境的犯罪分子而招募用工的，在决定是否追究刑事责任以及如何裁量刑罚时，应当综合考虑越境人数、违法所得、前科情况、造成影响或者后果等情节，恰当评估社会危害性，依法妥当处理。其中，单位实施上述行为，对组织者、策划者、实施者依法追究刑事责任的，定罪量刑应作综合考量，适当体现区别，确保罪责刑相适应。

25. 对以牟利为目的实施妨害国(边)境管理犯罪，要注重适用财产刑和追缴犯罪所得、没收作案工具等处置手段，加大财产刑的执行力度，最大限度剥夺其重新犯罪的能力和条件。

26. 犯罪嫌疑人、被告人提供重要证据或者重大线索，对侦破、查明重大妨害国(边)境管理刑事案件起关键作用，经查证属实的，可以依法从宽处理。

〔290〕**【司法解释】**根据2012年12月12日最高法、最高检**《关于办理妨害国(边)境管理刑事案件应用法律若干问题的解释》第一条**，领导、策划、指挥他人偷越国(边)境或者在首要分子指挥下，实施拉拢、引诱、介绍他人偷越国(边)境等行为的，应当认定为刑法第三百一十八条规定的“组织他人偷越国(边)境”。

组织他人偷越国(边)境人数在10人以上的，应当认定为刑法第三百一十八条第一款第(二)项规定的“人数众多”；违法所得数额在20万元以上的，应当认定为刑法第三百一十八条第一款第(六)项规定的“违法所得数额巨大”。

以组织他人偷越国（边）境为目的，招募、拉拢、引诱、介绍、培训偷越国（边）境人员，策划、安排偷越国（边）境行为，在他人偷越国（边）境之前或者偷越国（边）境过程中被查获的，应当以组织他人偷越国（边）境罪（未遂）论处；具有刑法第三百一十八条第一款规定的情形之一的，应当在相应的法定刑幅度基础上，结合未遂犯的处罚原则量刑。

2022 年 6 月 29 日最高法、最高检、公安部、国家移民管理局**《关于依法惩治妨害国（边）境管理违法犯罪的意见》**，就刑法第三百一十八条的适用意见如下：

2. 具有下列情形之一的，应当认定为刑法第三百一十八条规定的“组织他人偷越国（边）境”行为：

（1）组织他人通过虚构事实、隐瞒真相等方式掩盖非法出入境目的，骗取出入境边防检查机关核准出入境的；

（2）组织依法限定在我国边境地区停留、活动的人员，违反国（边）境管理法规，非法进入我国非边境地区的。

对于前述行为，在决定是否追究刑事责任以及如何裁量刑罚时，应当综合考虑组织者前科情况、行为手段、组织人数和次数、违法所得数额及被组织人员偷越国（边）境的目的等情节，依法妥当处理。

3. 事前与组织、运送他人偷越国（边）境的犯罪分子通谋，在偷越国（边）境人员出境前或者入境后，提供接驳、容留、藏匿等帮助的，以组织他人偷越国（边）境罪或者运送他人偷越国（边）境罪的共同犯罪论处。

4.……（➻参见刑法第 321 条脚注相关部分）

5.《解释》第一条第二款、第四条规定的“人数”，以实际组织、运送的人数计算；未到案人员经查证属实的，应当计算在内。

6. 明知他人实施骗取出境证件犯罪，提供虚假证明、邀请函件以及面签培训等帮助的，以骗取出境证件罪的共同犯罪论处；符合刑法第三百一十八条规定的，以组织他人偷越国（边）境罪定罪处罚。

7. 事前与组织他人偷越国（边）境的犯罪分子通谋，为其提供虚假证明、邀请函件以及面签培训等帮助，骗取入境签证等入境证件，为组织他人偷越国（边）境使用的，以组织他人偷越国（边）境罪的共同犯罪论处。

……

11. 徒步带领他人通过隐蔽路线逃避边防检查偷越国（边）境的，属于运送他人偷越国（边）境。领导、策划、指挥他人偷越国（边）境，并实施徒步带领行为的，以组织他人偷越国（边）境罪论处。

……

第三百一十九条[291]　**【骗取出境证件罪】**以劳务输出、经贸往来或者其他名义，弄虚作假，骗取护照、签证等出境证件，为组织他人偷越国（边）境使用的，处三年以下有期徒刑，并处罚金；情节严重的，处三年以上十年以下有期徒刑，并处罚金。

单位犯前款罪的，对单位判处罚金，并对其直接负责的主管人员和其他直接责任人员，依照前款的规定处罚。

---

〔291〕**【司法解释】**根据2012年12月12日最高法、最高检**《关于办理妨害国（边）境管理刑事案件应用法律若干问题的解释》第二条**，为组织他人偷越国（边）境，编造出境事由、身份信息或者相关的境外关系证明的，应当认定为刑法第三百一十九条第一款规定的"弄虚作假"。

刑法第三百一十九条第一款规定的"出境证件"，包括护照或者代替护照使用的国际旅行证件，中华人民共和国海员证，中华人民共和国出入境通行证，中华人民共和国旅行证，中国公民往来香港、澳门、台湾地区证件，边境地区出入境通行证，签证、签注，出国（境）证明、名单，以及其他出境时需要查验的资料。

具有下列情形之一的，应当认定为刑法第三百一十九条第一款规定的"情节严重"：

（一）骗取出境证件5份以上的；

（二）非法收取费用30万元以上的；

（三）明知是国家规定的不准出境的人员而为其骗取出境证件的；

（四）其他情节严重的情形。

根据2022年6月29日最高法、最高检、公安部、国家移民管理局**《关于依法惩治妨害国（边）境管理违法犯罪的意见》第六条**，明知他人实施骗取出境证件犯罪，提供虚假证明、邀请函件以及面签培训等帮助的，以骗取出境证件罪的共同犯罪论处；符合刑法第三百一十八条规定的，以组织他人偷越国（边）境罪定罪处罚。

根据2001年2月1日公安部法制局**《对〈关于倒卖邀请函的行为如何处理的请示〉的答复》**（公法〔2001〕21号），办理出入境证件所需的邀请函不属于出入境证件。对仅仅是为他人联系提供办理出入境证件所需邀请函并获得报酬的行为，如果该邀请函真实有效、当事人之间没有欺诈行为，不应依据《中华人民共和国出境入境管理法实施细则》第二十二条第一款第二项规定按招摇撞骗行为予以处罚；也不应将该行为认定为组织、运送他人偷越国（边）境的行为以刑事或行政处罚。

对以联系提供办理出入境证件所需的邀请函为名，编造情况，提供假证明，骗取出入境证件以及从事诈骗、组织他人偷越国（边）境等违法犯罪活动的，应依法予以查处。

第三百二十条[292] **【提供伪造、变造的出入境证件罪】【出售出入境证件罪】**为他人提供伪造、变造的护照、签证等出入境证件，或者出售护照、签证等出入境证件的，处五年以下有期徒刑，并处罚金；情节严重的，处五年以上有期徒刑，并处罚金。

第三百二十一条[293] **【运送他人偷越国（边）境罪】**运送他人偷越国（边）境的，处五年以下有期徒刑、拘役或者管制，并处罚金；有下列情形之一的，处五年以上十年以下有期徒刑，并处罚金：

（一）多次实施运送行为或者运送人数众多的；

（二）所使用的船只、车辆等交通工具不具备必要的安全条件，足以造成严重后果的；

（三）违法所得数额巨大的；

（四）有其他特别严重情节的。

在运送他人偷越国（边）境中造成被运送人重伤、死亡，或者以暴力、威胁方法抗拒检查的，处七年以上有期徒刑，并处罚金。

犯前两款罪，对被运送人有杀害、伤害、强奸、拐卖等犯罪行为，或者对检查人员有杀害、伤害等犯罪行为的，依照数罪并罚的规定处罚。

---

〔292〕**【司法解释】**根据2012年12月12日最高法、最高检**《关于办理妨害国（边）境管理刑事案件应用法律若干问题的解释》第三条**，刑法第三百二十条规定的“出入境证件”，包括本解释第二条第二款所列的证件以及其他入境时需要查验的资料。

具有下列情形之一的，应当认定为刑法第三百二十条规定的“情节严重”：

（一）为他人提供伪造、变造的出入境证件或者出售出入境证件5份以上的；

（二）非法收取费用30万元以上的；

（三）明知是国家规定的不准出入境的人员而为其提供伪造、变造的出入境证件或者向其出售出入境证件的；

（四）其他情节严重的情形。

根据2000年5月16日公安部**《关于盗窃空白因私护照有关问题的批复》**（公境出〔2000〕881号），李某某、万某某等人将盗窃的护照出售，其出售护照的行为也妨害国（边）境管理秩序，触犯刑法第三百二十条，涉嫌构成出售出入境证件罪。

〔293〕**【司法解释】**根据2012年12月12日最高法、最高检**《关于办理妨害国（边）境管理刑事案件应用法律若干问题的解释》第四条**，运送他人偷

第三百二十二条〔294〕　**【偷越国（边）境罪】**违反国（边）境管理法规，偷越国（边）境，情节严重的，处一年以下有期徒刑、拘役或者管制，并处罚金；为参加恐怖活动组织、接受恐怖活动培训或者实施恐怖活动，偷越国（边）境的，处一年以上三年以下有期徒刑，并处罚金。

越国（边）境人数在10人以上的，应当认定为刑法第三百二十一条第一款第（一）项规定的"人数众多"；违法所得数额在20万元以上的，应当认定为刑法第三百二十一条第一款第（三）项规定的"违法所得数额巨大"。

2022年6月29日最高法、最高检、公安部、国家移民管理局**《关于依法惩治妨害国（边）境管理违法犯罪的意见》**，就刑法第三百二十一条的适用意见如下：

4. 明知是偷越国（边）境人员，分段运送其前往国（边）境的，应当认定为刑法第三百二十一条规定的"运送他人偷越国（边）境"，以运送他人偷越国（边）境罪定罪处罚。但是，在决定是否追究刑事责任以及如何裁量刑罚时，应当充分考虑行为人在运送他人偷越国（边）境过程中所起作用等情节，依法妥当处理。

5.《解释》第一条第二款、第四条规定的"人数"，以实际组织、运送的人数计算；未到案人员经查证属实的，应当计算在内。

……

11. 徒步带领他人通过隐蔽路线逃避边防检查偷越国（边）境的，属于运送他人偷越国（边）境。领导、策划、指挥他人偷越国（边）境，并实施徒步带领行为的，以组织他人偷越国（边）境罪论处。

徒步带领偷越国（边）境的人数较少，行为人系初犯，确有悔罪表现，综合考虑行为动机、一贯表现、违法所得、实际作用等情节，认为对国（边）境管理秩序妨害程度明显较轻的，可以认定为犯罪情节轻微，依法不起诉或者免予刑事处罚；情节显著轻微危害不大的，不作为犯罪处理。

12. 对于刑法第三百二十一条第一款规定的"多次实施运送行为"，累计运送人数一般应当接近10人。

〔294〕　**【刑法修订】**2015年**《刑法修正案（九）》第四十条**修订了本条。1997年刑法原文如下：

第三百二十二条　违反国（边）境管理法规，偷越国（边）境，情节严重的，处一年以下有期徒刑、拘役或者管制，并处罚金。

2015年**《刑法修正案（九）》**在原条末尾增加了"为参加恐怖活动组织、接受恐怖活动培训或者实施恐怖活动，偷越国（边）境的，处一年以上三年以下有期徒刑，并处罚金"的规定。

【司法解释】根据2012年12月12日最高法、最高检**《关于办理妨害国**

(边)境管理刑事案件应用法律若干问题的解释》第五条,偷越国(边)境,具有下列情形之一的,应当认定为刑法第三百二十二条规定的"情节严重":

(一)在境外实施损害国家利益行为的;

(二)偷越国(边)境3次以上或者3人以上结伙偷越国(边)境的;

(三)拉拢、引诱他人一起偷越国(边)境的;

(四)勾结境外组织、人员偷越国(边)境的;

(五)因偷越国(边)境被行政处罚后1年内又偷越国(边)境的;

(六)其他情节严重的情形。

2022年6月29日最高法、最高检、公安部、国家移民管理局**《关于依法惩治妨害国(边)境管理违法犯罪的意见》**,就刑法第三百二十二条的适用意见如下:

8. 对于偷越国(边)境的次数,按照非法出境、入境的次数分别计算。但是,对于非法越境后及时返回,或者非法出境后又入境投案自首的,一般应当计算为一次。

9. 偷越国(边)境人员相互配合,共同偷越国(边)境的,属于《解释》第五条第二项规定的"结伙"。偷越国(边)境人员在组织者、运送者安排下偶然同行的,不属于"结伙"。

在认定偷越国(边)境"结伙"的人数时,不满16周岁的人不计算在内。

10. 偷越国(边)境,具有下列情形之一的,属于《解释》第五条第六项规定的"其他情节严重的情形":

(1)犯罪后为逃避刑事追究偷越国(边)境的;

(2)破坏边境物理隔离设施后,偷越国(边)境的;

(3)以实施电信网络诈骗、开设赌场等犯罪为目的,偷越国(边)境的;

(4)曾因妨害国(边)境管理犯罪被判处刑罚,刑罚执行完毕后2年内又偷越国(边)境的。

实施偷越国(边)境犯罪,又实施妨害公务、袭警、妨害传染病防治等行为,并符合有关犯罪构成的,应当数罪并罚。

根据2016年8月1日最高法**《关于审理发生在我国管辖海域相关案件若干问题的规定(二)》第三条**,违反我国国(边)境管理法规,非法进入我国领海,具有下列情形之一的,应当认定为刑法第三百二十二条规定的"情节严重":

(一)经驱赶拒不离开的;

(二)被驱离后又非法进入我国领海的;

(三)因非法进入我国领海被行政处罚或者被刑事处罚后,1年内又非法进入我国领海的;

(四)非法进入我国领海从事捕捞水产品等活动,尚不构成非法捕捞水产

第三百二十三条[295]　**【破坏界碑、界桩罪】【破坏永久性测量标志罪】**故意破坏国家边境的界碑、界桩或者永久性测量标志的，处三年以下有期徒刑或者拘役。

第四节　妨害文物管理罪[296]

品等犯罪的；

（五）其他情节严重的情形。

〔295〕**【立案标准】**根据2000年3月31日公安部**《关于妨害国（边）境管理犯罪案件立案标准及有关问题的通知》**（公通字〔2000〕30号），采取盗取、毁坏、拆除、掩埋、移动等手段破坏国家边境的界碑、界桩的，应当立案侦查。

采取盗取、拆毁、损坏、改变、移动、掩埋等手段破坏永久性测量标志，使其失去原有作用的，应当立案侦查。

〔296〕**【相关法规】**根据2017年修正后的**《文物保护法》第二条**，在中华人民共和国境内，下列文物受国家保护：

（一）具有历史、艺术、科学价值的古文化遗址、古墓葬、古建筑、石窟寺和石刻、壁画；

（二）与重大历史事件、革命运动或者著名人物有关的以及具有重要纪念意义、教育意义或者史料价值的近代现代重要史迹、实物、代表性建筑；

（三）历史上各时代珍贵的艺术品、工艺美术品；

（四）历史上各时代重要的文献资料以及具有历史、艺术、科学价值的手稿和图书资料等；

（五）反映历史上各时代、各民族社会制度、社会生产、社会生活的代表性实物。

文物认定的标准和办法由国务院文物行政部门制定，并报国务院批准。

具有科学价值的古脊椎动物化石和古人类化石同文物一样受国家保护。

【立法解释】根据2005年12月29日全国人大常委会**《关于〈中华人民共和国刑法〉有关文物的规定适用于具有科学价值的古脊椎动物化石、古人类化石的解释》**，刑法有关文物的规定，适用于具有科学价值的古脊椎动物化石、古人类化石（★除了本节妨害文物管理罪之外，对于刑法第151条第2款走私文物罪、第419条失职造成珍贵文物损毁、流失罪中的“文物”，应作同样的理解——编者说明）。

第三百二十四条[297] **【故意损毁文物罪】**故意损毁国家保护的珍贵文物或者被确定为全国重点文物保护单位、省级文物保护单位的文物的，处三年以下有期徒刑或者拘役，并处或者单处罚金；情节严重的，处三年以上十年以下有期徒刑，并处罚金。

【故意损毁名胜古迹罪】故意损毁国家保护的名胜古迹，情节严重的，处五年以下有期徒刑或者拘役，并处或者单处罚金。

【过失损毁文物罪】过失损毁国家保护的珍贵文物或者被确定为全国重点文物保护单位、省级文物保护单位的文物，造成严重后果的，处三年以下有期徒刑或者拘役。

---

〔297〕**【立案标准】**2008年6月25日最高检、公安部**《关于公安机关管辖的刑事案件立案追诉标准的规定（一）》**，对刑法第三百二十四条的立案追诉标准规定如下：

第四十六条 故意损毁国家保护的珍贵文物或者被确定为全国重点文物保护单位、省级文物保护单位的文物的，应予立案追诉。

第四十七条 故意损毁国家保护的名胜古迹，涉嫌下列情形之一的，应予立案追诉：

（一）造成国家保护的名胜古迹严重损毁的；

（二）损毁国家保护的名胜古迹3次以上或者3处以上，尚未造成严重损毁后果的；

（三）损毁手段特别恶劣的；

（四）其他情节严重的情形。

第四十八条 过失损毁国家保护的珍贵文物或者被确定为全国重点文物保护单位、省级文物保护单位的文物，涉嫌下列情形之一的，应予立案追诉：

（一）造成珍贵文物严重损毁的；

（二）造成被确定为全国重点文物保护单位、省级文物保护单位的文物严重损毁的；

（三）造成珍贵文物损毁3件以上的；

（四）其他造成严重后果的情形。

【司法解释】2015年12月30日最高法、最高检**《关于办理妨害文物管理等刑事案件适用法律若干问题的解释》**（法释〔2015〕23号，自2016年1月1日起施行），为依法惩治文物犯罪，保护文物，根据《中华人民共和国刑法》《中华人民共和国刑事诉讼法》《中华人民共和国文物保护法》的有关规定，现就办理此类刑事案件适用法律的若干问题解释如下：

第一条 ……（➻参见刑法第151条脚注相关部分）

第二条 ……（➻参见刑法第264条脚注相关部分）

第三条　全国重点文物保护单位、省级文物保护单位的本体，应当认定为刑法第三百二十四条第一款规定的“被确定为全国重点文物保护单位、省级文物保护单位的文物”。

故意损毁国家保护的珍贵文物或者被确定为全国重点文物保护单位、省级文物保护单位的文物，具有下列情形之一的，应当认定为刑法第三百二十四条第一款规定的“情节严重”：

（一）造成5件以上三级文物损毁的；

（二）造成二级以上文物损毁的；

（三）致使全国重点文物保护单位、省级文物保护单位的本体严重损毁或者灭失的；

（四）多次损毁或者损毁多处全国重点文物保护单位、省级文物保护单位的本体的；

（五）其他情节严重的情形。

实施前款规定的行为，拒不执行国家行政主管部门作出的停止侵害文物的行政决定或者命令的，酌情从重处罚。

第四条　风景名胜区的核心景区以及未被确定为全国重点文物保护单位、省级文物保护单位的古文化遗址、古墓葬、古建筑、石窟寺、石刻、壁画、近代现代重要史迹和代表性建筑等不可移动文物的本体，应当认定为刑法第三百二十四条第二款规定的“国家保护的名胜古迹”。

故意损毁国家保护的名胜古迹，具有下列情形之一的，应当认定为刑法第三百二十四条第二款规定的“情节严重”：

（一）致使名胜古迹严重损毁或者灭失的；

（二）多次损毁或者损毁多处名胜古迹的；

（三）其他情节严重的情形。

实施前款规定的行为，拒不执行国家行政主管部门作出的停止侵害文物的行政决定或者命令的，酌情从重处罚。

故意损毁风景名胜区内被确定为全国重点文物保护单位、省级文物保护单位的文物的，依照刑法第三百二十四条第一款和本解释第三条的规定定罪量刑。

第五条　过失损毁国家保护的珍贵文物或者被确定为全国重点文物保护单位、省级文物保护单位的文物，具有本解释第三条第二款第一项至第三项规定情形之一的，应当认定为刑法第三百二十四条第三款规定的“造成严重后果”。

……

第十一条第二款　公司、企业、事业单位、机关、团体等单位实施盗窃文物，故意损毁文物、名胜古迹，过失损毁文物，盗掘古文化遗址、古墓葬等行为的，依照本解释规定的相应定罪量刑标准，追究组织者、策划者、实施者的刑事责任。

……

第十三条　案件涉及不同等级的文物的，按照高级别文物的量刑幅度量

第三百二十五条　【非法向外国人出售、赠送珍贵文物罪】违反文物保护法规，将收藏的国家禁止出口的珍贵文物私自出售或者私自赠送给外国人的，处五年以下有期徒刑或者拘役，可以并处罚金。

单位犯前款罪的，对单位判处罚金，并对其直接负责的主管人员和其他直接责任人员，依照前款的规定处罚。

刑；有多件同级文物的，5 件同级文物视为 1 件高一级文物，但是价值明显不相当的除外。

第十四条　依照文物价值定罪量刑的，根据涉案文物的有效价格证明认定文物价值；无有效价格证明，或者根据价格证明认定明显不合理的，根据销赃数额认定，或者结合本解释第十五条规定的鉴定意见、报告认定。

第十五条　在行为人实施有关行为前，文物行政部门已对涉案文物及其等级作出认定的，可以直接对有关案件事实作出认定。

对案件涉及的有关文物鉴定、价值认定等专门性问题难以确定的，由司法鉴定机构出具鉴定意见，或者由国务院文物行政部门指定的机构出具报告。其中，对于文物价值，也可以由有关价格认证机构作出价格认证并出具报告（★关于涉案文物的鉴定评估，参见 2018 年 6 月 20 日国家文物局、最高法、最高检、公安部、海关总署联合印发《涉案文物鉴定评估管理办法》（文物博发〔2018〕4 号）。本书对此未收录——编者说明）。

第十六条第二款　实施本解释第三条至第五条规定的行为，虽已达到应当追究刑事责任的标准，但行为人系初犯，积极赔偿损失，并确有悔罪表现的，可以认定为犯罪情节轻微，不起诉或者免予刑事处罚。

第十七条　走私、盗窃、损毁、倒卖、盗掘或者非法转让具有科学价值的古脊椎动物化石、古人类化石的，依照刑法和本解释的有关规定定罪量刑。

第十八条　本解释自 2016 年 1 月 1 日起施行。本解释公布施行后，《最高人民法院、最高人民检察院关于办理盗窃、盗掘、非法经营和走私文物的案件具体应用法律的若干问题的解释》（法（研）发〔1987〕32 号）同时废止；之前发布的司法解释与本解释不一致的，以本解释为准。

【指导案例】2020 年 12 月 31 日最高法**第二十六批指导性案例·指导案例 147 号·张永明、毛伟明、张鹭故意损毁名胜古迹案**，风景名胜区的核心景区属于刑法第三百二十四条第二款规定的“国家保护的名胜古迹”。对核心景区内的世界自然遗产实施打岩钉等破坏活动，严重破坏自然遗产的自然性、原始性、完整性和稳定性的，综合考虑有关地质遗迹的特点、损坏程度等，可以认定为故意损毁国家保护的名胜古迹“情节严重”。

对刑事案件中的专门性问题需要鉴定，但没有鉴定机构的，可以指派、聘请有专门知识的人就案件的专门性问题出具报告，相关报告在刑事诉讼中可以作为证据使用。

第三百二十六条〔298〕　**【倒卖文物罪】**以牟利为目的，倒卖国家禁止经营的文物，情节严重的，处五年以下有期徒刑或者拘役，并处罚金；情节特别严重的，处五年以上十年以下有期徒刑，并处罚金。

单位犯前款罪的，对单位判处罚金，并对其直接负责的主管人员和其他直接责任人员，依照前款的规定处罚。

---

〔298〕　**【相关法规】**根据 2017 年修正后的**《文物保护法》第五十条**，文物收藏单位以外的公民、法人和其他组织可以收藏通过下列方式取得的文物：

（一）依法继承或者接受赠与；

（二）从文物商店购买；

（三）从经营文物拍卖的拍卖企业购买；

（四）公民个人合法所有的文物相互交换或者依法转让；

（五）国家规定的其他合法方式。

文物收藏单位以外的公民、法人和其他组织收藏的前款文物可以依法流通。

第五十一条　公民、法人和其他组织不得买卖下列文物：

（一）国有文物，但是国家允许的除外；

（二）非国有馆藏珍贵文物；

（三）国有不可移动文物中的壁画、雕塑、建筑构件等，但是依法拆除的国有不可移动文物中的壁画、雕塑、建筑构件等不属于本法第二十条第四款规定的应由文物收藏单位收藏的除外；

（四）来源不符合本法第五十条规定的文物。

根据 2022 年修订后的**《水下文物保护管理条例》第八条第一款**，严禁破坏、盗捞、哄抢、私分、藏匿、倒卖、走私水下文物等行为。

【司法解释】根据 2015 年 12 月 30 日最高法、最高检**《关于办理妨害文物管理等刑事案件适用法律若干问题的解释》第六条**，出售或者为出售而收购、运输、储存《中华人民共和国文物保护法》规定的“国家禁止买卖的文物”的，应当认定为刑法第三百二十六条规定的“倒卖国家禁止经营的文物”。

倒卖国家禁止经营的文物，具有下列情形之一的，应当认定为刑法第三百二十六条规定的“情节严重”：

（一）倒卖三级文物的；

（二）交易数额在 5 万元以上的；

（三）其他情节严重的情形。

实施前款规定的行为，具有下列情形之一的，应当认定为刑法第三百二十六条规定的“情节特别严重”：

（一）倒卖二级以上文物的；

（二）倒卖三级文物 5 件以上的；

（三）交易数额在 25 万元以上的；

（四）其他情节特别严重的情形。

第三百二十七条〔299〕 **【非法出售、私赠文物藏品罪】**违反文物保护法规，国有博物馆、图书馆等单位将国家保护的文物藏品出售或者私自送给非国有单位或者个人的，对单位判处罚金，并对其直接负责的主管人员和其他直接责任人员，处三年以下有期徒刑或者拘役。

第三百二十八条〔300〕 **【盗掘古文化遗址、古墓葬罪】**盗掘具有历史、艺术、科学价值的古文化遗址、古墓葬的，处三年以上十年以下有期徒刑，并处罚金；情节较轻的，处三年以下有期徒刑、拘役或者管制，并处罚金；有下列情形之一的，处十年以上有期徒刑或者无期徒刑，并处罚金或者没收财产：

（一）盗掘确定为全国重点文物保护单位和省级文物保护单位的古文化遗址、古墓葬的；

（二）盗掘古文化遗址、古墓葬集团的首要分子；

（三）多次盗掘古文化遗址、古墓葬的；

（四）盗掘古文化遗址、古墓葬，并盗窃珍贵文物或者造成珍贵文物严重破坏的。

根据 2022 年 8 月 16 日最高法、最高检、公安部、国家文物局**《关于办理妨害文物管理等刑事案件若干问题的意见》**，出售或者为出售而收购、运输、储存《中华人民共和国文物保护法》第五十一条规定的“国家禁止买卖的文物”，可以结合行为人的从业经历、认知能力、违法犯罪记录、供述情况，交易的价格、次数、件数、场所，文物的来源、外观形态等综合审查判断，认定其行为系刑法第三百二十六条规定的“以牟利为目的”，但文物来源符合《中华人民共和国文物保护法》第五十条规定的除外。

【典型案例】根据 2023 年 10 月 30 日最高检**依法惩治涉文物犯罪典型案例（第一批）·案例二、王某某倒卖文物案**，对于行为人明知是盗掘古文化遗址、古墓葬犯罪所获取的文物仍多次收购，且拒不交代文物去向的，可综合全案证据认定其具有牟利目的，以倒卖文物罪追究刑事责任。对审判机关适用法律错误、量刑不当的，检察机关应加强法律监督，依法提出抗诉。

〔299〕 **【司法解释】**根据 2015 年 12 月 30 日最高法、最高检**《关于办理妨害文物管理等刑事案件适用法律若干问题的解释》第七条**，国有博物馆、图书馆以及其他国有单位，违反文物保护法规，将收藏或者管理的国家保护的文物藏品出售或者私自送给非国有单位或者个人的，依照刑法第三百二十七条的规定，以非法出售、私赠文物藏品罪追究刑事责任。

〔300〕 **【刑法修订】**2011 年**《刑法修正案（八）》第四十五条**修订了本条第一款。1997 年刑法该款原文如下：

【盗掘古人类化石、古脊椎动物化石罪】盗掘国家保护的具有科学价值的古人类化石和古脊椎动物化石的,依照前款的规定处罚。

第三百二十九条　【抢夺、窃取国有档案罪】抢夺、窃取国家所有的档案的,处五年以下有期徒刑或者拘役。

【擅自出卖、转让国有档案罪】违反档案法的规定,擅自出卖、转让国家所有的档案,情节严重的,处三年以下有期徒刑或者拘役。

有前两款行为,同时又构成本法规定的其他犯罪的,依照处罚较重的规定定罪处罚。

第三百二十八条第一款　盗掘具有历史、艺术、科学价值的古文化遗址、古墓葬的,处三年以上十年以下有期徒刑,并处罚金;情节较轻的,处三年以下有期徒刑、拘役或者管制,并处罚金;有下列情形之一的,处十年以上有期徒刑、无期徒刑或者死刑,并处罚金或者没收财产:

(一)盗掘确定为全国重点文物保护单位和省级文物保护单位的古文化遗址、古墓葬的;

(二)盗掘古文化遗址、古墓葬集团的首要分子;

(三)多次盗掘古文化遗址、古墓葬的;

(四)盗掘古文化遗址、古墓葬,并盗窃珍贵文物或者造成珍贵文物严重破坏的。

2011年**《刑法修正案(八)》**修订了本条法定最高刑,将"有下列情形之一的,处十年以上有期徒刑、无期徒刑或者死刑,并处罚金或者没收财产"修改为"有下列情形之一的,处十年以上有期徒刑或者无期徒刑,并处罚金或者没收财产",从而废除了本罪的死刑。

【司法解释】根据2015年12月30日最高法、最高检**《关于办理妨害文物管理等刑事案件适用法律若干问题的解释》第八条**,刑法第三百二十八条第一款规定的"古文化遗址、古墓葬"包括水下古文化遗址、古墓葬。"古文化遗址、古墓葬"不以公布为不可移动文物的古文化遗址、古墓葬为限。

实施盗掘行为,已损害古文化遗址、古墓葬的历史、艺术、科学价值的,应当认定为盗掘古文化遗址、古墓葬罪既遂。

采用破坏性手段盗窃古文化遗址、古墓葬以外的古建筑、石窟寺、石刻、壁画、近代现代重要史迹和代表性建筑等其他不可移动文物的,依照刑法第二百六十四条的规定,以盗窃罪追究刑事责任。

2022年8月16日最高法、最高检、公安部、国家文物局**《关于办理妨害文物管理等刑事案件若干问题的意见》**(公通字〔2022〕18号),为依法惩治文物犯罪,加强对文物的保护,根据《中华人民共和国刑法》《中华人民共和国刑事诉讼法》《中华人民共和国文物保护法》和《最高人民法院、最高人民检察院关于办理妨害文物管理等刑事案件适用法律若干问题的解释》(法释〔2015〕23号,以下简称《文物犯罪解释》)等有关规定,结合司法实践,制定本意见。

一、总体要求(下略)

二、依法惩处文物犯罪

(一)准确认定盗掘行为

1. 针对古建筑、石窟寺等不可移动文物中包含的古文化遗址、古墓葬部分实施盗掘,符合刑法第三百二十八条规定的,以盗掘古文化遗址、古墓葬罪追究刑事责任。

盗掘对象是否属于古文化遗址、古墓葬,应当按照《文物犯罪解释》第八条、第十五条的规定作出认定。

2. 以盗掘为目的,在古文化遗址、古墓葬表层进行钻探、爆破、挖掘等作业,因意志以外的原因,尚未损害古文化遗址、古墓葬的历史、艺术、科学价值的,属于盗掘古文化遗址、古墓葬未遂,应当区分情况分别处理:

(1)以被确定为全国重点文物保护单位、省级文物保护单位的古文化遗址、古墓葬为盗掘目标的,应当追究刑事责任;

(2)以被确定为市、县级文物保护单位的古文化遗址、古墓葬为盗掘目标的,对盗掘团伙的纠集者、积极参加者,应当追究刑事责任;

(3)以其他古文化遗址、古墓葬为盗掘目标的,对情节严重者,依法追究刑事责任。

实施前款规定的行为,同时构成刑法第三百二十四条第一款、第二款规定的故意损毁文物罪、故意损毁名胜古迹罪的,依照处罚较重的规定定罪处罚。

3. 刑法第三百二十八条第一款第三项规定的"多次盗掘"是指盗掘三次以上。对于行为人基于同一或者概括犯意,在同一古文化遗址、古墓葬本体周边一定范围内实施连续盗掘,已损害古文化遗址、古墓葬的历史、艺术、科学价值的,一般应认定为一次盗掘。

(二)准确认定盗窃行为(➽参见刑法第 264 条脚注相关部分)

(三)准确认定掩饰、隐瞒与倒卖行为(➽参见刑法第 312 条、第 326 条脚注相关部分)

三、涉案文物的认定和鉴定评估

对案件涉及的文物等级、类别、价值等专门性问题,如是否属于古文化遗址、古墓葬、古建筑、石窟寺、石刻、壁画、近代现代重要史迹和代表性建筑等不可移动文物,是否具有历史、艺术、科学价值,是否属于各级文物保护单位,是否属于珍贵文物,以及有关行为对文物造成的损毁程度和对文物价值造成的影响等,案发前文物行政部门已作认定的,可以直接对有关案件事实作出认定;案发前未作认定的,可以结合国务院文物行政部门指定的机构出具的《涉案文物鉴定评估报告》作出认定,必要时,办案机关可以依法提请文物行政部门对有关问题作出说明。《涉案文物鉴定评估报告》应当依照《涉案文物鉴定评估管理办法》(文物博发〔2018〕4号)规定的程序和格式文本出具。

四、文物犯罪案件管辖

文物犯罪案件一般由犯罪地的公安机关管辖,包括文物犯罪的预谋地、工具准备地、勘探地、盗掘地、盗窃地、途经地、交易地、倒卖信息发布地、出口(境)地、涉案不可移动文物的所在地、涉案文物的实际取得地、藏匿地、转移地、加工地、储存地、销售地等。多个公安机关都有权立案侦查的文物犯罪案件,由主要犯罪地公安机关立案侦查。

具有下列情形之一的,有关公安机关可以在其职责范围内并案处理:

(1)一人犯数罪的;

(2)共同犯罪的;

(3)共同犯罪的犯罪嫌疑人还实施其他犯罪的;

(4)三人以上时分时合,交叉结伙作案的;

(5)多个犯罪嫌疑人实施的盗掘、盗窃、倒卖、掩饰、隐瞒、走私等犯罪存在直接关联,或者形成多层级犯罪链条,并案处理有利于查明案件事实的。

五、宽严相济刑事政策的应用

(一)要着眼出资、勘探、盗掘、盗窃、倒卖、收赃、走私等整个文物犯罪网络开展打击,深挖幕后金主,斩断文物犯罪链条,对虽未具体参与实施有关犯罪实行行为,但作为幕后纠集、组织、指挥、筹划、出资、教唆者,在共同犯罪中起主要作用的,可以依法认定为主犯。

(二)对曾因文物违法犯罪而受过行政处罚或者被追究刑事责任、多次实施文物违法犯罪行为、以及国家工作人员实施本意见规定相关犯罪行为的,可以酌情从重处罚。

(三)正确运用自首、立功、认罪认罚从宽等制度,充分发挥刑罚的惩治和预防功能。对积极退回或协助追回文物,协助抓捕重大文物犯罪嫌疑人,以及提供重要线索,对侦破、查明其他重大文物犯罪案件起关键作用的,依法从宽处理。

(四)人民法院、人民检察院、公安机关应当加强与文物行政等部门的沟通协调,强化行刑衔接,对不构成犯罪的案件,依据有关规定及时移交。公安机关依法扣押的国家禁止经营的文物,经审查与案件无关的,应当交由文物行政等有关部门依法予以处理。文物行政等部门在查办案件中,发现涉嫌构成犯罪的案件,依据有关规定及时向公安机关移送。

根据最高法研究室**《关于盗掘古文化遗址罪适用法律问题的研究意见》**,盗掘古文化遗址罪的犯罪对象为古文化遗址的保护范围,不包括建设控制地带。因行为人对保护范围与建设控制地带的界限认识不清,而在建设控制地带进行盗掘,从而未能实现盗掘古文化遗址的犯罪目的的,构成盗掘古文化遗址罪(未遂)(参见《司法研究与指导》2012年总第1辑)。

第五节 危害公共卫生罪

第三百三十条[301] **【妨害传染病防治罪】**违反传染病防治法的规定，有下列情形之一，引起甲类传染病以及依法确定采取甲类传染病预防、控制措施的传染病传播或者有传播严重危险的，处三年以下有期徒刑或者拘役；后果特别严重的，处三年以上七年以下有期徒刑：

〔301〕**【刑法修订】**2020年《**刑法修正案（十一）**》**第三十七条**修订了本条第一款。1997年刑法该款原文如下：

第三百三十条第一款 违反传染病防治法的规定，有下列情形之一，引起甲类传染病传播或者有传播严重危险的，处三年以下有期徒刑或者拘役；后果特别严重的，处三年以上七年以下有期徒刑：

（一）供水单位供应的饮用水不符合国家规定的卫生标准的；

（二）拒绝按照卫生防疫机构提出的卫生要求，对传染病病原体污染的污水、污物、粪便进行消毒处理的；

（三）准许或者纵容传染病病人、病原携带者和疑似传染病病人从事国务院卫生行政部门规定禁止从事的易使该传染病扩散的工作的；

（四）拒绝执行卫生防疫机构依照传染病防治法提出的预防、控制措施的。

2020年《**刑法修正案（十一）**》将传染病的范围扩至“依法确定采取甲类传染病预防、控制措施的传染病”，新设了第四项规定，将原第四项改为第五项，此外还微调了原一、二、四项的文字表述。

【相关法规】2013年修正后的《**传染病防治法**》，对甲类传染病的范围规定如下：

第三条 本法规定的传染病分为甲类、乙类和丙类。

甲类传染病是指：鼠疫、霍乱。

……

第四条第一款 对乙类传染病中传染性非典型肺炎、炭疽中的肺炭疽和人感染高致病性禽流感，采取本法所称甲类传染病的预防、控制措施。其他乙类传染病和突发原因不明的传染病需要采取本法所称甲类传染病的预防、控制措施的，由国务院卫生行政部门及时报经国务院批准后予以公布、实施（★根据2013年10月28日国家卫生和计划生育委员会《关于调整部分法定传染病病种管理工作的通知》（国卫疾控发〔2013〕28号）第一条，解除对人感染高致病性禽流感采取的传染病防治法规定的甲类传染病预防、控制措施——编者说明）。

【立案标准】根据2008年6月25日最高检、公安部《**关于公安机关管辖的刑事案件立案追诉标准的规定（一）**》**第四十九条**，违反传染病防治法的规

第
330
条

（一）供水单位供应的饮用水不符合国家规定的卫生标准的；

（二）拒绝按照疾病预防控制机构提出的卫生要求，对传染病病原体污染的污水、污物、场所和物品进行消毒处理的；

（三）准许或者纵容传染病病人、病原携带者和疑似传染病病人从事国务院卫生行政部门规定禁止从事的易使该传染病扩散的工作的；

（四）出售、运输疫区中被传染病病原体污染或者可能被传染病病原体污染的物品，未进行消毒处理的；

（五）拒绝执行县级以上人民政府、疾病预防控制机构依照传染病防治法提出的预防、控制措施的。

单位犯前款罪的，对单位判处罚金，并对其直接负责的主管人员和其他直接责任人员，依照前款的规定处罚。

甲类传染病的范围，依照《中华人民共和国传染病防治法》和国务院有关规定确定。

定，引起甲类或者按照甲类管理的传染病传播或者有传播严重危险，涉嫌下列情形之一的，应予立案追诉：

（一）供水单位供应的饮用水不符合国家规定的卫生标准的；

（二）拒绝按照疾病预防控制机构提出的卫生要求，对传染病病原体污染的污水、污物、粪便进行消毒处理的；

（三）准许或者纵容传染病病人、病原携带者和疑似传染病病人从事国务院卫生行政部门规定禁止从事的易使该传染病扩散的工作的；

（四）拒绝执行疾病预防控制机构依照传染病防治法提出的预防、控制措施的。

本条和本规定第五十条规定的“甲类传染病”，是指鼠疫、霍乱；“按甲类管理的传染病”，是指乙类传染病中传染性非典型肺炎、炭疽中的肺炭疽、人感染高致病性禽流感（★根据 2013 年 10 月 28 日国家卫生和计划生育委员会《关于调整部分法定传染病病种管理工作的通知》第一条，解除对人感染高致病性禽流感采取的传染病防治法规定的甲类传染病预防、控制措施——编者说明）以及国务院卫生行政部门根据需要报经国务院批准公布实施的其他需要按甲类管理的乙类传染病和突发原因不明的传染病。

★上述立案追诉标准基本是对 2020 年《刑法修正案（十一）》修订前刑法第 330 条的重申，明显不适应当前形势的发展。司法机关应当根据《刑法修正案（十一）》修订后的刑法第 330 条把握本条的立案追诉标准——编者说明。

第三百三十一条〔302〕 **【传染病菌种、毒种扩散罪】**从事实验、保藏、携带、运输传染病菌种、毒种的人员，违反国务院卫生行政部门的有关规定，造成传染病菌种、毒种扩散，后果严重的，处三年以下有期徒刑或者拘役；后果特别严重的，处三年以上七年以下有期徒刑。

第三百三十二条〔303〕 **【妨害国境卫生检疫罪】**违反国境卫生检疫规定，引起检疫传染病传播或者有传播严重危险的，处三年以下有期徒刑或者拘役，并处或者单处罚金。

单位犯前款罪的，对单位判处罚金，并对其直接负责的主管人员和其他直接责任人员，依照前款的规定处罚。

〔302〕 **【立案标准】**根据2008年6月25日最高检、公安部**《关于公安机关管辖的刑事案件立案追诉标准的规定(一)》第五十条**，从事实验、保藏、携带、运输传染病菌种、毒种的人员，违反国务院卫生行政部门的有关规定，造成传染病菌种、毒种扩散，涉嫌下列情形之一的，应予立案追诉：

(一)导致甲类和按甲类管理的传染病传播的；

(二)导致乙类、丙类传染病流行、暴发的；

(三)造成人员重伤或者死亡的；

(四)严重影响正常的生产、生活秩序的；

(五)其他造成严重后果的情形。

【司法解释】根据2020年2月6日最高法、最高检、公安部、司法部**《关于依法惩治妨害新型冠状病毒感染肺炎疫情防控违法犯罪的意见》**，从事实验、保藏、携带、运输传染病菌种、毒种的人员，违反国务院卫生行政部门的有关规定，造成新型冠状病毒毒种扩散，后果严重的，依照刑法第三百三十一条的规定，以传染病毒种扩散罪定罪处罚。

〔303〕 **【立案标准】**根据2008年6月25日最高检、公安部**《关于公安机关管辖的刑事案件立案追诉标准的规定(一)》第五十一条**，违反国境卫生检疫规定，引起检疫传染病传播或者有传播严重危险的，应予立案追诉。

本条规定的"检疫传染病"，是指鼠疫、霍乱、黄热病以及国务院确定和公布的其他传染病。

【司法解释】2020年3月13日最高法、最高检、公安部、司法部、海关总署**《关于进一步加强国境卫生检疫工作 依法惩治妨害国境卫生检疫违法犯罪的意见》**(署法发〔2020〕50号)，根据刑法第三百三十二条规定，违反国境卫生检疫规定，实施下列行为之一的，属于妨害国境卫生检疫行为：

1. 检疫传染病染疫人或者染疫嫌疑人拒绝执行海关依照国境卫生检疫法等法律法规提出的健康申报、体温监测、医学巡查、流行病学调查、医学排查、采样等卫生检疫措施，或者隔离、留验、就地诊验、转诊等卫生处理措施的；

第三百三十三条[304]　**【非法组织卖血罪】【强迫卖血罪】**非法组织他人出卖血液的，处五年以下有期徒刑，并处罚金；以暴力、威胁方法强迫他人出卖血液的，处五年以上十年以下有期徒刑，并处罚金。

有前款行为，对他人造成伤害的，依照本法第二百三十四条的规定定罪处罚。

---

2. 检疫传染病染疫人或者染疫嫌疑人采取不如实填报健康申明卡等方式隐瞒疫情，或者伪造、涂改检疫单、证等方式伪造情节的；

3. 知道或者应当知道实施审批管理的微生物、人体组织、生物制品、血液及其制品等特殊物品可能造成检疫传染病传播，未经审批仍逃避检疫，携运、寄递出入境的；

4. 出入境交通工具上发现有检疫传染病染疫人或者染疫嫌疑人，交通工具负责人拒绝接受卫生检疫或者拒不接受卫生处理的；

5. 来自检疫传染病流行国家、地区的出入境交通工具上出现非意外伤害死亡且死因不明的人员，交通工具负责人故意隐瞒情况的；

6. 其他拒绝执行海关依照国境卫生检疫法等法律法规提出的检疫措施的。

实施上述行为，引起鼠疫、霍乱、黄热病以及新冠肺炎等国务院确定和公布的其他检疫传染病传播或者有传播严重危险的，依照刑法第三百三十二条的规定，以妨害国境卫生检疫罪定罪处罚。

对于单位实施妨害国境卫生检疫行为，引起鼠疫、霍乱、黄热病以及新冠肺炎等国务院确定和公布的其他检疫传染病传播或者有传播严重危险的，应当对单位判处罚金，并对其直接负责的主管人员和其他直接责任人员定罪处罚。

〔304〕**【立案标准】**2008 年 6 月 25 日最高检、公安部**《关于公安机关管辖的刑事案件立案追诉标准的规定（一）》**，对刑法第三百三十三条的立案追诉标准规定如下：

第五十二条　非法组织他人出卖血液，涉嫌下列情形之一的，应予立案追诉：

（一）组织卖血 3 人次以上的；

（二）组织卖血非法获利 2000 元以上的；

（三）组织未成年人卖血的；

（四）被组织卖血的人的血液含有艾滋病病毒、乙型肝炎病毒、丙型肝炎病毒、梅毒螺旋体等病原微生物的；

（五）其他非法组织卖血应予追究刑事责任的情形。

第五十三条　以暴力、威胁方法强迫他人出卖血液的，应予立案追诉。

第三百三十四条[305] **【非法采集、供应血液、制作、供应血液制品罪】** 非法采集、供应血液或者制作、供应血液制品，不符合国家规定的标准，足以危害人体健康的，处五年以下有期徒刑或者拘役，并处罚金；对人体健康造成严重危害的，处五年以上十年以下有期徒刑，并处罚金；造成特别严重后果的，处十年以上有期徒刑或者无期徒刑，并处罚金或者没收财产。

【采集、供应血液、制作、供应血液制品事故罪】 经国家主管部门批准采集、供应血液或者制作、供应血液制品的部门，不依照规定进行检测或者违背其他操作规定，造成危害他人身体健康后果的，对单位判处罚金，并对其直接负责的主管人员和其他直接责任人员，处五年以下有期徒刑或者拘役。

---

〔305〕**【立案标准】** 2008年6月25日最高检、公安部**《关于公安机关管辖的刑事案件立案追诉标准的规定(一)》**，对刑法第三百三十四条的立案追诉标准规定如下：

第五十四条 非法采集、供应血液或者制作、供应血液制品，涉嫌下列情形之一的，应予立案追诉：

(一)采集、供应的血液含有艾滋病病毒、乙型肝炎病毒、丙型肝炎病毒、梅毒螺旋体等病原微生物的；

(二)制作、供应的血液制品含有艾滋病病毒、乙型肝炎病毒、丙型肝炎病毒、梅毒螺旋体等病原微生物，或者将含有上述病原微生物的血液用于制作血液制品的；

(三)使用不符合国家规定的药品、诊断试剂、卫生器材，或者重复使用一次性采血器材采集血液，造成传染病传播危险的；

(四)违反规定对献血者、供血浆者超量、频繁采集血液、血浆，足以危害人体健康的；

(五)其他不符合国家有关采集、供应血液或者制作、供应血液制品的规定，足以危害人体健康或者对人体健康造成严重危害的情形。

未经国家主管部门批准或者超过批准的业务范围，采集、供应血液或者制作、供应血液制品的，属于本条规定的“非法采集、供应血液、制作、供应血液制品”。

本条和本规定第五十二条、第五十三条、第五十五条规定的“血液”，是指全血、成分血和特殊血液成分。

本条和本规定第五十五条规定的“血液制品”，是指各种人血浆蛋白制品。

第五十五条 经国家主管部门批准采集、供应血液或者制作、供应血液制品的部门，不依照规定进行检测或者违背其他操作规定，涉嫌下列情形之一的，应予立案追诉：

（一）造成献血者、供血浆者、受血者感染艾滋病病毒、乙型肝炎病毒、丙型肝炎病毒、梅毒螺旋体或者其他经血液传播的病原微生物的；

（二）造成献血者、供血浆者、受血者重度贫血、造血功能障碍或者其他器官组织损伤导致功能障碍等身体严重危害的；

（三）其他造成危害他人身体健康后果的情形。

经国家主管部门批准的采供血机构和血液制品生产经营单位，属于本条规定的“经国家主管部门批准采集、供应血液或者制作、供应血液制品的部门”。采供血机构包括血液中心、中心血站、脐带血造血干细胞库和国家卫生行政主管部门根据医学发展需要批准、设置的其他类型血库、单采血浆站。

具有下列情形之一的，属于本条规定的“不依照规定进行检测或者违背其他操作规定”：

（一）血站未用两个企业生产的试剂对艾滋病病毒抗体、乙型肝炎病毒表面抗原、丙型肝炎病毒抗体、梅毒抗体进行2次检测的；

（二）单采血浆站不依照规定对艾滋病病毒抗体、乙型肝炎病毒表面抗原、丙型肝炎病毒抗体、梅毒抗体进行检测的；

（三）血液制品生产企业在投料生产前未用主管部门批准和检定合格的试剂进行复检的；

（四）血站、单采血浆站和血液制品生产企业使用的诊断试剂没有生产单位名称、生产批准文号或者经检定不合格的；

（五）采供血机构在采集检验样本、采集血液和成分血分离时，使用没有生产单位名称、生产批准文号或者超过有效期的一次性注射器等采血器材的；

（六）不依照国家规定的标准和要求包装、储存、运输血液、原料血浆的；

（七）对国家规定检测项目结果呈阳性的血液未及时按照规定予以清除的；

（八）不具备相应资格的医务人员进行采血、检验操作的；

（九）对献血者、供血浆者超量、频繁采集血液、血浆的；

（十）采供血机构采集血液、血浆前，未对献血者或者供血浆者进行身份识别，采集冒名顶替者、健康检查不合格者血液、血浆的；

（十一）血站擅自采集原料血浆，单采血浆站擅自采集临床用血或者向医疗机构供应原料血浆的；

（十二）重复使用一次性采血器材的；

（十三）其他不依照规定进行检测或者违背操作规定的。

【司法解释】2008年9月22日最高法、最高检**《关于办理非法采供血液等刑事案件具体应用法律若干问题的解释》**(法释〔2008〕12号,自2008年9月23日起施行),对办理非法采供血液等刑事案件具体应用法律的若干问题解释如下:

第一条 对未经国家主管部门批准或者超过批准的业务范围,采集、供应血液或者制作、供应血液制品的,应认定为刑法第三百三十四条第一款规定的"非法采集、供应血液或者制作、供应血液制品"。

第二条 对非法采集、供应血液或者制作、供应血液制品,具有下列情形之一的,应认定为刑法第三百三十四条第一款规定的"不符合国家规定的标准,足以危害人体健康",处5年以下有期徒刑或者拘役,并处罚金:

(一)采集、供应的血液含有艾滋病病毒、乙型肝炎病毒、丙型肝炎病毒、梅毒螺旋体等病原微生物的;

(二)制作、供应的血液制品含有艾滋病病毒、乙型肝炎病毒、丙型肝炎病毒、梅毒螺旋体等病原微生物,或者将含有上述病原微生物的血液用于制作血液制品的;

(三)使用不符合国家规定的药品、诊断试剂、卫生器材,或者重复使用一次性采血器材采集血液,造成传染病传播危险的;

(四)违反规定对献血者、供血浆者超量、频繁采集血液、血浆,足以危害人体健康的;

(五)其他不符合国家有关采集、供应血液或者制作、供应血液制品的规定标准,足以危害人体健康的。

第三条 对非法采集、供应血液或者制作、供应血液制品,具有下列情形之一的,应认定为刑法第三百三十四条第一款规定的"对人体健康造成严重危害",处5年以上10年以下有期徒刑,并处罚金:

(一)造成献血者、供血浆者、受血者感染乙型肝炎病毒、丙型肝炎病毒、梅毒螺旋体或者其他经血液传播的病原微生物的;

(二)造成献血者、供血浆者、受血者重度贫血、造血功能障碍或者其他器官组织损伤导致功能障碍等身体严重危害的;

(三)对人体健康造成其他严重危害的。

第四条 对非法采集、供应血液或者制作、供应血液制品,具有下列情形之一的,应认定为刑法第三百三十四条第一款规定的"造成特别严重后果",处10年以上有期徒刑或者无期徒刑,并处罚金或者没收财产:

(一)因血液传播疾病导致人员死亡或者感染艾滋病病毒的;

(二)造成5人以上感染乙型肝炎病毒、丙型肝炎病毒、梅毒螺旋体或者其他经血液传播的病原微生物的;

(三)造成5人以上重度贫血、造血功能障碍或者其他器官组织损伤导致功能障碍等身体严重危害的;

（四）造成其他特别严重后果的。

第五条　对经国家主管部门批准采集、供应血液或者制作、供应血液制品的部门，具有下列情形之一的，应认定为刑法第三百三十四条第二款规定的“不依照规定进行检测或者违背其他操作规定”：

（一）血站未用两个企业生产的试剂对艾滋病病毒抗体、乙型肝炎病毒表面抗原、丙型肝炎病毒抗体、梅毒抗体进行两次检测的；

（二）单采血浆站不依照规定对艾滋病病毒抗体、乙型肝炎病毒表面抗原、丙型肝炎病毒抗体、梅毒抗体进行检测的；

（三）血液制品生产企业在投料生产前未用主管部门批准和检定合格的试剂进行复检的；

（四）血站、单采血浆站和血液制品生产企业使用的诊断试剂没有生产单位名称、生产批准文号或者经检定不合格的；

（五）采供血机构在采集检验标本、采集血液和成分血分离时，使用没有生产单位名称、生产批准文号或者超过有效期的一次性注射器等采血器材的；

（六）不依照国家规定的标准和要求包装、储存、运输血液、原料血浆的；

（七）对国家规定检测项目结果呈阳性的血液未及时按照规定予以清除的；

（八）不具备相应资格的医务人员进行采血、检验操作的；

（九）对献血者、供血浆者超量、频繁采集血液、血浆的；

（十）采供血机构采集血液、血浆前，未对献血者或供血浆者进行身份识别，采集冒名顶替者、健康检查不合格者血液、血浆的；

（十一）血站擅自采集原料血浆，单采血浆站擅自采集临床用血或者向医疗机构供应原料血浆的；

（十二）重复使用一次性采血器材的；

（十三）其他不依照规定进行检测或者违背操作规定的。

第六条　对经国家主管部门批准采集、供应血液或者制作、供应血液制品的部门，不依照规定进行检测或者违背其他操作规定，具有下列情形之一的，应认定为刑法第三百三十四条第二款规定的“造成危害他人身体健康后果”，对单位判处罚金，并对其直接负责的主管人员和其他直接责任人员，处5年以下有期徒刑或者拘役：

（一）造成献血者、供血浆者、受血者感染艾滋病病毒、乙型肝炎病毒、丙型肝炎病毒、梅毒螺旋体或者其他经血液传播的病原微生物的；

（二）造成献血者、供血浆者、受血者重度贫血、造血功能障碍或者其他器官组织损伤导致功能障碍等身体严重危害的；

（三）造成其他危害他人身体健康后果的。

第七条　经国家主管部门批准的采供血机构和血液制品生产经营单位，应认定为刑法第三百三十四条第二款规定的“经国家主管部门批准采集、供应

第三百三十四条之一[306] **【非法采集人类遗传资源、走私人类遗传资源材料罪】**违反国家有关规定，非法采集我国人类遗传资源或者非法运送、邮寄、携带我国人类遗传资源材料出境，危害公众健康或者社会公共利益，情节严重的，处三年以下有期徒刑、拘役或者管制，并处或者单处罚金；情节特别严重的，处三年以上七年以下有期徒刑，并处罚金。

第三百三十五条[307] **【医疗事故罪】**医务人员由于严重不负责任，造成就诊人死亡或者严重损害就诊人身体健康的，处三年以下有期徒刑或者拘役。

血液或者制作、供应血液制品的部门"。

第八条 本解释所称"血液"，是指全血、成分血和特殊血液成分。

本解释所称"血液制品"，是指各种人血浆蛋白制品。

本解释所称"采供血机构"，包括血液中心、中心血站、中心血库、脐带血造血干细胞库和国家卫生行政主管部门根据医学发展需要批准、设置的其他类型血库、单采血浆站。

根据2019年5月19日最高法、最高检、公安部、司法部**《关于依法严厉打击传播艾滋病病毒等违法犯罪行为的指导意见》**，非法采集、供应血液，含有艾滋病病毒的，依照刑法第三百三十四条第一款的规定，以非法采集、供应血液罪定罪处罚。

〔306〕 **【刑法修订】**本条为2020年**《刑法修正案（十一）》第三十八条**增设。

【相关法规】根据2020年**《生物安全法》第八十五条第（八）项**，人类遗传资源，包括人类遗传资源材料和人类遗传资源信息。人类遗传资源材料是指含有人体基因组、基因等遗传物质的器官、组织、细胞等遗传材料。人类遗传资源信息是指利用人类遗传资源材料产生的数据等信息资料。

〔307〕**【立案标准】**根据2008年6月25日最高检、公安部**《关于公安机关管辖的刑事案件立案追诉标准的规定（一）》第五十六条**，医务人员由于严重不负责任，造成就诊人死亡或者严重损害就诊人身体健康的，应予立案追诉。

具有下列情形之一的，属于本条规定的"严重不负责任"：

（一）擅离职守的；

（二）无正当理由拒绝对危急就诊人实行必要的医疗救治的；

（三）未经批准擅自开展试验性医疗的；

（四）严重违反查对、复核制度的；

（五）使用未经批准使用的药品、消毒药剂、医疗器械的；

（六）严重违反国家法律法规及有明确规定的诊疗技术规范、常规的；

第三百三十六条[308] **【非法行医罪】**未取得医生执业资格的人非法行医，情节严重的，处三年以下有期徒刑、拘役或者管制，并处或者单处罚金；严重损害就诊人身体健康的，处三年以上十年以下有期徒刑，并处罚金；造成就诊人死亡的，处十年以上有期徒刑，并处罚金。

【非法进行节育手术罪】未取得医生执业资格的人擅自为他人进行节育复通手术、假节育手术、终止妊娠手术或者摘取宫内节育器，情节严重的，处三年以下有期徒刑、拘役或者管制，并处或者单处罚金；严重损害就诊人身体健康的，处三年以上十年以下有期徒刑，并处罚金；造成就诊人死亡的，处十年以上有期徒刑，并处罚金。

（七）其他严重不负责任的情形。

本条规定的“严重损害就诊人身体健康”，是指造成就诊人严重残疾、重伤、感染艾滋病、病毒性肝炎等难以治愈的疾病或者其他严重损害就诊人身体健康的后果。

〔308〕**【立法解释】**根据 2002 年 6 月 21 日全国人大常委会法制工作委员会**《关于见习医生出现医疗纠纷是否属于“非法行医”的答复》**，根据执业医师法（★该法已被 2021 年 8 月 20《医师法》废止——编者说明）的规定，高等学校医学专业本科毕业的人，应当在执业医师指导下在医疗单位试用 1 年，才能参加国家统一考试取得执业医师资格。因此，医科大学本科毕业，分配到医院担任见习医生，在试用期内从事相应的医疗活动，不属于非法行医。

【立案标准】2008 年 6 月 25 日最高检、公安部**《关于公安机关管辖的刑事案件立案追诉标准的规定（一）》**，对刑法第三百三十六条的立案追诉标准规定如下：

第五十七条 未取得医生执业资格的人非法行医，涉嫌下列情形之一的，应予立案追诉：

（一）造成就诊人轻度残疾、器官组织损伤导致一般功能障碍，或者中度以上残疾、器官组织损伤导致严重功能障碍，或者死亡的；

（二）造成甲类传染病传播、流行或者有传播、流行危险的；

（三）使用假药、劣药或不符合国家规定标准的卫生材料、医疗器械，足以严重危害人体健康的；

（四）非法行医被卫生行政部门行政处罚 2 次以后，再次非法行医的；

（五）其他情节严重的情形。

具有下列情形之一的，属于本条规定的“未取得医生执业资格的人非法行医”：

（一）未取得或者以非法手段取得医师资格从事医疗活动的；

（二）个人未取得《医疗机构执业许可证》开办医疗机构的（★ 2016 年 12 月 16 日最高法《关于修改〈关于审理非法行医刑事案件具体应用法律若干问题的解释〉的决定》，删除了原解释中“个人未取得《医疗机构执业许可证》开办医疗机构”属于“未取得医生执业资格的人非法行医”的规定，故本项规定应当不再适用——编者说明）；

（三）被依法吊销医师执业证书期间从事医疗活动的；

（四）未取得乡村医生执业证书，从事乡村医疗活动的；

（五）家庭接生员实施家庭接生以外的医疗活动的。

本条规定的“轻度残疾、器官组织损伤导致一般功能障碍”、“中度以上残疾、器官组织损伤导致严重功能障碍”，参照卫生部《医疗事故分级标准（试行）》认定。

第五十八条 未取得医生执业资格的人擅自为他人进行节育复通手术、假节育手术、终止妊娠手术或者摘取宫内节育器，涉嫌下列情形之一的，应予立案追诉：

（一）造成就诊人轻伤、重伤、死亡或者感染艾滋病、病毒性肝炎等难以治愈的疾病的；

（二）非法进行节育复通手术、假节育手术、终止妊娠手术或者摘取宫内节育器 5 人次以上的；

（三）致使他人超计划生育的；

（四）非法进行选择性别的终止妊娠手术的；

（五）非法获利累计 5000 元以上的；

（六）其他情节严重的情形。

【司法解释】2016 年 12 月 16 日修正后的最高法**《关于审理非法行医刑事案件具体应用法律若干问题的解释》**（法释〔2016〕27 号，自 2016 年 12 月 20 日起施行），为依法惩处非法行医犯罪，保障公民身体健康和生命安全，根据刑法的有关规定，现对审理非法行医刑事案件具体应用法律的若干问题解释如下：

第一条 具有下列情形之一的，应认定为刑法第三百三十六条第一款规定的“未取得医生执业资格的人非法行医”：

（一）未取得或者以非法手段取得医师资格从事医疗活动的；

（二）被依法吊销医师执业证书期间从事医疗活动的；

（三）未取得乡村医生执业证书，从事乡村医疗活动的；

（四）家庭接生员实施家庭接生以外的医疗行为的。

第二条 具有下列情形之一的，应认定为刑法第三百三十六条第一款规定的“情节严重”：

(一)造成就诊人轻度残疾、器官组织损伤导致一般功能障碍的;

(二)造成甲类传染病传播、流行或者有传播、流行危险的;

(三)使用假药、劣药或不符合国家规定标准的卫生材料、医疗器械,足以严重危害人体健康的;

(四)非法行医被卫生行政部门行政处罚 2 次以后,再次非法行医的;

(五)其他情节严重的情形。

第三条　具有下列情形之一的,应认定为刑法第三百三十六条第一款规定的"严重损害就诊人身体健康":

(一)造成就诊人中度以上残疾、器官组织损伤导致严重功能障碍的;

(二)造成 3 名以上就诊人轻度残疾、器官组织损伤导致一般功能障碍的。

第四条　非法行医行为系造成就诊人死亡的直接、主要原因的,应认定为刑法第三百三十六条第一款规定的"造成就诊人死亡"。

非法行医行为并非造成就诊人死亡的直接、主要原因的,可不认定为刑法第三百三十六条第一款规定的"造成就诊人死亡"。但是,根据案件情况,可以认定为刑法第三百三十六条第一款规定的"情节严重"。

第五条　实施非法行医犯罪,同时构成生产、销售假药罪,生产、销售劣药罪(★罪名已分别变更为生产、销售、提供假药罪与生产、销售、提供劣药罪——编者说明),诈骗罪等其他犯罪的,依照刑法处罚较重的规定定罪处罚。

第六条　本解释所称"医疗活动""医疗行为",参照《医疗机构管理条例实施细则》中的"诊疗活动""医疗美容"认定。

本解释所称"轻度残疾、器官组织损伤导致一般功能障碍""中度以上残疾、器官组织损伤导致严重功能障碍",参照《医疗事故分级标准(试行)》认定。

2001 年 4 月 29 日最高法**《关于非法行医罪犯罪主体条件征询意见函》**(法函〔2001〕23 号),就"未取得'医生执业资格'是非法行医罪的主体条件,审判实践中的疑问是:(1)医生资格和医生执业资格是不是同一概念?如果不是同一概念,二者的内涵是什么?(2)1997 年 10 月 1 日《中华人民共和国刑法》施行以后至 1999 年 5 月 1 日《中华人民共和国执业医师法》(★该法已被 2021 年 8 月 20 日《医师法》废止,下文不再一一提示——编者说明)施行以前,对'未取得医生执业资格的人'应当如何理解?是否包括具有医生资格,并被医院或者其他卫生单位聘为医生,但在未被批准行医的场所行医的人?"问题,征求原卫生部(★现为国家卫生健康委员会——编者说明)的意见。2001 年 8 月 8 日,卫生部《关于对非法行医罪犯罪条件征询意见函的复函》答复了最高人民法院咨询的问题如下:

一、关于非法行医罪犯罪主体的概念

1998 年 6 月 26 日第九届全国人民代表大会常务委员会第三次会议通过

《执业医师法》，根据该法规定，医师是取得执业医师资格，经注册在医疗、预防、保健机构中执业的医学专业人员。医师分为执业医师和执业助理医师，《刑法》中的"医生执业资格的人"应当是按照《执业医师法》的规定，取得执业医师资格并经卫生行政部门注册的医学专业人员。

二、关于《执业医师法》颁布以前医师资格认定问题

《执业医师法》第四十三条规定："本法颁布之日前按照国家有关规定取得医学专业技术职称和医学专业技术职务的人员，由所在机构报请县级以上人民政府卫生行政部门认定，取得相应的医师资格。"

卫生部、人事部下发了《具有医学专业技术职务任职资格人员认定医师资格及执业注册办法》。目前各级卫生行政部门正在对《执业医师法》颁布之前，按照国家有关规定已取得医学专业技术职务任职资格的人员认定医师资格，并为仍在医疗、预防、保健机构执业的医师办理执业注册。

三、关于在"未被批准行医的场所"行医问题

具有医生执业资格的人在"未被批准行医的场所"行医属非法行医。其中，"未被批准行医的场所"是指没有卫生行政部门核发的《医疗机构执业许可证》的场所。但是，下列情况不属于非法行医：

（一）随急救车出诊或随采血车出车采血的；

（二）对病人实施现场急救的；

（三）经医疗、预防、保健机构批准的家庭病床、卫生支农、出诊、承担政府交办的任务和卫生行政部门批准的义诊等。

四、关于乡村医生及家庭接生员的问题

《执业医师法》规定，不具备《执业医师法》规定的执业医师资格或者执业助理医师资格的乡村医生，由国务院另行制定管理办法。经过卫生行政部门审核的乡村医生应当在注册的村卫生室执业。除第三条所列情况外，其他凡超出其申请执业地点的，应视为非法行医。

根据《母婴保健法》的规定"不能住院分娩的孕妇应当经过培训合格的接生人员实行消毒接生"，"从事家庭接生的人员，必须经过县级以上地方人民政府卫生行政部门的考核，并取得相应的合格证书"。取得合法资格的家庭接生人员为不能住院分娩的孕妇接生，不属于非法行医。

根据2003年5月14日最高法、最高检**《关于办理妨害预防、控制突发传染病疫情等灾害的刑事案件具体应用法律若干问题的解释》第十二条**，未取得医师执业资格非法行医，具有造成突发传染病病人、病原携带者、疑似突发传染病病人贻误诊治或者造成交叉感染等严重情节的，依照刑法第三百三十六条第一款的规定，以非法行医罪定罪，依法从重处罚。

根据2014年2月13日最高检法律政策研究室**《关于非法行医被刑事处罚后再次非法行医适用法律问题的答复意见》**（高检研〔2014〕2号），行为人

第三百三十六条之一[309]　**【非法植入基因编辑、克隆胚胎罪】**将基因编辑、克隆的人类胚胎植入人体或者动物体内，或者将基因编辑、克隆的动物胚胎植入人体内，情节严重的，处三年以下有期徒刑或者拘役，并处罚金；情节特别严重的，处三年以上七年以下有期徒刑，并处罚金。

第三百三十七条[310]　**【妨害动植物防疫、检疫罪】**违反有关动植物防疫、检疫的国家规定，引起重大动植物疫情的，或者有引起重大动植物疫情危险，情节严重的，处三年以下有期徒刑或者拘役，并处或者单处罚金。

单位犯前款罪的，对单位判处罚金，并对其直接负责的主管人员和其他直接责任人员，依照前款的规定处罚。

因非法行医被刑事处罚以后，又非法行医的，属于《最高人民法院关于审理非法行医刑事案件具体应用法律若干问题的解释》第二条第（五）项、《最高人民检察院、公安部关于公安机关管辖的刑事案件立案追诉标准的规定（一）》第五十七条第一款第（五）项规定的“其他情节严重”的情形，应予追究刑事责任。请示所涉及案件，建议根据具体情况依法处理。

〔309〕**【刑法修订】**本条为2020年《**刑法修正案（十一）**》**第三十九条**增设。

〔310〕**【刑法修订】**2009年《**刑法修正案（七）**》**第十一条**修订了本条第一款。1997年刑法该款原文如下：

第三百三十七条第一款　违反进出境动植物检疫法的规定，逃避动植物检疫，引起重大动植物疫情的，处三年以下有期徒刑或者拘役，并处或者单处罚金。

2009年《**刑法修正案（七）**》将该款“违反进出境动植物检疫法的规定，逃避动植物检疫，引起重大动植物疫情”修改为“违反有关动植物防疫、检疫的国家规定，引起重大动植物疫情的，或者有引起重大动植物疫情危险，情节严重”。

【立案标准】根据2017年4月27日最高检、公安部《**关于公安机关管辖的刑事案件立案追诉标准的规定（一）的补充规定**》**第九条**，违反有关动植物防疫、检疫的国家规定，引起重大动植物疫情的，应予立案追诉。

违反有关动植物防疫、检疫的国家规定，有引起重大动植物疫情危险，涉嫌下列情形之一的，应予立案追诉：

（一）非法处置疫区内易感动物或者其产品，货值金额5万元以上的；

（二）非法处置因动植物防疫、检疫需要被依法处理的动植物或者其产品，货值金额2万元以上的；

第六节 破坏环境资源保护罪

第三百三十八条[311] **【污染环境罪】**违反国家规定，排放、倾倒或者处置有放射性的废物、含传染病病原体的废物、有毒物质或者其他有害物质，严重污染环境的，处三年以下有期徒刑或者拘役，并处或者单处罚金；情节严重的，处三年以上七年以下有期徒刑，并处罚金；有下列情形之一的，处七年以上有期徒刑，并处罚金：

（一）在饮用水水源保护区、自然保护地核心保护区等依法确定的重点保护区域排放、倾倒、处置有放射性的废物、含传染病病原体的废物、有毒物质，情节特别严重的；

（二）向国家确定的重要江河、湖泊水域排放、倾倒、处置有放射性的废物、含传染病病原体的废物、有毒物质，情节特别严重的；

（三）致使大量永久基本农田基本功能丧失或者遭受永久性破坏的；

（四）致使多人重伤、严重疾病，或者致人严重残疾、死亡的。

有前款行为，同时构成其他犯罪的，依照处罚较重的规定定罪处罚。

（三）非法调运、生产、经营感染重大植物检疫性有害生物的林木种子、苗木等繁殖材料或者森林植物产品的；

（四）输入《中华人民共和国进出境动植物检疫法》规定的禁止进境物逃避检疫，或者对特许进境的禁止进境物未有效控制与处置，导致其逃逸、扩散的；

（五）进境动植物及其产品检出有引起重大动植物疫情危险的动物疫病或者植物有害生物后，非法处置导致进境动植物及其产品流失的；

（六）1年内携带或者寄递《中华人民共和国禁止携带、邮寄进境的动植物及其产品名录》所列物品进境逃避检疫2次以上，或者窃取、抢夺、损毁、抛洒动植物检疫机关截留的《中华人民共和国禁止携带、邮寄进境的动植物及其产品名录》所列物品的；

（七）其他情节严重的情形。

本条规定的"重大动植物疫情"，按照国家行政主管部门的有关规定认定。

〔311〕**【刑法修订】**本条被修订二次。1997年刑法原文如下：

第三百三十八条 违反国家规定，向土地、水体、大气排放、倾倒或者处置有放射性的废物、含传染病病原体的废物、有毒物质或者其他危险废物，造成重大环境污染事故，致使公私财产遭受重大损失或者人身伤亡的严重后果的，处三年以下有期徒刑或者拘役，并处或者单处罚金；后果特别严重的，处三年以上七年以下有期徒刑，并处罚金。

第338条

2011 年《**刑法修正案（八）**》**第四十六条**删除了第一款中“向土地、水体、大气”的文字，将“其他危险废物”修改为“其他有害物质”，将“造成重大环境污染事故，致使公私财产遭受重大损失或者人身伤亡的严重后果”修改为“严重污染环境”。经此修订后的条文如下：

第三百三十八条　违反国家规定，排放、倾倒或者处置有放射性的废物、含传染病病原体的废物、有毒物质或者其他有害物质，严重污染环境的，处三年以下有期徒刑或者拘役，并处或者单处罚金；后果特别严重的，处三年以上七年以下有期徒刑，并处罚金。

2020 年《**刑法修正案（十一）**》**第四十条**将第一款第二档法定刑前面的“后果特别严重”修改为“情节严重”，增设了第三档法定刑以及应当适用该法定刑的四项情形，并增设了第二款罪数的处理规定。

【司法解释】根据 2023 年 8 月 8 日最高法、最高检《**关于办理环境污染刑事案件适用法律若干问题的解释**》（法释〔2023〕7 号，自 2023 年 8 月 15 日起施行），为依法惩治环境污染犯罪，根据《中华人民共和国刑法》、《中华人民共和国刑事诉讼法》、《中华人民共和国环境保护法》等法律的有关规定，现就办理此类刑事案件适用法律的若干问题解释如下：

第一条　实施刑法第三百三十八条规定的行为，具有下列情形之一的，应当认定为“严重污染环境”：

（一）在饮用水水源保护区、自然保护地核心保护区等依法确定的重点保护区域排放、倾倒、处置有放射性的废物、含传染病病原体的废物、有毒物质的；

（二）非法排放、倾倒、处置危险废物 3 吨以上的；

（三）排放、倾倒、处置含铅、汞、镉、铬、砷、铊、锑的污染物，超过国家或者地方污染物排放标准 3 倍以上的；

（四）排放、倾倒、处置含镍、铜、锌、银、钒、锰、钴的污染物，超过国家或者地方污染物排放标准 10 倍以上的；

（五）通过暗管、渗井、渗坑、裂隙、溶洞、灌注、非紧急情况下开启大气应急排放通道等逃避监管的方式排放、倾倒、处置有放射性的废物、含传染病病原体的废物、有毒物质的；

（六）2 年内曾因在重污染天气预警期间，违反国家规定，超标排放二氧化硫、氮氧化物等实行排放总量控制的大气污染物受过 2 次以上行政处罚，又实施此类行为的；

（七）重点排污单位、实行排污许可重点管理的单位篡改、伪造自动监测数据或者干扰自动监测设施，排放化学需氧量、氨氮、二氧化硫、氮氧化物等污染物的；

（八）2 年内曾因违反国家规定，排放、倾倒、处置有放射性的废物、含传染病病原体的废物、有毒物质受过2次以上行政处罚，又实施此类行为的；

（九）违法所得或者致使公私财产损失30万元以上的；

（十）致使乡镇集中式饮用水水源取水中断12小时以上的；

（十一）其他严重污染环境的情形。

第二条 实施刑法第三百三十八条规定的行为，具有下列情形之一的，应当认定为"情节严重"：

（一）在饮用水水源保护区、自然保护地核心保护区等依法确定的重点保护区域排放、倾倒、处置有放射性的废物、含传染病病原体的废物、有毒物质，造成相关区域的生态功能退化或者野生生物资源严重破坏的；

（二）向国家确定的重要江河、湖泊水域排放、倾倒、处置有放射性的废物、含传染病病原体的废物、有毒物质，造成相关水域的生态功能退化或者水生生物资源严重破坏的；

（三）非法排放、倾倒、处置危险废物100吨以上的；

（四）违法所得或者致使公私财产损失100万元以上的；

（五）致使县级城区集中式饮用水水源取水中断12小时以上的；

（六）致使永久基本农田、公益林地10亩以上，其他农用地20亩以上，其他土地50亩以上基本功能丧失或者遭受永久性破坏的；

（七）致使森林或者其他林木死亡50立方米以上，或者幼树死亡2500株以上的；

（八）致使疏散、转移群众5000人以上的；

（九）致使30人以上中毒的；

（十）致使1人以上重伤、严重疾病或者3人以上轻伤的；

（十一）其他情节严重的情形。

第三条 实施刑法第三百三十八条规定的行为，具有下列情形之一的，应当处7年以上有期徒刑，并处罚金：

（一）在饮用水水源保护区、自然保护地核心保护区等依法确定的重点保护区域排放、倾倒、处置有放射性的废物、含传染病病原体的废物、有毒物质，具有下列情形之一的：

1. 致使设区的市级城区集中式饮用水水源取水中断12小时以上的；

2. 造成自然保护地主要保护的生态系统严重退化，或者主要保护的自然景观损毁的；

3. 造成国家重点保护的野生动植物资源或者国家重点保护物种栖息地、生长环境严重破坏的；

4. 其他情节特别严重的情形。

（二）向国家确定的重要江河、湖泊水域排放、倾倒、处置有放射性的废物、含传染病病原体的废物、有毒物质，具有下列情形之一的：

1. 造成国家确定的重要江河、湖泊水域生态系统严重退化的；

2. 造成国家重点保护的野生动植物资源严重破坏的；

3. 其他情节特别严重的情形。

（三）致使永久基本农田 50 亩以上基本功能丧失或者遭受永久性破坏的；

（四）致使 3 人以上重伤、严重疾病，或者 1 人以上严重残疾、死亡的。

第四条　……（➻参见刑法第 339 条脚注相关部分）

第五条　实施刑法第三百三十八条、第三百三十九条规定的犯罪行为，具有下列情形之一的，应当从重处罚：

（一）阻挠环境监督检查或者突发环境事件调查，尚不构成妨害公务等犯罪的；

（二）在医院、学校、居民区等人口集中地区及其附近，违反国家规定排放、倾倒、处置有放射性的废物、含传染病病原体的废物、有毒物质或者其他有害物质的；

（三）在突发环境事件处置期间或者被责令限期整改期间，违反国家规定排放、倾倒、处置有放射性的废物、含传染病病原体的废物、有毒物质或者其他有害物质的；

（四）具有危险废物经营许可证的企业违反国家规定排放、倾倒、处置有放射性的废物、含传染病病原体的废物、有毒物质或者其他有害物质的；

（五）实行排污许可重点管理的企业事业单位和其他生产经营者未依法取得排污许可证，排放、倾倒、处置有放射性的废物、含传染病病原体的废物、有毒物质或者其他有害物质的。

第六条　实施刑法第三百三十八条规定的行为，行为人认罪认罚，积极修复生态环境，有效合规整改的，可以从宽处罚；犯罪情节轻微的，可以不起诉或者免予刑事处罚；情节显著轻微危害不大的，不作为犯罪处理。

第七条　无危险废物经营许可证从事收集、贮存、利用、处置危险废物经营活动，严重污染环境的，按照污染环境罪定罪处罚；同时构成非法经营罪的，依照处罚较重的规定定罪处罚。

实施前款规定的行为，不具有超标排放污染物、非法倾倒污染物或者其他违法造成环境污染的情形的，可以认定为非法经营情节显著轻微危害不大，不认为是犯罪；构成生产、销售伪劣产品等其他犯罪的，以其他犯罪论处。

第八条　明知他人无危险废物经营许可证，向其提供或者委托其收集、贮存、利用、处置危险废物，严重污染环境的，以共同犯罪论处。

第九条　违反国家规定，排放、倾倒、处置含有毒害性、放射性、传染病病原体等物质的污染物，同时构成污染环境罪、非法处置进口的固体废物罪、投放危险物质罪等犯罪的，依照处罚较重的规定定罪处罚。

第十条　……（➻参见刑法第 229 条脚注相关部分）

第十一条　……（➻参见刑法第 286 条脚注相关部分）

第十二条　对于实施本解释规定的相关行为被不起诉或者免予刑事处

罚的行为人，需要给予行政处罚、政务处分或者其他处分的，依法移送有关主管机关处理。有关主管机关应当将处理结果及时通知人民检察院、人民法院。

第十三条 单位实施本解释规定的犯罪的，依照本解释规定的定罪量刑标准，对直接负责的主管人员和其他直接责任人员定罪处罚，并对单位判处罚金。

第十四条 环境保护主管部门及其所属监测机构在行政执法过程中收集的监测数据，在刑事诉讼中可以作为证据使用。

公安机关单独或者会同环境保护主管部门，提取污染物样品进行检测获取的数据，在刑事诉讼中可以作为证据使用。

第十五条 对国家危险废物名录所列的废物，可以依据涉案物质的来源、产生过程、被告人供述、证人证言以及经批准或者备案的环境影响评价文件、排污许可证、排污登记表等证据，结合环境保护主管部门、公安机关等出具的书面意见作出认定。

对于危险废物的数量，依据案件事实，综合被告人供述，涉案企业的生产工艺、物耗、能耗情况，以及经批准或者备案的环境影响评价文件等证据作出认定。

第十六条 对案件所涉的环境污染专门性问题难以确定的，依据鉴定机构出具的鉴定意见，或者国务院环境保护主管部门、公安部门指定的机构出具的报告，结合其他证据作出认定。

第十七条 下列物质应当认定为刑法第三百三十八条规定的“有毒物质”：

（一）危险废物，是指列入国家危险废物名录，或者根据国家规定的危险废物鉴别标准和鉴别方法认定的，具有危险特性的固体废物；

（二）《关于持久性有机污染物的斯德哥尔摩公约》附件所列物质；

（三）重金属含量超过国家或者地方污染物排放标准的污染物；

（四）其他具有毒性，可能污染环境的物质。

第十八条 无危险废物经营许可证，以营利为目的，从危险废物中提取物质作为原材料或者燃料，并具有超标排放污染物、非法倾倒污染物或者其他违法造成环境污染的情形的行为，应当认定为“非法处置危险废物”。

第十九条 本解释所称“2年内”，以第一次违法行为受到行政处罚的生效之日与又实施相应行为之日的时间间隔计算确定。

本解释所称“重点排污单位”，是指设区的市级以上人民政府环境保护主管部门依法确定的应当安装、使用污染物排放自动监测设备的重点监控企业及其他单位。

本解释所称“违法所得”，是指实施刑法第二百二十九条、第三百三十八条、第三百三十九条规定的行为所得和可得的全部违法收入。

本解释所称"公私财产损失"，包括实施刑法第三百三十八条、第三百三十九条规定的行为直接造成财产损毁、减少的实际价值，为防止污染扩大、消除污染而采取必要合理措施所产生的费用，以及处置突发环境事件的应急监测费用。

本解释所称"无危险废物经营许可证"，是指未取得危险废物经营许可证，或者超出危险废物经营许可证的经营范围。

第二十条　本解释自2023年8月15日起施行。本解释施行后，《最高人民法院、最高人民检察院关于办理环境污染刑事案件适用法律若干问题的解释》(法释〔2016〕29号)同时废止；之前发布的司法解释与本解释不一致的，以本解释为准。

根据2003年5月14日最高法、最高检**《关于办理妨害预防、控制突发传染病疫情等灾害的刑事案件具体应用法律若干问题的解释》第十三条**，违反传染病防治法等国家有关规定，向土地、水体、大气排放、倾倒或者处置含传染病病原体的废物、有毒物质或者其他危险废物，造成突发传染病传播等重大环境污染事故，致使公私财产遭受重大损失或者人身伤亡的严重后果的，依照刑法第三百三十八条的规定，以重大环境污染事故罪(★罪名已变更为污染环境罪——编者说明)定罪处罚。

根据2016年9月29日最高检**《关于全面履行检察职能为推进健康中国建设提供有力司法保障的意见》**，依法惩治偷排偷放有毒有害污染物、非法排放严重超标污染物、篡改伪造环境监测数据、无证为他人处置危险废物、故意提供虚假环境影响评价意见等环境污染犯罪……办案中应当贯彻恢复性司法理念，根据案件情况可以要求行为人修复环境、赔偿损失，降低环境污染的损害程度。行为人主动采取补救措施，消除污染，积极赔偿，防止损失扩大的，依法从宽处理。

【会议纪要】2019年2月20日最高法、最高检、公安部、司法部、生态环境部**《关于办理环境污染刑事案件有关问题座谈会纪要》**(高检会〔2019〕3号)，对办理环境污染刑事案件中的有关问题形成了统一认识：

1. 关于单位犯罪的认定

会议针对一些地方存在追究自然人犯罪多，追究单位犯罪少，单位犯罪认定难的情况和问题进行了讨论。会议认为，办理环境污染犯罪案件，认定单位犯罪时，应当依法合理把握追究刑事责任的范围，贯彻宽严相济刑事政策，重点打击出资者、经营者和主要获利者，既要防止不当缩小追究刑事责任的人员范围，又要防止打击面过大。

为了单位利益，实施环境污染行为，并具有下列情形之一的，应当认定为单位犯罪：(1)经单位决策机构按照决策程序决定的；(2)经单位实际控制人、主要负责人或者授权的分管负责人决定、同意的；(3)单位实际控制人、主要负责人或者授权的分管负责人得知单位成员个人实施环境污染犯罪行为，并未加以制止或者及时采取措施，而是予以追认、纵容或者默许的；(4)使用单位营业执照、合同书、公章、印鉴等对外开展活动，并调用单位车辆、船舶、生产设备、原辅材料等实施环境污染犯罪行为的。

单位犯罪中的“直接负责的主管人员”，一般是指对单位犯罪起决定、批准、组织、策划、指挥、授意、纵容等作用的主管人员，包括单位实际控制人、主要负责人或者授权的分管负责人、高级管理人员等；“其他直接责任人员”，一般是指在直接负责的主管人员的指挥、授意下积极参与实施单位犯罪或者对具体实施单位犯罪起较大作用的人员。

对于应当认定为单位犯罪的环境污染犯罪案件，公安机关未作为单位犯罪移送审查起诉的，人民检察院应当退回公安机关补充侦查。对于应当认定为单位犯罪的环境污染犯罪案件，人民检察院只作为自然人犯罪起诉的，人民法院应当建议人民检察院对犯罪单位补充起诉。

2. 关于犯罪未遂的认定

会议针对当前办理环境污染犯罪案件中，能否认定污染环境罪(未遂)的问题进行了讨论。会议认为，当前环境执法工作形势比较严峻，一些行为人拒不配合执法检查、接受检查时弄虚作假、故意逃避法律追究的情形时有发生，因此对于行为人已经着手实施非法排放、倾倒、处置有毒有害污染物的行为，由于有关部门查处或者其他意志以外的原因未得逞的情形，可以污染环境罪(未遂)追究刑事责任。

3. 关于主观过错的认定

会议针对当前办理环境污染犯罪案件中，如何准确认定犯罪嫌疑人、被告人主观过错的问题进行了讨论。会议认为，判断犯罪嫌疑人、被告人是否具有环境污染犯罪的故意，应当依据犯罪嫌疑人、被告人的任职情况、职业经历、专业背景、培训经历、本人因同类行为受到行政处罚或者刑事追究情况以及污染物种类、污染方式、资金流向等证据，结合其供述，进行综合分析判断。

实践中，具有下列情形之一，犯罪嫌疑人、被告人不能作出合理解释的，可以认定其故意实施环境污染犯罪，但有证据证明确系不知情的除外：(1)企业没有依法通过环境影响评价，或者未依法取得排污许可证，排放污染物，或者已经通过环境影响评价并且防治污染设施验收合格后，擅自更改工艺流程、原辅材料，导致产生新的污染物质的；(2)不使用验收合格的防治污染设施或者不按规范要求使用的；(3)防治污染设施发生故障，发现后不及时排除，继续生产放任污染物排放的；(4)生态环境部门责令限制生产、停产整治或者予以行政处罚后，继续生产放任污染物排放的；(5)将危险废物委托第三方处置，没有尽到查验经营许可的义务，或者委托处置费用明显低于市场价格或者处置成本的；(6)通过暗管、渗井、渗坑、裂隙、溶洞、灌注等逃避监管的方式排放污染物的;(7)通过篡改、伪造监测数据的方式排放污染物的;(8)其他足以认定的情形。

4. 关于生态环境损害标准的认定

会议针对如何适用《环境解释》第一条、第三条规定的“造成生态环境严重损害的”“造成生态环境特别严重损害的”定罪量刑标准进行了讨论。会议指出,生态环境损害赔偿制度是生态文明制度体系的重要组成部分。党中央、国务院高度重视生态环境损害赔偿工作,党的十八届三中全会明确提出对造成生态环境损害的责任者严格实行赔偿制度。2015年,中央办公厅、国务院办公厅印发《生态环境损害赔偿制度改革试点方案》(中办发〔2015〕57号),在吉林等7个省市部署开展改革试点,取得明显成效。2017年,中央办公厅、国务院办公厅印发《生态环境损害赔偿制度改革方案》(中办发〔2017〕68号),在全国范围内试行生态环境损害赔偿制度(★为规范生态环境损害赔偿工作,2022年4月26日,生态环境部、最高法、最高检等14部门联合发布了《生态环境损害赔偿管理规定》(环法规〔2022〕31号)——编者说明)。

会议指出,《环境解释》将造成生态环境损害规定为污染环境罪的定罪量刑标准之一,是为了与生态环境损害赔偿制度实现衔接配套,考虑到该制度尚在试行过程中,《环境解释》作了较原则的规定。司法实践中,一些省市结合本地区工作实际制定了具体标准。会议认为,在生态环境损害赔偿制度试行阶段,全国各省(自治区、直辖市)可以结合本地实际情况,因地制宜,因时制宜,根据案件具体情况准确认定“造成生态环境严重损害”和“造成生态环境特别严重损害”。

5. 关于非法经营罪的适用

会议针对如何把握非法经营罪与污染环境罪的关系以及如何具体适用非法经营罪的问题进行了讨论。会议强调,要高度重视非法经营危险废物案件的办理,坚持全链条、全环节、全流程对非法排放、倾倒、处置、经营危险废物的产业链进行刑事打击,查清犯罪网络,深挖犯罪源头,斩断利益链条,不断挤压和铲除此类犯罪滋生蔓延的空间。

会议认为,准确理解和适用《环境解释》第六条的规定应当注意把握两个原则:一要坚持实质判断原则,对行为人非法经营危险废物行为的社会危害性作实质性判断。比如,一些单位或者个人虽未依法取得危险废物经营许可证,但其收集、贮存、利用、处置危险废物经营活动,没有超标排放污染物、非法倾倒污染物或者其他违法造成环境污染情形的,则不宜以非法经营罪论处。二要坚持综合判断原则,对行为人非法经营危险废物行为根据其在犯罪链条中的地位、作用综合判断其社会危害性。比如,有证据证明单位或者个人的无证经营危险废物行为属于危险废物非法经营产业链的一部分,并且已经形成了分工负责、利益均沾、相对固定的犯罪链条,如果行为人或者与其联系紧密的上游或者下游环节具有排放、倾倒、处置危险废物违法造成环境污染的情形，且交易价格明显异常的，对行为人可以根据案件具体情况在污染环境罪和非法经营罪中，择一重罪处断。

6. 关于投放危险物质罪的适用

会议强调，目前我国一些地方环境违法犯罪活动高发多发，刑事处罚威慑力不强的问题仍然突出，现阶段在办理环境污染犯罪案件时必须坚决贯彻落实中央领导同志关于重典治理污染的指示精神，把刑法和《环境解释》的规定用足用好，形成对环境污染违法犯罪的强大震慑。

会议认为，司法实践中对环境污染行为适用投放危险物质罪追究刑事责任时，应当重点审查判断行为人的主观恶性、污染行为恶劣程度、污染物的毒害性危险性、污染持续时间、污染结果是否可逆、是否对公共安全造成现实、具体、明确的危险或者危害等各方面因素。对于行为人明知其排放、倾倒、处置的污染物含有毒害性、放射性、传染病病原体等危险物质，仍实施环境污染行为放任其危害公共安全，造成重大人员伤亡、重大公私财产损失等严重后果，以污染环境罪论处明显不足以罚当其罪的，可以按投放危险物质罪定罪量刑。实践中，此类情形主要是向饮用水水源保护区，饮用水供水单位取水口和出水口，南水北调水库、干渠、涵洞等配套工程，重要渔业水体以及自然保护区核心区等特殊保护区域，排放、倾倒、处置毒害性极强的污染物，危害公共安全并造成严重后果的情形。

7. 关于涉大气污染环境犯罪的处理

会议针对涉大气污染环境犯罪的打击处理问题进行了讨论。会议强调，打赢蓝天保卫战是打好污染防治攻坚战的重中之重。各级人民法院、人民检察院、公安机关、生态环境部门要认真分析研究全国人大常委会大气污染防治法执法检查发现的问题和提出的建议，不断加大对涉大气污染环境犯罪的打击力度，毫不动摇地以法律武器治理污染，用法治力量保卫蓝天，推动解决人民群众关注的突出大气环境问题。

会议认为，司法实践中打击涉大气污染环境犯罪，要抓住关键问题，紧盯薄弱环节，突出打击重点。对重污染天气预警期间，违反国家规定，超标排放二氧化硫、氮氧化物，受过行政处罚后又实施上述行为或者具有其他严重情节的，可以适用《环境解释》第一条第十八项规定的“其他严重污染环境的情形”追究刑事责任。

8. 关于非法排放、倾倒、处置行为的认定

会议针对如何准确认定环境污染犯罪中非法排放、倾倒、处置行为进行了讨论。会议认为，司法实践中认定非法排放、倾倒、处置行为时，应当根据《固体废物污染环境防治法》和《环境解释》的有关规定精神，从其行为方式是否违反国家规定或者行业操作规范、污染物是否与外环境接触、是否造成环境污染的危险或者危害等方面进行综合分析判断。对名为运输、贮存、利用，实为

排放、倾倒、处置的行为应当认定为非法排放、倾倒、处置行为，可以依法追究刑事责任。比如，未采取相应防范措施将没有利用价值的危险废物长期贮存、搁置，放任危险废物或者其有毒有害成分大量扬散、流失、泄漏、挥发，污染环境的。

9. 关于有害物质的认定

会议针对如何准确认定刑法第三百三十八条规定的“其他有害物质”的问题进行了讨论。会议认为，办理非法排放、倾倒、处置其他有害物质的案件，应当坚持主客观相一致原则，从行为人的主观恶性、污染行为恶劣程度、有害物质危险性毒害性等方面进行综合分析判断，准确认定其行为的社会危害性。实践中，常见的有害物质主要有：工业危险废物以外的其他工业固体废物；未经处理的生活垃圾；有害大气污染物、受控消耗臭氧层物质和有害水污染物；在利用和处置过程中必然产生有毒有害物质的其他物质；国务院生态环境保护主管部门会同国务院卫生主管部门公布的有毒有害污染物名录中的有关物质等。

10. 关于从重处罚情形的认定

会议强调，要坚决贯彻党中央推动长江经济带发展的重大决策，为长江经济带共抓大保护、不搞大开发提供有力的司法保障。实践中，对于发生在长江经济带十一省（直辖市）的下列环境污染犯罪行为，可以从重处罚：(1)跨省（直辖市）排放、倾倒、处置有放射性的废物、含传染病病原体的废物、有毒物质或者其他有害物质的；(2)向国家确定的重要江河、湖泊或者其他跨省（直辖市）江河、湖泊排放、倾倒、处置有放射性的废物、含传染病病原体的废物、有毒物质或者其他有害物质的。

11. 关于严格适用不起诉、缓刑、免予刑事处罚

会议针对当前办理环境污染犯罪案件中如何严格适用不起诉、缓刑、免予刑事处罚的问题进行了讨论。会议强调，环境污染犯罪案件的刑罚适用直接关系加强生态环境保护打好污染防治攻坚战的实际效果。各级人民法院、人民检察院要深刻认识环境污染犯罪的严重社会危害性，正确贯彻宽严相济刑事政策，充分发挥刑罚的惩治和预防功能。要在全面把握犯罪事实和量刑情节的基础上严格依照刑法和刑事诉讼法规定的条件适用不起诉、缓刑、免予刑事处罚，既要考虑从宽情节，又要考虑从严情节；既要做到刑罚与犯罪相当，又要做到刑罚执行方式与犯罪相当，切实避免不起诉、缓刑、免予刑事处罚不当适用造成的消极影响。

会议认为，具有下列情形之一的，一般不适用不起诉、缓刑或者免予刑事处罚：(1)不如实供述罪行的；(2)属于共同犯罪中情节严重的主犯的；(3)犯有数个环境污染犯罪依法实行并罚或者以一罪处理的；(4)曾因环境污染违法犯罪行为受过行政处罚或者刑事处罚的；(5)其他不宜适用不起诉、缓刑、免予刑事处罚的情形。

会议要求，人民法院审理环境污染犯罪案件拟适用缓刑或者免予刑事处罚的，应当分析案发前后的社会影响和反映，注意听取控辩双方提出的意见。对于情节恶劣、社会反映强烈的环境污染犯罪，不得适用缓刑、免予刑事处罚。人民法院对判处缓刑的被告人，一般应当同时宣告禁止令，禁止其在缓刑考验期内从事与排污或者处置危险废物有关的经营活动。生态环境部门根据禁止令，对上述人员担任实际控制人、主要负责人或者高级管理人员的单位，依法不得发放排污许可证或者危险废物经营许可证。

12. 关于管辖的问题（下略）

13. 关于危险废物的认定

会议针对危险废物如何认定以及是否需要鉴定的问题进行了讨论。会议认为，根据《环境解释》的规定精神，对于列入《国家危险废物名录》的，如果来源和相应特征明确，司法人员根据自身专业技术知识和工作经验认定难度不大的，司法机关可以依据名录直接认定。对于来源和相应特征不明确的，由生态环境部门、公安机关等出具书面意见，司法机关可以依据涉案物质的来源、产生过程、被告人供述、证人证言以及经批准或者备案的环境影响评价文件等证据，结合上述书面意见作出是否属于危险废物的认定。对于需要生态环境部门、公安机关等出具书面认定意见的，区分下列情况分别处理：(1)对已确认固体废物产生单位，且产废单位环评文件中明确为危险废物的，根据产废单位建设项目环评文件和审批、验收意见、案件笔录等材料，可对照《国家危险废物名录》等出具认定意见。(2)对已确认固体废物产生单位，但产废单位环评文件中未明确为危险废物的，应进一步分析废物产生工艺，对照判断其是否列入《国家危险废物名录》。列入名录的可以直接出具认定意见；未列入名录的，应根据原辅材料、产生工艺等进一步分析其是否具有危险特性，不可能具有危险特性的，不属于危险废物；可能具有危险特性的，抽取典型样品进行检测，并根据典型样品检测指标浓度，对照《危险废物鉴别标准》(GB5085.1−7)出具认定意见。(3)对固体废物产生单位无法确定的，应抽取典型样品进行检测，根据典型样品检测指标浓度，对照《危险废物鉴别标准》(GB5085.1−7)出具认定意见。对确需进一步委托有相关资质的检测鉴定机构进行检测鉴定的，生态环境部门或者公安机关按照有关规定开展检测鉴定工作。

14. 关于鉴定的问题（下略）

15. 关于监测数据的证据资格问题（下略）

根据 2021 年 11 月 24 日最高法**《服务保障黄河流域生态保护和高质量发展工作推进会会议纪要》**(法〔2021〕305 号)，对于发生在黄河流域九省(自治区)的环境污染犯罪行为，存在直接向黄河干流、重要支流及骨干水库库区排放、倾倒、处置有放射性的废物、含传染病病原体的废物、有毒物质或者其他

第三百三十九条〔312〕 **【非法处置进口的固体废物罪】**违反国家规定，将境外的固体废物进境倾倒、堆放、处置的，处五年以下有期徒刑或者拘役，并处罚金；造成重大环境污染事故，致使公私财产遭受重大损失或者严重危害人体健康的，处五年以上十年以下有期徒刑，并处罚金；后果特别严重的，处十年以上有期徒刑，并处罚金。

【擅自进口固体废物罪】未经国务院有关主管部门许可，擅自进口固体废物用作原料，造成重大环境污染事故，致使公私财产遭受重大损失或者严重危害人体健康的，处五年以下有期徒刑或者拘役，并处罚金；后果特别严重的，处五年以上十年以下有期徒刑，并处罚金。

以原料利用为名，进口不能用作原料的固体废物、液态废物和气态废物的，依照本法第一百五十二条第二款、第三款的规定定罪处罚。

有害物质等情形的，应当作为从重处罚的考虑因素。

依法加大罚金刑适用力度。罚金数额的确定，应当充分考虑污染环境犯罪行为造成的实际损失、环境危害后果、被污染环境修复的可能性和难度、污染情节恶劣程度、污染环境造成的社会影响等因素。对于未发生实际危害后果的，应当考虑行为人的主观恶性、污染行为的恶劣程度、潜在危害等因素。

【公报案例】根据《公报》**2023 年第 9 期 · 江苏省徐州铁路运输检察院诉石景龙污染环境案**，污染环境犯罪中，符合企业合规改革适用案件范围和条件并完成有效合规整改的涉案企业和个人，以企业合规整改合格为由请求从宽处罚的，人民法院经审理认定涉案企业合规整改有效的，可以将合规整改合格作为酌定从宽处罚情节。

〔312〕 **【刑法修订】**2002 年《**刑法修正案（四）**》**第五条**修订了本条第三款。1997 年刑法该款原文如下：

第三百三十九条第三款 以原料利用为名，进口不能用作原料的固体废物的，依照本法第一百五十五条的规定定罪处罚。

2002 年《**刑法修正案（四）**》将该款中废物的范围，扩大至“液态废物和气态废物”；修改了定罪处罚的条文依据，由“依照本法第一百五十五条的规定定罪处罚”修改为“依照本法第一百五十二条第二款、第三款的规定定罪处罚”。

【立案标准】2008 年 6 月 25 日最高检、公安部《**关于公安机关管辖的刑事案件立案追诉标准的规定（一）**》，对刑法第三百三十九条的追诉标准规定如下：

第六十一条 违反国家规定,将境外的固体废物进境倾倒、堆放、处置的,应予立案追诉。

第六十二条 未经国务院有关主管部门许可,擅自进口固体废物用作原料,造成重大环境污染事故,涉嫌下列情形之一的,应予立案追诉:

(一)致使公私财产损失 30 万元以上的;

(二)致使基本农田、防护林地、特种用途林地 5 亩以上,其他农用地 10 亩以上,其他土地 20 亩以上基本功能丧失或者遭受永久性破坏的;

(三)致使森林或者其他林木死亡 50 立方米以上,或者幼树死亡 2500 株以上的;

(四)致使 1 人以上死亡、3 人以上重伤、10 人以上轻伤,或者 1 人以上重伤并且 5 人以上轻伤的(与 2023 年 8 月 8 日最高法、最高检《关于办理环境污染刑事案件适用法律若干问题的解释》第二条、第四条的规定不符,本项规定应当不再适用——编者说明);

(五)致使传染病发生、流行或者人员中毒达到《国家突发公共卫生事件应急预案》中突发公共卫生事件分级Ⅲ级以上情形,严重危害人体健康的;

(六)其他致使公私财产遭受重大损失或者严重危害人体健康的情形。

【司法解释】2023 年 8 月 8 日最高法、最高检**《关于办理环境污染刑事案件适用法律若干问题的解释》**,就刑法第三百三十九条的适用解释如下:

第四条 实施刑法第三百三十九条第一款规定的行为,具有下列情形之一的,应当认定为"致使公私财产遭受重大损失或者严重危害人体健康":

(一)致使公私财产损失 100 万元以上的;

(二)具有本解释第二条第五项至第十项规定情形之一的(➻参见刑法第 338 条脚注相关部分);

(三)其他致使公私财产遭受重大损失或者严重危害人体健康的情形。

第五条 实施刑法第三百三十八条、第三百三十九条规定的犯罪行为,具有下列情形之一的,应当从重处罚:

(一)阻挠环境监督检查或者突发环境事件调查,尚不构成妨害公务等犯罪的;

(二)在医院、学校、居民区等人口集中地区及其附近,违反国家规定排放、倾倒、处置有放射性的废物、含传染病病原体的废物、有毒物质或者其他有害物质的;

(三)在突发环境事件处置期间或者被责令限期整改期间,违反国家规定排放、倾倒、处置有放射性的废物、含传染病病原体的废物、有毒物质或者其他有害物质的;

(四)具有危险废物经营许可证的企业违反国家规定排放、倾倒、处置有放射性的废物、含传染病病原体的废物、有毒物质或者其他有害物质的;

第三百四十条〔313〕　**【非法捕捞水产品罪】**违反保护水产资源法规，在禁渔区、禁渔期或者使用禁用的工具、方法捕捞水产品，情节严重的，处三年以下有期徒刑、拘役、管制或者罚金。

（五）实行排污许可重点管理的企业事业单位和其他生产经营者未依法取得排污许可证，排放、倾倒、处置有放射性的废物、含传染病病原体的废物、有毒物质或者其他有害物质的。

〔313〕　**【司法解释】**2022 年 4 月 6 日最高法、最高检《**关于办理破坏野生动物资源刑事案件适用法律若干问题的解释**》，就刑法第三百四十条的适用规定如下：

第三条　在内陆水域，违反保护水产资源法规，在禁渔区、禁渔期或者使用禁用的工具、方法捕捞水产品，具有下列情形之一的，应当认定为刑法第三百四十条规定的“情节严重”，以非法捕捞水产品罪定罪处罚：

（一）非法捕捞水产品 500 公斤以上或者价值 1 万元以上的；

（二）非法捕捞有重要经济价值的水生动物苗种、怀卵亲体或者在水产种质资源保护区内捕捞水产品 50 公斤以上或者价值 1000 元以上的；

（三）在禁渔区使用电鱼、毒鱼、炸鱼等严重破坏渔业资源的禁用方法或者禁用工具捕捞的；

（四）在禁渔期使用电鱼、毒鱼、炸鱼等严重破坏渔业资源的禁用方法或者禁用工具捕捞的；

（五）其他情节严重的情形。

实施前款规定的行为，具有下列情形之一的，从重处罚：

（一）暴力抗拒、阻碍国家机关工作人员依法履行职务，尚未构成妨害公务罪、袭警罪的；

（二）2 年内曾因破坏野生动物资源受过行政处罚的；

（三）对水生生物资源或者水域生态造成严重损害的；

（四）纠集多条船只非法捕捞的；

（五）以非法捕捞为业的。

实施第一款规定的行为，根据渔获物的数量、价值和捕捞方法、工具等，认为对水生生物资源危害明显较轻的，综合考虑行为人自愿接受行政处罚、积极修复生态环境等情节，可以认定为犯罪情节轻微，不起诉或者免予刑事处罚；情节显著轻微危害不大的，不作为犯罪处理。

……

第十九条　在海洋水域，非法捕捞水产品，非法采捕珊瑚、砗磲或者其他珍贵、濒危水生野生动物，或者非法收购、运输、出售珊瑚、砗磲或者其他珍贵、濒危水生野生动物及其制品的，定罪量刑标准适用《最高人民法院关于审理发生在我国管辖海域相关案件若干问题的规定（二）》（法释〔2016〕17号）的相关规定。

根据2016年8月1日最高法**《关于审理发生在我国管辖海域相关案件若干问题的规定（二）》第四条**，违反保护水产资源法规，在海洋水域，在禁渔区、禁渔期或者使用禁用的工具、方法捕捞水产品，具有下列情形之一的，应当认定为刑法第三百四十条规定的“情节严重”：

（一）非法捕捞水产品1万公斤以上或者价值10万元以上的；

（二）非法捕捞有重要经济价值的水生动物苗种、怀卵亲体2000公斤以上或者价值2万元以上的；

（三）在水产种质资源保护区内捕捞水产品2000公斤以上或者价值2万元以上的；

（四）在禁渔区内使用禁用的工具或者方法捕捞的；

（五）在禁渔期内使用禁用的工具或者方法捕捞的；

（六）在公海使用禁用渔具从事捕捞作业，造成严重影响的；

（七）其他情节严重的情形（★2022年4月6日最高法、最高检《关于办理破坏野生动物资源刑事案件适用法律若干问题的解释》第3条第3款对非法捕捞内陆水域水产品犯罪的从宽处理作了规定，对于在海洋水域实施的非法捕捞水产品行为，可以根据案件具体情况，参照适用上述规定，以确保案件办理符合罪责刑相适应原则的要求——编者说明）。

2020年12月17日最高法、最高检、公安部、农业农村部**《依法惩治长江流域非法捕捞等违法犯罪的意见》**（公通字〔2020〕17号），为依法惩治长江流域非法捕捞等危害水生生物资源的各类违法犯罪，保障长江流域禁捕工作顺利实施，加强长江流域水生生物资源保护，推进水域生态保护修复，促进生态文明建设，根据有关法律、司法解释的规定，制定本意见。

一、提高政治站位，充分认识长江流域禁捕的重大意义（下略）

二、准确适用法律，依法严惩非法捕捞等危害水生生物资源的各类违法犯罪

（一）依法严惩非法捕捞犯罪。违反保护水产资源法规，在长江流域重点水域非法捕捞水产品，具有下列情形之一的，依照刑法第三百四十条的规定，以非法捕捞水产品罪定罪处罚：

1. 非法捕捞水产品500公斤以上或者1万元以上的；

2. 非法捕捞具有重要经济价值的水生动物苗种、怀卵亲体或者在水产种质资源保护区内捕捞水产品50公斤以上或者1000元以上的；

3. 在禁捕区域使用电鱼、毒鱼、炸鱼等严重破坏渔业资源的禁用方法捕捞的；

4. 在禁捕区域使用农业农村部规定的禁用工具捕捞的；

5. 其他情节严重的情形。

（二）依法严惩危害珍贵、濒危水生野生动物资源犯罪……（➻参见刑法第341条脚注相关部分）

（三）依法严惩非法渔获物交易犯罪……（➻参见刑法第312条、第341条脚注相关部分）

（四）依法严惩危害水生生物资源的单位犯罪。水产品交易公司、餐饮公司等单位实施本意见规定的行为，构成单位犯罪的，依照本意见规定的定罪量刑标准，对直接负责的主管人员和其他直接责任人员定罪处罚，并对单位判处罚金。

（五）依法严惩危害水生生物资源的渎职犯罪……（➻参见刑法第397条、第417条脚注相关部分）

（六）依法严惩危害水生生物资源的违法行为。实施上述行为，不构成犯罪的，由农业农村（渔政）部门等依据《渔业法》等法律法规予以行政处罚；构成违反治安管理行为的，由公安机关依法给予治安管理处罚。

（七）贯彻落实宽严相济刑事政策。多次实施本意见规定的行为构成犯罪，依法应当追诉的，或者2年内2次以上实施本意见规定的行为未经处理的，数量数额累计计算。

实施本意见规定的犯罪，具有下列情形之一的，从重处罚：（1）暴力抗拒、阻碍国家机关工作人员依法履行职务，尚未构成妨害公务罪的；（2）2年内曾因实施本意见规定的行为受过处罚的；（3）对长江生物资源或水域生态造成严重损害的；（4）具有造成重大社会影响等恶劣情节的。具有上述情形的，一般不适用不起诉、缓刑、免予刑事处罚。

非法捕捞水产品，根据渔获物的数量、价值和捕捞方法、工具等情节，认为对水生生物资源危害明显较轻的，可以认定为犯罪情节轻微，依法不起诉或者免予刑事处罚，但是曾因破坏水产资源受过处罚的除外。

非法猎捕、收购、运输、出售珍贵、濒危水生野生动物，尚未造成动物死亡，综合考虑行为手段、主观罪过、犯罪动机、获利数额、涉案水生生物的濒危程度、数量价值以及行为人的认罪悔罪态度、修复生态环境情况等情节，认为适用本意见规定的定罪量刑标准明显过重的，可以结合具体案件的实际情况依法作出妥当处理，确保罪责刑相适应。

三、健全完善工作机制，保障相关案件的办案效果

……

（四）准确认定相关专门性问题。对于长江流域重点水域禁捕范围（禁捕区域和时间），依据农业农村部关于长江流域重点水域禁捕范围和时间的有关通告确定。涉案渔获物系国家重点保护的珍贵、濒危水生野生动物的，动物及其制品的价值可以根据国务院野生动物保护主管部门综合考虑野生动物的生

态、科学、社会价值制定的评估标准和方法核算。其他渔获物的价值，根据销赃数额认定；无销赃数额、销赃数额难以查证或者根据销赃数额认定明显偏低的，根据市场价格核算；仍无法认定的，由农业农村（渔政）部门认定或者由有关价格认证机构作出认证并出具报告。对于涉案的禁捕区域、禁捕时间、禁用方法、禁用工具、渔获物品种以及对水生生物资源的危害程度等专门性问题，由农业农村（渔政）部门于二个工作日以内出具认定意见；难以确定的，由司法鉴定机构出具鉴定意见，或者由农业农村部指定的机构出具报告。

2021 年 2 月 24 日最高检**《检察机关办理长江流域非法捕捞案件有关法律政策问题的解答》**（高检办发〔2021〕1 号），为贯彻落实习近平总书记关于“共抓大保护、不搞大开发”重要指示精神，服务保障党中央、国务院关于长江“十年禁渔”重大决策部署，确保各级检察机关正确理解和准确适用刑法、长江保护法、渔业法，以及《最高人民法院、最高人民检察院、公安部、农业农村部依法惩治长江流域非法捕捞等违法犯罪的意见》（以下简称《意见》）等规定，现就办理长江流域非法捕捞案件有关法律政策问题，作如下解答。

一、办理长江流域非法捕捞案件，如何准确把握“长江流域重点水域”禁捕范围？

答：根据《意见》规定，办理涉长江流域重点水域的非法捕捞等危害水生生物资源的各类违法犯罪案件应当适用《意见》。司法实践中，检察机关要依照《农业农村部关于长江流域重点水域禁捕范围和时间的通告》（农业农村部通告〔2019〕4 号）和《农业农村部关于设立长江口禁捕管理区的通告》（农业农村部通告〔2020〕3 号），准确把握“长江流域重点水域”禁捕范围。禁捕范围包括五类区域：

（一）长江流域水生生物保护区。包括《农业部关于公布率先全面禁捕长江流域水生生物保护区名录的通告》（农业部通告〔2017〕6 号）公布的长江上游珍稀特有鱼类国家级自然保护区等 332 个自然保护区和水产种质资源保护区，以及今后长江流域范围内新建立的以水生生物为主要保护对象的自然保护区和水产种质资源保护区。

（二）长江干流和重要支流。包括青海省曲麻莱县以下至长江河口（东经 122°、北纬 31°36′30″、北纬 30°54′之间的区域）的长江干流江段，岷江、沱江、赤水河、嘉陵江、乌江、汉江等重要通江河流在甘肃省、陕西省、云南省、贵州省、四川省、重庆市、湖北省境内的干流江段，大渡河在青海省和四川省境内的干流河段，以及各省确定的其他重要支流。

（三）长江口禁捕管理区。长江口禁捕管理区范围为东经 122°15′、北纬 31°41′36″、北纬 30°54′形成的框型区线，向西以水陆交界线为界。

（四）大型通江湖泊。相关省级渔业行政主管部门划定的鄱阳湖、洞庭湖等大型通江湖泊除水生生物自然保护区和水产种质资源保护区以外的禁捕天然水域。

（五）其他重点水域。相关省级渔业行政主管部门划定的与长江干流、重要支流、大型通江湖泊连通的其他禁捕天然水域。

对于涉案的禁捕区域，检察机关可以根据《意见》规定，结合案件具体情况，商请农业农村（渔政）部门出具认定意见。

二、办理长江流域非法捕捞案件，如何准确把握非法捕捞水产品罪的入罪标准？

答：根据刑法第三百四十条的规定，非法捕捞水产品罪是指违反保护水产资源法规，在禁渔区、禁渔期或者使用禁用的工具、方法捕捞水产品，情节严重的行为。《意见》明确了在长江流域重点水域非法捕捞水产品，构成非法捕捞水产品罪的入罪标准：1. 非法捕捞水产品 500 公斤以上或者价值 1 万元以上的；2. 非法捕捞具有重要经济价值的水生动物苗种、怀卵亲体或者在水产种质资源保护区内捕捞水产品 50 公斤以上或者价值 1000 元以上的；3. 在禁捕区域使用电鱼、毒鱼、炸鱼等严重破坏渔业资源的禁用方法捕捞的；4. 在禁捕区域使用农业农村部规定的禁用工具捕捞的；5. 其他情节严重的情形。

司法实践中，检察机关要依照刑法和《意见》相关规定，根据案件具体情况，从行为人犯罪动机、主观故意、所使用的方法、工具、涉案水生生物的珍贵、濒危程度、案发后修复生态环境情况等方面，综合判断其行为的社会危害性。既要用足用好法律规定，总体体现依法从严惩治的政策导向，又要准确把握司法办案尺度，切实避免“一刀切”简单司法、机械办案。

要注意防止“唯数量论”与“唯结果论”的做法。对于刚达到《意见》规定的数量或价值标准，行为人积极配合调查并接受且具有本解答规定的从宽处罚情形之一的，可以不追究刑事责任；需要给予行政处罚的，移送有关主管部门进行行政处罚。

三、办理长江流域非法捕捞案件，如何准确认定“电鱼、毒鱼、炸鱼等严重破坏渔业资源的禁用方法”和“农业农村部规定的禁用工具”？

答：根据《意见》规定，“在禁捕区域使用电鱼、毒鱼、炸鱼等严重破坏渔业资源的禁用方法捕捞”和“在禁捕区域使用农业农村部规定的禁用工具捕捞”，是构成非法捕捞水产品罪的两项入罪追诉标准。

在认定“禁用方法”时，要注意审查具体方法对渔业资源的严重危害程度。对于在禁捕区域使用电鱼、毒鱼、炸鱼方法的，一般应当以非法捕捞水产品罪追究刑事责任。对于确属情节轻微、对渔业资源危害不大，依法不需要判处刑罚或者可以免除刑罚的，可以依法作出不起诉决定。对于电鱼、毒鱼、炸鱼以外的其他严重破坏渔业资源的禁用方法，注意从两个方面来把握：一是具有破坏渔业资源正常生长繁殖的现实危害或危险性；二是与电鱼、毒鱼、炸鱼方法的社会危害程度大致相当。对于虽使用禁用方法但尚未严重破坏渔业资源的行为，检察机关在依法作出不起诉决定的同时，应当依照长江保护法、渔业法等相关规定，移送有关主管部门给予行政处罚。

在认定"禁用工具"时，应当适用农业农村部出台的标准。办案中可参照《农业部关于长江干流禁止使用单船拖网等十四种渔具的通告（试行）》（农业部通告〔2017〕2号）的规定，将单船拖网、双船拖网、多船拖网、多桩有翼单囊张网、双锚框架张网、拦河撑架敷网、岸敷箕状敷网、岸敷撑架敷网、拦截插网陷阱、拦截箔签陷阱、导陷插网陷阱、导陷箔荃陷阱、拖曳齿耙耙刺、定置延绳滚钩耙刺等十四种渔具，认定为"农业农村部规定的禁用工具"。农业农村部没有相应标准的，对相关工具不应认定为非法捕捞水产品罪中的"禁用工具"；前述认定不影响对相应行为的行政处罚。

四、办理长江流域非法捕捞案件，如何准确认定行为人的主观故意？

答：在认定行为人是否具有非法捕捞水产品犯罪的主观故意时，应当依据其生活背景、职业经历、捕捞方法、捕捞工具、渔获物去向、获利资金流向，以及本人有无因同类行为受到行政处罚或者刑事追究情况等方面的证据，进行综合分析判断。

在办理非法捕捞水产品的案件中，认定主观故意原则上不要求行为人对有关禁渔区、禁渔期或者禁用的工具、方法等法律规定具有明确的认知，只要其认识到行为可能违法、被禁止即可。对于行为人作出合理解释，或者有证据证明其确系对禁捕区域、禁捕时间、禁用方法或者禁用工具不知情的，依法可不作为犯罪处理，但应当做好宣传教育工作，移送有关主管部门予以行政处罚。

五、办理长江流域非法捕捞案件，如何贯彻宽严相济刑事政策？

答：检察机关办理非法捕捞水产品案件，应当贯彻宽严相济刑事政策，准确判断行为人的责任轻重和刑事追究的必要性，综合运用刑事、行政、经济手段惩治违法犯罪，做到惩处少数、教育挽救大多数，实现罪责刑相适应。对于不同性质案件的处理，要体现区别对待的原则：一方面，要从严惩处有组织的、经常性的或者形成产业链的危害水生生物资源犯罪；另一方面，对个人偶尔实施的不具有生产性、经营性的非法捕捞行为要慎用刑罚，危害严重构成犯罪的，在处罚时应与前一类犯罪案件有所区别。

除《意见》规定的从重处罚情形外，对具有下列情形之一的，一般可以认定为非法捕捞水产品罪的从严处罚情形，并依法提出从严的量刑建议：1. 在繁育期非法捕捞的（★繁育期往往为禁渔期，一律从重处罚，是否存在入罪情节与从重情节的重复评价问题，值得研究——编者说明）；2. 纠集多条船只或者使用大型设施设备非法捕捞的；3. 以非法捕捞为业的；4. 与黑恶势力犯罪相交织的；5. 其他严重破坏渔业资源或者生态环境的情形。

对具有下列情形之一的，一般可以认定为非法捕捞水产品罪的从宽处罚情形，并依法提出从宽的量刑建议：1. 不以生产、经营为目的，使用小型网具、钓具等对渔业资源和生态环境危害较轻的工具、方法非法捕捞的；2. 自愿认罪认罚的；3. 具有积极承诺及履行生态环境修复义务等悔罪表现的；4. 其他对渔业资源、生态环境损害较轻的情形。如果行为人主观恶性不大，并综合捕捞方法、工具、渔获物的数量、价值等情节，认为对水生生物资源危害明显较轻的，可以认定为犯罪情节轻微，依法作出不起诉决定。

六、办理长江流域非法捕捞案件，如何准确把握非法捕捞水产品罪与其他关联犯罪的界限？

答：《意见》要求全力摧毁危害长江流域水生生物资源的"捕、运、销"地下产业链，并明确了关联犯罪的定罪量刑标准。司法实践中，检察机关要注意从以下几个方面把握非法捕捞水产品罪与关联犯罪的界限，推动形成"水上不捕、市场不卖、餐厅不做、群众不吃"的良好氛围。

一是注意把握非法捕捞水产品罪与掩饰、隐瞒犯罪所得、犯罪所得收益罪的界限。两罪是上下游犯罪的关系，后罪的成立要求上游行为达到犯罪的程度。基于处罚平衡的考虑，为避免罪刑倒挂现象，对于明知是在长江流域重点水域非法捕捞犯罪所得的水产品而予以窝藏、转移、收购、代为销售或者以其他方法掩饰、隐瞒，价值一万元以上的，一般应依照刑法第三百一十二条的规定以掩饰、隐瞒犯罪所得、犯罪所得收益罪，提出处三年以下有期徒刑、拘役或者管制，并处或者单处罚金的量刑建议。

二是注意把握非法捕捞水产品罪与非法猎捕、杀害珍贵、濒危野生动物罪的界限。前罪的保护对象是"水产品"，包括一般的水生动物与珍贵、濒危的水生动物，后罪的保护对象是"国家重点保护的珍贵、濒危野生动物"。行为人基于同一主观故意，实施同一非法捕捞行为，但捕捞对象同时涉及一般水生动物与珍贵、濒危水生动物的，应区分以下情况处理：第一种情况，同一行为同时构成两罪，应当从一重罪论处，对涉案一般水生生物的数量或价值作为量刑情节考虑，以非法猎捕、杀害珍贵、濒危野生动物罪定性并酌情从重处理；第二种情况，同一行为不能分别构成两罪，但涉案水生生物的数量或价值按相应比例折算后合计达到非法捕捞水产品罪入罪标准的，应以非法捕捞水产品罪定性处理；第三种情况，同一行为构成非法捕捞水产品罪，但尚不构成非法猎捕、杀害珍贵、濒危野生动物罪的，对涉案珍贵、濒危水生动物的数量或价值按相应比例折算后，一并以非法捕捞水产品罪定性处理；第四种情况，同一行为构成非法猎捕、杀害珍贵、濒危野生动物罪，但尚不构成非法捕捞水产品罪的，对涉案一般水生生物的数量或价值作为量刑情节考虑，以非法猎捕、杀害珍贵、濒危野生动物罪定性并酌情从重处理(★本段中的罪名"非法猎捕、杀害珍贵、濒危野生动物罪",已经变更为"危害珍贵、濒危野生动物罪"——编者说明)。

三是注意把握非法捕捞水产品罪与非法收购、运输、出售珍贵、濒危野生动物、珍贵、濒危野生动物制品罪的界限。根据刑法和《意见》的规定,非法收购、运输、出售在长江流域重点水域非法猎捕、杀害的中华鲟、长江鲟、长江江豚或者其他国家重点保护的珍贵、濒危水生野生动物及其制品,达到相应价值标准的,以非法收购、运输、出售珍贵、濒危野生动物、珍贵、濒危野生动物制品罪定罪处罚。同时,根据全国人大常委会《关于〈中华人民共和国刑法〉第三百四十一条、第三百一十二条的解释》,知道或者应当知道是国家重点保护的珍贵、濒危野生动物及其制品,为食用或者其他目的而非法购买,符合刑法第三百四十一条第一款规定的,以非法收购珍贵、濒危野生动物、珍贵、濒危野生动物制品罪定罪处罚(★本段中的罪名"非法收购、运输、出售珍贵、濒危野生动物、珍贵、濒危野生动物制品罪",已经变更为"危害珍贵、濒危野生动物罪"——编者说明)。

四是注意认定非法捕捞水产品犯罪的其他关联犯罪。制造、销售禁用渔具,情节严重,符合刑法第一百四十条或者第一百四十六条规定的,以生产、销售伪劣产品罪或者生产、销售不符合安全标准的产品罪定罪处罚。明知是长江流域非法捕捞渔获物而利用信息网络设立用于收购、出售的网站、通讯群组,或者发布相关犯罪信息,情节严重,符合刑法第二百八十七条之一规定的,以非法利用信息网络罪定罪处罚。

五是注意认定非法捕捞水产品犯罪的共同犯罪。事前通谋,按照分工分别实施非法捕捞、运输、销售等行为的,以共同犯罪论处。明知他人从事非法捕捞,仍为其提供工具、运输、加工、销售等帮助的,以共同犯罪论处。

根据2022年5月10日最高法、最高检《**关于办理海洋自然资源与生态环境公益诉讼案件若干问题的规定**》**第四条**,破坏海洋生态、海洋水产资源、海洋保护区,涉嫌犯罪的,在行使海洋环境监督管理权的部门没有另行提起海洋自然资源与生态环境损害赔偿诉讼的情况下,人民检察院可以在提起刑事公诉时一并提起附带民事公益诉讼,也可以单独提起民事公益诉讼。

【会议纪要】根据2021年11月24日最高法《**贯彻实施〈长江保护法〉工作推进会会议纪要**》,严格贯彻实施《长江保护法》第五十三条规定,依法审理长江流域重点水域非法捕捞案件,准确把握入罪条件;构成犯罪的,应按照《最高人民法院、最高人民检察院、公安部、农业农村部关于依法惩治长江流域非法捕捞等违法犯罪的意见》的要求,将长江流域重点水域涉案水生生物的濒危程度、数量价值,以及行为人的认罪悔罪态度作为量刑情节,对积极主动修复生态环境的行为人可以依法从轻或减轻处罚。

第三百四十一条〔314〕 **【危害珍贵、濒危野生动物罪】**非法猎捕、杀害国家重点保护的珍贵、濒危野生动物的，或者非法收购、运输、出售国家重点保护的珍贵、濒危野生动物及其制品的，处五年以下有期徒刑或者拘役，并处罚金；情节严重的，处五年以上十年以下有期徒刑，并处罚金；情节特别严重的，处十年以上有期徒刑，并处罚金或者没收财产。

【非法狩猎罪】违反狩猎法规，在禁猎区、禁猎期或者使用禁用的工具、方法进行狩猎，破坏野生动物资源，情节严重的，处三年以下有期徒刑、拘役、管制或者罚金。

【非法猎捕、收购、运输、出售陆生野生动物罪】违反野生动物保护管理法规，以食用为目的非法猎捕、收购、运输、出售第一款规定以外的在野外环境自然生长繁殖的陆生野生动物，情节严重的，依照前款的规定处罚。

---

〔314〕 **【刑法修订】**本条第三款为 2020 年《**刑法修正案（十一）**》第**四十一条**增设。

【立法解释】根据 2014 年 4 月 24 日全国人大常委会《**关于〈中华人民共和国刑法〉第三百四十一条、第三百一十二条的解释**》，知道或者应当知道是国家重点保护的珍贵、濒危野生动物及其制品，为食用或者其他目的而非法购买的，属于刑法第三百四十一条第一款规定的非法收购国家重点保护的珍贵、濒危野生动物及其制品的行为。

【司法解释】2022 年 4 月 6 日最高法、最高检《**关于办理破坏野生动物资源刑事案件适用法律若干问题的解释**》（法释〔2022〕12 号，自 2022 年 4 月 9 日起施行），为依法惩治破坏野生动物资源犯罪，保护生态环境，维护生物多样性和生态平衡，现就办理此类刑事案件适用法律的若干问题解释如下：

第四条　刑法第三百四十一条第一款规定的“国家重点保护的珍贵、濒危野生动物”包括：

（一）列入《国家重点保护野生动物名录》的野生动物；

（二）经国务院野生动物保护主管部门核准按照国家重点保护的野生动物管理的野生动物。

第五条　刑法第三百四十一条第一款规定的“收购”包括以营利、自用等为目的的购买行为；“运输”包括采用携带、邮寄、利用他人、使用交通工具等方法进行运送的行为；“出售”包括出卖和以营利为目的的加工利用行为。

刑法第三百四十一条第三款规定的“收购”“运输”“出售”，是指以食用为目的，实施前款规定的相应行为。

第六条　非法猎捕、杀害国家重点保护的珍贵、濒危野生动物，或者非法收购、运输、出售国家重点保护的珍贵、濒危野生动物及其制品，价值 2 万元以上不满 20 万元的，应当依照刑法第三百四十一条第一款的规定，以危害珍贵、濒危野生动物罪处 5 年以下有期徒刑或者拘役，并处罚金；价值 20 万元以上不满 200 万元的，应当认定为“情节严重”，处 5 年以上 10 年以下有期徒刑，并处罚金；价值 200 万元以上的，应当认定为“情节特别严重”，处 10 年以上有期徒刑，并处罚金或者没收财产。

实施前款规定的行为，具有下列情形之一的，从重处罚：

（一）属于犯罪集团的首要分子的；

（二）为逃避监管，使用特种交通工具实施的；

（三）严重影响野生动物科研工作的；

（四）2 年内曾因破坏野生动物资源受过行政处罚的。

实施第一款规定的行为，不具有第二款规定的情形，且未造成动物死亡或者动物、动物制品无法追回，行为人全部退赃退赔，确有悔罪表现的，按照下列规定处理：

（一）珍贵、濒危野生动物及其制品价值 200 万元以上的，可以认定为“情节严重”，处 5 年以上 10 年以下有期徒刑，并处罚金；

（二）珍贵、濒危野生动物及其制品价值 20 万元以上不满 200 万元的，可以处 5 年以下有期徒刑或者拘役，并处罚金；

（三）珍贵、濒危野生动物及其制品价值 2 万元以上不满 20 万元的，可以认定为犯罪情节轻微，不起诉或者免予刑事处罚；情节显著轻微危害不大的，不作为犯罪处理。

第七条 违反狩猎法规，在禁猎区、禁猎期或者使用禁用的工具、方法进行狩猎，破坏野生动物资源，具有下列情形之一的，应当认定为刑法第三百四十一条第二款规定的“情节严重”，以非法狩猎罪定罪处罚：

（一）非法猎捕野生动物价值 1 万元以上的；

（二）在禁猎区使用禁用的工具或者方法狩猎的；

（三）在禁猎期使用禁用的工具或者方法狩猎的；

（四）其他情节严重的情形。

实施前款规定的行为，具有下列情形之一的，从重处罚：

（一）暴力抗拒、阻碍国家机关工作人员依法履行职务，尚未构成妨害公务罪、袭警罪的；

（二）对野生动物资源或者栖息地生态造成严重损害的；

（三）2 年内曾因破坏野生动物资源受过行政处罚的。

实施第一款规定的行为，根据猎获物的数量、价值和狩猎方法、工具等，认为对野生动物资源危害明显较轻的，综合考虑猎捕的动机、目的、行为人自愿接受行政处罚、积极修复生态环境等情节，可以认定为犯罪情节轻微，不起诉或者免予刑事处罚；情节显著轻微危害不大的，不作为犯罪处理。

第八条 违反野生动物保护管理法规，以食用为目的，非法猎捕、收购、运输、出售刑法第三百四十一条第一款规定以外的在野外环境自然生长繁殖的陆生野生动物，具有下列情形之一的，应当认定为刑法第三百四十一条第三款规定的“情节严重”，以非法猎捕、收购、运输、出售陆生野生动物罪定罪处罚：

（一）非法猎捕、收购、运输、出售有重要生态、科学、社会价值的陆生野生动物或者地方重点保护陆生野生动物价值1万元以上的；

（二）非法猎捕、收购、运输、出售第一项规定以外的其他陆生野生动物价值5万元以上的；

（三）其他情节严重的情形。

实施前款规定的行为，同时构成非法狩猎罪的，应当依照刑法第三百四十一条第三款的规定，以非法猎捕陆生野生动物罪定罪处罚。

第九条　明知是非法捕捞犯罪所得的水产品、非法狩猎犯罪所得的猎获物而收购、贩卖或者以其他方法掩饰、隐瞒，符合刑法第三百一十二条规定的，以掩饰、隐瞒犯罪所得罪定罪处罚。

第十条　负有野生动物保护和进出口监督管理职责的国家机关工作人员，滥用职权或者玩忽职守，致使公共财产、国家和人民利益遭受重大损失的，应当依照刑法第三百九十七条的规定，以滥用职权罪或者玩忽职守罪追究刑事责任。

负有查禁破坏野生动物资源犯罪活动职责的国家机关工作人员，向犯罪分子通风报信、提供便利，帮助犯罪分子逃避处罚的，应当依照刑法第四百一十七条的规定，以帮助犯罪分子逃避处罚罪追究刑事责任。

第十一条　对于“以食用为目的”，应当综合涉案动物及其制品的特征，被查获的地点，加工、包装情况，以及可以证明来源、用途的标识、证明等证据作出认定。

实施本解释规定的相关行为，具有下列情形之一的，可以认定为“以食用为目的”：

（一）将相关野生动物及其制品在餐饮单位、饮食摊点、超市等场所作为食品销售或者运往上述场所的；

（二）通过包装、说明书、广告等介绍相关野生动物及其制品的食用价值或者方法的；

（三）其他足以认定以食用为目的的情形。

第十二条　2次以上实施本解释规定的行为构成犯罪，依法应当追诉的，或者2年内实施本解释规定的行为未经处理的，数量、数额累计计算。

第十三条　实施本解释规定的相关行为，在认定是否构成犯罪以及裁量刑罚时，应当考虑涉案动物是否系人工繁育、物种的濒危程度、野外存活状况、人工繁育情况、是否列入人工繁育国家重点保护野生动物名录，行为手段、对野生动物资源的损害程度，以及对野生动物及其制品的认知程度等情节，综合评估社会危害性，准确认定是否构成犯罪，妥当裁量刑罚，确保罪责刑相适应；根据本解释的规定定罪量刑明显过重的，可以根据案件的事实、情节和社会危害程度，依法作出妥当处理。

涉案动物系人工繁育，具有下列情形之一的，对所涉案件一般不作为犯罪处理；需要追究刑事责任的，应当依法从宽处理：

（一）列入人工繁育国家重点保护野生动物名录的；

（二）人工繁育技术成熟、已成规模，作为宠物买卖、运输的。

第十四条 对于实施本解释规定的相关行为被不起诉或者免予刑事处罚的行为人，依法应当给予行政处罚、政务处分或者其他处分的，依法移送有关主管机关处理。

第十五条 对于涉案动物及其制品的价值，应当根据下列方法确定：

（一）对于国家禁止进出口的珍贵动物及其制品、国家重点保护的珍贵、濒危野生动物及其制品的价值，根据国务院野生动物保护主管部门制定的评估标准和方法核算；

（二）对于有重要生态、科学、社会价值的陆生野生动物、地方重点保护野生动物、其他野生动物及其制品的价值，根据销赃数额认定；无销赃数额、销赃数额难以查证或者根据销赃数额认定明显偏低的，根据市场价格核算，必要时，也可以参照相关评估标准和方法核算。

第十六条 根据本解释第十五条规定难以确定涉案动物及其制品价值的，依据司法鉴定机构出具的鉴定意见，或者下列机构出具的报告，结合其他证据作出认定：

（一）价格认证机构出具的报告；

（二）国务院野生动物保护主管部门、国家濒危物种进出口管理机构或者海关总署等指定的机构出具的报告；

（三）地、市级以上人民政府野生动物保护主管部门、国家濒危物种进出口管理机构的派出机构或者直属海关等出具的报告。

第十七条 对于涉案动物的种属类别、是否系人工繁育，非法捕捞、狩猎的工具、方法，以及对野生动物资源的损害程度等专门性问题，可以由野生动物保护主管部门、侦查机关依据现场勘验、检查笔录等出具认定意见；难以确定的，依据司法鉴定机构出具的鉴定意见、本解释第十六条所列机构出具的报告，被告人及其辩护人提供的证据材料，结合其他证据材料综合审查，依法作出认定。

第十八条 餐饮公司、渔业公司等单位实施破坏野生动物资源犯罪的，依照本解释规定的相应自然人犯罪的定罪量刑标准，对直接负责的主管人员和其他直接责任人员定罪处罚，并对单位判处罚金。

第十九条 在海洋水域，非法捕捞水产品，非法采捕珊瑚、砗磲或者其他珍贵、濒危水生野生动物，或者非法收购、运输、出售珊瑚、砗磲或者其他珍贵、濒危水生野生动物及其制品的，定罪量刑标准适用《最高人民法院关于审理发生在我国管辖海域相关案件若干问题的规定（二）》（法释〔2016〕17号）的相关规定。

第二十条 本解释自2022年4月9日起施行。本解释公布施行后，《最高人民法院关于审理破坏野生动物资源刑事案件具体应用法律若干问题的解释》（法释〔2000〕37号）同时废止；之前发布的司法解释与本解释不一致的，以本解释为准。

2020年12月18日最高法、最高检、公安部、司法部**《关于依法惩治非法野生动物交易犯罪的指导意见》**（公通字〔2020〕19号），为依法惩治非法野生动物交易犯罪，革除滥食野生动物的陋习，有效防范重大公共卫生风险，切实保障人民群众生命健康安全，根据有关法律、司法解释的规定，结合侦查、起诉、审判实践，制定本意见。

一、依法严厉打击非法猎捕、杀害野生动物的犯罪行为，从源头上防控非法野生动物交易。

非法猎捕、杀害国家重点保护的珍贵、濒危野生动物，符合刑法第三百四十一条第一款规定的，以非法猎捕、杀害珍贵、濒危野生动物罪（*★罪名已变更为危害珍贵、濒危野生动物罪——编者说明*）定罪处罚。

违反狩猎法规，在禁猎区、禁猎期或者使用禁用的工具、方法进行狩猎，破坏野生动物资源，情节严重，符合刑法第三百四十一条第二款规定的，以非法狩猎罪定罪处罚。

违反保护水产资源法规，在禁渔区、禁渔期或者使用禁用的工具、方法捕捞水产品，情节严重，符合刑法第三百四十条规定的，以非法捕捞水产品罪定罪处罚。

二、依法严厉打击非法收购、运输、出售、进出口野生动物及其制品的犯罪行为，切断非法野生动物交易的利益链条。

非法收购、运输、出售国家重点保护的珍贵、濒危野生动物及其制品，符合刑法第三百四十一条第一款规定的，以非法收购、运输、出售珍贵、濒危野生动物、珍贵、濒危野生动物制品罪（*★罪名已变更为危害珍贵、濒危野生动物罪——编者说明*）定罪处罚。

走私国家禁止进出口的珍贵动物及其制品，符合刑法第一百五十一条第二款规定的，以走私珍贵动物、珍贵动物制品罪定罪处罚。

三、依法严厉打击以食用或者其他目的非法购买野生动物的犯罪行为，坚决革除滥食野生动物的陋习。

知道或者应当知道是国家重点保护的珍贵、濒危野生动物及其制品，为食用或者其他目的而非法购买，符合刑法第三百四十一条第一款规定的，以非法收购珍贵、濒危野生动物、珍贵、濒危野生动物制品罪定罪处罚。

四、二次以上实施本意见第一条至第三条规定的行为构成犯罪，依法应当追诉的，或者二年内二次以上实施本意见第一条至第三条规定的行为未经处理的，数量、数额累计计算。

五、明知他人实施非法野生动物交易行为，有下列情形之一的，以共同犯罪论处：

（一）提供贷款、资金、账号、车辆、设备、技术、许可证件的；

（二）提供生产、经营场所或者运输、仓储、保管、快递、邮寄、网络信息交互等便利条件或者其他服务的；

（三）提供广告宣传等帮助行为的。

六、对涉案野生动物及其制品价值，可以根据国务院野生动物保护主管部门制定的价值评估标准和方法核算。对野生动物制品，根据实际情况予以核算，但核算总额不能超过该种野生动物的整体价值。具有特殊利用价值或者导致动物死亡的主要部分，核算方法不明确的，其价值标准最高可以按照该种动物整体价值标准的 80% 予以折算，其他部分价值标准最高可以按整体价值标准的 20% 予以折算，但是按照上述方法核算的价值明显不当的，应当根据实际情况妥当予以核算。核算价值低于实际交易价格的，以实际交易价格认定。

根据前款规定难以确定涉案野生动物及其制品价值的，依据下列机构出具的报告，结合其他证据作出认定：

（一）价格认证机构出具的报告；

（二）国务院野生动物保护主管部门、国家濒危物种进出口管理机构、海关总署等指定的机构出具的报告；

（三）地、市级以上人民政府野生动物保护主管部门、国家濒危物种进出口管理机构的派出机构、直属海关等出具的报告。

第341条

七、对野生动物及其制品种属类别，非法捕捞、狩猎的工具、方法，以及对野生动物资源的损害程度、食用涉案野生动物对人体健康的危害程度等专门性问题，可以由野生动物保护主管部门、侦查机关或者有专门知识的人依据现场勘验、检查笔录等出具认定意见。难以确定的，依据司法鉴定机构出具的鉴定意见，或者本意见第六条第二款所列机构出具的报告，结合其他证据作出认定。

八、办理非法野生动物交易案件中，行政执法部门依法收集的物证、书证、视听资料、电子数据等证据材料，在刑事诉讼中可以作为证据使用。

对不易保管的涉案野生动物及其制品，在做好拍摄、提取检材或者制作足以反映原物形态特征或者内容的照片、录像等取证工作后，可以移交野生动物保护主管部门及其指定的机构依法处置。对存在或者可能存在疫病的野生动物及其制品，应立即通知野生动物保护主管部门依法处置。

九、实施本意见规定的行为，在认定是否构成犯罪以及裁量刑罚时，应当考虑涉案动物是否系人工繁育、物种的濒危程度、野外存活状况、人工繁育情况、是否列入国务院野生动物保护主管部门制定的人工繁育国家重点保护野生动物名录，以及行为手段、对野生动物资源的损害程度、食用涉案野生动物对人体健康的危害程度等情节，综合评估社会危害性，确保罪责刑相适应。相关定罪量刑标准明显不适宜的，可以根据案件的事实、情节和社会危害程度，依法作出妥当处理。

十、本意见自下发之日起施行。

根据 2021 年最高法研究室**《关于刑法第三百四十一条第一款犯罪对象问题征求意见的复函》**(法研〔2021〕16 号)，刑法第三百四十一条第一款规定的“野生动物”指珍贵、濒危野生动物的整体，包括活体与死体；“野生动物制品”指动物的部分、衍生物以及经人为处置、加工形成的产品等。

2012 年 9 月 17 日最高法、最高检、国家林业局、公安部、海关总署**《关于破坏野生动物资源刑事案件中涉及的 CITES 附录Ⅰ和附录Ⅱ所列陆生野生动物制品价值核定问题的通知》**(林濒发〔2012〕239 号)指出，我国是《濒危野生动植物种国际贸易公约》(CITES)缔约国，非原产我国的 CITES 附录Ⅰ和附录Ⅱ所列陆生野生动物已依法被分别核准为国家一级、二级保护野生动物。近年来，各地严格按照 CITES 和我国野生动物保护法律法规的规定，查获了大量非法收购、运输、出售和走私 CITES 附录Ⅰ、附录Ⅱ所列陆生野生动物及其制品案件……现将破坏野生动物资源案件中涉及的 CITES 附录Ⅰ和附录Ⅱ所列陆生野生动物制品的价值标准规定如下：

一、CITES 附录Ⅰ、附录Ⅱ所列陆生野生动物制品的价值，参照与其同属的国家重点保护陆生野生动物的同类制品价值标准核定；没有与其同属的国家重点保护陆生野生动物的，参照与其同科的国家重点保护陆生野生动物的同类制品价值标准核定；没有与其同科的国家重点保护陆生野生动物的，参照与其同目的国家重点保护陆生野生动物的同类制品价值标准核定；没有与其同目的国家重点保护陆生野生动物的，参照与其同纲或者同门的国家重点保护陆生野生动物的同类制品价值标准核定。

二、同属、同科、同目、同纲或者同门中，如果存在多种不同保护级别的国家重点保护陆生野生动物的，应当参照该分类单元中相同保护级别的国家重点保护陆生野生动物的同类制品价值标准核定；如果存在多种相同保护级别的国家重点保护陆生野生动物的，应当参照该分类单元中价值标准最低的国家重点保护陆生野生动物的同类制品价值标准核定；如果 CITES 附录Ⅰ、附录Ⅱ所列陆生野生动物所处分类单元有多种国家重点保护陆生野生动物，但保护级别不同的，应当参照该分类单元中价值标准最低的国家重点保护陆生野生动物的同类制品价值标准核定；如果仅有一种国家重点保护陆生野生动物的，应当参照该种国家重点保护陆生野生动物的同类制品价值标准核定。

三、同一案件中缴获的同一动物个体的不同部分的价值总和，不得超过该种动物个体的价值。

四、核定价值低于非法贸易实际交易价格的，以非法贸易实际交易价格认定。

五、犀牛角、象牙等野生动物制品的价值，继续依照《国家林业局关于发布破坏野生动物资源刑事案中涉及走私的象牙及其制品价值标准的通知》(林濒发〔2001〕234号)，以及《国家林业局关于发布破坏野生动物资源刑事案件中涉及犀牛角价值标准的通知》(林护发〔2002〕130号)的规定核定。

人民法院、人民检察院、公安、海关等办案单位可以依据上述价值标准，核定破坏野生动物资源刑事案件中涉及的CITES附录Ⅰ和附录Ⅱ所列陆生野生动物制品的价值。核定有困难的，县级以上林业主管部门、国家濒危物种进出口管理机构或其指定的鉴定单位应该协助。

根据2016年8月1日最高法**《关于审理发生在我国管辖海域相关案件若干问题的规定(一)》**(法释〔2016〕16号，自2016年8月2日起施行)**第三条**，中国公民或者外国人在我国管辖海域实施非法猎捕、杀害珍贵濒危野生动物或者非法捕捞水产品等犯罪的，依照我国刑法追究刑事责任。

2016年8月1日最高法**《关于审理发生在我国管辖海域相关案件若干问题的规定(二)》**(法释〔2016〕17号，自2016年8月2日起施行)，对在海洋水域破坏水生野生动物资源案件，规定如下：

第五条 非法采捕珊瑚、砗磲或者其他珍贵、濒危水生野生动物，具有下列情形之一的，应当认定为刑法第三百四十一条第一款规定的“情节严重”：

(一)价值在50万元以上的；

(二)非法获利20万元以上的；

(三)造成海域生态环境严重破坏的；

(四)造成严重国际影响的；

(五)其他情节严重的情形。

实施前款规定的行为，具有下列情形之一的，应当认定为刑法第三百四十一条第一款规定的“情节特别严重”：

(一)价值或者非法获利达到本条第一款规定标准5倍以上的；

(二)价值或者非法获利达到本条第一款规定的标准，造成海域生态环境严重破坏的；

(三)造成海域生态环境特别严重破坏的；

(四)造成特别严重国际影响的；

(五)其他情节特别严重的情形。

第六条 非法收购、运输、出售珊瑚、砗磲或者其他珍贵、濒危水生野生动物及其制品，具有下列情形之一的，应当认定为刑法第三百四十一条第一款规定的“情节严重”：

(一)价值在 50 万元以上的；

(二)非法获利在 20 万元以上的；

(三)具有其他严重情节的。

非法收购、运输、出售珊瑚、砗磲或者其他珍贵、濒危水生野生动物及其制品，具有下列情形之一的，应当认定为刑法第三百四十一条第一款规定的“情节特别严重”：

(一)价值在 250 万元以上的；

(二)非法获利在 100 万元以上的；

(三)具有其他特别严重情节的。

第七条　对案件涉及的珍贵、濒危水生野生动物的种属难以确定的，由司法鉴定机构出具鉴定意见，或者由国务院渔业行政主管部门指定的机构出具报告。

珍贵、濒危水生野生动物或者其制品的价值，依照国务院渔业行政主管部门的规定核定。核定价值低于实际交易价格的，以实际交易价格认定。

本解释所称珊瑚、砗磲，是指列入《国家重点保护野生动物名录》中国家一、二级保护的，以及列入《濒危野生动植物种国际贸易公约》附录一、附录二中的珊瑚、砗磲的所有种，包括活体和死体。

第八条　实施破坏海洋资源犯罪行为，同时构成非法捕捞罪(★应为非法捕捞水产品罪——编者说明)、非法猎捕、杀害珍贵、濒危野生动物罪(★罪名已变更为危害珍贵、濒危野生动物罪——编者说明)、组织他人偷越国(边)境罪、偷越国(边)境罪等犯罪的，依照处罚较重的规定定罪处罚。

有破坏海洋资源犯罪行为，又实施走私、妨害公务等犯罪的，依照数罪并罚的规定处理。

……

第十六条　本规定自 2016 年 8 月 2 日起施行。

★ 2022 年 4 月 6 日最高法、最高检《关于办理破坏野生动物资源刑事案件适用法律若干问题的解释》第 6 条第 1 款、第 13 条第 1 款分别对危害珍贵、濒危野生动物犯罪的入罪门槛以及破坏野生动物资源犯罪的综合裁量规则作了规定，对于在海洋水域实施的危害珍贵、涉危野生动物行为，可以根据案件具体情况，参照适用上述规定，以确保案件办理符合罪责刑相适应原则的要求——编者说明。

根据 2020 年 12 月 17 日最高法、最高检、公安部、农业农村部《**依法惩治长江流域非法捕捞等违法犯罪的意见**》，在长江流域重点水域非法猎捕、杀害中华鲟、长江鲟、长江江豚或者其他国家重点保护的珍贵、濒危水生野生动物，价值 2 万元以上不满 20 万元的，应当依照刑法第三百四十一条的规定，以非法猎捕、杀害珍贵、濒危野生动物罪(★罪名已变更为危害珍贵、濒危野生动

第三百四十二条[315] **【非法占用农用地罪】**违反土地管理法规，非法占用耕地、林地等农用地，改变被占用土地用途，数量较大，造成耕地、林地等农用地大量毁坏的，处五年以下有期徒刑或者拘役，并处或者单处罚金。

物罪——编者说明)，处5年以下有期徒刑或者拘役，并处罚金；价值20万元以上不满200万元的，应当认定为“情节严重”，处5年以上10年以下有期徒刑，并处罚金；价值200万元以上的，应当认定为“情节特别严重”，处10年以上有期徒刑，并处罚金或者没收财产。

非法收购、运输、出售在长江流域重点水域非法猎捕、杀害的中华鲟、长江鲟、长江江豚或者其他国家重点保护的珍贵、濒危水生野生动物及其制品，价值2万元以上不满20万元的，应当依照刑法第三百四十一条的规定，以非法收购、运输、出售珍贵、濒危野生动物、珍贵、濒危野生动物制品罪(★罪名已变更为危害珍贵、濒危野生动物罪——编者说明)，处5年以下有期徒刑或者拘役，并处罚金；价值20万元以上不满200万元的，应当认定为“情节严重”，处5年以上10年以下有期徒刑，并处罚金；价值200万元以上的，应当认定为“情节特别严重”，处10年以上有期徒刑，并处罚金或者没收财产。

【公报案例】根据《公报》**2018年第2期·张爱民、李楠等非法猎捕、收购、运输、出售珍贵、濒危野生动物案**，对野生动物的乱捕滥猎、非法交易破坏生物链的完整性和生物多样性，进而破坏整个生态环境，需要加大对野生动物的刑事司法保护。行为人只要实施了非法猎捕或者非法收购、运输、出售国家重点保护的野生动物的行为，即使未予以出售获利而是自行饲养，或者在非法运输、出售国家重点保护野生动物的过程中没有获利，也构成犯罪。

〔315〕**【刑法修订】**2001年《**刑法修正案(二)**》修订了本条。1997年刑法原文如下：

第三百四十二条 违反土地管理法规，非法占用耕地改作他用，数量较大，造成耕地大量毁坏的，处五年以下有期徒刑或者拘役，并处或者单处罚金。

2001年《**刑法修正案(二)**》修订了本条罪状，将占用对象“耕地”修改为“耕地、林地等农用地”，将“改作他用”修改为“改变被占用土地用途”。

【相关法规】根据2019年修正后的《**土地管理法**》**第四条第三款**，农用地是指直接用于农业生产的土地，包括耕地、林地、草地、农田水利用地、养殖水面等。

【立法解释】根据2001年8月31日全国人大常委会《**关于〈中华人民共和国刑法〉第二百二十八条、第三百四十二条、第四百一十条的解释**》，刑法第三百四十二条中“违反土地管理法规”，是指违反土地管理法、森林法、草原法等法律以及有关行政法规中关于土地管理的规定。

【司法解释】2000 年 6 月 19 日最高法**《关于审理破坏土地资源刑事案件具体应用法律若干问题的解释》**，就审理破坏土地资源犯罪案件具体应用法律的若干问题解释如下：

第三条　违反土地管理法规，非法占用耕地改作他用，数量较大，造成耕地大量毁坏的，依照刑法第三百四十二条的规定，以非法占用耕地罪定罪处罚：

（一）非法占用耕地"数量较大"，是指非法占用基本农田 5 亩以上或者非法占用基本农田以外的耕地 10 亩以上。

（二）非法占用耕地"造成耕地大量毁坏"，是指行为人非法占用耕地建窑、建坟、建房、挖沙、采石、采矿、取土、堆放固体废弃物或者进行其他非农业建设，造成基本农田 5 亩以上或者基本农田以外的耕地 10 亩以上种植条件严重毁坏或者严重污染。

……

第八条　单位犯非法占有耕地罪的定罪量刑标准，依照本解释第三条的规定执行。

第九条　多次实施本解释规定的行为依法应当追诉的，或者 1 年内多次实施本解释规定的行为未经处理的，按照累计的数量、数额处罚。

★对于上述司法解释，应在立法解释与《刑法修正案（二）》的基础上来理解——编者说明。

2023 年 8 月 13 日最高法**《关于审理破坏森林资源刑事案件适用法律若干问题的解释》**，就刑法第三百四十二条的适用解释如下：

第一条　违反土地管理法规，非法占用林地，改变被占用林地用途，具有下列情形之一的，应当认定为刑法第三百四十二条规定的造成林地"毁坏"：

（一）在林地上实施建窑、建坟、建房、修路、硬化等工程建设的；

（二）在林地上实施采石、采砂、采土、采矿等活动的；

（三）在林地上排放污染物、堆放废弃物或者进行非林业生产、建设，造成林地被严重污染或者原有植被、林业生产条件被严重破坏的。

实施前款规定的行为，具有下列情形之一的，应当认定为刑法第三百四十二条规定的"数量较大，造成耕地、林地等农用地大量毁坏"：

（一）非法占用并毁坏公益林地 5 亩以上的；

（二）非法占用并毁坏商品林地 10 亩以上的；

（三）非法占用并毁坏的公益林地、商品林地数量虽未分别达到第一项、第二项规定标准，但按相应比例折算合计达到有关标准的；

（四）2 年内曾因非法占用农用地受过 2 次以上行政处罚，又非法占用林地，数量达到第一项至第三项规定标准一半以上的。

……

第十三条　单位犯刑法第三百四十二条、第三百四十四条、第三百四十五条规定之罪的，依照本解释规定的相应自然人犯罪的定罪量刑标准，对直接负责的主管人员和其他直接责任人员定罪处罚，并对单位判处罚金。

根据2010年11月2日最高法**《关于个人违法建房出售行为如何适用法律问题的答复》**（法〔2010〕395号），在农村宅基地、责任田上违法建房出售如何处理的问题，涉及面广，法律、政策性强。据了解，有关部门正在研究制定政策意见和处理办法，在相关文件出台前，不宜以犯罪追究有关人员的刑事责任……办理案件中，发现负有监管职责的国家机关工作人员有渎职、受贿等涉嫌违法犯罪的，要依法移交相关部门处理；发现有关部门在履行监管职责方面存在问题的，要结合案件处理，提出司法建议，促进完善社会管理。

2011年2月16日最高法**《印发〈关于个人违法建房出售行为如何适用法律问题的答复〉的通知》**（法〔2011〕37号）指出：一段时期以来，在全国一些地方，有关人员与农民联合在农村宅基地、责任田上违法建房出售现象较为普遍。2010年5月6日，贵州省高级人民法院就如何依法处理此类案件请示我院。我院认真研究了贵州省高级人民法院反映的情况，征求并综合了全国人大常委会法工委、国务院法制办、最高人民检察院、公安部、国土资源部、农业部、住房和城乡建设部等相关部门意见，于2010年11月2日作出《关于个人违法建房出售行为如何适用法律问题的答复》（法〔2010〕395号，以下简称《答复》）。鉴于贵州省高级人民法院请示的问题法律、政策性强，且具有一定代表性，现将《答复》印发给你们，望根据《答复》精神，结合审判工作实际，依法妥善处理好相关案件。执行中若遇到新的重要问题，请及时层报最高法。

2012年11月2日最高法**《关于审理破坏草原资源刑事案件应用法律若干问题的解释》**（法释〔2012〕15号，自2012年11月22日起施行），为依法惩处破坏草原资源犯罪活动，依照《中华人民共和国刑法》的有关规定，现就审理此类刑事案件应用法律的若干问题解释如下：

第342条

第一条 违反草原法等土地管理法规，非法占用草原，改变被占用草原用途，数量较大，造成草原大量毁坏的，依照刑法第三百四十二条的规定，以非法占用农用地罪定罪处罚。

第二条 非法占用草原，改变被占用草原用途，数量在20亩以上的，或者曾因非法占用草原受过行政处罚，在3年内又非法占用草原，改变被占用草原用途，数量在10亩以上的，应当认定为刑法第三百四十二条规定的“数量较大”。

非法占用草原，改变被占用草原用途，数量较大，具有下列情形之一的，应当认定为刑法第三百四十二条规定的“造成耕地、林地等农用地大量毁坏”：

（一）开垦草原种植粮食作物、经济作物、林木的；

（二）在草原上建窑、建房、修路、挖砂、采石、采矿、取土、剥取草皮的；

（三）在草原上堆放或者排放废弃物，造成草原的原有植被严重毁坏或者严重污染的；

（四）违反草原保护、建设、利用规划种植牧草和饲料作物，造成草原沙化或者水土严重流失的；

（五）其他造成草原严重毁坏的情形。

第三条　……（➽参见刑法第 410 条脚注相关部分）

第四条　……（➽参见刑法第 277 条脚注相关部分）

第五条　单位实施刑法第三百四十二条规定的行为，对单位判处罚金，并对其直接负责的主管人员和其他直接责任人员，依照本解释规定的定罪量刑标准定罪处罚。

第六条　多次实施破坏草原资源的违法犯罪行为，未经处理，应当依法追究刑事责任的，按照累计的数量、数额定罪处罚。

第七条　本解释所称"草原"，是指天然草原和人工草地，天然草原包括草地、草山和草坡，人工草地包括改良草地和退耕还草地，不包括城镇草地。

根据 2018 年 9 月 29 日最高检法律政策研究室**《关于对〈"在禁牧区偷牧造成草场大量毁坏"行为性质的认定和法律适用问题的请示〉的答复》**（高检研〔2018〕18 号），依据《中华人民共和国刑法》第三百四十二条和《最高人民法院关于审理破坏草原资源刑事案件应用法律若干问题的解释》的规定，在禁牧区偷牧造成草场大量毁坏的行为，不构成非法占用农用地罪。目前，应根据现行法律法规的规定，由草原行政主管部门依法对在禁牧区偷牧行为给予行政处罚（★对此是否可以追究行为人盗窃罪追究刑事责任，值得研究——编者说明）。

依据《中华人民共和国民事诉讼法》《中华人民共和国行政诉讼法》和《最高人民法院、最高人民检察院关于检察公益诉讼案件适用法律若干问题的解释》的规定，人民检察院在履行职责中发现在禁牧区偷牧造成草场大量毁坏的行为，可以提起民事公益诉讼；发现负有监督管理职责的草原行政主管部门违法行使职权或者不作为，致使国家利益或者社会公共利益受到侵害的，可以提起行政公益诉讼。实践中，请结合案件具体情况综合审查判断。

【指导案例】根据 2019 年 12 月 20 日最高检**第十六批指导性案例·检例第 60 号·刘强非法占用农用地案**，行为人违反土地管理法规，在耕地上建设"大棚房""生态园""休闲农庄"等，非法占用耕地数量较大，造成耕地等农用地大量毁坏的，应当以非法占用农用地罪追究实际建设者、经营者的刑事责任。

★该指导案例在"指导意义"部分指出：在基本农田上建设"大棚房"予以出租出售，违反《中华人民共和国土地管理法》，属于破坏耕地或者非法占地的违法行为。非法占用耕地数量较大或者造成耕地大量毁坏的，应当以非法占用农用地罪追究实际建设者、经营者的刑事责任。

该类案件中，实际建设者、经营者为逃避法律责任，经常隐藏于幕后。对此，检察机关可以通过引导公安机关查询非农建设项目涉及的相关账户交易

第三百四十二条之一[316] **【破坏自然保护地罪】**违反自然保护地管理法规，在国家公园、国家级自然保护区进行开垦、开发活动或者修建建筑物，造成严重后果或者有其他恶劣情节的，处五年以下有期徒刑或者拘役，并处或者单处罚金。

有前款行为，同时构成其他犯罪的，依照处罚较重的规定定罪处罚。

第三百四十三条[317] **【非法采矿罪】**违反矿产资源法的规定，未取得采矿许可证擅自采矿，擅自进入国家规划矿区、对国民经济具有重要价值的矿区和他人矿区范围采矿，或者擅自开采国家规定实行保护性开采的特定矿种，情节严重的，处三年以下有期徒刑、拘役或者管制，并处或者单处罚金；情节特别严重的，处三年以上七年以下有期徒刑，并处罚金。

【破坏性采矿罪】违反矿产资源法的规定，采取破坏性的开采方法开采矿产资源，造成矿产资源严重破坏的，处五年以下有期徒刑或者拘役，并处罚金。

信息、资金走向等，辅以相关证人证言，形成严密证据体系，查清证实实际建设者、经营者的法律责任。对于受其操控签订合同或者作假证明包庇，涉嫌共同犯罪或者伪证罪、包庇罪的相关行为人，也要一并查实惩处。对于非法占用农用地面积这一关键问题，可由专业机构出具测量技术报告，必要时可申请测量人员出庭作证。

〔316〕**【刑法修订】**本条为2020年**《刑法修正案（十一）》第四十二条**增设。

〔317〕**【刑法修订】**2011年**《刑法修正案（八）》第四十七条**修订了本条第一款。1997年刑法该款原文如下：

第三百四十三条第一款 违反矿产资源法的规定，未取得采矿许可证擅自采矿的，擅自进入国家规划矿区、对国民经济具有重要价值的矿区和他人矿区范围采矿的，擅自开采国家规定实行保护性开采的特定矿种，经责令停止开采后拒不停止开采，造成矿产资源破坏的，处三年以下有期徒刑、拘役或者管制，并处或者单处罚金；造成矿产资源严重破坏的，处三年以上七年以下有期徒刑，并处罚金。

2011年《刑法修正案（八）》删除了该款“经责令停止开采后拒不停止开采”的规定，在“擅自开采”之前增加“或者”二字（使本条的断句更加清晰）；将处刑的条件由“造成矿产资源破坏”“造成矿产资源严重破坏”分别修改为“情节严重”“情节特别严重”。

【立案标准】根据2017年4月27日最高检、公安部**《关于公安机关管辖的刑事案件立案追诉标准的规定（一）的补充规定》第十一条**，违反矿产资源法的规定，未取得采矿许可证擅自采矿，或者擅自进入国家规划矿区、对国民经济具有重要价值的矿区和他人矿区范围采矿，或者擅自开采国家规定实行保护性开采的特定矿种，涉嫌下列情形之一的，应予立案追诉：

（一）开采的矿产品价值或者造成矿产资源破坏的价值在10万元至30万元以上的；

（二）在国家规划矿区、对国民经济具有重要价值的矿区采矿，开采国家规定实行保护性开采的特定矿种，或者在禁采区、禁采期内采矿，开采的矿产品价值或者造成矿产资源破坏的价值在5万元至15万元以上的；

（三）2年内曾因非法采矿受过2次以上行政处罚，又实施非法采矿行为的；

（四）造成生态环境严重损害的；

（五）其他情节严重的情形。

在河道管理范围内采砂，依据相关规定应当办理河道采砂许可证而未取得河道采砂许可证，或者应当办理河道采砂许可证和采矿许可证，既未取得河道采砂许可证又未取得采矿许可证，具有本条第一款规定的情形之一，或者严重影响河势稳定危害防洪安全的，应予立案追诉。

采挖海砂，未取得海砂开采海域使用权证且未取得采矿许可证，具有本条第一款规定的情形之一，或者造成海岸线严重破坏的，应予立案追诉。

具有下列情形之一的，属于本条规定的“未取得采矿许可证”：

（一）无许可证的；

（二）许可证被注销、吊销、撤销的；

（三）超越许可证规定的矿区范围或者开采范围的；

（四）超出许可证规定的矿种的（共生、伴生矿种除外）；

（五）其他未取得许可证的情形。

多次非法采矿构成犯罪，依法应当追诉的，或者2年内多次非法采矿未经处理的，价值数额累计计算。

非法开采的矿产品价值，根据销赃数额认定；无销赃数额，销赃数额难以查证，或者根据销赃数额认定明显不合理的，根据矿产品价格和数量认定。

矿产品价值难以确定的，依据价格认证机构，省级以上人民政府国土资源、水行政、海洋等主管部门，或者国务院水行政主管部门在国家确定的重要江河、湖泊设立的流域管理机构出具的报告，结合其他证据作出认定。

根据2008年6月25日最高检、公安部**《关于公安机关管辖的刑事案件立案追诉标准的规定（一）》第六十九条**，违反矿产资源法的规定，采取破坏性的开采方法开采矿产资源，造成矿产资源严重破坏，价值在30万至50万元以上的，应予立案追诉（★本款数额规定与2016年11月28日最高法、最高检《关于办理非法采矿、破坏性采矿刑事案件适用法律若干问题的解释》第六条的数额规定不一致，应当不再适用——编者说明）。

本条规定的“采取破坏性的开采方法开采矿产资源”，是指行为人违反地质矿产主管部门审查批准的矿产资源开发利用方案开采矿产资源，并造成矿产资源严重破坏的行为。

破坏性的开采方法以及造成矿产资源严重破坏的价值数额，由省级以上地质矿产主管部门出具鉴定结论，经查证属实后予以认定。

【司法解释】2016年11月28日最高法、最高检《**关于办理非法采矿、破坏性采矿刑事案件适用法律若干问题的解释**》（法释〔2016〕25号，自2016年12月1日起施行），为依法惩处非法采矿、破坏性采矿犯罪活动，根据《中华人民共和国刑法》《中华人民共和国刑事诉讼法》的有关规定，现就办理此类刑事案件适用法律的若干问题解释如下：

第一条 违反《中华人民共和国矿产资源法》《中华人民共和国水法》等法律、行政法规有关矿产资源开发、利用、保护和管理的规定的，应当认定为刑法第三百四十三条规定的"违反矿产资源法的规定"。

第二条 具有下列情形之一的，应当认定为刑法第三百四十三条第一款规定的"未取得采矿许可证"：

（一）无许可证的；

（二）许可证被注销、吊销、撤销的；

（三）超越许可证规定的矿区范围或者开采范围的；

（四）超出许可证规定的矿种的（共生、伴生矿种除外）；

（五）其他未取得许可证的情形。

第三条 实施非法采矿行为，具有下列情形之一的，应当认定为刑法第三百四十三条第一款规定的"情节严重"：

（一）开采的矿产品价值或者造成矿产资源破坏的价值在10万元至30万元以上的；

（二）在国家规划矿区、对国民经济具有重要价值的矿区采矿，开采国家规定实行保护性开采的特定矿种，或者在禁采区、禁采期内采矿，开采的矿产品价值或者造成矿产资源破坏的价值在5万元至15万元以上的；

（三）2年内曾因非法采矿受过2次以上行政处罚，又实施非法采矿行为的；

（四）造成生态环境严重损害的；

（五）其他情节严重的情形。

实施非法采矿行为，具有下列情形之一的，应当认定为刑法第三百四十三条第一款规定的"情节特别严重"：

（一）数额达到前款第一项、第二项规定标准5倍以上的；

（二）造成生态环境特别严重损害的；

（三）其他情节特别严重的情形。

第四条 在河道管理范围内采砂，具有下列情形之一，符合刑法第三百四十三条第一款和本解释第二条、第三条规定的，以非法采矿罪定罪处罚：

（一）依据相关规定应当办理河道采砂许可证，未取得河道采砂许可证的；

（二）依据相关规定应当办理河道采砂许可证和采矿许可证，既未取得河道采砂许可证，又未取得采矿许可证的。

实施前款规定行为，虽不具有本解释第三条第一款规定的情形，但严重影响河势稳定，危害防洪安全的，应当认定为刑法第三百四十三条第一款规定的“情节严重”。

第五条　未取得海砂开采海域使用权证，且未取得采矿许可证，采挖海砂，符合刑法第三百四十三条第一款和本解释第二条、第三条规定的，以非法采矿罪定罪处罚。

实施前款规定行为，虽不具有本解释第三条第一款规定的情形，但造成海岸线严重破坏的，应当认定为刑法第三百四十三条第一款规定的“情节严重”。

第六条　造成矿产资源破坏的价值在50万元至100万元以上，或者造成国家规划矿区、对国民经济具有重要价值的矿区和国家规定实行保护性开采的特定矿种资源破坏的价值在25万元至50万元以上的，应当认定为刑法第三百四十三条第二款规定的“造成矿产资源严重破坏”。

第七条　明知是犯罪所得的矿产品及其产生的收益，而予以窝藏、转移、收购、代为销售或者以其他方法掩饰、隐瞒的，依照刑法第三百一十二条的规定，以掩饰、隐瞒犯罪所得、犯罪所得收益罪定罪处罚。

实施前款规定的犯罪行为，事前通谋的，以共同犯罪论处。

第八条　多次非法采矿、破坏性采矿构成犯罪，依法应当追诉的，或者2年内多次非法采矿、破坏性采矿未经处理的，价值数额累计计算。

第九条　单位犯刑法第三百四十三条规定之罪的，依照本解释规定的相应自然人犯罪的定罪量刑标准，对直接负责的主管人员和其他直接责任人员定罪处罚，并对单位判处罚金。

第十条　实施非法采矿犯罪，不属于“情节特别严重”，或者实施破坏性采矿犯罪，行为人系初犯，全部退赃退赔，积极修复环境，并确有悔改表现的，可以认定为犯罪情节轻微，不起诉或者免予刑事处罚。

第十一条　对受雇佣为非法采矿、破坏性采矿犯罪提供劳务的人员，除参与利润分成或者领取高额固定工资的以外，一般不以犯罪论处，但曾因非法采矿、破坏性采矿受过处罚的除外。

第十二条　对非法采矿、破坏性采矿犯罪的违法所得及其收益，应当依法追缴或者责令退赔。

对用于非法采矿、破坏性采矿犯罪的专门工具和供犯罪所用的本人财物，应当依法没收。

第十三条　非法开采的矿产品价值，根据销赃数额认定；无销赃数额，销赃数额难以查证，或者根据销赃数额认定明显不合理的，根据矿产品价格和数量认定。

矿产品价值难以确定的，依据下列机构出具的报告，结合其他证据作出认定：

（一）价格认证机构出具的报告；

（二）省级以上人民政府国土资源、水行政、海洋等主管部门出具的报告；

（三）国务院水行政主管部门在国家确定的重要江河、湖泊设立的流域管理机构出具的报告。

第十四条 对案件所涉的有关专门性问题难以确定的，依据下列机构出具的鉴定意见或者报告，结合其他证据作出认定：

（一）司法鉴定机构就生态环境损害出具的鉴定意见；

（二）省级以上人民政府国土资源主管部门就造成矿产资源破坏的价值、是否属于破坏性开采方法出具的报告；

（三）省级以上人民政府水行政主管部门或者国务院水行政主管部门在国家确定的重要江河、湖泊设立的流域管理机构就是否危害防洪安全出具的报告；

（四）省级以上人民政府海洋主管部门就是否造成海岸线严重破坏出具的报告。

第十五条 各省、自治区、直辖市高级人民法院、人民检察院，可以根据本地区实际情况，在本解释第三条、第六条规定的数额幅度内，确定本地区执行的具体数额标准，报最高人民法院、最高人民检察院备案。

第十六条 本解释自2016年12月1日起施行。本解释施行后，《最高人民法院关于审理非法采矿、破坏性采矿刑事案件具体应用法律若干问题的解释》（法释〔2003〕9号）同时废止。

2022年7月1日最高法《**关于充分发挥环境资源审判职能作用依法惩处盗采矿产资源犯罪的意见**》（法发〔2022〕19号），为充分发挥人民法院环境资源审判职能作用，依法惩处盗采矿产资源犯罪，切实维护矿产资源和生态环境安全，根据有关法律规定，制定本意见。

5. 严格依照刑法第三百四十三条及《最高人民法院、最高人民检察院关于办理非法采矿、破坏性采矿刑事案件适用法律若干问题的解释》（以下简称《解释》）的规定，对盗采矿产资源行为定罪量刑。对犯罪分子主观恶性深、人身危险性大，犯罪情节恶劣、后果严重的，坚决依法从严惩处。

6. 正确理解和适用《解释》第二条、第四条第一款、第五条第一款规定，准确把握盗采矿产资源行为入罪的前提条件。对是否构成"未取得采矿许可证"情形，要在综合考量案件具体事实、情节的基础上依法认定。

7. 正确理解和适用《解释》第三条、第四条第二款、第五条第二款规定，对实施盗采矿产资源行为同时构成两种以上"情节严重"或者"情节特别严重"情形的，要综合考虑各情节，精准量刑。对在河道管理范围、海域实施盗采砂石行为的，要充分关注和考虑其危害堤防安全、航道畅通、通航安全或者造成岸线破坏等因素。

8. 充分关注和考虑实施盗采矿产资源行为对生态环境的影响，加强生态环境保护力度。对具有破坏生态环境情节但非依据生态环境损害严重程度确定法定刑幅度的，要酌情从重处罚。盗采行为人积极修复生态环境、赔偿损失的，可以依法从轻或者减轻处罚；符合《解释》第十条规定的，可以免予刑事处罚。

9. 正确理解和适用《解释》第十三条规定，准确把握矿产品价值认定规则。为获取非法利益而对矿产品进行加工、保管、运输的，其成本支出一般不从销赃数额中扣除。销赃数额与评估、鉴定的矿产品价值不一致的，要结合案件的具体事实、情节作出合理认定。

10. 依法用足用好罚金刑，提高盗采矿产资源犯罪成本，要综合考虑矿产品价值或者造成矿产资源破坏的价值、生态环境损害程度、社会影响等情节决定罚金数额。法律、行政法规对同类盗采矿产资源行为行政罚款标准有规定的，决定罚金数额时可以参照行政罚款标准。盗采行为人就同一事实已经支付了生态环境损害赔偿金、修复费用的，决定罚金数额时可予酌情考虑，但不能直接抵扣。

11. 准确理解和把握刑法第七十二条规定，依法正确适用缓刑。对盗采矿产资源犯罪分子具有"涉黑""涉恶"或者属于"沙霸""矿霸"，曾因非法采矿或者破坏性采矿受过刑事处罚，与国家工作人员相互勾结实施犯罪或者以行贿等非法手段逃避监管，毁灭、伪造、隐藏证据或者转移财产逃避责任，或者数罪并罚等情形的，要从严把握缓刑适用。依法宣告缓刑的，可以根据犯罪情况，同时禁止犯罪分子在缓刑考验期限内从事与开采矿产资源有关的特定活动。

12. 准确理解和把握法律关于共同犯罪的规定，对明知他人盗采矿产资源，而为其提供重要资金、工具、技术、单据、证明、手续等便利条件或者居间联络，结合全案证据可以认定为形成通谋的，以共同犯罪论处。

13. 正确理解和适用《解释》第十二条规定，加强涉案财物处置力度。对盗采矿产资源犯罪的违法所得及其收益，用于盗采矿产资源犯罪的专门工具和供犯罪所用的本人财物，坚决依法追缴、责令退赔或者没收。对在盗采、运输、销赃等环节使用的机械设备、车辆、船舶等大型工具，要综合考虑案件的具体事实、情节及工具的属性、权属等因素，依法妥善认定是否用于盗采矿产资源犯罪的专门工具。

14. 依法妥善审理国家规定的机关或者法律规定的组织提起的生态环境保护附带民事公益诉讼，综合考虑盗采行为人的刑事责任与民事责任。既要依法全面追责，又要关注盗采行为人的担责能力，保证裁判的有效执行。鼓励根据不同环境要素的修复需求，依法适用劳务代偿、补种复绿、替代修复等多种修复责任承担方式，以及代履行、公益信托等执行方式。支持各方依法达成调解协议，鼓励盗采行为人主动、及时承担民事责任。

根据2007年1月15日最高法、最高检**《关于办理盗窃油气、破坏油气设备等刑事案件具体应用法律若干问题的解释》第六条**，违反矿产资源法的规定，非法开采或者破坏性开采石油、天然气资源的，依照刑法第三百四十三条以及《最高法关于审理非法采矿、破坏性采矿刑事案件具体应用法律若干问题的解释》的规定追究刑事责任（★该解释已被废止，应按2016年11月28日最高法、最高检《关于办理非法采矿、破坏性采矿刑事案件适用法律若干问题的解释》的规定追究刑事责任——编者说明)。

根据2011年12月30日最高法**《关于进一步加强危害生产安全刑事案件审判工作的意见》**,违反安全生产管理规定,非法采矿、破坏性采矿或排放、倾倒、处置有害物质严重污染环境,造成重大伤亡事故或者其他严重后果,同时构成危害生产安全犯罪和破坏环境资源保护犯罪的,依照数罪并罚的规定处罚。

【会议纪要】根据2021年11月24日最高法**《贯彻实施〈长江保护法〉工作推进会会议纪要》**(法〔2021〕304号),严格贯彻实施《长江保护法》第二十八条规定,审理非法采砂案件既要考虑采砂行为造成的涉案砂石资源破坏的数量、种类、品质和被破坏程度,也要考量采砂行为对水底生物栖息地生态环境危害程度、堤防安全、航道畅通和通航安全的危害程度等因素,依法认定相应的刑事责任和民事责任。

2023年6月6日最高法、最高检、中国海警局**《依法打击涉海砂违法犯罪座谈会纪要》**(法发〔2023〕9号),近年来,涉海砂违法犯罪活动高发多发……各部门要正确理解和准确适用刑法和《最高人民法院、最高人民检察院关于办理非法采矿、破坏性采矿刑事案件适用法律若干问题的解释》(法释〔2016〕25号,以下简称《非法采矿解释》)、《最高人民法院关于充分发挥环境资源审判职能作用依法惩处盗采矿产资源犯罪的意见》(法发〔2022〕19号)等规定,坚持宽严相济刑事政策,统一执法司法尺度,依法加大对涉海砂违法犯罪的惩治力度,切实维护海洋生态环境和矿产资源安全。现形成纪要如下。

一、关于罪名适用

1.未取得海砂开采海域使用权证,且未取得采矿许可证,在中华人民共和国内水、领海采挖海砂,符合刑法第三百四十三条第一款和《非法采矿解释》第二条、第三条规定的,以非法采矿罪定罪处罚。

对于在中华人民共和国毗连区、专属经济区、大陆架以及中华人民共和国管辖的其他海域实施前款规定的行为,适用我国刑法追究刑事责任的案件,参照前款规定定罪处罚。

2.具有下列情形之一的,对过驳和运输海砂的船主或者船长,依照刑法第三百四十三条第一款的规定,以非法采矿罪定罪处罚:

(1)与非法采挖海砂犯罪分子事前通谋,指使或者驾驶运砂船前往指定海域直接从采砂船过驳和运输海砂的;

(2)未与非法采挖海砂犯罪分子事前通谋,但受其雇佣,指使或者驾驶运砂船前往指定海域,在非法采砂行为仍在进行时,明知系非法采挖的海砂,仍直接从采砂船过驳和运输海砂的;

(3)未与非法采挖海砂犯罪分子事前通谋,也未受其雇佣,在非法采砂行为仍在进行时,明知系非法采挖的海砂,临时与非法采挖海砂犯罪分子约定时间、地点,直接从采砂船过驳和运输海砂的。

具有下列情形之一的，对过驳和运输海砂的船主或者船长，依照刑法第三百一十二条的规定，以掩饰、隐瞒犯罪所得罪定罪处罚：

（1）未与非法采挖海砂犯罪分子事前通谋，指使或者驾驶运砂船前往相关海域，在非法采砂行为已经完成后，明知系非法采挖的海砂，仍直接从采砂船过驳和运输海砂的；

（2）与非法收购海砂犯罪分子事前通谋，指使或者驾驶运砂船前往指定海域过驳和运输海砂的；

（3）无证据证明非法采挖、运输、收购海砂犯罪分子之间存在事前通谋或者事中共同犯罪故意，但受其中一方雇佣后，指使或者驾驶运砂船前往指定海域，明知系非法采挖的海砂，仍从其他运砂船上过驳和运输海砂的。

二、关于主观故意认定

3.判断过驳和运输海砂的船主或者船长是否具有犯罪故意，应当依据其任职情况、职业经历、专业背景、培训经历、本人因同类行为受到行政处罚或者刑事责任追究情况等证据，结合其供述，进行综合分析判断。

实践中，具有下列情形之一，行为人不能作出合理解释的，一般可以认定其“明知系非法采挖的海砂”，但有相反证据的除外：

（1）故意关闭船舶自动识别系统，或者船舶上有多套船舶自动识别系统，或者故意毁弃船载卫星电话、船舶自动识别系统、定位系统数据及手机存储数据的；

（2）故意绕行正常航线和码头、在隐蔽水域或者在明显不合理的隐蔽时间过驳和运输，或者使用暗号、暗语、信物等方式进行联络、接头的；

（3）使用“三无”船舶、虚假船名船舶或非法改装船舶，或者故意遮蔽船号，掩盖船体特征的；

（4）虚假记录船舶航海日志、轮机日志，或者进出港未申报、虚假申报的；

（5）套用相关许可证、拍卖手续、合同等合法文件资料，或者使用虚假、伪造文件资料的；

（6）无法出具合法有效海砂来源证明，或者拒不提供海砂真实来源证明的；

（7）以明显低于市场价格进行交易的；

（8）支付、收取或者约定的报酬明显不合理，或者使用控制的他人名下银行账户收付海砂交易款项的；

（9）逃避、抗拒执法检查，或者事前制定逃避检查预案的；

（10）其他足以认定的情形。

4.明知他人实施非法采挖、运输、收购海砂犯罪，仍为其提供资金、场地、工具、技术、单据、证明、手续等重要便利条件或者居间联络，对犯罪产生实质性帮助作用的，以非法采矿罪或者掩饰、隐瞒犯罪所得罪的共同犯罪论处。

三、关于下游行为的处理（➻参见刑法第312条脚注相关部分）

四、关于劳务人员的责任认定

8.《非法采矿解释》第十一条规定，对受雇佣提供劳务的人员，除参与利润分成或者领取高额固定工资的以外，一般不以犯罪论处，但曾因非法采矿、破坏性采矿受过处罚的除外。对于该条中“高额固定工资”的理解，不宜停留在对“高额”的字面理解层面，应当结合其在整个犯罪活动中的职责分工、参与程度等因素进行综合判断。

实践中，要注意结合本地区经济社会发展水平，以及采矿行业提供劳务人员的平均工资水平审查认定。一般情况下，领取或者约定领取上一年度本省（自治区、直辖市）同种类采矿、运输等行业提供劳务人员平均工资二倍以上固定财产性收益的，包括工资、奖金、补贴、物质奖励等，可以认定为“高额固定工资”。

9.具有下列情形之一的，一般不适用《非法采矿解释》第十一条“一般不以犯罪论处”的规定：

（1）明知他人实施非法采挖、运输、收购海砂犯罪，仍多次为其提供开采、装卸、运输、销售等实质性帮助或者重要技术支持，情节较重的；

（2）在相关犯罪活动中，承担一定发起、策划、操纵、管理、协调职责的；

（3）多次逃避检查，或者采取通风报信等方式为非法采挖海砂犯罪活动逃避监管或者为犯罪分子逃避处罚提供帮助的。

五、关于涉案海砂价格的认定

10.对于涉案海砂价值，有销赃数额的，一般根据销赃数额认定；对于无销赃数额，销赃数额难以查证，或者根据销赃数额认定明显不合理的，根据海砂市场交易价格和数量认定。

非法采挖的海砂在不同环节销赃，非法采挖、运输、保管等过程中产生的成本支出，在销赃数额中不予扣除。

11.海砂价值难以确定的，依据当地政府相关部门所属价格认证机构出具的报告认定，或者依据省级以上人民政府自然资源、水行政、海洋等主管部门出具的报告，结合其他证据作出认定。

12.确定非法开采的海砂价值，一般应当以实施犯罪行为终了时当地海砂市场交易价格或者非法采挖期间当地海砂的平均市场价格为基准。犯罪行为存在明显时段连续性的，可以分别按照不同时段实施犯罪行为时当地海砂市场交易价格为基准。如当地县（市、区）无海砂市场交易价格，可参照周边地区海砂市场交易价格。

六、关于涉案船舶、财物的处置

13.对涉案船舶，海警机构应当依法及时查封、扣押，扣押后一般由海警机构自行保管，特殊情况下，也可以交由船主或者船长暂时保管。

14.具有下列情形之一的，一般可以认定为《非法采矿解释》第十二条第二款规定的“用于犯罪的专门工具”，并依法予以没收：

（1）犯罪分子所有，并专门用于非法采挖海砂犯罪的工具；

（2）长期不作登记或者系“三无”船舶或者挂靠、登记在他人名下，但实为犯罪分子控制，并专门用于非法采挖海砂犯罪的工具；

（3）船舶、机具所有人明知犯罪分子专门用于非法采挖海砂违法犯罪而出租、出借船舶、机具，构成共同犯罪或者相关犯罪的。

15.具有下列情形之一的，一般可以认定为船舶所有人明知他人专门用于非法采挖海砂违法犯罪而出租、出借船舶，但是能够作出合理解释或者有相反证据的除外：

（1）未经有关部门批准，擅自将船舶改装为可用于采挖、运输海砂的船舶或者进行伪装的；

（2）同意或者默许犯罪分子将船舶改装为可用于采挖、运输海砂的船舶或者进行伪装的；

（3）曾因出租、出借船舶用于非法采挖、运输海砂受过行政处罚，又将船舶出租、出借给同一违法犯罪分子的；

（4）拒不提供真实的实际使用人信息，或者提供虚假的实际使用人信息的；

（5）其他足以认定明知的情形。

16.非法采挖、运输海砂犯罪分子为逃避专门用于犯罪的船舶被依法罚没，或者为逃避一年内曾因非法采挖、运输海砂受过行政处罚，又实施此类行为被追究刑事责任，而通过虚构买卖合同、口头协议等方式转让船舶所有权，但并未进行物权变动登记，也未实际支付船舶转让价款的，可以依法认定涉案船舶为“用于犯罪的专门工具”。

17.涉案船舶的价值与涉案金额过于悬殊，且涉案船舶证件真实有效、权属明确、船证一致的，一般不予没收。实践中，应当综合行为的性质、情节、后果、社会危害程度及行为人认罪悔罪表现等因素，对涉案船舶依法处置。

18.船主以非法运输海砂为业，明知是非法采挖海砂仍一年内多次实施非法运输海砂犯罪活动，构成共同犯罪或者相关犯罪的，涉案船舶可以认定为《非法采矿解释》第十二条第二款规定的“供犯罪所用的本人财物”，并依法予以没收。

19.海警机构对查扣的涉案海砂，在固定证据和留存样本后，经县级以上海警机构主要负责人批准，可以依法先行拍卖，并对拍卖进行全流程监管。拍卖所得价款暂予保管，诉讼终结后依法处理。

对于涉案船舶上采运砂机具等设施设备，海警机构在侦查过程中应当及时查封、扣押，人民法院原则上应当依法判决没收，或者交由相关主管部门予以拆除。

七、关于加强协作配合与监督制约（下略）

★关于办理盗采海砂犯罪案件和相关掩饰、隐瞒犯罪所得案件办理的证据指引，参见2023年10月23日最高检办公厅、公安部办公厅、中国海警局执法部《办理海上涉砂刑事案件证据指引》——编者说明。

第三百四十四条[318] **【危害国家重点保护植物罪】**违反国家规定，非法采伐、毁坏珍贵树木或者国家重点保护的其他植物的，或者非法收购、运输、加工、出售珍贵树木或者国家重点保护的其他植物及其制品的，处三年以下有期徒刑、拘役或者管制，并处罚金；情节严重的，处三年以上七年以下有期徒刑，并处罚金。

【公报案例】根据**《公报》2023年第6期·江苏省建湖县人民检察院诉张少三等32人非法采矿、马朝玉掩饰、隐瞒犯罪所得刑事附带民事公益诉讼案**，在非法采矿犯罪中，采砂者与购砂者事前通谋，通过采运一体的方式非法采砂，形成产销利益链条，应当认定购砂者与采砂者构成非法采砂的共同犯罪。

在认定非法采砂犯罪造成的生态环境损害时应当根据采砂量、鱼类资源直接损失量、底栖生物损害数、生态系统服务价值量等量化指标，综合予以认定。

对具有非法采砂犯罪前科、非法采砂犯罪取保候审期间再次实施非法采砂犯罪的被告人，应当认定其具有破坏生态环境的故意，公诉机关要求其承担惩罚性赔偿责任的，人民法院应予支持。

【典型案例】根据2023年10月10日最高法**涉民营企业产权和企业家合法权益保护再审典型案例·案例2、汤立珍等三人非法采矿再审改判无罪案**，被告人在采矿许可证到期后继续开采矿石，与行政机关未依法履职、不及时作为有关，不属于违反刑法规定应当追究刑事责任的非法采矿行为，不构成非法采矿罪。

〔318〕 **【刑法修订】**2002年**《刑法修正案（四）》第六条**修订了本条。1997年刑法原文如下：

第三百四十四条 违反森林法的规定，非法采伐、毁坏珍贵树木的，处三年以下有期徒刑、拘役或者管制，并处罚金；情节严重的，处三年以上七年以下有期徒刑，并处罚金。

2002年**《刑法修正案（四）》**将所违反的前置法由“违反森林法的规定”修改为“违反国家规定”，将行为对象由“珍贵树木”修改为“珍贵树木或者国家重点保护的其他植物”“及其制品”，增加了“非法收购、运输、加工、出售”的行为类型。

【司法解释】2023年8月13日最高法**《关于审理破坏森林资源刑事案件适用法律若干问题的解释》**，就刑法第三百四十四条的适用解释如下：

第二条 违反国家规定，非法采伐、毁坏列入《国家重点保护野生植物名录》的野生植物，或者非法收购、运输、加工、出售明知是非法采伐、毁坏的上述植物及其制品，具有下列情形之一的，应当依照刑法第三百四十四条的规定，以危害国家重点保护植物罪定罪处罚：

（一）危害国家一级保护野生植物1株以上或者立木蓄积1立方米以上的；

（二）危害国家二级保护野生植物2株以上或者立木蓄积2立方米以上的；

（三）危害国家重点保护野生植物，数量虽未分别达到第一项、第二项规定标准，但按相应比例折算合计达到有关标准的；

（四）涉案国家重点保护野生植物及其制品价值2万元以上的。

实施前款规定的行为，具有下列情形之一的，应当认定为刑法第三百四十四条规定的"情节严重"：

（一）危害国家一级保护野生植物5株以上或者立木蓄积5立方米以上的；

（二）危害国家二级保护野生植物10株以上或者立木蓄积10立方米以上的；

（三）危害国家重点保护野生植物，数量虽未分别达到第一项、第二项规定标准，但按相应比例折算合计达到有关标准的；

（四）涉案国家重点保护野生植物及其制品价值20万元以上的；

（五）其他情节严重的情形。

违反国家规定，非法采伐、毁坏古树名木，或者非法收购、运输、加工、出售明知是非法采伐、毁坏的古树名木及其制品，涉案树木未列入《国家重点保护野生植物名录》的，根据涉案树木的树种、树龄以及历史、文化价值等因素，综合评估社会危害性，依法定罪处罚。

……

第十三条　单位犯刑法第三百四十二条、第三百四十四条、第三百四十五条规定之罪的，依照本解释规定的相应自然人犯罪的定罪量刑标准，对直接负责的主管人员和其他直接责任人员定罪处罚，并对单位判处罚金。

2020年3月19日最高法、最高检**《关于适用〈中华人民共和国刑法〉第三百四十四条有关问题的批复》**（法释〔2020〕2号，自2020年3月21日起施行），近来，部分省、自治区、直辖市高级人民法院、人民检察院请示适用刑法第三百四十四条的有关问题。经研究，批复如下：

一、古树名木以及列入《国家重点保护野生植物名录》的野生植物，属于刑法第三百四十四条规定的"珍贵树木或者国家重点保护的其他植物"。

二、根据《中华人民共和国野生植物保护条例》的规定，野生植物限于原生地天然生长的植物。人工培育的植物，除古树名木外，不属于刑法第三百四十四条规定的"珍贵树木或者国家重点保护的其他植物"。非法采伐、毁坏或者非法收购、运输人工培育的植物（古树名木除外），构成盗伐林木罪、滥伐林木罪、非法收购、运输盗伐、滥伐的林木罪等犯罪的，依照相关规定追究刑事责任。

三、对于非法移栽珍贵树木或者国家重点保护的其他植物，依法应当追究

第344条

第三百四十四条之一〔319〕 **【非法引进、释放、丢弃外来入侵物种罪】**违反国家规定，非法引进、释放或者丢弃外来入侵物种，情节严重的，处三年以下有期徒刑或者拘役，并处或者单处罚金。

第三百四十五条〔320〕 **【盗伐林木罪】**盗伐森林或者其他林木，数量较大的，处三年以下有期徒刑、拘役或者管制，并处或者单处罚金；数量巨大的，处三年以上七年以下有期徒刑，并处罚金；数量特别巨大的，处七年以上有期徒刑，并处罚金。

刑事责任的，依照刑法第三百四十四条的规定，以非法采伐国家重点保护植物罪（★罪名已变更为危害国家重点保护植物罪——编者说明）定罪处罚。

鉴于移栽在社会危害程度上与砍伐存在一定差异，对非法移栽珍贵树木或者国家重点保护的其他植物的行为，在认定是否构成犯罪以及裁量刑罚时，应当考虑植物的珍贵程度、移栽目的、移栽手段、移栽数量、对生态环境的损害程度等情节，综合评估社会危害性，确保罪责刑相适应。

四、本批复自 2020 年 3 月 21 日起施行，之前发布的司法解释与本批复不一致的，以本批复为准。

根据 2022 年 3 月 2 日最高法《**关于进一步加强涉种子刑事审判工作的指导意见**》**第五条**，非法采集或者采伐天然种质资源，符合刑法第三百四十四条规定的，以危害国家重点保护植物罪定罪处罚。

在种质资源库、种质资源保护区或者种质资源保护地实施上述行为的，应当酌情从重处罚。

【公报案例】根据《公报》**2023 年第 4 期 · 重庆市渝北区人民检察院诉胡仁国非法采伐国家重点保护植物案**，未办理林木采伐许可证，非法移植国家重点保护植物的行为，属于刑法第三百四十四条规定的"非法采伐国家重点保护植物"。认定被告人是否具有非法采伐国家重点保护植物的主观故意，可结合野生植物是否具有可普遍识别的外观特征、被告人是否具有林木行业工作经验、自然保护区是否设置特殊的林木保护设施等因素予以确定。

〔319〕 **【刑法修订】**本条为 2020 年《**刑法修正案（十一）**》**第四十三条**增设。

〔320〕 **【刑法修订】**2002 年《**刑法修正案（四）**》**第七条**修订了本条第三款。1997 年刑法该款原文如下：

第三百四十五条第三款 以牟利为目的，在林区非法收购明知是盗伐、滥伐的林木，情节严重的，处三年以下有期徒刑、拘役或者管制，并处或者单处罚金；情节特别严重的，处三年以上七年以下有期徒刑，并处罚金。

2002 年《**刑法修正案（四）**》修改了该款罪状，将"以牟利为目的，在林区

【滥伐林木罪】违反森林法的规定，滥伐森林或者其他林木，数量较大的，处三年以下有期徒刑、拘役或者管制，并处或者单处罚金；数量巨大的，处三年以上七年以下有期徒刑，并处罚金。

【非法收购、运输盗伐、滥伐的林木罪】非法收购、运输明知是盗伐、滥伐的林木，情节严重的，处三年以下有期徒刑、拘役或者管制，并处或者单处罚金；情节特别严重的，处三年以上七年以下有期徒刑，并处罚金。

盗伐、滥伐国家级自然保护区内的森林或者其他林木的，从重处罚。

非法收购明知是盗伐、滥伐的林木”修改为“非法收购、运输明知是盗伐、滥伐的林木”。

【司法解释】2023 年 8 月 13 日最高法**《关于审理破坏森林资源刑事案件适用法律若干问题的解释》**（法释〔2023〕8 号，自 2023 年 8 月 15 日起施行），为依法惩治破坏森林资源犯罪，保护生态环境，现就审理此类刑事案件适用法律的若干问题解释如下：

第一条　……（➽参见刑法第 342 条脚注相关部分）

第二条　……（➽参见刑法第 344 条脚注相关部分）

第三条　以非法占有为目的，具有下列情形之一的，应当认定为刑法第三百四十五条第一款规定的“盗伐森林或者其他林木”：

（一）未取得采伐许可证，擅自采伐国家、集体或者他人所有的林木的；

（二）违反森林法第五十六条第三款的规定，擅自采伐国家、集体或者他人所有的林木的；

（三）在采伐许可证规定的地点以外采伐国家、集体或者他人所有的林木的。

不以非法占有为目的，违反森林法的规定，进行开垦、采石、采砂、采土或者其他活动，造成国家、集体或者他人所有的林木毁坏，符合刑法第二百七十五条规定的，以故意毁坏财物罪定罪处罚。

第四条　盗伐森林或者其他林木，涉案林木具有下列情形之一的，应当认定为刑法第三百四十五条第一款规定的“数量较大”：

（一）立木蓄积 5 立方米以上的；

（二）幼树 200 株以上的；

（三）数量虽未分别达到第一项、第二项规定标准，但按相应比例折算合计达到有关标准的；

（四）价值 2 万元以上的。

实施前款规定的行为，达到第一项至第四项规定标准 10 倍、50 倍以上的，应当分别认定为刑法第三百四十五条第一款规定的“数量巨大”、“数量特别巨大”。

实施盗伐林木的行为，所涉林木系风倒、火烧、水毁或者林业有害生物等自然原因死亡或者严重毁损的，在决定应否追究刑事责任和裁量刑罚时，应当从严把握；情节显著轻微危害不大的，不作为犯罪处理。

第五条 具有下列情形之一的，应当认定为刑法第三百四十五条第二款规定的“滥伐森林或者其他林木”：

（一）未取得采伐许可证，或者违反采伐许可证规定的时间、地点、数量、树种、方式，任意采伐本单位或者本人所有的林木的；

（二）违反森林法第五十六条第三款的规定，任意采伐本单位或者本人所有的林木的；

（三）在采伐许可证规定的地点，超过规定的数量采伐国家、集体或者他人所有的林木的。

林木权属存在争议，一方未取得采伐许可证擅自砍伐的，以滥伐林木论处。

第六条 滥伐森林或者其他林木，涉案林木具有下列情形之一的，应当认定为刑法第三百四十五条第二款规定的“数量较大”：

（一）立木蓄积 20 立方米以上的；

（二）幼树 1000 株以上的；

（三）数量虽未分别达到第一项、第二项规定标准，但按相应比例折算合计达到有关标准的；

（四）价值 5 万元以上的。

实施前款规定的行为，达到第一项至第四项规定标准 5 倍以上的，应当认定为刑法第三百四十五条第二款规定的“数量巨大”。

实施滥伐林木的行为，所涉林木系风倒、火烧、水毁或者林业有害生物等自然原因死亡或者严重毁损的，一般不以犯罪论处；确有必要追究刑事责任的，应当从宽处理。

第七条 认定刑法第三百四十五条第三款规定的“明知是盗伐、滥伐的林木”，应当根据涉案林木的销售价格、来源以及收购、运输行为违反有关规定等情节，结合行为人的职业要求、经历经验、前科情况等作出综合判断。

具有下列情形之一的，可以认定行为人明知是盗伐、滥伐的林木，但有相反证据或者能够作出合理解释的除外：

（一）收购明显低于市场价格出售的林木的；

（二）木材经营加工企业伪造、涂改产品或者原料出入库台账的；

（三）交易方式明显不符合正常习惯的；

（四）逃避、抗拒执法检查的；

（五）其他足以认定行为人明知的情形。

第八条 非法收购、运输明知是盗伐、滥伐的林木，具有下列情形之一的，应当认定为刑法第三百四十五条第三款规定的“情节严重”：

（一）涉案林木立木蓄积 20 立方米以上的；

（二）涉案幼树1000株以上的；

（三）涉案林木数量虽未分别达到第一项、第二项规定标准，但按相应比例折算合计达到有关标准的；

（四）涉案林木价值5万元以上的；

（五）其他情节严重的情形。

实施前款规定的行为，达到第一项至第四项规定标准5倍以上或者具有其他特别严重情节的，应当认定为刑法第三百四十五条第三款规定的“情节特别严重”。

第九条 多次实施本解释规定的行为，未经处理，且依法应当追诉的，数量、数额累计计算。

第十条 伪造、变造、买卖采伐许可证，森林、林地、林木权属证书以及占用或者征用林地审核同意书等国家机关批准的林业证件、文件构成犯罪的，依照刑法第二百八十条第一款的规定，以伪造、变造、买卖国家机关公文、证件罪定罪处罚。

买卖允许进出口证明书等经营许可证明，同时构成刑法第二百二十五条、第二百八十条规定之罪的，依照处罚较重的规定定罪处罚。

第十一条 下列行为，符合刑法第二百六十四条规定的，以盗窃罪定罪处罚：

（一）盗窃国家、集体或者他人所有并已经伐倒的树木的；

（二）偷砍他人在自留地或者房前屋后种植的零星树木的。

非法实施采种、采脂、掘根、剥树皮等行为，符合刑法第二百六十四条规定的，以盗窃罪论处。在决定应否追究刑事责任和裁量刑罚时，应当综合考虑对涉案林木资源的损害程度以及行为人获利数额、行为动机、前科情况等情节；认为情节显著轻微危害不大的，不作为犯罪处理。

第十二条 实施破坏森林资源犯罪，具有下列情形之一的，从重处罚：

（一）造成林地或者其他农用地基本功能丧失或者遭受永久性破坏的；

（二）非法占用自然保护地核心保护区内的林地或者其他农用地的；

（三）非法采伐国家公园、国家级自然保护区内的林木的；

（四）暴力抗拒、阻碍国家机关工作人员依法执行职务，尚不构成妨害公务罪、袭警罪的；

（五）经行政主管部门责令停止违法行为后，继续实施相关行为的。

实施本解释规定的破坏森林资源行为，行为人系初犯，认罪认罚，积极通过补种树木、恢复植被和林业生产条件等方式修复生态环境，综合考虑涉案林地的类型、数量、生态区位或者涉案植物的种类、数量、价值，以及行为人获利数额、行为手段等因素，认为犯罪情节轻微的，可以免予刑事处罚；认为情节显著轻微危害不大的，不作为犯罪处理。

第十三条 单位犯刑法第三百四十二条、第三百四十四条、第三百四十五

第三百四十六条 【单位犯本节之罪的处罚】单位犯本节第三百三十八条至第三百四十五条规定之罪的，对单位判处罚金，并对其直接负责的主管人员和其他直接责任人员，依照本节各该条的规定处罚。

条规定之罪的，依照本解释规定的相应自然人犯罪的定罪量刑标准，对直接负责的主管人员和其他直接责任人员定罪处罚，并对单位判处罚金。

第十四条 针对国家、集体或者他人所有的国家重点保护植物和其他林木实施犯罪的违法所得及其收益，应当依法追缴或者责令退赔。

第十五条 组织他人实施本解释规定的破坏森林资源犯罪的，应当按照其组织实施的全部罪行处罚。

对于受雇佣为破坏森林资源犯罪提供劳务的人员，除参与利润分成或者领取高额固定工资的以外，一般不以犯罪论处，但曾因破坏森林资源受过处罚的除外。

第十六条 对于实施本解释规定的相关行为未被追究刑事责任的行为人，依法应当给予行政处罚、政务处分或者其他处分的，移送有关主管机关处理。

第十七条 涉案国家重点保护植物或者其他林木的价值，可以根据销赃数额认定；无销赃数额，销赃数额难以查证，或者根据销赃数额认定明显不合理的，根据市场价格认定。

第十八条 对于涉案农用地类型、面积，国家重点保护植物或者其他林木的种类、立木蓄积、株数、价值，以及涉案行为对森林资源的损害程度等问题，可以由林业主管部门、侦查机关依据现场勘验、检查笔录等出具认定意见；难以确定的，依据鉴定机构出具的鉴定意见或者下列机构出具的报告，结合其他证据作出认定：

（一）价格认证机构出具的报告；

（二）国务院林业主管部门指定的机构出具的报告；

（三）地、市级以上人民政府林业主管部门出具的报告。

第十九条 本解释所称“立木蓄积”的计算方法为：原木材积除以该树种的出材率。

本解释所称“幼树”，是指胸径5厘米以下的树木。

滥伐林木的数量，应当在伐区调查设计允许的误差额以上计算。

第二十条 本解释自2023年8月15日起施行。本解释施行后，《最高人民法院关于滥伐自己所有权的林木其林木应如何处理的问题的批复》（法复〔1993〕5号）、《最高人民法院关于审理破坏森林资源刑事案件具体应用法律若干问题的解释》（法释〔2000〕36号）、《最高人民法院关于在林木采伐许可证规定的地点以外采伐本单位或者本人所有的森林或者其他林木的行为如何适用法律问题的批复》（法释〔2004〕3号）、《最高人民法院关于审理破坏林地资源刑事案件具体应用法律若干问题的解释》（法释〔2005〕15号）同时废止；之前发布的司法解释与本解释不一致的，以本解释为准。

第七节　走私、贩卖、运输、制造毒品罪[321]

---

〔321〕【**司法解释**】根据2010年4月28日最高法刑五庭《**在毒品案件审判工作中切实贯彻宽严相济刑事政策**》，2010年2月8日，最高人民法院印发了《关于贯彻宽严相济刑事政策的若干意见》(以下简称《意见》)，对人民法院在刑事审判工作中贯彻宽严相济刑事政策提出了具体要求。毒品案件在刑事案件中占有较大比重，适用包括死刑在内的重刑的比例也较高，切实贯彻好宽严相济刑事政策对于依法严惩严重毒品犯罪，遏制毒品犯罪的高发态势，同时发挥刑罚的教育改造作用，具有重要的现实意义。

一、突出打击重点，依法严惩严重毒品犯罪

依法严惩严重犯罪是宽严相济刑事政策中"严"的题中之义，也是贯彻罪刑均衡原则，发挥刑罚威慑作用的必然要求。毒品犯罪危害公民身心健康，颓废社会风气，并容易引发盗窃、抢劫、杀人等犯罪，危害很大。其中，走私、制造毒品系源头性犯罪，贩卖、运输毒品造成毒品的传播、扩散，故《意见》第7条把这四种毒品犯罪行为均列为严惩的重点。长期以来，人民法院坚持依法严厉打击严重毒品犯罪，对一批罪行严重的犯罪分子判处了重刑至死刑，较好地发挥了刑罚遏制毒品犯罪的作用。尤其是2007年最高人民法院统一行使死刑核准权后，通过严把案件事实关、证据关、程序关和法律适用关，更加严格地执行死刑政策，毒品案件的死刑适用更加慎重和公正。

《意见》第11条提出："要依法从严惩处累犯和毒品再犯。凡是依法构成累犯和毒品再犯的，即使犯罪情节较轻，也要体现从严惩处的精神。尤其是对于前罪为暴力犯罪或被判处重刑的累犯，更要依法从严惩处。"之所以作出这种强调，是因为具有累犯和毒品再犯情节的犯罪分子曾受刑罚的惩罚、教育，却不思悔改，仍再次实施犯罪行为，充分表明其主观恶性深，人身危险性大，难以改造，有的甚至不堪改造，故要充分发挥刑罚的惩罚功能，以实现对此类犯罪分子的特殊预防。对此，最高人民法院2008年印发的《全国部分法院审理毒品犯罪案件工作座谈会纪要》(★该纪要已被2023年6月26日最高法《全国法院毒品案件审判工作会议纪要》取代——编者说明)也作了规定，即"审理毒品犯罪案件，应当切实贯彻宽严相济的刑事政策，突出毒品犯罪的打击重点。必须依法严惩毒枭、职业毒犯、再犯、累犯、惯犯、主犯等主观恶性深、人身危险性大、危害严重的毒品犯罪分子……对于其中罪行极其严重依法应当判处死刑的，必须坚决依法判处死刑。"实践中，对于毒品数量达到实际掌握的死刑数量标准，并具有毒品再犯、累犯、职业犯、惯犯、主犯等情节的被告人，通常判处死刑，以体现法律的严惩立场。

在此方面，要特别需要重视对毒枭、职业毒犯、主犯立功问题的处理。《意见》第33条提出，在共同犯罪案件中，对于主犯或首要分子检举、揭发同案中地位、作用较次的犯罪分子构成立功的，从轻或者减轻处罚应当从严掌握，如果从轻处罚可能导致全案量刑失衡的，一般不予从轻处罚；如果检举、揭发的是其他犯罪案件中罪行同样严重的犯罪分子，或者协助抓获的是同案中的其他主犯、首要分子的，原则上应予依法从轻或者减轻处罚。实践中，应以功是否足以抵罪作为立功是否从宽处罚的标准，即应结合被告人罪行的严重程度、立功大小综合考虑。对于毒枭等严重毒品犯罪分子立功的，如果其检举、揭发的是其他犯罪案件中罪行同样严重的犯罪分子，或者协助抓获的是同案中的其他首要分子、主犯，功足以抵罪的，原则上可以从轻或者减轻处罚；如果协助抓获的只是同案中的从犯或者马仔，功不足以抵罪，或者从轻处罚后全案处刑明显失衡的，不予从轻处罚。同时，对于同监犯将本人或者他人尚未被司法机关掌握的犯罪事实告知被告人，由被告人检举揭发的，如经查证属实，虽可认定立功，但是否从宽处罚以及从宽幅度的大小，应与通常的立功有所区别。对于通过非法手段或者非法途径获取他人犯罪信息，由被告人检举揭发的，不能认定为立功，也不能作为酌情从轻处罚情节。这样把握可以对罪行严重的毒品犯罪分子更有力地体现宽严相济刑事政策“严”的要求。

二、坚持区别对待，充分考虑从宽处罚情节

宽严相济刑事政策的核心是区别对待。对于情节较轻、社会危害性较小的犯罪，或者罪行虽重，但具有法定、酌定从宽处罚情节的被告人，应依法或者酌情予以从宽处罚。毒品犯罪的整体危害虽大，但具体犯罪也有轻重之别，不能不加区别地一律予以从严惩处，对其中罪行相对较轻的，或者具有法定、酌定从宽处罚情节的，应在量刑时充分考虑，以发挥刑罚的教育改造作用。

《意见》第17、18和19条分别提出，对于具有自首或者立功情节的被告人，一般均应当依法从宽处罚；对于较轻犯罪的初犯、偶犯，应当综合考虑其犯罪的动机、手段、情节、后果和犯罪时的主观状态，酌情予以从宽处罚。毒品案件的审判要充分贯彻这些原则性规定。例如，对于毒品数量达到实际掌握的死刑数量标准，但犯罪情节较轻，或者具有法定、酌定从宽处罚情节，符合下列情形之一的，可以不判处被告人死刑立即执行：(1)具有自首、立功等法定从宽处罚情节的；(2)已查获的毒品数量未达到实际掌握的死刑数量标准，到案后坦白尚未被司法机关掌握的其他毒品犯罪，累计数量超过实际掌握的死刑数量标准的；(3)经鉴定毒品含量极低，掺假之后的数量才达到实际掌握的死刑数量标准的，或者有证据表明可能大量掺假但因故不能鉴定的；(4)因特情引诱毒品数量才达到实际掌握的死刑数量标准的；(5)以贩养吸的被告人，被查获的毒品数量刚达到实际掌握的死刑数量标准的；(6)毒品数量刚达到实际掌握的死刑数量标准，确属初次犯罪即被查获，未造成严重危害后果的；等等。

此方面要特别重视对运输毒品罪的处理。刑法把运输毒品罪同走私、贩卖、制造毒品罪并列规定，并配置了相同法定刑，但实践中运输毒品犯罪的情况较为复杂。部分被告人系受指使、雇佣的贫民、边民或者无业人员，只是为赚取少量运费而为他人运输毒品，他们不是毒品的所有者、买家或者卖家，与幕后的指使、雇佣者相比，在毒品犯罪中处于从属和被支配地位，所起作用和主观恶性相对较小，社会危害性也相对较小，故量刑时应与走私、贩卖、制造毒品和具有严重情节的运输毒品犯罪分子有所区别。即，在运输毒品案件中要重点打击指使、雇佣他人运输毒品的犯罪分子和接应、接货的毒品所有者、买家或者卖家。对于运输毒品犯罪集团首要分子，组织、指使、雇佣他人运输毒品的主犯或者毒枭、职业毒犯、毒品再犯，以及具有武装掩护、暴力抗拒检查、拘留或者逮捕、参与有组织的国际毒品犯罪、以运输毒品为业、多次运输毒品或者其他严重情节的，应当依法从严惩处。但是，对有证据证明被告人确属受人指使、雇佣而运输毒品，又系初犯、偶犯的，可以从轻处罚，即使毒品数量超过实际掌握的死刑数量标准，也可以不判处死刑立即执行。这是深入贯彻宽严相济刑事政策“宽”的精神，进一步坚持区别对待的体现。

三、把握量刑平衡，稳妥实现宽严“相济”

宽严相济刑事政策中“宽”与“严”是辨证统一、相辅相成的关系，二者相互依存，相互补充，共同促进。“相济”不是“宽”和“严”的简单相加，而是一种交融关系，追求的是法律效果与社会效果的有机统一。在毒品案件的审判中实现宽严“相济”，既要把握好个案之间的量刑平衡，也要把握好多被告人案件特别是共同犯罪案件的量刑平衡。

个案之间的量刑平衡意味着重罪重判，轻罪轻判，罚当其罪。这是罪刑均衡原则的基本要求。由于毒品数量是量刑的重要情节，在判断个案的量刑平衡问题上容易陷入“唯数量论”的误区。要特别重视的是，毒品数量并非量刑的唯一情节。对被告人量刑时，尤其是在考虑是否适用死刑时，应当综合考虑毒品数量、犯罪情节、危害后果、被告人的主观恶性、人身危险性以及当地禁毒形势等各种因素，予以区别对待。有的案件中毒品数量虽大，但被告人因具有法定从宽处罚情节而可能不判处死刑，有的案件中毒品数量较小，但超过了实际掌握的死刑数量标准，被告人也不具有法定或者酌定从宽处罚情节，故仍可能被判处死刑。这种处理不仅不违背宽严相济刑事政策，而恰恰是该政策的要求和体现。

对于多被告人犯罪特别是共同犯罪案件，根据宽严“相济”的具体要求，要注重正确区分主从犯并根据被告人罪责的大小确定刑罚。《意见》第31条提出，对于一般共同犯罪案件，应当充分考虑各被告人在共同犯罪中的地位和作用，以及在主观恶性和人身危险性方面的不同，根据事实和证据能分清主从犯的，都应当认定主从犯；有多名主犯的，应在主犯中进一步区分出罪行最为严重者。具体到毒品共同犯罪案件，首先，对能分清主从犯的，不能因为涉案毒品数量巨大，就不分主从犯而将被告人均认定为主犯或者实际上都按主犯处罚，一律判处重刑甚至死刑。要根据《意见》第30条的规定，依法从严惩处毒品犯罪组织或集团中的为首组织、指挥、策划者和骨干分子，该判处重刑或死刑的要坚决判处；但对受欺骗、胁迫参加犯罪组织、犯罪集团或只是一般参加者，在犯罪中起次要、辅助作用的从犯，应依法从轻或减轻处罚。其次，对于共同犯罪中有多个主犯的，处罚上也应做到区别对待，要全面考察各主犯在共同犯罪中实际发挥作用的差别，主观恶性和人身危险性方面的差异，对罪责更重的主犯判处更重的刑罚。如果共同犯罪中毒品数量刚达到实际掌握的死刑数量标准，但各共同犯罪人作用相当，或者责任大小难以区分的，可以不判处死刑立即执行。同时，从人道主义考虑，对于家庭成员共同实施毒品犯罪，毒品数量达到实际掌握的死刑数量标准，其中起主要作用的被告人已被判处死刑立即执行的，对其他罪行相对较轻的被告人可以不判处死刑立即执行（参见 2010 年 4 月 28 日《人民法院报》）。

根据 2005 年 4 月 25 日最高检公诉厅**《毒品犯罪案件公诉证据标准指导意见（试行）》**（高检诉发〔2005〕第 32 号），犯罪嫌疑人、被告人的言行举止反映他（她）可能患有精神性疾病的，应当尽量收集能够证明其精神状况的证据。证人证言可作为证明犯罪嫌疑人、被告人刑事责任能力的证据。经查不能排除犯罪嫌疑人、被告人具有精神性疾病可能性的，应当作司法精神病鉴定。

推定“明知”应当慎重使用。对于具有下列情形之一，并且犯罪嫌疑人、被告人不能做出合理解释的，可推定其明知，但有相反证据的除外：(1)故意选择没有海关和边防检查站的边境路段绕行出入境的；(2)经过海关或边检站时，以假报、隐匿、伪装等蒙骗手段逃避海关、边防检查的；(3)采用假报、隐匿、伪装等蒙骗手段逃避邮检的；(4)采用体内藏毒的方法运输毒品的。对于具有下列情形之一的，能否推定明知还需结合其他证据予以综合判断：(1)受委托或雇佣携带毒品，获利明显超过正常标准的；(2)犯罪嫌疑人、被告人所有物、住宅、院落里藏有毒品的；(3)毒品包装物上留下的指纹与犯罪嫌疑人、被告人的指纹经鉴定一致的；(4)犯罪嫌疑人、被告人持有毒品的。

毒品数量是指毒品净重。称量时，要扣除包装物和容器的重量。

★上述《毒品犯罪案件公诉证据标准指导意见（试行）》就毒品犯罪的一般证据标准和特殊证据标准作了详细规定，本书仅零散节录了其中部分内容——编者说明。

根据 2014 年 8 月 20 日最高法、最高检、公安部**《关于规范毒品名称表述若干问题的意见》**（法〔2014〕224 号），为进一步规范毒品犯罪案件办理工作，现对毒品犯罪案件起诉意见书、起诉书、刑事判决书、刑事裁定书中的毒品名称表述问题提出如下规范意见。

一、规范毒品名称表述的基本原则

（一）毒品名称表述应当以毒品的化学名称为依据，并与刑法、司法解释及相关规范性文件中的毒品名称保持一致。刑法、司法解释等没有规定的，可以参照《麻醉药品品种目录》《精神药品品种目录》中的毒品名称进行表述。

（二）对于含有二种以上毒品成分的混合型毒品，应当根据其主要毒品成分和具体形态认定毒品种类、确定名称。混合型毒品中含有海洛因、甲基苯丙胺的，一般应当以海洛因、甲基苯丙胺确定其毒品种类；不含海洛因、甲基苯丙胺，或者海洛因、甲基苯丙胺的含量极低的，可以根据其中定罪量刑数量标准较低且所占比例较大的毒品成分确定其毒品种类。混合型毒品成分复杂的，可以用括号注明其中所含的一至二种其他毒品成分。

（三）为体现与犯罪嫌疑人、被告人供述的对应性，对于犯罪嫌疑人、被告人供述的毒品常见俗称，可以在文书中第一次表述该类毒品时用括号注明。

二、几类毒品的名称表述

（一）含甲基苯丙胺成分的毒品

1. 对于含甲基苯丙胺成分的晶体状毒品，应当统一表述为甲基苯丙胺（冰毒），在下文中再次出现时可以直接表述为甲基苯丙胺。

2. 对于以甲基苯丙胺为主要毒品成分的片剂状毒品，应当统一表述为甲基苯丙胺片剂。如果犯罪嫌疑人、被告人供述为“麻古”“麻果”或者其他俗称的，可以在文书中第一次表述该类毒品时用括号注明，如表述为甲基苯丙胺片剂（俗称“麻古”）等。

3. 对于含甲基苯丙胺成分的液体、固液混合物、粉末等，应当根据其毒品成分和具体形态进行表述，如表述为含甲基苯丙胺成分的液体、含甲基苯丙胺成分的粉末等。

（二）含氯胺酮成分的毒品

1. 对于含氯胺酮成分的粉末状毒品，应当统一表述为氯胺酮。如果犯罪嫌疑人、被告人供述为“K 粉”等俗称的，可以在文书中第一次表述该类毒品时用括号注明，如表述为氯胺酮（俗称“K 粉”）等。

2. 对于以氯胺酮为主要毒品成分的片剂状毒品，应当统一表述为氯胺酮片剂。

3. 对于含氯胺酮成分的液体、固液混合物等，应当根据其毒品成分和具体形态进行表述，如表述为含氯胺酮成分的液体、含氯胺酮成分的固液混合物等。

（三）含 MDMA 等成分的毒品

对于以 MDMA、MDA、MDEA 等致幻性苯丙胺类兴奋剂为主要毒品成分的丸状、片剂状毒品，应当根据其主要毒品成分的中文化学名称和具体形态进行表述，并在文书中第一次表述该类毒品时用括号注明下文中使用的英文缩写简称，如表述为 3，4- 亚甲二氧基甲基苯丙胺片剂（以下简称 MDMA 片剂）、3，4- 亚甲二氧基苯丙胺片剂（以下简称 MDA 片剂）、3，4- 亚甲二氧基乙基苯丙胺片剂（以下简称 MDEA 片剂）等。如果犯罪嫌疑人、被告人供述为“摇头丸”等俗称的，可以在文书中第一次表述该类毒品时用括号注明，如表述为 3，4- 亚甲二氧基甲基苯丙胺片剂（以下简称 MDMA 片剂，俗称“摇头丸”）等。

（四）“神仙水”类毒品

对于俗称“神仙水”的液体状毒品，应当根据其主要毒品成分和具体形态进行表述。毒品成分复杂的，可以用括号注明其中所含的一至二种其他毒品成分，如表述为含氯胺酮（咖啡因、地西泮等）成分的液体等。如果犯罪嫌疑人、被告人供述为“神仙水”等俗称的，可以在文书中第一次表述该类毒品时用括号注明，如表述为含氯胺酮（咖啡因、地西泮等）成分的液体（俗称“神仙水”）等。

（五）大麻类毒品

对于含四氢大麻酚、大麻二酚、大麻酚等天然大麻素类成分的毒品，应当根据其外形特征分别表述为大麻叶、大麻脂、大麻油或者大麻烟等。

根据2016年5月24日最高法、最高检、公安部**《办理毒品犯罪案件毒品提取、扣押、称量、取样和送检程序若干问题的规定》**（公禁毒〔2016〕511号，自2016年7月1日起施行）**第三十三条**，具有下列情形之一的，公安机关应当委托鉴定机构对查获的毒品进行含量鉴定：

（一）犯罪嫌疑人、被告人可能被判处死刑的；

（二）查获的毒品系液态、固液混合物或者系毒品半成品的；

（三）查获的毒品可能大量掺假的；

（四）查获的毒品系成分复杂的新类型毒品，且犯罪嫌疑人、被告人可能被判处七年以上有期徒刑的；

（五）人民检察院、人民法院认为含量鉴定对定罪量刑有重大影响而书面要求进行含量鉴定的。

进行含量鉴定的检材应当与进行成分鉴定的检材来源一致，且一一对应。

★为规范公安机关勘查和处置制造毒品案件现场工作，保证制毒案件现场证据提取质量，2010年6月7日公安部制定了《公安机关勘验检查及处置制造毒品案件现场规定》（公禁毒〔2010〕333号）。为规范公安机关缴获毒品管理工作，2016年5月19日公安部制定了《公安机关缴获毒品管理规定》（公禁毒〔2016〕486号）——编者说明。

【会议纪要】2023年6月26日最高法**《全国法院毒品案件审判工作会议纪要》**，就全国法院毒品案件审判工作问题，会议纪要如下：

八、自首、立功问题

毒品犯罪中的自首情节具有较高司法价值，对于自首的被告人，一般应当依法从宽处罚。对于积极响应司法机关发布的敦促涉毒在逃人员投案自首通告，在通告期限内自行或者经亲属劝说、陪同投案，并如实供述犯罪事实的被告人，从宽处罚的幅度应当更大；有的虽不构成自首，量刑时也应充分考虑其自动投案情节，尽可能地兑现政策。

认定立功情节，应当充分考虑毒品犯罪线索发现、案件侦破及抓捕工作的特殊性。按照公安机关的安排，经现场或即时视频通讯方式指认、辨认其他犯罪嫌疑人（包括同案犯），或者通过打电话、发信息、即时通讯等方式将其他犯罪嫌疑人（包括同案犯）约至指定地点，公安机关据此抓获该人员的；以及通过打电话、发信息、即时通讯等方式稳控其他犯罪嫌疑人（包括同案犯），对抓获该人员起到实质性协助作用的，可以认定为协助公安机关抓捕其他犯罪嫌疑人（包括同案犯）。具有到案后规劝其他犯罪嫌疑人（包括同案犯）投案、提供线索协助公安机关查获大量案外毒品等情形之一的，可以认定为其他有利于国家和社会的突出表现。

被告人提供毒品共同犯罪人、上下家的姓名、住址、体貌特征等基本情况，或者提供犯罪前、犯罪中使用、掌握的上述人员的联络方式、藏匿地址，公安机关据此抓获该人员的，虽不认定有立功表现，但量刑时可酌情考虑。

对于具有立功情节的被告人，是否从宽处罚及从宽处罚的幅度，应当根据犯罪性质、具体情节、危害后果、毒品数量及其主观恶性、人身危险性，结合立功的类型、价值大小等因素综合考量，以功是否足以抵罪为标准。对于部分被告人具有立功情节的案件，要注意共同犯罪人及上下家之间的量刑平衡。犯罪集团首要分子、罪责相对较大的主犯检举揭发其他罪行相对较轻的犯罪分子，或者协助抓获从犯、罪责相对较小的主犯构成立功的，量刑时应当从严掌握，如果被告人罪行极其严重，只有一般立功表现，功不足以抵罪的，可不予从宽处罚；如果其检举揭发的是其他案件中罪行同样严重的犯罪分子，或者协助抓获的是其他首要分子、罪责相对较大的主犯，功足以抵罪的，可以从轻或者减轻处罚。对于从犯、罪责相对较小的主犯立功，特别是协助抓获首要分子、罪责相对较大的主犯的，应当充分体现政策，依法从轻、减轻或者免除处罚。

九、累犯、毒品再犯问题（➻参见刑法第356条脚注相关部分）

十、特定人员参与毒品犯罪问题

对于毒品犯罪分子为逃避打击，组织、利用残疾人、严重疾病患者、怀孕或者正在哺乳自己婴儿的妇女等特定人员实施毒品犯罪的案件，要做到区别对待，依法准确惩处。对于利用、教唆上述特定人员实施毒品犯罪的组织者、指挥者和教唆者，应当依法从严惩处，该判处重刑直至死刑的，坚决依法判处。对于被利用、被诱骗参与毒品犯罪的特定人员，可以从宽处罚。

对于利用自身特殊状况积极实施毒品犯罪，以及曾在取保候审、监视居住或者暂予监外执行期间又实施毒品犯罪的特定人员，应当从严把握上述强制措施和暂予监外执行的适用条件。

十一、涉案财物处理、财产刑适用问题

应当更加注重从经济上制裁毒品犯罪，切实加大制裁力度，依法追缴被告人的违法所得及其收益，充分发挥财产刑的作用。不能因为被告人没有财产，或者其财产难以查清、难以分割或者难以执行，就不判处财产刑或者判处与主刑不相匹配的财产刑。对于未依照相关规定，全面收集证明被告人财产状况的证据并随案移送财产清单和相关证据材料的，应当要求有关机关收集并移送。

应当更加注重审查证明涉案财物及其孳息的来源、性质、用途和权属情况的证据，并在裁判文书中写明对涉案财物及其孳息的具体处理情况。对查封、扣押、冻结的财物及其孳息，经查确属毒品犯罪的违法所得及其收益、供毒品犯罪所用的本人财物或者依法应当追缴的其他涉案财物的，应当判决没收上缴国库，但法律另有规定的除外。对于被告人将依法应当追缴的毒品犯罪涉案财物用于投资、置业，因此形成的财产及其收益；或者将依法应当追缴的毒品犯罪涉案财物与其他合法财产共同用于投资、置业，因此形成的财产中与涉案财物对应的份额及其收益，均应予以追缴。

审理黑社会性质组织、恶势力组织实施的毒品犯罪案件，依法应当追缴、没收的涉案财产无法找到、灭失或者与其他合法财产混合且不可分割的，可以判决追缴、没收其他等值财产或者混合财产中的等值部分。有证据证明被告人在毒品犯罪期间获得的财产高度可能属于黑社会性质组织犯罪的违法所得及其孳息、收益，被告人不能说明财产合法来源的，应当判决追缴、没收。

重大毒品犯罪案件的犯罪嫌疑人、被告人逃匿，在通缉1年后不能到案，或者犯罪嫌疑人、被告人死亡，依照刑法规定应当追缴其违法所得及其他涉案财产的，适用刑事诉讼法有关犯罪嫌疑人、被告人逃匿、死亡案件违法所得没收程序审理。经审理认为申请没收的财产高度可能属于违法所得及其他涉案财产的，应当裁定没收。

判处罚金刑，应当结合毒品犯罪的性质、情节、危害后果及被告人的获利情况、经济状况等因素，合理确定罚金数额。对于决定并处没收财产的毒品犯罪，判处被告人有期徒刑的，应当按照上述确定罚金数额的原则，确定没收个人部分财产的数额；判处无期徒刑的，可以并处没收个人全部财产；判处死缓或者死刑的，应当并处没收个人全部财产。

十二、缓刑适用及减刑、假释问题

应当从严掌握毒品犯罪被告人的缓刑适用条件。对于毒品再犯，一般不适用缓刑。对于不能排除有多次贩毒嫌疑的零包贩毒被告人，因认定构成贩卖毒品等犯罪的证据不足而认定为非法持有毒品罪的被告人，以及引诱、教唆、欺骗、强迫他人吸毒的被告人，应当严格控制缓刑适用。

对于具有犯罪集团首要分子、累犯、毒品再犯等情节的毒品罪犯，应当从严掌握减刑条件，适当延长减刑起始时间、间隔时间，严格控制减刑幅度。应当严格审查毒品罪犯履行生效裁判中财产性判项的能力，对于确有履行能力而不履行或者不全部履行相关财产性判项的，一般不认定其确有悔改表现。对于刑法未禁止假释的上述毒品罪犯，应当严格控制假释适用。

十三、管辖问题

毒品犯罪的犯罪地，包括犯罪预谋地，毒资筹集地，交易进行地，毒品制造地，毒品和毒资、毒赃的藏匿地、转移地，走私或者贩运毒品的途经地、目的地等。主要利用计算机网络实施的毒品犯罪，犯罪地还包括用于实施犯罪行

第三百四十七条〔322〕 **【走私、贩卖、运输、制造毒品罪】**走私、贩卖、运输、制造毒品，无论数量多少，都应当追究刑事责任，予以刑事处罚。

走私、贩卖、运输、制造毒品，有下列情形之一的，处十五年有期徒刑、无期徒刑或者死刑，并处没收财产：

（一）走私、贩卖、运输、制造鸦片一千克以上、海洛因或者甲基苯丙胺五十克以上或者其他毒品数量大的；

（二）走私、贩卖、运输、制造毒品集团的首要分子；

（三）武装掩护走私、贩卖、运输、制造毒品的；

（四）以暴力抗拒检查、拘留、逮捕，情节严重的；

（五）参与有组织的国际贩毒活动的。

走私、贩卖、运输、制造鸦片二百克以上不满一千克、海洛因或者甲基苯丙胺十克以上不满五十克或者其他毒品数量较大的，处七年以上有期徒刑，并处罚金。

走私、贩卖、运输、制造鸦片不满二百克、海洛因或者甲基苯丙胺不满十克或者其他少量毒品的，处三年以下有期徒刑、拘役或者管制，并处罚金；情节严重的，处三年以上七年以下有期徒刑，并处罚金。

单位犯第二款、第三款、第四款罪的，对单位判处罚金，并对其直接负责的主管人员和其他直接责任人员，依照各该款的规定处罚。

利用、教唆未成年人走私、贩卖、运输、制造毒品，或者向未成年人出售毒品的，从重处罚。

对多次走私、贩卖、运输、制造毒品，未经处理的，毒品数量累计计算。

为的网络服务使用的服务器所在地，网络服务提供者所在地，犯罪过程中被告人、被害人使用的信息网络系统所在地等。

对于毒品案件中一人犯数罪、上下家犯罪、共同犯罪及共同犯罪的被告人实施其他犯罪的，一般应当并案审理。对于上下家犯罪的被告人实施的其他犯罪，以及他人实施的包庇毒品犯罪分子、窝藏毒品、为毒品犯罪洗钱等关联犯罪，并案审理有利于查明案件事实的，可以并案审理。对于分案起诉的毒品共同犯罪或者关联犯罪案件，合并审理更有利于查明案件事实、保障诉讼权利、准确定罪量刑的，可以并案审理。

因客观原因造成毒品共同犯罪或者密切关联的上下家犯罪分案审理且无法并案的，应当及时了解关联案件的审理进展和处理结果，充分保障被告人的质证权等诉讼权利，并注重量刑平衡。

〔322〕 **【立案标准】**2012年5月16日最高检、公安部**《关于公安机关管**

辖的刑事案件立案追诉标准的规定(三)》(公通字〔2012〕26号),就刑法第三百四十七条的立案追诉标准规定如下:

第一条 走私、贩卖、运输、制造毒品,无论数量多少,都应予立案追诉。

本条规定的"走私"是指明知是毒品而非法将其运输、携带、寄递进出国(边)境的行为。直接向走私人非法收购走私进口的毒品,或者在内海、领海、界河、界湖运输、收购、贩卖毒品的,以走私毒品罪立案追诉。

本条规定的"贩卖"是指明知是毒品而非法销售或者以贩卖为目的而非法收买的行为。

有证据证明行为人以牟利为目的,为他人代购仅用于吸食、注射的毒品,对代购者以贩卖毒品罪立案追诉。不以牟利为目的,为他人代购仅用于吸食、注射的毒品,毒品数量达到本规定第二条规定的数量标准的,对托购者和代购者以非法持有毒品罪立案追诉。明知他人实施毒品犯罪而为其居间介绍、代购代卖的,无论是否牟利,都应以相关毒品犯罪的共犯立案追诉。

本条规定的"运输"是指明知是毒品而采用携带、寄递、托运、利用他人或者使用交通工具等方法非法运送毒品的行为。

本条规定的"制造"是指非法利用毒品原植物直接提炼或者用化学方法加工、配制毒品,或者以改变毒品成分和效用为目的,用混合等物理方法加工、配制毒品的行为。为了便于隐蔽运输、销售、使用、欺骗购买者,或者为了增重,对毒品掺杂使假,添加或者去除其他非毒品物质,不属于制造毒品的行为。

为了制造毒品而采用生产、加工、提炼等方法非法制造易制毒化学品的,以制造毒品罪(预备)立案追诉。购进制造毒品的设备和原材料,开始着手制造毒品,尚未制造出毒品或者半成品的,以制造毒品罪(未遂)立案追诉。明知他人制造毒品而为其生产、加工、提炼、提供醋酸酐、乙醚、三氯甲烷等制毒物品的,以制造毒品罪的共犯立案追诉。

走私、贩卖、运输毒品主观故意中的"明知",是指行为人知道或者应当知道所实施的是走私、贩卖、运输毒品行为。具有下列情形之一,结合行为人的供述和其他证据综合审查判断,可以认定其"应当知道",但有证据证明确属被蒙骗的除外:

(一)执法人员在口岸、机场、车站、港口、邮局和其他检查站点检查时,要求行为人申报携带、运输、寄递的物品和其他疑似毒品物,并告知其法律责任,而行为人未如实申报,在其携带、运输、寄递的物品中查获毒品的;

(二)以伪报、藏匿、伪装等蒙蔽手段逃避海关、边防等检查,在其携带、运输、寄递的物品中查获毒品的;

(三)执法人员检查时,有逃跑、丢弃携带物品或者逃避、抗拒检查等行为,在其携带、藏匿或者丢弃的物品中查获毒品的;

(四)体内或者贴身隐秘处藏匿毒品的;

(五)为获取不同寻常的高额或者不等值的报酬为他人携带、运输、寄递、收取物品，从中查获毒品的；

（六）采用高度隐蔽的方式携带、运输物品，从中查获毒品的；

（七）采用高度隐蔽的方式交接物品，明显违背合法物品惯常交接方式，从中查获毒品的；

（八）行程路线故意绕开检查站点，在其携带、运输的物品中查获毒品的；

（九）以虚假身份、地址或者其他虚假方式办理托运、寄递手续，在托运、寄递的物品中查获毒品的；

（十）有其他证据足以证明行为人应当知道的。

制造毒品主观故意中的“明知”，是指行为人知道或者应当知道所实施的是制造毒品行为。有下列情形之一，结合行为人的供述和其他证据综合审查判断，可以认定其“应当知道”，但有证据证明确属被蒙骗的除外：

（一）购置了专门用于制造毒品的设备、工具、制毒物品或者配制方案的；

（二）为获取不同寻常的高额或者不等值的报酬为他人制造物品，经检验是毒品的；

（三）在偏远、隐蔽场所制造，或者采取对制造设备进行伪装等方式制造物品，经检验是毒品的；

（四）制造人员在执法人员检查时，有逃跑、抗拒检查等行为，在现场查获制造出的物品，经检验是毒品的；

（五）有其他证据足以证明行为人应当知道的。

走私、贩卖、运输、制造毒品罪是选择性罪名，对同一宗毒品实施了两种以上犯罪行为，并有相应确凿证据的，应当按照所实施的犯罪行为的性质并列适用罪名，毒品数量不重复计算。对同一宗毒品可能实施了两种以上犯罪行为，但相应证据只能认定其中一种或者几种行为，认定其他行为的证据不够确实充分的，只按照依法能够认定的行为的性质适用罪名。对不同宗毒品分别实施了不同种犯罪行为的，应对不同行为并列适用罪名，累计计算毒品数量。

……

第十三条　本规定中的毒品是指鸦片、海洛因、甲基苯丙胺（冰毒）、吗啡、大麻、可卡因以及国家规定管制的其他能够使人形成瘾癖的麻醉药品和精神药品。具体品种以国家食品药品监督管理局、公安部、卫生部发布的《麻醉药品品种目录》、《精神药品品种目录》为依据。

本规定中的“制毒物品”是指刑法第三百五十条第一款规定的醋酸酐、乙醚、三氯甲烷或者其他用于制造毒品的原料或者配剂，具体品种范围按照国家关于易制毒化学品管理的规定确定。

第十四条　本规定中未明确立案追诉标准的毒品，有条件折算为海洛因的，参照有关麻醉药品和精神药品折算标准进行折算。

第十五条　本规定中的立案追诉标准，除法律、司法解释另有规定的以外，适用于相关的单位犯罪。

第十六条 本规定中的“以上”，包括本数。

第十七条 本规定自印发之日（★ 2012 年 5 月 16 日——编者说明）起施行。

【司法解释】2016 年 4 月 6 日最高法《**关于审理毒品犯罪案件适用法律若干问题的解释**》（法释〔2016〕8 号，自 2016 年 4 月 11 日起施行），为依法惩治毒品犯罪，根据《中华人民共和国刑法》的有关规定，现就审理此类刑事案件适用法律的若干问题解释如下：

第一条 走私、贩卖、运输、制造、非法持有下列毒品，应当认定为刑法第三百四十七条第二款第一项、第三百四十八条规定的“其他毒品数量大”：

（一）可卡因 50 克以上；

（二）3，4- 亚甲二氧基甲基苯丙胺（MDMA）等苯丙胺类毒品（甲基苯丙胺除外）、吗啡 100 克以上；

（三）芬太尼 125 克以上；

（四）甲卡西酮 200 克以上；

（五）二氢埃托啡 10 毫克以上；

（六）哌替啶（度冷丁）250 克以上；

（七）氯胺酮 500 克以上；

（八）美沙酮 1 千克以上；

（九）曲马多、γ－羟丁酸 2 千克以上；

（十）大麻油 5 千克、大麻脂 10 千克、大麻叶及大麻烟 150 千克以上；

（十一）可待因、丁丙诺啡 5 千克以上；

（十二）三唑仑、安眠酮 50 千克以上；

（十三）阿普唑仑、恰特草 100 千克以上；

（十四）咖啡因、罂粟壳 200 千克以上；

（十五）巴比妥、苯巴比妥、安钠咖、尼美西泮 250 千克以上；

（十六）氯氮卓、艾司唑仑、地西泮、溴西泮 500 千克以上；

（十七）上述毒品以外的其他毒品数量大的。

国家定点生产企业按照标准规格生产的麻醉药品或者精神药品被用于毒品犯罪的，根据药品中毒品成分的含量认定涉案毒品数量。

第二条 走私、贩卖、运输、制造、非法持有下列毒品，应当认定为刑法第三百四十七条第三款、第三百四十八条规定的“其他毒品数量较大”：

（一）可卡因 10 克以上不满 50 克；

（二）3，4- 亚甲二氧基甲基苯丙胺（MDMA）等苯丙胺类毒品（甲基苯丙胺除外）、吗啡 20 克以上不满 100 克；

（三）芬太尼 25 克以上不满 125 克；

（四）甲卡西酮 40 克以上不满 200 克；

（五）二氢埃托啡2毫克以上不满10毫克；

（六）哌替啶（度冷丁）50克以上不满250克；

（七）氯胺酮100克以上不满500克；

（八）美沙酮200克以上不满1千克；

（九）曲马多、γ－羟丁酸400克以上不满2千克；

（十）大麻油1千克以上不满5千克、大麻脂2千克以上不满10千克、大麻叶及大麻烟30千克以上不满150千克；

（十一）可待因、丁丙诺啡1千克以上不满5千克；

（十二）三唑仑、安眠酮10千克以上不满50千克；

（十三）阿普唑仑、恰特草20千克以上不满100千克；

（十四）咖啡因、罂粟壳40千克以上不满200千克；

（十五）巴比妥、苯巴比妥、安钠咖、尼美西泮50千克以上不满250千克；

（十六）氯氮卓、艾司唑仑、地西泮、溴西泮100千克以上不满500千克；

（十七）上述毒品以外的其他毒品数量较大的。

第三条　在实施走私、贩卖、运输、制造毒品犯罪的过程中，携带枪支、弹药或者爆炸物用于掩护的，应当认定为刑法第三百四十七条第二款第三项规定的“武装掩护走私、贩卖、运输、制造毒品”。枪支、弹药、爆炸物种类的认定，依照相关司法解释的规定执行。

在实施走私、贩卖、运输、制造毒品犯罪的过程中，以暴力抗拒检查、拘留、逮捕，造成执法人员死亡、重伤、多人轻伤或者具有其他严重情节的，应当认定为刑法第三百四十七条第二款第四项规定的“以暴力抗拒检查、拘留、逮捕，情节严重”。

第四条　走私、贩卖、运输、制造毒品，具有下列情形之一的，应当认定为刑法第三百四十七条第四款规定的“情节严重”：

（一）向多人贩卖毒品或者多次走私、贩卖、运输、制造毒品的；

（二）在戒毒场所、监管场所贩卖毒品的；

（三）向在校学生贩卖毒品的；

（四）组织、利用残疾人、严重疾病患者、怀孕或者正在哺乳自己婴儿的妇女走私、贩卖、运输、制造毒品的；

（五）国家工作人员走私、贩卖、运输、制造毒品的；

（六）其他情节严重的情形。

……

第十四条　利用信息网络，设立用于实施传授制造毒品、非法生产制毒物品的方法，贩卖毒品，非法买卖制毒物品或者组织他人吸食、注射毒品等违法犯罪活动的网站、通讯群组，或者发布实施前述违法犯罪活动的信息，情节严重的，应当依照刑法第二百八十七条之一的规定，以非法利用信息网络罪定罪处罚。

实施刑法第二百八十七条之一、第二百八十七条之二规定的行为，同时构成贩卖毒品罪、非法买卖制毒物品罪、传授犯罪方法罪等犯罪的，依照处罚较重的规定定罪处罚。

第十五条 本解释自2016年4月11日起施行。《最高人民法院关于审理毒品案件定罪量刑标准有关问题的解释》（法释〔2000〕13号）同时废止；之前发布的司法解释和规范性文件与本解释不一致的，以本解释为准。

【会议纪要】根据2023年6月26日最高法**《全国法院毒品案件审判工作会议纪要》**（法〔2023〕108号），最高人民法院于2023年2月16日在云南省昆明市召开了全国法院毒品案件审判工作会议。会议认为，最高人民法院2008年印发的《全国部分法院审理毒品犯罪案件工作座谈会纪要》和2015年印发的《全国法院毒品犯罪审判工作座谈会纪要》，较好地解决了毒品案件审判中存在的一些突出法律适用问题，在一定时期内发挥了重要指导作用。随着毒品犯罪形势不断发展变化，审判实践中出现了一些新情况新问题，需要及时应对、有效解决。与会代表对以上两个纪要的内容进行了系统总结，对以上两个纪要没有作出规定或者规定不尽完善的突出问题进行了认真讨论，达成了共识。现纪要如下。

一、总体要求（下略）

二、罪名认定问题

（一）关于走私、贩卖、运输、制造、非法持有毒品行为

刑法第三百四十七条规定的走私、贩卖、运输、制造毒品罪是选择性罪名，确定罪名时不以行为实施的先后、毒品数量或者危害大小排列，一律按照刑法条文规定的顺序表述。对同一宗毒品实施了不同种犯罪行为且有确凿证据证明的，应当按照犯罪行为的性质并列确定罪名，毒品数量不重复计算，不实行数罪并罚。对同一宗毒品可能实施了不同种犯罪行为，但根据证据只能认定其中一种或者几种行为，认定其他行为的证据不属确实、充分的，则按照依法能够认定的行为性质定罪。对不同宗毒品分别实施了不同种犯罪行为的，应对不同行为并列确定罪名，累计毒品数量，不实行数罪并罚。

检察机关起诉指控或者原审法院判决确定的选择性罪名不准确或顺序不当的，审理法院可以减少部分罪名或者改动罪名顺序；检察机关指控了相关犯罪事实，但未适用相应选择性罪名的，在充分听取控辩双方意见的基础上，可以根据审理认定的事实，增加或者变更为相应选择性罪名，但上诉案件不得加重刑罚或者对刑罚执行产生不利于被告人的影响。

对于从贩毒人员住所、车辆等处查获的毒品，一般应认定为其贩卖的毒品。确有证据证明查获的毒品并非贩毒人员用于贩卖，其行为另构成非法持有毒品罪、窝藏毒品罪等其他犯罪的，依法定罪处罚。

用毒品支付劳务报酬、偿还债务或者换取其他财产性利益的，以贩卖毒

品罪定罪处罚。用毒品向他人换取毒品用于贩卖的，以贩卖毒品罪定罪处罚；双方以吸食为目的互换毒品，构成非法持有毒品罪等其他犯罪的，依法定罪处罚。

吸毒者因购买、存储毒品被查获，没有证据证明其有实施贩卖毒品等其他犯罪的故意，毒品数量达到刑法第三百四十八条规定的最低数量标准的，以非法持有毒品罪定罪处罚。吸毒者因运输毒品被查获，没有证据证明其有实施贩卖毒品等其他犯罪的故意，毒品数量达到上述最低数量标准的，一般以运输毒品罪定罪处罚。

购毒者接收贩毒者通过物流寄递方式交付的毒品，没有证据证明其有实施贩卖毒品等其他犯罪的故意，毒品数量达到刑法第三百四十八条规定的最低数量标准的，一般以非法持有毒品罪定罪处罚。代收者明知物流寄递的是毒品而代购毒者接收，没有证据证明其与购毒者有实施贩卖毒品等其他犯罪的共同故意，毒品数量达到上述最低数量标准的，对代收者一般以非法持有毒品罪定罪处罚。

制造毒品，除传统、典型的非法利用毒品原植物直接提炼和用化学方法加工、配制毒品的行为以外，还包括以改变毒品的成分和效用为目的用物理方法加工、配制毒品的行为。为欺骗购毒者或者逃避查缉等，对毒品掺杂使假，通过物理方法使毒品溶解、混合、吸附于某种物质，或者以自用为目的对少量毒品添加其他物质、改变形态的，不认定为制造毒品。

（二）关于代购毒品行为

明知他人实施毒品犯罪而为其代购毒品，未从中牟利的，以相关毒品犯罪的共犯论处。

代购者加价或者变相加价从中牟利的，以贩卖毒品罪定罪处罚。代购者收取、私自截留部分购毒款、毒品，或者通过在交通、食宿等开销外收取“介绍费”“劳务费”等方式从中牟利的，属于变相加价。代购者从托购者事先联系的贩毒者处，为托购者购买仅用于吸食的毒品，并收取、私自截留少量毒品供自己吸食的，一般不以贩卖毒品罪论处。

没有证据证明代购者明知他人实施毒品犯罪而为其代购毒品，代购者亦未从中牟利，代购毒品数量达到刑法第三百四十八条规定的最低数量标准，代购者因购买、存储毒品被查获的，以非法持有毒品罪定罪处罚；因运输毒品被查获的，一般以运输毒品罪定罪处罚。

对于辩称系代购毒品者，应当全面审查其所辩称的托购者、贩毒者身份、购毒目的、毒品价格及其实际获利等情况，综合判断其行为是否属于代购，并依照前述规定处理。向购毒者收取毒资并提供毒品，但购毒者无明确的托购意思表示，又没有其他证据证明存在代购行为的，一般以贩卖毒品罪定罪处罚。

（三）关于涉麻醉药品、精神药品行为

走私、贩卖、运输、制造国家规定管制的、没有医疗等合法用途的麻醉药品、精神药品的，一般以走私、贩卖、运输、制造毒品罪定罪处罚。

确有证据证明出于治疗疾病等相关目的，违反药品管理法规，未取得药品相关批准证明文件，生产国家规定管制的麻醉药品、精神药品，进口在境外也未合法上市的国家规定管制的麻醉药品、精神药品，或者明知是上述未经批准生产、进口的国家规定管制的麻醉药品、精神药品而予以销售，构成妨害药品管理罪的，依法定罪处罚。

明知是走私、贩卖毒品的犯罪分子或者吸毒人员，而向其贩卖国家规定管制的、具有医疗等合法用途的麻醉药品、精神药品的，以贩卖毒品罪定罪处罚。依法从事生产、运输、管理、使用国家规定管制的麻醉药品、精神药品的人员，实施刑法第三百五十五条规定的行为的，区分不同情形，分别以非法提供麻醉药品、精神药品罪或者贩卖毒品罪定罪处罚。

确有证据证明出于治疗疾病等相关目的，违反有关药品管理的国家规定，未经许可经营国家规定管制的、具有医疗等合法用途的麻醉药品、精神药品的，不以毒品犯罪论处；情节严重，构成其他犯罪的，依法处理。实施带有自救、互助性质的上述行为，一般可不作为犯罪处理；确须追究刑事责任的，应依法充分体现从宽。

因治疗疾病需要，在自用、合理数量范围内携带、寄递国家规定管制的、具有医疗等合法用途的麻醉药品、精神药品进出境的，不构成犯罪。

明知他人利用麻醉药品、精神药品实施抢劫、强奸等犯罪仍向其贩卖，同时构成贩卖毒品罪和抢劫罪、强奸罪等犯罪的，依照处罚较重的规定定罪处罚。案件存在其他情形，符合数罪并罚条件的，依法定罪处罚。

（四）关于其他涉毒行为

利用信息网络，设立用于实施贩卖毒品，非法买卖制毒物品，引诱、教唆、欺骗他人吸毒或者传授制造毒品、非法生产制毒物品的方法等违法犯罪活动的网站、通讯群组，或者发布实施上述违法犯罪活动的信息，情节严重的，以非法利用信息网络罪定罪处罚。实施上述行为，同时构成贩卖毒品罪、非法买卖制毒物品罪、引诱、教唆、欺骗他人吸毒罪、传授犯罪方法罪等犯罪的，依照处罚较重的规定定罪处罚。利用信息网络，组织他人吸毒，构成引诱、教唆、欺骗他人吸毒罪等犯罪的，依法定罪处罚。

盗窃、抢夺或者抢劫毒品，构成盗窃罪、抢夺罪或者抢劫罪的，根据情节轻重依法量刑。盗窃、抢夺或者抢劫毒品后实施贩卖毒品等毒品犯罪的，依法数罪并罚。

不以提炼毒品或者非法买卖为目的，种植罂粟、大麻等毒品原植物，构成非法种植毒品原植物罪的，可以酌情从宽处罚；犯罪情节轻微不需要判处刑罚的，可以免予刑事处罚。

三、毒品数量、含量问题

走私、贩卖、运输、制造、非法持有刑法、司法解释明确规定了定罪量刑数量标准的毒品的，按照相关标准依法定罪量刑。对于刑法、司法解释未规定定罪量刑数量标准的毒品，参考已有折算标准，综合考虑其毒害性、滥用情况、受管制程度、纯度及犯罪形势、交易价格等因素，依法定罪量刑。涉案毒品既无定罪量刑数量标准，亦无折算标准的，应当委托有关专业机构确定涉案毒品的致瘾癖性、毒害性、纯度等，综合考虑其滥用情况、受管制程度及犯罪形势、交易价格等因素，依法定罪量刑。

走私、贩卖、运输、制造、非法持有两种以上毒品，刑法、司法解释明确规定了定罪量刑数量标准的，可以根据现有定罪量刑数量标准，将不同种类的毒品分别折算为海洛因的数量，以折算后累加的毒品总量作为定罪量刑的根据，但在裁判文书中，应当客观表述涉案毒品的种类和数量，不表述折算的毒品数量；刑法、司法解释未规定定罪量刑数量标准的，参照前述规定，综合考虑相关因素，依法定罪量刑。

根据现有证据能够认定被告人实施了毒品犯罪，但未查获毒品实物的，应当根据在案证据依法认定毒品数量。有确实、充分的证据证实毒品交易金额和单价的，可以据此认定毒品数量。制造毒品的，不应单纯根据制毒原料制成毒品率估算毒品数量。无法根据现有证据认定涉案毒品具体数量的，可以在事实部分客观表述毒品交易的金额、次数或者制毒原料的数量等，表明其实施毒品犯罪的情节、危害。对于未查获实物的甲基苯丙胺片剂（俗称“麻古”等，下同）、MDMA 片剂（俗称“摇头丸”）等混合型毒品，可以根据在案证据证明的毒品粒数，参考相关案件中查获的同类毒品的一般重量计算毒品数量；在裁判文书中，则只客观表述根据在案证据认定的毒品粒数。

对于有吸毒情节的贩毒人员，一般应当按照其购买的毒品数量认定其贩毒数量，量刑时酌情考虑其吸食毒品的情节；购买的毒品数量无法查明的，按照能够证明的贩卖数量及查获的毒品数量认定其贩毒数量；确有证据证明其购买的部分毒品并非用于贩卖的，不计入其贩毒数量。

除司法解释另有规定或者为了逃避查缉等临时改变毒品常规形态的情形外，一般均应将查证属实的毒品数量认定为毒品犯罪的数量，并据此确定适用的法定刑幅度。涉案毒品纯度明显低于同类毒品的正常纯度的，量刑时可酌情考虑。

毒品成品、半成品的数量应当全部认定为制造毒品的数量，废液、废料不计入制造毒品的数量。制毒废液、废料的认定，可以根据其残存毒品成分的含量、外观形态、存放的容器和位置，结合被告人对制毒过程、查获毒品疑似物性质的供述和辩解等证据进行分析判断，必要时可以听取专业机构意见。

对于查获的相关毒品，未根据《最高人民法院、最高人民检察院、公安部办理毒品犯罪案件毒品提取、扣押、称量、取样和送检程序若干问题的规定》第三十三条进行鉴定的，应当要求公安机关委托鉴定机构进行含量鉴定。

对于含有两种以上毒品成分的混合型毒品，应当根据相关成分和含量鉴定，确定其所含不同毒品的成分及比例，并根据主要毒品成分和具体形态认定毒品种类、确定名称。混合型毒品中含有海洛因或者甲基苯丙胺(冰毒，下同)成分的，一般以海洛因或者甲基苯丙胺分别认定毒品种类；不含海洛因、甲基苯丙胺成分，或者海洛因、甲基苯丙胺含量极低的，可以根据混合型毒品中其他定罪量刑数量标准较低且含量较高的毒品成分认定毒品种类，并在量刑时综合考虑其他毒品的成分、含量和全案毒品数量。

四、共同犯罪问题

(一)一般规定

对于毒品共同犯罪，根据现有证据能够区分主从犯的，应当依法认定，不能因为涉案毒品数量巨大，就不加区分一律将在案被告人认定为主犯，或者实际上都按主犯处罚。部分涉案人员未到案，根据现有证据能够认定系共同犯罪，或者能够认定在案被告人系共同犯罪中的主犯的，应当依法认定。确有证据证明在案被告人起次要或者辅助作用的，不能因为部分共同犯罪人未到案而不认定为从犯，甚至认定为主犯或者实际上按主犯处罚。

区分毒品共同犯罪中的主犯和从犯，应当从犯意提起、具体分工、出资或者占有毒品的比例、约定或者实际分得毒赃的多少及共犯之间的相互关系等方面，准确认定共同犯罪人的地位和作用。为主出资者、毒品所有者或者起意、策划、纠集、组织、指使、雇用他人参与犯罪等起主要作用的，是主犯；起次要或者辅助作用的，是从犯。受指使、雇用实施毒品犯罪的，应当根据其在共同犯罪中具体发挥的作用准确认定为主犯或者从犯。对于在共同犯罪中起次要或者辅助作用的被告人，不能因其具有累犯、毒品再犯等从重处罚情节，而认定为主犯或者实际上按主犯处罚。

应当准确认定共同犯罪人的涉案毒品数量，并非对所有共同犯罪人均按照涉案毒品的总数量认定处罚。对毒品犯罪集团的首要分子，应当按照集团毒品犯罪的总数量认定处罚。对一般共同犯罪的主犯，应当按照其所参与的或者组织、指挥的毒品犯罪的数量认定处罚。对从犯，应当按照其所参与的毒品犯罪的数量认定处罚。

毒品共同犯罪中有多个主犯的，应当在全面考察各主犯实际发挥作用的差别、具体犯罪情节、危害后果的差异及主观恶性、人身危险性不同的基础上，对其中罪行更为严重者依法判处更重的刑罚。

对于从犯的处罚，不同的毒品案件不能简单类比。本案从犯涉案毒品数量可能大于他案主犯，但对本案从犯的处罚并非必然重于他案主犯。依法认定为从犯的，无论主犯是否到案，也无论其涉案毒品数量是否大于他案主犯，均应依法从轻、减轻或者免除处罚。

(二)关于居间介绍买卖毒品

对于居间介绍买卖毒品行为，应当准确认定，并与居中倒卖毒品行为相区别。居间介绍者在毒品交易中处于中间人地位，发挥介绍联络作用，通常与交易一方构成共同犯罪，但不以牟利为要件。受购毒者或者贩毒者委托，为其提供交易信息、介绍交易对象、居中协调交易数量、价格，或者提供其他帮助，促成毒品交易的，属于居间介绍买卖毒品。居中倒卖者则属于毒品交易主体，与前后环节的交易对象是上下家关系，直接与上家、下家联系，自主决定交易毒品的数量、价格并赚取差价。

受贩毒者委托，为其居间介绍贩卖毒品的，与贩毒者构成贩卖毒品共同犯罪。明知购毒者以贩卖为目的购买毒品，受委托为其介绍联络贩毒者的，与购毒者构成贩卖毒品共同犯罪。受以吸食为目的的购毒者委托，为其提供购毒信息或者介绍认识贩毒者，毒品数量达到刑法第三百四十八条规定的最低数量标准的，一般与购毒者构成非法持有毒品共同犯罪；同时与贩毒者、购毒者共谋，联络促成双方交易的，与贩毒者构成贩卖毒品共同犯罪。

居间介绍者实施帮助行为，对促成毒品交易起次要或者辅助作用，一般应当认定为从犯。以居间介绍者的身份介入毒品交易，但在交易中实际已超出居间介绍者的地位，对交易的发起和达成起重要作用的，可以认定为主犯。

（三）关于运输毒品共同犯罪

二人以上同行运输毒品的，应当从是否明知他人带有毒品、有无共同运输毒品的犯意联络、有无实施配合、掩护他人运输毒品的行为等方面，综合审查认定是否构成共同犯罪。

受雇于同一雇主同行运输毒品，但受雇者之间没有共同犯罪故意，或者虽然明知他人受雇运输毒品，但各自的运输行为相对独立，既未实施配合、掩护他人运输毒品的行为，又分别按照各自运输的毒品数量获取报酬的，不认定为共同犯罪，受雇者对各自运输的毒品承担刑事责任。受雇于同一雇主分段运输同一宗毒品，但受雇者之间没有共谋的，也不认定为共同犯罪。雇用他人运输毒品的雇主，以及其他对受雇者起到一定组织、指挥作用的人员，与各受雇者分别构成运输毒品共同犯罪，对运输的全部毒品承担刑事责任。

五、死刑适用问题

要毫不动摇地坚持依法从严惩处毒品犯罪的方针，突出打击重点，依法严惩走私、制造和大宗贩卖毒品等源头性犯罪，依法严惩毒品犯罪集团首要分子、职业毒犯、累犯、毒品再犯等犯罪分子，依法严惩具有武装掩护毒品犯罪、以暴力抗拒查缉情节严重、参与有组织的国际贩毒活动等严重情节的犯罪分子，对其中罪行极其严重、依法应当判处死刑的，坚决依法判处，充分发挥死刑对于预防和惩治毒品犯罪的重要作用。同时，应当全面、准确地贯彻宽严相济刑事政策，体现区别对待，做到罚当其罪，综合考虑毒品数量、犯罪性质、情节、危害后果及被告人的主观恶性、人身危险性等因素，严格审慎地决定死刑适用，确保死刑只适用于极少数罪行极其严重的犯罪分子。

（一）一般规定

毒品数量是量刑的重要情节，但不是唯一情节。在对被告人决定死刑适用时，应当坚持“毒品数量＋其他情节”的标准，不能仅因涉案毒品数量远超过实际掌握的死刑适用数量标准，就不加区分地判处一案多名被告人死刑，还应充分考虑不同被告人的不同犯罪情节。

毒品数量接近实际掌握的死刑适用数量标准，具有累犯，毒品再犯，利用、教唆未成年人走私、贩卖、运输、制造毒品，或者向未成年人出售毒品等法定从重处罚情节的，可以判处被告人死刑。

毒品数量刚超过实际掌握的死刑适用数量标准，具有多次走私、贩卖、运输、制造毒品，向多人贩卖毒品，在戒毒、监管场所贩卖毒品，向在校学生贩卖毒品，组织、利用残疾人等特定人员实施毒品犯罪，或者国家工作人员利用职务便利实施毒品犯罪等情节的，可以判处被告人死刑。

毒品数量达到实际掌握的死刑适用数量标准，具有下列情形之一的，可以不判处被告人死刑：（1）被告人自首或者立功的；（2）已查明的毒品数量未达到实际掌握的死刑适用数量标准，被告人到案后坦白司法机关尚未掌握的其他毒品犯罪，累计数量达到实际掌握的死刑适用数量标准的；（3）经鉴定，毒品纯度明显低于同类毒品正常纯度，掺杂掺假后数量达到实际掌握的死刑适用数量标准，或者有证据表明毒品纯度明显偏低但因客观原因无法鉴定的；（4）原本意图实施的毒品犯罪数量未达到实际掌握的死刑适用数量标准，确系或者不排除因受隐匿身份人员引诱，毒品数量达到实际掌握的死刑适用数量标准的；（5）其他不是必须判处死刑的。

毒品数量达到实际掌握的死刑适用数量标准，同时具有法定、酌定从严和从宽处罚情节的，应当在全面考察犯罪的事实、性质、情节和对社会危害程度的基础上，结合被告人的主观恶性、人身危险性等因素，审慎决定是否适用死刑。

审理毒品死刑案件，应当严格贯彻证据裁判原则，始终坚持证据审查判断认定的最高标准和最严要求，确保办案质量。全案未查获毒品的，一般不判处被告人死刑。主要犯罪事实中未查获毒品的，判处被告人死刑应当特别慎重。

（二）关于毒品共同犯罪的死刑适用

毒品共同犯罪案件的死刑适用，应当与涉案毒品数量、犯罪情节、社会危害性及被告人的主观恶性、人身危险性相适应。

涉案毒品数量超过实际掌握的死刑适用数量标准，但未达到数量巨大，依法应当判处死刑的，要进一步区分主犯间的罪责大小，一般只对其中罪责最大的一名主犯判处死刑。涉案毒品数量达到巨大以上，两名以上主犯的罪责均很突出，或者罪责稍小的主犯具有法定从重处罚情节，判处二人以上死刑符合罪刑相适应原则，并利于实现全案量刑平衡的，可以依法判处。涉案毒品数量刚超过实际掌握的死刑适用数量标准，共同犯罪人地位和作用相当或者责任大小难以区分，且均不具有法定从重处罚情节的，可以不判处被告人死刑。

对于部分共同犯罪人未到案的毒品案件，在案被告人罪行最为严重，或者在案被告人与未到案共同犯罪人均属罪行极其严重，即使共同犯罪人到案也不影响对在案被告人适用死刑的，可以依法判处在案被告人死刑。在案被告人的罪行不足以判处死刑，或者根据已查明的事实全案只宜判处未到案共同犯罪人死刑的，不能因为共同犯罪人未到案而对在案被告人适用死刑。在案被告人与未到案共同犯罪人的罪责大小难以准确认定，进而影响准确适用死刑的，不应对在案被告人判处死刑。

（三）关于毒品上下家犯罪的死刑适用

对于贩卖毒品的上下家，应当结合其贩毒数量、次数及对象范围，犯罪的主动性，对促成交易所发挥的作用，犯罪后果等因素，综合考虑其主观恶性和人身危险性，决定是否适用死刑。

对于买卖同宗毒品的上下家，涉案毒品数量超过实际掌握的死刑适用数量标准，但未达到数量巨大的，一般不同时判处死刑；上家持毒待售或者已掌握毒品来源，主动联络销售毒品，积极促成毒品交易的，可以考虑判处上家死刑；下家积极筹资，主动向上家约购毒品，对促成毒品交易起更大作用的，可以考虑判处下家死刑。涉案毒品数量达到巨大以上的，也应综合考量上述因素决定死刑适用，同时判处上下家死刑符合罪刑相适应原则，并利于实现全案量刑平衡的，可以依法判处。

多名共同犯罪人、上下家针对同宗或者部分同宗毒品实施犯罪的，综合运用前述毒品共同犯罪、上下家犯罪的死刑适用原则予以处理。

（四）关于运输毒品犯罪的死刑适用

对于运输毒品犯罪，应当准确把握打击重点。依法严惩运输毒品犯罪集团首要分子，组织、指使、雇用他人运输毒品的主犯或者职业毒犯、毒品再犯，以及具有武装掩护运输毒品、以暴力抗拒查缉情节严重、以运输毒品为业、多次运输毒品等严重情节的被告人，对其中依法应当判处死刑的，坚决依法判处。

对于涉嫌为实施走私、贩卖、制造毒品犯罪而运输毒品，由于认定走私、贩卖、制造毒品犯罪的证据不充分而认定为运输毒品犯罪的被告人，在决定死刑适用时，应当与单纯受指使、雇用为他人运输毒品的情形有所区别。

对于受人指使、雇用运输毒品的被告人，应当充分考虑其在毒品犯罪链条中所处的地位和实际发挥的作用，体现区别对待，不能单纯根据涉案毒品数量大小或者所获报酬多少决定死刑适用。要综合考虑其运输毒品的次数和距离、犯罪的主动性和独立性、在共同犯罪中的地位和作用、社会危害大小、获利方式、主观恶性、人身危险性，结合毒品数量等因素，慎重适用死刑。对于确属受人指使、雇用运输毒品的被告人，具有不排除系初次运输毒品；被雇用者严密指挥或同行人员监视，从属性、辅助性明显；与雇用者同行运输毒品，处于被支配地位；或者确因急迫生活困难而运输毒品等情形之一的，即使毒品数量超过实际掌握的死刑适用数量标准，也可以不判处死刑。对于不能排除受人指使、雇用运输毒品的被告人，符合上述条件的，也可以考虑不判处死刑。

多人受雇同行或者分段运输毒品的，在决定死刑适用时，除各被告人运输毒品的数量外，还应当综合考虑其具体犯罪情节、参与犯罪程度、与雇用者的关系及其主观恶性、人身危险性等因素，同时判处二人死刑应当特别慎重。

（五）关于制造毒品犯罪的死刑适用

制造毒品是源头性犯罪，应当充分体现从严惩处的政策要求。已经制出粗制毒品或者半成品的，以制造毒品罪的既遂论处。应当综合考虑被告人制造毒品的种类、次数、规模，有无制出毒品成品，被查获时所处的制毒阶段，制出的毒品成品、半成品或者粗制毒品的数量、性状、含量及造成的危害后果等因素，决定死刑适用。

已制出的毒品成品数量达到实际掌握的死刑适用数量标准，又无法定、酌定从宽处罚情节的，可以判处被告人死刑。没有证据证明被告人曾制出毒品成品，仅查获毒品半成品，或者现有证据表明由于制毒原料、方法等问题实际无法制出毒品成品的，不得判处被告人死刑。已制出的毒品成品数量未达到实际掌握的死刑适用数量标准，或者仅制出粗制毒品的，判处被告人死刑应当慎重。

（六）关于非传统毒品犯罪的死刑适用

甲基苯丙胺片剂中的甲基苯丙胺含量相对较低，危害性亦有所不同，其死刑适用数量标准可以按照甲基苯丙胺的 2 倍左右掌握。

综合考虑致瘾癖性、毒害性、滥用范围和犯罪形势等因素，氯胺酮（俗称“K 粉”，下同）的死刑适用数量标准可以按照海洛因的 10 倍以上掌握。走私、贩卖、制造氯胺酮，数量超过上述标准，且犯罪情节严重、社会危害大，或者具有法定从重处罚情节的，可以判处死刑。

涉案毒品为刑法、司法解释未规定定罪量刑数量标准的新类型毒品的，一般不判处被告人死刑。对于刑法、司法解释规定了定罪量刑数量标准的新类型毒品，实施走私、制造或者大宗贩卖等源头性犯罪，毒品数量远超过实际掌握的死刑适用数量标准，被告人系犯罪集团首要分子、其他罪责更为突出的主犯，或者具有法定从重处罚情节，不判处死刑难以体现罚当其罪的，可以判处死刑。

（七）关于死缓限制减刑的适用

对于实施毒品犯罪论罪应当判处死刑，因案件的具体情况而被判处死缓的累犯，具有武装掩护毒品犯罪，以暴力抗拒查缉情节严重，或者曾因暴力犯罪被判处 10 年有期徒刑以上刑罚等情形之一的，为实现罚当其罪、确保量刑平衡，可以决定限制减刑。

六、主观明知认定问题

被告人到案后否认明知是毒品的，应当综合运用在案证据加以证明，必要时可要求检察机关补充提供相关证据。综合被告人供述，相关证人证言，从涉毒场所、物品上提取的痕迹、生物检材，从被告人体内或者贴身隐秘处查获的毒品，从被告人体表、随身物品上提取的毒品残留物，以及调取的物流寄递单据、资金交易记录、通信记录、行程轨迹信息等证据，足以证明被告人明知是毒品的，可以依法认定。

被告人到案后否认明知是毒品，又缺乏其他证据证明其明知的，可以根据其实施毒品犯罪的方式、过程及毒品被查获时的情形，结合其年龄、文化程度、生活状况、职业背景、是否有毒品违法犯罪经历及与共同犯罪人之间的关系等情况，综合分析判断。运用此方法认定明知的，应当认真审查被告人的辩解是否有事实依据、对异常行为的解释是否合理、是否存在被蒙骗的可能等，防止认定错误，在决定对被告人是否适用死刑时更要特别慎重。

具有下列情形之一，被告人不能作出合理解释的，可以认定其明知走私、贩卖、运输、非法持有的是毒品，但有证据证明其确实不知情或者确系被蒙骗的除外：(1)执法人员在口岸、机场、车站、港口、邮局、快递站点等场所检查时，要求申报为他人运输、携带、寄递的物品和其他毒品疑似物，并告知法律责任，但被告人未如实申报，在其运输、携带、寄递的物品中查获毒品的；(2)以伪报、藏匿、伪装等蒙蔽手段逃避海关、边防等检查，或者行程路线故意绕开检查站点，在其运输、携带、寄递的物品中查获毒品的；(3)在执法人员检查时有逃跑、藏匿、丢弃、试图销毁其携带的物品、弃车逃离或者其他逃避、抗拒检查行为，在其携带的物品或者遗弃的车辆中查获毒品的；(4)采用高度隐蔽方式运输、携带、交接物品，明显违背合法物品的惯常运输、携带、交接方式，从中查获毒品的；(5)以虚假的身份、地址或者物品名称办理托运、寄递手续，从托运、寄递的物品中查获毒品的；(6)采用隐匿真实身份、支付不等值报酬等不合理方式，指使、雇用他人运输、携带、寄递物品或者代为接收物流寄递的物品，从中查获毒品的；(7)为获取不同寻常的高额、不等值报酬，为他人运输、携带、寄递物品或者接收物流寄递的物品，从中查获毒品的；(8)其他可以认定被告人明知的情形。

七、隐匿身份人员实施侦查案件的处理问题

对于有证据证明被告人正在准备或者已经着手实施毒品犯罪，隐匿身份人员采取贴靠、接洽手段破获案件，不存在犯罪引诱的，应当依法处理。

隐匿身份人员在侦查活动中违反刑事诉讼法等相关规定，诱使本无犯意的人实施毒品犯罪的，属于“犯意引诱”。隐匿身份人员向被引诱人提供毒品或者毒资、购毒渠道的，其所提供的毒品、毒资、被引诱人从其提供的渠道购买的毒品及其证实被引诱人实施毒品犯罪的证据材料，不得作为认定被引诱人实施毒品犯罪的证据。排除上述证据后，在案证据达不到认定被引诱人有罪的证明标准的，应当依法作出证据不足、指控的犯罪不能成立的无罪判决。

隐匿身份人员诱使他人超出其原本意图实施的毒品犯罪数量，实施了更大数量的毒品犯罪的，属于“数量引诱”。对于因受“数量引诱”实施毒品犯罪的被告人，一般应当从轻处罚。特别是对于因受“数量引诱”而实施了对应更高量刑幅度或刑种的毒品犯罪的被告人，量刑时更应充分体现从宽。

被引诱人又诱使本无犯意的其他人实施毒品犯罪，或者诱使其他人超出原本意图实施了更大数量的毒品犯罪的，属于“间接引诱”。对于受“间接引诱”实施毒品犯罪的被告人，参照前述关于“犯意引诱”或者“数量引诱”的规定处理。

存在或者不排除存在其他不规范使用隐匿身份人员实施侦查的情形，影响定罪量刑的，应当作出有利于被告人的处理。

★ 2023 年 6 月 26 日最高法《全国法院毒品案件审判工作会议纪要》对最高法 2008 年印发的《全国部分法院审理毒品犯罪案件工作座谈会纪要》和 2015 年印发的《全国法院毒品犯罪审判工作座谈会纪要》进行了系统整合和修改完善。2023 年 6 月 26 日最高法《全国法院毒品案件审判工作会议纪要》正式印发后，以上两个会议纪要不再适用——编者说明。

【司法解释】2006 年 6 月 19 日最高法刑一庭**《关于审理若干新型毒品案件定罪量刑的指导意见》**，为坚决打击和有效遏制这类毒品犯罪的发展蔓延势头，统一司法标准，现作如下规定：

一、新类型毒品的定罪量刑数量标准暂按以下比例与海洛因进行折算：

1 克海洛因 =20 克氯胺酮（化学名：2-（2- 氯苯）2- 甲氨基环已酮，俗称：K 粉）；

1 克海洛因 =20 克美沙酮；

1 克海洛因 =10 克替甲基苯丙胺（MDMA）（化学名：N，a-3，4 亚甲基二氧甲基苯丙胺，俗称：摇头丸，迷魂药）；

1 克海洛因 =10 克替苯丙胺（MDA）（化学名：a-3，4 亚甲基二氧苯丙胺，俗称：摇头丸，迷魂药）；

1 克海洛因 =1000 克三唑仑（化学名：8- 氯 -6-（邻 - 氯苯基）-1- 甲基 -4H-s- 三氮唑（4，3-）1，4 苯丙二氮杂卓，俗称：蓝精灵，海乐神）；

1 克海洛因 =1500 克安眠酮（又称甲喹酮）；

1 克海洛因 =10000 克氯氮卓（化学名：7- 氯 -2- 甲氨基 -5- 苯基 -3H1，4- 苯丙二氮杂卓 -4- 氧化物，俗称：利眠宁，绿豆仔）；

1 克海洛因 =10000 克地西泮（化学名：俗称：安定）；

1 克海洛因 =10000 克艾西唑仑（化学名：俗称：舒乐安定）；

1 克海洛因 =10000 克溴西泮（化学名：俗称：宁神定）。

二、对新型毒品要做含量鉴定，确定单一型毒品还是混合型毒品；如果是混合型毒品，要鉴定主要毒品成份及比例。对不符合要求的鉴定结论，应作重新鉴定或补充鉴定，否则不能作为定罪量刑的证据使用。因某种原因不能作出重新鉴定或补充鉴定的，应按有利于被告人的原则进行处理，判处重刑及死刑的应特别慎重。

三、对新型混合毒品的量刑应以其主要毒品成分为依据。将危害较大的主要几类毒品成分按其比例折算成海洛因后再确定数量量刑。

四、新型毒品案件适用死刑的主要对象是从事制造、走私等源头犯罪行为的首要分子和其他主犯，对仅从事了运输、贩卖等中间环节行为的犯罪分子，原则上可不适用死刑，尤其是立即执行。

五、上述规定仅供法院系统内部掌握，执行中遇到问题请及时层报我院刑一庭。

2007 年 12 月 18 日最高法、最高检、公安部**《办理毒品犯罪案件适用法律若干问题的意见》**（公通字〔2007〕84 号），就办理毒品案件中遇到的一些突出法律适用问题，意见如下：

一、关于毒品犯罪案件的管辖问题（下略）

二、关于毒品犯罪嫌疑人、被告人主观明知的认定问题

走私、贩卖、运输、非法持有毒品主观故意中的“明知”，是指行为人知道或者应当知道所实施的行为是走私、贩卖、运输、非法持有毒品行为。具有下列情形之一，并且犯罪嫌疑人、被告人不能做出合理解释的，可以认定其“应当知道”，但有证据证明确属被蒙骗的除外：

（一）执法人员在口岸、机场、车站、港口和其他检查站检查时，要求行为人申报为他人携带的物品和其他疑似毒品物，并告知其法律责任，而行为人未如实申报，在其所携带的物品内查获毒品的；

（二）以伪报、藏匿、伪装等蒙蔽手段逃避海关、边防等检查，在其携带、运输、邮寄的物品中查获毒品的；

（三）执法人员检查时，有逃跑、丢弃携带物品或逃避、抗拒检查等行为，在其携带或丢弃的物品中查获毒品的；

（四）体内藏匿毒品的；

（五）为获取不同寻常的高额或不等值的报酬而携带、运输毒品的；

（六）采用高度隐蔽的方式携带、运输毒品的；

（七）采用高度隐蔽的方式交接毒品，明显违背合法物品惯常交接方式的；

（八）其他有证据足以证明行为人应当知道的。

三、关于办理氯胺酮等毒品案件定罪量刑标准问题

（一）走私、贩卖、运输、制造、非法持有下列毒品，应当认定为刑法第三百四十七条第二款第（一）项、第三百四十八条规定的“其他毒品数量大”：

1. 二亚甲基双氧安非他明（MDMA）等苯丙胺类毒品（甲基苯丙胺除外）100克以上；

2. 氯胺酮、美沙酮1千克以上（★根据2016年4月6日最高法《关于审理毒品犯罪案件适用法律若干问题的解释》第一条，走私、贩卖、运输、制造、非法持有氯胺酮500克以上，应当认定为刑法第三百四十七条第二款第（一）项、第三百四十八条规定的“其他毒品数量大”——编者说明）；

3. 三唑仑、安眠酮50千克以上；

4. 氯氮卓、艾司唑仑、地西泮、溴西泮500千克以上；

5. 上述毒品以外的其他毒品数量大的。

（二）走私、贩卖、运输、制造、非法持有下列毒品，应当认定为刑法第三百四十七条第三款、第三百四十八条规定的“其他毒品数量较大”：

1. 二亚甲基双氧安非他明（MDMA）等苯丙胺类毒品（甲基苯丙胺除外）20克以上不满100克的；

2. 氯胺酮、美沙酮200克以上不满1千克的（★根据2016年4月6日最高法《关于审理毒品犯罪案件适用法律若干问题的解释》第二条，走私、贩卖、运输、制造、非法持有氯胺酮100克以上不满500克，应当认定为刑法第三百四十七条第三款、第三百四十八条规定的“其他毒品数量较大”——编者说明）；

3. 三唑仑、安眠酮10千克以上不满50千克的；

4. 氯氮卓、艾司唑仑、地西泮、溴西泮100千克以上不满500千克的；

5. 上述毒品以外的其他毒品数量较大的。

（三）走私、贩卖、运输、制造下列毒品，应当认定为刑法第三百四十七条第四款规定的“其他少量毒品”：

1. 二亚甲基双氧安非他明（MDMA）等苯丙胺类毒品（甲基苯丙胺除外）不满20克的；

2. 氯胺酮、美沙酮不满200克的（★根据2016年4月6日最高法《关于审理毒品犯罪案件适用法律若干问题的解释》第二条的规定可推导出，走私、贩卖、运输、制造氯胺酮不满100克，应当认定为刑法第三百四十七条第四款规定的“其他少量毒品”——编者说明）；

3. 三唑仑、安眠酮不满10千克的；

4. 氯氮卓、艾司唑仑、地西泮、溴西泮不满100千克的；

5. 上述毒品以外的其他少量毒品的。

（四）上述毒品品种包括其盐和制剂。毒品鉴定结论中毒品品名的认定应当以国家食品药品监督管理局、公安部、卫生部最新发布的《麻醉药品品种目录》、《精神药品品种目录》为依据。

四、关于死刑案件的毒品含量鉴定问题

可能判处死刑的毒品犯罪案件，毒品鉴定结论中应有含量鉴定的结论。

2012 年 6 月 18 日最高法、最高检、公安部**《关于办理走私、非法买卖麻黄碱类复方制剂等刑事案件适用法律若干问题的意见》**(法发〔2012〕12 号),就办理走私、非法买卖麻黄碱类复方制剂等刑事案件适用法律的若干问题,提出以下意见:

一、关于走私、非法买卖麻黄碱类复方制剂等行为的定性

以加工、提炼制毒物品制造毒品为目的,购买麻黄碱类复方制剂,或者运输、携带、寄递麻黄碱类复方制剂进出境的,依照刑法第三百四十七条的规定,以制造毒品罪定罪处罚。

以加工、提炼制毒物品为目的,购买麻黄碱类复方制剂,或者运输、携带、寄递麻黄碱类复方制剂进出境的,依照刑法第三百五十条第一款、第三款的规定,分别以非法买卖制毒物品罪、走私制毒物品罪定罪处罚。

将麻黄碱类复方制剂拆除包装、改变形态后进行走私或者非法买卖,或者明知是已拆除包装、改变形态的麻黄碱类复方制剂而进行走私或者非法买卖的,依照刑法第三百五十条第一款、第三款的规定,分别以走私制毒物品罪、非法买卖制毒物品罪定罪处罚。

非法买卖麻黄碱类复方制剂或者运输、携带、寄递麻黄碱类复方制剂进出境,没有证据证明系用于制造毒品或者走私、非法买卖制毒物品,或者未达到走私制毒物品罪、非法买卖制毒物品罪的定罪数量标准,构成非法经营罪、走私普通货物、物品罪等其他犯罪的,依法定罪处罚。

实施第一款、第二款规定的行为,同时构成其他犯罪的,依照处罚较重的规定定罪处罚。

二、关于利用麻黄碱类复方制剂加工、提炼制毒物品行为的定性

以制造毒品为目的,利用麻黄碱类复方制剂加工、提炼制毒物品的,依照刑法第三百四十七条的规定,以制造毒品罪定罪处罚。

三、关于共同犯罪的认定

明知他人利用麻黄碱类制毒物品制造毒品,向其提供麻黄碱类复方制剂,为其利用麻黄碱类复方制剂加工、提炼制毒物品,或者为其获取、利用麻黄碱类复方制剂提供其他帮助的,以制造毒品罪的共犯论处。

四、关于犯罪预备、未遂的认定

实施本意见规定的行为,符合犯罪预备或者未遂情形的,依照法律规定处罚。

五、关于犯罪嫌疑人、被告人主观目的与明知的认定

对于本意见规定的犯罪嫌疑人、被告人的主观目的与明知,应当根据物证、书证、证人证言以及犯罪嫌疑人、被告人供述和辩解等在案证据,结合犯罪嫌疑人、被告人的行为表现,重点考虑以下因素综合予以认定:

1. 购买、销售麻黄碱类复方制剂的价格是否明显高于市场交易价格;

2. 是否采用虚假信息、隐蔽手段运输、寄递、存储麻黄碱类复方制剂;

3. 是否采用伪报、伪装、藏匿或者绕行进出境等手段逃避海关、边防等检查；

4. 提供相关帮助行为获得的报酬是否合理；

5. 此前是否实施过同类违法犯罪行为；

6. 其他相关因素。

六、关于制毒物品数量的认定

实施本意见规定的行为，以制造毒品罪定罪处罚的，应当将涉案麻黄碱类复方制剂所含的麻黄碱类物质可以制成的毒品数量作为量刑情节考虑。

多次实施本意见规定的行为未经处理的，涉案制毒物品的数量累计计算。

七、关于定罪量刑的数量标准

实施本意见规定的行为，以制造毒品罪定罪处罚的，无论涉案麻黄碱类复方制剂所含的麻黄碱类物质数量多少，都应当追究刑事责任。

八、关于麻黄碱类复方制剂的范围

本意见所称麻黄碱类复方制剂是指含有《易制毒化学品管理条例》(国务院令第445号)品种目录所列的麻黄碱(麻黄素)、伪麻黄碱(伪麻黄素)、消旋麻黄碱(消旋麻黄素)、去甲麻黄碱(去甲麻黄素)、甲基麻黄碱(甲基麻黄素)及其盐类，或者麻黄浸膏、麻黄浸膏粉等麻黄碱类物质的药品复方制剂。

2013年5月21日最高法、最高检、公安部、农业部、食品药品监管总局**《关于进一步加强麻黄草管理严厉打击非法买卖麻黄草等违法犯罪活动的通知》**(公通字〔2013〕16号)，为进一步加强麻黄草管理，严厉打击非法买卖麻黄草等违法犯罪活动，根据《中华人民共和国刑法》、《国务院关于禁止采集和销售发菜制止滥挖甘草和麻黄草有关问题的通知》(国发〔2000〕13号)等相关规定，现就有关要求通知如下：

一、严格落实麻黄草采集、收购许可证制度(下略)

二、切实加强对麻黄草采挖、买卖和运输的监督检查(下略)

三、依法查处非法采挖、买卖麻黄草等犯罪行为

各地人民法院、人民检察院、公安机关要依法查处非法采挖、买卖麻黄草等犯罪行为，区别情形予以处罚：

(一)以制造毒品为目的，采挖、收购麻黄草的，依照刑法第三百四十七条的规定，以制造毒品罪定罪处罚。

(二)以提取麻黄碱类制毒物品后进行走私或者非法贩卖为目的，采挖、收购麻黄草，涉案麻黄草所含的麻黄碱类制毒物品达到相应定罪数量标准的，依照刑法第三百五十条第一款、第三款的规定，分别以走私制毒物品罪、非法买卖制毒物品罪定罪处罚。

(三)明知他人制造毒品或者走私、非法买卖制毒物品，向其提供麻黄草或者提供运输、储存麻黄草等帮助的，分别以制造毒品罪、走私制毒物品罪、非

法买卖制毒物品罪的共犯论处。

（四）违反国家规定采挖、销售、收购麻黄草，没有证据证明以制造毒品或者走私、非法买卖制毒物品为目的，依照刑法第二百二十五条的规定构成犯罪的，以非法经营罪定罪处罚。

（五）实施以上行为，以制造毒品罪、走私制毒物品罪、非法买卖制毒物品罪定罪处罚的，涉案制毒物品的数量按照300千克麻黄草折合1千克麻黄碱计算；以制造毒品罪定罪处罚的，无论涉案麻黄草数量多少，均应追究刑事责任。

根据2002年6月28日公安部**《关于认定海洛因有关问题的批复》**（公禁毒〔2002〕236号），关于海洛因认定问题，现批复如下：

一、海洛因是以“二乙酰吗啡”或“盐酸二乙酰吗啡”为主要成分的化学合成的精制鸦片类毒品，“单乙酰吗啡”和“单乙酰可待因”是只有在化学合成海洛因过程中才会衍生的化学物质，属于同一种类的精制鸦片类毒品。海洛因在运输、贮存过程中，因湿度、光照等因素的影响，会出现“二乙酰吗啡”自然降解为“单乙酰吗啡”的现象，即“二乙酰吗啡”含量呈下降趋势，“单乙酰吗啡”含量呈上升趋势，甚至出现只检出“单乙酰吗啡”成分而未检出“二乙酰吗啡”成分的检验结果。因此，不论是否检出“二乙酰吗啡”成分，只要检出“单乙酰吗啡”或“单乙酰吗啡和单乙酰可待因”的，根据化验部门出具的检验报告，均应当认定送检样品为海洛因。

二、根据海洛因的毒理作用，海洛因进入吸毒者的体内代谢后，很快由“二乙酰吗啡”转化为“单乙酰吗啡”，然后再代谢为吗啡。在海洛因滥用者或中毒者的尿液或其他检材检验中，只能检出少量“单乙酰吗啡”及吗啡成分，无法检出“二乙酰吗啡”成分。因此，在尿液及其他检材中，只要检验出“单乙酰吗啡”，即证明涉嫌人员服用了海洛因。

根据2002年11月5日公安部禁毒局**《关于非法制造贩卖安钠咖立案问题的答复》**（公禁毒〔2002〕434号），安钠咖属于《刑法》规定的毒品。根据《刑法》第三百四十七条第一款的规定，贩卖、制造毒品，无论数量多少，都应当追究刑事责任，予以刑事处罚。因此，对于非法制造、贩卖安钠咖的，不论查获的数量多少，公安机关都应当按照非法制造、贩卖毒品罪立案侦查。

……饭店经营者直接向顾客（主要是过往就餐的汽车司机）推销毒品，犯罪情节恶劣，严重危害社会治安，不仅可以致使顾客吸毒成瘾，而就餐的司机吸食安钠咖后驾驶汽车，其吸毒后产生的不良反应将给交通安全带来很大隐患，随时可能导致严重后果，危及人民生命财产。因此，公安机关应当依法严厉打击此类毒品犯罪活动。

根据2009年3月19日公安部**《关于在成品药中非法添加阿普唑仑和曲**

马多进行销售能否认定为制造贩卖毒品有关问题的批复》(公复字〔2009〕1号),阿普唑仑和曲马多为国家管制的二类精神药品。根据《中华人民共和国刑法》第三百五十五条的规定,如果行为人具有生产、管理、使用阿普唑仑和曲马多的资质,却将其掺加在其他药品中,违反国家规定向吸食、注射毒品的人提供的,构成非法提供精神药品罪;向走私、贩卖毒品的犯罪分子或以牟利为目的向吸食、注射毒品的人提供的,构成走私、贩卖毒品罪。根据《中华人民共和国刑法》第三百四十七条的规定,如果行为人没有生产、管理、使用阿普唑仑和曲马多的资质,而将其掺加在其他药品中予以贩卖,构成贩卖、制造毒品罪。

在办案中应当注意区别为治疗、戒毒依法合理使用的行为与上述犯罪行为的界限。只有违反国家规定,明知是走私、贩卖毒品的人员而向其提供阿普唑仑和曲马多,或者明知是吸毒人员而向其贩卖或超出规定的次数、数量向其提供阿普唑仑和曲马多的,才可以认定为犯罪。

根据2009年8月17日最高法研究室《**关于被告人对不同种毒品实施同一犯罪行为是否按比例折算成一种毒品予以累加后量刑的答复**》(法研〔2009〕146号),根据《全国部分法院审理毒品犯罪案件工作座谈会纪要》(★该座谈会纪要已被2023年6月26日最高法《全国法院毒品案件审判工作会议纪要》取代——编者说明)的规定,对被告人一人走私、贩卖、运输、制造两种以上毒品的,不实行数罪并罚,量刑时可综合考虑毒品的种类、数量及危害,依法处理。故同意你院处理意见(★即应将案件涉及的不同种毒品按一定比例折算后予以累加进行量刑——编者说明)。

根据2010年9月27日最高法研究室《**关于贩卖、运输经过取汁的罂粟壳废渣是否构成贩卖、运输毒品罪的答复**》(法研〔2010〕168号),根据你院(★指四川省高级人民法院——编者说明)提供的情况,对本案被告人不宜以贩卖、运输毒品罪论处。主要考虑:(1)被告人贩卖、运输的是经过取汁的罂粟壳废渣,吗啡含量只有0.01%,含量极低,从技术和成本看,基本不可能用于提取吗啡;(2)国家对经过取汁的罂粟壳并无明文规定予以管制,实践中有关药厂也未按照管制药品对其进行相应处理;(3)无证据证明被告人购买、加工经过取汁的罂粟壳废渣是为了将其当作毒品出售,具有贩卖、运输毒品的故意。如果查明行为人有将罂粟壳废渣作为制售毒品原料予以利用的故意,可建议由公安机关予以治安处罚。

根据2012年6月26日公安部禁毒局《**关于非法滥用、买卖复方曲马多片处理意见的通知**》(公禁毒传发〔2012〕188号),目前尚不能将复方曲马多片(★复方曲马多与曲马多存在一定差异——编者说明)按精神药品管理,也不宜将非法买卖复方曲马多片按照贩卖毒品罪或者非法提供麻醉药品、精神药品罪立案追诉。

根据2015年4月14日中央宣传部、中央网信办、最高法、最高检、公安部、工业和信息化部、国家工商行政管理总局、国家邮政局、国家禁毒委办公室**《关于加强互联网禁毒工作的意见》**(禁毒办通〔2015〕32号)，对于利用互联网贩卖毒品，或者在境内非法买卖用于制造毒品的原料、配剂构成犯罪的，分别以贩卖毒品罪、非法买卖制毒物品罪定罪处罚；对于利用互联网发布、传播制造毒品等犯罪的方法、技术、工艺的，以传授犯罪方法罪定罪处罚，被传授者是否接受或者是否以此方法实施了制造毒品等犯罪不影响对本罪的认定；对于开设网站、利用网络通讯群组等形式组织他人共同吸毒，构成引诱、教唆、欺骗他人吸毒罪等犯罪的，依法定罪处罚。

【指导案例】根据2022年6月21日最高检**第三十七批指导性案例 · 检例第150号 · 王某贩卖、制造毒品案**，行为人利用未列入国家管制的化学品为原料，生产、销售含有国家管制的麻醉药品、精神药品成分的食品，明知该成分毒品属性的，应当认定为贩卖、制造毒品罪。检察机关办理新型毒品犯罪案件，应当审查毒品含量，依法准确适用刑罚。对于毒品犯罪所得的财物及其孳息、收益和供犯罪所用的本人财物，应当依法予以追缴、没收。

★该指导案例在“指导意义”部分指出：对于生产、销售含有国家管制的麻醉药品、精神药品成分的食品的行为，应当区分不同情形依法惩处。行为人利用未被国家管制的化学品为原料，生产、销售含有国家管制的麻醉药品、精神药品成分的食品，明知该成分毒品属性的，应当认定为贩卖、制造毒品罪。行为人对化学品可生成毒品的特性或者相关成分毒品属性不明知，如果化学品系食品原料，超限量、超范围添加足以造成严重食物中毒事故或者其他严重食源性疾病的，依法构成生产、销售不符合安全标准的食品罪；如果化学品系有毒、有害非食品原料，依法构成生产、销售有毒、有害食品罪。行为人犯贩卖、制造毒品罪，同时构成生产、销售不符合安全标准的食品罪或者生产、销售有毒、有害食品罪的，应当按照处罚较重的罪名追究刑事责任。行为人对于相关毒品成分主观上是否明知，不能仅凭其口供，还应当根据其对相关物质属性认识、从业经历、生产制作工艺、产品标签标注、销售场所及价格等情况综合认定。

办理新型毒品犯罪案件，应当审查涉案毒品含量。根据刑法第三百五十七条的规定，毒品数量以查证属实的走私、贩卖、运输、制造、非法持有毒品的数量计算，不以纯度折算。新型毒品混于饮料、食品中，往往含有大量水分或者其他物质，不同于传统毒品。检察机关应当综合考虑涉案新型毒品的纯度和致瘾癖性、社会危害性及其非法所得等因素，依法提出量刑建议。

根据2022年6月21日最高检**第三十七批指导性案例 · 检例第151号 · 马某某走私、贩卖毒品案**，行为人明知系国家管制的麻醉药品、精神药品，出于非法用途走私、贩卖的，应当以走私、贩卖毒品罪追究刑事责任。行为人出于非法用途，以贩卖为目的非法购买国家管制的麻醉药品、精神药品的，应当认定为贩卖毒品罪既遂。检察机关应当综合评价新型毒品犯罪的社会危害性，依法提出量刑建议。

★该指导案例在“指导意义”部分指出：审查涉案麻醉药品、精神药品的用途和行为人主观认知，依法认定走私、贩卖麻醉药品、精神药品行为的性质。麻醉药品、精神药品可以在医疗、教学、科研用途合法使用，也会被违法犯罪分子作为毒品使用。行为人向走私、贩卖毒品的犯罪分子或者吸毒人员贩卖国家管制的麻醉药品、精神药品，应当以贩卖毒品罪追究刑事责任。行为人出于其他非法用途，走私、贩卖国家管制的麻醉药品、精神药品，应当以走私、贩卖毒品罪追究刑事责任。行为人未核实购买人购买麻醉药品、精神药品具体用途，但知道其不是用于合法用途，为非法获利，基于放任的故意，向用于非法用途的人贩卖的，应当认定为贩卖毒品罪。对于“非法用途”，可以从行为人买卖麻醉药品、精神药品是否用于医疗等合法目的予以认定。判断行为人对涉案毒品性质是否明知，除审查其供述外，还应结合其认知能力、学历、从业背景、是否曾有同类药物服用史、是否使用虚假身份交易等证据进行综合认定。

准确认定非法贩卖国家管制的麻醉药品、精神药品行为的犯罪既遂。根据《最高人民检察院、公安部关于公安机关管辖的刑事案件立案追诉标准的规定（三）》的规定，贩卖毒品是指明知是毒品而非法销售或者以贩卖为目的而非法收买的行为。行为人出于非法用途，以贩卖为目的非法购买国家管制的麻醉药品、精神药品的，应当认定为贩卖毒品罪既遂。

综合评价新型毒品犯罪行为的社会危害性，确保罪责刑相适应。涉案麻醉药品、精神药品往往具有数量小、纯度低等特点，检察机关提出量刑建议时，应当考虑毒品数量、折算比例、效能及浓度、交易价格、犯罪次数、违法所得、危害后果、行为人的主观恶性及人身危险性等各种因素。对于将麻醉药品和精神药品用于实施其他犯罪的，还应当考量其用途、可能作用的人数及后果、其他犯罪的社会危害性等，确保罪责刑相适应。

根据 2022 年 6 月 21 日最高检**第三十七批指导性案例 · 检例第 153 号 · 何某贩卖、制造毒品案**，行为人利用原生植物为原料，通过提炼等方法制成含有国家管制的麻醉药品、精神药品的物质，并予以贩卖的，应当认定为贩卖、制造毒品罪。办理新型毒品犯罪案件，检察机关应当依法引导侦查机关开展侦查实验，查明案件事实。

★该指导案例在“指导意义”部分指出：准确区分利用原生植物制成的毒品和未管制原生植物。根据禁毒法第十九条的规定，禁止非法种植罂粟、古柯植物、大麻植物以及国家规定管制的可以用于提炼加工毒品的其他原植物。以国家未管制但含有国家管制的麻醉药品、精神药品成分的原生植物为原料，通过特定方法，将植物中国家管制的麻醉药品、精神药品成分提炼制成相关物质，相关物质具有使人形成瘾癖的毒品特征，应当认定为毒品。对于未被国家管制的原生植物，以及通过研磨等方式简单改变外在形态的植物载体，虽含有国家管制的麻醉药品、精神药品成分，不认定为毒品。

依法认定从未管制原生植物中提炼麻醉药品、精神药品成分行为的性质。根据《最高人民检察院、公安部关于公安机关管辖的刑事案件立案追诉标准的规定（三）》的规定，制造毒品是指非法利用毒品原植物直接提炼或者用化学方法加工、配制毒品，或者以改变毒品成分和效用为目的，用混合等物理方法加工、配制毒品的行为。行为人明知某类植物系未被国家管制的原生植物，但含有国家管制的麻醉药品、精神药品成分，采取特定方法提炼出植物中国家管制的麻醉药品、精神药品成分，改变了原生植物的物理形态，使其具备毒品效用，应当认定为制造毒品行为。行为人从未管制原生植物中提炼出毒品并予以贩卖的，应当认定为贩卖、制造毒品罪。

【量刑指导】根据 2021 年 6 月 17 日最高法、最高检**《关于常见犯罪的量刑指导意见（试行）》**，1. 构成走私、贩卖、运输、制造毒品罪的，根据下列情形在相应的幅度内确定量刑起点：

（1）走私、贩卖、运输、制造鸦片 1000 克，海洛因、甲基苯丙胺 50 克或者其他毒品数量达到数量大起点的，量刑起点为 15 年有期徒刑。依法应当判处无期徒刑以上刑罚的除外。

（2）走私、贩卖、运输、制造鸦片 200 克，海洛因、甲基苯丙胺 10 克或者其他毒品数量达到数量较大起点的，在 7 年至 8 年有期徒刑幅度内确定量刑起点。

（3）走私、贩卖、运输、制造鸦片不满 200 克，海洛因、甲基苯丙胺不满 10 克或者其他少量毒品的，可以在 3 年以下有期徒刑、拘役幅度内确定量刑起点；情节严重的，在 3 年至 4 年有期徒刑幅度内确定量刑起点。

2. 在量刑起点的基础上，根据毒品犯罪次数、人次、毒品数量等其他影响犯罪构成的犯罪事实增加刑罚量，确定基准刑。

3. 有下列情节之一的，增加基准刑的 10%–30%：

（1）利用、教唆未成年人走私、贩卖、运输、制造毒品的；

（2）向未成年人出售毒品的；

（3）毒品再犯。

4. 有下列情节之一的，可以减少基准刑的 30% 以下：

（1）受雇运输毒品的；

（2）毒品含量明显偏低的；

（3）存在数量引诱情形的。

5. 构成走私、贩卖、运输、制造毒品罪的，根据走私、贩卖、运输、制造毒品的种类、数量、危害后果等犯罪情节，综合考虑被告人缴纳罚金的能力，决定

第三百四十八条[323] **【非法持有毒品罪】**非法持有鸦片一千克以上、海洛因或者甲基苯丙胺五十克以上或者其他毒品数量大的，处七年以上有期徒刑或者无期徒刑，并处罚金；非法持有鸦片二百克以上不满一千克、海洛因或者甲基苯丙胺十克以上不满五十克或者其他毒品数量较大的，处三年以下有期徒刑、拘役或者管制，并处罚金；情节严重的，处三年以上七年以下有期徒刑，并处罚金。

罚金数额。

6. 构成走私、贩卖、运输、制造毒品罪的，综合考虑走私、贩卖、运输、制造毒品的种类、数量、危害后果等犯罪事实、量刑情节，以及被告人的主观恶性、人身危险性、认罪悔罪表现等因素，从严把握缓刑的适用。

〔323〕**【相关法规】**根据 2012 年《**治安管理处罚法**》**第七十二条**，有下列行为之一的，处十日以上十五日以下拘留，可以并处二千元以下罚款；情节较轻的，处五日以下拘留或者五百元以下罚款：

（一）非法持有鸦片不满二百克、海洛因或者甲基苯丙胺不满十克或者其他少量毒品的；

（二）向他人提供毒品的；

（三）吸食、注射毒品的；

（四）胁迫、欺骗医务人员开具麻醉药品、精神药品的。

【立案标准】根据 2012 年 5 月 16 日最高检、公安部《**关于公安机关管辖的刑事案件立案追诉标准的规定（三）**》**第二条**，明知是毒品而非法持有，涉嫌下列情形之一的，应予立案追诉：

（一）鸦片 200 克以上、海洛因、可卡因或者甲基苯丙胺 10 克以上；

（二）二亚甲基双氧安非他明（MDMA）等苯丙胺类毒品（甲基苯丙胺除外）、吗啡 20 克以上；

（三）度冷丁（杜冷丁）50 克以上（针剂 100mg/ 支规格的 500 支以上，50mg/ 支规格的 1000 支以上；片剂 25mg/ 片规格的 2000 片以上，50mg/ 片规格的 1000 片以上）；

（四）盐酸二氢埃托啡 2 毫克以上（针剂或者片剂 20ug/ 支、片规格的 100 支、片以上）；

（五）氯胺酮、美沙酮 200 克以上；

（六）三唑仑、安眠酮 10 千克以上；

（七）咖啡因 50 千克以上；

（八）氯氮卓、艾司唑仑、地西泮、溴西泮 100 千克以上；

（九）大麻油 1 千克以上，大麻脂 2 千克以上，大麻叶及大麻烟 30 千克以上；

（十）罂粟壳 50 千克以上；

（十一）上述毒品以外的其他毒品数量较大的（★在上述追诉标准中，氯胺酮、咖啡因、罂粟壳的追诉标准与2016年4月6日最高法《关于审理毒品犯罪案件适用法律若干问题的解释》第二条的规定不一致，应以2016年的最新解释为准进行追诉——编者说明）。

非法持有两种以上毒品，每种毒品均没有达到本条第一款规定的数量标准，但按前款规定的立案追诉数量比例折算成海洛因后累计相加达到10克以上的，应予立案追诉。

本条规定的“非法持有”，是指违反国家法律和国家主管部门的规定，占有、携带、藏有或者以其他方式持有毒品。

非法持有毒品主观故意中的“明知”，依照本规定第一条第八款的有关规定予以认定。

【司法解释】根据2016年4月6日最高法**《关于审理毒品犯罪案件适用法律若干问题的解释》第五条**，非法持有毒品达到刑法第三百四十八条或者本解释第二条规定的“数量较大”标准，且具有下列情形之一的，应当认定为刑法第三百四十八条规定的“情节严重”：

（一）在戒毒场所、监管场所非法持有毒品的；

（二）利用、教唆未成年人非法持有毒品的；

（三）国家工作人员非法持有毒品的；

（四）其他情节严重的情形。

关于“其他毒品数量大”“其他毒品数量较大”的认定标准，参见刑法第347条脚注相关部分。

【会议纪要】根据2023年6月26日最高法**《全国法院毒品案件审判工作会议纪要》**，吸毒者因购买、存储毒品被查获，没有证据证明其有实施贩卖毒品等其他犯罪的故意，毒品数量达到刑法第三百四十八条规定的最低数量标准的，以非法持有毒品罪定罪处罚。

【量刑指导】根据2021年6月17日最高法、最高检**《关于常见犯罪的量刑指导意见（试行）》**，1. 构成非法持有毒品罪的，根据下列情形在相应的幅度内确定量刑起点：

（1）非法持有鸦片1000克以上、海洛因或者甲基苯丙胺50克以上或者其他毒品数量大的，在7年至9年有期徒刑幅度内确定量刑起点。依法应当判处无期徒刑的除外。

（2）非法持有毒品情节严重的，在3年至4年有期徒刑幅度内确定量刑起点。

（3）非法持有鸦片200克、海洛因或者甲基苯丙胺10克或者其他毒品数量较大的，在1年以下有期徒刑、拘役幅度内确定量刑起点。

2. 在量刑起点的基础上，根据毒品数量等其他影响犯罪构成的犯罪事实

第三百四十九条〔324〕 **【包庇毒品犯罪分子罪】 【窝藏、转移、隐瞒毒品、毒赃罪】**包庇走私、贩卖、运输、制造毒品的犯罪分子的，为犯罪分子窝藏、转移、隐瞒毒品或者犯罪所得的财物的，处三年以下有期徒刑、拘役或者管制；情节严重的，处三年以上十年以下有期徒刑。

缉毒人员或者其他国家机关工作人员掩护、包庇走私、贩卖、运输、制造毒品的犯罪分子的，依照前款的规定从重处罚。

犯前两款罪，事先通谋的，以走私、贩卖、运输、制造毒品罪的共犯论处。

增加刑罚量，确定基准刑。

3. 构成非法持有毒品罪的，根据非法持有毒品的种类、数量等犯罪情节，综合考虑被告人缴纳罚金的能力，决定罚金数额。

4. 构成非法持有毒品罪的，综合考虑非法持有毒品的种类、数量等犯罪事实、量刑情节，以及被告人主观恶性、人身危险性、认罪悔罪表现等因素，从严把握缓刑的适用。

〔324〕 **【立案标准】**2012 年 5 月 16 日最高检、公安部**《关于公安机关管辖的刑事案件立案追诉标准的规定（三）》**，对刑法第三百四十九条的立案追诉标准规定如下：

第三条 包庇走私、贩卖、运输、制造毒品的犯罪分子，涉嫌下列情形之一的，应予立案追诉：

（一）作虚假证明，帮助掩盖罪行的；

（二）帮助隐藏、转移或者毁灭证据的；

（三）帮助取得虚假身份或者身份证件的；

（四）以其他方式包庇犯罪分子的。

实施前款规定的行为，事先通谋的，以走私、贩卖、运输、制造毒品罪的共犯立案追诉。

第四条 为走私、贩卖、运输、制造毒品的犯罪分子窝藏、转移、隐瞒毒品或者犯罪所得的财物的，应予立案追诉。

实施前款规定的行为，事先通谋的，以走私、贩卖、运输、制造毒品罪的共犯立案追诉。

【司法解释】根据 2016 年 4 月 6 日最高法**《关于审理毒品犯罪案件适用法律若干问题的解释》第六条**，包庇走私、贩卖、运输、制造毒品的犯罪分子，具有下列情形之一的，应当认定为刑法第三百四十九条第一款规定的“情节严重”：

（一）被包庇的犯罪分子依法应当判处 15 年有期徒刑以上刑罚的；

（二）包庇多名或者多次包庇走私、贩卖、运输、制造毒品的犯罪分子的；

第三百五十条[325] **【非法生产、买卖、运输制毒物品、走私制毒物品罪】**违反国家规定，非法生产、买卖、运输醋酸酐、乙醚、三氯甲烷或者其他用于制造毒品的原料、配剂，或者携带上述物品进出境，情节较重的，处三年以下有期徒刑、拘役或者管制，并处罚金；情节严重的，处三年以上七年以下有期徒刑，并处罚金；情节特别严重的，处七年以上有期徒刑，并处罚金或者没收财产。

明知他人制造毒品而为其生产、买卖、运输前款规定的物品的，以制造毒品罪的共犯论处。

单位犯前两款罪的，对单位判处罚金，并对其直接负责的主管人员和其他直接责任人员，依照前两款的规定处罚。

（三）严重妨害司法机关对被包庇的犯罪分子实施的毒品犯罪进行追究的；

（四）其他情节严重的情形。

为走私、贩卖、运输、制造毒品的犯罪分子窝藏、转移、隐瞒毒品或者毒品犯罪所得的财物，具有下列情形之一的，应当认定为刑法第三百四十九条第一款规定的“情节严重”：

（一）为犯罪分子窝藏、转移、隐瞒毒品达到刑法第三百四十七条第二款第一项或者本解释第一条第一款规定的“数量大”标准的；

（二）为犯罪分子窝藏、转移、隐瞒毒品犯罪所得的财物价值达到5万元以上的；

（三）为多人或者多次为他人窝藏、转移、隐瞒毒品或者毒品犯罪所得的财物的；

（四）严重妨害司法机关对该犯罪分子实施的毒品犯罪进行追究的；

（五）其他情节严重的情形。

包庇走私、贩卖、运输、制造毒品的近亲属，或者为其窝藏、转移、隐瞒毒品或者毒品犯罪所得的财物，不具有本条前两款规定的“情节严重”情形，归案后认罪、悔罪、积极退赃，且系初犯、偶犯，犯罪情节轻微不需要判处刑罚的，可以免予刑事处罚。

根据2009年11月4日最高法**《关于审理洗钱等刑事案件具体应用法律若干问题的解释》第三条**，明知是犯罪所得及其产生的收益而予以掩饰、隐瞒，构成刑法第三百一十二条规定的犯罪，同时又构成刑法第一百九十一条或者第三百四十九条规定的犯罪的，依照处罚较重的规定定罪处罚。

〔325〕**【刑法修订】**2015年**《刑法修正案（九）》第四十一条**修订了本条第一款、第二款。1997年刑法原文如下：

第三百五十条　违反国家规定，非法运输、携带醋酸酐、乙醚、三氯甲烷

第
350
条

或者其他用于制造毒品的原料或者配剂进出境的，或者违反国家规定，在境内非法买卖上述物品的，处三年以下有期徒刑、拘役或者管制，并处罚金；数量大的，处三年以上十年以下有期徒刑，并处罚金。

明知他人制造毒品而为其提供前款规定的物品的，以制造毒品罪的共犯论处。

单位犯前两款罪的，对单位判处罚金，并对其直接负责的主管人员和其他直接责任人员，依照前两款的规定处罚。

2015年**《刑法修正案(九)》**在第一款对罪状作了重大修改，将“非法运输、携带醋酸酐、乙醚、三氯甲烷或者其他用于制造毒品的原料或者配剂进出境的，或者违反国家规定，在境内非法买卖上述物品的”修改为“非法生产、买卖、运输醋酸酐、乙醚、三氯甲烷或者其他用于制造毒品的原料、配剂，或者携带上述物品进出境，情节较重的”(增加“生产”行为，删除了“运输”“买卖”行为的空间规定，要求“情节较重”)；在法定刑部分，将“数量大的，处三年以上十年以下有期徒刑，并处罚金”修改为“情节严重的，处三年以上七年以下有期徒刑，并处罚金；情节特别严重的，处七年以上有期徒刑，并处罚金或者没收财产”。在第二款，将“为其提供前款规定的物品”修改为“为其生产、买卖、运输前款规定的物品”。

【立案标准】2012年5月16日最高检、公安部**《关于公安机关管辖的刑事案件立案追诉标准的规定(三)》**，对刑法第三百五十条的立案追诉标准规定如下：

第五条 违反国家规定，非法运输、携带制毒物品进出国(边)境，涉嫌下列情形之一的，应予立案追诉……(★该款数量规定与2016年4月6日最高法《关于审理毒品犯罪案件适用法律若干问题的解释》的规定不一致，不再适用，故予以省略——编者说明)

非法运输、携带两种以上制毒物品进出国(边)境，每种制毒物品均没有达到本条第一款规定的数量标准，但按前款规定的立案追诉数量比例折算成一种制毒物品后累计相加达到上述数量标准的，应予立案追诉。

为了走私制毒物品而采用生产、加工、提炼等方法非法制造易制毒化学品的，以走私制毒物品罪(预备)立案追诉。

实施走私制毒物品行为，有下列情形之一，且查获了易制毒化学品，结合行为人的供述和其他证据综合审查判断，可以认定其“明知”是制毒物品而走私或者非法买卖，但有证据证明确属被蒙骗的除外：

(一)改变产品形状、包装或者使用虚假标签、商标等产品标志的；

(二)以藏匿、夹带、伪装或者其他隐蔽方式运输、携带易制毒化学品逃避检查的；

(三)抗拒检查或者在检查时丢弃货物逃跑的；

（四）以伪报、藏匿、伪装等蒙蔽手段逃避海关、边防等检查的；

（五）选择不设海关或者边防检查站的路段绕行出入境的；

（六）以虚假身份、地址或者其他虚假方式办理托运、寄递手续的；

（七）以其他方法隐瞒真相，逃避对易制毒化学品依法监管的。

明知他人实施走私制毒物品犯罪，而为其运输、储存、代理进出口或者以其他方式提供便利的，以走私制毒物品罪的共犯立案追诉。

第六条　……（★该款数量规定与2016年4月6日最高法《关于审理毒品犯罪案件适用法律若干问题的解释》的规定不一致，不再适用，故省略——编者说明）

非法买卖两种以上制毒物品，每种制毒物品均没有达到本条第一款规定的数量标准，但按前款规定的立案追诉数量比例折算成一种制毒物品后累计相加达到上述数量标准的，应予立案追诉。

违反国家规定，实施下列行为之一的，认定为本条规定的非法买卖制毒物品行为：

（一）未经许可或者备案，擅自购买、销售易制毒化学品的；

（二）超出许可证明或者备案证明的品种、数量范围购买、销售易制毒化学品的；

（三）使用他人的或者伪造、变造、失效的许可证明或者备案证明购买、销售易制毒化学品的；

（四）经营单位违反规定，向无购买许可证明、备案证明的单位、个人销售易制毒化学品的，或者明知购买者使用他人的或者伪造、变造、失效的许可证明或者备案证明，向其销售易制毒化学品的；

（五）以其他方式非法买卖易制毒化学品的。

易制毒化学品生产、经营、使用单位或者个人未办理许可证明或者备案证明，购买、销售易制毒化学品，如果有证据证明确实用于合法生产、生活需要，依法能够办理只是未及时办理许可证明或者备案证明，且未造成严重社会危害的，可不以非法买卖制毒物品罪立案追诉（★根据2016年4月6日最高法《关于审理毒品犯罪案件适用法律若干问题的解释》第七条第三款，易制毒化学品生产、经营、购买、运输单位或者个人未办理许可证明或者备案证明，生产、销售、购买、运输易制毒化学品，确实用于合法生产、生活需要的，不以制毒物品犯罪论处——编者说明）。

为了非法买卖制毒物品而采用生产、加工、提炼等方法非法制造易制毒化学品的，以非法买卖制毒物品罪（预备）立案追诉。

非法买卖制毒物品主观故意中的“明知”，依照本规定第五条第四款的有关规定予以认定。

明知他人实施非法买卖制毒物品犯罪，而为其运输、储存、代理进出口或者以其他方式提供便利的，以非法买卖制毒物品罪的共犯立案追诉。

【**司法解释**】2009 年 6 月 23 日最高法、最高检、公安部**《关于办理制毒物品犯罪案件适用法律若干问题的意见》**（公通字〔2009〕33 号），就办理制毒物品犯罪案件适用法律的若干问题制定如下意见：

一、关于制毒物品犯罪的认定

（一）本意见中的“制毒物品”，是指刑法第三百五十条第一款规定的醋酸酐、乙醚、三氯甲烷或者其他用于制造毒品的原料或者配剂，具体品种范围按照国家关于易制毒化学品管理的规定确定。

（二）违反国家规定，实施下列行为之一的，认定为刑法第三百五十条规定的非法买卖制毒物品行为：

1. 未经许可或者备案，擅自购买、销售易制毒化学品的；

2. 超出许可证明或者备案证明的品种、数量范围购买、销售易制毒化学品的；

3. 使用他人的或者伪造、变造、失效的许可证明或者备案证明购买、销售易制毒化学品的；

4. 经营单位违反规定，向无购买许可证明、备案证明的单位、个人销售易制毒化学品的，或者明知购买者使用他人的或者伪造、变造、失效的购买许可证明、备案证明，向其销售易制毒化学品的；

5. 以其他方式非法买卖易制毒化学品的。

（三）易制毒化学品生产、经营、使用单位或者个人未办理许可证明或者备案证明，购买、销售易制毒化学品，如果有证据证明确实用于合法生产、生活需要，依法能够办理只是未及时办理许可证明或者备案证明，且未造成严重社会危害的，可不以非法买卖制毒物品罪论处（★根据 2016 年 4 月 6 日最高法《关于审理毒品犯罪案件适用法律若干问题的解释》第七条第三款，易制毒化学品生产、经营、购买、运输单位或者个人未办理许可证明或者备案证明，生产、销售、购买、运输易制毒化学品，确实用于合法生产、生活需要的，不以制毒物品犯罪论处——编者说明）。

（四）为了制造毒品或者走私、非法买卖制毒物品犯罪而采用生产、加工、提炼等方法非法制造易制毒化学品的，根据刑法第二十二条的规定，按照其制造易制毒化学品的不同目的，分别以制造毒品、走私制毒物品、非法买卖制毒物品的预备行为论处。

（五）明知他人实施走私或者非法买卖制毒物品犯罪，而为其运输、储存、代理进出口或者以其他方式提供便利的，以走私或者非法买卖制毒物品罪的共犯论处。

（六）走私、非法买卖制毒物品行为同时构成其他犯罪的，依照处罚较重的规定定罪处罚。

二、关于制毒物品犯罪嫌疑人、被告人主观明知的认定

对于走私或者非法买卖制毒物品行为，有下列情形之一，且查获了易制毒化学品，结合犯罪嫌疑人、被告人的供述和其他证据，经综合审查判断，可以认定其“明知”是制毒物品而走私或者非法买卖，但有证据证明确属被蒙骗的除外：

1. 改变产品形状、包装或者使用虚假标签、商标等产品标志的；

2. 以藏匿、夹带或者其他隐蔽方式运输、携带易制毒化学品逃避检查的；

3. 抗拒检查或者在检查时丢弃货物逃跑的；

4. 以伪报、藏匿、伪装等蒙蔽手段逃避海关、边防等检查的；

5. 选择不设海关或者边防检查站的路段绕行出入境的；

6. 以虚假身份、地址办理托运、邮寄手续的；

7. 以其他方法隐瞒真相，逃避对易制毒化学品依法监管的。

三、关于制毒物品犯罪定罪量刑的数量标准（★该数量标准与2016年4月6日最高法《关于审理毒品犯罪案件适用法律若干问题的解释》的规定不一致，不再适用，故予以省略——编者说明）

2012年6月18日最高法、最高检、公安部**《关于办理走私、非法买卖麻黄碱类复方制剂等刑事案件适用法律若干问题的意见》**（法发〔2012〕12号），就办理走私、非法买卖麻黄碱类复方制剂等刑事案件适用法律的若干问题，提出以下意见：

一、关于走私、非法买卖麻黄碱类复方制剂等行为的定性（➻参见刑法第347条脚注相关部分）

以加工、提炼制毒物品为目的，购买麻黄碱类复方制剂，或者运输、携带、寄递麻黄碱类复方制剂进出境的，依照刑法第三百五十条第一款、第三款的规定，分别以非法买卖制毒物品罪、走私制毒物品罪定罪处罚。

将麻黄碱类复方制剂拆除包装、改变形态后进行走私或者非法买卖，或者明知是已拆除包装、改变形态的麻黄碱类复方制剂而进行走私或者非法买卖的，依照刑法第三百五十条第一款、第三款的规定，分别以走私制毒物品罪、非法买卖制毒物品罪定罪处罚。

二、关于利用麻黄碱类复方制剂加工、提炼制毒物品行为的定性

以走私或者非法买卖为目的，利用麻黄碱类复方制剂加工、提炼制毒物品的，依照刑法第三百五十条第一款、第三款的规定，分别以走私制毒物品罪、非法买卖制毒物品罪定罪处罚。

三、关于共同犯罪的认定

明知他人走私或者非法买卖麻黄碱类制毒物品，向其提供麻黄碱类复方制剂，为其利用麻黄碱类复方制剂加工、提炼制毒物品，或者为其获取、利用麻黄碱类复方制剂提供其他帮助的，分别以走私制毒物品罪、非法买卖制毒物

品罪的共犯论处。

四、关于犯罪预备、未遂的认定(➻参见刑法第347条脚注相关部分)

五、关于犯罪嫌疑人、被告人主观目的与明知的认定(➻参见刑法第347条脚注相关部分)

六、关于制毒物品数量的认定

实施本意见规定的行为,以走私制毒物品罪、非法买卖制毒物品罪定罪处罚的,应当以涉案麻黄碱类复方制剂中麻黄碱类物质的含量作为涉案制毒物品的数量。

多次实施本意见规定的行为未经处理的,涉案制毒物品的数量累计计算。

七、关于定罪量刑的数量标准(★该数量标准与2016年4月6日最高法《关于审理毒品犯罪案件适用法律若干问题的解释》的规定不一致,不再适用,故予以省略——编者说明)

八、关于麻黄碱类复方制剂的范围(➻参见刑法第347条脚注相关部分)

★上述立案标准与司法解释均发布于《刑法修正案(九)》之前,应按修订后的最新刑法条文把握上述立案标准与司法解释——编者说明。

2016年4月6日最高法**《关于审理毒品犯罪案件适用法律若干问题的解释》**,就刑法第三百五十条的适用解释如下:

第七条 违反国家规定,非法生产、买卖、运输制毒物品、走私制毒物品,达到下列数量标准的,应当认定为刑法第三百五十条第一款规定的"情节较重":

(一)麻黄碱(麻黄素)、伪麻黄碱(伪麻黄素)、消旋麻黄碱(消旋麻黄素)1千克以上不满5千克;

(二)1-苯基-2-丙酮、1-苯基-2-溴-1-丙酮、3,4-亚甲基二氧苯基-2-丙酮、羟亚胺2千克以上不满10千克;

(三)3-氧-2-苯基丁腈、邻氯苯基环戊酮、去甲麻黄碱(去甲麻黄素)、甲基麻黄碱(甲基麻黄素)4千克以上不满20千克;

(四)醋酸酐10千克以上不满50千克;

(五)麻黄浸膏、麻黄浸膏粉、胡椒醛、黄樟素、黄樟油、异黄樟素、麦角酸、麦角胺、麦角新碱、苯乙酸20千克以上不满100千克;

(六)N-乙酰邻氨基苯酸、邻氨基苯甲酸、三氯甲烷、乙醚、哌啶50千克以上不满250千克;

(七)甲苯、丙酮、甲基乙基酮、高锰酸钾、硫酸、盐酸100千克以上不满500千克;

(八)其他制毒物品数量相当的。

违反国家规定,非法生产、买卖、运输制毒物品、走私制毒物品,达到前款规定的数量标准最低值的50%,且具有下列情形之一的,应当认定为刑法第三百五十条第一款规定的“情节较重”：

（一）曾因非法生产、买卖、运输制毒物品、走私制毒物品受过刑事处罚的；

（二）2 年内曾因非法生产、买卖、运输制毒物品、走私制毒物品受过行政处罚的；

（三）一次组织 5 人以上或者多次非法生产、买卖、运输制毒物品、走私制毒物品，或者在多个地点非法生产制毒物品的；

（四）利用、教唆未成年人非法生产、买卖、运输制毒物品、走私制毒物品的；

（五）国家工作人员非法生产、买卖、运输制毒物品、走私制毒物品的；

（六）严重影响群众正常生产、生活秩序的；

（七）其他情节较重的情形。

易制毒化学品生产、经营、购买、运输单位或者个人未办理许可证明或者备案证明，生产、销售、购买、运输易制毒化学品，确实用于合法生产、生活需要的，不以制毒物品犯罪论处。

第八条　违反国家规定，非法生产、买卖、运输制毒物品、走私制毒物品，具有下列情形之一的，应当认定为刑法第三百五十条第一款规定的“情节严重”：

（一）制毒物品数量在本解释第七条第一款规定的最高数量标准以上，不满最高数量标准 5 倍的；

（二）达到本解释第七条第一款规定的数量标准，且具有本解释第七条第二款第三项至第六项规定的情形之一的；

（三）其他情节严重的情形。

违反国家规定，非法生产、买卖、运输制毒物品、走私制毒物品，具有下列情形之一的，应当认定为刑法第三百五十条第一款规定的“情节特别严重”：

（一）制毒物品数量在本解释第七条第一款规定的最高数量标准 5 倍以上的；

（二）达到前款第一项规定的数量标准，且具有本解释第七条第二款第三项至第六项规定的情形之一的；

（三）其他情节特别严重的情形。

根据 2010 年 3 月 28 日公安部**《关于对已去除糖衣包装的新康泰克药品混合颗粒能否认定为制毒物品的意见》**（公禁毒〔2010〕166 号），根据《药品管理法》规定，药品是指用于预防、治疗、诊断人的疾病，有目的地调节人的生理机能并规定有适应症或者功能主治、用法和用量的物质，包括中药材、中药饮片、中成药、化学原料及其制剂、抗生素、生化药品、放射性药品、血清、疫苗、血液制品和诊断药品等。你处查获的已去除糖衣包装的新康泰克药品混合颗粒实为去除了空心胶囊的颗粒，不用于预防、治疗、诊断人的疾病，且不具有功能主治、用法和用量，已不属于《药品管理法》规定的药品范畴。伪麻黄

第三百五十一条[326]　**【非法种植毒品原植物罪】**非法种植罂粟、大麻等毒品原植物的，一律强制铲除。有下列情形之一的，处五年以下有期徒刑、拘役或者管制，并处罚金：

（一）种植罂粟五百株以上不满三千株或者其他毒品原植物数量较大的；

（二）经公安机关处理后又种植的；

（三）抗拒铲除的。

非法种植罂粟三千株以上或者其他毒品原植物数量大的，处五年以上有期徒刑，并处罚金或者没收财产。

非法种植罂粟或者其他毒品原植物，在收获前自动铲除的，可以免除处罚。

素是属于《易制毒化学品管理条例》列管的第一类易制毒化学品，依据《最高人民法院关于审理毒品案件定罪量刑标准有关问题的解释》（法释〔2000〕13号）、《最高人民法院、最高人民检察院、公安部关于办理制毒物品犯罪案件适用法律若干问题的意见》（公通字〔2009〕33号）规定，若检验发现缴获的新康泰克药品混合颗粒中含有伪麻黄素且成分含量达到制毒物品犯罪定罪量刑的有关数量标准，即应当依法处理。

〔326〕**【相关法规】**根据2012年《**治安管理处罚法**》**第七十一条**，有下列行为之一的，处十日以上十五日以下拘留，可以并处三千元以下罚款；情节较轻的，处五日以下拘留或者五百元以下罚款：

（一）非法种植罂粟不满五百株或者其他少量毒品原植物的；

（二）非法买卖、运输、携带、持有少量未经灭活的罂粟等毒品原植物种子或者幼苗的；

（三）非法运输、买卖、储存、使用少量罂粟壳的。

有前款第一项行为，在成熟前自行铲除的，不予处罚。

【立案标准】根据2012年5月16日最高检、公安部《**关于公安机关管辖的刑事案件立案追诉标准的规定（三）**》**第七条**，非法种植罂粟、大麻等毒品原植物，涉嫌下列情形之一的，应予立案追诉：

（一）非法种植罂粟500株以上的；

（二）非法种植大麻5000株以上的；

（三）非法种植其他毒品原植物数量较大的；

（四）非法种植罂粟200平方米以上、大麻2000平方米以上或者其他毒品原植物面积较大，尚未出苗的；

（五）经公安机关处理后又种植的；

第三百五十二条〔327〕**【非法买卖、运输、携带、持有毒品原植物种子、幼苗罪】**非法买卖、运输、携带、持有未经灭活的罂粟等毒品原植物种子或者幼苗，数量较大的，处三年以下有期徒刑、拘役或者管制，并处或者单处罚金。

（六）抗拒铲除的。

本条所规定的"种植"，是指播种、育苗、移栽、插苗、施肥、灌溉、割取津液或者收取种子等行为。非法种植毒品原植物的株数一般应以实际查获的数量为准。因种植面积较大，难以逐株清点数目的，可以抽样测算每平方米平均株数后按实际种植面积测算出种植总株数。

非法种植罂粟或者其他毒品原植物，在收获前自动铲除的，可以不予立案追诉。

【司法解释】根据 2016 年 4 月 6 日最高法**《关于审理毒品犯罪案件适用法律若干问题的解释》第九条**，非法种植毒品原植物，具有下列情形之一的，应当认定为刑法第三百五十一条第一款第一项规定的"数量较大"：

（一）非法种植大麻 5000 株以上不满 3 万株的；

（二）非法种植罂粟 200 平方米以上不满 1200 平方米、大麻 2000 平方米以上不满 12000 平方米，尚未出苗的；

（三）非法种植其他毒品原植物数量较大的。

非法种植毒品原植物，达到前款规定的最高数量标准的，应当认定为刑法第三百五十一条第二款规定的"数量大"。

根据 2016 年 5 月 24 日最高法、最高检、公安部**《办理毒品犯罪案件毒品提取、扣押、称量、取样和送检程序若干问题的规定》第三十四条**，对毒品原植物及其种子、幼苗，应当委托具备相应资质的鉴定机构进行鉴定。当地没有具备相应资质的鉴定机构的，可以委托侦办案件的公安机关所在地的县级以上农牧、林业行政主管部门，或者设立农林相关专业的普通高等学校、科研院所出具检验报告。

【会议纪要】根据 2023 年 6 月 26 日最高法**《全国法院毒品案件审判工作会议纪要》**，不以提炼毒品或者非法买卖为目的，种植罂粟、大麻等毒品原植物，构成非法种植毒品原植物罪的，可以酌情从宽处罚；犯罪情节轻微不需要判处刑罚的，可以免予刑事处罚。

〔327〕**【立案标准】**根据 2012 年 5 月 16 日最高检、公安部**《关于公安机关管辖的刑事案件立案追诉标准的规定（三）》第八条**，非法买卖、运输、携带、持有未经灭活的罂粟等毒品原植物种子或者幼苗，涉嫌下列情形之一的，应予立案追诉：

（一）罂粟种子 50 克以上、罂粟幼苗 5000 株以上；

第三百五十三条[328] **【引诱、教唆、欺骗他人吸毒罪】**引诱、教唆、欺骗他人吸食、注射毒品的，处三年以下有期徒刑、拘役或者管制，并处罚金；情节严重的，处三年以上七年以下有期徒刑，并处罚金。

【强迫他人吸毒罪】强迫他人吸食、注射毒品的，处三年以上十年以下有期徒刑，并处罚金。

引诱、教唆、欺骗或者强迫未成年人吸食、注射毒品的，从重处罚。

（二）大麻种子 50 千克以上、大麻幼苗 5 万株以上；
（三）其他毒品原植物种子、幼苗数量较大的。

【司法解释】根据 2016 年 4 月 6 日最高法**《关于审理毒品犯罪案件适用法律若干问题的解释》第十条**，非法买卖、运输、携带、持有未经灭活的毒品原植物种子或者幼苗，具有下列情形之一的，应当认定为刑法第三百五十二条规定的“数量较大”：
（一）罂粟种子 50 克以上、罂粟幼苗 5000 株以上的；
（二）大麻种子 50 千克以上、大麻幼苗 5 万株以上的；
（三）其他毒品原植物种子或者幼苗数量较大的。

〔328〕 **【相关法规】**根据 2012 年**《治安管理处罚法》第七十三条**，教唆、引诱、欺骗他人吸食、注射毒品的，处十日以上十五日以下拘留，并处五百元以上二千元以下罚款。

【立案标准】2012 年 5 月 16 日最高检、公安部**《关于公安机关管辖的刑事案件立案追诉标准的规定（三）》**，对刑法第三百五十三条的立案追诉标准规定如下：
第九条 引诱、教唆、欺骗他人吸食、注射毒品的，应予立案追诉。
第十条 违背他人意志，以暴力、胁迫或者其他强制手段，迫使他人吸食、注射毒品的，应予立案追诉。

【司法解释】根据 2016 年 4 月 6 日最高法**《关于审理毒品犯罪案件适用法律若干问题的解释》第十一条**，引诱、教唆、欺骗他人吸食、注射毒品，具有下列情形之一的，应当认定为刑法第三百五十三条第一款规定的“情节严重”：
（一）引诱、教唆、欺骗多人或者多次引诱、教唆、欺骗他人吸食、注射毒品的；
（二）对他人身体健康造成严重危害的；
（三）导致他人实施故意杀人、故意伤害、交通肇事等犯罪行为的；
（四）国家工作人员引诱、教唆、欺骗他人吸食、注射毒品的；
（五）其他情节严重的情形。

第三百五十四条[329] **【容留他人吸毒罪】**容留他人吸食、注射毒品的，处三年以下有期徒刑、拘役或者管制，并处罚金。

【会议纪要】根据 2023 年 6 月 26 日最高法**《全国法院毒品案件审判工作会议纪要》**，利用信息网络，组织他人吸毒，构成引诱、教唆、欺骗他人吸毒罪等犯罪的，依法定罪处罚。

对于引诱、教唆、欺骗、强迫他人吸毒的被告人，应当严格控制缓刑适用。

【指导案例】根据 2022 年 6 月 21 日最高检**第三十七批指导性案例 · 检例第 152 号 · 郭某某欺骗他人吸毒案**，行为人明知系国家管制的麻醉药品、精神药品而向他人的饮料、食物中投放，欺骗他人吸食的，应当以欺骗他人吸毒罪追究刑事责任。对于有证据证明行为人为实施强奸、抢劫等犯罪而欺骗他人吸食麻醉药品、精神药品的，应当按照处罚较重的罪名追究刑事责任。检察机关应当加强自行补充侦查，强化电子数据等客观性证据审查，准确认定犯罪事实。

★该指导案例在“指导意义”部分指出：麻醉药品、精神药品的镇静、安眠等药用功效，往往成为行为人抗辩其毒品属性的借口，对此检察机关应当严格审查。对于有证据证明行为人明知系国家管制的麻醉药品、精神药品，仍利用其毒品属性和用途的，应当依法认定相关物品为毒品；行为人对于涉案物品系毒品主观上是否明知，应当根据其年龄、职业、生活阅历、有无吸贩毒史以及对物品的交付、使用方式等证据，运用经验法则和逻辑规则综合分析判断。

〔329〕 **【司法解释】**根据 2016 年 4 月 6 日最高法**《关于审理毒品犯罪案件适用法律若干问题的解释》第十二条**，容留他人吸食、注射毒品，具有下列情形之一的，应当依照刑法第三百五十四条的规定，以容留他人吸毒罪定罪处罚：

（一）1 次容留多人吸食、注射毒品的；
（二）2 年内多次容留他人吸食、注射毒品的；
（三）2 年内曾因容留他人吸食、注射毒品受过行政处罚的；
（四）容留未成年人吸食、注射毒品的；
（五）以牟利为目的容留他人吸食、注射毒品的；
（六）容留他人吸食、注射毒品造成严重后果的；
（七）其他应当追究刑事责任的情形。

向他人贩卖毒品后又容留其吸食、注射毒品，或者容留他人吸食、注射毒品并向其贩卖毒品，符合前款规定的容留他人吸毒罪的定罪条件的，以贩卖毒品罪和容留他人吸毒罪数罪并罚。

容留近亲属吸食、注射毒品，情节显著轻微危害不大的，不作为犯罪处理；需要追究刑事责任的，可以酌情从宽处罚。

第三百五十五条[330] **【非法提供麻醉药品、精神药品罪】**依法从事生产、运输、管理、使用国家管制的麻醉药品、精神药品的人员，违反国家规定，向吸食、注射毒品的人提供国家规定管制的能够使人形成瘾癖的麻醉药品、精神药品的，处三年以下有期徒刑或者拘役，并处罚金；情节严重的，处三年以上七年以下有期徒刑，并处罚金。向走私、贩卖毒品的犯罪分子或者以牟利为目的，向吸食、注射毒品的人提供国家规定管制的能够使人形成瘾癖的麻醉药品、精神药品的，依照本法第三百四十七条的规定定罪处罚。

单位犯前款罪的，对单位判处罚金，并对其直接负责的主管人员和其他直接责任人员，依照前款的规定处罚。

【量刑指导】根据 2021 年 6 月 17 日最高法、最高检**《关于常见犯罪的量刑指导意见（试行）》**，1. 构成容留他人吸毒罪的，在 1 年以下有期徒刑、拘役幅度内确定量刑起点。

2. 在量刑起点的基础上，根据容留他人吸毒的人数、次数等其他影响犯罪构成的犯罪事实增加刑罚量，确定基准刑。

3. 构成容留他人吸毒罪的，根据容留他人吸毒的人数、次数、违法所得数额、危害后果等犯罪情节，综合考虑被告人缴纳罚金的能力，决定罚金数额。

4. 构成容留他人吸毒罪的，综合考虑容留他人吸毒的人数、次数、危害后果等犯罪事实、量刑情节，以及被告人主观恶性、人身危险性、认罪悔罪表现等因素，决定缓刑的适用。

〔330〕**【司法解释】**根据 2016 年 4 月 6 日最高法**《关于审理毒品犯罪案件适用法律若干问题的解释》第十三条**，依法从事生产、运输、管理、使用国家管制的麻醉药品、精神药品的人员，违反国家规定，向吸食、注射毒品的人提供国家规定管制的能够使人形成瘾癖的麻醉药品、精神药品，具有下列情形之一的，应当依照刑法第三百五十五条第一款的规定，以非法提供麻醉药品、精神药品罪定罪处罚：

（一）非法提供麻醉药品、精神药品达到刑法第三百四十七条第三款或者本解释第二条规定的“数量较大”标准最低值的 50%，不满“数量较大”标准的；

（二）2 年内曾因非法提供麻醉药品、精神药品受过行政处罚的；

（三）向多人或者多次非法提供麻醉药品、精神药品的；

（四）向吸食、注射毒品的未成年人非法提供麻醉药品、精神药品的；

（五）非法提供麻醉药品、精神药品造成严重后果的；

（六）其他应当追究刑事责任的情形。

具有下列情形之一的，应当认定为刑法第三百五十五条第一款规定的“情节严重”：

第三百五十五条之一[331] **【妨害兴奋剂管理罪】**引诱、教唆、欺骗运动员使用兴奋剂参加国内、国际重大体育竞赛，或者明知运动员参加上述竞赛而向其提供兴奋剂，情节严重的，处三年以下有期徒刑或者拘役，并处罚金。

组织、强迫运动员使用兴奋剂参加国内、国际重大体育竞赛的，依照前款的规定从重处罚。

（一）非法提供麻醉药品、精神药品达到刑法第三百四十七条第三款或者本解释第二条规定的“数量较大”标准的；

（二）非法提供麻醉药品、精神药品达到前款第一项规定的数量标准，且具有前款第三项至第五项规定的情形之一的；

（三）其他情节严重的情形。

2002年10月24日最高检法律政策研究室**《关于安定注射液是否属于刑法第三百五十五条规定的精神药品问题的答复》**（〔2002〕高检研发第23号）指出，根据《精神药品管理办法》等国家有关规定，“能够使人形成瘾癖”的精神药品，是指使用后能使人的中枢神经系统兴奋或者抑制，连续使用能使人产生依赖性的药品。安定注射液属于刑法第三百五十五条第一款规定的“国家规定管制的能够使人形成瘾癖的”精神药品。鉴于安定注射液属于《精神药品管理办法》规定的第二类精神药品，医疗实践中使用较多，在处理此类案件时，应当慎重掌握罪与非罪的界限。对于明知他人是吸毒人员而多次向其出售安定注射液，或者贩卖安定注射液数量较大的，可以依法追究行为人的刑事责任。

根据2009年3月19日公安部**《关于在成品药中非法添加阿普唑仑和曲马多进行销售能否认定为制造贩卖毒品有关问题的批复》**（公复字〔2009〕1号），阿普唑仑和曲马多为国家管制的二类精神药品。根据《中华人民共和国刑法》第三百五十五条的规定，如果行为人具有生产、管理、使用阿普唑仑和曲马多的资质，却将其掺加在其他药品中，违反国家规定向吸食、注射毒品的人提供的，构成非法提供精神药品罪。

★2012年5月16日最高检、公安部《关于公安机关管辖的刑事案件立案追诉标准的规定（三）》第十二条关于刑法第三百五十五条立案追诉标准的规定，与2016年4月6日最高法《关于审理毒品犯罪案件适用法律若干问题的解释》第十三条的规定存在不一致之处，故本书不再收录——编者说明。

〔331〕**【刑法修订】**本条为2020年**《刑法修正案（十一）》第四十四条**增设。

第三百五十六条[332] **【毒品再犯的处罚】**因走私、贩卖、运输、制造、非法持有毒品罪被判过刑，又犯本节规定之罪的，从重处罚。

【相关法规】根据 2022 年修订后的**《体育法》第一百一十八条**，组织、强迫、欺骗、教唆、引诱运动员在体育运动中使用兴奋剂的，由国务院体育行政部门或者省、自治区、直辖市人民政府体育行政部门没收非法持有的兴奋剂；直接负责的主管人员和其他直接责任人员四年内不得从事体育管理工作和运动员辅助工作；情节严重的，终身不得从事体育管理工作和运动员辅助工作。

向运动员提供或者变相提供兴奋剂的，由国务院体育行政部门或者省、自治区、直辖市人民政府体育行政部门没收非法持有的兴奋剂，并处五万元以上五十万元以下的罚款；有违法所得的，没收违法所得；并给予禁止一定年限直至终身从事体育管理工作和运动员辅助工作的处罚。

〔332〕 **【司法解释】**根据 2010 年 2 月 8 日最高法**《关于贯彻宽严相济刑事政策的若干意见》第十一条**，要依法从严惩处累犯和毒品再犯。凡是依法构成累犯和毒品再犯的，即使犯罪情节较轻，也要体现从严惩处的精神。尤其是对于前罪为暴力犯罪或被判处重刑的累犯，更要依法从严惩处。

【会议纪要】根据 2023 年 6 月 26 日最高法**《全国法院毒品案件审判工作会议纪要》**“九、累犯、毒品再犯问题”，根据刑法规定，因走私、贩卖、运输、制造、非法持有毒品罪被判过刑的被告人，无论是在刑罚执行完毕或者赦免后，还是在缓刑、假释、暂予监外执行期间或者缓刑考验期满后，又犯刑法分则第六章第七节规定之罪的，均应认定为毒品再犯。对于上述在前罪缓刑、假释或者暂予监外执行期间又犯罪的被告人，应当对其所犯新的毒品犯罪依法从重处罚后，再与前罪依法并罚。

累犯、毒品再犯是法定从重处罚情节，即使本次毒品犯罪情节较轻，也要体现从严惩处的精神。尤其对于曾因严重暴力犯罪被判刑的累犯、刑罚执行完毕后短期内又实施毒品犯罪的再犯，以及在缓刑、假释或者暂予监外执行期间又实施毒品犯罪的再犯，应当严格依法从重处罚。

对于同时构成累犯和毒品再犯的被告人，在裁判文书中应当同时引用刑法关于累犯和毒品再犯的条款。对于因同一毒品犯罪前科同时构成累犯和毒品再犯的，量刑时不得重复从重处罚。对于因不同犯罪前科分别构成累犯和毒品再犯的，从重处罚幅度一般应大于上述情形。对于因不同现行犯罪分别构成累犯和毒品再犯的，应当对其所犯各罪分别予以从重处罚。

【量刑指导】根据 2021 年 6 月 17 日最高法、最高检**《关于常见犯罪的量刑指导意见（试行）》**，毒品再犯的，增加基准刑的 10%-30%。

第三百五十七条[333]　**【毒品的含义与数量计算】**本法所称的毒品，是指鸦片、海洛因、甲基苯丙胺（冰毒）、吗啡、大麻、可卡因以及国家规定管制的其他能够使人形成瘾癖的麻醉药品和精神药品。

毒品的数量以查证属实的走私、贩卖、运输、制造、非法持有毒品的数量计算，不以纯度折算。

第八节　组织、强迫、引诱、容留、介绍卖淫罪

第三百五十八条[334]　**【组织卖淫罪】【强迫卖淫罪】**组织、强迫他人卖淫的，处五年以上十年以下有期徒刑，并处罚金；情节严重的，处十年以上有期徒刑或者无期徒刑，并处罚金或者没收财产。

组织、强迫未成年人卖淫的，依照前款的规定从重处罚。

犯前两款罪，并有杀害、伤害、强奸、绑架等犯罪行为的，依照数罪并罚的规定处罚。

【协助组织卖淫罪】为组织卖淫的人招募、运送人员或者有其他协助组织他人卖淫行为的，处五年以下有期徒刑，并处罚金；情节严重的，处五年以上十年以下有期徒刑，并处罚金。

---

〔333〕**【司法解释】**2019年4月29日最高检**《关于〈非药用类麻醉药品和精神药品管制品种增补目录〉能否作为认定毒品依据的批复》**（高检发释字〔2019〕2号，2019年4月30日起施行）规定，根据《中华人民共和国刑法》第三百五十七条和《中华人民共和国禁毒法》第二条的规定，毒品是指鸦片、海洛因、甲基苯丙胺（冰毒）、吗啡、大麻、可卡因以及国家规定管制的其他能够使人形成瘾癖的麻醉药品和精神药品。

2015年10月1日起施行的公安部、国家食品药品监督管理总局、国家卫生和计划生育委员会、国家禁毒委员会办公室《非药用类麻醉药品和精神药品列管办法》及其附表《非药用类麻醉药品和精神药品管制品种增补目录》，是根据国务院《麻醉药品和精神药品管理条例》第三条第二款授权制定的，《非药用类麻醉药品和精神药品管制品种增补目录》可以作为认定毒品的依据。

〔334〕**【刑法修订】**本条被修订二次。1997年刑法原文如下：

第三百五十八条　组织他人卖淫或者强迫他人卖淫的，处五年以上十年以下有期徒刑，并处罚金；有下列情形之一的，处十年以上有期徒刑或者无期徒刑，并处罚金或者没收财产：

（一）组织他人卖淫，情节严重的；

（二）强迫不满十四周岁的幼女卖淫的；

（三）强迫多人卖淫或者多次强迫他人卖淫的；

（四）强奸后迫使卖淫的；

（五）造成被强迫卖淫的人重伤、死亡或者其他严重后果的。

有前款所列情形之一，情节特别严重的，处无期徒刑或者死刑，并处没收财产。

协助组织他人卖淫的，处五年以下有期徒刑，并处罚金；情节严重的，处五年以上十年以下有期徒刑，并处罚金。

2011年**《刑法修正案（八）》第四十八条**修订了本条第三款，将“协助组织他人卖淫”修改为“为组织卖淫的人招募、运送人员或者有其他协助组织他人卖淫行为”。经此修订后的该款条文如下：

第三百五十八条第三款 为组织卖淫的人招募、运送人员或者有其他协助组织他人卖淫行为的，处五年以下有期徒刑，并处罚金；情节严重的，处五年以上十年以下有期徒刑，并处罚金。

2015年**《刑法修正案（九）》第四十二条**对本条作了重大修订，在第一款以“情节严重”代替了原有的五项法定刑加重的情形，从而删除了第一款各项规定；删除了原第二款“有前款所列情形之一，情节特别严重的，处无期徒刑或者死刑，并处没收财产”规定（从而废除了本条的死刑），新设了第二款组织、强迫未成年人卖淫的从重处罚与第三款数罪并罚的规定，将原第三款协助组织卖淫行为改为第四款。

【立案标准】根据2017年4月27日最高检、公安部**《关于公安机关管辖的刑事案件立案追诉标准的规定（一）的补充规定》第十二条**，在组织卖淫的犯罪活动中，帮助招募、运送、培训人员3人以上，或者充当保镖、打手、管账人等，起帮助作用的，应予立案追诉。

【司法解释】2017年7月21日最高法、最高检**《关于办理组织、强迫、引诱、容留、介绍卖淫刑事案件适用法律若干问题的解释》**（法释〔2017〕13号，自2017年7月25日起施行），为依法惩治组织、强迫、引诱、容留、介绍卖淫犯罪活动，根据刑法有关规定，结合司法工作实际，现就办理这类刑事案件具体应用法律的若干问题解释如下：

第一条 以招募、雇佣、纠集等手段，管理或者控制他人卖淫，卖淫人员在3人以上的，应当认定为刑法第三百五十八条规定的“组织他人卖淫”。

组织卖淫者是否设置固定的卖淫场所、组织卖淫者人数多少、规模大小，不影响组织卖淫行为的认定。

第二条 组织他人卖淫，具有下列情形之一的，应当认定为刑法第三百五十八条第一款规定的“情节严重”：

（一）卖淫人员累计达10人以上的；

（二）卖淫人员中未成年人、孕妇、智障人员、患有严重性病的人累计达5

人以上的；

（三）组织境外人员在境内卖淫或者组织境内人员出境卖淫的；

（四）非法获利人民币100万元以上的；

（五）造成被组织卖淫的人自残、自杀或者其他严重后果的；

（六）其他情节严重的情形。

第三条　在组织卖淫犯罪活动中，对被组织卖淫的人有引诱、容留、介绍卖淫行为的，依照处罚较重的规定定罪处罚。但是，对被组织卖淫的人以外的其他人有引诱、容留、介绍卖淫行为的，应当分别定罪，实行数罪并罚。

第四条　明知他人实施组织卖淫犯罪活动而为其招募、运送人员或者充当保镖、打手、管账人等的，依照刑法第三百五十八条第四款的规定，以协助组织卖淫罪定罪处罚，不以组织卖淫罪的从犯论处。

在具有营业执照的会所、洗浴中心等经营场所担任保洁员、收银员、保安员等，从事一般服务性、劳务性工作，仅领取正常薪酬，且无前款所列协助组织卖淫行为的，不认定为协助组织卖淫罪。

第五条　协助组织他人卖淫，具有下列情形之一的，应当认定为刑法第三百五十八条第四款规定的"情节严重"：

（一）招募、运送卖淫人员累计达10人以上的；

（二）招募、运送的卖淫人员中未成年人、孕妇、智障人员、患有严重性病的人累计达5人以上的；

（三）协助组织境外人员在境内卖淫或者协助组织境内人员出境卖淫的；

（四）非法获利人民币50万元以上的；

（五）造成被招募、运送或者被组织卖淫的人自残、自杀或者其他严重后果的；

（六）其他情节严重的情形。

第六条　强迫他人卖淫，具有下列情形之一的，应当认定为刑法第三百五十八条第一款规定的"情节严重"：

（一）卖淫人员累计达5人以上的；

（二）卖淫人员中未成年人、孕妇、智障人员、患有严重性病的人累计达3人以上的；

（三）强迫不满14周岁的幼女卖淫的；

（四）造成被强迫卖淫的人自残、自杀或者其他严重后果的；

（五）其他情节严重的情形。

行为人既有组织卖淫犯罪行为，又有强迫卖淫犯罪行为，且具有下列情形之一的，以组织、强迫卖淫"情节严重"论处：

（一）组织卖淫、强迫卖淫行为中具有本解释第二条、本条前款规定的"情节严重"情形之一的；

（二）卖淫人员累计达到本解释第二条第一、二项规定的组织卖淫"情节严重”人数标准的；

（三）非法获利数额相加达到本解释第二条第四项规定的组织卖淫“情节严重”数额标准的。

第七条 根据刑法第三百五十八条第三款的规定，犯组织、强迫卖淫罪，并有杀害、伤害、强奸、绑架等犯罪行为的，依照数罪并罚的规定处罚。协助组织卖淫行为人参与实施上述行为的，以共同犯罪论处。

根据刑法第三百五十八条第二款的规定，组织、强迫未成年人卖淫的，应当从重处罚。

第八条 ……（➽参见刑法第359条脚注相关部分）

第九条 ……（➽参见刑法第359条脚注相关部分）

第十条 组织、强迫、引诱、容留、介绍他人卖淫的次数，作为酌定情节在量刑时考虑。

第十一条 ……（➽参见刑法第360条脚注相关部分）

第十二条 ……（➽参见刑法第360条脚注相关部分）

第十三条 犯组织、强迫、引诱、容留、介绍卖淫罪的，应当依法判处犯罪所得2倍以上的罚金。共同犯罪的，对各共同犯罪人合计判处的罚金应当在犯罪所得的2倍以上。

对犯组织、强迫卖淫罪被判处无期徒刑的，应当并处没收财产。

第十四条 ……（➽参见刑法第362条脚注相关部分）

第十五条 本解释自2017年7月25日起施行。

根据1999年1月28日公安部法制局《**对关于同性之间以金钱为媒介的性行为如何定性的请示的电话答复**》，对以获取财物为目的出卖自己的肉体与同性发生性行为的应按卖淫定性处罚，对另一方按嫖娼进行处罚。此外，对组织卖淫者，应当依照《刑法》的有关规定追究其刑事责任。

根据2001年2月28日公安部《**关于对同性之间以钱财为媒介的性行为定性处理问题的批复**》（公复字〔2001〕4号），根据《中华人民共和国治安管理处罚条例》（★现为2012年《治安管理处罚法》——编者说明）和全国人大常委会《关于严禁卖淫嫖娼的决定》的规定，不特定的异性之间或者同性之间以金钱、财物为媒介发生不正当性关系的行为，包括口淫、手淫、鸡奸等行为，都属于卖淫嫖娼行为，对行为人应当依法处理。

自本批复下发之日起，《公安部关于以营利为目的的手淫、口淫等行为定性处理问题的批复》（公复字〔1995〕6号）同时废止（★根据2003年5月22日国务院法制办公室《关于审查处理公安部公复字〔2001〕4号批复的复函》（国法函〔2003〕155号），全国人大常委会法工委的意见认为，“公安部对卖淫嫖娼的含义进行解释符合法律规定的权限，公安部公复字4号批复的内容与法律的规定是一致的，卖淫嫖娼是指通过金钱交易一方向另一方提供性服务，以

第三百五十九条[335] **【引诱、容留、介绍卖淫罪】**引诱、容留、介绍他人卖淫的，处五年以下有期徒刑、拘役或者管制，并处罚金；情节严重的，处五年以上有期徒刑，并处罚金。

【引诱幼女卖淫罪】引诱不满十四周岁的幼女卖淫的，处五年以上有期徒刑，并处罚金。

满足对方性欲的行为，至于具体性行为采用什么方式，不影响对卖淫嫖娼行为的认定。据此，公安部公复字4号批复的规定是合法的。”——编者说明）。

根据2003年9月24日公安部《**关于以钱财为媒介尚未发生性行为或发生性行为尚未给付钱财如何定性问题的批复**》（公复字〔2003〕5号），卖淫嫖娼是指不特定的异性之间或同性之间以金钱、财物为媒介发生性关系的行为。行为主体之间主观上已经就卖淫嫖娼达成一致，已经谈好价格或者已经给付金钱、财物，并且已经着手实施，但由于其本人主观意志以外的原因，尚未发生性关系的；或者已经发生性关系，但尚未给付金钱、财物的，都可以按卖淫嫖娼行为依法处理。对前一种行为，应当从轻处罚。

〔335〕 **【司法解释】**2017年7月21日最高法、最高检《**关于办理组织、强迫、引诱、容留、介绍卖淫刑事案件适用法律若干问题的解释**》，就刑法第三百五十九条的适用解释如下：

第八条 引诱、容留、介绍他人卖淫，具有下列情形之一的，应当依照刑法第三百五十九条第一款的规定定罪处罚：

（一）引诱他人卖淫的；

（二）容留、介绍2人以上卖淫的；

（三）容留、介绍未成年人、孕妇、智障人员、患有严重性病的人卖淫的；

（四）1年内曾因引诱、容留、介绍卖淫行为被行政处罚，又实施容留、介绍卖淫行为的；

（五）非法获利人民币1万元以上的。

利用信息网络发布招嫖违法信息，情节严重的，依照刑法第二百八十七条之一的规定，以非法利用信息网络罪定罪处罚。同时构成介绍卖淫罪的，依照处罚较重的规定定罪处罚。

引诱、容留、介绍他人卖淫是否以营利为目的，不影响犯罪的成立。

引诱不满14周岁的幼女卖淫的，依照刑法第三百五十九条第二款的规定，以引诱幼女卖淫罪定罪处罚。

被引诱卖淫的人员中既有不满14周岁的幼女，又有其他人员的，分别以引诱幼女卖淫罪和引诱卖淫罪定罪，实行并罚。

第九条 引诱、容留、介绍他人卖淫，具有下列情形之一的，应当认定为刑法第三百五十九条第一款规定的“情节严重”：

第三百六十条[336] **【传播性病罪】**明知自己患有梅毒、淋病等严重性病卖淫、嫖娼的，处五年以下有期徒刑、拘役或者管制，并处罚金。

(一)引诱5人以上或者引诱、容留、介绍10人以上卖淫的；

(二)引诱3人以上的未成年人、孕妇、智障人员、患有严重性病的人卖淫，或者引诱、容留、介绍5人以上该类人员卖淫的；

(三)非法获利人民币5万元以上的；

(四)其他情节严重的情形。

第十条 组织、强迫、引诱、容留、介绍他人卖淫的次数，作为酌定情节在量刑时考虑。

……

第十三条 犯组织、强迫、引诱、容留、介绍卖淫罪的，应当依法判处犯罪所得2倍以上的罚金。共同犯罪的，对各共同犯罪人合计判处的罚金应当在犯罪所得的2倍以上。

对犯组织、强迫卖淫罪被判处无期徒刑的，应当并处没收财产。

【量刑指导】根据2021年6月17日最高法、最高检**《关于常见犯罪的量刑指导意见(试行)》**，1. 构成引诱、容留、介绍卖淫罪的，根据下列情形在相应的幅度内确定量刑起点：

(1)情节一般的，在2年以下有期徒刑、拘役幅度内确定量刑起点。

(2)情节严重的，在5年至7年有期徒刑幅度内确定量刑起点。

2. 在量刑起点的基础上，根据引诱、容留、介绍卖淫的人数等其他影响犯罪构成的犯罪事实增加刑罚量，确定基准刑。

3. 旅馆业、饮食服务业、文化娱乐业、出租汽车业等单位的主要负责人，利用本单位的条件，引诱、容留、介绍他人卖淫的，增加基准刑的10%-20%。

4. 构成引诱、容留、介绍卖淫罪的，根据引诱、容留、介绍卖淫的人数、次数、违法所得数额、危害后果等犯罪情节，综合考虑被告人缴纳罚金的能力，决定罚金数额。

5. 构成引诱、容留、介绍卖淫罪的，综合考虑引诱、容留、介绍卖淫的人数、次数、危害后果等犯罪事实、量刑情节，以及被告人主观恶性、人身危险性、认罪悔罪表现等因素，决定缓刑的适用。

★上述量刑指导意见仅适用于引诱、容留、介绍卖淫罪，不适用于引诱幼女卖淫罪——编者说明。

〔336〕**【刑法修订】**2015年**《刑法修正案(九)》第四十三条**删除了本条第二款。1997年刑法原文如下：

第三百六十条 明知自己患有梅毒、淋病等严重性病卖淫、嫖娼的，处五年以下有期徒刑、拘役或者管制，并处罚金。

嫖宿不满十四周岁的幼女的，处五年以上有期徒刑，并处罚金。

2015年**《刑法修正案(九)》**删除了本条第二款嫖宿幼女罪的规定。自此，

第三百六十一条　【旅馆业等服务单位人员组织、强迫、引诱、容留、介绍他人卖淫的处理】旅馆业、饮食服务业、文化娱乐业、出租汽车业等单位的人员，利用本单位的条件，组织、强迫、引诱、容留、介绍他人卖淫的，依照本法第三百五十八条、第三百五十九条的规定定罪处罚。

前款所列单位的主要负责人，犯前款罪的，从重处罚。

明知是不满十四周岁的幼女而嫖宿的，按照强奸罪的规定定罪处罚。

【司法解释】2017 年 7 月 21 日最高法、最高检**《关于办理组织、强迫、引诱、容留、介绍卖淫刑事案件适用法律若干问题的解释》**，就刑法第三百六十条的适用解释如下：

第十一条　具有下列情形之一的，应当认定为刑法第三百六十条规定的"明知"：

（一）有证据证明曾到医院或者其他医疗机构就医或者检查，被诊断为患有严重性病的；

（二）根据本人的知识和经验，能够知道自己患有严重性病的；

（三）通过其他方法能够证明行为人是"明知"的。

传播性病行为是否实际造成他人患上严重性病的后果，不影响本罪的成立。

刑法第三百六十条规定所称的"严重性病"，包括梅毒、淋病等。其他性病是否认定为"严重性病"，应当根据《中华人民共和国传染病防治法》《性病防治管理办法》的规定，在国家卫生与计划生育委员会规定实行性病监测的性病范围内，依照其危害、特点与梅毒、淋病相当的原则，从严掌握。

第十二条　明知自己患有艾滋病或者感染艾滋病病毒而卖淫、嫖娼的，依照刑法第三百六十条的规定，以传播性病罪定罪，从重处罚。

具有下列情形之一，致使他人感染艾滋病病毒的，认定为刑法第九十五条第三项"其他对于人身健康有重大伤害"所指的"重伤"，依照刑法第二百三十四条第二款的规定，以故意伤害罪定罪处罚：

（一）明知自己感染艾滋病病毒而卖淫、嫖娼的；

（二）明知自己感染艾滋病病毒，故意不采取防范措施而与他人发生性关系的。

根据 2019 年 5 月 19 日最高法、最高检、公安部、司法部**《关于依法严厉打击传播艾滋病病毒等违法犯罪行为的指导意见》**，明知自己感染艾滋病病毒或者患有艾滋病而卖淫、嫖娼，未致人感染艾滋病病毒的，依照刑法第三百六十条的规定，以传播性病罪定罪，并从重处罚。

明知他人感染艾滋病病毒或者患有艾滋病，介绍其卖淫，同时构成介绍卖淫罪、故意伤害罪的，依照处罚较重的规定定罪处罚。

第三百六十二条〔337〕**【旅馆业等服务单位人员在查处卖淫、嫖娼活动时为违法犯罪分子通风报信的处理】**旅馆业、饮食服务业、文化娱乐业、出租汽车业等单位的人员，在公安机关查处卖淫、嫖娼活动时，为违法犯罪分子通风报信，情节严重的，依照本法第三百一十条的规定定罪处罚。

第九节 制作、贩卖、传播淫秽物品罪

第三百六十三条〔338〕 **【制作、复制、出版、贩卖、传播淫秽物品牟利罪】**以牟利为目的，制作、复制、出版、贩卖、传播淫秽物品的，处三年以下有期徒刑、拘役或者管制，并处罚金；情节严重的，处三年以上十年以下有期徒刑，并处罚金；情节特别严重的，处十年以上有期徒刑或者无期徒刑，并处罚金或者没收财产。

【为他人提供书号出版淫秽书刊罪】为他人提供书号，出版淫秽书刊的，处三年以下有期徒刑、拘役或者管制，并处或者单处罚金；明知他人用于出版淫秽书刊而提供书号的，依照前款的规定处罚。

---

〔337〕**【司法解释】**根据2017年7月21日最高法、最高检**《关于办理组织、强迫、引诱、容留、介绍卖淫刑事案件适用法律若干问题的解释》第十四条**，根据刑法第三百六十二条、第三百一十条的规定，旅馆业、饮食服务业、文化娱乐业、出租汽车业等单位的人员，在公安机关查处卖淫、嫖娼活动时，为违法犯罪分子通风报信，情节严重的，以包庇罪定罪处罚（★将罪名一律定为包庇罪是否合适，值得研究——编者说明）。事前与犯罪分子通谋的，以共同犯罪论处。

具有下列情形之一的，应当认定为刑法第三百六十二条规定的"情节严重"：

（一）向组织、强迫卖淫犯罪集团通风报信的；

（二）2年内通风报信3次以上的；

（三）1年内因通风报信被行政处罚，又实施通风报信行为的；

（四）致使犯罪集团的首要分子或者其他共同犯罪的主犯未能及时归案的；

（五）造成卖淫嫖娼人员逃跑，致使公安机关查处犯罪行为因取证困难而撤销刑事案件的；

（六）非法获利人民币1万元以上的；

（七）其他情节严重的情形。

〔338〕**【相关法规】**根据2009年修正后的全国人大常委会**《关于维护互联网安全的决定》第三条第（五）项**，在互联网上建立淫秽网站、网页，提供

淫秽站点链接服务，或者传播淫秽书刊、影片、音像、图片的，依照刑法有关规定（★即现行刑法第三百六十三条、第三百六十四条——编者说明）追究刑事责任。

【立案标准】2008年6月25日最高检、公安部**《关于公安机关管辖的刑事案件立案追诉标准的规定（一）》**，对刑法第三百六十三条的立案追诉标准规定如下：

第八十二条　以牟利为目的，制作、复制、出版、贩卖、传播淫秽物品，涉嫌下列情形之一的，应予立案追诉：

（一）制作、复制、出版淫秽影碟、软件、录像带50至100张（盒）以上，淫秽音碟、录音带100至200张（盒）以上，淫秽扑克、书刊、画册100至200副（册）以上，淫秽照片、画片500至1000张以上的；

（二）贩卖淫秽影碟、软件、录像带100至200张（盒）以上，淫秽音碟、录音带200至400张（盒）以上，淫秽扑克、书刊、画册200至400副（册）以上，淫秽照片、画片1000至2000张以上的；

（三）向他人传播淫秽物品达200至500人次以上，或者组织播放淫秽影、像达10至20场次以上的；

（四）制作、复制、出版、贩卖、传播淫秽物品，获利5000至1万元以上的。

以牟利为目的，利用互联网、移动通讯终端制作、复制、出版、贩卖、传播淫秽电子信息，涉嫌下列情形之一的，应予立案追诉：

（一）制作、复制、出版、贩卖、传播淫秽电影、表演、动画等视频文件20个以上的；

（二）制作、复制、出版、贩卖、传播淫秽音频文件100个以上的；

（三）制作、复制、出版、贩卖、传播淫秽电子刊物、图片、文章、短信息等200件以上的；

（四）制作、复制、出版、贩卖、传播的淫秽电子信息，实际被点击数达到1万次以上的；

（五）以会员制方式出版、贩卖、传播淫秽电子信息，注册会员达200人以上的；

（六）利用淫秽电子信息收取广告费、会员注册费或者其他费用，违法所得1万元以上的；

（七）数量或者数额虽未达到本款第（一）项至第（六）项规定标准，但分别达到其中两项以上标准的50%以上的；

（八）造成严重后果的。

利用聊天室、论坛、即时通信软件、电子邮件等方式，实施本条第二款规定行为的，应予立案追诉。

以牟利为目的，通过声讯台传播淫秽语音信息，涉嫌下列情形之一的，应予立案追诉：

（一）向100人次以上传播的；

（二）违法所得1万元以上的；

（三）造成严重后果的。

明知他人用于出版淫秽书刊而提供书号、刊号的，应予立案追诉。

第八十三条　为他人提供书号、刊号出版淫秽书刊，或者为他人提供版号出版淫秽音像制品的，应予立案追诉。

【司法解释】1998年12月17日最高法**《关于审理非法出版物刑事案件具体应用法律若干问题的解释》**（法释〔1998〕30号，自1998年12月23日起施行），就适用刑法第三百六十三条做出如下解释：

第八条　以牟利为目的，实施刑法第三百六十三条第一款规定的行为，具有下列情形之一的，以制作、复制、出版、贩卖、传播淫秽物品牟利罪定罪处罚：

（一）制作、复制、出版淫秽影碟、软件、录像带50至100张（盒）以上，淫秽音碟、录音带100至200张（盒）以上，淫秽扑克、书刊、画册100至200副（册）以上，淫秽照片、画片500至1000张以上的；

（二）贩卖淫秽影碟、软件、录像带100至200张（盒）以上，淫秽音碟、录音带200至400张（盒）以上，淫秽扑克、书刊、画册200至400副（册）以上，淫秽照片、画片1000至2000张以上的；

（三）向他人传播淫秽物品达200至500人次以上，或者组织播放淫秽影、像达10至20场次以上；

（四）制作、复制、出版、贩卖、传播淫秽物品，获利5000至1万元以上的。

以牟利为目的，实施刑法第三百六十三条第一款规定的行为，具有下列情形之一的，应当认定为制作、复制、出版、贩卖、传播淫秽物品牟利罪"情节严重"：

（一）制作、复制、出版淫秽影碟、软件、录像带250至500张（盒）以上，淫秽音碟、录音带500至1000张（盒）以上，淫秽扑克、书刊、画册500至1000副（册）以上，淫秽照片、画片2500至5000张以上的；

（二）贩卖淫秽影碟、软件、录像带500至1000张（盒）以上，淫秽音碟、录音带1000至2000张（盒）以上，淫秽扑克、书刊、画册1000至2000副（册）以上，淫秽照片、画片5000至1万张以上的；

（三）向他人传播淫秽物品达1000至2000人次以上，或者组织播放淫秽影、像达50至100场次以上的；

（四）制作、复制、出版、贩卖、传播淫秽物品，获利3万至5万元以上的。

以牟利为目的，实施刑法第三百六十三条第一款规定的行为，其数量（数额）达到前款规定的数量（数额）5倍以上的，应当认定为制作、复制、出版、贩卖、传播淫秽物品牟利罪“情节特别严重”。

第九条　为他人提供书号、刊号，出版淫秽书刊的，依照刑法第三百六十三条第二款的规定，以为他人提供书号出版淫秽书刊罪定罪处罚。

为他人提供版号，出版淫秽音像制品的，依照前款规定定罪处罚。

明知他人用于出版淫秽书刊而提供书号、刊号的，依照刑法第三百六十三条第一款的规定，以出版淫秽物品牟利罪定罪处罚。

……

第十六条　出版单位与他人事前通谋，向其出售、出租或者以其他形式转让该出版单位的名称、书号、刊号、版号，他人实施本解释第二条、第四条、第八条、第九条、第十条、第十一条规定的行为，构成犯罪的，对该出版单位应当以共犯论处。

2004年9月3日最高法、最高检《**关于办理利用互联网、移动通讯终端、声讯台制作、复制、出版、贩卖、传播淫秽电子信息刑事案件具体应用法律若干问题的解释**》(法释〔2004〕11号，自2004年9月6日起施行)，对利用互联网、移动通讯终端制作、复制、出版、贩卖、传播淫秽电子信息、通过声讯台传播淫秽语音信息该类刑事案件具体应用法律的若干问题解释如下：

第一条　以牟利为目的，利用互联网、移动通讯终端制作、复制、出版、贩卖、传播淫秽电子信息，具有下列情形之一的，依照刑法第三百六十三条第一款的规定，以制作、复制、出版、贩卖、传播淫秽物品牟利罪定罪处罚：

(一)制作、复制、出版、贩卖、传播淫秽电影、表演、动画等视频文件20个以上的；

(二)制作、复制、出版、贩卖、传播淫秽音频文件100个以上的；

(三)制作、复制、出版、贩卖、传播淫秽电子刊物、图片、文章、短信息等200件以上的；

(四)制作、复制、出版、贩卖、传播的淫秽电子信息，实际被点击数达到1万次以上的；

(五)以会员制方式出版、贩卖、传播淫秽电子信息，注册会员达200人以上的；

(六)利用淫秽电子信息收取广告费、会员注册费或者其他费用，违法所得1万元以上的；

(七)数量或者数额虽未达到第(一)项至第(六)项规定标准，但分别达到其中两项以上标准一半以上的；

(八)造成严重后果的。

利用聊天室、论坛、即时通信软件、电子邮件等方式，实施第一款规定行为的，依照刑法第三百六十三条第一款的规定，以制作、复制、出版、贩卖、传播淫秽物品牟利罪定罪处罚。

第二条　实施第一条规定的行为，数量或者数额达到第一条第一款第（一）项至第（六）项规定标准5倍以上的，应当认定为刑法第三百六十三条第一款规定的“情节严重”；达到规定标准25倍以上的，应当认定为“情节特别严重”。

第三条　……（➻参见刑法第364条脚注相关部分）

第四条　明知是淫秽电子信息而在自己所有、管理或者使用的网站或者网页上提供直接链接的，其数量标准根据所链接的淫秽电子信息的种类计算。

第五条　以牟利为目的，通过声讯台传播淫秽语音信息，具有下列情形之一的，依照刑法第三百六十三条第一款的规定，对直接负责的主管人员和其他直接责任人员以传播淫秽物品牟利罪定罪处罚：

（一）向100人次以上传播的；

（二）违法所得1万元以上的；

（三）造成严重后果的。

实施前款规定行为，数量或者数额达到前款第（一）项至第（二）项规定标准5倍以上的，应当认定为刑法第三百六十三条第一款规定的“情节严重”；达到规定标准25倍以上的，应当认定为“情节特别严重”。

第六条　实施本解释前五条规定的犯罪，具有下列情形之一的，依照刑法第三百六十三条第一款、第三百六十四条第一款的规定从重处罚：

（一）制作、复制、出版、贩卖、传播具体描绘不满18周岁未成年人性行为的淫秽电子信息的（★本项被2010年2月2日最高法、最高检《关于办理利用互联网、移动通讯终端、声讯台制作、复制、出版、贩卖、传播淫秽电子信息刑事案件具体应用法律若干问题的解释（二）》局部修改。利用互联网、移动通讯终端制作、复制、出版、贩卖、传播内容含有不满14周岁的未成年人的淫秽电子信息的，依照《解释（二）》第一条规定的定罪量刑标准定罪处罚；制作、复制、出版、贩卖、传播具体描绘已满14周岁不满18周岁的未成年人性行为的淫秽电子信息的，仍按照本《解释（二）》第六条第（一）项的规定从重处罚——编者说明）；

（二）明知是具体描绘不满18周岁的未成年人性行为的淫秽电子信息而在自己所有、管理或者使用的网站或者网页上提供直接链接的；

（三）向不满18周岁的未成年人贩卖、传播淫秽电子信息和语音信息的；

（四）通过使用破坏性程序、恶意代码修改用户计算机设置等方法，强制用户访问、下载淫秽电子信息的。

第七条　明知他人实施制作、复制、出版、贩卖、传播淫秽电子信息犯罪，为其提供互联网接入、服务器托管、网络存储空间、通讯传输通道、费用结算等帮助的，对直接负责的主管人员和其他直接责任人员，以共同犯罪论处（★本条被2010年2月2日最高法、最高检《关于办理利用互联网、移动通讯终端、声讯台制作、复制、出版、贩卖、传播淫秽电子信息刑事案件具体应用法律若干问题的解释(二)》第六条局部修改。电信业务经营者、互联网信息服务提供者明知是淫秽网站,为其提供互联网接入、服务器托管、网络存储空间、通讯传输通道、代收费等服务,并收取服务费,符合特定的数量标准的,对直接负责的主管人员和其他直接责任人员,不是以共同犯罪论处,而是以传播淫秽物品牟利罪论处。此外,上述行为还同时构成《刑法修正案(九)》增设的帮助信息网络犯罪活动罪,应当依照处罚较重的规定定罪处罚——编者说明)。

第八条　利用互联网、移动通讯终端、声讯台贩卖、传播淫秽书刊、影片、录像带、录音带等以实物为载体的淫秽物品的,依照《最高人民法院关于审理非法出版物刑事案件具体应用法律若干问题的解释》的有关规定定罪处罚。

2010年2月2日最高法、最高检《**关于办理利用互联网、移动通讯终端、声讯台制作、复制、出版、贩卖、传播淫秽电子信息刑事案件具体应用法律若干问题的解释(二)**》(法释〔2010〕3号,自2010年2月4日起施行),就利用互联网、移动通讯终端制作、复制、出版、贩卖、传播淫秽电子信息,通过声讯台传播淫秽语音信息等刑事案件具体应用法律的若干问题解释如下:

第一条　以牟利为目的,利用互联网、移动通讯终端制作、复制、出版、贩卖、传播淫秽电子信息的,依照《最高人民法院、最高人民检察院关于办理利用互联网、移动通讯终端、声讯台制作、复制、出版、贩卖、传播淫秽电子信息刑事案件具体应用法律若干问题的解释》第一条、第二条的规定定罪处罚。

以牟利为目的,利用互联网、移动通讯终端制作、复制、出版、贩卖、传播内容含有不满14周岁未成年人的淫秽电子信息,具有下列情形之一的,依照刑法第三百六十三条第一款的规定,以制作、复制、出版、贩卖、传播淫秽物品牟利罪定罪处罚:

(一)制作、复制、出版、贩卖、传播淫秽电影、表演、动画等视频文件10个以上的;

(二)制作、复制、出版、贩卖、传播淫秽音频文件50个以上的;

(三)制作、复制、出版、贩卖、传播淫秽电子刊物、图片、文章等100件以上的;

(四)制作、复制、出版、贩卖、传播的淫秽电子信息,实际被点击数达到5000次以上的;

(五)以会员制方式出版、贩卖、传播淫秽电子信息,注册会员达100人以上的;

(六)利用淫秽电子信息收取广告费、会员注册费或者其他费用,违法所得5000元以上的;

(七)数量或者数额虽未达到第(一)项至第(六)项规定标准,但分别达到其中两项以上标准一半以上的;

（八）造成严重后果的。

实施第二款规定的行为，数量或者数额达到第二款第（一）项至第（七）项规定标准5倍以上的，应当认定为刑法第三百六十三条第一款规定的“情节严重”；达到规定标准25倍以上的，应当认定为“情节特别严重”。

第二条 ……（➽参见刑法第364条脚注相关部分）

第三条 ……（➽参见刑法第364条脚注相关部分）

第四条 以牟利为目的，网站建立者、直接负责的管理者明知他人制作、复制、出版、贩卖、传播的是淫秽电子信息，允许或者放任他人在自己所有、管理的网站或者网页上发布，具有下列情形之一的，依照刑法第三百六十三条第一款的规定，以传播淫秽物品牟利罪定罪处罚：

（一）数量或者数额达到第一条第二款第（一）项至第（六）项规定标准5倍以上的；

（二）数量或者数额分别达到第一条第二款第（一）项至第（六）项2项以上标准2倍以上的；

（三）造成严重后果的。

实施前款规定的行为，数量或者数额达到第一条第二款第（一）项至第（七）项规定标准25倍以上的，应当认定为刑法第三百六十三条第一款规定的“情节严重”；达到规定标准100倍以上的，应当认定为“情节特别严重”。

第五条 ……（➽参见刑法第364条脚注相关部分）

第六条 电信业务经营者、互联网信息服务提供者明知是淫秽网站，为其提供互联网接入、服务器托管、网络存储空间、通讯传输通道、代收费等服务，并收取服务费，具有下列情形之一的，对直接负责的主管人员和其他直接责任人员，依照刑法第三百六十三条第一款的规定，以传播淫秽物品牟利罪定罪处罚：

（一）为5个以上淫秽网站提供上述服务的；

（二）为淫秽网站提供互联网接入、服务器托管、网络存储空间、通讯传输通道等服务，收取服务费数额在2万元以上的；

（三）为淫秽网站提供代收费服务，收取服务费数额在5万元以上的；

（四）造成严重后果的。

实施前款规定的行为，数量或者数额达到前款第（一）项至第（三）项规定标准5倍以上的，应当认定为刑法第三百六十三条第一款规定的“情节严重”；达到规定标准25倍以上的，应当认定为“情节特别严重”。

第七条 明知是淫秽网站，以牟利为目的，通过投放广告等方式向其直接或者间接提供资金，或者提供费用结算服务，具有下列情形之一的，对直接负责的主管人员和其他直接责任人员，依照刑法第三百六十三条第一款的规定，以制作、复制、出版、贩卖、传播淫秽物品牟利罪的共同犯罪处罚：

（一）向10个以上淫秽网站投放广告或者以其他方式提供资金的；

（二）向淫秽网站投放广告20条以上的；

（三）向10个以上淫秽网站提供费用结算服务的；

（四）以投放广告或者其他方式向淫秽网站提供资金数额在5万元以上的；

（五）为淫秽网站提供费用结算服务，收取服务费数额在2万元以上的；

（六）造成严重后果的。

实施前款规定的行为，数量或者数额达到前款第（一）项至第（五）项规定标准5倍以上的，应当认定为刑法第三百六十三条第一款规定的“情节严重”；达到规定标准25倍以上的，应当认定为“情节特别严重”（★实施本《解释》第六条、第七条的行为，还同时构成《刑法修正案（九）》增设的帮助信息网络犯罪活动罪，对此应当依照处罚较重的规定定罪处罚——编者说明）。

第八条　实施第四条至第七条规定的行为，具有下列情形之一的，应当认定行为人“明知”，但是有证据证明确实不知道的除外：

（一）行政主管机关书面告知后仍然实施上述行为的；

（二）接到举报后不履行法定管理职责的；

（三）为淫秽网站提供互联网接入、服务器托管、网络存储空间、通讯传输通道、代收费、费用结算等服务，收取服务费明显高于市场价格的；

（四）向淫秽网站投放广告，广告点击率明显异常的；

（五）其他能够认定行为人明知的情形。

第九条　1年内多次实施制作、复制、出版、贩卖、传播淫秽电子信息行为未经处理，数量或者数额累计计算构成犯罪的，应当依法定罪处罚。

第十条　单位实施制作、复制、出版、贩卖、传播淫秽电子信息犯罪的，依照《中华人民共和国刑法》、《最高人民法院、最高人民检察院关于办理利用互联网、移动通讯终端、声讯台制作、复制、出版、贩卖、传播淫秽电子信息刑事案件具体应用法律若干问题的解释》和本解释规定的相应个人犯罪的定罪量刑标准，对直接负责的主管人员和其他直接责任人员定罪处罚，并对单位判处罚金。

第十一条　对于以牟利为目的，实施制作、复制、出版、贩卖、传播淫秽电子信息犯罪的，人民法院应当综合考虑犯罪的违法所得、社会危害性等情节，依法判处罚金或者没收财产。罚金数额一般在违法所得的1倍以上5倍以下。

第十二条　《最高人民法院、最高人民检察院关于办理利用互联网、移动通讯终端、声讯台制作、复制、出版、贩卖、传播淫秽电子信息刑事案件具体应用法律若干问题的解释》和本解释所称网站，是指可以通过互联网域名、IP地址等方式访问的内容提供站点。

以制作、复制、出版、贩卖、传播淫秽电子信息为目的建立或者建立后主要从事制作、复制、出版、贩卖、传播淫秽电子信息活动的网站,为淫秽网站。

第十三条 以前发布的司法解释与本解释不一致的,以本解释为准。

根据2015年4月7日最高检法律政策研究室**《对〈关于利用移动存储介质复制、贩卖淫秽视频电子信息牟利如何适用法律问题的请示〉的答复意见》**,以牟利为目的,利用手机存储卡、U盘等移动存储介质复制、贩卖淫秽电子信息的,依照刑法第三百六十三条第一款的规定定罪处罚。有关定罪量刑标准可以参考《最高人民法院关于审理非法出版物刑事案件具体应用法律若干问题的解释》第八条规定,同时综合考虑移动存储介质数量、传播人数、获利金额等情节。对于移动存储介质中淫秽视频电子信息的数量计算以电子视频文件的个数为单位,1个淫秽文件视为1张影碟、1个软件、1盘录像带;具体定罪量刑标准,可以参考制作、复制、贩卖淫秽影碟、软件、录像带的相关规定。

2017年11月22日最高法、最高检**《关于利用网络云盘制作、复制、贩卖、传播淫秽电子信息牟利行为定罪量刑问题的批复》**(法释〔2017〕19号,自2017年12月1日起施行),就如何对利用网络云盘制作、复制、贩卖、传播淫秽电子信息牟利行为定罪量刑的问题,批复如下:

一、对于以牟利为目的,利用网络云盘制作、复制、贩卖、传播淫秽电子信息的行为,是否应当追究刑事责任,适用刑法和《最高人民法院、最高人民检察院关于办理利用互联网、移动通讯终端、声讯台制作、复制、出版、贩卖、传播淫秽电子信息刑事案件具体应用法律若干问题的解释》(法释〔2004〕11号)、《最高人民法院、最高人民检察院关于办理利用互联网、移动通讯终端、声讯台制作、复制、出版、贩卖、传播淫秽电子信息刑事案件具体应用法律若干问题的解释(二)》(法释〔2010〕3号)的有关规定。

二、对于以牟利为目的,利用网络云盘制作、复制、贩卖、传播淫秽电子信息的行为,在追究刑事责任时,鉴于网络云盘的特点,不应单纯考虑制作、复制、贩卖、传播淫秽电子信息的数量,还应充分考虑传播范围、违法所得、行为人一贯表现以及淫秽电子信息、传播对象是否涉及未成年人等情节,综合评估社会危害性,恰当裁量刑罚,确保罪责刑相适应。

根据2004年11月12日公安部、中央社会治安综合治理委员会办公室、民政部等六部门**《关于进一步加强和改进出租房屋管理工作有关问题的通知》**,为他人制作、贩卖淫秽图书、光盘或者其他淫秽物品提供出租房屋……构成犯罪的,依照《中华人民共和国刑法》第三百六十三条的规定追究刑事责任。

根据最高法研究室**《关于在局域网内制作、复制、传播淫秽电子信息行为**

适用法律问题的研究意见》，互联网是指直接进行国际联网的计算机信息网络。互联网上网服务营业场所内部局域网不属于互联网，在互联网上网服务营业场所内部局域网内制作、复制、传播淫秽电子信息的行为不适用《最高人民法院、最高人民检察院关于办理利用互联网、移动通讯终端、声讯台制作、复制、出版、贩卖、传播淫秽电子信息刑事案件具体应用法律若干问题的解释》的规定（参见《司法研究与指导》2012 年总第 1 辑）。

根据最高法研究室《**关于淫秽视频个数如何认定的研究意见**》，对淫秽视频以自然的个数计算认定，即不考虑各个视频的内容之间是否存在关联，只要行为人提供直接连接的视频是独立的视频文件，就认定为一个视频（参见《司法研究与指导》2012 年总第 1 辑）。

【指导案例】根据 2022 年 1 月 26 日最高检**第三十四批指导性案例·检例第 139 号·钱某制作、贩卖、传播淫秽物品牟利案**，自然人在私密空间的日常生活属于民法典保护的隐私。行为人以牟利为目的，偷拍他人性行为并制作成视频文件，以贩卖、传播方式予以公开，不仅侵犯他人隐私，而且该偷拍视频公开后具有描绘性行为、宣扬色情的客观属性，符合刑法关于"淫秽物品"的规定，构成犯罪的，应当以制作、贩卖、传播淫秽物品牟利罪追究刑事责任。以牟利为目的提供互联网链接，使他人可以通过偷拍设备实时观看或者下载视频文件的，属于该罪的"贩卖、传播"行为。检察机关办理涉及偷拍他人隐私的刑事案件时，应当根据犯罪的主客观方面依法适用不同罪名追究刑事责任。

★该指导案例在"指导意义"部分指出：发生在酒店、旅馆、民宿等非公开空间内的性行为，属于隐私保护的范围。行为人偷拍他人性行为并经互联网传播扩散的视频，不仅侵害个人隐私，而且客观上具有描绘性行为的诲淫性，具有宣扬色情的危害性，符合刑法对"淫秽物品"的界定。行为人有偿提供互联网链接，他人付费后可以实时在线观看，与建立并运营"点对面"式互联网直播平台的传播行为性质相同，应当认定为贩卖、传播行为。

行为人偷拍他人隐私，行为方式、目的多样，应当区分不同情形依法惩处。行为人非法使用偷拍设备窥探他人隐私，未贩卖、传播的，如果相关设备经鉴定属于窃听、窃照专用器材，造成严重后果的，应当以非法使用窃听、窃照专用器材罪追究刑事责任；如果行为人又将偷拍的内容贩卖、传播的，应当按照处罚较重的罪名追究刑事责任。行为人通过远程操控侵入他人自行安装的摄像头后台信息系统，对他人私密空间、行为进行窥探，进行遥控并自行观看，情节严重的，应当以非法控制计算机信息系统罪追究刑事责任；如果行为人在侵入上述计算机信息系统以后，又将偷拍的视频贩卖、传播的，应当按照处罚较重的罪名追究刑事责任。行为人以非法占有他人财物为目的，通过偷拍获取他人隐私，进而要挟他人、获取财物，构成犯罪的，应当以敲诈勒索罪追究刑事责任。上述行为尚未构成犯罪的，应当依法从严追究其行政违法责任。

第三百六十四条[339]　**【传播淫秽物品罪】**传播淫秽的书刊、影片、音像、图片或者其他淫秽物品，情节严重的，处二年以下有期徒刑、拘役或者管制。

【组织播放淫秽音像制品罪】组织播放淫秽的电影、录像等音像制品的，处三年以下有期徒刑、拘役或者管制，并处罚金；情节严重的，处三年以上十年以下有期徒刑，并处罚金。

制作、复制淫秽的电影、录像等音像制品组织播放的，依照第二款的规定从重处罚。

向不满十八周岁的未成年人传播淫秽物品的，从重处罚。

---

〔339〕**【立案标准】**2008 年 6 月 25 日最高检、公安部**《关于公安机关管辖的刑事案件立案追诉标准的规定（一）》**，对刑法第三百六十四条的立案追诉标准规定如下：

第八十四条　传播淫秽的书刊、影片、音像、图片或者其他淫秽物品，涉嫌下列情形之一的，应予立案追诉：

（一）向他人传播 300 至 600 人次以上的；

（二）造成恶劣社会影响的。

不以牟利为目的，利用互联网、移动通讯终端传播淫秽电子信息，涉嫌下列情形之一的，应予立案追诉：

（一）数量达到本规定第八十二条第二款第（一）项至第（五）项规定标准 2 倍以上的；

（二）数量分别达到本规定第八十二条第二款第（一）项至第（五）项 2 项以上标准的；

（三）造成严重后果的。

利用聊天室、论坛、即时通信软件、电子邮件等方式，实施本条第二款规定行为的，应予立案追诉。

第八十五条　组织播放淫秽的电影、录像等音像制品，涉嫌下列情形之一的，应予立案追诉：

（一）组织播放 15 至 30 场次以上的；

（二）造成恶劣社会影响的。

【司法解释】1998 年 11 月 9 日公安部**《关于携带、藏匿淫秽 VCD 是否属于传播淫秽物品问题的批复》**（公复字〔1998〕6 号）指出：1990 年 7 月 6 日最高人民法院、最高人民检察院《关于办理淫秽物品刑事案件具体应用法律的规定》，已于 1994 年 8 月 29 日被废止，不再执行。对于携带、藏匿淫秽 VCD 的行为，不能简单地视为“传播”，而应注意广泛搜集证据，根据主客观相统一的原则，来判断是否构成“传播”行为。如果行为人主观上没有“传播”故意，只是为了自己观看，不能认定为“传播淫秽物品”，但应当没收淫秽 VCD，并对当事人进行必要的法制教育。

根据 1998 年 12 月 17 日最高法**《关于审理非法出版物刑事案件具体应用法律若干问题的解释》第十条**，向他人传播淫秽的书刊、影片、音像、图片等出版物达 300 至 600 人次以上或者造成恶劣社会影响的，属于“情节严重”，依照刑法第三百六十四条第一款的规定，以传播淫秽物品罪定罪处罚。

组织播放淫秽的电影、录像等音像制品达 15 至 30 场次以上或者造成恶劣社会影响的，依照刑法第三百六十四条第二款的规定，以组织播放淫秽音像制品罪定罪处罚。

根据 2004 年 9 月 3 日最高法、最高检**《关于办理利用互联网、移动通讯终端、声讯台制作、复制、出版、贩卖、传播淫秽电子信息刑事案件具体应用法律若干问题的解释》第三条**，不以牟利为目的，利用互联网或者移动通讯终端传播淫秽电子信息，具有下列情形之一的，依照刑法第三百六十四条第一款的规定，以传播淫秽物品罪定罪处罚：

(一)数量达到第一条第一款第(一)项至第(五)项规定标准 2 倍以上的；

(二)数量分别达到第一条第一款第(一)项至第(五)项两项以上标准的；

(三)造成严重后果的。

利用聊天室、论坛、即时通信软件、电子邮件等方式，实施第一款规定行为的，依照刑法第三百六十四条第一款的规定，以传播淫秽物品罪定罪处罚。

2010 年 2 月 2 日最高法、最高检**《关于办理利用互联网、移动通讯终端、声讯台制作、复制、出版、贩卖、传播淫秽电子信息刑事案件具体应用法律若干问题的解释(二)》**，就利用互联网、移动通讯终端制作、复制、出版、贩卖、传播淫秽电子信息，通过声讯台传播淫秽语音信息等刑事案件具体应用法律的若干问题解释如下：

第一条 ……(➽参见刑法第 363 条脚注相关部分)

第二条 利用互联网、移动通讯终端传播淫秽电子信息的，依照《最高人民法院、最高人民检察院关于办理利用互联网、移动通讯终端、声讯台制作、复制、出版、贩卖、传播淫秽电子信息刑事案件具体应用法律若干问题的解释》第三条的规定定罪处罚。

利用互联网、移动通讯终端传播内容含有不满 14 周岁未成年人的淫秽电子信息，具有下列情形之一的，依照刑法第三百六十四条第一款的规定，以传播淫秽物品罪定罪处罚：

(一)数量达到第一条第二款第(一)项至第(五)项规定标准 2 倍以上的；

(二)数量分别达到第一条第二款第(一)项至第(五)项 2 项以上标准的；

(三)造成严重后果的。

第三条 利用互联网建立主要用于传播淫秽电子信息的群组，成员达 30

第三百六十五条[340] **【组织淫秽表演罪】**组织进行淫秽表演的，处三年以下有期徒刑、拘役或者管制，并处罚金；情节严重的，处三年以上十年以下有期徒刑，并处罚金。

第三百六十六条 【单位犯本节之罪的处罚】单位犯本节第三百六十三条、第三百六十四条、第三百六十五条规定之罪的，对单位判处罚金，并对其直接负责的主管人员和其他直接责任人员，依照各该条的规定处罚。

人以上或者造成严重后果的，对建立者、管理者和主要传播者，依照刑法第三百六十四条第一款的规定，以传播淫秽物品罪定罪处罚。

第四条 ……（➽参见刑法第 363 条脚注相关部分）

第五条 网站建立者、直接负责的管理者明知他人制作、复制、出版、贩卖、传播的是淫秽电子信息，允许或者放任他人在自己所有、管理的网站或者网页上发布，具有下列情形之一的，依照刑法第三百六十四条第一款的规定，以传播淫秽物品罪定罪处罚：

（一）数量达到第一条第二款第（一）项至第（五）项规定标准 10 倍以上的；

（二）数量分别达到第一条第二款第（一）项至第（五）项两项以上标准 5 倍以上的；

（三）造成严重后果的。

〔340〕**【立案标准】**根据 2008 年 6 月 25 日最高检、公安部《**关于公安机关管辖的刑事案件立案追诉标准的规定（一）**》**第八十六条**，以策划、招募、强迫、雇用、引诱、提供场地、提供资金等手段，组织进行淫秽表演，涉嫌下列情形之一的，应予立案追诉：

（一）组织表演者进行裸体表演的；

（二）组织表演者利用性器官进行诲淫性表演的；

（三）组织表演者半裸体或者变相裸体表演并通过语言、动作具体描绘性行为的；

（四）其他组织进行淫秽表演应予追究刑事责任的情形。

【司法解释】根据 2023 年 5 月 24 日最高法、最高检《**关于办理强奸、猥亵未成年人刑事案件适用法律若干问题的解释**》**第九条**，胁迫、诱骗未成年人通过网络视频聊天或者发送视频、照片等方式，暴露身体隐私部位或者实施淫秽行为，符合刑法第二百三十七条规定的，以强制猥亵罪或者猥亵儿童罪定罪处罚。

胁迫、诱骗未成年人通过网络直播方式实施前款行为，同时符合刑法第二百三十七条、第三百六十五条的规定，构成强制猥亵罪、猥亵儿童罪、组织淫秽表演罪的，依照处罚较重的规定定罪处罚。

第三百六十七条[341] **【淫秽物品的含义】**本法所称淫秽物品，是指具体描绘性行为或者露骨宣扬色情的诲淫性的书刊、影片、录像带、录音带、图片及其他淫秽物品。

有关人体生理、医学知识的科学著作不是淫秽物品。

包含有色情内容的有艺术价值的文学、艺术作品不视为淫秽物品。

---

〔341〕**【司法解释】**根据2004年9月3日最高法、最高检**《关于办理利用互联网、移动通讯终端、声讯台制作、复制、出版、贩卖、传播淫秽电子信息刑事案件具体应用法律若干问题的解释》第九条**，刑法第三百六十七条第一款规定的"其他淫秽物品"，包括具体描绘性行为或者露骨宣扬色情的诲淫性的视频文件、音频文件、电子刊物、图片、文章、短信息等互联网、移动通讯终端电子信息和声讯台语音信息。

有关人体生理、医学知识的电子信息和声讯台语音信息不是淫秽物品。包含色情内容的有艺术价值的电子文学、艺术作品不视为淫秽物品。

根据2010年5月22日公安部**《关于对出售带有淫秽内容的文物的行为可否予以治安管理处罚问题的批复》**（公复字〔2010〕3号），公安机关查获的带有淫秽内容的物品可能是文物的，应当依照《中华人民共和国文物保护法》等有关规定进行文物认定。经文物部门认定为文物的，不得对合法出售文物的行为予以治安管理处罚（★进而不得对此以传播淫秽物品牟利罪追究刑事责任——编者说明）。

★关于淫秽出版物的认定，参见1988年12月27日新闻出版署发布的《关于认定淫秽及色情出版物的暂行规定》（〔88〕新出办字第1512号）。根据1993年1月19日新闻出版署、公安部《关于鉴定淫秽录像带、淫秽图片有关问题的通知》（新出联〔1993〕第1号），淫秽录像带、淫秽图片的鉴定标准，依照《关于认定淫秽及色情出版物的暂行规定》执行。关于淫秽声讯的认定，参见2005年1月31日新闻出版总署《关于认定淫秽与色情声讯的暂行规定》（新出法规〔2005〕61号）——编者说明。

第七章 危害国防利益罪

第三百六十八条 【阻碍军人执行职务罪】以暴力、威胁方法阻碍军人依法执行职务的，处三年以下有期徒刑、拘役、管制或者罚金。

【阻碍军事行动罪】故意阻碍武装部队军事行动，造成严重后果的，处五年以下有期徒刑或者拘役。

第三百六十九条〔342〕 **【破坏武器装备、军事设施、军事通信罪】**破坏武器装备、军事设施、军事通信的，处三年以下有期徒刑、拘役或者管制；破坏重要武器装备、军事设施、军事通信的，处三年以上十年以下有期徒刑；情节特别严重的，处十年以上有期徒刑、无期徒刑或者死刑。

【过失损坏武器装备、军事设施、军事通信罪】过失犯前款罪，造成严重后果的，处三年以下有期徒刑或者拘役；造成特别严重后果的，处三年以上七年以下有期徒刑。

战时犯前两款罪的，从重处罚。

---

〔342〕 **【刑法修订】**2005 年《**刑法修正案（五）**》**第三条**修订了本条。1997 年刑法原文如下：

第三百六十九条 破坏武器装备、军事设施、军事通信的，处三年以下有期徒刑、拘役或者管制；破坏重要武器装备、军事设施、军事通信的，处三年以上十年以下有期徒刑；情节特别严重的，处十年以上有期徒刑、无期徒刑或者死刑。战时从重处罚。

2005 年《**刑法修正案（五）**》增设了第二款过失犯罪的规定，将第一款“战时从重处罚”修改为“战时犯前两款罪的，从重处罚”，单列为第三款。

【司法解释】2007 年 6 月 26 日最高法《**关于审理危害军事通信刑事案件具体应用法律若干问题的解释**》（法释〔2007〕13 号，自 2007 年 6 月 29 日起施行），就审理危害军事通信刑事案件具体应用法律的若干问题解释如下：

第一条 故意实施损毁军事通信线路、设备，破坏军事通信计算机信息系统，干扰、侵占军事通信电磁频谱等行为的，依照刑法第三百六十九条第一款的规定，以破坏军事通信罪定罪，处 3 年以下有期徒刑、拘役或者管制；破坏重要军事通信的，处 3 年以上 10 年以下有期徒刑。

第二条 实施破坏军事通信行为，具有下列情形之一的，属于刑法第三百六十九条第一款规定的“情节特别严重”，以破坏军事通信罪定罪，处 10 年以上有期徒刑、无期徒刑或者死刑：

（一）造成重要军事通信中断或者严重障碍，严重影响部队完成作战任务或者致使部队在作战中遭受损失的；

（二）造成部队执行抢险救灾、军事演习或者处置突发性事件等任务的通信中断或者严重障碍，并因此贻误部队行动，致使死亡3人以上、重伤10人以上或者财产损失100万元以上的；

（三）破坏重要军事通信3次以上的；

（四）其他情节特别严重的情形。

第三条 过失损坏军事通信，造成重要军事通信中断或者严重障碍的，属于刑法第三百六十九条第二款规定的“造成严重后果”，以过失损坏军事通信罪定罪，处3年以下有期徒刑或者拘役。

第四条 过失损坏军事通信，具有下列情形之一的，属于刑法第三百六十九条第二款规定的“造成特别严重后果”，以过失损坏军事通信罪定罪，处3年以上7年以下有期徒刑：

（一）造成重要军事通信中断或者严重障碍，严重影响部队完成作战任务或者致使部队在作战中遭受损失的；

（二）造成部队执行抢险救灾、军事演习或者处置突发性事件等任务的通信中断或者严重障碍，并因此贻误部队行动，致使死亡3人以上、重伤10人以上或者财产损失100万元以上的；

（三）其他后果特别严重的情形。

第五条 建设、施工单位直接负责的主管人员、施工管理人员，明知是军事通信线路、设备而指使、强令、纵容他人予以损毁的，或者不听管护人员劝阻，指使、强令、纵容他人违章作业，造成军事通信线路、设备损毁的，以破坏军事通信罪定罪处罚。

建设、施工单位直接负责的主管人员、施工管理人员，忽视军事通信线路、设备保护标志，指使、纵容他人违章作业，致使军事通信线路、设备损毁，构成犯罪的，以过失损坏军事通信罪定罪处罚。

第六条 破坏、过失损坏军事通信，并造成公用电信设施损毁，危害公共安全，同时构成刑法第一百二十四条和第三百六十九条规定的犯罪的，依照处罚较重的规定定罪处罚。

盗窃军事通信线路、设备，不构成盗窃罪，但破坏军事通信的，依照刑法第三百六十九条第一款的规定定罪处罚；同时构成刑法第一百二十四条、第二百六十四条和第三百六十九条第一款规定的犯罪的，依照处罚较重的规定定罪处罚。

违反国家规定，侵入国防建设、尖端科学技术领域的军事通信计算机信息系统，尚未对军事通信造成破坏的，依照刑法第二百八十五条的规定定罪处罚；对军事通信造成破坏，同时构成刑法第二百八十五条、第二百八十六条、第三百六十九条第一款规定的犯罪的，依照处罚较重的规定定罪处罚。

第三百七十条〔343〕 **【故意提供不合格武器装备、军事设施罪】**明知是不合格的武器装备、军事设施而提供给武装部队的，处五年以下有期徒刑或者拘役；情节严重的，处五年以上十年以下有期徒刑；情节特别严重的，处十年以上有期徒刑、无期徒刑或者死刑。

【过失提供不合格武器装备、军事设施罪】过失犯前款罪，造成严重后果的，处三年以下有期徒刑或者拘役；造成特别严重后果的，处三年以上七年以下有期徒刑。

单位犯第一款罪的，对单位判处罚金，并对其直接负责的主管人员和其他直接责任人员，依照第一款的规定处罚。

违反国家规定，擅自设置、使用无线电台、站，或者擅自占用频率，经责令停止使用后拒不停止使用（★《刑法修正案（九）》已经删除了“经责令停止使用后拒不停止使用”的要求，应按《刑法修正案（九）》的规定理解司法解释——编者说明），干扰无线电通讯正常进行，构成犯罪的，依照刑法第二百八十八条的规定定罪处罚；造成军事通信中断或者严重障碍，同时构成刑法第二百八十八条、第三百六十九条第一款规定的犯罪的，依照处罚较重的规定定罪处罚。

第七条 本解释所称“重要军事通信”，是指军事首脑机关及重要指挥中心的通信，部队作战中的通信，等级战备通信，飞行航行训练、抢险救灾、军事演习或者处置突发性事件中的通信，以及执行试飞试航、武器装备科研试验或者远洋航行等重要军事任务中的通信。

本解释所称军事通信的具体范围、通信中断和严重障碍的标准，参照中国人民解放军通信主管部门的有关规定确定。

根据2022年10月22日最高法、最高检、公安部等九部门**《关于军地共同加强部队训练场未爆弹药安全风险防控的意见》**（军训〔2022〕181号），非法进入训练场、不听制止的，破坏训练场围墙、围网等周界防护设施的，依照军事设施保护法的有关规定处罚，符合刑法第三百六十九条第一款、第三百七十一条规定的，分别以破坏军事设施罪、聚众冲击军事禁区罪、聚众扰乱军事管理区秩序罪定罪处罚。

〔343〕 **【立案标准】**2008年6月25日最高检、公安部**《关于公安机关管辖的刑事案件立案追诉标准的规定（一）》**，对刑法第三百七十条的立案追诉标准规定如下：

第八十七条 明知是不合格的武器装备、军事设施而提供给武装部队，涉嫌下列情形之一的，应予立案追诉：

（一）造成人员轻伤以上的；

（二）造成直接经济损失10万元以上的；

第三百七十一条[344] **【聚众冲击军事禁区罪】**聚众冲击军事禁区，严重扰乱军事禁区秩序的，对首要分子，处五年以上十年以下有期徒刑；对其他积极参加的，处五年以下有期徒刑、拘役、管制或者剥夺政治权利。

（三）提供不合格的枪支3支以上、子弹100发以上、雷管500枚以上、炸药5000克以上或者其他重要武器装备、军事设施的；

（四）影响作战、演习、抢险救灾等重大任务完成的；

（五）发生在战时的；

（六）其他故意提供不合格武器装备、军事设施应予追究刑事责任的情形。

第八十八条 过失提供不合格武器装备、军事设施给武装部队，涉嫌下列情形之一的，应予立案追诉：

（一）造成死亡1人或者重伤3人以上的；

（二）造成直接经济损失30万元以上的；

（三）严重影响作战、演习、抢险救灾等重大任务完成的；

（四）其他造成严重后果的情形。

〔344〕**【立案标准】**2008年6月25日最高检、公安部《**关于公安机关管辖的刑事案件立案追诉标准的规定（一）**》，对刑法第三百七十一条的立案追诉标准规定如下：

第八十九条 组织、策划、指挥聚众冲击军事禁区或者积极参加聚众冲击军事禁区，严重扰乱军事禁区秩序，涉嫌下列情形之一的，应予立案追诉：

（一）冲击3次以上或者1次冲击持续时间较长的；

（二）持械或者采取暴力手段冲击的；

（三）冲击重要军事禁区的；

（四）发生在战时的；

（五）其他严重扰乱军事禁区秩序应予追究刑事责任的情形。

第九十条 组织、策划、指挥聚众扰乱军事管理区秩序或者积极参加聚众扰乱军事管理区秩序，致使军事管理区工作无法进行，造成严重损失，涉嫌下列情形之一的，应予立案追诉：

（一）造成人员轻伤以上的；

（二）扰乱3次以上或者1次扰乱持续时间较长的；

（三）造成直接经济损失5万元以上的；

（四）持械或者采取暴力手段的；

（五）扰乱重要军事管理区秩序的；

（六）发生在战时的；

（七）其他聚众扰乱军事管理区秩序应予追究刑事责任的情形。

【聚众扰乱军事管理区秩序罪】聚众扰乱军事管理区秩序，情节严重，致使军事管理区工作无法进行，造成严重损失的，对首要分子，处三年以上七年以下有期徒刑；对其他积极参加的，处三年以下有期徒刑、拘役、管制或者剥夺政治权利。

第三百七十二条 **【冒充军人招摇撞骗罪】**冒充军人招摇撞骗的，处三年以下有期徒刑、拘役、管制或者剥夺政治权利；情节严重的，处三年以上十年以下有期徒刑。

第三百七十三条〔345〕 **【煽动军人逃离部队罪】** **【雇用逃离部队军人罪】**煽动军人逃离部队或者明知是逃离部队的军人而雇用，情节严重的，处三年以下有期徒刑、拘役或者管制。

第三百七十四条〔346〕 **【接送不合格兵员罪】**在征兵工作中徇私舞弊，接送不合格兵员，情节严重的，处三年以下有期徒刑或者拘役；造成特别严重后果的，处三年以上七年以下有期徒刑。

---

〔345〕**【立案标准】**2008 年 6 月 25 日最高检、公安部**《关于公安机关管辖的刑事案件立案追诉标准的规定（一）》**，对刑法第三百七十三条的立案追诉标准规定如下：

第九十一条 煽动军人逃离部队，涉嫌下列情形之一的，应予立案追诉：

（一）煽动 3 人以上逃离部队的；

（二）煽动指挥人员、值班执勤人员或者其他负有重要职责人员逃离部队的；

（三）影响重要军事任务完成的；

（四）发生在战时的；

（五）其他情节严重的情形。

第九十二条 明知是逃离部队的军人而雇用，涉嫌下列情形之一的，应予立案追诉：

（一）雇用 1 人 6 个月以上的；

（二）雇用 3 人以上的；

（三）明知是逃离部队的指挥人员、值班执勤人员或者其他负有重要职责人员而雇用的；

（四）阻碍部队将被雇用军人带回的；

（五）其他情节严重的情形。

〔346〕**【立案标准】**根据 2008 年 6 月 25 日最高检、公安部**《关于公安机关管辖的刑事案件立案追诉标准的规定（一）》第九十三条**，在征兵工作中徇

第三百七十五条[347] **【伪造、变造、买卖武装部队公文、证件、印章罪】【盗窃、抢夺武装部队公文、证件、印章罪】**伪造、变造、买卖或者盗窃、抢夺武装部队公文、证件、印章的，处三年以下有期徒刑、拘役、管制或者剥夺政治权利；情节严重的，处三年以上十年以下有期徒刑。

【非法生产、买卖武装部队制式服装罪】非法生产、买卖武装部队制式服装，情节严重的，处三年以下有期徒刑、拘役或者管制，并处或者单处罚金。

【伪造、盗窃、买卖、非法提供、非法使用武装部队专用标志罪】伪造、盗窃、买卖或者非法提供、使用武装部队车辆号牌等专用标志，情节严重的，处三年以下有期徒刑、拘役或者管制，并处或者单处罚金；情节特别严重的，处三年以上七年以下有期徒刑，并处罚金。

单位犯第二款、第三款罪的，对单位判处罚金，并对其直接负责的主管人员和其他直接责任人员，依照各该款的规定处罚。

私舞弊，接送不合格兵员，涉嫌下列情形之一的，应予立案追诉：

（一）接送不合格特种条件兵员1名以上或者普通兵员3名以上的；

（二）发生在战时的；

（三）造成严重后果的；

（四）其他情节严重的情形。

〔347〕**【刑法修订】**2009年《**刑法修正案（七）**》**第十二条**修订了本条。1997年刑法原文如下：

第三百七十五条 伪造、变造、买卖或者盗窃、抢夺武装部队公文、证件、印章的，处三年以下有期徒刑、拘役、管制或者剥夺政治权利；情节严重的，处三年以上十年以下有期徒刑。

非法生产、买卖武装部队制式服装、车辆号牌等专用标志，情节严重的，处三年以下有期徒刑、拘役或者管制，并处或者单处罚金。

单位犯第二款罪的，对单位判处罚金，并对其直接负责的主管人员和其他直接责任人员，依照该款的规定处罚。

2009年《**刑法修正案（七）**》删除了第二款非法生产、买卖“车辆号牌等专用标志”的文字，增设了第三款；将原第三款改为第四款，并将该款“单位犯第二款罪”修改为“单位犯第二款、第三款罪”。

【立案标准】2017年4月27日最高检、公安部《**关于公安机关管辖的刑事案件立案追诉标准的规定（一）的补充规定**》，对刑法第三百七十五条第二款、第三款的立案追诉标准规定如下：

第十四条 非法生产、买卖武装部队制式服装，涉嫌下列情形之一的，应予立案追诉：

（一）非法生产、买卖成套制式服装30套以上，或者非成套制式服装100件以上的；

（二）非法生产、买卖帽徽、领花、臂章等标志服饰合计100件（副）以上的；

（三）非法经营数额2万元以上的；

（四）违法所得数额5000元以上的；

（五）其他情节严重的情形。

买卖仿制的现行装备的武装部队制式服装，情节严重的，应予立案追诉。

第十五条 伪造、盗窃、买卖或者非法提供、使用武装部队车辆号牌等专用标志，涉嫌下列情形之一的，应予立案追诉：

（一）伪造、盗窃、买卖或者非法提供、使用武装部队军以上领导机关车辆号牌1副以上或者其他车辆号牌3副以上的；

（二）非法提供、使用军以上领导机关车辆号牌之外的其他车辆号牌累计6个月以上的；

（三）伪造、盗窃、买卖或者非法提供、使用军徽、军旗、军种符号或者其他军用标志合计100件（副）以上的；

（四）造成严重后果或者恶劣影响的。

盗窃、买卖、提供、使用伪造、变造的武装部队车辆号牌等专用标志，情节严重的，应予立案追诉。

【司法解释】2011年7月20日最高法、最高检《**关于办理妨害武装部队制式服装、车辆号牌管理秩序等刑事案件具体应用法律若干问题的解释**》（法释〔2011〕16号，自2011年8月1日起施行），就办理非法生产、买卖武装部队制式服装，伪造、盗窃、买卖武装部队车辆号牌等刑事案件的若干问题解释如下：

第一条 伪造、变造、买卖或者盗窃、抢夺武装部队公文、证件、印章，具有下列情形之一的，应当依照刑法第三百七十五条第一款的规定，以伪造、变造、买卖武装部队公文、证件、印章罪或者盗窃、抢夺武装部队公文、证件、印章罪定罪处罚：

（一）伪造、变造、买卖或者盗窃、抢夺武装部队公文1件以上的；

（二）伪造、变造、买卖或者盗窃、抢夺武装部队军官证、士兵证、车辆行驶证、车辆驾驶证或者其他证件2本以上的；

（三）伪造、变造、买卖或者盗窃、抢夺武装部队机关印章、车辆牌证印章或者其他印章1枚以上的。

实施前款规定的行为，数量达到第（一）至（三）项规定标准5倍以上或者造成严重后果的，应当认定为刑法第三百七十五条第一款规定的“情节严重”。

第二条　非法生产、买卖武装部队现行装备的制式服装，具有下列情形之一的，应当认定为刑法第三百七十五条第二款规定的“情节严重”，以非法生产、买卖武装部队制式服装罪定罪处罚：

（一）非法生产、买卖成套制式服装 30 套以上，或者非成套制式服装 100 件以上的；

（二）非法生产、买卖帽徽、领花、臂章等标志服饰合计 100 件（副）以上的；

（三）非法经营数额 2 万元以上的；

（四）违法所得数额 5000 元以上的；

（五）具有其他严重情节的。

第三条　伪造、盗窃、买卖或者非法提供、使用武装部队车辆号牌等专用标志，具有下列情形之一的，应当认定为刑法第三百七十五条第三款规定的“情节严重”，以伪造、盗窃、买卖、非法提供、非法使用武装部队专用标志罪定罪处罚：

（一）伪造、盗窃、买卖或者非法提供、使用武装部队军以上领导机关车辆号牌 1 副以上或者其他车辆号牌 3 副以上的；

（二）非法提供、使用军以上领导机关车辆号牌之外的其他车辆号牌累计 6 个月以上的；

（三）伪造、盗窃、买卖或者非法提供、使用军徽、军旗、军种符号或者其他军用标志合计 100 件（副）以上的；

（四）造成严重后果或者恶劣影响的。

实施前款规定的行为，具有下列情形之一的，应当认定为刑法第三百七十五条第三款规定的“情节特别严重”：

（一）数量达到前款第（一）、（三）项规定标准 5 倍以上的；

（二）非法提供、使用军以上领导机关车辆号牌累计 6 个月以上或者其他车辆号牌累计 1 年以上的；

（三）造成特别严重后果或者特别恶劣影响的。

第四条　买卖、盗窃、抢夺伪造、变造的武装部队公文、证件、印章的，买卖仿制的现行装备的武装部队制式服装情节严重的，盗窃、买卖、提供、使用伪造、变造的武装部队车辆号牌等专用标志情节严重的，应当追究刑事责任。定罪量刑标准适用本解释第一至第三条的规定。

第五条　明知他人实施刑法第三百七十五条规定的犯罪行为，而为其生产、提供专用材料或者提供资金、帐号、技术、生产经营场所等帮助的，以共犯论处。

第六条　实施刑法第三百七十五条规定的犯罪行为，同时又构成逃税、诈

第三百七十六条〔348〕 **【战时拒绝、逃避征召、军事训练罪】**预备役人员战时拒绝、逃避征召或者军事训练，情节严重的，处三年以下有期徒刑或者拘役。

【战时拒绝、逃避服役罪】公民战时拒绝、逃避服役，情节严重的，处二年以下有期徒刑或者拘役。

第三百七十七条 **【战时故意提供虚假敌情罪】**战时故意向武装部队提供虚假敌情，造成严重后果的，处三年以上十年以下有期徒刑；造成特别严重后果的，处十年以上有期徒刑或者无期徒刑。

第三百七十八条 **【战时造谣扰乱军心罪】**战时造谣惑众，扰乱军心的，处三年以下有期徒刑、拘役或者管制；情节严重的，处三年以上十年以下有期徒刑。

骗、冒充军人招摇撞骗等犯罪的，依照处罚较重的规定定罪处罚。

第七条 单位实施刑法第三百七十五条第二款、第三款规定的犯罪行为，对单位判处罚金，并对其直接负责的主管人员和其他直接责任人员，分别依照本解释的有关规定处罚。

〔348〕**【立案标准】**2008 年 6 月 25 日最高检、公安部《**关于公安机关管辖的刑事案件立案追诉标准的规定（一）**》，对刑法第三百七十六条的立案追诉标准规定如下：

第九十五条 预备役人员战时拒绝、逃避征召或者军事训练，涉嫌下列情形之一的，应予立案追诉：

（一）无正当理由经教育仍拒绝、逃避征召或者军事训练的；

（二）以暴力、威胁、欺骗等手段，或者采取自伤、自残等方式拒绝、逃避征召或者军事训练的；

（三）联络、煽动他人共同拒绝、逃避征召或者军事训练的；

（四）其他情节严重的情形。

第九十六条 公民战时拒绝、逃避服役，涉嫌下列情形之一的，应予立案追诉：

（一）无正当理由经教育仍拒绝、逃避服役的；

（二）以暴力、威胁、欺骗等手段，或者采取自伤、自残等方式拒绝、逃避服役的；

（三）联络、煽动他人共同拒绝、逃避服役的；

（四）其他情节严重的情形。

第三百七十九条[349]　**【战时窝藏逃离部队军人罪】**战时明知是逃离部队的军人而为其提供隐蔽处所、财物，情节严重的，处三年以下有期徒刑或者拘役。

第三百八十条[350]　**【战时拒绝、故意延误军事订货罪】**战时拒绝或者故意延误军事订货，情节严重的，对单位判处罚金，并对其直接负责的主管人员和其他直接责任人员，处五年以下有期徒刑或者拘役；造成严重后果的，处五年以上有期徒刑。

第三百八十一条[351]　**【战时拒绝军事征收、征用罪】**战时拒绝军事征收、征用，情节严重的，处三年以下有期徒刑或者拘役。

---

〔349〕**【立案标准】**根据 2008 年 6 月 25 日最高检、公安部**《关于公安机关管辖的刑事案件立案追诉标准的规定(一)》第九十七条**，战时明知是逃离部队的军人而为其提供隐蔽处所、财物，涉嫌下列情形之一的，应予立案追诉：

(一)窝藏 3 人次以上的；

(二)明知是指挥人员、值班执勤人员或者其他负有重要职责人员而窝藏的；

(三)有关部门查找时拒不交出的；

(四)其他情节严重的情形。

〔350〕**【立案标准】**根据 2008 年 6 月 25 日最高检、公安部**《关于公安机关管辖的刑事案件立案追诉标准的规定(一)》第九十八条**，战时拒绝或者故意延误军事订货，涉嫌下列情形之一的，应予立案追诉：

(一)拒绝或者故意延误军事订货 3 次以上的；

(二)联络、煽动他人共同拒绝或者故意延误军事订货的；

(三)拒绝或者故意延误重要军事订货，影响重要军事任务完成的；

(四)其他情节严重的情形。

〔351〕**【刑法修订】**2009 年全国人大常委会**《关于修改部分法律的决定》**修订了本条，将本条中“征用”修改为“征收、征用”。

【立案标准】根据 2017 年 4 月 27 日最高检、公安部**《关于公安机关管辖的刑事案件立案追诉标准的规定(一)的补充规定》第十六条**，战时拒绝军事征收、征用，涉嫌下列情形之一的，应予立案追诉：

(一)无正当理由拒绝军事征收、征用 3 次以上的；

(二)采取暴力、威胁、欺骗等手段拒绝军事征收、征用的；

(三)联络、煽动他人共同拒绝军事征收、征用的；

(四)拒绝重要军事征收、征用，影响重要军事任务完成的；

(五)其他情节严重的情形。

第八章 贪污贿赂罪〔352〕

〔352〕【相关法规】根据2018年《刑事诉讼法》第二百九十一条第一款，对于贪污贿赂犯罪案件，以及需要及时进行审判，经最高人民检察院核准的严重危害国家安全犯罪、恐怖活动犯罪案件，犯罪嫌疑人、被告人在境外，监察机关、公安机关移送起诉，人民检察院认为犯罪事实已经查清，证据确实、充分，依法应当追究刑事责任的，可以向人民法院提起公诉。人民法院进行审查后，对于起诉书中有明确的指控犯罪事实，符合缺席审判程序适用条件的，应当决定开庭审判。

根据2023年第二次修订后的《公司法》第一百七十八条第一款第二项，因贪污、贿赂、侵占财产、挪用财产或者破坏社会主义市场经济秩序，被判处刑罚，或者因犯罪被剥夺政治权利，执行期满未逾五年，被宣告缓刑的，自缓刑考验期满之日起未逾二年，不得担任公司的董事、监事、高级管理人员。

【司法解释】2016年4月18日最高法、最高检《关于办理贪污贿赂刑事案件适用法律若干问题的解释》，就办理贪污贿赂刑事案件适用法律的若干问题解释如下：

第十八条 贪污贿赂犯罪分子违法所得的一切财物，应当依照刑法第六十四条的规定予以追缴或者责令退赔，对被害人的合法财产应当及时返还。对尚未追缴到案或者尚未足额退赔的违法所得，应当继续追缴或者责令退赔。

第十九条第二款 对刑法规定并处罚金的其他贪污贿赂犯罪，应当在10万元以上犯罪数额2倍以下判处罚金（★最高法相关人员认为，本条“其他贪污贿赂犯罪”，是指除贪污罪、受贿罪之外规定在刑法分则第八章中的其他贪污贿赂犯罪，不包括非国家工作人员职务犯罪。参见裴显鼎、苗有水等：《〈关于办理贪污贿赂刑事案件适用法律若干问题的解释〉的理解与适用》，载《人民司法》2016年第19期）。

根据2016年7月7日最高检《关于充分发挥检察职能依法保障和促进科技创新的意见》（高检发〔2016〕9号），办案中要正确区分罪与非罪界限：对于身兼行政职务的科研人员特别是学术带头人，要区分其科研人员与公务人员的身份，特别是要区分科技创新活动与公务管理，正确把握科研人员以自身专业知识提供咨询等合法兼职获利的行为，与利用审批、管理等行政权力索贿受贿的界限；要区分科研人员合法的股权分红、知识产权收益、科技成果转化收益分配与贪污、受贿之间的界限；要区分科技创新探索失败、合理损耗与骗取科研立项、虚增科研经费投入的界限；要区分突破现有规章制度，按照科技创新需求使用科研经费与贪污、挪用、私分科研经费的界限；要区分风险投资、创业等造成的正常亏损与失职渎职的界限。坚持罪刑法定原则和刑法谦抑性原则，禁止以刑事手段插手民事经济纠纷。对于法律和司法解释规定不明确、法律政策界限不明、罪与非罪界限不清的，不作为犯罪处理；对于认定罪与非罪争议较大的案件，及时向上级检察机关请示报告。

切实贯彻宽严相济刑事政策。对于锐意创新探索，但出现决策失误、偏差，造成一定损失的行为，要区分情况慎重对待。没有徇私舞弊、中饱私囊，或者没有造成严重后果的，不作为犯罪处理。在科研项目实施中突破现有制度，但有利于实现创新预期成果的，应当予以宽容。在创新过程中发生轻微犯罪、过失犯罪但完成重大科研创新任务的，应当依法从宽处理。对于科技创新中发生的共同犯罪案件，重点追究主犯的刑事责任，对于从犯和犯罪情节较轻的，依法从宽处理。对于以科技创新为名骗取、套取、挥霍国家科研项目投资，严重危害创新发展的犯罪，应当依法打击。

……对于重点科研单位、重大科研项目关键岗位的涉案科研人员，尽量不使用拘留、逮捕等强制措施；必须采取拘留、逮捕等措施的，应当及时通报有关部门做好科研攻关的衔接工作，确有必要的，可以在不影响诉讼正常进行的前提下，为其指导科研攻关提供一定条件。对于被采取逮捕措施的涉案科研人员，检察机关应当依照有关规定对羁押必要性开展审查。对于科研单位用于科技创新、产品研发的设备、资金和技术资料，一般不予以查封、扣押、冻结；确实需要查封、扣押、冻结的，应当为其预留必要的流动资金、往来账户和关键设备资料，防止因办案造成科研项目中断、停滞，或者因处置不当造成科研成果流失。

根据2020年7月22日最高检《**关于充分发挥检察职能服务保障“六稳”“六保”的意见**》，依法妥善办理科研人员涉嫌职务犯罪案件，为激发科技创新活力营造宽松有序的环境。对科研经费管理使用中的问题，坚持以科研经费政策为遵循，严格区分罪与非罪界限，不以形式违规简单依数额作犯罪评价。

2010年4月7日最高法刑二庭《**宽严相济在经济犯罪和职务犯罪案件审判中的具体贯彻**》指出：在依照《关于贯彻宽严相济刑事政策的若干意见》第14条、第15条、第16条规定适用缓刑等非监禁刑时，应当充分考虑到当前职务犯罪案件缓刑等非监禁刑适用比例偏高的实际情况，以及职务犯罪案件适用非监禁刑所需要的社会民意基础和过多适用非监禁刑可能带来的社会负面影响。贪污、受贿犯罪分子具有下列情形之一的，一般不得适用缓刑：致使国家、集体和人民利益遭受重大损失或者影响恶劣的；不退赃或者退赃不积极，无悔罪表现的；犯罪动机、手段等情节恶劣，或者将赃款用于非法经营、走私、赌博、行贿等违法犯罪活动的；属于共同犯罪中情节严重的主犯，或者犯有数罪的；曾因职务、经济违法犯罪行为受过行政处分或者刑事处罚的；犯罪涉及的财物属于救灾、抢险、防汛、防疫、优抚、扶贫、移民、救济、捐助、社会保险、教育、征地、拆迁等专项款项和物资的。

2012年8月8日最高法、最高检**《关于办理职务犯罪案件严格适用缓刑、免予刑事处罚若干问题的意见》**(法发〔2012〕17号),为进一步规范贪污贿赂、渎职等职务犯罪案件缓刑、免予刑事处罚的适用,确保办理职务犯罪案件的法律效果和社会效果,根据刑法有关规定并结合司法工作实际,就职务犯罪案件缓刑、免予刑事处罚的具体适用问题,提出以下意见:

一、严格掌握职务犯罪案件缓刑、免予刑事处罚的适用。职务犯罪案件的刑罚适用直接关系反腐败工作的实际效果。人民法院、人民检察院要深刻认识职务犯罪的严重社会危害性,正确贯彻宽严相济刑事政策,充分发挥刑罚的惩治和预防功能。要在全面把握犯罪事实和量刑情节的基础上严格依照刑法规定的条件适用缓刑、免予刑事处罚,既要考虑从宽情节,又要考虑从严情节;既要做到刑罚与犯罪相当,又要做到刑罚执行方式与犯罪相当,切实避免缓刑、免予刑事处罚不当适用造成的消极影响。

二、具有下列情形之一的职务犯罪分子,一般不适用缓刑或者免予刑事处罚:

(一)不如实供述罪行的;

(二)不予退缴赃款赃物或者将赃款赃物用于非法活动的;

(三)属于共同犯罪中情节严重的主犯的;

(四)犯有数个职务犯罪依法实行并罚或者以一罪处理的;

(五)曾因职务违纪违法行为受过行政处分的;

(六)犯罪涉及的财物属于救灾、抢险、防汛、优抚、扶贫、移民、救济、防疫等特定款物的;

(七)受贿犯罪中具有索贿情节的;

(八)渎职犯罪中徇私舞弊情节或者滥用职权情节恶劣的;

(九)其他不应适用缓刑、免予刑事处罚的情形。

三、不具有本意见第二条规定的情形,全部退缴赃款赃物,依法判处3年有期徒刑以下刑罚,符合刑法规定的缓刑适用条件的贪污、受贿犯罪分子,可以适用缓刑……(★省略部分的内容与《刑法修正案(九)》冲突——编者说明)

不具有本意见第二条所列情形,挪用公款进行营利活动或者超过3个月未还构成犯罪,一审宣判前已将公款归还,依法判处3年有期徒刑以下刑罚,符合刑法规定的缓刑适用条件的,可以适用缓刑;在案发前已归还,情节轻微,不需要判处刑罚的,可以免予刑事处罚。

四、人民法院审理职务犯罪案件时应当注意听取检察机关、被告人、辩护人提出的量刑意见,分析影响性案件案发前后的社会反映,必要时可以征求案件查办等机关的意见。对于情节恶劣、社会反映强烈的职务犯罪案件,不得适

第三百八十二条[353]　**【贪污罪】**国家工作人员利用职务上的便利，侵吞、窃取、骗取或者以其他手段非法占有公共财物的，是贪污罪。

受国家机关、国有公司、企业、事业单位、人民团体委托管理、经营国有财产的人员，利用职务上的便利，侵吞、窃取、骗取或者以其他手段非法占有国有财物的，以贪污论。

与前两款所列人员勾结，伙同贪污的，以共犯论处。

用缓刑、免予刑事处罚。

五、对于具有本意见第二条规定的情形之一，但根据全案事实和量刑情节，检察机关认为确有必要适用缓刑或者免予刑事处罚并据此提出量刑建议的，应经检察委员会讨论决定；审理法院认为确有必要适用缓刑或者免予刑事处罚的，应经审判委员会讨论决定。

2019年4月24日最高法《关于办理减刑、假释案件具体应用法律的补充规定》，对依照刑法分则第八章贪污贿赂罪判处刑罚的原具有国家工作人员身份的罪犯如何减刑、假释问题，作了补充规定（➽参见刑法第78条脚注相关部分）——编者说明。

〔353〕**【司法解释】**根据1999年9月16日最高检**《关于人民检察院直接受理立案侦查案件立案标准的规定（试行）》**（高检发释字〔1999〕2号，自1999年9月16日起施行），在贪污罪中，“利用职务上的便利”是指利用职务上主管、管理、经手公共财物的权力及方便条件。受国家机关、国有公司、企业、事业单位、人民团体委托管理、经营国有财产的人员，利用职务上的便利，侵吞、窃取、骗取或者以其他手段非法占有国有财物的，以贪污罪追究其刑事责任。“受委托管理、经营国有财产”是指因承包、租赁、聘用等而管理、经营国有财产。国有保险公司的工作人员和国有保险公司委派到非国有保险公司从事公务的人员利用职务上的便利，故意编造未曾发生的保险事故进行虚假理赔，骗取保险金归自己所有的，以贪污罪追究刑事责任。国有公司、企业或者其他国有单位中从事公务的人员和国有公司、企业或者其他国有单位委派到非国有公司、企业以及其他非国有单位从事公务的人员，利用职务上的便利，将本单位财物非法占为己有的，以贪污罪追究刑事责任。国家工作人员在国内公务活动或者对外交往中接受礼物，依照国家规定应当交公而不交公，数额较大的，以贪污罪追究刑事责任。

2000年6月30日最高法**《关于审理贪污、职务侵占案件如何认定共同犯罪几个问题的解释》**（法释〔2000〕15号，自2000年7月8日起施行），就审理贪污或者职务侵占犯罪案件如何认定共同犯罪问题解释如下：

第一条　行为人与国家工作人员勾结，利用国家工作人员的职务便利，共同侵吞、窃取、骗取或者以其他手段非法占有公共财物的，以贪污罪共犯论处。

第二条 行为人与公司、企业或者其他单位的人员勾结，利用公司、企业或者其他单位人员的职务便利，共同将该单位财物非法占为己有，数额较大的，以职务侵占罪共犯论处。

第三条 公司、企业或者其他单位中，不具有国家工作人员身份的人与国家工作人员勾结，分别利用各自的职务便利，共同将本单位财物非法占为己有的，按照主犯的犯罪性质定罪。

根据2003年5月14日最高法、最高检**《关于办理妨害预防、控制突发传染病疫情等灾害的刑事案件具体应用法律若干问题的解释》第十四条第一款**，贪污、侵占用于预防、控制突发传染病疫情等灾害的款物或者挪用归个人使用，构成犯罪的，分别依照刑法第三百八十二条、第三百八十三条、第二百七十一条、第三百八十四条、第二百七十二条的规定，以贪污罪、职务侵占罪、挪用公款罪、挪用资金罪定罪，依法从重处罚。

根据2004年3月30日最高法研究室**《关于对行为人通过伪造国家机关公文、证件担任国家工作人员职务并利用职务上的便利侵占本单位财物、收受贿赂、挪用本单位资金等行为如何适用法律问题的答复》**（法研〔2004〕38号），行为人通过伪造国家机关公文、证件担任国家工作人员职务以后，又利用职务上的便利实施侵占本单位财物、收受贿赂、挪用本单位资金等行为，构成犯罪的，应当分别以伪造国家机关公文、证件罪和相应的贪污罪、受贿罪、挪用公款罪等追究刑事责任，实行数罪并罚。

根据2010年11月26日最高法、最高检**《关于办理国家出资企业中职务犯罪案件具体应用法律若干问题的意见》**（法发〔2010〕49号），随着企业改制的不断推进，人民法院、人民检察院在办理国家出资企业中的贪污、受贿等职务犯罪案件时遇到了一些新情况、新问题。这些新情况、新问题具有一定的特殊性和复杂性，需要结合企业改制的特定历史条件，依法妥善地进行处理。现根据刑法规定和相关政策精神，就办理此类刑事案件具体应用法律的若干问题，提出以下意见：

一、关于国家出资企业工作人员在改制过程中隐匿公司、企业财产归个人持股的改制后公司、企业所有的行为的处理

国家工作人员或者受国家机关、国有公司、企业、事业单位、人民团体委托管理、经营国有财产的人员利用职务上的便利，在国家出资企业改制过程中故意通过低估资产、隐瞒债权、虚设债务、虚构产权交易等方式隐匿公司、企业财产，转为本人持有股份的改制后公司、企业所有，应当依法追究刑事责任的，依照刑法第三百八十二条、第三百八十三条的规定，以贪污罪定罪处罚。贪污数额一般应当以所隐匿财产全额计算；改制后公司、企业仍有国有股份的，按股份比例扣除归于国有的部分。

所隐匿财产在改制过程中已为行为人实际控制，或者国家出资企业改制

已经完成的，以犯罪既遂处理。

第一款规定以外的人员实施该款行为的，依照刑法第二百七十一条的规定，以职务侵占罪定罪处罚；第一款规定以外的人员与第一款规定的人员共同实施该款行为的，以贪污罪的共犯论处。

在企业改制过程中未采取低估资产、隐瞒债权、虚设债务、虚构产权交易等方式故意隐匿公司、企业财产的，一般不应当认定为贪污；造成国有资产重大损失，依法构成刑法第一百六十八条或者第一百六十九条规定的犯罪的，依照该规定定罪处罚。

二、关于国有公司、企业在改制过程中隐匿公司、企业财产归职工集体持股的改制后公司、企业所有的行为的处理

……（➽参见刑法第396条脚注相关部分）

改制后的公司、企业中只有改制前公司、企业的管理人员或者少数职工持股，改制前公司、企业的多数职工未持股的，依照本意见第一条的规定，以贪污罪定罪处罚。

三、关于国家出资企业工作人员使用改制公司、企业的资金担保个人贷款，用于购买改制公司、企业股份的行为的处理（➽参见刑法第384条脚注相关部分）

四、关于国家工作人员在企业改制过程中的渎职行为的处理

……（➽参见刑法第168条脚注相关部分）

国家出资企业中的国家工作人员在公司、企业改制或者国有资产处置过程中徇私舞弊，将国有资产低价折股或者低价出售给特定关系人持有股份或者本人实际控制的公司、企业，致使国家利益遭受重大损失的，依照刑法第三百八十二条、第三百八十三条的规定，以贪污罪定罪处罚。贪污数额以国有资产的损失数额计算。

……（➽参见刑法第168条、第169条脚注相关部分）

五、关于改制前后主体身份发生变化的犯罪的处理

国家工作人员在国家出资企业改制前利用职务上的便利实施犯罪，在其不再具有国家工作人员身份后又实施同种行为，依法构成不同犯罪的，应当分别定罪，实行数罪并罚。

国家工作人员利用职务上的便利，在国家出资企业改制过程中隐匿公司、企业财产，在其不再具有国家工作人员身份后将所隐匿财产据为己有的，依照刑法第三百八十二条、第三百八十三条的规定，以贪污罪定罪处罚。

国家工作人员在国家出资企业改制过程中利用职务上的便利为请托人谋取利益，事先约定在其不再具有国家工作人员身份后收受请托人财物，或者在身份变化前后连续收受请托人财物的，依照刑法第三百八十五条、第三百八十六条的规定，以受贿罪定罪处罚。

六、关于国家出资企业中国家工作人员的认定

经国家机关、国有公司、企业、事业单位提名、推荐、任命、批准等，在国有

控股、参股公司及其分支机构中从事公务的人员，应当认定为国家工作人员。具体的任命机构和程序，不影响国家工作人员的认定。

经国家出资企业中负有管理、监督国有资产职责的组织批准或者研究决定，代表其在国有控股、参股公司及其分支机构中从事组织、领导、监督、经营、管理工作的人员，应当认定为国家工作人员。

国家出资企业中的国家工作人员，在国家出资企业中持有个人股份或者同时接受非国有股东委托的，不影响其国家工作人员身份的认定。

七、关于国家出资企业的界定

本意见所称"国家出资企业"，包括国家出资的国有独资公司、国有独资企业，以及国有资本控股公司、国有资本参股公司。

是否属于国家出资企业不清楚的，应遵循"谁投资、谁拥有产权"的原则进行界定。企业注册登记中的资金来源与实际出资不符的，应根据实际出资情况确定企业的性质。企业实际出资情况不清楚的，可以综合工商注册、分配形式、经营管理等因素确定企业的性质。

八、关于宽严相济刑事政策的具体贯彻

办理国家出资企业中的职务犯罪案件时，要综合考虑历史条件、企业发展、职工就业、社会稳定等因素，注意具体情况具体分析，严格把握犯罪与一般违规行为的区分界限。对于主观恶意明显、社会危害严重、群众反映强烈的严重犯罪，要坚决依法从严惩处；对于特定历史条件下、为了顺利完成企业改制而实施的违反国家政策法律规定的行为，行为人无主观恶意或者主观恶意不明显，情节较轻，危害不大的，可以不作为犯罪处理。

对于国家出资企业中的职务犯罪，要加大经济上的惩罚力度，充分重视财产刑的适用和执行，最大限度地挽回国家和人民利益遭受的损失。不能退赃的，在决定刑罚时，应当作为重要情节予以考虑。

根据2020年2月6日最高法、最高检、公安部、司法部《**关于依法惩治妨害新型冠状病毒感染肺炎疫情防控违法犯罪的意见**》，国家工作人员，受委托管理国有财产的人员，公司、企业或者其他单位的人员，利用职务便利，侵吞、截留或者以其他手段非法占有用于防控新型冠状病毒感染肺炎的款物，或者挪用上述款物归个人使用，符合刑法第三百八十二条、第三百八十三条、第二百七十一条、第三百八十四条、第二百七十二条规定的，以贪污罪、职务侵占罪、挪用公款罪、挪用资金罪定罪处罚。挪用用于防控新型冠状病毒感染肺炎的救灾、优抚、救济等款物，符合刑法第二百七十三条规定的，对直接责任人员，以挪用特定款物罪定罪处罚。

【会议纪要】2003年11月13日最高法《**全国法院审理经济犯罪案件工作座谈会纪要**》（法发〔2003〕167号），就贪污罪的法律适用问题纪要如下：

（一）贪污罪既遂与未遂的认定

贪污罪是一种以非法占有为目的的财产性职务犯罪，与盗窃、诈骗、抢夺等侵犯财产罪一样，应当以行为人是否实际控制财物作为区分贪污罪既遂与未遂的标准。对于行为人利用职务上的便利，实施了虚假平帐等贪污行为，但公共财物尚未实际转移，或者尚未被行为人控制就被查获的，应当认定为贪污未遂。行为人控制公共财物后，是否将财物据为己有，不影响贪污既遂的认定。

（二）"受委托管理、经营国有财产"的认定

刑法第三百八十二条第二款规定的"受委托管理、经营国有财产"，是指因承包、租赁、临时聘用等管理、经营国有财产。

（三）国家工作人员与非国家工作人员勾结共同非法占有单位财物行为的认定

对于国家工作人员与他人勾结，共同非法占有单位财物的行为，应当按照《最高人民法院关于审理贪污、职务侵占案件如何认定共同犯罪几个问题的解释》的规定定罪处罚。对于在公司、企业或者其他单位中，非国家工作人员与国家工作人员勾结，分别利用各自的职务便利，共同将本单位财物非法占有的，应当尽量区分主从犯，按照主犯的犯罪性质定罪。司法实践中，如果根据案件的实际情况，各共同犯罪人在共同犯罪中的地位、作用相当，难以区分主从犯的，可以贪污罪定罪处罚。

（四）共同贪污犯罪中"个人贪污数额"的认定

刑法第三百八十三条第一款规定的"个人贪污数额"（★《刑法修正案（九）》虽将"个人贪污数额"修改为"贪污数额"，但不影响本段内容的适用——编者说明），在共同贪污犯罪案件中应理解为个人所参与或者组织、指挥共同贪污的数额，不能只按个人实际分得的赃款数额来认定。对共同贪污犯罪中的从犯，应当按照其所参与的共同贪污的数额确定量刑幅度，并依照刑法第二十七条第二款的规定，从轻、减轻处罚或者免除处罚。

【指导案例】根据2012年9月18日最高法**第三批指导性案例·指导案例11号·杨延虎等贪污案**，贪污罪中的"利用职务上的便利"，是指利用职务上主管、管理、经手公共财物的权力及方便条件，既包括利用本人职务上主管、管理公共财物的职务便利，也包括利用职务上有隶属关系的其他国家工作人员的职务便利。

土地使用权具有财产性利益，属于刑法第三百八十二条第一款规定中的"公共财物"，可以成为贪污的对象。

根据2023年7月31日最高检**第四十七批指导性案例·检例第187号·沈某某、郑某某贪污案**，对于国家工作人员利用职务便利，在期货交易中通过增设相互交易环节侵吞公款的行为，可以依法认定为贪污罪。审查时重

第三百八十三条[354] **【对贪污罪的处罚】**对犯贪污罪的，根据情节轻重，分别依照下列规定处罚：

（一）贪污数额较大或者有其他较重情节的，处三年以下有期徒刑或者拘役，并处罚金。

（二）贪污数额巨大或者有其他严重情节的，处三年以上十年以下有期徒刑，并处罚金或者没收财产。

点围绕交易行为的异常性、行为人获利与职务便利之间的关联性进行分析论证。对于贪污犯罪数额，可以结合案件具体情况，根据行为人实际获利数额予以认定。

★该指导案例在"指导意义"部分指出：国家工作人员利用职务便利提前获知国有公司期货交易指令后，先用个人控制账户买入或卖出期货产品，再与国有公司账户进行相互交易的行为，属于在正常期货交易过程中增设相互交易环节，该行为直接造成国有公司交易成本提高，使本应归属国有公司的利益被个人占有，增设交易环节的行为与个人非法获利之间具有刑法上的因果关系，具有侵吞公共财产的性质，可依法认定为贪污罪。

行为人在期货交易中增加相互交易环节提高国有公司支出成本，侵占公共财产获利的，在认定贪污犯罪数额时，可以根据行为人获利手段、公共财产损失以及因果关系等情况，以行为人实际获利数额计算。对于行为人与国有公司交易的亏损部分，如果系行为人交易不当、市场反向变化造成，且国有公司并未因此降低交易成本的，可以认定为犯罪成本，不在犯罪数额中扣减。

【典型案例】根据2023年12月8日最高检**粮食购销领域职务犯罪典型案例·案例五、宫某某、杨某某、王某某贪污、挪用公款案**，办理粮食购销领域职务犯罪案件，要重点审查主体身份、责任认定、资金来源等相关证据，夯实证据体系。国有公司、企业"小金库"资金中属于公共财产的，侵吞、挪用"小金库"资金，构成贪污罪、挪用公款罪。

★该典型案例在"典型意义"部分指出：我国粮食管理体制历经多次改革，企业性质以及人员结构发生较大变化，职工身份存在多样性和复杂性，要全面收集、审查企业性质以及职务任免等方面的证据，并结合当时的干部人事管理政策，准确认定犯罪主体身份。

"小金库"在单位财务账面无法显示，隐蔽性强、缺乏监管，不仅造成了国家财产的损失，而且成为贪污腐败行为的温床。本案中，单位将截留的粮食轮换差价和粮食仓储补贴款私设"小金库"，其本质上仍属于单位公款，国家工作人员利用职务便利贪污、挪用小金库的资金，仍是对国有财产权益的侵犯。

〔354〕**【刑法修订】**2015年**《刑法修正案（九）》第四十四条**修订了本条。1997年刑法原文如下：

（三）贪污数额特别巨大或者有其他特别严重情节的，处十年以上有期徒刑或者无期徒刑，并处罚金或者没收财产；数额特别巨大，并使国家和人民利益遭受特别重大损失的，处无期徒刑或者死刑，并处没收财产。

对多次贪污未经处理的，按照累计贪污数额处罚。

犯第一款罪，在提起公诉前如实供述自己罪行、真诚悔罪、积极退赃，避免、减少损害结果的发生，有第一项规定情形的，可以从轻、减轻或者免除处罚；有第二项、第三项规定情形的，可以从轻处罚。

犯第一款罪，有第三项规定情形被判处死刑缓期执行的，人民法院根据犯罪情节等情况可以同时决定在其死刑缓期执行二年期满依法减为无期徒刑后，终身监禁，不得减刑、假释。

第三百八十三条　对犯贪污罪的，根据情节轻重，分别依照下列规定处罚：

（一）个人贪污数额在十万元以上的，处十年以上有期徒刑或者无期徒刑，可以并处没收财产；情节特别严重的，处死刑，并处没收财产。

（二）个人贪污数额在五万元以上不满十万元的，处五年以上有期徒刑，可以并处没收财产；情节特别严重的，处无期徒刑，并处没收财产。

（三）个人贪污数额在五千元以上不满五万元的，处一年以上七年以下有期徒刑；情节严重的，处七年以上十年以下有期徒刑。个人贪污数额在五千元以上不满一万元，犯罪后有悔改表现、积极退赃的，可以减轻处罚或者免予刑事处罚，由其所在单位或者上级主管机关给予行政处分。

（四）个人贪污数额不满五千元，情节较重的，处二年以下有期徒刑或者拘役；情节较轻的，由其所在单位或者上级主管机关酌情给予行政处分。

对多次贪污未经处理的，按照累计贪污数额处罚。

2015年**《刑法修正案（九）》**删除了按照具体贪污数额设置法定刑的原有规定，按贪污数额或者其他情节严重程度，按照由轻到重的顺序重新设置了贪污罪的法定刑，并增设了第三款特定情形从宽处罚规定、第四款死缓犯终身监禁的规定。

【司法解释】根据2015年10月29日最高法**《关于〈中华人民共和国刑法修正案（九）〉时间效力问题的解释》第八条**，对于2015年10月31日以前实施贪污、受贿行为，罪行极其严重，根据修正前刑法判处死刑缓期执行不能体现罪刑相适应原则，而根据修正后刑法判处死刑缓期执行同时决定在其死刑缓期执行二年期满依法减为无期徒刑后，终身监禁，不得减刑、假释可以罚当其罪的，适用修正后刑法第三百八十三条第四款的规定。根据修正前刑法判处死刑缓期执行足以罚当其罪的，不适用修正后刑法第三百八十三条第四款的规定。

2016年4月18日最高法、最高检**《关于办理贪污贿赂刑事案件适用法律若干问题的解释》**(法释〔2016〕9号,自2016年4月18日起施行),为依法惩治贪污贿赂犯罪活动,根据刑法有关规定,现就办理贪污贿赂刑事案件适用法律的若干问题解释如下:

第一条 贪污或者受贿数额在3万元以上不满20万元的,应当认定为刑法第三百八十三条第一款规定的"数额较大",依法判处3年以下有期徒刑或者拘役,并处罚金。

贪污数额在1万元以上不满3万元,具有下列情形之一的,应当认定为刑法第三百八十三条第一款规定的"其他较重情节",依法判处3年以下有期徒刑或者拘役,并处罚金:

(一)贪污救灾、抢险、防汛、优抚、扶贫、移民、救济、防疫、社会捐助等特定款物的;

(二)曾因贪污、受贿、挪用公款受过党纪、行政处分的;

(三)曾因故意犯罪受过刑事追究的;

(四)赃款赃物用于非法活动的;

(五)拒不交待赃款赃物去向或者拒不配合追缴工作,致使无法追缴的;

(六)造成恶劣影响或者其他严重后果的。

受贿数额在1万元以上不满3万元,具有前款第二项至第六项规定的情形之一,或者具有下列情形之一的,应当认定为刑法第三百八十三条第一款规定的"其他较重情节",依法判处3年以下有期徒刑或者拘役,并处罚金:

(一)多次索贿的;

(二)为他人谋取不正当利益,致使公共财产、国家和人民利益遭受损失的;

(三)为他人谋取职务提拔、调整的。

第二条 贪污或者受贿数额在20万元以上不满300万元的,应当认定为刑法第三百八十三条第一款规定的"数额巨大",依法判处3年以上10年以下有期徒刑,并处罚金或者没收财产。

贪污数额在10万元以上不满20万元,具有本解释第一条第二款规定的情形之一的,应当认定为刑法第三百八十三条第一款规定的"其他严重情节",依法判处3年以上10年以下有期徒刑,并处罚金或者没收财产。

受贿数额在10万元以上不满20万元,具有本解释第一条第三款规定的情形之一的,应当认定为刑法第三百八十三条第一款规定的"其他严重情节",依法判处3年以上10年以下有期徒刑,并处罚金或者没收财产。

第三条 贪污或者受贿数额在300万元以上的,应当认定为刑法第三百八十三条第一款规定的"数额特别巨大",依法判处10年以上有期徒刑、无期徒刑或者死刑,并处罚金或者没收财产。

贪污数额在150万元以上不满300万元,具有本解释第一条第二款规定的情形之一的，应当认定为刑法第三百八十三条第一款规定的“其他特别严重情节”，依法判处10年以上有期徒刑、无期徒刑或者死刑，并处罚金或者没收财产。

受贿数额在150万元以上不满300万元，具有本解释第一条第三款规定的情形之一的，应当认定为刑法第三百八十三条第一款规定的“其他特别严重情节”，依法判处10年以上有期徒刑、无期徒刑或者死刑，并处罚金或者没收财产。

第四条　贪污、受贿数额特别巨大，犯罪情节特别严重、社会影响特别恶劣、给国家和人民利益造成特别重大损失的，可以判处死刑。

符合前款规定的情形，但具有自首，立功，如实供述自己罪行、真诚悔罪、积极退赃，或者避免、减少损害结果的发生等情节，不是必须立即执行的，可以判处死刑缓期2年执行。

符合第一款规定情形的，根据犯罪情节等情况可以判处死刑缓期2年执行，同时裁判决定在其死刑缓期执行2年期满依法减为无期徒刑后，终身监禁，不得减刑、假释。

……

第十八条　贪污贿赂犯罪分子违法所得的一切财物，应当依照刑法第六十四条的规定予以追缴或者责令退赔，对被害人的合法财产应当及时返还。对尚未追缴到案或者尚未足额退赔的违法所得，应当继续追缴或者责令退赔。

第十九条　对贪污罪、受贿罪判处3年以下有期徒刑或者拘役的，应当并处10万元以上50万元以下的罚金；判处3年以上10年以下有期徒刑的，应当并处20万元以上犯罪数额2倍以下的罚金或者没收财产；判处10年以上有期徒刑或者无期徒刑的，应当并处50万元以上犯罪数额2倍以下的罚金或者没收财产。

对刑法规定并处罚金的其他贪污贿赂犯罪，应当在10万元以上犯罪数额2倍以下判处罚金。

第二十条　本解释自2016年4月18日起施行。最高人民法院、最高人民检察院此前发布的司法解释与本解释不一致的，以本解释为准。

根据2017年2月17日最高检法律政策研究室**《对〈关于界定“退耕还林补助款”性质的请示〉的答复》**（高检研〔2017〕6号），《最高人民法院、最高人民检察院关于办理贪污贿赂刑事案件适用法律若干问题的解释》（以下简称《解释》）第一条第二款第（一）项规定的“特定款物”应当严格适用范围，不能随意做扩大解释。除了明确规定的救灾、抢险、防汛、优抚、扶贫、移民、救济、防疫、社会捐助九种特定款物以外，只有与所列举的特定款物具有实质相当性的款物才可以认定为本条规定的“特定款物”，具体可以从事项重要性、用途特定性以及时间紧迫性等方面进行判断。

来函请示的退耕还林补助款不属于中央财政转移支付体系中的“财政专项扶贫资金”，不具有与《解释》所列九种款物的实质相当性，不宜认定为《解

第三百八十四条[355] **【挪用公款罪】**国家工作人员利用职务上的便利，挪用公款归个人使用，进行非法活动的，或者挪用公款数额较大、进行营利活动的，或者挪用公款数额较大、超过三个月未还的，是挪用公款罪，处五年以下有期徒刑或者拘役；情节严重的，处五年以上有期徒刑。挪用公款数额巨大不退还的，处十年以上有期徒刑或者无期徒刑。

挪用用于救灾、抢险、防汛、优抚、扶贫、移民、救济款物归个人使用的，从重处罚。

释》所规定的“特定款物”。

根据2017年7月26日最高检**《关于贪污养老、医疗等社会保险基金能否适用〈最高人民法院、最高人民检察院关于办理贪污贿赂刑事案件适用法律若干问题的解释〉第一条第二款第一项规定的批复》**(高检发释字〔2017〕1号，自2017年8月7日起施行)，养老、医疗、工伤、失业、生育等社会保险基金可以认定为《最高人民法院、最高人民检察院关于办理贪污贿赂刑事案件适用法律若干问题的解释》第一条第二款第一项规定的“特定款物”。

根据刑法和有关司法解释规定，贪污罪和挪用公款罪中的“特定款物”的范围有所不同，实践中应注意区分，依法适用。

根据2020年5月25日最高检法律政策研究室对**《关于贪污困难职工帮扶资金能否适用〈最高人民法院、最高人民检察院关于办理贪污贿赂刑事案件适用法律若干问题的解释〉的请示》**的答复(高检研〔2020〕4号)，困难职工帮扶资金属于社会救助的组成部分，是工会履行社会救助的职责范畴。困难职工帮扶资金救助对象为困难职工群体，与民政部门的最低生活保障等救助资金具有相同性质，应属于“救济”款物。

2009年3月12日最高法、最高检**《关于办理职务犯罪案件认定自首、立功等量刑情节若干问题的意见》**，就赃款赃物追缴等情形的处理，提出如下意见：

贪污案件中赃款赃物全部或者大部分追缴的，一般应当考虑从轻处罚。

受贿案件中赃款赃物全部或者大部分追缴的，视具体情况可以酌定从轻处罚。

犯罪分子及其亲友主动退赃或者在办案机关追缴赃款赃物过程中积极配合的，在量刑时应当与办案机关查办案件过程中依职权追缴赃款赃物的有所区别。

职务犯罪案件立案后，犯罪分子及其亲友自行挽回的经济损失，司法机关或者犯罪分子所在单位及其上级主管部门挽回的经济损失，或者因客观原因减少的经济损失，不予扣减，但可以作为酌情从轻处罚的情节。

〔355〕**【立法解释】**根据2002年4月28日全国人大常委会**《关于〈中华**

人民共和国刑法〉第三百八十四条第一款的解释》，有下列情形之一的，属于挪用公款“归个人使用”：

（一）将公款供本人、亲友或者其他自然人使用的；

（二）以个人名义将公款供其他单位使用的；

（三）个人决定以单位名义将公款供其他单位使用，谋取个人利益的。

【司法解释】1998 年 4 月 29 日最高法**《关于审理挪用公款案件具体应用法律若干问题的解释》**（法释〔1998〕9 号，自 1998 年 5 月 9 日起施行），对办理挪用公款案件具体应用法律的若干问题解释如下：

第一条　刑法第三百八十四条规定的“挪用公款归个人使用”，包括挪用者本人使用或者给他人使用。

挪用公款给私有公司、私有企业使用的，属于挪用公款归个人使用（★对于本条，应根据立法解释《关于刑法第三百八十四条第一款的解释》来理解。例如，国有出资企业中的国家工作人员，将公款借给私有公司、私有企业，只要不是以个人名义将公款供私有公司、私有企业使用，不是个人决定以单位名义将公款供私有公司、私有企业使用以谋取个人利益的，就不属于挪用公款归个人使用，不构成挪用公款罪——编者说明）。

第二条　对挪用公款罪，应区分三种不同情况予以认定：

（一）挪用公款归个人使用，数额较大、超过 3 个月未还的，构成挪用公款罪。

挪用正在生息或者需要支付利息的公款归个人使用，数额较大，超过 3 个月但在案发前全部归还本金的，可以从轻处罚或者免除处罚。给国家、集体造成的利息损失应予追缴。挪用公款数额巨大，超过 3 个月，案发前全部归还的，可以酌情从轻处罚。

（二）挪用公款数额较大，归个人进行营利活动的，构成挪用公款罪，不受挪用时间和是否归还的限制。在案发前部分或者全部归还本息的，可以从轻处罚；情节轻微的，可以免除处罚。

挪用公款存入银行、用于集资、购买股票、国债等，属于挪用公款进行营利活动。所获取的利息、收益等违法所得，应当追缴，但不计入挪用公款的数额。

（三）挪用公款归个人使用，进行赌博、走私等非法活动的，构成挪用公款罪，不受“数额较大”和挪用时间的限制。

挪用公款给他人使用，不知道使用人用公款进行营利活动或者用于非法活动，数额较大、超过 3 个月未还的，构成挪用公款罪；明知使用人用于营利活动或者非法活动的，应当认定为挪用人挪用公款进行营利活动或者非法活动。

第三条　……（★与 2016 年 4 月 18 日最高法、最高检《关于办理贪污贿

赂刑事案件适用法律若干问题的解释》的规定不一致，故省略——编者说明）

第四条 多次挪用公款不还，挪用公款数额累计计算；多次挪用公款，并以后次挪用的公款归还前次挪用的公款，挪用公款数额以案发时未还的实际数额认定。

第五条 “挪用公款数额巨大不退还的”，是指挪用公款数额巨大，因客观原因在一审宣判前不能退还的。

第六条 携带挪用的公款潜逃的，依照刑法第三百八十二条、第三百八十三条的规定定罪处罚。

第七条 因挪用公款索取、收受贿赂构成犯罪的，依照数罪并罚的规定处罚。

挪用公款进行非法活动构成其他犯罪的，依照数罪并罚的规定处罚。

第八条 挪用公款给他人使用，使用人与挪用人共谋，指使或者参与策划取得挪用款的，以挪用公款罪的共犯定罪处罚。

根据1997年10月13日最高检**《关于挪用国库券如何定性问题的批复》**（高检发释字〔1997〕5号），国家工作人员利用职务上的便利，挪用公有或本单位的国库券的行为以挪用公款论；符合刑法第三百八十四条、第二百七十二条第二款规定的情形构成犯罪的，按挪用公款罪追究刑事责任。

根据1999年9月16日最高检**《关于人民检察院直接受理立案侦查案件立案标准的规定（试行）》**，国有金融机构工作人员和国有金融机构委派到非国有金融机构从事公务的人员，利用职务上的便利，挪用本单位或者客户资金的，以挪用公款罪追究刑事责任。国有公司、企业或者其他国有单位中从事公务的人员和国有公司、企业或者其他国有单位委派到非国有公司、企业以及其他单位从事公务的人员，利用职务上的便利，挪用本单位资金归个人使用或者借贷给他人，数额较大，超过3个月未还的，或者虽未超过3个月，但数额较大，进行营利活动的，或者进行非法活动的，以挪用公款罪追究刑事责任。挪用公款罪案中的“非法活动”，既包括犯罪活动，也包括其他违法活动。“挪用公款归个人使用”，既包括挪用者本人使用，也包括给他人使用。多次挪用公款不还的，挪用公款数额累计计算；多次挪用公款并以后次挪用的公款归还前次挪用的公款，挪用公款数额以案发时未还的数额认定。挪用公款给其他个人使用的案件，使用人与挪用人共谋，指使或者参与策划取得挪用款的，对使用人以挪用公款罪的共犯追究刑事责任。

根据2000年3月15日最高检**《关于国家工作人员挪用非特定公物能否定罪的请示的批复》**（高检发释字〔2000〕1号，自2000年3月15日起施行），刑法第三百八十四条规定的挪用公款罪中未包括挪用非特定公物归个人使用的行为，对该行为不以挪用公款罪论处。如构成其他犯罪的，依照刑法的相关规定定罪处罚。

根据2002年5月13日最高检**《关于认真贯彻执行全国人民代表大会常务委员会〈关于刑法第二百九十四条第一款的解释〉和〈关于刑法第三百八十四条第一款的解释〉的通知》**（高检发研字〔2002〕11号），对于国家工作人员利用职务上的便利，实施全国人大常委会《关于刑法第三百八十四条第一款的解释》规定的挪用公款"归个人使用"的三种情形之一的，无论使用公款的是个人还是单位以及单位的性质如何，均应认定为挪用公款归个人使用，构成犯罪的，应依法严肃查处。

根据2003年1月28日最高检**《关于挪用失业保险基金和下岗职工基本生活保障资金的行为适用法律问题的批复》**（高检发释字〔2003〕1号），国家工作人员利用职务上的便利，挪用失业保险基金和下岗职工基本生活保障资金归个人使用，构成犯罪的，应当依照刑法第三百八十四条的规定，以挪用公款罪追究刑事责任。

根据2003年9月22日最高法**《关于挪用公款犯罪如何计算追诉期限问题的批复》**（法释〔2003〕16号，自2003年10月10日起施行），根据刑法第八十九条、第三百八十四条的规定，挪用公款归个人使用，进行非法活动的，或者挪用公款数额较大、进行营利活动的，犯罪的追诉期限从挪用行为实施完毕之日起计算；挪用公款数额较大、超过三个月未还的，犯罪的追诉期限从挪用公款罪成立之日起计算。挪用公款行为有连续状态的，犯罪的追诉期限应当从最后一次挪用行为实施完毕之日或者犯罪成立之日起计算。

根据2010年11月26日最高法、最高检**《关于办理国家出资企业中职务犯罪案件具体应用法律若干问题的意见》第三条**，国家出资企业的工作人员在公司、企业改制过程中为购买公司、企业股份，利用职务上的便利，将公司、企业的资金或者金融凭证、有价证券等用于个人贷款担保的，依照刑法第二百七十二条或者第三百八十四条的规定，以挪用资金罪或者挪用公款罪定罪处罚。

行为人在改制前的国家出资企业持有股份的，不影响挪用数额的认定，但量刑时应当酌情考虑。

经有关主管部门批准或者按照有关政策规定，国家出资企业的工作人员为购买改制公司、企业股份实施前款行为的，可以视具体情况不作为犯罪处理。

2016年4月18日最高法、最高检**《关于办理贪污贿赂刑事案件适用法律若干问题的解释》**，就办理挪用公款刑事案件适用法律的若干问题解释如下：

第五条　挪用公款归个人使用，进行非法活动，数额在3万元以上的，应当依照刑法第三百八十四条的规定以挪用公款罪追究刑事责任；数额在300万元以上的，应当认定为刑法第三百八十四条第一款规定的"数额巨大"。具有下列情形之一的，应当认定为刑法第三百八十四条第一款规定的"情节严重"：

（一）挪用公款数额在100万元以上的；

（二）挪用救灾、抢险、防汛、优抚、扶贫、移民、救济特定款物，数额在50万元以上不满100万元的；

（三）挪用公款不退还，数额在50万元以上不满100万元的；

（四）其他严重的情节。

第六条 挪用公款归个人使用，进行营利活动或者超过3个月未还，数额在5万元以上的，应当认定为刑法第三百八十四条第一款规定的“数额较大”；数额在500万元以上的，应当认定为刑法第三百八十四条第一款规定的“数额巨大”。具有下列情形之一的，应当认定为刑法第三百八十四条第一款规定的“情节严重”：

（一）挪用公款数额在200万元以上的；

（二）挪用救灾、抢险、防汛、优抚、扶贫、移民、救济特定款物，数额在100万元以上不满200万元的；

（三）挪用公款不退还，数额在100万元以上不满200万元的；

（四）其他严重的情节。

【会议纪要】2003年11月13日最高法**《全国法院审理经济犯罪案件工作座谈会纪要》**，就挪用公款罪的法律适用问题纪要如下：

（一）单位决定将公款给个人使用行为的认定

经单位领导集体研究决定将公款给个人使用，或者单位负责人为了单位的利益，决定将公款给个人使用的，不以挪用公款罪定罪处罚。上述行为致使单位遭受重大损失，构成其他犯罪的，依照刑法的有关规定对责任人员定罪处罚。

（二）挪用公款供其他单位使用行为的认定

根据全国人大常委会《关于〈中华人民共和国刑法〉第三百八十四条第一款的解释》的规定，“以个人名义将公款供其他单位使用的”、“个人决定以单位名义将公款供其他单位使用，谋取个人利益的”，属于挪用公款“归个人使用”。在司法实践中，对于将公款供其他单位使用的，认定是否属于“以个人名义”，不能只看形式，要从实质上把握。对于行为人逃避财务监管，或者与使用人约定以个人名义进行，或者借款、还款都以个人名义进行，将公款给其他单位使用的，应认定为“以个人名义”。“个人决定”既包括行为人在职权范围内决定，也包括超越职权范围决定。“谋取个人利益”，既包括行为人与使用人事先约定谋取个人利益实际尚未获取的情况，也包括虽未事先约定但实际已获取了个人利益的情况。其中的“个人利益”，既包括不正当利益，也包括正当利益；既包括财产性利益，也包括非财产性利益，但这种非财产性利益应当是具体的实际利益，如升学、就业等。

（三）国有单位领导向其主管的具有法人资格的下级单位借公款归个人使用的认定

国有单位领导利用职务上的便利指令具有法人资格的下级单位将公款供

个人使用的，属于挪用公款行为，构成犯罪的，应以挪用公款罪定罪处罚。

（四）挪用有价证券、金融凭证用于质押行为性质的认定

挪用金融凭证、有价证券用于质押，使公款处于风险之中，与挪用公款为他人提供担保没有实质的区别，符合刑法关于挪用公款罪规定的，以挪用公款罪定罪处罚，挪用公款数额以实际或者可能承担的风险数额认定。

（五）挪用公款归还个人欠款行为性质的认定

挪用公款归还个人欠款的，应当根据产生欠款的原因，分别认定属于挪用公款的何种情形。归还个人进行非法活动或者进行营利活动产生的欠款，应当认定为挪用公款进行非法活动或者进行营利活动。

（六）挪用公款用于注册公司、企业行为性质的认定

申报注册资本是为进行生产经营活动作准备，属于成立公司、企业进行营利活动的组成部分。因此，挪用公款归个人用于公司、企业注册资本验资证明的，应当认定为挪用公款进行营利活动。

（七）挪用公款后尚未投入实际使用的行为性质的认定

挪用公款后尚未投入实际使用的，只要同时具备"数额较大"和"超过三个月未还"的构成要件，应当认定为挪用公款罪，但可以酌情从轻处罚。

（八）挪用公款转化为贪污的认定

挪用公款罪与贪污罪的主要区别在于行为人主观上是否具有非法占有公款的目的。挪用公款是否转化为贪污，应当按照主客观相一致的原则，具体判断和认定行为人主观上是否具有非法占有公款的目的。在司法实践中，具有以下情形之一的，可以认定行为人具有非法占有公款的目的：

1. 根据《最高人民法院关于审理挪用公款案件具体应用法律若干问题的解释》第六条的规定，行为人"携带挪用的公款潜逃的"，对其携带挪用的公款部分，以贪污罪定罪处罚。

2. 行为人挪用公款后采取虚假发票平帐、销毁有关帐目等手段，使所挪用的公款已难以在单位财务帐目上反映出来，且没有归还行为的，应当以贪污罪定罪处罚。

3. 行为人截取单位收入不入帐，非法占有，使所占有的公款难以在单位财务帐目上反映出来，且没有归还行为的，应当以贪污罪定罪处罚。

4. 有证据证明行为人有能力归还所挪用的公款而拒不归还，并隐瞒挪用的公款去向的，应当以贪污罪定罪处罚。

【指导案例】根据 2023 年 7 月 31 日最高检**第四十七批指导性案例 · 检例第 189 号 · 李某等人挪用公款案**，办理金融领域挪用公款犯罪案件，应从实质上把握"归个人使用"等要件。对于为个人从事营利活动而违规使用单位公款，给公款安全造成风险，如果公款形式上归单位使用，但是实质上为个人使用的，可以认定挪用公款"归个人使用"。他人因行为人挪用公款犯罪直接获

第三百八十五条〔356〕 **【受贿罪】**国家工作人员利用职务上的便利，索取他人财物的，或者非法收受他人财物，为他人谋取利益的，是受贿罪。

国家工作人员在经济往来中，违反国家规定，收受各种名义的回扣、手续费，归个人所有的，以受贿论处。

利，虽不构成犯罪或未被追究刑事责任，但主观上对利益违法性有认知的，对他人的直接获利应认定为违法所得，检察机关可以向监察机关提出建议，依法予以追缴或者责令退赔。

★该指导案例在“指导意义”部分指出：依法惩治金融领域挪用公款犯罪，应准确把握“个人决定”“归个人使用”的本质特征……对于为下一步个人擅自挪用公款做铺垫准备，相关负责人在集体研究时采取虚构事实、隐瞒真相的方式，引导形成错误决策的，不影响对个人责任的认定。对于为个人从事营利活动而违规使用单位公款的行为，应重点审查使用公款目的、公款流转去向、公款潜在风险、违法所得归属等要素，如公款形式上归单位使用、实质上为个人使用的，可以认定挪用公款“归个人使用”。

对于挪用公款犯罪中“归个人使用”后进行营利活动取得的财物和孳息，如能排除系善意取得，应依法追缴。对于行为人实施挪用公款犯罪取得的非法获利，应按照犯罪所得依法予以追缴。在特定情况下，其他不构成犯罪或未被追究刑事责任的相关人员也可能因行为人实施挪用公款行为获利，如能够证实该获利系因挪用公款犯罪行为而直接产生，相关人员主观上对收益的违法性有认知，不属于善意取得，检察机关可以建议监察机关根据《中华人民共和国刑法》《中华人民共和国监察法》《中华人民共和国监察法实施条例》等相关法律法规的规定，将该部分获利作为违法所得，依法予以没收、追缴。

〔356〕 **【司法解释】**2016年4月18日最高法、最高检**《关于办理贪污贿赂刑事案件适用法律若干问题的解释》**，就办理贿赂刑事案件适用法律的若干问题解释如下：

第十二条 贿赂犯罪中的“财物”，包括货币、物品和财产性利益。财产性利益包括可以折算为货币的物质利益如房屋装修、债务免除等，以及需要支付货币的其他利益如会员服务、旅游等。后者的犯罪数额，以实际支付或者应当支付的数额计算。

第十三条 具有下列情形之一的，应当认定为“为他人谋取利益”，构成犯罪的，应当依照刑法关于受贿犯罪的规定定罪处罚：

（一）实际或者承诺为他人谋取利益的；

（二）明知他人有具体请托事项的；

（三）履职时未被请托，但事后基于该履职事由收受他人财物的。

国家工作人员索取、收受具有上下级关系的下属或者具有行政管理关系的被管理人员的财物价值3万元以上，可能影响职权行使的，视为承诺为他人谋取利益。

第十四条　……(➻参见刑法第 390 条脚注相关部分)

第十五条　对多次受贿未经处理的,累计计算受贿数额。

国家工作人员利用职务上的便利为请托人谋取利益前后多次收受请托人财物,受请托之前收受的财物数额在 1 万元以上的,应当一并计入受贿数额。

第十六条　国家工作人员出于贪污、受贿的故意,非法占有公共财物、收受他人财物之后,将赃款赃物用于单位公务支出或者社会捐赠的,不影响贪污罪、受贿罪的认定,但量刑时可以酌情考虑。

特定关系人索取、收受他人财物,国家工作人员知道后未退还或者上交的,应当认定国家工作人员具有受贿故意。

第十七条　国家工作人员利用职务上的便利,收受他人财物,为他人谋取利益,同时构成受贿罪和刑法分则第三章第三节、第九章规定的渎职犯罪的,除刑法另有规定外,以受贿罪和渎职犯罪数罪并罚。

根据 1999 年 9 月 16 日最高检《**关于人民检察院直接受理立案侦查案件立案标准的规定(试行)**》,受贿罪中"利用职务上的便利",是指利用本人职务范围内的权力,即自己职务上主管、负责或者承办某项公共事务的职权及其所形成的便利条件。索取他人财物的,不论是否"为他人谋取利益",均可构成受贿罪。非法收受他人财物的,必须同时具备"为他人谋取利益"的条件,才能构成受贿罪。但是为他人谋取的利益是否正当,为他人谋取的利益是否实现,不影响受贿罪的认定。国家工作人员在经济往来中,违反国家规定,收受各种名义的回扣、手续费,归个人所有的,以受贿罪追究刑事责任。国有公司、企业中从事公务的人员和国有公司、企业委派到非国有公司、企业从事公务的人员利用职务上的便利,索取他人财物或者非法收受他人财物,为他人谋取利益,或者在经济往来中,违反国家规定,收受各种名义的回扣、手续费,归个人所有的,以受贿罪追究刑事责任。国有金融机构工作人员和国有金融机构委派到非国有金融机构从事公务的人员在金融业务活动中索取他人财物或者非法收受他人财物,为他人谋取利益的,或者违反国家规定,收受各种名义的回扣、手续费归个人所有的,以受贿罪追究刑事责任。国家工作人员利用本人职权或者地位形成的便利条件,通过其他国家工作人员职务上的行为,为请托人谋取不正当利益,索取请托人财物或者收受请托人财物的,以受贿罪追究刑事责任。本规定中有关贿赂罪案中的"谋取不正当利益",是指谋取违反法律、法规、国家政策和国务院各部门规章规定的利益,以及谋取违反法律、法规、国家政策和国务院各部门规章规定的帮助或者方便条件。

根据 2000 年 7 月 13 日最高法《**关于国家工作人员利用职务上的便利为他人谋取利益离退休后收受财物行为如何处理问题的批复**》(法释〔2000〕21 号,自 2000 年 7 月 21 日起施行),国家工作人员利用职务上的便利为请托人谋取利益,并与请托人事先约定,在其离退休后收受请托人财物,构成犯罪的,以受贿罪定罪处罚。

根据2003年1月13日最高检法律政策研究室**《关于佛教协会工作人员能否构成受贿罪或者公司、企业人员受贿罪主体问题的答复》**(高检研发〔2003〕第2号),佛教协会属于社会团体,其工作人员除符合刑法第九十三条第二款的规定属于受委托从事公务的人员外,既不属于国家工作人员,也不属于公司、企业人员。根据刑法的规定,对非受委托从事公务的佛教协会的工作人员利用职务之便收受他人财物,为他人谋取利益的行为,不能按受贿罪或者公司、企业人员受贿罪追究刑事责任(★该答复发布于《刑法修正案(六)》之前。2006年6月29日《刑法修正案(六)》第八条将刑法第一百六十三条非国家工作人员受贿罪的主体扩大到"其他单位的工作人员",故对非受委托从事公务的佛教协会的工作人员利用职务之便收受他人财物,为他人谋取利益的行为,目前完全可按非国家工作人员受贿罪追究刑事责任——编者说明)。

根据2003年4月2日最高检法律政策研究室**《关于集体性质的乡镇卫生院院长利用职务之便收受他人财物的行为如何适用法律问题的答复》**(〔2003〕高检研发第9号),经过乡镇政府或者主管行政机关任命的乡镇卫生院院长,在依法从事本区域卫生工作的管理与业务技术指导,承担医疗预防保健服务工作等公务活动时,属于刑法第九十三条第二款规定的其他依照法律从事公务的人员。对其利用职务上的便利,索取他人财物的,或者非法收受他人财物,为他人谋取利益的,应当依照刑法第三百八十五条、第三百八十六条的规定,以受贿罪追究刑事责任。

2007年7月8日最高法、最高检**《关于办理受贿刑事案件适用法律若干问题的意见》**(法发〔2007〕22号),为依法惩治受贿犯罪活动,根据刑法有关规定,现就办理受贿刑事案件具体适用法律若干问题,提出以下意见:

一、关于以交易形式收受贿赂问题

国家工作人员利用职务上的便利为请托人谋取利益,以下列交易形式收受请托人财物的,以受贿论处:

(1)以明显低于市场的价格向请托人购买房屋、汽车等物品的;

(2)以明显高于市场的价格向请托人出售房屋、汽车等物品的;

(3)以其他交易形式非法收受请托人财物的。

受贿数额按照交易时当地市场价格与实际支付价格的差额计算。

前款所列市场价格包括商品经营者事先设定的不针对特定人的最低优惠价格。根据商品经营者事先设定的各种优惠交易条件,以优惠价格购买商品的,不属于受贿。

二、关于收受干股问题

干股是指未出资而获得的股份。国家工作人员利用职务上的便利为请托人谋取利益,收受请托人提供的干股的,以受贿论处。进行了股权转让登记,或者相关证据证明股份发生了实际转让的，受贿数额按转让行为时股份价值计算，所分红利按受贿孳息处理。股份未实际转让，以股份分红名义获取利益的，实际获利数额应当认定为受贿数额。

三、关于以开办公司等合作投资名义收受贿赂问题

国家工作人员利用职务上的便利为请托人谋取利益，由请托人出资，“合作”开办公司或者进行其他“合作”投资的，以受贿论处。受贿数额为请托人给国家工作人员的出资额。

国家工作人员利用职务上的便利为请托人谋取利益，以合作开办公司或者其他合作投资的名义获取“利润”，没有实际出资和参与管理、经营的，以受贿论处。

四、关于以委托请托人投资证券、期货或者其他委托理财的名义收受贿赂问题

国家工作人员利用职务上的便利为请托人谋取利益，以委托请托人投资证券、期货或者其他委托理财的名义，未实际出资而获取“收益”，或者虽然实际出资，但获取“收益”明显高于出资应得收益的，以受贿论处。受贿数额，前一情形，以“收益”额计算；后一情形，以“收益”额与出资应得收益额的差额计算。

五、关于以赌博形式收受贿赂的认定问题

根据《最高人民法院、最高人民检察院关于办理赌博刑事案件具体应用法律若干问题的解释》第七条规定，国家工作人员利用职务上的便利为请托人谋取利益，通过赌博方式收受请托人财物的，构成受贿。

实践中应注意区分贿赂与赌博活动、娱乐活动的界限。具体认定时，主要应当结合以下因素进行判断：(1)赌博的背景、场合、时间、次数；(2)赌资来源；(3)其他赌博参与者有无事先通谋；(4)输赢钱物的具体情况和金额大小。

六、关于特定关系人“挂名”领取薪酬问题

国家工作人员利用职务上的便利为请托人谋取利益，要求或者接受请托人以给特定关系人安排工作为名，使特定关系人不实际工作却获取所谓薪酬的，以受贿论处。

七、关于由特定关系人收受贿赂问题

国家工作人员利用职务上的便利为请托人谋取利益，授意请托人以本意见所列形式，将有关财物给予特定关系人的，以受贿论处。

特定关系人与国家工作人员通谋，共同实施前款行为的，对特定关系人以受贿罪的共犯论处。特定关系人以外的其他人与国家工作人员通谋，由国家工作人员利用职务上的便利为请托人谋取利益，收受请托人财物后双方共同占有的，以受贿罪的共犯论处。

八、关于收受贿赂物品未办理权属变更问题

国家工作人员利用职务上的便利为请托人谋取利益，收受请托人房屋、汽

车等物品，未变更权属登记或者借用他人名义办理权属变更登记的，不影响受贿的认定。

认定以房屋、汽车等物品为对象的受贿，应注意与借用的区分。具体认定时，除双方交代或者书面协议之外，主要应当结合以下因素进行判断：(1)有无借用的合理事由；(2)是否实际使用；(3)借用时间的长短；(4)有无归还的条件；(5)有无归还的意思表示及行为。

九、关于收受财物后退还或者上交问题

国家工作人员收受请托人财物后及时退还或者上交的，不是受贿。

国家工作人员受贿后，因自身或者与其受贿有关联的人、事被查处，为掩饰犯罪而退还或者上交的，不影响认定受贿罪。

十、关于在职时为请托人谋利，离职后收受财物问题

国家工作人员利用职务上的便利为请托人谋取利益之前或者之后，约定在其离职后收受请托人财物，并在离职后收受的，以受贿论处。

国家工作人员利用职务上的便利为请托人谋取利益，离职前后连续收受请托人财物的，离职前后收受部分均应计入受贿数额。

十一、关于"特定关系人"的范围

本意见所称"特定关系人"，是指与国家工作人员有近亲属、情妇(夫)以及其他共同利益关系的人。

十二、关于正确贯彻宽严相济刑事政策的问题

依照本意见办理受贿刑事案件，要根据刑法关于受贿罪的有关规定和受贿罪权钱交易的本质特征，准确区分罪与非罪、此罪与彼罪的界限，惩处少数，教育多数。在从严惩处受贿犯罪的同时，对于具有自首、立功等情节的，依法从轻、减轻或者免除处罚。

第385条

2010年4月7日最高法刑二庭**《宽严相济在经济犯罪和职务犯罪案件审判中的具体贯彻》**指出：对于收受财物后于案发前退还或上交所收财物的，应当区分情况做出不同处理：收受请托人财物后及时退还或者上交的，因其受贿故意不能确定，同时为了感化、教育潜在受贿犯罪分子，故不宜以受贿处理；受贿后因自身或者与其受贿有关联的人、事被查处，为掩饰犯罪而退还或者上交的，因受贿行为既已完毕，且无主动悔罪之意思，故不影响受贿罪的认定。

【会议纪要】2003年11月13日最高法**《全国法院审理经济犯罪案件工作座谈会纪要》**，就受贿罪的法律适用问题纪要如下：

(一)关于"利用职务上的便利"的认定

刑法第三百八十五条第一款规定的"利用职务上的便利"，既包括利用本人职务上主管、负责、承办某项公共事务的职权，也包括利用职务上有隶属、制约关系的其他国家工作人员的职权。担任单位领导职务的国家工作人员通过不属自己主管的下级部门的国家工作人员的职务为他人谋取利益的，应当

认定为“利用职务上的便利”为他人谋取利益。

（二）“为他人谋取利益”的认定

为他人谋取利益包括承诺、实施和实现三个阶段的行为。只要具有其中一个阶段的行为，如国家工作人员收受他人财物时，根据他人提出的具体请托事项，承诺为他人谋取利益的，就具备了为他人谋取利益的要件。明知他人有具体请托事项而收受其财物的，视为承诺为他人谋取利益。

（三）“利用职权或地位形成的便利条件”的认定

刑法第三百八十八条规定的“利用本人职权或者地位形成的便利条件”，是指行为人与被其利用的国家工作人员之间在职务上虽然没有隶属、制约关系，但是行为人利用了本人职权或者地位产生的影响和一定的工作联系，如单位内不同部门的国家工作人员之间、上下级单位没有职务上隶属、制约关系的国家工作人员之间、有工作联系的不同单位的国家工作人员之间等。

（四）离职国家工作人员收受财物行为的处理

参照《最高人民法院关于国家工作人员利用职务上的便利为他人谋取利益离退休后收受财物行为如何处理问题的批复》规定的精神，国家工作人员利用职务上的便利为请托人谋取利益，并与请托人事先约定，在其离职后收受请托人财物，构成犯罪的，以受贿罪定罪处罚。

（五）共同受贿犯罪的认定

根据刑法关于共同犯罪的规定，非国家工作人员与国家工作人员勾结，伙同受贿的，应当以受贿罪的共犯追究刑事责任。非国家工作人员是否构成受贿罪共犯，取决于双方有无共同受贿的故意和行为。国家工作人员的近亲属向国家工作人员代为转达请托事项，收受请托人财物并告知该国家工作人员，或者国家工作人员明知其近亲属收受了他人财物，仍按照近亲属的要求利用职权为他人谋取利益的，对该国家工作人员应认定为受贿罪，其近亲属以受贿罪共犯论处。近亲属以外的其他人与国家工作人员通谋，由国家工作人员利用职务上的便利为请托人谋取利益，收受请托人财物后双方共同占有的，构成受贿罪共犯。国家工作人员利用职务上的便利为他人谋取利益，并指定他人将财物送给其他人，构成犯罪的，应以受贿罪定罪处罚。

（六）以借款为名索取或者非法收受财物行为的认定

国家工作人员利用职务上的便利，以借为名向他人索取财物，或者非法收受财物为他人谋取利益的，应当认定为受贿。具体认定时，不能仅仅看是否有书面借款手续，应当根据以下因素综合判定：

（1）有无正当、合理的借款事由；

（2）款项的去向；

（3）双方平时关系如何、有无经济往来；

（4）出借方是否要求国家工作人员利用职务上的便利为其谋取利益；

（5）借款后是否有归还的意思表示及行为；

(6)是否有归还的能力;

(7)未归还的原因;等等。

(七)涉及股票受贿案件的认定

在办理涉及股票的受贿案件时,应当注意:

(1)国家工作人员利用职务上的便利,索取或非法收受股票,没有支付股本金,为他人谋取利益,构成受贿罪的,其受贿数额按照收受股票时的实际价格计算。

(2)行为人支付股本金而购买较有可能升值的股票,由于不是无偿收受请托人财物,不以受贿罪论处。

(3)股票已上市且已升值,行为人仅支付股本金,其"购买"股票时的实际价格与股本金的差价部分应认定为受贿。

【指导案例】根据2011年12月20日最高法**第一批指导性案例·指导案例3号·潘玉梅、陈宁受贿案**,国家工作人员利用职务上的便利为请托人谋取利益,并与请托人以"合办"公司的名义获取"利润",没有实际出资和参与经营管理的,以受贿论处。

国家工作人员明知他人有请托事项而收受其财物,视为承诺"为他人谋取利益",是否已实际为他人谋取利益或谋取到利益,不影响受贿的认定。

国家工作人员利用职务上的便利为请托人谋取利益,以明显低于市场的价格向请托人购买房屋等物品的,以受贿论处,受贿数额按照交易时当地市场价格与实际支付价格的差额计算。

国家工作人员收受财物后,因与其受贿有关联的人、事被查处,为掩饰犯罪而退还的,不影响认定受贿罪。

根据2023年7月31日最高检**第四十七批指导性案例·检例第188号·桑某受贿、国有公司人员滥用职权、利用未公开信息交易案**,检察机关在办理投融资领域受贿犯罪案件时,要准确认定利益输送行为的性质,着重审查投融资的背景、投融资方式、融资需求的真实性、行为人是否需要承担风险、风险与所获收益是否相符等证据。

★该指导案例在"指导意义"部分指出:对于利用股权收益权代持融资等投融资手段进行利益输送的受贿案件,检察机关应当着重审查投融资的背景情况、请托方是否有真实融资需求、投融资的具体方式、受贿人是否支付对价以及是否需要承担投资风险、风险是否与所获收益相符等情况。对于资本运作或相关交易异于正常市场投资,受贿人职务行为和非法获利之间紧密关联,受贿人所支付对价与所获收益明显不对等,具备受贿犯罪权钱交易特征的,依法认定构成受贿罪。

【公报案例】根据**《公报》2014年第9期·上海市嘉定区人民检察院诉丁利康受贿案**,国有医疗机构中,从事医疗数据统计、传输、维护等信息管理工

第三百八十六条[357] **【对受贿罪的处罚】**对犯受贿罪的，根据受贿所得数额及情节，依照本法第三百八十三条的规定处罚。索贿的从重处罚。

作的事业编制人员，其统计、传输、维护的信息和数据系国有医疗机构对医疗业务进行管理、监督、决策的重要依据，属于医保信息，工作内容具有公务性质，该人员系国有事业单位中从事公务的人员，应以国家工作人员论。该类人员利用从事信息管理的职务便利，非法收受医药营销人员财物，向其提供本医疗机构药品使用情况统计数据等信息，为相关药品生产、销售企业以不正当手段销售药品提供便利的行为，应当依照《中华人民共和国刑法》第三百八十五条第一款的规定，以受贿罪定罪处罚。

【典型案例】根据2023年12月8日最高检**粮食购销领域职务犯罪典型案例·案例四、卢某受贿、滥用职权案**，对投资型受贿以及受贿渎职交织等隐蔽犯罪行为，准确适用法律，精准有力指控犯罪。

★该典型案例在“典型意义”部分指出：针对受贿行为较为隐蔽、受贿犯罪与渎职犯罪相交织等情况，坚持主客观相统一，从行为性质本身对案件进行定性。投资型受贿具有一定的隐蔽性，受贿人实际出资且由他人代持则更加掩人耳目，查办此类案件要把握权钱交易本质，重点审查受贿人是否实际承担市场风险，如果收受固定回报、不承担风险则与直接贿送钱款并无区别，依法以受贿罪追责。

根据2023年12月8日最高检**粮食购销领域职务犯罪典型案例·案例七、陈某某等五人非法经营同类营业、贪污、受贿案**，对于国企人员与他人内外勾结，以合作经营涉粮业务为名实施的隐性腐败犯罪，根据行为人是否存在实际经营行为，准确区分受贿罪与非法经营同类营业罪。

★该典型案例在“典型意义”部分指出：国企人员与其他人员内外勾结，以合作经营涉粮业务等形式实施隐性腐败行为的，可能构成受贿、贪污、非法经营同类营业等犯罪，相关犯罪的区别主要体现在获利方式和利益来源等方面。根据行为人是否存在投资和经营行为、合伙合作协议是否真实、获利系来源于经营行为还是职务行为等事实，强化证据审查，区分不同行为模式，依法准确适用法律。行为人直接利用职务之便为相关公司提供帮助，从中获得所谓利润分成的，不能认定为参与经营活动，而是直接以职务行为获取对价回报，应认定为受贿。

〔357〕**【司法解释】**根据2012年2月24日最高法研究室**《关于共同受贿案件中受贿数额认定问题的研究意见》**(法研〔2012〕23号)，对于共同受贿犯罪，被告人“受贿所得数额”原则上应当以其参与或者组织、指挥的共同受贿数额认定。但在难以区分主从犯的共同受贿案件中，行贿人的贿赂款分别或者明确送给多人，且按照各被告人实际所得数额处罚更能实现罪刑相适应的，依法按照被告人实际所得数额，并考虑共同受贿犯罪情况予以处罚

第三百八十七条[358] **【单位受贿罪】**国家机关、国有公司、企业、事业单位、人民团体，索取、非法收受他人财物，为他人谋取利益，情节严重的，对单位判处罚金，并对其直接负责的主管人员和其他直接责任人员，处三年以下有期徒刑或者拘役；情节特别严重的，处三年以上十年以下有期徒刑。

前款所列单位，在经济往来中，在帐外暗中收受各种名义的回扣、手续费的，以受贿论，依照前款的规定处罚。

[★从最高法研究室的"研究意见及其理由"来看(参见《司法研究与指导》2012年总第2辑)，在一些场合不按"部分实行全部责任"认定共同受贿数额，是因为难以认定这些场合的各个受贿人构成受贿共犯——编者说明]。

〔358〕**【刑法修订】**2023年**《刑法修正案(十二)》第四条**修订了本条第一款。1997年刑法该款原文如下：

第三百八十七条第一款 国家机关、国有公司、企业、事业单位、人民团体，索取、非法收受他人财物，为他人谋取利益，情节严重的，对单位判处罚金，并对其直接负责的主管人员和其他直接责任人员，处五年以下有期徒刑或者拘役。

2023年**《刑法修正案(十二)》**将本条法定刑"处五年以下有期徒刑或者拘役"修改为"处三年以下有期徒刑或者拘役；情节特别严重的，处三年以上十年以下有期徒刑"，从而增设了第二档法定刑。

【立案标准】根据1999年9月16日最高检**《关于人民检察院直接受理立案侦查案件立案标准的规定(试行)》**，索取他人财物或者非法收受他人财物，必须同时具备为他人谋取利益的条件，且是情节严重的行为，才能构成单位受贿罪。国家机关、国有公司、企业、事业单位、人民团体，在经济往来中，在帐外暗中收受各种名义的回扣、手续费的，以单位受贿罪追究刑事责任。

涉嫌单位受贿，有下列情形之一的，应予立案：1.单位受贿数额在10万元以上的；2.单位受贿数额不满10万元，但具有下列情形之一的：(1)故意刁难、要挟有关单位、个人，造成恶劣影响的；(2)强行索取财物的；(3)致使国家或者社会利益遭受重大损失的。

【司法解释】根据2006年9月12日最高检法律政策研究室**《关于国有单位的内设机构能否构成单位受贿罪主体问题的答复》**(高检研发〔2006〕8号)，国有单位的内设机构利用其行使职权的便利，索取、非法收受他人财物并归该内设机构所有或者支配，为他人谋取利益，情节严重的，依照刑法第三百八十七条的规定以单位受贿罪追究刑事责任。上述内设机构在经济往来中，在账外暗中收受各种名义的回扣、手续费的，以受贿论。

第三百八十八条　【斡旋受贿以受贿论处】国家工作人员利用本人职权或者地位形成的便利条件，通过其他国家工作人员职务上的行为，为请托人谋取不正当利益，索取请托人财物或者收受请托人财物的，以受贿论处。

第三百八十八条之一[359]　**【利用影响力受贿罪】**国家工作人员的近亲属或者其他与该国家工作人员关系密切的人，通过该国家工作人员职务上的行为，或者利用该国家工作人员职权或者地位形成的便利条件，通过其他国家工作人员职务上的行为，为请托人谋取不正当利益，索取请托人财物或者收受请托人财物，数额较大或者有其他较重情节的，处三年以下有期徒刑或者拘役，并处罚金；数额巨大或者有其他严重情节的，处三年以上七年以下有期徒刑，并处罚金；数额特别巨大或者有其他特别严重情节的，处七年以上有期徒刑，并处罚金或者没收财产。

离职的国家工作人员或者其近亲属以及其他与其关系密切的人，利用该离职的国家工作人员原职权或者地位形成的便利条件实施前款行为的，依照前款的规定定罪处罚。

第三百八十九条[360]　**【行贿罪】**为谋取不正当利益，给予国家工作人员以财物的，是行贿罪。

在经济往来中，违反国家规定，给予国家工作人员以财物，数额较大的，或者违反国家规定，给予国家工作人员以各种名义的回扣、手续费的，以行贿论处。

因被勒索给予国家工作人员以财物，没有获得不正当利益的，不是行贿。

---

〔359〕**【刑法修订】**本条为2009年**《刑法修正案（七）》第十三条**增设。

【司法解释】根据2016年4月18日最高法、最高检**《关于办理贪污贿赂刑事案件适用法律若干问题的解释》第十条第一款**，刑法第三百八十八条之一规定的利用影响力受贿罪的定罪量刑适用标准，参照本解释关于受贿罪的规定执行[★具体而言，受贿数额在3万元以上不满20万元的，或者有其他较重情节（即具有特定情形，受贿数额在1万元以上不满3万元）的，处3年以下有期徒刑或者拘役，并处罚金；数额巨大（受贿数额在20万元以上不满300万元）或者有其他严重情节（具有特定情形，受贿数额在10万元以上不满20万元）的，处3年以上7年以下有期徒刑，并处罚金；数额特别巨大（受贿数额在300万元以上）或者有其他特别严重情节（具有特定情形，受贿数额在150万元以上不满300万元）的，处7年以上有期徒刑，并处罚金或者没收财产。关于受贿罪的定罪量刑标准，参见刑法第383条脚注相关部分——编者说明]。

〔360〕**【司法解释】**根据1999年3月4日最高法、最高检**《关于在办**

理受贿犯罪大要案的同时要严肃查处严重行贿犯罪分子的通知》(高检会〔1999〕1号),对于为谋取不正当利益而行贿,构成行贿罪、对单位行贿罪、单位行贿罪的,必须依法追究刑事责任。"谋取不正当利益"是指谋取违反法律、法规、国家政策和国务院各部门规章规定的利益,以及要求国家工作人员或者有关单位提供违反法律、法规、国家政策和国务院各部门规章规定的帮助或者方便条件。对于向国家工作人员介绍贿赂,构成犯罪的案件,也要依法查处(★此处"谋取不正当利益"的规定与2012年12月26日最高法、最高检《关于办理行贿刑事案件具体应用法律若干问题的解释》第十二条不一致,应当不再适用——编者说明)。

当前要特别注意依法严肃惩处下列严重行贿犯罪行为:1.行贿数额巨大、多次行贿或者向多人行贿的;2.向党政干部和司法工作人员行贿的;3.为进行走私、偷税(★现为"逃税"——编者说明)、骗税、骗汇、逃汇、非法买卖外汇等违法犯罪活动,向海关、工商、税务、外汇管理等行政执法机关工作人员行贿的;4.为非法办理金融、证券业务,向银行等金融机构、证券管理机构工作人员行贿,致使国家利益遭受重大损失的;5.为非法获取工程、项目的开发、承包、经营权,向有关主管部门及其主管领导行贿,致使公共财产、国家和人民利益遭受重大损失的;6.为制售假冒伪劣产品,向有关国家机关、国有单位及国家工作人员行贿,造成严重后果的;7.其他情节严重的行贿犯罪行为。

在查处严重行贿、介绍贿赂犯罪案件中,既要坚持从严惩处的方针,又要注意体现政策。行贿人、介绍贿赂人具有刑法第三百九十条第二款、第三百九十二条第二款规定的在被追诉前主动交代行贿、介绍贿赂犯罪情节的,依法分别可以减轻或者免除处罚;行贿人、介绍贿赂人在被追诉后如实交代行贿、介绍贿赂行为的,也可以酌情从轻处罚(★关于从轻、减轻或者免除处罚问题,应当按照新设的刑法第六十七条第三款坦白的规定以及修订后的刑法第三百九十条第二款的规定执行——编者说明)。

根据2012年12月26日最高法、最高检《**关于办理行贿刑事案件具体应用法律若干问题的解释**》**第十二条**,行贿犯罪中的"谋取不正当利益",是指行贿人谋取的利益违反法律、法规、规章、政策规定,或者要求国家工作人员违反法律、法规、规章、政策、行业规范的规定,为自己提供帮助或者方便条件。

违背公平、公正原则,在经济、组织人事管理等活动中,谋取竞争优势的,应当认定为"谋取不正当利益"。

根据2017年12月4日最高检《**关于充分发挥职能作用营造保护企业家合法权益的法治环境支持企业家创新创业的通知**》,对企业为开展正常经营活动而给付"回扣""好处费"的行为,既要在法律允许范围内讲政策、给出路,又要防止片面强调保护企业经营而放纵犯罪。对涉嫌行贿犯罪的,要区分个人犯罪和单位犯罪,从起因目的、行贿数额、次数、时间、对象、谋利性质及用

第三百九十条[361] **【对行贿罪的处罚】**对犯行贿罪的，处三年以下有期徒刑或者拘役，并处罚金；因行贿谋取不正当利益，情节严重的，或者使国家利益遭受重大损失的，处三年以上十年以下有期徒刑，并处罚金；情节特别严重的，或者使国家利益遭受特别重大损失的，处十年以上有期徒刑或者无期徒刑，并处罚金或者没收财产。

有下列情形之一的，从重处罚：

（一）多次行贿或者向多人行贿的；

（二）国家工作人员行贿的；

（三）在国家重点工程、重大项目中行贿的；

（四）为谋取职务、职级晋升、调整行贿的；

（五）对监察、行政执法、司法工作人员行贿的；

（六）在生态环境、财政金融、安全生产、食品药品、防灾救灾、社会保障、教育、医疗等领域行贿，实施违法犯罪活动的；

（七）将违法所得用于行贿的。

行贿人在被追诉前主动交待行贿行为的，可以从轻或者减轻处罚。其中，犯罪较轻的，对调查突破、侦破重大案件起关键作用的，或者有重大立功表现的，可以减轻或者免除处罚。

途等方面综合考虑其社会危害性。对行贿数额特别巨大、手段恶劣、围猎公职人员的，十八大以后顶风作案的，致使国家、人民利益遭受重大损失的，要依法严肃查处。对行贿犯罪情节较轻，积极主动配合有关机关调查的，或者对办理受贿案件起关键作用的，或者因国家工作人员索贿、不作为而不得已行贿、没有谋取不正当利益的，以及行贿人认罪认罚的，要依法从宽处理。

〔361〕**【刑法修订】**本条被修订两次。1997年刑法原文如下：

第三百九十条 对犯行贿罪的，处五年以下有期徒刑或者拘役；因行贿谋取不正当利益，情节严重的，或者使国家利益遭受重大损失的，处五年以上十年以下有期徒刑；情节特别严重的，处十年以上有期徒刑或者无期徒刑，可以并处没收财产。

行贿人在被追诉前主动交待行贿行为的，可以减轻处罚或者免除处罚。

2015年**《刑法修正案（九）》第四十五条**第一次修订本条，在第一款增设了“并处罚金”的规定，在情节特别严重之后增加了“使国家利益遭受特别重大损失”的规定；在第二款细化了从宽处罚的规定。经此修订后的条文如下：

第三百九十条 对犯行贿罪的，处五年以下有期徒刑或者拘役，并处罚金；因行贿谋取不正当利益，情节严重的，或者使国家利益遭受重大损失的，处五年以上十年以下有期徒刑，并处罚金；情节特别严重的，或者使国家利益遭受特别重大损失的，处十年以上有期徒刑或者无期徒刑，并处罚金或者没收财产。

行贿人在被追诉前主动交待行贿行为的，可以从轻或者减轻处罚。其中，犯罪较轻的，对侦破重大案件起关键作用的，或者有重大立功表现的，可以减轻或者免除处罚。

2023 年《**刑法修正案（十二）**》**第五条**第二次修订本条，将第一款法定刑“处五年以下有期徒刑”“处五年以上十年以下有期徒刑”分别修改为“处三年以下有期徒刑”“处三年以上十年以下有期徒刑”，避免了行贿罪的法定刑重于受贿罪的局面；增设了第二款，规定了七项行贿从重处罚的情形；将原第二款改为第三款，将该款“对侦破重大案件”修改为“对调查突破、侦破重大案件”。

【司法解释】2012 年 12 月 26 日最高法、最高检《**关于办理行贿刑事案件具体应用法律若干问题的解释**》（法释〔2012〕22 号，自 2013 年 1 月 1 日起施行），为依法惩治行贿犯罪活动，根据刑法有关规定，现就办理行贿刑事案件具体应用法律的若干问题解释如下：

第五条 多次行贿未经处理的，按照累计行贿数额处罚。

第六条 行贿人谋取不正当利益的行为构成犯罪的，应当与行贿犯罪实行数罪并罚。

第七条 因行贿人在被追诉前主动交待行贿行为而破获相关受贿案件的，对行贿人不适用刑法第六十八条关于立功的规定，依照刑法第三百九十条第二款的规定，可以减轻或者免除处罚。

单位行贿的，在被追诉前，单位集体决定或者单位负责人决定主动交待单位行贿行为的，依照刑法第三百九十条第二款的规定，对单位及相关责任人员可以减轻处罚或者免除处罚；受委托直接办理单位行贿事项的直接责任人员在被追诉前主动交待自己知道的单位行贿行为的，对该直接责任人员可以依照刑法第三百九十条第二款的规定减轻处罚或者免除处罚（★本条解释与最新刑法规定不符。对于行贿的自然人与单位，在被追诉前主动交待行贿行为的，应当按照 2015 年《刑法修正案（九）》第 45 条、2023 年《刑法修正案（十二）》第 5 条的最新规定（即修订后的刑法第三百九十条第三款）办理——编者说明）。

第八条 行贿人被追诉后如实供述自己罪行的，依照刑法第六十七条第三款的规定，可以从轻处罚；因其如实供述自己罪行，避免特别严重后果发生的，可以减轻处罚。

第九条 行贿人揭发受贿人与其行贿无关的其他犯罪行为，查证属实的，依照刑法第六十八条关于立功的规定，可以从轻、减轻或者免除处罚。

第十条 实施行贿犯罪，具有下列情形之一的，一般不适用缓刑和免予刑事处罚：

（一）向 3 人以上行贿的；

（二）因行贿受过行政处罚或者刑事处罚的；

（三）为实施违法犯罪活动而行贿的；

（四）造成严重危害后果的；

（五）其他不适用缓刑和免予刑事处罚的情形。

具有刑法第三百九十条第二款规定的情形的，不受前款规定的限制。

第十一条　行贿犯罪取得的不正当财产性利益应当依照刑法第六十四条的规定予以追缴、责令退赔或者返还被害人。

因行贿犯罪取得财产性利益以外的经营资格、资质或者职务晋升等其他不正当利益，建议有关部门依照相关规定予以处理。

第十二条　……(➽参见刑法第 389 条脚注相关部分)

第十三条　刑法第三百九十条第二款规定的"被追诉前"，是指检察机关对行贿人的行贿行为刑事立案前（★根据 2018 年《监察法》第 11 条、2018 年中央纪律检查委员会、国家监察委员会《国家监察委员会管辖规定（试行）》第 12 条、2021 年国家监察委员会《监察法实施条例》第 26 条，行贿罪由监察机关立案调查。因此，本条"被追诉前"现在是指监察机关对行贿人的行贿行为刑事立案前——编者说明）。

2016 年 4 月 18 日最高法、最高检《**关于办理贪污贿赂刑事案件适用法律若干问题的解释**》，就办理行贿刑事案件适用法律的若干问题解释如下：

第七条　为谋取不正当利益，向国家工作人员行贿，数额在 3 万元以上的，应当依照刑法第三百九十条的规定以行贿罪追究刑事责任。

行贿数额在 1 万元以上不满 3 万元，具有下列情形之一的，应当依照刑法第三百九十条的规定以行贿罪追究刑事责任：

（一）向 3 人以上行贿的；

（二）将违法所得用于行贿的；

（三）通过行贿谋取职务提拔、调整的；

（四）向负有食品、药品、安全生产、环境保护等监督管理职责的国家工作人员行贿，实施非法活动的；

（五）向司法工作人员行贿，影响司法公正的；

（六）造成经济损失数额在 50 万元以上不满 100 万元的。

第八条　犯行贿罪，具有下列情形之一的，应当认定为刑法第三百九十条第一款规定的"情节严重"：

（一）行贿数额在 100 万元以上不满 500 万元的；

（二）行贿数额在 50 万元以上不满 100 万元，并具有本解释第七条第二款第一项至第五项规定的情形之一的；

（三）其他严重的情节。

第三百九十条之一[362] **【对有影响力的人行贿罪】**为谋取不正当利益,向国家工作人员的近亲属或者其他与该国家工作人员关系密切的人,或者向离职的国家工作人员或者其近亲属以及其他与其关系密切的人行贿的,处三年以下有期徒刑或者拘役,并处罚金;情节严重的,或者使国家利益遭受重大损失的,处三年以上七年以下有期徒刑,并处罚金;情节特别严重的,或者使国家利益遭受特别重大损失的,处七年以上十年以下有期徒刑,并处罚金。

单位犯前款罪的,对单位判处罚金,并对其直接负责的主管人员和其他直接责任人员,处三年以下有期徒刑或者拘役,并处罚金。

为谋取不正当利益,向国家工作人员行贿,造成经济损失数额在100万元以上不满500万元的,应当认定为刑法第三百九十条第一款规定的"使国家利益遭受重大损失"。

第九条 犯行贿罪,具有下列情形之一的,应当认定为刑法第三百九十条第一款规定的"情节特别严重":

(一)行贿数额在500万元以上的;

(二)行贿数额在250万元以上不满500万元,并具有本解释第七条第二款第一项至第五项规定的情形之一的;

(三)其他特别严重的情节。

为谋取不正当利益,向国家工作人员行贿,造成经济损失数额在500万元以上的,应当认定为刑法第三百九十条第一款规定的"使国家利益遭受特别重大损失"。

……

第十四条 根据行贿犯罪的事实、情节,可能被判处3年有期徒刑以下刑罚的,可以认定为刑法第三百九十条第二款规定的"犯罪较轻"。

根据犯罪的事实、情节,已经或者可能被判处10年有期徒刑以上刑罚的,或者案件在本省、自治区、直辖市或者全国范围内有较大影响的,可以认定为刑法第三百九十条第二款规定的"重大案件"。

具有下列情形之一的,可以认定为刑法第三百九十条第二款规定的"对侦破重大案件起关键作用":

(一)主动交待办案机关未掌握的重大案件线索的;

(二)主动交待的犯罪线索不属于重大案件的线索,但该线索对于重大案件侦破有重要作用的;

(三)主动交待行贿事实,对于重大案件的证据收集有重要作用的;

(四)主动交待行贿事实,对于重大案件的追逃、追赃有重要作用的。

〔362〕**【刑法修订】**本条为2015年《**刑法修正案(九)**》**第四十六条**增设。

第三百九十一条[363] **【对单位行贿罪】**为谋取不正当利益，给予国家机关、国有公司、企业、事业单位、人民团体以财物的，或者在经济往来中，违反国家规定，给予各种名义的回扣、手续费的，处三年以下有期徒刑或者拘役，并处罚金；情节严重的，处三年以上七年以下有期徒刑，并处罚金。

单位犯前款罪的，对单位判处罚金，并对其直接负责的主管人员和其他直接责任人员，依照前款的规定处罚。

【司法解释】根据2016年4月18日最高法、最高检**《关于办理贪污贿赂刑事案件适用法律若干问题的解释》第十条第二款、第三款**，刑法第三百九十条之一规定的对有影响力的人行贿罪的定罪量刑适用标准，参照本解释关于行贿罪的规定执行（★具体而言，行贿数额在3万元以上的，或者具有特定情形，行贿数额在1万元以上不满3万元，应当依照刑法第390条之一的规定以对有影响力的人行贿罪追究刑事责任。关于本条"情节严重的，或者使国家利益遭受重大损失""情节特别严重的，或者使国家利益遭受特别重大损失"，参见刑法第390条脚注相关部分——编者说明）。

单位对有影响力的人行贿数额在20万元以上的，应当依照刑法第三百九十条之一的规定以对有影响力的人行贿罪追究刑事责任。

〔363〕**【刑法修订】**本条第一款的法定刑被修订两次。1997年刑法该款原文如下：

第三百九十一条第一款 为谋取不正当利益，给予国家机关、国有公司、企业、事业单位、人民团体以财物的，或者在经济往来中，违反国家规定，给予各种名义的回扣、手续费的，处三年以下有期徒刑或者拘役。

2015年**《刑法修正案（九）》第四十七条**第一次修订该款，增设了"并处罚金"的规定。

2023年**《刑法修正案（十二）》第六条**第二次修订该款，增设了第二档法定刑"情节严重的，处三年以上七年以下有期徒刑，并处罚金"。

【立案标准】根据1999年9月16日最高检**《关于人民检察院直接受理立案侦查案件立案标准的规定（试行）》**，涉嫌对单位行贿，有下列情形之一的，应予立案：1. 个人行贿数额在10万元以上、单位行贿数额在20万元以上的；2. 个人行贿数额不满10万元、单位行贿数额在10万元以上不满20万元，但具有下列情形之一的：(1)为谋取非法利益而行贿的；(2)向3个以上单位行贿的；(3)向党政机关、司法机关、行政执法机关行贿的；(4)致使国家或者社会利益遭受重大损失的（★2000年12月22日最高检《关于行贿罪立案标准的规定》关于对单位行贿罪立案标准的规定与此相同，故不再收录——编者说明）。

第三百九十二条[364]　**【介绍贿赂罪】**向国家工作人员介绍贿赂，情节严重的，处三年以下有期徒刑或者拘役，并处罚金。

介绍贿赂人在被追诉前主动交待介绍贿赂行为的，可以减轻处罚或者免除处罚。

第三百九十三条[365]　**【单位行贿罪】**单位为谋取不正当利益而行贿，或者违反国家规定，给予国家工作人员以回扣、手续费，情节严重的，对单位判处罚金，并对其直接负责的主管人员和其他直接责任人员，处三年以下有期徒刑或者拘役，并处罚金；情节特别严重的，处三年以上十年以下有期徒刑，并处罚金。因行贿取得的违法所得归个人所有的，依照本法第三百八十九条、第三百九十条的规定定罪处罚。

---

〔364〕**【刑法修订】**2015 年《**刑法修正案（九）**》**第四十八条**修订了本条第一款。1997 年刑法该款原文如下：

第三百九十二条第一款　向国家工作人员介绍贿赂，情节严重的，处三年以下有期徒刑或者拘役。

2015 年《**刑法修正案（九）**》在该款增设了“并处罚金”的规定。

【立案标准】根据 1999 年 9 月 16 日最高检《**关于人民检察院直接受理立案侦查案件立案标准的规定（试行）**》，涉嫌介绍贿赂，有下列情形之一的，应予立案：1. 介绍个人向国家工作人员行贿，数额在 2 万元以上的；介绍单位向国家工作人员行贿，数额在 20 万元以上的；2. 介绍贿赂数额不满上述标准，但具有下列情形之一的：（1）为使行贿人获取非法利益而介绍贿赂的；（2）3 次以上或者为 3 人以上介绍贿赂的；（3）向党政领导、司法工作人员、行政执法人员介绍贿赂的；（4）致使国家或者社会利益遭受重大损失的。

〔365〕**【刑法修订】**本条法定刑被修订两次。1997 年刑法原文如下：

第三百九十三条　单位为谋取不正当利益而行贿，或者违反国家规定，给予国家工作人员以回扣、手续费，情节严重的，对单位判处罚金，并对其直接负责的主管人员和其他直接责任人员，处五年以下有期徒刑或者拘役。因行贿取得的违法所得归个人所有的，依照本法第三百八十九条、第三百九十条的规定定罪处罚。

2015 年《**刑法修正案（九）**》**第四十九条**第一次修订本条，增设了“并处罚金”的规定。

2023 年《**刑法修正案（十二）**》**第七条**第二次修订本条，将法定刑“处五年以下有期徒刑或者拘役，并处罚金”修改为“处三年以下有期徒刑或者拘役，并处罚金；情节特别严重的，处三年以上十年以下有期徒刑，并处罚金”，从而增设了第二档法定刑。

第三百九十四条　【贪污罪】国家工作人员在国内公务活动或者对外交往中接受礼物，依照国家规定应当交公而不交公，数额较大的，依照本法第三百八十二条、第三百八十三条的规定定罪处罚。

第三百九十五条〔366〕　**【巨额财产来源不明罪】**国家工作人员的财产、支出明显超过合法收入，差额巨大的，可以责令该国家工作人员说明来源，不能说明来源的，差额部分以非法所得论，处五年以下有期徒刑或者拘役；差额特别巨大的，处五年以上十年以下有期徒刑。财产的差额部分予以追缴。

【隐瞒境外存款罪】国家工作人员在境外的存款，应当依照国家规定申报。数额较大、隐瞒不报的，处二年以下有期徒刑或者拘役；情节较轻的，由其所在单位或者上级主管机关酌情给予行政处分。

【立案标准】根据 1999 年 9 月 16 日最高检**《关于人民检察院直接受理立案侦查案件立案标准的规定(试行)》**，涉嫌单位行贿，有下列情形之一的，应予立案：1. 单位行贿数额在 20 万元以上的；2. 单位为谋取不正当利益而行贿，数额在 10 万元以上不满 20 万元，但具有下列情形之一的：(1)为谋取非法利益而行贿的；(2)向 3 人以上行贿的；(3)向党政领导、司法工作人员、行政执法人员行贿的；(4)致使国家或者社会利益遭受重大损失的。

因行贿取得的违法所得归个人所有的，依照本规定关于个人行贿的规定立案，追究其刑事责任(★ 2000 年 12 月 22 日最高检《关于行贿罪立案标准的规定》关于单位行贿罪立案标准的规定与此相同，故不再收录——编者说明)。

〔366〕　**【刑法修订】**2009 年**《刑法修正案(七)》第十四条**修订了本条第一款。1997 年刑法该款原文如下：

第三百九十五条第一款　国家工作人员的财产或者支出明显超过合法收入，差额巨大的，可以责令说明来源。本人不能说明其来源是合法的，差额部分以非法所得论，处五年以下有期徒刑或者拘役，财产的差额部分予以追缴。

2009 年**《刑法修正案(七)》**将“国家工作人员的财产或者支出明显超过合法收入，差额巨大的，可以责令说明来源。本人不能说明其来源是合法的”修改为“国家工作人员的财产、支出明显超过合法收入，差额巨大的，可以责令该国家工作人员说明来源，不能说明来源的”，并增设了第二档法定刑。

【立案标准】根据 1999 年 9 月 16 日最高检**《关于人民检察院直接受理立案侦查案件立案标准的规定(试行)》**，涉嫌巨额财产来源不明，数额在 30 万元以上的，应予立案。

涉嫌隐瞒境外存款，折合人民币数额在 30 万元以上的，应予立案。

【会议纪要】2003 年 11 月 13 日最高法**《全国法院审理经济犯罪案件工作座谈会纪要》**，就巨额财产来源不明罪的法律适用问题，纪要如下：

（一）行为人不能说明巨额财产来源合法的认定

刑法第三百九十五条第一款规定的"不能说明"，包括以下情况：(1)行为人拒不说明财产来源；(2)行为人无法说明财产的具体来源；(3)行为人所说的财产来源经司法机关查证并不属实；(4)行为人所说的财产来源因线索不具体等原因，司法机关无法查实，但能排除存在来源合法的可能性和合理性的。

（二）"非法所得"的数额计算

刑法第三百九十五条规定的"非法所得"，一般是指行为人的全部财产与能够认定的所有支出的总和减去能够证实的有真实来源的所得。在具体计算时，应注意以下问题：(1)应把国家工作人员个人财产和与其共同生活的家庭成员的财产、支出等一并计算，而且一并减去他们所有的合法收入以及确属与其共同生活的家庭成员个人的非法收入；(2)行为人所有的财产包括房产、家具、生活用品、学习用品及股票、债券、存款等动产和不动产；行为人的支出包括合法支出和不合法的支出，包括日常生活、工作、学习费用、罚款及向他人行贿的财物等；行为人的合法收入包括工资、奖金、稿酬、继承等法律和政策允许的各种收入；(3)为了便于计算犯罪数额，对于行为人的财产和合法收入，一般可以从行为人有比较确定的收入和财产时开始计算（★对于以上解释应在《刑法修正案（七）》第十四条的基础上进行理解——编者说明）。

【指导案例】根据 2021 年 12 月 9 日最高检**第三十二批指导性案例·检例第 130 号·任润厚受贿、巨额财产来源不明违法所得没收案**，涉嫌巨额财产来源不明犯罪的人在立案前死亡，依照刑法规定应当追缴其违法所得及其他涉案财产的，可以依法适用违法所得没收程序。对涉案的巨额财产，可以由其近亲属或其他利害关系人说明来源。没有近亲属或其他利害关系人主张权利或者说明来源，或者近亲属或其他利害关系人主张权利所提供的证据达不到相应证明标准，或说明的来源经查证不属实的，依法认定为违法所得予以申请没收。违法所得与合法财产混同并产生孳息的，可以按照违法所得占比计算孳息予以申请没收。

第
395
条

★该指导案例在"指导意义"部分指出：涉嫌贪污贿赂等重大犯罪的人立案前死亡的，依法可以适用违法所得没收程序。违法所得没收程序的目的在于解决违法所得及其他涉案财产的追缴问题，不是追究被申请人的刑事责任。涉嫌实施贪污贿赂等重大犯罪行为的人，依照刑法规定应当追缴其犯罪所得及其他涉案财产的，无论立案之前死亡或立案后作为犯罪嫌疑人、被告人在诉讼中死亡，都可以适用违法所得没收程序。

巨额财产来源不明犯罪案件中，本人因死亡不能对财产来源作出说明的，应当结合其近亲属说明的来源，或者其他利害关系人主张权利以及提供的证据情况，依法认定是否属于违法所得。已死亡人员的近亲属或其他利害关系

第三百九十六条[367] **【私分国有资产罪】** 国家机关、国有公司、企业、事业单位、人民团体，违反国家规定，以单位名义将国有资产集体私分给个人，数额较大的，对其直接负责的主管人员和其他直接责任人员，处三年以下有期徒刑或者拘役，并处或者单处罚金；数额巨大的，处三年以上七年以下有期徒刑，并处罚金。

【私分罚没财物罪】司法机关、行政执法机关违反国家规定，将应当上缴国家的罚没财物，以单位名义集体私分给个人的，依照前款的规定处罚。

人主张权利或说明来源的，应要求其提供相关证据或线索，并进行调查核实。没有近亲属或其他利害关系人主张权利或说明来源，或者近亲属或其他利害关系人虽然主张权利但提供的证据没有达到相应证明标准，或者说明的来源经查证不属实的，应当依法认定为违法所得，予以申请没收。

违法所得与合法财产混同并产生孳息的，可以按照比例计算违法所得孳息。在依法查封、扣押、冻结的犯罪嫌疑人财产中，对违法所得与合法财产混同后产生的孳息，可以按照全案中合法财产与违法所得的比例，计算违法所得的孳息数额，依法申请没收。对合法财产及其产生的孳息，及时予以返还。

〔367〕**【立案标准】**根据1999年9月16日最高检**《关于人民检察院直接受理立案侦查案件立案标准的规定（试行）》**，私分国有资产罪案中的“国有资产”，是指国家依法取得和认定的，或者国家以各种形式对企业投资和投资收益、国家向行政事业单位拨款等形成的资产。

涉嫌私分国有资产，累计数额在10万元以上的，应予立案。

涉嫌私分罚没财物，累计数额在10万元以上，应予立案。

【司法解释】根据2010年11月26日最高法、最高检**《关于办理国家出资企业中职务犯罪案件具体应用法律若干问题的意见》第二条**，国有公司、企业违反国家规定，在改制过程中隐匿公司、企业财产，转为职工集体持股的改制后公司、企业所有的，对其直接负责的主管人员和其他直接责任人员，依照刑法第三百九十六条第一款的规定，以私分国有资产罪定罪处罚。

改制后的公司、企业中只有改制前公司、企业的管理人员或者少数职工持股，改制前公司、企业的多数职工未持股的，依照本意见第一条（➸参见刑法第382条脚注相关部分）的规定，以贪污罪定罪处罚。

根据最高法研究室**《关于如何理解私分国有资产问题的研究意见》**，县交通局稽查队代征的车船使用税、代办的个体工商管理费的返还款均属于利用国家公权力收取的费用，虽然系违法代收，但仍无法改变款项的公款性质。县交通局稽查队收到的停车费也属于公款。因此，县交通局稽查队代征的车船使用税、代办的个体工商管理费的返还款及停车费属于刑法第三百九十六条第一款所规定的“国有资产”（➸参见《司法研究与指导》2012年总第1辑）。

第九章 渎职罪〔368〕

〔368〕**【立法解释】**根据2002年12月28日全国人大常委会**《关于〈中华人民共和国刑法〉第九章渎职罪主体适用问题的解释》**，在依照法律、法规规定行使国家行政管理职权的组织中从事公务的人员，或者在受国家机关委托代表国家机关行使职权的组织中从事公务的人员，或者虽未列入国家机关人员编制但在国家机关中从事公务的人员，在代表国家机关行使职权时，有渎职行为，构成犯罪的，依照刑法关于渎职罪的规定追究刑事责任。

【司法解释】2012年12月7日最高法、最高检**《关于办理渎职刑事案件适用法律若干问题的解释（一）》**（法释〔2012〕18号，自2013年1月9日起施行），为依法惩治渎职犯罪，根据刑法有关规定，现就办理渎职刑事案件适用法律的若干问题解释如下：

第一条 ……（➸参见刑法第397条脚注相关部分）

第二条 国家机关工作人员实施滥用职权或者玩忽职守犯罪行为，触犯刑法分则第九章第三百九十八条至第四百一十九条规定的，依照该规定定罪处罚。

国家机关工作人员滥用职权或者玩忽职守，因不具备徇私舞弊等情形，不符合刑法分则第九章第三百九十八条至第四百一十九条的规定，但依法构成第三百九十七条规定的犯罪的，以滥用职权罪或者玩忽职守罪定罪处罚。

第三条 国家机关工作人员实施渎职犯罪并收受贿赂，同时构成受贿罪的，除刑法另有规定外，以渎职犯罪和受贿罪数罪并罚。

第四条 国家机关工作人员实施渎职行为，放纵他人犯罪或者帮助他人逃避刑事处罚，构成犯罪的，依照渎职罪的规定定罪处罚。

国家机关工作人员与他人共谋，利用其职务行为帮助他人实施其他犯罪行为，同时构成渎职犯罪和共谋实施的其他犯罪共犯的，依照处罚较重的规定定罪处罚。

国家机关工作人员与他人共谋，既利用其职务行为帮助他人实施其他犯罪，又以非职务行为与他人共同实施该其他犯罪行为，同时构成渎职犯罪和其他犯罪的共犯的，依照数罪并罚的规定定罪处罚。

第五条 国家机关负责人员违法决定，或者指使、授意、强令其他国家机关工作人员违法履行职务或者不履行职务，构成刑法分则第九章规定的渎职犯罪的，应当依法追究刑事责任。

以“集体研究”形式实施的渎职犯罪，应当依照刑法分则第九章的规定追究国家机关负有责任的人员的刑事责任。对于具体执行人员，应当在综合认定其行为性质、是否提出反对意见、危害结果大小等情节的基础上决定是否追究刑事责任和应当判处的刑罚。

第六条　以危害结果为条件的渎职犯罪的追诉期限，从危害结果发生之日起计算；有数个危害结果的，从最后一个危害结果发生之日起计算。

第七条　依法或者受委托行使国家行政管理职权的公司、企业、事业单位的工作人员，在行使行政管理职权时滥用职权或者玩忽职守，构成犯罪的，应当依照《全国人民代表大会常务委员会关于〈中华人民共和国刑法〉第九章渎职罪主体适用问题的解释》的规定，适用渎职罪的规定追究刑事责任。

第八条　本解释规定的“经济损失”，是指渎职犯罪或者与渎职犯罪相关联的犯罪立案时已经实际造成的财产损失，包括为挽回渎职犯罪所造成损失而支付的各种开支、费用等。立案后至提起公诉前持续发生的经济损失，应一并计入渎职犯罪造成的经济损失（★ 2004 年 11 月 22 日最高法研究室《关于对滥用职权致使公共财产、国家和人民利益遭受重大损失如何认定的答复》认为：“人民法院在审判过程中，对于行为人滥用职权，致使公共财产、国家和人民利益遭受的损失计算至侦查机关立案之时。立案以后，判决宣告以前追回的损失，作为量刑情节予以考虑。”最高法研究室这一答复与本解释不一致，应当不再适用——编者说明）。

债务人经法定程序被宣告破产，债务人潜逃、去向不明，或者因行为人的责任超过诉讼时效等，致使债权已经无法实现的，无法实现的债权部分应当认定为渎职犯罪的经济损失。

渎职犯罪或者与渎职犯罪相关联的犯罪立案后，犯罪分子及其亲友自行挽回的经济损失，司法机关或者犯罪分子所在单位及其上级主管部门挽回的经济损失，或者因客观原因减少的经济损失，不予扣减，但可以作为酌定从轻处罚的情节。

第九条　负有监督管理职责的国家机关工作人员滥用职权或者玩忽职守，致使不符合安全标准的食品、有毒有害食品、假药、劣药等流入社会，对人民群众生命、健康造成严重危害后果的，依照渎职罪的规定从严惩处。

第十条　最高人民法院、最高人民检察院此前发布的司法解释与本解释不一致的，以本解释为准（★ 2006 年 7 月 26 日最高检《关于渎职侵权犯罪案件立案标准的规定》中关于滥用职权罪、玩忽职守罪的立案标准，与本解释第 1 条的规定不一致，该立案标准应当不再适用——编者说明）。

根据 2016 年 4 月 18 日最高法、最高检**《关于办理贪污贿赂刑事案件适用法律若干问题的解释》第十七条**，国家工作人员利用职务上的便利，收受他人财物，为他人谋取利益，同时构成受贿罪和刑法分则第三章第三节、第九章规定的渎职犯罪的，除刑法另有规定外，以受贿罪和渎职犯罪数罪并罚。

2010 年 4 月 7 日最高法刑二庭**《宽严相济在经济犯罪和职务犯罪案件审判中的具体贯彻》**指出：渎职犯罪分子具有下列情形之一的，一般不适用缓刑：(1)依法减轻处罚后判处 3 年有期徒刑以下刑罚的；(2)渎职犯罪造成特别恶劣影响的;(3)渎职行为同时构成其他犯罪,以渎职犯罪一罪处理或者实行数罪并罚的。

【会议纪要】2003年11月13日最高法**《全国法院审理经济犯罪案件工作座谈会纪要》**,就渎职犯罪的法律适用问题,纪要如下:

(一)渎职犯罪行为造成的公共财产重大损失的认定

根据刑法规定,玩忽职守、滥用职权等渎职犯罪是以致使公共财产、国家和人民利益遭受重大损失为构成要件的。其中,公共财产的重大损失,通常是指渎职行为已经造成的重大经济损失。在司法实践中,有以下情形之一的,虽然公共财产作为债权存在,但已无法实现债权的,可以认定为行为人的渎职行为造成了经济损失:

(1)债务人已经法定程序被宣告破产;

(2)债务人潜逃,去向不明;

(3)因行为人责任,致使超过诉讼时效;

(4)有证据证明债权无法实现的其他情况。

(二)玩忽职守罪的追诉时效

玩忽职守行为造成的重大损失当时没有发生,而是玩忽职守行为之后一定时间发生的,应从危害结果发生之日起计算玩忽职守罪的追诉期限。

(三)国有公司、企业人员渎职犯罪的法律适用

对于1999年12月24日《中华人民共和国刑法修正案》实施以前发生的国有公司、企业人员渎职行为(不包括徇私舞弊行为),尚未处理或者正在处理的,不能按照刑法修正案追究刑事责任。

(四)关于"徇私"的理解

徇私舞弊型渎职犯罪的"徇私"应理解为徇个人私情、私利。国家机关工作人员为了本单位的利益,实施滥用职权、玩忽职守行为,构成犯罪的,依照刑法第三百九十七条第一款的规定定罪处罚。

【指导案例】根据2012年11月15日最高检**第二批指导性案例·检例第4号·崔某环境监管失职案**,实践中,一些国有公司、企业和事业单位经合法授权从事具体的管理市场经济和社会生活的工作,拥有一定管理公共事务和社会事务的职权,这些实际行使国家行政管理职权的公司、企业和事业单位工作人员,符合渎职罪主体要求;对其实施渎职行为构成犯罪的,应当依照刑法关于渎职罪的规定追究刑事责任。

根据2012年11月15日最高检**第二批指导性案例·检例第8号·杨某玩忽职守、徇私枉法、受贿案**,如果负有监管职责的国家机关工作人员没有认真履行其监管职责,从而未能有效防止危害结果发生,那么,这些对危害结果具有"原因力"的渎职行为,应认定与危害结果之间具有刑法意义上的因果关系。

对于国家机关工作人员实施渎职犯罪并收受贿赂,同时构成受贿罪的,除

第三百九十七条〔369〕 **【滥用职权罪】【玩忽职守罪】**国家机关工作人员滥用职权或者玩忽职守，致使公共财产、国家和人民利益遭受重大损失的，处三年以下有期徒刑或者拘役；情节特别严重的，处三年以上七年以下有期徒刑。本法另有规定的，依照规定。

国家机关工作人员徇私舞弊，犯前款罪的，处五年以下有期徒刑或者拘役；情节特别严重的，处五年以上十年以下有期徒刑。本法另有规定的，依照规定。

刑法第三百九十九条有特别规定的外，以渎职犯罪和受贿罪数罪并罚。

根据2020年7月16日最高检**第二十批指导性案例·检例第75号·金某某受贿案**，对于犯罪嫌疑人自愿认罪认罚的职务犯罪案件，应当依法适用认罪认罚从宽制度办理。在适用认罪认罚从宽制度办理职务犯罪案件过程中，检察机关应切实履行主导责任，与监察机关、审判机关互相配合，互相制约，充分保障犯罪嫌疑人、被告人的程序选择权。要坚持罪刑法定和罪责刑相适应原则，对符合有关规定条件的，一般应当就主刑、附加刑、是否适用缓刑等提出确定刑量刑建议。

〔369〕 **【相关法规】**根据1998年全国人大常委会《**关于惩治骗购外汇、逃汇和非法买卖外汇犯罪的决定**》**第六条**，海关、外汇管理部门的工作人员严重不负责任，造成大量外汇被骗购或者逃汇，致使国家利益遭受重大损失的，依照刑法第三百九十七条的规定定罪处罚。

根据2002年国务院《**行政区域界线管理条例**》**第十六条**，违反本条例的规定，有关国家机关工作人员在行政区域界线管理中有下列行为之一的，根据不同情节，依法给予记大过、降级或者撤职的行政处分；致使公共财产、国家和人民利益遭受重大损失的，依照刑法关于滥用职权罪、玩忽职守罪的规定，依法追究刑事责任：

（一）不履行行政区域界线批准文件和行政区域界线协议书规定的义务，或者不执行行政区域界线的批准机关的决定的；

（二）不依法公布批准的行政区域界线的；

（三）擅自移动、改变行政区域界线标志，或者命令、指使他人擅自移动、改变行政区域界线标志，或者发现他人擅自移动、改变行政区域界线标志不予制止的；

（四）毗邻方未在场时，擅自维修行政区域界线标志的。

【司法解释】根据2012年12月7日最高法、最高检《**关于办理渎职刑事案件适用法律若干问题的解释（一）**》**第一条**，国家机关工作人员滥用职权或者玩忽职守，具有下列情形之一的，应当认定为刑法第三百九十七条规定的"致使公共财产、国家和人民利益遭受重大损失"：

（一）造成死亡 1 人以上，或者重伤 3 人以上，或者轻伤 9 人以上，或者重伤 2 人、轻伤 3 人以上，或者重伤 1 人、轻伤 6 人以上的；

（二）造成经济损失 30 万元以上的；

（三）造成恶劣社会影响的；

（四）其他致使公共财产、国家和人民利益遭受重大损失的情形。

具有下列情形之一的，应当认定为刑法第三百九十七条规定的“情节特别严重”：

（一）造成伤亡达到前款第（一）项规定人数 3 倍以上的；

（二）造成经济损失 150 万元以上的；

（三）造成前款规定的损失后果，不报、迟报、谎报或者授意、指使、强令他人不报、迟报、谎报事故情况，致使损失后果持续、扩大或者抢救工作延误的；

（四）造成特别恶劣社会影响的；

（五）其他特别严重的情节。

根据 1998 年 5 月 8 日最高法、最高检、公安部、国家工商行政管理局**《关于依法查处盗窃、抢劫机动车案件的规定》第九条**，公安、工商行政管理人员或者其他国家机关工作人员滥用职权或者玩忽职守、徇私舞弊，致使赃车入户、过户、验证的，给予行政处分；致使公共财产、国家和人民利益遭受重大损失的，依照刑法第三百九十七条的规定处罚。

根据 2000 年 5 月 4 日最高检**《关于镇财政所所长是否适用国家机关工作人员的批复》**（高检发研字〔2000〕9 号），对于属行政执法事业单位的镇财政所中按国家机关在编干部管理的工作人员，在履行政府行政公务活动中，滥用职权或玩忽职守构成犯罪的，应以国家机关工作人员论。

根据 2000 年 5 月 9 日公安部**《关于加强爆炸案件和爆炸物品丢失被盗案件倒查责任追究工作的通知》**，对因监管、收缴工作失职或乱审批、乱发证导致爆炸物品被犯罪分子获取制造重大爆炸案件的，依照《刑法》第 397 条的规定，移送检察机关追究责任民警和有关领导的刑事责任，尚不够刑事处罚的，依照《人民警察法》等有关规定给予直至撤职、开除的行政处分或予以辞退；对检查和督促整改隐患不力导致发生爆炸物品丢失被盗的，依照《人民警察法》等有关规定，给予责任民警和有关领导行政处分。

根据 2000 年 10 月 9 日最高检**《关于合同制民警能否成为玩忽职守罪主体问题的批复》**（高检发研字〔2000〕20 号），依据刑法第九十三条第二款的规定，合同制民警在依法执行公务期间，属其他依照法律从事公务的人员，应以国家机关工作人员论。对合同制民警在依法执行公务活动中的玩忽职守行为，符合刑法第三百九十七条规定的玩忽职守罪构成条件的，依法以玩忽职守罪追究刑事责任。

根据2000年10月31日最高检**《关于属工人编制的乡(镇)工商所所长能否依照刑法第三百九十七条的规定追究刑事责任问题的批复》**(高检发研字〔2000〕23号),根据刑法第九十三条第二款的规定,经人事部门任命,但为工人编制的乡(镇)工商所所长,依法履行工商行政管理职责时,属其他依照法律从事公务的人员,应以国家机关工作人员论。如果玩忽职守,致使公共财产、国家和人民利益遭受重大损失,可适用刑法第三百九十七条的规定,以玩忽职守罪追究刑事责任。

根据2002年4月29日最高检**《关于企业事业单位的公安机构在机构改革过程中其工作人员能否构成渎职侵权犯罪主体问题的批复》**(高检发释字〔2002〕3号,自2002年5月16日起施行),企业事业单位的公安机构在机构改革过程中虽尚未列入公安机关建制,其工作人员在行使侦查职责时,实施渎职侵权行为的,可以成为渎职侵权犯罪的主体。

根据2002年9月25日最高检法律政策研究室**《关于买卖尚未加盖印章的空白〈边境证〉行为如何适用法律问题的答复》**(高检研发〔2002〕第19号),对买卖尚未加盖发证机关的行政印章或者通行专用章印鉴的空白《中华人民共和国边境管理区通行证》的行为,不宜以买卖国家机关证件罪追究刑事责任。国家机关工作人员实施上述行为,构成犯罪的,可以按滥用职权等相关犯罪依法追究刑事责任。

2003年1月13日最高检法律政策研究室**《关于对海事局工作人员如何适用法律问题的答复》**(高检研发〔2003〕第1号)指出:根据国办发〔1999〕90号、中编办函〔2000〕184号等文件的规定,海事局负责行使国家水上安全监督和防止船舶污染及海上设施检验、航海保障的管理职权,是国家执法监督机构。海事局及其分支机构工作人员在从事上述公务活动中,滥用职权或者玩忽职守,致使公共财产、国家和人民利益遭受重大损失的,应当依照刑法第三百九十七条的规定,以滥用职权罪或者玩忽职守罪追究刑事责任。

根据2003年5月14日最高法、最高检**《关于办理妨害预防、控制突发传染病疫情等灾害的刑事案件具体应用法律若干问题的解释》第十五条**,在预防、控制突发传染病疫情等灾害的工作中,负有组织、协调、指挥、灾害调查、控制、医疗救治、信息传递、交通运输、物资保障等职责的国家机关工作人员,滥用职权或者玩忽职守,致使公共财产、国家和人民利益遭受重大损失的,依照刑法第三百九十七条的规定,以滥用职权罪或者玩忽职守罪定罪处罚。

根据2003年9月4日最高法、最高检**《关于办理非法制造、买卖、运输、储存毒鼠强等禁用剧毒化学品刑事案件具体应用法律若干问题的解释》第四条**,对非法制造、买卖、运输、储存毒鼠强等禁用剧毒化学品行为负有查处职责的国家机关工作人员,滥用职权或者玩忽职守,致使公共财产、国家和人民利益遭受重大损失的，依照刑法第三百九十七条的规定，以滥用职权罪或者玩忽职守罪追究刑事责任。

根据2003年11月12日最高法、最高检、公安部**《关于严格执行刑事诉讼法，切实纠防超期羁押的通知》**（法〔2003〕163号），本通知发布以后，凡违反刑事诉讼法和本通知的规定，造成犯罪嫌疑人、被告人超期羁押的，对于直接负责的主管人员和其他直接责任人员，由其所在单位或者上级主管机关依照有关规定予以行政或者纪律处分；造成犯罪嫌疑人、被告人超期羁押，情节严重的，对于直接负责的主管人员和其他直接责任人员，依照刑法第三百九十七条的规定，以玩忽职守罪或者滥用职权罪追究刑事责任。

根据2007年1月15日最高法、最高检**《关于办理盗窃油气、破坏油气设备等刑事案件具体应用法律若干问题的解释》第七条**，国家机关工作人员滥用职权或者玩忽职守，实施下列行为之一，致使公共财产、国家和人民利益遭受重大损失的，依照刑法第三百九十七条的规定，以滥用职权罪或者玩忽职守罪定罪处罚：

（一）超越职权范围，批准发放石油、天然气勘查、开采、加工、经营等许可证的；

（二）违反国家规定，给不符合法定条件的单位、个人发放石油、天然气勘查、开采、加工、经营等许可证的；

（三）违反《石油天然气管道保护条例》（*★该条例已废止，现为2010年《石油天然气管道保护法》——编者说明*）等国家规定，在油气设备安全保护范围内批准建设项目的；

（四）对发现或者经举报查实的未经依法批准、许可擅自从事石油、天然气勘查、开采、加工、经营等违法活动不予查封、取缔的。

第397条

根据2007年5月9日最高法、最高检**《关于办理与盗窃、抢劫、诈骗、抢夺机动车相关刑事案件具体应用法律若干问题的解释》第三条**，国家机关工作人员滥用职权，有下列情形之一，致使盗窃、抢劫、诈骗、抢夺的机动车被办理登记手续，数量达到3辆以上或者价值总额达到30万元以上的，依照刑法第三百九十七条第一款的规定，以滥用职权罪定罪，处3年以下有期徒刑或者拘役：

（一）明知是登记手续不全或者不符合规定的机动车而办理登记手续的；

（二）指使他人为明知是登记手续不全或者不符合规定的机动车办理登记手续的；

（三）违规或者指使他人违规更改、调换车辆档案的；

（四）其他滥用职权的行为。

国家机关工作人员疏于审查或者审查不严，致使盗窃、抢劫、诈骗、抢夺的机动车被办理登记手续，数量达到5辆以上或者价值总额达到50万元以上的，依照刑法第三百九十七条第一款的规定，以玩忽职守罪定罪，处3年以下有期徒刑或者拘役（★2006年7月26日最高检《关于渎职侵权犯罪案件立案标准的规定》对滥用职权罪、玩忽职守罪的入罪标准作了不同的规定。据此，2007年5月9日最高法、最高检《关于办理与盗窃、抢劫、诈骗、抢夺机动车相关刑事案件具体应用法律若干问题的解释》第三条就赃物机动车被办理登记手续中的滥用职权、玩忽职守行为，规定了不同的入罪标准。问题在于，2012年12月7日最高法、最高检《关于办理渎职刑事案件适用法律若干问题的解释（一）》第一条已经统一了滥用职权罪与玩忽职守罪的入罪标准，因此，上述规定是否继续有效，是否应以2012年规定作为办理此类案件的入罪标准，就值得研究——编者说明）。

国家机关工作人员实施前两款规定的行为，致使盗窃、抢劫、诈骗、抢夺的机动车被办理登记手续，分别达到前两款规定数量、数额标准5倍以上的，或者明知是盗窃、抢劫、诈骗、抢夺的机动车而办理登记手续的，属于刑法第三百九十七条第一款规定的"情节特别严重"，处3年以上7年以下有期徒刑。

国家机关工作人员徇私舞弊，实施上述行为，构成犯罪的，依照刑法第三百九十七条第二款的规定定罪处罚。

根据2007年5月16日最高检**《关于对林业主管部门工作人员在发放林木采伐许可证之外滥用职权玩忽职守致使森林遭受严重破坏的行为适用法律问题的批复》**（高检发释字〔2007〕1号，自2007年5月16日起施行），林业主管部门工作人员违法发放林木采伐许可证，致使森林遭受严重破坏的，依照刑法第四百零七条的规定，以违法发放林木采伐许可证罪追究刑事责任；以其他方式滥用职权或者玩忽职守，致使森林遭受严重破坏的，依照刑法第三百九十七条的规定，以滥用职权罪或者玩忽职守罪追究刑事责任，立案标准依照《最高检关于渎职侵权犯罪案件立案标准的规定》第一部分渎职犯罪案件第十八条第三款的规定执行（★即依照刑法第四百零七条违法发放林木采伐许可证罪中"林业主管部门工作人员之外的国家机关工作人员"的立案标准执行——编者说明）。

根据2015年12月14日最高法、最高检**《关于办理危害生产安全刑事案件适用法律若干问题的解释》第十五条**，国家机关工作人员在履行安全监督管理职责时滥用职权、玩忽职守，致使公共财产、国家和人民利益遭受重大损失的，或者徇私舞弊，对发现的刑事案件依法应当移交司法机关追究刑事责任而不移交，情节严重的，分别依照刑法第三百九十七条、第四百零二条的规定，以滥用职权罪、玩忽职守罪或者徇私舞弊不移交刑事案件罪定罪处罚。

公司、企业、事业单位的工作人员在依法或者受委托行使安全监督管理职责时滥用职权或者玩忽职守，构成犯罪的，应当依照《全国人民代表大会常务委员会关于〈中华人民共和国刑法〉第九章渎职罪主体适用问题的解释》的规定，适用渎职罪的规定追究刑事责任。

根据2017年6月27日最高法、最高检**《关于办理扰乱无线电通讯管理秩序等刑事案件适用法律若干问题的解释》第七条第一款**，负有无线电监督管理职责的国家机关工作人员滥用职权或者玩忽职守，致使公共财产、国家和人民利益遭受重大损失的，应当依照刑法第三百九十七条的规定，以滥用职权罪或者玩忽职守罪追究刑事责任。

根据2019年11月18日最高法**《关于审理走私、非法经营、非法使用兴奋剂刑事案件适用法律若干问题的解释》第六条**，国家机关工作人员在行使反兴奋剂管理职权时滥用职权或者玩忽职守，造成严重兴奋剂违规事件，严重损害国家声誉或者造成恶劣社会影响，符合刑法第三百九十七条规定的，以滥用职权罪、玩忽职守罪定罪处罚。

依法或者受委托行使反兴奋剂管理职权的单位的工作人员，在行使反兴奋剂管理职权时滥用职权或者玩忽职守的，依照前款规定定罪处罚。

根据2020年2月6日最高法、最高检、公安部、司法部**《关于依法惩治妨害新型冠状病毒感染肺炎疫情防控违法犯罪的意见》**，在疫情防控工作中，负有组织、协调、指挥、灾害调查、控制、医疗救治、信息传递、交通运输、物资保障等职责的国家机关工作人员，滥用职权或者玩忽职守，致使公共财产、国家和人民利益遭受重大损失的，依照刑法第三百九十七条的规定，以滥用职权罪或者玩忽职守罪定罪处罚。

根据2020年12月17日最高法、最高检、公安部、农业农村部**《依法惩治长江流域非法捕捞等违法犯罪的意见》**，对长江流域重点水域水生生物资源保护负有监督管理、行政执法职责的国家机关工作人员，滥用职权或者玩忽职守，致使公共财产、国家和人民利益遭受重大损失的，应当依照刑法第三百九十七条的规定，以滥用职权罪或者玩忽职守罪定罪处罚。

【指导案例】根据2012年11月15日最高检**第二批指导性案例·检例第5号·陈某、林某、李甲滥用职权案**，随着我国城镇建设和社会主义新农村建设逐步深入推进，村民委员会、居民委员会等基层组织协助人民政府管理社会发挥越来越重要的作用。实践中，对村民委员会、居民委员会等基层组织人员协助人民政府从事行政管理工作时，滥用职权、玩忽职守构成犯罪的，应当依照刑法关于渎职罪的规定追究刑事责任。

根据2012年11月15日最高检**第二批指导性案例·检例第6号·罗甲、罗乙、朱某、罗丙滥用职权案**，根据刑法规定，滥用职权罪是指国家机关工作人员滥用职权，致使"公共财产、国家和人民利益遭受重大损失"的行为。实践中，对滥用职权"造成恶劣社会影响的"，应当依法认定为"致使公共财产、国家和人民利益遭受重大损失"。

第三百九十八条[370]　**【故意泄露国家秘密罪】　【过失泄露国家秘密罪】**国家机关工作人员违反保守国家秘密法的规定，故意或者过失泄露国家秘密，情节严重的，处三年以下有期徒刑或者拘役；情节特别严重的，处三年以上七年以下有期徒刑。

非国家机关工作人员犯前款罪的，依照前款的规定酌情处罚。

---

〔370〕**【相关法规】**2010年修订后的《**保守国家秘密法**》，为了保守国家秘密，制定法律如下：

第二条　国家秘密是关系国家安全和利益，依照法定程序确定，在一定时间内只限一定范围的人员知悉的事项。

……

第九条　下列涉及国家安全和利益的事项，泄露后可能损害国家在政治、经济、国防、外交等领域的安全和利益的，应当确定为国家秘密：

（一）国家事务重大决策中的秘密事项；

（二）国防建设和武装力量活动中的秘密事项；

（三）外交和外事活动中的秘密事项以及对外承担保密义务的秘密事项；

（四）国民经济和社会发展中的秘密事项；

（五）科学技术中的秘密事项；

（六）维护国家安全活动和追查刑事犯罪中的秘密事项；

（七）经国家保密行政管理部门确定的其他秘密事项。

政党的秘密事项中符合前款规定的，属于国家秘密。

【立案标准】根据2006年7月26日最高检《**关于渎职侵权犯罪案件立案标准的规定**》，故意泄露国家秘密罪是指国家机关工作人员或者非国家机关工作人员违反保守国家秘密法，故意使国家秘密被不应知悉者知悉，或者故意使国家秘密超出了限定的接触范围，情节严重的行为。涉嫌下列情形之一的，应予立案：

1. 泄露绝密级国家秘密1项（件）以上的；
2. 泄露机密级国家秘密2项（件）以上的；
3. 泄露秘密级国家秘密3项（件）以上的；
4. 向非境外机构、组织、人员泄露国家秘密，造成或者可能造成危害社会稳定、经济发展、国防安全或者其他严重危害后果的；
5. 通过口头、书面或者网络等方式向公众散布、传播国家秘密的；
6. 利用职权指使或者强迫他人违反国家保守秘密法的规定泄露国家秘密的；
7. 以牟取私利为目的泄露国家秘密的；
8. 其他情节严重的情形。

第三百九十九条〔371〕 **【徇私枉法罪】**司法工作人员徇私枉法、徇情枉法，对明知是无罪的人而使他受追诉、对明知是有罪的人而故意包庇不使他受追诉，或者在刑事审判活动中故意违背事实和法律作枉法裁判的，处五年以下有期徒刑或者拘役；情节严重的，处五年以上十年以下有期徒刑；情节特别严重的，处十年以上有期徒刑。

【民事、行政枉法裁判罪】在民事、行政审判活动中故意违背事实和法律作枉法裁判，情节严重的，处五年以下有期徒刑或者拘役；情节特别严重的，处五年以上十年以下有期徒刑。

【执行判决、裁定失职罪】 **【执行判决、裁定滥用职权罪】**在执行判决、裁定活动中，严重不负责任或者滥用职权，不依法采取诉讼保全措施、不履行法定执行职责，或者违法采取诉讼保全措施、强制执行措施，致使当事人或者其他人的利益遭受重大损失的，处五年以下有期徒刑或者拘役；致使当事人或者其他人的利益遭受特别重大损失的，处五年以上十年以下有期徒刑。

司法工作人员收受贿赂，有前三款行为的，同时又构成本法第三百八十五条规定之罪的，依照处罚较重的规定定罪处罚。

过失泄露国家秘密罪是指国家机关工作人员或者非国家机关工作人员违反保守国家秘密法，过失泄露国家秘密，或者遗失国家秘密载体，致使国家秘密被不应知悉者知悉或者超出了限定的接触范围，情节严重的行为。涉嫌下列情形之一的，应予立案：

1. 泄露绝密级国家秘密1项(件)以上的；
2. 泄露机密级国家秘密3项(件)以上的；
3. 泄露秘密级国家秘密4项(件)以上的；
4. 违反保密规定，将涉及国家秘密的计算机或者计算机信息系统与互联网相连接，泄露国家秘密的；
5. 泄露国家秘密或者遗失国家秘密载体，隐瞒不报、不如实提供有关情况或者不采取补救措施的；
6. 其他情节严重的情形。

【司法解释】根据2001年1月17日最高法**《关于审理为境外窃取、刺探、收买、非法提供国家秘密、情报案件具体应用法律若干问题的解释》第六条**，将国家秘密通过互联网予以发布，情节严重的，依照刑法第三百九十八条的规定定罪处罚。

〔371〕 **【刑法修订】**2002年**《刑法修正案(四)》第八条**修订了本条第三款。1997年刑法原文如下：

第三百九十九条　司法工作人员徇私枉法、徇情枉法，对明知是无罪的人而使他受追诉、对明知是有罪的人而故意包庇不使他受追诉，或者在刑事审判活动中故意违背事实和法律作枉法裁判的，处五年以下有期徒刑或者拘役；情节严重的，处五年以上十年以下有期徒刑；情节特别严重的，处十年以上有期徒刑。

在民事、行政审判活动中故意违背事实和法律作枉法裁判，情节严重的，处五年以下有期徒刑或者拘役；情节特别严重的，处五年以上十年以下有期徒刑。

司法工作人员贪赃枉法，有前两款行为的，同时又构成本法第三百八十五条规定之罪的，依照处罚较重的规定定罪处罚。

2002年《**刑法修正案（四）**》在本条增设了第三款，将原属于滥用职权或者玩忽职守的枉法执行判决、裁定行为规定为独立犯罪；将原第三款修改为第四款，将该款中“司法工作人员贪赃枉法，有前两款行为”修改为“司法工作人员收受贿赂，有前三款行为”（★从刑法的时间效力出发，对于1997年修订刑法施行以后、《刑法修正案（四）》施行以前发生的枉法执行判决、裁定犯罪行为，应当依照《刑法》第三百九十七条的规定追究刑事责任——编者说明）。

【立案标准】根据2006年7月26日最高检《**关于渎职侵权犯罪案件立案标准的规定**》，徇私枉法罪是指司法工作人员徇私枉法、徇情枉法，对明知是无罪的人而使他受追诉、对明知是有罪的人而故意包庇不使他受追诉，或者在刑事审判活动中故意违背事实和法律作枉法裁判的行为。涉嫌下列情形之一的，应予立案：

1. 对明知是没有犯罪事实或者其他依法不应当追究刑事责任的人，采取伪造、隐匿、毁灭证据或者其他隐瞒事实、违反法律的手段，以追究刑事责任为目的立案、侦查、起诉、审判的；

2. 对明知是有犯罪事实需要追究刑事责任的人，采取伪造、隐匿、毁灭证据或者其他隐瞒事实、违反法律的手段，故意包庇使其不受立案、侦查、起诉、审判的；

3. 采取伪造、隐匿、毁灭证据或者其他隐瞒事实、违反法律的手段，故意使罪重的人受较轻的追诉，或者使罪轻的人受较重的追诉的；

4. 在立案后，采取伪造、隐匿、毁灭证据或者其他隐瞒事实、违反法律的手段，应当采取强制措施而不采取强制措施，或者虽然采取强制措施，但中断侦查或者超过法定期限不采取任何措施，实际放任不管，以及违法撤销、变更强制措施，致使犯罪嫌疑人、被告人实际脱离司法机关侦控的；

5. 在刑事审判活动中故意违背事实和法律，作出枉法判决、裁定，即有罪判无罪、无罪判有罪，或者重罪轻判、轻罪重判的；

6. 其他徇私枉法应予追究刑事责任的情形。

民事、行政枉法裁判罪是指司法工作人员在民事、行政审判活动中，故意违背事实和法律作枉法裁判，情节严重的行为。涉嫌下列情形之一的，应予立案：

1. 枉法裁判，致使当事人或者其近亲属自杀、自残造成重伤、死亡，或者精神失常的；

2. 枉法裁判，造成个人财产直接经济损失 10 万元以上，或者直接经济损失不满 10 万元，但间接经济损失 50 万元以上的；

3. 枉法裁判，造成法人或者其他组织财产直接经济损失 20 万元以上，或者直接经济损失不满 20 万元，但间接经济损失 100 万元以上的；

4. 伪造、变造有关材料、证据，制造假案枉法裁判的；

5. 串通当事人制造伪证，毁灭证据或者篡改庭审笔录而枉法裁判的；

6. 徇私情、私利，明知是伪造、变造的证据予以采信，或者故意对应当采信的证据不予采信，或者故意违反法定程序，或者故意错误适用法律而枉法裁判的；

7. 其他情节严重的情形。

执行判决、裁定失职罪是指司法工作人员在执行判决、裁定活动中，严重不负责任，不依法采取诉讼保全措施、不履行法定执行职责，或者违法采取保全措施、强制执行措施，致使当事人或者其他人的利益遭受重大损失的行为。涉嫌下列情形之一的，应予立案：

1. 致使当事人或者其近亲属自杀、自残造成重伤、死亡，或者精神失常的；

2. 造成个人财产直接经济损失 15 万元以上，或者直接经济损失不满 15 万元，但间接经济损失 75 万元以上的；

3. 造成法人或者其他组织财产直接经济损失 30 万元以上，或者直接经济损失不满 30 万元，但间接经济损失 150 万元以上的；

4. 造成公司、企业等单位停业、停产 1 年以上，或者破产的；

5. 其他致使当事人或者其他人的利益遭受重大损失的情形。

执行判决、裁定滥用职权罪是指司法工作人员在执行判决、裁定活动中，滥用职权，不依法采取诉讼保全措施、不履行法定执行职责，或者违法采取保全措施、强制执行措施，致使当事人或者其他人的利益遭受重大损失的行为。涉嫌下列情形之一的，应予立案：

1. 致使当事人或者其近亲属自杀、自残造成重伤、死亡，或者精神失常的；

2. 造成个人财产直接经济损失 10 万元以上，或者直接经济损失不满 10 万元，但间接经济损失 50 万元以上的；

3. 造成法人或者其他组织财产直接经济损失 20 万元以上，或者直接经济损失不满 20 万元，但间接经济损失 100 万元以上的；

4. 造成公司、企业等单位停业、停产 6 个月以上，或者破产的；

5. 其他致使当事人或者其他人的利益遭受重大损失的情形。

第三百九十九条之一〔372〕 **【枉法仲裁罪】**依法承担仲裁职责的人员，在仲裁活动中故意违背事实和法律作枉法裁决，情节严重的，处三年以下有期徒刑或者拘役；情节特别严重的，处三年以上七年以下有期徒刑。

第四百条〔373〕 **【私放在押人员罪】**司法工作人员私放在押的犯罪嫌疑人、被告人或者罪犯的，处五年以下有期徒刑或者拘役；情节严重的，处五年以上十年以下有期徒刑；情节特别严重的，处十年以上有期徒刑。

【失职致使在押人员脱逃罪】司法工作人员由于严重不负责任，致使在押的犯罪嫌疑人、被告人或者罪犯脱逃，造成严重后果的，处三年以下有期徒刑或者拘役；造成特别严重后果的，处三年以上十年以下有期徒刑。

【司法解释】根据2003年4月16日最高检法律政策研究室**《关于非司法工作人员是否可以构成徇私枉法罪共犯问题的答复》**（〔2003〕高检研发第11号），非司法工作人员与司法工作人员勾结，共同实施徇私枉法行为，构成犯罪的，应当以徇私枉法罪的共犯追究刑事责任。

〔372〕 **【刑法修订】**本条为2006年**《刑法修正案（六）》第二十条**增设。

〔373〕 **【立案标准】**根据2006年7月26日最高检**《关于渎职侵权犯罪案件立案标准的规定》**，私放在押人员罪是指司法工作人员私放在押（包括在羁押场所和押解途中）的犯罪嫌疑人、被告人或者罪犯的行为。涉嫌下列情形之一的，应予立案：

1. 私自将在押的犯罪嫌疑人、被告人、罪犯放走，或者授意、指使、强迫他人将在押的犯罪嫌疑人、被告人、罪犯放走的；
2. 伪造、变造有关法律文书、证明材料，以使在押的犯罪嫌疑人、被告人、罪犯逃跑或者被释放的；
3. 为私放在押的犯罪嫌疑人、被告人、罪犯，故意向其通风报信、提供条件，致使该在押的犯罪嫌疑人、被告人、罪犯脱逃的；
4. 其他私放在押的犯罪嫌疑人、被告人、罪犯应予追究刑事责任的情形。

失职致使在押人员脱逃罪是指司法工作人员由于严重不负责任，不履行或者不认真履行职责，致使在押（包括在羁押场所和押解途中）的犯罪嫌疑人、被告人、罪犯脱逃，造成严重后果的行为。涉嫌下列情形之一的，应予立案：

1. 致使依法可能判处或者已经判处10年以上有期徒刑、无期徒刑、死刑的犯罪嫌疑人、被告人、罪犯脱逃的；
2. 致使犯罪嫌疑人、被告人、罪犯脱逃3人次以上的；
3. 犯罪嫌疑人、被告人、罪犯脱逃以后，打击报复报案人、控告人、举报人、被害人、证人和司法工作人员等，或者继续犯罪的；
4. 其他致使在押的犯罪嫌疑人、被告人、罪犯脱逃，造成严重后果的情形。

第四百零一条[374]　**【徇私舞弊减刑、假释、暂予监外执行罪】**司法工作人员徇私舞弊，对不符合减刑、假释、暂予监外执行条件的罪犯，予以减刑、假释或者暂予监外执行的，处三年以下有期徒刑或者拘役；情节严重的，处三年以上七年以下有期徒刑。

第四百零二条[375]　**【徇私舞弊不移交刑事案件罪】**行政执法人员徇私舞弊，对依法应当移交司法机关追究刑事责任的不移交，情节严重的，处三年以下有期徒刑或者拘役；造成严重后果的，处三年以上七年以下有期徒刑。

【司法解释】根据2001年3月2日最高检**《关于工人等非监管机关在编监管人员私放在押人员和失职致使在押人员脱逃行为适用法律问题的解释》**（高检发释字〔2001〕2号，自2001年3月2日起施行），工人等非监管机关在编监管人员在被监管机关聘用受委托履行监管职责的过程中私放在押人员的，应当依照刑法第四百条第一款的规定，以私放在押人员罪追究刑事责任；由于严重不负责任，致使在押人员脱逃，造成严重后果的，应当依照刑法第四百条第二款的规定，以失职致使在押人员脱逃罪追究刑事责任。

〔374〕**【立案标准】**根据2006年7月26日最高检**《关于渎职侵权犯罪案件立案标准的规定》**，徇私舞弊减刑、假释、暂予监外执行罪是指司法工作人员徇私舞弊，对不符合减刑、假释、暂予监外执行条件的罪犯予以减刑、假释、暂予监外执行的行为。涉嫌下列情形之一的，应予立案：

1. 刑罚执行机关的工作人员对不符合减刑、假释、暂予监外执行条件的罪犯，捏造事实，伪造材料，违法报请减刑、假释、暂予监外执行的；
2. 审判人员对不符合减刑、假释、暂予监外执行条件的罪犯，徇私舞弊，违法裁定减刑、假释或者违法决定暂予监外执行的；
3. 监狱管理机关、公安机关的工作人员对不符合暂予监外执行条件的罪犯，徇私舞弊，违法批准暂予监外执行的；
4. 不具有报请、裁定、决定或者批准减刑、假释、暂予监外执行权的司法工作人员利用职务上的便利，伪造有关材料，导致不符合减刑、假释、暂予监外执行条件的罪犯被减刑、假释、暂予监外执行的；
5. 其他徇私舞弊减刑、假释、暂予监外执行应予追究刑事责任的情形。

【指导案例】根据2010年12月31日最高检**第一批指导性案例·检例第3号·林志斌徇私舞弊暂予监外执行案**，司法工作人员收受贿赂，对不符合减刑、假释、暂予监外执行条件的罪犯，予以减刑、假释或者暂予监外执行的，应根据案件的具体情况，依法追究刑事责任。

〔375〕**【立案标准】**根据2006年7月26日最高检**《关于渎职侵权犯罪案件立案标准的规定》**，徇私舞弊不移交刑事案件罪是指工商行政管理、税务、

第四百零三条[376] **【滥用管理公司、证券职权罪】**国家有关主管部门的国家机关工作人员，徇私舞弊，滥用职权，对不符合法律规定条件的公司设立、登记申请或者股票、债券发行、上市申请，予以批准或者登记，致使公共财产、国家和人民利益遭受重大损失的，处五年以下有期徒刑或者拘役。

上级部门强令登记机关及其工作人员实施前款行为的，对其直接负责的主管人员，依照前款的规定处罚。

监察等行政执法人员，徇私舞弊，对依法应当移交司法机关追究刑事责任的案件不移交，情节严重的行为。涉嫌下列情形之一的，应予立案：

1. 对依法可能判处3年以上有期徒刑、无期徒刑、死刑的犯罪案件不移交的；

2. 不移交刑事案件涉及3人次以上的；

3. 司法机关提出意见后，无正当理由仍然不予移交的；

4. 以罚代刑，放纵犯罪嫌疑人，致使犯罪嫌疑人继续进行违法犯罪活动的；

5. 行政执法部门主管领导阻止移交的；

6. 隐瞒、毁灭证据，伪造材料，改变刑事案件性质的；

7. 直接负责的主管人员和其他直接责任人员为牟取本单位私利而不移交刑事案件，情节严重的（★2003年11月13日最高法《全国法院审理经济犯罪案件工作座谈会纪要》规定："徇私舞弊型渎职犯罪的'徇私'应理解为徇个人私情、私利。国家机关工作人员为了本单位的利益，实施滥用职权、玩忽职守行为，构成犯罪的，依照刑法第三百九十七条第一款的规定定罪处罚。"2012年12月7日最高法、最高检《关于办理渎职刑事案件具体应用法律若干问题的解释（一）》虽然未对"徇私"的理解作出明确规定，但其实认为"徇私"是指徇个人私情、私利（参见苗有水、刘为波：《〈关于办理渎职刑事案件具体应用法律若干问题的解释（一）〉的理解与适用》，载《人民司法》2014年第7期）。据此，对第7项情形，应当依照刑法第三百九十七条第一款的规定定罪处罚——编者说明）；

8. 其他情节严重的情形。

【司法解释】根据2000年3月17日公安部**《关于打击拐卖妇女儿童犯罪适用法律和政策有关问题的意见》**，行政执法人员徇私情、私利，伪造材料，隐瞒情况，弄虚作假，对依法应当移交司法机关追究刑事责任的拐卖妇女、儿童犯罪案件不移交司法机关处理，构成犯罪的，以徇私舞弊不移交刑事案件罪移送人民检察院追究刑事责任（★根据2021年《监察法实施条例》第29条，徇私舞弊不移交刑事案件罪应移送监察机关追究刑事责任——编者说明）。

〔376〕**【立案标准】**根据2006年7月26日最高检**《关于渎职侵权犯罪**

第四百零四条[377] **【徇私舞弊不征、少征税款罪】**税务机关的工作人员徇私舞弊，不征或者少征应征税款，致使国家税收遭受重大损失的，处五年以下有期徒刑或者拘役；造成特别重大损失的，处五年以上有期徒刑。

案件立案标准的规定》，滥用管理公司、证券职权罪是指工商行政管理、证券管理等国家有关主管部门的工作人员徇私舞弊，滥用职权，对不符合法律规定条件的公司设立、登记申请或者股票、债券发行、上市申请予以批准或者登记，致使公共财产、国家和人民利益遭受重大损失的行为，以及上级部门、当地政府强令登记机关及其工作人员实施上述行为的行为。涉嫌下列情形之一的，应予立案：

1. 造成直接经济损失50万元以上的；

2. 工商管理部门的工作人员对不符合法律规定条件的公司设立、登记申请，违法予以批准、登记，严重扰乱市场秩序的；

3. 金融证券管理机构工作人员对不符合法律规定条件的股票、债券发行、上市申请，违法予以批准，严重损害公众利益，或者严重扰乱金融秩序的；

4. 工商管理部门、金融证券管理机构的工作人员对不符合法律规定条件的公司设立、登记申请或者股票、债券发行、上市申请违法予以批准或者登记，致使犯罪行为得逞的；

5. 上级部门、当地政府直接负责的主管人员强令登记机关及其工作人员，对不符合法律规定条件的公司设立、登记申请或者股票、债券发行、上市申请予以批准或者登记，致使公共财产、国家或者人民利益遭受重大损失的；

6. 其他致使公共财产、国家和人民利益遭受重大损失的情形。

〔377〕**【立案标准】**根据2006年7月26日最高检**《关于渎职侵权犯罪案件立案标准的规定》**，徇私舞弊不征、少征税款罪是指税务机关工作人员徇私舞弊，不征、少征应征税款，致使国家税收遭受重大损失的行为。涉嫌下列情形之一的，应予立案：

1. 徇私舞弊不征、少征应征税款，致使国家税收损失累计达10万元以上的；

2. 上级主管部门工作人员指使税务机关工作人员徇私舞弊不征、少征应征税款，致使国家税收损失累计达10万元以上的；

3. 徇私舞弊不征、少征应征税款不满10万元，但具有索取或者收受贿赂或者其他恶劣情节的；

4. 其他致使国家税收遭受重大损失的情形。

第四百零五条[378] **【徇私舞弊发售发票、抵扣税款、出口退税罪】**税务机关的工作人员违反法律、行政法规的规定，在办理发售发票、抵扣税款、出口退税工作中，徇私舞弊，致使国家利益遭受重大损失的，处五年以下有期徒刑或者拘役；致使国家利益遭受特别重大损失的，处五年以上有期徒刑。

【违法提供出口退税凭证罪】其他国家机关工作人员违反国家规定，在提供出口货物报关单、出口收汇核销单等出口退税凭证的工作中，徇私舞弊，致使国家利益遭受重大损失的，依照前款的规定处罚。

---

〔378〕**【立案标准】**根据2006年7月26日最高检**《关于渎职侵权犯罪案件立案标准的规定》**，徇私舞弊发售发票、抵扣税款、出口退税罪是指税务机关工作人员违反法律、行政法规的规定，在办理发售发票、抵扣税款、出口退税工作中徇私舞弊，致使国家利益遭受重大损失的行为。涉嫌下列情形之一的，应予立案：

1. 徇私舞弊，致使国家税收损失累计达10万元以上的；
2. 徇私舞弊，致使国家税收损失累计不满10万元，但发售增值税专用发票25份以上或者其他发票50份以上或者增值税专用发票与其他发票合计50份以上，或者具有索取、收受贿赂或者其他恶劣情节的；
3. 其他致使国家利益遭受重大损失的情形。

违法提供出口退税凭证罪是指海关、外汇管理等国家机关工作人员违反国家规定，在提供出口货物报关单、出口收汇核销单等出口退税凭证的工作中徇私舞弊，致使国家利益遭受重大损失的行为。涉嫌下列情形之一的，应予立案：

1. 徇私舞弊，致使国家税收损失累计达10万元以上的；
2. 徇私舞弊，致使国家税收损失累计不满10万元，但具有索取、收受贿赂或者其他恶劣情节的；
3. 其他致使国家利益遭受重大损失的情形。

【司法解释】根据2012年5月3日最高法研究室**《关于违反经行政法规授权制定的规范一般纳税人资格的文件应否认定为“违反法律、行政法规的规定”问题的答复》**(法研〔2012〕59号)，国家税务总局《关于加强新办商贸企业增值税征收管理有关问题的紧急通知》(国税发明电〔2004〕37号)和《关于加强新办商贸企业增值税征收管理有关问题的补充通知》(国税发明电〔2004〕62号)，是根据1993年制定的《中华人民共和国增值税暂行条例》的规定对一般纳税人资格认定的细化，且2008年修订后的《中华人民共和国增值税暂行条例》第十三条明确规定：“小规模纳税人以外的纳税人应当向主管税务机关申请资格认定。具体认定办法由国务院主管部门制定。”因此，违反上述两个通知关于一般纳税人资格的认定标准及相关规定，授予不合格单位一

第四百零六条[379] **【国家机关工作人员签订、履行合同失职被骗罪】** 国家机关工作人员在签订、履行合同过程中，因严重不负责任被诈骗，致使国家利益遭受重大损失的，处三年以下有期徒刑或者拘役；致使国家利益遭受特别重大损失的，处三年以上七年以下有期徒刑。

第四百零七条[380] **【违法发放林木采伐许可证罪】** 林业主管部门的工作人员违反森林法的规定，超过批准的年采伐限额发放林木采伐许可证或者违反规定滥发林木采伐许可证，情节严重，致使森林遭受严重破坏的，处三年以下有期徒刑或者拘役。

般纳税人资格的，相应违反了《中华人民共和国增值税暂行条例》的有关规定，应当认定为刑法第四百零五条第一款规定的"违反法律、行政法规的规定"。

〔379〕**【立案标准】**根据 2006 年 7 月 26 日最高检**《关于渎职侵权犯罪案件立案标准的规定》**，国家机关工作人员签订、履行合同失职被骗罪是指国家机关工作人员在签订、履行合同过程中，因严重不负责任，不履行或者不认真履行职责被诈骗，致使国家利益遭受重大损失的行为。涉嫌下列情形之一的，应予立案：

1. 造成直接经济损失 30 万元以上，或者直接经济损失不满 30 万元，但间接经济损失 150 万元以上的；

2. 其他致使国家利益遭受重大损失的情形。

〔380〕**【立案标准】**根据 2006 年 7 月 26 日最高检**《关于渎职侵权犯罪案件立案标准的规定》**，违法发放林木采伐许可证罪是指林业主管部门的工作人员违反森林法的规定，超过批准的年采伐限额发放林木采伐许可证或者违反规定滥发林木采伐许可证，情节严重，致使森林遭受严重破坏的行为。涉嫌下列情形之一的，应予立案：

1. 发放林木采伐许可证允许采伐数量累计超过批准的年采伐限额，导致林木被超限额采伐 10 立方米以上的；

2. 滥发林木采伐许可证，导致林木被滥伐 20 立方米以上，或者导致幼树被滥伐 1000 株以上的；

3. 滥发林木采伐许可证，导致防护林、特种用途林被滥伐 5 立方米以上，或者幼树被滥伐 200 株以上的；

4. 滥发林木采伐许可证，导致珍贵树木或者国家重点保护的其他树木被滥伐的；

5. 滥发林木采伐许可证，导致国家禁止采伐的林木被采伐的；

6. 其他情节严重，致使森林遭受严重破坏的情形。

林业主管部门工作人员之外的国家机关工作人员，违反森林法的规定，滥用职权或者玩忽职守，致使林木被滥伐 40 立方米以上或者幼树被滥伐 2000

第四百零八条　【环境监管失职罪】负有环境保护监督管理职责的国家机关工作人员严重不负责任，导致发生重大环境污染事故，致使公私财产遭受重大损失或者造成人身伤亡的严重后果的，处三年以下有期徒刑或者拘役。

第四百零八条之一〔381〕　**【食品、药品监管渎职罪】**负有食品药品安全监督管理职责的国家机关工作人员，滥用职权或者玩忽职守，有下列情形之一，造成严重后果或者有其他严重情节的，处五年以下有期徒刑或者拘役；造成特别严重后果或者有其他特别严重情节的，处五年以上十年以下有期徒刑：

（一）瞒报、谎报食品安全事故、药品安全事件的；

（二）对发现的严重食品药品安全违法行为未按规定查处的；

（三）在药品和特殊食品审批审评过程中，对不符合条件的申请准予许可的；

（四）依法应当移交司法机关追究刑事责任不移交的；

（五）有其他滥用职权或者玩忽职守行为的。

徇私舞弊犯前款罪的，从重处罚。

株以上，或者致使防护林、特种用途林被滥伐 10 立方米以上或者幼树被滥伐 400 株以上，或者致使珍贵树木被采伐、毁坏 4 立方米或者 4 株以上，或者致使国家重点保护的其他植物被采伐、毁坏后果严重的，或者致使国家严禁采伐的林木被采伐、毁坏情节恶劣的，按照刑法第 397 条的规定以滥用职权罪或者玩忽职守罪追究刑事责任。

〔381〕**【刑法修订】**本条为 2011 年《**刑法修正案（八）**》**第四十九条**增设，条文如下：

第四百零八条之一　负有食品安全监督管理职责的国家机关工作人员，滥用职权或者玩忽职守，导致发生重大食品安全事故或者造成其他严重后果的，处五年以下有期徒刑或者拘役；造成特别严重后果的，处五年以上十年以下有期徒刑。

徇私舞弊犯前款罪的，从重处罚。

2020 年《**刑法修正案（十一）**》**第四十五条**修订了本条，将"食品安全"修改为"食品药品安全"，条下设项，列举了五项食品药品监管渎职的情形，将"导致发生重大食品安全事故或者造成其他严重后果"修改为"造成严重后果或者有其他严重情节"，在"造成特别严重后果"后增加"或者有其他特别严重情节"的规定。

【司法解释】根据2011年5月27日最高法**《关于进一步加大力度，依法严惩危害食品安全及相关职务犯罪的通知》**，2011年4月30日以前实施食品安全监管渎职行为，依法构成滥用职权罪、玩忽职守罪或其他渎职犯罪，在5月1日以后审理的，适用修正前刑法的规定定罪处罚。5月1日以后实施食品安全监管渎职行为，未导致发生重大食品安全事故或者造成其他严重后果，不构成食品监管渎职罪，但符合其他渎职犯罪构成要件的，依照刑法相关规定对其定罪处罚（★根据2020年《刑法修正案（十一）》的规定，即使未导致发生重大食品安全事故或者造成其他严重后果，但有其他严重情节的，仍构成食品监管渎职罪——编者说明）。

根据2021年12月30日最高法、最高检**《关于办理危害食品安全刑事案件适用法律若干问题的解释》第二十条**，负有食品安全监督管理职责的国家机关工作人员，滥用职权或者玩忽职守，构成食品监管渎职罪，同时构成徇私舞弊不移交刑事案件罪、商检徇私舞弊罪、动植物检疫徇私舞弊罪、放纵制售伪劣商品犯罪行为罪等其他渎职犯罪的，依照处罚较重的规定定罪处罚。

负有食品安全监督管理职责的国家机关工作人员滥用职权或者玩忽职守，不构成食品监管渎职罪，但构成前款规定的其他渎职犯罪的，依照该其他犯罪定罪处罚。

负有食品安全监督管理职责的国家机关工作人员与他人共谋，利用其职务行为帮助他人实施危害食品安全犯罪行为，同时构成渎职犯罪和危害食品安全犯罪共犯的，依照处罚较重的规定定罪从重处罚。

根据2022年3月3日最高法、最高检**《关于办理危害药品安全刑事案件适用法律若干问题的解释》第十四条**，负有药品安全监督管理职责的国家机关工作人员，滥用职权或者玩忽职守，构成药品监管渎职罪，同时构成商检徇私舞弊罪、商检失职罪等其他渎职犯罪的，依照处罚较重的规定定罪处罚。

负有药品安全监督管理职责的国家机关工作人员滥用职权或者玩忽职守，不构成药品监管渎职罪，但构成前款规定的其他渎职犯罪的，依照该其他犯罪定罪处罚。

负有药品安全监督管理职责的国家机关工作人员与他人共谋，利用其职务便利帮助他人实施危害药品安全犯罪行为，同时构成渎职犯罪和危害药品安全犯罪共犯的，依照处罚较重的规定定罪从重处罚。

【指导案例】根据2014年2月20日最高检**第四批指导性案例·检例第15号·胡林贵等人生产、销售有毒、有害食品，行贿；黎达文等人受贿，食品监管渎职案**，负有食品安全监督管理职责的国家机关工作人员，滥用职权，向生产、销售有毒、有害食品的犯罪分子通风报信，帮助逃避处罚的，应当认定为食品

第四百零九条[382]　**【传染病防治失职罪】**从事传染病防治的政府卫生行政部门的工作人员严重不负责任，导致传染病传播或者流行，情节严重的，处三年以下有期徒刑或者拘役。

监管渎职罪；在渎职过程中受贿的，应当以食品监管渎职罪和受贿罪实行数罪并罚。

根据2014年2月20日最高检**第四批指导性案例·检例第16号·赛跃、韩成武受贿、食品监管渎职案**，负有食品安全监督管理职责的国家机关工作人员，滥用职权或玩忽职守，导致发生重大食品安全事故或者造成其他严重后果的（★2020年《刑法修正案（十一）》已将“导致发生重大食品安全事故或者造成其他严重后果”修改为“造成严重后果或者有其他严重情节”——编者说明），应当认定为食品监管渎职罪。在渎职过程中受贿的，应当以食品监管渎职罪和受贿罪实行数罪并罚。

〔382〕**【立案标准】**根据2006年7月26日最高检**《关于渎职侵权犯罪案件立案标准的规定》**，传染病防治失职罪是指从事传染病防治的政府卫生行政部门的工作人员严重不负责任，不履行或者不认真履行传染病防治监管职责，导致传染病传播或者流行，情节严重的行为。涉嫌下列情形之一的，应予立案：

1. 导致甲类传染病传播的；

2. 导致乙类、丙类传染病流行的；

3. 因传染病传播或者流行，造成人员重伤或者死亡的；

4. 因传染病传播或者流行，严重影响正常的生产、生活秩序的；

5. 在国家对突发传染病疫情等灾害采取预防、控制措施后，对发生突发传染病疫情等灾害的地区或者突发传染病病人、病原携带者、疑似突发传染病病人，未按照预防、控制突发传染病疫情等灾害工作规范的要求做好防疫、检疫、隔离、防护、救治等工作，或者采取的预防、控制措施不当，造成传染范围扩大或者疫情、灾情加重的；

6. 在国家对突发传染病疫情等灾害采取预防、控制措施后，隐瞒、缓报、谎报或者授意、指使、强令他人隐瞒、缓报、谎报疫情、灾情，造成传染范围扩大或者疫情、灾情加重的；

7. 在国家对突发传染病疫情等灾害采取预防、控制措施后，拒不执行突发传染病疫情等灾害应急处理指挥机构的决定、命令，造成传染范围扩大或者疫情、灾情加重的；

8. 其他情节严重的情形。

【司法解释】根据2003年5月14日最高法、最高检**《关于办理妨害预防、控制突发传染病疫情等灾害的刑事案件具体应用法律若干问题的解释》第十六条**，在预防、控制突发传染病疫情等灾害期间，从事传染病防治的政府卫

第四百一十条[383] **【非法批准征收、征用、占用土地罪】【非法低价出让国有土地使用权罪】**国家机关工作人员徇私舞弊，违反土地管理法规，滥用职权，非法批准征收、征用、占用土地，或者非法低价出让国有土地使用权，情节严重的，处三年以下有期徒刑或者拘役；致使国家或者集体利益遭受特别重大损失的，处三年以上七年以下有期徒刑。

生行政部门的工作人员，或者在受政府卫生行政部门委托代表政府卫生行政部门行使职权的组织中从事公务的人员，或者虽未列入政府卫生行政部门人员编制但在政府卫生行政部门从事公务的人员，在代表政府卫生行政部门行使职权时，严重不负责任，导致传染病传播或者流行，情节严重的，依照刑法第四百零九条的规定，以传染病防治失职罪定罪处罚。

在国家对突发传染病疫情等灾害采取预防、控制措施后，具有下列情形之一的，属于刑法第四百零九条规定的"情节严重"：

（一）对发生突发传染病疫情等灾害的地区或者突发传染病病人、病原携带者、疑似突发传染病病人，未按照预防、控制突发传染病疫情等灾害工作规范的要求做好防疫、检疫、隔离、防护、救治等工作，或者采取的预防、控制措施不当，造成传染范围扩大或者疫情、灾情加重的；

（二）隐瞒、缓报、谎报或者授意、指使、强令他人隐瞒、缓报、谎报疫情、灾情，造成传染范围扩大或者疫情、灾情加重的；

（三）拒不执行突发传染病疫情等灾害应急处理指挥机构的决定、命令，造成传染范围扩大或者疫情、灾情加重的；

（四）具有其他严重情节的。

根据 2020 年 2 月 6 日最高法、最高检、公安部、司法部《**关于依法惩治妨害新型冠状病毒感染肺炎疫情防控违法犯罪的意见**》，卫生行政部门的工作人员严重不负责任，不履行或者不认真履行防治监管职责，导致新型冠状病毒感染肺炎传播或者流行，情节严重的，依照刑法第四百零九条的规定，以传染病防治失职罪定罪处罚。

〔383〕**【刑法修订】**2009 年全国人大常委会《**关于修改部分法律的决定**》修订了本条，将原文中"征用"修改为"征收、征用"。

【相关法规】根据 2019 年修正后的《**土地管理法**》**第七十九条第一款**，无权批准征收、使用土地的单位或者个人非法批准占用土地的，超越批准权限非法批准占用土地的，不按照土地利用总体规划确定的用途批准用地的，或者违反法律规定的程序批准占用、征收土地的，其批准文件无效，对非法批准征收、使用土地的直接负责的主管人员和其他直接责任人员，依法给予处分；构成犯罪的，依法追究刑事责任。非法批准、使用的土地应当收回，有关当事人拒不归还的，以非法占用土地论处。

根据2021年修正后的《**草原法**》**第六十三条第一款**，无权批准征收、征用、使用草原的单位或者个人非法批准征收、征用、使用草原的，超越批准权限非法批准征收、征用、使用草原的，或者违反法律规定的程序批准征收、征用、使用草原，构成犯罪的，依法追究刑事责任；尚不够刑事处罚的，依法给予行政处分。非法批准征收、征用、使用草原的文件无效。非法批准征收、征用、使用的草原应当收回，当事人拒不归还的，以非法使用草原论处。

根据2004年国务院《**关于深化改革严格土地管理的决定**》，禁止非法压低地价招商。省、自治区、直辖市人民政府要依照基准地价制定并公布协议出让土地最低价标准。协议出让土地除必须严格执行规定程序外，出让价格不得低于最低价标准。违反规定出让土地造成国有土地资产流失的，要依法追究责任；情节严重的，依照《中华人民共和国刑法》的规定，以非法低价出让国有土地使用权罪追究刑事责任。

【立法解释】根据2001年8月31日全国人大常委会《**关于〈中华人民共和国刑法〉第二百二十八条、第三百四十二条、第四百一十条的解释**》，刑法第四百一十条中"违反土地管理法规"，是指违反土地管理法、森林法、草原法等法律以及有关行政法规中关于土地管理的规定。

刑法第四百一十条规定的"非法批准征收、征用、占用土地"，是指非法批准征收、征用、占用耕地、林地等农用地以及其他土地（★第二款被2009年全国人大常委会《关于修改部分法律的决定》修改，增加了"征收"二字——编者说明）。

【立案标准】根据2006年7月26日最高检《**关于渎职侵权犯罪案件立案标准的规定**》，非法批准征用、占用土地罪是指国家机关工作人员徇私舞弊，违反土地管理法、森林法、草原法等法律以及有关行政法规中关于土地管理的规定，滥用职权，非法批准征用、占用耕地、林地等农用地以及其他土地，情节严重的行为。涉嫌下列情形之一的，应予立案：

1. 非法批准征用、占用基本农田10亩以上的；
2. 非法批准征用、占用基本农田以外的耕地30亩以上的；
3. 非法批准征用、占用其他土地50亩以上的；
4. 虽未达到上述数量标准，但造成有关单位、个人直接经济损失30万元以上，或者造成耕地大量毁坏或者植被遭到严重破坏的；
5. 非法批准征用、占用土地，影响群众生产、生活，引起纠纷，造成恶劣影响或者其他严重后果的；
6. 非法批准征用、占用防护林地、特种用途林地分别或者合计10亩以上的；
7. 非法批准征用、占用其他林地20亩以上的；
8. 非法批准征用、占用林地造成直接经济损失30万元以上，或者造成防护林地、特种用途林地分别或者合计5亩以上或者其他林地10亩以上毁坏的；

9. 其他情节严重的情形。

非法低价出让国有土地使用权罪是指国家机关工作人员徇私舞弊，违反土地管理法、森林法、草原法等法律以及有关行政法规中关于土地管理的规定，滥用职权，非法低价出让国有土地使用权，情节严重的行为。涉嫌下列情形之一的，应予立案：

1. 非法低价出让国有土地30亩以上，并且出让价额低于国家规定的最低价额标准的百分之六十的；

2. 造成国有土地资产流失价额30万元以上的；

3. 非法低价出让国有土地使用权，影响群众生产、生活，引起纠纷，造成恶劣影响或者其他严重后果的；

4. 非法低价出让林地合计30亩以上，并且出让价额低于国家规定的最低价额标准的百分之六十的；

5. 造成国有资产流失30万元以上的；

6. 其他情节严重的情形。

【司法解释】2000年6月19日最高法**《关于审理破坏土地资源刑事案件具体应用法律若干问题的解释》**，就适用刑法第四百一十条有关问题解释如下：

第四条 国家机关工作人员徇私舞弊，违反土地管理法规，滥用职权，非法批准征用、占用土地，具有下列情形之一的，属于非法批准征用、占用土地"情节严重"，依照刑法第四百一十条的规定，以非法批准征用、占用土地罪定罪处罚：

（一）非法批准征用、占用基本农田10亩以上的；

（二）非法批准征用、占用基本农田以外的耕地30亩以上的；

（三）非法批准征用、占用其他土地50亩以上的；

（四）虽未达到上述数量标准，但非法批准征用、占用土地造成直接经济损失30万元以上；造成耕地大量毁坏等恶劣情节的。

第五条 实施第四条规定的行为，具有下列情形之一的，属于非法批准征用、占用土地"致使国家或者集体利益遭受特别重大损失"：

（一）非法批准征用、占用基本农田20亩以上的；

（二）非法批准征用、占用基本农田以外的耕地60亩以上的；

（三）非法批准征用、占用其他土地100亩以上的；

（四）非法批准征用、占用土地，造成基本农田5亩以上，其他耕地10亩以上严重毁坏的；

（五）非法批准征用、占用土地造成直接经济损失50万元以上等恶劣情节的。

第六条　国家机关工作人员徇私舞弊，违反土地管理法规，非法低价出让国有土地使用权，具有下列情形之一的，属于“情节严重”，依照刑法第四百一十条的规定，以非法低价出让国有土地使用权罪定罪处罚：

（一）出让国有土地使用权面积在30亩以上，并且出让价额低于国家规定的最低价额标准的60%的；

（二）造成国有土地资产流失价额在30万元以上的。

第七条　实施第六条规定的行为，具有下列情形之一的，属于非法低价出让国有土地使用权，“致使国家和集体利益遭受特别重大损失”：

（一）非法低价出让国有土地使用权面积在60亩以上，并且出让价额低于国家规定的最低价额标准的40%的；

（二）造成国有土地资产流失价额在50万元以上的。

……

第九条　多次实施本解释规定的行为依法应当追诉的，或者1年内多次实施本解释规定的行为未经处理的，按照累计的数量、数额处罚。

★对于上述解释，应在《关于〈中华人民共和国刑法〉第二百二十八条、第三百四十二条、第四百一十条的解释》的基础上加以理解。还需要注意的是，关于刑法第四百一十条的相关解释，有些并未涉及“征收”的情形——编者说明。

根据2012年11月2日最高法**《关于审理破坏草原资源刑事案件应用法律若干问题的解释》第三条**，国家机关工作人员徇私舞弊，违反草原法等土地管理法规，具有下列情形之一的，应当认定为刑法第四百一十条规定的“情节严重”：

（一）非法批准征收、征用、占用草原40亩以上的；

（二）非法批准征收、征用、占用草原，造成20亩以上草原被毁坏的；

（三）非法批准征收、征用、占用草原，造成直接经济损失30万元以上，或者具有其他恶劣情节的。

具有下列情形之一，应当认定为刑法第四百一十条规定的“致使国家或者集体利益遭受特别重大损失”：

（一）非法批准征收、征用、占用草原80亩以上的；

（二）非法批准征收、征用、占用草原，造成40亩以上草原被毁坏的；

（三）非法批准征收、征用、占用草原，造成直接经济损失60万元以上，或者具有其他特别恶劣情节的。

根据2017年3月14日最高检法律政策研究室**《对贵州省人民检察院法律政策研究室〈关于对刑法第410条“违反土地管理法规”如何理解问题的请示〉的答复》**（高检研〔2017〕9号），根据全国人大常委会有关立法解释，刑法第四百一十条规定的“违反土地管理法规”是指违反土地管理法、森林法、草

第四百一十一条〔384〕 **【放纵走私罪】**海关工作人员徇私舞弊，放纵走私，情节严重的，处五年以下有期徒刑或者拘役；情节特别严重的，处五年以上有期徒刑。

第四百一十二条〔385〕 **【商检徇私舞弊罪】**国家商检部门、商检机构的工作人员徇私舞弊，伪造检验结果的，处五年以下有期徒刑或者拘役；造成严重后果的，处五年以上十年以下有期徒刑。

【商检失职罪】前款所列人员严重不负责任，对应当检验的物品不检验，或者延误检验出证、错误出证，致使国家利益遭受重大损失的，处三年以下有期徒刑或者拘役。

原法等法律以及有关行政法规中关于土地管理的规定。农业部《草原征占用审核审批管理办法》是有关行政主管部门为执行草原法所作出的细化规定，属部门规章，不属于刑法第四百一十条规定的“土地管理法规”。

请示所附案件涉嫌受贿和渎职犯罪。对于有关渎职行为，可以根据本案事实和证据情况，参照《土地管理法》第七十八条、《草原法》第六十三条，结合刑法第四百一十条的规定认定处理；构成犯罪的，以非法批准征收、征用、占用土地罪追究刑事责任。

〔384〕 **【立案标准】**根据2006年7月26日最高检**《关于渎职侵权犯罪案件立案标准的规定》**，放纵走私罪是指海关工作人员徇私舞弊，放纵走私，情节严重的行为。涉嫌下列情形之一的，应予立案：

1. 放纵走私犯罪的；
2. 因放纵走私致使国家应收税额损失累计达10万元以上的；
3. 放纵走私行为3起次以上的；
4. 放纵走私行为，具有索取或者收受贿赂情节的；
5. 其他情节严重的情形。

【司法解释】根据2002年7月8日最高法、最高检、海关总署**《关于办理走私刑事案件适用法律若干问题的意见》**第十六条，依照刑法第四百一十一条的规定，负有特定监管义务的海关工作人员徇私舞弊，利用职权，放任、纵容走私犯罪行为，情节严重的，构成放纵走私罪。放纵走私行为，一般是消极的不作为。如果海关工作人员与走私分子通谋，在放纵走私过程中以积极的行为配合走私分子逃避海关监管或者在放纵走私之后分得赃款的，应以共同走私犯罪追究刑事责任。

海关工作人员收受贿赂又放纵走私的，应以受贿罪和放纵走私罪数罪并罚。

〔385〕 **【立案标准】**根据2006年7月26日最高检**《关于渎职侵权犯罪案件立案标准的规定》**，商检徇私舞弊罪是指出入境检验检疫机关、检验检疫机构

第四百一十三条[386] **【动植物检疫徇私舞弊罪】**动植物检疫机关的检疫人员徇私舞弊，伪造检疫结果的，处五年以下有期徒刑或者拘役；造成严重后果的，处五年以上十年以下有期徒刑。

【动植物检疫失职罪】前款所列人员严重不负责任，对应当检疫的检疫物不检疫，或者延误检疫出证、错误出证，致使国家利益遭受重大损失的，处三年以下有期徒刑或者拘役。

工作人员徇私舞弊，伪造检验结果的行为。涉嫌下列情形之一的，应予立案：

1. 采取伪造、变造的手段对报检的商品的单证、印章、标志、封识、质量认证标志等作虚假的证明或者出具不真实的证明结论的；

2. 将送检的合格商品检验为不合格，或者将不合格商品检验为合格的；

3. 对明知是不合格的商品，不检验而出具合格检验结果的；

4. 其他伪造检验结果应予追究刑事责任的情形。

商检失职罪是指出入境检验检疫机关、检验检疫机构工作人员严重不负责任，对应当检验的物品不检验，或者延误检验出证、错误出证，致使国家利益遭受重大损失的行为。涉嫌下列情形之一的，应予立案：

1. 致使不合格的食品、药品、医疗器械等商品出入境，严重危害生命健康的；

2. 造成个人财产直接经济损失 15 万元以上，或者直接经济损失不满 15 万元，但间接经济损失 75 万元以上的；

3. 造成公共财产、法人或者其他组织财产直接经济损失 30 万元以上，或者直接经济损失不满 30 万元，但间接经济损失 150 万元以上的；

4. 未经检验，出具合格检验结果，致使国家禁止进口的固体废物、液态废物和气态废物等进入境内的；

5. 不检验或者延误检验出证、错误出证，引起国际经济贸易纠纷，严重影响国家对外经贸关系，或者严重损害国家声誉的；

6. 其他致使国家利益遭受重大损失的情形。

〔386〕**【立案标准】**根据 2006 年 7 月 26 日最高检**《关于渎职侵权犯罪案件立案标准的规定》**，动植物检疫徇私舞弊罪是指出入境检验检疫机关、检验检疫机构工作人员徇私舞弊，伪造检疫结果的行为。涉嫌下列情形之一的，应予立案：

1. 采取伪造、变造的手段对检疫的单证、印章、标志、封识等作虚假的证明或者出具不真实的结论的；

2. 将送检的合格动植物检疫为不合格，或者将不合格动植物检疫为合格的；

3. 对明知是不合格的动植物，不检疫而出具合格检疫结果的；

4. 其他伪造检疫结果应予追究刑事责任的情形。

第四百一十四条[387] **【放纵制售伪劣商品犯罪行为罪】**对生产、销售伪劣商品犯罪行为负有追究责任的国家机关工作人员，徇私舞弊，不履行法律规定的追究职责，情节严重的，处五年以下有期徒刑或者拘役。

动植物检疫失职罪是指出入境检验检疫机关、检验检疫机构工作人员严重不负责任，对应当检疫的检疫物不检疫，或者延误检疫出证、错误出证，致使国家利益遭受重大损失的行为。涉嫌下列情形之一的，应予立案：

1. 导致疫情发生，造成人员重伤或者死亡的；

2. 导致重大疫情发生、传播或者流行的；

3. 造成个人财产直接经济损失 15 万元以上，或者直接经济损失不满 15 万元，但间接经济损失 75 万元以上的；

4. 造成公共财产或者法人、其他组织财产直接经济损失 30 万元以上，或者直接经济损失不满 30 万元，但间接经济损失 150 万元以上的；

5. 不检疫或者延误检疫出证、错误出证，引起国际经济贸易纠纷，严重影响国家对外经贸关系，或者严重损害国家声誉的；

6. 其他致使国家利益遭受重大损失的情形。

〔387〕**【立案标准】**根据 2006 年 7 月 26 日最高检**《关于渎职侵权犯罪案件立案标准的规定》**，放纵制售伪劣商品犯罪行为罪是指对生产、销售伪劣商品犯罪行为负有追究责任的国家机关工作人员徇私舞弊，不履行法律规定的追究职责，情节严重的行为。涉嫌下列情形之一的，应予立案：

1. 放纵生产、销售假药或者有毒、有害食品犯罪行为的；

2. 放纵生产、销售伪劣农药、兽药、化肥、种子犯罪行为的；

3. 放纵依法可能判处 3 年有期徒刑以上刑罚的生产、销售伪劣商品犯罪行为的；

4. 对生产、销售伪劣商品犯罪行为不履行追究职责，致使生产、销售伪劣商品犯罪行为得以继续的；

5.3 次以上不履行追究职责，或者对 3 个以上有生产、销售伪劣商品犯罪行为的单位或者个人不履行追究职责的；

6. 其他情节严重的情形。

【司法解释】根据 2001 年 4 月 9 日最高法、最高检**《关于办理生产、销售伪劣商品刑事案件具体应用法律若干问题的解释》第八条**，国家机关工作人员徇私舞弊，对生产、销售伪劣商品犯罪不履行法律规定的查处职责，具有下列情形之一的，属于刑法第四百一十四条规定的“情节严重”：

（一）放纵生产、销售假药或者有毒、有害食品犯罪行为的；

（二）放纵依法可能判处 2 年有期徒刑以上刑罚的生产、销售伪劣商品犯罪行为的（★本规定与 2006 年 7 月 26 日最高检《关于渎职侵权犯罪案件立案标准的规定》中“放纵依法可能判处 3 年有期徒刑以上刑罚的生产、销售伪劣

第四百一十五条[388] **【办理偷越国（边）境人员出入境证件罪】【放行偷越国（边）境人员罪】**负责办理护照、签证以及其他出入境证件的国家机关工作人员，对明知是企图偷越国（边）境的人员，予以办理出入境证件的，或者边防、海关等国家机关工作人员，对明知是偷越国（边）境的人员，予以放行的，处三年以下有期徒刑或者拘役；情节严重的，处三年以上七年以下有期徒刑。

第四百一十六条[389] **【不解救被拐卖、绑架妇女、儿童罪】**对被拐卖、绑架的妇女、儿童负有解救职责的国家机关工作人员，接到被拐卖、绑架的妇女、儿童及其家属的解救要求或者接到其他人的举报，而对被拐卖、绑架的妇女、儿童不进行解救，造成严重后果的，处五年以下有期徒刑或者拘役。

【阻碍解救被拐卖、绑架妇女、儿童罪】负有解救职责的国家机关工作人员利用职务阻碍解救的，处二年以上七年以下有期徒刑；情节较轻的，处二年以下有期徒刑或者拘役。

商品犯罪行为的，应予立案”的规定不一致。目前应当适用哪一规定，值得研究——编者说明）；

（三）对3个以上有生产、销售伪劣商品犯罪行为的单位或者个人不履行追究职责的；

（四）致使国家和人民利益遭受重大损失或者造成恶劣影响的。

〔388〕**【立案标准】**根据2006年7月26日最高检**《关于渎职侵权犯罪案件立案标准的规定》**，办理偷越国（边）境人员出入境证件罪是指负责办理护照、签证以及其他出入境证件的国家机关工作人员，对明知是企图偷越国（边）境的人员，予以办理出入境证件的行为。负责办理护照、签证以及其他出入境证件的国家机关工作人员涉嫌在办理护照、签证以及其他出入境证件的过程中，对明知是企图偷越国（边）境的人员而予以办理出入境证件的，应予立案。

放行偷越国（边）境人员罪是指边防、海关等国家机关工作人员，对明知是偷越国（边）境的人员予以放行的行为。边防、海关等国家机关工作人员涉嫌在履行职务过程中，对明知是偷越国（边）境的人员而予以放行的，应予立案。

〔389〕**【立案标准】**根据2006年7月26日最高检**《关于渎职侵权犯罪案件立案标准的规定》**，不解救被拐卖、绑架妇女、儿童罪是指对被拐卖、绑架的妇女、儿童负有解救职责的公安、司法等国家机关工作人员接到被拐卖、绑

第四百一十七条[390] **【帮助犯罪分子逃避处罚罪】**有查禁犯罪活动职责的国家机关工作人员，向犯罪分子通风报信、提供便利，帮助犯罪分子逃避处罚的，处三年以下有期徒刑或者拘役；情节严重的，处三年以上十年以下有期徒刑。

架的妇女、儿童及其家属的解救要求或者接到其他人的举报，而对被拐卖、绑架的妇女、儿童不进行解救，造成严重后果的行为。涉嫌下列情形之一的，应予立案：

1. 导致被拐卖、绑架的妇女、儿童或者其家属重伤、死亡或者精神失常的；
2. 导致被拐卖、绑架的妇女、儿童被转移、隐匿、转卖，不能及时进行解救的；
3. 对被拐卖、绑架的妇女、儿童不进行解救 3 人次以上的；
4. 对被拐卖、绑架的妇女、儿童不进行解救，造成恶劣社会影响的；
5. 其他造成严重后果的情形。

阻碍解救被拐卖、绑架妇女、儿童罪是指对被拐卖、绑架的妇女、儿童负有解救职责的公安、司法等国家机关工作人员利用职务阻碍解救被拐卖、绑架的妇女、儿童的行为。涉嫌下列情形之一的，应予立案：

1. 利用职权，禁止、阻止或者妨碍有关部门、人员解救被拐卖、绑架的妇女、儿童的；
2. 利用职务上的便利，向拐卖、绑架者或者收买者通风报信，妨碍解救工作正常进行的；
3. 其他利用职务阻碍解救被拐卖、绑架的妇女、儿童应予追究刑事责任的情形。

〔390〕**【立案标准】**根据 2006 年 7 月 26 日最高检**《关于渎职侵权犯罪案件立案标准的规定》**，帮助犯罪分子逃避处罚罪是指有查禁犯罪活动职责的司法及公安、国家安全、海关、税务等国家机关工作人员，向犯罪分子通风报信、提供便利，帮助犯罪分子逃避处罚的行为。涉嫌下列情形之一的，应予立案：

1. 向犯罪分子泄漏有关部门查禁犯罪活动的部署、人员、措施、时间、地点等情况的；
2. 向犯罪分子提供钱物、交通工具、通讯设备、隐藏处所等便利条件的；
3. 向犯罪分子泄漏案情的；
4. 帮助、示意犯罪分子隐匿、毁灭、伪造证据，或者串供、翻供的；
5. 其他帮助犯罪分子逃避处罚应予追究刑事责任的情形。

【司法解释】根据 1998 年 5 月 8 日最高法、最高检、公安部、国家工商行政管理局**《关于依法查处盗窃、抢劫机动车案件的规定》第十条**，公安人员对

第四百一十八条〔391〕 **【招收公务员、学生徇私舞弊罪】**国家机关工作人员在招收公务员、学生工作中徇私舞弊，情节严重的，处三年以下有期徒刑或者拘役。

盗窃、抢劫的机动车辆，非法提供机动车牌证或者为其取得机动车牌证提供便利，帮助犯罪分子逃避处罚的，依照刑法第四百一十七条规定处罚。

根据2017年6月27日最高法、最高检《**关于办理扰乱无线电通讯管理秩序等刑事案件适用法律若干问题的解释**》**第七条第二款**，有查禁扰乱无线电管理秩序犯罪活动职责的国家机关工作人员，向犯罪分子通风报信、提供便利，帮助犯罪分子逃避处罚的，应当依照刑法第四百一十七条的规定，以帮助犯罪分子逃避处罚罪追究刑事责任；事先通谋的，以共同犯罪论处。

根据2020年12月17日最高法、最高检、公安部、农业农村部《**依法惩治长江流域非法捕捞等违法犯罪的意见**》，负有查禁破坏水生生物资源犯罪活动职责的国家机关工作人员，向犯罪分子通风报信、提供便利，帮助犯罪分子逃避处罚的，应当依照刑法第四百一十七条的规定，以帮助犯罪分子逃避处罚罪定罪处罚。

〔391〕**【立案标准】**根据2006年7月26日最高检《**关于渎职侵权犯罪案件立案标准的规定**》，招收公务员、学生徇私舞弊罪是指国家机关工作人员在招收公务员、省级以上教育行政部门组织招收的学生工作中徇私舞弊，情节严重的行为。涉嫌下列情形之一的，应予立案：

1. 徇私舞弊，利用职务便利，伪造、变造人事、户口档案、考试成绩或者其他影响招收工作的有关资料，或者明知是伪造、变造的上述材料而予以认可的；

2. 徇私舞弊，利用职务便利，帮助5名以上考生作弊的；

3. 徇私舞弊招收不合格的公务员、学生3人次以上的；

4. 因徇私舞弊招收不合格的公务员、学生，导致被排挤的合格人员或者其近亲属自杀、自残造成重伤、死亡，或者精神失常的；

5. 因徇私舞弊招收公务员、学生，导致该项招收工作重新进行的；

6. 其他情节严重的情形。

【会议纪要】根据最高法刑二庭审判长会议《**关于教师能否成为招收学生徇私舞弊罪主体问题**》，刑法第四百一十八条所规定的招收学生徇私舞弊罪的主体是国家机关工作人员，学校的教师属于文教事业单位人员，不属于国家机关工作人员，因此不能成为招收学生徇私舞弊罪的构成主体；教师接受委托或者聘请临时担任考试监考员等与招收学生相关职务的，并不具有国家机关工作人员身份，同样不能成为招收学生徇私舞弊罪的犯罪主体（➻参见《刑事审判参考》2001年总第13辑）。

第四百一十九条[392] **【失职造成珍贵文物损毁、流失罪】**国家机关工作人员严重不负责任，造成珍贵文物损毁或者流失，后果严重的，处三年以下有期徒刑或者拘役。

〔392〕**【司法解释】**根据2015年12月30日最高法、最高检**《关于办理妨害文物管理等刑事案件适用法律若干问题的解释》第十条**，国家机关工作人员严重不负责任，造成珍贵文物损毁或者流失，具有下列情形之一的，应当认定为刑法第四百一十九条规定的“后果严重”：

（一）导致二级以上文物或者5件以上三级文物损毁或者流失的；

（二）导致全国重点文物保护单位、省级文物保护单位的本体严重损毁或者灭失的；

（三）其他后果严重的情形。

第十章　军人违反职责罪[393]

〔393〕【**相关法规**】根据1994年修正后的全国人大常委会《**中国人民解放军军官军衔条例**》**第二十八条**，军官犯罪，被依法判处剥夺政治权利或者三年以上有期徒刑的，由法院判决剥夺其军衔。

退役军官犯罪的，依照前款规定剥夺其军衔。

军官犯罪被剥夺军衔，在服刑期满后，需要在军队中服役并授予军官军衔的，依照本条例第十六条的规定办理。

根据2022年《**预备役人员法**》**第十六条第二款**，依照本法规定取消预备役人员身份的，相应取消其预备役军衔；预备役人员犯罪或者退出预备役后犯罪，被依法判处剥夺政治权利或者有期徒刑以上刑罚的，应当剥夺其预备役军衔。

★关于剥夺犯罪军人的军衔，参见2000年11月28日中央军委《关于剥夺犯罪军人军衔的规定》(〔2000〕军字第80号)——编者说明。

【**司法解释**】2013年2月26日最高检、解放军总政治部《**军人违反职责罪案件立案标准的规定**》(政检〔2013〕1号)，为了依法惩治军人违反职责犯罪，保护国家军事利益，根据《中华人民共和国刑法》《中华人民共和国刑事诉讼法》和其他有关规定，结合军队司法实践，制定本规定。

……

第三十二条　本规定适用于中国人民解放军的现役军官、文职干部、士兵及具有军籍的学员和中国人民武装警察部队的现役警官、文职干部、士兵及具有军籍的学员以及执行军事任务的预备役人员和其他人员涉嫌军人违反职责犯罪的案件(★根据2020年《刑法修正案(十一)》第47条，本规定还适用于具有军籍的文职人员——编者说明)。

第三十三条　本规定所称"战时"，是指国家宣布进入战争状态、部队受领作战任务或者遭敌突然袭击时。部队执行戒严任务或者处置突发性暴力事件时，以战时论。

第三十四条　本规定中的"违反职责"，是指违反国家法律、法规，军事法规、军事规章所规定的军人职责，包括军人的共同职责，士兵、军官和首长的一般职责，各类主管人员和其他从事专门工作的军人的专业职责等。

第三十五条　本规定所称"以上"，包括本数；有关犯罪数额"不满"，是指已达到该数额80%以上。

第三十六条　本规定中的"直接经济损失"，是指与行为有直接因果关系而造成的财产损毁、减少的实际价值；"间接经济损失"，是指由直接经济损失引起和牵连的其他损失，包括失去在正常情况下可能获得的利益和为恢复正

第四百二十条 【军人违反职责罪的概念】 军人违反职责，危害国家军事利益，依照法律应当受刑罚处罚的行为，是军人违反职责罪。

第四百二十一条〔394〕 **【战时违抗命令罪】** 战时违抗命令，对作战造成危害的，处三年以上十年以下有期徒刑；致使战斗、战役遭受重大损失的，处十年以上有期徒刑、无期徒刑或者死刑。

第四百二十二条〔395〕 **【隐瞒、谎报军情罪】【拒传、假传军令罪】** 故意隐瞒、谎报军情或者拒传、假传军令，对作战造成危害的，处三年以上十年以下有期徒刑；致使战斗、战役遭受重大损失的，处十年以上有期徒刑、无期徒刑或者死刑。

常管理活动或者为挽回已经造成的损失所支付的各种费用等。

第三十七条 本规定中的“武器装备”，是实施和保障军事行动的武器、武器系统和军事技术器材的统称。

第三十八条 本规定中的“军用物资”，是除武器装备以外专供武装力量使用的各种物资的统称，包括装备器材、军需物资、医疗物资、油料物资、营房物资等。

第三十九条 本规定中财物价值和损失的确定，由部队驻地人民法院、人民检察院和公安机关指定的价格事务机构进行估价。武器装备、军事设施、军用物资的价值和损失，由部队军以上单位的主管部门确定；有条件的，也可以由部队驻地人民法院、人民检察院和公安机关指定的价格事务机构进行估价。

第四十条 本规定自 2013 年 3 月 28 日起施行。2002 年 10 月 31 日总政治部发布的《关于军人违反职责罪案件立案标准的规定（试行）》同时废止。

〔394〕 **【立案标准】** 根据 2013 年 2 月 26 日最高检、解放军总政治部 **《军人违反职责罪案件立案标准的规定》第一条**，战时违抗命令罪是指战时违抗命令，对作战造成危害的行为。

违抗命令，是指主观上出于故意，客观上违背、抗拒首长、上级职权范围内的命令，包括拒绝接受命令、拒不执行命令，或者不按照命令的具体要求行动等。

战时涉嫌下列情形之一的，应予立案：

（一）扰乱作战部署或者贻误战机的；

（二）造成作战任务不能完成或者迟缓完成的；

（三）造成我方人员死亡 1 人以上，或者重伤 2 人以上，或者轻伤 3 人以上的；

（四）造成武器装备、军事设施、军用物资损毁，直接影响作战任务完成的；

（五）对作战造成其他危害的。

〔395〕 **【立案标准】** 2013 年 2 月 26 日最高检、解放军总政治部 **《军人违反**

第四百二十三条〔396〕 **【投降罪】**在战场上贪生怕死，自动放下武器投降敌人的，处三年以上十年以下有期徒刑；情节严重的，处十年以上有期徒刑或者无期徒刑。

投降后为敌人效劳的，处十年以上有期徒刑、无期徒刑或者死刑。

第四百二十四条〔397〕 **【战时临阵脱逃罪】**战时临阵脱逃的，处三年以下有期徒刑；情节严重的，处三年以上十年以下有期徒刑；致使战斗、战役遭受重大损失的，处十年以上有期徒刑、无期徒刑或者死刑。

职责罪案件立案标准的规定》，就刑法第四百二十二条的立案标准规定如下：

第二条　隐瞒、谎报军情罪是指故意隐瞒、谎报军情，对作战造成危害的行为。

涉嫌下列情形之一的，应予立案：

（一）造成首长、上级决策失误的；

（二）造成作战任务不能完成或者迟缓完成的；

（三）造成我方人员死亡1人以上，或者重伤2人以上，或者轻伤3人以上的；

（四）造成武器装备、军事设施、军用物资损毁，直接影响作战任务完成的；

（五）对作战造成其他危害的。

第三条　拒传军令罪是指负有传递军令职责的军人，明知是军令而故意拒绝传递或者拖延传递，对作战造成危害的行为。

假传军令罪是指故意伪造、篡改军令，或者明知是伪造、篡改的军令而予以传达或者发布，对作战造成危害的行为。

涉嫌下列情形之一的，应予立案：

（一）造成首长、上级决策失误的；

（二）造成作战任务不能完成或者迟缓完成的；

（三）造成我方人员死亡1人以上，或者重伤2人以上，或者轻伤3人以上的；

（四）造成武器装备、军事设施、军用物资损毁，直接影响作战任务完成的；

（五）对作战造成其他危害的。

〔396〕 **【立案标准】**根据2013年2月26日最高检、解放军总政治部**《军人违反职责罪案件立案标准的规定》第四条**，投降罪是指在战场上贪生怕死，自动放下武器投降敌人的行为。

凡涉嫌投降敌人的，应予立案。

〔397〕 **【立案标准】**根据2013年2月26日最高检、解放军总政治部**《军人违反职责罪案件立案标准的规定》第五条**，战时临阵脱逃罪是指在战斗中或者在接受作战任务后，逃离战斗岗位的行为。

凡战时涉嫌临阵脱逃的，应予立案。

第四百二十五条[398] **【擅离、玩忽军事职守罪】**指挥人员和值班、值勤人员擅离职守或者玩忽职守，造成严重后果的，处三年以下有期徒刑或者拘役；造成特别严重后果的，处三年以上七年以下有期徒刑。

战时犯前款罪的，处五年以上有期徒刑。

第四百二十六条[399] **【阻碍执行军事职务罪】**以暴力、威胁方法，阻碍指挥人员或者值班、值勤人员执行职务的，处五年以下有期徒刑或者拘役；情节严重的，处五年以上十年以下有期徒刑；情节特别严重的，处十年以上有期徒刑或者无期徒刑。战时从重处罚。

---

〔398〕**【立案标准】**根据 2013 年 2 月 26 日最高检、解放军总政治部**《军人违反职责罪案件立案标准的规定》第六条**，擅离、玩忽军事职守罪是指指挥人员和值班、值勤人员擅自离开正在履行职责的岗位，或者在履行职责的岗位上，严重不负责任，不履行或者不正确履行职责，造成严重后果的行为。

指挥人员，是指对部队或者部属负有组织、领导、管理职责的人员。专业主管人员在其业务管理范围内，视为指挥人员。

值班人员，是指军队各单位、各部门为保持指挥或者履行职责不间断而设立的、负责处理本单位、本部门特定事务的人员。

值勤人员，是指正在担任警卫、巡逻、观察、纠察、押运等勤务，或者作战勤务工作的人员。

涉嫌下列情形之一的，应予立案：

（一）造成重大任务不能完成或者迟缓完成的；

（二）造成死亡 1 人以上，或者重伤 3 人以上，或者重伤 2 人、轻伤 4 人以上，或者重伤 1 人、轻伤 7 人以上，或者轻伤 10 人以上的；

（三）造成枪支、手榴弹、爆炸装置或者子弹 10 发、雷管 30 枚、导火索或者导爆索 30 米、炸药 1 千克以上丢失、被盗，或者不满规定数量，但后果严重的，或者造成其他重要武器装备、器材丢失、被盗的；

（四）造成武器装备、军事设施、军用物资或者其他财产损毁，直接经济损失 30 万元以上，或者直接经济损失、间接经济损失合计 150 万元以上的；

（五）造成其他严重后果的。

〔399〕**【刑法修订】**本条被 2015 年**《刑法修正案（九）》第五十条**修订。1997 年刑法原文如下：

第四百二十六条 以暴力、威胁方法，阻碍指挥人员或者值班、值勤人员执行职务的，处五年以下有期徒刑或者拘役；情节严重的，处五年以上有期徒刑；致人重伤、死亡的，或者有其他特别严重情节的，处无期徒刑或者死刑。战时从重处罚。

2015 年**《刑法修正案（九）》**将“情节严重的，处五年以上有期徒刑”修改

第四百二十七条[400] **【指使部属违反职责罪】**滥用职权，指使部属进行违反职责的活动，造成严重后果的，处五年以下有期徒刑或者拘役；情节特别严重的，处五年以上十年以下有期徒刑。

第四百二十八条[401] **【违令作战消极罪】**指挥人员违抗命令，临阵畏缩，作战消极，造成严重后果的，处五年以下有期徒刑；致使战斗、战役遭受重大损失或者有其他特别严重情节的，处五年以上有期徒刑。

为“情节严重的，处五年以上十年以下有期徒刑”，将“致人重伤、死亡的，或者有其他特别严重情节的，处无期徒刑或者死刑”修改为“情节特别严重的，处十年以上有期徒刑或者无期徒刑”，从而废除了本条的死刑。

【立案标准】根据2013年2月26日最高检、解放军总政治部**《军人违反职责罪案件立案标准的规定》第七条**，阻碍执行军事职务罪是指以暴力、威胁方法，阻碍指挥人员或者值班、值勤人员执行职务的行为。

凡涉嫌阻碍执行军事职务的，应予立案。

〔400〕**【立案标准】**根据2013年2月26日最高检、解放军总政治部**《军人违反职责罪案件立案标准的规定》第八条**，指使部属违反职责罪是指指挥人员滥用职权，指使部属进行违反职责的活动，造成严重后果的行为。

涉嫌下列情形之一的，应予立案：

（一）造成重大任务不能完成或者迟缓完成的；

（二）造成死亡1人以上，或者重伤2人以上，或者重伤1人、轻伤3人以上，或者轻伤5人以上的；

（三）造成武器装备、军事设施、军用物资或者其他财产损毁，直接经济损失20万元以上，或者直接经济损失、间接经济损失合计100万元以上的；

（四）造成其他严重后果的。

〔401〕**【立案标准】**根据2013年2月26日最高检、解放军总政治部**《军人违反职责罪案件立案标准的规定》第九条**，违令作战消极罪是指指挥人员违抗命令，临阵畏缩，作战消极，造成严重后果的行为。

违抗命令，临阵畏缩，作战消极，是指在作战中故意违背、抗拒执行首长、上级的命令，面临战斗任务而畏难怕险，怯战怠战，行动消极。

涉嫌下列情形之一的，应予立案：

（一）扰乱作战部署或者贻误战机的；

（二）造成作战任务不能完成或者迟缓完成的；

（三）造成我方人员死亡1人以上，或者重伤2人以上，或者轻伤3人以上的；

（四）造成武器装备、军事设施、军用物资或者其他财产损毁，直接经济损失20万元以上，或者直接经济损失、间接经济损失合计100万元以上的；

（五）造成其他严重后果的。

第四百二十九条〔402〕**【拒不救援友邻部队罪】**在战场上明知友邻部队处境危急请求救援，能救援而不救援，致使友邻部队遭受重大损失的，对指挥人员，处五年以下有期徒刑。

第四百三十条〔403〕**【军人叛逃罪】**在履行公务期间，擅离岗位，叛逃境外或者在境外叛逃，危害国家军事利益的，处五年以下有期徒刑或者拘役；情节严重的，处五年以上有期徒刑。

驾驶航空器、舰船叛逃的，或者有其他特别严重情节的，处十年以上有期徒刑、无期徒刑或者死刑。

---

〔402〕**【立案标准】**根据2013年2月26日最高检、解放军总政治部**《军人违反职责罪案件立案标准的规定》第十条**，拒不救援友邻部队罪是指指挥人员在战场上，明知友邻部队面临被敌人包围、追击或者阵地将被攻陷等危急情况请求救援，能救援而不救援，致使友邻部队遭受重大损失的行为。

能救援而不救援，是指根据当时自己部队（分队）所处的环境、作战能力及所担负的任务，有条件组织救援却没有组织救援。

涉嫌下列情形之一的，应予立案：

（一）造成战斗失利的；

（二）造成阵地失陷的；

（三）造成突围严重受挫的；

（四）造成我方人员死亡3人以上，或者重伤10人以上，或者轻伤15人以上的；

（五）造成武器装备、军事设施、军用物资损毁，直接经济损失100万元以上的；

（六）造成其他重大损失的。

〔403〕**【立案标准】**根据2013年2月26日最高检、解放军总政治部**《军人违反职责罪案件立案标准的规定》第十一条**，军人叛逃罪是指军人在履行公务期间，擅离岗位，叛逃境外或者在境外叛逃，危害国家军事利益的行为。

涉嫌下列情形之一的，应予立案：

（一）因反对国家政权和社会主义制度而出逃的；

（二）掌握、携带军事秘密出境后滞留不归的；

（三）申请政治避难的；

（四）公开发表叛国言论的；

（五）投靠境外反动机构或者组织的；

（六）出逃至交战对方区域的；

（七）进行其他危害国家军事利益活动的。

第四百三十一条[404]　**【非法获取军事秘密罪】**以窃取、刺探、收买方法，非法获取军事秘密的，处五年以下有期徒刑；情节严重的，处五年以上十年以下有期徒刑；情节特别严重的，处十年以上有期徒刑。

【为境外窃取、刺探、收买、非法提供军事秘密罪】为境外的机构、组织、人员窃取、刺探、收买、非法提供军事秘密的，处五年以上十年以下有期徒刑；情节严重的，处十年以上有期徒刑、无期徒刑或者死刑。

---

〔404〕**【刑法修订】**2020年**《刑法修正案（十一）》第四十六条**修订了本条第二款。1997年刑法该款原文如下：

第四百三十一条第二款　为境外的机构、组织、人员窃取、刺探、收买、非法提供军事秘密的，处十年以上有期徒刑、无期徒刑或者死刑。

2020年**《刑法修正案（十一）》**将本条法定刑“处十年以上有期徒刑、无期徒刑或者死刑”修改为“处五年以上十年以下有期徒刑；情节严重的，处十年以上有期徒刑、无期徒刑或者死刑”。

【立案标准】2013年2月26日最高检、解放军总政治部**《军人违反职责罪案件立案标准的规定》**，就刑法第四百三十一条的立案标准规定如下：

第十二条　非法获取军事秘密罪是指违反国家和军队的保密规定，采取窃取、刺探、收买方法，非法获取军事秘密的行为。

军事秘密，是关系国防安全和军事利益，依照规定的权限和程序确定，在一定时间内只限一定范围的人员知悉的事项。内容包括：

（一）国防和武装力量建设规划及其实施情况；

（二）军事部署，作战、训练以及处置突发事件等军事行动中需要控制知悉范围的事项；

（三）军事情报及其来源，军事通信、信息对抗以及其他特种业务的手段、能力，密码以及有关资料；

（四）武装力量的组织编制，部队的任务、实力、状态等情况中需要控制知悉范围的事项，特殊单位以及师级以下部队的番号；

（五）国防动员计划及其实施情况；

（六）武器装备的研制、生产、配备情况和补充、维修能力，特种军事装备的战术技术性能；

（七）军事学术和国防科学技术研究的重要项目、成果及其应用情况中需要控制知悉范围的事项；

（八）军队政治工作中不宜公开的事项；

（九）国防费分配和使用的具体事项，军事物资的筹措、生产、供应和储备等情况中需要控制知悉范围的事项；

（十）军事设施及其保护情况中不宜公开的事项；

（十一）对外军事交流与合作中不宜公开的事项；

第四百三十二条[405]　**【故意泄露军事秘密罪】【过失泄露军事秘密罪】**违反保守国家秘密法规，故意或者过失泄露军事秘密，情节严重的，处五年以下有期徒刑或者拘役；情节特别严重的，处五年以上十年以下有期徒刑。

战时犯前款罪的，处五年以上十年以下有期徒刑；情节特别严重的，处十年以上有期徒刑或者无期徒刑。

（十二）其他需要保密的事项。

凡涉嫌非法获取军事秘密的，应予立案。

第十三条　为境外窃取、刺探、收买、非法提供军事秘密罪是指违反国家和军队的保密规定，为境外的机构、组织、人员窃取、刺探、收买、非法提供军事秘密的行为。

凡涉嫌为境外窃取、刺探、收买、非法提供军事秘密的，应予立案。

〔405〕**【立案标准】**2013年2月26日最高检、解放军总政治部**《军人违反职责罪案件立案标准的规定》**，就刑法第四百三十二条的立案标准规定如下：

第十四条　故意泄露军事秘密罪是指违反国家和军队的保密规定，故意使军事秘密被不应知悉者知悉或者超出了限定的接触范围，情节严重的行为。

涉嫌下列情形之一的，应予立案：

（一）泄露绝密级或者机密级军事秘密1项（件）以上的；

（二）泄露秘密级军事秘密3项（件）以上的；

（三）向公众散布、传播军事秘密的；

（四）泄露军事秘密造成严重危害后果的；

（五）利用职权指使或者强迫他人泄露军事秘密的；

（六）负有特殊保密义务的人员泄密的；

（七）以牟取私利为目的泄露军事秘密的；

（八）执行重大任务时泄密的；

（九）有其他情节严重行为的。

第十五条　过失泄露军事秘密罪是指违反国家和军队的保密规定，过失泄露军事秘密，致使军事秘密被不应知悉者知悉或者超出了限定的接触范围，情节严重的行为。

涉嫌下列情形之一的，应予立案：

（一）泄露绝密级军事秘密1项（件）以上的；

（二）泄露机密级军事秘密3项（件）以上的；

（三）泄露秘密级军事秘密4项（件）以上的；

（四）负有特殊保密义务的人员泄密的；

（五）泄露军事秘密或者遗失军事秘密载体，不按照规定报告，或者不如实提供有关情况，或者未及时采取补救措施的；

（六）有其他情节严重行为的。

第四百三十三条[406]　**【战时造谣惑众罪】**战时造谣惑众，动摇军心的，处三年以下有期徒刑；情节严重的，处三年以上十年以下有期徒刑；情节特别严重的，处十年以上有期徒刑或者无期徒刑。

第四百三十四条[407]　**【战时自伤罪】**战时自伤身体，逃避军事义务的，处三年以下有期徒刑；情节严重的，处三年以上七年以下有期徒刑。

第四百三十五条[408]　**【逃离部队罪】**违反兵役法规，逃离部队，情节严重的，处三年以下有期徒刑或者拘役。

战时犯前款罪的，处三年以上七年以下有期徒刑。

---

〔406〕**【刑法修订】**2015 年《**刑法修正案（九）**》**第五十一条**修订了本条。1997 年刑法原文如下：

第四百三十三条　战时造谣惑众，动摇军心的，处三年以下有期徒刑；情节严重的，处三年以上十年以下有期徒刑。

勾结敌人造谣惑众，动摇军心的，处十年以上有期徒刑或者无期徒刑；情节特别严重的，可以判处死刑。

2015 年《**刑法修正案（九）**》将原两款规定合并为一款，并删除了死刑规定。

【立案标准】根据 2013 年 2 月 26 日最高检、解放军总政治部《**军人违反职责罪案件立案标准的规定**》**第十六条**，战时造谣惑众罪是指在战时造谣惑众，动摇军心的行为。

造谣惑众，动摇军心，是指故意编造、散布谣言，煽动怯战、厌战或者恐怖情绪，蛊惑官兵，造成或者足以造成部队情绪恐慌、士气不振、军心涣散的行为。

凡战时涉嫌造谣惑众，动摇军心的，应予立案。

〔407〕**【立案标准】**根据 2013 年 2 月 26 日最高检、解放军总政治部《**军人违反职责罪案件立案标准的规定**》**第十七条**，战时自伤罪是指在战时为了逃避军事义务，故意伤害自己身体的行为。

逃避军事义务，是指逃避临战准备、作战行动、战场勤务和其他作战保障任务等与作战有关的义务。

凡战时涉嫌自伤致使不能履行军事义务的，应予立案。

〔408〕**【立案标准】**根据 2013 年 2 月 26 日最高检、解放军总政治部《**军人违反职责罪案件立案标准的规定**》**第十八条**，逃离部队罪是指违反兵役法规，逃离部队，情节严重的行为。

违反兵役法规，是指违反国防法、兵役法和军队条令条例以及其他有关兵役方面的法律规定。

逃离部队，是指擅自离开部队或者经批准外出逾期拒不归队。

第四百三十六条〔409〕　**【武器装备肇事罪】**违反武器装备使用规定，情节严重，因而发生责任事故，致人重伤、死亡或者造成其他严重后果的，处三年以下有期徒刑或者拘役；后果特别严重的，处三年以上七年以下有期徒刑。

第四百三十七条〔410〕　**【擅自改变武器装备编配用途罪】**违反武器装备管理规定，擅自改变武器装备的编配用途，造成严重后果的，处三年以下有期徒刑或者拘役；造成特别严重后果的，处三年以上七年以下有期徒刑。

涉嫌下列情形之一的，应予立案：

（一）逃离部队持续时间达3个月以上或者3次以上或者累计时间达6个月以上的；

（二）担负重要职责的人员逃离部队的；

（三）策动3人以上或者胁迫他人逃离部队的；

（四）在执行重大任务期间逃离部队的；

（五）携带武器装备逃离部队的；

（六）有其他情节严重行为的。

【司法解释】根据2000年12月5日最高法、最高检《**关于对军人非战时逃离部队的行为能否定罪处罚问题的批复**》(法释〔2000〕39号，自2000年12月8日起施行)，军人违反兵役法规，在非战时逃离部队，情节严重的，应当依照刑法第四百三十五条第一款的规定定罪处罚。

〔409〕 **【立案标准】**根据2013年2月26日最高检、解放军总政治部《**军人违反职责罪案件立案标准的规定**》**第十九条**，武器装备肇事罪是指违反武器装备使用规定，情节严重，因而发生责任事故，致人重伤、死亡或者造成其他严重后果的行为。

情节严重，是指故意违反武器装备使用规定，或者在使用过程中严重不负责任。

涉嫌下列情形之一的，应予立案：

（一）影响重大任务完成的；

（二）造成死亡1人以上，或者重伤2人以上，或者轻伤3人以上的；

（三）造成武器装备、军事设施、军用物资或者其他财产损毁，直接经济损失30万元以上，或者直接经济损失、间接经济损失合计150万元以上的；

（四）严重损害国家和军队声誉，造成恶劣影响的；

（五）造成其他严重后果的。

〔410〕 **【立案标准】**根据2013年2月26日最高检、解放军总政治部《**军人违反职责罪案件立案标准的规定**》**第二十条**，擅自改变武器装备编配用途罪是指违反武器装备管理规定，未经有权机关批准，擅自将编配的武器装备改作其他用途，造成严重后果的行为。

第四百三十八条〔411〕 **【盗窃、抢夺武器装备、军用物资罪】**盗窃、抢夺武器装备或者军用物资的，处五年以下有期徒刑或者拘役；情节严重的，处五年以上十年以下有期徒刑；情节特别严重的，处十年以上有期徒刑、无期徒刑或者死刑。

盗窃、抢夺枪支、弹药、爆炸物的，依照本法第一百二十七条的规定处罚。

第四百三十九条〔412〕 **【非法出卖、转让武器装备罪】**非法出卖、转让军队武器装备的，处三年以上十年以下有期徒刑；出卖、转让大量武器装备或者有其他特别严重情节的，处十年以上有期徒刑、无期徒刑或者死刑。

涉嫌下列情形之一的，应予立案：

（一）造成重大任务不能完成或者迟缓完成的；

（二）造成死亡 1 人以上，或者重伤 3 人以上，或者重伤 2 人、轻伤 4 人以上，或者重伤 1 人、轻伤 7 人以上，或者轻伤 10 人以上的；

（三）造成武器装备、军事设施、军用物资或者其他财产损毁，直接经济损失 30 万元以上，或者直接经济损失、间接经济损失合计 150 万元以上的；

（四）造成其他严重后果的。

〔411〕 **【立案标准】**根据 2013 年 2 月 26 日最高检、解放军总政治部**《军人违反职责罪案件立案标准的规定》第二十一条**，盗窃武器装备罪是指以非法占有为目的，秘密窃取武器装备的行为。

抢夺武器装备罪是指以非法占有为目的，乘人不备，公然夺取武器装备的行为。

凡涉嫌盗窃、抢夺武器装备的，应予立案。

盗窃军用物资罪是指以非法占有为目的，秘密窃取军用物资的行为。

抢夺军用物资罪是指以非法占有为目的，乘人不备，公然夺取军用物资的行为。

凡涉嫌盗窃、抢夺军用物资价值 2000 元以上，或者不满规定数额，但后果严重的，应予立案。

〔412〕 **【立案标准】**根据 2013 年 2 月 26 日最高检、解放军总政治部**《军人违反职责罪案件立案标准的规定》第二十二条**，非法出卖、转让武器装备罪是指非法出卖、转让武器装备的行为。

出卖、转让，是指违反武器装备管理规定，未经有权机关批准，擅自用武器装备换取金钱、财物或者其他利益，或者将武器装备馈赠他人的行为。

涉嫌下列情形之一的，应予立案：

（一）非法出卖、转让枪支、手榴弹、爆炸装置的；

第四百四十条[413]　**【遗弃武器装备罪】**违抗命令，遗弃武器装备的，处五年以下有期徒刑或者拘役；遗弃重要或者大量武器装备的，或者有其他严重情节的，处五年以上有期徒刑。

第四百四十一条[414]　**【遗失武器装备罪】**遗失武器装备，不及时报告或者有其他严重情节的，处三年以下有期徒刑或者拘役。

第四百四十二条[415]　**【擅自出卖、转让军队房地产罪】**违反规定，擅自出卖、转让军队房地产，情节严重的，对直接责任人员，处三年以下有期徒刑或者拘役；情节特别严重的，处三年以上十年以下有期徒刑。

（二）非法出卖、转让子弹10发、雷管30枚、导火索或者导爆索30米、炸药1千克以上，或者不满规定数量，但后果严重的；

（三）非法出卖、转让武器装备零部件或者维修器材、设备，致使武器装备报废或者直接经济损失30万元以上的；

（四）非法出卖、转让其他重要武器装备的。

〔413〕**【立案标准】**根据2013年2月26日最高检、解放军总政治部**《军人违反职责罪案件立案标准的规定》第二十三条**，遗弃武器装备罪是指负有保管、使用武器装备义务的军人，违抗命令，故意遗弃武器装备的行为。

涉嫌下列情形之一的，应予立案：

（一）遗弃枪支、手榴弹、爆炸装置的；

（二）遗弃子弹10发、雷管30枚、导火索或者导爆索30米、炸药1千克以上，或者不满规定数量，但后果严重的；

（三）遗弃武器装备零部件或者维修器材、设备，致使武器装备报废或者直接经济损失30万元以上的；

（四）遗弃其他重要武器装备的。

〔414〕**【立案标准】**根据2013年2月26日最高检、解放军总政治部**《军人违反职责罪案件立案标准的规定》第二十四条**，遗失武器装备罪是指遗失武器装备，不及时报告或者有其他严重情节的行为。

其他严重情节，是指遗失武器装备严重影响重大任务完成的；给人民群众生命财产安全造成严重危害的；遗失的武器装备被敌人或者境外的机构、组织和人员或者国内恐怖组织和人员利用，造成严重后果或者恶劣影响的；遗失的武器装备数量多、价值高的；战时遗失的，等等。

凡涉嫌遗失武器装备不及时报告或者有其他严重情节的，应予立案。

〔415〕**【立案标准】**根据2013年2月26日最高检、解放军总政治部**《军人违反职责罪案件立案标准的规定》第二十五条**，擅自出卖、转让军队房地产罪是指违反军队房地产管理和使用规定，未经有权机关批准，擅自出卖、转让

第四百四十三条〔416〕 **【虐待部属罪】**滥用职权，虐待部属，情节恶劣，致人重伤或者造成其他严重后果的，处五年以下有期徒刑或者拘役；致人死亡的，处五年以上有期徒刑。

第四百四十四条〔417〕 **【遗弃伤病军人罪】**在战场上故意遗弃伤病军人，情节恶劣的，对直接责任人员，处五年以下有期徒刑。

军队房地产，情节严重的行为。

军队房地产，是指依法由军队使用管理的土地及其地上地下用于营房保障的建筑物、构筑物、附属设施设备，以及其他附着物。

涉嫌下列情形之一的，应予立案：

（一）擅自出卖、转让军队房地产价值 30 万元以上的；

（二）擅自出卖、转让军队房地产给境外的机构、组织、人员的；

（三）擅自出卖、转让军队房地产严重影响部队正常战备、训练、工作、生活和完成军事任务的；

（四）擅自出卖、转让军队房地产给军事设施安全造成严重危害的；

（五）有其他情节严重行为的。

〔416〕 **【立案标准】**根据 2013 年 2 月 26 日最高检、解放军总政治部**《军人违反职责罪案件立案标准的规定》第二十六条**，虐待部属罪是指滥用职权，虐待部属，情节恶劣，致人重伤、死亡或者造成其他严重后果的行为。

虐待部属，是指采取殴打、体罚、冻饿或者其他有损身心健康的手段，折磨、摧残部属的行为。

情节恶劣，是指虐待手段残酷的；虐待 3 人以上的；虐待部属 3 次以上的；虐待伤病残部属的，等等。

其他严重后果，是指部属不堪忍受虐待而自杀、自残造成重伤或者精神失常的；诱发其他案件、事故的；导致部属 1 人逃离部队 3 次以上，或者 2 人以上逃离部队的；造成恶劣影响的，等等。

凡涉嫌虐待部属，情节恶劣，致人重伤、死亡或者造成其他严重后果的，应予立案。

〔417〕 **【立案标准】**根据 2013 年 2 月 26 日最高检、解放军总政治部**《军人违反职责罪案件立案标准的规定》第二十七条**，遗弃伤病军人罪是指在战场上故意遗弃我方伤病军人，情节恶劣的行为。

涉嫌下列情形之一的，应予立案：

（一）为挟嫌报复而遗弃伤病军人的；

（二）遗弃伤病军人 3 人以上的；

（三）导致伤病军人死亡、失踪、被俘的；

（四）有其他恶劣情节的。

第四百四十五条[418] **【战时拒不救治伤病军人罪】**战时在救护治疗职位上，有条件救治而拒不救治危重伤病军人的，处五年以下有期徒刑或者拘役；造成伤病军人重残、死亡或者有其他严重情节的，处五年以上十年以下有期徒刑。

第四百四十六条[419] **【战时残害居民、掠夺居民财物罪】**战时在军事行动地区，残害无辜居民或者掠夺无辜居民财物的，处五年以下有期徒刑；情节严重的，处五年以上十年以下有期徒刑；情节特别严重的，处十年以上有期徒刑、无期徒刑或者死刑。

第四百四十七条[420] **【私放俘虏罪】**私放俘虏的，处五年以下有期徒刑；私放重要俘虏、私放俘虏多人或者有其他严重情节的，处五年以上有期徒刑。

---

〔418〕**【立案标准】**根据2013年2月26日最高检、解放军总政治部**《军人违反职责罪案件立案标准的规定》第二十八条**，战时拒不救治伤病军人罪是指战时在救护治疗职位上，有条件救治而拒不救治危重伤病军人的行为。

有条件救治而拒不救治，是指根据伤病军人的伤情或者病情，结合救护人员的技术水平、医疗单位的医疗条件及当时的客观环境等因素，能够给予救治而拒绝抢救、治疗。

凡战时涉嫌拒不救治伤病军人的，应予立案。

〔419〕**【立案标准】**根据2013年2月26日最高检、解放军总政治部**《军人违反职责罪案件立案标准的规定》第二十九条**，战时残害居民罪是指战时在军事行动地区残害无辜居民的行为。

无辜居民，是指对我军无敌对行动的平民。

战时涉嫌下列情形之一的，应予立案：

（一）故意造成无辜居民死亡、重伤或者轻伤3人以上的；

（二）强奸无辜居民的；

（三）故意损毁无辜居民财物价值5000元以上，或者不满规定数额，但手段恶劣、后果严重的。

战时掠夺居民财物罪是指战时在军事行动地区抢劫、抢夺无辜居民财物的行为。

战时涉嫌下列情形之一的，应予立案：

（一）抢劫无辜居民财物的；

（二）抢夺无辜居民财物价值2000元以上，或者不满规定数额，但手段恶劣、后果严重的。

〔420〕**【立案标准】**根据2013年2月26日最高检、解放军总政治部**《军人违反职责罪案件立案标准的规定》第三十条**，私放俘虏罪是指擅自将俘虏放走的行为。

第四百四十八条[421]　**【虐待俘虏罪】**虐待俘虏，情节恶劣的，处三年以下有期徒刑。

第四百四十九条　**【战时缓刑】**在战时，对被判处三年以下有期徒刑没有现实危险宣告缓刑的犯罪军人，允许其戴罪立功，确有立功表现时，可以撤销原判刑罚，不以犯罪论处。

第四百五十条[422]　**【本章适用的主体范围】**本章适用于中国人民解放军的现役军官、文职干部、士兵及具有军籍的学员和中国人民武装警察部队的现役警官、文职干部、士兵及具有军籍的学员以及文职人员、执行军事任务的预备役人员和其他人员。

第四百五十一条　**【战时的含义】**本章所称战时，是指国家宣布进入战争状态、部队受领作战任务或者遭敌突然袭击时。

部队执行戒严任务或者处置突发性暴力事件时，以战时论。

凡涉嫌私放俘虏的，应予立案。

〔421〕**【立案标准】**根据2013年2月26日最高检、解放军总政治部**《军人违反职责罪案件立案标准的规定》第三十一条**，虐待俘虏罪是指虐待俘虏，情节恶劣的行为。

涉嫌下列情形之一的，应予立案：

（一）指挥人员虐待俘虏的；

（二）虐待俘虏3人以上，或者虐待俘虏3次以上的；

（三）虐待俘虏手段特别残忍的；

（四）虐待伤病俘虏的；

（五）导致俘虏自杀、逃跑等严重后果的；

（六）造成恶劣影响的；

（七）有其他恶劣情节的。

〔422〕**【刑法修订】**2020年**《刑法修正案（十一）》第四十七条**修订了本条。1997年刑法原文如下：

第四百五十条　本章适用于中国人民解放军的现役军官、文职干部、士兵及具有军籍的学员和中国人民武装警察部队的现役警官、文职干部、士兵及具有军籍的学员以及执行军事任务的预备役人员和其他人员。

2020年**《刑法修正案（十一）》**将适用对象扩至“文职人员”。

【相关法规】根据2017年9月27日修订后的国务院、中央军委**《中国人民解放军文职人员条例》第二条**，本条例所称文职人员，是指在军民通用、非直接参与作战且社会化保障不宜承担的军队编制岗位从事管理工作和专业技术工作的非现役人员，是军队人员的组成部分。

附　则

第四百五十二条[423] **【本法的施行日期、相关法律的废止与保留】** 本法自 1997 年 10 月 1 日起施行。

列于本法附件一的全国人民代表大会常务委员会制定的条例、补充规定和决定，已纳入本法或者已不适用，自本法施行之日起，予以废止。

列于本法附件二的全国人民代表大会常务委员会制定的补充规定和决定予以保留。其中，有关行政处罚和行政措施的规定继续有效；有关刑事责任的规定已纳入本法，自本法施行之日起，适用本法规定。

附件一

全国人民代表大会常务委员会制定的下列条例、补充规定和决定，已纳入本法或者已不适用，自本法施行之日起，予以废止：

1. 中华人民共和国惩治军人违反职责罪暂行条例
2. 关于严惩严重破坏经济的罪犯的决定
3. 关于严惩严重危害社会治安的犯罪分子的决定
4. 关于惩治走私罪的补充规定
5. 关于惩治贪污罪贿赂罪的补充规定
6. 关于惩治泄露国家秘密犯罪的补充规定
7. 关于惩治捕杀国家重点保护的珍贵、濒危野生动物犯罪的补充规定
8. 关于惩治侮辱中华人民共和国国旗国徽罪的决定
9. 关于惩治盗掘古文化遗址古墓葬犯罪的补充规定
10. 关于惩治劫持航空器犯罪分子的决定
11. 关于惩治假冒注册商标犯罪的补充规定
12. 关于惩治生产、销售伪劣商品犯罪的决定
13. 关于惩治侵犯著作权的犯罪的决定

〔423〕**【司法解释】**根据 1997 年 3 月 25 日最高法**《关于认真学习宣传贯彻修订的〈中华人民共和国刑法〉的通知》第五条**，修订的刑法实施后，对已明令废止的全国人大常委会有关决定和补充规定，最高法原作出的有关司法解释不再适用。但是如果修订的刑法有关条文实质内容没有变化的，人民法院在刑事审判工作中，在没有新的司法解释前，可参照执行。其他对于与修订的刑法规定相抵触的司法解释，不再适用。

14. 关于惩治违反公司法的犯罪的决定

15. 关于处理逃跑或者重新犯罪的劳改犯和劳教人员的决定

附件二

全国人民代表大会常务委员会制定的下列补充规定和决定予以保留，其中，有关行政处罚和行政措施的规定继续有效；有关刑事责任的规定已纳入本法，自本法施行之日起，适用本法规定：〔424〕

1. 关于禁毒的决定
2. 关于惩治走私、制作、贩卖、传播淫秽物品的犯罪分子的决定
3. 关于严禁卖淫嫖娼的决定
4. 关于严惩拐卖、绑架妇女、儿童的犯罪分子的决定
5. 关于惩治偷税、抗税犯罪的补充规定
6. 关于严惩组织、运送他人偷越国（边）境犯罪的补充规定
7. 关于惩治破坏金融秩序犯罪的决定
8. 关于惩治虚开、伪造和非法出售增值税专用发票犯罪的决定

---

〔424〕　附件二中“全国人民代表大会常务委员会制定的下列补充规定和决定予以保留，其中，有关行政处罚和行政措施的规定继续有效”的规定，已经有了相当的变化。具体而言：

1.《关于禁毒的决定》已被2007年《禁毒法》第71条明文废止。

2.《关于惩治走私、制作、贩卖、传播淫秽物品的犯罪分子的决定》、《关于严禁卖淫嫖娼的决定》与《关于严惩拐卖、绑架妇女、儿童的犯罪分子的决定》中有关行政处罚和行政措施的规定虽然未被明文废止，但是已被2009年8月27日全国人大常委会《关于修改部分法律的决定》修订，原文中的“治安管理处罚条例”均被修改为“治安管理处罚法”。

3.《关于严禁卖淫嫖娼的决定》第4条第2款、第4款，以及据此实行的收容教育制度，已被2019年12月28日全国人大常委会《关于废止有关收容教育法律规定和制度的决定》废止。

4.《关于惩治偷税、抗税犯罪的补充规定》与《关于严惩组织、运送他人偷越国（边）境犯罪的补充规定》已被2009年6月全国人大常委会《关于废止部分法律的决定》明文废止。其中，《关于惩治偷税、抗税犯罪的补充规定》中有关行政处罚和行政措施的规定已纳入2015年修订的《税收征收管理法》，《关于严惩组织、运送他人偷越国（边）境犯罪的补充规定》中有关行政处罚的规定已纳入2012年修订的《治安管理处罚法》。

5.《关于惩治破坏金融秩序犯罪的决定》与《关于惩治虚开、伪造和非法出售增值税专用发票犯罪的决定》中有关行政处罚和行政措施的规定，继续有效。

附　录

I　单行刑法 *

关于惩治骗购外汇、逃汇和非法买卖外汇犯罪的决定

（1998 年 12 月 29 日第九届全国人民代表
大会常务委员会第六次会议通过）

为了惩治骗购外汇、逃汇和非法买卖外汇的犯罪行为，维护国家外汇管理秩序，对刑法作如下补充修改：

一、有下列情形之一，骗购外汇，数额较大的，处五年以下有期徒刑或者拘役，并处骗购外汇数额百分之五以上百分之三十以下罚金；数额巨大或者有其他严重情节的，处五年以上十年以下有期徒刑，并处骗购外汇数额百分之五以上百分之三十以下罚金；数额特别巨大或者有其他特别严重情节的，处十年以上有期徒刑或者无期徒刑，并处骗购外汇数额百分之五以上百分之三十以下罚金或者没收财产：

（一）使用伪造、变造的海关签发的报关单、进口证明、外汇管理部门核准件等凭证和单据的；

（二）重复使用海关签发的报关单、进口证明、外汇管理部门核准件等凭证和单据的；

（三）以其他方式骗购外汇的。

伪造、变造海关签发的报关单、进口证明、外汇管理部门核准件等凭证和单据，并用于骗购外汇的，依照前款的规定从重处罚。

明知用于骗购外汇而提供人民币资金的，以共犯论处。

---

*　为了控制本书篇幅，本书以前收录的 1999 年全国人大常委会《关于取缔邪教组织、防范和惩治邪教活动的决定》、2000 年《关于维护互联网安全的决定》、2009 年《关于修改部分法律的决定》，不再收录。2020 年《香港特别行政区维护国家安全法》具有单行刑法的属性，考虑到该法主要在香港特别行政区适用，本书未予收录。

单位犯前三款罪的,对单位依照第一款的规定判处罚金,并对其直接负责的主管人员和其他直接责任人员,处五年以下有期徒刑或者拘役;数额巨大或者有其他严重情节的,处五年以上十年以下有期徒刑;数额特别巨大或者有其他特别严重情节的,处十年以上有期徒刑或者无期徒刑。

二、买卖伪造、变造的海关签发的报关单、进口证明、外汇管理部门核准件等凭证和单据或者国家机关的其他公文、证件、印章的,依照刑法第二百八十条的规定定罪处罚。

三、将刑法第一百九十条修改为:公司、企业或者其他单位,违反国家规定,擅自将外汇存放境外,或者将境内的外汇非法转移到境外,数额较大的,对单位判处逃汇数额百分之五以上百分之三十以下罚金,并对其直接负责的主管人员和其他直接责任人员处五年以下有期徒刑或者拘役;数额巨大或者有其他严重情节的,对单位判处逃汇数额百分之五以上百分之三十以下罚金,并对其直接负责的主管人员和其他直接责任人员处五年以上有期徒刑。

四、在国家规定的交易场所以外非法买卖外汇,扰乱市场秩序,情节严重的,依照刑法第二百二十五条的规定定罪处罚。

单位犯前款罪的,依照刑法第二百三十一条的规定处罚。

五、海关、外汇管理部门以及金融机构、从事对外贸易经营活动的公司、企业或者其他单位的工作人员与骗购外汇或者逃汇的行为人通谋,为其提供购买外汇的有关凭证或者其他便利的,或者明知是伪造、变造的凭证和单据而售汇、付汇的,以共犯论,依照本决定从重处罚。

六、海关、外汇管理部门的工作人员严重不负责任,造成大量外汇被骗购或者逃汇,致使国家利益遭受重大损失的,依照刑法第三百九十七条的规定定罪处罚。

七、金融机构、从事对外贸易经营活动的公司、企业的工作人员严重不负责任,造成大量外汇被骗购或者逃汇,致使国家利益遭受重大损失的,依照刑法第一百六十七条的规定定罪处罚。

八、犯本决定规定之罪的,依法被追缴、没收的财物和罚金,一律上缴国库。

九、本决定自公布之日起施行。

关于特赦部分服刑罪犯的决定

（2015 年 8 月 29 日第十二届全国人民代表大会
常务委员会第十六次会议通过）

第十二届全国人民代表大会常务委员会第十六次会议讨论了全国人民代表大会常务委员会委员长会议关于提请审议《全国人民代表大会常务委员会关于特赦部分服刑罪犯的决定（草案）》的议案，为纪念中国人民抗日战争暨世界反法西斯战争胜利 70 周年，体现依法治国理念和人道主义精神，根据宪法，决定对依据 2015 年 1 月 1 日前人民法院作出的生效判决正在服刑，释放后不具有现实社会危险性的下列罪犯实行特赦：

一、参加过中国人民抗日战争、中国人民解放战争的；

二、中华人民共和国成立以后，参加过保卫国家主权、安全和领土完整对外作战的，但犯贪污受贿犯罪，故意杀人、强奸、抢劫、绑架、放火、爆炸、投放危险物质或者有组织的暴力性犯罪，黑社会性质的组织犯罪，危害国家安全犯罪，恐怖活动犯罪的，有组织犯罪的主犯以及累犯除外；

三、年满七十五周岁、身体严重残疾且生活不能自理的；

四、犯罪的时候不满十八周岁，被判处三年以下有期徒刑或者剩余刑期在一年以下的，但犯故意杀人、强奸等严重暴力性犯罪，恐怖活动犯罪，贩卖毒品犯罪的除外。

对本决定施行之日符合上述条件的服刑罪犯，经人民法院依法作出裁定后，予以释放。

本决定自 2015 年 8 月 29 日起施行。

关于在中华人民共和国成立七十周年之际对部分服刑罪犯予以特赦的决定

（2019年6月29日第十三届全国人民代表大会常务委员会第十一次会议通过）

第十三届全国人民代表大会常务委员会第十一次会议审议了全国人民代表大会常务委员会委员长会议关于提请审议《全国人民代表大会常务委员会关于在中华人民共和国成立七十周年之际对部分服刑罪犯予以特赦的决定（草案）》的议案，为庆祝中华人民共和国成立70周年，体现依法治国理念和人道主义精神，根据宪法，决定对依据2019年1月1日前人民法院作出的生效判决正在服刑的下列罪犯实行特赦：

一、参加过中国人民抗日战争、中国人民解放战争的；

二、中华人民共和国成立以后，参加过保卫国家主权、安全和领土完整对外作战的；

三、中华人民共和国成立以后，为国家重大工程建设做过较大贡献并获得省部级以上"劳动模范""先进工作者""五一劳动奖章"等荣誉称号的；

四、曾系现役军人并获得个人一等功以上奖励的；

五、因防卫过当或者避险过当，被判处三年以下有期徒刑或者剩余刑期在一年以下的；

六、年满七十五周岁、身体严重残疾且生活不能自理的；

七、犯罪的时候不满十八周岁，被判处三年以下有期徒刑或者剩余刑期在一年以下的；

八、丧偶且有未成年子女或者有身体严重残疾、生活不能自理的子女，确需本人抚养的女性，被判处三年以下有期徒刑或者剩余刑期在一年以下的；

九、被裁定假释已执行五分之一以上假释考验期的，或者被判处管制的。

上述九类对象中，具有以下情形之一的，不得特赦：

（一）第二、三、四、七、八、九类对象中系贪污受贿犯罪，军人违反职责犯罪，故意杀人、强奸、抢劫、绑架、放火、爆炸、投放危险物质或者有组织的暴力性犯罪，黑社会性质的组织犯罪，贩卖毒品犯罪，危害国家安全犯罪，恐怖活动犯罪的罪犯，其他有组织犯罪的主犯，累犯的；

（二）第二、三、四、九类对象中剩余刑期在十年以上的和仍处于无期徒刑、死刑缓期执行期间的；

（三）曾经被特赦又因犯罪被判处刑罚的；

（四）不认罪悔改的；

（五）经评估具有现实社会危险性的。

对本决定施行之日符合上述条件的服刑罪犯，经人民法院依法作出裁定后，予以释放。

本决定自 2019 年 6 月 29 日起施行。

Ⅱ 司法解释的附则规定 *

2006年7月26日最高检《关于渎职侵权犯罪案件立案标准的规定》附 则

（一）本规定中每个罪案名称后所注明的法律条款系《中华人民共和国刑法》的有关条款。

（二）本规定所称“以上”包括本数；有关犯罪数额“不满”，是指已达到该数额80%以上的。

（三）本规定中的“国家机关工作人员”，是指在国家机关中从事公务的人员，包括在各级国家权力机关、行政机关、司法机关和军事机关中从事公务的人员。在依照法律、法规规定行使国家行政管理职权的组织中从事公务的人员，或者在受国家机关委托代表国家行使职权的组织中从事公务的人员，或者虽未列入国家机关人员编制但在国家机关中从事公务的人员，在代表国家机关行使职权时，视为国家机关工作人员。在乡（镇）以上中国共产党机关、人民政协机关中从事公务的人员，视为国家机关工作人员。

（四）本规定中的“直接经济损失”，是指与行为有直接因果关系而造成的财产损毁、减少的实际价值；“间接经济损失”，是指由直接经济损失引起和牵连的其他损失，包括失去的在正常情况下可以获得的利益和为恢复正常的管理活动或者挽回所造成的损失所支付的各种开支、费用等。

有下列情形之一的，虽然有债权存在，但已无法实现债权的，可以认

---

* 当规范性文件的内容较多时，少数规范性文件会设置“附则”，以便集中规定共性问题。在本书前七版中，这些附则内容出现在与该规范性文件第一条规定相连的部分。这样处理有可能导致读者在阅读该文件其他规定时，忽视附则规定的存在，以致可能出现理解、适用上的偏差。为了克服这一缺点，现以附录的形式处理这些附则。

定为已经造成了经济损失:(1)债务人已经法定程序被宣告破产,且无法清偿债务;(2)债务人潜逃,去向不明;(3)因行为人责任,致使超过诉讼时效;(4)有证据证明债权无法实现的其他情况。

直接经济损失和间接经济损失,是指立案时确已造成的经济损失。移送审查起诉前,犯罪嫌疑人及其亲友自行挽回的经济损失,以及由司法机关或者犯罪嫌疑人所在单位及其上级主管部门挽回的经济损失,不予扣减,但可作为对犯罪嫌疑人从轻处理的情节考虑。

(五)本规定中的“徇私舞弊”,是指国家机关工作人员为徇私情、私利,故意违背事实和法律,伪造材料,隐瞒情况,弄虚作假的行为。

(六)本规定自公布之日起施行。本规定发布前有关人民检察院直接受理立案侦查的国家机关工作人员渎职和利用职权实施的侵犯公民人身权利、民主权利犯罪案件的立案标准,与本规定有重复或者不一致的,适用本规定。

对于本规定施行前发生的国家机关工作人员渎职和利用职权实施的侵犯公民人身权利、民主权利犯罪案件,按照《最高人民法院、最高人民检察院关于适用刑事司法解释时间效力问题的规定》办理。

2008 年 6 月 25 日最高检、公安部《关于公安机关管辖的刑事案件立案追诉标准的规定(一)》附 则

第一百条 本规定中的立案追诉标准,除法律、司法解释另有规定的以外,适用于相关的单位犯罪。

第一百零一条 本规定中的“以上”,包括本数。

第一百零二条 本规定自印发之日起施行。

2022 年 4 月 6 日最高检、公安部《关于公安机关管辖的刑事案件立案追诉标准的规定(二)》附 则

第七十九条 本规定中的“货币”是指在境内外正在流通的以下货币:

(一)人民币(含普通纪念币、贵金属纪念币)、港元、澳门元、新台币;

(二)其他国家及地区的法定货币。

贵金属纪念币的面额以中国人民银行授权中国金币总公司的初始发售价格为准。

第八十条 本规定中的“多次”,是指 3 次以上。

第八十一条 本规定中的“虽未达到上述数额标准”,是指接近上述数额标准且已达到该数额的 80% 以上的。

第八十二条 对于预备犯、未遂犯、中止犯,需要追究刑事责任的,应予立案追诉。

第八十三条 本规定中的立案追诉标准,除法律、司法解释、本规定中另有规定的以外,适用于相应的单位犯罪。

第八十四条 本规定中的“以上”,包括本数。

第八十五条 本规定自 2022 年 5 月 15 日施行。《最高人民检察院、公安部关于公安机关管辖的刑事案件立案追诉标准的规定(二)》(公通字〔2010〕23 号)和《最高人民检察院、公安部关于公安机关管辖的刑事案件立案追诉标准的规定(二)的补充规定》(公通字〔2011〕47 号)同时废止。

Ⅲ 刑法立法·立法解释总名录*

一、刑法立法

1.1997年3月14日中华人民共和国刑法(自1997年10月1日起施行)

2.1998年12月29日关于惩治骗购外汇、逃汇和非法买卖外汇犯罪的决定(自公布之日起施行)

3.1999年10月30日关于取缔邪教组织、防范和惩治邪教活动的决定(自公布之日起施行)

4.2000年12月28日关于维护互联网安全的决定(自公布之日起施行)

5.1999年12月25日中华人民共和国刑法修正案(自公布之日起施行)

6.2001年8月31日中华人民共和国刑法修正案(二)(自公布之日起施行)

7.2001年12月29日中华人民共和国刑法修正案(三)(自公布之日起施行)

8.2002年12月28日中华人民共和国刑法修正案(四)(自公布之日起施行)

9.2005年2月28日中华人民共和国刑法修正案(五)(自公布之日起施行)

10.2006年6月29日中华人民共和国刑法修正案(六)(自公布之日起施行)

11.2009年2月28日中华人民共和国刑法修正案(七)(自公布之日起施行)

---

* 本名录按照时间顺序排列,包含1997年3月—2024年1月31日的所有刑法立法与立法解释的名录,并收录了全国人大常委会法制工作委员会及其刑法室的部分“意见”“答复”。

为节省篇幅,各个刑法修正案与立法解释的内容,在本书中已有全面反映,故不再单独收录。

12.2009年8月27日关于修改部分法律的决定(自公布之日起施行)

13.2011年2月25日中华人民共和国刑法修正案(八)(自2011年5月1日起施行)

14.2015年8月29日中华人民共和国刑法修正案(九)(自2015年11月1日起施行)

15.2015年8月29日关于特赦部分服刑罪犯的决定(自2015年8月29日起施行)

16.2017年11月4日中华人民共和国刑法修正案(十)(自公布之日起施行)

17.2019年6月29日关于在中华人民共和国成立七十周年之际对部分服刑罪犯予以特赦的决定(自2019年6月29日起施行)

18.2020年6月30日香港特别行政区维护国家安全法(自公布之日起施行)

19.2020年12月26日中华人民共和国刑法修正案(十一)(自2021年3月1日起施行)

20.2023年12月29日中华人民共和国刑法修正案(十二)(自2024年3月1日起施行)

二、立法解释

1.2000年4月29日全国人大常委会关于《中华人民共和国刑法》第九十三条第二款的解释

2.2001年8月31日全国人大常委会关于《中华人民共和国刑法》第二百二十八条、第三百四十二条、第四百一十条的解释

3.2002年4月28日全国人大常委会关于刑法第二百九十四条第一款的解释

4.2002年4月28日全国人大常委会关于刑法第三百八十四条第一款的解释

5.2002年8月29日全国人大常委会关于《中华人民共和国刑法》第三百一十三条的解释

6.2002年12月28日全国人大常委会关于《中华人民共和国刑法》第九章渎职罪主体适用问题的解释

7.2004年12月29日全国人大常委会关于《中华人民共和国刑法》有关信用卡规定的解释

8.2005年12月29日全国人大常委会关于《中华人民共和国刑法》有关文物的规定适用于具有科学价值的古脊椎动物化石、古人类化石的解释

9.2005年12月29日全国人大常委会关于《中华人民共和国刑法》有关出口退税、抵扣税款的其他发票规定的解释

10.2014年4月24日全国人大常委会关于《中华人民共和国刑法》第三十条的解释

11.2014年4月24日全国人大常委会关于《中华人民共和国刑法》第一百五十八条、第一百五十九条的解释

12.2014年4月24日全国人大常委会关于《中华人民共和国刑法》第二百六十六条的解释

13.2014年4月24日全国人大常委会关于《中华人民共和国刑法》第三百四十一条、第三百一十二条的解释

三、法工委及其刑法室解释

1.2002年1月14日全国人大常委会法制工作委员会关于对“隐匿、销毁会计凭证、会计帐簿、财务会计报告构成犯罪的主体范围”问题的答复意见

2.2002年6月21日全国人大常委会法制工作委员会关于见习医生出现医疗纠纷是否属于“非法行医”的答复

3.2002年7月24日全国人大常委会法制工作委员会关于已满十四周岁不满十六周岁的人承担刑事责任范围问题的答复意见

4.2004年9月8日全国人大常委会法制工作委员会刑法室关于挪用资金罪有关问题的答复

5.2005年1月17日全国人大常委会法制工作委员会刑法室关于对变造、出售变造普通发票行为的定性问题的意见

6.2005年12月1日全国人大常委会法制工作委员会对关于公司人员利用职务上的便利采取欺骗等手段非法占有股东股权的行为如何定性处理的批复的意见

7.2014年7月17日全国人大常委会法制工作委员会对刑事追诉期限制度有关规定如何理解适用的答复意见

8.2017年11月26日全国人大法工委关于对被告人在罚金刑执行完毕前又犯新罪的罚金应否与未执行完毕的罚金适用数罪并罚问题的答复意见

Ⅳ　刑法司法解释总名录 *

第一编　总　　则

综合类

---

*　刑法司法解释总名录按照刑法典顺序（刑法条文顺序）编排，包含 1997 年 3 月—2024 年 1 月 31 日所有刑法司法解释、规范性文件与指导性案例。除已经废止、注明节录、本书未收录或者与刑法修正案、最新司法解释不一致之外，本书收录了本名录中所有的司法解释、司法解释性质文件与指导性案例的内容。个别覆盖面广的文件，在本名录中有适当重复。

一个刑法条文或者一个主题常有数个司法解释、司法解释性质文件。在刑法条文顺序的基础上，本名录主要按照主题顺序排列，不按时间顺序排列。虽在时间上看起来杂乱，但有利于把握各个文件之间的内在关系。

为了提醒司法人员注意司法解释的溯及力问题，本名录包含已废止的司法文件名录（对此会在文件名后面加括号注明）。

本书收录了部分最高法于 1997 年之前发布、至今仍旧有效的司法解释与司法解释性质文件，还大量收录了公安部发布的刑法规范性文件。考虑到便于读者直观把握 1997 年以来司法解释的发布情况，本名录不含这些文件的名录。

从最高法、最高检某批次的指导性案例的名称，难以直接看出其具体内容，为简化司法解释总名录，删除了各批次的最高法、最高检指导性案例的名录。

本名录具有检索功能，名录后面的数字为该文件在本书中的页码。如司法文件内容较多，在本书中多次出现的，只提示前两次出现的页码，后加省略号予以省略。已废止的司法文件，注明未收录的司法文件以及与刑法修正案、最新司法解释不一致的司法文件，无检索页码。

第一章 刑法的任务、基本原则和适用范围

11.2015年10月29日最高法关于《中华人民共和国刑法修正案(九)》时间效力问题的解释 59,76……

12.2019年6月4日最高法研究室关于如何理解和适用1997年刑法第十二条第一款规定有关问题征求意见的复函 156

13.2021年5月最高法、最高检、公安部、司法部关于适用《中华人民共和国刑法修正案(十一)》有关问题的通知 12

第二章 犯 罪

1.2000年2月21日最高检关于"骨龄鉴定"能否作为确定刑事责任年龄证据使用的批复(已被新规定重申,未收录)

2.2001年4月4日最高法关于审理未成年人刑事案件的若干规定(已废止)

3.2002年4月22日最高检人民检察院办理未成年人刑事案件的规定(已废止)

4.2002年8月9日最高检关于已满十四周岁不满十六周岁的人承担刑事责任范围问题的复函(该答复转发了全国人大常委会法制工作委员会关于已满十四周岁不满十六周岁的人承担刑事责任范围问题的答复意见,本书未重复收录)

5.2003年4月18日最高检法律政策研究室关于相对刑事责任年龄的人承担刑事责任范围有关问题的答复 21,629

6.2004年7月15日最高法对甘肃省高级人民法院〔2003〕甘行终字第98号请示的答复 22,629

7.2006年1月11日最高法关于审理未成年人刑事案件具体应用法律若干问题的解释(节录) 17,55……

8.2007年1月9日最高检人民检察院办理未成年人刑事案件的规定(已废止)

9.2011年1月25日最高检关于对涉嫌盗窃的不满16周岁未成年人采取刑事拘留强制措施是否违法问题的批复 21

10.2013年12月27日最高检人民检察院办理未成年人刑事案件的规定(基本被新规定取代,未收录)

11.2017年3月2日最高检未成年人刑事检察工作指引(试行)(节录) 19,65……

第三章 刑 罚

6.2011年4月28日最高法、最高检、公安部、司法部关于对判处管制、宣告缓刑的犯罪分子适用禁止令有关问题的规定(试行) 64,123……

7.2003年7月10日最高法、最高检、公安部、司法部关于开展社区矫正试点工作的通知(未收录)

8.2012年1月10日最高法、最高检、公安部、司法部社区矫正实施办法(已废止)

9.2014年8月27日最高法、最高检、公安部、司法部关于全面推进社区矫正工作的意见(未收录)

10.2016年8月30日最高法、最高检、公安部、司法部关于进一步加强社区矫正工作衔接配合管理的意见(未收录)

11.2020年6月18日最高法、最高检、公安部、司法部中华人民共和国社区矫正法实施办法(节录) 127,152

12.2000年2月29日最高法关于刑事裁判文书中刑期起止日期如何表述问题的批复 67

13.2002年7月31日最高法研究室关于对刑罚已执行完毕,由于发现新的证据,又因同一事实被以新的罪名重新起诉的案件,应适用何种程序进行审理等问题的答复 71

14.2004年7月26日最高法关于刑事案件终审判决和裁定何时发生法律效力问题的批复 68

15.1998年8月7日最高法关于对怀孕妇女在羁押期间自然流产审判时是否可以适用死刑问题的批复 74

16.1998年9月9日最高法关于1997年9月30日以前判处死刑缓期2年执行的盗窃罪犯,在1997年10月1日后死刑缓期执行期间故意犯罪是否执行死刑问题的答复 76

17.2002年11月5日最高法关于死刑缓期执行的期间如何确定问题的批复(已废止)

18.2003年11月26日最高法关于报送按照审判监督程序改判死刑被告人在死缓考验期内故意犯罪应当执行死刑的复核案件的通知(已废止)

19.2006年12月28日最高法关于统一行使死刑案件核准权有关问题的决定(未收录)

20.2007年2月27日最高法关于复核死刑案件若干问题的规定(已废止)

21.2007年3月9日最高法、最高检、公安部、司法部关于进一步严格

第四章 刑罚的具体运用

第五章　其他规定

4.2000年6月29日最高法研究室关于国家工作人员在农村合作基金会兼职从事管理工作如何认定身份问题的答复(农村合作基金会已被国务院取消,不再收录)

5.2000年9月28日最高检对《关于中国保险监督管理委员会主体认定的请示》的答复 159

6.2003年11月13日最高法全国法院审理经济犯罪案件工作座谈会纪要(节录) 106,968……

7.2004年11月3日最高检法律政策研究室关于国家机关、国有公司、企业委派到非国有公司、企业从事公务但尚未依照规定程序获取该单位职务的人员是否适用刑法第九十三条第二款问题的答复 159

8.2011年4月8日最高法关于准确理解和适用刑法中"国家规定"的有关问题的通知 161,485

9.2012年5月10日最高法、最高检、公安部、国家安全部、司法部关于建立犯罪人员犯罪记录制度的意见(未收录)

10.2017年3月2日最高检未成年人刑事检察工作指引(试行)(节录) 19,65……

第二编 分 则

综合类

1.1997年12月11日最高法关于执行《中华人民共和国刑法》确定罪名的规定(已分解到相关条文中)

2.1997年12月25日最高检关于印发《最高检关于适用刑法分则规定的犯罪的罪名的意见》的通知(已分解到相关条文中)

3.2002年3月15日最高法、最高检关于执行《中华人民共和国刑法》确定罪名的补充规定(已分解到相关条文中)

4.2003年8月15日最高法、最高检关于执行《中华人民共和国刑法》确定罪名的补充规定(二)(已分解到相关条文中)

5.2007年10月25日最高法、最高检关于执行《中华人民共和国刑法》确定罪名的补充规定(三)(已分解到相关条文中)

6.2009年10月14日最高法、最高检关于执行《中华人民共和国刑法》确定罪名的补充规定(四)(已分解到相关条文中)

第一章 危害国家安全罪

第二章 危害公共安全罪

8.2018年9月28日最高法、最高检、公安部关于办理盗窃油气、破坏油气设备等刑事案件适用法律若干问题的意见 176,787

9.2014年9月9日最高法、最高检、公安部关于办理暴力恐怖和宗教极端刑事案件适用法律若干问题的意见(已废止)

10.2018年3月16日最高法、最高检、公安部、司法部关于办理恐怖活动和极端主义犯罪案件适用法律若干问题的意见 180,183……

11.2004年12月30日最高法关于审理破坏公用电信设施刑事案件具体应用法律若干问题的解释 189

12.2011年6月7日最高法关于审理破坏广播电视设施等刑事案件具体应用法律若干问题的解释 190

13.2014年3月14日最高法、最高检、公安部、国家安全部关于依法办理非法生产销售使用"伪基站"设备案件的意见 190,500……

14.2014年8月28日最高法、最高检、工业和信息化部、公安部公用电信设施损坏经济损失计算方法(未收录)

15.2001年5月15日最高法关于审理非法制造、买卖、运输枪支、弹药、爆炸物等刑事案件具体应用法律若干问题的解释(已被修订)

16.2001年9月17日最高法对执行《关于审理非法制造、买卖、运输枪支、弹药、爆炸物等刑事案件具体应用法律若干问题的解释》有关问题的通知(已废止)

17.2003年1月15日最高法关于处理涉枪、涉爆申诉案件有关问题的通知 194

18.2004年11月3日最高检法律政策研究室关于非法制造、买卖、运输、储存以火药为动力发射弹药的大口径武器的行为如何适用法律问题的答复 195

19.2009年5月6日最高法研究室关于生产烟花爆竹配制烟火药行为是否构成非法制造、买卖爆炸物罪的答复 200

20.2009年11月16日最高法关于修改《最高法关于审理非法制造、买卖、运输枪支、弹药、爆炸物等刑事案件具体应用法律若干问题的解释》的决定 193,195

21.2012年9月6日最高法、最高检、公安部、国家安全监管总局关于依法加强对涉嫌犯罪的非法生产经营烟花爆竹行为刑事责任追究的通知 200

22.2018年3月8日最高法、最高检关于涉以压缩气体为动力的枪

第三章 破坏社会主义市场经济秩序罪

第一节 生产、销售伪劣商品罪

第二节 走私罪

第三节　妨害对公司、企业的管理秩序罪

第四节 破坏金融管理秩序罪

《关于对银行非法出具金融票证和造成损失征求意见的函》的复函 391

33.2000 年 6 月 27 日最高法刑事审判第一庭关于银行内部机构的工作人员以本部门与他人合办的公司为受益人开具信用证是否属于“为他人出具信用证”问题的复函 391

34.1999 年 1 月 21 日最高检关于认真贯彻执行《全国人大常委会关于惩治骗购外汇、逃汇和非法买卖外汇犯罪的决定》的通知(未收录)

35.2009 年 11 月 4 日最高法关于审理洗钱等刑事案件具体应用法律若干问题的解释 397,784……

36.2020 年 11 月 6 日最高法、最高检、公安部关于办理洗钱刑事案件若干问题的意见 398

第五节 金融诈骗罪

1.2022 年 2 月 23 日最高法关于修改《最高人民法院关于审理非法集资刑事案件具体应用法律若干问题的解释》的决定 341,362……

2.2001 年 1 月 21 日最高法全国法院审理金融犯罪案件工作座谈会纪要 47,51……

3.2020 年 7 月 22 日最高检关于充分发挥检察职能服务保障“六稳”“六保”的意见 248,401……

4.2003 年 11 月 19 日最高法关于对信用证诈骗案件有关问题的复函 413

5.2008 年 4 月 18 日最高检关于拾得他人信用卡并在自动柜员机(ATM 机)上使用的行为如何定性问题的批复 416

6.2010 年 7 月 5 日最高法研究室关于信用卡犯罪法律适用若干问题的复函 416

7.2011 年 8 月 8 日最高法、最高检、公安部关于信用卡诈骗犯罪管辖有关问题的通知 417

8.2009 年 12 月 3 日最高法、最高检关于办理妨害信用卡管理刑事案件具体应用法律若干问题的解释(已被修正)

9.2018 年 11 月 28 日最高法、最高检关于办理妨害信用卡管理刑事案件具体应用法律若干问题的解释 355,359……

10.1998 年 11 月 27 日最高检法律政策研究室关于保险诈骗未遂能否按犯罪处理问题的答复 419

第六节 危害税收征管罪

1.2002 年 11 月 5 日最高法关于审理偷税抗税刑事案件具体应用法

第七节 侵犯知识产权罪

第八节 扰乱市场秩序罪

第四章　侵犯公民人身权利、民主权利罪

第五章 侵犯财产罪

第六章 妨害社会管理秩序罪

第一节 扰乱公共秩序罪

第二节　妨害司法罪

第三节　妨害国（边）境管理罪

第四节　妨害文物管理罪

第五节　危害公共卫生罪

第七节 走私、贩卖、运输、制造毒品罪

11.2010 年 4 月 6 日最高法关于认真做好人民法院 2010 年禁毒综合治理工作的通知（已废止）

12.2010 年 4 月 28 日最高法刑五庭在毒品案件审判工作中切实贯彻宽严相济刑事政策 881

13.2010 年 9 月 27 日最高法研究室关于贩卖、运输经过取汁的罂粟壳废渣是否构成贩卖、运输毒品罪的答复 910

14.2012 年 6 月 18 日最高法、最高检、公安部关于办理走私、非法买卖麻黄碱类复方制剂等刑事案件适用法律若干问题的意见 907,921

15.2013 年 5 月 21 日最高法、最高检、公安部、农业部、食品药品监管总局关于进一步加强麻黄草管理严厉打击非法买卖麻黄草等违法犯罪活动的通知 503,908

16.2014 年 8 月 20 日最高法、最高检、公安部关于规范毒品名称表述若干问题的意见 884

17.2014 年 9 月 5 日最高法、最高检、公安部关于办理邻氯苯基环戊酮等三种制毒物品犯罪案件定罪量刑数量标准的通知（与最新规定不一致，未收录）

18.2015 年 4 月 14 日中央宣传部、中央网信办、最高法、最高检、公安部、工业和信息化部、国家工商行政管理总局、国家邮政局、国家禁毒委办公室关于加强互联网禁毒工作的意见（节录） 911

19.2015 年 5 月 18 日最高法全国法院毒品犯罪审判工作座谈会纪要（已废止）

20.2016 年 4 月 6 日最高法关于审理毒品犯罪案件适用法律若干问题的解释 677,892……

21.2016 年 5 月 24 日最高法、最高检、公安部办理毒品犯罪案件毒品提取、扣押、称量、取样和送检程序若干问题的规定 886,925

22.2019 年 4 月 29 日最高检关于《非药用类麻醉药品和精神药品管制品种增补目录》能否作为认定毒品依据的批复 931

23.2023 年 6 月 26 日最高法全国法院毒品案件审判工作会议纪要 257,605……

第八节 组织、强迫、引诱、容留、介绍卖淫罪

1.2001 年 6 月 11 日最高检关于构成嫖宿幼女罪主观上是否需要具备明知要件的解释（条文已废止，未收录）

2.2004年7月16日最高法、最高检、公安部关于依法开展打击淫秽色情网站专项行动有关工作的通知　500

3.2017年7月21日最高法、最高检关于办理组织、强迫、引诱、容留、介绍卖淫刑事案件适用法律若干问题的解释　533,932……

第九节　制作、贩卖、传播淫秽物品罪

1.2004年9月3日最高法、最高检关于办理利用互联网、移动通讯终端、声讯台制作、复制、出版、贩卖、传播淫秽电子信息刑事案件具体应用法律若干问题的解释　941,949……

2.2010年2月2日最高法、最高检关于办理利用互联网、移动通讯终端、声讯台制作、复制、出版、贩卖、传播淫秽电子信息刑事案件具体应用法律若干问题的解释(二)　943,949

3.2015年4月7日最高检法律政策研究室对《关于利用移动存储介质复制、贩卖淫秽视频电子信息牟利如何适用法律问题的请示》的答复意见　946

4.2017年11月22日最高法、最高检关于利用网络云盘制作、复制、贩卖、传播淫秽电子信息牟利行为定罪量刑问题的批复　946

第七章　危害国防利益罪

1.2007年6月26日最高法关于审理危害军事通信刑事案件具体应用法律若干问题的解释　663,692……

2.2011年7月20日最高法、最高检关于办理妨害武装部队制式服装、车辆号牌管理秩序等刑事案件具体应用法律若干问题的解释　958

第八章　贪污贿赂罪

1.1999年11月8日最高检关于检察机关反贪污贿赂工作若干问题的决定(已废止)

2.2000年6月30日最高法关于审理贪污、职务侵占案件如何认定共同犯罪几个问题的解释　631,965

3.2003年11月13日最高法全国法院审理经济犯罪案件工作座谈会纪要　160,968……

4.2010年11月26日最高法、最高检关于办理国家出资企业中职务

第九章 渎职罪

第十章　军人违反职责罪

V 索　引*

B

C

---

*　本索引按照汉语拼音顺序排列,后面数字为该词条(法条)所在页码。

D

F

G

X

图书在版编目(CIP)数据

刑法一本通:中华人民共和国刑法总成 / 李立众编
. -- 17 版 . -- 北京:法律出版社, 2024(2024.12 重印)
ISBN 978-7-5197-8799-8

Ⅰ.①刑… Ⅱ.①李… Ⅲ.①刑法—中国—学习参考资料 Ⅳ.① D924.04

中国国家版本馆 CIP 数据核字(2024)第 014356 号

刑法一本通
——中华人民共和国刑法总成
XINGFA YIBENTONG
—ZHONGHUA RENMIN GONGHEGUO XINGFA ZONGCHENG

李立众 编

策划编辑 张心萌
责任编辑 张心萌
装帧设计 李 瞻

出版发行 法律出版社
编辑统筹 学术·对外出版分社
责任校对 裴 黎 王语童
责任印制 胡晓雅 宋万春
经 销 新华书店

开本 A5
印张 35.875 **字数** 1211 千
版本 2024 年 2 月第 17 版
印次 2024 年 12 月第 8 次印刷
印刷 北京盛通印刷股份有限公司

地址:北京市丰台区莲花池西里 7 号(100073)
网址:www.lawpress.com.cn
投稿邮箱:info@lawpress.com.cn
举报盗版邮箱:jbwq@lawpress.com.cn

销售电话:010-83938349
客服电话:010-83938350
咨询电话:010-63939796

书号:ISBN 978-7-5197-8799-8
定价:95.00 元
凡购买本社图书,如有印装错误,我社负责退换。电话:010-83938349